HarperCollins Publishers
Westerhill Road
Bishopbriggs
Glasgow
G64 2QT
Great Britain

Fifth Edition 2007

Previously published as Collins
Express Spanish Dictionary
© HarperCollins Publishers 2006

Reprint 10 9 8 7 6 5 4 3

© William Collins Sons & Co. Ltd. 1990
© HarperCollins Publishers 1995,
1999, 2002, 2006
© Collins Bartholomew Ltd 2005

ISBN 978-0-00-720882-1

Collins® and Bank of English® are
registered trademarks of
HarperCollins Publishers Limited

www.collins.co.uk

A catalogue record for this book is
available from the British Library

Typeset by Wordcraft, Glasgow

Printed in Italy by Rotolito Lombarda
SpA

Acknowledgements
We would like to thank those authors
and publishers who kindly gave
permission for copyright materials to
be used in the Collins Word Web. We
would also like to thank Times
Newspapers Ltd for providing
valuable data.

GENERAL EDITOR
Michela Clari

CONTRIBUTORS
José Martin Galera
Wendy Lee
José Mariá Ruiz Vaca
Cordelia Lilly

EDITORIAL COORDINATION
Maree Airlie
Joyce Littlejohn
Marianne Noble

SERIES EDITOR
Lorna Knight

William Collins' dream of knowledge for all began with the publication of his first book in 1819. A self-educated mill worker, he not only enriched millions of lives, but also founded a flourishing publishing house. Today, staying true to this spirit, Collins books are packed with inspiration, innovation, and practical expertise. They place you at the centre of a world of possibility and give you exactly what you need to explore it.

Language is the key to this exploration, and at the heart of Collins Dictionaries is language as it is really used. New words, phrases, and meanings spring up every day, and all of them are captured and analysed by the Collins Word Web. Constantly updated, and with over 2.5 billion entries, this living language resource is unique to our dictionaries.

Words are tools for life. And a Collins Dictionary makes them work for you.

Collins. Do more.

ÍNDICE		CONTENTS	

marcas registradas
Las marcas que creemos que constituyen marcas registradas las denominamos como tales. Sin embargo, no debe considerarse que la presencia o la ausencia de esta designación tenga que ver con la situación legal de ninguna marca.

note on trademarks
Words which we have reason to believe constitute trademarks have been designated as such. However, neither the presence nor the absence of such designation should be regarded as affecting the legal status of any trademark.

INTRODUCCIÓN

Estamos muy satisfechos de que hayas decidido comprar este diccionario y esperamos que lo disfrutes y que te sirva de gran ayuda ya sea en el colegio, en el trabajo, en tus vacaciones o en casa.

Esta introducción pretende darte algunas indicaciones para ayurdarte a sacar el mayor provecho de este diccionario; no sólo de su extenso vocabulario, sino de toda la información que te proporciona cada entrada. Esta te ayudará a leer y comprender – y también a comunicarte y a expresarte – en inglés moderno. Este diccionario comienza con una lista de abreviaturas utilizadas en el texto y con una ilustración de los sonidos representados por los símbolos fonéticos.

EL MANEJO DE TU DICCIONARIO

La amplia información que te ofrece este diccionario aparece presentada en distintas tipografías, con caracteres de diversos tamaños y con distintos símbolos, abreviaturas y paréntesis. Los apartados siguientes explican las reglas y símbolos utilizados.

ENTRADAS

Las palabras que consultas en el diccionario – las entradas – aparecen ordenades alfabéticamente y en color para una identificación más rápida. La palabra que aparece en la parte superior de cada página es la primera entrada (si aparece en la página izquierda) y la última entrada (si aparece en la página derecha) de la página en cuestión. La información sobre el uso o la forma de determinadas entradas aparece entre paréntesis, detrás de la transcripción fonética, y generalmente en forma abreviada y en cursiva

(p. ej.: (*fam*), (*Com*)). En algunos casos se ha considerado oportuno agrupar palabras de una misma familia (**nación, nacionalismo; accept, acceptance**) bajo una misma entrada que aparece en color.

Las expresiones de uso corriente en las que aparece una entrada se dan en negrita (p. ej.: **hurry:** [...] **to be in a ~**).

SÍMBOLOS FONÉTICOS
La transcripción fonética de cada entrada inglesa (que indica su pronunciación) aparece entre corchetes, inmediatamente después de la entrada (p. ej. **knife** [naif]). En las páginas xv-xviii encontrarás una lista de los símbolos fonéticos utilizados en este diccionario.

TRADUCCIONES
Las traducciones de las entradas aparecen en caracteres normales, y en los casos en los que existen significados o usos diferentes, éstos aparecen separados mediante un punto y coma. A menudo encontrarás también otras palabras en cursiva y entre paréntesis antes de las traducciones. Estas sugieren contextos en los que la entrada podría aparecer (p. ej.: **alto** (*persona*) o (*sonido*)) o proporcionan sinónimos (p. ej.: **mismo** (*semejante*)).

PALABRAS CLAVE
Particular relevancia reciben ciertas palabras inglesas y españolas que han sido consideradas palabras 'clave' en cada lengua. Estas pueden, por ejemplo, ser de utilización muy corriente o tener distintos usos (**de, haber; get, that**). La combinación de triángulos y números te permitirá

distinguir las diferentes categorías gramaticales y los diferentes significados. Las indicaciones en cursiva y entre paréntesis proporcionan además importante información adicional.

FALSOS AMIGOS
Las palabras que se prestan a confusión al traducir han sido identificadas. En tales entradas existen unas notas que te ayudaran a evitar errores.

INFORMACIÓN GRAMATICAL
Las categorías gramaticales aparecen en forma abreviada y en cursiva después de la transcripción fonética de cada entrada (*vt, adv, conj*). También se indican la forma femenina y los plurales irregulares de los sustantivos del inglés (**child, -ren**).

INTRODUCTION

We are delighted that you have decided to buy this Spanish dictionary and hope you will enjoy and benefit from using it at school, at home, on holiday or at work.

This introduction gives you a few tips on how to get the most out of your dictionary – not simply from its comprehensive wordlist but also from the information provided in each entry. This will help you to read and understand modern Spanish, as well as communicate and express yourself in the language. This dictionary begins by listing the abbreviations used in the text and illustrating the sounds shown by the phonetic symbols.

USING YOUR DICTIONARY

A wealth of information is presented in the dictionary, using various typefaces, sizes of type, symbols, abbreviations and brackets. The various conventions and symbols used are explained in the following sections.

HEADWORDS

The words you look up in a dictionary – 'headwords' – are listed alphabetically. They are printed in colour for rapid identification. The headwords appearing at the top of each page indicate the first (if it appears on a left-hand page) and last word (if it appears on a right-hand page) dealt with on the page in question.

Information about the usage or form of certain headwords is given in brackets after the phonetic spelling. This usually appears in abbreviated form and in italics (e.g. (*fam*), (*Com*)).

Where appropriate, words related to headwords are grouped in the same entry (**nación, nacionalismo; accept, acceptance**) and are also in colour. Common expressions in which the headword appears are shown in a different bold roman type (e.g. **cola**: [...] **hacer ~**).

PHONETIC SPELLINGS
The phonetic spelling of each headword (indicating its pronunciation) is given in square brackets immediately after the headword (e.g. **cohete** [ko¹ete]). A list of these symbols is given on pages xv-xviii.

TRANSLATIONS
Headword translations are given in ordinary type and, where more than one meaning or usage exists, these are separated by a semi-colon. You will often find other words in italics in brackets before the translations. These offer suggested contexts in which the headword might appear (e.g. **fare** (*on trains, buses*) or provide synonyms (e.g. **litter** (*rubbish*) o (*young animals*)). The gender of the Spanish translation also appears in italics immediately following the key element of the translation, except where this is a regular masculine singular noun ending in 'o', or a regular feminine noun ending in 'a'.

KEY WORDS
Special status is given to certain Spanish and English words which are considered as 'key' words in each language. They may, for example, occur very frequently or have several types of usage (e.g. **de, haber; get, that**). A combination of triangles and numbers helps you to distinguish different

parts of speech and different meanings. Further helpful information is provided in brackets and italics.

FALSE FRIENDS
Words which can be easily confused have been identified in the dictionary. Notes at such entries will help you to avoid these common translation pitfalls.

GRAMMATICAL INFORMATION
Parts of speech are given in abbreviated form in italics after the phonetic spellings of headwords (e.g. *vt, adv, conj*). Genders of Spanish nouns are indicated as follows: *nm* for a masculine and *nf* for a feminine noun. Feminine and irregular plural forms of nouns are also shown (**irlandés, esa; luz** (*pl* **luces**)).

ABREVIATURAS   ABBREVIATIONS

abreviatura	*ab(b)r*	abbreviation
adjetivo, locución adjetiva	*adj*	adjective, adjectival phrase
administración	*Admin*	administration
adverbio, locución adverbial	*adv*	adverb, adverbial phrase
agricultura	*Agr*	agriculture
anatomía	*Anat*	anatomy
Argentina	*Arg*	Argentina
arquitectura	*Arq, Arch*	architecture
el automóvil	*Aut(o)*	the motor car and motoring
aviación, viajes aéreos	*Aviac, Aviat*	flying, air travel
biología	*Bio(l)*	biology
botánica, flores	*Bot*	botany
inglés británico	BRIT	British English
Centroamérica	CAM	Central America
química	*Chem*	chemistry
comercio, finanzas, banca	*Com(m)*	commerce, finance, banking
informática	*Comput*	computing
conjunción	*conj*	conjunction
construcción	*Constr*	building
compuesto	*cpd*	compound element
Cono Sur	CS	Southern Cone
cocina	*Culin*	cookery
economía	*Econ*	economics
eletricidad, electrónica	*Elec*	electricity, electronics
enseñanza, sistema escolar y universitario	*Escol*	schooling, schools and universities
España	ESP	Spain
especialmente	*esp*	especially
exclamación, interjección	*excl*	exclamation, interjection
femenino	*f*	feminine
lengua familiar (! vulgar)	*fam(!)*	colloquial usage (! particularly offensive)
ferrocarril	*Ferro*	railways
uso figurado	*fig*	figurative use
fotografía	*Foto*	photography
(verbo inglés) del cual la partícula es inseparable	*fus*	(phrasal verb) where the particle is inseparable
generalmente	*gen*	generally
geografía, geología	*Geo*	geography, geology
geometría	*Geom*	geometry

historia	*Hist*	history
uso familiar	*inf(!)*	colloquial usage
(! vulgar)		(! particularly offensive)
infinitivo	*infin*	infinitive
informática	*Inform*	computing
invariable	*inv*	invariable
irregular	*irreg*	irregular
lo jurídico	*Jur*	law
América Latina	LAM	Latin America
gramática, lingüística	*Ling*	grammar, linguistics
masculino	*m*	masculine
matemáticas	*Mat(h)*	mathematics
masculino/femenino	*m/f*	masculine/feminine
medicina	*Med*	medicine
México	MÉX, MEX	Mexico
lo militar, ejército	*Mil*	military matters
música	*Mús, Mus*	music
substantivo, nombre	*n*	noun
navegación, náutica	*Náut, Naut*	sailing, navigation
sustantivo numérico	*num*	numeral noun
complemento	*obj*	(grammatical) object
	o.s.	oneself
peyorativo	*pey, pej*	derogatory, pejorative
fotografía	*Phot*	photography
fisiología	*Physiol*	physiology
plural	*pl*	plural
política	*Pol*	politics
participio de pasado	*pp*	past participle
preposición	*prep*	preposition
pronombre	*pron*	pronoun
psicología, psiquiatría	*Psico, Psych*	psychology, psychiatry
tiempo pasado	*pt*	past tense
química	*Quím*	chemistry
ferrocarril	*Rail*	railways
religión	*Rel*	religion
Río de la Plata	RPL	River Plate
	sb	somebody
Cono Sur	SC	Southern Cone
enseñanza, sistema escolar	*Scol*	schooling, schools
y universitario		and universities
singular	*sg*	singular
España	SP	Spain
	sth	something

sujeto	*su(b)j*	(grammatical) subject
subjuntivo	*subjun*	subjunctive
tauromaquia	*Taur*	bullfighting
también	*tb*	also
técnica, tecnología	*Tec(h)*	technical term, technology
telecomunicaciones	*Telec, Tel*	telecommunications
imprenta, tipografía	*Tip, Typ*	typography, printing
televisión	*TV*	television
universidad	*Univ*	university
inglés norteamericano	*US*	American English
verbo	*vb*	verb
verbo intransitivo	*vi*	intransitive verb
verbo pronominal	*vr*	reflexive verb
verbo transitivo	*vt*	transitive verb
zoología	*Zool*	zoology
marca registrada	®	registered trademark
indica un equivalente cultural	≈	introduces a cultural equivalent

SPANISH PRONUNCIATION

VOWELS

a	[a]	pata	not as long as *a* in f*a*r. When followed by a consonant in the same syllable (i.e. in a closed syllable), as in *a*mante, the *a* is short, as in b*a*t
e	[e]	me	like *e* in th*ey*. In a closed syllable, as in g*e*nte, the *e* is short as in p*e*t
i	[i]	pino	as in m*ea*n or mach*i*ne
o	[o]	lo	as in l*o*cal. In a closed syllable, as in c*o*ntrol, the *o* is short as in c*o*t
u	[u]	lunes	as in r*u*le. It is silent after q, and in g*ue*, g*ui*, unless marked g*üe*, g*üi* e.g. antig*ü*edad, when it is pronounced like *w* in *w*olf

SEMIVOWELS

i, y	[j]	bien hielo yunta	pronounced like *y* in *y*es
u	[w]	huevo fuento antigüedad	unstressed *u* between consonant and vowel is pronounced like *w* in *w*ell. See notes on *u* above.

DIPHTHONGS

ai, ay	[ai]	baile	as *i* in r*i*de
au	[au]	auto	as *ou* in sh*ou*t
ei, ey	[ei]	buey	as *ey* in gr*ey*
eu	[eu]	deuda	both elements pronounced independently [e] + [u]
oi, oy	[oi]	hoy	as *oy* in t*oy*

CONSONANTS

b	[b,β]	boda bomba labor	see notes on *v* below
c	[k]	caja	*c* before *a*, *o*, *u* is pronounced as in *c*at
ce, ci	[θe,θi]	cero cielo	*c* before *e* or *i* is pronounced as in *th*in
ch	[tʃ]	chiste	*ch* is pronounced as *ch* in *ch*air
d	[d,ð]	danés ciudad	at the beginning of a phrase or after *l* or *n*, *d* is pronounced as in English. In any other position it is pronounced like *th* in *th*e

g	[g, ɣ]	gafas paga	g before a, o or u is pronounced as in gap, if at the beginning of a phrase or after n. In other positions the sound is softened
ge, gi	[xe, xi]	gente girar	g before e or i is pronounced similar to ch in Scottish loch
h		haber	h is always silent in Spanish
j	[x]	jugar	j is pronounced similar to ch in Scottish loch
ll	[ʎ]	talle	ll is pronounced like the y in yet or the lli in million
ñ	[ʃ]	niño	ñ is pronounced like the ni in onion
q	[k]	que	q is pronounced as k in king
r, rr	[r, rr]	quitar garra	r is always pronounced in Spanish, unlike the silent r in dancer. rr is trilled, like a Scottish r
s	[s]	quizás isla	s is usually pronounced as in pass, but before b, d, g, l, m or n it is pronounced as in rose
v	[b, β]	vía	v is pronounced something like b. At the beginning of a phrase or after m or n it is pronounced as b in boy. In any other position the sound is softened
z	[θ]	tenaz	z is pronounced as th in thin

f, k, l, m, n, p, t and x are pronounced as in English.

STRESS

The rules of stress in Spanish are as follows:

(a)   when a word ends in a vowel or in n or s, the second last syllable is stressed:
patata, patatas; come, comen
(b)   when a word ends in a consonant other than n or s, the stress falls on the last syllable:
pared, hablar
(c)   when the rules set out in (a) and (b) are not applied, an acute accent appears over the stressed vowel:
común, geografía, inglés

In the phonetic transcription, the symbol [¹] precedes the syllable on which the stress falls.

LA PRONUNCIACIÓN INGLESA

VOCALES

	Ejemplo inglés	Explicación
[ɑː]	father	Entre *a* de p*a*dre y *o* de n*o*che
[ʌ]	but, come	*a* muy breve
[æ]	man, cat	Con los labios en la posición de *e* en p*e*na y luego se pronuncia el sonido *a* parecido a la *a* de c*a*rro
[ə]	father, ago	Vocal neutra parecida a una *e* u *o* casi muda
[əː]	bird, heard	Entre *e* abierta y *o* cerrada, sonido alargado
[ɛ]	get, bed	Como en p*e*rro
[ɪ]	it, big	Más breve que en s*i*
[iː]	tea, see	Como en f*i*no
[ɔ]	hot, wash	Como en t*o*rre
[ɔː]	saw, all	Como en p*o*r
[u]	put, book	Sonido breve, más cerrado que b*u*rro
[uː]	too, you	Sonido largo, como en *u*no

DIPTONGOS

	Ejemplo inglés	Explicación
[aɪ]	fly, high	Como en fr*ai*le
[au]	how, house	Como en p*au*sa
[ɛə]	there, bear	Casi como en v*ea*, pero el sonido *a* se mezcla con el indistinto [ə]
[eɪ]	day, obey	*e* cerrada seguida por una *i* débil
[ɪə]	here, hear	Como en man*ía*, mezclándose el sonido *a* con el indistinto [ə]
[əu]	go, note	[ə] seguido por una breve *u*
[əɪ]	boy, oil	Como en v*oy*
[uə]	poor, sure	*u* bastante larga más el sonido indistinto [ə]

CONSONANTES

	Ejemplo inglés	Explicación
[b]	big, lobby	Como en tumban
[d]	mended	Como en conde, andar
[g]	go, get, big	Como en grande, gol
[dʒ]	gin, judge	Como en la ll andaluza y en Generalitat (catalán)
[ŋ]	sing	Como en vínculo
[h]	house, he	Como la jota hispanoamericana
[j]	young, yes	Como en ya
[k]	come, mock	Como en caña, Escocia
[r]	red, tread	Se pronuncia con la punta de la lengua hacia atrás y sin hacerla vibrar
[s]	sand, yes	Como en casa, sesión
[z]	rose, zebra	Como en desde, mismo
[ʃ]	she, machine	Como en chambre (francés), roxo (portugués)
[tʃ]	chin, rich	Como en chocolate
[v]	valley	Como f, pero se retiran los dientes superiores vibrándolos contra el labio inferior
[w]	water, which	Como la u de huevo, puede
[ʒ]	vision	Como en journal (francés)
[θ]	think, myth	Como en receta, zapato
[ð]	this, the	Como en hablado, verdad

f, l, m, n, p, t y x iguales que en español.

El signo [*] indica que la r final escrita apenas se pronuncia en inglés británico cuando la palabra siguiente empieza con vocal. El signo [¹] indica la sílaba acentuada.

LOS NÚMEROS

NUMBERS

un, uno(a)	1	one
dos	2	two
tres	3	three
cuatro	4	four
cinco	5	five
seis	6	six
siete	7	seven
ocho	8	eight
nueve	9	nine
diez	10	ten
once	11	eleven
doce	12	twelve
trece	13	thirteen
catorce	14	fourteen
quince	15	fifteen
dieciséis	16	sixteen
diecisiete	17	seventeen
dieciocho	18	eighteen
diecinueve	19	nineteen
veinte	20	twenty
veintiuno	21	twenty-one
veintidós	22	twenty-two
treinta	30	thirty
cuarenta	40	forty
cincuenta	50	fifty
sesenta	60	sixty
setenta	70	seventy
ochenta	80	eighty
noventa	90	ninety
cien, ciento	100	a hundred, one hundred
ciento uno(a)	101	a hundred and one
doscientos(as)	200	two hundred
trescientos(as)	300	three hundred
cuatrocientos(as)	400	four hundred
quiniento(as)	500	five hundred
seiscientos(as)	600	six hundred
setecientos(as)	700	seven hundred
ochocientos(as)	800	eight hundred
novecientos(as)	900	nine hundred
mil	1000	a thousand
cinco mil	5000	five thousand
un millón	1000000	a million

LOS NÚMEROS

NUMBERS

primer, primero(a), 1º, 1er, (1ª, 1era)	first, 1st
segundo(a), 2º (2ª)	second, 2nd
tercer, tercero(a), 3º (3ª)	third, 3rd
cuarto(a), 4º (4ª)	fourth, 4th
quinto(a), 5º (5ª)	fifth, 5th
sexto(a), 6º (6ª)	sixth, 6th
séptimo(a)	seventh
octavo(a)	eighth
noveno(a)	ninth
décimo(a)	tenth
undécimo(a)	eleventh
duodécimo(a)	twelfth
decimotercio(a)	thirteenth
decimocuarto(a)	fourteenth
decimoquinto(a)	fifteenth
decimosexto(a)	sixteenth
decimoséptimo(a)	seventeenth
decimoctavo(a)	eighteenth
decimonoveno(a)	nineteenth
vigésimo(a)	twentieth
trigésimo(a)	thirtieth
centésimo(a)	hundredth
milésimo(a)	thousandth

NÚMEROS QUEBRADOS ETC

FRACTIONS ETC

un medio	a half
un tercio	a third
un cuarto	a quarter
un quinto	a fifth
cero coma cinco, 0,5	(nought) point five, 0.5
tres coma cuatro, 3,4	three point four, 3.4
diez por cien(to)	ten per cent
cien por cien	a hundred per cent

EJEMPLOS

EXAMPLES

va a llegar el 7 (de mayo)	he's arriving on the 7th (of May)
vive en el número 7	he lives at number 7
el capítulo/la página 7	chapter/page 7
llegó séptimo	he came in 7th

N.B. In Spanish the ordinal numbers from 1 to 10 are commonly used; from 11 to 20 rather less; above 21 they are rarely written and almost never heard in speech.

LA HORA

¿qué hora es?

es/son

medianoche, las doce (de la noche)
la una (de la madrugada)

la una y cinco
la una y diez
la una y cuarto _or_ quince

la una y veinticinco

la una y media _or_ treinta
las dos menos veinticinco, la una
    treinta y cinco
las dos menos veinte, la una cuarenta
las dos menos cuarto, la una cuarenta
    y cinco
las dos menos diez, la una cincuenta
mediodía, las doce (de la tarde)

la una (de la tarde)

las siete (de la tarde)

¿a qué hora?

a medianoche
a las siete

en veinte minutos
hace quince minutos

THE TIME

what time is it?

_it's o it is_

midnight, twelve p.m.
one o'clock (in the
    morning), one (a.m.)

five past one
ten past one
a quarter past one,
    one fifteen
twenty-five past one,
    one twenty-five
half-past one, one thirty
twenty-five to two,
    one thirty-five
twenty to two, one forty
a quarter to two,
    one forty-five
ten to two, one fifty
twelve o'clock, midday,
    noon
one o'clock (in the
    afternoon), one (p.m.)
seven o'clock (in the
    evening), seven (p.m.)

(at) what time?

at midnight
at seven o'clock

in twenty minutes
fifteen minutes ago

VERBOS IRREGULARES EN INGLÉS

PRESENTE	PASADO	PARTICIPIO	PRESENTE	PASADO	PARTICIPIO
arise	arose	arisen	dream	dreamed,	dreamed,
awake	awoke	awoken		dreamt	dreamt
be (am, is,	was, were	been	drink	drank	drunk
are; being)			drive	drove	driven
bear	bore	born(e)	dwell	dwelt	dwelt
beat	beat	beaten	eat	ate	eaten
become	became	become	fall	fell	fallen
begin	began	begun	feed	fed	fed
bend	bent	bent	feel	felt	felt
bet	bet,	bet,	fight	fought	fought
	betted	betted	find	found	found
bid (at auction,	bid	bid	flee	fled	fled
cards)			fling	flung	flung
bid (say)	bade	bidden	fly	flew	flown
bind	bound	bound	forbid	forbad(e)	forbidden
bite	bit	bitten	forecast	forecast	forecast
bleed	bled	bled	forget	forgot	forgotten
blow	blew	blown	forgive	forgave	forgiven
break	broke	broken	forsake	forsook	forsaken
breed	bred	bred	freeze	froze	frozen
bring	brought	brought	get	got	got,
build	built	built			(US) gotten
burn	burnt,	burnt,	give	gave	given
	burned	burned	go (goes)	went	gone
burst	burst	burst	grind	ground	ground
buy	bought	bought	grow	grew	grown
can	could	(been able)	hang	hung	hung
cast	cast	cast	hang (suspend)	hanged	hanged
catch	caught	caught	(execute)		
choose	chose	chosen	have	had	had
cling	clung	clung	hear	heard	heard
come	came	come	hide	hid	hidden
cost (be	cost	cost	hit	hit	hit
valued at)			hold	held	held
cost (work	costed	costed	hurt	hurt	hurt
out price of)			keep	kept	kept
creep	crept	crept	kneel	knelt,	knelt,
cut	cut	cut		kneeled	kneeled
deal	dealt	dealt	know	knew	known
dig	dug	dug	lay	laid	laid
do (does)	did	done	lead	led	led
draw	drew	drawn	lean	leant,	leant,

xxii

PRESENTE	PASADO	PARTICIPIO	PRESENTE	PASADO	PARTICIPIO
	leaned	leaned	shine	shone	shone
leap	leapt, leaped	leapt, leaped	shoot	shot	shot
learn	learnt, learned	learnt, learned	show	showed	shown
			shrink	shrank	shrunk
leave	left	left	shut	shut	shut
lend	lent	lent	sing	sang	sung
let	let	let	sink	sank	sunk
lie (lying)	lay	lain	sit	sat	sat
light	lit, lighted	lit, lighted	slay	slew	slain
			sleep	slept	slept
lose	lost	lost	slide	slid	slid
make	made	made	sling	slung	slung
may	might	–	slit	slit	slit
mean	meant	meant	smell	smelt, smelled	smelt, smelled
meet	met	met			
mistake	mistook	mistaken	sow	sowed	sown, sowed
mow	mowed	mown, mowed	speak	spoke	spoken
			speed	sped, speeded	sped, speeded
must	(had to)	(had to)			
pay	paid	paid	spell	spelt, spelled	spelt, spelled
put	put	put			
quit	quit, quitted	quit, quitted	spend	spent	spent
			spill	spilt, spilled	spilt, spilled
read	read	read			
rid	rid	rid	spin	spun	spun
ride	rode	ridden	spit	spat	spat
ring	rang	rung	spoil	spoiled, spoilt	spoiled, spoilt
rise	rose	risen			
run	ran	run	spread	spread	spread
saw	sawed	sawed, sawn	spring	sprang	sprung
			stand	stood	stood
say	said	said	steal	stole	stolen
see	saw	seen	stick	stuck	stuck
seek	sought	sought	sting	stung	stung
sell	sold	sold	stink	stank	stunk
send	sent	sent	stride	strode	stridden
set	set	set	strike	struck	struck
sew	sewed	sewn	strive	strove	striven
shake	shook	shaken	swear	swore	sworn
shear	sheared	shorn, sheared	sweep	swept	swept
			swell	swelled	swollen, swelled
shed	shed	shed			

PRESENTE	PASADO	PARTICIPIO	PRESENTE	PASADO	PARTICIPIO
swim	swam	swum	wear	wore	worn
swing	swung	swung	weave (on loom)	wove	woven
take	took	taken	weave (wind)	weaved	weaved
teach	taught	taught	wed	wedded, wed	wedded, wed
tear	tore	torn			
tell	told	told	weep	wept	wept
think	thought	thought	win	won	won
throw	threw	thrown	wind	wound	wound
thrust	thrust	thrust	wring	wrung	wrung
tread	trod	trodden	write	wrote	written
wake	woke, waked	woken, waked			

7 (*razón*): **a 30 céntimos el kilo** at 30 cents a kilo; **a más de 50 km/h** at more than 50 kms per hour

8 (*dativo*): **se lo di a él** I gave it to him; **vi al policía** I saw the policeman; **se lo compré a él** I bought it from him

9 (*tras ciertos verbos*): **voy a verle** I'm going to see him; **empezó a trabajar** he started working *o* to work

10 (*+ infin*): **al verlo, lo reconocí inmediatamente** when I saw him I recognized him at once; **el camino a recorrer** the distance we *etc* have to travel; **¡a callar!** keep quiet!; **¡a comer!** let's eat!

abad, esa [a'βað, 'ðesa] *nm/f* abbot/ abbess; **abadía** *nf* abbey

abajo [a'βaxo] *adv* (*situación*) (down) below, underneath; (*en edificio*) downstairs; (*dirección*) down, downwards; **el piso de ~** the downstairs flat; **la parte de ~** the lower part; **¡~ el gobierno!** down with the government!; **cuesta/río ~** downhill/downstream; **de arriba ~** from top to bottom; **el ~ firmante** the undersigned; **más ~** lower *o* further down

abalanzarse [aβalan'θarse] *vr*: **~ sobre** *o* **contra** to throw o.s. at

abanderado, -a [aβande'raðo] *nm/f* (*portaestandarte*) standard bearer; (*de un movimiento*) champion, leader; (*méx. linier*) linesman, assistant referee

abandonado, -a [aβando'naðo, a] *adj* derelict; (*desatendido*) abandoned; (*desierto*) deserted; (*descuidado*) neglected

abandonar [aβando'nar] *vt* to leave; (*persona*) to abandon, desert; (*cosa*) to abandon, leave behind; (*descuidar*) to neglect; (*renunciar a*) to give up; (*Inform*) to quit; **abandonarse** *vr*: **~se a** to abandon o.s. to; **abandono** *nm* (*acto*) desertion, abandonment; (*estado*) abandon, neglect; (*renuncia*) withdrawal, retirement; **ganar por**

a [a] (*a + el = al*) *prep* **1** (*dirección*) to; **fueron a Madrid/Grecia** they went to Madrid/Greece; **me voy a casa** I'm going home

2 (*distancia*): **está a 15 km de aquí** it's 15 kms from here

3 (*posición*): **estar a la mesa** to be at table; **al lado de** next to, beside; *V tb* **puerta**

4 (*tiempo*): **a las 10/a medianoche** at 10/midnight; **a la mañana siguiente** the following morning; **a los pocos días** after a few days; **estamos a 9 de julio** it's the ninth of July; **a los 24 años** at the age of 24; **al año/a la semana** a year/week later

5 (*manera*): **a la francesa** the French way; **a caballo** on horseback; **a oscuras** in the dark

6 (*medio, instrumento*): **a lápiz** in pencil; **a mano** by hand; **cocina a gas** gas stove

abandono to win by default

abanico [aβa'niko] *nm* fan; (*Náut*) derrick

abarcar [aβar'kar] *vt* to include, embrace; (*LAM*: *acaparar*) to monopolize

abarrotado, -a [aβarro'taðo, a] *adj* packed

abarrotar [aβarro'tar] *vt* (*local, estadio, teatro*) to fill, pack

abarrotero, -a [aβarro'tero, a] (*MÉX*) *nm/f* grocer; **abarrotes** (*MÉX*) *nmpl* groceries; **tienda de abarrotes** (*MÉX, CAM*) grocery store

abastecer [aβaste'θer] *vt*: **~ (de)** to supply (with); **abastecimiento** *nm* supply

abasto [a'βasto] *nm* supply; **no dar ~ a** to be unable to cope with

abatible [aβa'tiβle] *adj*: **asiento ~** tip-up seat; (*Auto*) reclining seat

abatido, -a [aβa'tiðo, a] *adj* dejected, downcast

abatir [aβa'tir] *vt* (*muro*) to demolish; (*pájaro*) to shoot *o* bring down; (*fig*) to depress

abdicar [aβði'kar] *vi* to abdicate

abdomen [aβ'ðomen] *nm* abdomen; **abdominales** *nmpl* (*tb*: **ejercicios abdominales**) sit-ups

abecedario [aβeθe'ðarjo] *nm* alphabet

abedul [aβe'ðul] *nm* birch

abeja [a'βexa] *nf* bee

abejorro [aβe'xorro] *nm* bumblebee

abertura [aβer'tura] *nf* = **apertura**

abeto [a'βeto] *nm* fir

abierto, -a [a'βjerto, a] *pp de* **abrir** ▷ *adj* open

abismal [aβis'mal] *adj* (*fig*) vast, enormous

abismo [a'βismo] *nm* abyss

ablandar [aβlan'dar] *vt* to soften; **ablandarse** *vr* to get softer

abocado, -a [aβo'kaðo, a] *adj* (*vino*) smooth, pleasant

abochornar [aβot∫or'nar] *vt* to embarrass

abofetear [aβofete'ar] *vt* to slap (in the face)

abogado, -a [aβo'ɣaðo, a] *nm/f* lawyer; (*notario*) solicitor; (*en tribunal*) barrister (*BRIT*), attorney (*US*); **abogado defensor** defence lawyer *o* (*US*) attorney

abogar [aβo'ɣar] *vi*: **~ por** to plead for; (*fig*) to advocate

abolir [aβo'lir] *vt* to abolish; (*cancelar*) to cancel

abolladura [aβoʎa'ðura] *nf* dent

abollar [aβo'ʎar] *vt* to dent

abombarse [aβom'barse] (*LAM*) *vr* to go bad

abominable [aβomi'naβle] *adj* abominable

abonado, -a [aβo'naðo, a] *adj* (*deuda*) paid(-up) ▷ *nm/f* subscriber

abonar [aβo'nar] *vt* (*deuda*) to settle; (*terreno*) to fertilize; (*idea*) to endorse; **abonarse** *vr* to subscribe; **abono** *nm* payment; fertilizer; subscription

abordar [aβor'ðar] *vt* (*barco*) to board; (*asunto*) to broach

aborigen [aβo'rixen] *nmf* aborigine

aborrecer [aβorre'θer] *vt* to hate, loathe

abortar [aβor'tar] *vi* (*malparir*) to have a miscarriage; (*deliberadamente*) to have an abortion; **aborto** *nm* miscarriage; abortion

abovedado, -a [aβoβe'ðaðo, a] *adj* vaulted, domed

abrasar [aβra'sar] *vt* to burn (up); (*Agr*) to dry up, parch

abrazar [aβra'θar] *vt* to embrace, hug

abrazo [a'βraθo] *nm* embrace, hug; **un ~** (*en carta*) with best wishes

abrebotellas [aβreβo'teʎas] *nm inv* bottle opener

abrecartas [aβre'kartas] *nm inv* letter opener

abrelatas [aβre'latas] *nm inv* tin (*BRIT*) *o* can opener

abreviatura [aβreβja'tura] *nf* abbreviation

abridor [aβri'ðor] *nm* bottle opener;

(de latas) tin *(BRIT)* o can opener

abrigador, a [aβriɣa'ðor, a] *(MÉX)*
adj warm

abrigar [aβri'ɣar] *vt (proteger)* to
shelter; *(ropa)* to keep warm; *(fig)* to
cherish

abrigo [a'βriɣo] *nm (prenda)* coat,
overcoat; *(lugar protegido)* shelter

abril [a'βril] *nm* April

abrillantador [aβriʎanta'ðor] *nm*
polish

abrillantar [aβriʎan'tar] *vt* to polish

abrir [a'βrir] *vt* to open (up) ▷ *vi*
to open; **abrirse** *vr* to open (up);
(extenderse) to open out; *(cielo)* to clear;
~se paso to find o force a way through

abrochar [aβro'tʃar] *vt (con botones)*
to button (up); *(zapato, con broche)*
to do up

abrupto, -a [a'βrupto, a] *adj* abrupt;
(empinado) steep

absoluto, -a [aβso'luto, a] *adj*
absolute; **en ~** *adv* not at all

absolver [aβsol'βer] *vt* to absolve;
(Jur) to pardon; *(: acusado)* to acquit

absorbente [aβsor'βente] *adj*
absorbent; *(interesante)* absorbing

absorber [aβsor'βer] *vt* to absorb;
(embeber) to soak up

absorción [aβsor'θjon] *nf*
absorption; *(Com)* takeover

abstemio, -a [aβs'temjo, a] *adj*
teetotal

abstención [aβsten'θjon] *nf*
abstention

abstenerse [aβste'nerse] *vr*: **~ (de)** to
abstain o refrain (from)

abstinencia [aβsti'nenθja] *nf*
abstinence; *(ayuno)* fasting

abstracto, -a [aβs'trakto, a] *adj*
abstract

abstraer [aβstra'er] *vt* to abstract;
abstraerse *vr* to be o become
absorbed

abstraído, -a [aβstra'iðo, a] *adj*
absent-minded

absuelto, -a [aβ'swelto] *pp de* **absolver**

absurdo, -a [aβ'surðo, a] *adj* absurd

abuchear [aβutʃe'ar] *vt* to boo

abuelo, -a [a'βwelo, a] *nm/f*
grandfather(-mother); **abuelos** *nmpl*
grandparents

abultado, -a [aβul'taðo, a] *adj* bulky

abultar [aβul'tar] *vi* to be bulky

abundancia [aβun'danθja] *nf*: **una**
~ de plenty of; **abundante** *adj*
abundant, plentiful

abundar [aβun'dar] *vi* to abound,
be plentiful

aburrido, -a [aβu'rriðo, a] *adj*
(hastiado) bored; *(que aburre)* boring;
aburrimiento *nm* boredom, tedium

aburrir [aβu'rrir] *vt* to bore;
aburrirse *vr* to be bored, get bored

abusado, -a [aβu'saðo, a] *(MÉX: fam)*
adj (astuto) sharp, cunning ▷ *excl*: **¡~!**
(inv) look out!, careful!

abusar [aβu'sar] *vi* to go too far; **~**
de to abuse

abusivo, -a [aβu'siβo, a] *adj (precio)*
exorbitant

abuso [a'βuso] *nm* abuse

acá [a'ka] *adv (lugar)* here

acabado, -a [aka'βaðo, a] *adj*
finished, complete; *(perfecto)* perfect;
(agotado) worn out; *(fig)* masterly
▷ *nm* finish

acabar [aka'βar] *vt (llevar a su fin)* to
finish, complete; *(consumir)* to use up;
(rematar) to finish off ▷ *vi* to finish,
end; **acabarse** *vr* to finish, stop;
(terminarse) to be over; *(agotarse)* to run
out; **~ con** to put an end to; **~ de llegar**
to have just arrived; **~ por hacer** to end
(up) by doing; **¡se acabó!** it's all over!;
(¡basta!) that's enough!

acabóse [aka'βose] *nm*: **esto es el ~**
this is the last straw

academia [aka'ðemja] *nf* academy;
academia de idiomas language
school; **académico, -a** *adj* academic

acalorado, -a [akalo'raðo, a] *adj*
(discusión) heated

acampar [akam'par] *vi* to camp

acantilado [akanti'laðo] *nm* cliff

acaparar [akapa'rar] *vt* to

monopolize; (*acumular*) to hoard
acariciar [akari'θjar] *vt* to caress;
(*esperanza*) to cherish
acarrear [akarre'ar] *vt* to transport;
(*fig*) to cause, result in
acaso [a'kaso] *adv* perhaps, maybe;
(por) si ~ (just) in case
acatar [aka'tar] *vt* to respect; (*ley*)
obey
acatarrarse [akata'rrarse] *vr* to
catch a cold
acceder [akθe'ðer] *vi*: **~ a** (*petición
etc*) to agree to; (*tener acceso a*) to have
access to; (*Inform*) to access
accesible [akθe'siβle] *adj* accessible
acceso [ak'θeso] *nm* access, entry;
(*camino*) access, approach; (*Med*)
attack, fit
accesorio, -a [akθe'sorjo, a] *adj*,
nm accessory
accidentado, -a [akθiðen'taðo, a]
adj uneven; (*montañoso*) hilly; (*azaroso*)
eventful ⊳ *nm/f* accident victim
accidental [akθiðen'tal] *adj*
accidental
accidente [akθi'ðente] *nm* accident;
accidentes *nmpl* (*de terreno*)
unevenness *sg*; **accidente laboral** *o* **de
trabajo/de tráfico** industrial/road *o*
traffic accident
acción [ak'θjon] *nf* action; (*acto*)
action, act; (*Com*) share; (*Jur*) action,
lawsuit; **accionar** *vt* to work, operate;
(*Inform*) to drive
accionista [akθjo'nista] *nmf*
shareholder, stockholder
acebo [a'θeβo] *nm* holly; (*árbol*)
holly tree
acechar [aθe'tʃar] *vt* to spy on;
(*aguardar*) to lie in wait for; **acecho**
nm: **estar al acecho (de)** to lie in
wait (for)
aceite [a'θeite] *nm* oil; **aceite de
girasol/oliva** olive/sunflower oil;
aceitera *nf* oilcan; **aceitoso, -a**
adj oily
aceituna [aθei'tuna] *nf* olive;
aceituna rellena stuffed olive

acelerador [aθelera'ðor] *nm*
accelerator
acelerar [aθele'rar] *vt* to accelerate
acelga [a'θelɣa] *nf* chard, beet
acento [a'θento] *nm* accent;
(*acentuación*) stress
acentuar [aθen'twar] *vt* to accent;
to stress; (*fig*) to accentuate
acepción [aθep'θjon] *nf* meaning
aceptable [aθep'taβle] *adj*
acceptable
aceptación [aθepta'θjon] *nf*
acceptance; (*aprobación*) approval
aceptar [aθep'tar] *vt* to accept;
(*aprobar*) to approve; **~ hacer algo** to
agree to do sth
acequia [a'θekja] *nf* irrigation ditch
acera [a'θera] *nf* pavement (*BRIT*),
sidewalk (*US*)
acerca [a'θerka]: **~ de** *prep* about,
concerning
acercar [aθer'kar] *vt* to bring *o* move
nearer; **acercarse** *vr* to approach,
come near
acero [a'θero] *nm* steel
acérrimo, -a [a'θerrimo, a] *adj*
(*partidario*) staunch; (*enemigo*) bitter
acertado, -a [aθer'taðo, a] *adj*
correct; (*apropiado*) apt; (*sensato*)
sensible
acertar [aθer'tar] *vt* (*blanco*) to hit;
(*solución*) to get right; (*adivinar*) to
guess ⊳ *vi* to get it right, be right; **~ a**
to manage to; **~ con** to happen *o* hit on
acertijo [aθer'tixo] *nm* riddle, puzzle
achacar [atʃa'kar] *vt* to attribute
achacoso, -a [atʃa'koso, a] *adj*
sickly
achicar [atʃi'kar] *vt* to reduce; (*Náut*)
to bale out
achicharrar [atʃitʃa'rrar] *vt* to
scorch, burn
achichincle [atʃi'tʃinkle] (*MÉX: fam*)
nmf minion
achicoria [atʃi'korja] *nf* chicory
achuras [a'tʃuras] (*RPL*) *nfpl* offal
sg
acicate [aθi'kate] *nm* spur

acidez [aθi'ðeθ] *nf* acidity

ácido, -a ['aθiðo, a] *adj* sour, acid
▷ *nm* acid

acierto *etc* [a'θjerto] *vb* V **acertar**
▷ *nm* success; (*buen paso*) wise move;
(*solución*) solution; (*habilidad*) skill,
ability

acitronar [aθitro'nar] (*MÉX: fam*) *vt*
to brown

aclamar [akla'mar] *vt* to acclaim;
(*aplaudir*) to applaud

aclaración [aklara'θjon] *nf*
clarification, explanation

aclarar [akla'rar] *vt* to clarify,
explain; (*ropa*) to rinse ▷ *vi* to clear
up; **aclararse** *vr* (*explicarse*) to
understand; **~se la garganta** to clear
one's throat

aclimatación [aklimata'θjon] *nf*
acclimatization

aclimatar [aklima'tar] *vt* to
acclimatic; **aclimatarse** *vr* to
become acclimatized

acné [ak'ne] *nm* acne

acobardar [akoβar'ðar] *vt* to
intimidate

acogedor, a [akoxe'ðor, a] *adj*
welcoming; (*hospitalario*) hospitable

acoger [ako'xer] *vt* to welcome;
(*abrigar*) to shelter

acogida [ako'xiða] *nf* reception;
refuge

acomedido, -a [akome'ðiðo, a]
(*MÉX*) *adj* helpful, obliging

acometer [akome'ter] *vt* to attack;
(*emprender*) to undertake; **acometida**
nf attack, assault

acomodado, -a [akomo'ðaðo, a] *adj*
(*persona*) well-to-do

acomodador, a [akomoða'ðor, a]
nm/f usher(ette)

acomodar [akomo'ðar] *vt* to adjust;
(*alojar*) to accommodate; **acomodarse**
vr to conform; (*instalarse*) to install o.s.;
(*adaptarse*): **~se (a)** to adapt (to)

acompañar [akompa'ɲar] *vt* to
accompany; (*documentos*) to enclose

acondicionar [akondiθjo'nar] *vt* to

arrange, prepare; (*pelo*) to condition

aconsejar [akonse'xar] *vt* to advise,
counsel; **~ a algn hacer** *o* **que haga
algo** to advise sb to do sth

acontecer [akonte'θer] *vi* to happen,
occur; **acontecimiento** *nm* event

acopio [a'kopjo] *nm* store, stock

acoplar [ako'plar] *vt* to fit; (*Elec*) to
connect; (*vagones*) to couple

acorazado, -a [akora'θaðo, a]
adj armour-plated, armoured ▷ *nm*
battleship

acordar [akor'ðar] *vt* (*resolver*) to
agree, resolve; (*recordar*) to remind;
acordarse *vr* to agree; **~ hacer algo**
to agree to do sth; **~se (de algo)** to
remember (sth); **acorde** *adj* (*Mús*)
harmonious; **acorde con** (*medidas etc*)
in keeping with ▷ *nm* chord

acordeón [akorðe'on] *nm* accordion

acordonado, -a [akorðo'naðo, a]
adj (*calle*) cordoned-off

acorralar [akorra'lar] *vt* to round
up, corral

acortar [akor'tar] *vt* to shorten;
(*duración*) to cut short; (*cantidad*) to
reduce; **acortarse** *vr* to become
shorter

acosar [ako'sar] *vt* to pursue
relentlessly; (*fig*) to hound, pester;
acoso *nm* harassment; **acoso sexual**
sexual harassment

acostar [akos'tar] *vt* (*en cama*) to
put to bed; (*en suelo*) to lay down;
acostarse *vr* to go to bed; to lie down;
~se con algn to sleep with sb

acostumbrado, -a [akostum'braðo,
a] *adj* usual; **~ a** used to

acostumbrar [akostum'brar] *vt*: **~
a algn a algo** to get sb used to sth
▷ *vi*: **~ (a) hacer** to be in the habit of
doing; **acostumbrarse** *vr*: **~se a** to
get used to

acotación [akota'θjon] *nf* marginal
note; (*Geo*) elevation mark; (*de
límite*) boundary mark; (*Teatro*) stage
direction

acotamiento [akota'mjento] (*MÉX*)

nm hard shoulder (BRIT), berm (US)

acre ['akre] *adj* (*olor*) acrid; (*fig*) biting ▷ *nm* acre

acreditar [akreði'tar] *vt* (*garantizar*) to vouch for, guarantee; (*autorizar*) to authorize; (*dar prueba de*) to prove; (*Com: abonar*) to credit; (*embajador*) to accredit

acreedor, a [akree'ðor, a] *nm/f* creditor

acribillar [akriβi'ʎar] *vt*: ~ **a balazos** to riddle with bullets

acróbata [a'kroβata] *nmf* acrobat

acta ['akta] *nf* certificate; (*de comisión*) minutes *pl*, record; **acta de matrimonio/nacimiento** (MÉX) marriage/birth certificate; **acta notarial** affidavit

actitud [akti'tuð] *nf* attitude; (*postura*) posture

activar [akti'βar] *vt* to activate; (*acelerar*) to speed up

actividad [aktiβi'ðað] *nf* activity

activo, -a [ak'tiβo, a] *adj* active; (*vivo*) lively ▷ *nm* (*Com*) assets *pl*

acto ['akto] *nm* act, action; (*ceremonia*) ceremony; (*Teatro*) act; **en el ~** immediately

actor [ak'tor] *nm* actor; (*Jur*) plaintiff ▷ *adj*: **parte ~a** prosecution

actriz [ak'triθ] *nf* actress

actuación [aktwa'θjon] *nf* action; (*comportamiento*) conduct, behaviour; (*Jur*) proceedings *pl*; (*desempeño*) performance

actual [ak'twal] *adj* present(-day), current

   No confundir **actual** con la palabra inglesa *actual*.

actualidad *nf* present; **actualidades** *nfpl* (*noticias*) news *sg*; **en la actualidad** at present; (*hoy día*) nowadays; **actualizar** [aktwali'θar] *vt* to update, modernize; **actualmente** [aktwal'mente] *adv* at present; (*hoy día*) nowadays

   No confundir **actualmente** con la palabra inglesa *actually*.

actuar [ak'twar] *vi* (*obrar*) to work, operate; (*actor*) to act, perform ▷ *vt* to work, operate; ~ **de** to act as

acuarela [akwa'rela] *nf* watercolour

acuario [a'kwarjo] *nm* aquarium; (*Astrología*): **A~** Aquarius

acuático, -a [a'kwatiko, a] *adj* aquatic

acudir [aku'ðir] *vi* (*asistir*) to attend; (*ir*) to go; ~ **a** (*fig*) to turn to; ~ **a una cita** to keep an appointment; ~ **en ayuda de** to go to the aid of

acuerdo *etc* [a'kwerðo] *vb* V **acordar** ▷ *nm* agreement; **¡de ~!** agreed!; **de ~ con** (*persona*) in agreement with; (*acción, documento*) in accordance with; **estar de ~** to be agreed, agree

acumular [akumu'lar] *vt* to accumulate, collect

acuñar [aku'ɲar] *vt* (*moneda*) to mint; (*frase*) to coin

acupuntura [akupun'tura] *nf* acupuncture

acurrucarse [akurru'karse] *vr* to crouch; (*ovillarse*) to curl up

acusación [akusa'θjon] *nf* accusation

acusar [aku'sar] *vt* to accuse; (*revelar*) to reveal; (*denunciar*) to denounce

acuse [a'kuse] *nm*: ~ **de recibo** acknowledgement of receipt

acústica [a'kustika] *nf* acoustics *pl*

acústico, -a [a'kustiko, a] *adj* acoustic

adaptación [aðapta'θjon] *nf* adaptation

adaptador [aðapta'ðor] *nm* (*Elec*) adapter, adaptor; **adaptador universal** universal adapter *o* adaptor

adaptar [aðap'tar] *vt* to adapt; (*acomodar*) to fit

adecuado, -a [aðe'kwaðo, a] *adj* (*apto*) suitable; (*oportuno*) appropriate

a. de J.C. *abr* (= *antes de Jesucristo*) B.C.

adelantado, -a [aðelan'taðo, a] *adj* advanced; (*reloj*) fast; **pagar por ~** to pay in advance

adelantamiento [aðelanta'mjento]

nm (*Auto*) overtaking
adelantar [aðelan'tar] *vt* to move
forward; (*avanzar*) to advance; (*acelerar*)
to speed up; (*Auto*) to overtake ▷ *vi* to
go forward, advance; **adelantarse** *vr*
to go forward, advance
adelante [aðe'lante] *adv* forward(s),
ahead ▷ *excl* come in!; **de hoy en ~**
from now on; **más ~** later on; (*más allá*)
further on
adelanto [aðe'lanto] *nm* advance;
(*mejora*) improvement; (*progreso*)
progress
adelgazar [aðelɣa'θar] *vt* to thin
(down) ▷ *vi* to get thin; (*con régimen*) to
slim down, lose weight
ademán [aðe'man] *nm* gesture;
ademanes *nmpl* manners
además [aðe'mas] *adv* besides; (*por
otra parte*) moreover; (*también*) also; **~
de** besides, in addition to
adentrarse [aðen'trarse] *vr*: **~ en**
to go into, get inside; (*penetrar*) to
penetrate (into)
adentro [a'ðentro] *adv* inside, in;
mar ~ out at sea; **tierra ~** inland
adepto, -a [a'ðepto, a] *nm/f*
supporter
aderezar [aðere'θar] *vt* (*ensalada*) to
dress; (*comida*) to season; **aderezo** *nm*
dressing; seasoning
adeudar [aðeu'ðar] *vt* to owe
adherirse [aðe'rirse] *vr*: **~ a** to adhere
to; (*partido*) to join
adhesión [aðe'sjon] *nf* adhesion;
(*fig*) adherence
adicción [aðik'θjon] *nf* addiction
adición [aði'θjon] *nf* addition
adicto, -a [a'ðikto, a] *adj*: **~ a**
addicted to; (*dedicado*) devoted
to ▷ *nm/f* supporter, follower;
(*toxicómano*) addict
adiestrar [aðjes'trar] *vt* to train,
teach; (*conducir*) to guide, lead
adinerado, -a [aðine'raðo, a] *adj*
wealthy
adiós [a'ðjos] *excl* (*para despedirse*)
goodbye!, cheerio!; (*al pasar*) hello!

aditivo [aði'tiβo] *nm* additive
adivinanza [aðiβi'nanθa] *nf* riddle
adivinar [aðiβi'nar] *vt* to prophesy;
(*conjeturar*) to guess; **adivino, -a** *nm/f*
fortune-teller
adj *abr* (=*adjunto*) encl
adjetivo [aðxe'tiβo] *nm* adjective
adjudicar [aðxuði'kar] *vt* to
award; **adjudicarse** *vr*: **~se algo** to
appropriate sth
adjuntar [aðxun'tar] *vt* to attach,
enclose; **adjunto, -a** *adj* attached,
enclosed ▷ *nm/f* assistant
administración [aðministra'θjon]
nf administration; (*dirección*)
management; **administrador, a** *nm/f*
administrator, manager(ess)
administrar [aðminis'trar] *vt* to
administer; **administrativo, -a** *adj*
administrative
admirable [aðmi'raβle] *adj*
admirable
admiración [aðmira'θjon] *nf*
admiration; (*asombro*) wonder; (*Ling*)
exclamation mark
admirar [aðmi'rar] *vt* to admire;
(*extrañar*) to surprise
admisible [aðmi'siβle] *adj*
admissible
admisión [aðmi'sjon] *nf* admission;
(*reconocimiento*) acceptance
admitir [aðmi'tir] *vt* to admit;
(*aceptar*) to accept
adobar [aðo'βar] *vt* (*Culin*) to season
adobe [a'ðoβe] *nm* adobe, sun-dried
brick
adolecer [aðole'θer] *vi*: **~ de** to
suffer from
adolescente [aðoles'θente] *nmf*
adolescent, teenager
adonde [a'ðonde] *conj* (to) where
adónde [a'ðonde] *adv* = **dónde**
adopción [aðop'θjon] *nf* adoption
adoptar [aðop'tar] *vt* to adopt
adoptivo, -a [aðop'tiβo, a] *adj*
(*padres*) adoptive; (*hijo*) adopted
adoquín [aðo'kin] *nm* paving stone
adorar [aðo'rar] *vt* to adore

adornar [aðor'nar] *vt* to adorn

adorno [a'ðorno] *nm* ornament; (*decoración*) decoration

adosado, -a [aðo'saðo, a] *adj*: **casa adosada** semi-detached house

adosar [aðo'sar] (*MÉX*) *vt* (*adjuntar*) to attach, enclose (*with a letter*)

adquiero *etc vb* V **adquirir**

adquirir [aðki'rir] *vt* to acquire, obtain

adquisición [aðkisi'θjon] *nf* acquisition

adrede [a'ðreðe] *adv* on purpose

ADSL *nm abr* broadband

aduana [a'ðwana] *nf* customs *pl*

aduanero, -a [aðwa'nero, a] *adj* customs *cpd* ▷ *nm/f* customs officer

adueñarse [aðwe'ɲarse] *vr*: **~ de** to take possession of

adular [aðu'lar] *vt* to flatter

adulterar [aðulte'rar] *vt* to adulterate

adulterio [aðul'terjo] *nm* adultery

adúltero, -a [a'ðultero, a] *adj* adulterous ▷ *nm/f* adulterer/ adulteress

adulto, -a [a'ðulto, a] *adj, nm/f* adult

adverbio [að'βerβjo] *nm* adverb

adversario, -a [aðβer'sarjo, a] *nm/f* adversary

adversidad [aðβersi'ðað] *nf* adversity; (*contratiempo*) setback

adverso, -a [að'βerso, a] *adj* adverse

advertencia [aðβer'tenθja] *nf* warning; (*prefacio*) preface, foreword

advertir [aðβer'tir] *vt* to notice; (*avisar*): **~ a algn de** to warn sb about o of

Adviento [að'βjento] *nm* Advent

advierto *etc vb* V **advertir**

aéreo, -a [a'ereo, a] *adj* aerial

aerobic [ae'roβik] *nm* aerobics *sg*; **aerobics** (*MÉX*) *nmpl* aerobics *sg*

aeromozo, -a [aero'moθo, a] (*LAM*) *nm/f* air steward(ess)

aeronáutica [aero'nautika] *nf* aeronautics *sg*

aeronave [aero'naβe] *nm* spaceship

aeroplano [aero'plano] *nm* aeroplane

aeropuerto [aero'pwerto] *nm* airport

aerosol [aero'sol] *nm* aerosol

afamado, -a [afa'maðo, a] *adj* famous

afán [a'fan] *nm* hard work; (*deseo*) desire

afanador, a [afana'ðor, a] (*MÉX*) *nm/f* (*de limpieza*) cleaner

afanar [afa'nar] *vt* to harass; (*fam*) to pinch

afear [afe'ar] *vt* to disfigure

afección [afek'θjon] *nf* (*Med*) disease

afectado, -a [afek'taðo, a] *adj* affected

afectar [afek'tar] *vt* to affect

afectísimo, -a [afek'tisimo, a] *adj* affectionate; **suyo ~** yours truly

afectivo, -a [afek'tiβo, a] *adj* (*problema etc*) emotional

afecto [a'fekto] *nm* affection; **tenerle ~ a algn** to be fond of sb

afectuoso, -a [afek'twoso, a] *adj* affectionate

afeitar [afei'tar] *vt* to shave; **afeitarse** *vr* to shave

afeminado, -a [afemi'naðo, a] *adj* effeminate

Afganistán [afɣanis'tan] *nm* Afghanistan

afianzar [afjan'θar] *vt* to strengthen; to secure; **afianzarse** *vr* to become established

afiche [a'fitʃe] (*RPL*) *nm* poster

afición [afi'θjon] *nf* fondness, liking; **la ~** the fans *pl*; **pinto por ~** I paint as a hobby; **aficionado, -a** *adj* keen, enthusiastic; (*no profesional*) amateur ▷ *nm/f* enthusiast, fan; amateur; **ser aficionado a algo** to be very keen on o fond of sth

aficionar [afiθjo'nar] *vt*: **~ a algn a algo** to make sb like sth; **aficionarse** *vr*: **~se a algo** to grow fond of sth

afilado, -a [afi'laðo, a] *adj* sharp

afilar [afi'lar] *vt* to sharpen

afiliarse [afi'ljarse] *vr* to affiliate

afín [a'fin] *adj* (*parecido*) similar; (*conexo*) related

afinar [afi'nar] *vt* (*Tec*) to refine; (*Mús*) to tune ▷ *vi* (*tocar*) to play in tune; (*cantar*) to sing in tune

afincarse [afin'karse] *vr* to settle

afinidad [afini'ðað] *nf* affinity; (*parentesco*) relationship; **por ~** by marriage

afirmación [afirma'θjon] *nf* affirmation

afirmar [afir'mar] *vt* to affirm, state; **afirmativo, -a** *adj* affirmative

afligir [afli'xir] *vt* to afflict; (*apenar*) to distress

aflojar [aflo'xar] *vt* to slacken; (*desatar*) to loosen, undo; (*relajar*) to relax ▷ *vi* to drop; (*bajar*) to go down; **aflojarse** *vr* to relax

afluente [aflu'ente] *adj* flowing ▷ *nm* tributary

afmo, -a *abr* (= *afectísimo(a) suyo(a)*) Yours

afónico, -a [a'foniko, a] *adj*: **estar ~** to have a sore throat; to have lost one's voice

aforo [a'foro] *nm* (*de teatro etc*) capacity

afortunado, -a [afortu'naðo, a] *adj* fortunate, lucky

África ['afrika] *nf* Africa; **África del Sur** South Africa; **africano, -a** *adj*, *nm/f* African

afrontar [afron'tar] *vt* to confront; (*poner cara a cara*) to bring face to face

afrutado, -a [afru'taðo, a] *adj* fruity

after ['after] (*pl* **~s**) *nm* after-hours club; **afterhours** [after'aurs] *nm inv* = **after**

afuera [a'fwera] *adv* out, outside; **afueras** *nfpl* outskirts

agachar [aɣa'tʃar] *vt* to bend, bow; **agacharse** *vr* to stoop, bend

agalla [a'ɣaʎa] *nf* (*Zool*) gill; **tener ~s** (*fam*) to have guts

agarradera [aɣarra'ðera] (*MÉX*) *nf* handle

agarrado, -a [aɣa'rraðo, a] *adj* mean, stingy

agarrar [aɣa'rrar] *vt* to grasp, grab; (*LAM: tomar*) to take, catch; (*recoger*) to pick up ▷ *vi* (*planta*) to take root; **agarrarse** *vr* to hold on (tightly)

agencia [a'xenθja] *nf* agency; **agencia de viajes** travel agency; **agencia inmobiliaria** estate (*BRIT*) *o* real estate (*US*) agent's (office)

agenciarse [axen'θjarse] *vr* to obtain, procure

agenda [a'xenda] *nf* diary; **~ electronica** PDA

░ No confundir **agenda** con la palabra inglesa *agenda*.

agente [a'xente] *nmf* agent; (*tb*: **~ de policía**) policeman/policewoman; **agente de seguros** insurance agent; **agente de tránsito** (*MÉX*) traffic cop; **agente inmobiliario** estate agent (*BRIT*), realtor (*US*)

ágil ['axil] *adj* agile, nimble; **agilidad** *nf* agility, nimbleness

agilizar [axili'θar] *vt* (*trámites*) to speed up

agiotista [axjo'tista] (*MÉX*) *nmf* (*usurero*) usurer

agitación [axita'θjon] *nf* (*de mano etc*) shaking, waving; (*de líquido etc*) stirring; (*fig*) agitation

agitado, -a [axi'aðo, a] *adj* hectic; (*viaje*) bumpy

agitar [axi'tar] *vt* to wave, shake; (*líquido*) to stir; (*fig*) to stir up, excite; **agitarse** *vr* to get excited; (*inquietarse*) to get worried *o* upset

aglomeración [aɣlomera'θjon] *nf* agglomeration; **aglomeración de gente/tráfico** mass of people/traffic jam

agnóstico, -a [aɣ'nostiko, a] *adj*, *nm/f* agnostic

agobiar [aɣo'βjar] *vt* to weigh down; (*oprimir*) to oppress; (*cargar*) to burden

agolparse [aɣol'parse] *vr* to crowd together

agonía [aɣo'nia] *nf* death throes *pl*;

(*fig*) agony, anguish

agonizante [aɣoniˈθante] *adj* dying

agonizar [aɣoniˈθar] *vi* to be dying

agosto [aˈɣosto] *nm* August

agotado, -a [aɣoˈtaðo, a] *adj* (*persona*) exhausted; (*libros*) out of print; (*acabado*) finished; (*Com*) sold out; **agotador, a** [aɣotaˈðor, a] *adj* exhausting

agotamiento [aɣotaˈmjento] *nm* exhaustion

agotar [aɣoˈtar] *vt* to exhaust; (*consumir*) to drain; (*recursos*) to use up, deplete; **agotarse** *vr* to be exhausted; (*acabarse*) to run out; (*libro*) to go out of print

agraciado, -a [aɣraˈθjaðo, a] *adj* (*atractivo*) attractive; (*en sorteo etc*) lucky

agradable [aɣraˈðaβle] *adj* pleasant, nice

agradar [aɣraˈðar] *vt*: **él me agrada** I like him

agradecer [aɣraðeˈθer] *vt* to thank; (*favor etc*) to be grateful for; **agradecido, -a** *adj* grateful; **¡muy agradecido!** thanks a lot!; **agradecimiento** *nm* thanks *pl*; gratitude

agradezco *etc vb* V **agradecer**

agrado [aˈɣraðo] *nm*: **ser de tu** *etc* **~** to be to your *etc* liking

agrandar [aɣranˈdar] *vt* to enlarge; (*fig*) to exaggerate; **agrandarse** *vr* to get bigger

agrario, -a [aˈɣrarjo, a] *adj* agrarian, land *cpd*; (*política*) agricultural, farming

agravante [aɣraˈβante] *adj* aggravating ▷ *nm*: **con el ~ de que ...** with the further difficulty that ...

agravar [aɣraˈβar] *vt* (*pesar sobre*) to make heavier; (*irritar*) to aggravate; **agravarse** *vr* to worsen, get worse

agraviar [aɣraˈβjar] *vt* to offend; (*ser injusto con*) to wrong

agredir [aɣreˈðir] *vt* to attack

agregado, -a [aɣreˈɣaðo, a] *nm/f*: **A~** ≈ teacher (*who is not head of department*)

▷ *nm* aggregate; (*persona*) attaché

agregar [aɣreˈɣar] *vt* to gather; (*añadir*) to add; (*persona*) to appoint

agresión [aɣreˈsjon] *nf* aggression

agresivo, -a [aɣreˈsiβo, a] *adj* aggressive

agriar [aˈɣrjar] *vt* to (turn) sour

agrícola [aˈɣrikola] *adj* farming *cpd*, agricultural

agricultor, a [aɣrikulˈtor, a] *nm/f* farmer

agricultura [aɣrikulˈtura] *nf* agriculture, farming

agridulce [aɣriˈðulθe] *adj* bittersweet; (*Culin*) sweet and sour

agrietarse [aɣrjeˈtarse] *vr* to crack; (*piel*) to chap

agrio, -a [ˈaɣrjo, a] *adj* bitter

agrupación [aɣrupaˈθjon] *nf* group; (*acto*) grouping

agrupar [aɣruˈpar] *vt* to group

agua [ˈaɣwa] *nf* water; (*Náut*) wake; (*Arq*) slope of a roof; **aguas** *nfpl* (*de piedra*) water *sg*, sparkle *sg*; (*Med*) water *sg*, urine *sg*; (*Náut*) waters; **agua bendita/destilada/potable** holy/distilled/drinking water; **agua caliente** hot water; **agua corriente** running water; **agua de colonia** eau de cologne; **agua mineral (con/sin gas)** (sparkling/still) mineral water; **agua oxigenada** hydrogen peroxide; **aguas abajo/arriba** downstream/ upstream; **aguas jurisdiccionales** territorial waters

aguacate [aɣwaˈkate] *nm* avocado (pear)

aguacero [aɣwaˈθero] *nm* (heavy) shower, downpour

aguado, -a [aˈɣwaðo, a] *adj* watery, watered down

aguafiestas [aɣwaˈfjestas] *nmf inv* spoilsport, killjoy

aguamiel [aɣwaˈmjel] (*MÉX*) *nf* fermented maguey *o* agave juice

aguanieve [aɣwaˈnjeβe] *nf* sleet

aguantar [aɣwanˈtar] *vt* to bear, put up with; (*sostener*) to hold up ▷ *vi* to

last; **aguantarse** *vr* to restrain o.s.;
aguante *nm* (*paciencia*) patience;
(*resistencia*) endurance
aguar [a'ɣwar] *vt* to water down
aguardar [aɣwar'ðar] *vt* to wait for
aguardiente [aɣwar'ðjente] *nm*
brandy, liquor
aguarrás [aɣwa'rras] *nm* turpentine
aguaviva [aɣwa'biβa] (*RPL*) *nf*
jellyfish
agudeza [aɣu'ðeθa] *nf* sharpness;
(*ingenio*) wit
agudo, -a [a'ɣuðo, a] *adj* sharp;
(*voz*) high-pitched, piercing; (*dolor,
enfermedad*) acute
agüero [a'ɣwero] *nm*: **buen/mal ~**
good/bad omen
aguijón [aɣi'xon] *nm* sting; (*fig*) spur
águila ['aɣila] *nf* eagle; (*fig*) genius
aguileño, -a [aɣi'leɲo, a] *adj* (*nariz*)
aquiline; (*rostro*) sharp-featured
aguinaldo [aɣi'naldo] *nm* Christmas
box
aguja [a'ɣuxa] *nf* needle; (*de reloj*)
hand; (*Arq*) spire; (*Tec*) firing-pin;
agujas *nfpl* (*Zool*) ribs; (*Ferro*) points
agujerear [aɣuxere'ar] *vt* to make
holes in
agujero [aɣu'xero] *nm* hole
agujetas [aɣu'xetas] *nfpl* stitch *sg*;
(*rigidez*) stiffness *sg*
ahí [a'i] *adv* there; **de ~ que** so that,
with the result that; **~ llega** here he
comes; **por ~** that way; (*allá*) over
there; **200 o por ~** 200 or so
ahijado, -a [ai'xaðo, a] *nm/f*
godson/daughter
ahogar [ao'ɣar] *vt* to drown; (*asfixiar*)
to suffocate, smother; (*fuego*) to put
out; **ahogarse** *vr* (*en el agua*) to drown;
(*por asfixia*) to suffocate
ahogo [a'oɣo] *nm* breathlessness;
(*fig*) financial difficulty
ahondar [aon'dar] *vt* to deepen,
make deeper; (*fig*) to study thoroughly
▷ *vi*: **~ en** to study thoroughly
ahora [a'ora] *adv* now; (*hace poco*)
a moment ago, just now; (*dentro de*

poco) in a moment; **~ voy** I'm coming;
~ mismo right now; **~ bien** now then;
por ~ for the present
ahorcar [aor'kar] *vt* to hang
ahorita [ao'rita] (*fam*) *adv* (*LAM: en
este momento*) right now; (*MÉX: hace
poco*) just now; (*: dentro de poco*) in a
minute
ahorrar [ao'rrar] *vt* (*dinero*) to save;
(*esfuerzos*) to save, avoid; **ahorro** *nm*
(*acto*) saving; **ahorros** *nmpl* (*dinero*)
savings
ahuecar [awe'kar] *vt* to hollow (out);
(*voz*) to deepen; **ahuecarse** *vr* to give
o.s. airs
ahumar [au'mar] *vt* to smoke, cure;
(*llenar de humo*) to fill with smoke ▷ *vi*
to smoke; **ahumarse** *vr* to fill with
smoke
ahuyentar [aujen'tar] *vt* to drive off,
frighten off; (*fig*) to dispel
aire ['aire] *nm* air; (*viento*) wind;
(*corriente*) draught; (*Mús*) tune;
al ~ libre in the open air; **aire
acondicionado** air conditioning;
airear *vt* to air; **airearse** *vr* (*persona*)
to go out for a breath of fresh air;
airoso, -a *adj* windy; draughty; (*fig*)
graceful
aislado, -a [ais'laðo, a] *adj* isolated;
(*incomunicado*) cut-off; (*Elec*) insulated
aislar [ais'lar] *vt* to isolate; (*Elec*) to
insulate
ajardinado, -a [axarði'naðo, a] *adj*
landscaped
ajedrez [axe'ðreθ] *nm* chess
ajeno, -a [a'xeno, a] *adj* (*que
pertenece a otro*) somebody else's; **~ a**
foreign to
ajetreado, -a [axetre'aðo, a] *adj*
busy
ajetreo [axe'treo] *nm* bustle
ají [a'xi] (*cs*) *nm* chil(l)i, red pepper;
(*salsa*) chil(l)i sauce
ajillo [a'xiʎo] *nm*: **gambas al ~** garlic
prawns
ajo ['axo] *nm* garlic
ajuar [a'xwar] *nm* household

furnishings pl; (de novia) trousseau; (de niño) layette

ajustado, -a [axus'taðo, a] adj (tornillo) tight; (cálculo) right; (ropa) tight(-fitting); (resultado) close

ajustar [axus'tar] vt (adaptar) to adjust; (encajar) to fit; (Tec) to engage; (Imprenta) to make up; (apretar) to tighten; (concertar) to agree (on); (reconciliar) to reconcile; (cuentas, deudas) to settle ▷ vi to fit; **ajustarse** vr: **~se a** (precio etc) to be in keeping with, fit in with; **~ las cuentas a algn** to get even with sb

ajuste [a'xuste] nm adjustment; (Costura) fitting; (acuerdo) compromise; (de cuenta) settlement

al [al] = **a + el**; V **a**

ala ['ala] nf wing; (de sombrero) brim; winger; **ala delta** nf hang-glider

alabanza [ala'βanθa] nf praise

alabar [ala'βar] vt to praise

alacena [ala'θena] nf kitchen cupboard (BRIT) o closet (US)

alacrán [ala'kran] nm scorpion

alambrada [alam'braða] nf wire fence; (red) wire netting

alambre [a'lambre] nm wire; **alambre de púas** barbed wire

alameda [ala'meða] nf (plantío) poplar grove; (lugar de paseo) avenue, boulevard

álamo ['alamo] nm poplar

alarde [a'larðe] nm show, display; **hacer ~ de** to boast of

alargador [alarxa'ðor] nm (Elec) extension lead

alargar [alar'xar] vt to lengthen, extend; (paso) to hasten; (brazo) to stretch out; (cuerda) to pay out; (conversación) to spin out; **alargarse** vr to get longer

alarma [a'larma] nf alarm; **alarma de incendios** fire alarm; **alarmar** vt to alarm; **alarmarse** to get alarmed; **alarmante** [alar'mante] adj alarming

alba ['alβa] nf dawn

albahaca [al'βaka] nf basil

Albania [al'βanja] nf Albania

albañil [alβa'ɲil] nm bricklayer; (cantero) mason

albarán [alβa'ran] nm (Com) delivery note, invoice

albaricoque [alβari'koke] nm apricot

albedrío [alβe'ðrio] nm: **libre ~** free will

alberca [al'βerka] nf reservoir; (MÉX: piscina) swimming pool

albergar [alβer'xar] vt to shelter

albergue etc [al'βerxe] vb V **albergar** ▷ nm shelter, refuge; **albergue juvenil** youth hostel

albóndiga [al'βondixa] nf meatball

albornoz [alβor'noθ] nm (de los árabes) burnous; (para el baño) bathrobe

alborotar [alβoro'tar] vi to make a row ▷ vt to agitate, stir up; **alborotarse** vr to get excited; (mar) to get rough; **alboroto** nm row, uproar

álbum ['alβum] (pl **~s, ~es**) nm album; **álbum de recortes** scrapbook

albur [al'βur] (MÉX) nm (juego de palabras) pun; (doble sentido) double entendre

alcachofa [alka'tʃofa] nf artichoke

alcalde, -esa [al'kalde, esa] nm/f mayor(ess)

alcaldía [alkal'dia] nf mayoralty; (lugar) mayor's office

alcance etc [al'kanθe] vb V **alcanzar** ▷ nm reach; (Com) adverse balance; **al ~ de algn** available to sb

alcancía [alkan'θia] (LAM) nf (para ahorrar) money box; (para colectas) collection box

alcantarilla [alkanta'riʎa] nf (de aguas cloacales) sewer; (en la calle) gutter

alcanzar [alkan'θar] vt (algo: con la mano, el pie) to reach; (alguien: en el camino etc) to catch up (with); (autobús) to catch; (bala) to hit, strike ▷ vi (ser suficiente) to be enough; **~ a hacer** to manage to do

alcaparra [alka'parra] nf caper

alcayata [alka'jata] nf hook

alcázar [al'kaθar] nm fortress; (*Náut*) quarter-deck

alcoba [al'koβa] nf bedroom

alcohol [al'kol] nm alcohol; **alcohol metílico** methylated spirits pl (*BRIT*), wood alcohol (*US*); **alcohólico, -a** adj, nm/f alcoholic; **alcoholímetro** [alko'limetro] nm Breathalyser® (*BRIT*), drunkometer (*US*); **alcoholismo** [alko'lismo] nm alcoholism

alcornoque [alkor'noke] nm cork tree; (*fam*) idiot

aldea [al'dea] nf village; **aldeano, -a** adj village cpd ▷ nm/f villager

aleación [alea'θjon] nf alloy

aleatorio, -a [alea'torjo, a] adj random

aleccionar [alekθjo'nar] vt to instruct; (*adiestrar*) to train

alegar [ale'xar] vt to claim; (*Jur*) to plead ▷ vi (*LAM: discutir*) to argue

alegoría [alexo'ria] nf allegory

alegrar [ale'xrar] vt (*causar alegría*) to cheer (up); (*fuego*) to poke; (*fiesta*) to liven up; **alegrarse** vr (*fam*) to get merry o tight; **~se de** to be glad about

alegre [a'leɣre] adj happy, cheerful; (*fam*) merry, tight; (*chiste*) risqué, blue; **alegría** nf happiness; merriment

alejar [ale'xar] vt to remove; (*fig*) to estrange; **alejarse** vr to move away

alemán, -ana [ale'man, ana] adj, nm/f German ▷ nm (*Ling*) German

Alemania [ale'manja] nf Germany

alentador, a [alenta'ðor, a] adj encouraging

alentar [alen'tar] vt to encourage

alergia [a'lerxja] nf allergy

alero [a'lero] nm (*de tejado*) eaves pl; (*guardabarros*) mudguard

alerta [a'lerta] adj, nm alert

aleta [a'leta] nf (*de pez*) fin; (*ala*) wing; (*de foca, Deporte*) flipper; (*Auto*) mudguard

aletear [alete'ar] vi to flutter

alevín [ale'βin] nm fry, young fish

alevosía [aleβo'sia] nf treachery

alfabeto [alfa'βeto] nm alphabet

alfalfa [al'falfa] nf alfalfa, lucerne

alfarería [alfare'ria] nf pottery; (*tienda*) pottery shop; **alfarero, -a** nm/f potter

alféizar [al'feiθar] nm window-sill

alférez [al'fereθ] nm (*Mil*) second lieutenant; (*Náut*) ensign

alfil [al'fil] nm (*Ajedrez*) bishop

alfiler [alfi'ler] nm pin; (*broche*) clip

alfombra [al'fombra] nf carpet; (*más pequeña*) rug; **alfombrilla** nf rug, mat; (*Inform*) mouse mat o pad

alforja [al'forxa] nf saddlebag

algas ['alxas] nfpl seaweed

álgebra ['alxeβra] nf algebra

algo ['alxo] pron something; anything ▷ adv somewhat, rather; **¿~ más?** anything else?; (*en tienda*) is that all?; **por ~ será** there must be some reason for it

algodón [alxo'ðon] nm cotton; (*planta*) cotton plant; **algodón de azúcar** candy floss (*BRIT*), cotton candy (*US*); **algodón hidrófilo** cotton wool (*BRIT*), absorbent cotton (*US*)

alguien ['alxjen] pron someone, somebody; (*en frases interrogativas*) anyone, anybody

alguno, -a [al'xuno, a] adj (*delante de nm*): **algún** some; (*después de n*): **no tiene talento ~** he has no talent, he doesn't have any talent ▷ pron (*alguien*) someone, somebody; **algún que otro libro** some book or other; **algún día iré** I'll go one o some day; **sin interés ~** without the slightest interest; **~ que otro** an occasional one; **~s piensan** some (people) think

alhaja [a'laxa] nf jewel; (*tesoro*) precious object, treasure

alhelí [ale'li] nm wallflower, stock

aliado, -a [a'ljaðo, a] adj allied

alianza [a'ljanθa] nf alliance; (*anillo*) wedding ring

aliar [a'ljar] vt to ally; **aliarse** vr to form an alliance

alias ['aljas] *adv* alias

alicatado [alika'taðo] (*ESP*) *nm* tiling

alicates [ali'kates] *nmpl* pliers

aliciente [ali'θjente] *nm* incentive; (*atracción*) attraction

alienación [aljena'θjon] *nf* alienation

aliento [a'ljento] *nm* breath; (*respiración*) breathing; **sin ~** breathless

aligerar [alixe'rar] *vt* to lighten; (*reducir*) to shorten; (*aliviar*) to alleviate; (*mitigar*) to ease; (*paso*) to quicken

alijo [a'lixo] *nm* consignment

alimaña [ali'maɲa] *nf* pest

alimentación [alimenta'θjon] *nf* (*comida*) food; (*acción*) feeding; (*tienda*) grocer's (shop)

alimentar [alimen'tar] *vt* to feed; (*nutrir*) to nourish; **alimentarse** *vr* to feed

alimenticio, -a [alimen'tiθjo, a] *adj* food *cpd*; (*nutritivo*) nourishing, nutritious

alimento [ali'mento] *nm* food; (*nutrición*) nourishment

alineación [alinea'θjon] *nf* alignment; (*Deporte*) line-up

alinear [aline'ar] *vt* to align; (*Deporte*) to select, pick

aliñar [ali'ɲar] *vt* (*Culin*) to season; **aliño** *nm* (*Culin*) dressing

alioli [ali'oli] *nm* garlic mayonnaise

alisar [ali'sar] *vt* to smooth

alistarse [alis'tarse] *vr* to enlist; (*inscribirse*) to enrol

aliviar [ali'βjar] *vt* (*carga*) to lighten; (*persona*) to relieve; (*dolor*) to relieve, alleviate

alivio [a'liβjo] *nm* alleviation, relief

aljibe [al'xiβe] *nm* cistern

allá [a'ʎa] *adv* (*lugar*) there; (*por ahí*) over there; (*tiempo*) then; **~ abajo** down there; **más ~** further on; **más ~ de** beyond; **¡~ tú!** that's your problem!; **¡~ voy!** I'm coming!

allanamiento [aʎana'mjento] *nm* (*LAM: de policía*) raid; **allanamiento de**

morada burglary

allanar [aʎa'nar] *vt* to flatten, level (out); (*igualar*) to smooth (out); (*fig*) to subdue; (*Jur*) to burgle, break into

allegado, -a [aʎe'ɣaðo, a] *adj* near, close ▷ *nm/f* relation

allí [a'ʎi] *adv* there; **~ mismo** right there; **por ~** over there; (*por ese camino*) that way

alma ['alma] *nf* soul; (*persona*) person

almacén [alma'θen] *nm* (*depósito*) warehouse, store; (*Mil*) magazine; (*CS: de comestibles*) grocer's (shop); **grandes almacenes** department store *sg*; **almacenaje** *nm* storage

almacenar [almaθe'nar] *vt* to store, put in storage; (*proveerse*) to stock up with

almanaque [alma'nake] *nm* almanac

almeja [al'mexa] *nf* clam

almendra [al'mendra] *nf* almond; **almendro** *nm* almond tree

almíbar [al'miβar] *nm* syrup

almidón [almi'ðon] *nm* starch

almirante [almi'rante] *nm* admiral

almohada [almo'aða] *nf* pillow; (*funda*) pillowcase; **almohadilla** *nf* cushion; (*para alfileres*) pincushion; (*Tec*) pad

almohadón [almoa'ðon] *nm* large pillow; bolster

almorranas [almo'rranas] *nfpl* piles, haemorrhoids

almorzar [almor'θar] *vt*: **~ una tortilla** to have an omelette for lunch ▷ *vi* to (have) lunch

almuerzo *etc* [al'mwerθo] *vb* V **almorzar** ▷ *nm* lunch

alocado, -a [alo'kaðo, a] *adj* crazy

alojamiento [aloxa'mjento] *nm* lodging(s) *pl*; (*viviendas*) housing

alojar [alo'xar] *vt* to lodge; **alojarse** *vr* to lodge, stay

alondra [a'londra] *nf* lark, skylark

alpargata [alpar'ɣata] *nf* rope-soled sandal, espadrille

Alpes ['alpes] *nmpl*: **los ~** the Alps

alpinismo [alpi'nismo] nm
mountaineering, climbing; **alpinista**
nmf mountaineer, climber

alpiste [al'piste] nm birdseed

alquilar [alki'lar] vt
(propietario: inmuebles) to let, rent
(out); (: coche) to hire out; (: TV) to rent
(out); (alquilador: inmuebles, TV) to rent;
(: coche) to hire; **"se alquila casa"**
"house to let (BRIT) o for rent (US)"

alquiler [alki'ler] nm renting; letting;
hiring; (arriendo) rent; hire charge; **de
~** for hire; **alquiler de automóviles** o
coches car hire

alquimia [al'kimja] nf alchemy

alquitrán [alki'tran] nm tar

alrededor [alreðe'ðor] adv around,
about; **~ de** around, about; **mirar
a su ~** to look (round) about one;
alrededores nmpl surroundings

alta ['alta] nf (certificate of)
discharge

altar [al'tar] nm altar

altavoz [alta'βoθ] nm loudspeaker;
(amplificador) amplifier

alteración [altera'θjon] nf
alteration; (alboroto) disturbance

alterar [alte'rar] vt to alter; to
disturb; **alterarse** vr (persona) to
get upset

altercado [alter'kaðo] nm argument

alternar [alter'nar] vt to alternate
▷ vi to alternate; (turnar) to take turns;
alternarse vr to alternate; to take
turns; **~ con** to mix with; **alternativa**
nf alternative; (elección) choice;
alternativo, -a adj alternative;
(alterno) alternating; **alterno, -a** adj
alternate; (Elec) alternating

Alteza [al'teθa] nf (tratamiento)
Highness

altibajos [alti'βaxos] nmpl ups and
downs

altiplano [alti'plano] nm =
altiplanicie

altisonante [altiso'nante] adj high-
flown, high-sounding

altitud [alti'tuð] nf height; (Aviac,

Geo) altitude

altivo, -a [al'tiβo, a] adj haughty,
arrogant

alto, -a ['alto, a] adj high; (persona)
tall; (sonido) high, sharp; (noble) high,
lofty ▷ nm halt; (Mús) alto; (Geo) hill
▷ adv (de sitio) high; (de sonido) loud,
loudly ▷ excl halt!; **la pared tiene
2 metros de ~** the wall is 2 metres
high; **en alta mar** on the high seas;
en voz alta in a loud voice; **las altas
horas de la noche** the small o wee
hours; **en lo ~ de** at the top of; **pasar
por ~** to overlook; **altoparlante**
[altopar'lante] (LAM) nm loudspeaker

altura [al'tura] nf height; (Náut)
depth; (Geo) latitude; **la pared tiene
1.80 de ~** the wall is 1 metre 80cm high;
a estas ~s at this stage; **a estas ~s del
año** at this time of the year

alubia [a'luβja] nf bean

alucinación [aluθina'θjon] nf
hallucination

alucinar [aluθi'nar] vi to hallucinate
▷ vt to deceive; (fascinar) to fascinate

alud [a'luð] nm avalanche; (fig) flood

aludir [alu'ðir] vi: **~ a** to allude to;
darse por aludido to take the hint

alumbrado [alum'braðo] nm
lighting

alumbrar [alum'brar] vt to light (up)
▷ vi (Med) to give birth

aluminio [alu'minjo] nm aluminium
(BRIT), aluminum (US)

alumno, -a [a'lumno, a] nm/f pupil,
student

alusión [alu'sjon] nf allusion

alusivo, -a [alu'siβo, a] adj allusive

aluvión [alu'βjon] nm alluvium;
(fig) flood

alverja [al'βerxa] (LAM) nf pea

alza ['alθa] nf rise; (Mil) sight

alzamiento [alθa'mjento] nm
(rebelión) rising

alzar [al'θar] vt to lift (up); (precio,
muro) to raise; (cuello de abrigo) to
turn up; (Agr) to gather in; (Imprenta)
to gather; **alzarse** vr to get up,

rise; (*rebelarse*) to revolt; (*Com*) to go
fraudulently bankrupt; (*Jur*) to appeal

ama ['ama] *nf* lady of the house;
(*dueña*) owner; (*institutriz*) governess;
(*madre adoptiva*) foster mother; **ama
de casa** housewife; **ama de llaves**
housekeeper

amabilidad [amaβili'ðað] *nf*
kindness; (*simpatía*) niceness; **amable**
adj kind; nice; **es usted muy amable**
that's very kind of you

amaestrado, -a [amaes'traðo, a]
adj (*animal: en circo etc*) performing

amaestrar [amaes'trar] *vt* to train

amago [a'maɣo] *nm* threat; (*gesto*)
threatening gesture; (*Med*) symptom

amainar [amai'nar] *vi* (*viento*) to
die down

amamantar [amaman'tar] *vt* to
suckle, nurse

amanecer [amane'θer] *vi* to dawn
▷ *nm* dawn; **~ afiebrado** to wake up
with a fever

amanerado, -a [amane'raðo, a]
adj affected

amante [a'mante] *adj*: **~ de** fond of
▷ *nmf* lover

amapola [ama'pola] *nf* poppy

amar [a'mar] *vt* to love

amargado, -a [amar'ɣaðo, a] *adj*
bitter

amargar [amar'ɣar] *vt* to make
bitter; (*fig*) to embitter; **amargarse** *vr*
to become embittered

amargo, -a [a'marɣo, a] *adj* bitter

amarillento, -a [amari'ʎento, a]
adj yellowish; (*tez*) sallow; **amarillo, -a**
adj, nm yellow

amarrado, -a [ama'rraðo, a]
(*MÉx: fam*) *adj* mean, stingy

amarrar [ama'rrar] *vt* to moor;
(*sujetar*) to tie up

amarras [a'marras] *nfpl*: **soltar ~**
to set sail

amasar [ama'sar] *vt* (*masa*) to knead;
(*mezclar*) to mix, prepare; (*confeccionar*)
to concoct

amateur [ama'ter] *nmf* amateur

amazona [ama'θona] *nf*
horsewoman; **Amazonas** *nm*: **el
Amazonas** the Amazon

ámbar ['ambar] *nm* amber

ambición [ambi'θjon] *nf* ambition;
ambicionar *vt* to aspire to;
ambicioso, -a *adj* ambitious

ambidextro, -a [ambi'ðekstro, a] .
adj ambidextrous

ambientación [ambjenta'θjon] *nf*
(*Cine, Teatro etc*) setting; (*Radio*) sound
effects

ambiente [am'bjente] *nm*
atmosphere; (*medio*) environment

ambigüedad [ambiɣwe'ðað]
nf ambiguity; **ambiguo, -a** *adj*
ambiguous

ámbito ['ambito] *nm* (*campo*) field;
(*fig*) scope

ambos, -as ['ambos, as] *adj pl, pron
pl* both

ambulancia [ambu'lanθja] *nf*
ambulance

ambulante [ambu'lante] *adj*
travelling *cpd*, itinerant

ambulatorio [ambula'torio] *nm*
state health-service clinic

amén [a'men] *excl* amen; **~ de**
besides

amenaza [ame'naθa] *nf* threat;
amenazar [amena'θar] *vt* to
threaten ▷ *vi*: **amenazar con hacer** to
threaten to do

ameno, -a [a'meno, a] *adj* pleasant

América [a'merika] *nf* America;
América Central/Latina Central/
Latin America; **América del Norte/del
Sur** North/South America; **americana**
nf coat, jacket; *V tb* **americano**;
americano, -a *adj, nm/f* American

ametralladora [ametraʎa'ðora] *nf*
machine gun

amigable [ami'ɣaβle] *adj* friendly

amígdala [a'miɣðala] *nf* tonsil;
amigdalitis *nf* tonsillitis

amigo, -a [a'miɣo, a] *adj* friendly
▷ *nm/f* friend; (*amante*) lover; **ser ~ de
algo** to be fond of sth; **ser muy ~s** to be

close friends

aminorar [amino'rar] *vt* to diminish; (*reducir*) to reduce; **~ la marcha** to slow down

amistad [amis'tað] *nf* friendship; **amistades** *nfpl* (*amigos*) friends; **amistoso, -a** *adj* friendly

amnesia [am'nesja] *nf* amnesia

amnistía [amnis'tia] *nf* amnesty

amo ['amo] *nm* owner; (*jefe*) boss

amolar [amo'lar] (*MÉX: fam*) *vt* to ruin, damage

amoldar [amol'dar] *vt* to mould; (*adaptar*) to adapt

amonestación [amonesta'θjon] *nf* warning; **amonestaciones** *nfpl* (*Rel*) marriage banns

amonestar [amones'tar] *vt* to warn; (*Rel*) to publish the banns of

amontonar [amonto'nar] *vt* to collect, pile up; **amontonarse** *vr* to crowd together; (*acumularse*) to pile up

amor [a'mor] *nm* love; (*amante*) lover; **hacer el ~** to make love; **amor propio** self-respect

amoratado, -a [amora'taðo, a] *adj* purple

amordazar [amorða'θar] *vt* to muzzle; (*fig*) to gag

amorfo, -a [a'morfo, a] *adj* amorphous, shapeless

amoroso, -a [amo'roso, a] *adj* affectionate, loving

amortiguador [amortigwa'ðor] *nm* shock absorber; (*parachoques*) bumper; **amortiguadores** *nmpl* (*Auto*) suspension *sg*

amortiguar [amorti'xwar] *vt* to deaden; (*ruido*) to muffle; (*color*) to soften

amotinar [amoti'nar] *vt* to stir up, incite (to riot); **amotinarse** *vr* to mutiny

amparar [ampa'rar] *vt* to protect; **ampararse** *vr* to seek protection; (*de la lluvia etc*) to shelter; **amparo** *nm* help, protection; **al amparo de** under the protection of

amperio [am'perjo] *nm* ampère, amp

ampliación [amplja'θjon] *nf* enlargement; (*extensión*) extension

ampliar [am'pljar] *vt* to enlarge; to extend

amplificador [amplifika'ðor] *nm* amplifier

amplificar [amplifi'kar] *vt* to amplify

amplio, -a ['ampljo, a] *adj* spacious; (*de falda etc*) full; (*extenso*) extensive; (*ancho*) wide; **amplitud** *nf* spaciousness; extent; (*fig*) amplitude

ampolla [am'poʎa] *nf* blister; (*Med*) ampoule

amputar [ampu'tar] *vt* to cut off, amputate

amueblar [amwe'βlar] *vt* to furnish

anales [a'nales] *nmpl* annals

analfabetismo [analfaβe'tismo] *nm* illiteracy; **analfabeto, -a** *adj, nm/f* illiterate

analgésico [anal'xesiko] *nm* painkiller, analgesic

análisis [a'nalisis] *nm inv* analysis

analista [ana'lista] *nm/f* (*gen*) analyst

analizar [anali'θar] *vt* to analyse

analógico, -a [ana'loxiko, a] *adj* (*Inform*) analog; (*reloj*) analogue (*BRIT*), analog (*US*)

análogo, -a [a'naloxo, a] *adj* analogous, similar

ananá [ana'na] (*RPL*) *nm* pineapple

anarquía [anar'kia] *nf* anarchy; **anarquista** *nmf* anarchist

anatomía [anato'mia] *nf* anatomy

anca ['anka] *nf* rump, haunch; **ancas** *nfpl* (*fam*) behind *sg*

ancho, -a ['antʃo, a] *adj* wide; (*falda*) full; (*fig*) liberal ▷ *nm* width; (*Ferro*) gauge; **ponerse ~** to get conceited; **estar a sus anchas** to be at one's ease

anchoa [an'tʃoa] *nf* anchovy

anchura [an'tʃura] *nf* width; (*extensión*) wideness

anciano, -a [an'θjano, a] *adj* old, aged ▷ *nm/f* old man/woman; elder

ancla ['ankla] *nf* anchor

Andalucía [andalu'θia] *nf*
Andalusia; **andaluz, -a** *adj, nm/f*
Andalusian

andamio [an'damjo] *nm*
scaffold(ing)

andar [an'dar] *vt* to go, cover, travel
▷ *vi* to go, walk, travel; (*funcionar*) to
go, work; (*estar*) to be ▷ *nm* walk,
gait, pace; **andarse** *vr* to go away;
~ a pie/a caballo/en bicicleta to go
on foot/on horseback/by bicycle; **~
haciendo algo** to be doing sth; **¡anda!**
(*sorpresa*) go on!; **anda por** *o* **en los 40**
he's about 40

andén [an'den] *nm* (*Ferro*) platform;
(*Náut*) quayside; (*CAM: de la calle*)
pavement (*BRIT*), sidewalk (*US*)

Andes ['andes] *nmpl*: **los ~** the Andes

andinismo [andi'nismo] (*LAM*) *nm*
mountaineering, climbing

Andorra [an'dorra] *nf* Andorra

andrajoso, -a [andra'xoso, a] *adj*
ragged

anduve *etc vb* V **andar**

anécdota [a'nekðota] *nf* anecdote,
story

anegar [ane'ɣar] *vt* to flood; (*ahogar*)
to drown

anemia [a'nemja] *nf* anaemia

anestesia [anes'tesja] *nf* (*sustancia*)
anaesthetic; (*proceso*) anaesthesia;
anestesia general/local general/
local anaesthetic

anexar [anek'sar] *vt* to annex;
(*documento*) to attach; **anexión** *nf*
annexation; **anexo, -a** *adj* attached
▷ *nm* annexe

anfibio, -a [an'fiβjo, a] *adj*
amphibious ▷ *nm* amphibian

anfiteatro [anfite'atro] *nm*
amphitheatre; (*Teatro*) dress circle

anfitrión, -ona [anfi'trjon, ona]
nm/f host(ess)

ánfora ['anfora] *nf* (*cántaro*)
amphora; (*MÉX Pol*) ballot box

ángel ['anxel] *nm* angel; **ángel de la
guarda** guardian angel

angina [an'xina] *nf* (*Med*)
inflammation of the throat; **tener ~s**
to have tonsillitis; **angina de pecho**
angina

anglicano, -a [angli'kano, a] *adj,
nm/f* Anglican

anglosajón, -ona [anglosa'xon,
ona] *adj* Anglo-Saxon

anguila [an'gila] *nf* eel

angula [an'gula] *nf* elver, baby eel

ángulo ['angulo] *nm* angle; (*esquina*)
corner; (*curva*) bend

angustia [an'gustja] *nf* anguish

anhelar [ane'lar] *vt* to be eager for;
(*desear*) to long for, desire ▷ *vi* to pant,
gasp; **anhelo** *nm* eagerness; desire

anidar [ani'ðar] *vi* to nest

anillo [a'niʎo] *nm* ring; **anillo de
boda/compromiso** wedding/
engagement ring

animación [anima'θjon] *nf*
liveliness; (*vitalidad*) life; (*actividad*)
activity; bustle

animado, -a [ani'maðo, a] *adj*
lively; (*vivaz*) animated; **animador, a**
nm/f (*TV*) host(ess), compère; (*Deporte*)
cheerleader

animal [ani'mal] *adj* animal; (*fig*)
stupid ▷ *nm* animal; (*fig*) fool; (*bestia*)
brute

animar [ani'mar] *vt* (*Bio*) to animate,
give life to; (*fig*) to liven up, brighten
up, cheer up; (*estimular*) to stimulate;
animarse *vr* to cheer up; to feel
encouraged; (*decidirse*) to make up
one's mind

ánimo ['animo] *nm* (*alma*) soul;
(*mente*) mind; (*valentía*) courage ▷ *excl*
cheer up!

animoso, -a [ani'moso, a] *adj* brave;
(*vivo*) lively

aniquilar [aniki'lar] *vt* to annihilate,
destroy

anís [a'nis] *nm* aniseed; (*licor*)
anisette

aniversario [aniβer'sarjo] *nm*
anniversary

anoche [a'notʃe] *adv* last night;
antes de ~ the night before last

anochecer [anotʃe'θer] vi to get dark ▷ nm nightfall, dark; **al ~** at nightfall

anodino, -a [ano'ðino, a] adj dull, anodyne

anomalía [anoma'lia] nf anomaly

anonadado, -a [anona'ðaðo, a] adj: **estar ~** to be overwhelmed o amazed

anonimato [anoni'mato] nm anonymity

anónimo, -a [a'nonimo, a] adj anonymous; (Com) limited ▷ nm (carta anónima) anonymous letter; (: maliciosa) poison-pen letter

anormal [anor'mal] adj abnormal

anotación [anota'θjon] nf note; annotation

anotar [ano'tar] vt to note down; (comentar) to annotate

ansia ['ansja] nf anxiety; (añoranza) yearning; **ansiar** vt to long for

ansiedad [ansje'ðað] nf anxiety

ansioso, -a [an'sjoso, a] adj anxious; (anhelante) eager; **~ de** o **por algo** greedy for sth

antaño [an'taɲo] adv long ago, formerly

Antártico [an'tartiko] nm: **el ~** the Antarctic

ante ['ante] prep before, in the presence of; (problema etc) faced with ▷ nm (piel) suede; **~ todo** above all

anteanoche [antea'notʃe] adv the night before last

anteayer [antea'jer] adv the day before yesterday

antebrazo [ante'βraθo] nm forearm

antecedente [anteθe'ðente] adj previous ▷ nm antecedent; **antecedentes** nmpl (historial) record sg; **antecedentes penales** criminal record

anteceder [anteθe'ðer] vt to precede, go before

antecesor, a [anteθe'sor, a] nm/f predecessor

antelación [antela'θjon] nf: **con ~** in advance

antemano [ante'mano]: **de ~** adv beforehand, in advance

antena [an'tena] nf antenna; (de televisión etc) aerial; **antena parabólica** satellite dish

antenoche [ante'notʃe] (LAM) adv the night before last

anteojo [ante'oxo] nm eyeglass; **anteojos** nmpl (LAM: gafas) glasses, spectacles

antepasados [antepa'saðos] nmpl ancestors

anteponer [antepo'ner] vt to place in front; (fig) to prefer

anterior [ante'rjor] adj preceding, previous; **anterioridad** nf: **con anterioridad a** prior to, before

antes ['antes] adv (con prioridad) before ▷ prep: **~ de** before ▷ conj: **~ de ir/de que te vayas** before going/before you go; **~ bien** (but) rather; **dos días ~** two days before o previously; **no quiso venir ~** she didn't want to come any earlier; **tomo el avión ~ que el barco** I take the plane rather than the boat; **~ de** o **que nada** (en el tiempo) first of all; (indicando preferencia) above all; **~ que yo** before me; **lo ~ posible** as soon as possible; **cuanto ~ mejor** the sooner the better

antibalas [anti'βalas] adj inv: **chaleco ~** bullet-proof jacket

antibiótico [anti'βjotiko] nm antibiotic

anticaspa [anti'kaspa] adj inv anti-dandruff cpd

anticipación [antiθipa'θjon] nf anticipation; **con 10 minutos de ~** 10 minutes early

anticipado, -a [antiθi'paðo, a] adj (pago) advance; **por ~** in advance

anticipar [antiθi'par] vt to anticipate; (adelantar) to bring forward; (Com) to advance; **anticiparse** vr: **~se a su época** to be ahead of one's time

anticipo [anti'θipo] nm (Com) advance

anticonceptivo, -a
[antikonθep'tiβo, a] adj, nm
contraceptive

anticongelante [antikonxe'lante]
nm antifreeze

anticuado, -a [anti'kwaðo, a] adj
out-of-date, old-fashioned; (desusado)
obsolete

anticuario [anti'kwarjo] nm
antique dealer

anticuerpo [anti'kwerpo] nm (Med)
antibody

antidepresivo [antiðepre'siβo] nm
antidepressant

antidóping [anti'dopin] adj
inv: **control ~** drugs test

antídoto [an'tiðoto] nm antidote

antiestético, -a [anties'tetiko, a]
adj unsightly

antifaz [anti'faθ] nm mask; (velo) veil

antiglobalización
[antiɣloβaliθa'θjon] nf anti-
globalization; **antiglobalizador, a** adj
anti-globalization cpd

antiguamente [antixwa'mente]
adv formerly; (hace mucho tiempo)
long ago

antigüedad [antixwe'ðað] nf
antiquity; (artículo) antique; (rango)
seniority

antiguo, -a [an'tixwo, a] adj old,
ancient; (que fue) former

Antillas [an'tiʎas] nfpl: **las ~** the
West Indies

antílope [an'tilope] nm antelope

antinatural [antinatu'ral] adj
unnatural

antipatía [antipa'tia] nf antipathy,
dislike; **antipático, -a** adj
disagreeable, unpleasant

antirrobo [anti'rroβo] adj inv (alarma
etc) anti-theft

antisemita [antise'mita] adj anti-
Semitic ⊳ nmf anti-Semite

antiséptico, -a [anti'septiko, a] adj
antiseptic ⊳ nm antiseptic

antivirus [anti'birus] nm inv
(Comput) antivirus program

antojarse [anto'xarse] vr (desear): **se
me antoja comprarlo** I have a mind to
buy it; (pensar): **se me antoja que ...** I
have a feeling that ...

antojitos [anto'xitos] (MÉX) nmpl
snacks, nibbles

antojo [an'toxo] nm caprice, whim;
(rosa) birthmark; (lunar) mole

antología [antolo'xia] nf anthology

antorcha [an'tortʃa] nf torch

antro ['antro] nm cavern

antropología [antropolo'xia] nf
anthropology

anual [a'nwal] adj annual

anuario [a'nwarjo] nm yearbook

anulación [anula'θjon] nf
annulment; (cancelación) cancellation

anular [anu'lar] vt (contrato) to
annul, cancel; (ley) to revoke, repeal;
(suscripción) to cancel ⊳ nm ring finger

anunciar [anun'θjar] vt to
announce; (proclamar) to proclaim;
(Com) to advertise

anuncio [a'nunθjo] nm
announcement; (señal) sign; (Com)
advertisement; (cartel) poster

anzuelo [an'θwelo] nm hook; (para
pescar) fish hook

añadidura [aɲaði'ðura] nf addition,
extra; **por ~** besides, in addition

añadir [aɲa'ðir] vt to add

añejo, -a [a'ɲexo, a] adj old; (vino)
mellow

añicos [a'ɲikos] nmpl: **hacer ~** to
smash, shatter

año ['aɲo] nm year; ¡**Feliz A~ Nuevo!**
Happy New Year!; **tener 15 ~s** to be 15
(years old); **los ~s 90** the nineties; **el
~ que viene** next year; **año bisiesto/
escolar/fiscal/sabático** leap/school/
tax/sabbatical year

añoranza [aɲo'ranθa] nf nostalgia;
(anhelo) longing

apa ['apa] (MÉX) excl goodness me!,
good gracious!

apabullar [apaβu'ʎar] vt to crush,
squash

apacible [apa'θiβle] adj gentle, mild

apaciguar [apaθi'ɣwar] vt to pacify, calm (down)

apadrinar [apaðri'nar] vt to sponsor, support; (Rel) to be godfather to

apagado, -a [apa'ɣaðo, a] adj (volcán) extinct; (color) dull; (voz) quiet; (sonido) muted, muffled; (persona: apático) listless; **estar ~** (fuego, luz) to be out; (Radio, TV etc) to be off

apagar [apa'ɣar] vt to put out; (Elec, Radio, TV) to turn off; (sonido) to silence, muffle; (sed) to quench

apagón [apa'ɣon] nm blackout; power cut

apalabrar [apala'βrar] vt to agree to; (contratar) to engage

apalear [apale'ar] vt to beat, thrash

apantallar [apanta'ʎar] (MÉX) vt to impress

apañar [apa'ɲar] vt to pick up; (asir) to take hold of, grasp; (reparar) to mend, patch up; **apañarse** vr to manage, get along

apapachar [apapa'tʃar] (MÉX: fam) vt to cuddle, hug

aparador [apara'ðor] nm sideboard; (MÉX: escaparate) shop window

aparato [apa'rato] nm apparatus; (máquina) machine; (doméstico) appliance; (boato) ostentation; **aparato digestivo** (Anat) digestive system; **aparatoso, -a** adj showy, ostentatious

aparcamiento [aparka'mjento] nm car park (BRIT), parking lot (US)

aparcar [apar'kar] vt, vi to park

aparear [apare'ar] vt (objetos) to pair, match; (animales) to mate; **aparearse** vr to make a pair; to mate

aparecer [apare'θer] vi to appear; **aparecerse** vr to appear

aparejador, a [aparexa'ðor, a] nm/f (Arq) master builder

aparejo [apa'rexo] nm harness; rigging; (de poleas) block and tackle

aparentar [aparen'tar] vt (edad) to look; (fingir): **~ tristeza** to pretend to be sad

aparente [apa'rente] adj apparent; (adecuado) suitable

aparezco etc vb V **aparecer**

aparición [apari'θjon] nf appearance; (de libro) publication; (espectro) apparition

apariencia [apa'rjenθja] nf (outward) appearance; **en ~** outwardly, seemingly

apartado, -a [apar'taðo, a] adj separate; (lejano) remote ▷ nm (tipográfico) paragraph; **apartado de correos** (ESP) post office box; **apartado postal** (LAM) post office box

apartamento [aparta'mento] nm apartment, flat (BRIT)

apartar [apar'tar] vt to separate; (quitar) to remove; **apartarse** vr to separate, part; (irse) to move away; to keep away

aparte [a'parte] adv (separadamente) separately; (además) besides ▷ nm aside; (tipográfico) new paragraph

aparthotel [aparto'tel] nm serviced apartments

apasionado, -a [apasjo'naðo, a] adj passionate

apasionar [apasjo'nar] vt to excite; **le apasiona el fútbol** she's crazy about football; **apasionarse** vr to get excited

apatía [apa'tia] nf apathy

apático, -a [a'patiko, a] adj apathetic

Apdo abr (= Apartado (de Correos)) PO Box

apeadero [apea'ðero] nm halt, stop, stopping place

apearse [ape'arse] vr (jinete) to dismount; (bajarse) to get down o out; (Auto, Ferro) to get off o out

apechugar [apetʃu'ɣar] vr: **~ con algo** to face up to sth

apegarse [ape'ɣarse] vr: **~ a** to become attached to; **apego** nm attachment, devotion

apelar [ape'lar] vi to appeal; **~ a** (fig) to resort to

apellidar [apeʎi'ðar] vt to call, name;
apellidarse vr: **se apellida Pérez** her
(sur)name's Pérez
apellido [ape'ʎiðo] nm surname
apenar [ape'nar] vt to grieve,
trouble; (LAM: avergonzar) to
embarrass; **apenarse** vr to grieve;
(LAM: avergonzarse) to be embarrassed
apenas [a'penas] adv scarcely, hardly
▷ conj as soon as, no sooner
apéndice [a'pendiθe] nm appendix;
apendicitis nf appendicitis
aperitivo [aperi'tiβo] nm (bebida)
aperitif; (comida) appetizer
apertura [aper'tura] nf opening;
(Pol) liberalization
apestar [apes'tar] vt to infect ▷ vi: ~
(a) to stink (of)
apetecer [apete'θer] vt: **¿te apetece
un café?** do you fancy a (cup of) coffee?;
apetecible adj desirable; (comida)
appetizing
apetito [ape'tito] nm appetite;
apetitoso, -a adj appetizing; (fig)
tempting
apiadarse [apja'ðarse] vr: ~ **de** to
take pity on
ápice ['apiθe] nm whit, iota
apilar [api'lar] vt to pile o heap up
apiñarse [api'ɲarse] vr to crowd o
press together
apio ['apjo] nm celery
apisonadora [apisona'ðora] nf
steamroller
aplacar [apla'kar] vt to placate
aplastante [aplas'tante] adj
overwhelming; (lógica) compelling
aplastar [aplas'tar] vt to squash
(flat); (fig) to crush
aplaudir [aplau'ðir] vt to applaud
aplauso [a'plauso] nm applause; (fig)
approval, acclaim
aplazamiento [aplaθa'mjento] nm
postponement
aplazar [apla'θar] vt to postpone,
defer
aplicación [aplika'θjon] nf
application; (esfuerzo) effort

aplicado, -a [apli'kaðo, a] adj
diligent, hard-working
aplicar [apli'kar] vt (ejecutar) to
apply; **aplicarse** vr to apply o.s.
aplique etc [a'plike] vb V **aplicar**
▷ nm wall light
aplomo [a'plomo] nm aplomb,
self-assurance
apodar [apo'ðar] vt to nickname
apoderado [apoðe'raðo] nm agent,
representative
apoderarse [apoðe'rarse] vr: ~ **de** to
take possession of
apodo [a'poðo] nm nickname
apogeo [apo'xeo] nm peak, summit
apoquinar [apoki'nar] (fam) vt to
fork out, cough up
aporrear [aporre'ar] vt to beat (up)
aportar [apor'tar] vt to contribute
▷ vi to reach port; **aportarse** vr
(LAM: llegar) to arrive, come
aposta [a'posta] adv deliberately,
on purpose
apostar [apos'tar] vt to bet, stake;
(tropas etc) to station, post ▷ vi to bet
apóstol [a'postol] nm apostle
apóstrofo [a'postrofo] nm
apostrophe
apoyar [apo'jar] vt to lean, rest; (fig)
to support, back; **apoyarse** vr: ~**se en**
to lean on; **apoyo** nm (gen) support;
backing, help
apreciable [apre'θjaβle] adj
considerable; (fig) esteemed
apreciar [apre'θjar] vt to evaluate,
assess; (Com) to appreciate, value;
(persona) to respect; (tamaño) to gauge,
assess; (detalles) to notice
aprecio [a'preθjo] nm valuation,
estimate; (fig) appreciation
aprehender [apreen'der] vt to
apprehend, detain
apremio [a'premjo] nm urgency
aprender [apren'der] vt, vi to learn;
~ **algo de memoria** to learn sth (off)
by heart
aprendiz, a [apren'diθ, a] nm/f
apprentice; (principiante) learner;

aprendizaje *nm* apprenticeship

aprensión [apren'sjon] *nm* apprehension, fear; **aprensivo, -a** *adj* apprehensive

apresar [apre'sar] *vt* to seize; (*capturar*) to capture

apresurado, -a [apresu'raðo, a] *adj* hurried, hasty

apresurar [apresu'rar] *vt* to hurry, accelerate; **apresurarse** *vr* to hurry, make haste

apretado, -a [apre'taðo, a] *adj* tight; (*escritura*) cramped

apretar [apre'tar] *vt* to squeeze; (*Tec*) to tighten; (*presionar*) to press together, pack ▷ *vi* to be too tight

apretón [apre'ton] *nm* squeeze; **apretón de manos** handshake

aprieto [a'prjeto] *nm* squeeze; (*dificultad*) difficulty; **estar en un ~** to be in a fix

aprisa [a'prisa] *adv* quickly, hurriedly

aprisionar [aprisjo'nar] *vt* to imprison

aprobación [aproβa'θjon] *nf* approval

aprobar [apro'βar] *vt* to approve (of); (*examen, materia*) to pass ▷ *vi* to pass

apropiado, -a [apro'pjaðo, a] *adj* suitable

apropiarse [apro'pjarse] *vr*: **~ de** to appropriate

aprovechado, -a [aproβe'tʃaðo, a] *adj* industrious, hard-working; (*económico*) thrifty; (*pey*) unscrupulous

aprovechar [aproβe'tʃar] *vt* to use; (*explotar*) to exploit; (*experiencia*) to profit from; (*oferta, oportunidad*) to take advantage of ▷ *vi* to progress, improve; **aprovecharse** *vr*: **~se de** to make use of; to take advantage of; **¡que aproveche!** enjoy your meal!

aproximación [aproksima'θjon] *nf* approximation; (*de lotería*) consolation prize

aproximar [aproksi'mar] *vt* to bring nearer; **aproximarse** *vr* to come near, approach

apruebo *etc vb* V **aprobar**

aptitud [apti'tuð] *nf* aptitude

apto, -a ['apto, a] *adj* suitable

apuesta [a'pwesta] *nf* bet, wager

apuesto, -a [a'pwesto, a] *adj* neat, elegant

apuntar [apun'tar] *vt* (*con arma*) to aim at; (*con dedo*) to point at o to; (*anotar*) to note (down); (*Teatro*) to prompt; **apuntarse** *vr* (*Deporte: tanto, victoria*) to score; (*Escol*) to enrol

▎ No confundir **apuntar** con la palabra inglesa *appoint*.

apunte [a'punte] *nm* note

apuñalar [apuɲa'lar] *vt* to stab

apurado, -a [apu'raðo, a] *adj* needy; (*difícil*) difficult; (*peligroso*) dangerous; (*LAM: con prisa*) hurried, rushed

apurar [apu'rar] *vt* (*agotar*) to drain; (*recursos*) to use up; (*molestar*) to annoy; **apurarse** *vr* (*preocuparse*) to worry; (*LAM: darse prisa*) to hurry

apuro [a'puro] *nm* (*aprieto*) fix, jam; (*escasez*) want, hardship; (*vergüenza*) embarrassment; (*LAM: prisa*) haste, urgency

aquejado, -a [ake'xaðo, a] *adj*: **~ de** (*Med*) afflicted by

aquel, aquella [a'kel, a'keʎa] *adj* that; **~los(as)** those

aquél, aquélla [a'kel, a'keʎa] *pron* that (one); **~los(as)** those (ones)

aquello [a'keʎo] *pron* that, that business

aquí [a'ki] *adv* (*lugar*) here; (*tiempo*) now; **~ arriba** up here; **~ mismo** right here; **~ yace** here lies; **de ~ a siete días** a week from now

ara ['ara] *nf*: **en ~s de** for the sake of

árabe ['araβe] *adj, nmf* Arab ▷ *nm* (*Ling*) Arabic

Arabia [a'raβja] *nf* Arabia; **Arabia Saudí o Saudita** Saudi Arabia

arado [a'raðo] *nm* plough

Aragón [ara'xon] *nm* Aragon; **aragonés, -esa** *adj, nm/f* Aragonese

arancel [aran'θel] *nm* tariff, duty

arandela [aran'dela] *nf* (*Tec*) washer

araña [a'raɲa] nf (Zool) spider; (lámpara) chandelier

arañar [ara'ɲar] vt to scratch

arañazo [ara'ɲaθo] nm scratch

arbitrar [arβi'trar] vt to arbitrate in; (Deporte) to referee ▷ vi to arbitrate

arbitrario, -a [arβi'trarjo, a] adj arbitrary

árbitro ['arβitro] nm arbitrator; (Deporte) referee; (Tenis) umpire

árbol ['arβol] nm tree; (Náut) mast; (Tec) axle, shaft; **árbol de Navidad** Christmas tree

arboleda [arβo'leða] nf grove, plantation

arbusto [ar'βusto] nm bush, shrub

arca ['arka] nf chest, box

arcada [ar'kaða] nf arcade; (de puente) arch, span; **arcadas** nfpl (náuseas) retching sg

arcaico, -a [ar'kaiko, a] adj archaic

arce ['arθe] nm maple tree

arcén [ar'θen] nm (de autopista) hard shoulder; (de carretera) verge

archipiélago [artʃi'pjelaɣo] nm archipelago

archivador [artʃiβa'ðor] nm filing cabinet

archivar [artʃi'βar] vt to file (away); **archivo** nm file, archive(s) pl; **archivo adjunto** (Inform) attachment; **archivo de seguridad** (Inform) backup file

arcilla [ar'θiʎa] nf clay

arco ['arko] nm arch; (Mat) arc; (Mil, Mús) bow; **arco iris** rainbow

arder [ar'ðer] vi to burn; **estar que arde** (persona) to fume

ardid [ar'ðið] nm ploy, trick

ardiente [ar'ðjente] adj burning, ardent

ardilla [ar'ðiʎa] nf squirrel

ardor [ar'ðor] nm (calor) heat; (fig) ardour; **ardor de estómago** heartburn

arduo, -a ['arðwo, a] adj arduous

área ['area] nf area; (Deporte) penalty area

arena [a'rena] nf sand; (de una lucha) arena; **arenas movedizas** quicksand

sg; **arenal** [are'nal] nm (terreno arenoso) sandy spot

arenisca [are'niska] nf sandstone; (cascajo) grit

arenoso, -a [are'noso, a] adj sandy

arenque [a'renke] nm herring

arete [a'rete] nm (MÉX) nm earring

Argel [ar'xel] n Algiers; **Argelia** nf Algeria; **argelino, -a** adj, nm/f Algerian

Argentina [arxen'tina] nf (tb: **la ~**) Argentina

argentino, -a [arxen'tino, a] adj Argentinian; (de plata) silvery ▷ nm/f Argentinian

argolla [ar'ɣoʎa] nf (large) ring

argot [ar'ɣo] (pl **-s**) nm slang

argucia [ar'ɣuθja] nf subtlety, sophistry

argumentar [arɣumen'tar] vt, vi to argue

argumento [arɣu'mento] nm argument; (razonamiento) reasoning; (de novela etc) plot; (Cine, TV) storyline

aria ['arja] nf aria

aridez [ari'ðeθ] nf aridity, dryness

árido, -a ['ariðo, a] adj arid, dry

Aries ['arjes] nm Aries

arisco, -a [a'risko, a] adj surly; (insociable) unsociable

aristócrata [aris'tokrata] nmf aristocrat

arma ['arma] nf arm; **armas** nfpl arms; **arma blanca** blade, knife; **arma de doble filo** double-edged sword; **arma de fuego** firearm; **armas de destrucción masiva** weapons of mass destruction

armada [ar'maða] nf armada; (flota) fleet

armadillo [arma'ðiʎo] nm armadillo

armado, -a [ar'maðo, a] adj armed; (Tec) reinforced

armadura [arma'ðura] nf (Mil) armour; (Tec) framework; (Zool) skeleton; (Física) armature

armamento [arma'mento] nm armament; (Náut) fitting-out

armar [ar'mar] vt (soldado) to arm; (máquina) to assemble; (navío) to fit out; **~la, ~ un lío** to start a row, kick up a fuss

armario [ar'marjo] nm wardrobe; (de cocina, baño) cupboard; **armario empotrado** built-in cupboard

armatoste [arma'toste] nm (mueble) monstrosity; (máquina) contraption

armazón [arma'θon] nf o m body, chassis; (de mueble etc) frame; (Arq) skeleton

armiño [ar'miɲo] nm stoat; (piel) ermine

armisticio [armis'tiθjo] nm armistice

armonía [armo'nia] nf harmony

armónica [ar'monika] nf harmonica

armonizar [armoni'θar] vt to harmonize; (diferencias) to reconcile

aro ['aro] nm ring; (tejo) quoit; (cs: pendiente) earring

aroma [a'roma] nm aroma, scent; **aromaterapia** n aromatherapy; **aromático, -a** [aro'matiko, a] adj aromatic

arpa ['arpa] nf harp

arpía [ar'pia] nf shrew

arpón [ar'pon] nm harpoon

arqueología [arkeolo'xia] nf archaeology; **arqueólogo, -a** nm/f archaeologist

arquetipo [arke'tipo] nm archetype

arquitecto [arki'tekto] nm architect; **arquitectura** nf architecture

arrabal [arra'βal] nm poor suburb, slum; **arrabales** nmpl (afueras) outskirts

arraigar [arrai'ɣar] vt to establish ▷ vi to take root

arrancar [arran'kar] vt (sacar) to extract, pull out; (arrebatar) to snatch (away); (Inform) to boot; (fig) to extract ▷ vi (Auto, máquina) to start; (ponerse en marcha) to get going; **~ de** to stem from

arranque etc [a'rranke] vb V **arrancar** ▷ nm sudden start; (Auto)

start; (fig) fit, outburst

arrasar [arra'sar] vt (aplanar) to level, flatten; (destruir) to demolish

arrastrar [arras'trar] vt to drag (along); (fig) to drag down, degrade; (agua, viento) to carry away ▷ vi to drag, trail on the ground; **arrastrarse** vr to crawl; (fig) to grovel; **llevar algo arrastrado** to drag sth along

arrear [arre'ar] vt to drive on, urge on ▷ vi to hurry along

arrebatar [arreβa'tar] vt to snatch (away), seize; (fig) to captivate

arrebato [arre'βato] nm fit of rage, fury; (éxtasis) rapture

arrecife [arre'θife] nm reef

arreglado, -a [arre'ɣlaðo, a] adj (ordenado) neat, orderly; (moderado) moderate, reasonable

arreglar [arre'ɣlar] vt (poner orden) to tidy up; (algo roto) to fix, repair; (problema) to solve; **arreglarse** vr to reach an understanding; **arreglárselas** (fam) to get by, manage

arreglo [a'rreɣlo] nm settlement; (orden) order; (acuerdo) agreement; (Mús) arrangement, setting

arremangar [arreman'gar] vt to roll up, turn up; **arremangarse** vr to roll up one's sleeves

arremeter [arreme'ter] vi: **~ contra** to attack, rush at

arrendamiento [arrenda'mjento] nm letting; (alquilar) hiring; (contrato) lease; (alquiler) rent; **arrendar** vt to let, lease; to rent; **arrendatario, -a** nm/f tenant

arreos [a'rreos] nmpl (de caballo) harness sg, trappings

arrepentimiento [arrepenti'mjento] nm regret, repentance

arrepentirse [arrepen'tirse] vr to repent; **~ de** to regret

arresto [a'rresto] nm arrest; (Mil) detention; (audacia) boldness, daring; **arresto domiciliario** house arrest

arriar [a'rrjar] vt (velas) to haul down;

(*bandera*) to lower, strike; (*cable*) to pay out

○ **PALABRA CLAVE**

arriba [a'rriβa] *adv* 1 (*posición*) above; **desde arriba** from above; **arriba de todo** at the very top, right on top; **Juan está arriba** Juan is upstairs; **lo arriba mencionado** the aforementioned
2 (*dirección*): **calle arriba** up the street
3 **de arriba abajo** from top to bottom; **mirar a algn de arriba abajo** to look sb up and down
4 **para arriba: de 5000 euros para arriba** from 5000 euros up(wards)
▷ *adj*: **de arriba: el piso de arriba** the upstairs (*BRIT*) flat o apartment; **la parte de arriba** the top o upper part
▷ *prep*: **arriba de** (*LAM: por encima de*) above; **arriba de 200 dólares** more than 200 dollars
▷ *excl*: **¡arriba!** up!; **¡manos arriba!** hands up!; **¡arriba España!** long live Spain!

arribar [arri'βar] *vi* to put into port; (*llegar*) to arrive

arriendo *etc* [a'rrjendo] *vb* V **arrendar** ▷ *nm* = **arrendamiento**

arriesgado, -a [arrjes'ɣaðo, a] *adj* (*peligroso*) risky; (*audaz*) bold, daring

arriesgar [arrjes'ɣar] *vt* to risk; (*poner en peligro*) to endanger; **arriesgarse** *vr* to take a risk

arrimar [arri'mar] *vt* (*acercar*) to bring close; (*poner de lado*) to set aside; **arrimarse** *vr* to come close o closer; **~se a** to lean on

arrinconar [arrinko'nar] *vt* (*colocar*) to put in a corner; (*enemigo*) to corner; (*fig*) to put on one side; (*abandonar*) to push aside

arroba [a'rroβa] *nf* (*Internet*) at (sign)

arrodillarse [arroði'ʎarse] *vr* to kneel (down)

arrogante [arro'ɣante] *adj* arrogant

arrojar [arro'xar] *vt* to throw, hurl; (*humo*) to emit, give out; (*Com*) to yield, produce; **arrojarse** *vr* to throw o hurl o.s.

arrojo [a'rroxo] *nm* daring

arrollador, a [arroʎa'ðor, a] *adj* overwhelming

arrollar [arro'ʎar] *vt* (*Auto etc*) to run over, knock down; (*Deporte*) to crush

arropar [arro'par] *vt* to cover, wrap up; **arroparse** *vr* to wrap o.s. up

arroyo [a'rrojo] *nm* stream; (*de la calle*) gutter

arroz [a'rroθ] *nm* rice; **arroz con leche** rice pudding

arruga [a'rruɣa] *nf* (*de cara*) wrinkle; (*de vestido*) crease; **arrugar** [arru'ɣar] *vt* to wrinkle; to crease; **arrugarse** *vr* to get creased

arruinar [arrwi'nar] *vt* to ruin, wreck; **arruinarse** *vr* to be ruined, go bankrupt

arsenal [arse'nal] *nm* naval dockyard; (*Mil*) arsenal

arte ['arte] (*gen m en sg y siempre f en pl*) *nm* art; (*maña*) skill, guile; **artes** *nfpl* (*bellas artes*) arts

artefacto [arte'fakto] *nm* appliance

arteria [ar'terja] *nf* artery

artesanía [artesa'nia] *nf* craftsmanship; (*artículos*) handicrafts *pl*; **artesano, -a** *nm/f* artisan, craftsman(-woman)

ártico, -a ['artiko, a] *adj* Arctic ▷ *nm*: **el Á~** the Arctic

articulación [artikula'θjon] *nf* articulation; (*Med, Tec*) joint

artículo [ar'tikulo] *nm* article; (*cosa*) thing, article; **artículos** *nmpl* (*Com*) goods; **artículos de escritorio** stationery

artífice [ar'tifiθe] *nmf* (*fig*) architect

artificial [artifi'θjal] *adj* artificial

artillería [artiʎe'ria] *nf* artillery

artilugio [arti'luxjo] *nm* gadget

artimaña [arti'maɲa] *nf* trap, snare; (*astucia*) cunning

artista [ar'tista] *nmf* (*pintor*) artist,

painter; (*Teatro*) artist, artiste; **artista de cine** film actor/actress; **artístico, -a** *adj* artistic

artritis [ar'tritis] *nf* arthritis

arveja [ar'βexa] (*LAM*) *nf* pea

arzobispo [arθo'βispo] *nm* archbishop

as [as] *nm* ace

asa ['asa] *nf* handle; (*fig*) lever

asado [a'saðo] *nm* roast (meat); (*LAM: barbacoa*) barbecue

● **ASADO**
●
● Traditional Latin American
● barbecues, especially in the River
● Plate area, are celebrated in
● the open air around a large grill
● which is used to grill mainly beef
● and various kinds of spicy pork
● sausage. They are usually very
● common during the summer and
● can go on for several days. The
● head cook is nearly always a man.

---

asador [asa'ðor] *nm* spit

asadura [asa'ðura] *nf* entrails *pl*, offal

asalariado, -a [asala'rjaðo, a] *adj* paid, salaried ▷ *nm/f* wage earner

asaltar [asal'tar] *vt* to attack, assault; (*fig*) to assail; **asalto** *nm* attack, assault; (*Deporte*) round

asamblea [asam'blea] *nf* assembly; (*reunión*) meeting

asar [a'sar] *vt* to roast

ascendencia [asθen'denθja] *nf* ancestry; (*LAM: influencia*) ascendancy; **de ~ francesa** of French origin

ascender [asθen'der] *vi* (*subir*) to ascend, rise; (*ser promovido*) to gain promotion ▷ *vt* to promote; **~ a** to amount to; **ascendiente** *nm* influence ▷ *nmf* ancestor

ascensión [asθen'sjon] *nf* ascent; (*Rel*): **la A~** the Ascension

ascenso [as'θenso] *nm* ascent; (*promoción*) promotion

ascensor [asθen'sor] *nm* lift (*BRIT*), elevator (*US*)

asco ['asko] *nm*: **¡qué ~!** how revolting *o* disgusting; **el ajo me da ~** I hate *o* loathe garlic; **estar hecho un ~** to be filthy

ascua ['askwa] *nf* ember

aseado, -a [ase'aðo, a] *adj* clean; (*arreglado*) tidy; (*pulcro*) smart

asear [ase'ar] *vt* to clean, wash; to tidy (up)

asediar [ase'ðjar] *vt* (*Mil*) to besiege, lay siege to; (*fig*) to chase, pester; **asedio** *nm* siege; (*Com*) run

asegurado, -a [aseɣu'raðo, a] *adj* insured

asegurador, a [aseɣura'ðor, a] *nm/f* insurer

asegurar [aseɣu'rar] *vt* (*consolidar*) to secure, fasten; (*dar garantía de*) to guarantee; (*preservar*) to safeguard; (*afirmar, dar por cierto*) to assure, affirm; (*tranquilizar*) to reassure; (*tomar un seguro*) to insure; **asegurarse** *vr* to assure o.s., make sure

asemejarse [aseme'xarse] *vr* to be alike; **~ a** to be like, resemble

asentado, -a [asen'taðo, a] *adj* established, settled

asentar [asen'tar] *vt* (*sentar*) to seat, sit down; (*poner*) to place, establish; (*alisar*) to level, smooth down *o* out; (*anotar*) to note down ▷ *vi* to be suitable, suit

asentir [asen'tir] *vi* to assent, agree; **~ con la cabeza** to nod (one's head)

aseo [a'seo] *nm* cleanliness; **aseos** *nmpl* (*servicios*) toilet *sg* (*BRIT*), cloakroom *sg* (*BRIT*), restroom *sg* (*US*)

aséptico, -a [a'septiko, a] *adj* germ-free, free from infection

asequible [ase'kiβle] *adj* (*precio*) reasonable; (*meta*) attainable; (*persona*) approachable

asesinar [asesi'nar] *vt* to murder; (*Pol*) to assassinate; **asesinato** *nm* murder; assassination

asesino, -a [ase'sino, a] *nm/f*

murderer, killer; (*Pol*) assassin

asesor, a [ase'sor, a] *nm/f* adviser, consultant; **asesorar** [aseso'rar] *vt* (*Jur*) to advise, give legal advice to; (*Com*) to act as consultant to; **asesorarse** *vr*: **asesorarse con** *o* **de** to take advice from, consult; **asesoría** *nf* (*cargo*) consultancy; (*oficina*) consultant's office

asestar [ases'tar] *vt* (*golpe*) to deal, strike

asfalto [as'falto] *nm* asphalt

asfixia [as'fiksja] *nf* asphyxia, suffocation; **asfixiar** [asfik'sjar] *vt* to asphyxiate, suffocate; **asfixiarse** *vr* to be asphyxiated, suffocate

así [a'si] *adv* (*de esta manera*) in this way, like this, thus; (*aunque*) although; (*tan pronto como*) as soon as; **~ que** so; **~ como** as well as; **~ y todo** even so; **¿no es ~?** isn't it?, didn't you? *etc*; **~ de grande** this big

Asia ['asja] *nf* Asia; **asiático, -a** *adj, nm/f* Asian, Asiatic

asiduo, -a [a'siðwo, a] *adj* assiduous; (*frecuente*) frequent ⊳ *nm/f* regular (customer)

asiento [a'sjento] *nm* (*mueble*) seat, chair; (*de coche, en tribunal etc*) seat; (*localidad*) seat, place; (*fundamento*) site; **asiento delantero/trasero** front/back seat

asignación [asiɣna'θjon] *nf* (*atribución*) assignment; (*reparto*) allocation; (*sueldo*) salary; **asignación (semanal)** pocket money

asignar [asiɣ'nar] *vt* to assign, allocate

asignatura [asiɣna'tura] *nf* subject; course

asilo [a'silo] *nm* (*refugio*) asylum, refuge; (*establecimiento*) home, institution; **asilo político** political asylum

asimilar [asimi'lar] *vt* to assimilate

asimismo [asi'mismo] *adv* in the same way, likewise

asistencia [asis'tenθja] *nf* audience; (*Med*) attendance; (*ayuda*) assistance; **asistencia en carretera** roadside assistance; **asistente** *nmf* assistant; **los asistentes** those present; **asistente social** social worker

asistido, -a [asis'tiðo, a] *adj*: **~ por ordenador** computer-assisted

asistir [asis'tir] *vt* to assist, help ⊳ *vi*: **~ a** to attend, be present at

asma ['asma] *nf* asthma

asno ['asno] *nm* donkey; (*fig*) ass

asociación [asoθja'θjon] *nf* association; (*Com*) partnership; **asociado, -a** *adj* associate ⊳ *nm/f* associate; (*Com*) partner

asociar [aso'θjar] *vt* to associate

asomar [aso'mar] *vt* to show, stick out ⊳ *vi* to appear; **asomarse** *vr* to appear, show up; **~ la cabeza por la ventana** to put one's head out of the window

asombrar [asom'brar] *vt* to amaze, astonish; **asombrarse** *vr* (*sorprenderse*) to be amazed; (*asustarse*) to get a fright; **asombro** *nm* amazement, astonishment; (*susto*) fright; **asombroso, -a** *adj* astonishing, amazing

asomo [a'somo] *nm* hint, sign

aspa ['aspa] *nf* (*cruz*) cross; (*de molino*) sail; **en ~** X-shaped

aspaviento [aspa'βjento] *nm* exaggerated display of feeling; (*fam*) fuss

aspecto [as'pekto] *nm* (*apariencia*) look, appearance; (*fig*) aspect

áspero, -a ['aspero, a] *adj* rough; bitter; sour; harsh

aspersión [asper'sjon] *nf* sprinkling

aspiración [aspira'θjon] *nf* breath, inhalation; (*Mús*) short pause; **aspiraciones** *nfpl* (*ambiciones*) aspirations

aspirador [aspira'ðor] *nm* = **aspiradora**

aspiradora [aspira'ðora] *nf* vacuum cleaner, Hoover®

aspirante [aspi'rante] *nmf*

(*candidato*) candidate; (*Deporte*) contender

aspirar [aspi'rar] *vt* to breathe in ▷ *vi*: ~ **a** to aspire to

aspirina [aspi'rina] *nf* aspirin

asqueroso, -a [aske'roso, a] *adj* disgusting, sickening

asta ['asta] *nf* lance; (*arpón*) spear; (*mango*) shaft, handle; (*Zool*) horn; **a media ~** at half mast

asterisco [aste'risko] *nm* asterisk

astilla [as'tiʎa] *nf* splinter; (*pedacito*) chip; **astillas** *nfpl* (*leña*) firewood *sg*

astillero [asti'ʎero] *nm* shipyard

astro ['astro] *nm* star

astrología [astrolo'xia] *nf* astrology; **astrólogo, -a** *nm/f* astrologer

astronauta [astro'nauta] *nmf* astronaut

astronomía [astrono'mia] *nf* astronomy

astucia [as'tuθja] *nf* astuteness; (*ardid*) clever trick

asturiano, -a [astu'rjano, a] *adj, nm/f* Asturian

astuto, -a [as'tuto, a] *adj* astute; (*taimado*) cunning

asumir [asu'mir] *vt* to assume

asunción [asun'θjon] *nf* assumption; (*Rel*): **A~** Assumption

asunto [a'sunto] *nm* (*tema*) matter, subject; (*negocio*) business

asustar [asus'tar] *vt* to frighten; **asustarse** *vr* to be (*o* become) frightened

atacar [ata'kar] *vt* to attack

atadura [ata'ðura] *nf* bond, tie

atajar [ata'xar] *vt* (*enfermedad, mal*) to stop ▷ *vi* (*persona*) to take a short cut

atajo [a'taxo] *nm* short cut

atañer [ata'ɲer] *vi*: ~ **a** to concern

ataque *etc* [a'take] *vb* V **atacar** ▷ *nm* attack; **ataque cardíaco** heart attack

atar [a'tar] *vt* to tie, tie up

atarantado, -a [ataran'taðo, a] (*MÉX*) *adj* (*aturdido*) dazed

atardecer [ataрðe'θer] *vi* to get dark ▷ *nm* evening; (*crepúsculo*) dusk

atareado, -a [atare'aðo, a] *adj* busy

atascar [atas'kar] *vt* to clog up; (*obstruir*) to jam; (*fig*) to hinder; **atascarse** *vr* to stall; (*cañería*) to get blocked up; **atasco** *nm* obstruction; (*Auto*) traffic jam

ataúd [ata'uð] *nm* coffin

ataviar [ata'βjar] *vt* to deck, array

atemorizar [atemori'θar] *vt* to frighten, scare

Atenas [a'tenas] *n* Athens

atención [aten'θjon] *nf* attention; (*bondad*) kindness ▷ *excl* (be) careful!, look out!

atender [aten'der] *vt* to attend to, look after; (*Tel*) to answer ▷ *vi* to pay attention

atenerse [ate'nerse] *vr*: ~ **a** to abide by, adhere to

atentado [aten'taðo] *nm* crime, illegal act; (*asalto*) assault; (*tb*: ~ **terrorista**) terrorist attack; ~ **contra la vida de algn** attempt on sb's life; **atentado suicida** suicide bombing

atentamente [atenta'mente] *adv*: **Le saluda ~** Yours faithfully

atentar [aten'tar] *vi*: ~ **a** *o* **contra** to commit an outrage against

atento, -a [a'tento, a] *adj* attentive, observant; (*cortés*) polite, thoughtful; **estar ~ a** (*explicación*) to pay attention to

atenuar [ate'nwar] *vt* (*disminuir*) to lessen, minimize

ateo, -a [a'teo, a] *adj* atheistic ▷ *nm/f* atheist

aterrador, a [aterra'ðor, a] *adj* frightening

aterrizaje [aterri'θaxe] *nm* landing; **aterrizaje forzoso** emergency *o* forced landing

aterrizar [aterri'θar] *vi* to land

aterrorizar [aterrori'θar] *vt* to terrify

atesorar [ateso'rar] *vt* to hoard

atestar [ates'tar] *vt* to pack, stuff; (*Jur*) to attest, testify

atestiguar [atesti'ɣwar] *vt* to testify

to, bear witness to
atiborrar [atiβoˈrrar] vt to fill, stuff;
atiborrarse vr to stuff o.s.
ático [ˈatiko] nm (desván) attic;
(apartamento) penthouse
atinado, -a [atiˈnaðo, a] adj
(sensato) wise; (correcto) right, correct
atinar [atiˈnar] vi (al disparar): ~ **al
blanco** to hit the target; (fig) to be right
atizar [atiˈθar] vt to poke; (horno etc)
to stoke; (fig) to stir up, rouse
atlántico, -a [atˈlantiko, a] adj
Atlantic ▷ nm: **el (océano) A~** the
Atlantic (Ocean)
atlas [ˈatlas] nm inv atlas
atleta [atˈleta] nm athlete; **atlético,
-a** adj athletic; **atletismo** nm
athletics sg
atmósfera [atˈmosfera] nf
atmosphere
atolladero [atoʎaˈðero] nm (fig)
jam, fix
atómico, -a [aˈtomiko, a] adj
atomic
átomo [ˈatomo] nm atom
atónito, -a [aˈtonito, a] adj
astonished, amazed
atontado, -a [atonˈtaðo, a] adj
stunned; (bobo) silly, daft
atormentar [atormenˈtar] vt to
torture; (molestar) to torment; (acosar)
to plague, harass
atornillar [atorniˈʎar] vt to screw
on o down
atosigar [atosiˈɣar] vt to harass,
pester
atracador, a [atrakaˈðor, a] nm/f
robber
atracar [atraˈkar] vt (Náut) to moor;
(robar) to hold up, rob ▷ vi to moor;
atracarse vr: ~**se (de)** to stuff o.s.
(with)
atracción [atrakˈθjon] nf attraction
atraco [aˈtrako] nm holdup, robbery
atracón [atraˈkon] nm: **darse** o
pegarse un ~ (de) (fam) to stuff o.s.
(with)
atractivo, -a [atrakˈtiβo, a] adj

attractive ▷ nm appeal
atraer [atraˈer] vt to attract
atragantarse [atraɣanˈtarse]
vr: ~ **(con)** to choke (on); **se me ha
atragantado el chico** I can't stand
the boy
atrancar [atranˈkar] vt (puerta) to
bar, bolt
atrapar [atraˈpar] vt to trap; (resfriado
etc) to catch
atrás [aˈtras] adv (movimiento)
back(-wards); (lugar) behind;
(tiempo) previously; **ir hacia ~** to go
back(wards), to go to the rear; **estar ~**
to be behind o at the back
atrasado, -a [atraˈsaðo, a] adj slow;
(pago) overdue, late; (país) backward
atrasar [atraˈsar] vi to be slow;
atrasarse vr to remain behind; (tren)
to be o run late; **atraso** nm slowness;
lateness, delay; (de país) backwardness;
atrasos nmpl (Com) arrears
atravesar [atraβeˈsar] vt (cruzar) to
cross (over); (traspasar) to pierce; to go
through; (poner al través) to lay o put
across; **atravesarse** vr to come in
between; (intervenir) to interfere
atravieso etc vb V **atravesar**
atreverse [atreˈβerse] vr to dare;
(insolentarse) to be insolent; **atrevido,
-a** adj daring; insolent; **atrevimiento**
nm daring; insolence
atribución [atriβuˈθjon] nf
attribution; **atribuciones** nfpl (Pol)
powers; (Admin) responsibilities
atribuir [atriβuˈir] vt to attribute;
(funciones) to confer
atributo [atriˈβuto] nm attribute
atril [aˈtril] nm (para libro) lectern;
(Mús) music stand
atropellar [atropeˈʎar] vt (derribar)
to knock over o down; (empujar) to
push (aside); (Auto) to run over, run
down; (agraviar) to insult; **atropello**
nm (Auto) accident; (empujón) push;
(agravio) wrong; (atrocidad) outrage
atroz [aˈtroθ] adj atrocious, awful
ATS nmf abr (= Ayudante Técnico

Sanitario) nurse

atuendo [a'twendo] *nm* attire

atún [a'tun] *nm* tuna

aturdir [atur'ðir] *vt* to stun; (*de ruido*) to deafen; (*fig*) to dumbfound, bewilder

audacia [au'ðaθja] *nf* boldness, audacity; **audaz** *adj* bold, audacious

audición [auði'θjon] *nf* hearing; (*Teatro*) audition

audiencia [au'ðjenθja] *nf* audience; (*Jur: tribunal*) court

audífono [au'ðifono] *nm* (*para sordos*) hearing aid

auditor [auði'tor] *nm* (*Jur*) judge advocate; (*Com*) auditor

auditorio [auði'torjo] *nm* audience; (*sala*) auditorium

auge ['auxe] *nm* boom; (*clímax*) climax

augurar [auɣu'rar] *vt* to predict; (*presagiar*) to portend

augurio [au'ɣurjo] *nm* omen

aula ['aula] *nf* classroom; (*en universidad etc*) lecture room

aullar [au'ʎar] *vi* to howl, yell

aullido [au'ʎiðo] *nm* howl, yell

aumentar [aumen'tar] *vt* to increase; (*precios*) to put up; (*producción*) to step up; (*con microscopio, anteojos*) to magnify ▷ *vi* to increase, be on the increase; **aumentarse** *vr* to increase, be on the increase; **aumento** *nm* increase; rise

aun [a'un] *adv* even; **~ así** even so; **~ más** even o yet more

aún [a'un] *adv*: **~ está aquí** he's still here; **~ no lo sabemos** we don't know yet; **¿no ha venido ~?** hasn't she come yet?

aunque [a'unke] *conj* though, although, even though

aúpa [a'upa] *excl* come on!

auricular [auriku'lar] *nm* (*Tel*) receiver; **auriculares** *nmpl* (*cascos*) headphones

aurora [au'rora] *nf* dawn

ausencia [au'senθja] *nf* absence

ausentarse [ausen'tarse] *vr* to go away; (*por poco tiempo*) to go out

ausente [au'sente] *adj* absent

austero, -a [aus'tero, a] *adj* austere

austral [aus'tral] *adj* southern ▷ *nm* monetary unit of Argentina

Australia [aus'tralja] *nf* Australia; **australiano, -a** *adj, nm/f* Australian

Austria ['austrja] *nf* Austria; **austríaco, -a** *adj, nm/f* Austrian

auténtico, -a [au'tentiko, a] *adj* authentic

auto ['auto] *nm* (*Jur*) edict, decree; (*: orden*) writ; (*Auto*) car; **autos** *nmpl* (*Jur*) proceedings; (*: acta*) court record *sg*

autoadhesivo [autoaðe'siβo] *adj* self-adhesive; (*sobre*) self-sealing

autobiografía [autoβjoɣra'fia] *nf* autobiography

autobomba [auto'bomba] (*RPL*) *nm* fire engine

autobronceador [autoβronθea'ðor] *adj* self-tanning

autobús [auto'βus] *nm* bus; **autobús de línea** long-distance coach

autocar [auto'kar] *nm* coach (*BRIT*), (passenger) bus (*US*)

autóctono, -a [au'toktono, a] *adj* native, indigenous

autodefensa [autoðe'fensa] *nf* self-defence

autodidacta [autoði'ðakta] *adj* self-taught

autoescuela [autoes'kwela] (*ESP*) *nf* driving school

autógrafo [au'toɣrafo] *nm* autograph

autómata [au'tomata] *nm* automaton

automático, -a [auto'matiko, a] *adj* automatic ▷ *nm* press stud

automóvil [auto'moβil] *nm* (motor) car (*BRIT*), automobile (*US*); **automovilismo** *nm* (*actividad*) motoring; (*Deporte*) motor racing; **automovilista** *nmf* motorist, driver

autonomía [autono'mia] *nf* autonomy; **autónomo, -a** (*ESP*), **autonómico, -a** (*ESP*) *adj* (*Pol*) autonomous

autopista [auto'pista] *nf* motorway (BRIT), freeway (US); **autopista de cuota** (ESP) o **peaje** (MÉX) toll (BRIT) o turnpike (US) road

autopsia [au'topsja] *nf* autopsy, postmortem

autor, a [au'tor, a] *nm/f* author

autoridad [autori'ðað] *nf* authority; **autoritario, -a** *adj* authoritarian

autorización [autoriθa'θjon] *nf* authorization; **autorizado, -a** *adj* authorized; (*aprobado*) approved

autorizar [autori'θar] *vt* to authorize; (*aprobar*) to approve

autoservicio [autoser'βiθjo] *nm* (*tienda*) self-service shop (BRIT) o store (US); (*restaurante*) self-service restaurant

autostop [auto'stop] *nm* hitch-hiking; **hacer ~** to hitch-hike; **autostopista** *nmf* hitch-hiker

autovía [auto'βia] *nf* ≈ A-road (BRIT), dual carriageway (BRIT), ≈ state highway (US)

auxiliar [auksi'ljar] *vt* to help ▷ *nmf* assistant; **auxilio** *nm* assistance, help; **primeros auxilios** first aid *sg*

Av *abr* (= *Avenida*) Av(e)

aval [a'βal] *nm* guarantee; (*persona*) guarantor

avalancha [aβa'lantʃa] *nf* avalanche

avance [a'βanθe] *nm* advance; (*pago*) advance payment; (*Cine*) trailer

avanzar [aβan'θar] *vt, vi* to advance

avaricia [aβa'riθja] *nf* avarice, greed; **avaricioso, -a** *adj* avaricious, greedy

avaro, -a [a'βaro, a] *adj* miserly, mean ▷ *nm/f* miser

Avda *abr* (= *Avenida*) Av(e)

AVE ['aβe] *nm abr* (= *Alta Velocidad Española*) ≈ bullet train

ave ['aβe] *nf* bird; **ave de rapiña** bird of prey

avecinarse [aβeθi'narse] *vr* (*tormenta: fig*) to be on the way

avellana [aβe'ʎana] *nf* hazelnut; **avellano** *nm* hazel tree

avemaría [aβema'ria] *nm* Hail Mary, Ave Maria

avena [a'βena] *nf* oats *pl*

avenida [aβe'niða] *nf* (*calle*) avenue

aventajar [aβenta'xar] *vt* (*sobrepasar*) to surpass, outstrip

aventón [aβen'ton] (MÉX: *fam*) *nm* ride; **dar ~ a algn** to give sb a ride

aventura [aβen'tura] *nf* adventure; **aventurero, -a** *adj* adventurous

avergonzar [aβerɣon'θar] *vt* to shame; (*desconcertar*) to embarrass; **avergonzarse** *vr* to be ashamed; to be embarrassed

avería [aβe'ria] *nf* (*Tec*) breakdown, fault

averiado, -a [aβe'rjaðo, a] *adj* broken down; **"~"** "out of order"

averiguar [aβeri'ɣwar] *vt* to investigate; (*descubrir*) to find out, ascertain

avestruz [aβes'truθ] *nm* ostrich

aviación [aβja'θjon] *nf* aviation; (*fuerzas aéreas*) air force

aviador, a [aβja'ðor, a] *nm/f* aviator, airman(-woman)

ávido, -a ['aβiðo, a] *adj* avid, eager

avinagrado, -a [aβina'ɣraðo, a] *adj* sour, acid

avión [a'βjon] *nm* aeroplane; (*ave*) martin; **avión de reacción** jet (plane)

avioneta [aβjo'neta] *nf* light aircraft

avisar [aβi'sar] *vt* (*advertir*) to warn, notify; (*informar*) to tell; (*aconsejar*) to advise, counsel; **aviso** *nm* warning; (*noticia*) notice

avispa [a'βispa] *nf* wasp

avispado, -a [aβis'paðo, a] *adj* sharp, clever

avivar [aβi'βar] *vt* to strengthen, intensify

axila [ak'sila] *nf* armpit

ay [ai] *excl* (*dolor*) ow!, ouch!; (*aflicción*) oh!, oh dear!; **¡~ de mi!** poor me!

ayer [a'jer] *adv, nm* yesterday; **antes de ~** the day before yesterday; **~ mismo** only yesterday

ayote [a'jote] (CAM) *nm* pumpkin

ayuda [a'juða] *nf* help, assistance
▷ *nm* page; **ayudante** *nmf* assistant,
helper; (*Escol*) assistant; (*Mil*) adjutant
ayudar [aju'ðar] *vt* to help, assist
ayunar [aju'nar] *vi* to fast; **ayunas**
nfpl: **estar en ayunas** to be fasting;
ayuno *nm* fast; fasting
ayuntamiento [ajunta'mjento] *nm*
(*consejo*) town (*o* city) council; (*edificio*)
town (*o* city) hall
azafata [aθa'fata] *nf* air stewardess
azafrán [aθa'fran] *nm* saffron
azahar [aθa'ar] *nm* orange/lemon
blossom
azar [a'θar] *nm* (*casualidad*) chance,
fate; (*desgracia*) misfortune, accident;
por ~ by chance; **al ~** at random
Azores [a'θores] *nfpl*: **las ~** the Azores
azotar [aθo'tar] *vt* to whip, beat;
(*pegar*) to spank; **azote** *nm* (*látigo*)
whip; (*latigazo*) lash, stroke; (*en las
nalgas*) spank; (*calamidad*) calamity
azotea [aθo'tea] *nf* (flat) roof
azteca [aθ'teka] *adj, nmf* Aztec
azúcar [a'θukar] *nm* sugar;
azucarado, -a *adj* sugary, sweet
azucarero, -a [aθuka'rero, a] *adj*
sugar *cpd* ▷ *nm* sugar bowl
azucena [aθu'θena] *nf* white lily
azufre [a'θufre] *nm* sulphur
azul [a'θul] *adj, nm* blue; **azul
celeste/marino** sky/navy blue
azulejo [aθu'lexo] *nm* tile
azuzar [aθu'θar] *vt* to incite, egg on

B.A. *abr* (= *Buenos Aires*) B.A.
baba ['baβa] *nf* spittle, saliva; **babear**
vi to drool, slaver
babero [ba'βero] *nm* bib
babor [ba'βor] *nm* port (side)
babosada [baβo'saða] (*MÉX, CAM*:
fam) *nf* drivel; **baboso, -a** [ba'βoso, a]
(*LAM*: *fam*) *adj* silly
baca ['baka] *nf* (*Auto*) luggage *o*
roof rack
bacalao [baka'lao] *nm* cod (fish)
bache ['batʃe] *nm* pothole, rut; (*fig*)
bad patch
bachillerato [batʃiʎe'rato] *nm* higher
secondary school course
bacinica [baθi'nika] (*LAM*) *nf* potty
bacteria [bak'terja] *nf* bacterium,
germ
Bahama [ba'ama]: **las (Islas) ~** *nfpl*
the Bahamas
bahía [ba'ia] *nf* bay
bailar [bai'lar] *vt, vi* to dance;
bailarín, -ina *nm/f* (ballet) dancer;
baile *nm* dance; (*formal*) ball
baja ['baxa] *nf* drop, fall; (*Mil*)

casualty; **dar de ~** (*soldado*) to discharge; (*empleado*) to dismiss

bajada [ba'xaða] *nf* descent; (*camino*) slope; (*de aguas*) ebb

bajar [ba'xar] *vi* to go down, come down; (*temperatura, precios*) to drop, fall ▷ *vt* (*cabeza*) to bow; (*escalera*) to go down, come down; (*precio, voz*) to lower; (*llevar abajo*) to take down; **bajarse** *vr* (*de coche*) to get out; (*de autobús, tren*) to get off; **~ de** (*coche*) to get out of; (*autobús, tren*) to get off; **~se algo de Internet** to download sth from the Internet

bajío [ba'xio] (*LAM*) *nm* lowlands *pl*

bajo, -a ['baxo] *adj* (*mueble, número, precio*) low; (*piso*) ground; (*de estatura*) small, short; (*color*) pale; (*sonido*) faint, soft, low; (*voz: en tono*) deep; (*metal*) base; (*humilde*) low, humble ▷ *adv* (*hablar*) softly, quietly; (*volar*) low ▷ *prep* under, below, underneath ▷ *nm* (*Mús*) bass; **~ la lluvia** in the rain

bajón [ba'xon] *nm* fall, drop

bakalao [baka'lao] (*ESP: fam*) *nm* rave (music)

bala ['bala] *nf* bullet

balacear [balaθe'ar] (*MÉX, CAM*) *vt* to shoot

balance [ba'lanθe] *nm* (*Com*) balance; (*: libro*) balance sheet; (*: cuenta general*) stocktaking

balancear [balanθe'ar] *vt* to balance ▷ *vi* to swing (to and fro); (*vacilar*) to hesitate; **balancearse** *vr* to swing (to and fro), to hesitate

balanza [ba'lanθa] *nf* scales *pl*, balance; **balanza comercial** balance of trade; **balanza de pagos** balance of payments

balaustrada [balaus'traða] *nf* balustrade; (*pasamanos*) banisters *pl*

balazo [ba'laθo] *nm* (*golpe*) shot; (*herida*) bullet wound

balbucear [balβuθe'ar] *vi, vt* to stammer, stutter

balcón [bal'kon] *nm* balcony

balde ['balde] *nm* bucket, pail; **de ~** (for) free, for nothing; **en ~** in vain

baldosa [bal'dosa] *nf* (*azulejo*) floor tile; (*grande*) flagstone; **baldosín** *nm* (small) tile

Baleares [bale'ares] *nfpl*: **las (Islas) ~** the Balearic Islands

balero [ba'lero] (*LAM*) *nm* (*juguete*) cup-and-ball toy

baliza [ba'liθa] *nf* (*Aviac*) beacon; (*Náut*) buoy

ballena [ba'ʎena] *nf* whale

ballet [ba'le] (*pl* **~s**) *nm* ballet

balneario [balne'arjo] *nm* spa; (*CS: en la costa*) seaside resort

balón [ba'lon] *nm* ball

baloncesto [balon'θesto] *nm* basketball

balonmano [balon'mano] *nm* handball

balsa ['balsa] *nf* raft; (*Bot*) balsa wood

bálsamo ['balsamo] *nm* balsam, balm

baluarte [ba'lwarte] *nm* bastion, bulwark

bambú [bam'bu] *nm* bamboo

banana [ba'nana] (*LAM*) *nf* banana; **banano** *nm* (*LAM: árbol*) banana tree; (*CAM: fruta*) banana

banca ['banka] *nf* (*Com*) banking

bancario, -a [ban'karjo, a] *adj* banking *cpd*, bank *cpd*

bancarrota [banka'rrota] *nf* bankruptcy; **hacer ~** to go bankrupt

banco ['banko] *nm* bench; (*Escol*) desk; (*Com*) bank; (*Geo*) stratum; **banco de arena** sandbank; **banco de crédito** credit bank; **banco de datos** databank

banda ['banda] *nf* band; (*pandilla*) gang; (*Náut*) side, edge; **banda ancha** broadband; **banda sonora** soundtrack

bandada [ban'daða] *nf* (*de pájaros*) flock; (*de peces*) shoal

bandazo [ban'daθo] *nm*: **dar ~s** to sway from side to side

bandeja [ban'dexa] *nf* tray

bandera [ban'dera] *nf* flag

banderilla [bande'riʎa] *nf* banderilla

bandido [ban'diðo] *nm* bandit

bando ['bando] *nm* (*edicto*) edict, proclamation; (*facción*) faction; **bandos** *nmpl* (*Rel*) banns

bandolera [bando'lera] *nf*: **llevar en ~** to wear across one's chest

banquero [ban'kero] *nm* banker

banqueta [ban'keta] *nf* stool; (*MÉX: en calle*) pavement (*BRIT*), sidewalk (*US*)

banquete [ban'kete] *nm* banquet; (*para convidados*) formal dinner; **banquete de boda(s)** wedding reception

banquillo [ban'kiʎo] *nm* (*Jur*) dock, prisoner's bench; (*banco*) bench; (*para los pies*) footstool

banquina [ban'kina] (*RPL*) *nf* hard shoulder (*BRIT*), berm (*US*)

bañadera [baɲa'ðera] (*RPL*) *nf* bathtub

bañador [baɲa'ðor] (*ESP*) *nm* swimming costume (*BRIT*), bathing suit (*US*)

bañar [ba'ɲar] *vt* to bath, bathe; (*objeto*) to dip; (*de barniz*) to coat; **bañarse** *vr* (*en el mar*) to bathe, swim; (*en la bañera*) to have a bath

bañera [ba'ɲera] (*ESP*) *nf* bath (tub)

bañero, -a [ba'ɲero, a] (*CS*) *nm/f* lifeguard

bañista [ba'ɲista] *nmf* bather

baño ['baɲo] *nm* (*en bañera*) bath; (*en río*) dip, swim; (*cuarto*) bathroom; (*bañera*) bath (tub); (*capa*) coating; **darse** *o* **tomar un ~** (*en bañera*) to have *o* take a bath; (*en mar, piscina*) to have a swim; **baño María** bain-marie

bar [bar] *nm* bar

barahúnda [bara'unda] *nf* uproar, hubbub

baraja [ba'raxa] *nf* pack (of cards); **barajar** *vr* (*naipes*) to shuffle; (*fig*) to jumble up

baranda [ba'randa] *nf* = **barandilla**

barandilla [baran'diʎa] *nf* rail, railing

barata [ba'rata] (*MÉX*) *nf* (*bargain*) sale

baratillo [bara'tiʎo] *nm* (*tienda*) junkshop; (*subasta*) bargain sale; (*conjunto de cosas*) secondhand goods *pl*

barato, -a [ba'rato, a] *adj* cheap ▷ *adv* cheap, cheaply

barba ['barβa] *nf* (*mentón*) chin; (*pelo*) beard

barbacoa [barβa'koa] *nf* (*parrilla*) barbecue; (*carne*) barbecued meat

barbaridad [barβari'ðað] *nf* barbarity; (*acto*) barbarism; (*atrocidad*) outrage; **una ~** (*fam*) loads; **¡qué ~!** (*fam*) how awful!

barbarie [bar'βarje] *nf* barbarism, savagery; (*crueldad*) barbarity

bárbaro, -a ['barβaro, a] *adj* barbarous, cruel; (*grosero*) rough, uncouth ▷ *nm/f* barbarian ▷ *adv*: **lo pasamos ~** (*fam*) we had a great time; **¡qué ~!** (*fam*) how marvellous!; **un éxito ~** (*fam*) a terrific success; **es un tipo ~** (*fam*) he's a great bloke

barbero [bar'βero] *nm* barber, hairdresser

barbilla [bar'βiʎa] *nf* chin, tip of the chin

barbudo, -a [bar'βuðo, a] *adj* bearded

barca ['barka] *nf* (*small*) boat; **barcaza** *nf* barge

Barcelona [barθe'lona] *n* Barcelona

barco ['barko] *nm* boat; (*grande*) ship; **barco de carga/pesca** cargo/fishing boat; **barco de vela** sailing ship

barda ['barða] (*MÉX*) *nf* (*de madera*) fence

baremo [ba'remo] *nm* (*Mat: fig*) scale

barítono [ba'ritono] *nm* baritone

barman ['barman] *nm* barman

barniz [bar'niθ] *nm* varnish; (*en loza*) glaze; (*fig*) veneer; **barnizar** *vt* to varnish; (*loza*) to glaze

barómetro [ba'rometro] *nm* barometer

barquillo [bar'kiʎo] *nm* cone, cornet

barra ['barra] *nf* bar, rod; (*de un bar, café*) bar; (*de pan*) French stick; (*palanca*) lever; **barra de labios** lipstick; **barra**

libre free bar
barraca [ba'rraka] nf hut, cabin
barranco [ba'rranko] nm ravine;
  (fig) difficulty
barrena [ba'rrena] nf drill
barrer [ba'rrer] vt to sweep; (quitar)
  to sweep away
barrera [ba'rrera] nf barrier
barriada [ba'rrjaða] nf quarter,
  district
barricada [barri'kaða] nf barricade
barrida [ba'rriða] nf sweep,
  sweeping
barriga [ba'rriɣa] nf belly;
  (panza) paunch; **barrigón, -ona**
  adj potbellied; **barrigudo, -a** adj
  potbellied
barril [ba'rril] nm barrel, cask
barrio ['barrjo] nm (vecindad) area,
  neighborhood (US); (en afueras) suburb;
  barrio chino (ESP) red-light district
barro ['barro] nm (lodo) mud; (objetos)
  earthenware; (Med) pimple
barroco, -a [ba'rroko] adj, nm
  baroque
barrote [ba'rrote] nm (de ventana) bar
bartola [bar'tola] nf: **tirarse** o
  tumbarse a la ~ to take it easy, be lazy
bártulos ['bartulos] nmpl things,
  belongings
barullo [ba'ruʎo] nm row, uproar
basar [ba'sar] vt to base; **basarse**
  vr: **~se en** to be based on
báscula ['baskula] nf (platform)
  scales
base ['base] nf base; **a ~ de** on the
  basis of; (mediante) by means of; **base
  de datos** (Inform) database
básico, -a ['basiko] adj basic
basílica [ba'silika] nf basilica
básquetbol ['basketbol] (LAM) nm
  basketball

○ **PALABRA CLAVE**

bastante [bas'tante] adj 1 (suficiente)
  enough; **bastante dinero** enough o
  sufficient money; **bastantes libros**
  enough books
  2 (valor intensivo): **bastante gente**
  quite a lot of people; **tener bastante
  calor** to be rather hot
  ▷ adv: **bastante bueno/malo** quite
  good/rather bad; **bastante rico**
  pretty rich; **(lo) bastante inteligente
  (como) para hacer algo** clever enough
  o sufficiently clever to do sth

bastar [bas'tar] vi to be enough o
  sufficient; **bastarse** vr to be self-
  sufficient; **~ para** to be enough to;
  ¡basta! (that's) enough!
bastardo, -a [bas'tarðo, a] adj,
  nm/f bastard
bastidor [basti'ðor] nm frame; (de
  coche) chassis; (Teatro) wing; **entre ~es**
  (fig) behind the scenes
basto, -a ['basto, a] adj coarse,
  rough; **bastos** nmpl (Naipes) ≈ clubs
bastón [bas'ton] nm stick, staff; (para
  pasear) walking stick
bastoncillo [baston'θiʎo] nm
  cotton bud
basura [ba'sura] nf rubbish (BRIT),
  garbage (US) ▷ adj: **comida/televisión
  ~** junk food/TV
basurero [basu'rero] nm (hombre)
  dustman (BRIT), garbage man (US);
  (lugar) dump; (cubo) (rubbish) bin
  (BRIT), trash can (US)
bata ['bata] nf (gen) dressing gown;
  (cubretodo) smock, overall; (Med, Tec etc)
  lab(oratory) coat
batalla [ba'taʎa] nf battle; **de ~** (fig)
  for everyday use; **batalla campal**
  pitched battle
batallón [bata'ʎon] nm battalion
batata [ba'tata] nf sweet potato
batería [bate'ria] nf battery; (Mús)
  drums; **batería de cocina** kitchen
  utensils
batido, -a [ba'tiðo, a] adj (camino)
  beaten, well-trodden ▷ nm (Culin: de
  leche) milk shake
batidora [bati'ðora] nf beater, mixer;
  batidora eléctrica food mixer, blender

batir [ba'tir] *vt* to beat, strike; (*vencer*) to beat, defeat; (*revolver*) to beat, mix; **batirse** *vr* to fight; **~ palmas** to applaud

batuta [ba'tuta] *nf* baton; **llevar la ~** (*fig*) to be the boss, be in charge

baúl [ba'ul] *nm* trunk; (*Auto*) boot (*BRIT*), trunk (*US*)

bautismo [bau'tismo] *nm* baptism, christening

bautizar [bauti'θar] *vt* to baptize, christen; (*fam: diluir*) to water down; **bautizo** *nm* baptism, christening

bayeta [ba'jeta] *nf* floorcloth

baza ['baθa] *nf* trick; **meter ~** to butt in

bazar [ba'θar] *nm* bazaar

bazofia [ba'θofja] *nf* trash

be [be] *nf* name of the letter B; **be chica/grande** (*MÉX*) V/B; **be larga** (*LAM*) B

beato, -a [be'ato, a] *adj* blessed; (*piadoso*) pious

bebé [be'βe] (*pl* **~s**) *nm* baby

bebedero [beβe'ðero, a] (*MÉX, CS*) *nm* drinking fountain

bebedor, a [beβe'ðor, a] *adj* hard-drinking

beber [be'βer] *vt, vi* to drink

bebida [be'βiða] *nf* drink; **bebido, -a** *adj* drunk

beca ['beka] *nf* grant, scholarship; **becario, -a** [be'karjo, a] *nm/f* scholarship holder, grant holder

bedel [be'ðel] *nm* (*Escol*) janitor; (*Univ*) porter

béisbol ['beisβol] *nm* baseball

Belén [be'len] *nm* Bethlehem; **belén** *nm* (*de Navidad*) nativity scene, crib

belga ['belxa] *adj, nmf* Belgian

Bélgica ['belxika] *nf* Belgium

bélico, -a ['beliko, a] *adj* (*actitud*) warlike

belleza [be'ʎeθa] *nf* beauty

bello, -a ['beʎo, a] *adj* beautiful, lovely; **Bellas Artes** Fine Art

bellota [be'ʎota] *nf* acorn

bemol [be'mol] *nm* (*Mús*) flat; **esto tiene ~es** (*fam*) this is a tough one

bencina [ben'θina] *nf* (*Quím*) benzine

bendecir [bende'θir] *vt* to bless

bendición [bendi'θjon] *nf* blessing

bendito, -a [ben'dito, a] *pp de* **bendecir** ▷ *adj* holy; (*afortunado*) lucky; (*feliz*) happy; (*sencillo*) simple ▷ *nm/f* simple soul

beneficencia [benefi'θenθja] *nf* charity

beneficiario, -a [benefi'θjarjo, a] *nm/f* beneficiary

beneficio [bene'fiθjo] *nm* (*bien*) benefit, advantage; (*ganancia*) profit, gain; **a ~ de algn** in aid of sb; **beneficioso, -a** *adj* beneficial

benéfico, -a [be'nefiko, a] *adj* charitable

beneplácito [bene'plaθito] *nm* approval, consent

benévolo, -a [be'neβolo, a] *adj* benevolent, kind

benigno, -a [be'nixno, a] *adj* kind; (*suave*) mild; (*Med: tumor*) benign, non-malignant

berberecho [berβe'retʃo] *nm* (*Zool, Culin*) cockle

berenjena [beren'xena] *nf* aubergine (*BRIT*), eggplant (*US*)

Berlín [ber'lin] *n* Berlin

berlinesa [berli'nesa] *nf* (*RPL*) doughnut, donut (*US*)

bermudas [ber'muðas] *nfpl* Bermuda shorts

berrido [be'rriðo] *nm* bellow(ing)

berrinche [be'rrintʃe] (*fam*) *nm* temper, tantrum

berro ['berro] *nm* watercress

berza ['berθa] *nf* cabbage

besamel [besa'mel] *nf* (*Culin*) white sauce, bechamel sauce

besar [be'sar] *vt* to kiss; (*fig: tocar*) to graze; **besarse** *vr* to kiss (one another); **beso** *nm* kiss

bestia ['bestja] *nf* beast, animal; (*fig*) idiot; **bestia de carga** beast of burden; **bestial** [bes'tjal] *adj* bestial; (*fam*) terrific; **bestialidad** *nf* bestiality; (*fam*) stupidity

besugo [be'suɣo] *nm* sea bream;
(*fam*) idiot

besuquear [besuke'ar] *vt* to cover
with kisses; **besuquearse** *vr* to kiss
and cuddle

betabel [beta'bel] (*MÉX*) *nm* beetroot
(*BRIT*), beet (*US*)

betún [be'tun] *nm* shoe polish;
(*Quím*) bitumen

biberón [biβe'ron] *nm* feeding bottle

Biblia ['biβlja] *nf* Bible

bibliografía [biβljoɣra'fia] *nf*
bibliography

biblioteca [biβljo'teka] *nf* library;
(*mueble*) bookshelves; **biblioteca
de consulta** reference library;
bibliotecario, -a *nm/f* librarian

bicarbonato [bikarβo'nato] *nm*
bicarbonate

bicho ['bitʃo] *nm* (*animal*) small
animal; (*sabandija*) bug, insect;
(*Taur*) bull

bici ['biθi] (*fam*) *nf* bike

bicicleta [biθi'kleta] *nf* bicycle, cycle;
ir en ~ to cycle

bidé [bi'ðe] (*pl* **~s**) *nm* bidet

bidón [bi'ðon] *nm* (*de aceite*) drum; (*de
gasolina*) can

⭕ **PALABRA CLAVE**

bien [bjen] *nm* **1** (*bienestar*) good; **te
lo digo por tu bien** I'm telling you for
your own good; **el bien y el mal** good
and evil
2 (*posesión*): **bienes** goods; **bienes de
consumo** consumer goods; **bienes
inmuebles** *o* **raíces/bienes muebles**
real estate *sg*/personal property *sg*
▷ *adv* **1** (*de manera satisfactoria, correcta
etc*) well; **trabaja/come bien** she
works/eats well; **contestó bien** he
answered correctly; **me siento bien**
I feel fine; **no me siento bien** I don't
feel very well; **se está bien aquí** it's
nice here
2 (*frases*): **hiciste bien en llamarme**
you were right to call me

3 (*valor intensivo*) very; **un cuarto bien
caliente** a nice warm room; **bien se ve
que ...** it's quite clear that ...
4 estar bien: estoy muy bien aquí
I feel very happy here; **está bien que
vengan** it's all right for them to come;
¡está bien! lo haré oh all right, I'll do it
5 (*de buena gana*): **yo bien que
iría pero ...** I'd gladly go but ...
▷ *excl*: **¡bien!** (*aprobación*) O.K.!; **¡muy
bien!** well done! ▷ *adj inv* (*matiz
despectivo*): **gente bien** posh people
▷ *conj* **1 bien ... bien: bien en coche
bien en tren** either by car or by train
2 (*LAM*): **no bien: no bien llegue te
llamaré** as soon as I arrive I'll call you
3 si bien even though; *V tb* **más**

bienal [bje'nal] *adj* biennial

bienestar [bjenes'tar] *nm* well-
being, welfare

bienvenida [bjembe'niða] *nf*
welcome; **dar la ~ a algn** to welcome
sb

bienvenido [bjembe'niðo] *excl*
welcome!

bife ['bife] (*CS*) *nm* steak

bifurcación [bifurka'θjon] *nf* fork

bígamo, -a ['biɣamo, a] *adj*
bigamous ▷ *nm/f* bigamist

bigote [bi'ɣote] *nm* moustache;
bigotudo, -a *adj* with a big
moustache

bikini [bi'kini] *nm* bikini; (*Culin*)
toasted ham and cheese sandwich

bilingüe [bi'lingwe] *adj* bilingual

billar [bi'ʎar] *nm* billiards *sg*; **billares**
nmpl (*lugar*) billiard hall; (*sala de juegos*)
amusement arcade; **billar americano**
pool

billete [bi'ʎete] *nm* ticket; (*de banco*)
(bank)note (*BRIT*), bill (*US*); (*carta*) note;
~ de 20 libras £20 note; **billete de ida
y vuelta** return (*BRIT*) *o* round-trip (*US*)
ticket; **billete sencillo** *o* **de ida** single
(*BRIT*) *o* one-way (*US*) ticket; **billete
electrónico** e-ticket

billetera [biʎe'tera] *nf* wallet

billón [bi'ʎon] *nm* billion
bimensual [bimen'swal] *adj* twice monthly
bingo ['bingo] *nm* bingo
biodegradable [bioðeɣra'ðaβle] *adj* biodegradable
biografía [bjoɣra'fia] *nf* biography
biología [bjolo'xia] *nf* biology; **biológico, -a** *adj* biological; (*cultivo, producto*) organic; **biólogo, -a** *nm/f* biologist
biombo ['bjombo] *nm* (folding) screen
bioterrorismo [bjoterro'rismo] *nm* bioterrorism
biquini [bi'kini] *nm o* (RPL) *f* bikini
birlar [bir'lar] (*fam*) *vt* to pinch
Birmania [bir'manja] *nf* Burma
birome [bi'rome] (RPL) *nf* ballpoint (pen)
birria ['birrja] *nf*: **ser una ~** (*película, libro*) to be rubbish
bis [bis] *excl* encore!
bisabuelo, -a [bisa'βwelo, a] *nm/f* great-grandfather(-mother)
bisagra [bi'saɣra] *nf* hinge
bisiesto [bi'sjesto] *adj*: **año ~** leap year
bisnieto, -a [bis'njeto, a] *nm/f* great-grandson/daughter
bisonte [bi'sonte] *nm* bison
bisté [bis'te] *nm* = **bistec**
bistec [bis'tek] *nm* steak
bisturí [bistu'ri] *nm* scalpel
bisutería [bisute'ria] *nf* imitation *o* costume jewellery
bit [bit] *nm* (*Inform*) bit
bizco, -a ['biθko, a] *adj* cross-eyed
bizcocho [biθ'kotʃo] *nm* (*Culin*) sponge cake
blanca ['blanka] *nf* (*Mús*) minim; **estar sin ~** (ESP: *fam*) to be broke; V *tb* **blanco**
blanco, -a ['blanko, a] *adj* white ▷ *nm/f* white man/woman, white ▷ *nm* (*color*) white; (*en texto*) blank; (*Mil, fig*) target; **en ~** blank; **noche en ~** sleepless night

blandir [blan'dir] *vt* to brandish
blando, -a ['blando, a] *adj* soft; (*tierno*) tender, gentle; (*carácter*) mild; (*fam*) cowardly
blanqueador [blankea'ðor] (MÉX) *nm* bleach
blanquear [blanke'ar] *vt* to whiten; (*fachada*) to whitewash; (*paño*) to bleach ▷ *vi* to turn white
blanquillo [blan'kiʎo] (MÉX, CAM) *nm* egg
blasfemar [blasfe'mar] *vi* to blaspheme, curse
bledo ['bleðo] *nm*: **me importa un ~** I couldn't care less
blindado, -a [blin'daðo, a] *adj* (*Mil*) armour-plated; (*antibala*) bullet-proof; **coche** (ESP) *o* **carro** (LAM) **~** armoured car
bloc [blok] (*pl* **~s**) *nm* writing pad
blof [blof] (MÉX) *nm* bluff; **blofear** (MÉX) *vi* to bluff
blog [bloɣ] (*pl* **~s**) *nm* blog
bloque ['bloke] *nm* block; (*Pol*) bloc
bloquear [bloke'ar] *vt* to blockade; **bloqueo** *nm* blockade; (*Com*) freezing, blocking; **bloqueo mental** mental block
blusa ['blusa] *nf* blouse
bobada [bo'βaða] *nf* foolish action; foolish statement; **decir ~s** to talk nonsense
bobina [bo'βina] *nf* (*Tec*) bobbin; (*Foto*) spool; (*Elec*) coil
bobo, -a ['boβo, a] *adj* (*tonto*) daft, silly; (*cándido*) naôve ▷ *nm/f* fool, idiot ▷ *nm* (*Teatro*) clown, funny man
boca ['boka] *nf* mouth; (*de crustáceo*) pincer; (*de cañón*) muzzle; (*entrada*) mouth, entrance; **bocas** *nfpl* (*de río*) mouth *sg*; **~ abajo/arriba** face down/up; **se me hace la ~ agua** my mouth is watering; **boca de incendios** hydrant; **boca del estómago** pit of the stomach; **boca de metro** underground (BRIT) *o* subway (US) entrance
bocacalle [boka'kaʎe] *nf* (entrance to a) street; **la primera ~** the first

turning o street

bocadillo [boka'ðiʎo] nm sandwich

bocado [bo'kaðo] nm mouthful, bite; (de caballo) bridle

bocajarro [boka'xarro]: **a ~** adv (disparar) point-blank

bocanada [boka'naða] nf (de vino) mouthful, swallow; (de aire) gust, puff

bocata [bo'kata] (fam) nm sandwich

bocazas [bo'kaθas] (fam) nm inv bigmouth

boceto [bo'θeto] nm sketch, outline

bochorno [bo'tʃorno] nm (vergüenza) embarrassment; (calor): **hace ~** it's very muggy

bocina [bo'θina] nf (Mús) trumpet; (Auto) horn; (para hablar) megaphone

boda ['boða] nf (tb: **~s**) wedding, marriage; (fiesta) wedding reception; **bodas de oro/plata** golden/silver wedding sg

bodega [bo'ðexa] nf (de vino) (wine) cellar; (depósito) storeroom; (de barco) hold

bodegón [boðe'xon] nm (Arte) still life

bofetada [bofe'taða] nf slap (in the face)

boga ['boxa] nf: **en ~** (fig) in vogue

Bogotá [boxo'ta] n Bogotá

bohemio, -a [bo'emjo, a] adj, nm/f Bohemian

bohío [bo'io] (CAM) nm shack, hut

boicot [boi'kot] (pl **~s**) nm boycott; **boicotear** vt to boycott

bóiler ['boiler] (MÉX) nm boiler

boina ['boina] nf beret

bola ['bola] nf ball; (canica) marble; (Naipes) (grand) slam; (betún) shoe polish; (mentira) tale, story; **bolas** nfpl (LAM: caza) bolas sg; **bola de billar** billiard ball; **bola de nieve** snowball

boleadoras [bolea'ðoras] nfpl bolas sg

bolear [bole'ar] (MÉX) vt (zapatos) to polish, shine

bolera [bo'lera] nf skittle o bowling alley

bolero, -a (MÉX) [bo'lero] nm/f (limpiabotas) shoeshine boy/girl

boleta [bo'leta] (LAM) nf (de rifa) ticket; (cs: recibo) receipt; **boleta de calificaciones** (MÉX) report card

boletería [bolete'ria] (LAM) nf ticket office

boletín [bole'tin] nm bulletin; (periódico) journal, review; **boletín de noticias** news bulletin

boleto [bo'leto] nm (LAM) ticket; **boleto de ida y vuelta** (LAM) round trip ticket; **boleto electrónico** (LAM) e-ticket; **boleto redondo** (MÉX) round trip ticket

boli ['boli] (fam) nm Biro®

bolígrafo [bo'lixrafo] nm ball-point pen, Biro®

bolilla [bo'liʎa] (RPL) nf topic

bolillo [bo'liʎo] (MÉX) nm (bread) roll

bolita [bo'lita] (cs) nf marble

bolívar [bo'liβar] nm monetary unit of Venezuela

Bolivia [bo'liβja] nf Bolivia; **boliviano, -a** adj, nm/f Bolivian

bollería [boʎe'ria] nf cakes pl and pastries pl

bollo ['boʎo] nm (pan) roll; (bulto) bump, lump; (abolladura) dent

bolo ['bolo] nm skittle; (píldora) (large) pill; **(juego de) bolos** nmpl skittles sg

bolsa ['bolsa] nf (para llevar algo) bag; (MÉX, CAM: bolsillo) pocket; (MÉX: de mujer) handbag; (Anat) cavity, sac; (Com) stock exchange; (Minería) pocket; **de ~** pocket cpd; **bolsa de agua caliente** hot water bottle; **bolsa de aire** air pocket; **bolsa de dormir** (MÉX, RPL) sleeping bag; **bolsa de la compra** shopping bag; **bolsa de papel/plástico** paper/plastic bag

bolsear [bolse'ar] (MÉX, CAM) vt: **~ a algn** to pick sb's pocket

bolsillo [bol'siʎo] nm pocket; (cartera) purse; **de ~** pocket(-size)

bolso ['bolso] nm (bolsa) bag; (de mujer) handbag

bomba ['bomba] nf (Mil) bomb; (Tec)

pump ▷ *adj* (*fam*): **noticia ~** bombshell ▷ *adv* (*fam*): **pasarlo ~** to have a great time; **bomba atómica/de efecto retardado/de humo** atomic/time/smoke bomb

bombacha [bom'batʃa] (*RPL*) *nf* panties *pl*

bombardear [bombarðe'ar] *vt* to bombard; (*Mil*) to bomb; **bombardeo** *nm* bombardment; bombing

bombazo [bom'baθo] (*MÉX*) *nm* (*explosión*) explosion; (*fam: notic ión*) bombshell; (: *éxito*) smash hit

bombear [bombe'ar] *vt* (*agua*) to pump (out *o* up)

bombero [bom'bero] *nm* fireman

bombilla [bom'biʎa] (*ESP*) *nf* (light) bulb

bombita [bom'bita] (*RPL*) *nf* (light) bulb

bombo ['bombo] *nm* (*Mús*) bass drum; (*Tec*) drum

bombón [bom'bon] *nm* chocolate; (*MÉX: de caramelo*) marshmallow

bombona [bom'bona] (*ESP*) *nf* (*de butano, oxígeno*) cylinder

bonachón, -ona [bona'tʃon, ona] *adj* good-natured, easy-going

bonanza [bo'nanθa] *nf* (*Náut*) fair weather; (*fig*) bonanza; (*Minería*) rich pocket *o* vein

bondad [bon'dað] *nf* goodness, kindness; **tenga la ~ de** (please) be good enough to

bonito, -a [bo'nito, a] *adj* pretty; (*agradable*) nice ▷ *nm* (*atún*) tuna (fish)

bono ['bono] *nm* voucher; (*Finanzas*) bond

bonobús [bono'βus] (*ESP*) *nm* bus pass

bonoloto [bono'loto] *nf* state-run weekly lottery

boquerón [boke'ron] *nm* (*pez*) (kind of) anchovy; (*agujero*) large hole

boquete [bo'kete] *nm* gap, hole

boquiabierto, -a [bokia'βjerto, a] *adj*: **quedarse ~** to be amazed *o* flabbergasted

boquilla [bo'kiʎa] *nf* (*para riego*) nozzle; (*para cigarro*) cigarette holder; (*Mús*) mouthpiece

borbotón [borβo'ton] *nm*: **salir a borbotones** to gush out

borda ['borða] *nf* (*Náut*) (ship's) rail; **tirar algo/caerse por la ~** to throw sth/fall overboard

bordado [bor'ðaðo] *nm* embroidery

bordar [bor'ðar] *vt* to embroider

borde ['borðe] *nm* edge, border; (*de camino etc*) side; (*en la costura*) hem; **al ~ de** (*fig*) on the verge *o* brink of; **ser ~** (*ESP: fam*) to be rude; **bordear** *vt* to border

bordillo [bor'ðiʎo] *nm* kerb (*BRIT*), curb (*US*)

bordo ['borðo] *nm* (*Náut*) side; **a ~** on board

borlote [bor'lote] (*MÉX*) *nm* row, uproar

borrachera [borra'tʃera] *nf* (*ebriedad*) drunkenness; (*orgía*) spree, binge

borracho, -a [bo'rratʃo, a] *adj* drunk ▷ *nm/f* (*habitual*) drunkard, drunk; (*temporal*) drunk, drunk man/woman

borrador [borra'ðor] *nm* (*escritura*) first draft, rough sketch; (*goma*) rubber (*BRIT*), eraser

borrar [bo'rrar] *vt* to erase, rub out

borrasca [bo'rraska] *nf* storm

borrego, -a [bo'rreɣo, a] *nm/f* (*Zool: joven*) (yearling) lamb; (*adulto*) sheep ▷ *nm* (*MÉX: fam*) false rumour

borrico, -a [bo'rriko, a] *nm/f* donkey/she-donkey; (*fig*) stupid man/woman

borrón [bo'rron] *nm* (*mancha*) stain

borroso, -a [bo'rroso, a] *adj* vague, unclear; (*escritura*) illegible

bosque ['boske] *nm* wood; (*grande*) forest

bostezar [boste'θar] *vi* to yawn; **bostezo** *nm* yawn

bota ['bota] *nf* (*calzado*) boot; (*para vino*) leather wine bottle; **botas de agua** *o* **goma** Wellingtons

botana [bo'tana] (*MÉX*) *nf* snack,

appetizer

botánica [bo'tanika] *nf* (*ciencia*) botany; *V tb* **botánico**

botánico, -a [bo'taniko, a] *adj* botanical ▷ *nm/f* botanist

botar [bo'tar] *vt* to throw, hurl; (*Náut*) to launch; (*LAM*: *echar*) to throw out ▷ *vi* (*ESP*: *saltar*) to bounce

bote ['bote] *nm* (*salto*) bounce; (*golpe*) thrust; (*ESP*: *envase*) tin, can; (*embarcación*) boat; (*MÉX, CAM*: *pey*: *cárcel*) jail; **de ~ en ~** packed, jammed full; **bote de la basura** (*MÉX*) dustbin (*BRIT*), trashcan (*US*); **bote salvavidas** lifeboat

botella [bo'teʎa] *nf* bottle; **botellín** *nm* small bottle; **botellón** *nm* (*ESP*: *fam*) outdoor drinking session

botijo [bo'tixo] *nm* (earthenware) jug

botín [bo'tin] *nm* (*calzado*) half boot; (*polaina*) spat; (*Mil*) booty

botiquín [boti'kin] *nm* (*armario*) medicine cabinet; (*portátil*) first-aid kit

botón [bo'ton] *nm* button; (*Bot*) bud

botones [bo'tones] *nm inv* bellboy (*BRIT*), bellhop (*US*)

bóveda ['boβeða] *nf* (*Arq*) vault

boxeador [boksea'ðor] *nm* boxer

boxeo [bok'seo] *nm* boxing

boya ['boja] *nf* (*Náut*) buoy; (*de caña*) float

boyante [bo'jante] *adj* prosperous

bozal [bo'θal] *nm* (*para caballos*) halter; (*de perro*) muzzle

bragas ['braɣas] *nfpl* (*de mujer*) panties, knickers (*BRIT*)

bragueta [bra'ɣeta] *nf* fly, flies *pl*

braille [breil] *nm* braille

brasa ['brasa] *nf* live *o* hot coal

brasero [bra'sero] *nm* brazier

brasier [bra'sjer] (*MÉX*) *nm* bra

Brasil [bra'sil] *nm* (*tb*: **el ~**) Brazil; **brasileño, -a** *adj, nm/f* Brazilian

brassier [bra'sjer] (*MÉX*) *nm* V **brasier**

bravo, -a ['braβo, a] *adj* (*valiente*) brave; (*feroz*) ferocious; (*salvaje*) wild; (*mar etc*) rough, stormy ▷ *excl* bravo!;

bravura *nf* bravery; ferocity

braza ['braθa] *nf* fathom; **nadar a ~** to swim breast-stroke

brazalete [braθa'lete] *nm* (*pulsera*) bracelet; (*banda*) armband

brazo ['braθo] *nm* arm; (*Zool*) foreleg; (*Bot*) limb, branch; **luchar a ~ partido** to fight hand-to-hand; **ir cogidos del ~** to walk arm in arm

brebaje [bre'βaxe] *nm* potion

brecha ['bretʃa] *nf* (*hoyo, vacío*) gap, opening; (*Mil, fig*) breach

brega ['breɣa] *nf* (*lucha*) struggle; (*trabajo*) hard work

breva ['breβa] *nf* early fig

breve ['breβe] *adj* short, brief ▷ *nf* (*Mús*) breve; **en ~** (*pronto*) shortly, before long; **brevedad** *nf* brevity, shortness

bribón, -ona [bri'βon, ona] *adj* idle, lazy ▷ *nm/f* (*pícaro*) rascal, rogue

bricolaje [briko'laxe] *nm* do-it-yourself, DIY

brida ['briða] *nf* bridle, rein; (*Tec*) clamp

bridge [britʃ] *nm* bridge

brigada [bri'ɣaða] *nf* (*unidad*) brigade; (*de trabajadores*) squad, gang ▷ *nm* ≈ staff-sergeant, sergeant-major

brillante [bri'ʎante] *adj* brilliant ▷ *nm* diamond

brillar [bri'ʎar] *vi* to shine; (*joyas*) to sparkle

brillo ['briʎo] *nm* shine; (*brillantez*) brilliance; (*fig*) splendour; **sacar ~ a** to polish

brincar [brin'kar] *vi* to skip about, hop about, jump about

brinco ['brinko] *nm* jump, leap

brindar [brin'dar] *vi*: **~ a** *o* **por** to drink (a toast) to ▷ *vt* to offer, present

brindis ['brindis] *nm inv* toast

brío ['brio] *nm* spirit, dash

brisa ['brisa] *nf* breeze

británico, -a [bri'taniko, a] *adj* British ▷ *nm/f* Briton, British person

brizna ['briθna] *nf* (*de hierba, paja*) blade; (*de tabaco*) leaf

broca ['broka] nf (Tec) drill, bit
brocha ['brotʃa] nf (large) paintbrush; **brocha de afeitar** shaving brush
broche ['brotʃe] nm brooch
broma ['broma] nf joke; **de** o **en ~** in fun, as a joke; **broma pesada** practical joke; **bromear** vi to joke
bromista [bro'mista] adj fond of joking ▷ nmf joker, wag
bronca ['bronka] nf row; **echar una ~ a algn** to tick sb off
bronce ['bronθe] nm bronze; **bronceado, -a** adj bronze; (por el sol) tanned ▷ nm (sun)tan; (Tec) bronzing
bronceador [bronθea'ðor] nm suntan lotion
broncearse [bronθe'arse] vr to get a suntan
bronquio ['bronkjo] nm (Anat) bronchial tube
bronquitis [bron'kitis] nf inv bronchitis
brotar [bro'tar] vi (Bot) to sprout; (aguas) to gush (forth); (Med) to break out
brote ['brote] nm (Bot) shoot; (Med, fig) outbreak
bruces ['bruθes]: **de bruces** adv: **caer** o **dar de ~** to fall headlong, fall flat
bruja ['bruxa] nf witch; **brujería** nf witchcraft
brujo ['bruxo] nm wizard, magician
brújula ['bruxula] nf compass
bruma ['bruma] nf mist
brusco, -a ['brusko, a] adj (súbito) sudden; (áspero) brusque
Bruselas [bru'selas] n Brussels
brutal [bru'tal] adj brutal; **brutalidad** [brutali'ðað] nf brutality
bruto, -a ['bruto, a] adj (idiota) stupid; (bestial) brutish; (peso) gross; **en ~** raw, unworked
Bs.As. abr (= Buenos Aires) B.A.
bucal [bu'kal] adj oral; **por vía ~** orally
bucear [buθe'ar] vi to dive ▷ vt to explore; **buceo** nm diving
bucle ['bukle] nm curl

budismo [bu'ðismo] nm Buddhism
buen [bwen] adj m V **bueno**
buenamente [bwena'mente] adv (fácilmente) easily; (voluntariamente) willingly
buenaventura [bwenaβen'tura] nf (suerte) good luck; (adivinación) fortune
buenmozo [bwen'moθo] (MÉX) adj handsome

○ **PALABRA CLAVE**

bueno, -a ['bweno, a] (antes de nmsg: **buen**) adj **1** (excelente etc) good; **es un libro bueno, es un buen libro** it's a good book; **hace bueno, hace buen tiempo** the weather is fine, it is fine; **el bueno de Paco** good old Paco; **fue muy bueno conmigo** he was very nice o kind to me
2 (apropiado): **ser bueno para** to be good for; **creo que vamos por buen camino** I think we're on the right track
3 (irónico): **le di un buen rapapolvo** I gave him a good o real ticking off; **¡buen conductor estás hecho!** some o a fine driver you are!; **¡estaría bueno que ...!** a fine thing it would be if ...!
4 (atractivo, sabroso): **está bueno este bizcocho** this sponge is delicious; **Carmen está muy buena** Carmen is gorgeous
5 (saludos): **¡buen día!, ¡buenos días!** (good) morning!; **¡buenas (tardes)!** (good) afternoon!; (más tarde) (good) evening!; **¡buenas noches!** good night!
6 (otras locuciones): **estar de buenas** to be in a good mood; **por las buenas o por las malas** by hook or by crook; **de buenas a primeras** all of a sudden ▷ excl: **¡bueno!** all right!; **bueno, ¿y qué?** well, so what?

Buenos Aires [bweno'saires] nm Buenos Aires
buey [bwei] nm ox
búfalo ['bufalo] nm buffalo

bufanda [bu'fanda] nf scarf

bufete [bu'fete] nm (despacho de abogado) lawyer's office

bufón [bu'fon] nm clown

buhardilla [buar'ðiʎa] nf attic

búho ['buo] nm owl; (fig) hermit, recluse

buitre ['bwitre] nm vulture

bujía [bu'xia] nf (vela) candle; (Elec) candle (power); (Auto) spark plug

bula ['bula] nf (papal) bull

bulbo ['bulβo] nm bulb

bulevar [bule'βar] nm boulevard

Bulgaria [bul'ɣarja] nf Bulgaria; **búlgaro, -a** adj, nm/f Bulgarian

bulla ['buʎa] nf (ruido) uproar; (de gente) crowd

bullicio [bu'ʎiθjo] nm (ruido) uproar; (movimiento) bustle

bulto ['bulto] nm (paquete) package; (fardo) bundle; (tamaño) size, bulkiness; (Med) swelling, lump; (silueta) vague shape

buñuelo [bu'ɲwelo] nm ≈ doughnut (BRIT), ≈ donut (US); (fruta de sartén) fritter

buque ['buke] nm ship, vessel; **buque de guerra** warship

burbuja [bur'βuxa] nf bubble

burdel [bur'ðel] nm brothel

burgués, -esa [bur'ɣes, esa] adj middle-class, bourgeois; **burguesía** nf middle class, bourgeoisie

burla ['burla] nf (mofa) gibe; (broma) joke; (engaño) trick; **burlar** [bur'lar] vt (engañar) to deceive ▷ vi to joke; **burlarse** vr to joke; **burlarse de** to make fun of

burlón, -ona [bur'lon, ona] adj mocking

buró [bu'ro] (MÉX) nm bedside table

burocracia [buro'kraθja] nf civil service

burrada [bu'rraða] nf: **decir** o **soltar ~s** to talk nonsense; **hacer ~s** to act stupid; **una ~** (ESP: mucho) a (hell of a) lot

burro, -a ['burro, a] nm/f donkey/

she-donkey; (fig) ass, idiot

bursátil [bur'satil] adj stock-exchange cpd

bus [bus] nm bus

busca ['buska] nf search, hunt ▷ nm (Tel) bleeper; **en ~ de** in search of

buscador [buska'ðor] nm (Internet) search engine

buscar [bus'kar] vt to look for, search for, seek ▷ vi to look, search, seek; **se busca secretaria** secretary wanted

busque etc vb V **buscar**

búsqueda ['buskeða] nf = **busca**

busto ['busto] nm (Anat, Arte) bust

butaca [bu'taka] nf armchair; (de cine, teatro) stall, seat

butano [bu'tano] nm butane (gas)

buzo ['buθo] nm diver

buzón [bu'θon] nm (en puerta) letter box; (en calle) pillar box

C

C. abr (= centígrado) C; (compañía) Co.

C/ abr (= calle) St

cabal [ka'βal] adj (exacto) exact; (correcto) right, proper; (acabado) finished, complete; **cabales** nmpl: **no está en sus cabales** she isn't in her right mind

cábalas ['kaβalas] nfpl: **hacer ~** to guess

cabalgar [kaβal'ɣar] vt, vi to ride

cabalgata [kaβal'ɣata] nf procession

caballa [ka'βaʎa] nf mackerel

caballería [kaβaʎe'ria] nf mount; (Mil) cavalry

caballero [kaβa'ʎero] nm gentleman; (de la orden de caballería) knight; (trato directo) sir

caballete [kaβa'ʎete] nm (Arte) easel; (Tec) trestle

caballito [kaβa'ʎito] nm (caballo pequeño) small horse, pony; **caballitos** nmpl (en verbena) roundabout, merry-go-round

caballo [ka'βaʎo] nm horse; (Ajedrez) knight; (Naipes) queen; **ir en ~** to ride; **caballo de carreras** racehorse; **caballo de fuerza** o **vapor** horsepower

cabaña [ka'βaɲa] nf (casita) hut, cabin

cabecear [kaβeθe'ar] vt, vi to nod

cabecera [kaβe'θera] nf head; (Imprenta) headline

cabecilla [kaβe'θiʎa] nm ringleader

cabellera [kaβe'ʎera] nf (head of) hair; (de cometa) tail

cabello [ka'βeʎo] nm (tb: ~s) hair; **cabello de ángel** confectionery and pastry filling made of pumpkin and syrup

caber [ka'βer] vi (entrar) to fit, go; **caben 3 más** there's room for 3 more

cabestrillo [kaβes'triʎo] nm sling

cabeza [ka'βeθa] nf head; (Pol) chief, leader; **cabeza de ajo** bulb of garlic; **cabeza de familia** head of the household; **cabeza rapada** skinhead; **cabezada** nf (golpe) butt; **dar cabezadas** to nod off; **cabezón, -ona** adj (vino) heady; (fam: persona) pig-headed

cabida [ka'βiða] nf space

cabina [ka'βina] nf cabin; (de avión) cockpit; (de camión) cab; **cabina telefónica** telephone (BRIT) box o booth

cabizbajo, -a [kaβiθ'βaxo, a] adj crestfallen, dejected

cable ['kaβle] nm cable

cabo ['kaβo] nm (de objeto) end, extremity; (Mil) corporal; (Náut) rope, cable; (Geo) cape; **al ~ de 3 días** after 3 days; **llevar a ~** to carry out

cabra ['kaβra] nf goat

cabré etc vb V **caber**

cabrear [kaβre'ar] (fam) vt to bug; **cabrearse** vr (enfadarse) to fly off the handle

cabrito [ka'βrito] nm kid

cabrón [ka'βron] nm cuckold; (fam!) bastard (!)

caca ['kaka] (fam) nf pooh

cacahuete [kaka'wete] (ESP) nm peanut

cacao [ka'kao] nm cocoa; (Bot) cacao

cacarear [kakare'ar] vi (persona) to boast; (gallina) to crow

cacería [kaθe'ria] nf hunt

cacarizo, -a [kaka'riθo, a] (MÉX) adj pockmarked

cacerola [kaθe'rola] nf pan, saucepan

cachalote [katʃa'lote] nm (Zool) sperm whale

cacharro [ka'tʃarro] nm earthenware pot; **cacharros** nmpl pots and pans

cachear [katʃe'ar] vt to search, frisk

cachemir [katʃe'mir] nm cashmere

cachetada [katʃe'taða] (LAM: fam) nf (bofetada) slap

cachete [ka'tʃete] nm (Anat) cheek; (ESP: bofetada) slap (in the face)

cachivache [katʃi'βatʃe] nm (trasto) piece of junk; **cachivaches** nmpl junk sg

cacho ['katʃo] nm (small) bit; (LAM: cuerno) horn

cachondeo [katʃon'deo] (ESP: fam) nm farce, joke

cachondo, -a [ka'tʃondo, a] adj (Zool) on heat; (fam: sexualmente) randy; (: gracioso) funny

cachorro, -a [ka'tʃorro, a] nm/f (perro) pup, puppy; (león) cub

cachucha [ka'tʃuka] (MÉX: fam) nf cap

cacique [ka'θike] nm chief, local ruler; (Pol) local party boss

cactus ['kaktus] nm inv cactus

cada ['kaða] adj inv each; (antes de número) every; **~ día** each day, every day; **~ dos días** every other day; **~ uno/a** each one, every one; **~ vez más/menos** more and more/less and less; **~ vez que ...** whenever, every time (that) ...; **uno de ~ diez** one out of every ten

cadáver [ka'ðaβer] nm (dead) body, corpse

cadena [ka'ðena] nf chain; (TV) channel; **trabajo en ~** assembly line work; **cadena montañosa** mountain range; **cadena perpetua** (Jur) life

imprisonment

cadera [ka'ðera] nf hip

cadete [ka'ðete] nm cadet

caducar [kaðu'kar] vi to expire; **caduco, -a** adj expired; (persona) very old

caer [ka'er] vi to fall (down); **caerse** vr to fall (down); **me cae bien/mal** I get on well with him/I can't stand him; **~ en la cuenta** to realize; **dejar ~** to drop; **su cumpleaños cae en viernes** her birthday falls on a Friday

café [ka'fe] (pl **~s**) nm (bebida, planta) coffee; (lugar) café ▷ adj (MÉX: color) brown, tan; **café con leche** white coffee; **café negro** (LAM) black coffee; **café solo** (ESP) black coffee

cafetera [kafe'tera] nf coffee pot

cafetería [kafete'ria] nf (gen) café

cafetero, -a [kafe'tero, a] adj coffee cpd; **ser muy ~** to be a coffee addict

cafishio [ka'fiʃjo] (CS) nm pimp

cagar [ka'ɣar] (fam!) vt to bungle, mess up ▷ vi to have a shit (!)

caída [ka'iða] nf fall; (declive) slope; (disminución) fall, drop

caído, -a [ka'iðo, a] adj drooping

caiga etc vb V **caer**

caimán [kai'man] nm alligator

caja ['kaxa] nf box; (para reloj) case; (de ascensor) shaft; (Com) cashbox; (donde se hacen los pagos) cashdesk; (: en supermercado) checkout, till; **caja de ahorros** savings bank; **caja de cambios** gearbox; **caja de fusibles** fuse box; **caja fuerte** o **de caudales** safe, strongbox

cajero, -a [ka'xero, a] nm/f cashier; **cajero automático** cash dispenser

cajetilla [kaxe'tiʎa] nf (de cigarrillos) packet

cajón [ka'xon] nm big box; (de mueble) drawer

cajuela (MÉX) nf (Auto) boot (BRIT), trunk (US)

cal [kal] nf lime

cala ['kala] nf (Geo) cove, inlet; (de barco) hold

calabacín [kalaβa'θin] nm (Bot) baby marrow; (: más pequeño) courgette (BRIT), zucchini (US)

calabacita [kalaβa'θita] (MÉX) nf courgette (BRIT), zucchini (US)

calabaza [kala'βaθa] nf (Bot) pumpkin

calabozo [kala'βoθo] nm (cárcel) prison; (celda) cell

calada [ka'laða] (ESP) nf (de cigarrillo) puff

calado, -a [ka'laðo, a] adj (prenda) lace cpd ▷ nm (Náut) draught

calamar [kala'mar] nm squid no pl

calambre [ka'lambre] nm (Elec) shock

calar [ka'lar] vt to soak, drench; (penetrar) to pierce, penetrate; (comprender) to see through; (vela) to lower; **calarse** vr (Auto) to stall; **~se las gafas** to stick one's glasses on

calavera [kala'βera] nf skull

calcar [kal'kar] vt (reproducir) to trace; (imitar) to copy

calcetín [kalθe'tin] nm sock

calcio ['kalθjo] nm calcium

calcomanía [kalkoma'nia] nf transfer

calculador, a [kalkula'ðor, a] adj (persona) calculating; **calculadora** [kalkula'ðora] nf calculator

calcular [kalku'lar] vt (Mat) to calculate, compute; **~ que ...** to reckon that ...

caldera [kal'dera] nf boiler

calderilla [kalde'riʎa] nf (moneda) small change

caldo ['kaldo] nm stock; (consomé) consommé

calefacción [kalefak'θjon] nf heating; **calefacción central** central heating

calefón [kale'fon] (RPL) nm boiler

calendario [kalen'darjo] nm calendar

calentador [kalenta'ðor] nm heater

calentamiento [kalenta'mjento] nm (Deporte) warm-up;

calentamiento global global warming

calentar [kalen'tar] vt to heat (up); **calentarse** vr to heat up, warm up; (fig: discusión etc) to get heated

calentón [kalen'ton] (RPL: fam) adj (sexualmente) horny, randy

calentura [kalen'tura] nf (Med) fever, (high) temperature

calesita [kale'sita] (RPL) nf merry-go-round, carousel

calibre [ka'liβre] nm (de cañón) calibre, bore; (diámetro) diameter; (fig) calibre

calidad [kali'ðað] nf quality; **de ~** quality cpd; **en ~ de** in the capacity of, as

cálido, -a ['kaliðo, a] adj hot; (fig) warm

caliente etc [ka'ljente] vb V **calentar** ▷ adj hot; (fig) fiery; (disputa) heated; (fam: cachondo) randy

calificación [kalifika'θjon] nf qualification; (de alumno) grade, mark

calificado, -a [kalifi'kaðo, a] (LAM) adj (competente) qualified; (obrero) skilled

calificar [kalifi'kar] vt to qualify; (alumno) to grade, mark; **~ de** to describe as

calima [ka'lima] nf (cerca del mar) mist

cáliz ['kaliθ] nm chalice

caliza [ka'liθa] nf limestone

callado, -a [ka'ʎaðo, a] adj quiet

callar [ka'ʎar] vt (asunto delicado) to keep quiet about, say nothing about; (persona, opinión) to silence ▷ vi to keep quiet, be silent; **callarse** vr to keep quiet, be silent; **¡cállate!** be quiet!, shut up!

calle ['kaʎe] nf street; (Deporte) lane; **~ arriba/abajo** up/down the street; **calle de sentido único** one-way street; **calle mayor** (ESP) high (BRIT) o main (US) street; **calle peatonal** pedestrianized o pedestrian street; **calle principal** (LAM) high (BRIT) o main

(US) street; **callejear** vi to wander (about) the streets; **callejero, -a** adj street cpd ▷ nm street map; **callejón** nm alley, passage; **callejón sin salida** cul-de-sac; **callejuela** nf side-street, alley

callista [kaʎˈista] nmf chiropodist

callo [ˈkaʎo] nm callus; (en el pie) corn; **callos** nmpl (Culin) tripe sg

calma [ˈkalma] nf calm

calmante [kalˈmante] nm sedative, tranquillizer

calmar [kalˈmar] vt to calm, calm down ▷ vi (tempestad) to abate; (mente etc) to become calm

calor [kaˈlor] nm heat; (agradable) warmth; **hace ~** it's hot; **tener ~** to be hot

caloría [kaloˈria] nf calorie

calumnia [kaˈlumnja] nf calumny, slander

caluroso, -a [kaluˈroso, a] adj hot; (sin exceso) warm; (fig) enthusiastic

calva [ˈkalβa] nf bald patch; (en bosque) clearing

calvario [kalˈβarjo] nm stations pl of the cross

calvicie [kalˈβiθje] nf baldness

calvo, -a [ˈkalβo, a] adj bald; (terreno) bare, barren; (tejido) threadbare

calza [ˈkalθa] nf wedge, chock

calzada [kalˈθaða] nf roadway, highway

calzado, -a [kalˈθaðo, a] adj shod ▷ nm footwear

calzador [kalθaˈðor] nm shoehorn

calzar [kalˈθar] vt (zapatos etc) to wear; (mueble) to put a wedge under; **calzarse** vr: **~se los zapatos** to put on one's shoes; **¿qué (número) calza?** what size do you take?

calzón [kalˈθon] nm (ESP: pantalón corto) shorts; (LAM: ropa interior: de hombre) underpants, pants (BRIT), shorts (US); (: de mujer) panties, knickers (BRIT)

calzoncillos [kalθonˈθiʎos] nmpl underpants

cama [ˈkama] nf bed; **hacer la ~** to make the bed; **cama individual/de matrimonio** single/double bed

camaleón [kamaleˈon] nm chameleon

cámara [ˈkamara] nf chamber; (habitación) room; (sala) hall; (Cine) camera; (fotográfica) camera; **cámara de aire** (ESP) inner tube; **cámara de comercio** chamber of commerce; **cámara de gas** gas chamber; **cámara digital** digital camera; **cámara frigorífica** cold-storage room

camarada [kamaˈraða] nmf comrade, companion

camarera [kamaˈrera] nf (en restaurante) waitress; (en casa, hotel) maid

camarero [kamaˈrero] nm waiter

camarógrafo, -a [kamaˈroɣrafo, a] (LAM) nm/f cameraman/ camerawoman

camarón [kamaˈron] nm shrimp

camarote [kamaˈrote] nm cabin

cambiable [kamˈbjaβle] adj (variable) changeable, variable; (intercambiable) interchangeable

cambiante [kamˈbjante] adj variable

cambiar [kamˈbjar] vt to change; (dinero) to exchange ▷ vi to change; **cambiarse** vr (mudarse) to move; (de ropa) to change; **~ de idea** u **opinión** to change one's mind; **~se de ropa** to change (one's clothes)

cambio [ˈkambjo] nm change; (trueque) exchange; (Com) rate of exchange; (oficina) bureau de change; (dinero menudo) small change; **a ~ de** in return o exchange for; **en ~** on the other hand; (en lugar de) instead; **cambio climático** climate change; **cambio de divisas** foreign exchange; **cambio de marchas** o **velocidades** gear lever

camelar [kameˈlar] vt to sweet-talk

camello [kaˈmeʎo] nm camel; (fam: traficante) pusher

camerino [kameˈrino] nm dressing

room

camilla [ka'miʎa] *nf* (*Med*) stretcher

caminar [kami'nar] *vi* (*marchar*) to walk, go ▷ *vt* (*recorrer*) to cover, travel

caminata [kami'nata] *nf* long walk; (*por el campo*) hike

camino [ka'mino] *nm* way, road; (*sendero*) track; **a medio ~** halfway (there); **en el ~** on the way, en route; **~ de** on the way to; **Camino de Santiago** Way of St James; **camino particular** private road

- **CAMINO DE SANTIAGO**
-
- The **Camino de Santiago** is a
- medieval pilgrim route stretching
- from the Pyrenees to Santiago de
- Compostela in north-west Spain,
- where tradition has it the body
- of the Apostle James is buried.
- Nowadays it is a popular tourist
- route as well as a religious one.

camión [ka'mjon] *nm* lorry (*BRIT*), truck (*US*); (*MÉX: autobús*) bus; **camión cisterna** tanker; **camión de la basura** dustcart, refuse lorry; **camión de mudanzas** removal (*BRIT*) *o* moving (*US*) van; **camionero, -a** *nm/f* lorry *o* truck driver

camioneta [kamjo'neta] *nf* van, light truck

camisa [ka'misa] *nf* shirt; (*Bot*) skin; **camisa de fuerza** straitjacket

camiseta [kami'seta] *nf* (*prenda*) tee-shirt; (*ropa interior*) vest; (*de deportista*) top

camisón [kami'son] *nm* nightdress, nightgown

camorra [ka'morra] *nf*: **buscar ~** to look for trouble

camote [ka'mote] *nm* (*MÉX, CS: batata*) sweet potato, yam; (*MÉX: bulbo*) tuber, bulb; (*CS: fam: enamoramiento*) crush

campamento [kampa'mento] *nm* camp

campana [kam'pana] *nf* bell; **campanada** *nf* peal; **campanario** *nm* belfry

campanilla [kampa'niʎa] *nf* small bell

campaña [kam'paɲa] *nf* (*Mil, Pol*) campaign; **campaña electoral** election campaign

campechano, -a [kampe'tʃano, a] *adj* (*franco*) open

campeón, -ona [kampe'on, ona] *nm/f* champion; **campeonato** *nm* championship

cámper ['kamper] (*LAM*) *nm o f* caravan (*BRIT*), trailer (*US*)

campera [kam'pera] (*RPL*) *nf* anorak

campesino, -a [kampe'sino, a] *adj* country *cpd*, rural; (*gente*) peasant *cpd* ▷ *nm/f* countryman/woman; (*agricultor*) farmer

campestre [kam'pestre] *adj* country *cpd*, rural

camping ['kampin] (*pl* **~s**) *nm* camping; (*lugar*) campsite; **ir** *o* **estar de ~** to go camping

campo ['kampo] *nm* (*fuera de la ciudad*) country, countryside; (*Agr, Elec*) field; (*de fútbol*) pitch; (*de golf*) course; (*Mil*) camp; **campo de batalla** battlefield; **campo de concentración** concentration camp; **campo de deportes** sports ground, playing field; **campo visual** field of vision, visual field

camuflaje [kamu'flaxe] *nm* camouflage

cana ['kana] *nf* white *o* grey hair; **tener ~s** to be going grey

Canadá [kana'ða] *nm* Canada; **canadiense** *adj, nmf* Canadian ▷ *nf* fur-lined jacket

canal [ka'nal] *nm* canal; (*Geo*) channel, strait; (*de televisión*) channel; (*de tejado*) gutter; **canal de Panamá** Panama Canal

canaleta [kana'leta] (*LAM*) *nf* (*de tejado*) gutter

canalizar [kanali'θar] *vt* to channel

canalla [ka'naʎa] nf rabble, mob ▷ nm swine

canapé [kana'pe] (pl ~s) nm sofa, settee; (Culin) canapé

Canarias [ka'narjas] nfpl (tb: **las Islas ~**) the Canary Islands, the Canaries

canario, -a [ka'narjo, a] adj, nm/f (native) of the Canary Isles ▷ nm (Zool) canary

canasta [ka'nasta] nf (round) basket

canasto [ka'nasto] nm large basket

cancela [kan'θela] nf gate

cancelación [kanθela'θjon] nf cancellation

cancelar [kanθe'lar] vt to cancel; (una deuda) to write off

cáncer ['kanθer] nm (Med) cancer; **C~** (Astrología) Cancer

cancha ['kantʃa] nf (de baloncesto) court; (LAM: campo) pitch; **cancha de tenis** (LAM) tennis court

canciller [kanθi'ʎer] nm chancellor

canción [kan'θjon] nf song; **canción de cuna** lullaby

candado [kan'daðo] nm padlock

candente [kan'dente] adj red-hot; (fig: tema) burning

candidato, -a [kandi'ðato, a] nm/f candidate

cándido, -a ['kandiðo, a] adj simple; naive

▎ No confundir **cándido** con la palabra inglesa candid.

candil [kan'dil] nm oil lamp; **candilejas** nfpl (Teatro) footlights

canela [ka'nela] nf cinnamon

canelones [kane'lones] nmpl cannelloni

cangrejo [kan'grexo] nm crab

canguro [kan'guro] nm kangaroo; **hacer de ~** to babysit

caníbal [ka'niβal] adj, nmf cannibal

canica [ka'nika] nf marble

canijo, -a [ka'nixo, a] adj frail, sickly

canilla [ka'niʎa] (RPL) nf tap (BRIT), faucet (US)

canjear [kanxe'ar] vt to exchange

canoa [ka'noa] nf canoe

canon ['kanon] nm canon; (pensión) rent; (Com) tax

canonizar [kanoni'θar] vt to canonize

canoso, -a [ka'noso, a] adj grey-haired

cansado, -a [kan'saðo, a] adj tired, weary; (tedioso) tedious, boring

cansancio [kan'sanθjo] nm tiredness, fatigue

cansar [kan'sar] vt (fatigar) to tire, tire out; (aburrir) to bore; (fastidiar) to bother; **cansarse** vr to tire, get tired; (aburrirse) to get bored

cantábrico, -a [kan'taβriko, a] adj Cantabrian

cantante [kan'tante] adj singing ▷ nmf singer

cantar [kan'tar] vt to sing ▷ vi to sing; (insecto) to chirp ▷ nm (acción) singing; (canción) song; (poema) poem

cántaro ['kantaro] nm pitcher, jug; **llover a ~s** to rain cats and dogs

cante ['kante] nm (Mús) Andalusian folk song; **cante jondo** flamenco singing

cantera [kan'tera] nf quarry

cantero [kan'tero] (RPL) nm (arriate) border

cantidad [kanti'ðað] nf quantity, amount; **~ de** lots of

cantimplora [kantim'plora] nf (frasco) water bottle, canteen

cantina [kan'tina] nf canteen; (de estación) buffet; (LAM: bar) bar

cantinero, -a [kanti'nero, a] (MÉX) nm/f barman/barmaid, bartender (US)

canto ['kanto] nm singing; (canción) song; (borde) edge, rim; (de cuchillo) back; **canto rodado** boulder

cantor, a [kan'tor, a] nm/f singer

canturrear [kanturre'ar] vi to sing softly

canuto [ka'nuto] nm (tubo) small tube; (fam: droga) joint

caña ['kaɲa] nf (Bot: tallo) stem, stalk; (carrizo) reed; (vaso) tumbler; (de cerveza) glass of beer; (*Anat*) shinbone; **caña de azúcar** sugar cane; **caña de pescar** fishing rod

cañada [ka'naða] *nf* (*entre dos montañas*) gully, ravine; (*camino*) cattle track

cáñamo ['kaɲamo] *nm* hemp

cañería [kaɲe'ria] *nf* (*tubo*) pipe

caño ['kaɲo] *nm* (*tubo*) tube, pipe; (*de albañal*) sewer; (*Mús*) pipe; (*de fuente*) jet

cañón [ka'ɲon] *nm* (*Mil*) cannon; (*de fusil*) barrel; (*Geo*) canyon, gorge

caoba [ka'oβa] *nf* mahogany

caos ['kaos] *nm* chaos

capa ['kapa] *nf* cloak, cape; (*Geo*) layer, stratum; **capa de ozono** ozone layer

capacidad [kapaθi'ðað] *nf* (*medida*) capacity; (*aptitud*) capacity, ability

caparazón [kapara'θon] *nm* shell

capataz [kapa'taθ] *nm* foreman

capaz [ka'paθ] *adj* able, capable; (*amplio*) capacious, roomy

capellán [kape'ʎan] *nm* chaplain; (*sacerdote*) priest

capicúa [kapi'kua] *adj inv* (*número, fecha*) reversible

capilla [ka'piʎa] *nf* chapel

capital [kapi'tal] *adj* capital ▷ *nm* (*Com*) capital ▷ *nf* (*ciudad*) capital; **capital social** share *o* authorized capital

capitalismo [kapita'lismo] *nm* capitalism; **capitalista** *adj, nmf* capitalist

capitán [kapi'tan] *nm* captain

capítulo [ka'pitulo] *nm* chapter

capó [ka'po] *nm* (*Auto*) bonnet

capón [ka'pon] *nm* (*gallo*) capon

capota [ka'pota] *nf* (*de mujer*) bonnet; (*Auto*) hood (BRIT), top (US)

capote [ka'pote] *nm* (*abrigo: de militar*) greatcoat; (*de torero*) cloak

capricho [ka'pritʃo] *nm* whim, caprice; **caprichoso, -a** *adj* capricious

Capricornio [kapri'kornjo] *nm* Capricorn

cápsula ['kapsula] *nf* capsule

captar [kap'tar] *vt* (*comprender*) to understand; (*Radio*) to pick up; (*atención, apoyo*) to attract

captura [kap'tura] *nf* capture; (*Jur*) arrest; **capturar** *vt* to capture; to arrest

capucha [ka'putʃa] *nf* hood, cowl

capuchón [kapu'tʃon] (ESP) *nm* (*de bolígrafo*) cap

capullo [ka'puʎo] *nm* (*Bot*) bud; (*Zool*) cocoon; (*fam*) idiot

caqui ['kaki] *nm* khaki

cara ['kara] *nf* (*Anat: de moneda*) face; (*de disco*) side; (*descaro*) boldness; **~ a** facing; **de ~** opposite, facing; **dar la ~** to face the consequences; **¿~ o cruz?** heads or tails?; **¡qué ~ (más dura)!** what a nerve!

Caracas [ka'rakas] *n* Caracas

caracol [kara'kol] *nm* (*Zool*) snail; (*concha*) (sea) shell

carácter [ka'rakter] (*pl* **caracteres**) *nm* character; **tener buen/mal ~** to be good natured/bad tempered

característica [karakte'ristika] *nf* characteristic

característico, -a [karakte'ristiko, a] *adj* characteristic

caracterizar [karakteri'θar] *vt* to characterize, typify

caradura [kara'ðura] *nmf*: **es un ~** he's got a nerve

carajillo [kara'xiʎo] *nm coffee with a dash of brandy*

carajo [ka'raxo] (*fam!*) *nm*: **¡~!** shit! (!)

caramba [ka'ramba] *excl* good gracious!

caramelo [kara'melo] *nm* (*dulce*) sweet; (*azúcar fundida*) caramel

caravana [kara'βana] *nf* caravan; (*fig*) group; (*Auto*) tailback

carbón [kar'βon] *nm* coal; **papel ~** carbon paper

carbono [kar'βono] *nm* carbon

carburador [karβura'ðor] *nm* carburettor

carburante [karβu'rante] *nm* (*para motor*) fuel

carcajada [karka'xaða] *nf* (loud)

laugh, guffaw

cárcel ['karθel] nf prison, jail; (Tec) clamp

carcoma [kar'koma] nf woodworm

cardar [kar'ðar] vt (pelo) to backcomb

cardenal [karðe'nal] nm (Rel) cardinal; (Med) bruise

cardíaco, -a [kar'ðiako, a] adj cardiac, heart cpd

cardinal [karði'nal] adj cardinal

cardo ['karðo] nm thistle

carecer [kare'θer] vi: ~ **de** to lack, be in need of

carencia [ka'renθja] nf lack; (escasez) shortage; (Med) deficiency

careta [ka'reta] nf mask

carga ['karɣa] nf (peso, Elec) load; (de barco) cargo, freight; (Mil) charge; (responsabilidad) duty, obligation

cargado, -a [kar'ɣaðo, a] adj loaded; (Elec) live; (café, té) strong; (cielo) overcast

cargamento [karɣa'mento] nm (acción) loading; (mercancías) load, cargo

cargar [kar'ɣar] vt (barco, arma) to load; (Elec) to charge; (Com: algo en cuenta) to charge; (Inform) to load ▷ vi (Mil) to charge; (Auto) to load (up); ~ **con** to pick up, carry away; (peso: fig) to shoulder, bear; **cargarse** vr (fam: estropear) to break; (: matar) to bump off

cargo ['karɣo] nm (puesto) post, office; (responsabilidad) duty, obligation; (Jur) charge; **hacerse ~ de** to take charge of o responsibility for

carguero [kar'ɣero] nm freighter, cargo boat; (avión) freight plane

Caribe [ka'riβe] nm: **el ~** the Caribbean; **del ~** Caribbean; **caribeño, -a** [kari'βeɲo, a] adj Caribbean

caricatura [karika'tura] nf caricature

caricia [ka'riθja] nf caress

caridad [kari'ðað] nf charity

caries ['karjes] nf inv tooth decay

cariño [ka'riɲo] nm affection, love; (caricia) caress; (en carta) love ...; **tener ~ a** to be fond of; **cariñoso, -a** adj affectionate

carisma [ka'risma] nm charisma

caritativo, -a [karita'tiβo, a] adj charitable

cariz [ka'riθ] nm: **tener** o **tomar buen/mal ~** to look good/bad

carmín [kar'min] nm lipstick

carnal [kar'nal] adj carnal; **primo ~** first cousin

carnaval [karna'βal] nm carnival

● **CARNAVAL**
●
● **Carnaval** is the traditional
● period of fun, feasting and
● partying which takes place in
● the three days before the start
● of Lent ("Cuaresma"). Although
● in decline during the Franco
● years the carnival has grown
● in popularity recently in Spain.
● Cádiz and Tenerife are particularly
● well-known for their flamboyant
● celebrations with fancy-dress
● parties, parades and firework
● displays being the order of the day.

carne ['karne] nf flesh; (Culin) meat; **se me pone la ~ de gallina sólo verlo** I get the creeps just seeing it; **carne de cerdo/cordero/ternera/vaca** pork/lamb/veal/beef; **carne de gallina** (fig) gooseflesh; **carne molida** (LAM) mince (BRIT), ground meat (US); **carne picada** (ESP, RPL) mince (BRIT), ground meat (US)

carné [kar'ne] (ESP) (pl ~s) nm: ~ **de conducir** driving licence (BRIT), driver's license (US); ~ **de identidad** identity card; ~ **de socio** membership card

carnero [kar'nero] nm sheep, ram; (carne) mutton

carnet [kar'ne] (ESP) (pl ~s) nm = **carné**

carnicería [karniθe'ria] nf butcher's (shop); (fig: matanza) carnage, slaughter

carnicero, -a [karni'θero, a] *adj* carnivorous ▷ *nm/f* butcher; (*carnívoro*) carnivore

carnívoro, -a [kar'niβoro, a] *adj* carnivorous

caro, -a ['karo, a] *adj* dear; (*Com*) dear, expensive ▷ *adv* dear, dearly

carpa ['karpa] *nf* (*pez*) carp; (*de circo*) big top; (*LAM: tienda de campaña*) tent

carpeta [kar'peta] *nf* folder, file; **carpeta de anillas** ring binder

carpintería [karpinte'ria] *nf* carpentry, joinery; **carpintero** *nm* carpenter

carraspear [karraspe'ar] *vi* to clear one's throat

carraspera [karras'pera] *nf* hoarseness

carrera [ka'rrera] *nf* (*acción*) run(ning); (*espacio recorrido*) run; (*competición*) race; (*trayecto*) course; (*profesión*) career; (*licenciatura*) degree; **a la ~** at (full) speed; **carrera de obstáculos** (*Deporte*) steeplechase

carrete [ka'rrete] *nm* reel, spool; (*Tec*) coil

carretera [karre'tera] *nf* (*main*) road, highway; **carretera de circunvalación** ring road; **carretera nacional** ≈ A road (*BRIT*), ≈ state highway (*US*)

carretilla [karre'tiʎa] *nf* trolley; (*Agr*) (wheel)barrow

carril [ka'rril] *nm* furrow; (*de autopista*) lane; (*Ferro*) rail; **carril-bici** cycle lane

carrito [ka'rrito] *nm* trolley

carro ['karro] *nm* cart, wagon; (*Mil*) tank; (*LAM: coche*) car; **carro patrulla** (*LAM*) patrol o panda (*BRIT*) car

carrocería [karroθe'ria] *nf* bodywork, coachwork

carroña [ka'rroɲa] *nf* carrion *no pl*

carroza [ka'rroθa] *nf* (*carruaje*) coach

carrusel [karru'sel] *nm* merry-go-round, roundabout

carta ['karta] *nf* letter; (*Culin*) menu; (*naipe*) card; (*mapa*) map; (*Jur*) document; **carta certificada/urgente** registered/special-delivery letter

cartabón [karta'βon] *nm* set square

cartel [kar'tel] *nm* (*anuncio*) poster, placard; (*Escol*) wall chart; (*Com*) cartel; **cartelera** *nf* hoarding, billboard; (*en periódico etc*) entertainments guide; **"en cartelera"** "showing"

cartera [kar'tera] *nf* (*de bolsillo*) wallet; (*de colegial, cobrador*) satchel; (*de señora*) handbag; (*para documentos*) briefcase; (*Com*) portfolio; **ocupa la ~ de Agricultura** she is Minister of Agriculture

carterista [karte'rista] *nmf* pickpocket

cartero [kar'tero] *nm* postman

cartilla [kar'tiʎa] *nf* primer, first reading book; **cartilla de ahorros** savings book

cartón [kar'ton] *nm* cardboard; **cartón piedra** papier-mâché

cartucho [kar'tutʃo] *nm* (*Mil*) cartridge

cartulina [kartu'lina] *nf* card

casa ['kasa] *nf* house; (*hogar*) home; (*Com*) firm, company; **en ~** at home; **casa consistorial** town hall; **casa de campo** country house; **casa de huéspedes** boarding house; **casa de socorro** first aid post; **casa rodante** (*CS*) caravan (*BRIT*), trailer (*US*)

casado, -a [ka'saðo, a] *adj* married ▷ *nm/f* married man/woman

casar [ka'sar] *vt* to marry; (*Jur*) to quash, annul; **casarse** *vr* to marry, get married

cascabel [kaska'βel] *nm* (small) bell

cascada [kas'kaða] *nf* waterfall

cascanueces [kaska'nweθes] *nm inv* nutcrackers *pl*

cascar [kas'kar] *vt* to crack, split, break (open); **cascarse** *vr* to crack, split, break (open)

cáscara ['kaskara] *nf* (*de huevo, fruta seca*) shell; (*de fruta*) skin; (*de limón*) peel

casco ['kasko] *nm* (*de bombero*,

soldado) helmet; *(Náut: de barco)* hull; *(Zool: de caballo)* hoof; *(botella)* empty bottle; *(de ciudad):* **el ~ antiguo** the old part; **el ~ urbano** the town centre; **los ~s azules** the UN peace-keeping force, the blue berets

cascote [kas'kote] *nm* rubble

caserío [kase'rio] *(ESP)* *nm* farmhouse; *(casa)* country mansion

casero, -a [ka'sero, a] *adj (pan etc)* home-made ▷ *nm/f (propietario)* landlord/lady; **ser muy ~** to be home-loving; **"comida casera"** "home cooking"

caseta [ka'seta] *nf* hut; *(para bañista)* cubicle; *(de feria)* stall

casete [ka'sete] *nm o f* cassette

casi ['kasi] *adv* almost, nearly; **~ nada** hardly anything; **~ nunca** hardly ever, almost never; **~ te caes** you almost fell

casilla [ka'siʎa] *nf (casita)* hut, cabin; *(Ajedrez)* square; *(para cartas)* pigeonhole; **casilla de correo** *(cs)* P.O. Box; **casillero** *nm (para cartas)* pigeonholes *pl*

casino [ka'sino] *nm* club; *(de juego)* casino

caso ['kaso] *nm* case; **en ~ de** in case of; **en ~ de que ...** in case ...; **el ~ es que ...** the fact is that ...; **en ese/todo ~** in that/any case; **hacer ~ a** to pay attention to; **venir al ~** to be relevant

caspa ['kaspa] *nf* dandruff

cassette [ka'sete] *nm o f* = **casete**

castaña [kas'taɲa] *nf* chestnut

castaño, -a [kas'taɲo, a] *adj* chestnut(-coloured), brown ▷ *nm* chestnut tree

castañuelas [kasta'ɲwelas] *nfpl* castanets

castellano, -a [kaste'ʎano, a] *adj, nm/f* Castilian ▷ *nm (Ling)* Castilian, Spanish

castigar [kasti'ɣar] *vt* to punish; *(Deporte)* to penalize; **castigo** *nm* punishment; *(Deporte)* penalty

Castilla [kas'tiʎa] *nf* Castille

castillo [kas'tiʎo] *nm* castle

castizo, -a [kas'tiθo, a] *adj (Ling)* pure

casto, -a ['kasto, a] *adj* chaste, pure

castor [kas'tor] *nm* beaver

castrar [kas'trar] *vt* to castrate

casual [ka'swal] *adj* chance, accidental

⊫ No confundir **casual** con la palabra inglesa *casual*.

casualidad *nf* chance, accident; *(combinación de circunstancias)* coincidence; **da la casualidad de que ...** it (just) so happens that ...; **¡qué casualidad!** what a coincidence!

cataclismo [kata'klismo] *nm* cataclysm

catador, a [kata'ðor, a] *nm/f* wine taster

catalán, -ana [kata'lan, ana] *adj, nm/f* Catalan ▷ *nm (Ling)* Catalan

catalizador [kataliθa'ðor] *nm* catalyst; *(Auto)* catalytic convertor

catalogar [katalo'ɣar] *vt* to catalogue; **~ a algn (de)** *(fig)* to categorize sb (as)

catálogo [ka'taloɣo] *nm* catalogue

Cataluña [kata'luɲa] *nf* Catalonia

catar [ka'tar] *vt* to taste, sample

catarata [kata'rata] *nf (Geo)* waterfall; *(Med)* cataract

catarro [ka'tarro] *nm* catarrh; *(constipado)* cold

catástrofe [ka'tastrofe] *nf* catastrophe

catear [kate'ar] *(fam)* *vt (examen, alumno)* to fail

cátedra ['kateðra] *nf (Univ)* chair, professorship

catedral [kate'ðral] *nf* cathedral

catedrático, -a [kate'ðratiko, a] *nm/f* professor

categoría [kateɣo'ria] *nf* category; *(rango)* rank, standing; *(calidad)* quality; **de ~** *(hotel)* top-class

cateto, -a ['kateto, a] *(ESP: pey)* *nm/f* peasant

catolicismo [katoli'θismo] *nm* Catholicism

católico, -a [ka'toliko, a] *adj, nm/f* Catholic

catorce [ka'torθe] *num* fourteen

cauce ['kauθe] *nm* (*de río*) riverbed; (*fig*) channel

caucho ['kautʃo] (*ESP*) *nm* rubber

caudal [kau'ðal] *nm* (*de río*) volume, flow; (*fortuna*) wealth; (*abundancia*) abundance

caudillo [kau'ðiʎo] *nm* leader, chief

causa ['kausa] *nf* cause; (*razón*) reason; (*Jur*) lawsuit, case; **a ~ de** because of; **causar** [kau'sar] *vt* to cause

cautela [kau'tela] *nf* caution, cautiousness; **cauteloso, -a** *adj* cautious, wary

cautivar [kauti'βar] *vt* to capture; (*atraer*) to captivate

cautiverio [kauti'βerjo] *nm* captivity

cautividad [kautiβi'ðað] *nf* = **cautiverio**

cautivo, -a [kau'tiβo, a] *adj, nm/f* captive

cauto, -a ['kauto, a] *adj* cautious, careful

cava ['kaβa] *nm* champagne-type wine

cavar [ka'βar] *vt* to dig

caverna [ka'βerna] *nf* cave, cavern

cavidad [kaβi'ðað] *nf* cavity

cavilar [kaβi'lar] *vt* to ponder

cayendo *etc vb* V **caer**

caza ['kaθa] *nf* (*acción: gen*) hunting; (: *con fusil*) shooting; (*una caza*) hunt, chase; (*de animales*) game ▷ *nm* (*Aviac*) fighter; **ir de ~** to go hunting; **caza mayor** game hunting; **cazador, a** [kaθa'ðor, a] *nm/f* hunter; **cazadora** *nf* jacket; **cazar** [ka'θar] *vt* to hunt; (*perseguir*) to chase; (*prender*) to catch

cazo ['kaθo] *nm* saucepan

cazuela [ka'θwela] *nf* (*vasija*) pan; (*guisado*) casserole

CD *nm abr* (= *compact disc*) CD

CD-ROM [θeðe'rom] *nm abr* CD-ROM

CE *nf abr* (= *Comunidad Europea*) EC

cebada [θe'βaða] *nf* barley

cebar [θe'βar] *vt* (*animal*) to fatten (up); (*anzuelo*) to bait; (*Mil, Tec*) to prime

cebo ['θeβo] *nm* (*para animales*) feed, food; (*para peces, fig*) bait; (*de arma*) charge

cebolla [θe'βoʎa] *nf* onion; **cebolleta** *nf* spring onion

cebra ['θeβra] *nf* zebra

cecear [θeθe'ar] *vi* to lisp

ceder [θe'ðer] *vt* to hand over, give up, part with ▷ *vi* (*renunciar*) to give in, yield; (*disminuir*) to diminish, decline; (*romperse*) to give way

cedro ['θeðro] *nm* cedar

cédula ['θeðula] *nf* certificate, document; **cédula de identidad** (*LAM*) identity card; **cédula electoral** (*LAM*) ballot

cegar [θe'xar] *vt* to blind; (*tubería etc*) to block up, stop up ▷ *vi* to go blind; **cegarse** *vr*: **~se (de)** to be blinded (by)

ceguera [θe'xera] *nf* blindness

ceja ['θexa] *nf* eyebrow

cejar [θe'xar] *vi* (*fig*) to back down

celador, a [θela'ðor, a] *nm/f* (*de edificio*) watchman; (*de museo etc*) attendant

celda ['θelda] *nf* cell

celebración [θeleβra'θjon] *nf* celebration

celebrar [θele'βrar] *vt* to celebrate; (*alabar*) to praise ▷ *vi* to be glad; **celebrarse** *vr* to occur, take place

célebre ['θelebre] *adj* famous

celebridad [θeleβri'ðað] *nf* fame; (*persona*) celebrity

celeste [θe'leste] *adj* (*azul*) sky-blue

celestial [θeles'tjal] *adj* celestial, heavenly

celo¹ ['θelo] *nm* zeal; (*Rel*) fervour; (*Zool*): **en ~** on heat; **celos** *nmpl* jealousy *sg*; **dar ~s a algn** to make sb jealous; **tener ~s** to be jealous

celo²® ['θelo] *nm* Sellotape®

celofán [θelo'fan] *nm* cellophane

celoso, -a [θe'loso, a] *adj* jealous; (*trabajador*) zealous

celta ['θelta] *adj* Celtic ▷ *nmf* Celt

célula ['θelula] nf cell
celulitis [θelu'litis] nf cellulite
cementerio [θemen'terjo] nm
cemetery, graveyard
cemento [θe'mento] nm cement;
(*hormigón*) concrete; (LAM: *cola*) glue
cena ['θena] nf evening meal, dinner;
cenar [θe'nar] vt to have for dinner
▷ vi to have dinner
cenicero [θeni'θero] nm ashtray
ceniza [θe'niθa] nf ash, ashes pl
censo ['θenso] nm census; **censo
electoral** electoral roll
censura [θen'sura] nf (*Pol*)
censorship; **censurar** [θensu'rar]
vt (*idea*) to censure; (*cortar: película*)
to censor
centella [θen'teʎa] nf spark
centenar [θente'nar] nm hundred
centenario, -a [θente'narjo, a] adj
centenary; hundred-year-old ▷ nm
centenary
centeno [θen'teno] nm (*Bot*) rye
centésimo, -a [θen'tesimo, a] adj
hundredth
centígrado [θen'tiɣraðo] adj
centigrade
centímetro [θen'timetro] nm
centimetre (BRIT), centimeter (US)
céntimo ['θentimo] nm cent
centinela [θenti'nela] nm sentry,
guard
centollo [θen'toʎo] nm spider crab
central [θen'tral] adj central ▷ nf
head office; (*Tec*) plant; (*Tel*) exchange;
central eléctrica power station;
central nuclear nuclear power
station; **central telefónica** telephone
exchange
centralita [θentra'lita] nf
switchboard
centralizar [θentrali'θar] vt to
centralize
centrar [θen'trar] vt to centre
céntrico, -a ['θentriko, a] adj
central
centrifugar [θentrifu'ɣar] vt to
spin-dry

centro ['θentro] nm centre; **centro
comercial** shopping centre; **centro
de atención al cliente** call centre; **centro
de salud** health centre; **centro escolar**
school; **centro juvenil** youth club;
centro turístico (*lugar muy visitado*)
tourist centre; **centro urbano** urban
area, city
centroamericano, -a
[θentroameri'kano, a] adj, nm/f
Central American
ceñido, -a [θe'niðo, a] adj (*chaqueta,
pantalón*) tight(-fitting)
ceñir [θe'nir] vt (*rodear*) to encircle,
surround; (*ajustar*) to fit (tightly)
ceño ['θeno] nm frown, scowl; **fruncir
el ~** to frown, knit one's brow
cepillar [θepi'ʎar] vt to brush;
(*madera*) to plane (down)
cepillo [θe'piʎo] nm brush; (*para
madera*) plane; **cepillo de dientes**
toothbrush
cera ['θera] nf wax
cerámica [θe'ramika] nf pottery;
(*arte*) ceramics
cerca ['θerka] nf fence ▷ adv near,
nearby, close; **~ de** near, close to
cercanías [θerka'nias] nfpl (*afueras*)
outskirts, suburbs
cercano, -a [θer'kano, a] adj close,
near
cercar [θer'kar] vt to fence in; (*rodear*)
to surround
cerco ['θerko] nm (*Agr*) enclosure;
(LAM: *valla*) fence; (*Mil*) siege
cerdo, -a ['θerðo, a] nm/f pig/sow
cereal [θere'al] nm cereal; **cereales**
nmpl cereals, grain sg
cerebro [θe'reβro] nm brain; (*fig*)
brains pl
ceremonia [θere'monja] nf
ceremony; **ceremonioso, -a** adj
ceremonious
cereza [θe'reθa] nf cherry
cerilla [θe'riʎa] nf (*fósforo*) match
cerillo [θe'riʎo] (MÉX) nm match
cero ['θero] nm nothing, zero
cerquillo [θer'kiʎo] (CAM, RPL) nm

fringe (BRIT), bangs pl (US)
cerrado, -a [θe'rraðo, a] adj closed, shut; (con llave) locked; (tiempo) cloudy, overcast; (curva) sharp; (acento) thick, broad
cerradura [θerra'ðura] nf (acción) closing; (mecanismo) lock
cerrajero [θerra'xero] nm locksmith
cerrar [θe'rrar] vt to close, shut; (paso, carretera) to close; (grifo) to turn off; (cuenta, negocio) to close ▷ vi to close, shut; (noche) to come down; **cerrarse** vr to close, shut; ~ **con llave** to lock; ~ **un trato** to strike a bargain
cerro ['θerro] nm hill
cerrojo [θe'rroxo] nm (herramienta) bolt; (de puerta) latch
certamen [θer'tamen] nm competition, contest
certero, -a [θer'tero, a] adj (gen) accurate
certeza [θer'teθa] nf certainty
certidumbre [θerti'ðumbre] nf = **certeza**
certificado, -a [θertifi'kaðo, a] adj (carta, paquete) registered; (aprobado) certified ▷ nm certificate; **certificado médico** medical certificate
certificar [θertifi'kar] vt (asegurar, atestar) to certify
cervatillo [θerβa'tiʎo] nm fawn
cervecería [θerβeθe'ria] nf (fábrica) brewery; (bar) public house, pub
cerveza [θer'βeθa] nf beer
cesar [θe'sar] vi to cease, stop ▷ vt (funcionario) to remove from office
cesárea [θe'sarea] nf (Med) Caesarean operation o section
cese ['θese] nm (de trabajo) dismissal; (de pago) suspension
césped ['θespeð] nm grass, lawn
cesta ['θesta] nf basket
cesto ['θesto] nm (large) basket, hamper
cfr abr (= confróntese) cf.
chabacano, -a [tʃaβa'kano, a] adj vulgar, coarse
chabola [tʃa'βola] (ESP) nf shack;

barrio de chabolas shanty town
chacal [tʃa'kal] nm jackal
chacha ['tʃatʃa] (fam) nf maid
cháchara ['tʃatʃara] nf chatter; **estar de ~** to chatter away
chacra ['tʃakra] (cs) nf smallholding
chafa ['tʃafa] (MÉX: fam) adj useless, dud
chafar [tʃa'far] vt (aplastar) to crush; (plan etc) to ruin
chal [tʃal] nm shawl
chalado, -a [tʃa'lado, a] (fam) adj crazy
chalé [tʃa'le] (pl ~s) nm villa, ≈ detached house
chaleco [tʃa'leko] nm waistcoat, vest (US); **chaleco de seguridad** (Aut) reflective safety vest; **chaleco salvavidas** life jacket
chalet [tʃa'le] (pl ~s) nm = **chalé**
chamaco, -a (MÉX) [tʃa'mako, a] nm/f (niño) kid
chambear [tʃambe'ar] (MÉX: fam) vi to earn one's living
champán [tʃam'pan] nm champagne
champiñón [tʃampi'non] nm mushroom
champú [tʃam'pu] (pl ~es, ~s) nm shampoo
chamuscar [tʃamus'kar] vt to scorch, sear, singe
chance ['tʃanθe] (LAM) nm chance
chancho, -a ['tʃantʃo, a] (LAM) nm/f pig
chanchullo [tʃan'tʃuʎo] (fam) nm fiddle
chandal [tʃan'dal] nm tracksuit
chantaje [tʃan'taxe] nm blackmail
chapa ['tʃapa] nf (de metal) plate, sheet; (de madera) board, panel; (RPL Auto) number (BRIT) o license (US) plate; **chapado, -a** adj: **chapado en oro** gold-plated
chaparrón [tʃapa'rron] nm downpour, cloudburst
chaperón [tʃape'ron] (MÉX) nm: **hacer de ~** to play gooseberry;

chaperona (*LAM*) *nf*: **hacer de chaperona** to play gooseberry
chapopote [tʃapo'pote] (*MÉX*) *nm* tar
chapulín [tʃapu'lin] (*MÉX*, *CAM*) *nm* grasshopper
chapurrear [tʃapurre'ar] *vt* (*idioma*) to speak badly
chapuza [tʃa'puθa] *nf* botched job
chapuzón [tʃapu'θon] *nm*: **darse un ~** to go for a dip
chaqueta [tʃa'keta] *nf* jacket
chaquetón [tʃake'ton] *nm* long jacket
charca ['tʃarka] *nf* pond, pool
charco ['tʃarko] *nm* pool, puddle
charcutería [tʃarkute'ria] *nf* (*tienda*) *shop selling chiefly pork meat products*; (*productos*) cooked pork meats *pl*
charla ['tʃarla] *nf* talk, chat; (*conferencia*) lecture; **charlar** [tʃar'lar] *vi* to talk, chat; **charlatán, -ana** [tʃarla'tan, ana] *nm/f* (*hablador*) chatterbox; (*estafador*) trickster
charol [tʃa'rol] *nm* varnish; (*cuero*) patent leather
charola [tʃa'rola] (*MÉX*) *nf* tray
charro, -a [tʃa'rro, a] (*MÉX*) *nm* typical Mexican
chasco ['tʃasko] *nm* (*desengaño*) disappointment
chasis ['tʃasis] *nm inv* chassis
chasquido [tʃas'kiðo] *nm* crack; click
chat [tʃat] *nm* (*Internet*) chat room
chatarra [tʃa'tarra] *nf* scrap (metal)
chatear [tʃate'ar] *vi* (*Internet*) to chat
chato, -a ['tʃato, a] *adj* flat; (*nariz*) snub
chaucha ['tʃautʃa] (*RPL*) *nf* runner (*BRIT*) o pole (*US*) bean
chaval, a [tʃa'βal, a] (*ESP*) *nm/f* kid, lad/lass
chavo, -a ['tʃaβo] (*MÉX*: *fam*) *nm/f* guy/girl
checar [tʃe'kar] (*MÉX*) *vt*: **~ tarjeta** (*al entrar*) to clock in o on; (*: al salir*) to clock off o out
checo, -a ['tʃeko, a] *adj, nm/f* Czech

▷ *nm* (*Ling*) Czech
checoslovaco, -a [tʃekoslo'βako, a] *adj, nm/f* Czech, Czechoslovak
Checoslovaquia [tʃekoslo'βakja] *nf* (*Hist*) Czechoslovakia
cheque ['tʃeke] *nm* cheque (*BRIT*), check (*US*); **cobrar un ~** to cash a cheque; **cheque al portador** cheque payable to bearer; **cheque de viaje** traveller's cheque (*BRIT*), traveler's check (*US*); **cheque en blanco** blank cheque
chequeo [tʃe'keo] *nm* (*Med*) check-up; (*Auto*) service
chequera [tʃe'kera] (*LAM*) *nf* chequebook (*BRIT*), checkbook (*US*)
chévere ['tʃeβere] (*LAM*: *fam*) *adj* great
chícharo ['tʃitʃaro] (*MÉX*, *CAM*) *nm* pea
chichón [tʃi'tʃon] *nm* bump, lump
chicle ['tʃikle] *nm* chewing gum
chico, -a ['tʃiko, a] *adj* small, little ▷ *nm* (*niño*) child; (*muchacho*) boy/girl
chiflado, -a [tʃi'flaðo, a] *adj* crazy
chiflar [tʃi'flar] *vt* to hiss, boo
chilango, -a [tʃi'lango, a] (*MÉX*) *adj* of o from Mexico City
Chile ['tʃile] *nm* Chile; **chileno, -a** *adj, nm/f* Chilean
chile ['tʃile] *nm* chilli pepper
chillar [tʃi'ʎar] *vi* (*persona*) to yell, scream; (*animal salvaje*) to howl; (*cerdo*) to squeal
chillido [tʃi'ʎiðo] *nm* (*de persona*) yell, scream; (*de animal*) howl
chimenea [tʃime'nea] *nf* chimney; (*hogar*) fireplace
China ['tʃina] *nf* (*tb*: **la ~**) China
chinche ['tʃintʃe] *nf* (*insecto*) (bed)bug; (*Tec*) drawing pin (*BRIT*), thumbtack (*US*) ▷ *nmf* nuisance, pest
chincheta [tʃin'tʃeta] *nf* drawing pin (*BRIT*), thumbtack (*US*)
chingada [tʃin'gaða] (*MÉX*: *fam!*) *nf*: **hijo de la ~** bastard
chino, -a ['tʃino, a] *adj, nm/f* Chinese ▷ *nm* (*Ling*) Chinese
chipirón [tʃipi'ron] *nm* (*Zool*, *Culin*)

squid
Chipre ['tʃipre] nf Cyprus; **chipriota** adj, nmf Cypriot
chiquillo, -a [tʃi'kiʎo, a] nm/f (fam) kid
chirimoya [tʃiri'moja] nf custard apple
chiringuito [tʃirin'ɣito] nm small open-air bar
chiripa [tʃi'ripa] nf fluke
chirriar [tʃi'rrjar] vi to creak, squeak
chirrido [tʃi'rriðo] nm creak(ing), squeak(ing)
chisme ['tʃisme] nm (habladurías) piece of gossip; (fam: objeto) thingummyjig
chismoso, -a [tʃis'moso, a] adj gossiping ▷ nm/f gossip
chispa ['tʃispa] nf spark; (fig) sparkle; (ingenio) wit; (fam) drunkenness
chispear [tʃispe'ar] vi (lloviznar) to drizzle
chiste ['tʃiste] nm joke, funny story
chistoso, -a [tʃis'toso, a] adj funny, amusing
chivo, -a ['tʃiβo, a] nm/f (billy-/nanny-)goat; **chivo expiatorio** scapegoat
chocante [tʃo'kante] adj startling; (extraño) odd; (ofensivo) shocking
chocar [tʃo'kar] vi (coches etc) to collide, crash ▷ vt to shock; (sorprender) to startle; **~ con** to collide with; (fig) to run into, run up against; **¡chócala!** (fam) put it there!
chochear [tʃotʃe'ar] vi to be senile
chocho, -a ['tʃotʃo, a] adj doddering, senile; (fig) soft, doting
choclo ['tʃoklo] (cs) nm (grano) sweet corn; (mazorca) corn on the cob
chocolate [tʃoko'late] adj, nm chocolate; **chocolatina** nf chocolate
chofer [tʃo'fer] nm = **chófer**
chófer ['tʃofer] nm driver
chollo ['tʃoʎo] (ESP: fam) nm bargain, snip
choque etc ['tʃoke] vb V **chocar** ▷ nm (impacto) impact; (golpe) jolt; (Auto)

crash; (fig) conflict; **choque frontal** head-on collision
chorizo [tʃo'riθo] nm hard pork sausage, (type of) salami
chorrada [tʃo'rraða] (ESP: fam) nf: **¡es una ~!** that's crap! (!); **decir ~s** to talk crap (!)
chorrear [tʃorre'ar] vi to gush (out), spout (out); (gotear) to drip, trickle
chorro ['tʃorro] nm jet; (fig) stream
choza ['tʃoθa] nf hut, shack
chubasco [tʃu'βasko] nm squall
chubasquero [tʃuβas'kero] nm lightweight raincoat
chuchería [tʃutʃe'ria] nf trinket
chuleta [tʃu'leta] nf chop, cutlet
chulo ['tʃulo] nm (de prostituta) pimp
chupaleta [tʃupa'leta] (MÉX) nf lollipop
chupar [tʃu'par] vt to suck; (absorber) to absorb; **chuparse** vr to grow thin
chupete [tʃu'pete] (ESP, CS) nm dummy (BRIT), pacifier (US)
chupetín [tʃupe'tin] (RPL) nf lollipop
chupito [tʃu'pito] (fam) nm shot
chupón [tʃu'pon] nm (piruleta) lollipop; (LAM: chupete) dummy (BRIT), pacifier (US)
churro ['tʃurro] nm (type of) fritter
chusma ['tʃusma] nf rabble, mob
chutar [tʃu'tar] vi to shoot (at goal)
Cía abr (= compañía) Co.
cianuro [θja'nuro] nm cyanide
cibercafé [θiβerka'fe] nm cybercafé
cibernauta [θiβer'nauta] nmf web surfer, Internet user
ciberterrorista [θiβerterro'rista] nmf cyberterrorist
cicatriz [θika'triθ] nf scar; **cicatrizarse** vr to heal (up), form a scar
ciclismo [θi'klismo] nm cycling
ciclista [θi'klista] adj cycle cpd ▷ nmf cyclist
ciclo ['θiklo] nm cycle; **cicloturismo** nm touring by bicycle
ciclón [θi'klon] nm cyclone
ciego, -a ['θjeɣo, a] adj blind ▷ nm/f

blind man/woman

cielo ['θjelo] nm sky; (Rel) heaven; **¡~s!** good heavens!

ciempiés [θjem'pjes] nm inv centipede

cien [θjen] num V **ciento**

ciencia ['θjenθja] nf science; **ciencias** nfpl (Escol) science sg; **ciencia-ficción** nf science fiction

científico, -a [θjen'tifiko, a] adj scientific ▷ nm/f scientist

ciento ['θjento] num hundred; **pagar al 10 por ~** to pay at 10 per cent; V tb **cien**

cierre etc ['θjerre] vb V **cerrar** ▷ nm closing, shutting; (con llave) locking; (LAM: cremallera) zip (fastener)

cierro etc vb V **cerrar**

cierto, -a ['θjerto, a] adj sure, certain; (un tal) a certain; (correcto) right, correct; **por ~** by the way; **~ hombre** a certain man; **ciertas personas** certain o some people; **sí, es ~** yes, that's correct

ciervo ['θjerβo] nm deer; (macho) stag

cifra ['θifra] nf number; (secreta) code; **cifrar** [θi'frar] vt to code, write in code

cigala [θi'ɣala] nf Norway lobster

cigarra [θi'ɣarra] nf cicada

cigarrillo [θiɣa'rriʎo] nm cigarette

cigarro [θi'ɣarro] nm cigarette; (puro) cigar

cigüeña [θi'ɣweɲa] nf stork

cilíndrico, -a [θi'lindriko, a] adj cylindrical

cilindro [θi'lindro] nm cylinder

cima ['θima] nf (de montaña) top, peak; (de árbol) top; (fig) height

cimentar [θimen'tar] vt to lay the foundations of; (fig: fundar) to found

cimiento [θi'mjento] nm foundation

cincel [θin'θel] nm chisel

cinco ['θinko] num five

cincuenta [θin'kwenta] num fifty

cine ['θine] nm cinema; **cinematográfico, -a** [θinemato'ɣrafiko, a] adj cine-,

film cpd

cínico, -a ['θiniko, a] adj cynical ▷ nm/f cynic

cinismo [θi'nismo] nm cynicism

cinta ['θinta] nf band, strip; (de tela) ribbon; (película) reel; (de máquina de escribir) ribbon; **cinta adhesiva/ aislante** sticky/insulating tape; **cinta de vídeo** videotape; **cinta magnetofónica** tape; **cinta métrica** tape measure

cintura [θin'tura] nf waist

cinturón [θintu'ron] nm belt; **cinturón de seguridad** safety belt

ciprés [θi'pres] nm cypress (tree)

circo ['θirko] nm circus

circuito [θir'kwito] nm circuit

circulación [θirkula'θjon] nf circulation; (Auto) traffic

circular [θirku'lar] adj, nf circular ▷ vi, vt to circulate ▷ vi (Auto) to drive; **"circule por la derecha"** "keep (to the) right"

círculo ['θirkulo] nm circle; **círculo vicioso** vicious circle

circunferencia [θirkunfe'renθja] nf circumference

circunstancia [θirkuns'tanθja] nf circumstance

cirio ['θirjo] nm (wax) candle

ciruela [θi'rwela] nf plum; **ciruela pasa** prune

cirugía [θiru'xia] nf surgery; **cirugía estética** o **plástica** plastic surgery

cirujano [θiru'xano] nm surgeon

cisne ['θisne] nm swan

cisterna [θis'terna] nf cistern, tank

cita ['θita] nf appointment, meeting; (de novios) date; (referencia) quotation

citación [θita'θjon] nf (Jur) summons sg

citar [θi'tar] vt (gen) to make an appointment with; (Jur) to summons; (un autor, texto) to quote; **citarse** vr: **se ~on en el cine** they arranged to meet at the cinema

cítricos ['θitrikos] nmpl citrus fruit(s)

ciudad [θju'ðað] nf town; (más

grande) city; **ciudadano, -a** *nm/f* citizen

cívico, -a ['θiβiko, a] *adj* civic

civil [θi'βil] *adj* civil ▷ *nm* (*guardia*) policeman; **civilización** [θiβiliθa'θjon] *nf* civilization; **civilizar** [θiβili'θar] *vt* to civilize

cizaña [θi'θaɲa] *nf* (*fig*) discord

cl. *abr* (= *centilitro*) cl.

clamor [kla'mor] *nm* clamour, protest

clandestino, -a [klandes'tino, a] *adj* clandestine; (*Pol*) underground

clara ['klara] *nf* (*de huevo*) egg white

claraboya [klara'βoja] *nf* skylight

clarear [klare'ar] *vi* (*el día*) to dawn; (*el cielo*) to clear up, brighten up; **clarearse** *vr* to be transparent

claridad [klari'ðað] *nf* (*de día*) brightness; (*de estilo*) clarity

clarificar [klarifi'kar] *vt* to clarify

clarinete [klari'nete] *nm* clarinet

claro, -a ['klaro, a] *adj* clear; (*luminoso*) bright; (*color*) light; (*evidente*) clear, evident; (*poco espeso*) thin ▷ *nm* (*en bosque*) clearing ▷ *adv* clearly ▷ *excl*: **¡~ que sí!** of course!; **¡~ que no!** of course not!

clase ['klase] *nf* class; **dar ~(s)** to teach; **clase alta/media/obrera** upper/middle/working class; **clases particulares** private lessons *o* tuition *sg*

clásico, -a ['klasiko, a] *adj* classical

clasificación [klasifika'θjon] *nf* classification; (*Deporte*) league (table)

clasificar [klasifi'kar] *vt* to classify

claustro ['klaustro] *nm* cloister

cláusula ['klausula] *nf* clause

clausura [klau'sura] *nf* closing, closure

clavar [kla'βar] *vt* (*clavo*) to hammer in; (*cuchillo*) to stick, thrust

clave ['klaβe] *nf* key; (*Mús*) clef; **clave de acceso** password; **clave lada** (*MÉX*) dialling (*BRIT*) *o* area (*US*) code

clavel [kla'βel] *nm* carnation

clavícula [kla'βikula] *nf* collar bone

clavija [kla'βixa] *nf* peg, dowel, pin; (*Elec*) plug

clavo ['klaβo] *nm* (*de metal*) nail; (*Bot*) clove

claxon ['klakson] (*pl* **~s**) *nm* horn

clérigo ['klerixo] *nm* priest

clero ['klero] *nm* clergy

clicar [kli'kar] *vi* (*Internet*) to click; **~ en el icono** to click on an icon; **~ dos veces** to double-click

cliché [kli'tʃe] *nm* cliché; (*Foto*) negative

cliente, -a ['kljente, a] *nm/f* client, customer; **clientela** [kljen'tela] *nf* clientele, customers *pl*

clima ['klima] *nm* climate; **climatizado, -a** [klimati'θaðo, a] *adj* air-conditioned

clímax ['klimaks] *nm inv* climax

clínica ['klinika] *nf* clinic; (*particular*) private hospital

clip [klip] (*pl* **~s**) *nm* paper clip

clítoris ['klitoris] *nm inv* (*Anat*) clitoris

cloaca [klo'aka] *nf* sewer

clonar [klo'nar] *vt* to clone

cloro ['kloro] *nm* chlorine

clóset ['kloset] (*MÉX*) *nm* cupboard

club [klub] (*pl* **~s** *o* **~es**) *nm* club; **club nocturno** night club

cm *abr* (= *centímetro, centímetros*) cm

coágulo [ko'aɣulo] *nm* clot

coalición [koali'θjon] *nf* coalition

coartada [koar'taða] *nf* alibi

coartar [koar'tar] *vt* to limit, restrict

coba ['koβa] *nf*: **dar ~ a algn** (*adular*) to suck up to sb

cobarde [ko'βarðe] *adj* cowardly ▷ *nm* coward; **cobardía** [koβar'ðia] *nf* cowardice

cobaya [ko'βaja] *nf* guinea pig

cobertizo [koβer'tiθo] *nm* shelter

cobertura [koβer'tura] *nf* cover; **aquí no hay ~** (*Tel*) I can't get a signal

cobija [ko'βixa] (*LAM*) *nf* blanket; **cobijar** [koβi'xar] *vt* (*cubrir*) to cover; (*proteger*) to shelter; **cobijo** *nm* shelter

cobra ['koβra] *nf* cobra

cobrador, a [koβra'ðor, a] *nm/f* (*de*

autobús) conductor/conductress; (*de impuestos, gas*) collector

cobrar [ko'βrar] *vt* (*cheque*) to cash; (*sueldo*) to collect, draw; (*objeto*) to recover; (*precio*) to charge; (*deuda*) to collect ▷ *vi* to be paid; **cóbrese al entregar** cash on delivery; **¿me cobra, por favor?** how much do I owe you?, can I have the bill, please?

cobre ['koβre] *nm* copper; **cobres** *nmpl* (*Mús*) brass instruments

cobro ['koβro] *nm* (*de cheque*) cashing; **presentar al ~** to cash

cocaína [koka'ina] *nf* cocaine

cocción [kok'θjon] *nf* (*Culin*) cooking; (*en agua*) boiling

cocer [ko'θer] *vt, vi* to cook; (*en agua*) to boil; (*en horno*) to bake

coche ['kotʃe] *nm* (*Auto*) car (BRIT), automobile (US); (*de tren, de caballos*) coach, carriage; (*para niños*) pram (BRIT), baby carriage (US); **ir en ~** to drive; **coche celular** police van; **coche de bomberos** fire engine; **coche de carreras** racing car; **coche fúnebre** hearse; **coche-cama** (*pl* **coches-cama**) *nm* (*Ferro*) sleeping car, sleeper

cochera [ko'tʃera] *nf* garage; (*de autobuses, trenes*) depot

coche restaurante (*pl* **coches restaurante**) *nm* (*Ferro*) dining car, diner

cochinillo [kotʃi'niλo] *nm* (*Culin*) suckling pig, sucking pig

cochino, -a [ko'tʃino, a] *adj* filthy, dirty ▷ *nm/f* pig

cocido [ko'θiðo] *nm* stew

cocina [ko'θina] *nf* kitchen; (*aparato*) cooker, stove; (*acto*) cookery; **cocina eléctrica/de gas** electric/gas cooker; **cocina francesa** French cuisine; **cocinar** *vt, vi* to cook

cocinero, -a [koθi'nero, a] *nm/f* cook

coco ['koko] *nm* coconut

cocodrilo [koko'ðrilo] *nm* crocodile

cocotero [koko'tero] *nm* coconut palm

cóctel ['koktel] *nm* cocktail; **cóctel molotov** petrol bomb, Molotov cocktail

codazo [ko'ðaθo] *nm*: **dar un ~ a algn** to nudge sb

codicia [ko'ðiθja] *nf* greed; **codiciar** *vt* to covet

código ['koðixo] *nm* code; **código civil** common law; **código de barras** bar code; **código de circulación** highway code; **código de la zona** (LAM) dialling (BRIT) o area (US) code; **código postal** postcode

codillo [ko'ðiλo] *nm* (*Zool*) knee; (*Tec*) elbow (joint)

codo ['koðo] *nm* (*Anat, de tubo*) elbow; (*Zool*) knee

codorniz [koðor'niθ] *nf* quail

coexistir [koe(k)sis'tir] *vi* to coexist

cofradía [kofra'ðia] *nf* brotherhood, fraternity

cofre ['kofre] *nm* (*de joyas*) case; (*de dinero*) chest

coger [ko'xer] (ESP) *vt* to take (hold of); (*objeto caído*) to pick up; (*frutas*) to pick, harvest; (*resfriado, ladrón, pelota*) to catch ▷ *vi*: **~ por el buen camino** to take the right road; **cogerse** *vr* (*el dedo*) to catch; **~se a algo** to get hold of sth

cogollo [ko'xoλo] *nm* (*de lechuga*) heart

cogote [ko'xote] *nm* back o nape of the neck

cohabitar [koaβi'tar] *vi* to live together, cohabit

coherente [koe'rente] *adj* coherent

cohesión [koe'sjon] *nm* cohesion

cohete [ko'ete] *nm* rocket

cohibido, -a [koi'βiðo, a] *adj* (*Psico*) inhibited; (*tímido*) shy

coincidencia [koinθi'ðenθja] *nf* coincidence

coincidir [koinθi'ðir] *vi* (*en idea*) to coincide, agree; (*en lugar*) to coincide

coito ['koito] *nm* intercourse, coitus

coja *etc vb* V **coger**

cojear [koxe'ar] *vi* (*persona*) to limp,

hobble; (*mueble*) to wobble, rock
cojera [ko'xera] nf limp
cojín [ko'xin] nm cushion
cojo, -a etc ['koxo, a] vb V **coger**
▷ adj (*que no puede andar*) lame,
crippled; (*mueble*) wobbly ▷ nm/f lame
person, cripple
cojón [ko'xon] (*fam!*) nm: **¡cojones!**
shit! (!); **cojonudo, -a** (*fam*) adj great,
fantastic
col [kol] nf cabbage; **coles de
Bruselas** Brussels sprouts
cola ['kola] nf tail; (*de gente*) queue;
(*lugar*) end, last place; (*para pegar*) glue,
gum; **hacer ~** to queue (up)
colaborador, a [kolaβora'ðor, a]
nm/f collaborator
colaborar [kolaβo'rar] vi to
collaborate
colada [ko'laða] (*ESP*) nf: **hacer la ~** to
do the washing
colador [kola'ðor] nm (*para líquidos*)
strainer; (*para verduras etc*) colander
colapso [ko'lapso] nm collapse
colar [ko'lar] vt (*líquido*) to strain
off; (*metal*) to cast ▷ vi to ooze, seep
(through); **colarse** vr to jump the
queue; **~se en** to get into without
paying; (*fiesta*) to gatecrash
colcha ['koltʃa] nf bedspread
colchón [kol'tʃon] nm mattress;
colchón inflable air bed *o* mattress
colchoneta [koltʃo'neta] nf (*en
gimnasio*) mat; (*de playa*) air bed
colección [kolek'θjon] nf
collection; **coleccionar** vt to collect;
coleccionista nmf collector
colecta [ko'lekta] nf collection
colectivo, -a [kolek'tiβo, a] adj
collective, joint ▷ nm (*ARG: autobús*)
(small) bus
colega [ko'leɣa] nmf colleague;
(*ESP: amigo*) mate
colegial, a [kole'xjal, a] nm/f
schoolboy(-girl)
colegio [ko'lexjo] nm college;
(*escuela*) school; (*de abogados etc*)
association; **colegio electoral** polling

station; **colegio mayor** (*ESP*) hall of
residence

cólera ['kolera] nf (*ira*) anger; (*Med*)
cholera
colesterol [koleste'rol] nm
cholesterol
coleta [ko'leta] nf pigtail
colgante [kol'ɣante] adj hanging
▷ nm (*joya*) pendant
colgar [kol'ɣar] vt to hang (up);
(*ropa*) to hang out ▷ vi to hang; (*Tel*)
to hang up
cólico ['koliko] nm colic
coliflor [koli'flor] nf cauliflower
colilla [ko'liʎa] nf cigarette end, butt
colina [ko'lina] nf hill
colisión [koli'sjon] nf collision;
colisión frontal head-on crash
collar [ko'ʎar] nm necklace; (*de
perro*) collar
colmar [kol'mar] vt to fill to the brim;
(*fig*) to fulfil, realize
colmena [kol'mena] nf beehive
colmillo [kol'miʎo] nm (*diente*) eye
tooth; (*de elefante*) tusk; (*de perro*) fang
colmo ['kolmo] nm: **¡es el ~!** it's
the limit!
colocación [koloka'θjon] nf (*acto*)
placing; (*empleo*) job, position
colocar [kolo'kar] vt to place, put,
position; (*dinero*) to invest; (*poner en
empleo*) to find a job for; **colocarse** vr
to get a job
Colombia [ko'lombja] nf Colombia;
colombiano, -a adj, nm/f Colombian
colonia [ko'lonja] nf colony; (*agua
de colonia*) cologne; (*MÉX: de casas*)

residential area; **colonia proletaria** (MÉX) shantytown

colonización [koloniθa'θjon] nf colonization; **colonizador, a** [koloniθa'ðor, a] adj colonizing ▷ nm/f colonist, settler

colonizar [koloni'θar] vt to colonize

coloquio [ko'lokjo] nm conversation; (congreso) conference

color [ko'lor] nm colour

colorado, -a [kolo'raðo, a] adj (rojo) red; (MÉX: chiste) smutty, rude

colorante [kolo'rante] nm colouring

colorear [kolore'ar] vt to colour

colorete [kolo'rete] nm blusher

colorido [kolo'riðo] nm colouring

columna [ko'lumna] nf column; (pilar) pillar; (apoyo) support; (tb: ~ **vertebral**) spine, spinal column; (fig) backbone

columpiar [kolum'pjar] vt to swing; **columpiarse** vr to swing; **columpio** nm swing

coma ['koma] nf comma ▷ nm (Med) coma

comadre [ko'maðre] nf (madrina) godmother; (chismosa) gossip; **comadrona** nf midwife

comal [ko'mal] (MÉX, CAM) nm griddle

comandante [koman'dante] nm commandant

comarca [ko'marka] nf region

comba ['komba] (ESP) nf (cuerda) skipping rope; **saltar a la ~** to skip

combate [kom'bate] nm fight

combatir [komba'tir] vt to fight, combat

combinación [kombina'θjon] nf combination; (Quím) compound; (prenda) slip

combinar [kombi'nar] vt to combine

combustible [kombus'tiβle] nm fuel

comedia [ko'meðja] nf comedy; (Teatro) play, drama; **comediante** [kome'ðjante] nmf (comic) actor/ actress

comedido, -a [kome'ðiðo, a] adj moderate

comedor, a [kome'ðor, a] nm (habitación) dining room; (cantina) canteen

comensal [komen'sal] nmf fellow guest (o diner)

comentar [komen'tar] vt to comment on; **comentario** [komen'tarjo] nm comment, remark; (literario) commentary; **comentarios** nmpl (chismes) gossip sg; **comentarista** [komenta'rista] nmf commentator

comenzar [komen'θar] vt, vi to begin, start; **~ a hacer algo** to begin o start doing sth

comer [ko'mer] vt to eat; (Damas, Ajedrez) to take, capture ▷ vi to eat; (ESP, MÉX: almorzar) to have lunch; **comerse** vr to eat up

comercial [komer'θjal] adj commercial; (relativo al negocio) business cpd; **comercializar** vt (producto) to market; (pey) to commercialize

comerciante [komer'θjante] nmf trader, merchant

comerciar [komer'θjar] vi to trade, do business

comercio [ko'merθjo] nm commerce, trade; (tienda) shop, store; (negocio) business; (fig) dealings pl; **comercio electrónico** e-commerce; **comercio exterior/interior** foreign/ domestic trade

comestible [komes'tiβle] adj eatable, edible; **comestibles** nmpl food sg, foodstuffs

cometa [ko'meta] nm comet ▷ nf kite

cometer [kome'ter] vt to commit

cometido [kome'tiðo] nm task, assignment

cómic ['komik] nm comic

comicios [ko'miθjos] nmpl elections

cómico, -a ['komiko, a] adj comic(al) ▷ nm/f comedian

comida [ko'miða] nf (alimento) food; (almuerzo, cena) meal; (de mediodía) lunch; **comida basura** junk food; **comida chatarra** (MÉX) junk food

comidilla [komi'ðiʎa] nf: **ser la ~ del barrio** o **pueblo** to be the talk of the town

comienzo etc [ko'mjenθo] vb V **comenzar** ▷ nm beginning, start

comillas [ko'miʎas] nfpl quotation marks

comilona [komi'lona] (fam) nf blow-out

comino [ko'mino] nm: **(no) me importa un ~** I don't give a damn

comisaría [komisa'ria] nf (de policía) police station; (Mil) commissariat

comisario [komi'sarjo] nm (Mil etc) commissary; (Pol) commissar

comisión [komi'sjon] nf commission; **Comisiones Obreras** (ESP) Communist trade union

comité [komi'te] (pl **~s**) nm committee

comitiva [komi'tiβa] nf retinue

como ['komo] adv as; (tal ~) like; (aproximadamente) approximately ▷ conj (ya que, puesto que) as, since; **¡~ no!** of course!; **~ no lo haga hoy** unless he does it today; **~ si** as if; **es tan alto ~ ancho** it is as high as it is wide

cómo ['komo] adv how?, why? ▷ excl what?, I beg your pardon? ▷ nm: **el ~ y el porqué** the whys and wherefores

cómoda ['komoða] nf chest of drawers

comodidad [komoði'ðað] nf comfort

comodín [komo'ðin] nm joker

cómodo, -a ['komoðo, a] adj comfortable; (práctico, de fácil uso) convenient

compact [kom'pakt] (pl **~s**) nm (tb: ~ **disc**) compact disk player

compacto, -a [kom'pakto, a] adj compact

compadecer [kompaðe'θer] vt to pity, be sorry for; **compadecerse** vr: **~se de** to pity, be o feel sorry for

compadre [kom'paðre] nm (padrino) godfather; (amigo) friend, pal

compañero, -a [kompa'ɲero, a] nm/f companion; (novio) boy/girlfriend; **compañero de clase** classmate

compañía [kompa'ɲia] nf company; **hacer ~ a algn** to keep sb company

comparación [kompara'θjon] nf comparison; **en ~ con** in comparison with

comparar [kompa'rar] vt to compare

comparecer [kompare'θer] vi to appear (in court)

comparsa [kom'parsa] nmf (Teatro) extra

compartimiento [komparti'mjento] nm (Ferro) compartment

compartir [kompar'tir] vt to share; (dinero, comida etc) to divide (up), share (out)

compás [kom'pas] nm (Mús) beat, rhythm; (Mat) compasses pl; (Náut etc) compass

compasión [kompa'sjon] nf compassion, pity

compasivo, -a [kompa'siβo, a] adj compassionate

compatible [kompa'tiβle] adj compatible

compatriota [kompa'trjota] nmf compatriot, fellow countryman/woman

compenetrarse [kompene'trarse] vr to be in tune

compensación [kompensa'θjon] nf compensation

compensar [kompen'sar] vt to compensate

competencia [kompe'tenθja] nf (incumbencia) domain, field; (Jur, habilidad) competence; (rivalidad) competition

competente [kompe'tente] adj

competent

competición [kompeti'θjon] *nf*
competition

competir [kompe'tir] *vi* to compete

compinche [kom'pintʃe] (*LAM*) *nmf*
mate, buddy (*US*)

complacer [kompla'θer] *vt* to
please; **complacerse** *vr* to be pleased

complaciente [kompla'θjente] *adj*
kind, obliging, helpful

complejo, -a [kom'plexo, a] *adj*,
nm complex

complementario, -a
[komplemen'tarjo, a] *adj*
complementary

completar [komple'tar] *vt* to
complete

completo, -a [kom'pleto, a] *adj*
complete; (*perfecto*) perfect; (*lleno*) full
▷ *nm* full complement

complicado, -a [kompli'kaðo,
a] *adj* complicated; **estar ~ en** to be
mixed up in

cómplice ['kompliθe] *nmf*
accomplice

complot [kom'plo(t)] (*pl* **~s**) *nm* plot

componer [kompo'ner] *vt* (*Mús,
Literatura, Imprenta*) to compose; (*algo
roto*) to mend, repair; (*arreglar*) to
arrange; **componerse** *vr*: **~se de** to
consist of

comportamiento
[komporta'mjento] *nm* behaviour,
conduct

comportarse [kompor'tarse] *vr*
to behave

composición [komposi'θjon] *nf*
composition

compositor, a [komposi'tor, a]
nm/f composer

compostura [kompos'tura] *nf*
(*actitud*) composure

compra ['kompra] *nf* purchase;
hacer la ~ to do the shopping; **ir de ~s**
to go shopping; **comprador, a** *nm/f*
buyer, purchaser; **comprar** [kom'prar]
vt to buy, purchase

comprender [kompren'der] *vt* to

understand; (*incluir*) to comprise,
include

comprensión [kompren'sjon] *nf*
understanding; **comprensivo, -a** *adj*
(*actitud*) understanding

compresa [kom'presa] *nf* (*para
mujer*) sanitary towel (*BRIT*) o napkin
(*US*)

comprimido, -a [kompri'miðo, a]
adj compressed ▷ *nm* (*Med*) pill, tablet

comprimir [kompri'mir] *vt* to
compress; (*Internet*) to zip

comprobante [kompro'βante] *nm*
proof; (*Com*) voucher; **comprobante de
compra** proof of purchase

comprobar [kompro'βar] *vt* to
check; (*probar*) to prove; (*Tec*) to
check, test

comprometer [komprome'ter]
vt to compromise; (*poner en peligro*)
to endanger; **comprometerse** *vr*
(*involucrarse*) to get involved

compromiso [kompro'miso] *nm*
(*obligación*) obligation; (*cometido*)
commitment; (*convenio*) agreement;
(*apuro*) awkward situation

compuesto, -a [kom'pwesto, a]
adj: **~ de** composed of, made up of ▷ *nm*
compound

computadora [komputa'ðora]
(*LAM*) *nf* computer; **computadora
central** mainframe (computer);
computadora personal personal
computer

cómputo ['komputo] *nm* calculation

comulgar [komul'ɣar] *vi* to receive
communion

común [ko'mun] *adj* common
▷ *nm*: **el ~** the community

comunicación [komunika'θjon] *nf*
communication; (*informe*) report

comunicado [komuni'kado] *nm*
announcement; **comunicado de
prensa** press release

comunicar [komuni'kar] *vt, vi* to
communicate; **comunicarse** *vr* to
communicate; **está comunicando**
(*Tel*) the line's engaged (*BRIT*) o

busy (US); **comunicativo, -a** adj
communicative

comunidad [komuni'ðað] nf
community; **comunidad autónoma**
(ESP) autonomous region; **Comunidad
(Económica) Europea** European
(Economic) Community; **comunidad
de vecinos** residents' association

comunión [komu'njon] nf
communion

comunismo [komu'nismo] nm
communism; **comunista** adj, nmf
communist

○ **PALABRA CLAVE**

con [kon] prep **1** (medio, compañía)
with; **comer con cuchara** to eat with
a spoon; **pasear con algn** to go for a
walk with sb
2 (a pesar de): **con todo, merece
nuestros respetos** all the same, he
deserves our respect
3 (para con): **es muy bueno para con
los niños** he's very good with (the)
children
4 (+ infin): **con llegar a las seis estará
bien** if you come by six it will be fine
▷ conj: **con que: será suficiente con
que le escribas** it will be sufficient if
you write to her

concebir [konθe'βir] vt, vi to
conceive

conceder [konθe'ðer] vt to concede

concejal, a [konθe'xal, a] nm/f
town councillor

concentración [konθentra'θjon] nf
concentration

concentrar [konθen'trar] vt to
concentrate; **concentrarse** vr to
concentrate

concepto [kon'θepto] nm concept

concernir [konθer'nir] vi to concern;
en lo que concierne a ... as far as ... is
concerned; **en lo que a mí concierne**
as far as I'm concerned

concertar [konθer'tar] vt (Mús)

to harmonize; (acordar: precio) to
agree; (: tratado) to conclude; (trato)
to arrange, fix up; (combinar: esfuerzos)
to coordinate ▷ vi to harmonize,
be in tune

concesión [konθe'sjon] nf
concession

concesionario [konθesjo'narjo] nm
(licensed) dealer, agent

concha ['kontʃa] nf shell

conciencia [konθjenθja] nf
conscience; **tomar ~ de** to become
aware of; **tener la ~ tranquila** to have
a clear conscience

concienciar [konθjen'θjar] vt to
make aware; **concienciarse** vr to
become aware

concienzudo, -a [konθjen'θuðo, a]
adj conscientious

concierto etc [kon'θjerto] vb V
concertar ▷ nm concert; (obra)
concerto

conciliar [konθi'ljar] vt to reconcile;
~ el sueño to get to sleep

concilio [kon'θiljo] nm council

conciso, -a [kon'θiso, a] adj concise

concluir [konklu'ir] vt, vi to
conclude; **concluirse** vr to conclude

conclusión [konklu'sjon] nf
conclusion

concordar [konkor'ðar] vt to
reconcile ▷ vi to agree, tally

concordia [kon'korðja] nf harmony

concretar [konkre'tar] vt to
make concrete, make more specific;
concretarse vr to become more
definite

concreto, -a [kon'kreto, a] adj,
nm (LAM: hormigón) concrete; **en ~** (en
resumen) to sum up; (específicamente)
specifically; **no hay nada en ~** there's
nothing definite

concurrido, -a [konku'rriðo, a] adj
(calle) busy; (local, reunión) crowded

concursante [konkur'sante] nmf
competitor

concurso [kon'kurso] nm (de público)
crowd; (Escol, Deporte, competencia)

competition; (*ayuda*) help, cooperation

condal [kon'dal] *adj*: **la Ciudad C~** Barcelona

conde ['konde] *nm* count

condecoración [kondekora'θjon] *nf* (*Mil*) medal

condena [kon'dena] *nf* sentence; **condenación** [kondena'θjon] *nf* condemnation; (*Rel*) damnation; **condenar** [konde'nar] *vt* to condemn; (*Jur*) to convict; **condenarse** *vr* (*Rel*) to be damned

condesa [kon'desa] *nf* countess

condición [kondi'θjon] *nf* condition; **a ~ de que ...** on condition that ...; **condicional** *adj* conditional

condimento [kondi'mento] *nm* seasoning

condominio [kondo'minjo] (*LAM*) *nm* condominium

condón [kon'don] *nm* condom

conducir [kondu'θir] *vt* to take, convey; (*Auto*) to drive ▷ *vi* to drive; (*fig*) to lead; **conducirse** *vr* to behave

conducta [kon'dukta] *nf* conduct, behaviour

conducto [kon'dukto] *nm* pipe, tube; (*fig*) channel

conductor, a [konduk'tor, a] *adj* leading, guiding ▷ *nm* (*Física*) conductor; (*de vehículo*) driver

conduje *etc vb* V **conducir**

conduzco *etc vb* V **conducir**

conectado, -a [konek'taðo, a] *adj* (*Inform*) on-line

conectar [konek'tar] *vt* to connect (up); (*enchufar*) plug in

conejillo [kone'xiʎo] *nm*: **~ de Indias** guinea pig

conejo [ko'nexo] *nm* rabbit

conexión [konek'sjon] *nf* connection

confección [konfe(k)'θjon] *nf* preparation; (*industria*) clothing industry

confeccionar [konfekθjo'nar] *vt* to make (up)

conferencia [konfe'renθja] *nf* conference; (*lección*) lecture; (*ESP Tel*) call; **conferencia de prensa** press conference

conferir [konfe'rir] *vt* to award

confesar [konfe'sar] *vt* to confess, admit

confesión [konfe'sjon] *nf* confession

confesionario [konfesjo'narjo] *nm* confessional

confeti [kon'feti] *nm* confetti

confiado, -a [kon'fjaðo, a] *adj* (*crédulo*) trusting; (*seguro*) confident

confianza [kon'fjanθa] *nf* trust; (*seguridad*) confidence; (*familiaridad*) intimacy, familiarity

confiar [kon'fjar] *vt* to entrust ▷ *vi* to trust; **~ en algn** to trust sb; **~ en que ...** to hope that ...

confidencial [konfiðen'θjal] *adj* confidential

confidente [konfi'ðente] *nmf* confidant/e; (*policial*) informer

configurar [konfiɣu'rar] *vt* to shape, form

confín [kon'fin] *nm* limit; **confines** *nmpl* confines, limits

confirmar [konfir'mar] *vt* to confirm

confiscar [konfis'kar] *vt* to confiscate

confite [kon'fite] *nm* sweet (*BRIT*), candy (*US*); **confitería** [konfite'ria] *nf* (*tienda*) confectioner's (shop)

confitura [konfi'tura] *nf* jam

conflictivo, -a [konflik'tiβo, a] *adj* (*asunto, propuesta*) controversial; (*país, situación*) troubled

conflicto [kon'flikto] *nm* conflict; (*fig*) clash

confluir [kon'flwir] *vi* (*ríos*) to meet; (*gente*) to gather

conformar [konfor'mar] *vt* to shape, fashion ▷ *vi* to agree; **conformarse** *vr* to conform; (*resignarse*) to resign o.s.; **~se con algo** to be happy with sth

conforme [kon'forme] *adj*

(*correspondiente*): **~ con** in line with; (*de acuerdo*): **estar ~s (con algo)** to be in agreement (with sth) ▷ *adv* as ▷ *excl* agreed! ▷ *prep*: **~ a** in accordance with; **quedarse ~ (con algo)** to be satisfied (with sth)

confortable [konfor'taβle] *adj* comfortable

confortar [konfor'tar] *vt* to comfort

confrontar [konfron'tar] *vt* to confront; (*dos personas*) to bring face to face; (*cotejar*) to compare

confundir [konfun'dir] *vt* (*equivocar*) to mistake, confuse; (*turbar*) to confuse; **confundirse** *vr* (*turbarse*) to get confused; (*equivocarse*) to make a mistake; (*mezclarse*) to mix

confusión [konfu'sjon] *nf* confusion

confuso, -a [kon'fuso, a] *adj* confused

congelado, -a [konxe'laðo, a] *adj* frozen; **congelados** *nmpl* frozen food(s); **congelador** *nm* (*aparato*) freezer, deep freeze

congelar [konxe'lar] *vt* to freeze; **congelarse** *vr* (*sangre, grasa*) to congeal

congeniar [konxe'njar] *vi* to get on (BRIT) o along (US) well

congestión [konxes'tjon] *nf* congestion

congestionar [konxestjo'nar] *vt* to congest

congraciarse [kongra'θjarse] *vr* to ingratiate o.s.

congratular [kongratu'lar] *vt* to congratulate

congregar [kongre'ɣar] *vt* to gather together; **congregarse** *vr* to gather together

congresista [kongre'sista] *nmf* delegate, congressman/woman

congreso [kon'greso] *nm* congress

conjetura [konxe'tura] *nf* guess; **conjeturar** *vt* to guess

conjugar [konxu'ɣar] *vt* to combine, fit together; (*Ling*) to conjugate

conjunción [konxun'θjon] *nf* conjunction

conjunto, -a [kon'xunto, a] *adj* joint, united ▷ *nm* whole; (*Mús*) band; **en ~** as a whole

conmemoración [konmemora'θjon] *nf* commemoration

conmemorar [konmemo'rar] *vt* to commemorate

conmigo [kon'miɣo] *pron* with me

conmoción [konmo'θjon] *nf* shock; (*fig*) upheaval; **conmoción cerebral** (*Med*) concussion

conmovedor, a [konmoβe'ðor, a] *adj* touching, moving; (*emocionante*) exciting

conmover [konmo'βer] *vt* to shake, disturb; (*fig*) to move

conmutador [konmuta'ðor] *nm* switch; (LAM: *centralita*) switchboard; (: *central*) telephone exchange

cono ['kono] *nm* cone; **Cono Sur** Southern Cone

conocedor, a [konoθe'ðor, a] *adj* expert, knowledgeable ▷ *nm/f* expert

conocer [kono'θer] *vt* to know; (*por primera vez*) to meet, get to know; (*entender*) to know about; (*reconocer*) to recognize; **conocerse** *vr* (*una persona*) to know o.s.; (*dos personas*) to (get to) know each other; **~ a algn de vista** to know sb by sight

conocido, -a [kono'θiðo, a] *adj* (well-)known ▷ *nm/f* acquaintance

conocimiento [konoθi'mjento] *nm* knowledge; (*Med*) consciousness; **conocimientos** *nmpl* (*saber*) knowledge *sg*

conozco *etc* *vb* V **conocer**

conque ['konke] *conj* and so, so then

conquista [kon'kista] *nf* conquest; **conquistador, a** *adj* conquering ▷ *nm* conqueror; **conquistar** [konkis'tar] *vt* to conquer

consagrar [konsa'ɣrar] *vt* (*Rel*) to consecrate; (*fig*) to devote

consciente [kons'θjente] *adj* conscious

consecución [konseku'θjon] nf acquisition; (de fin) attainment

consecuencia [konse'kwenθja] nf consequence, outcome; (coherencia) consistency

consecuente [konse'kwente] adj consistent

consecutivo, -a [konseku'tiβo, a] adj consecutive

conseguir [konse'ɣir] vt to get, obtain; (objetivo) to attain

consejero, -a [konse'xero, a] nm/f adviser, consultant; (Pol) councillor

consejo [kon'sexo] nm advice; (Pol) council; **consejo de administración** (Com) board of directors; **consejo de guerra** court martial; **consejo de ministros** cabinet meeting

consenso [kon'senso] nm consensus

consentimiento [konsenti'mjento] nm consent

consentir [konsen'tir] vt (permitir, tolerar) to consent to; (mimar) to pamper, spoil; (aguantar) to put up with ▷ vi to agree, consent; **~ que algn haga algo** to allow sb to do sth

conserje [kon'serxe] nm caretaker; (portero) porter

conservación [konserβa'θjon] nf conservation; (de alimentos, vida) preservation

conservador, a [konserβa'ðor, a] adj (Pol) conservative ▷ nm/f conservative

conservante [konser'βante] nm preservative

conservar [konser'βar] vt to conserve, keep; (alimentos, vida) to preserve; **conservarse** vr to survive

conservas [kon'serβas] nfpl canned food(s) pl

conservatorio [konserβa'torjo] nm (Mús) conservatoire, conservatory

considerable [konsiðe'raβle] adj considerable

consideración [konsiðera'θjon] nf consideration; (estimación) respect

considerado, -a [konsiðe'raðo, a] adj (atento) considerate; (respetado) respected

considerar [konsiðe'rar] vt to consider

consigna [kon'siɣna] nf (orden) order, instruction; (para equipajes) left-luggage office

consigo etc [kon'siɣo] vb V **conseguir** ▷ pron (m) with him; (f) with her; (Vd) with you; (reflexivo) with o.s.

consiguiendo etc vb V **conseguir**

consiguiente [konsi'ɣjente] adj consequent; **por ~** and so, therefore, consequently

consistente [konsis'tente] adj consistent; (sólido) solid, firm; (válido) sound

consistir [konsis'tir] vi: **~ en** (componerse de) to consist of

consola [kon'sola] nf (mueble) console table; (de videojuegos) console

consolación [konsola'θjon] nf consolation

consolar [konso'lar] vt to console

consolidar [konsoli'ðar] vt to consolidate

consomé [konso'me] (pl ~s) nm consommé, clear soup

consonante [konso'nante] adj consonant, harmonious ▷ nf consonant

consorcio [kon'sorθjo] nm consortium

conspiración [konspira'θjon] nf conspiracy

conspirar [konspi'rar] vi to conspire

constancia [kons'tanθja] nf constancy; **dejar ~ de** to put on record

constante [kons'tante] adj, nf constant

constar [kons'tar] vi (evidenciarse) to be clear o evident; **~ de** to consist of

constipado, -a [konsti'paðo, a] adj: **estar ~** to have a cold ▷ nm cold
█ No confundir **constipado** con la palabra inglesa constipated.

constitución [konstitu'θjon] nf
constitution

constituir [konstitu'ir] vt (formar,
componer) to constitute, make up;
(fundar, erigir, ordenar) to constitute,
establish

construcción [konstruk'θjon] nf
construction, building

constructor, a [konstruk'tor, a]
nm/f builder

construir [konstru'ir] vt to build,
construct

construyendo etc vb V **construir**

consuelo [kon'swelo] nm
consolation, solace

cónsul ['konsul] nm consul;
consulado nm consulate

consulta [kon'sulta] nf
consultation; (Med): **horas de ~**
surgery hours; **consultar**
vt to consult; **consultar algo con
algn** to discuss sth with sb;
consultorio [konsul'torjo] nm (Med)
surgery

consumición [konsumi'θjon] nf
consumption; (bebida) drink; (comida)
food; **consumición mínima** cover
charge

consumidor, a [konsumi'ðor, a]
nm/f consumer

consumir [konsu'mir] vt to
consume; **consumirse** vr to be
consumed; (persona) to waste away

consumismo [konsu'mismo] nm
consumerism

consumo [kon'sumo] nm
consumption

contabilidad [kontaβili'ðað]
nf accounting, book-keeping;
(profesión) accountancy; **contable** nmf
accountant

contacto [kon'takto] nm contact;
(Auto) ignition; **estar/ponerse en ~
con algn** to be/to get in touch with sb

contado, -a [kon'taðo, a] adj: **~s**
(escasos) numbered, scarce, few
▷ nm: **pagar al ~** to pay (in) cash

contador [konta'ðor] nm

(ESP: aparato) meter ▷ nmf (LAM Com)
accountant

contagiar [konta'xjar] vt
(enfermedad) to pass on, transmit;
(persona) to infect; **contagiarse** vr to
become infected

contagio [kon'taxjo] nm infection;
contagioso, -a adj infectious; (fig)
catching

contaminación [kontamina'θjon]
nf contamination; (polución) pollution

contaminar [kontami'nar] vt to
contaminate; (aire, agua) to pollute

contante [kon'tante] adj: **dinero ~ (y
sonante)** cash

contar [kon'tar] vt (páginas, dinero) to
count; (anécdota, chiste etc) to tell ▷ vi
to count; **~ con** to rely on, count on

contemplar [kontem'plar] vt to
contemplate; (mirar) to look at

contemporáneo, -a
[kontempo'raneo, a] adj, nm/f
contemporary

contenedor [kontene'ðor] nm
container

contener [konte'ner] vt to contain,
hold; (retener) to hold back, contain;
contenerse vr to control o restrain
o.s.

contenido, -a [konte'niðo, a]
adj (moderado) restrained; (risa etc)
suppressed ▷ nm contents pl, content

contentar [konten'tar] vt (satisfacer)
to satisfy; (complacer) to please;
contentarse vr to be satisfied

contento, -a [kon'tento, a] adj
(alegre) pleased; (feliz) happy

contestación [kontesta'θjon] nf
answer, reply

contestador [kontesta'ðor] nm
(tb: **~ automático**) answering
machine

contestar [kontes'tar] vt to answer,
reply; (Jur) to corroborate, confirm
No confundir **contestar** con la
palabra inglesa contest.

contexto [kon'te(k)sto] nm context

contigo [kon'tixo] pron with you

contiguo, -a [kon'tiɣwo, a] *adj*
adjacent, adjoining

continente [konti'nente] *adj, nm*
continent

continuación [kontinwa'θjon] *nf*
continuation; **a ~** then, next

continuar [konti'nwar] *vt* to
continue, go on with ▷ *vi* to continue,
go on; **~ hablando** to continue talking
o to talk

continuidad [kontinwi'ðað] *nf*
continuity

continuo, -a [kon'tinwo, a] *adj*
(*sin interrupción*) continuous; (*acción
perseverante*) continual

contorno [kon'torno] *nm* outline;
(*Geo*) contour; **contornos** *nmpl*
neighbourhood *sg*, surrounding area *sg*

contra ['kontra] *prep, adv* against
▷ *nm inv* con ▷ *nf*: **la C~** (*de Nicaragua*)
the Contras *pl*

contraataque [kontraa'take] *nm*
counter-attack

contrabajo [kontra'βaxo] *nm*
double bass

contrabandista [kontraβan'dista]
nmf smuggler

contrabando [kontra'βando]
nm (*acción*) smuggling; (*mercancías*)
contraband

contracción [kontrak'θjon] *nf*
contraction

contracorriente [kontrako'rrjente]
nf cross-current

contradecir [kontraðe'θir] *vt* to
contradict

contradicción [kontraðik'θjon] *nf*
contradiction

contradictorio, -a
[kontraðik'torjo, a] *adj* contradictory

contraer [kontra'er] *vt* to contract;
(*limitar*) to restrict; **contraerse** *vr* to
contract; (*limitarse*) to limit o.s.

contraluz [kontra'luθ] *nm* view
against the light

contrapartida [kontrapar'tiða]
nf: **como ~ (de)** in return (for)

contrapelo [kontra'pelo]: **a ~** *adv* the
wrong way

contrapeso [kontra'peso] *nm*
counterweight

contraportada [kontrapor'taða] *nf*
(*de revista*) back cover

contraproducente
[kontraproðu'θente] *adj*
counterproductive

contrario, -a [kon'trarjo, a] *adj*
contrary; (*persona*) opposed; (*sentido,
lado*) opposite ▷ *nm/f* enemy,
adversary; (*Deporte*) opponent; **al** *o* **por
el ~** on the contrary; **de lo ~** otherwise

contrarreloj [kontrarre'lo] *nf*
(*tb*: **prueba ~**) time trial

contrarrestar [kontrarres'tar] *vt* to
counteract

contrasentido [kontrasen'tiðo] *nm*
(*contradicción*) contradiction

contraseña [kontra'seɲa] *nf* (*Inform*)
password

contrastar [kontras'tar] *vt, vi* to
contrast

contraste [kon'traste] *nm* contrast

contratar [kontra'tar] *vt* firmar un
acuerdo para, to contract for; (*empleados,
obreros*) to hire, engage

contratiempo [kontra'tjempo]
nm setback

contratista [kontra'tista] *nmf*
contractor

contrato [kon'trato] *nm* contract

contraventana [kontraβen'tana]
nf shutter

contribución [kontriβu'θjon] *nf*
(*municipal etc*) tax; (*ayuda*) contribution

contribuir [kontriβu'ir] *vt, vi* to
contribute; (*Com*) to pay (in taxes)

contribuyente [kontriβu'jente]
(*Com*) taxpayer; (*que ayuda*) contributor

contrincante [kontrin'kante] *nmf*
opponent

control [kon'trol] *nm* control;
(*inspección*) inspection, check; **control
de pasaportes** passport inspection;
controlador, a *nm/f* controller;
controlador aéreo air-traffic
controller; **controlar** [kontro'lar] *vt*

to control; (*inspeccionar*) to inspect, check

contundente [kontun'dente] *adj* (*instrumento*) blunt; (*argumento, derrota*) overwhelming

contusión [kontu'sjon] *nf* bruise

convalecencia [kombale'θenθja] *nf* convalescence

convalecer [kombale'θer] *vi* to convalesce, get better

convalidar [kombali'ðar] *vt* (*título*) to recognize

convencer [komben'θer] *vt* to convince; **~ a algn (de** o **para hacer algo)** to persuade sb (to do sth)

convención [komben'θjon] *nf* convention

conveniente [kombe'njente] *adj* suitable; (*útil*) useful

convenio [kom'benjo] *nm* agreement, treaty

convenir [kombe'nir] *vi* (*estar de acuerdo*) to agree; (*venir bien*) to suit, be suitable

> No confundir **convenir** con la palabra inglesa *convene*.

convento [kom'bento] *nm* convent

convenza *etc vb* V **convencer**

convergir [komber'xir] *vi* = **converger**

conversación [kombersa'θjon] *nf* conversation

conversar [komber'sar] *vi* to talk, converse

conversión [komber'sjon] *nf* conversion

convertir [komber'tir] *vt* to convert

convidar [kombi'ðar] *vt* to invite; **~ a algn a una cerveza** to buy sb a beer

convincente [kombin'θente] *adj* convincing

convite [kom'bite] *nm* invitation; (*banquete*) banquet

convivencia [kombi'βenθja] *nf* coexistence, living together

convivir [kombi'βir] *vi* to live together

convocar [kombo'kar] *vt* to summon, call (together)

convocatoria [komboka'torja] *nf* (*de oposiciones, elecciones*) notice; (*de huelga*) call

cónyuge ['konjuxe] *nmf* spouse

coñac [ko'na(k)] (*pl* **~s**) *nm* cognac, brandy

coño ['kono] (*fam!*) *excl* (*enfado*) shit! (*!*); (*sorpresa*) bloody hell! (*!*)

cool [kul] *adj* (*fam*) cool

cooperación [koopera'θjon] *nf* cooperation

cooperar [koope'rar] *vi* to cooperate

cooperativa [koopera'tiβa] *nf* cooperative

coordinadora [koorðina'ðora] *nf* (*comité*) coordinating committee

coordinar [koorði'nar] *vt* to coordinate

copa ['kopa] *nf* cup; (*vaso*) glass; (*bebida*): **tomar una ~** (to have a) drink; (*de árbol*) top; (*de sombrero*) crown; **copas** *nfpl* (*Naipes*) ≈ hearts

copia ['kopja] *nf* copy; **copia de respaldo** o **seguridad** (*Inform*) back-up copy; **copiar** *vt* to copy

copla ['kopla] *nf* verse; (*canción*) (popular) song

copo ['kopo] *nm*: **~ de nieve** snowflake; **~s de maíz** cornflakes

coqueta [ko'keta] *adj* flirtatious, coquettish; **coquetear** *vi* to flirt

coraje [ko'raxe] *nm* courage; (*ánimo*) spirit; (*ira*) anger

coral [ko'ral] *adj* choral ▷ *nf* (*Mús*) choir ▷ *nm* (*Zool*) coral

coraza [ko'raθa] *nf* (*armadura*) armour; (*blindaje*) armour-plating

corazón [kora'θon] *nm* heart

corazonada [koraθo'naða] *nf* impulse; (*presentimiento*) hunch

corbata [kor'βata] *nf* tie

corchete [kor'tʃete] *nm* catch, clasp

corcho ['kortʃo] *nm* cork; (*Pesca*) float

cordel [kor'ðel] *nm* cord, line

cordero [kor'ðero] *nm* lamb

cordial [kor'ðjal] *adj* cordial

cordillera [korði'ʎera] nf range (of mountains)

Córdoba ['korðoβa] n Cordova

cordón [kor'ðon] nm (cuerda) cord, string; (de zapatos) lace; (Mil etc) cordon; **cordón umbilical** umbilical cord

cordura [kor'ðura] nf: **con ~** (obrar, hablar) sensibly

corneta [kor'neta] nf bugle

cornisa [kor'nisa] nf (Arq) cornice

coro ['koro] nm chorus; (conjunto de cantores) choir

corona [ko'rona] nf crown; (de flores) garland

coronel [koro'nel] nm colonel

coronilla [koro'niʎa] nf (Anat) crown (of the head)

corporal [korpo'ral] adj corporal, bodily

corpulento, -a [korpu'lento, a] adj (persona) heavily-built

corral [ko'rral] nm farmyard

correa [ko'rrea] nf strap; (cinturón) belt; (de perro) lead, leash; **correa del ventilador** (Auto) fan belt

corrección [korrek'θjon] nf correction; (reprensión) rebuke; **correccional** nm reformatory

correcto, -a [ko'rrekto, a] adj correct; (persona) well-mannered

corredizo, -a [korre'ðiθo, a] adj (puerta etc) sliding

corredor, a [korre'ðor, a] nm (pasillo) corridor; (balcón corrido) gallery; (Com) agent, broker ▷ nm/f (Deporte) runner

corregir [korre'xir] vt (error) to correct; **corregirse** vr to reform

correo [ko'rreo] nm post, mail; (persona) courier; **Correos** nmpl (ESP) Post Office sg; **correo aéreo** airmail; **correo basura** (Inform) spam; **correo electrónico** e-mail, electronic mail; **correo web** webmail

correr [ko'rrer] vt to run; (cortinas) to draw; (cerrojo) to shoot ▷ vi to run; (líquido) to run, flow; **correrse** vr to slide, move; (colores) to run

correspondencia

[korrespon'denθja] nf correspondence; (Ferro) connection

corresponder [korrespon'der] vi to correspond; (convenir) to be suitable; (pertenecer) to belong; (concernir) to concern; **corresponderse** vr (por escrito) to correspond; (amarse) to love one another

correspondiente

[korrespon'djente] adj corresponding

corresponsal [korrespon'sal] nmf correspondent

corrida [ko'rriða] nf (de toros) bullfight

corrido, -a [ko'rriðo, a] adj (avergonzado) abashed; **un kilo ~** a good kilo

corriente [ko'rrjente] adj (agua) running; (dinero etc) current; (común) ordinary, normal ▷ nf current ▷ nm current month; **estar al ~ de** to be informed about; **corriente eléctrica** electric current

corrija etc vb V **corregir**

corro ['korro] nm ring, circle (of people)

corromper [korrom'per] vt (madera) to rot; (fig) to corrupt

corrosivo, -a [korro'siβo, a] adj corrosive

corrupción [korrup'θjon] nf rot, decay; (fig) corruption

corsé [kor'se] nm corset

cortacésped [korta'θespeð] nm lawn mower

cortado, -a [kor'taðo, a] adj (gen) cut; (leche) sour; (tímido) shy; (avergonzado) embarrassed ▷ nm coffee (with a little milk)

cortafuegos [korta'fweɣos] nm inv (en el bosque) firebreak, fire lane (US); (Internet) firewall

cortar [kor'tar] vt to cut; (suministro) to cut off; (un pasaje) to cut out ▷ vi to cut; **cortarse** vr (avergonzarse) to become embarrassed; (leche) to turn, curdle; **~se el pelo** to have one's hair cut

cortauñas [korta'uɲas] nm inv nail clippers pl

corte ['korte] nm cut, cutting; (de tela) piece, length ▷ nf: **las C~s** the Spanish Parliament; **corte de luz** power cut; **corte y confección** dressmaking

cortejo [kor'texo] nm entourage; **cortejo fúnebre** funeral procession

cortés [kor'tes] adj courteous, polite

cortesía [korte'sia] nf courtesy

corteza [kor'teθa] nf (de árbol) bark; (de pan) crust

cortijo [kor'tixo] (ESP) nm farm, farmhouse

cortina [kor'tina] nf curtain

corto, -a ['korto, a] adj (breve) short; (tímido) bashful; **~ de luces** not very bright; **~ de vista** short-sighted; **estar ~ de fondos** to be short of funds; **cortocircuito** nm short circuit; **cortometraje** nm (Cine) short

cosa ['kosa] nf thing; **~ de** about; **eso es ~ mía** that's my business

coscorrón [kosko'rron] nm bump on the head

cosecha [ko'setʃa] nf (Agr) harvest; (de vino) vintage; **cosechar** [kose'tʃar] vt to harvest, gather (in)

coser [ko'ser] vt to sew

cosmético, -a [kos'metiko, a] adj, nm cosmetic

cosquillas [kos'kiʎas] nfpl: **hacer ~** to tickle; **tener ~** to be ticklish

costa ['kosta] nf (Geo) coast; **a toda ~** at all costs; **Costa Brava** Costa Brava; **Costa Cantábrica** Cantabrian Coast; **Costa del Sol** Costa del Sol

costado [kos'taðo] nm side

costanera [kosta'nera] (CS) nf promenade, sea front

costar [kos'tar] vt (valer) to cost; **me cuesta hablarle** I find it hard to talk to him

Costa Rica [kosta'rika] nf Costa Rica; **costarricense** adj, nmf Costa Rican; **costarriqueño, -a** adj, nm/f Costa Rican

coste ['koste] nm = **costo**

costear [koste'ar] vt to pay for

costero, -a [kos'tero, a] adj (pueblecito, camino) coastal

costilla [kos'tiʎa] nf rib; (Culin) cutlet

costo ['kosto] nm cost, price; **costo de (la) vida** cost of living; **costoso, -a** adj costly, expensive

costra ['kostra] nf (corteza) crust; (Med) scab

costumbre [kos'tumbre] nf custom, habit

costura [kos'tura] nf sewing, needlework; (zurcido) seam

costurera [kostu'rera] nf dressmaker

costurero [kostu'rero] nm sewing box o case

cotidiano, -a [koti'ðjano, a] adj daily, day to day

cotilla [ko'tiʎa] (ESP: fam) nmf gossip; **cotillear** (ESP) vi to gossip; **cotilleo** (ESP) nm gossip(ing)

cotizar [koti'θar] vt (Com) to quote, price; **cotizarse** vr: **~se a** to sell at, fetch; (Bolsa) to stand at, be quoted at

coto ['koto] nm (terreno cercado) enclosure; (de caza) reserve

cotorra [ko'torra] nf parrot

coyote [ko'jote] nm coyote, prairie wolf

coz [koθ] nf kick

crack [krak] nm (droga) crack

cráneo ['kraneo] nm skull, cranium

cráter ['krater] nm crater

crayón [kra'jon] (MÉX, RPL) nm crayon, chalk

creación [krea'θjon] nf creation

creador, a [krea'ðor, a] adj creative ▷ nm/f creator

crear [kre'ar] vt to create, make

crecer [kre'θer] vi to grow; (precio) to rise

creces ['kreθes]: **con ~** adv amply, fully

crecido, -a [kre'θiðo, a] adj (persona, planta) full-grown; (cantidad) large

crecimiento [kreθi'mjento] nm growth; (aumento) increase

credencial [kreðen'θjal] nf

(LAM: tarjeta) card; **credenciales** nfpl credentials; **credencial de socio** (LAM) membership card
crédito ['kreðito] nm credit
credo ['kreðo] nm creed
creencia [kre'enθja] nf belief
creer [kre'er] vt, vi to think, believe; **creerse** vr to believe o.s. (to be); **~ en** to believe in; **creo que sí/no** I think/don't think so; **¡ya lo creo!** I should think so!
creído, -a [kre'iðo, a] adj (engreído) conceited
crema ['krema] nf cream; **crema batida** (LAM) whipped cream; **crema pastelera** (confectioner's) custard
cremallera [krema'ʎera] nf zip (fastener)
crepe ['krepe] (ESP) nf pancake
cresta ['kresta] nf (Geo, Zool) crest
creyendo etc vb V **creer**
creyente [kre'jente] nmf believer
creyó etc vb V **creer**
crezco etc vb V **crecer**
cría etc ['kria] vb V **criar** ⊳ nf (de animales) rearing, breeding; (animal) young; V tb **crío**
criadero [kria'ðero] nm (Zool) breeding place
criado, -a [kri'aðo, a] nm servant ⊳ nf servant, maid
criador [kria'ðor] nm breeder
crianza [kri'anθa] nf rearing, breeding; (fig) breeding
criar [kri'ar] vt (educar) to bring up; (producir) to grow, produce; (animales) to breed
criatura [kria'tura] nf creature; (niño) baby, (small) child
cribar [kri'βar] vt to sieve
crimen ['krimen] nm crime
criminal [krimi'nal] adj, nmf criminal
crines ['krines] nfpl mane
crío, -a ['krio, a] (fam) nm/f (niño) kid
crisis ['krisis] nf inv crisis; **crisis nerviosa** nervous breakdown
crismas ['krismas] (ESP) nm inv Christmas card

cristal [kris'tal] nm crystal; (de ventana) glass, pane; (lente) lens; **cristalino, -a** adj crystalline; (fig) clear ⊳ nm lens (of the eye)
cristianismo [kristja'nismo] nm Christianity
cristiano, -a [kris'tjano, a] adj, nm/f Christian
Cristo ['kristo] nm Christ; (crucifijo) crucifix
criterio [kri'terjo] nm criterion; (juicio) judgement
crítica ['kritika] nf criticism; V tb **crítico**
criticar [kriti'kar] vt to criticize
crítico, -a ['kritiko, a] adj critical ⊳ nm/f critic
Croacia [kro'aθja] nf Croatia
cromo ['kromo] nm chrome
crónica ['kronika] nf chronicle, account
crónico, -a ['kroniko, a] adj chronic
cronómetro [kro'nometro] nm stopwatch
croqueta [kro'keta] nf croquette
cruce etc ['kruθe] vb V **cruzar** ⊳ nm (para peatones) crossing; (de carreteras) crossroads
crucero [kru'θero] nm (viaje) cruise
crucificar [kruθifi'kar] vt to crucify
crucifijo [kruθi'fixo] nm crucifix
crucigrama [kruθi'ɣrama] nm crossword (puzzle)
cruda ['kruða] (MÉX, CAM: fam) nf hangover
crudo, -a ['kruðo, a] adj raw; (no maduro) unripe; (petróleo) crude; (rudo, cruel) cruel ⊳ nm crude (oil)
cruel [krwel] adj cruel; **crueldad** nf cruelty
crujiente [kru'xjente] adj (galleta etc) crunchy
crujir [kru'xir] vi (madera etc) to creak; (dedos) to crack; (dientes) to grind; (nieve, arena) to crunch
cruz [kruθ] nf cross; (de moneda) tails sg; **cruz gamada** swastika
cruzada [kru'θaða] nf crusade

cruzado, -a [kru'θaðo, a] *adj*
crossed ▷ *nm* crusader
cruzar [kru'θar] *vt* to cross; **cruzarse**
vr (*líneas etc*) to cross; (*personas*) to pass
each other
Cruz Roja *nf* Red Cross
cuaderno [kwa'ðerno] *nm*
notebook; (*de escuela*) exercise book;
(*Náut*) logbook
cuadra ['kwaðra] *nf* (*caballeriza*)
stable; (*LAM: entre calles*) block
cuadrado, -a [kwa'ðraðo, a] *adj*
square ▷ *nm* (*Mat*) square
cuadrar [kwa'ðrar] *vt* to square
▷ *vi*: **~ con** to square with, tally with;
cuadrarse *vr* (*soldado*) to stand to
attention
cuadrilátero [kwaðri'latero]
nm (*Deporte*) boxing ring; (*Geom*)
quadrilateral
cuadrilla [kwa'ðriʎa] *nf* party, group
cuadro ['kwaðro] *nm* square; (*Arte*)
painting; (*Teatro*) scene; (*diagrama*)
chart; (*Deporte, Med*) team; **tela a
~s** checked (*BRIT*) o chequered (*US*)
material
cuajar [kwa'xar] *vt* (*leche*) to curdle;
(*sangre*) to congeal; (*Culin*) to set;
cuajarse *vr* to curdle; to congeal; to
set; (*llenarse*) to fill up
cuajo ['kwaxo] *nm*: **de ~** (*arrancar*) by
the roots; (*cortar*) completely
cual [kwal] *adv* like, as ▷ *pron*: **el** *etc*
~ which; (*persona sujeto*) who; (*: objeto*)
whom ▷ *adj* such as; **cada ~** each one;
déjalo tal ~ leave it just as it is
cuál [kwal] *pron interr* which (one)
cualesquier, a [kwales'kjer(a)] *pl de*
cualquier(a)
cualidad [kwali'ðað] *nf* quality
cualquier [kwal'kjer] *adj* V
cualquiera
cualquiera [kwal'kjera] (*pl*
cualesquiera) *adj* (*delante de nm y f*
cualquier) any ▷ *pron* anybody; **un
coche ~ servirá** any car will do; **no es
un hombre ~** he isn't just anybody;
cualquier día/libro any day/book; **eso**

~ lo sabe hacer anybody can do that;
es un ~ he's a nobody
cuando ['kwando] *adv* when; (*aún
si*) if, even if ▷ *conj* (*puesto que*) since
▷ *prep*: **yo, ~ niño ...** when I was a child
...; **~ no sea así** even if it is not so; **~
más** at (the) most; **~ menos** at least;
~ no if not, otherwise; **de ~ en ~** from
time to time
cuándo ['kwando] *adv* when; **¿desde
~?** since when?
cuantía [kwan'tia] *nf* extent

○ **PALABRA CLAVE**

cuanto, -a ['kwanto, a] *adj* **1** (*todo*):
tiene todo cuanto desea he's got
everything he wants; **le daremos
cuantos ejemplares necesite** we'll
give him as many copies as o all the
copies he needs; **cuantos hombres la
ven** all the men who see her
**2 unos cuantos: había unos
cuantos periodistas** there were a few
journalists
3 (*+ más*): **cuanto más vino bebes peor
te sentirás** the more wine you drink
the worse you'll feel
▷ *pron*: **tiene cuanto desea** he has
everything he wants; **tome cuanto/
cuantos quiera** take as much/many
as you want
▷ *adv*: **en cuanto: en cuanto profesor**
as a teacher; **en cuanto a mí** as for me;
V *tb* **antes**
▷ *conj* **1 cuanto más gana menos
gasta** the more he earns the less
he spends; **cuanto más joven más
confiado** the younger you are the more
trusting you are
**2 en cuanto: en cuanto llegue/
llegué** as soon as I arrive/arrived

cuánto, -a ['kwanto, a] *adj*
(*exclamación*) what a lot of; (*interr: sg*)
how much?; (*: pl*) how many? ▷ *pron,
adv* how; (*: interr: sg*) how much?; (*: pl*)
how many?; **¡cuánta gente!** what a

lot of people!; **¿~ cuesta?** how much does it cost?; **¿a ~s estamos?** what's the date?

cuarenta [kwa'renta] *num* forty

cuarentena [kwaren'tena] *nf* quarantine

cuaresma [kwa'resma] *nf* Lent

cuarta ['kwarta] *nf* (*Mat*) quarter, fourth; (*palmo*) span

cuartel [kwar'tel] *nm* (*Mil*) barracks *pl*; **cuartel de bomberos** (*RPL*) fire station; **cuartel general** headquarters *pl*

cuarteto [kwar'teto] *nm* quartet

cuarto, -a ['kwarto, a] *adj* fourth ▷ *nm* (*Mat*) quarter, fourth; (*habitación*) room; **cuarto de baño** bathroom; **cuarto de estar** living room; **cuarto de hora** quarter (of an) hour; **cuarto de kilo** quarter kilo; **cuartos de final** quarter finals

cuatro ['kwatro] *num* four

Cuba ['kuβa] *nf* Cuba

cuba ['kuβa] *nf* cask, barrel

cubano, -a [ku'βano, a] *adj, nm/f* Cuban

cubata [ku'βata] *nm* (*fam*) large drink (*of rum and coke etc*)

cubeta [ku'βeta] (*ESP, MÉX*) *nf* (*balde*) bucket, tub

cúbico, -a ['kuβiko, a] *adj* cubic

cubierta [ku'βjerta] *nf* cover, covering; (*neumático*) tyre; (*Náut*) deck

cubierto, -a [ku'βjerto, a] *pp de* **cubrir** ▷ *adj* covered ▷ *nm* cover; (*lugar en la mesa*) place; **cubiertos** *nmpl* cutlery *sg*; **a ~** under cover

cubilete [kuβi'lete] *nm* (*en juegos*) cup

cubito [ku'βito] *nm* (*tb:* **~ de hielo**) ice-cube

cubo ['kuβo] *nm* (*Mat*) cube; (*ESP: balde*) bucket, tub; (*Tec*) drum; **cubo de (la) basura** dustbin (*BRIT*), trash can (*US*)

cubrir [ku'βrir] *vt* to cover; **cubrirse** *vr* (*cielo*) to become overcast

cucaracha [kuka'ratʃa] *nf* cockroach

cuchara [ku'tʃara] *nf* spoon; (*Tec*) scoop; **cucharada** *nf* spoonful; **cucharadita** *nf* teaspoonful

cucharilla [kutʃa'riʎa] *nf* teaspoon

cucharón [kutʃa'ron] *nm* ladle

cuchilla [ku'tʃiʎa] *nf* (large) knife; (*de arma blanca*) blade; **cuchilla de afeitar** razor blade

cuchillo [ku'tʃiʎo] *nm* knife

cuchitril [kutʃi'tril] *nm* hovel

cuclillas [ku'kliʎas] *nfpl*: **en ~** squatting

cuco, -a ['kuko, a] *adj* pretty; (*astuto*) sharp ▷ *nm* cuckoo

cucurucho [kuku'rutʃo] *nm* cornet

cueca ['kweka] *nf* Chilean national dance

cuello ['kweʎo] *nm* (*Anat*) neck; (*de vestido, camisa*) collar

cuenca ['kwenka] *nf* (*Anat*) eye socket; (*Geo*) bowl, deep valley

cuenco ['kwenko] *nm* bowl

cuenta *etc* ['kwenta] *vb* V **contar** ▷ *nf* (*cálculo*) count, counting; (*en café, restaurante*) bill (*BRIT*), check (*US*); (*Com*) account; (*de collar*) bead; **a fin de ~s** in the end; **caer en la ~** to catch on; **darse ~ de** to realize; **tener en ~** to bear in mind; **echar ~s** to take stock; **cuenta atrás** countdown; **cuenta corriente/de ahorros** current/savings account; **cuenta de correo (electrónica)** (*Inform*) email account; **cuentakilómetros** *nm inv* ≈ milometer; (*de velocidad*) speedometer

cuento *etc* ['kwento] *vb* V **contar** ▷ *nm* story; **cuento chino** tall story; **cuento de hadas** a fairy tale

cuerda ['kwerða] *nf* rope; (*fina*) string; (*de reloj*) spring; **dar ~ a un reloj** to wind up a clock; **cuerda floja** tightrope; **cuerdas vocales** vocal cord

cuerdo, -a ['kwerðo, a] *adj* sane; (*prudente*) wise, sensible

cuerno ['kwerno] *nm* horn

cuero ['kwero] *nm* leather; **en ~s** stark naked; **cuero cabelludo** scalp

cuerpo ['kwerpo] *nm* body

cuervo ['kwerβo] *nm* crow

cuesta *etc* ['kwesta] *vb* V **costar**
▷ *nf* slope; (*en camino etc*) hill; **~
arriba/abajo** uphill/downhill; **a ~s**
on one's back

cueste *etc vb* V **costar**

cuestión [kwes'tjon] *nf* matter,
question, issue

cuete ['kwete] *adj* (MÉX: *fam*) drunk
▷ *nm* (LAM: *cohete*) rocket; (MÉX,
RPL: *fam*: *embriaguez*) drunkenness;
(MÉX: *Culin*) steak

cueva ['kweβa] *nf* cave

cuidado [kwi'ðaðo] *nm* care,
carefulness; (*preocupación*) care, worry
▷ *excl* careful!, look out!; **eso me tiene
sin ~** I'm not worried about that

cuidadoso, -a [kwiða'ðoso, a] *adj*
careful; (*preocupado*) anxious

cuidar [kwi'ðar] *vt* (*Med*) to care for;
(*ocuparse de*) to take care of, look after
▷ *vi*: **~ de** to take care of, look after;
cuidarse *vr* to look after o.s.; **~se de
hacer algo** to take care to do sth

culata [ku'lata] *nf* (*de fusil*) butt

culebra [ku'leβra] *nf* snake

culebrón [kule'βron] (*fam*) *nm* (*TV*)
soap(-opera)

culo ['kulo] *nm* bottom, backside; (*de
vaso, botella*) bottom

culpa ['kulpa] *nf* fault; (*Jur*) guilt; **por
~ de** because of; **echar la ~ a algn** to
blame sb for sth; **tener la ~ (de)** to be
to blame (for); **culpable** *adj* guilty
▷ *nmf* culprit; **culpar** [kul'par] *vt* to
blame; (*acusar*) to accuse

cultivar [kulti'βar] *vt* to cultivate

cultivo [kul'tiβo] *nm* (*acto*)
cultivation; (*plantas*) crop

culto, -a ['kulto, a] *adj* (*que tiene
cultura*) cultured, educated ▷ *nm*
(*homenaje*) worship; (*religión*) cult

cultura [kul'tura] *nf* culture

culturismo [kultu'rismo] *nm* body-
building

cumbia ['kumbja] *nf* popular
Colombian dance

cumbre ['kumbre] *nf* summit, top

cumpleaños [kumple'aɲos] *nm
inv* birthday

cumplido, -a [kum'pliðo, a] *adj*
(*abundante*) plentiful; (*cortés*) courteous
▷ *nm* compliment; **visita de ~**
courtesy call

cumplidor, a [kumpli'ðor, a] *adj*
reliable

cumplimiento [kumpli'mjento] *nm*
(*de un deber*) fulfilment; (*acabamiento*)
completion

cumplir [kum'plir] *vt* (*orden*) to carry
out, obey; (*promesa*) to carry out, fulfil;
(*condena*) to serve ▷ *vi*: **~ con** (*deber*) to
carry out, fulfil; **cumplirse** *vr* (*plazo*) to
expire; **hoy cumple dieciocho años** he
is eighteen today

cuna ['kuna] *nf* cradle, cot

cundir [kun'dir] *vi* (*noticia, rumor,
pánico*) to spread; (*rendir*) to go a
long way

cuneta [ku'neta] *nf* ditch

cuña ['kuɲa] *nf* wedge

cuñado, -a [ku'ɲaðo, a] *nm/f*
brother-/sister-in-law

cuota ['kwota] *nf* (*parte proporcional*)
share; (*cotización*) fee, dues *pl*

cupe *etc vb* V **caber**

cupiera *etc vb* V **caber**

cupo ['kupo] *vb* V **caber** ▷ *nm* quota

cupón [ku'pon] *nm* coupon

cúpula ['kupula] *nf* dome

cura ['kura] *nf* (*curación*) cure; (*método
curativo*) treatment ▷ *nm* priest

curación [kura'θjon] *nf* cure; (*acción*)
curing

curandero, -a [kuran'dero, a]
nm/f quack

curar [ku'rar] *vt* (*Med: herida*) to treat,
dress; (: *enfermo*) to cure; (*Culin*) to cure,
salt; (*cuero*) to tan; **curarse** *vr* to get
well, recover

curiosear [kurjose'ar] *vt* to glance
at, look over ▷ *vi* to look round,
wander round; (*explorar*) to poke about

curiosidad [kurjosi'ðað] *nf* curiosity

curioso, -a [ku'rjoso, a] *adj* curious
▷ *nm/f* bystander, onlooker

curita [ku'rita] (*LAM*) *nf* (sticking) plaster (*BRIT*), Bandaid® (*US*)

currante [ku'rrante] (*ESP: fam*) *nmf* worker

currar [ku'rrar] (*ESP: fam*) *vi* to work

currículo [ku'rrikulo] = **curriculum**

currículum [ku'rrikulum] *nm* curriculum vitae

cursi ['kursi] (*fam*) *adj* affected

cursillo [kur'siʎo] *nm* short course

cursiva [kur'siβa] *nf* italics *pl*

curso ['kurso] *nm* course; **en ~** (*año*) current; (*proceso*) going on, under way

cursor [kur'sor] *nm* (*Inform*) cursor

curul [ku'rul] (*MÉX*) *nm* (*escaño*) seat

curva ['kurβa] *nf* curve, bend

custodia [kus'toðja] *nf* safekeeping; custody

cutis ['kutis] *nm inv* skin, complexion

cutre ['kutre] (*ESP: fam*) *adj* (*lugar*) grotty

cuyo, -a ['kujo, a] *pron* (*de quien*) whose; (*de que*) whose, of which; **en ~ caso** in which case

C.V. *abr* (= *caballos de vapor*) H.P.

d

D. *abr* (= *Don*) Esq

dado, -a ['daðo, a] *pp de* **dar** ▷ *nm* die; **dados** *nmpl* dice; **~ que** given that

daltónico, -a [dal'toniko, a] *adj* colour-blind

dama ['dama] *nf* (*gen*) lady; (*Ajedrez*) queen; **damas** *nfpl* (*juego*) draughts *sg*; **dama de honor** bridesmaid

damasco [da'masko] (*RPL*) *nm* apricot

danés, -esa [da'nes, esa] *adj* Danish ▷ *nm/f* Dane

dañar [da'ɲar] *vt* (*objeto*) to damage; (*persona*) to hurt; **dañarse** *vr* (*objeto*) to get damaged

dañino, -a [da'ɲino, a] *adj* harmful

daño ['daɲo] *nm* (*objeto*) damage; (*persona*) harm, injury; **~s y perjuicios** (*Jur*) damages; **hacer ~ a** to damage; (*persona*) to hurt, injure; **hacerse ~** to hurt o.s.

○ **PALABRA CLAVE**

dar [dar] *vt* **1** (*gen*) to give; (*obra de*

teatro) to put on; (*film*) to show; (*fiesta*) to hold; **dar algo a algn** to give sb sth *o* sth to sb; **dar de beber a algn** to give sb a drink

2 (*producir: intereses*) to yield; (*fruta*) to produce

3 (*locuciones + n*): **da gusto escucharle** it's a pleasure to listen to him; *V tb* **paseo**

4 (*+ n: = perífrasis de verbo*): **me da asco** it sickens me

5 (*considerar*): **dar algo por descontado/entendido** to take sth for granted/as read; **dar algo por concluido** to consider sth finished

6 (*hora*): **el reloj dio las 6** the clock struck 6 (o'clock)

7: **me da lo mismo** it's all the same to me; *V tb* **igual, más**

▷*vi* **1 dar con: dimos con él dos horas más tarde** we came across him two hours later; **al final di con la solución** I eventually came up with the answer

2: **dar en** (*blanco, suelo*) to hit; **el sol me da en la cara** the sun is shining (right) on my face

3: **dar de sí** (*zapatos etc*) to stretch, give

darse *vr* **1**: **darse por vencido** to give up

2 (*ocurrir*): **se han dado muchos casos** there have been a lot of cases

3: **darse a: se ha dado a la bebida** he's taken to drinking

4: **se me dan bien/mal las ciencias** I'm good/bad at science

5: **dárselas de: se las da de experto** he fancies himself *o* poses as an expert

dardo ['darðo] *nm* dart
dátil ['datil] *nm* date
dato ['dato] *nm* fact, piece of information; **datos personales** personal details
dcha. *abr* (= *derecha*) r.h.

d. de C. *abr* (= *después de Cristo*) A.D.

○ **PALABRA CLAVE**

de [de] (*de + el = del*) *prep* **1** (*posesión*) of; **la casa de Isabel/mis padres** Isabel's/my parents' house; **es de ellos** it's theirs

2 (*origen, distancia, con números*) from; **soy de Gijón** I'm from Gijón; **de 8 a 20** from 8 to 20; **salir del cine** to go out of *o* leave the cinema; **de 2 en 2** 2 by 2, 2 at a time

3 (*valor descriptivo*): **una copa de vino** a glass of wine; **la mesa de la cocina** the kitchen table; **un billete de 10 euros** a 10 euro note; **un niño de tres años** a three-year-old (child); **una máquina de coser** a sewing machine; **ir vestido de gris** to be dressed in grey; **la niña del vestido azul** the girl in the blue dress; **trabaja de profesora** she works as a teacher; **de lado** sideways; **de atrás/delante** rear/front

4 (*hora, tiempo*): **a las 8 de la mañana** at 8 o'clock in the morning; **de día/noche** by day/night; **de hoy en ocho días** a week from now; **de niño era gordo** as a child he was fat

5 (*comparaciones*): **más/menos de cien personas** more/less than a hundred people; **el más caro de la tienda** the most expensive in the shop; **menos/más de lo pensado** less/more than expected

6 (*causa*): **del calor** from the heat

7 (*tema*) about; **clases de inglés** English classes; **¿sabes algo de él?** do you know anything about him?; **un libro de física** a physics book

8 (*adj + de + infin*): **fácil de entender** easy to understand

9 (*oraciones pasivas*): **fue respetado de todos** he was loved by all

10 (*condicional + infin*) if; **de ser posible** if possible; **de no terminarlo hoy** if I *etc* don't finish it today

dé [de] vb V **dar**

debajo [de'βaxo] adv underneath; ~ **de** below, under; **por ~ de** beneath

debate [de'βate] nm debate; **debatir** vt to debate

deber [de'βer] nm duty ▷ vt to owe ▷ vi: **debe (de)** it must, it should; **deberes** nmpl (Escol) homework; **deberse** vr: ~**se a** to be owing o due to; **debo hacerlo** I must do it; **debe de ir** he should go

debido, -a [de'βiðo, a] adj proper, just; ~ **a** due to, because of

débil ['deβil] adj (persona, carácter) weak; (luz) dim; **debilidad** nf weakness; dimness

debilitar [deβili'tar] vt to weaken; **debilitarse** vr to grow weak

débito ['deβito] nm debit; **débito bancario** (LAM) direct debit (BRIT) o billing (US)

debutar [deβu'tar] vi to make one's debut

década ['dekaða] nf decade

decadencia [deka'ðenθja] nf (estado) decadence; (proceso) decline, decay

decaído, -a [deka'iðo, a] adj: **estar ~** (abatido) to be down

decano, -a [de'kano, a] nm/f (de universidad etc) dean

decena [de'θena] nf: **una ~** ten (or so)

decente [de'θente] adj decent

decepción [deθep'θjon] nf disappointment

▎ No confundir **decepción** con la palabra inglesa deception.

decepcionar [deθepθjo'nar] vt to disappoint

decidir [deθi'ðir] vt, vi to decide; **decidirse** vr: ~**se a** to make up one's mind to

décimo, -a ['deθimo, a] adj tenth ▷ nm tenth

decir [de'θir] vt to say; (contar) to tell; (hablar) to speak ▷ nm saying; **decirse** vr: **se dice que** it is said that; **es ~** that is (to say); ~ **para sí** to say to o.s.;

querer ~ to mean; **¡dígame!** (Tel) hello!; (en tienda) can I help you?

decisión [deθi'sjon] nf (resolución) decision; (firmeza) decisiveness

decisivo, -a [deθi'siβo, a] adj decisive

declaración [deklara'θjon] nf (manifestación) statement; (de amor) declaration; **declaración fiscal** o **de la renta** income-tax return

declarar [dekla'rar] vt to declare ▷ vi to declare; (Jur) to testify; **declararse** vr to propose

decoración [dekora'θjon] nf decoration

decorado [deko'raðo] nm (Cine, Teatro) scenery, set

decorar [deko'rar] vt to decorate; **decorativo, -a** adj ornamental, decorative

decreto [de'kreto] nm decree

dedal [de'ðal] nm thimble

dedicación [deðika'θjon] nf dedication

dedicar [deði'kar] vt (libro) to dedicate; (tiempo, dinero) to devote; (palabras: decir, consagrar) to dedicate, devote; **dedicatoria** nf (de libro) dedication

dedo ['deðo] nm finger; **hacer ~** (fam) to hitch (a lift); **dedo anular** ring finger; **dedo corazón** middle finger; **dedo (del pie)** toe; **dedo gordo** (de la mano) thumb; (del pie) big toe; **dedo índice** index finger; **dedo meñique** little finger; **dedo pulgar** thumb

deducción [deðuk'θjon] nf deduction

deducir [deðu'θir] vt (concluir) to deduce, infer; (Com) to deduct

defecto [de'fekto] nm defect, flaw; **defectuoso, -a** adj defective, faulty

defender [defen'der] vt to defend; **defenderse** vr (desenvolverse) to get by

defensa [de'fensa] nf defence ▷ nm (Deporte) defender, back; **defensivo, -a** adj defensive; **a la defensiva** on the defensive

defensor, a [defen'sor, a] *adj*
defending ▷ *nm/f* (*abogado defensor*)
defending counsel; (*protector*) protector

deficiencia [defi'θjenθja] *nf*
deficiency

deficiente [defi'θjente] *adj*
(*defectuoso*) defective; **~ en** lacking *o*
deficient in; **ser un ~ mental** to be
mentally handicapped

déficit ['defiθit] (*pl* **~s**) *nm* deficit

definición [defini'θjon] *nf* definition

definir [defi'nir] *vt* (*determinar*) to
determine, establish; (*decidir*) to define;
(*aclarar*) to clarify; **definitivo, -a** *adj*
definitive; **en definitiva** definitively;
(*en resumen*) in short

deformación [deforma'θjon] *nf*
(*alteración*) deformation; (*Radio etc*)
distortion

deformar [defor'mar] *vt* (*gen*) to
deform; **deformarse** *vr* to become
deformed; **deforme** *adj* (*informe*)
deformed; (*feo*) ugly; (*malhecho*)
misshapen

defraudar [defrau'ðar] *vt*
(*decepcionar*) to disappoint; (*estafar*)
to defraud

defunción [defun'θjon] *nf* death,
demise

degenerar [dexene'rar] *vi* to
degenerate

degradar [dexra'ðar] *vt* to debase,
degrade; **degradarse** *vr* to demean
o.s.

degustación [dexusta'θjon] *nf*
sampling, tasting

dejar [de'xar] *vt* to leave; (*permitir*)
to allow, let; (*abandonar*) to abandon,
forsake; (*beneficios*) to produce, yield
▷ *vi*: **~ de** (*parar*) to stop; (*no hacer*) to
fail to; **~ a un lado** to leave *o* set aside;
~ entrar/salir to let in/out; **~ pasar** to
let through

del [del] (=**de + el**) *V* **de**

delantal [delan'tal] *nm* apron

delante [de'lante] *adv* in front;
(*enfrente*) opposite; (*adelante*) ahead; **~
de** in front of, before

delantera [delan'tera] *nf* (*de vestido,
casa etc*) front part; (*Deporte*) forward
line; **llevar la ~ (a algn)** to be ahead
(of sb)

delantero, -a [delan'tero, a] *adj*
front ▷ *nm* (*Deporte*) forward,
striker

delatar [dela'tar] *vt* to inform on
o against, betray; **delator, a** *nm/f*
informer

delegación [dele𝛾a'θjon] *nf* (*acción,
delegados*) delegation; (*Com: oficina*)
office, branch; **delegación de policía**
(*MÉX*) police station

delegado, -a [dele'𝛾aðo, a] *nm/f*
delegate; (*Com*) agent

delegar [dele'𝛾ar] *vt* to delegate

deletrear [deletre'ar] *vt* to spell (out)

delfín [del'fin] *nm* dolphin

delgado, -a [del'𝛾aðo, a] *adj* thin;
(*persona*) slim, thin; (*tela etc*) light,
delicate

deliberar [deliβe'rar] *vt* to debate,
discuss

delicadeza [delika'ðeθa] *nf* (*gen*)
delicacy; (*refinamiento, sutileza*)
refinement

delicado, -a [deli'kaðo, a] *adj*
(*gen*) delicate; (*sensible*) sensitive;
(*quisquilloso*) touchy

delicia [de'liθja] *nf* delight

delicioso, -a [deli'θjoso, a] *adj*
(*gracioso*) delightful; (*exquisito*)
delicious

delimitar [delimi'tar] *vt* (*función,
responsabilidades*) to define

delincuencia [delin'kwenθja]
nf delinquency; **delincuente** *nmf*
delinquent; (*criminal*) criminal

delineante [deline'ante] *nmf*
draughtsman/woman

delirante [deli'rante] *adj* delirious

delirar [deli'rar] *vi* to be delirious,
rave

delirio [de'lirjo] *nm* (*Med*)
delirium; (*palabras insensatas*)
ravings *pl*

delito [de'lito] *nm* (*gen*) crime;

(*infracción*) offence

delta ['delta] *nm* delta

demacrado, -a [dema'krado, a] *adj*: **estar ~** to look pale and drawn, be wasted away

demanda [de'manda] *nf* (*pedido, Com*) demand; (*petición*) request; (*Jur*) action, lawsuit; **demandar** [deman'dar] *vt* (*gen*) to demand; (*Jur*) to sue, file a lawsuit against

demás [de'mas] *adj*: **los ~ niños** the other o remaining children ▷ *pron*: **los/las ~** the others, the rest (of them); **lo ~** the rest (of it)

demasía [dema'sia] *nf* (*exceso*) excess, surplus; **comer en ~** to eat to excess

demasiado, -a [dema'sjaðo, a] *adj*: **~ vino** too much wine ▷ *adv* (*antes de adj, adv*) too; **~s libros** too many books; **¡esto es ~!** that's the limit!; **hace ~ calor** it's too hot; **~ despacio** too slowly; **~s** too many

demencia [de'menθja] *nf* (*locura*) madness

democracia [demo'kraθja] *nf* democracy

demócrata [de'mokrata] *nmf* democrat; **democrático, -a** *adj* democratic

demoler [demo'ler] *vt* to demolish; **demolición** *nf* demolition

demonio [de'monjo] *nm* devil, demon; **¡~s!** hell!, damn!; **¿cómo ~s?** how the hell?

demora [de'mora] *nf* delay

demos ['demos] *vb* V **dar**

demostración [demostra'θjon] *nf* (*Mat*) proof; (*de afecto*) show, display

demostrar [demos'trar] *vt* (*probar*) to prove; (*mostrar*) to show; (*manifestar*) to demonstrate

den [den] *vb* V **dar**

denegar [dene'xar] *vt* (*rechazar*) to refuse; (*Jur*) to reject

denominación [denomina'θjon] *nf* (*acto*) naming; **Denominación de**

Origen *see note*

⬤ DENOMINACIÓN DE ORIGEN
⬤
⬤ The **Denominación de Origen**,
⬤ abbreviated to **D.O.**, is a
⬤ prestigious classification awarded
⬤ to food products such as wines,
⬤ cheeses, sausages and hams
⬤ which meet the stringent quality
⬤ and production standards of the
⬤ designated region. **D.O.** labels
⬤ serve as a guarantee of quality.

densidad [densi'ðað] *nf* density; (*fig*) thickness

denso, -a ['denso, a] *adj* dense; (*espeso, pastoso*) thick; (*fig*) heavy

dentadura [denta'ðura] *nf* (*set of*) teeth *pl*; **dentadura postiza** false teeth *pl*

dentera [den'tera] *nf* (*grima*): **dar ~ a algn** to set sb's teeth on edge

dentífrico, -a [den'tifriko, a] *adj* dental ▷ *nm* toothpaste

dentista [den'tista] *nmf* dentist

dentro ['dentro] *adv* inside ▷ *prep*: **~ de** in, inside, within; **por ~** (on the) inside; **mirar por ~** to look inside; **~ de tres meses** within three months

denuncia [de'nunθja] *nf* (*delación*) denunciation; (*acusación*) accusation; (*de accidente*) report; **denunciar** *vt* to report; (*delatar*) to inform on o against

departamento [departa'mento] *nm* sección administrativa, department, section; (*LAM*: *apartamento*) flat (BRIT), apartment

depender [depen'der] *vi*: **~ de** to depend on; **depende** it (all) depends

dependienta [depen'djenta] *nf* saleswoman, shop assistant

dependiente [depen'djente] *adj* dependent ▷ *nm* salesman, shop assistant

depilar [depi'lar] *vt* (*con cera*) to wax; (*cejas*) to pluck

deportar [depor'tar] *vt* to deport

deporte [de'porte] *nm* sport; **hacer ~** to play sports; **deportista** *adj* sports *cpd* ▷ *nmf* sportsman/woman; **deportivo, -a** *adj* (*club, periódico*) sports *cpd* ▷ *nm* sports car

depositar [deposi'tar] *vt* (*dinero*) to deposit; (*mercancías*) to put away, store; **depositarse** *vr* to settle

depósito [de'posito] *nm* (*gen*) deposit; (*almacén*) warehouse, store; (*de agua, gasolina etc*) tank; **depósito de cadáveres** mortuary

depredador, a [depreða'ðor, a] *adj* predatory ▷ *nm* predator

depresión [depre'sjon] *nf* depression; **depresión nerviosa** nervous breakdown

deprimido, -a [depri'miðo, a] *adj* depressed

deprimir [depri'mir] *vt* to depress; **deprimirse** *vr* (*persona*) to become depressed

deprisa [de'prisa] *adv* quickly, hurriedly

depurar [depu'rar] *vt* to purify; (*purgar*) to purge

derecha [de'retʃa] *nf* right(-hand) side; (*Pol*) right; **a la ~** (*estar*) on the right; (*torcer etc*) (to the) right

derecho, -a [de'retʃo, a] *adj* right, right-hand ▷ *nm* (*privilegio*) right; (*lado*) right(-hand) side; (*leyes*) law ▷ *adv* straight, directly; **derechos** *nmpl* (*de aduana*) duty *sg*; (*de autor*) royalties; **tener ~ a** to have a right to; **derechos de autor** royalties

deriva [de'riβa] *nf*: **ir** o **estar a la ~** to drift, be adrift

derivado [deri'βaðo] *nm* (*Com*) by-product

derivar [deri'βar] *vt* to derive; (*desviar*) to direct ▷ *vi* to derive, be derived; (*Náut*) to drift; **derivarse** *vr* to derive, be derived; to drift

derramamiento [derrama'mjento] *nm* (*dispersión*) spilling; **derramamiento de sangre** bloodshed

derramar [derra'mar] *vt* to spill;

(*verter*) to pour out; (*esparcir*) to scatter; **derramarse** *vr* to pour out

derrame [de'rrame] *nm* (*de líquido*) spilling; (*de sangre*) shedding; (*de tubo etc*) overflow; (*pérdida*) leakage; **derrame cerebral** brain haemorrhage

derredor [derre'ðor] *adv*: **al** o **en ~ de** around, about

derretir [derre'tir] *vt* (*gen*) to melt; (*nieve*) to thaw; **derretirse** *vr* to melt

derribar [derri'βar] *vt* to knock down; (*construcción*) to demolish; (*persona, gobierno, político*) to bring down

derrocar [derro'kar] *vt* (*gobierno*) to bring down, overthrow

derrochar [derro'tʃar] *vt* to squander; **derroche** *nm* (*despilfarro*) waste, squandering

derrota [de'rrota] *nf* (*Náut*) course; (*Mil, Deporte etc*) defeat, rout; **derrotar** *vt* (*gen*) to defeat; **derrotero** *nm* (*rumbo*) course

derrumbar [derrum'bar] *vt* (*edificio*) to knock down; **derrumbarse** *vr* to collapse

des *etc vb* V **dar**

desabrochar [desaβro'tʃar] *vt* (*botones, broches*) to undo, unfasten; **desabrocharse** *vr* (*ropa etc*) to come undone

desacato [desa'kato] *nm* (*falta de respeto*) disrespect; (*Jur*) contempt

desacertado, -a [desaθer'taðo, a] *adj* (*equivocado*) mistaken; (*inoportuno*) unwise

desacierto [desa'θjerto] *nm* mistake, error

desaconsejar [desakonse'xar] *vt* to advise against

desacreditar [desakreði'tar] *vt* (*desprestigiar*) to discredit, bring into disrepute; (*denigrar*) to run down

desacuerdo [desa'kwerðo] *nm* disagreement, discord

desafiar [desa'fjar] *vt* (*retar*) to challenge; (*enfrentarse a*) to defy

desafilado, -a [desafi'laðo, a]

adj blunt

desafinado, -a [desafi'naðo, a]
adj: **estar ~** to be out of tune

desafinar [desafi'nar] *vi* (*al cantar*) to
be *o* go out of tune

desafío *etc* [desa'fio] *vb* V **desafiar**
▷ *nm* (*reto*) challenge; (*combate*) duel;
(*resistencia*) defiance

desafortunado, -a
[desafortu'naðo, a] *adj* (*desgraciado*)
unfortunate, unlucky

desagradable [desaɣra'ðaβle]
adj (*fastidioso, enojoso*) unpleasant;
(*irritante*) disagreeable

desagradar [desaɣra'ðar] *vi*
(*disgustar*) to displease; (*molestar*) to
bother

desagradecido, -a [desaɣraðe'θiðo,
a] *adj* ungrateful

desagrado [desa'ɣraðo] *nm*
(*disgusto*) displeasure; (*contrariedad*)
dissatisfaction

desagüe [des'aɣwe] *nm* (*de un líquido*)
drainage; (*cañería*) drainpipe; (*salida*)
outlet, drain

desahogar [desao'ɣar] *vt* (*aliviar*)
to ease, relieve; (*ira*) to vent;
desahogarse *vr* (*relajarse*) to relax;
(*desfogarse*) to let off steam

desahogo [desa'oɣo] *nm* (*alivio*)
relief; (*comodidad*) comfort, ease

desahuciar [desau'θjar] *vt* (*enfermo*)
to give up hope for; (*inquilino*) to evict

desairar [desai'rar] *vt* (*menospreciar*)
to slight, snub

desalentador, a [desalenta'ðor, a]
adj discouraging

desaliño [desa'liɲo] *nm* slovenliness

desalmado, -a [desal'maðo, a] *adj*
(*cruel*) cruel, heartless

desalojar [desalo'xar] *vt* (*expulsar,
echar*) to eject; (*abandonar*) to move out
of ▷ *vi* to move out

desamor [desa'mor] *nm* (*frialdad*)
indifference; (*odio*) dislike

desamparado, -a [desampa'raðo,
a] *adj* (*persona*) helpless;
(*lugar: expuesto*) exposed; (*desierto*)
deserted

desangrar [desan'grar] *vt* to bleed;
(*fig: persona*) to bleed dry; **desangrarse**
vr to lose a lot of blood

desanimado, -a [desani'maðo,
a] *adj* (*persona*) downhearted;
(*espectáculo, fiesta*) dull

desanimar [desani'mar] *vt*
(*desalentar*) to discourage; (*deprimir*) to
depress; **desanimarse** *vr* to lose heart

desapacible [desapa'θiβle] *adj* (*gen*)
unpleasant

desaparecer [desapare'θer] *vi* (*gen*)
to disappear; (*el sol, el luz*) to vanish;
desaparecido, -a *adj* missing;
desaparición *nf* disappearance

desapercibido, -a [desaperθi'βiðo,
a] *adj* (*desprevenido*) unprepared; **pasar
~** to go unnoticed

desaprensivo, -a [desapren'siβo, a]
adj unscrupulous

desaprobar [desapro'βar] *vt*
(*reprobar*) to disapprove of; (*condenar*) to
condemn; (*no consentir*) to reject

desaprovechado, -a
[desaproβe'tʃaðo, a] *adj* (*oportunidad,
tiempo*) wasted; (*estudiante*) slack

desaprovechar [desaproβe'tʃar]
vt to waste

desarmador [desarma'ðor] (*MÉX*)
nm screwdriver

desarmar [desar'mar] *vt* (*Mil, fig*) to
disarm; (*Tec*) to take apart, dismantle;
desarme *nm* disarmament

desarraigar [desarrai'xar] *vt* to
uproot; **desarraigo** *nm* uprooting

desarreglar [desarre'ɣlar] *vt*
(*desordenar*) to disarrange; (*trastocar*) to
upset, disturb

desarrollar [desarro'ʎar] *vt* (*gen*) to
develop; **desarrollarse** *vr* to develop;
(*ocurrir*) to take place; (*Foto*) to develop;
desarrollo *nm* development

desarticular [desartiku'lar] *vt*
(*hueso*) to dislocate; (*objeto*) to take
apart; (*fig*) to break up

desasosegar [desasose'xar] *vt*
(*inquietar*) to disturb, make uneasy

desasosiego *etc* [desaso'sjexo] *vb*
V **desasosegar** ▷ *nm* (*intranquilidad*)
uneasiness, restlessness; (*ansiedad*)
anxiety

desastre [de'sastre] *nm* disaster;
desastroso, -a *adj* disastrous

desatar [desa'tar] *vt* (*nudo*) to untie;
(*paquete*) to undo; (*separar*) to detach;
desatarse *vr* (*zapatos*) to come
untied; (*tormenta*) to break

desatascar [desatas'kar] *vt* (*cañería*)
to unblock, clear

desatender [desaten'der] *vt no*
prestar atención a, to disregard;
(*abandonar*) to neglect

desatino [desa'tino] *nm* (*idiotez*)
foolishness, folly; (*error*) blunder

desatornillar [desatorni'ʎar] *vt* to
unscrew

desatrancar [desatran'kar] *vt*
(*puerta*) to unbolt; (*cañería*) to clear,
unblock

desautorizado, -a [desautori'θaðo,
a] *adj* unauthorized

desautorizar [desautori'θar]
vt (*oficial*) to deprive of authority;
(*informe*) to deny

desayunar [desaju'nar] *vi* to have
breakfast ▷ *vt* to have for breakfast;
desayuno *nm* breakfast

desazón [desa'θon] *nf* anxiety

desbarajuste [desβara'xuste] *nm*
confusion, disorder

desbaratar [desβara'tar] *vt*
(*deshacer, destruir*) to ruin

desbloquear [desβloke'ar] *vt*
(*negociaciónes, tráfico*) to get going
again; (*Com: cuenta*) to unfreeze

desbordar [desβor'ðar] *vt*
(*sobrepasar*) to go beyond; (*exceder*)
to exceed; **desbordarse** *vr* (*río*) to
overflow; (*entusiasmo*) to erupt

descabellado, -a [deskaβe'ʎaðo, a]
adj (*disparatado*) wild, crazy

descafeinado, -a [deskafei'naðo, a]
adj decaffeinated ▷ *nm* decaffeinated
coffee

descalabro [deska'laβro] *nm* blow;

(*desgracia*) misfortune

descalificar [deskalifi'kar] *vt* to
disqualify; (*desacreditar*) to discredit

descalzar [deskal'θar] *vt* (*zapato*) to
take off; **descalzo, -a** *adj* barefoot(ed)

descambiar [deskam'bjar] *vt* to
exchange

descaminado, -a [deskami'naðo,
a] *adj* (*equivocado*) on the wrong road;
(*fig*) misguided

descampado [deskam'paðo] *nm*
open space

descansado, -a [deskan'saðo, a] *adj*
(*gen*) rested; (*que tranquiliza*) restful

descansar [deskan'sar] *vt* (*gen*) to
rest ▷ *vi* to rest, have a rest; (*echarse*)
to lie down

descansillo [deskan'siʎo] *nm* (*de
escalera*) landing

descanso [des'kanso] *nm* (*reposo*)
rest; (*alivio*) relief; (*pausa*) break;
(*Deporte*) interval, half time

descapotable [deskapo'taβle] *nm*
(*tb:* **coche ~**) convertible

descarado, -a [deska'raðo, a] *adj*
shameless; (*insolente*) cheeky

descarga [des'karxa] *nf* (*Arq, Elec,
Mil*) discharge; (*Náut*) unloading;
descargar [deskar'xar] *vt* to unload;
(*golpe*) to let fly; **descargarse** *vr* to
unburden o.s.; **descargarse algo de
Internet** to download sth from the
Internet

descaro [des'karo] *nm* nerve

descarriar [deska'rrjar] *vt*
(*descaminar*) to misdirect; (*fig*) to lead
astray; **descarriarse** *vr* (*perderse*) to
lose one's way; (*separarse*) to stray;
(*pervertirse*) to err, go astray

descarrilamiento
[deskarrila'mjento] *nm* (*de tren*)
derailment

descarrilar [deskarri'lar] *vi* to be
derailed

descartar [deskar'tar] *vt* (*rechazar*)
to reject; (*eliminar*) to rule out;
descartarse *vr* (*Naipes*) to discard;
~se de to shirk

descendencia [desθen'denθja] *nf*
(*origen*) origin, descent; (*hijos*) offspring

descender [desθen'der] *vt*
(*bajar: escalera*) to go down ▷ *vi* to
descend; (*temperatura, nivel*) to fall,
drop; **~ de** to be descended from

descendiente [desθen'djente] *nmf*
descendant

descenso [des'θenso] *nm* descent;
(*de temperatura*) drop

descifrar [desθi'frar] *vt* to decipher;
(*mensaje*) to decode

descolgar [deskol'ɣar] *vt* (*bajar*)
to take down; (*teléfono*) to pick up;
descolgarse *vr* to let o.s. down

descolorido, -a [deskolo'riðo, a] *adj*
faded; (*pálido*) pale

descompasado, -a
[deskompa'saðo, a] *adj* (*sin
proporción*) out of all proportion;
(*excesivo*) excessive

descomponer [deskompo'ner] *vt*
(*desordenar*) to disarrange, disturb; (*Tec*)
to put out of order; (*dividir*) to break
down (into parts); (*fig*) to provoke;
descomponerse *vr* (*corromperse*) to
rot, decompose; (*LAM Tec*) to break
down

descomposición [deskomposi'θjon]
nf (*de un objeto*) breakdown; (*de fruta
etc*) decomposition; **descomposición
de vientre** (*ESP*) stomach upset,
diarrhoea

descompostura [deskompos'tura]
nf (*MÉX: avería*) breakdown, fault;
(*LAM: diarrea*) diarrhoea

descomprimir [deskompri'mir]
(*Internet*) to unzip

descompuesto, -a
[deskom'pwesto, a] *adj* (*corrompido*)
decomposed; (*roto*) broken

desconcertado, -a
[deskonθer'taðo, a] *adj* disconcerted,
bewildered

desconcertar [deskonθer'tar] *vt*
(*confundir*) to baffle; (*incomodar*) to
upset, put out; **desconcertarse** *vr*
(*turbarse*) to be upset

desconchado, -a [deskon'tʃaðo, a]
adj (*pintura*) peeling

desconcierto *etc* [deskon'θjerto] *vb*
V **desconcertar** ▷ *nm* (*gen*) disorder;
(*desorientación*) uncertainty; (*inquietud*)
uneasiness

desconectar [deskonek'tar] *vt* to
disconnect

desconfianza [deskon'fjanθa] *nf*
distrust

desconfiar [deskon'fjar] *vi* to be
distrustful; **~ de** to distrust, suspect

descongelar [deskonxe'lar] *vt* to
defrost; (*Com, Pol*) to unfreeze

descongestionar
[deskonxestjo'nar] *vt* (*cabeza, tráfico*)
to clear

desconocer [deskono'θer] *vt*
(*ignorar*) not to know, be ignorant of

desconocido, -a [deskono'θiðo, a]
adj unknown ▷ *nm/f* stranger

desconocimiento
[deskonoθi'mjento] *nm* falta de
conocimientos, ignorance

desconsiderado, -a
[deskonsiðe'raðo, a] *adj*
inconsiderate; (*insensible*) thoughtless

desconsuelo *etc* [deskon'swelo] *vb*
V **desconsolar** ▷ *nm* (*tristeza*) distress;
(*desesperación*) despair

descontado, -a [deskon'taðo, a]
adj: **dar por ~ (que)** to take (it) for
granted (that)

descontar [deskon'tar] *vt* (*deducir*)
to take away, deduct; (*rebajar*) to
discount

descontento, -a [deskon'tento, a]
adj dissatisfied ▷ *nm* dissatisfaction,
discontent

descorchar [deskor'tʃar] *vt* to
uncork

descorrer [desko'rrer] *vt* (*cortinas,
cerrojo*) to draw back

descortés [deskor'tes] *adj* (*mal
educado*) discourteous; (*grosero*) rude

descoser [desko'ser] *vt* to unstitch;
descoserse *vr* to come apart (at the
seams)

descosido, -a [desko'siðo, a] *adj*
(*Costura*) unstitched

descreído, -a [deskre'iðo, a] *adj*
(*incrédulo*) incredulous; (*falto de fe*)
unbelieving

descremado, -a [deskre'maðo, a]
adj skimmed

describir [deskri'βir] *vt* to describe;
descripción [deskrip'θjon] *nf*
description

descrito [des'krito] *pp de* **describir**

descuartizar [deskwarti'θar] *vt*
(*animal*) to cut up

descubierto, -a [desku'βjerto, a] *pp
de* **descubrir** ▷ *adj* uncovered, bare;
(*persona*) bareheaded ▷ *nm* (*bancario*)
overdraft; **al ~** in the open

descubrimiento [deskuβri'mjento]
nm (*hallazgo*) discovery; (*revelación*)
revelation

descubrir [desku'βrir] *vt* to discover,
find; (*inaugurar*) to unveil; (*vislumbrar*)
to detect; (*revelar*) to reveal, show;
(*destapar*) to uncover; **descubrirse** *vr*
to reveal o.s.; (*quitarse sombrero*) to take
off one's hat; (*confesar*) to confess

descuento *etc* [des'kwento] *vb V*
descontar ▷ *nm* discount

descuidado, -a [deskwi'ðaðo, a]
adj (*sin cuidado*) careless; (*desordenado*)
untidy; (*olvidadizo*) forgetful;
(*dejado*) neglected; (*desprevenido*)
unprepared

descuidar [deskwi'ðar] *vt* (*dejar*)
to neglect; (*olvidar*) to overlook;
descuidarse *vr* (*distraerse*) to be
careless; (*abandonarse*) to let o.s. go;
(*desprevenirse*) to drop one's guard;
¡descuida! don't worry!; **descuido**
nm (*dejadez*) carelessness; (*olvido*)
negligence

○ **PALABRA CLAVE**

desde ['desðe] *prep* **1** (*lugar*) from;
**desde Burgos hasta mi casa hay 30
km** it's 30 km from Burgos to my house
2 (*posición*): **hablaba desde el balcón**
she was speaking from the balcony
3 (*tiempo: + adv, n*): **desde ahora** from
now on; **desde la boda** since the
wedding; **desde niño** since I *etc* was
a child; **desde 3 años atrás** since 3
years ago
4 (*tiempo: + vb, fecha*) since; for; **nos
conocemos desde 1992/desde hace
20 años** we've known each other since
1992/for 20 years; **no le veo desde
1997/desde hace 5 años** I haven't seen
him since 1997/for 5 years
5 (*gama*): **desde los más lujosos hasta
los más económicos** from the most
luxurious to the most reasonably
priced
6: **desde luego (que no)** of course
(not)
▷ *conj*: **desde que: desde que
recuerdo** for as long as I can
remember; **desde que llegó no ha
salido** he hasn't been out since he
arrived

desdén [des'ðen] *nm* scorn

desdeñar [desðe'ɲar] *vt* (*despreciar*)
to scorn

desdicha [des'ðitʃa] *nf* (*desgracia*)
misfortune; (*infelicidad*) unhappiness;
desdichado, -a *adj* (*sin suerte*)
unlucky; (*infeliz*) unhappy

desear [dese'ar] *vt* to want, desire,
wish for

desechar [dese'tʃar] *vt* (*basura*) to
throw out *o* away; (*ideas*) to reject,
discard; **desechos** *nmpl* rubbish *sg*,
waste *sg*

desembalar [desemba'lar] *vt* to
unpack

desembarazar [desembara'θar] *vt*
(*desocupar*) to clear; (*desenredar*) to free;
desembarazarse *vr*: **~se de** to free o.s.
of, get rid of

desembarcar [desembar'kar] *vt*
(*mercancías etc*) to unload ▷ *vi* to
disembark

desembocadura [desemboka'ðura]
nf (*de río*) mouth; (*de calle*) opening

desembocar [desembo'kar] *vi* (*río*) to flow into; (*fig*) to result in

desembolso [desem'bolso] *nm* payment

desembrollar [desembro'ʎar] *vt* (*madeja*) to unravel; (*asunto, malentendido*) to sort out

desemejanza [deseme'xanθa] *nf* dissimilarity

desempaquetar [desempake'tar] *vt* (*regalo*) to unwrap; (*mercancía*) to unpack

desempate [desem'pate] *nm* (*Fútbol*) replay, play-off; (*Tenis*) tie-break(er)

desempeñar [desempe'ɲar] *vt* (*cargo*) to hold; (*papel*) to perform; (*lo empeñado*) to redeem; **~ un papel** (*fig*) to play (a role)

desempleado, -a [desemple'aðo, a] *nm/f* unemployed person; **desempleo** *nm* unemployment

desencadenar [desenkaðe'nar] *vt* to unchain; (*ira*) to unleash; **desencadenarse** *vr* to break loose; (*tormenta*) to burst; (*guerra*) to break out

desencajar [desenka'xar] *vt* (*hueso*) to dislocate; (*mecanismo, pieza*) to disconnect, disengage

desencanto [desen'kanto] *nm* disillusionment

desenchufar [desentʃu'far] *vt* to unplug

desenfadado, -a [desenfa'ðaðo, a] *adj* (*desenvuelto*) uninhibited; (*descarado*) forward; **desenfado** *nm* (*libertad*) freedom; (*comportamiento*) free and easy manner; (*descaro*) forwardness

desenfocado, -a [desenfo'kaðo, a] *adj* (*Foto*) out of focus

desenfreno [desen'freno] *nm* wildness; (*de las pasiones*) lack of self-control

desenganchar [desengan'tʃar] *vt* (*gen*) to unhook; (*Ferro*) to uncouple

desengañar [desenga'ɲar] *vt* to disillusion; **desengañarse** *vr* to become disillusioned; **desengaño** *nm* disillusionment; (*decepción*) disappointment

desenlace [desen'laθe] *nm* outcome

desenmascarar [desenmaska'rar] *vt* to unmask

desenredar [desenre'ðar] *vt* (*pelo*) to untangle; (*problema*) to sort out

desenroscar [desenros'kar] *vt* to unscrew

desentenderse [desenten'derse] *vr*: **~ de** to pretend not to know about; (*apartarse*) to have nothing to do with

desenterrar [desente'rrar] *vt* to exhume; (*tesoro, fig*) to unearth, dig up

desentonar [desento'nar] *vi* (*Mús*) to sing (*o* play) out of tune; (*color*) to clash

desentrañar [desentra'ɲar] *vt* (*misterio*) to unravel

desenvoltura [desenβol'tura] *nf* ease

desenvolver [desenβol'βer] *vt* (*paquete*) to unwrap; (*fig*) to develop; **desenvolverse** *vr* (*desarrollarse*) to unfold, develop; (*arreglárselas*) to cope

deseo [de'seo] *nm* desire, wish; **deseoso, -a** *adj*: **estar deseoso de** to be anxious to

desequilibrado, -a [desekili'βraðo, a] *adj* unbalanced

desertar [deser'tar] *vi* to desert

desértico, -a [de'sertiko, a] *adj* desert *cpd*

desesperación [desespera'θjon] *nf* (*impaciencia*) desperation, despair; (*irritación*) fury

desesperar [desespe'rar] *vt* to drive to despair; (*exasperar*) to drive to distraction ▷ *vi*: **~ de** to despair of; **desesperarse** *vr* to despair, lose hope

desestabilizar [desestaβili'θar] *vt* to destabilize

desestimar [desesti'mar] *vt* (*menospreciar*) to have a low opinion of; (*rechazar*) to reject

desfachatez [desfatʃa'teθ] *nf* (*insolencia*) impudence; (*descaro*) rudeness

desfalco [des'falko] nm
embezzlement

desfallecer [desfaʎe'θer] vi
(*perder las fuerzas*) to become weak;
(*desvanecerse*) to faint

desfasado, -a [desfa'saðo, a] adj
(*anticuado*) old-fashioned; **desfase** nm
(*diferencia*) gap

desfavorable [desfaβo'raβle] adj
unfavourable

desfigurar [desfiɣu'rar] vt (*cara*) to
disfigure; (*cuerpo*) to deform

desfiladero [desfila'ðero] nm gorge

desfilar [desfi'lar] vi to parade;
desfile nm procession; **desfile de
modelos** fashion show

desgana [des'ɣana] nf (*falta de
apetito*) loss of appetite; (*apatía*)
unwillingness; **desganado, -a**
adj: **estar desganado** (*sin apetito*) to
have no appetite; (*sin entusiasmo*) to
have lost interest

desgarrar [desɣa'rrar] vt to tear
(up); (*fig*) to shatter; **desgarro** nm (*en
tela*) tear; (*aflicción*) grief

desgastar [desɣas'tar] vt (*deteriorar*)
to wear away o down; (*estropear*) to
spoil; **desgastarse** vr to get worn out;
desgaste nm wear (and tear)

desglosar [desɣlo'sar] vt (*factura*) to
break down

desgracia [des'ɣraθja] nf
misfortune; (*accidente*) accident;
(*vergüenza*) disgrace; (*contratiempo*)
setback; **por ~** unfortunately;
desgraciado, -a [desɣra'θjaðo, a]
adj (*sin suerte*) unlucky, unfortunate;
(*miserable*) wretched; (*infeliz*) miserable

desgravar [desɣra'βar] vt (*impuestos*)
to reduce the tax o duty on

desguace [des'ɣwaθe] (*ESP*) nm
junkyard

deshabitado, -a [desaβi'taðo, a] adj
uninhabited

deshacer [desa'θer] vt (*casa*) to
break up; (*Tec*) to take apart; (*enemigo*)
to defeat; (*diluir*) to melt; (*contrato*) to
break; (*intriga*) to solve; **deshacerse**

vr (*disolverse*) to melt; (*despedazarse*) to
come apart o undone; **~se de** to get rid
of; **~se en lágrimas** to burst into tears

deshecho, -a [des'etʃo, a]
adj undone; (*roto*) smashed;
(*persona*): **estar ~** to be shattered

desheredar [desere'ðar] vt to
disinherit

deshidratar [desiðra'tar] vt to
dehydrate

deshielo [des'jelo] nm thaw

deshonesto, -a [deso'nesto, a] adj
indecent

deshonra [des'onra] nf (*deshonor*)
dishonour; (*vergüenza*) shame

deshora [des'ora]: **a ~** adv at the
wrong time

deshuesadero [deswesa'ðero] (*MÉX*)
nm junkyard

deshuesar [deswe'sar] vt (*carne*) to
bone; (*fruta*) to stone

desierto, -a [de'sjerto, a] adj (*casa,
calle, negocio*) deserted ▷ nm desert

designar [desiɣ'nar] vt (*nombrar*) to
designate; (*indicar*) to fix

desigual [desi'ɣwal] adj (*terreno*)
uneven; (*lucha etc*) unequal

desilusión [desilu'sjon] nf
disillusionment; (*decepción*)
disappointment; **desilusionar**
vt to disillusion; to disappoint;
desilusionarse vr to become
disillusioned

desinfectar [desinfek'tar] vt to
disinfect

desinflar [desin'flar] vt to deflate

desintegración [desinteɣra'θjon]
nf disintegration

desinterés [desinte'res] nm
(*desgana*) lack of interest; (*altruismo*)
unselfishness

desintoxicarse [desintoksi'karse]
vr (*drogadicto*) to undergo
detoxification

desistir [desis'tir] vi (*renunciar*) to
stop, desist

desleal [desle'al] adj (*infiel*) disloyal;
(*Com: competencia*) unfair; **deslealtad**

nf disloyalty

desligar [desli'ɣar] *vt* (*desatar*) to untie, undo; (*separar*) to separate; **desligarse** *vr* (*de un compromiso*) to extricate o.s.

desliz [des'liθ] *nm* (*fig*) lapse; **deslizar** *vt* to slip, slide

deslumbrar [deslum'brar] *vt* to dazzle

desmadrarse [desma'ðrarse] (*fam*) *vr* (*descontrolarse*) to run wild; (*divertirse*) to let one's hair down; **desmadre** (*fam*) *nm* (*desorganización*) chaos; (*jaleo*) commotion

desmán [des'man] *nm* (*exceso*) outrage; (*abuso de poder*) abuse

desmantelar [desmante'lar] *vt* (*deshacer*) to dismantle; (*casa*) to strip

desmaquillador [desmakiʎa'ðor] *nm* make-up remover

desmayar [desma'jar] *vi* to lose heart; **desmayarse** *vr* (*Med*) to faint; **desmayo** *nm* (*Med: acto*) faint; (*: estado*) unconsciousness

desmemoriado, -a [desmemo'rjaðo, a] *adj* forgetful

desmentir [desmen'tir] *vt* (*contradecir*) to contradict; (*refutar*) to deny

desmenuzar [desmenu'θar] *vt* (*deshacer*) to crumble; (*carne*) to chop; (*examinar*) to examine closely

desmesurado, -a [desmesu'raðo, a] *adj* disproportionate

desmontable [desmon'taβle] *adj* (*que se quita: pieza*) detachable; (*plegable*) collapsible, folding

desmontar [desmon'tar] *vt* (*deshacer*) to dismantle; (*tierra*) to level ▷ *vi* to dismount

desmoralizar [desmorali'θar] *vt* to demoralize

desmoronar [desmoro'nar] *vt* to wear away, erode; **desmoronarse** *vr* (*edificio, dique*) to collapse; (*economía*) to decline

desnatado, -a [desna'taðo, a] *adj* skimmed

desnivel [desni'βel] *nm* (*de terreno*) unevenness

desnudar [desnu'ðar] *vt* (*desvestir*) to undress; (*despojar*) to strip; **desnudarse** *vr* (*desvestirse*) to get undressed; **desnudo, -a** *adj* naked ▷ *nm/f* nude; **desnudo de** devoid o bereft of

desnutrición [desnutri'θjon] *nf* malnutrition; **desnutrido, -a** *adj* undernourished

desobedecer [desoβeðe'θer] *vt, vi* to disobey; **desobediencia** *nf* disobedience

desocupado, -a [desoku'paðo, a] *adj* at leisure; (*desempleado*) unemployed; (*deshabitado*) empty, vacant

desodorante [desoðo'rante] *nm* deodorant

desolación [desola'θjon] *nf* (*de lugar*) desolation; (*fig*) grief

desolar [deso'lar] *vt* to ruin, lay waste

desorbitado, -a [desorβi'taðo, a] *adj* (*excesivo: ambición*) boundless; (*deseos*) excessive; (*: precio*) exorbitant

desorden [des'orðen] *nm* confusion; (*político*) disorder, unrest

desorganización [desorɣaniθa'θjon] *nf* (*de persona*) disorganization; (*en empresa, oficina*) disorder, chaos

desorientar [desorjen'tar] *vt* (*extraviar*) to mislead; (*confundir, desconcertar*) to confuse; **desorientarse** *vr* (*perderse*) to lose one's way

despabilado, -a [despaβi'laðo, a] *adj* (*despierto*) wide-awake; (*fig*) alert, sharp

despachar [despa'tʃar] *vt* (*negocio*) to do, complete; (*enviar*) to send, dispatch; (*vender*) to sell, deal in; (*billete*) to issue; (*mandar ir*) to send away

despacho [des'patʃo] *nm* (*oficina*) office; (*de paquetes*) dispatch; (*venta*) sale; (*comunicación*) message

despacio [des'paθjo] *adv* slowly

desparpajo [despar'paxo] *nm* self-confidence; (*pey*) nerve

desparramar [desparra'mar] *vt*
(*esparcir*) to scatter; (*líquido*) to spill

despecho [des'petʃo] *nm* spite

despectivo, -a [despek'tiβo, a]
adj (*despreciativo*) derogatory; (*Ling*)
pejorative

despedida [despe'ðiða] *nf* (*adiós*)
farewell; (*de obrero*) sacking

despedir [despe'ðir] *vt* (*visita*) to see
off, show out; (*empleado*) to dismiss;
(*inquilino*) to evict; (*objeto*) to hurl; (*olor
etc*) to give out o off; **despedirse** *vr*: **~se
de** to say goodbye to

despegar [despe'ɣar] *vt* to unstick
▷ *vi* (*avión*) to take off; **despegarse** *vr*
to come loose, come unstuck; **despego**
nm detachment

despegue *etc* [des'peɣe] *vb* V
despegar ▷ *nm* takeoff

despeinado, -a [despei'naðo, a] *adj*
dishevelled, unkempt

despejado, -a [despe'xaðo, a] *adj*
(*lugar*) clear, free; (*cielo*) clear; (*persona*)
wide-awake, bright

despejar [despe'xar] *vt* (*gen*) to clear;
(*misterio*) to clear up ▷ *vi* (*el tiempo*) to
clear; **despejarse** *vr* (*tiempo, cielo*) to
clear (up); (*misterio*) to become clearer;
(*cabeza*) to clear

despensa [des'pensa] *nf* larder

despeñarse [despe'ɲarse] *vr* to hurl
o.s. down; (*coche*) to tumble over

desperdicio [desper'ðiθjo] *nm*
(*despilfarro*) squandering; **desperdicios**
nmpl (*basura*) rubbish *sg* (BRIT), garbage
sg (US); (*residuos*) waste *sg*

desperezarse [despere'θarse] *vr*
to stretch

desperfecto [desper'fekto] *nm*
(*deterioro*) slight damage; (*defecto*) flaw,
imperfection

despertador [desperta'ðor] *nm*
alarm clock

despertar [desper'tar] *nm*
awakening ▷ *vt* (*persona*) to wake
up; (*recuerdos*) to revive; (*sentimiento*)
to arouse ▷ *vi* to awaken, wake up;

despertarse *vr* to awaken, wake up

despido *etc* [des'piðo] *vb* V **despedir**
▷ *nm* dismissal, sacking

despierto, -a etc [des'pjerto, a]
vb V **despertar** ▷ *adj* awake; (*fig*)
sharp, alert

despilfarro [despil'farro] *nm*
(*derroche*) squandering; (*lujo desmedido*)
extravagance

despistar [despis'tar] *vt* to throw off
the track o scent; (*confundir*) to mislead,
confuse; **despistarse** *vr* to take the
wrong road; (*confundirse*) to become
confused

despiste [des'piste] *nm* absent-
mindedness; **un ~** a mistake o slip

desplazamiento [desplaθa'mjento]
nm displacement

desplazar [despla'θar] *vt* to move;
(*Náut*) to displace; (*Inform*) to scroll;
(*fig*) to oust; **desplazarse** *vr* (*persona*)
to travel

desplegar [desple'ɣar] *vt* (*tela, papel*)
to unfold, open out; (*bandera*) to unfurl;
despliegue *etc* [des'pleɣe] *vb* V
desplegar ▷ *nm* display

desplomarse [desplo'marse] *vr*
(*edificio, gobierno, persona*) to collapse

desplumar [desplu'mar] *vt* (*ave*) to
pluck; (*fam: estafar*) to fleece

despoblado, -a [despo'βlaðo, a] *adj*
(*sin habitantes*) uninhabited

despojar [despo'xar] *vt* (*alguien: de
sus bienes*) to divest of, deprive of; (*casa*)
to strip, leave bare; (*alguien: de su cargo*)
to strip of

despojo [des'poxo] *nm* (*acto*)
plundering; (*objetos*) plunder, loot;
despojos *nmpl* (*de ave, res*) offal *sg*

desposado, -a [despo'saðo, a] *adj,
nm/f* newly-wed

despreciar [despre'θjar] *vt* (*desdeñar*)
to despise, scorn; (*afrentar*) to slight;
desprecio *nm* scorn, contempt; slight

desprender [despren'der] *vt*
(*broche*) to unfasten; (*olor*) to give off;
desprenderse *vr* (*botón: caerse*) to fall
off; (*broche*) to come unfastened; (*olor,

perfume) to be given off; **~se de algo que ...** to draw from sth that ...

desprendimiento
[desprendi'mjento] *nm* (*gen*) loosening; (*generosidad*) disinterestedness; (*de tierra, rocas*) landslide; **desprendimiento de retina** detachment of the retina

despreocupado, -a
[despreoku'paðo, a] *adj* (*sin preocupación*) unworried, nonchalant; (*negligente*) careless

despreocuparse [despreoku'parse] *vr* not to worry; **~ de** to have no interest in

desprestigiar [despresti'xjar] *vt* (*criticar*) to run down; (*desacreditar*) to discredit

desprevenido, -a [despreβe'niðo, a] *adj* (*no preparado*) unprepared, unready

desproporcionado, -a
[desproporθjo'naðo, a] *adj* disproportionate, out of proportion

desprovisto, -a [despro'βisto, a] *adj*: **~ de** devoid of

después [des'pwes] *adv* afterwards, later; (*próximo paso*) next; **~ de comer** after lunch; **un año ~** a year later; **~ se debatió el tema** next the matter was discussed; **~ de corregido el texto** after the text had been corrected; **~ de todo** after all

desquiciado, -a [deski'θjaðo, a] *adj* deranged

destacar [desta'kar] *vt* to emphasize, point up; (*Mil*) to detach, detail ▷ *vi* (*resaltarse*) to stand out; (*persona*) to be outstanding *o* exceptional; **destacarse** *vr* to stand out; to be outstanding *o* exceptional

destajo [des'taxo] *nm*: **trabajar a ~** to do piecework

destapar [desta'par] *vt* (*botella*) to open; (*cacerola*) to take the lid off; (*descubrir*) to uncover; **destaparse** *vr* (*revelarse*) to reveal one's true character

destartalado, -a [destarta'laðo,

a] *adj* (*desordenado*) untidy; (*ruinoso*) tumbledown

destello [des'teʎo] *nm* (*de estrella*) twinkle; (*de faro*) signal light

destemplado, -a [destem'plaðo, a] *adj* (*Mús*) out of tune; (*voz*) harsh; (*Med*) out of sorts; (*tiempo*) unpleasant, nasty

desteñir [deste'nir] *vt* to fade ▷ *vi* to fade; **desteñirse** *vr* to fade; **esta tela no destiñe** this fabric will not run

desternillarse [desterni'ʎarse] *vr*: **~ de risa** to split one's sides laughing

desterrar [deste'rrar] *vt* (*exiliar*) to exile; (*fig*) to banish, dismiss

destiempo [des'tjempo]: **a ~** *adv* out of turn

destierro *etc* [des'tjerro] *vb* V **desterrar** ▷ *nm* exile

destilar [desti'lar] *vt* to distil; **destilería** *nf* distillery

destinar [desti'nar] *vt* (*funcionario*) to appoint, assign; (*fondos*): **~ (a)** to set aside (for)

destinatario, -a [destina'tarjo, a] *nm/f* addressee

destino [des'tino] *nm* (*suerte*) destiny; (*de avión, viajero*) destination; **con ~ a Londres** (*barco*) bound for London; (*avión, carta*) to London

destituir [destitu'ir] *vt* to dismiss

destornillador [destorniʎa'ðor] *nm* screwdriver

destornillar [destorni'ʎar] *vt* (*tornillo*) to unscrew; **destornillarse** *vr* to unscrew

destreza [des'treθa] *nf* (*habilidad*) skill; (*maña*) dexterity

destrozar [destro'θar] *vt* (*romper*) to smash, break (up); (*estropear*) to ruin; (*nervios*) to shatter

destrozo [des'troθo] *nm* (*acción*) destruction; (*desastre*) smashing; **destrozos** *nmpl* (*pedazos*) pieces; (*daños*) havoc *sg*

destrucción [destruk'θjon] *nf* destruction

destruir [destru'ir] *vt* to destroy

desuso [des'uso] *nm* disuse; **caer en**

~ to become obsolete

desvalijar [desβali'xar] *vt* (*persona*) to rob; (*casa, tienda*) to burgle; (*coche*) to break into

desván [des'βan] *nm* attic

desvanecer [desβane'θer] *vt* (*disipar*) to dispel; (*borrar*) to blur; **desvanecerse** *vr* (*humo etc*) to vanish, disappear; (*color*) to fade; (*recuerdo, sonido*) to fade away; (*Med*) to pass out; (*duda*) to be dispelled

desvariar [desβa'rjar] *vi* (*enfermo*) to be delirious

desvelar [desβe'lar] *vt* to keep awake; **desvelarse** *vr* (*no poder dormir*) to stay awake; (*preocuparse*) to be vigilant *o* watchful

desventaja [desβen'taxa] *nf* disadvantage

desvergonzado, -a [desβerɣon'θaðo, a] *adj* shameless

desvestir [desβes'tir] *vt* to undress; **desvestirse** *vr* to undress

desviación [desβja'θjon] *nf* deviation; (*Auto*) diversion, detour

desviar [des'βjar] *vt* to turn aside; (*río*) to alter the course of; (*navío*) to divert, re-route; (*conversación*) to sidetrack; **desviarse** *vr* (*apartarse del camino*) to turn aside; (: *barco*) to go off course

desvío *etc* [des'βio] *vb* V **desviar** ▷ *nm* (*desviación*) detour, diversion; (*fig*) indifference

desvivirse [desβi'βirse] *vr*: **~ por** (*anhelar*) to long for, crave for; (*hacer lo posible por*) to do one's utmost for

detallar [deta'ʎar] *vt* to detail

detalle [de'taʎe] *nm* detail; (*gesto*) gesture, token; **al ~** in detail; (*Com*) retail

detallista [deta'ʎista] *nmf* (*Com*) retailer

detective [detek'tiβe] *nmf* detective; **detective privado** private detective

detener [dete'ner] *vt* (*gen*) to stop; (*Jur*) to arrest; (*objeto*) to keep; **detenerse** *vr* to stop; (*demorarse*): **~se**

en to delay over, linger over

detenidamente [deteniða'mente] *adv* (*minuciosamente*) carefully; (*extensamente*) at great length

detenido, -a [dete'niðo, a] *adj* (*arrestado*) under arrest ▷ *nm/f* person under arrest, prisoner

detenimiento [deteni'mjento] *nm*: **con ~** thoroughly; (*observar, considerar*) carefully

detergente [deter'xente] *nm* detergent

deteriorar [deterjo'rar] *vt* to spoil, damage; **deteriorarse** *vr* to deteriorate; **deterioro** *nm* deterioration

determinación [determina'θjon] *nf* (*empeño*) determination; (*decisión*) decision; **determinado, -a** *adj* specific

determinar [determi'nar] *vt* (*plazo*) to fix; (*precio*) to settle; **determinarse** *vr* to decide

detestar [detes'tar] *vt* to detest

detractor, a [detrak'tor, a] *nm/f* slanderer, libeller

detrás [de'tras] *adv* (*tb*: **por ~**) behind; (*atrás*) at the back; **~ de** behind

detrimento [detri'mento] *nm*: **en ~ de** to the detriment of

deuda ['deuða] *nf* debt; **deuda exterior/pública** foreign/national debt

devaluación [deβalwa'θjon] *nf* devaluation

devastar [deβas'tar] *vt* (*destruir*) to devastate

deveras [de'βeras] (*MÉX*) *nf inv*: **un amigo de (a) ~** a true *o* real friend

devoción [deβo'θjon] *nf* devotion

devolución [deβolu'θjon] *nf* (*reenvío*) return, sending back; (*reembolso*) repayment; (*Jur*) devolution

devolver [deβol'βer] *vt* to return; (*lo extraviado, lo prestado*) to give back; (*carta al correo*) to send back; (*Com*) to repay, refund ▷ *vi* (*vomitar*) to be sick

devorar [deβo'rar] *vt* to devour

devoto, -a [de'βoto, a] adj devout ▷ nm/f admirer
devuelto pp de **devolver**
devuelva etc vb V **devolver**
di etc vb V **dar; decir**
día ['dia] nm day; **¿qué ~ es?** what's the date?; **estar/poner al ~** to be/keep up to date; **el ~ de hoy/de mañana** today/tomorrow; **al ~ siguiente** (on) the following day; **vivir al ~** to live from hand to mouth; **de ~** by day, in daylight; **en pleno ~** in full daylight; **Día de la Independencia** Independence Day; **Día de los Muertos** (MÉX) All Souls' Day; **Día de Reyes** Epiphany; **día feriado** (LAM) holiday; **día festivo** (ESP) holiday; **día lectivo** teaching day; **día libre** day off
diabetes [dja'βetes] nf diabetes
diablo ['djaβlo] nm devil; **diablura** nf prank
diadema [dja'ðema] nf tiara
diafragma [dja'fraɣma] nm diaphragm
diagnóstico [djaɣ'nostiko] nm = **diagnosis**
diagonal [djaɣo'nal] adj diagonal
diagrama [dja'ɣrama] nm diagram
dial [djal] nm dial
dialecto [dja'lekto] nm dialect
dialogar [djalo'ɣar] vi: **~ con** (Pol) to hold talks with
diálogo ['djaloɣo] nm dialogue
diamante [dja'mante] nm diamond
diana ['djana] nf (Mil) reveille; (de blanco) centre, bull's-eye
diapositiva [djaposi'tiβa] nf (Foto) slide, transparency
diario, -a ['djarjo, a] adj daily ▷ nm newspaper; **a ~** daily; **de ~** everyday
diarrea [dja'rrea] nf diarrhoea
dibujar [diβu'xar] vt to draw, sketch; **dibujo** nm drawing; **dibujos animados** cartoons
diccionario [dikθjo'narjo] nm dictionary
dice etc vb V **decir**
dicho, -a ['ditʃo, a] pp de

decir ▷ adj: **en ~s países** in the aforementioned countries ▷ nm saying
dichoso, -a [di'tʃoso, a] adj happy
diciembre [di'θjembre] nm December
dictado [dik'taðo] nm dictation
dictador [dikta'ðor] nm dictator; **dictadura** nf dictatorship
dictar [dik'tar] vt (carta) to dictate; (Jur: sentencia) to pronounce; (decreto) to issue; (LAM: clase) to give
didáctico, -a [di'ðaktiko, a] adj educational
diecinueve [djeθi'nweβe] num nineteen
dieciocho [djeθi'otʃo] num eighteen
dieciséis [djeθi'seis] num sixteen
diecisiete [djeθi'sjete] num seventeen
diente ['djente] nm (Anat, Tec) tooth; (Zool) fang; (: de elefante) tusk; (de ajo) clove
diera etc vb V **dar**
diesel ['disel] adj: **motor ~** diesel engine
diestro, -a ['djestro, a] adj (derecho) right; (hábil) skilful
dieta ['djeta] nf diet; **estar a ~** to be on a diet
diez [djeθ] num ten
diferencia [dife'renθja] nf difference; **a ~ de** unlike; **diferenciar** vt to differentiate between ▷ vi to differ; **diferenciarse** vr to differ, be different; (distinguirse) to distinguish o.s.
diferente [dife'rente] adj different
diferido [dife'riðo] nm: **en ~** (TV etc) recorded
difícil [di'fiθil] adj difficult
dificultad [difikul'taθ] nf difficulty; (problema) trouble
dificultar [difikul'tar] vt (complicar) to complicate, make difficult; (estorbar) to obstruct
difundir [difun'dir] vt (calor, luz) to diffuse; (Radio, TV) to broadcast; **~**

una noticia to spread a piece of news;
difundirse vr to spread (out)
difunto, -a [di'funto, a] adj dead,
deceased ▷ nm/f deceased (person)
difusión [difu'sjon] nf (Radio, TV)
broadcasting
diga etc vb V **decir**
digerir [dixe'rir] vt to digest; (fig)
to absorb; **digestión** nf digestion;
digestivo, -a adj digestive
digital [dixi'tal] adj digital
dignarse [dix'narse] vr to deign to
dignidad [dixni'ðað] nf dignity
digno, -a ['dixno, a] adj worthy
digo etc vb V **decir**
dije etc vb V **decir**
dilatar [dila'tar] vt (cuerpo) to dilate;
(prolongar) to prolong
dilema [di'lema] nm dilemma
diluir [dilu'ir] vt to dilute
diluvio [di'luβjo] nm deluge, flood
dimensión [dimen'sjon] nf
dimension
diminuto, -a [dimi'nuto, a] adj tiny,
diminutive
dimitir [dimi'tir] vi to resign
dimos vb V **dar**
Dinamarca [dina'marka] nf
Denmark
dinámico, -a [di'namiko, a] adj
dynamic
dinamita [dina'mita] nf dynamite
dínamo ['dinamo] nf dynamo
dineral [dine'ral] nm large sum of
money, fortune
dinero [di'nero] nm money; **dinero
en efectivo** o **metálico** cash; **dinero
suelto** (loose) change
dio vb V **dar**
dios [djos] nm god; **¡D~ mío!** (oh,) my
God!; **¡por D~!** for heaven's sake!; **diosa**
['djosa] nf goddess
diploma [di'ploma] nm diploma
diplomacia [diplo'maθja] nf
diplomacy; (fig) tact
diplomado, -a [diplo'maðo, a] adj
qualified
diplomático, -a [diplo'matiko, a]

adj diplomatic ▷ nm/f diplomat
diputación [diputa'θjon] nf (tb: ~
provincial) ≈ county council
diputado, -a [dipu'taðo, a] nm/f
delegate; (Pol) ≈ member of parliament
(BRIT) ≈ representative (US)
dique ['dike] nm dyke
diré etc vb V **decir**
dirección [direk'θjon] nf direction;
(señas) address; (Auto) steering;
(gerencia) management; (Pol)
leadership; **dirección única/
prohibida** one-way street/no entry
direccional [direkθjo'nal] (MÉX) nf
(Auto) indicator
directa [di'rekta] nf (Auto) top gear
directiva [direk'tiβa] nf (tb: **junta ~**)
board of directors
directo, -a [di'rekto, a] adj direct;
(Radio, TV) live; **transmitir en ~** to
broadcast live
director, a [direk'tor, a] adj leading
▷ nm/f director; (Escol) head(teacher)
(BRIT), principal (US); (gerente)
manager/ess; (Prensa) editor; **director
de cine** film director; **director general**
managing director
directorio [direk'torjo] (MÉX) nm
(telefónico) phone book
dirigente [diri'xente] nmf (Pol)
leader
dirigir [diri'xir] vt to direct; (carta) to
address; (obra de teatro, film) to direct;
(Mús) to conduct; (negocio) to manage;
dirigirse vr: **~se a** to go towards,
make one's way towards; (hablar con)
to speak to
dirija etc vb V **dirigir**
disciplina [disθi'plina] nf discipline
discípulo, -a [dis'θipulo, a] nm/f
disciple
Discman® ['diskman] nm
Discman®
disco ['disko] nm disc; (Deporte)
discus; (Tel) dial; (Auto: semáforo) light;
(Mús) record; **disco compacto/de
larga duración** compact disc/long-
playing record; **disco de freno** brake

disc; **disco flexible/duro** o **rígido**
(*Inform*) floppy/hard disk

disconforme [diskon'forme]
adj differing; **estar ~ (con)** to be in
disagreement (with)

discordia [dis'korðja] *nf* discord

discoteca [disko'teka] *nf*
disco(theque)

discreción [diskre'θjon] *nf*
discretion; (*reserva*) prudence; **comer a
~** to eat as much as one wishes

discreto, -a [dis'kreto, a] *adj*
discreet

discriminación [diskrimina'θjon]
nf discrimination

disculpa [dis'kulpa] *nf* excuse;
(*pedir perdón*) apology; **pedir ~s a/por**
to apologize to/for; **disculpar** *vt* to
excuse, pardon; **disculparse** *vr* to
excuse o.s.; to apologize

discurso [dis'kurso] *nm* speech

discusión [disku'sjon] *nf* (*diálogo*)
discussion; (*riña*) argument

discutir [disku'tir] *vt* (*debatir*)
to discuss; (*pelear*) to argue about;
(*contradecir*) to argue against ▷ *vi*
(*debatir*) to discuss; (*pelearse*) to argue

disecar [dise'kar] *vt* (*conservar:
animal*) to stuff; (: *planta*) to dry

diseñar [dise'ɲar] *vt, vi* to design

diseño [di'seɲo] *nm* design

disfraz [dis'fraθ] *nm* (*máscara*)
disguise; (*excusa*) pretext; **disfrazar**
vt to disguise; **disfrazarse**
vr: **disfrazarse de** to disguise o.s. as

disfrutar [disfru'tar] *vt* to enjoy ▷ *vi*
to enjoy o.s.; **~ de** to enjoy, possess

disgustar [disɣus'tar] *vt* (*no gustar*)
to displease; (*contrariar, enojar*)
to annoy, upset; **disgustarse** *vr*
(*enfadarse*) to get upset; (*dos personas*)
to fall out

No confundir **disgustar** con la
palabra inglesa *disgust*.

disgusto [dis'ɣusto] *nm* (*contrariedad*)
annoyance; (*tristeza*) grief; (*riña*) quarrel

disimular [disimu'lar] *vt* (*ocultar*) to
hide, conceal ▷ *vi* to dissemble

dislocarse [dislo'karse] *vr*
(*articulación*) to sprain, dislocate

disminución [disminu'θjon] *nf*
decrease, reduction

disminuido, -a [disminu'iðo, a]
nm/f: **~ mental/físico** mentally/
physically handicapped person

disminuir [disminu'ir] *vt* to
decrease, diminish

disolver [disol'βer] *vt* (*gen*) to
dissolve; **disolverse** *vr* to dissolve;
(*Com*) to go into liquidation

dispar [dis'par] *adj* different

disparar [dispa'rar] *vt, vi* to shoot,
fire

disparate [dispa'rate] *nm* (*tontería*)
foolish remark; (*error*) blunder; **decir ~s**
to talk nonsense

disparo [dis'paro] *nm* shot

dispersar [disper'sar] *vt* to disperse;
dispersarse *vr* to scatter

disponer [dispo'ner] *vt* (*arreglar*)
to arrange; (*ordenar*) to put in order;
(*preparar*) to prepare, get ready ▷ *vi*: **~
de** to have, own; **disponerse** *vr*: **~se** o
para hacer to prepare to do

disponible [dispo'niβle] *adj*
available

disposición [disposi'θjon] *nf*
arrangement, disposition; (*voluntad*)
willingness; (*Inform*) layout; **a su ~** at
your service

dispositivo [disposi'tiβo] *nm* device,
mechanism

dispuesto, -a [dis'pwesto, a] *pp de*
disponer ▷ *adj* (*arreglado*) arranged;
(*preparado*) disposed

disputar [dispu'tar] *vt* (*carrera*) to
compete in

disquete [dis'kete] *nm* floppy disk,
diskette

distancia [dis'tanθja] *nf* distance;
distanciar [distan'θjar] *vt* to space
out; **distanciarse** *vr* to become
estranged; **distante** [dis'tante] *adj*
distant

diste *vb* V **dar**

disteis *vb* V **dar**

distinción [distin'θjon] nf
distinction; (*elegancia*) elegance;
(*honor*) honour

distinguido, -a [distin'giðo, a] adj
distinguished

distinguir [distin'gir] vt to
distinguish; (*escoger*) to single out;
distinguirse vr to be distinguished

distintivo [distin'tiβo] nm badge;
(*fig*) characteristic

distinto, -a [dis'tinto, a] adj
different; (*claro*) clear

distracción [distrak'θjon] nf
distraction; (*pasatiempo*) hobby,
pastime; (*olvido*) absent-mindedness,
distraction

distraer [distra'er] vt (*atención*) to
distract; (*divertir*) to amuse; (*fondos*) to
embezzle; **distraerse** vr (*entretenerse*)
to amuse o.s.; (*perder la concentración*) to
allow one's attention to wander

distraído, -a [distra'iðo, a] adj (*gen*)
absent-minded; (*entretenido*) amusing

distribuidor, a [distriβui'ðor, a]
nm/f distributor; **distribuidora** nf
(*Com*) dealer, agent; (*Cine*) distributor

distribuir [distriβu'ir] vt to
distribute

distrito [dis'trito] nm (*sector,
territorio*) region; (*barrio*) district;
Distrito Federal (*MÉX*) Federal District;
distrito postal postal district

disturbio [dis'turβjo] nm
disturbance; (*desorden*) riot

disuadir [diswa'ðir] vt to dissuade

disuelto [di'swelto] pp de **disolver**

DIU nm abr (= *dispositivo intrauterino*)
IUD

diurno, -a ['djurno, a] adj day cpd

divagar [diβa'ɣar] vi (*desviarse*) to
digress

diván [di'βan] nm divan

diversidad [diβersi'ðað] nf diversity,
variety

diversión [diβer'sjon] nf (*gen*)
entertainment; (*actividad*) hobby,
pastime

diverso, -a [di'βerso, a] adj diverse;

~s libros several books; **diversos** nmpl
sundries

divertido, -a [diβer'tiðo, a] adj
(*chiste*) amusing; (*fiesta etc*) enjoyable

divertir [diβer'tir] vt (*entretener,
recrear*) to amuse; **divertirse** vr
(*pasarlo bien*) to have a good time;
(*distraerse*) to amuse o.s.

dividendos [diβi'ðendos] nmpl
(*Com*) dividends

dividir [diβi'ðir] vt (*gen*) to divide;
(*distribuir*) to distribute, share out

divierta etc vb V **divertir**

divino, -a [di'βino, a] adj divine

divirtiendo etc vb V **divertir**

divisa [di'βisa] nf (*emblema*)
emblem, badge; **divisas** nfpl foreign
exchange sg

divisar [diβi'sar] vt to make out,
distinguish

división [diβi'sjon] nf (*gen*) division;
(*de partido*) split; (*de país*) partition

divorciar [diβor'θjar] vt to divorce;
divorciarse vr to get divorced;
divorcio nm divorce

divulgar [diβul'ɣar] vt (*ideas*) to
spread; (*secreto*) to divulge

DNI (*ESP*) nm abr (= *Documento Nacional
de Identidad*) national identity card

- **DNI**
-
- The **Documento Nacional de
  Identidad** is a Spanish ID card
  which must be carried at all times
  and produced on request for the
  police. It contains the holder's
  photo, fingerprints and personal
  details. It is also known as the **DNI**
  or "carnet de identidad".

Dña. abr (= *doña*) Mrs

do [do] nm (*Mús*) do, C

dobladillo [doβla'ðiʎo] nm (*de
vestido*) hem; (*de pantalón: vuelta*) turn-
up (*BRIT*), cuff (*US*)

doblar [do'βlar] vt to double; (*papel*)
to fold; (*caño*) to bend; (*la esquina*) to

turn, go round; (*film*) to dub ▷ *vi* to turn; (*campana*) to toll; **doblarse** *vr* (*plegarse*) to fold (up), crease; (*encorvarse*) to bend; **~ a la derecha/izquierda** to turn right/left

doble ['doβle] *adj* double; (*de dos aspectos*) dual; (*fig*) two-faced ▷ *nm* double ▷ *nmf* (*Teatro*) double, stand-in; **dobles** *nmpl* (*Deporte*) doubles *sg*; **con ~ sentido** with a double meaning

doce ['doθe] *num* twelve; **docena** *nf* dozen

docente [do'θente] *adj*: **centro/personal ~** teaching establishment/staff

dócil ['doθil] *adj* (*pasivo*) docile; (*obediente*) obedient

doctor, a [dok'tor, a] *nm/f* doctor

doctorado [dokto'raðo] *nm* doctorate

doctrina [dok'trina] *nf* doctrine, teaching

documentación [dokumenta'θjon] *nf* documentation, papers *pl*

documental [dokumen'tal] *adj, nm* documentary

documento [doku'mento] *nm* (*certificado*) document; **documento adjunto** (*Inform*) attachment; **documento nacional de identidad** identity card

dólar ['dolar] *nm* dollar

doler [do'ler] *vt, vi* to hurt; (*fig*) to grieve; **dolerse** *vr* (*de su situación*) to grieve, feel sorry; (*de las desgracias ajenas*) to sympathize; **me duele el brazo** my arm hurts

dolor [do'lor] *nm* pain; (*fig*) grief, sorrow; **dolor de cabeza/estómago/muelas** headache/stomachache/toothache

domar [do'mar] *vt* to tame

domesticar [domesti'kar] *vt* = **domar**

doméstico, -a [do'mestiko, a] *adj* (*vida, servicio*) home; (*tareas*) household; (*animal*) tame, pet

domicilio [domi'θiljo] *nm* home;

servicio a ~ home delivery service; **sin ~ fijo** of no fixed abode; **domicilio particular** private residence

dominante [domi'nante] *adj* dominant; (*persona*) domineering

dominar [domi'nar] *vt* (*gen*) to dominate; (*idiomas*) to be fluent in ▷ *vi* to dominate, prevail

domingo [do'mingo] *nm* Sunday; **Domingo de Ramos/Resurrección** Palm/Easter Sunday

dominio [do'minjo] *nm* (*tierras*) domain; (*autoridad*) power, authority; (*de las pasiones*) grip, hold; (*de idiomas*) command

don [don] *nm* (*talento*) gift; **~ Juan Gómez** Mr Juan Gómez, Juan Gómez Esq (*BRIT*)

dona ['dona] (*MÉX*) *nf* doughnut, donut (*US*)

donar [do'nar] *vt* to donate

donativo [dona'tiβo] *nm* donation

donde ['donde] *adv* where ▷ *prep*: **el coche está allí ~ el farol** the car is over there by the lamppost *o* where the lamppost is; **en ~** where, in which

dónde ['donde] *adv* where?; **¿a ~ vas?** where are you going (to)?; **¿de ~ vienes?** where have you been?; **¿por ~?** where?, whereabouts?

dondequiera [donde'kjera] *adv* anywhere; **por ~** everywhere, all over the place ▷ *conj*: **~ que** wherever

donut® [do'nut] (*ESP*) *nm* doughnut, donut (*US*)

doña ['dona] *nf*: **~ Alicia** Alicia; **~ Victoria·Benito** Mrs Victoria Benito

dorado, -a [do'raðo, a] *adj* (*color*) golden; (*Tec*) gilt

dormir [dor'mir] *vt*: **~ la siesta** to have an afternoon nap ▷ *vi* to sleep; **dormirse** *vr* to fall asleep

dormitorio [dormi'torjo] *nm* bedroom

dorsal [dor'sal] *nm* (*Deporte*) number

dorso ['dorso] *nm* (*de mano*) back; (*de hoja*) other side

dos [dos] *num* two

dosis ['dosis] *nf inv* dose, dosage

dotado, -a [do'taðo, a] *adj* gifted; **~ de** endowed with

dotar [do'tar] *vt* to endow; **dote** *nf* dowry; **dotes** *nfpl* (*talentos*) gifts

doy [doj] *vb* V **dar**

drama ['drama] *nm* drama; **dramaturgo** [drama'turɣo] *nm* dramatist, playwright

drástico, -a ['drastiko, a] *adj* drastic

drenaje [dre'naxe] *nm* drainage

droga ['droɣa] *nf* drug; **drogadicto, -a** [droɣa'ðikto, a] *nm/f* drug addict

droguería [droɣe'ria] *nf* hardware shop (*BRIT*) o store (*US*)

ducha ['dutʃa] *nf* (*baño*) shower; (*Med*) douche; **ducharse** *vr* to take a shower

duda ['duða] *nf* doubt; **no cabe ~** there is no doubt about it; **dudar** *vt, vi* to doubt; **dudoso, -a** [du'ðoso, a] *adj* (*incierto*) hesitant; (*sospechoso*) doubtful

duela *etc vb* V **doler**

duelo ['dwelo] *vb* V **doler** ▷ *nm* (*combate*) duel; (*luto*) mourning

duende ['dwende] *nm* imp, goblin

dueño, -a ['dweno, a] *nm/f* (*propietario*) owner; (*de pensión, taberna*) landlord/lady; (*empresario*) employer

duermo *etc vb* V **dormir**

dulce ['dulθe] *adj* sweet ▷ *adv* gently, softly ▷ *nm* sweet

dulcería [dulθe'ria] (*LAM*) *nf* confectioner's (shop)

dulzura [dul'θura] *nf* sweetness; (*ternura*) gentleness

dúo ['duo] *nm* duet

duplicar [dupli'kar] *vt* (*hacer el doble de*) to duplicate

duque ['duke] *nm* duke; **duquesa** *nf* duchess

duración [dura'θjon] *nf* (*de película, disco etc*) length; (*de pila etc*) life; (*curso: de acontecimientos etc*) duration

duradero, -a [dura'ðero, a] *adj* (*tela etc*) hard-wearing; (*fe, paz*) lasting

durante [du'rante] *prep* during

durar [du'rar] *vi* to last; (*recuerdo*) to remain

durazno [du'raθno] (*LAM*) *nm* (*fruta*) peach; (*árbol*) peach tree

durex ['dureks] (*MÉX, ARG*) *nm* (*tira adhesiva*) Sellotape® (*BRIT*), Scotch tape® (*US*)

dureza [du'reθa] *nf* (*calidad*) hardness

duro, -a ['duro, a] *adj* hard; (*carácter*) tough ▷ *adv* hard ▷ *nm* (*moneda*) five-peseta coin o piece

DVD *nm abr* (= *disco de vídeo digital*) DVD

e

E _abr_ (= _este_) E

e [e] _conj_ and

ébano ['eβano] _nm_ ebony

ebrio, -a ['eβrjo, a] _adj_ drunk

ebullición [eβuʎi'θjon] _nf_ boiling

echar [e'tʃar] _vt_ to throw; (_agua, vino_) to pour (out); (_empleado: despedir_) to fire, sack; (_hojas_) to sprout; (_cartas_) to post; (_humo_) to emit, give out ▷ _vi_: **~ a correr** to run off; **echarse** _vr_ to lie down; **~ llave a** to lock (up); **~ abajo** (_gobierno_) to overthrow; (_edificio_) to demolish; **~ mano a** to lay hands on; **~ una mano a algn** (_ayudar_) to give sb a hand; **~ de menos** to miss; **~se atrás** (_fig_) to back out

eclesiástico, -a [ekle'sjastiko, a] _adj_ ecclesiastical

eco ['eko] _nm_ echo; **tener ~** to catch on

ecología [ekolo'xia] _nf_ ecology; **ecológico, -a** _adj_ (_producto, método_) environmentally-friendly; (_agricultura_) organic; **ecologista** _adj_ ecological, environmental ▷ _nmf_ environmentalist

economía [ekono'mia] _nf_ (_sistema_) economy; (_carrera_) economics

económico, -a [eko'nomiko, a] _adj_ (_barato_) cheap, economical; (_ahorrativo_) thrifty; (_Com: año etc_) financial; (_: situación_) economic

economista [ekono'mista] _nmf_ economist

Ecuador [ekwa'ðor] _nm_ Ecuador; **ecuador** _nm_ (_Geo_) equator

ecuatoriano, -a [ekwato'rjano, a] _adj, nm/f_ Ecuadorian

ecuestre [e'kwestre] _adj_ equestrian

edad [e'ðað] _nf_ age; **¿qué ~ tienes?** how old are you?; **tiene ocho años de ~** he's eight (years old); **de ~ mediana/ avanzada** middle-aged/advanced in years; **la E~ Media** the Middle Ages

edición [eði'θjon] _nf_ (_acto_) publication; (_ejemplar_) edition

edificar [edifi'kar] _vt, vi_ to build

edificio [eði'fiθjo] _nm_ building; (_fig_) edifice, structure

Edimburgo [eðim'burxo] _nm_ Edinburgh

editar [eði'tar] _vt_ (_publicar_) to publish; (_preparar textos_) to edit

editor, a [eði'tor, a] _nm/f_ (_que publica_) publisher; (_redactor_) editor ▷ _adj_ publishing _cpd_; **editorial** _adj_ editorial ▷ _nm_ leading article, editorial; **casa editorial** publisher

edredón [eðre'ðon] _nm_ duvet

educación [eðuka'θjon] _nf_ education; (_crianza_) upbringing; (_modales_) (good) manners _pl_

educado, -a [eðu'kaðo, a] _adj_: **bien/ mal ~** well/badly behaved

educar [eðu'kar] _vt_ to educate; (_criar_) to bring up; (_voz_) to train

EE. UU. _nmpl abr_ (= _Estados Unidos_) US(A)

efectivamente [efectiβa'mente] _adv_ (_como respuesta_) exactly, precisely; (_verdaderamente_) really; (_de hecho_) in fact

efectivo, -a [efek'tiβo, a] _adj_ effective; (_real_) actual, real ▷ _nm_: **pagar**

en ~ to pay (in) cash; **hacer ~ un cheque** to cash a cheque

efecto [e'fekto] *nm* effect, result; **efectos** *nmpl* (*efectos personales*) effects; (*bienes*) goods; (*Com*) assets; **en ~** in fact; (*respuesta*) exactly, indeed; **efecto invernadero** greenhouse effect; **efectos especiales/ secundarios/sonoros** special/side/ sound effects

efectuar [efek'twar] *vt* to carry out; (*viaje*) to make

eficacia [efi'kaθja] *nf* (*de persona*) efficiency; (*de medicamento etc*) effectiveness

eficaz [efi'kaθ] *adj* (*persona*) efficient; (*acción*) effective

eficiente [efi'θjente] *adj* efficient

egipcio, -a [e'xipθjo, a] *adj, nm/f* Egyptian

Egipto [e'xipto] *nm* Egypt

egoísmo [exo'ismo] *nm* egoism

egoísta [exo'ista] *adj* egoistical, selfish ▷ *nmf* egoist

Eire ['eire] *nm* Eire

ej. *abr* (= *ejemplo*) eg

eje ['exe] *nm* (*Geo, Mat*) axis; (*de rueda*) axle; (*de máquina*) shaft, spindle

ejecución [exeku'θjon] *nf* execution; (*cumplimiento*) fulfilment; (*Mús*) performance; (*Jur: embargo de deudor*) attachment

ejecutar [exeku'tar] *vt* to execute, carry out; (*matar*) to execute; (*cumplir*) to fulfil; (*Mús*) to perform; (*Jur: embargar*) to attach, distrain (on)

ejecutivo, -a [exeku'tiβo, a] *adj* executive; **el (poder) ~** the executive (power)

ejemplar [exem'plar] *adj* exemplary ▷ *nm* example; (*Zool*) specimen; (*de libro*) copy; (*de periódico*) number, issue

ejemplo [e'xemplo] *nm* example; **por ~** for example

ejercer [exer'θer] *vt* to exercise; (*influencia*) to exert; (*un oficio*) to practise ▷ *vi* (*practicar*): **~ (de)** to practise (as)

ejercicio [exer'θiθjo] *nm* exercise; (*período*) tenure; **hacer ~** to take exercise; **ejercicio comercial** financial year

ejército [e'xerθito] *nm* army; **entrar en el ~** to join the army, join up; **ejército del aire/de tierra** Air Force/Army

ejote [e'xote] (*MÉX*) *nm* green bean

○ **PALABRA CLAVE**

el [el] (*f* **la**, *pl* **los, las**, *neutro* **lo**) *art def* **1** the; **el libro/la mesa/los estudiantes** the book/table/students
2 (*con n abstracto: no se traduce*): **el amor/la juventud** love/youth
3 (*posesión: se traduce a menudo por adj posesivo*): **romperse el brazo** to break one's arm; **levantó la mano** he put his hand up; **se puso el sombrero** she put her hat on
4 (*valor descriptivo*): **tener la boca grande/los ojos azules** to have a big mouth/blue eyes
5 (*con días*) on; **me iré el viernes** I'll leave on Friday; **los domingos suelo ir a nadar** on Sundays I generally go swimming
6 (*lo +adj*): **lo difícil/caro** what is difficult/expensive; (*cuán*): **no se da cuenta de lo pesado que es** he doesn't realise how boring he is
▷ *pron demos* **1**: **mi libro y el de usted** my book and yours; **las de Pepe son mejores** Pepe's are better; **no la(s) blanca(s) sino la(s) gris(es)** not the white one(s) but the grey one(s)
2: **lo de: lo de ayer** what happened yesterday; **lo de las facturas** that business about the invoices
▷ *pron relativo* **1** (*indef*): **el que: el (los) que quiera(n) que se vaya(n)** anyone who wants to can leave; **llévese el que más le guste** take the one you like best
2 (*def*): **el que: el que compré ayer** the one I bought yesterday; **los que se van** those who leave

3: **lo que: lo que pienso yo/más me gusta** what I think/like most
▷ *conj*: **el que: el que lo diga** the fact that he says so; **el que sea tan vago me molesta** his being so lazy bothers me
▷ *excl*: **¡el susto que me diste!** what a fright you gave me!
▷ *pron personal* **1** (*persona: m*) him; (: *f*) her; (: *pl*) them; **lo/las veo** I can see him/them
2 (*animal, cosa: sg*) it; (: *pl*) them; **lo (o la) veo** I can see it; **los (o las) veo** I can see them
3 (*como sustituto de frase*): **lo: no lo sabía** I didn't know; **ya lo entiendo** I understand now

él [el] *pron* (*persona*) he; (*cosa*) it; (*después de prep: persona*) him; (: *cosa*) it; **de ~** his
elaborar [elaβo'rar] *vt* (*producto*) to make, manufacture; (*preparar*) to prepare; (*madera, metal etc*) to work; (*proyecto etc*) to work on *o* out
elástico, -a [e'lastiko, a] *adj* elastic; (*flexible*) flexible ▷ *nm* elastic; (*un elástico*) elastic band
elección [elek'θjon] *nf* election; (*selección*) choice, selection; **elecciones generales** general election *sg*
electorado [elekto'raðo] *nm* electorate, voters *pl*
electricidad [elektriθi'ðað] *nf* electricity
electricista [elektri'θista] *nmf* electrician
eléctrico, -a [e'lektriko, a] *adj* electric
electro... [elektro] *prefijo* electro...; **electrocardiograma** *nm* electrocardiogram; **electrocutar** *vt* to electrocute; **electrodo** *nm* electrode; **electrodomésticos** *nmpl* (electrical) household appliances
electrónica [elek'tronika] *nf* electronics *sg*
electrónico, -a [elek'troniko, a] *adj*

electronic
elefante [ele'fante] *nm* elephant
elegancia [ele'xanθja] *nf* elegance, grace; (*estilo*) stylishness
elegante [ele'xante] *adj* elegant, graceful; (*estiloso*) stylish, fashionable
elegir [ele'xir] *vt* (*escoger*) to choose, select; (*optar*) to opt for; (*presidente*) to elect
elemental [elemen'tal] *adj* (*claro, obvio*) elementary; (*fundamental*) elemental, fundamental
elemento [ele'mento] *nm* element; (*fig*) ingredient; **elementos** *nmpl* elements, rudiments
elevación [eleβa'θjon] *nf* elevation; (*acto*) raising, lifting; (*de precios*) rise; (*Geo etc*) height, altitude
elevar [ele'βar] *vt* to raise, lift (up); (*precio*) to put up; **elevarse** *vr* (*edificio*) to rise; (*precios*) to go up
eligiendo *etc vb* V **elegir**
elija *etc vb* V **elegir**
eliminar [elimi'nar] *vt* to eliminate, remove
eliminatoria [elimina'torja] *nf* heat, preliminary (round)
élite ['elite] *nf* elite
ella ['eʎa] *pron* (*persona*) she; (*cosa*) it; (*después de prep: persona*) her; (: *cosa*) it; **de ~** hers
ellas ['eʎas] *pron* (*personas y cosas*) they; (*después de prep*) them; **de ~** theirs
ello ['eʎo] *pron* it
ellos ['eʎos] *pron* they; (*después de prep*) them; **de ~** theirs
elogiar [elo'xjar] *vt* to praise; **elogio** *nm* praise
elote [e'lote] (*MÉX*) *nm* corn on the cob
eludir [elu'ðir] *vt* to avoid
email [i'mel] *nm* email; (*dirección*) email address; **mandar un ~ a algn** to email sb, send sb an email
embajada [emba'xaða] *nf* embassy
embajador, a [embaxa'ðor, a] *nm/f* ambassador/ambassadress
embalar [emba'lar] *vt* to parcel, wrap (up); **embalarse** *vr* to go fast

embalse [em'balse] *nm* (*presa*) dam; (*lago*) reservoir

embarazada [embara'θaða] *adj* pregnant ▷ *nf* pregnant woman

No confundir **embarazada** con la palabra inglesa *embarrassed*.

embarazo [emba'raθo] *nm* (*de mujer*) pregnancy; (*impedimento*) obstacle, obstruction; (*timidez*) embarrassment; **embarazoso, -a** *adj* awkward, embarrassing

embarcación [embarka'θjon] *nf* (*barco*) boat, craft; (*acto*) embarkation, boarding

embarcadero [embarka'ðero] *nm* pier, landing stage

embarcar [embar'kar] *vt* (*cargamento*) to ship, stow; (*persona*) to embark, put on board; **embarcarse** *vr* to embark, go on board

embargar [embar'xar] *vt* (*Jur*) to seize, impound

embargo [em'barxo] *nm* (*Jur*) seizure; (*Com, Pol*) embargo

embargue *etc* *vb* V **embargar**

embarque *etc* [em'barke] *vb* V **embarcar** ▷ *nm* shipment, loading

embellecer [embeʎe'θer] *vt* to embellish, beautify

embestida [embes'tiða] *nf* attack, onslaught; (*carga*) charge

embestir [embes'tir] *vt* to attack, assault; to charge, attack ▷ *vi* to attack

emblema [em'blema] *nm* emblem

embobado, -a [embo'βaðo, a] *adj* (*atontado*) stunned, bewildered

embolia [em'bolja] *nf* (*Med*) clot

émbolo ['embolo] *nm* (*Auto*) piston

emborrachar [emborra'tʃar] *vt* to make drunk, intoxicate; **emborracharse** *vr* to get drunk

emboscada [embos'kaða] *nf* ambush

embotar [embo'tar] *vt* to blunt, dull

embotellamiento [emboteʎa'mjento] *nm* (*Auto*) traffic jam

embotellar [embote'ʎar] *vt* to bottle

embrague [em'braxe] *nm* (*tb*: **pedal de ~**) clutch

embrión [em'brjon] *nm* embryo

embrollo [em'broʎo] *nm* (*enredo*) muddle, confusion; (*aprieto*) fix, jam

embrujado, -a [embru'xado, a] *adj* bewitched; **casa embrujada** haunted house

embrutecer [embrute'θer] *vt* (*atontar*) to stupefy

embudo [em'buðo] *nm* funnel

embuste [em'buste] *nm* (*mentira*) lie; **embustero, -a** *adj* lying, deceitful ▷ *nm/f* (*mentiroso*) liar

embutido [embu'tiðo] *nm* (*Culin*) sausage; (*Tec*) inlay

emergencia [emer'xenθja] *nf* emergency; (*surgimiento*) emergence

emerger [emer'xer] *vi* to emerge, appear

emigración [emixra'θjon] *nf* emigration; (*de pájaros*) migration

emigrar [emi'xrar] *vi* (*personas*) to emigrate; (*pájaros*) to migrate

eminente [emi'nente] *adj* eminent, distinguished; (*elevado*) high

emisión [emi'sjon] *nf* (*acto*) emission; (*Com etc*) issue; (*Radio, TV: acto*) broadcasting; (: *programa*) broadcast, programme (*BRIT*), program (*US*)

emisora [emi'sora] *nf* radio *o* broadcasting station

emitir [emi'tir] *vt* (*olor etc*) to emit, give off; (*moneda etc*) to issue; (*opinión*) to express; (*Radio*) to broadcast

emoción [emo'θjon] *nf* emotion; (*excitación*) excitement; (*sentimiento*) feeling

emocionante [emoθjo'nante] *adj* (*excitante*) exciting, thrilling

emocionar [emoθjo'nar] *vt* (*excitar*) to excite, thrill; (*conmover*) to move, touch; (*impresionar*) to impress

emoticón [emoti'kon], **emoticono** [emoti'kono] *nm* smiley

emotivo, -a [emo'tiβo, a] *adj* emotional

empacho [em'patʃo] *nm* (*Med*) indigestion; (*fig*) embarrassment

empalagoso, -a [empala'ɣoso, a] *adj* cloying; (*fig*) tiresome

empalmar [empal'mar] *vt* to join, connect ▷ *vi* (*dos caminos*) to meet, join; **empalme** *nm* joint, connection; junction; (*de trenes*) connection

empanada [empa'naða] *nf* pie, pasty

empañarse [empa'ɲarse] *vr* (*cristales etc*) to steam up

empapar [empa'par] *vt* (*mojar*) to soak, saturate; (*absorber*) to soak up, absorb; **empaparse** *vr*: **~se de** to soak up

empapelar [empape'lar] *vt* (*paredes*) to paper

empaquetar [empake'tar] *vt* to pack, parcel up

empastar [empas'tar] *vt* (*embadurnar*) to paste; (*diente*) to fill

empaste [em'paste] *nm* (*de diente*) filling

empatar [empa'tar] *vi* to draw, tie; **~on a dos** they drew two-all; **empate** *nm* draw, tie

empecé *etc vb* V **empezar**

empedernido, -a [empeðer'niðo, a] *adj* hard, heartless; (*fumador*) inveterate

empeine [em'peine] *nm* (*de pie, zapato*) instep

empeñado, -a [empe'ɲaðo, a] *adj* (*persona*) determined; (*objeto*) pawned

empeñar [empe'ɲar] *vt* (*objeto*) to pawn, pledge; (*persona*) to compel; **empeñarse** *vr* (*endeudarse*) to get into debt; **~se en** to be set on, be determined to

empeño [em'peɲo] *nm* (*determinación, insistencia*) determination, insistence; **casa de ~s** pawnshop

empeorar [empeo'rar] *vt* to make worse, worsen ▷ *vi* to get worse, deteriorate

empezar [empe'θar] *vt, vi* to begin, start

empiece *etc vb* V **empezar**

empiezo *etc vb* V **empezar**

emplasto [em'plasto] *nm* (*Med*) plaster

emplazar [empla'θar] *vt* (*ubicar*) to site, place, locate; (*Jur*) to summons; (*convocar*) to summon

empleado, -a [emple'aðo, a] *nm/f* (*gen*) employee; (*de banco etc*) clerk

emplear [emple'ar] *vt* (*usar*) to use, employ; (*dar trabajo a*) to employ; **emplearse** *vr* (*conseguir trabajo*) to be employed; (*ocuparse*) to occupy o.s.

empleo [em'pleo] *nm* (*puesto*) job; (*puestos: colectivamente*) employment; (*uso*) use, employment

empollar [empo'ʎar] (*ESP: fam*) *vt, vi* to swot (up); **empollón, -ona** (*ESP: fam*) *nm/f* swot

emporio [em'porjo] (*LAM*) *nm* (*gran almacén*) department store

empotrado, -a [empo'traðo, a] *adj* (*armario etc*) built-in

emprender [empren'der] *vt* (*empezar*) to begin, embark on; (*acometer*) to tackle, take on

empresa [em'presa] *nf* (*de espíritu etc*) enterprise; (*Com*) company, firm; **empresariales** *nfpl* business studies; **empresario, -a** *nm/f* (*Com*) businessman(-woman)

empujar [empu'xar] *vt* to push, shove

empujón [empu'xon] *nm* push, shove

empuñar [empu'ɲar] *vt* (*asir*) to grasp, take (firm) hold of

○ PALABRA CLAVE

en [en] *prep* **1** (*posición*) in; (*: sobre*) on; **está en el cajón** it's in the drawer; **en Argentina/La Paz** in Argentina/La Paz; **en la oficina/el colegio** at the office/school; **está en el suelo/quinto piso** it's on the floor/the fifth floor **2** (*dirección*) into; **entró en el aula** she went into the classroom; **meter algo en el bolso** to put sth into one's bag

3 (*tiempo*) in; on; **en 1605/3 semanas/ invierno** in 1605/3 weeks/winter; **en (el mes de) enero** in (the month of) January; **en aquella ocasión/época** on that occasion/at that time

4 (*precio*) for; **lo vendió en 20 dólares** he sold it for 20 dollars

5 (*diferencia*) by; **reducir/aumentar en una tercera parte/un 20 por ciento** to reduce/increase by a third/20 per cent

6 (*manera*): **en avión/autobús** by plane/bus; **escrito en inglés** written in English

7 (*después de vb que indica gastar etc*) on; **han cobrado demasiado en dietas** they've charged too much to expenses; **se le va la mitad del sueldo en comida** he spends half his salary on food

8 (*tema, ocupación*): **experto en la materia** expert on the subject; **trabaja en la construcción** he works in the building industry

9 (*adj + en + infin*): **lento en reaccionar** slow to react

enaguas [e'naɣwas] *nfpl* petticoat *sg*, underskirt *sg*

enajenación [enaxena'θjon] *nf* (*Psico: tb:* **~ mental**) mental derangement

enamorado, -a [enamo'raðo, a] *adj* in love ▷ *nm/f* lover; **estar ~ (de)** to be in love (with)

enamorar [enamo'rar] *vt* to win the love of; **enamorarse** *vr*: **~se de algn** to fall in love with sb

enano, -a [e'nano, a] *adj* tiny ▷ *nm/f* dwarf

encabezamiento [enkaβeθa'mjento] *nm* (*de carta*) heading; (*de periódico*) headline

encabezar [enkaβe'θar] *vt* (*movimiento, revolución*) to lead, head; (*lista*) to head, be at the top of; (*carta*) to put a heading to

encadenar [enkaðe'nar] *vt* to chain (together); (*poner grilletes a*) to shackle

encajar [enka'xar] *vt* (*ajustar*): **~ (en)** to fit (into); (*fam: golpe*) to take ▷ *vi* to fit (well); (*fig: corresponder a*) to match

encaje [en'kaxe] *nm* (*labor*) lace

encallar [enka'ʎar] *vi* (*Náut*) to run aground

encaminar [enkami'nar] *vt* to direct, send

encantado, -a [enkan'taðo, a] *adj* (*hechizado*) bewitched; (*muy contento*) delighted; **¡~!** how do you do, pleased to meet you

encantador, a [enkanta'ðor, a] *adj* charming, lovely ▷ *nm/f* magician, enchanter/enchantress

encantar [enkan'tar] *vt* (*agradar*) to charm, delight; (*hechizar*) to bewitch, cast a spell on; **me encanta eso** I love that; **encanto** *nm* (*hechizo*) spell, charm; (*fig*) charm, delight

encarcelar [enkarθe'lar] *vt* to imprison, jail

encarecer [enkare'θer] *vt* to put up the price of; **encarecerse** *vr* to get dearer

encargado, -a [enkar'ɣaðo, a] *adj* in charge ▷ *nm/f* agent, representative; (*responsable*) person in charge

encargar [enkar'ɣar] *vt* to entrust; (*recomendar*) to urge, recommend; **encargarse** *vr*: **~se de** to look after, take charge of; **~ algo a algn** to put sb in charge of sth; **~ a algn que haga algo** to ask sb to do sth

encargo [en'karɣo] *nm* (*tarea*) assignment, job; (*responsabilidad*) responsibility; (*Com*) order

encariñarse [enkari'narse] *vr*: **~ con** to grow fond of, get attached to

encarnación [enkarna'θjon] *nf* incarnation, embodiment

encarrilar [enkarri'lar] *vt* (*tren*) to put back on the rails; (*fig*) to correct, put on the right track

encasillar [enkasi'ʎar] vt (fig) to pigeonhole; (actor) to typecast

encendedor [enθende'ðor] nm lighter

encender [enθen'der] vt (con fuego) to light; (luz, radio) to put on, switch on; (avivar: pasión) to inflame; **encenderse** vr to catch fire; (excitarse) to get excited; (de cólera) to flare up; (el rostro) to blush

encendido [enθen'diðo] nm (Auto) ignition

encerado [enθe'raðo] nm (Escol) blackboard

encerrar [enθe'rrar] vt (confinar) to shut in, shut up; (comprender, incluir) to include, contain

encharcado, -a [entʃar'kaðo, a] adj (terreno) flooded

encharcarse [entʃar'karse] vr to get flooded

enchufado, -a [entʃu'faðo, a] (fam) nm/f well-connected person

enchufar [entʃu'far] vt (Elec) to plug in; (Tec) to connect, fit together; **enchufe** nm (Elec: clavija) plug; (: toma) socket; (do dos tubos) joint, connection; (fam: influencia) contact, connection; (: puesto) cushy job

encía [en'θia] nf gum

encienda etc vb V **encender**

encierro etc [en'θjerro] vb V **encerrar** ▷ nm shutting in, shutting up; (calabozo) prison

encima [en'θima] adv (sobre) above, over; (además) besides; **~ de** (en) on, on top of; (sobre) above, over (además de) besides, on top of; **por ~ de** over; **¿llevas dinero ~?** have you (got) any money on you?; **se me vino ~** it took me by surprise

encina [en'θina] nf holm oak

encinta [en'θinta] adj pregnant

enclenque [en'klenke] adj weak, sickly

encoger [enko'xer] vt to shrink, contract; **encogerse** vr to shrink, contract; (fig) to cringe; **~se de**

hombros to shrug one's shoulders

encomendar [enkomen'dar] vt to entrust, commend; **encomendarse** vr: **~se a** to put one's trust in

encomienda etc [enko'mjenda] vb V **encomendar** ▷ nf (encargo) charge, commission; (elogio) tribute; **encomienda postal** (LAM) package

encontrar [enkon'trar] vt (hallar) to find; (inesperadamente) to meet, run into; **encontrarse** vr to meet (each other); (situarse) to be (situated); **~se con** to meet; **~se bien (de salud)** to feel well

encrucijada [enkruθi'xaða] nf crossroads sg

encuadernación [enkwaðerna'θjon] nf binding

encuadrar [enkwa'ðrar] vt (retrato) to frame; (ajustar) to fit, insert; (contener) to contain

encubrir [enku'βrir] vt (ocultar) to hide, conceal; (criminal) to harbour, shelter

encuentro etc [en'kwentro] vb V **encontrar** ▷ nm (de personas) meeting; (Auto etc) collision, crash; (Deporte) match, game; (Mil) encounter

encuerado, -a (MÉX) [enkwe'raðo, a] adj nude, naked

encuesta [en'kwesta] nf inquiry, investigation; (sondeo) (public) opinion poll

encumbrar [enkum'brar] vt (persona) to exalt

endeble [en'deβle] adj (persona) weak; (argumento, excusa, persona) weak

endemoniado, -a [endemo'njaðo, a] adj possessed (of the devil); (travieso) devilish

enderezar [endere'θar] vt (poner derecho) to straighten (out); (: verticalmente) to set upright; (situación) to straighten o sort out; (dirigir) to direct; **enderezarse** vr (persona sentada) to straighten up

endeudarse [endeu'ðarse] vr to get into debt

endiablado, -a [endja'βlaðo, a] *adj* devilish, diabolical; (*travieso*) mischievous

endilgar [endil'ɣar] (*fam*) *vt*: **~le algo a algn** to lumber sb with sth

endiñar [endi'nar] (*ESP: fam*) *vt* (*bofetón*) to land, belt

endosar [endo'sar] *vt* (*cheque etc*) to endorse

endulzar [endul'θar] *vt* to sweeten; (*suavizar*) to soften

endurecer [endure'θer] *vt* to harden; **endurecerse** *vr* to harden, grow hard

enema [e'nema] *nm* (*Med*) enema

enemigo, -a [ene'miɣo, a] *adj* enemy, hostile ▷ *nm/f* enemy

enemistad [enemis'tað] *nf* enmity

enemistar [enemis'tar] *vt* to make enemies of, cause a rift between; **enemistarse** *vr* to become enemies; (*amigos*) to fall out

energía [ener'xia] *nf* (*vigor*) energy, drive; (*empuje*) push; (*Tec, Elec*) energy, power; **energía eólica** wind power; **energía solar** solar energy o power

enérgico, -a [e'nerxiko, a] *adj* (*gen*) energetic; (*voz, modales*) forceful

energúmeno, -a [ener'ɣumeno, a] (*fam*) *nm/f* (*fig*) madman(-woman)

enero [e'nero] *nm* January

enfadado, -a [enfa'ðaðo, a] *adj* angry, annoyed

enfadar [enfa'ðar] *vt* to anger, annoy; **enfadarse** *vr* to get angry o annoyed

enfado [en'faðo] *nm* (*enojo*) anger, annoyance; (*disgusto*) trouble, bother

énfasis ['enfasis] *nm* emphasis, stress

enfático, -a [en'fatiko, a] *adj* emphatic

enfermar [enfer'mar] *vt* to make ill ▷ *vi* to fall ill, be taken ill

enfermedad [enferme'ðað] *nf* illness; **enfermedad venérea** venereal disease

enfermera [enfer'mera] *nf* nurse

enfermería [enferme'ria] *nf* infirmary; (*de colegio etc*) sick bay

enfermero [enfer'mero] *nm* (male) nurse

enfermizo, -a [enfer'miθo, a] *adj* (*persona*) sickly, unhealthy; (*fig*) unhealthy

enfermo, -a [en'fermo, a] *adj* ill, sick ▷ *nm/f* invalid, sick person; (*en hospital*) patient; **caer** o **ponerse ~** to fall ill

enfocar [enfo'kar] *vt* (*foto etc*) to focus; (*problema etc*) to approach

enfoque *etc* [en'foke] *vb* V **enfocar** ▷ *nm* focus

enfrentar [enfren'tar] *vt* (*peligro*) to face (up to), confront; (*oponer*) to bring face to face; **enfrentarse** *vr* (*dos personas*) to face o confront each other; (*Deporte: dos equipos*) to meet; **~se a** o **con** to face up to, confront

enfrente [en'frente] *adv* opposite; **la casa de ~** the house opposite, the house across the street; **~ de** opposite, facing

enfriamiento [enfria'mjento] *nm* chilling, refrigeration; (*Med*) cold, chill

enfriar [enfri'ar] *vt* (*alimentos*) to cool, chill; (*algo caliente*) to cool down; **enfriarse** *vr* to cool down; (*Med*) to catch a chill; (*amistad*) to cool

enfurecer [enfure'θer] *vt* to enrage, madden; **enfurecerse** *vr* to become furious, fly into a rage; (*mar*) to get rough

enganchar [engan'tʃar] *vt* to hook; (*dos vagones*) to hitch up; (*Tec*) to couple, connect; (*Mil*) to recruit; **engancharse** *vr* (*Mil*) to enlist, join up

enganche [en'gantʃe] *nm* hook; (*ESP Tec*) coupling, connection; (*acto*) hooking (up); (*Mil*) recruitment, enlistment; (*MÉX: depósito*) deposit

engañar [enga'nar] *vt* to deceive; (*estafar*) to cheat, swindle; **engañarse** *vr* (*equivocarse*) to be wrong; (*disimular la verdad*) to deceive o.s.

engaño [en'gano] *nm* deceit;

(*estafa*) trick, swindle; (*error*) mistake, misunderstanding; (*ilusión*) delusion; **engañoso, -a** *adj* (*tramposo*) crooked; (*mentiroso*) dishonest, deceitful; (*aspecto*) deceptive; (*consejo*) misleading

engatusar [engatu'sar] (*fam*) *vt* to coax

engendro [en'xendro] *nm* (*Bio*) foetus; (*fig*) monstrosity

englobar [englo'βar] *vt* to include, comprise

engordar [engor'ðar] *vt* to fatten ▷ *vi* to get fat, put on weight

engorroso, -a [engo'rroso, a] *adj* bothersome, trying

engranaje [engra'naxe] *nm* (*Auto*) gear

engrasar [engra'sar] *vt* (*Tec: poner grasa*) to grease; (: *lubricar*) to lubricate, oil; (*manchar*) to make greasy

engreído, -a [engre'iðo, a] *adj* vain, conceited

enhebrar [ene'βrar] *vt* to thread

enhorabuena [enora'βwena] *excl*: **¡~!** congratulations! ▷ *nf*: **dar la ~ a** to congratulate

enigma [e'niɣma] *nm* enigma; (*problema*) puzzle; (*misterio*) mystery

enjambre [en'xambre] *nm* swarm

enjaular [enxau'lar] *vt* to (put in a) cage; (*fam*) to jail, lock up

enjuagar [enxwa'ɣar] *vt* (*ropa*) to rinse (out)

enjuague etc [en'xwaɣe] *vb* V **enjuagar** ▷ *nm* (*Med*) mouthwash; (*de ropa*) rinse, rinsing

enlace [en'laθe] *nm* link, connection; (*relación*) relationship; (tb: **~ matrimonial**) marriage; (*de carretera, trenes*) connection; **enlace sindical** shop steward

enlatado, -a [enla'taðo, a] *adj* (*alimentos, productos*) tinned, canned

enlazar [enla'θar] *vt* (*unir con lazos*) to bind together; (*atar*) to tie; (*conectar*) to link, connect; (*LAM: caballo*) to lasso

enloquecer [enloke'θer] *vt* to drive mad ▷ *vi* to go mad

enmarañar [enmara'nar] *vt* (*enredar*) to tangle (up), entangle; (*complicar*) to complicate; (*confundir*) to confuse

enmarcar [enmar'kar] *vt* (*cuadro*) to frame

enmascarar [enmaska'rar] *vt* to mask; **enmascararse** *vr* to put on a mask

enmendar [enmen'dar] *vt* to emend, correct; (*constitución etc*) to amend; (*comportamiento*) to reform; **enmendarse** *vr* to reform, mend one's ways; **enmienda** *nf* correction; amendment; reform

enmudecer [enmuðe'θer] *vi* (*perder el habla*) to fall silent; (*guardar silencio*) to remain silent

ennoblecer [ennoβle'θer] *vt* to ennoble

enojado, -a [eno'xaðo, a] (*LAM*) *adj* angry

enojar [eno'xar] *vt* (*encolerizar*) to anger; (*disgustar*) to annoy, upset; **enojarse** *vr* to get angry; to get annoyed

enojo [e'noxo] *nm* (*cólera*) anger; (*irritación*) annoyance

enorme [e'norme] *adj* enormous, huge; (*fig*) monstrous

enredadera [enreða'ðera] *nf* (*Bot*) creeper, climbing plant

enredar [enre'ðar] *vt* (*cables, hilos etc*) to tangle (up), entangle; (*situación*) to complicate, confuse; (*meter cizaña*) to sow discord among o between; (*implicar*) to embroil, implicate; **enredarse** *vr* to get entangled, get tangled (up); (*situación*) to get complicated; (*persona*) to get embroiled; (*LAM: fam*) to meddle

enredo [en'reðo] *nm* (*maraña*) tangle; (*confusión*) mix-up, confusion; (*intriga*) intrigue

enriquecer [enrike'θer] *vt* to make rich, enrich; **enriquecerse** *vr* to get rich

enrojecer [enroxe'θer] *vt* to redden
▷ *vi* (*persona*) to blush; **enrojecerse**
vr to blush

enrollar [enro'ʎar] *vt* to roll (up),
wind (up)

ensalada [ensa'laða] *nf* salad;
ensaladilla (rusa) *nf* Russian salad

ensanchar [ensan'tʃar] *vt* (*hacer
más ancho*) to widen; (*agrandar*) to
enlarge, expand; (*Costura*) to let out;
ensancharse *vr* to get wider, expand

ensayar [ensa'jar] *vt* to test, try
(out); (*Teatro*) to rehearse

ensayo [en'sajo] *nm* test, trial;
(*Quím*) experiment; (*Teatro*) rehearsal;
(*Deporte*) try; (*Escol, Literatura*) essay

enseguida [ense'xiða] *adv* at once,
right away

ensenada [ense'naða] *nf* inlet, cove

enseñanza [ense'naɲθa] *nf*
(*educación*) education; (*acción*)
teaching; (*doctrina*) teaching, doctrine;
enseñanza (de) primaria/secundaria
elementary/secondary education

enseñar [ense'ɲar] *vt* (*educar*) to
teach; (*mostrar, señalar*) to show

enseres [en'seres] *nmpl* belongings

ensuciar [ensu'θjar] *vt* (*manchar*) to
dirty, soil; (*fig*) to defile; **ensuciarse**
vr to get dirty; (*bebé*) to dirty one's nappy

entablar [enta'βlar] *vt* (*recubrir*) to
board (up); (*Ajedrez, Damas*) to set up;
(*conversación*) to strike up; (*Jur*) to file
▷ *vi* to draw

ente ['ente] *nm* (*organización*) body,
organization; (*fam: persona*) odd
character

entender [enten'der] *vt* (*comprender*)
to understand; (*darse cuenta*) to realize
▷ *vi* to understand; (*creer*) to think,
believe; **entenderse** *vr* (*comprenderse*)
to be understood; (*ponerse de acuerdo*)
to agree, reach an agreement; **~ de**
to know all about; **~ algo de** to know
a little about; **~ en** to deal with, have
to do with; **~ mal** to misunderstand;
~se con algn (*llevarse bien*) to get on o
along with sb; **~se mal** (*dos personas*) to

get on badly

entendido, -a [enten'diðo, a] *adj*
(*comprendido*) understood; (*hábil*)
skilled; (*inteligente*) knowledgeable
▷ *nm/f* (*experto*) expert ▷ *excl* agreed!;
entendimiento *nm* (*comprensión*)
understanding; (*inteligencia*) mind,
intellect; (*juicio*) judgement

enterado, -a [ente'raðo, a] *adj* well-
informed; **estar ~ de** to know about,
be aware of

enteramente [entera'mente] *adv*
entirely, completely

enterar [ente'rar] *vt* (*informar*) to
inform, tell; **enterarse** *vr* to find out,
get to know

enterito [ente'rito] (*RPL*) *nm* boiler
suit (*BRIT*), overalls (*US*)

entero, -a [en'tero, a] *adj* (*total*)
whole, entire; (*fig: honesto*) honest;
(: *firme*) firm, resolute ▷ *nm*
(*Com: punto*) point

enterrar [ente'rrar] *vt* to bury

entidad [enti'ðað] *nf* (*empresa*) firm,
company; (*organismo*) body; (*sociedad*)
society; (*Filosofía*) entity

entiendo *etc vb* V **entender**

entierro [en'tjerro] *nm* (*acción*)
burial; (*funeral*) funeral

entonación [entona'θjon] *nf* (*Ling*)
intonation

entonar [ento'nar] *vt* (*canción*) to
intone; (*colores*) to tone; (*Med*) to tone
up ▷ *vi* to be in tune

entonces [en'tonθes] *adv* then,
at that time; **desde ~** since then; **en
aquel ~** at that time; **(pues) ~** and so

entornar [entor'nar] *vt* (*puerta,
ventana*) to half-close, leave ajar; (*los
ojos*) to screw up

entorpecer [entorpe'θer] *vt*
(*entendimiento*) to dull; (*impedir*) to
obstruct, hinder; (: *tránsito*) to slow
down, delay

entrada [en'traða] *nf* (*acción*) entry,
access; (*sitio*) entrance, way in; (*Inform*)
input; (*Com*) receipts *pl*, takings *pl*;
(*Culin*) starter; (*Deporte*) innings *sg*;

(*Teatro*) house, audience; (*billete*) ticket; **~s y salidas** (*Com*) income and expenditure; **de ~** from the outset; **entrada de aire** (*Tec*) air intake o inlet

entrado, -a [en'traðo, a] *adj*: **~ en años** elderly; **una vez ~ el verano** in the summer(time), when summer comes

entramparse [entram'parse] *vr* to get into debt

entrante [en'trante] *adj* next, coming; **mes/año ~** next month/year; **entrantes** *nmpl* starters

entraña [en'traɲa] *nf* (*fig: centro*) heart, core; (*raíz*) root; **entrañas** *nfpl* (*Anat*) entrails; (*fig*) heart *sg*; **entrañable** *adj* close, intimate; **entrañar** *vt* to entail

entrar [en'trar] *vt* (*introducir*) to bring in; (*Inform*) to input ▷ *vi* (*meterse*) to go in, come in, enter; (*comenzar*): **~ diciendo** to begin by saying; **hacer ~** to show in; **me entró sed/sueño** I started to feel thirsty/sleepy; **no me entra** I can't get the hang of it

entre ['entre] *prep* (*dos*) between; (*más de dos*) among(st)

entreabrir [entrea'βrir] *vt* to half-open, open halfway

entrecejo [entre'θexo] *nm*: **fruncir el ~** to frown

entredicho [entre'ðitʃo] *nm* (*Jur*) injunction; **poner en ~** to cast doubt on; **estar en ~** to be in doubt

entrega [en'treɣa] *nf* (*de mercancías*) delivery; (*de novela etc*) instalment; **entregar** [entre'ɣar] *vt* (*dar*) to hand (over), deliver; **entregarse** *vr* (*rendirse*) to surrender, give in, submit; (*dedicarse*) to devote o.s.

entremeses [entre'meses] *nmpl* hors d'œuvres

entremeter [entreme'ter] *vt* to insert, put in; **entremeterse** *vr* to meddle, interfere; **entremetido, -a** *adj* meddling, interfering

entremezclar [entremeθ'klar] *vt* to intermingle; **entremezclarse** *vr* to intermingle

entrenador, a [entrena'ðor, a] *nm/f* trainer, coach

entrenarse [entre'narse] *vr* to train

entrepierna [entre'pjerna] *nf* crotch

entresuelo [entre'swelo] *nm* mezzanine

entretanto [entre'tanto] *adv* meanwhile, meantime

entretecho [entre'tetʃo] (*cs*) *nm* attic

entretejer [entrete'xer] *vt* to interweave

entretener [entrete'ner] *vt* (*divertir*) to entertain, amuse; (*detener*) to hold up, delay; **entretenerse** *vr* (*divertirse*) to amuse o.s.; (*retrasarse*) to delay, linger; **entretenido, -a** *adj* entertaining, amusing; **entretenimiento** *nm* entertainment, amusement

entrever [entre'βer] *vt* to glimpse, catch a glimpse of

entrevista [entre'βista] *nf* interview; **entrevistar** *vt* to interview; **entrevistarse** *vr* to have an interview

entristecer [entriste'θer] *vt* to sadden, grieve; **entristecerse** *vr* to grow sad

entrometerse [entrome'terse] *vr*: **~ (en)** to interfere (in o with)

entumecer [entume'θer] *vt* to numb, benumb; **entumecerse** *vr* (*por el frío*) to go o become numb

enturbiar [entur'βjar] *vt* (*el agua*) to make cloudy; (*fig*) to confuse; **enturbiarse** *vr* (*oscurecerse*) to become cloudy; (*fig*) to get confused, become obscure

entusiasmar [entusjas'mar] *vt* to excite, fill with enthusiasm; (*gustar mucho*) to delight; **entusiasmarse** *vr*: **~se con** o **por** to get enthusiastic o excited about

entusiasmo [entu'sjasmo] *nm* enthusiasm; (*excitación*) excitement

entusiasta [entu'sjasta] *adj*
enthusiastic ▷*nmf* enthusiast
enumerar [enume'rar] *vt* to
enumerate
envainar [embai'nar] *vt* to sheathe
envalentonar [embalento'nar] *vt*
to give courage to; **envalentonarse** *vr*
(*pey: jactarse*) to boast, brag
envasar [emba'sar] *vt* (*empaquetar*)
to pack, wrap; (*enfrascar*) to bottle;
(*enlatar*) to can; (*embolsar*) to pocket
envase [em'base] *nm* (*en paquete*)
packing, wrapping; (*en botella*)
bottling; (*en lata*) canning; (*recipiente*)
container; (*paquete*) package; (*botella*)
bottle; (*lata*) tin (*BRIT*), can
envejecer [embexe'θer] *vt* to make
old, age ▷*vi* (*volverse viejo*) to grow old;
(*parecer viejo*) to age
envenenar [embene'nar] *vt* to
poison; (*fig*) to embitter
envergadura [emberɣa'ðura] *nf*
(*fig*) scope, compass
enviar [em'bjar] *vt* to send; **~ un
mensaje a algn** (*por movil*) to text sb, to
send sb a text message
enviciarse [embi'θjarse] *vr*: **~ (con)**
to get addicted (to)
envidia [em'biðja] *nf* envy; **tener
~ a** to envy, be jealous of; **envidiar**
vt to envy
envío [em'bio] *nm* (*acción*) sending;
(*de mercancías*) consignment; (*de dinero*)
remittance
enviudar [embju'ðar] *vi* to be
widowed
envoltura [embol'tura] *nf* (*cobertura*)
cover; (*embalaje*) wrapper, wrapping;
envoltorio *nm* package
envolver [embol'βer] *vt* to wrap (up);
(*cubrir*) to cover; (*enemigo*) to surround;
(*implicar*) to involve, implicate
envuelto [em'bwelto] *pp de*
envolver
enyesar [enje'sar] *vt* (*pared*) to
plaster; (*Med*) to put in plaster
enzarzarse [enθar'θarse] *vr*: **~ en**
(*pelea*) to get mixed up in; (*disputa*) to

get involved in
épica ['epika] *nf* epic
epidemia [epi'ðemja] *nf* epidemic
epilepsia [epi'lepsja] *nf* epilepsy
episodio [epi'soðjo] *nm* episode
época ['epoka] *nf* period, time; (*Hist*)
age, epoch; **hacer ~** to be epoch-
making
equilibrar [ekili'βrar] *vt* to balance;
equilibrio *nm* balance, equilibrium;
mantener/perder el equilibrio to
keep/lose one's balance; **equilibrista**
nmf (*funámbulo*) tightrope walker;
(*acróbata*) acrobat
equipaje [eki'paxe] *nm* luggage;
(*avíos*): **hacer el ~** to pack; **equipaje de
mano** hand luggage
equipar [eki'par] *vt* (*proveer*) to equip
equipararse [ekipa'rarse] *vr*: **~ con**
to be on a level with
equipo [e'kipo] *nm* (*conjunto de
cosas*) equipment; (*Deporte*) team; (*de
obreros*) shift
equis ['ekis] *nf inv* (the letter) X
equitación [ekita'θjon] *nf* horse
riding
equivalente [ekiβa'lente] *adj*, *nm*
equivalent
equivaler [ekiβa'ler] *vi* to be
equivalent *o* equal
equivocación [ekiβoka'θjon] *nf*
mistake, error
equivocado, -a [ekiβo'kaðo, a] *adj*
wrong, mistaken
equivocarse [ekiβo'karse] *vr* to be
wrong, make a mistake; **~ de camino**
to take the wrong road
era ['era] *vb* V **ser** ▷*nf* era, age
erais *vb* V **ser**
éramos *vb* V **ser**
eran *vb* V **ser**
eras *vb* V **ser**
erección [erek'θjon] *nf* erection
eres *vb* V **ser**
erigir [eri'xir] *vt* to erect, build;
erigirse *vr*: **~se en** to set o.s. up as
erizo [e'riθo] *nm* (*Zool*) hedgehog;
erizo de mar sea-urchin

ermita [er'mita] nf hermitage; **ermitaño, -a** [ermi'taɲo, a] nm/f hermit

erosión [ero'sjon] nf erosion

erosionar [erosjo'nar] vt to erode

erótico, -a [e'rotiko, a] adj erotic; **erotismo** nm eroticism

errante [e'rrante] adj wandering, errant

erróneo, -a [e'rroneo, a] adj (equivocado) wrong, mistaken

error [e'rror] nm error, mistake; (Inform) bug; **error de imprenta** misprint

eructar [eruk'tar] vt to belch, burp

erudito, -a [eru'ðito, a] adj erudite, learned

erupción [erup'θjon] nf eruption; (Med) rash

es vb V ser

esa ['esa] (pl ~s) adj demos V **ese**

ésa ['esa] (pl ~s) pron V **ése**

esbelto, -a [es'βelto, a] adj slim, slender

esbozo [es'βoθo] nm sketch, outline

escabeche [eska'βetʃe] nm brine; (de aceitunas etc) pickle; **en ~** pickled

escabullirse [eskaβu'ʎirse] vr to slip away, to clear out

escafandra [eska'fandra] nf (buzo) diving suit; (escafandra espacial) space suit

escala [es'kala] nf (proporción, Mús) scale; (de mano) ladder; (Aviac) stopover; **hacer ~ en** to stop o call in at

escalafón [eskala'fon] nm (escala de salarios) salary scale, wage scale

escalar [eska'lar] vt to climb, scale

escalera [eska'lera] nf stairs pl, staircase; (escala) ladder; (Naipes) run; **escalera de caracol** spiral staircase; **escalera de incendios** fire escape; **escalera mecánica** escalator

escalfar [eskal'far] vt (huevos) to poach

escalinata [eskali'nata] nf staircase

escalofriante [eskalo'frjante] adj chilling

escalofrío [eskalo'frio] nm (Med) chill; **escalofríos** nmpl (fig) shivers

escalón [eska'lon] nm step, stair; (de escalera) rung

escalope [eska'lope] nm (Culin) escalope

escama [es'kama] nf (de pez, serpiente) scale; (de jabón) flake; (fig) resentment

escampar [eskam'par] vb impers to stop raining

escandalizar [eskandali'θar] vt to scandalize, shock; **escandalizarse** vr to be shocked; (ofenderse) to be offended

escándalo [es'kandalo] nm scandal; (alboroto, tumulto) row, uproar; **escandaloso, -a** adj scandalous, shocking

escandinavo, -a [eskandi'naβo, a] adj, nm/f Scandinavian

escanear [eskane'ar] vt to scan

escaño [es'kaɲo] nm bench; (Pol) seat

escapar [eska'par] vi (gen) to escape, run away; (Deporte) to break away; **escaparse** vr to escape, get away; (agua, gas) to leak (out)

escaparate [eskapa'rate] nm shop window

escape [es'kape] nm (de agua, gas) leak; (de motor) exhaust

escarabajo [eskara'βaxo] nm beetle

escaramuza [eskara'muθa] nf skirmish

escarbar [eskar'βar] vt (tierra) to scratch

escarceos [eskar'θeos] nmpl: **en mis ~ con la política ...** in my dealings with politics ...; **escarceos amorosos** love affairs

escarcha [es'kartʃa] nf frost; **escarchado, -a** [eskar'tʃaðo, a] adj (Culin: fruta) crystallized

escarlatina [eskarla'tina] nf scarlet fever

escarmentar [eskarmen'tar] vt to punish severely ▷ vi to learn one's lesson

escarmiento etc [eskar'mjento] vb
V **escarmentar** ▷ nm (ejemplo) lesson;
(castigo) punishment
escarola [eska'rola] nf endive
escarpado, -a [eskar'paðo, a] adj
(pendiente) sheer, steep; (rocas) craggy
escasear [eskase'ar] vi to be scarce
escasez [eska'seθ] nf (falta) shortage,
scarcity; (pobreza) poverty
escaso, -a [es'kaso, a] adj (poco)
scarce; (raro) rare; (ralo) thin, sparse;
(limitado) limited
escatimar [eskati'mar] vt to skimp
(on), be sparing with
escayola [eska'jola] nf plaster
escena [es'θena] nf scene; **escenario**
[esθe'narjo] nm (Teatro) stage; (Cine)
set; (fig) scene

> No confundir **escenario** con la
> palabra inglesa scenery.

escenografía nf set design
escéptico, -a [es'θeptiko, a] adj
sceptical ▷ nm/f sceptic
esclarecer [esklare'θer] vt (misterio,
problema) to shed light on
esclavitud [esklaβi'tuð] nf slavery
esclavizar [esklaβi'θar] vt to enslave
esclavo, -a [es'klaβo, a] nm/f slave
escoba [es'koβa] nf broom; **escobilla**
nf brush
escocer [esko'θer] vi to burn, sting;
escocerse vr to chafe, get chafed
escocés, -esa [esko'θes, esa] adj
Scottish ▷ nm/f Scotsman(-woman),
Scot
Escocia [es'koθja] nf Scotland
escoger [esko'xer] vt to choose,
pick, select; **escogido, -a** adj chosen,
selected
escolar [esko'lar] adj school cpd
▷ nmf schoolboy(-girl), pupil
escollo [es'koʎo] nm (obstáculo) pitfall
escolta [es'kolta] nf escort; **escoltar**
vt to escort
escombros [es'kombros] nmpl
(basura) rubbish sg; (restos) debris sg
esconder [eskon'der] vt to hide,
conceal; **esconderse** vr to hide;

escondidas (LAM) nfpl: **a escondidas**
secretly; **escondite** nm hiding place;
(ESP: juego) hide-and-seek; **escondrijo**
nm hiding place, hideout
escopeta [esko'peta] nf shotgun
escoria [es'korja] nf (de alto horno)
slag; (fig) scum, dregs pl
Escorpio [es'korpjo] nm Scorpio
escorpión [eskor'pjon] nm scorpion
escotado, -a [esko'taðo, a] adj
low-cut
escote [es'kote] nm (de vestido) low
neck; **pagar a ~** to share the expenses
escotilla [esko'tiʎa] nf (Náut)
hatch(way)
escozor [esko'θor] nm (dolor)
sting(ing)
escribible [eskri'βiβle] adj writable
escribir [eskri'βir] vt, vi to write; **~ a
máquina** to type; **¿cómo se escribe?**
how do you spell it?
escrito, -a [es'krito, a] pp de
escribir ▷ nm (documento) document;
(manuscrito) text, manuscript; **por ~**
in writing
escritor, a [eskri'tor, a] nm/f writer
escritorio [eskri'torjo] nm desk
escritura [eskri'tura] nf (acción)
writing; (caligrafía) (hand)writing;
(Jur: documento) deed
escrúpulo [es'krupulo] nm scruple;
(minuciosidad) scrupulousness;
escrupuloso, -a adj scrupulous
escrutinio [eskru'tinjo] nm (examen
atento) scrutiny; (Pol: recuento de votos)
count(ing)
escuadra [es'kwaðra] nf (Mil etc)
squad; (Náut) squadron; (flota: de coches
etc) fleet; **escuadrilla** nf (de aviones)
squadron; (LAM: de obreros) gang
escuadrón [eskwa'ðron] nm
squadron
escuálido, -a [es'kwaliðo, a] adj
skinny, scraggy; (sucio) squalid
escuchar [esku'tʃar] vt to listen to
▷ vi to listen
escudo [es'kuðo] nm shield
escuela [es'kwela] nf school; **escuela**

de artes y oficios (ESP) ≈ technical college; **escuela de choferes** (LAM) driving school; **escuela de manejo** (MÉX) driving school

escueto, -a [es'kweto, a] adj plain; (estilo) simple

escuincle, -a [es'kwinkle, a] (MÉX: fam) nm/f kid

esculpir [eskul'pir] vt to sculpt; (grabar) to engrave; (tallar) to carve; **escultor, a** nm/f sculptor(-tress); **escultura** nf sculpture

escupidera [eskupi'ðera] nf spittoon

escupir [esku'pir] vt, vi to spit (out)

escurreplatos [eskurre'platos] (ESP) nm inv draining board (BRIT), drainboard (US)

escurridero [eskurri'ðero] (LAM) nm draining board (BRIT), drainboard (US)

escurridizo, -a [eskurri'ðiθo, a] adj slippery

escurridor [eskurri'ðor] nm colander

escurrir [esku'rrir] vt (ropa) to wring out; (verduras, platos) to drain ▷ vi (líquidos) to drip; **escurrirse** vr (secarse) to drain; (resbalarse) to slip, slide; (escaparse) to slip away

ese ['ese] (f **esa**, pl **esos, esas**) adj demos (sg) that; (pl) those

ése ['ese] (f **ésa**, pl **ésos, ésas**) pron (sg) that (one); (pl) those (ones); **~ ... éste ...** the former ... the latter ...; **no me vengas con ésas** don't give me any more of that nonsense

esencia [e'senθja] nf essence; **esencial** adj essential

esfera [es'fera] nf sphere; (de reloj) face; **esférico, -a** adj spherical

esforzarse [esfor'θarse] vr to exert o.s., make an effort

esfuerzo etc [es'fwerθo] vb V **esforzarse** ▷ nm effort

esfumarse [esfu'marse] vr (apoyo, esperanzas) to fade away

esgrima [es'ɣrima] nf fencing

esguince [es'ɣinθe] nm (Med) sprain

eslabón [esla'βon] nm link

eslip [ez'lip] nm pants pl (BRIT), briefs pl

eslovaco, -a [eslo'βako, a] adj, nm/f Slovak, Slovakian ▷ nm (Ling) Slovak, Slovakian

Eslovaquia [eslo'βakja] nf Slovakia

eslovaco, -a [eslo'βako, a] adj, nm/f Slovak, Slovakian ▷ nm (Ling) Slovak, Slovakian

esmalte [es'malte] nm enamel; **esmalte de uñas** nail varnish o polish

esmeralda [esme'ralda] nf emerald

esmerarse [esme'rarse] vr (aplicarse) to take great pains, exercise great care; (afanarse) to work hard

esmero [es'mero] nm (great) care

esnob [es'nob] (pl ~s) adj (persona) snobbish ▷ nmf snob

eso ['eso] pron that, that thing o matter; **~ de su coche** that business about his car; **~ de ir al cine** all that about going to the cinema; **a ~ de las cinco** at about five o'clock; **en ~** thereupon, at that point; **~ es** that's it; **¡~ sí que es vida!** now that is really living!; **por ~ te lo dije** that's why I told you; **y ~ que llovía** in spite of the fact it was raining

esos adj demos V **ese**

ésos pron V **ése**

espabilar etc [espaβi'lar] = **despabilar** etc

espacial [espa'θjal] adj (del espacio) space cpd

espaciar [espa'θjar] vt to space (out)

espacio [es'paθjo] nm space; (Mús) interval; (Radio, TV) programme (BRIT), program (US); **el ~** space; **espacio aéreo/exterior** air/outer space; **espacioso, -a** adj spacious, roomy

espada [es'paða] nf sword; **espadas** nfpl (Naipes) spades

espaguetis [espa'ɣetis] nmpl spaghetti sg

espalda [es'palda] nf (gen) back; **espaldas** nfpl (hombros) shoulders; **a ~s de algn** behind sb's back; **estar de ~s** to have one's back turned; **tenderse de ~s** to lie (down) on one's back; **volver la ~ a algn** to cold-shoulder sb

espantajo [espan'taxo] nm = **espantapájaros**

espantapájaros [espanta'paxaros] nm inv scarecrow

espantar [espan'tar] vt (asustar) to frighten, scare; (ahuyentar) to frighten off; (asombrar) to horrify, appal; **espantarse** vr to get frightened o scared; to be appalled

espanto [es'panto] nm (susto) fright; (terror) terror; (asombro) astonishment; **espantoso, -a** adj frightening; terrifying; astonishing

España [es'paɲa] nf Spain; **español, a** adj Spanish ▷ nm/f Spaniard ▷ nm (Ling) Spanish

esparadrapo [espara'ðrapo] nm (sticking) plaster (BRIT), adhesive tape (US)

esparcir [espar'θir] vt to spread; (diseminar) to scatter; **esparcirse** vr to spread (out), to scatter; (divertirse) to enjoy o.s.

espárrago [es'parraɣo] nm asparagus

esparto [es'parto] nm esparto (grass)

espasmo [es'pasmo] nm spasm

espátula [es'patula] nf spatula

especia [es'peθja] nf spice

especial [espe'θjal] adj special; **especialidad** nf speciality (BRIT), specialty (US)

especie [es'peθje] nf (Bio) species; (clase) kind, sort; **en ~** in kind

especificar [espeθifi'kar] vt to specify; **específico, -a** adj specific

espécimen [es'peθimen] (pl **especímenes**) nm specimen

espectáculo [espek'takulo] nm (gen) spectacle; (Teatro etc) show

espectador, a [espekta'ðor, a] nm/f spectator

especular [espeku'lar] vt, vi to speculate

espejismo [espe'xismo] nm mirage

espejo [es'pexo] nm mirror; **(espejo) retrovisor** rear-view mirror

espeluznante [espeluθ'nante] adj horrifying, hair-raising

espera [es'pera] nf (pausa, intervalo) wait; (Jur: plazo) respite; **en ~ de** waiting for; (con expectativa) expecting

esperanza [espe'ranθa] nf (confianza) hope; (expectativa) expectation; **hay pocas ~s de que venga** there is little prospect of his coming; **esperanza de vida** life expectancy

esperar [espe'rar] vt (aguardar) to wait for; (tener expectativa de) to expect; (desear) to hope for ▷ vi to wait; to expect; to hope; **hacer ~ a algn** to keep sb waiting; **~ un bebé** to be expecting (a baby)

esperma [es'perma] nf sperm

espeso, -a [es'peso, a] adj thick; **espesor** nm thickness

espía [es'pia] nmf spy; **espiar** vt (observar) to spy on

espiga [es'piɣa] nf (Bot: de trigo etc) ear

espigón [espi'ɣon] nm (Bot) ear; (Náut) breakwater

espina [es'pina] nf thorn; (de pez) bone; **espina dorsal** (Anat) spine

espinaca [espi'naka] nf spinach

espinazo [espi'naθo] nm spine, backbone

espinilla [espi'niʎa] nf (Anat: tibia) shin(bone); (grano) blackhead

espinoso, -a [espi'noso, a] adj (planta) thorny, prickly; (asunto) difficult

espionaje [espjo'naxe] nm spying, espionage

espiral [espi'ral] adj, nf spiral

espirar [espi'rar] vt to breathe out, exhale

espiritista [espiri'tista] adj, nmf spiritualist

espíritu [es'piritu] nm spirit; **Espíritu Santo** Holy Ghost o Spirit; **espiritual** adj spiritual

espléndido, -a [es'plendiðo, a] adj (magnífico) magnificent, splendid; (generoso) generous

esplendor [esplen'dor] nm
splendour

espolvorear [espolβore'ar] vt to
dust, sprinkle

esponja [es'ponxa] nf sponge; (fig)
sponger; **esponjoso, -a** adj spongy

espontaneidad [espontanei'ðað]
nf spontaneity; **espontáneo, -a** adj
spontaneous

esposa [es'posa] nf wife; **esposas**
nfpl handcuffs; **esposar** vt to
handcuff

esposo [es'poso] nm husband

espray [es'prai] nm spray

espuela [es'pwela] nf spur

espuma [es'puma] nf foam; (de
cerveza) froth, head; (de jabón) lather;
espuma de afeitar shaving foam;
espumadera nf (utensilio) skimmer;
espumoso, -a adj frothy, foamy; (vino)
sparkling

esqueleto [eske'leto] nm skeleton

esquema [es'kema] nm (diagrama)
diagram; (dibujo) plan; (Filosofía)
schema

esquí [es'ki] (pl **~s**) nm (objeto) ski;
(Deporte) skiing; **esquí acuático** water-
skiing; **esquiar** vi to ski

esquilar [eski'lar] vt to shear

esquimal [eski'mal] adj, nmf Eskimo

esquina [es'kina] nf corner;
esquinazo [eski'naθo] nm: **dar
esquinazo a algn** to give sb the slip

esquirol [eski'rol] (ESP) nm
strikebreaker, scab

esquivar [eski'βar] vt to avoid

esta ['esta] adj demos V **este²**

está vb V **estar**

ésta pron V **éste**

estabilidad [estaβili'ðað] nf
stability; **estable** adj stable

establecer [estaβle'θer] vt to
establish; **establecerse** vr to
establish o.s.; (echar raíces) to settle
(down); **establecimiento** nm
establishment

establo [es'taβlo] nm (Agr) stable

estaca [es'taka] nf stake, post; (de
tienda de campaña) peg

estacada [esta'kaða] nf (cerca) fence,
fencing; (palenque) stockade

estación [esta'θjon] nf station;
(del año) season; **estación balnearia**
seaside resort; **estación de autobuses**
bus station; **estación de servicio**
service station

estacionamiento
[estaθjona'mjento] nm (Auto)
parking; (Mil) stationing

estacionar [estaθjo'nar] vt (Auto) to
park; (Mil) to station

estadía [esta'ðia] (LAM) nf stay

estadio [es'taðjo] nm (fase) stage,
phase; (Deporte) stadium

estadista [esta'ðista] nm (Pol)
statesman; (Mat) statistician

estadística [esta'ðistika] nf figure,
statistic; (ciencia) statistics sg

estado [es'taðo] nm (Pol: condición)
state; **estar en ~** to be pregnant;
estado civil marital status; **estado
de ánimo** state of mind; **estado de
cuenta** bank statement; **estado de
sitio** state of siege; **estado mayor**
staff; **Estados Unidos** United States
(of America)

estadounidense [estaðouni'ðense]
adj United States cpd, American ▷ nmf
American

estafa [es'tafa] nf swindle, trick;
estafar vt to swindle, defraud

estáis vb V **estar**

estallar [esta'ʎar] vi to burst; (bomba)
to explode, go off; (epidemia, guerra,
rebelión) to break out; **~ en llanto**
to burst into tears; **estallido** nm
explosion; (fig) outbreak

estampa [es'tampa] nf print,
engraving; **estampado, -a**
[estam'paðo, a] adj printed ▷ nm
(impresión: acción) printing; (: efecto)
print; (marca) stamping

estampar [estam'par] vt (imprimir)
to print; (marcar) to stamp; (metal) to
engrave; (poner sello en) to stamp; (fig)
to stamp, imprint

estampida [estam'piða] *nf*
stampede

estampido [estam'piðo] *nm* bang,
report

estampilla [estam'piʎa] (*LAM*) *nf*
(postage) stamp

están *vb* V **estar**

estancado, -a [estan'kaðo, a] *adj*
stagnant

estancar [estan'kar] *vt* (*aguas*)
to hold up, hold back; (*Com*) to
monopolize; (*fig*) to block, hold up;
estancarse *vr* to stagnate

estancia [es'tanθja] *nf* (*ESP,*
MÉX: permanencia) stay; (*sala*)
room; (*RPL: de ganado*) farm, ranch;
estanciero(*RPL*) *nm* farmer, rancher

estanco, -a [es'tanko, a] *adj*
watertight ▷ *nm* tobacconist's (shop),
cigar store (*US*)

○ **ESTANCO**

- Cigarettes, tobacco, postage
- stamps and official forms are all
- sold under state monopoly in
- shops called **estancos**. Although
- tobacco products can also be
- bought in bars and quioscos they
- are generally more expensive.

estándar [es'tandar] *adj, nm*
standard

estandarte [estan'darte] *nm*
banner, standard

estanque [es'tanke] *nm* (*lago*) pool,
pond; (*Agr*) reservoir

estanquero, -a [estan'kero, a] *nm/f*
tobacconist

estante [es'tante] *nm* (*armario*)
rack, stand; (*biblioteca*) bookcase;
(*anaquel*) shelf; **estantería** *nf* shelving,
shelves *pl*

○ **PALABRA CLAVE**

estar [es'tar] *vi* **1**(*posición*) to be; **está**
en la plaza it's in the square; **¿está**

Juan? is Juan in?; **estamos a 30 km de**
Junín we're 30 kms from Junín
2 (+ *adj: estado*) to be; **está enfermo** to
be ill; **está muy elegante** he's looking
very smart; **¿cómo estás?** how are
you keeping?
3 (+ *gerundio*) to be; **estoy leyendo**
I'm reading
4 (*uso pasivo*): **está condenado a**
muerte he's been condemned to
death; **está envasado en ...** it's
packed in ...
5 (*con fechas*): **¿a cuántos estamos?**
what's the date today?; **estamos a 5 de**
mayo it's the 5th of May
6 (*locuciones*): **¿estamos?** (*¿de acuerdo?*)
okay?; (*¿listo?*) ready?
7: **estar de: estar de vacaciones/**
viaje to be on holiday/away *o* on a
trip; **está de camarero** he's working
as a waiter
8: **estar para: está para salir** he's
about to leave; **no estoy para bromas**
I'm not in the mood for jokes
9: **estar por** (*propuesta etc*) to be in
favour of; (*persona etc*) to support, side
with; **está por limpiar** it still has to
be cleaned
10: **estar sin: estar sin dinero** to have
no money; **está sin terminar** it isn't
finished yet
estarse *vr*: **se estuvo en la cama**
toda la tarde he stayed in bed all
afternoon

estas ['estas] *adj demos* V **este²**
éstas *pron* V **éste**
estatal [esta'tal] *adj* state *cpd*
estático, -a [es'tatiko, a] *adj* static
estatua [es'tatwa] *nf* statue
estatura [esta'tura] *nf* stature,
height
este¹ ['este] *nm* east
este² ['este] (*f* **esta**, *pl* **estos, estas**)
adj demos (*sg*) this; (*pl*) these
esté *etc vb* V **estar**
éste ['este] (*f* **ésta**, *pl* **éstos, éstas**)
pron (*sg*) this (one); (*pl*) these (ones);

ése ... ~ ... the former ... the latter ...

estén etc vb V **estar**

estepa [es'tepa] nf (Geo) steppe

estera [es'tera] nf mat(ting)

estéreo [es'tereo] adj inv, nm stereo; **estereotipo** nm stereotype

estéril [es'teril] adj sterile, barren; (fig) vain, futile; **esterilizar** vt to sterilize

esterlina [ester'lina] adj: **libra ~** pound sterling

estés etc vb V **estar**

estética [es'tetika] nf aesthetics sg

estético, -a [es'tetiko, a] adj aesthetic

estiércol [es'tjerkol] nm dung, manure

estigma [es'tixma] nm stigma

estilo [es'tilo] nm style; (Tec) stylus; (Natación) stroke; **algo por el ~** something along those lines

estima [es'tima] nf esteem, respect; **estimación** [estima'θjon] nf (evaluación) estimation; (aprecio, afecto) esteem, regard; **estimado, a** adj esteemed; **E~ señor** Dear Sir

estimar [esti'mar] vt (evaluar) to estimate; (valorar) to value; (apreciar) to esteem, respect; (pensar, considerar) to think, reckon

estimulante [estimu'lante] adj stimulating ▷ nm stimulant

estimular [estimu'lar] vt to stimulate; (excitar) to excite

estímulo [es'timulo] nm stimulus; (ánimo) encouragement

estirar [esti'rar] vt to stretch; (dinero, suma etc) to stretch out; **estirarse** vr to stretch

estirón [esti'ron] nm pull, tug; (crecimiento) spurt, sudden growth; **dar** o **pegar un ~** (fam: niño) to shoot up (inf)

estirpe [es'tirpe] nf stock, lineage

estival [esti'βal] adj summer cpd

esto ['esto] pron this, this thing o matter; **~ de la boda** this business about the wedding

Estocolmo [esto'kolmo] nm Stockholm

estofado [esto'faðo] nm stew

estómago [es'tomaxo] nm stomach; **tener ~** to be thick-skinned

estorbar [estor'βar] vt to hinder, obstruct; (molestar) to bother, disturb ▷ vi to be in the way; **estorbo** nm (molestia) bother, nuisance; (obstáculo) hindrance, obstacle

estornudar [estornu'ðar] vi to sneeze

estos ['estos] adj demos V **este²**

éstos pron V **éste**

estoy vb V **estar**

estrado [es'traðo] nm platform

estrafalario, -a [estrafa'larjo, a] adj odd, eccentric

estrago [es'traxo] nm ruin, destruction; **hacer ~s en** to wreak havoc among

estragón [estra'xon] nm tarragon

estrambótico, -a [estram'botiko, a] adj (persona) eccentric; (peinado, ropa) outlandish

estrangular [estrangu'lar] vt (persona) to strangle; (Med) to strangulate

estratagema [estrata'xema] nf (Mil) stratagem; (astucia) cunning

estrategia [estra'texja] nf strategy; **estratégico, -a** adj strategic

estrato [es'trato] nm stratum, layer

estrechar [estre'tʃar] vt (reducir) to narrow; (Costura) to take in; (abrazar) to hug, embrace; **estrecharse** vr (reducirse) to narrow, grow narrow; (abrazarse) to embrace; **~ la mano** to shake hands

estrechez [estre'tʃeθ] nf narrowness; (de ropa) tightness; **estrecheces** nfpl (dificultades económicas) financial difficulties

estrecho, -a [es'tretʃo, a] adj narrow; (apretado) tight; (íntimo) close, intimate; (miserable) mean ▷ nm strait; **~ de miras** narrow-minded

estrella [es'treʎa] nf star; **estrella de mar** (Zool) starfish; **estrella fugaz** shooting star

estrellar [estre'ʎar] vt (hacer añicos) to smash (to pieces); (huevos) to fry; **estrellarse** vr to smash; (chocarse) to crash; (fracasar) to fail

estremecer [estreme'θer] vt to shake; **estremecerse** vr to shake, tremble

estrenar [estre'nar] vt (vestido) to wear for the first time; (casa) to move into; (película, obra de teatro) to première; **estrenarse** vr (persona) to make one's début; **estreno** nm (Cine etc) première

estreñido, -a [estre'ɲiðo, a] adj constipated

estreñimiento [estreɲi'mjento] nm constipation

estrepitoso, -a [estrepi'toso, a] adj noisy; (fiesta) rowdy

estría [es'tria] nf groove

estribar [estri'βar] vi: ~ **en** to lie on

estribillo [estri'βiʎo] nm (Literatura) refrain; (Mús) chorus

estribo [es'triβo] nm (de jinete) stirrup; (de coche, tren) step; (de puente) support; (Geo) spur; **perder los ~s** to fly off the handle

estribor [estri'βor] nm (Náut) starboard

estricto, -a [es'trikto, a] adj (riguroso) strict; (severo) severe

estridente [estri'ðente] adj (color) loud; (voz) raucous

estropajo [estro'paxo] nm scourer

estropear [estrope'ar] vt to spoil; (dañar) to damage; **estropearse** vr (objeto) to get damaged; (persona, piel) to be ruined

estructura [estruk'tura] nf structure

estrujar [estru'xar] vt (apretar) to squeeze; (aplastar) to crush; (fig) to drain, bleed

estuario [es'twarjo] nm estuary

estuche [es'tutʃe] nm box, case

estudiante [estu'ðjante] nmf student; **estudiantil** adj student cpd

estudiar [estu'ðjar] vt to study

estudio [es'tuðjo] nm study; (Cine, Arte, Radio) studio; **estudios** nmpl studies; (erudición) learning sg; **estudioso, -a** adj studious

estufa [es'tufa] nf heater, fire

estupefaciente [estupefa'θjente] nm drug, narcotic

estupefacto, -a [estupe'fakto, a] adj speechless, thunderstruck

estupendo, -a [estu'pendo, a] adj wonderful, terrific; (fam) great; **¡~!** that's great!, fantastic!

estupidez [estupi'ðeθ] nf (torpeza) stupidity; (acto) stupid thing (to do)

estúpido, -a [es'tupiðo, a] adj stupid, silly

estuve etc vb V **estar**

ETA ['eta] (ESP) nf abr (= Euskadi ta Askatasuna) ETA

etapa [e'tapa] nf (de viaje) stage; (Deporte) leg; (parada) stopping place; (fase) stage, phase

etarra [e'tarra] nmf member of ETA

etc. abr (= etcétera) etc

etcétera [et'θetera] adv etcetera

eternidad [eterni'ðað] nf eternity; **eterno, -a** adj eternal, everlasting

ética ['etika] nf ethics pl

ético, -a ['etiko, a] adj ethical

etiqueta [eti'keta] nf (modales) etiquette; (rótulo) label, tag

Eucaristía [eukaris'tia] nf Eucharist

euforia [eu'forja] nf euphoria

euro ['euro] nm (moneda) euro

eurodiputado, -a [euroðipu'taðo, a] nm/f Euro MP, MEP

Europa [eu'ropa] nf Europe; **europeo, -a** adj, nm/f European

Euskadi [eus'kaði] nm the Basque Country o Provinces pl

euskera [eus'kera] nm (Ling) Basque

evacuación [eβakwa'θjon] nf evacuation

evacuar [eβa'kwar] vt to evacuate

evadir [eβa'ðir] vt to evade, avoid; **evadirse** vr to escape

evaluar [eβa'lwar] vt to evaluate

evangelio [eβaŋ'xeljo] nm gospel

evaporar [eβapo'rar] *vt* to evaporate; **evaporarse** *vr* to vanish

evasión [eβa'sjon] *nf* escape, flight; (*fig*) evasion; **evasión de capitales** flight of capital

evasiva [eβa'siβa] *nf* (*pretexto*) excuse

evento [e'βento] *nm* event

eventual [eβen'twal] *adj* possible, conditional (upon circumstances); (*trabajador*) casual, temporary

▍ No confundir **eventual** con la palabra inglesa *eventual*.

evidencia [eβi'ðenθja] *nf* evidence, proof

evidente [eβi'ðente] *adj* obvious, clear, evident

evitar [eβi'tar] *vt* (*evadir*) to avoid; (*impedir*) to prevent; **~ hacer algo** to avoid doing sth

evocar [eβo'kar] *vt* to evoke, call forth

evolución [eβolu'θjon] *nf* (*desarrollo*) evolution, development; (*cambio*) change; (*Mil*) manoeuvre; **evolucionar** *vi* to evolve; to manoeuvre

ex [eks] *adj* ex-; **el ~ ministro** the former minister, the ex-minister

exactitud [eksakti'tuð] *nf* exactness; (*precisión*) accuracy; (*puntualidad*) punctuality; **exacto, -a** *adj* exact; accurate; punctual; **¡exacto!** exactly!

exageración [eksaxera'θjon] *nf* exaggeration

exagerar [eksaxe'rar] *vt, vi* to exaggerate

exaltar [eksal'tar] *vt* to exalt, glorify; **exaltarse** *vr* (*excitarse*) to get excited *o* worked up

examen [ek'samen] *nm* examination; **examen de conducir** driving test; **examen de ingreso** entrance examination

examinar [eksami'nar] *vt* to examine; **examinarse** *vr* to be examined, take an examination

excavadora [ekskaβa'ðora] *nf* excavator

excavar [ekska'βar] *vt* to excavate

excedencia [eksθe'ðenθja] *nf*: **estar en ~** to be on leave; **pedir *o* solicitar la ~** to ask for leave

excedente [eksθe'ðente] *adj, nm* excess, surplus

exceder [eksθe'ðer] *vt* to exceed, surpass; **excederse** *vr* (*extralimitarse*) to go too far

excelencia [eksθe'lenθja] *nf* excellence; **su E~** his Excellency; **excelente** *adj* excellent

excéntrico, -a [eks'θentriko, a] *adj, nm/f* eccentric

excepción [eksθep'θjon] *nf* exception; **a ~ de** with the exception of, except for; **excepcional** *adj* exceptional

excepto [eks'θepto] *adv* excepting, except (for)

exceptuar [eksθep'twar] *vt* to except, exclude

excesivo, -a [eksθe'siβo, a] *adj* excessive

exceso [eks'θeso] *nm* (*gen*) excess; (*Com*) surplus; **exceso de equipaje/ peso** excess luggage/weight; **exceso de velocidad** speeding

excitado, -a [eksθi'taðo, a] *adj* excited; (*emociones*) aroused

excitar [eksθi'tar] *vt* to excite; (*incitar*) to urge; **excitarse** *vr* to get excited

exclamación [eksklama'θjon] *nf* exclamation

exclamar [ekskla'mar] *vi* to exclaim

excluir [eksklu'ir] *vt* to exclude; (*dejar fuera*) to shut out; (*descartar*) to reject

exclusiva [eksklu'siβa] *nf* (*Prensa*) exclusive, scoop; (*Com*) sole right

exclusivo, -a [eksklu'siβo, a] *adj* exclusive; **derecho ~** sole *o* exclusive right

Excmo. *abr* = **excelentísimo**

excomulgar [ekskomul'xar] *vt* (*Rel*) to excommunicate

excomunión [ekskomu'njon] *nf* excommunication

excursión [ekskur'sjon] nf
excursion, outing; **excursionista** nmf
(turista) sightseer

excusa [eks'kusa] nf excuse;
(disculpa) apology; **excusar**
[eksku'sar] vt to excuse

exhaustivo, -a [eksaus'tiβo, a] adj
(análisis) thorough; (estudio) exhaustive

exhausto, -a [ek'sausto, a] adj
exhausted

exhibición [eksiβi'θjon] nf
exhibition, display, show

exhibir [eksi'βir] vt to exhibit,
display, show

exigencia [eksi'xenθja] nf
demand, requirement; **exigente** adj
demanding

exigir [eksi'xir] vt (gen) to demand,
require; **~ el pago** to demand payment

exiliado, -a [eksi'ljaðo, a] adj exiled
▷ nm/f exile

exilio [ek'siljo] nm exile

eximir [eksi'mir] vt to exempt

existencia [eksis'tenθja] nf
existence; **existencias** nfpl stock(s) pl

existir [eksis'tir] vi to exist, be

éxito ['eksito] nm (triunfo) success;
(Mús etc) hit; **tener ~** to be successful
▎No confundir **éxito** con la palabra
inglesa *exit*.

exorbitante [eksorβi'tante] adj
(precio) exorbitant; (cantidad) excessive

exótico, -a [ek'sotiko, a] adj exotic

expandir [ekspan'dir] vt to expand

expansión [ekspan'sjon] nf
expansion

expansivo, -a [ekspan'siβo, a]
adj: **onda expansiva** shock wave

expatriarse [ekspa'trjarse] vr to
emigrate; (Pol) to go into exile

expectativa [ekspekta'tiβa] nf
(espera) expectation; (perspectiva)
prospect

expedición [ekspeði'θjon] nf
(excursión) expedition

expediente [ekspe'ðjente] nm
expedient; (Jur: procedimento) action,
proceedings pl; (: papeles) dossier,
file, record

expedir [ekspe'ðir] vt (despachar) to
send, forward; (pasaporte) to issue

expensas [eks'pensas] nfpl: **a ~ de** at
the expense of

experiencia [ekspe'rjenθja] nf
experience

experimentado, -a
[eksperimen'taðo, a] adj experienced

experimentar [eksperimen'tar] vt
(en laboratorio) to experiment with;
(probar) to test, try out; (notar, observar)
to experience; (deterioro, pérdida) to
suffer; **experimento** nm experiment

experto, -a [eks'perto, a] adj expert,
skilled ▷ nm/f expert

expirar [ekspi'rar] vi to expire

explanada [eskpla'naða] nf (llano)
plain

explayarse [ekspla'jarse] vr (en
discurso) to speak at length; **~ con algn**
to confide in sb

explicación [eksplika'θjon] nf
explanation

explicar [ckspli'kar] vt to explain;
explicarse vr to explain (o.s.)

explícito, -a [eks'pliθito, a] adj
explicit

explique etc vb V **explicar**

explorador, a [eksplora'ðor, a] nm/f
(pionero) explorer; (Mil) scout ▷ nm
(Med) probe; (Tec) (radar) scanner

explorar [eksplo'rar] vt to explore;
(Med) to probe; (radar) to scan

explosión [eksplo'sjon] nf
explosion; **explosivo, -a** adj explosive

explotación [eksplota'θjon] nf
exploitation; (de planta etc) running

explotar [eksplo'tar] vt to exploit to
run, operate ▷ vi to explode

exponer [ekspo'ner] vt to expose;
(cuadro) to display; (vida) to risk;
(idea) to explain; **exponerse** vr: **~se
a (hacer) algo** to run the risk of
(doing) sth

exportación [eksporta'θjon] nf
(acción) export; (mercancías) exports pl

exportar [ekspor'tar] vt to export

exposición [eksposi'θjon] *nf* (*gen*) exposure; (*de arte*) show, exhibition; (*explicación*) explanation; (*declaración*) account, statement

expresamente [ekspresa'mente] *adv* (*decir*) clearly; (*a propósito*) expressly

expresar [ekspre'sar] *vt* to express; **expresión** *nf* expression

expresivo, -a [ekspre'siβo, a] *adj* (*persona, gesto, palabras*) expressive; (*cariñoso*) affectionate

expreso, -a [eks'preso, a] *pp de* **expresar** ▷ *adj* (*explícito*) express; (*claro*) specific, clear; (*tren*) fast ▷ *adv*: **enviar ~** to send by express (delivery)

express [eks'pres] (*LAM*) *adv*: **enviar algo ~** to send sth special delivery

exprimidor [eksprimi'ðor] *nm* squeezer

exprimir [ekspri'mir] *vt* (*fruta*) to squeeze; (*zumo*) to squeeze out

expuesto, -a [eks'pwesto, a] *pp de* **exponer** ▷ *adj* exposed; (*cuadro etc*) on show, on display

expulsar [ekspul'sar] *vt* (*echar*) to eject, throw out; (*alumno*) to expel; (*despedir*) to sack, fire; (*Deporte*) to send off; **expulsión** *nf* expulsion; sending-off

exquisito, -a [ekski'sito, a] *adj* exquisite; (*comida*) delicious

éxtasis ['ekstasis] *nm* ecstasy

extender [eksten'der] *vt* to extend; (*los brazos*) to stretch out, hold out; (*mapa, tela*) to spread (out), open (out); (*mantequilla*) to spread; (*certificado*) to issue; (*cheque, recibo*) to make out; (*documento*) to draw up; **extenderse** *vr* (*gen*) to extend; (*persona: en el suelo*) to stretch out; (*epidemia*) to spread; **extendido, -a** *adj* (*abierto*) spread out, open; (*brazos*) outstretched; (*costumbre*) widespread

extensión [eksten'sjon] *nf* (*de terreno, mar*) expanse, stretch; (*de tiempo*) length, duration; (*Tel*) extension; **en toda la ~ de la palabra**

in every sense of the word

extenso, -a [eks'tenso, a] *adj* extensive

exterior [ekste'rjor] *adj* (*de fuera*) external; (*afuera*) outside, exterior; (*apariencia*) outward; (*deuda, relaciónes*) foreign ▷ *nm* (*gen*) exterior, outside; (*aspecto*) outward appearance; (*Deporte*) wing(er); (*países extranjeros*) abroad; **en el ~** abroad; **al ~** outwardly, on the surface

exterminar [ekstermi'nar] *vt* to exterminate

externo, -a [eks'terno, a] *adj* (*exterior*) external, outside; (*superficial*) outward ▷ *nm/f* day pupil

extinguir [ekstin'gir] *vt* (*fuego*) to extinguish, put out; (*raza, población*) to wipe out; **extinguirse** *vr* (*fuego*) to go out; (*Bio*) to die out, become extinct

extintor [ekstin'tor] *nm* (fire) extinguisher

extirpar [ekstir'par] *vt* (*Med*) to remove (surgically)

extra ['ekstra] *adj inv* (*tiempo*) extra; (*chocolate, vino*) good-quality ▷ *nmf* extra ▷ *nm* extra; (*bono*) bonus

extracción [ekstrak'θjon] *nf* extraction; (*en lotería*) draw

extracto [eks'trakto] *nm* extract

extradición [ekstraði'θjon] *nf* extradition

extraer [ekstra'er] *vt* to extract, take out

extraescolar [ekstraesko'lar] *adj*: **actividad ~** extracurricular activity

extranjero, -a [ekstran'xero, a] *adj* foreign ▷ *nm/f* foreigner ▷ *nm* foreign countries *pl*; **en el ~** abroad

No confundir **extranjero** con la palabra inglesa *stranger*.

extrañar [ekstra'ɲar] *vt* (*sorprender*) to find strange o odd; (*echar de menos*) to miss; **extrañarse** *vr* (*sorprenderse*) to be amazed, be surprised; **me extraña** I'm surprised

extraño, -a [eks'traɲo, a] *adj* (*extranjero*) foreign; (*raro, sorprendente*) strange, odd

extraordinario, -a
[ekstraorði'narjo, a] *adj*
extraordinary; (*edición, número*) special
▷ *nm* (*de periódico*) special edition;
horas extraordinarias overtime *sg*

extrarradio [ekstra'rraðjo] *nm*
suburbs

extravagante [ekstraβa'ɣante]
adj (*excéntrico*) eccentric; (*estrafalario*)
outlandish

extraviado, -a [ekstra'βjaðo, a] *adj*
lost, missing

extraviar [ekstra'βjar] *vt*
(*persona: desorientar*) to mislead,
misdirect; (*perder*) to lose, misplace;
extraviarse *vr* to lose one's way,
get lost

extremar [ekstre'mar] *vt* to carry
to extremes

extremaunción [ekstremaun'θjon]
nf extreme unction

extremidad [ekstremi'ðað] *nf*
(*punta*) extremity; **extremidades** *nfpl*
(*Anat*) extremities

extremo, -a [eks'tremo, a] *adj*
extreme; (*último*) last ▷ *nm* end; (*límite,
grado sumo*) extreme; **en último ~** as
a last resort

extrovertido, -a [ekstroβer'tiðo, a]
adj, nm/f extrovert

exuberante [eksuβe'rante] *adj*
exuberant; (*fig*) luxuriant, lush

eyacular [ejaku'lar] *vt, vi* to
ejaculate

adj, nm/f extrovert

exuberante [eksuβe'rante] *adj*
exuberant; (*fig*) luxuriant, lush

eyacular [ejaku'lar] *vt, vi* to
ejaculate

o lose one's way, get lost

extremar [ekstre'mar] *vt* to carry
to extremes

extremaunción [ekstremaun'θjon]
nf extreme unction

extremidad [ekstremi'ðað] *nf*
(*punta*) extremity; **extremidades** *nfpl*
(*Anat*) extremities

extremo, -a [eks'tremo, a] *adj*
extreme; (*último*) last ▷ *nm* end; (*límite,
grado sumo*) extreme; **en último ~** as
a last resort

extrovertido, -a [ekstroβer'tiðo, a]

f

fa [fa] *nm* (*Mús*) fa, F

fabada [fa'βaða] *nf* bean and sausage stew

fábrica ['faβrika] *nf* factory; **marca de ~** trademark; **precio de ~** factory price

> No confundir **fábrica** con la palabra inglesa *fabric*.

fabricación [faβrika'θjon] *nf* (*manufactura*) manufacture; (*producción*) production; **de ~ casera** home-made; **fabricación en serie** mass production

fabricante [faβri'kante] *nmf* manufacturer

fabricar [faβri'kar] *vt* (*manufacturar*) to manufacture, make; (*construir*) to build; (*cuento*) to fabricate, devise

fábula ['faβula] *nf* (*cuento*) fable; (*chisme*) rumour; (*mentira*) fib

fabuloso, -a [faβu'loso, a] *adj* (*oportunidad, tiempo*) fabulous, great

facción [fak'θjon] *nf* (*Pol*) faction; **facciones** *nfpl* (*de rostro*) features

faceta [fa'θeta] *nf* facet

facha ['fatʃa] (*fam*) *nf* (*aspecto*) look; (*cara*) face

fachada [fa'tʃaða] *nf* (*Arq*) façade, front

fácil ['faθil] *adj* (*simple*) easy; (*probable*) likely

facilidad [faθili'ðað] *nf* (*capacidad*) ease; (*sencillez*) simplicity; (*de palabra*) fluency; **facilidades** *nfpl* facilities; **facilidades de pago** credit facilities

facilitar [faθili'tar] *vt* (*hacer fácil*) to make easy; (*proporcionar*) to provide

factor [fak'tor] *nm* factor

factura [fak'tura] *nf* (*cuenta*) bill; **facturación** *nf* (*de equipaje*) check-in; **facturar** *vt* (*Com*) to invoice, charge for; (*equipaje*) to check in

facultad [fakul'tað] *nf* (*aptitud, Escol etc*) faculty; (*poder*) power

faena [fa'ena] *nf* (*trabajo*) work; (*quehacer*) task, job

faisán [fai'san] *nm* pheasant

faja ['faxa] *nf* (*para la cintura*) sash; (*de mujer*) corset; (*de tierra*) strip

fajo ['faxo] *nm* (*de papeles*) bundle; (*de billetes*) wad

falda ['falda] *nf* (*prenda de vestir*) skirt; **falda pantalón** culottes *pl*, split skirt

falla ['faʎa] *nf* (*defecto*) fault, flaw; **falla humana** (*LAM*) human error

fallar [fa'ʎar] *vt* (*Jur*) to pronounce sentence on ▷ *vi* (*memoria*) to fail; (*motor*) to miss

Fallas ['faʎas] *nfpl* *Valencian celebration of the feast of St Joseph*

- **FALLAS**
-
- In the week of 19 March (the feast
- of San José), Valencia honours its
- patron saint with a spectacular
- fiesta called **Las Fallas**. The **Fallas**
- are huge papier-mâché, cardboard
- and wooden sculptures which
- are built by competing teams
- throughout the year. They depict
- politicians and well-known public
- figures and are thrown onto

● bonfires and set alight once a jury
has judged them – only the best
sculpture escapes the flames.

fallecer [faʎe'θer] vi to pass away,
die; **fallecimiento** nm decease,
demise

fallido, -a [fa'ʎiðo, a] adj (gen)
frustrated, unsuccessful

fallo ['faʎo] nm (Jur) verdict, ruling;
(fracaso) failure; **fallo cardíaco** heart
failure; **fallo humano** (ESP) human
error

falsificar [falsifi'kar] vt (firma etc) to
forge; (moneda) to counterfeit

falso, -a ['falso, a] adj false;
(documento, moneda etc) fake; **en ~**
falsely

falta ['falta] nf (defecto) fault, flaw;
(privación) lack, want; (ausencia)
absence; (carencia) shortage;
(equivocación) mistake; (Deporte) foul;
echar en ~ to miss; **hacer ~ hacer algo**
to be necessary to do sth; **me hace
~ una pluma** I need a pen; **falta de
educación** bad manners pl; **falta de
ortografía** spelling mistake

faltar [fal'tar] vi (escasear) to be
lacking, be wanting; (ausentarse) to
be absent, be missing; **faltan 2 horas
para llegar** there are 2 hours to go
till arrival; **~ al respeto a algn** to be
disrespectful to sb; **¡no faltaba más!**
(no hay de qué) don't mention it

fama ['fama] nf (renombre) fame;
(reputación) reputation

familia [fa'milja] nf family; **familia
numerosa** large family; **familia
política** in-laws pl

familiar [fami'ljar] adj (relativo a la
familia) family cpd; (conocido, informal)
familiar ▷ nm relative, relation

famoso, -a [fa'moso, a] adj
(renombrado) famous

fan [fan] (pl **~s**) nmf fan

fanático, -a [fa'natiko, a] adj
fanatical ▷ nm/f fanatic; (Cine,
Deporte) fan

fanfarrón, -ona [fanfa'rron, ona]
adj boastful

fango ['fango] nm mud

fantasía [fanta'sia] nf fantasy,
imagination; **joyas de ~** imitation
jewellery sg

fantasma [fan'tasma] nm (espectro)
ghost, apparition; (fanfarrón) show-off

fantástico, -a [fan'tastiko, a] adj
fantastic

farmacéutico, -a [farma'θeutiko,
a] adj pharmaceutical ▷ nm/f
chemist (BRIT), pharmacist

farmacia [far'maθja] nf chemist's
(shop) (BRIT), pharmacy; **farmacia de
guardia** all-night chemist

fármaco ['farmako] nm drug

faro ['faro] nm (Náut: torre)
lighthouse; (Auto) headlamp;
faros antiniebla fog lamps; **faros
delanteros/traseros** headlights/rear
lights

farol [fa'rol] nm lantern, lamp

farola [fa'rola] nf street lamp (BRIT)
o light (US)

farra ['farra] (LAM: fam) nf party; **ir de
~** to go on a binge

farsa ['farsa] nf (gen) farce

farsante [far'sante] nmf fraud, fake

fascículo [fas'θikulo] nm (de revista)
part, instalment

fascinar [fasθi'nar] vt (gen) to
fascinate

fascismo [fas'θismo] nm fascism;
fascista adj, nmf fascist

fase ['fase] nf phase

fashion ['faʃon] adj (fam) trendy

fastidiar [fasti'ðjar] vt (molestar)
to annoy, bother; (estropear) to spoil;
fastidiarse vr: **¡que se fastidie!** (fam)
he'll just have to put up with it!

fastidio [fas'tiðjo] nm (molestia)
annoyance; **fastidioso, -a** adj
(molesto) annoying

fatal [fa'tal] adj (gen) fatal;
(desgraciado) ill-fated; (fam: malo,
pésimo) awful; **fatalidad** nf (destino)
fate; (mala suerte) misfortune

fatiga [fa'tiɣa] nf (cansancio) fatigue, weariness

fatigar [fati'ɣar] vt to tire, weary

fatigoso, -a [fati'ɣoso, a] adj (cansador) tiring

fauna ['fauna] nf fauna

favor [fa'βor] nm favour; **estar a ~ de** to be in favour of; **haga el ~ de ...** would you be so good as to ..., kindly ...; **por ~** please; **favorable** adj favourable

favorecer [faβore'θer] vt to favour; (vestido etc) to become, flatter; **este peinado le favorece** this hairstyle suits him

favorito, -a [faβo'rito, a] adj, nm/f favourite

fax [faks] nm inv fax; **mandar por ~** to fax

fe [fe] nf (Rel) faith; (documento) certificate; **actuar con buena/mala ~** to act in good/bad faith

febrero [fe'βrero] nm February

fecha ['fetʃa] nf date; **con ~ adelantada** postdated; **en ~ próxima** soon; **hasta la ~** to date, so far; **poner ~** to date; **fecha de caducidad** (de producto alimenticio) sell-by date; (de contrato etc) expiry date; **fecha de nacimiento** date of birth; **fecha límite** o **tope** deadline

fecundo, -a [fe'kundo, a] adj (fértil) fertile; (fig) prolific; (productivo) productive

federación [feðera'θjon] nf federation

felicidad [feliθi'ðað] nf happiness; **¡~es!** (deseos) best wishes, congratulations!; (en cumpleaños) happy birthday!

felicitación [feliθita'θjon] nf (tarjeta) greeting(s) card

felicitar [feliθi'tar] vt to congratulate

feliz [fe'liθ] adj happy

felpudo [fel'puðo] nm doormat

femenino, -a [feme'nino, a] adj, nm feminine

feminista [femi'nista] adj, nmf feminist

fenómeno [fe'nomeno] nm phenomenon; (fig) freak, accident ▷ adj great ▷ excl great!, marvellous!; **fenomenal** adj = **fenómeno**

feo, -a ['feo, a] adj (gen) ugly; (desagradable) bad, nasty

féretro ['feretro] nm (ataúd) coffin; (sarcófago) bier

feria ['ferja] nf (gen) fair; (descanso) holiday, rest day; (MÉX: cambio) small o loose change; (cs: mercado) village market

feriado [fe'rjaðo] (LAM) nm holiday

fermentar [fermen'tar] vi to ferment

feroz [fe'roθ] adj (cruel) cruel; (salvaje) fierce

férreo, -a ['ferreo, a] adj iron

ferretería [ferrete'ria] nf (tienda) ironmonger's (shop) (BRIT), hardware store (US)

ferrocarril [ferroka'rril] nm railway

ferroviario, -a [ferro'βjarjo, a] adj rail cpd

ferry ['ferri] (pl ~s o ferries) nm ferry

fértil ['fertil] adj (productivo) fertile; (rico) rich; **fertilidad** nf (gen) fertility; (productividad) fruitfulness

fervor [fer'βor] nm fervour

festejar [feste'xar] vt (celebrar) to celebrate

festejo [fes'texo] nm celebration; **festejos** nmpl (fiestas) festivals

festín [fes'tin] nm feast, banquet

festival [festi'βal] nm festival

festividad [festiβi'ðað] nf festivity

festivo, -a [fes'tiβo, a] adj (de fiesta) festive; (Cine, Literatura) humorous; **día ~** holiday

feto ['feto] nm foetus

fiable ['fjaβle] adj (persona) trustworthy; (máquina) reliable

fiambre ['fjambre] nm cold meat

fiambrera [fjam'brera] nf (para almuerzo) lunch box

fianza ['fjanθa] nf surety; (Jur): **libertad bajo ~** release on bail

fiar [fi'ar] vt (*salir garante de*) to guarantee; (*vender a crédito*) to sell on credit ▷ vi to trust; **fiarse** vr to trust (in), rely on; **~ a** (*secreto*) to confide (to); **~se de algn** to rely on sb

fibra ['fiβra] nf fibre; **fibra óptica** optical fibre

ficción [fik'θjon] nf fiction

ficha ['fitʃa] nf (*Tel*) token; (*en juegos*) counter, marker; (*tarjeta*) (index) card; **fichaje** nm (*Deporte*) signing; **fichar** vt (*archivar*) to file, index; (*Deporte*) to sign; **estar fichado** to have a record; **fichero** nm box file; (*Inform*) file

ficticio, -a [fik'tiθjo, a] adj (*imaginario*) fictitious; (*falso*) fabricated

fidelidad [fiðeli'ðað] nf (*lealtad*) fidelity, loyalty; **alta ~** high fidelity, hi-fi

fideos [fi'ðeos] nmpl noodles

fiebre ['fjeβre] nf (*Med*) fever; (*fig*) fever, excitement; **tener ~** to have a temperature; **fiebre aftosa** foot-and-mouth disease

fiel [fjel] adj (*leal*) faithful, loyal; (*fiable*) reliable; (*exacto*) accurate, faithful ▷ nm: **los ~es** the faithful

fieltro ['fjeltro] nm felt

fiera ['fjera] nf (*animal feroz*) wild animal o beast; (*fig*) dragon; V tb **fiero**

fiero, -a ['fjero, a] adj (*cruel*) cruel; (*feroz*) fierce; (*duro*) harsh

fierro ['fjerro] (LAM) nm (*hierro*) iron

fiesta ['fjesta] nf party; (*de pueblo*) festival; (*vacaciones: tb*: **~s**) holiday sg; **fiesta mayor** annual festival; **fiesta patria** (LAM) independence day

- **FIESTAS**
-
- **Fiestas** can be official public
- holidays or holidays set by each
- autonomous region, many of
- which coincide with religious
- festivals. There are also many
- **fiestas** all over Spain for a local
- patron saint or the Virgin Mary.
- These often last several days and
- can include religious processions,
- carnival parades, bullfights and
- dancing.

figura [fi'ɣura] nf (*gen*) figure; (*forma, imagen*) shape, form; (*Naipes*) face card

figurar [fiɣu'rar] vt (*representar*) to represent; (*fingir*) to figure ▷ vi to figure; **figurarse** vr (*imaginarse*) to imagine; (*suponer*) to suppose

fijador [fixa'ðor] nm (*Foto etc*) fixative; (*de pelo*) gel

fijar [fi'xar] vt (*gen*) to fix; (*estampilla*) to affix, stick (on); **fijarse** vr: **~se en** to notice

fijo, -a ['fixo, a] adj (*gen*) fixed; (*firme*) firm; (*permanente*) permanent ▷ adv: **mirar ~** to stare

fila ['fila] nf row; (*Mil*) rank; **ponerse en ~** to line up, get into line; **fila india** single file

filatelia [fila'telja] nf philately, stamp collecting

filete [fi'lete] nm (*de carne*) fillet steak; (*de pescado*) fillet

filiación [filja'θjon] nf (*Pol*) affiliation

filial [fi'ljal] adj filial ▷ nf subsidiary

Filipinas [fili'pinas] nfpl: **las (Islas) ~** the Philippines; **filipino, -a** adj, nm/f Philippine

filmar [fil'mar] vt to film, shoot

filo ['filo] nm (*gen*) edge; **sacar ~ a** to sharpen; **al ~ del mediodía** at about midday; **de doble ~** double-edged

filología [filolo'xia] nf philology; **filología inglesa** (*Univ*) English Studies

filón [fi'lon] nm (*Minería*) vein, lode; (*fig*) goldmine

filosofía [filoso'fia] nf philosophy; **filósofo, -a** nm/f philosopher

filtrar [fil'trar] vt, vi to filter, strain; **filtrarse** vr to filter; **filtro** nm (*Tec, utensilio*) filter

fin [fin] nm end; (*objetivo*) aim, purpose; **al ~ y al cabo** when all's said and done; **a ~ de** in order to; **por ~** finally; **en ~** in short; **fin de semana**

weekend

final [fi'nal] *adj* final ▷ *nm* end, conclusion ▷ *nf* final; **al ~** in the end; **a ~es de** at the end of; **finalidad** *nf* (*propósito*) purpose, intention; **finalista** *nmf* finalist; **finalizar** *vt* to end, finish; (*Inform*) to log out o off ▷ *vi* to end, come to an end

financiar [finan'θjar] *vt* to finance; **financiero, -a** *adj* financial ▷ *nm/f* financier

finca ['finka] *nf* (*casa de campo*) country house; (*bien inmueble*) property, land; (*LAM: granja*) farm

finde ['finde] *nm abr* (*fam: fin de semana*) weekend

fingir [fin'xir] *vt* (*simular*) to simulate, feign ▷ *vi* (*aparentar*) to pretend

finlandés, -esa [finlan'des, esa] *adj* Finnish ▷ *nm/f* Finn ▷ *nm* (*Ling*) Finnish

Finlandia [fin'landja] *nf* Finland

fino, -a ['fino, a] *adj* fine; (*delgado*) slender; (*de buenas maneras*) polite, refined; (*jerez*) fino, dry

firma ['firma] *nf* signature; (*Com*) firm, company

firmamento [firma'mento] *nm* firmament

firmar [fir'mar] *vt* to sign

firme ['firme] *adj* firm; (*estable*) stable; (*sólido*) solid; (*constante*) steady; (*decidido*) resolute ▷ *nm* road (surface); **firmeza** *nf* firmness; (*constancia*) steadiness; (*solidez*) solidity

fiscal [fis'kal] *adj* fiscal ▷ *nmf* public prosecutor; **año ~** tax o fiscal year

fisgonear [fisɣone'ar] *vt* to poke one's nose into ▷ *vi* to pry, spy

física ['fisika] *nf* physics *sg*; V *tb* **físico**

físico, -a ['fisiko, a] *adj* physical ▷ *nm* physique ▷ *nm/f* physicist

fisura [fi'sura] *nf* crack; (*Med*) fracture

flác(c)ido, -a ['fla(k)θiðo, a] *adj* flabby

flaco, -a ['flako, a] *adj* (*muy delgado*) skinny, thin; (*débil*) weak, feeble

flagrante [fla'ɣrante] *adj* flagrant

flama ['flama] (*MÉX*) *nf* flame; **flamable** (*MÉX*) *adj* flammable

flamante [fla'mante] (*fam*) *adj* brilliant; (*nuevo*) brand-new

flamenco, -a [fla'menko, a] *adj* (*de Flandes*) Flemish; (*baile, música*) flamenco ▷ *nm* (*baile, música*) flamenco; (*Zool*) flamingo

flamingo [fla'mingo] (*MÉX*) *nm* flamingo

flan [flan] *nm* creme caramel

▌ No confundir **flan** con la palabra inglesa *flan*.

flash [flaʃ] (*pl ~o ~es*) *nm* (*Foto*) flash

flauta ['flauta] *nf* (*Mús*) flute

flecha ['fletʃa] *nf* arrow

flechazo [fle'tʃaθo] *nm* love at first sight

fleco ['fleko] *nm* fringe

flema ['flema] *nm* phlegm

flequillo [fle'kiʎo] *nm* (*pelo*) fringe

flexible [flek'siβle] *adj* flexible

flexión [flek'sjon] *nf* press-up

flexo ['flekso] *nm* adjustable table-lamp

flirtear [flirte'ar] *vi* to flirt

flojera [flo'xera] (*LAM: fam*) *nf*: **me da ~** I can't be bothered

flojo, -a ['floxo, a] *adj* (*gen*) loose; (*sin fuerzas*) limp; (*débil*) weak

flor [flor] *nf* flower; **a ~ de** on the surface of; **flora** *nf* flora; **florecer** *vi* (*Bot*) to flower, bloom; (*fig*) to flourish; **florería** (*LAM*) *nf* florist's (shop); **florero** *nm* vase; **floristería** *nf* florist's (shop)

flota ['flota] *nf* fleet

flotador [flota'ðor] *nm* (*gen*) float; (*para nadar*) rubber ring

flotar [flo'tar] *vi* (*gen*) to float; **flote** *nm*: **a flote** afloat; **salir a flote** (*fig*) to get back on one's feet

fluidez [flui'ðeθ] *nf* fluidity; (*fig*) fluency

fluido, -a ['fluiðo, a] *adj, nm* fluid

fluir [flu'ir] *vi* to flow

flujo ['fluxo] *nm* flow; **flujo y reflujo** ebb and flow

flúor ['fluor] nm fluoride

fluorescente [flwores'θente] adj fluorescent ▷ nm fluorescent light

fluvial [fluβi'al] adj (navegación, cuenca) fluvial, river cpd

fobia ['fobja] nf phobia; **fobia a las alturas** fear of heights

foca ['foka] nf seal

foco ['foko] nm focus; (Elec) floodlight; (MÉX: bombilla) (light) bulb

fofo, -a ['fofo, a] adj soft, spongy; (carnes) flabby

fogata [fo'ɣata] nf bonfire

fogón [fo'ɣon] nm (de cocina) ring, burner

folio ['foljo] nm folio, page

follaje [fo'ʎaxe] nm foliage

folleto [fo'ʎeto] nm (Pol) pamphlet

follón [fo'ʎon] (ESP: fam) nm (lío) mess; (conmoción) fuss; **armar un ~** to kick up a row

fomentar [fomen'tar] vt (Med) to foment

fonda ['fonda] nf inn

fondo ['fondo] nm (de mar) bottom; (de coche, sala) back; (Arte etc) background; (reserva) fund; **fondos** nmpl (Com) funds, resources; **una investigación a ~** a thorough investigation; **en el ~** at bottom, deep down

fonobuzón [fonoβu'θon] nm voice mail

fontanería [fontane'ria] nf plumbing; **fontanero, -a** nm/f plumber

footing ['futɪn] nm jogging; **hacer ~** to jog, go jogging

forastero, -a [foras'tero, a] nm/f stranger

forcejear [forθexe'ar] vi (luchar) to struggle

forense [fo'rense] nmf pathologist

forma ['forma] nf (figura) form, shape; (Med) fitness; (método) way, means; **las ~s** the conventions; **estar en ~** to be fit; **de ~ que …** so that …; **de todas ~s** in any case

formación [forma'θjon] nf (gen) formation; (educación) education; **formación profesional** vocational training

formal [for'mal] adj (gen) formal; (fig: serio) serious; (: de fiar) reliable; **formalidad** nf formality; seriousness; **formalizar** vt (Jur) to formalize; (situación) to put in order, regularize; **formalizarse** vr (situación) to be put in order, be regularized

formar [for'mar] vt (componer) to form, shape; (constituir) to make up, constitute; (Escol) to train, educate; **formarse** vr (Escol) to be trained, educated; (cobrar forma) to form, take form; (desarrollarse) to develop

formatear [formate'ar] vt to format

formato [for'mato] nm format

formidable [formi'ðaβle] adj (temible) formidable; (estupendo) tremendous

fórmula ['formula] nf formula

formulario [formu'larjo] nm form

fornido, -a [for'niðo, a] adj well-built

foro ['foro] nm (Pol, Inform etc) forum

forrar [fo'rrar] vt (abrigo) to line; (libro) to cover; **forro** nm (de cuaderno) cover; (Costura) lining; (de sillón) upholstery; **forro polar** fleece

fortalecer [fortale'θer] vt to strengthen

fortaleza [forta'leθa] nf (Mil) fortress, stronghold; (fuerza) strength; (determinación) resolution

fortuito, -a [for'twito, a] adj accidental

fortuna [for'tuna] nf (suerte) fortune, (good) luck; (riqueza) fortune, wealth

forzar [for'θar] vt (puerta) to force (open); (compeler) to compel

forzoso, -a [for'θoso, a] adj necessary

fosa ['fosa] nf (sepultura) grave; (en tierra) pit; **fosas nasales** nostrils

fósforo ['fosforo] nm (Quím) phosphorus; (cerilla) match

fósil ['fosil] nm fossil

foso ['foso] nm ditch; (*Teatro*) pit; (*Auto*) inspection pit

foto ['foto] nf photo, snap(shot); **sacar una ~** to take a photo o picture; **foto (de) carné** passport(-size) photo

fotocopia [foto'kopja] nf photocopy; **fotocopiadora** nf photocopier; **fotocopiar** vt to photocopy

fotografía [fotoɤra'fia] nf (*Arte*) photography; (*una fotografía*) photograph; **fotografiar** vt to photograph

fotógrafo, -a [fo'toɤrafo, a] nm/f photographer

fotomatón [fotoma'ton] nm photo booth

FP (*ESP*) nf abr (= *Formación Profesional*) vocational courses for 14- to 18-year-olds

fracasar [fraka'sar] vi (*gen*) to fail

fracaso [fra'kaso] nm failure

fracción [frak'θjon] nf fraction

fractura [frak'tura] nf fracture, break

fragancia [fra'ɤanθja] nf (*olor*) fragrance, perfume

frágil ['fraxil] adj (*débil*) fragile; (*Com*) breakable

fragmento [fraɤ'mento] nm (*pedazo*) fragment

fraile ['fraile] nm (*Rel*) friar; (: *monje*) monk

frambuesa [fram'bwesa] nf raspberry

francés, -esa [fran'θes, esa] adj French ▷ nm/f Frenchman(-woman) ▷ nm (*Ling*) French

Francia ['franθja] nf France

franco, -a ['franko, a] adj (*cándido*) frank, open; (*Com: exento*) free ▷ nm (*moneda*) franc

francotirador, a [frankotira'ðor, a] nm/f sniper

franela [fra'nela] nf flannel

franja ['franxa] nf fringe

franquear [franke'ar] vt (*camino*) to clear; (*carta, paquete postal*) to frank, stamp; (*obstáculo*) to overcome

franqueo [fran'keo] nm postage

franqueza [fran'keθa] nf (*candor*) frankness

frasco ['frasko] nm bottle, flask

frase ['frase] nf sentence; **frase hecha** set phrase; (*pey*) stock phrase

fraterno, -a [fra'terno, a] adj brotherly, fraternal

fraude ['frauðe] nm (*cualidad*) dishonesty; (*acto*) fraud

frazada [fra'saða] (*LAM*) nf blanket

frecuencia [fre'kwenθja] nf frequency; **con ~** frequently, often

frecuentar [frekwen'tar] vt to frequent

frecuente [fre'kwente] adj (*gen*) frequent

fregadero [freɤa'ðero] nm (kitchen) sink

fregar [fre'ɤar] vt (*frotar*) to scrub; (*platos*) to wash (up); (*LAM: fam: fastidiar*) to annoy; (: *malograr*) to screw up

fregona [fre'ɤona] nf mop

freír [fre'ir] vt to fry

frenar [fre'nar] vt to brake; (*fig*) to check

frenazo [fre'naθo] nm: **dar un ~** to brake sharply

frenesí [frene'si] nm frenzy

freno ['freno] nm (*Tec, Auto*) brake; (*de cabalgadura*) bit; (*fig*) check; **freno de mano** handbrake

frente ['frente] nm (*Arq, Pol*) front; (*de objeto*) front part ▷ nf forehead, brow; **~ a** in front of; (*en situación opuesta de*) opposite; **al ~ de** (*fig*) at the head of; **chocar de ~** to crash head-on; **hacer ~ a** to face up to

fresa ['fresa] (*ESP*) nf strawberry

fresco, -a ['fresko, a] adj (*nuevo*) fresh; (*frío*) cool; (*descarado*) cheeky ▷ nm (*aire*) fresh air; (*Arte*) fresco; (*LAM: jugo*) fruit drink ▷ nm/f (*fam*): **ser un ~** to have a nerve; **tomar el ~** to get some fresh air; **frescura** nf freshness; (*descaro*) cheek, nerve

frialdad [frial'daθ] nf (*gen*) coldness; (*indiferencia*) indifference

frigidez [frixi'ðeθ] nf frigidity

frigorífico [frixo'rifiko] nm refrigerator

frijol [fri'xol] nm kidney bean

frío, -a etc ['frio, a] vb V **freír** ▷ adj cold; (indiferente) indifferent ▷ nm cold; indifference; **hace ~** it's cold; **tener ~** to be cold

frito, -a ['frito, a] adj fried; **me trae ~ ese hombre** I'm sick and tired of that man; **fritos** nmpl fried food

frívolo, -a ['friβolo, a] adj frivolous

frontal [fron'tal] adj frontal; **choque ~** head-on collision

frontera [fron'tera] nf frontier; **fronterizo, -a** adj frontier cpd; (contiguo) bordering

frontón [fron'ton] nm (Deporte: cancha) pelota court; (: juego) pelota

frotar [fro'tar] vt to rub; **frotarse** vr: **~se las manos** to rub one's hands

fructífero, -a [fruk'tifero, a] adj fruitful

fruncir [frun'θir] vt to pucker; (Costura) to pleat; **~ el ceño** to knit one's brow

frustrar [frus'trar] vt to frustrate

fruta ['fruta] nf fruit; **frutería** nf fruit shop; **frutero, -a** adj fruit cpd ▷ nm/f fruiterer ▷ nm fruit bowl

frutilla [fru'tiʎa] (cs) nf strawberry

fruto ['fruto] nm fruit; (fig: resultado) result; (: beneficio) benefit; **frutos secos** nuts and dried fruit pl

fucsia ['fuksja] nf fuchsia

fue [fwe] vb V **ser; ir**

fuego ['fweɣo] nm (gen) fire; **a ~ lento** on a low heat; **¿tienes ~?** have you (got) a light?; **fuego amigo** friendly fire; **fuegos artificiales** fireworks

fuente ['fwente] nf fountain; (manantial: fig) spring; (origen) source; (plato) large dish

fuera etc ['fwera] vb V **ser; ir** ▷ adv out(side); (en otra parte) away; (excepto, salvo) except, save ▷ prep: **~ de** outside; (fig) besides; **~ de sí** beside o.s.; **por ~** (on the) outside

fuera-borda [fwera'βorða] nm speedboat

fuerte ['fwerte] adj strong; (golpe) hard; (ruido) loud; (comida) rich; (lluvia) heavy; (dolor) intense ▷ adv strongly; hard; loud(ly)

fuerza etc ['fwerθa] vb V **forzar** ▷ nf (fortaleza) strength; (Téc, Elec) power; (coacción) force; (Mil, Pol) force; **a ~ de** by dint of; **cobrar ~s** to recover one's strength; **tener ~s para** to have the strength to; **a la ~** forcibly, by force; **por ~** of necessity; **fuerza de voluntad** willpower; **fuerzas aéreas** air force sg; **fuerzas armadas** armed forces

fuga ['fuɣa] nf (huida) flight, escape; (de gas etc) leak

fugarse [fu'ɣarse] vr to flee, escape

fugaz [fu'ɣaθ] adj fleeting

fugitivo, a [fuxi'tiβo, a] adj, nm/f fugitive

fui [fwi] vb V **ser; ir**

fulano, -a [fu'lano, a] nm/f so-and-so, what's-his-name/what's-her-name

fulminante [fulmi'nante] adj (fig: mirada) fierce; (Med: enfermedad, ataque) sudden; (fam: éxito, golpe) sudden

fumador, a [fuma'ðor, a] nm/f smoker

fumar [fu'mar] vt, vi to smoke; **~ en pipa** to smoke a pipe

función [fun'θjon] nf function; (en trabajo) duties pl; (espectáculo) show; **entrar en funciones** to take up one's duties

funcionar [funθjo'nar] vi (gen) to function; (máquina) to work; **"no funciona"** "out of order"

funcionario, -a [funθjo'narjo, a] nm/f civil servant

funda ['funda] nf (gen) cover; (de almohada) pillowcase

fundación [funda'θjon] nf foundation

fundamental [fundamen'tal] adj fundamental, basic

fundamento [funda'mento] nm

(*base*) foundation

fundar [fun'dar] *vt* to found;
fundarse *vr*: **~se en** to be founded on

fundición [fundi'θjon] *nf* fusing;
(*fábrica*) foundry

fundir [fun'dir] *vt* (*gen*) to fuse;
(*metal*) to smelt, melt down; (*nieve etc*) to melt; (*Com*) to merge; (*estatua*) to cast; **fundirse** *vr* (*colores etc*) to merge, blend; (*unirse*) to fuse together; (*Elec: fusible, lámpara etc*) to fuse, blow; (*nieve etc*) to melt

fúnebre ['funeβre] *adj* funeral *cpd*, funereal

funeral [fune'ral] *nm* funeral;
funeraria *nf* undertaker's

funicular [funiku'lar] *nm* (*tren*) funicular; (*teleférico*) cable car

furgón [fur'ɣon] *nm* wagon;
furgoneta *nf* (*Auto, Com*) (transit) van (*BRIT*), pick-up (truck) (*US*)

furia ['furja] *nf* (*ira*) fury; (*violencia*) violence; **furioso, -a** *adj* (*iracundo*) furious; (*violento*) violent

furtivo, -a [fur'tiβo, a] *adj* furtive
▷ *nm* poacher

fusible [fu'siβle] *nm* fuse

fusil [fu'sil] *nm* rifle; **fusilar** *vt* to shoot

fusión [fu'sjon] *nf* (*gen*) melting; (*unión*) fusion; (*Com*) merger

fútbol ['futβol] *nm* football (*BRIT*), soccer (*US*); **fútbol americano** American football (*BRIT*), football (*US*); **fútbol sala** indoor football (*BRIT*) o soccer (*US*); **futbolín** *nm* table football; **futbolista** *nmf* footballer

futuro, -a [fu'turo, a] *adj, nm* future

g

gabardina [gaβar'ðina] *nf* raincoat, gabardine

gabinete [gaβi'nete] *nm* (*Pol*) cabinet; (*estudio*) study; (*de abogados etc*) office

gachas ['gatʃas] *nfpl* porridge *sg*

gafas ['gafas] *nfpl* glasses; **gafas de sol** sunglasses

gafe ['gafe] (*ESP*) *nmf* jinx

gaita ['gaita] *nf* bagpipes *pl*

gajes ['gaxes] *nmpl*: **~ del oficio** occupational hazards

gajo ['gaxo] *nm* (*de naranja*) segment

gala ['gala] *nf* (*traje de etiqueta*) full dress; **galas** *nfpl* (*ropa*) finery *sg*; **estar de ~** to be in one's best clothes; **hacer ~ de** to display

galápago [ga'lapaxo] *nm* (*Zool*) turtle

galardón [galar'ðon] *nm* award, prize

galaxia [ga'laksja] *nf* galaxy

galera [ga'lera] *nf* (*nave*) galley; (*carro*) wagon; (*Imprenta*) galley

galería [gale'ria] *nf* (*gen*) gallery;

(*balcón*) veranda(h); (*pasillo*) corridor; **galería comercial** shopping mall

Gales ['gales] *nm* (*tb*: **País de ~**) Wales; **galés, -esa** *adj* Welsh ▷ *nm/f* Welshman(-woman) ▷ *nm* (*Ling*) Welsh

galgo, -a ['galɣo, a] *nm/f* greyhound

gallego, -a [ga'ʎeɣo, a] *adj, nm/f* Galician

galleta [ga'ʎeta] *nf* biscuit (*BRIT*), cookie (*US*)

gallina [ga'ʎina] *nf* hen ▷ *nmf* (*fam: cobarde*) chicken; **gallinero** *nm* henhouse; (*Teatro*) top gallery

gallo ['gaʎo] *nm* cock, rooster

galopar [galo'par] *vi* to gallop

gama ['gama] *nf* (*fig*) range

gamba ['gamba] *nf* prawn (*BRIT*), shrimp (*US*)

gamberro, -a [gam'berro, a] (*ESP*) *nm/f* hooligan, lout

gamuza [ga'muθa] *nf* chamois

gana ['gana] *nf* (*deseo*) desire, wish; (*apetito*) appetite; (*voluntad*) will; (*añoranza*) longing; **de buena ~** willingly; **de mala ~** reluctantly; **me da ~s de** I feel like, I want to; **no me da la ~** I don't feel like it; **tener ~s de** to feel like

ganadería [ganaðe'ria] *nf* (*ganado*) livestock; (*ganado vacuno*) cattle *pl*; (*cría, comercio*) cattle raising

ganadero, -a [gana'ðero, a] (*ESP*) *nm/f* (*hacendado*) rancher

ganado [ga'naðo] *nm* livestock; **ganado porcino** pigs *pl*

ganador, a [gana'ðor, a] *adj* winning ▷ *nm/f* winner

ganancia [ga'nanθja] *nf* (*lo ganado*) gain; (*aumento*) increase; (*beneficio*) profit; **ganancias** *nfpl* (*ingresos*) earnings; (*beneficios*) profit *sg*, winnings

ganar [ga'nar] *vt* (*obtener*) to get, obtain; (*sacar ventaja*) to gain; (*salario etc*) to earn; (*Deporte, premio*) to win; (*derrotar a*) to beat; (*alcanzar*) to reach ▷ *vi* (*Deporte*) to win; **ganarse** *vr*: **~se**

la vida to earn one's living

ganchillo [gan'tʃiʎo] *nm* crochet

gancho ['gantʃo] *nm* (*gen*) hook; (*colgador*) hanger

gandul, a [gan'dul, a] *adj, nm/f* good-for-nothing, layabout

ganga ['ganga] *nf* bargain

gangrena [gan'grena] *nf* gangrene

ganso, -a ['ganso, a] *nm/f* (*Zool*) goose; (*fam*) idiot

ganzúa [gan'θua] *nf* skeleton key

garabato [gara'βato] *nm* (*escritura*) scrawl, scribble

garaje [ga'raxe] *nm* garage

garantía [garan'tia] *nf* guarantee

garantizar [garanti'θar] *vt* to guarantee

garbanzo [gar'βanθo] *nm* chickpea (*BRIT*), garbanzo (*US*)

garfio ['garfjo] *nm* grappling iron

garganta [gar'ɣanta] *nf* (*Anat*) throat; (*de botella*) neck; **gargantilla** *nf* necklace

gárgaras ['garɣaras] *nfpl*: **hacer ~** to gargle

gargarear [garɣare'ar] (*LAM*) *vi* to gargle

garita [ga'rita] *nf* cabin, hut; (*Mil*) sentry box

garra ['garra] *nf* (*de gato, Tec*) claw; (*de ave*) talon; (*fam: mano*) hand, paw

garrafa [ga'rrafa] *nf* carafe, decanter

garrapata [garra'pata] *nf* tick

gas [gas] *nm* gas; **gases lacrimógenos** tear gas *sg*

gasa ['gasa] *nf* gauze

gaseosa [gase'osa] *nf* lemonade

gaseoso, -a [gase'oso, a] *adj* gassy, fizzy

gasoil [ga'soil] *nm* diesel (oil)

gasóleo [ga'soleo] *nm* = **gasoil**

gasolina [gaso'lina] *nf* petrol (*BRIT*), gas(oline) (*US*); **gasolinera** *nf* petrol (*BRIT*) o gas (*US*) station

gastado, -a [gas'taðo, a] *adj* (*dinero*) spent; (*ropa*) worn out; (*usado: frase etc*) trite

gastar [gas'tar] *vt* (*dinero, tiempo*) to

spend; (*fuerzas*) to use up; (*desperdiciar*) to waste; (*llevar*) to wear; **gastarse** *vr* to wear out; (*estropearse*) to waste; **~ en** to spend on; **~ bromas** to crack jokes; **¿qué número gastas?** what size (shoe) do you take?

gasto ['gasto] *nm* (*desembolso*) expenditure, spending; (*consumo, uso*) use; **gastos** *nmpl* (*desembolsos*) expenses; (*cargos*) charges, costs

gastronomía [gastrono'mia] *nf* gastronomy

gatear [gate'ar] *vi* (*andar a gatas*) to go on all fours

gatillo [ga'tiʎo] *nm* (*de arma de fuego*) trigger; (*de dentista*) forceps

gato, -a ['gato, a] *nm/f* cat ▷ *nm* (*Tec*) jack; **andar a gatas** to go on all fours

gaucho ['gautʃo] *nm* gaucho

- GAUCHO
-
- **Gauchos** are the herdsmen or
- riders of the Southern Cone plains.
- Although popularly associated
- with Argentine folklore, **gauchos**
- belong equally to the cattle-
- raising areas of Southern Brazil
- and Uruguay. **Gauchos'** traditions
- and clothing reflect their mixed
- ancestry and cultural roots. Their
- baggy trousers are Arabic in
- origin, while the horse and guitar
- are inherited from the Spanish
- conquistadors; the poncho, maté
- and **boleadoras** (strips of leather
- weighted at either end with
- stones) form part of the Indian
- tradition.

gaviota [ga'βjota] *nf* seagull

gay [ge] *adj inv, nm* gay, homosexual

gazpacho [gaθ'patʃo] *nm* gazpacho

gel [xel] *nm*: **~ de baño/ducha** bath/shower gel

gelatina [xela'tina] *nf* jelly; (*polvos etc*) gelatine

gema ['xema] *nf* gem

gemelo, -a [xe'melo, a] *adj, nm/f* twin; **gemelos** *nmpl* (*de camisa*) cufflinks; (*prismáticos*) field glasses, binoculars

gemido [xe'miðo] *nm* (*quejido*) moan, groan; (*aullido*) howl

Géminis ['xeminis] *nm* Gemini

gemir [xe'mir] *vi* (*quejarse*) to moan, groan; (*aullar*) to howl

generación [xenera'θjon] *nf* generation

general [xene'ral] *adj* general ▷ *nm* general; **por lo** o **en ~** in general; **Generalitat** *nf* Catalan parliament; **generalizar** *vt* to generalize; **generalizarse** *vr* to become generalized, spread

generar [xene'rar] *vt* to generate

género ['xenero] *nm* (*clase*) kind, sort; (*tipo*) type; (*Bio*) genus; (*Ling*) gender; (*Com*) material; **género humano** human race

generosidad [xenerosi'ðað] *nf* generosity; **generoso, -a** *adj* generous

genial [xe'njal] *adj* inspired; (*idea*) brilliant; (*estupendo*) wonderful

genio ['xenjo] *nm* (*carácter*) nature, disposition; (*humor*) temper; (*facultad creadora*) genius; **de mal ~** bad-tempered

genital [xeni'tal] *adj* genital; **genitales** *nmpl* genitals

genoma [xe'noma] *nm* genome

gente ['xente] *nf* (*personas*) people *pl*; (*parientes*) relatives *pl*

gentil [xen'til] *adj* (*elegante*) graceful; (*encantador*) charming

┃ No confundir **gentil** con la palabra ┃ inglesa *gentle*.

genuino, -a [xe'nwino, a] *adj* genuine

geografía [xeoxra'fia] *nf* geography

geología [xeolo'xia] *nf* geology

geometría [xeome'tria] *nf* geometry

gerente [xe'rente] *nmf* (*supervisor*) manager; (*jefe*) director

geriatría [xeria'tria] nf (Med)
geriatrics sg

germen ['xermen] nm germ

gesticular [xestiku'lar] vi to
gesticulate; (hacer muecas) to grimace;
gesticulación nf gesticulation;
(mueca) grimace

gestión [xes'tjon] nf management;
(diligencia, acción) negotiation

gesto ['xesto] nm (mueca) grimace;
(ademán) gesture

Gibraltar [xiβral'tar] nm Gibraltar;
gibraltareño, -a adj, nm/f
Gibraltarian

gigante [xi'xante] adj, nmf giant;
gigantesco, -a adj gigantic

gilipollas [xili'poʎas] (fam) adj inv
daft ▷ nmf inv wally

gimnasia [xim'nasja] nf gymnastics
pl; **gimnasio** nm gymnasium;
gimnasta nmf gymnast

ginebra [xi'neβra] nf gin

ginecólogo, -a [xine'koloxo, a]
nm/f gynaecologist

gira ['xira] nf tour, trip

girar [xi'rar] vt (dar la vuelta) to
turn (around); (: rápidamente) to spin;
(Com: giro postal) to draw; (: letra de
cambio) to issue ▷ vi to turn (round);
(rápido) to spin

girasol [xira'sol] nm sunflower

giratorio, -a [xira'torjo, a] adj
revolving

giro ['xiro] nm (movimiento) turn,
revolution; (Ling) expression; (Com)
draft; **giro bancario/postal** bank
draft/money order

gis [xis] (MÉX) nm chalk

gitano, -a [xi'tano, a] adj, nm/f
gypsy

glacial [gla'θjal] adj icy, freezing

glaciar [gla'θjar] nm glacier

glándula ['glandula] nf gland

global [glo'βal] adj global;
globalización nf globalization

globo ['gloβo] nm (esfera) globe,
sphere; (aerostato, juguete) balloon

glóbulo ['gloβulo] nm globule; (Anat)
corpuscle

gloria ['glorja] nf glory

glorieta [glo'rjeta] nf (de jardín)
bower, arbour; (plazoleta) roundabout
(BRIT), traffic circle (US)

glorioso, -a [glo'rjoso, a] adj
glorious

glotón, -ona [glo'ton, ona] adj
gluttonous, greedy ▷ nm/f glutton

glucosa [glu'kosa] nf glucose

gobernador, a [goβerna'ðor, a]
adj governing ▷ nm/f governor;
gobernante adj governing

gobernar [goβer'nar] vt (dirigir) to
guide, direct; (Pol) to rule, govern ▷ vi
to govern; (Náut) to steer

gobierno etc [go'βjerno] vb V
gobernar ▷ nm (Pol) government;
(dirección) guidance, direction; (Náut)
steering

goce etc ['goθe] vb V **gozar** ▷ nm
enjoyment

gol [gol] nm goal

golf [golf] nm golf

golfa ['golfa] (fam!) nf (mujer) slut,
whore

golfo, -a ['golfo, a] nm (Geo) gulf
▷ nm/f (fam: niño) urchin; (gamberro)
lout

golondrina [golon'drina] nf
swallow

golosina [golo'sina] nf (dulce) sweet;
goloso, -a adj sweet-toothed

golpe ['golpe] nm blow; (de puño)
punch; (de mano) smack; (de remo)
stroke; (fig: choque) clash; **no dar ~** to
be bone idle; **de un ~** with one blow;
de ~ suddenly; **golpe (de estado)** coup
(d'état); **golpear** vt, vi to strike, knock;
(asestar) to beat; (de puño) to punch;
(golpetear) to tap

goma ['goma] nf (caucho) rubber;
(elástico) elastic; (una goma) elastic
band; **goma de borrar** eraser, rubber
(BRIT); **goma espuma** foam rubber

gomina [go'mina] nf hair gel

gomita [go'mita] (RPL) nf rubber
band

gordo, -a ['gorðo, a] adj (gen) fat; (fam) enormous; **el (premio) ~** (en lotería) first prize

gorila [go'rila] nm gorilla

gorra ['gorra] nf cap; (de bebé) bonnet; (militar) bearskin; **entrar de ~** (fam) to gatecrash; **ir de ~** to sponge

gorrión [go'rrjon] nm sparrow

gorro ['gorro] nm (gen) cap; (de bebé, mujer) bonnet

gorrón, -ona [go'rron, ona] nm/f scrounger; **gorronear** (fam) vi to scrounge

gota ['gota] nf (gen) drop; (de sudor) bead; (Med) gout; **gotear** vi to drip; (lloviznar) to drizzle; **gotera** nf leak

gozar [go'θar] vi to enjoy o.s.; **~ de** (disfrutar) to enjoy; (poseer) to possess

gr. abr (= gramo, gramos) g

grabación [graβa'θjon] nf recording

grabado [gra'βaðo] nm print, engraving

grabadora [graβa'ðora] nf tape-recorder; **grabadora de CD/DVD** CD/DVD writer

grabar [gra'βar] vt to engrave; (discos, cintas) to record

gracia ['graθja] nf (encanto) grace, gracefulness; (humor) humour, wit; **¡(muchas) ~s!** thanks (very much)!; **~s a** thanks to; **dar las ~s a algn por algo** to thank sb for sth; **tener ~** (chiste etc) to be funny; **no me hace ~** I am not keen; **gracioso, -a** adj (divertido) funny, amusing; (cómico) comical ▷ nm/f (Teatro) comic character

grada ['graða] nf (de escalera) step; (de anfiteatro) tier, row; **gradas** nfpl (Deporte: de estadio) terraces

grado ['graðo] nm degree; (de aceite, vino) grade; (grada) step; (Mil) rank; **de buen ~** willingly; **grado centígrado/ Fahrenheit** degree centigrade/ Fahrenheit

graduación [graðwa'θjon] nf (del alcohol) proof, strength; (Escol) graduation; (Mil) rank

gradual [gra'ðwal] adj gradual

graduar [gra'ðwar] vt (gen) to graduate; (Mil) to commission; **graduarse** vr to graduate; **~se la vista** to have one's eyes tested

gráfica ['grafika] nf graph

gráfico, -a ['grafiko, a] adj graphic ▷ nm diagram; **gráficos** nmpl (Inform) graphics

grajo ['graxo] nm rook

gramática [gra'matika] nf grammar

gramo ['gramo] nm gramme (BRIT), gram (US)

gran [gran] adj V **grande**

grana ['grana] nf (color, tela) scarlet

granada [gra'naða] nf pomegranate; (Mil) grenade

granate [gra'nate] adj deep red

Gran Bretaña [-bre'taɲa] nf Great Britain

grande ['grande] (antes de nmsg **gran**) adj (de tamaño) big, large; (alto) tall; (distinguido) great; (impresionante) grand ▷ nm grandee

granel [gra'nel]: **a ~** adv (Com) in bulk

granero [gra'nero] nm granary, barn

granito [gra'nito] nm (Agr) small grain; (roca) granite

granizado [grani'θaðo] nm iced drink

granizar [grani'θar] vi to hail; **granizo** nm hail

granja ['granxa] nf (gen) farm; **granjero, -a** nm/f farmer

grano ['grano] nm grain; (semilla) seed; (de café) bean; (Med) pimple, spot

granuja [gra'nuxa] nmf rogue; (golfillo) urchin

grapa ['grapa] nf staple; (Tec) clamp; **grapadora** nf stapler

grasa ['grasa] nf (gen) grease; (de cocinar) fat, lard; (sebo) suet; (mugre) filth; **grasiento, -a** adj greasy; (de aceite) oily; **graso, -a** adj (leche, queso, carne) fatty; (pelo, piel) greasy

gratinar [grati'nar] vt to cook au gratin

gratis ['gratis] adv free

grato, -a ['grato, a] adj (agradable)

pleasant, agreeable

gratuito, -a [gra'twito, a] *adj* (*gratis*) free; (*sin razón*) gratuitous

grave ['graβe] *adj* heavy; (*serio*) grave, serious; **gravedad** *nf* gravity

Grecia ['greθja] *nf* Greece

gremio ['gremjo] *nm* trade, industry

griego, -a ['grjeɣo, a] *adj, nm/f* Greek

grieta ['grjeta] *nf* crack

grifo ['grifo] (*ESP*) *nm* tap (*BRIT*), faucet (*US*)

grillo ['griʎo] *nm* (*Zool*) cricket

gripa ['gripa] (*MÉX*) *nf* flu, influenza

gripe ['gripe] *nf* flu, influenza; **gripe avia** bird flu

gris [gris] *adj* (*color*) grey

gritar [gri'tar] *vt, vi* to shout, yell; **grito** *nm* shout, yell; (*de horror*) scream

grosella [gro'seʎa] *nf* (red)currant

grosero, -a [gro'sero, a] *adj* (*poco cortés*) rude, bad-mannered; (*ordinario*) vulgar, crude

grosor [gro'sor] *nm* thickness

grúa ['grua] *nf* (*Tec*) crane; (*de petróleo*) derrick

grueso, -a ['grweso, a] *adj* thick; (*persona*) stout ▷ *nm* bulk; **el ~ de** the bulk of

grulla ['gruʎa] *nf* crane

grumo ['grumo] *nm* clot, lump

gruñido [gru'niðo] *nm* grunt; (*de persona*) grumble

gruñir [gru'nir] *vi* (*animal*) to growl; (*persona*) to grumble

grupo ['grupo] *nm* group; (*Tec*) unit, set; **grupo de presión** pressure group; **grupo sanguíneo** blood group

gruta ['gruta] *nf* grotto

guacho, -a ['gwatʃo, a] (*CS*) *nm/f* homeless child

guajolote [gwaxo'lote] (*MÉX*) *nm* turkey

guante ['gwante] *nm* glove; **guantes de goma** rubber gloves; **guantera** *nf* glove compartment

guapo, -a ['gwapo, a] *adj* good-looking, attractive; (*elegante*) smart

guarda ['gwarða] *nmf* (*persona*)

guard, keeper ▷ *nf* (*acto*) guarding; (*custodia*) custody; **guarda jurado** (armed) security guard; **guardabarros** *nm inv* mudguard (*BRIT*), fender (*US*); **guardabosques** *nm inv* gamekeeper; **guardacostas** *nm inv* coastguard vessel ▷ *nmf* guardian, protector; **guardaespaldas** *nmf inv* bodyguard; **guardameta** *nmf* goalkeeper; **guardar** *vt* (*gen*) to keep; (*vigilar*) to guard, watch over; (*dinero: ahorrar*) to save; **guardarse** *vr* (*preservarse*) to protect o.s.; (*evitar*) to avoid; **guardar cama** to stay in bed; **guardarropa** *nm* (*armario*) wardrobe; (*en establecimiento público*) cloakroom

guardería [gwarðe'ria] *nf* nursery

guardia ['gwarðja] *nf* (*Mil*) guard; (*cuidado*) care, custody ▷ *nmf* guard; (*policía*) policeman(-woman); **estar de ~** to be on guard; **montar ~** to mount guard; **Guardia Civil** Civil Guard

guardián, -ana [gwar'ðjan, ana] *nm/f* (*gen*) guardian, keeper

guarida [gwa'riða] *nf* (*de animal*) den, lair; (*refugio*) refuge

guarnición [gwarni'θjon] *nf* (*de vestimenta*) trimming; (*de piedra*) mount; (*Culin*) garnish; (*arneses*) harness; (*Mil*) garrison

guarro, -a ['gwarro, a] *nm/f* pig

guasa ['gwasa] *nf* joke; **guasón, -ona** *adj* (*bromista*) joking ▷ *nm/f* wit; joker

Guatemala [gwate'mala] *nf* Guatemala

guay [gwai] (*fam*) *adj* super, great

güero, -a ['gwero, a] (*MÉX*) *adj* blond(e)

guerra ['gerra] *nf* war; **dar ~** to annoy; **guerra civil** civil war; **guerra fría** cold war; **guerrero, -a** *adj* fighting; (*carácter*) warlike ▷ *nm/f* warrior

guerrilla [ge'rriʎa] *nf* guerrilla warfare; (*tropas*) guerrilla band *o* group

guía *etc* ['gia] *vb* V **guiar** ▷ *nmf* (*persona*) guide; (*nf: libro*) guidebook; **guía telefónica** telephone directory;

guía turística tourist guide
guiar [gi'ar] *vt* to guide, direct; (*Auto*) to steer; **guiarse** *vr*: **~se por** to be guided by
guinda ['ginda] *nf* morello cherry
guindilla [gin'diʎa] *nf* chilli pepper
guiñar [gi'ɲar] *vt* to wink
guión [gi'on] *nm* (*Ling*) hyphen, dash; (*Cine*) script; **guionista** *nmf* scriptwriter
guiri ['giri] (*ESP: fam, pey*) *nmf* foreigner
guirnalda [gir'nalda] *nf* garland
guisado [gi'saðo] *nm* stew
guisante [gi'sante] *nm* pea
guisar [gi'sar] *vt, vi* to cook; **guiso** *nm* cooked dish
guitarra [gi'tarra] *nf* guitar
gula ['gula] *nf* gluttony, greed
gusano [gu'sano] *nm* worm; (*lombriz*) earthworm
gustar [gus'tar] *vt* to taste, sample
▷ *vi* to please, be pleasing; **~ de algo** to like *o* enjoy sth; **me gustan las uvas** I like grapes; **le gusta nadar** she likes *o* enjoys swimming
gusto ['gusto] *nm* (*sentido, sabor*) taste; (*placer*) pleasure; **tiene ~ a menta** it tastes of mint; **tener buen ~** to have good taste; **coger el** *o* **tomar ~ a algo** to take a liking to sth; **sentirse a ~** to feel at ease; **mucho ~ (en conocerle)** pleased to meet you; **el ~ es mío** the pleasure is mine; **con ~** willingly, gladly

ha *vb* V **haber**
haba ['aβa] *nf* bean
Habana [a'βana] *nf*: **la ~** Havana
habano [a'βano] *nm* Havana cigar
habéis *vb* V **haber**

○ **PALABRA CLAVE**

haber [a'βer] *vb aux* **1** (*tiempos compuestos*) to have; **había comido** I had eaten; **antes/después de haberlo visto** before seeing/after seeing *o* having seen it
2: **¡haberlo dicho antes!** you should have said so before!
3: **haber de: he de hacerlo** I have to do it; **ha de llegar mañana** it should arrive tomorrow
▷ *vb impers* **1** (*existencia: sg*) there is; (: *pl*) there are; **hay un hermano/dos hermanos** there is one brother/there are two brothers; **¿cuánto hay de aquí a Sucre?** how far is it from here to Sucre?
2 (*obligación*): **hay que hacer algo**

something must be done; **hay que apuntarlo para acordarse** you have to write it down to remember
3: **¡hay que ver!** well I never!
4: **¡no hay de** o **por** (LAM) **qué!** don't mention it!, not at all!
5: **¿qué hay?** (¿qué pasa?) what's up?, what's the matter?; (¿qué tal?) how's it going?
▷ vt: **he aquí unas sugerencias** here are some suggestions; **no hay cintas blancas pero sí las hay rojas** there aren't any white ribbons but there are some red ones
▷ nm (en cuenta) credit side; **haberes** nmpl assets; **¿cuánto tengo en el haber?** how much do I have in my account?; **tiene varias novelas en su haber** he has several novels to his credit
haberse vr: **habérselas con algn** to have it out with sb

habichuela [aβi'tʃwela] nf kidney bean
hábil ['aβil] adj (listo) clever, smart; (capaz) fit, capable; (experto) expert; **día ~** working day; **habilidad** nf skill, ability
habitación [aβita'θjon] nf (cuarto) room; (Bio: morada) habitat; **habitación doble** o **de matrimonio** double room; **habitación individual** o **sencilla** single room
habitante [aβi'tante] nmf inhabitant
habitar [aβi'tar] vt (residir en) to inhabit; (ocupar) to occupy ▷ vi to live
hábito ['aβito] nm habit
habitual [aβi'twal] adj usual
habituar [aβi'twar] vt to accustom; **habituarse** vr: **~se a** to get used to
habla ['aβla] nf (capacidad de hablar) speech; (idioma) language; (dialecto) dialect; **perder el ~** to become speechless; **de ~ francesa** French-speaking; **estar al ~** to be in contact; (Tel) to be on the line; **¡González al ~!** (Tel) González speaking!
hablador, a [aβla'ðor, a] adj

talkative ▷ nm/f chatterbox
habladuría [aβlaðu'ria] nf rumour; **habladurías** nfpl gossip sg
hablante [a'βlante] adj speaking ▷ nmf speaker
hablar [a'βlar] vt to speak, talk ▷ vi to speak; **hablarse** vr to speak to each other; **~ con** to speak to; **~ de** to speak of o about; **¡ni ~!** it's out of the question!; **"se habla inglés"** "English spoken here"
habré etc [a'βre] vb V **haber**
hacendado [aθen'daðo] (LAM) nm rancher, farmer
hacendoso, -a [aθen'doso, a] adj industrious

○ PALABRA CLAVE

hacer [a'θer] vt **1** (fabricar, producir) to make; (construir) to build; **hacer una película/un ruido** to make a film/noise; **el guisado lo hice yo** I made o cooked the stew
2 (ejecutar: trabajo etc) to do; **hacer la colada** to do the washing; **hacer la comida** to do the cooking; **¿qué haces?** what are you doing?; **hacer el malo** o **el papel del malo** (Teatro) to play the villain
3 (estudios, algunos deportes) to do; **hacer español/económicas** to do o study Spanish/economics; **hacer yoga/gimnasia** to do yoga/go to gym
4 (transformar, incidir en): **esto lo hará más difícil** this will make it more difficult; **salir te hará sentir mejor** going out will make you feel better
5 (cálculo): **2 y 2 hacen 4** 2 and 2 make 4; **éste hace 100** this one makes 100
6 (+ sub): **esto hará que ganemos** this will make us win; **harás que no quiera venir** you'll stop him wanting to come
7 (como sustituto de vb) to do; **él bebió y yo hice lo mismo** he drank and I did likewise
8 no hace más que criticar all he does is criticize

▷ vb semi-aux (directo): **hacer** +infin: **les hice venir** I made o had them come; **hacer trabajar a los demás** to get others to work

▷ vi **1 haz como que no lo sabes** act as if you don't know

2 (ser apropiado): **si os hace** if it's alright with you

3 hacer de: hacer de Otelo to play Othello

▷ vb impers **1 hace calor/frío** it's hot/cold; V tb **bueno, sol, tiempo**

2 (tiempo): **hace 3 años** 3 years ago; **hace un mes que voy/no voy** I've been going/I haven't been for a month

3 ¿cómo has hecho para llegar tan rápido? how did you manage to get here so quickly?

hacerse vr **1** (volverse) to become; **se hicieron amigos** they became friends

2 (acostumbrarse): **hacerse a** to get used to

3 se hace con huevos y leche it's made out of eggs and milk; **eso no se hace** that's not done

4 (obtener): **hacerse de** o **con algo** to get hold of sth

5 (fingirse): **hacerse el sueco** to turn a deaf ear

hacha ['atʃa] nf axe; (antorcha) torch
hachís [a'tʃis] nm hashish
hacia ['aθja] prep (en dirección de) towards; (cerca de) near; (actitud) towards; **~ adelante/atrás** forwards/backwards; **~ arriba/abajo** up(wards)/down(wards); **~ mediodía/ las cinco** about noon/five
hacienda [a'θjenda] nf (propiedad) property; (finca) farm; (LAM: rancho) ranch; **(Ministerio de) H~** Exchequer (BRIT), Treasury Department (US); **hacienda pública** public finance
hada ['aða] nf fairy
hago etc vb V **hacer**
Haití [ai'ti] nm Haiti
halagar [ala'ɣar] vt to flatter
halago [a'laɣo] nm flattery

halcón [al'kon] nm falcon, hawk
hallar [a'ʎar] vt (gen) to find; (descubrir) to discover; (toparse con) to run into; **hallarse** vr to be (situated)
halterofilia [altero'filja] nf weightlifting
hamaca [a'maka] nf hammock
hambre ['ambre] nf hunger; (plaga) famine; (deseo) longing; **tener ~** to be hungry; **¡me muero de ~!** I'm starving!;
hambriento, -a adj hungry, starving
hamburguesa [ambur'ɣesa] nf hamburger; **hamburguesería** nf burger bar
han vb V **haber**
harapos [a'rapos] nmpl rags
haré vb V **hacer**
harina [a'rina] nf flour; **harina de maíz** cornflour (BRIT), cornstarch (US); **harina de trigo** wheat flour
hartar [ar'tar] vt to satiate, glut; (fig) to tire, sicken; **hartarse** vr (de comida) to fill o.s., gorge o.s.; (cansarse): **~se (de)** to get fed up (with); **harto, -a** adj (lleno) full; (cansado) fed up ▷ adv (bastante) enough; (muy) very; **estar harto de hacer algo/de algn** to be fed up of doing sth/with sb
has vb V **haber**
hasta ['asta] adv even ▷ prep (alcanzando a) as far as; up to; down to; (de tiempo: a tal hora) till, until; (antes de) before ▷ conj: **~ que ...** until; **~ luego/e sábado** see you soon/on Saturday; **~ ahora** (al despedirse) see you in a minute; **~ pronto** see you soon
hay vb V **haber**
Haya ['aja] nf: **la ~** The Hague
haya etc ['aja] vb V **haber** ▷ nf beech tree
haz [aθ] vb V **hacer** ▷ nm (de luz) beam
hazaña [a'θaɲa] nf feat, exploit
hazmerreír [aθmerre'ir] nm inv laughing stock
he vb V **haber**
hebilla [e'βiʎa] nf buckle, clasp
hebra ['eβra] nf thread; (Bot: fibra)

fibre, grain

hebreo, -a [e'βreo, a] *adj, nm/f* Hebrew ▷ *nm* (*Ling*) Hebrew

hechizar [etʃi'θar] *vt* to cast a spell on, bewitch

hechizo [e'tʃiθo] *nm* witchcraft, magic; (*acto de magía*) spell, charm

hecho, -a ['etʃo, a] *pp de* **hacer** ▷ *adj* (*carne*) done; (*Costura*) ready-to-wear ▷ *nm* deed, act; (*dato*) fact; (*cuestión*) matter; (*suceso*) event ▷ *excl* agreed!, done!; **de ~** in fact, as a matter of fact; **el ~ es que ...** the fact is that ...; **¡bien ~!** well done!

hechura [e'tʃura] *nf* (*forma*) form, shape; (*de persona*) build

hectárea [ek'tarea] *nf* hectare

helada [e'laða] *nf* frost

heladera [ela'ðera] (*LAM*) *nf* (*refrigerador*) refrigerator

helado, -a [e'laðo, a] *adj* frozen; (*glacial*) icy; (*fig*) chilly, cold ▷ *nm* ice cream

helar [e'lar] *vt* to freeze, ice (up); (*dejar atónito*) to amaze; (*desalentar*) to discourage ▷ *vi* to freeze; **helarse** *vr* to freeze

helecho [e'letʃo] *nm* fern

hélice ['eliθe] *nf* (*Tec*) propeller

helicóptero [eli'koptero] *nm* helicopter

hembra ['embra] *nf* (*Bot, Zool*) female; (*mujer*) woman; (*Tec*) nut

hemorragia [emo'rraxja] *nf* haemorrhage

hemorroides [emo'rroiðes] *nfpl* haemorrhoids, piles

hemos *vb* V **haber**

heno ['eno] *nm* hay

heredar [ere'ðar] *vt* to inherit; **heredero, -a** *nm/f* heir(ess)

hereje [e'rexe] *nmf* heretic

herencia [e'renθja] *nf* inheritance

herida [e'riða] *nf* wound, injury; V *tb* **herido**

herido, -a [e'riðo, a] *adj* injured, wounded ▷ *nm/f* casualty

herir [e'rir] *vt* to wound, injure; (*fig*)

to offend

hermanastro, -a [erma'nastro, a] *nm/f* stepbrother/sister

hermandad [erman'dað] *nf* brotherhood

hermano, -a [er'mano, a] *nm/f* brother/sister; **hermano**(-a) **gemelo**(-a), twin brother/sister; **hermano**(-a) **político**(-a), brother-in-law/sister-in-law

hermético, -a [er'metiko, a] *adj* hermetic; (*fig*) watertight

hermoso, -a [er'moso, a] *adj* beautiful, lovely; (*estupendo*) splendid; (*guapo*) handsome; **hermosura** *nf* beauty

hernia ['ernja] *nf* hernia; **hernia discal** slipped disc

héroe ['eroe] *nm* hero

heroína [ero'ina] *nf* (*mujer*) heroine; (*droga*) heroin

herradura [erra'ðura] *nf* horseshoe

herramienta [erra'mjenta] *nf* tool

herrero [e'rrero] *nm* blacksmith

hervidero [erβi'ðero] *nm* (*fig*) swarm; (*Pol etc*) hotbed

hervir [er'βir] *vi* to boil; (*burbujear*) to bubble; **~ a fuego lento** to simmer; **hervor** *nm* boiling; (*fig*) ardour, fervour

heterosexual [eterosek'swal] *adj* heterosexual

hice *etc vb* V **hacer**

hidratante [iðra'tante] *adj:* **crema ~** moisturizing cream, moisturizer; **hidratar** *vt* (*piel*) to moisturize; **hidrato** *nm* hydrate; **hidratos de carbono** carbohydrates

hidráulico, -a [i'ðrauliko, a] *adj* hydraulic

hidro... [iðro] *prefijo* hydro..., water-...; **hidroeléctrico, -a** *adj* hydroelectric; **hidrógeno** *nm* hydrogen

hiedra ['jeðra] *nf* ivy

hiel [jel] *nf* gall, bile; (*fig*) bitterness

hiela *etc vb* V **helar**

hielo ['jelo] *nm* (*gen*) ice; (*escarcha*)

frost; (*fig*) coldness, reserve
hiena ['jena] *nf* hyena
hierba ['jerβa] *nf* (*pasto*) grass; (*Culin,
Med: planta*) herb; **mala ~** weed; (*fig*)
evil influence; **hierbabuena** *nf* mint
hierro ['jerro] *nm* (*metal*) iron; (*objeto*)
iron object
hígado ['iɣaðo] *nm* liver
higiene [i'xjene] *nf* hygiene;
higiénico, -a *adj* hygienic
higo ['iɣo] *nm* fig; **higo seco** dried fig;
higuera *nf* fig tree
hijastro, -a [i'xastro, a] *nm/f*
stepson/daughter
hijo, -a ['ixo, a] *nm/f* son/daughter,
child; **hijos** *nmpl* children, sons and
daughters; **hijo adoptivo** adopted
child; **hijo de papá/mamá** daddy's/
mummy's boy; **hijo de puta** (*fam!*)
bastard (*!*), son of a bitch (*!*); **hijo/a
político/a** son-/daughter-in-law
hilera [i'lera] *nf* row, file
hilo ['ilo] *nm* thread; (*Bot*) fibre; (*metal*)
wire; (*de agua*) trickle, thin stream
hilvanar [ilβa'nar] *vt* (*Costura*)
to tack (*BRIT*), baste (*US*); (*fig*) to do
hurriedly
himno ['imno] *nm* hymn; **himno
nacional** national anthem
hincapié [inka'pje] *nm:* **hacer ~ en**
to emphasize
hincar [in'kar] *vt* to drive (in),
thrust (in)
hincha ['intʃa] (*fam*) *nmf* fan
hinchado, -a [in'tʃaðo, a] *adj* (*gen*)
swollen; (*persona*) pompous
hinchar [in'tʃar] *vt* (*gen*) to swell;
(*inflar*) to blow up, inflate; (*fig*) to
exaggerate; **hincharse** *vr* (*inflarse*) to
swell up; (*fam: de comer*) to stuff o.s.;
hinchazón *nf* (*Med*) swelling; (*altivez*)
arrogance
hinojo [i'noxo] *nm* fennel
hipermercado [ipermer'kaðo] *nm*
hypermarket, superstore
hípico, -a ['ipiko, a] *adj* horse *cpd*
hipnotismo [ipno'tismo] *nm*
hypnotism; **hipnotizar** *vt* to
hypnotize
hipo ['ipo] *nm* hiccups *pl*
hipocresía [ipokre'sia] *nf* hypocrisy;
hipócrita *adj* hypocritical ▷ *nmf*
hypocrite
hipódromo [i'poðromo] *nm*
racetrack
hipopótamo [ipo'potamo] *nm*
hippopotamus
hipoteca [ipo'teka] *nf* mortgage
hipótesis [i'potesis] *nf inv*
hypothesis
hispánico, -a [is'paniko, a] *adj*
Hispanic
hispano, -a [is'pano, a] *adj*
Hispanic, Spanish, Hispano- ▷ *nm/f*
Spaniard; **Hispanoamérica** *nf* Latin
America; **hispanoamericano, -a** *adj,
nm/f* Latin American
histeria [is'terja] *nf* hysteria
historia [is'torja] *nf* history; (*cuento*)
story, tale; **historias** *nfpl* (*chismes*)
gossip *sg*; **dejarse de ~s** to come to
the point; **pasar a la ~** to go down
in history; **historiador, a** *nm/f*
historian; **historial** *nm* (*profesional*)
curriculum vitae, C.V.; (*Med*) case
history; **histórico, -a** *adj* historical;
(*memorable*) historic
historieta [isto'rjeta] *nf* tale,
anecdote; (*dibujos*) comic strip
hito ['ito] *nm* (*fig*) landmark
hizo *vb* V **hacer**
hocico [o'θiko] *nm* snout
hockey ['xokei] *nm* hockey; **hockey
sobre hielo/patines** ice/roller hockey
hogar [o'ɣar] *nm* fireplace, hearth;
(*casa*) home; (*vida familiar*) home life;
hogareño, -a *adj* home *cpd*; (*persona*)
home-loving
hoguera [o'ɣera] *nf* (*gen*) bonfire
hoja ['oxa] *nf* (*gen*) leaf; (*de flor*) petal;
(*de papel*) sheet; (*página*) page; **hoja
de afeitar** (*LAM*) razor blade; **hoja
electrónica** *o* **de cálculo** spreadsheet;
hoja informativa leaflet, handout
hojalata [oxa'lata] *nf* tin(plate)
hojaldre [o'xaldre] *nm* (*Culin*) puff

pastry

hojear [oxe'ar] *vt* to leaf through, turn the pages of

hojuela [o'xwela] (*MÉX*) *nf* flake

hola ['ola] *excl* hello!

holá [o'la] (*RPL*) *excl* hello!

Holanda [o'landa] *nf* Holland; **holandés, -esa** *adj* Dutch ▷ *nm/f* Dutchman(-woman) ▷ *nm* (*Ling*) Dutch

holgado, -a [ol'ɣaðo, a] *adj* (*ropa*) loose, baggy; (*rico*) comfortable

holgar [ol'ɣar] *vi* (*descansar*) to rest; (*sobrar*) to be superfluous

holgazán, -ana [olɣa'θan, ana] *adj* idle, lazy ▷ *nm/f* loafer

hollín [o'ʎin] *nm* soot

hombre ['ombre] *nm* (*gen*) man; (*raza humana*): **el ~** man(kind) ▷ *excl*: **¡sí ~!** (*claro*) of course!; (*para énfasis*) man, old boy; **hombre de negocios** businessman; **hombre de pro** honest man; **hombre-rana** frogman

hombrera [om'brera] *nf* shoulder strap

hombro ['ombro] *nm* shoulder

homenaje [ome'naxe] *nm* (*gen*) homage; (*tributo*) tribute

homicida [omi'θiða] *adj* homicidal ▷ *nmf* murderer; **homicidio** *nm* murder, homicide

homologar [omolo'ðar] *vt* (*Com: productos, tamaños*) to standardize

homólogo, -a [o'moloɣo, a] *nm/f* **su** *etc* **~** his *etc* counterpart o opposite number

homosexual [omosek'swal] *adj, nmf* homosexual

honda ['onda] (*cs*) *nf* catapult

hondo, -a ['ondo, a] *adj* deep; **lo ~** the depth(s) *pl*, the bottom; **hondonada** *nf* hollow, depression; (*cañón*) ravine

Honduras [on'duras] *nf* Honduras

hondureño, -a [ondu'reno, a] *adj, nm/f* Honduran

honestidad [onesti'ðað] *nf* purity, chastity; (*decencia*) decency; **honesto, -a** *adj* chaste; decent; honest; (*justo*) just

hongo ['ongo] *nm* (*Bot: gen*) fungus; (: *comestible*) mushroom; (: *venenoso*) toadstool

honor [o'nor] *nm* (*gen*) honour; **en ~ a la verdad** to be fair; **honorable** *adj* honourable

honorario, -a [ono'rarjo, a] *adj* honorary; **honorarios** *nmpl* fees

honra ['onra] *nf* (*gen*) honour; (*renombre*) good name; **honradez** *nf* honesty; (*de persona*) integrity; **honrado, -a** *adj* honest, upright; **honrar** [on'rar] *vt* to honour

hora ['ora] *nf* (*una hora*) hour; (*tiempo*) time; **¿qué ~ es?** what time is it?; **¿a qué ~?** at what time?; **media ~** half an hour; **a la ~ de recreo** at playtime; **a primera ~** first thing (in the morning); **a última ~** at the last moment; **a altas ~s** in the small hours; **¡a buena ~!** about time too!; **pedir ~** to make an appointment; **dar la ~** to strike the hour; **horas de oficina/trabajo** office/working hours; **horas de visita** visiting times; **horas extras** o **extraordinarias** overtime *sg*; **horas pico** (*LAM*) rush o peak hours; **horas punta** (*ESP*) rush hours

horario, -a [o'rarjo, a] *adj* hourly, hour *cpd* ▷ *nm* timetable; **horario comercial** business hours *pl*

horca ['orka] *nf* gallows *sg*

horcajadas [orka'xaðas]: **a ~** *adv* astride

horchata [or'tʃata] *nf* cold drink made from tiger nuts and water, tiger nut milk

horizontal [oriθon'tal] *adj* horizontal

horizonte [ori'θonte] *nm* horizon

horma ['orma] *nf* mould

hormiga [or'miɣa] *nf* ant; **hormigas** *nfpl* (*Med*) pins and needles

hormigón [ormi'ɣon] *nm* concrete; **hormigón armado/pretensado** reinforced/prestressed concrete

hormigonera nf cement mixer
hormigueo [ormi'ɣeo] nm (comezón) itch
hormona [or'mona] nf hormone
hornillo [or'niʎo] nm (cocina) portable stove; **hornillo de gas** gas ring
horno ['orno] nm (Culin) oven; (Tec) furnace; **alto ~** blast furnace
horóscopo [o'roskopo] nm horoscope
horquilla [or'kiʎa] nf hairpin; (Agr) pitchfork
horrendo, -a [o'rrendo, a] adj horrendous, frightful
horrible [o'rriβle] adj horrible, dreadful
horripilante [orripi'lante] adj hair-raising, horrifying
horror [o'rror] nm horror, dread; (atrocidad) atrocity; **¡qué ~!** (fam) how awful!; **horrorizar** vt to horrify, frighten; **horrorizarse** vr to be horrified; **horroroso, -a** adj horrifying, ghastly
hortaliza [orta'liθa] nf vegetable
hortelano, -a [orte'lano, a] nm/f (market) gardener
hortera [or'tera] (fam) adj tacky
hospedar [ospe'ðar] vt to put up; **hospedarse** vr to stay, lodge
hospital [ospi'tal] nm hospital
hospitalario, -a [ospita'larjo, a] adj (acogedor) hospitable; **hospitalidad** nf hospitality
hostal [os'tal] nm small hotel
hostelería [ostele'ria] nf hotel business o trade
hostia ['ostja] nf (Rel) host, consecrated wafer; (fam!: golpe) whack, punch ⊳ excl (fam!): **¡~(s)!** damn!
hostil [os'til] adj hostile
hotdog [ot'dog] (LAM) nm hot dog
hotel [o'tel] nm hotel; **hotelero, -a** adj hotel cpd ⊳ nm/f hotelier

● **HOTEL**
●
● In Spain you can choose from
● the following categories of
● accommodation, in descending
● order of quality and price: **hotel**
● (from 5 stars to 1), **hostal, pensión,**
● **casa de huéspedes, fonda**. The
● State also runs luxury hotels called
● **paradores**, which are usually sited
● in places of particular historical
● interest and are often historic
● buildings themselves.

hoy [oi] adv (este día) today; (la actualidad) now(adays) ⊳ nm present time; **~ (en) día** now(adays)
hoyo ['ojo] nm hole, pit
hoz [oθ] nf sickle
hube etc vb V **haber**
hucha ['utʃa] nf money box
hueco, -a ['weko, a] adj (vacío) hollow, empty; (resonante) booming ⊳ nm hollow, cavity
huelga etc ['welɣa] vb V **holgar** ⊳ nf strike; **declararse en ~** to go on strike, come out on strike; **huelga de hambre** hunger strike; **huelga general** general strike
huelguista [wel'ɣista] nmf striker
huella ['weʎa] nf (pisada) tread; (marca del paso) footprint, footstep; (: de animal, máquina) track; **huella dactilar** fingerprint
huelo etc vb V **oler**
huérfano, -a ['werfano, a] adj orphan(ed) ⊳ nm/f orphan
huerta ['werta] nf market garden; (en Murcia y Valencia) irrigated region
huerto ['werto] nm kitchen garden; (de árboles frutales) orchard
hueso ['weso] nm (Anat) bone; (de fruta) stone
huésped ['wespeð] nmf guest
hueva ['weβa] nf roe
huevera [we'βera] nf eggcup
huevo ['weβo] nm egg; **huevo a la copa** (CS) soft-boiled egg; **huevo duro/escalfado** hard-boiled/poached egg; **huevo estrellado** (LAM) fried egg; **huevo frito** (ESP) fried egg; **huevo**

pasado por agua soft-boiled egg; **huevos revueltos** scrambled eggs; **huevo tibio** (MÉX) soft-boiled egg
huida [u'iða] nf escape, flight
huir [u'ir] vi (escapar) to flee, escape; (evitar) to avoid
hule ['ule] nm oilskin; (MÉX: goma) rubber
hulera [u'lera] (MÉX) nf catapult
humanidad [umani'ðað] nf (género humano) man(kind); (cualidad) humanity
humanitario, -a [umani'tarjo, a] adj humanitarian
humano, -a [u'mano, a] adj (gen) human; (humanitario) humane ▷ nm human; **ser ~** human being
humareda [uma'reða] nf cloud of smoke
humedad [ume'ðað] nf (de clima) humidity; (de pared etc) dampness; **a prueba de ~** damp-proof; **humedecer** vt to moisten, wet; **humedecerse** vr to get wet
húmedo, -a ['umeðo, a] adj (mojado) damp, wet; (tiempo etc) humid
humilde [u'milde] adj humble, modest
humillación [umiʎa'θjon] nf humiliation; **humillante** adj humiliating
humillar [umi'ʎar] vt to humiliate
humo ['umo] nm (de fuego) smoke; (gas nocivo) fumes pl; (vapor) steam, vapour; **humos** nmpl (fig) conceit sg
humor [u'mor] nm (disposición) mood, temper; (lo que divierte) humour; **de buen/mal ~** in a good/bad mood; **humorista** nmf comic; **humorístico, -a** adj funny, humorous
hundimiento [undi'mjento] nm (gen) sinking; (colapso) collapse
hundir [un'dir] vt to sink; (edificio, plan) to ruin, destroy; **hundirse** vr to sink, collapse
húngaro, -a ['ungaro, a] adj, nm/f Hungarian
Hungría [un'gria] nf Hungary

huracán [ura'kan] nm hurricane
huraño, -a [u'raɲo, a] adj (antisocial) unsociable
hurgar [ur'ɣar] vt to poke, jab; (remover) to stir (up); **hurgarse** vr: **~se (las narices)** to pick one's nose
hurón, -ona [u'ron, ona] nm (Zool) ferret
hurtadillas [urta'ðiʎas]: **a ~** adv stealthily, on the sly
hurtar [ur'tar] vt to steal; **hurto** nm theft, stealing
husmear [usme'ar] vt (oler) to sniff out, scent; (fam) to pry into
huyo etc vb V **huir**

iba etc vb V **ir**

ibérico, -a [i'βeriko, a] adj Iberian

iberoamericano, -a [iβeroameri'kano, a] adj, nm/f Latin American

Ibiza [i'βiθa] nf Ibiza

iceberg [iθe'βer] nm iceberg

icono [i'kono] nm ikon, icon

ida ['iða] nf going, departure; **~ y vuelta** round trip, return

idea [i'ðea] nf idea; **no tengo la menor ~** I haven't a clue

ideal [iðe'al] adj, nm ideal; **idealista** nmf idealist; **idealizar** vt to idealize

ídem ['iðem] pron ditto

idéntico, -a [i'ðentiko, a] adj identical

identidad [iðenti'ðað] nf identity

identificación [iðentifika'θjon] nf identification

identificar [iðentifi'kar] vt to identify; **identificarse** vr: **~se con** to identify with

ideología [iðeolo'xia] nf ideology

idilio [i'ðiljo] nm love-affair

idioma [i'ðjoma] nm (gen) language

No confundir **idioma** con la palabra inglesa idiom.

idiota [i'ðjota] adj idiotic ▷ nmf idiot

ídolo ['iðolo] nm (tb fig) idol

idóneo, -a [i'ðoneo, a] adj suitable

iglesia [i'ɣlesja] nf church

ignorante [iɣno'rante] adj ignorant, uninformed ▷ nmf ignoramus

ignorar [iɣno'rar] vt not to know, be ignorant of; (no hacer caso a) to ignore

igual [i'ɣwal] adj (gen) equal; (similar) like, similar; (mismo) (the) same; (constante) constant; (temperatura) even ▷ nmf equal; **~ que** like, the same as; **me da o es ~** I don't care; **son ~es** they're the same; **al ~ que** (prep, conj) like, just like

igualar [iɣwa'lar] vt (gen) to equalize, make equal; (allanar, nivelar) to level (off), even (out); **igualarse** vr (platos de balanza) to balance out

igualdad [iɣwal'dað] nf equality; (similaridad) sameness; (uniformidad) uniformity

igualmente [iɣwal'mente] adv equally; (también) also, likewise ▷ excl the same to you!

ilegal [ile'ɣal] adj illegal

ilegítimo, -a [ile'xitimo, a] adj illegitimate

ileso, -a [i'leso, a] adj unhurt

ilimitado, -a [ilimi'taðo, a] adj unlimited

iluminación [ilumina'θjon] nf illumination; (alumbrado) lighting

iluminar [ilumi'nar] vt to illuminate, light (up); (fig) to enlighten

ilusión [ilu'sjon] nf illusion; (quimera) delusion; (esperanza) hope; **hacerse ilusiones** to build up one's hopes; **ilusionado, -a** adj excited; **ilusionar** vi: **le ilusiona ir de vacaciones** he's looking forward to going on holiday; **ilusionarse** vr: **ilusionarse (con)** to get excited (about)

iluso, -a [i'luso, a] adj easily deceived ▷ nm/f dreamer

ilustración [ilustra'θjon] *nf*
illustration; (*saber*) learning, erudition;
la l~ the Enlightenment; **ilustrado, -a**
adj illustrated; learned

ilustrar [ilus'trar] *vt* to illustrate;
(*instruir*) to instruct; (*explicar*) to
explain, make clear

ilustre [i'lustre] *adj* famous,
illustrious

imagen [i'maxen] *nf* (*gen*) image;
(*dibujo*) picture

imaginación [imaxina'θjon] *nf*
imagination

imaginar [imaxi'nar] *vt* (*gen*) to
imagine; (*idear*) to think up; (*suponer*) to
suppose; **imaginarse** *vr* to imagine;
imaginario, -a *adj* imaginary;
imaginativo, -a *adj* imaginative

imán [i'man] *nm* magnet

imbécil [im'beθil] *nmf* imbecile, idiot

imitación [imita'θjon] *nf* imitation;
de ~ imitation *cpd*

imitar [imi'tar] *vt* to imitate;
(*parodiar, remedar*) to mimic, ape

impaciente [impa'θjente] *adj*
Impatient; (*nervioso*) anxious

impacto [im'pakto] *nm* impact

impar [im'par] *adj* odd

imparcial [impar'θjal] *adj* impartial,
fair

impecable [impe'kaβle] *adj*
impeccable

impedimento [impeði'mento] *nm*
impediment, obstacle

impedir [impe'ðir] *vt* (*obstruir*) to
impede, obstruct; (*estorbar*) to prevent;
~ a algn hacer *o* **que algn haga algo**
to prevent sb (from) doing sth, stop
sb doing sth

imperativo, -a [impera'tiβo, a] *adj*
(*urgente, Ling*) imperative

imperdible [imper'ðiβle] *nm*
safety pin

imperdonable [imperðo'naβle] *adj*
unforgivable, inexcusable

imperfecto, -a [imper'fekto, a] *adj*
imperfect

imperio [im'perjo] *nm* empire;

(*autoridad*) rule, authority; (*fig*) pride,
haughtiness

impermeable [imperme'aβle] *adj*
waterproof ▷ *nm* raincoat, mac (BRIT)

impersonal [imperso'nal] *adj*
impersonal

impertinente [imperti'nente] *adj*
impertinent

ímpetu ['impetu] *nm* (*impulso*)
impetus, impulse; (*impetuosidad*)
impetuosity; (*violencia*) violence

implantar [implan'tar] *vt* to
introduce

implemento [imple'mento] (LAM)
nm tool, implement

implicar [impli'kar] *vt* to involve;
(*entrañar*) to imply

implícito, -a [im'pliθito, a] *adj*
(*tácito*) implicit; (*sobreentendido*)
implied

imponente [impo'nente] *adj*
(*impresionante*) impressive, imposing;
(*solemne*) grand

imponer [impo'ner] *vt* (*gen*) to
impose; (*exigir*) to exact; **imponerse**
vr to assert o.s.; (*prevalecer*) to prevail;
imponible *adj* (*Com*) taxable

impopular [impopu'lar] *adj*
unpopular

importación [importa'θjon]
nf (*acto*) importing; (*mercancías*)
imports *pl*

importancia [impor'tanθja] *nf*
importance; (*valor*) value, significance;
(*extensión*) size, magnitude; **no
tiene ~** it's nothing; **importante** *adj*
important; valuable, significant

importar [impor'tar] *vt* (*del
extranjero*) to import; (*costar*) to amount
to ▷ *vi* to be important, matter; **me
importa un rábano** I couldn't care
less; **no importa** it doesn't matter;
¿le importa que fume? do you mind
if I smoke?

importe [im'porte] *nm* (*total*)
amount; (*valor*) value

imposible [impo'siβle] *adj* (*gen*)
impossible; (*insoportable*) unbearable,

intolerable

imposición [imposi'θjon] nf
imposition; (Com: impuesto) tax;
(: inversión) deposit

impostor, a [impos'tor, a] nm/f
impostor

impotencia [impo'tenθja] nf
impotence; **impotente** adj impotent

impreciso, -a [impre'θiso, a] adj
imprecise, vague

impregnar [impreɣ'nar] vt to
impregnate; **impregnarse** vr to
become impregnated

imprenta [im'prenta] nf (acto)
printing; (aparato) press; (casa)
printer's; (letra) print

imprescindible [impresθin'diβle]
adj essential, vital

impresión [impre'sjon] nf (gen)
impression; (Imprenta) printing;
(edición) edition; (Foto) print; (marca)
imprint; **impresión digital** fingerprint

impresionante [impresjo'nante]
adj impressive; (tremendo) tremendous;
(maravilloso) great, marvellous

impresionar [impresjo'nar] vt
(conmover) to move; (afectar) to impress,
strike; (película fotográfica) to expose;
impresionarse vr to be impressed;
(conmoverse) to be moved

impreso, -a [im'preso, a] pp de
imprimir ▷ adj printed; **impresos**
nmpl printed matter; **impresora** nf
printer

imprevisto, -a [impre'βisto, a]
adj (gen) unforeseen; (inesperado)
unexpected

imprimir [impri'mir] vt to imprint,
impress, stamp; (textos) to print;
(Inform) to output, print out

improbable [impro'βaβle] adj
improbable; (inverosímil) unlikely

impropio, -a [im'propjo, a] adj
improper

improvisado, -a [improβi'saðo, a]
adj improvised

improvisar [improβi'sar] vt to
improvise

improviso, -a [impro'βiso, a] adj: **de
~** unexpectedly, suddenly

imprudencia [impru'ðenθja] nf
imprudence; (indiscreción) indiscretion;
(descuido) carelessness; **imprudente**
adj unwise, imprudent; (indiscreto)
indiscreet

impuesto, -a [im'pwesto, a] adj
imposed ▷ nm tax; **impuesto al valor
agregado o añadido** (LAM) value added
tax (BRIT) ≈ sales tax (US); **impuesto
sobre el valor añadido** (ESP) value
added tax (BRIT) ≈ sales tax (US)

impulsar [impul'sar] vt to drive;
(promover) to promote, stimulate

impulsivo, -a [impul'siβo, a] adj
impulsive; **impulso** nm impulse;
(fuerza, empuje) thrust, drive;
(fig: sentimiento) urge, impulse

impureza [impu'reθa] nf impurity;
impuro, -a adj impure

inaccesible [inakθe'siβle] adj
inaccessible

inaceptable [inaθep'taβle] adj
unacceptable

inactivo, -a [inak'tiβo, a] adj
inactive

inadecuado, -a [inaðe'kwaðo, a]
adj (insuficiente) inadequate; (inapto)
unsuitable

inadvertido, -a [inaðβer'tiðo, a] adj
(no visto) unnoticed

inaguantable [inaɣwan'taβle] adj
unbearable

inanimado, -a [inani'maðo, a] adj
inanimate

inaudito, -a [inau'ðito, a] adj
unheard-of

inauguración [inauɣura'θjon] nf
inauguration; opening

inaugurar [inauɣu'rar] vt to
inaugurate; (exposición) to open

inca ['inka] nmf Inca

incalculable [inkalku'laβle] adj
incalculable

incandescente [inkandes'θente]
adj incandescent

incansable [inkan'saβle] adj

tireless, untiring

incapacidad [inkapaθi'ðað] *nf* incapacity; (*incompetencia*) incompetence; **incapacidad física/mental** physical/mental disability

incapacitar [inkapaθi'tar] *vt* (*inhabilitar*) to incapacitate, render unfit; (*descalificar*) to disqualify

incapaz [inka'paθ] *adj* incapable

incautarse [inkau'tarse] *vr:* **~ de** to seize, confiscate

incauto, -a [in'kauto, a] *adj* (*imprudente*) incautious, unwary

incendiar [inθen'djar] *vt* to set fire to; (*fig*) to inflame; **incendiarse** *vr* to catch fire; **incendiario, -a** *adj* incendiary

incendio [in'θendjo] *nm* fire

incentivo [inθen'tiβo] *nm* incentive

incertidumbre [inθerti'ðumbre] *nf* (*inseguridad*) uncertainty; (*duda*) doubt

incesante [inθe'sante] *adj* incessant

incesto [in'θesto] *nm* incest

incidencia [inθi'ðenθja] *nf* (*Mat*) incidence

incidente [inθi'ðente] *nm* incident

incidir [inθi'ðir] *vi* (*influir*) to influence; (*afectar*) to affect

incienso [in'θjenso] *nm* incense

incierto, -a [in'θjerto, a] *adj* uncertain

incineración [inθinera'θjon] *nf* incineration; (*de cadáveres*) cremation

incinerar [inθine'rar] *vt* to burn; (*cadáveres*) to cremate

incisión [inθi'sjon] *nf* incision

incisivo, -a [inθi'siβo, a] *adj* sharp, cutting; (*fig*) incisive

incitar [inθi'tar] *vt* to incite, rouse

inclemencia [inkle'menθja] *nf* (*severidad*) harshness, severity; (*del tiempo*) inclemency

inclinación [inklina'θjon] *nf* (*gen*) inclination; (*de tierras*) slope, incline; (*de cabeza*) nod, bow; (*fig*) leaning, bent

inclinar [inkli'nar] *vt* to incline; (*cabeza*) to nod, bow ▷ *vi* to lean, slope; **inclinarse** *vr* to bow; (*encorvarse*) to

stoop; **~se** (*parecerse a*) to take after, resemble; **~se ante** to bow down to; **me inclino a pensar que ...** I'm inclined to think that ...

incluir [inklu'ir] *vt* to include; (*incorporar*) to incorporate; (*meter*) to enclose

inclusive [inklu'siβe] *adv* inclusive ▷ *prep* including

incluso [in'kluso] *adv* even

incógnita [in'koɣnita] *nf* (*Mat*) unknown quantity

incógnito [in'koɣnito] *nm:* **de ~** incognito

incoherente [inkoe'rente] *adj* incoherent

incoloro, -a [inko'loro, a] *adj* colourless

incomodar [inkomo'ðar] *vt* to inconvenience; (*molestar*) to bother, trouble; (*fastidiar*) to annoy

incomodidad [inkomoði'ðað] *nf* inconvenience; (*fastidio, enojo*) annoyance; (*de vivienda*) discomfort

incómodo, -a [in'komoðo, a] *adj* (*inconfortable*) uncomfortable; (*molesto*) annoying; (*inconveniente*) inconvenient

incomparable [inkompa'raβle] *adj* incomparable

incompatible [inkompa'tiβle] *adj* incompatible

incompetente [inkompe'tente] *adj* incompetent

incompleto, -a [inkom'pleto, a] *adj* incomplete, unfinished

incomprensible [inkompren'siβle] *adj* incomprehensible

incomunicado, -a [inkomuni'kaðo, a] *adj* (*aislado*) cut off, isolated; (*confinado*) in solitary confinement

incondicional [inkondiθjo'nal] *adj* unconditional; (*apoyo*) wholehearted; (*partidario*) staunch

inconfundible [inkonfun'diβle] *adj* unmistakable

incongruente [inkon'grwente] *adj* incongruous

inconsciente [inkons'θjente] *adj*

unconscious; thoughtless

inconsecuente [inkonse'kwente] *adj* inconsistent

inconstante [inkons'tante] *adj* inconstant

incontable [inkon'taβle] *adj* countless, innumerable

inconveniencia [inkombe'njenθja] *nf* unsuitability, inappropriateness; (*descortesía*) impoliteness; **inconveniente** *adj* unsuitable; impolite ▷ *nm* obstacle; (*desventaja*) disadvantage; **el inconveniente es que ...** the trouble is that ...

incordiar [inkor'ðjar] (*fam*) *vt* to bug, annoy

incorporar [inkorpo'rar] *vt* to incorporate; **incorporarse** *vr* to sit up; **~se a** to join

incorrecto, -a [inko'rrekto, a] *adj* (*gen*) incorrect, wrong; (*comportamiento*) bad-mannered

incorregible [inkorre'xiβle] *adj* incorrigible

incrédulo, -a [in'kreðulo, a] *adj* incredulous, unbelieving; sceptical

increíble [inkre'iβle] *adj* incredible

incremento [inkre'mento] *nm* increment; (*aumento*) rise, increase

increpar [inkre'par] *vt* to reprimand

incruento, -a [in'krwento, a] *adj* bloodless

incrustar [inkrus'tar] *vt* to incrust; (*piedras: en joya*) to inlay

incubar [inku'βar] *vt* to incubate

inculcar [inkul'kar] *vt* to inculcate

inculto, -a [in'kulto, a] *adj* (*persona*) uneducated; (*grosero*) uncouth ▷ *nm/f* ignoramus

incumplimiento [inkumpli'mjento] *nm* non-fulfilment; **incumplimiento de contrato** breach of contract

incurrir [inku'rrir] *vi*: **~ en** to incur; (*crimen*) to commit

indagar [inda'xar] *vt* to investigate; to search; (*averiguar*) to ascertain

indecente [inde'θente] *adj* indecent,

improper; (*lascivo*) obscene

indeciso, -a [inde'θiso, a] *adj* (*por decidir*) undecided; (*vacilante*) hesitant

indefenso, -a [inde'fenso, a] *adj* defenceless

indefinido, -a [indefi'niðo, a] *adj* indefinite; (*vago*) vague, undefined

indemne [in'demne] *adj* (*objeto*) undamaged; (*persona*) unharmed, unhurt

indemnizar [indemni'θar] *vt* to indemnify; (*compensar*) to compensate

independencia [indepen'denθja] *nf* independence

independiente [indepen'djente] *adj* (*libre*) independent; (*autónomo*) self-sufficient

indeterminado, -a [indetermi'naðo, a] *adj* indefinite; (*desconocido*) indeterminate

India ['indja] *nf*: **la ~** India

indicación [indika'θjon] *nf* indication; (*señal*) sign; (*sugerencia*) suggestion, hint

indicado, -a [indi'kaðo, a] *adj* (*momento, método*) right; (*tratamiento*) appropriate; (*solución*) likely

indicador [indika'ðor] *nm* indicator; (*Tec*) gauge, meter

indicar [indi'kar] *vt* (*mostrar*) to indicate, show; (*termómetro etc*) to read, register; (*señalar*) to point to

índice ['indiθe] *nm* index; (*catálogo*) catalogue; (*Anat*) index finger, forefinger; **índice de materias** table of contents

indicio [in'diθjo] *nm* indication, sign; (*en pesquisa etc*) clue

indiferencia [indife'renθja] *nf* indifference; (*apatía*) apathy; **indiferente** *adj* indifferent

indígena [in'dixena] *adj* indigenous, native ▷ *nmf* native

indigestión [indixes'tjon] *nf* indigestion

indigesto, -a [indi'xesto, a] *adj* (*alimento*) indigestible; (*fig*) turgid

indignación [indixna'θjon] *nf*

indignation

indignar [indiɣ'nar] vt to anger, make indignant; **indignarse** vr: **~se por** to get indignant about

indigno, -a [in'diɣno, a] adj (despreciable) low, contemptible; (inmerecido) unworthy

indio, -a ['indjo, a] adj, nm/f Indian

indirecta [indi'rekta] nf insinuation, innuendo; (sugerencia) hint

indirecto, -a [indi'rekto, a] adj indirect

indiscreción [indiskre'θjon] nf (imprudencia) indiscretion; (irreflexión) tactlessness; (acto) gaffe, faux pas

indiscreto, -a [indis'kreto, a] adj indiscreet

indiscutible [indisku'tiβle] adj indisputable, unquestionable

indispensable [indispen'saβle] adj indispensable, essential

indispuesto, -a [indis'pwesto, a] adj (enfermo) unwell, indisposed

indistinto, -a [indis'tinto, a] adj indistinct; (vago) vague

individual [indiβi'ðwal] adj individual; (habitación) single ▷ nm (Deporte) singles sg

individuo, -a [indi'βiðwo, a] adj, nm individual

índole ['indole] nf (naturaleza) nature; (clase) sort, kind

inducir [indu'θir] vt to induce; (inferir) to infer; (persuadir) to persuade

indudable [indu'ðaβle] adj undoubted; (incuestionable) unquestionable

indultar [indul'tar] vt (perdonar) to pardon, reprieve; (librar de pago) to exempt; **indulto** nm pardon; exemption

industria [in'dustrja] nf industry; (habilidad) skill; **industrial** adj industrial ▷ nm industrialist

inédito, -a [in'eðito, a] adj (texto) unpublished; (nuevo) new

ineficaz [inefi'kaθ] adj (inútil) ineffective; (ineficiente) inefficient

ineludible [inelu'ðiβle] adj inescapable, unavoidable

ineptitud [inepti'tuð] nf ineptitude, incompetence; **inepto, -a** adj inept, incompetent

inequívoco, -a [ine'kiβoko, a] adj unequivocal; (inconfundible) unmistakable

inercia [in'erθja] nf inertia; (pasividad) passivity

inerte [in'erte] adj inert; (inmóvil) motionless

inesperado, -a [inespe'raðo, a] adj unexpected, unforeseen

inestable [ines'taβle] adj unstable

inevitable [ineβi'taβle] adj inevitable

inexacto, -a [inek'sakto, a] adj inaccurate; (falso) untrue

inexperto, -a [inek'sperto, a] adj (novato) inexperienced

infalible [infa'liβle] adj infallible; (plan) foolproof

infame [in'fame] adj infamous; (horrible) dreadful; **infamia** nf infamy; (deshonra) disgrace

infancia [in'fanθja] nf infancy, childhood

infantería [infante'ria] nf infantry

infantil [infan'til] adj (pueril, aniñado) infantile; (cándido) childlike; (literatura, ropa etc) children's

infarto [in'farto] nm (tb: **~ de miocardio**) heart attack

infatigable [infati'ɣaβle] adj tireless, untiring

infección [infek'θjon] nf infection; **infeccioso, -a** adj infectious

infectar [infek'tar] vt to infect; **infectarse** vr to become infected

infeliz [infe'liθ] adj unhappy, wretched ▷ nmf wretch

inferior [infe'rjor] adj inferior; (situación) lower ▷ nmf inferior, subordinate

inferir [infe'rir] vt (deducir) to infer, deduce; (causar) to cause

infidelidad [infiðeli'ðað] nf (gen)

infidelity, unfaithfulness

infiel [in'fjel] *adj* unfaithful, disloyal; (*erróneo*) inaccurate ▷ *nmf* infidel, unbeliever

infierno [in'fjerno] *nm* hell

infiltrarse [infil'trarse] *vr*: ~ **en** to infiltrate in(to); (*persona*) to work one's way in(to)

ínfimo, -a ['infimo, a] *adj* (*más bajo*) lowest; (*despreciable*) vile, mean

infinidad [infini'ðað] *nf* infinity; (*abundancia*) great quantity

infinito, -a [infi'nito, a] *adj, nm* infinite

inflación [infla'θjon] *nf* (*hinchazón*) swelling; (*monetaria*) inflation; (*fig*) conceit

inflamable [infl'maβle] *adj* flammable

inflamar [infla'mar] *vt* (*Med: fig*) to inflame; **inflamarse** *vr* to catch fire; to become inflamed

inflar [in'flar] *vt* (*hinchar*) to inflate, blow up; (*fig*) to exaggerate; **inflarse** *vr* to swell (up); (*fig*) to get conceited

inflexible [inflek'siβle] *adj* inflexible; (*fig*) unbending

influencia [influ'enθja] *nf* influence

influir [influ'ir] *vt* to influence

influjo [in'fluxo] *nm* influence

influya *etc vb* V **influir**

influyente [influ'jente] *adj* influential

información [informa'θjon] *nf* information; (*noticias*) news *sg*; (*Jur*) inquiry; **i~** (*oficina*) Information Office; (*mostrador*) Information Desk; (*Tel*) Directory Enquiries

informal [infor'mal] *adj* (*gen*) informal

informar [infor'mar] *vt* (*gen*) to inform; (*revelar*) to reveal, make known ▷ *vi* (*Jur*) to plead; (*denunciar*) to inform; (*dar cuenta de*) to report on; **informarse** *vr* to find out; **~se de** to inquire into

informática [infor'matika] *nf* computer science, information technology

informe [in'forme] *adj* shapeless ▷ *nm* report

infracción [infrak'θjon] *nf* infraction, infringement

infravalorar [infrabalo'rar] *vt* to undervalue, underestimate

infringir [infrin'xir] *vt* to infringe, contravene

infundado, -a [infun'daðo, a] *adj* groundless, unfounded

infundir [infun'dir] *vt* to infuse, instil

infusión [infu'sjon] *nf* infusion; **infusión de manzanilla** camomile tea

ingeniería [inxenje'ria] *nf* engineering; **ingeniería genética** genetic engineering; **ingeniero, -a** *nm/f* engineer; **ingeniero civil** *o* **de caminos** civil engineer

ingenio [in'xenjo] *nm* (*talento*) talent; (*agudeza*) wit; (*habilidad*) ingenuity, inventiveness; **ingenio azucarero** (*LAM*) sugar refinery; **ingenioso, -a** [inxe'njoso, a] *adj* ingenious, clever; (*divertido*) witty; **ingenuo, -a** *adj* ingenuous

ingerir [inxe'rir] *vt* to ingest; (*tragar*) to swallow; (*consumir*) to consume

Inglaterra [ingla'terra] *nf* England

ingle ['ingle] *nf* groin

inglés, -esa [in'gles, esa] *adj* English ▷ *nm/f* Englishman(-woman) ▷ *nm* (*Ling*) English

ingrato, -a [in'grato, a] *adj* (*gen*) ungrateful

ingrediente [ingre'ðjente] *nm* ingredient

ingresar [ingre'sar] *vt* (*dinero*) to deposit ▷ *vi* to come in; ~ **en el hospital** to go into hospital

ingreso [in'greso] *nm* (*entrada*) entry; (*en hospital etc*) admission; **ingresos** *nmpl* (*dinero*) income *sg*; (*Com*) takings *pl*

inhabitable [inaβi'taβle] *adj* uninhabitable

inhalar [ina'lar] *vt* to inhale

inhibir [ini'βir] *vt* to inhibit

inhóspito, -a [i'nospito, a] *adj*
(*región, paisaje*) inhospitable

inhumano, -a [inu'mano, a] *adj*
inhuman

inicial [ini'θjal] *adj, nf* initial

iniciar [ini'θjar] *vt* (*persona*) to
initiate; (*empezar*) to begin, commence;
(*conversación*) to start up

iniciativa [iniθja'tiβa] *nf* initiative;
iniciativa privada private enterprise

ininterrumpido, -a
[ininterrum'piðo, a] *adj*
uninterrupted

injertar [inxer'tar] *vt* to graft;
injerto *nm* graft

injuria [in'xurja] *nf* (*agravio, ofensa*)
offence; (*insulto*) insult

▌ No confundir **injuria** con la palabra
inglesa *injury*.

injusticia [inxus'tiθja] *nf* injustice

injusto, -a [in'xusto, a] *adj* unjust,
unfair

inmadurez [inmaðu're θ] *nf*
immaturity

inmediaciones [inmeðja'θjones]
nfpl neighbourhood *sg*, environs

inmediato, -a [inme'ðjato,
a] *adj* immediate; (*contiguo*)
adjoining; (*rápido*) prompt; (*próximo*)
neighbouring, next; **de ~** immediately

inmejorable [inmexo'raβle] *adj*
unsurpassable; (*precio*) unbeatable

inmenso, -a [in'menso, a] *adj*
immense, huge

inmigración [inmixra'θjon] *nf*
immigration

inmobiliaria [inmoβi'ljarja] *nf*
estate agency

inmolar [inmo'lar] *vt* to immolate,
sacrifice

inmoral [inmo'ral] *adj* immoral

inmortal [inmor'tal] *adj* immortal;
inmortalizar *vt* to immortalize

inmóvil [in'moβil] *adj* immobile

inmueble [in'mweβle] *adj*: **bienes
~s** real estate, landed property ▷ *nm*
property

inmundo, -a [in'mundo, a] *adj*
filthy

inmune [in'mune] *adj*: **~ (a)** (*Med*)
immune (to)

inmunidad [inmuni'ðað] *nf*
immunity

inmutarse [inmu'tarse] *vr* to turn
pale; **no se inmutó** he didn't turn a hair

innato, -a [in'nato, a] *adj* innate

innecesario, -a [inneθe'sarjo, a] *adj*
unnecessary

innovación [innoβa'θjon] *nf*
innovation

innovar [inno'βar] *vt* to introduce

inocencia [ino'θenθja] *nf* innocence

inocentada [inoθen'taða] *nf*
practical joke

inocente [ino'θente] *adj* (*ingenuo*)
naive, innocent; (*inculpable*) innocent;
(*sin malicia*) harmless ▷ *nmf* simpleton;
el día de los (Santos) I~s ≈ April
Fools' Day

● **DÍA DE LOS (SANTOS)**
● **INOCENTES**
●
● The 28th December, el **día de los**
● **(Santos) Inocentes**, is when
● the Church commemorates the
● story of Herod's slaughter of the
● innocent children of Judaea.
● On this day Spaniards play
● **inocentadas** (practical jokes) on
● each other, much like our April
● Fool's Day pranks.

inodoro [ino'ðoro] *nm* toilet,
lavatory (*BRIT*)

inofensivo, -a [inofen'siβo, a] *adj*
inoffensive, harmless

inolvidable [inolβi'ðaβle] *adj*
unforgettable

inoportuno, -a [inopor'tuno, a] *adj*
untimely; (*molesto*) inconvenient

inoxidable [inoksi'ðaβle] *adj*: **acero
~** stainless steel

inquietar [inkje'tar] *vt* to worry,
trouble; **inquietarse** *vr* to worry,
get upset; **inquieto, -a** *adj* anxious,

worried; **inquietud** nf anxiety, worry

inquilino, -a [inki'lino, a] nm/f
tenant

insaciable [insa'θjaβle] adj
insatiable

inscribir [inskri'βir] vt to inscribe; **~
a algn en** (lista) to put sb on; (censo) to
register sb on

inscripción [inskrip'θjon] nf
inscription; (Escol etc) enrolment; (en
censo) registration

insecticida [insekti'θiða] nm
insecticide

insecto [in'sekto] nm insect

inseguridad [inseɣuri'ðað] nf
insecurity; **inseguridad ciudadana**
lack of safety in the streets

inseguro, -a [inse'ɣuro, a] adj
insecure; (inconstante) unsteady;
(incierto) uncertain

insensato, -a [insen'sato, a] adj
foolish, stupid

insensible [insen'siβle] adj
(gen) insensitive; (movimiento)
imperceptible; (sin sentido) numb

insertar [inser'tar] vt to insert

inservible [inser'βiβle] adj useless

insignia [in'siɣnja] nf (señal
distintiva) badge; (estandarte) flag

insignificante [insiɣnifi'kante] adj
insignificant

insinuar [insi'nwar] vt to insinuate,
imply

insípido, -a [in'sipiðo, a] adj insipid

insistir [insis'tir] vi to insist; **~ en
algo** to insist on sth; (enfatizar) to
stress sth

insolación [insola'θjon] nf (Med)
sunstroke

insolente [inso'lente] adj insolent

insólito, -a [in'solito, a] adj unusual

insoluble [inso'luβle] adj insoluble

insomnio [in'somnjo] nm insomnia

insonorizado, -a [insonori'θaðo, a]
adj (cuarto etc) soundproof

insoportable [insopor'taβle] adj
unbearable

inspección [inspek'θjon] nf

inspection, check; **inspeccionar**
vt (examinar) to inspect, examine;
(controlar) to check

inspector, a [inspek'tor, a] nm/f
inspector

inspiración [inspira'θjon] nf
inspiration

inspirar [inspi'rar] vt to inspire;
(Med) to inhale; **inspirarse** vr: **~se en**
to be inspired by

instalación [instala'θjon] nf (equipo)
fittings pl, equipment; **instalación
eléctrica** wiring

instalar [insta'lar] vt (establecer)
to instal; (erguir) to set up, erect;
instalarse vr to establish o.s.; (en una
vivienda) to move into

instancia [ins'tanθja] nf (Jur)
petition; (ruego) request; **en última ~**
as a last resort

instantáneo, -a [instan'taneo,
a] adj instantaneous; **café ~** instant
coffee

instante [ins'tante] nm instant,
moment; **al ~** right now

instar [ins'tar] vt to press, urge

instaurar [instau'rar] vt (costumbre)
to establish; (normas, sistema) to bring
in, introduce; (gobierno) to instal

instigar [insti'ɣar] vt to instigate

instinto [ins'tinto] nm instinct; **por
~** instinctively

institución [institu'θjon] nf
institution, establishment

instituir [institu'ir] vt to establish;
(fundar) to found; **instituto** nm (gen)
institute; (ESP Escol) ≈ comprehensive
(BRIT) o high (US) school

institutriz [institu'triθ] nf
governess

instrucción [instruk'θjon] nf
instruction

instruir [instru'ir] vt (gen) to
instruct; (enseñar) to teach, educate

instrumento [instru'mento] nm
(gen) instrument; (herramienta) tool,
implement

insubordinarse [insuβorði'narse]

vr to rebel

insuficiente [insufi'θjente] *adj*
(*gen*) insufficient; (*Escol: calificación*)
unsatisfactory

insular [insu'lar] *adj* insular

insultar [insul'tar] *vt* to insult;
insulto *nm* insult

insuperable [insupe'raβle] *adj*
(*excelente*) unsurpassable; (*problema etc*)
insurmountable

insurrección [insurrek'θjon] *nf*
insurrection, rebellion

intachable [inta'tʃaβle] *adj*
irreproachable

intacto, -a [in'takto, a] *adj* intact

integral [inte'ɣral] *adj* integral;
(*completo*) complete; **pan ~** wholemeal
(*BRIT*) o wholewheat (*US*) bread

integrar [inte'ɣrar] *vt* to make up,
compose; (*Mat: fig*) to integrate

integridad [inteɣri'ðað] *nf*
wholeness; (*carácter*) integrity;
íntegro, -a *adj* whole, entire;
(*honrado*) honest

intelectual [intelek'twal] *adj*, *nmf*
intellectual

inteligencia [inteli'xenθja]
nf intelligence; (*ingenio*) ability;
inteligente *adj* intelligent

intemperie [intem'perje] *nf*: **a
la ~** out in the open, exposed to the
elements

intención [inten'θjon] *nf* (*gen*)
intention, purpose; **con segundas
intenciones** maliciously; **con ~**
deliberately

intencionado, -a [intenθjo'naðo,
a] *adj* deliberate; **mal ~** ill-disposed,
hostile

intensidad [intensi'ðað] *nf* (*gen*)
intensity; (*Elec, Tec*) strength; **llover
con ~** to rain hard

intenso, -a [in'tenso, a] *adj* intense;
(*sentimiento*) profound, deep

intentar [inten'tar] *vt* (*tratar*) to try,
attempt; **intento** *nm* attempt

interactivo, -a [interak'tiβo, a] *adj*
(*Inform*) interactive

intercalar [interka'lar] *vt* to insert

intercambio [inter'kambjo] *nm*
exchange, swap

interceder [interθe'ðer] *vi* to
intercede

interceptar [interθep'tar] *vt* to
intercept

interés [inte'res] *nm* (*gen*) interest;
(*parte*) share, part; (*pey*) self-interest;
intereses creados vested interests

interesado, -a [intere'saðo, a] *adj*
interested; (*prejuiciado*) prejudiced;
(*pey*) mercenary, self-seeking

interesante [intere'sante] *adj*
interesting

interesar [intere'sar] *vt*, *vi* to
interest, be of interest to; **interesarse**
vr: **~se en** o **por** to take an interest in

interferir [interfe'rir] *vt* to interfere
with; (*Tel*) to jam ▷ *vi* to interfere

interfón [inter'fon] (*MÉX*) *nm* entry
phone

interino, -a [inte'rino, a] *adj*
temporary ▷ *nm/f* temporary holder
of a post; (*Med*) locum; (*Escol*) supply
teacher

interior [inte'rjor] *adj* inner,
inside; (*Com*) domestic, internal
▷ *nm* interior, inside; (*fig*) soul, mind;
Ministerio del I~ ≈ Home Office
(*BRIT*) ≈ Department of the Interior
(*US*); **interiorista** (*ESP*) *nmf* interior
designer

interjección [interxek'θjon] *nf*
interjection

interlocutor, a [interloku'tor, a]
nm/f speaker

intermedio, -a [inter'meðjo, a] *adj*
intermediate ▷ *nm* interval

interminable [intermi'naβle] *adj*
endless

intermitente [intermi'tente] *adj*
intermittent ▷ *nm* (*Auto*) indicator

internacional [internaθjo'nal] *adj*
international

internado [inter'naðo] *nm* boarding
school

internar [inter'nar] *vt* to intern; (*en*

un *manicomio*) to commit; **internarse**
vr (*penetrar*) to penetrate

internauta [inter'nauta] *nmf* web
surfer, Internet user

Internet, internet [inter'net] *nm*
o f Internet

interno, -a [in'terno, a] *adj* internal,
interior; (*Pol etc*) domestic ⊳ *nm/f*
(*alumno*) boarder

interponer [interpo'ner] *vt* to
interpose, put in; **interponerse** vr to
intervene

interpretación [interpreta'θjon] *nf*
interpretation

interpretar [interpre'tar] *vt* to
interpret; (*Teatro, Mús*) to perform,
play; **intérprete** *nmf* (*Ling*) interpreter,
translator; (*Mús, Teatro*) performer,
artist(e)

interrogación [interroxa'θjon] *nf*
interrogation; (*Ling*: tb: **signo de ~**)
question mark

interrogar [interro'ɣar] *vt* to
interrogate, question

interrumpir [interrum'pir] *vt* to
interrupt

interrupción [interrup'θjon] *nf*
interruption

interruptor [interrup'tor] *nm* (*Elec*)
switch

intersección [intersek'θjon] *nf*
intersection

interurbano, -a [interur'βano,
a] *adj*: **llamada interurbana** long-
distance call

intervalo [inter'βalo] *nm* interval;
(*descanso*) break

intervenir [interβe'nir] *vt* (*controlar*)
to control, supervise; (*Med*) to operate
on ⊳ *vi* (*participar*) to take part,
participate; (*mediar*) to intervene

interventor, a [interβen'tor, a]
nm/f inspector; (*Com*) auditor

intestino [intes'tino] *nm* (*Med*)
intestine

intimar [inti'mar] *vi* to become
friendly

intimidad [intimi'ðað] *nf* intimacy;

(*familiaridad*) familiarity; (*vida privada*)
private life; (*Jur*) privacy

íntimo, -a ['intimo, a] *adj* intimate

intolerable [intole'raβle] *adj*
intolerable, unbearable

intoxicación [intoksika'θjon] *nf*
poisoning; **intoxicación alimenticia**
food poisoning

intranet [intra'net] *nf* intranet

intranquilo, -a [intran'kilo, a] *adj*
worried

intransitable [intransi'taβle] *adj*
impassable

intrépido, -a [in'trepiðo, a] *adj*
intrepid

intriga [in'triɣa] *nf* intrigue; (*plan*)
plot; **intrigar** *vt, vi* to intrigue

intrínseco, -a [in'trinseko, a] *adj*
intrinsic

introducción [introðuk'θjon] *nf*
introduction

introducir [introðu'θir] *vt* (*gen*)
to introduce; (*moneda etc*) to insert;
(*Inform*) to input, enter

intromisión [intromi'sjon] *nf*
interference, meddling

introvertido, -a [introβer'tiðo, a]
adj, nm/f introvert

intruso, -a [in'truso, a] *adj* intrusive
⊳ *nm/f* intruder

intuición [intwi'θjon] *nf* intuition

inundación [inunda'θjon] *nf*
flood(ing); **inundar** *vt* to flood; (*fig*) to
swamp, inundate

inusitado, -a [inusi'taðo, a] *adj*
unusual, rare

inútil [in'util] *adj* useless; (*esfuerzo*)
vain, fruitless

inutilizar [inutili'θar] *vt* to make o
render useless

invadir [imba'ðir] *vt* to invade

inválido, -a [im'baliðo, a] *adj*
invalid ⊳ *nm/f* invalid

invasión [imba'sjon] *nf* invasion

invasor, a [imba'sor, a] *adj* invading
⊳ *nm/f* invader

invención [imben'θjon] *nf* invention

inventar [imben'tar] *vt* to invent

inventario [imben'tarjo] nm
inventory

invento [im'bento] nm invention

inventor, a [imben'tor, a] nm/f
inventor

invernadero [imberna'ðero] nm
greenhouse

inverosímil [imbero'simil] adj
implausible

inversión [imber'sjon] nf (Com)
investment

inverso, -a [im'berso, a] adj inverse,
opposite; **en el orden ~** in reverse
order; **a la inversa** inversely, the other
way round

inversor, a [imber'sor, a] nm/f
(Com) investor

invertir [imber'tir] vt (Com) to invest;
(volcar) to turn upside down; (tiempo
etc) to spend

investigación [imbestiɣa'θjon]
nf investigation; (Escol) research;
investigación y desarrollo research
and development

investigar [imbesti'ɣar] vt to
investigate; (Escol) to do research
into

invierno [im'bjerno] nm winter

invisible [imbi'siβle] adj invisible

invitado, -a [imbi'taðo, a] nm/f
guest

invitar [imbi'tar] vt to invite; (incitar)
to entice; (pagar) to buy, pay for

invocar [imbo'kar] vt to invoke,
call on

involucrar [imbolu'krar] vt: **~
en** to involve in; **involucrarse** vr
(persona): **~se en** to get mixed up in

involuntario, -a [imbolun'tarjo,
a] adj (movimiento, gesto) involuntary;
(error) unintentional

inyección [injek'θjon] nf injection

inyectar [injek'tar] vt to inject

iPod® ['ipoð] (pl **~s**) nm iPod®

○ PALABRA CLAVE

ir [ir] vi **1** to go; (a pie) to walk; (viajar)
to travel; **ir caminando** to walk; **fui
en tren** I went o travelled by train;
¡(ahora) voy! (I'm just) coming!

2: **ir (a) por**: **ir (a) por el médico** to
fetch the doctor

3 (progresar: persona, cosa) to go; **el
trabajo va muy bien** work is going
very well; **¿cómo te va?** how are things
going?; **me va muy bien** I'm getting on
very well; **le fue fatal** it went awfully
badly for him

4 (funcionar): **el coche no va muy bien**
the car isn't running very well

5: **te va estupendamente ese color**
that colour suits you fantastically well

6 (locuciones): **¿vino? – ¡que va!** did
he come? – of course not!; **vamos, no
llores** come on, don't cry; **¡vaya coche!**
what a car!, that's some car!

7: **no vaya a ser**: **tienes que correr,
no vaya a ser que pierdas el tren**
you'll have to run so as not to miss
the train

8 (+ pp): **iba vestido muy bien** he was
very well dressed

9: **ni me** etc **va ni me** etc **viene** I etc
don't care

▷ vb aux **1** ir a: voy/iba a hacerlo hoy
I am/was going to do it today

2 (+ gerundio): **iba anocheciendo** it
was getting dark; **todo se me iba
aclarando** everything was gradually
becoming clearer to me

3 (+ pp: = pasivo): **van vendidos 300
ejemplares** 300 copies have been
sold so far

irse vr **1**: **¿por dónde se va al
zoológico?** which is the way to the
zoo?

2 (marcharse) to leave; **ya se habrán ido**
they must already have left o gone

ira ['ira] nf anger, rage

Irak [i'rak] nm = **Iraq**

Irán [i'ran] nm Iran; **iraní** adj, nmf
Iranian

Iraq [i'rak] nm Iraq; **iraquí** adj,
nmf Iraqi

iris ['iris] *nm inv* (*tb*: **arco ~**) rainbow; (*Anat*) iris

Irlanda [ir'landa] *nf* Ireland; **irlandés, -esa** *adj* Irish ▷ *nm/f* Irishman(-woman); **los irlandeses** the Irish

ironía [iro'nia] *nf* irony; **irónico, -a** *adj* ironic(al)

IRPF *nm abr* (= *Impuesto sobre la Renta de las Personas Físicas*) (personal) income tax

irreal [irre'al] *adj* unreal

irregular [irreɣu'lar] *adj* (*gen*) irregular; (*situación*) abnormal

irremediable [irreme'ðjaβle] *adj* irremediable; (*vicio*) incurable

irreparable [irrepa'raβle] *adj* (*daños*) irreparable; (*pérdida*) irrecoverable

irrespetuoso, -a [irrespe'twoso, a] *adj* disrespectful

irresponsable [irrespon'saβle] *adj* irresponsible

irreversible [irreβer'sible] *adj* irreversible

irrigar [irri'ɣar] *vt* to irrigate

irrisorio, -a [irri'sorjo, a] *adj* derisory, ridiculous

irritar [irri'tar] *vt* to irritate, annoy

irrupción [irrup'θjon] *nf* irruption; (*invasión*) invasion

isla ['isla] *nf* island

Islam [is'lam] *nm* Islam; **las enseñanzas del ~** the teachings of Islam; **islámico, -a** *adj* Islamic

islandés, -esa [islan'des, esa] *adj* Icelandic ▷ *nm/f* Icelander

Islandia [is'landja] *nf* Iceland

isleño, -a [is'leɲo, a] *adj* island *cpd* ▷ *nm/f* islander

Israel [isra'el] *nm* Israel; **israelí** *adj*, *nmf* Israeli

istmo ['istmo] *nm* isthmus

Italia [i'talja] *nf* Italy; **italiano, -a** *adj*, *nm/f* Italian

itinerario [itine'rarjo] *nm* itinerary, route

ITV (*ESP*) *nf abr* (= *inspección técnica de vehículos*) roadworthiness test, ≈ MOT (*BRIT*)

IVA ['iβa] *nm abr* (= *impuesto sobre el valor añadido*) VAT

izar [i'θar] *vt* to hoist

izdo, -a *abr* (= *izquierdo, a*) l

izquierda [iθ'kjerda] *nf* left; (*Pol*) left (wing); **a la ~** (*estar*) on the left; (*torcer etc*) (to the) left

izquierdo, -a [iθ'kjerðo, a] *adj* left

J

jabalí [xaβa'li] nm wild boar

jabalina [xaβa'lina] nf javelin

jaba ['xaka] nf pony

jacal [xa'kal] (MÉX) nm shack

jacinto [xa'θinto] nm hyacinth

jactarse [xak'tarse] vr to boast, brag

jadear [xaðe'ar] vi to pant, gasp for breath

jaguar [xa'ɣwar] nm jaguar

jaiba ['xaiβa] (LAM) nf crab

jalar [xa'lar] (LAM) vt to pull

jalea [xa'lea] nf jelly

jaleo [xa'leo] nm racket, uproar; **armar un ~** to kick up a racket

jalón [xa'lon] (LAM) nm tug

jamás [xa'mas] adv never

jamón [xa'mon] nm ham; **jamón dulce** o **de York** cooked ham; **jamón serrano** cured ham

Japón [xa'pon] nm Japan; **japonés, -esa** adj, nm/f Japanese ▷ nm (Ling) Japanese

jaque ['xake] nm (Ajedrez) check; **jaque mate** checkmate

jaqueca [xa'keka] nf (very bad) headache, migraine

jarabe [xa'raβe] nm syrup

jardín [xar'ðin] nm garden; **jardín infantil** o **de infancia** nursery (school); **jardinería** nf gardening; **jardinero, -a** nm/f gardener

jarra ['xarra] nf jar; (jarro) jug

jarro ['xarro] nm jug

jarrón [xa'rron] nm vase

jaula ['xaula] nf cage

jauría [xau'ria] nf pack of hounds

jazmín [xaθ'min] nm jasmine

J.C. abr (= Jesucristo) J.C.

jeans [jins, dʒins] (LAM) nmpl jeans, denims; **unos ~** a pair of jeans

jefatura [xefa'tura] nf (tb: **~ de policía**) police headquarters sg

jefe, -a ['xefe, a] nm/f (gen) chief, head; (patrón) boss; **jefe de cocina** chef; **jefe de estación** stationmaster; **jefe de Estado** head of state; **jefe de estudios** (Escol) director of studies; **jefe de gobierno** head of government

jengibre [xen'xiβre] nm ginger

jeque ['xeke] nm sheik

jerárquico, -a [xe'rarkiko, a] adj hierarchic(al)

jerez [xe'reθ] nm sherry

jerga ['xerxa] nf jargon

jeringa [xe'ringa] nf syringe; (LAM: molestia) annoyance, bother; **jeringuilla** nf syringe

jeroglífico [xero'xlifiko] nm hieroglyphic

jersey [xer'sei] (pl **~s**) nm jersey, pullover, jumper

Jerusalén [xerusa'len] n Jerusalem

Jesucristo [xesu'kristo] nm Jesus Christ

jesuita [xe'swita] adj, nm Jesuit

Jesús [xe'sus] nm Jesus; **¡~!** good heavens!; (al estornudar) bless you!

jinete [xi'nete] nmf horseman(-woman), rider

jipijapa [xipi'xapa] (LAM) nm straw hat

jirafa [xi'rafa] nf giraffe

jirón [xi'ron] *nm* rag, shred

jitomate [xito'mate] (*MÉX*) *nm* tomato

joder [xo'ðer] (*fam!*) *vt, vi* to fuck (!)

jogging ['joɣin] (*RPL*) *nm* tracksuit (*BRIT*), sweat suit (*US*)

jornada [xor'naða] *nf* (*viaje de un día*) day's journey; (*camino o viaje entero*) journey; (*día de trabajo*) working day

jornal [xor'nal] *nm* (day's) wage; **jornalero, -a** *nm* (day) labourer

joroba [xo'roβa] *nf* hump, hunched back; **jorobado, -a** *adj* hunchbacked ▷ *nm/f* hunchback

jota ['xota] *nf* (the letter) J; (*danza*) Aragonese dance; **no saber ni ~** to have no idea

joven ['xoβen] (*pl* **jóvenes**) *adj* young ▷ *nm* young man, youth ▷ *nf* young woman, girl

joya ['xoja] *nf* jewel, gem; (*fig: persona*) gem; **joyas de fantasía** costume o imitation jewellery; **joyería** *nf* (*joyas*) jewellery; (*tienda*) jeweller's (shop); **joyero** *nm* (*persona*) jeweller; (*caja*) jewel case

juanete [xwa'nete] *nm* (*del pie*) bunion

jubilación [xuβila'θjon] *nf* (*retiro*) retirement

jubilado, -a [xuβi'laðo, a] *adj* retired ▷ *nm/f* pensioner (*BRIT*), senior citizen

jubilar [xuβi'lar] *vt* to pension off, retire; (*fam*) to discard; **jubilarse** *vr* to retire

júbilo ['xuβilo] *nm* joy, rejoicing; **jubiloso, -a** *adj* jubilant

judía [xu'ðia] (*ESP*) *nf* (*Culin*) bean; **judía blanca/verde** haricot/French bean; *V tb* **judío**

judicial [xuði'θjal] *adj* judicial

judío, -a [xu'ðio, a] *adj* Jewish ▷ *nm/f* Jew(ess)

judo ['juðo] *nm* judo

juego *etc* ['xweɣo] *vb* V **jugar** ▷ *nm* (*gen*) play; (*pasatiempo, partido*) game; (*en casino*) gambling; (*conjunto*) set; **fuera de ~** (*Deporte: persona*) offside;

(*: pelota*) out of play; **juego de palabras** pun, play on words; **Juegos Olímpicos** Olympic Games

juerga ['xwerɣa] (*ESP: fam*) *nf* binge; (*fiesta*) party; **ir de ~** to go out on a binge

jueves ['xweβes] *nm inv* Thursday

juez [xweθ] *nmf* judge; **juez de instrucción** examining magistrate; **juez de línea** linesman; **juez de salida** starter

jugada [xu'ɣaða] *nf* play; **buena ~** good move o shot o stroke *etc*

jugador, a [xuɣa'ðor, a] *nm/f* player; (*en casino*) gambler

jugar [xu'ɣar] *vt, vi* to play; (*en casino*) to gamble; (*apostar*) to bet; **~ al fútbol** to play football

juglar [xu'ɣlar] *nm* minstrel

jugo ['xuɣo] *nm* (*Bot*) juice; (*fig*) essence, substance; **jugo de naranja** (*LAM*) orange juice; **jugoso, -a** *adj* juicy; (*fig*) substantial, important

juguete [xu'ɣete] *nm* toy; **juguetear** *vi* to play; **juguetería** *nf* toyshop

juguetón, -ona [xuɣe'ton, ona] *adj* playful

juicio ['xwiθjo] *nm* judgement; (*razón*) sanity, reason; (*opinión*) opinion

julio ['xuljo] *nm* July

jumper ['dʒumper] (*LAM*) *nm* pinafore dress (*BRIT*), jumper (*US*)

junco ['xunko] *nm* rush, reed

jungla ['xungla] *nf* jungle

junio ['xunjo] *nm* June

junta ['xunta] *nf* (*asamblea*) meeting, assembly; (*comité, consejo*) council, committee; (*Com, Finanzas*) board; (*Tec*) joint; **junta directiva** board of directors

juntar [xun'tar] *vt* to join, unite; (*maquinaria*) to assemble, put together; (*dinero*) to collect; **juntarse** *vr* to join, meet; (*reunirse: personas*) to meet, assemble; (*arrimarse*) to approach, draw closer; **~se con algn** to join sb

junto, -a ['xunto, a] *adj* joined; (*unido*) united; (*anexo*) near, close;

(*contiguo, próximo*) next, adjacent ▷ *adv*: **todo ~** all at once; **~s** together; **~ a** near (to), next to; **~ con** (together) with

jurado [xuˈraðo] *nm* (*Jur: individuo*) juror; (: *grupo*) jury; (*de concurso: grupo*) panel (of judges); (: *individuo*) member of a panel

juramento [xuraˈmento] *nm* oath; (*maldición*) oath, curse; **prestar ~** to take the oath; **tomar ~ a** to swear in, administer the oath to

jurar [xuˈrar] *vt, vi* to swear; **~ en falso** to commit perjury; **tenérsela jurada a algn** to have it in for sb

jurídico, -a [xuˈriðiko, a] *adj* legal

jurisdicción [xurisðikˈθjon] *nf* (*poder, autoridad*) jurisdiction; (*territorio*) district

justamente [xustaˈmente] *adv* justly, fairly; (*precisamente*) just, exactly

justicia [xusˈtiθja] *nf* justice; (*equidad*) fairness, justice

justificación [xustifikaˈθjon] *nf* justification; **justificar** *vt* to justify

justo, -a [ˈxusto, a] *adj* (*equitativo*) just, fair, right; (*preciso*) exact, correct; (*ajustado*) tight ▷ *adv* (*precisamente*) exactly, precisely; (*LAM: apenas a tiempo*) just in time

juvenil [xuβeˈnil] *adj* youthful

juventud [xuβenˈtuð] *nf* (*adolescencia*) youth; (*jóvenes*) young people *pl*

juzgado [xuθˈɣaðo] *nm* tribunal; (*Jur*) court

juzgar [xuθˈɣar] *vt* to judge; **a ~ por ...** to judge by ..., judging by ...

kárate [ˈkarate] *nm* karate

kg *abr* (= *kilogramo*) kg

kilo [ˈkilo] *nm* kilo; **kilogramo** *nm* kilogramme; **kilometraje** *nm* distance in kilometres ≈ mileage; **kilómetro** *nm* kilometre; **kilovatio** *nm* kilowatt

kiosco [ˈkjosko] *nm* = **quiosco**

kleenex® [kliˈneks] *nm* paper handkerchief, tissue

Kosovo [koˈsoβo] *nm* Kosovo

km *abr* (= *kilómetro*) km

kv *abr* (= *kilovatio*) kw

l *abr* (= litro) l

la [la] *art def* the ▷ *pron* her; (*Ud.*) you; (*cosa*) it ▷ *nm* (*Mús*) la; **~ del sombrero rojo** the girl in the red hat; *V tb* **el**

laberinto [laβe'rinto] *nm* labyrinth

labio ['laβjo] *nm* lip

labor [la'βor] *nf* labour; (*Agr*) farm work; (*tarea*) job, task; (*Costura*) needlework; **labores domésticas** *o* **del hogar** household chores; **laborable** *adj* (*Agr*) workable; **día laborable** working day; **laboral** *adj* (*accidente*) at work; (*jornada*) working

laboratorio [laβora'torjo] *nm* laboratory

laborista [laβo'rista] *adj*: **Partido L~** Labour Party

labrador, a [laβra'ðor, a] *adj* farming *cpd* ▷ *nm/f* farmer

labranza [la'βranθa] *nf* (*Agr*) cultivation

labrar [la'βrar] *vt* (*gen*) to work; (*madera etc*) to carve; (*fig*) to cause, bring about

laca ['laka] *nf* lacquer

lacio, -a ['laθjo, a] *adj* (*pelo*) straight

lacón [la'kon] *nm* shoulder of pork

lactancia [lak'tanθja] *nf* lactation

lácteo, -a ['lakteo, a] *adj*: **productos ~s** dairy products

ladear [laðe'ar] *vt* to tip, tilt ▷ *vi* to tilt; **ladearse** *vr* to lean

ladera [la'ðera] *nf* slope

lado ['laðo] *nm* (*gen*) side; (*fig*) protection; (*Mil*) flank; **al ~ de** beside; **poner de ~** to put on its side; **poner a un ~** to put aside; **por todos ~s** on all sides, all round (*BRIT*)

ladrar [la'ðrar] *vi* to bark; **ladrido** *nm* bark, barking

ladrillo [la'ðriʎo] *nm* (*gen*) brick; (*azulejo*) tile

ladrón, -ona [la'ðron, ona] *nm/f* thief

lagartija [laɣar'tixa] *nf* (*Zool*) (small) lizard

lagarto [la'ɣarto] *nm* (*Zool*) lizard

lago ['laɣo] *nm* lake

lágrima ['laɣrima] *nf* tear

laguna [la'ɣuna] *nf* (*lago*) lagoon; (*hueco*) gap

lamentable [lamen'taβle] *adj* lamentable, regrettable; (*miserable*) pitiful

lamentar [lamen'tar] *vt* (*sentir*) to regret; (*deplorar*) to lament; **lamentarse** *vr* to lament; **lo lamento mucho** I'm very sorry

lamer [la'mer] *vt* to lick

lámina ['lamina] *nf* (*plancha delgada*) sheet; (*para estampar, estampa*) plate

lámpara ['lampara] *nf* lamp; **lámpara de alcohol/gas** spirit/gas lamp; **lámpara de pie** standard lamp

lana ['lana] *nf* wool

lancha ['lantʃa] *nf* launch; **lancha motora** motorboat, speedboat

langosta [lan'gosta] *nf* (*crustáceo*) lobster; (: *de río*) crayfish; **langostino** *nm* Dublin Bay prawn

lanza ['lanθa] *nf* (*arma*) lance, spear

lanzamiento [lanθa'mjento] *nm* (*gen*) throwing; (*Náut, Com*) launch, launching; **lanzamiento de peso** putting the shot

lanzar [lan'θar] *vt* (*gen*) to throw; (*Deporte: pelota*) to bowl; (*Náut, Com*) to launch; (*Jur*) to evict; **lanzarse** *vr* to throw o.s.

lapa ['lapa] *nf* limpet

lapicero [lapi'θero] (*CAM*) *nm* (*bolígrafo*) ballpoint pen, Biro®

lápida ['lapiða] *nf* stone; **lápida mortuoria** headstone

lápiz ['lapiθ] *nm* pencil; **lápiz de color** coloured pencil; **lápiz de labios** lipstick; **lápiz de ojos** eyebrow pencil

largar [lar'ɣar] *vt* (*soltar*) to release; (*aflojar*) to loosen; (*lanzar*) to launch; (*fam*) to let fly; (*velas*) to unfurl; (*LAM: lanzar*) to throw; **largarse** *vr* (*fam*) to beat it; **~se a** (*cs: empezar*) to start to

largo, -a ['larɣo, a] *adj* (*longitud*) long; (*tiempo*) lengthy; (*fig*) generous ▷ *nm* length; (*Mús*) largo; **dos años ~s** two long years; **tiene 9 metros de ~** it is 9 metres long; **a la larga** in the long run; **a lo ~ de** along; (*tiempo*) all through, throughout

> No confundir **largo** con la palabra inglesa *large*.

largometraje *nm* feature film

laringe [la'rinxe] *nf* larynx; **laringitis** *nf* laryngitis

las [las] *art def* the ▷ *pron* them; **~ que cantan** the ones o women o girls who sing; *V tb* **el**

lasaña [la'saɲa] *nf* lasagne, lasagna

láser ['laser] *nm* laser

lástima ['lastima] *nf* (*pena*) pity; **dar ~** to be pitiful; **es una ~ que ...** it's a pity that ...; **¡qué ~!** what a pity!; **está hecha una ~** she looks pitiful

lastimar [lasti'mar] *vt* (*herir*) to wound; (*ofender*) to offend; **lastimarse** *vr* to hurt o.s.

lata ['lata] *nf* (*metal*) tin; (*caja*) tin (*BRIT*), can; (*fam*) nuisance; **en ~** tinned (*BRIT*), canned; **dar la ~** to be a nuisance

latente [la'tente] *adj* latent

lateral [late'ral] *adj* side *cpd*, lateral ▷ *nm* (*Teatro*) wings

latido [la'tiðo] *nm* (*de corazón*) beat

latifundio [lati'fundjo] *nm* large estate

latigazo [lati'ɣaθo] *nm* (*golpe*) lash; (*sonido*) crack

látigo ['latiɣo] *nm* whip

latín [la'tin] *nm* Latin

latino, -a [la'tino, a] *adj* Latin; **latinoamericano, -a** *adj, nm/f* Latin-American

latir [la'tir] *vi* (*corazón, pulso*) to beat

latitud [lati'tuð] *nf* (*Geo*) latitude

latón [la'ton] *nm* brass

laurel [lau'rel] *nm* (*Bot*) laurel; (*Culin*) bay

lava ['laβa] *nf* lava

lavabo [la'βaβo] *nm* (*pila*) washbasin; (*tb: ~s*) toilet

lavado [la'βaðo] *nm* washing; (*de ropa*) laundry; (*Arte*) wash; **lavado de cerebro** brainwashing; **lavado en seco** dry-cleaning

lavadora [laβa'ðora] *nf* washing machine

lavanda [la'βanda] *nf* lavender

lavandería [laβande'ria] *nf* laundry; (*automática*) launderette

lavaplatos [laβa'platos] *nm inv* dishwasher

lavar [la'βar] *vt* to wash; (*borrar*) to wipe away; **lavarse** *vr* to wash o.s.; **~se las manos** to wash one's hands; **~se los dientes** to brush one's teeth; **~ y marcar** (*pelo*) to shampoo and set; **~ en seco** to dry-clean; **~ los platos** to wash the dishes

lavarropas [laβa'rropas] (*RPL*) *nm inv* washing machine

lavavajillas [laβaβa'xiʎas] *nm inv* dishwasher

laxante [lak'sante] *nm* laxative

lazarillo [laθa'riʎo] *nm* (*tb: perro ~*) guide dog

lazo ['laθo] *nm* knot; (*lazada*) bow; (*para animales*) lasso; (*trampa*) snare;

(*vínculo*) tie

le [le] *pron* (*directo*) him (*o* her); (: *usted*) you; (*indirecto*) to him (*o* her *o* it); (: *usted*) to you

leal [le'al] *adj* loyal; **lealtad** *nf* loyalty

lección [lek'θjon] *nf* lesson

leche ['letʃe] *nf* milk; **tiene mala ~** (*fam!*) he's a swine (!); **leche condensada** condensed milk; **leche desnatada** skimmed milk

lecho ['letʃo] *nm* (*cama: de río*) bed; (*Geo*) layer

lechón [le'tʃon] *nm* sucking (*BRIT*) *o* suckling (*US*) pig

lechoso, -a [le'tʃoso, a] *adj* milky

lechuga [le'tʃuɣa] *nf* lettuce

lechuza [le'tʃuθa] *nf* owl

lector, a [lek'tor, a] *nm/f* reader ▷ *nm*: **~ de discos compactos** CD player

lectura [lek'tura] *nf* reading

leer [le'er] *vt* to read

legado [le'ɣaðo] *nm* (*don*) bequest; (*herencia*) legacy; (*enviado*) legate

legajo [le'ɣaxo] *nm* file

legal [le'ɣal] *adj* (*gen*) legal; (*persona*) trustworthy; **legalizar** [leɣali'θar] *vt* to legalize; (*documento*) to authenticate

legaña [le'ɣaɲa] *nf* sleep (*in eyes*)

legión [le'xjon] *nf* legion; **legionario, -a** *adj* legionary ▷ *nm* legionnaire

legislación [lexisla'θjon] *nf* legislation

legislar [lexis'lar] *vi* to legislate

legislatura [lexisla'tura] *nf* (*Pol*) period of office

legítimo, -a [le'xitimo, a] *adj* (*genuino*) authentic; (*legal*) legitimate

legua ['leɣwa] *nf* league

legumbres [le'ɣumbres] *nfpl* pulses

leído, -a [le'iðo, a] *adj* well-read

lejanía [lexa'nia] *nf* distance; **lejano, -a** *adj* far-off; (*en el tiempo*) distant; (*fig*) remote

lejía [le'xia] *nf* bleach

lejos ['lexos] *adv* far, far away; **a lo ~** in the distance; **de** *o* **desde ~** from afar; **~ de** far from

lema ['lema] *nm* motto; (*Pol*) slogan

lencería [lenθe'ria] *nf* linen, drapery

lengua ['lengwa] *nf* (*Ling*) language; (*Anat*) tongue; **morderse la ~** to hold one's tongue

lenguado [len'gwaðo] *nm* sole

lenguaje [len'gwaxe] *nm* language; **lenguaje de programación** program(m)ing language

lengüeta [len'gweta] *nf* (*Anat*) epiglottis; (*zapatos*) tongue; (*Mús*) reed

lente ['lente] *nf* lens; (*lupa*) magnifying glass; **lentes** *nfpl* lenses ▷ *nmpl* (*LAM: gafas*) glasses; **lentes bifocales/de sol** (*LAM*) bifocals/ sunglasses; **lentes de contacto** contact lenses

lenteja [len'texa] *nf* lentil; **lentejuela** *nf* sequin

lentilla [len'tiʎa] *nf* contact lens

lentitud [lenti'tuð] *nf* slowness; **con ~** slowly

lento, -a ['lento, a] *adj* slow

leña ['leɲa] *nf* firewood; **leñador, a** *nm/f* woodcutter

leño ['leɲo] *nm* (*trozo de árbol*) log; (*madero*) timber; (*fig*) blockhead

Leo ['leo] *nm* Leo

león [le'on] *nm* lion; **león marino** sea lion

leopardo [leo'parðo] *nm* leopard

leotardos [leo'tarðos] *nmpl* tights

lepra ['lepra] *nf* leprosy; **leproso, -a** *nm/f* leper

les [les] *pron* (*directo*) them; (: *ustedes*) you; (*indirecto*) to them; (: *ustedes*) to you

lesbiana [les'βjana] *adj, nf* lesbian

lesión [le'sjon] *nf* wound, lesion; (*Deporte*) injury; **lesionado, -a** *adj* injured ▷ *nm/f* injured person

letal [le'tal] *adj* lethal

letanía [leta'nia] *nf* litany

letra ['letra] *nf* letter; (*escritura*) handwriting; (*Mús*) lyrics *pl*; **letra de cambio** bill of exchange; **letra de imprenta** print; **letrado, -a** *adj* learned ▷ *nm/f* lawyer; **letrero** *nm* (*cartel*) sign; (*etiqueta*) label

letrina [le'trina] *nf* latrine

leucemia [leu'θemja] *nf* leukaemia

levadura [leβa'ðura] *nf* (*para el pan*) yeast; (*de cerveza*) brewer's yeast

levantar [leβan'tar] *vt* (*gen*) to raise; (*del suelo*) to pick up; (*hacia arriba*) to lift (up); (*plan*) to make, draw up; (*mesa*) to clear; (*campamento*) to strike; (*fig*) to cheer up, hearten; **levantarse** *vr* to get up; (*enderezarse*) to straighten up; (*rebelarse*) to rebel; **~ el ánimo** to cheer up

levante [le'βante] *nm* east coast; **el L~** *region of Spain extending from Castellón to Murcia*

levar [le'βar] *vt* to weigh

leve ['leβe] *adj* light; (*fig*) trivial

levita [le'βita] *nf* frock coat

léxico ['leksiko] *nm* (*vocabulario*) vocabulary

ley [lei] *nf* (*gen*) law; (*metal*) standard

leyenda [le'jenda] *nf* legend

leyó *etc vb* V **leer**

liar [li'ar] *vt* to tie (up); (*unir*) to bind; (*envolver*) to wrap (up); (*enredar*) to confuse; (*cigarrillo*) to roll; **liarse** *vr* (*fam*) to get involved; **~se a palos** to get involved in a fight

Líbano ['liβano] *nm*: **el ~** the Lebanon

libélula [li'βelula] *nf* dragonfly

liberación [liβera'θjon] *nf* liberation; (*de la cárcel*) release

liberal [liβe'ral] *adj, nmf* liberal

liberar [liβe'rar] *vt* to liberate

libertad [liβer'tað] *nf* liberty, freedom; **libertad bajo fianza** bail; **libertad bajo palabra** parole; **libertad condicional** probation; **libertad de culto/de prensa/de comercio** freedom of worship/of the press/of trade

libertar [liβer'tar] *vt* (*preso*) to set free; (*de una obligación*) to release; (*eximir*) to exempt

libertino, -a [liβer'tino, a] *adj* permissive ▷ *nm/f* permissive person

libra ['liβra] *nf* pound; **L~** (*Astrología*) Libra; **libra esterlina** pound sterling

libramiento [liβra'mjento] (*MÉX*) *nm* ring road (*BRIT*), beltway (*US*)

librar [li'βrar] *vt* (*de peligro*) to save; (*batalla*) to wage, fight; (*de impuestos*) to exempt; (*cheque*) to make out; (*Jur*) to exempt; **librarse** *vr*: **~se de** to escape from, free o.s. from

libre ['liβre] *adj* free; (*lugar*) unoccupied; (*asiento*) vacant; (*de deudas*) free of debts; **~ de impuestos** free of tax; **tiro ~** free kick; **los 100 metros ~s** the 100 metres free-style (race); **al aire ~** in the open air

librería [liβre'ria] *nf* (*tienda*) bookshop

No confundir **librería** con la palabra inglesa *library*.

librero, -a *nm/f* bookseller

libreta [li'βreta] *nf* notebook

libro ['liβro] *nm* book; **libro de bolsillo** paperback; **libro de texto** textbook; **libro electrónico** e-book

Lic. *abr* = **licenciado, a**

licencia [li'θenθja] *nf* (*gen*) licence; (*permiso*) permission; **licencia de caza** game licence; **licencia por enfermedad** (*MÉX, RPL*) sick leave; **licenciado, -a** *adj* licensed ▷ *nm/f* graduate; **licenciar** *vt* (*empleado*) to dismiss; (*permitir*) to permit, allow; (*soldado*) to discharge; (*estudiante*) to confer a degree upon; **licenciarse** *vr*: **licenciarse en Derecho** to graduate in law

lícito, -a ['liθito, a] *adj* (*legal*) lawful; (*justo*) fair, just; (*permisible*) permissible

licor [li'kor] *nm* spirits *pl* (*BRIT*), liquor (*US*); (*de frutas etc*) liqueur

licuadora [likwa'ðora] *nf* blender

líder ['liðer] *nmf* leader; **liderato** *nm* leadership; **liderazgo** *nm* leadership

lidia ['liðja] *nf* bullfighting; (*una lidia*) bullfight; **toros de ~** fighting bulls; **lidiar** *vt, vi* to fight

liebre ['ljeβre] *nf* hare

lienzo ['ljenθo] *nm* linen; (*Arte*) canvas; (*Arq*) wall

liga ['liɣa] nf (de medias) garter, suspender; (LAM: goma) rubber band; (confederación) league

ligadura [liɣa'ðura] nf bond, tie; (Med, Mús) ligature

ligamento [liɣa'mento] nm ligament

ligar [li'ɣar] vt (atar) to tie; (unir) to join; (Med) to bind up; (Mús) to slur ▷ vi to mix, blend; (fam): **(él) liga mucho** he pulls a lot of women; **ligarse** vr to commit o.s.

ligero, -a [li'xero, a] adj (de peso) light; (tela) thin; (rápido) swift, quick; (ágil) agile, nimble; (de importancia) slight; (de carácter) flippant, superficial ▷ adv: **a la ligera** superficially

liguero [li'ɣero] nm suspender (BRIT) o garter (US) belt

lija ['lixa] nf (Zool) dogfish; (tb: **papel de ~**) sandpaper

lila ['lila] nf lilac

lima ['lima] nf file; (Bot) lime; **lima de uñas** nailfile; **limar** vt to file

limitación [limita'θjon] nf limitation, limit

limitar [limi'tar] vt to limit; (reducir) to reduce, cut down ▷ vi: **~ con** to border on; **limitarse** vr: **~se a** to limit o.s. to

límite ['limite] nm (gen) limit; (fin) end; (frontera) border; **límite de velocidad** speed limit

limítrofe [li'mitrofe] adj neighbouring

limón [li'mon] nm lemon ▷ adj: **amarillo ~** lemon-yellow; **limonada** nf lemonade

limosna [li'mosna] nf alms pl; **vivir de ~** to live on charity

limpiador [limpja'ðor] (MÉX) nm = **limpiaparabrisas**

limpiaparabrisas [limpjapara'βrisas] nm inv windscreen (BRIT) o windshield (US) wiper

limpiar [lim'pjar] vt to clean; (con trapo) to wipe; (quitar) to wipe away;

(zapatos) to shine, polish; (fig) to clean up

limpieza [lim'pjeθa] nf (estado) cleanliness; (acto) cleaning; (: de las calles) cleansing; (: de zapatos) polishing; (habilidad) skill; (fig: Policía) clean-up; (pureza) purity; (Mil): **operación de ~** mopping-up operation; **limpieza en seco** dry cleaning

limpio, -a ['limpjo, a] adj clean; (moralmente) pure; (Com) clear, net; (fam) honest ▷ adv: **jugar ~** to play fair; **pasar a (ESP) o en (LAM) ~** to make a clean copy of

lince ['linθe] nm lynx

linchar [lin'tʃar] vt to lynch

lindar [lin'dar] vi to adjoin; **~ con** to border on

lindo, -a ['lindo, a] adj pretty, lovely ▷ adv: **nos divertimos de lo ~** we had a marvellous time; **canta muy ~** (LAM) he sings beautifully

línea ['linea] nf (gen) line; **en ~** (Inform) on line; **línea aérea** airline; **línea de meta** goal line; (en carrera) finishing line; **línea discontinua** (Auto) broken line; **línea recta** straight line

lingote [lin'gote] nm ingot

lingüista [lin'gwista] nmf linguist; **lingüística** nf linguistics sg

lino ['lino] nm linen; (Bot) flax

linterna [lin'terna] nf torch (BRIT), flashlight (US)

lío ['lio] nm bundle; (fam) fuss; (desorden) muddle, mess; **armar un ~** to make a fuss

liquen ['liken] nm lichen

liquidación [likiða'θjon] nf liquidation; **venta de ~** clearance sale

liquidar [liki'ðar] vt (mercancías) to liquidate; (deudas) to pay off; (empresa) to wind up

líquido, -a ['likiðo, a] adj liquid; (ganancia) net ▷ nm liquid; **líquido imponible** net taxable income

lira ['lira] nf (Mús) lyre; (moneda) lira

lírico, -a ['liriko, a] adj lyrical

lirio ['lirjo] *nm* (*Bot*) iris

lirón [li'ron] *nm* (*Zool*) dormouse; (*fig*) sleepyhead

Lisboa [lis'βoa] *n* Lisbon

lisiar [li'sjar] *vt* to maim

liso, -a ['liso, a] *adj* (*terreno*) flat; (*cabello*) straight; (*superficie*) even; (*tela*) plain

lista ['lista] *nf* list; (*de alumnos*) school register; (*de libros*) catalogue; (*de platos*) menu; (*de precios*) price list; **pasar ~** to call the roll; **tela de ~s** striped material; **lista de espera** waiting list; **lista de precios** price list; **listín** *nm* (*tb*: **listín telefónico** *o* **de teléfonos**) telephone directory

listo, -a ['listo, a] *adj* (*perspicaz*) smart, clever; (*preparado*) ready

listón [lis'ton] *nm* (*de madera, metal*) strip

litera [li'tera] *nf* (*en barco, tren*) berth; (*en dormitorio*) bunk, bunk bed

literal [lite'ral] *adj* literal

literario, -a [lite'rarjo, a] *adj* literary

literato, -a [lite'rato, a] *adj* literary ▷ *nm/f* writer

literatura [litera'tura] *nf* literature

litigio [li'tixjo] *nm* (*Jur*) lawsuit; (*fig*): **en ~ con** in dispute with

litografía [litoɤra'fia] *nf* lithography; (*una litografía*) lithograph

litoral [lito'ral] *adj* coastal ▷ *nm* coast, seaboard

litro ['litro] *nm* litre

lívido, -a ['liβiðo, a] *adj* livid

llaga ['ʎaɤa] *nf* wound

llama ['ʎama] *nf* flame; (*Zool*) llama

llamada [ʎa'maða] *nf* call; **llamada a cobro revertido** reverse-charge (*BRIT*) *o* collect (*US*) call; **llamada al orden** call to order; **llamada de atención** warning; **llamada local** (*LAM*) local call; **llamada metropolitana** (*ESP*) local call; **llamada por cobrar** (*MÉX*) reverse-charge (*BRIT*) *o* collect (*US*) call

llamamiento [ʎama'mjento] *nm* call

llamar [ʎa'mar] *vt* to call; (*atención*) to attract ▷ *vi* (*por teléfono*) to telephone; (*a la puerta*) to knock (*o* ring); (*por señas*) to beckon; (*Mil*) to call up; **llamarse** *vr* to be called, be named; **¿cómo se llama (usted)?** what's your name?

llamativo, -a [ʎama'tiβo, a] *adj* showy; (*color*) loud

llano, -a ['ʎano, a] *adj* (*superficie*) flat; (*persona*) straightforward; (*estilo*) clear ▷ *nm* plain, flat ground

llanta ['ʎanta] *nf* (*ESP*) (wheel) rim; **llanta (de goma)** (*LAM*: *neumático*) tyre; (: *cámara*) inner (tube); **llanta de repuesto** (*LAM*) spare tyre

llanto ['ʎanto] *nm* weeping

llanura [ʎa'nura] *nf* plain

llave ['ʎaβe] *nf* key; (*del agua*) tap; (*Mecánica*) spanner; (*de la luz*) switch; (*Mús*) key; **echar la ~** to lock up; **llave de contacto** (*ESP Auto*) ignition key; **llave de encendido** (*LAM Auto*) ignition key; **llave de paso** stopcock; **llave inglesa** monkey wrench; **llave maestra** master key; **llavero** *nm* keyring

llegada [ʎe'ɣaða] *nf* arrival

llegar [ʎe'ɣar] *vi* to arrive; (*alcanzar*) to reach; (*bastar*) to be enough; **llegarse** *vr*: **~se a** to approach; **~ a** to manage to, succeed in; **~ a saber** to find out; **~ a ser** to become; **~ a las manos de** to come into the hands of

llenar [ʎe'nar] *vt* to fill; (*espacio*) to cover; (*formulario*) to fill in *o* up; (*fig*) to heap

lleno, -a ['ʎeno, a] *adj* full, filled; (*repleto*) full up ▷ *nm* (*Teatro*) full house; **dar de ~ contra un muro** to hit a wall head-on

llevadero, -a [ʎeβa'ðero, a] *adj* bearable, tolerable

llevar [ʎe'βar] *vt* to take; (*ropa*) to wear; (*cargar*) to carry; (*quitar*) to take away; (*en coche*) to drive; (*transportar*) to transport; (*traer: dinero*) to carry; (*conducir*) to lead; (*Mat*) to carry ▷ *vi* (*suj: camino etc*): **~ a** to lead to; **llevarse** *vr* to carry off, take away; **llevamos**

dos días aquí we have been here for two days; **él me lleva 2 años** he's 2 years older than me; **~ los libros** (Com) to keep the books; **~se bien** to get on well (together)

llorar [ʎo'rar] *vt, vi* to cry, weep; **~ de risa** to cry with laughter

llorón, -ona [ʎo'ron, ona] *adj* tearful ▷ *nm/f* cry-baby

lloroso, -a [ʎo'roso, a] *adj* (*gen*) weeping, tearful; (*triste*) sad, sorrowful

llover [ʎo'βer] *vi* to rain

llovizna [ʎo'βiθna] *nf* drizzle; **lloviznar** *vi* to drizzle

llueve *etc vb V* **llover**

lluvia ['ʎuβja] *nf* rain; **lluvia radioactiva** (radioactive) fallout; **lluvioso, -a** *adj* rainy

lo [lo] *art def*: **~ bel~** the beautiful, what is beautiful, that which is beautiful ▷ *pron* (*persona*) him; (*cosa*) it; **~ que sea** whatever; *V tb* **el**

loable [lo'aβle] *adj* praiseworthy

lobo ['loβo] *nm* wolf; **lobo de mar** (*fig*) sea dog

lóbulo ['loβulo] *nm* lobe

local [lo'kal] *adj* local ▷ *nm* place, site; (*oficinas*) premises *pl*; **localidad** *nf* (*barrio*) locality; (*lugar*) location; (*Teatro*) seat, ticket; **localizar** *vt* (*ubicar*) to locate, find; (*restringir*) to localize; (*situar*) to place

loción [lo'θjon] *nf* lotion

loco, -a ['loko, a] *adj* mad ▷ *nm/f* lunatic, mad person; **estar ~ con** *o* **por algo/por algn** to be mad about sth/sb

locomotora [lokomo'tora] *nf* engine, locomotive

locuaz [lo'kwaθ] *adj* loquacious

locución [loku'θjon] *nf* expression

locura [lo'kura] *nf* madness; (*acto*) crazy act

locutor, a [loku'tor, a] *nm/f* (*Radio*) announcer; (*comentarista*) commentator; (*TV*) newsreader

locutorio [loku'torjo] *nm* (*en telefónica*) telephone booth

lodo ['loðo] *nm* mud

lógica ['loxika] *nf* logic

lógico, -a ['loxiko, a] *adj* logical

login ['loxin] *nm* login

logística [lo'xistika] *nf* logistics *sg*

logotipo [loðo'tipo] *nm* logo

logrado, -a [lo'ðraðo, a] *adj* (*interpretación, reproducción*) polished, excellent

lograr [lo'ɣrar] *vt* to achieve; (*obtener*) to get, obtain; **~ hacer** to manage to do; **~ que algn venga** to manage to get sb to come

logro ['loɣro] *nm* achievement, success

lóker ['loker] (*LAM*) *nm* locker

loma ['loma] *nf* hillock (*BRIT*), small hill

lombriz [lom'briθ] *nf* worm

lomo ['lomo] *nm* (*de animal*) back; (*Culin: de cerdo*) pork loin; (: *de vaca*) rib steak; (*de libro*) spine

lona ['lona] *nf* canvas

loncha ['lontʃa] *nf* = **lonja**

lonchería [lontʃe'ria] (*LAM*) *nf* snack bar, diner (*US*)

Londres ['londres] *n* London

longaniza [longa'niθa] *nf* pork sausage

longitud [lonxi'tuð] *nf* length; (*Geo*) longitude; **tener 3 metros de ~** to be 3 metres long; **longitud de onda** wavelength

lonja ['lonxa] *nf* slice; (*de tocino*) rasher; **lonja de pescado** fish market

loro ['loro] *nm* parrot

los [los] *art def* the ▷ *pron* them; (*ustedes*) you; **mis libros y ~ tuyos** my books and yours; *V tb* **el**

losa ['losa] *nf* stone

lote ['lote] *nm* portion; (*Com*) lot

lotería [lote'ria] *nf* lottery; (*juego*) lotto

- **LOTERÍA**
-
- Millions of pounds are spent
- on lotteries each year in Spain,
- two of which are state-run: the

● **Lotería Primitiva** and the **Lotería**
● **Nacional**, with money raised
● going directly to the government.
● One of the most famous lotteries is
● run by the wealthy and influential
● society for the blind, "la ONCE".

loza ['loθa] nf crockery
lubina [lu'βina] nf sea bass
lubricante [luβri'kante] nm
lubricant
lubricar [luβri'kar] vt to lubricate
lucha ['lutʃa] nf fight, struggle; **lucha**
de clases class struggle; **lucha libre**
wrestling; **luchar** vi to fight
lúcido, -a ['luθiðo, a] adj (persona)
lucid; (mente) logical; (idea) crystal-clear
luciérnaga [lu'θjernaɣa] nf glow-
worm
lucir [lu'θir] vt to illuminate, light
(up); (ostentar) to show off ▷vi (brillar)
to shine; **lucirse** vr (irónico) to make
a fool of o.s.
lucro ['lukro] nm profit, gain
lúdico, -a ['ludiko, a] adj (aspecto,
actividad) play cpd
luego ['lweɣo] adv (después) next; (más
tarde) later, afterwards
lugar [lu'ɣar] nm place; (sitio) spot; **en**
primer ~ in the first place, firstly; **en ~**
de instead of; **hacer ~** to make room;
fuera de ~ out of place; **sin ~ a dudas**
without doubt, undoubtedly; **dar ~ a**
to give rise to; **tener ~** to take place;
yo en su ~ if I were him; **lugar común**
commonplace
lúgubre ['luɣuβre] adj mournful
lujo ['luxo] nm luxury; (fig) profusion,
abundance; **de ~** luxury cpd, de luxe;
lujoso, -a adj luxurious
lujuria [lu'xurja] nf lust
lumbre ['lumbre] nf fire; (para
cigarrillo) light
luminoso, -a [lumi'noso, a] adj
luminous, shining
luna ['luna] nf moon; (de un espejo)
glass; (de gafas) lens; (fig) crescent;
estar en la ~ to have one's head in the
clouds; **luna de miel** honeymoon; **luna**
llena/nueva full/new moon
lunar [lu'nar] adj lunar ▷nm (Anat)
mole; **tela de ~es** spotted material
lunes ['lunes] nm inv Monday
lupa ['lupa] nf magnifying glass
lustre ['lustre] nm polish; (fig) lustre;
dar ~ a to polish
luto ['luto] nm mourning; **llevar el o**
vestirse de ~ to be in mourning
Luxemburgo [luksem'burɣo] nm
Luxembourg
luz [luθ] (pl **luces**) nf light; **dar a ~ un**
niño to give birth to a child; **sacar a**
la ~ to bring to light; **dar o encender**
(ESP) o **prender** (LAM)/**apagar la ~** to
switch the light on/off; **tener pocas**
luces to be dim o stupid; **traje de luces**
bullfighter's costume; **luces de tráfico**
traffic lights; **luz de freno** brake light;
luz roja/verde red/green light

m *abr* (= *metro*) m; (= *minuto*) m

macana [ma'kana] (*MÉX*) *nf*
truncheon (*BRIT*), billy club (*US*)

macarrones [maka'rrones] *nmpl*
macaroni *sg*

macedonia [maθe'ðonja] *nf* (*tb:* **~ de
frutas**) fruit salad

maceta [ma'θeta] *nf* (*de flores*) pot of
flowers; (*para plantas*) flowerpot

machacar [matʃa'kar] *vt* to crush,
pound ▷ *vi* (*insistir*) to go on, keep on

machete [ma'tʃete] *nm* machete,
(large) knife

machetear [matʃete'ar] (*MÉX*) *vt* to
swot (*BRIT*), grind away (*US*)

machismo [ma'tʃismo] *nm* male
chauvinism; **machista** *adj*, *nm* sexist

macho ['matʃo] *adj* male; (*fig*) virile
▷ *nm* male; (*fig*) he-man

macizo, -a [ma'θiθo, a] *adj* (*grande*)
massive; (*fuerte, sólido*) solid ▷ *nm*
mass, chunk

madeja [ma'ðexa] *nf* (*de lana*) skein,
hank; (*de pelo*) mass, mop

madera [ma'ðera] *nf* wood; (*fig*)
nature, character; **una ~** a piece of
wood

madrastra [ma'ðrastra] *nf*
stepmother

madre ['maðre] *adj* mother *cpd* ▷ *nf*
mother; (*de vino etc*) dregs *pl*; **madre
política/soltera** mother-in-law/
unmarried mother

Madrid [ma'ðrið] *n* Madrid

madriguera [maðri'ɣera] *nf* burrow

madrileño, -a [maðri'leɲo, a] *adj* of
o from Madrid ▷ *nm/f* native of Madrid

madrina [ma'ðrina] *nf* godmother;
(*Arq*) prop, shore; (*Tec*) brace; (*de boda*)
bridesmaid

madrugada [maðru'ɣaða] *nf* early
morning; (*alba*) dawn, daybreak

madrugador, a [maðruɣa'ðor, a]
adj early-rising

madrugar [maðru'ɣar] *vi* to get up
early; (*fig*) to get ahead

madurar [maðu'rar] *vt, vi* (*fruta*)
to ripen; (*fig*) to mature; **madurez** *nf*
ripeness; maturity; **maduro, -a** *adj*
ripe; mature

maestra *nf* V **maestro**

maestría [maes'tria] *nf* mastery;
(*habilidad*) skill, expertise

maestro, -a [ma'estro, a] *adj*
masterly; (*principal*) main ▷ *nm/f*
master/mistress; (*profesor*) teacher
▷ *nm* (*autoridad*) authority; (*Mús*)
maestro; (*experto*) master; **maestro
albañil** master mason

magdalena [maɣða'lena] *nf* fairy
cake

magia ['maxja] *nf* magic; **mágico, -a**
adj magic(al) ▷ *nm/f* magician

magisterio [maxis'terjo] *nm*
(*enseñanza*) teaching; (*profesión*)
teaching profession; (*maestros*)
teachers *pl*

magistrado [maxis'traðo] *nm*
magistrate

magistral [maxis'tral] *adj*
magisterial; (*fig*) masterly

magnate [maɣ'nate] *nm* magnate,
tycoon

magnético, -a [maɣ'netiko, a] *adj*
magnetic

magnetofón [maɣneto'fon] *nm*
tape recorder

magnetófono [maɣne'tofono] *nm* =
magnetofón

magnífico, -a [maɣ'nifiko, a] *adj*
splendid, magnificent

magnitud [maɣni'tuð] *nf*
magnitude

mago, -a ['maɣo, a] *nm/f* magician;
los Reyes M~s the Three Wise Men

magro, -a ['maɣro, a] *adj (carne)* lean

mahonesa [mao'nesa] *nf*
mayonnaise

maître ['metre] *nm* head waiter

maíz [ma'iθ] *nm* maize (BRIT), corn
(US); sweet corn

majestad [maxes'tað] *nf* majesty

majo, -a ['maxo, a] *adj* nice; *(guapo)*
attractive, good-looking; *(elegante)*
smart

mal [mal] *adv* badly; *(equivocadamente)*
wrongly ▷ *adj* = **malo** ▷ *nm* evil;
(desgracia) misfortune; *(daño)* harm,
damage; *(Med)* illness; **~ que bien**
rightly or wrongly; **ir de ~ en peor** to
get worse and worse

malabarista [malaβa'rista] *nmf*
juggler

malaria [ma'larja] *nf* malaria

malcriado, -a [mal'krjaðo, a] *adj*
spoiled

maldad [mal'dað] *nf* evil,
wickedness

maldecir [malde'θir] *vt* to curse

maldición [maldi'θjon] *nf* curse

maldito, -a [mal'dito, a] *adj*
(condenado) damned; *(perverso)* wicked;
¡~ sea! damn it!

malecón [male'kon] (LAM) *nm* sea
front, promenade

maleducado, -a [maleðu'kaðo, a]
adj bad-mannered, rude

malentendido [malenten'diðo] *nm*
misunderstanding

malestar [males'tar] *nm (gen)*
discomfort; *(fig: inquietud)* uneasiness;

(Pol) unrest

maleta [ma'leta] *nf* case, suitcase;
(Auto) boot (BRIT), trunk (US); **hacer las
~s** to pack; **maletero** *nm (Auto)* boot
(BRIT), trunk (US); **maletín** *nm* small
case, bag

maleza [ma'leθa] *nf (malas hierbas)*
weeds *pl*; *(arbustos)* thicket

malgastar [malɣas'tar] *vt (tiempo,
dinero)* to waste; *(salud)* to ruin

malhechor, a [male'tʃor, a] *nm/f*
delinquent

malhumorado, -a [malumo'raðo,
a] *adj* bad-tempered

malicia [ma'liθja] *nf (maldad)*
wickedness; *(astucia)* slyness, guile;
(mala intención) malice, spite; *(carácter
travieso)* mischievousness

maligno, -a [ma'liɣno, a] *adj* evil;
(malévolo) malicious; *(Med)* malignant

malla ['maʎa] *nf* mesh; *(de baño)*
swimsuit; *(de ballet, gimnasia)* leotard;
mallas *nfpl* tights; **malla de alambre**
wire mesh

Mallorca [ma'ʎorka] *nf* Majorca

malo, -a ['malo, a] *adj* bad, false
▷ *nm/f* villain; **estar ~** to be ill

malograr [malo'ɣrar] *vt* to spoil;
(plan) to upset; *(ocasión)* to waste

malparado, -a [malpa'raðo, a]
adj: **salir ~** to come off badly

malpensado, -a [malpen'saðo, a]
adj nasty

malteada [malte'aða] (LAM) *nf*
milkshake

maltratar [maltra'tar] *vt* to ill-treat,
mistreat

malvado, -a [mal'βaðo, a] *adj* evil,
villainous

Malvinas [mal'βinas] *nfpl (tb: **Islas
~**)* Falklands, Falkland Islands

mama ['mama] *nf (de animal)* teat; *(de
mujer)* breast

mamá [ma'ma] *(pl **~s**) (fam) nf* mum,
mummy

mamar [ma'mar] *vt, vi* to suck

mamarracho [mama'rratʃo] *nm*
sight, mess

mameluco [mame'luko] (RPL) nm
dungarees pl (BRIT), overalls pl (US)

mamífero [ma'mifero] nm mammal

mampara [mam'para] nf (entre
habitaciones) partition; (biombo) screen

mampostería [mamposte'ria] nf
masonry

manada [ma'naða] nf (Zool) herd;
(: de leones) pride; (: de lobos) pack

manantial [manan'tjal] nm spring

mancha ['mantʃa] nf stain, mark;
(Zool) patch; **manchar** vt (gen) to
stain, mark; (ensuciar) to soil, dirty

manchego, -a [man'tʃexo, a] adj of
o from La Mancha

manco, -a ['manko, a] adj (de un
brazo) one-armed; (de una mano) one-
handed; (fig) defective, faulty

mancuernas [man'kwernas] (MÉX)
nfpl cufflinks

mandado [man'daðo] (LAM) nm
errand

mandamiento [manda'mjento]
nm (orden) order, command; (Rel)
commandment

mandar [man'dar] vt (ordenar) to
order; (dirigir) to lead, command;
(enviar) to send; (pedir) to order, ask for
▷ vi to be in charge; (pey) to be bossy;
¿mande? (MÉX: ¿cómo dice?) pardon?,
excuse me?; **~ hacer un traje** to have
a suit made

mandarina [manda'rina] (ESP) nf
tangerine, mandarin (orange)

mandato [man'dato] nm (orden)
order; (Pol: período) term of office;
(: territorio) mandate

mandíbula [man'diβula] nf jaw

mandil [man'dil] nm apron

mando ['mando] nm (Mil) command;
(de país) rule; (el primer lugar) lead; (Pol)
term of office; (Tec) control; **~ a la
izquierda** left-hand drive; **mando a
distancia** remote control

mandón, -ona [man'don, ona] adj
bossy, domineering

manejar [mane'xar] vt to manage;
(máquina) to work, operate; (caballo

etc) to handle; (casa) to run, manage;
(LAM: coche) to drive; **manejarse**
vr (comportarse) to act, behave;
(arreglárselas) to manage; **manejo**
nm (de bicicleta) handling; (de negocio)
management, running; (LAM Auto)
driving; (facilidad de trato) ease,
confidence; **manejos** nmpl (intrigas)
intrigues

manera [ma'nera] nf way, manner,
fashion; **maneras** nfpl (modales)
manners; **su ~ de ser** the way he
is; (aire) his manner; **de ninguna
~** no way, by no means; **de otra ~**
otherwise; **de todas ~s** at any rate; **no
hay ~ de persuadirle** there's no way of
convincing him

manga ['manga] nf (de camisa) sleeve;
(de riego) hose

mango ['mango] nm handle; (Bot)
mango

manguera [man'gera] nf hose

maní [ma'ni] (LAM) nm peanut

manía [ma'nia] nf (Med) mania;
(fig: moda) rage, craze; (disgusto) dislike;
(malicia) spite; **coger ~ a algn** to take a
dislike to sb; **tener ~ a algn** to dislike
sb; **maníaco, -a** adj maniac(al) ▷ nm/f
maniac

maniático, -a [ma'njatiko, a] adj
maniac(al) ▷ nm/f maniac

manicomio [mani'komjo] nm
mental hospital (BRIT), insane asylum
(US)

manifestación [manifesta'θjon] nf
(declaración) statement, declaration;
(de emoción) show, display; (Pol: desfile)
demonstration; (: concentración) mass
meeting

manifestar [manifes'tar] vt to
show, manifest; (declarar) to state,
declare; **manifiesto, -a** adj clear,
manifest ▷ nm manifesto

manillar [mani'ʎar] nm handlebars p.

maniobra [ma'njoβra] nf
manoeuvre; **maniobras** nfpl (Mil)
manoeuvres; **maniobrar** vt to
manoeuvre

manipulación [manipula'θjon] *nf*
manipulation

manipular [manipu'lar] *vt* to
manipulate; *(manejar)* to handle

maniquí [mani'ki] *nm* dummy
▷ *nmf* model

manivela [mani'βela] *nf* crank

manjar [man'xar] *nm* (tasty) dish

mano ['mano] *nf* hand; *(Zool)* foot,
paw; *(de pintura)* coat; *(serie)* lot, series;
a ~ by hand; **a ~ derecha/izquierda**
on the right(-hand side)/left(-hand
side); **de primera ~** (at) first hand; **de
segunda ~** (at) second hand; **robo a ~
armada** armed robbery; **estrechar la
~ a algn** to shake sb's hand; **mano de
obra** labour, manpower; **manos libres**
adj inv *(teléfono, dispositivo)* hands-free
▷ *nm inv* hands-free kit

manojo [ma'noxo] *nm* handful,
bunch; *(de llaves)* bunch

manopla [ma'nopla] *nf* mitten

manosear [manose'ar] *vt* *(tocar)*
to handle, touch; *(desordenar)* to mess
up, rumple; *(insistir en)* to overwork;
(LAM: acariciar) to caress, fondle

manotazo [mano'taθo] *nm* slap,
smack

mansalva [man'salβa]: **a ~** *adv*
indiscriminately

mansión [man'sjon] *nf* mansion

manso, -a ['manso, a] *adj* gentle,
mild; *(animal)* tame

manta ['manta] *(ESP)* *nf* blanket

manteca [man'teka] *nf* fat;
(cs: mantequilla) butter; **manteca de
cerdo** lard

mantecado [mante'kaðo] *(ESP)* *nm*
*Christmas sweet made from flour, almonds
and lard*

mantel [man'tel] *nm* tablecloth

mantendré *etc vb* V **mantener**

mantener [mante'ner] *vt* to
support, maintain; *(alimentar)* to
sustain; *(conservar)* to keep; *(Tec)* to
maintain, service; **mantenerse** *vr*
(seguir de pie) to be still standing;
(no ceder) to hold one's ground;

(subsistir) to sustain o.s., keep going;
mantenimiento *nm* maintenance;
sustenance; *(sustento)* support

mantequilla [mante'kiʎa] *nf* butter

mantilla [man'tiʎa] *nf* mantilla;
mantillas *nfpl* *(de bebé)* baby clothes

manto ['manto] *nm* *(capa)* cloak; *(de
ceremonia)* robe, gown

mantuve *etc vb* V **mantener**

manual [ma'nwal] *adj* manual ▷ *nm*
manual, handbook

manuscrito, -a [manus'krito, a] *adj*
handwritten ▷ *nm* manuscript

manutención [manuten'θjon] *nf*
maintenance; *(sustento)* support

manzana [man'θana] *nf* apple; *(Arq)*
block (of houses)

manzanilla [manθa'niʎa] *nf* *(planta)*
camomile; *(infusión)* camomile tea

manzano [man'θano] *nm* apple tree

maña ['mana] *nf* *(gen)* skill, dexterity;
(pey) guile; *(destreza)* trick, knack

mañana [ma'pana] *adv* tomorrow
▷ *nm* future ▷ *nf* morning; **de o por
la ~** in the morning; **¡hasta ~!** see
you tomorrow!; **~ por la ~** tomorrow
morning

mapa ['mapa] *nm* map

maple ['maple] *(LAM)* *nm* maple

maqueta [ma'keta] *nf* (scale) model

maquiladora [makila'ðora] *(MÉX)* *nf*
(Com) bonded assembly plant

maquillaje [maki'ʎaxe] *nm* make-
up; *(acto)* making up

maquillar [maki'ʎar] *vt* to make
up; **maquillarse** *vr* to put on (some)
make-up

máquina ['makina] *nf* machine;
(de tren) locomotive, engine; *(Foto)*
camera; *(fig)* machinery; **escrito a
~** typewritten; **máquina de coser**
sewing machine; **máquina de escribir**
typewriter; **máquina fotográfica**
camera

maquinaria [maki'narja] *nf*
(máquinas) machinery; *(mecanismo)*
mechanism, works *pl*

maquinilla [maki'niʎa] *(ESP)* *nf*

(*tb*: **~ de afeitar**) razor

maquinista [maki'nista] *nmf* (*de tren*) engine driver; (*Tec*) operator; (*Náut*) engineer

mar [mar] *nm o f* sea; **~ adentro** out at sea; **en alta ~** on the high seas; **la ~ de** (*fam*) lots of; **el Mar Negro/Báltico** the Black/Baltic Sea

maraña [ma'raɲa] *nf* (*maleza*) thicket; (*confusión*) tangle

maravilla [mara'βiʎa] *nf* marvel, wonder; (*Bot*) marigold; **maravillar** *vt* to astonish, amaze; **maravillarse** *vr* to be astonished, be amazed; **maravilloso, -a** *adj* wonderful, marvellous

marca ['marka] *nf* (*gen*) mark; (*sello*) stamp; (*Com*) make, brand; **de ~** excellent, outstanding; **marca de fábrica** trademark; **marca registrada** registered trademark

marcado, -a [mar'kaðo, a] *adj* marked, strong

marcador [marka'ðor] *nm* (*Deporte*) scoreboard; (: *persona*) scorer

marcapasos [marka'pasos] *nm inv* pacemaker

marcar [mar'kar] *vt* (*gen*) to mark; (*número de teléfono*) to dial; (*gol*) to score; (*números*) to record, keep a tally of; (*pelo*) to set ▷ *vi* (*Deporte*) to score; (*Tel*) to dial

marcha ['martʃa] *nf* march; (*Tec*) running, working; (*Auto*) gear; (*velocidad*) speed; (*fig*) progress; (*dirección*) course; **poner en ~** to put into gear; (*fig*) to set in motion, get going; **dar ~ atrás** to reverse, put into reverse; **estar en ~** to be under way, be in motion

marchar [mar'tʃar] *vi* (*ir*) to go; (*funcionar*) to work, go; **marcharse** *vr* to go (away), leave

marchitar [martʃi'tar] *vt* to wither, dry up; **marchitarse** *vr* (*Bot*) to wither; (*fig*) to fade away; **marchito, -a** *adj* withered, faded; (*fig*) in decline

marciano, -a [mar'θjano, a] *adj*,

nm/f Martian

marco ['marko] *nm* frame; (*moneda*) mark; (*fig*) framework

marea [ma'rea] *nf* tide; **marea negra** oil slick

marear [mare'ar] *vt* (*fig*) to annoy, upset; (*Med*): **~ a algn** to make sb feel sick; **marearse** *vr* (*tener náuseas*) to feel sick; (*desvanecerse*) to feel faint; (*aturdirse*) to feel dizzy; (*fam: emborracharse*) to get tipsy

maremoto [mare'moto] *nm* tidal wave

mareo [ma'reo] *nm* (*náusea*) sick feeling; (*en viaje*) travel sickness; (*aturdimiento*) dizziness; (*fam: lata*) nuisance

marfil [mar'fil] *nm* ivory

margarina [marɣa'rina] *nf* margarine

margarita [marɣa'rita] *nf* (*Bot*) daisy; (*Tip*) daisywheel

margen ['marxen] *nm* (*borde*) edge, border; (*fig*) margin, space ▷ *nf* (*de río etc*) bank; **dar ~ para** to give an opportunity for; **mantenerse al ~** to keep out (of things)

marginar [marxi'nar] *vt* (*socialmente*) to marginalize, ostracize

mariachi [ma'rjatʃi] *nm* (*persona*) mariachi musician; (*grupo*) mariachi band

● **MARIACHI**
●
● Mariachi music is the musical style
● most characteristic of Mexico.
● From the state of Jalisco in the 19th
● century, this music spread rapidly
● throughout the country, until each
● region had its own particular style
● of the Mariachi "sound". A Mariachi
● band can be made up of several
● singers, up to eight violins, two
● trumpets, guitars, a "vihuela" (an
● old form of guitar), and a harp. The
● dance associated with this music
● is called the "zapateado".

marica [ma'rika] (fam) nm
sissy
maricón [mari'kon] (fam) nm
queer
marido [ma'riðo] nm husband
marihuana [mari'wana] nf
marijuana, cannabis
marina [ma'rina] nf navy; **marina mercante** merchant navy
marinero, -a [mari'nero, a] adj sea
cpd ▷ nm sailor, seaman
marino, -a [ma'rino, a] adj sea cpd,
marine ▷ nm sailor
marioneta [marjo'neta] nf
puppet
mariposa [mari'posa] nf
butterfly
mariquita [mari'kita] nf ladybird
(BRIT), ladybug (US)
marisco [ma'risko] (ESP) nm shellfish
inv, seafood; **mariscos** (LAM) nmpl =
marisco
marítimo, -a [ma'ritimo, a] adj sea
cpd, maritime
mármol ['marmol] nm marble
marqués, -esa [mar'kes, esa] nm/f
marquis/marchioness
marrón [ma'rron] adj brown
marroquí [marro'ki] adj, nmf
Moroccan ▷ nm Morocco (leather)
Marruecos [ma'rrwekos] nm
Morocco
martes ['martes] nm inv Tuesday; ~ **y trece** ≈ Friday 13th

● **MARTES Y TRECE**
●
● According to Spanish superstition
● Tuesday is an unlucky day, even
● more so if it falls on the 13th of
● the month.

martillo [mar'tiʎo] nm hammer
mártir ['martir] nmf martyr;
martirio nm martyrdom; (fig) torture,
torment
marxismo [mark'sismo] nm
Marxism

marzo ['marθo] nm March

○ **PALABRA CLAVE**

más [mas] adj, adv 1: **más (que** o **de)**
(compar) more (than), ...+ er (than); **más grande/inteligente** bigger/
more intelligent; **trabaja más (que yo)** he works more (than me); V tb **cada**
2 (superl): **el más** the most, ...+ est; **el más grande/inteligente (de)** the
biggest/most intelligent (in)
3 (negativo): **no tengo más dinero** I
haven't got any more money; **no viene más por aquí** he doesn't come round
here any more
4 (adicional): **no le veo más solución que ...** I see no other solution than to
...; **¿quién más?** anybody else?
5 (+ adj: valor intensivo): **¡qué perro más sucio!** what a filthy dog!; **¡es más tonto!** he's so stupid!
6 (locuciones): **más o menos** more or
less; **los más** most people; **es más**
furthermore; **más bien** rather;
¡qué más da! what does it matter!;
V tb **no**
7: **por más: por más que te esfuerces**
no matter how hard you try; **por más que quisiera ...** much as I should
like to ...
8: **de más: veo que aquí estoy de más**
I can see I'm not needed here; **tenemos uno de más** we've got one extra
▷ prep: **2 más 2 son 4** 2 and 0 plus 2 are 4
▷ nm inv: **este trabajo tiene sus más y sus menos** this job's got its good
points and its bad points

mas [mas] conj but
masa ['masa] nf (mezcla) dough;
(volumen) volume, mass; (Física) mass;
en ~ en masse; **las ~s** (Pol) the masses
masacre [ma'sakre] nf massacre
masaje [ma'saxe] nm massage
máscara ['maskara] nf mask;
máscara antigás/de oxígeno
gas/oxygen mask; **mascarilla** nf (de

belleza, Med) mask

masculino, -a [masku'lino, a] *adj* masculine; *(Bio)* male

masía [ma'sia] *nf* farmhouse

masivo, -a [ma'siβo, a] *adj* mass *cpd*

masoquista [maso'kista] *nmf* masochist

máster ['master] *(ESP) nm* master

masticar [masti'kar] *vt* to chew

mástil ['mastil] *nm (de navío)* mast; *(de guitarra)* neck

mastín [mas'tin] *nm* mastiff

masturbarse [mastur'βarse] *vr* to masturbate

mata ['mata] *nf (arbusto)* bush, shrub; *(de hierba)* tuft

matadero [mata'ðero] *nm* slaughterhouse, abattoir

matamoscas [mata'moskas] *nm inv (pala)* fly swat

matanza [ma'tanθa] *nf* slaughter

matar [ma'tar] *vt, vi* to kill; **matarse** *vr (suicidarse)* to kill o.s., commit suicide; *(morir)* to be o get killed; **~ el hambre** to stave off hunger

matasellos [mata'seʎos] *nm inv* postmark

mate ['mate] *adj* matt ▷ *nm (en ajedrez)* (check)mate; *(LAM: hierba)* maté; (: *vasija)* gourd

matemáticas [mate'matikas] *nfpl* mathematics; **matemático, -a** *adj* mathematical ▷ *nm/f* mathematician

materia [ma'terja] *nf (gen)* matter; *(Tec)* material; *(Escol)* subject; **en ~ de** on the subject of; **materia prima** raw material; **material** *adj* material ▷ *nm* material; *(Tec)* equipment; **materialista** *adj* materialist(ic); **materialmente** *adv* materially; *(fig)* absolutely

maternal [mater'nal] *adj* motherly, maternal

maternidad [materni'ðað] *nf* motherhood, maternity; **materno, -a** *adj* maternal; *(lengua)* mother *cpd*

matinal [mati'nal] *adj* morning *cpd*

matiz [ma'tiθ] *nm* shade; **matizar** *vt*

(variar) to vary; *(Arte)* to blend; **matizar de** to tinge with

matón [ma'ton] *nm* bully

matorral [mato'rral] *nm* thicket

matrícula [ma'trikula] *nf (registro)* register; *(Auto)* registration number; (: *placa)* number plate; **matrícula de honor** *(Univ)* top marks in a subject at university with the right to free registration the following year; **matricular** *vt* to register, enrol

matrimonio [matri'monjo] *nm (pareja)* (married) couple; *(unión)* marriage

matriz [ma'triθ] *nf (Anat)* womb; *(Tec)* mould

matrona [ma'trona] *nf (persona de edad)* matron; *(comadrona)* midwife

matufia [ma'tufja] *(RPL: fam) nf* put-up job

maullar [mau'ʎar] *vi* to mew, miaow

maxilar [maksi'lar] *nm* jaw(bone)

máxima ['maksima] *nf* maxim

máximo, -a ['maksimo, a] *adj* maximum; *(más alto)* highest; *(más grande)* greatest ▷ *nm* maximum; **como ~** at most

mayo ['majo] *nm* May

mayonesa [majo'nesa] *nf* mayonnaise

mayor [ma'jor] *adj* main, chief; *(adulto)* adult; *(de edad avanzada)* elderly; *(Mús)* major; *(compar: de tamaño)* bigger; (: *de edad)* older; *(superl: de tamaño)* biggest; (: *de edad)* oldest ▷ *nm (adulto)* adult; **mayores** *nmpl (antepasados)* ancestors; **al por ~** wholesale; **mayor de edad** adult

mayoral [majo'ral] *nm* foreman

mayordomo [major'ðomo] *nm* butler

mayoría [majo'ria] *nf* majority, greater part

mayorista [majo'rista] *nmf* wholesaler

mayoritario, -a [majori'tarjo, a] *adj* majority *cpd*

mayúscula [ma'juskula] *nf* capital

letter

mazapán [maθa'pan] *nm* marzipan

mazo ['maθo] *nm* (*martillo*) mallet; (*de flores*) bunch; (*Deporte*) bat

me [me] *pron* (*directo*) me; (*indirecto*) (to) me; (*reflexivo*) (to) myself; **¡dá~lo!** give it to me!

mear [me'ar] (*fam*) *vi* to pee, piss (!)

mecánica [me'kanika] *nf* (*Escol*) mechanics *sg*; (*mecanismo*) mechanism; *V tb* **mecánico**

mecánico, -a [me'kaniko, a] *adj* mechanical ▷ *nm/f* mechanic

mecanismo [meka'nismo] *nm* mechanism; (*marcha*) gear

mecanografía [mekanoɤra'fia] *nf* typewriting; **mecanógrafo, -a** *nm/f* typist

mecate [me'kate] (*MÉX, CAM*) *nm* rope

mecedora [meθe'ðora] *nf* rocking chair

mecer [me'θer] *vt* (*cuna*) to rock; **mecerse** *vr* to rock; (*rama*) to sway

mecha ['metʃa] *nf* (*de vela*) wick; (*de bomba*) fuse

mechero [me'tʃero] *nm* (cigarette) lighter

mechón [me'tʃon] *nm* (*gen*) tuft; (*de pelo*) lock

medalla [me'ðaʎa] *nf* medal

media ['meðja] *nf* stocking; (*LAM: calcetín*) sock; (*promedio*) average

mediado, -a [me'ðjaðo, a] *adj* half-full; (*trabajo*) half-completed; **a ~s de** in the middle of, halfway through

mediano, -a [me'ðjano, a] *adj* (*regular*) medium, average; (*mediocre*) mediocre

medianoche [meðja'notʃe] *nf* midnight

mediante [me'ðjante] *adv* by (means of), through

mediar [me'ðjar] *vi* (*interceder*) to mediate, intervene

medicamento [meðika'mento] *nm* medicine, drug

medicina [meði'θina] *nf* medicine

médico, -a ['meðiko, a] *adj* medical ▷ *nm/f* doctor

medida [me'ðiða] *nf* measure; (*medición*) measurement; (*prudencia*) moderation, prudence; **en cierta/gran ~** up to a point/to a great extent; **un traje a la ~** a made-to-measure suit; **~ de cuello** collar size; **a ~ de** in proportion to; (*de acuerdo con*) in keeping with; **a ~ que** (*conforme*) as; **medidor** (*LAM*) *nm* meter

medio, -a ['meðjo, a] *adj* half (a); (*punto*) mid, middle; (*promedio*) average ▷ *adv* half ▷ *nm* (*centro*) middle, centre; (*promedio*) average; (*método*) means, way; (*ambiente*) environment; **medios** *nmpl* means, resources; **~ litro** half a litre; **las tres y media** half past three; **a ~ terminar** half finished; **pagar a medias** to share the cost; **medio ambiente** environment; **medio de transporte** means of transport; **Medio Oriente** Middle East; **medios de comunicación** media; **medioambiental** *adj* (*política, efectos*) environmental

mediocre [me'ðjokre] *adj* mediocre

mediodía [meðjo'ðia] *nm* midday, noon

medir [me'ðir] *vt, vi* (*gen*) to measure

meditar [meði'tar] *vt* to ponder, think over, meditate on; (*planear*) to think out

mediterráneo, -a [meðite'rraneo, a] *adj* Mediterranean ▷ *nm*: **el M~** the Mediterranean

médula ['meðula] *nf* (*Anat*) marrow; **médula espinal** spinal cord

medusa [me'ðusa] (*ESP*) *nf* jellyfish

megáfono [me'ɤafono] *nm* megaphone

megapíxel [meɤa'piksel] (*pl* **megapixels** *or* **~es**) *nm* megapixel

mejilla [me'xiʎa] *nf* cheek

mejillón [mexi'ʎon] *nm* mussel

mejor [me'xor] *adj, adv* (*compar*) better; (*superl*) best; **a lo ~** probably; (*quizá*) maybe; **~ dicho** rather; **tanto ~**

so much the better

mejora [me'xora] *nf* improvement;
mejorar *vt* to improve, make better
▷ *vi* to improve, get better; **mejorarse**
vr to improve, get better

melancólico, -a [melan'koliko, a]
adj (*triste*) sad, melancholy; (*soñador*)
dreamy

melena [me'lena] *nf* (*de persona*) long
hair; (*Zool*) mane

mellizo, -a [me'ʎiθo, a] *adj, nm/f*
twin

melocotón [meloko'ton] (*ESP*) *nm*
peach

melodía [melo'ðia] *nf* melody, tune

melodrama [melo'ðrama] *nm*
melodrama; **melodramático, -a** *adj*
melodramatic

melón [me'lon] *nm* melon

membrete [mem'brete] *nm*
letterhead

membrillo [mem'briʎo] *nm* quince;
(carne de) ~ quince jelly

memoria [me'morja] *nf* (*gen*)
memory; **memorias** *nfpl* (*de autor*)
memoirs; **memorizar** *vt* to memorize

menaje [me'naxe] *nm* (*tb*: **artículos
de ~**) household items

mencionar [menθjo'nar] *vt* to
mention

mendigo, -a [men'diɣo, a] *nm/f*
beggar

menear [mene'ar] *vt* to move;
menearse *vr* to shake; (*balancearse*)
to sway; (*moverse*) to move; (*fig*) to get
a move on

menestra [me'nestra] *nf* (*tb*: **~ de
verduras**) vegetable stew

menopausia [meno'pausja] *nf*
menopause

menor [me'nor] *adj* (*más
pequeño: compar*) smaller; (: *superl*)
smallest; (*más joven: compar*) younger;
(: *superl*) youngest; (*Mús*) minor ▷ *nmf*
(*joven*) young person, juvenile; **no
tengo la ~ idea** I haven't the faintest
idea; **al por ~** retail; **menor de edad**
person under age

Menorca [me'norka] *nf* Minorca

○ **PALABRA CLAVE**

menos [menos] *adj* **1**: **menos
(que o de)** (*compar: cantidad*) less
(than); (: *número*) fewer (than);
con menos entusiasmo with less
enthusiasm; **menos gente** fewer
people; *V tb* **cada**
2 (*superl*): **es el que menos culpa tiene**
he is the least to blame
▷ *adv* **1** (*compar*): **menos (que o de)** less
(than); **me gusta menos que el otro** I
like it less than the other one
2 (*superl*): **es el menos listo (de su
clase)** he's the least bright in his class;
**de todas ellas es la que menos me
agrada** out of all of them she's the one
I like least
3 (*locuciones*): **no quiero verle y menos
visitarle** I don't want to see him, let
alone visit him; **tenemos siete de
menos** we're seven short; **(por) lo
menos** at (the very) least; **¡menos mal!**
thank goodness!
▷ *prep* except; (*cifras*) minus; **todos
menos él** everyone except (for) him;
5 menos 2 5 minus 2
▷ *conj*: **a menos que: a menos que
venga mañana** unless he comes
tomorrow

menospreciar [menospre'θjar] *vt*
to underrate, undervalue; (*despreciar*)
to scorn, despise

mensaje [men'saxe] *nm* message;
enviar un ~ a algn (*por móvil*) to text
sb, send sb a text message; **mensaje
de texto** text message; **mensajero, -a**
nm/f messenger

menso, -a ['menso, a] (*MÉX: fam*)
adj stupid

menstruación [menstrua'θjon] *nf*
menstruation

mensual [men'swal] *adj* monthly;
100 euros ~es 100 euros a month;
mensualidad *nf* (*salario*) monthly

salary; (*Com*) monthly payment,
monthly instalment
menta ['menta] *nf* mint
mental [men'tal] *adj* mental;
mentalidad *nf* mentality; **mentalizar**
vt (*sensibilizar*) to make aware;
(*convencer*) to convince; (*padres*) to
prepare (mentally); **mentalizarse**
vr (*concienciarse*) to become aware;
mentalizarse (de) to get used to the
idea (of); **mentalizarse de que ...**
(*convencerse*) to get it into one's head
that ...
mente ['mente] *nf* mind
mentir [men'tir] *vi* to lie
mentira [men'tira] *nf* (*una mentira*)
lie; (*acto*) lying; (*invención*) fiction;
parece mentira que ... it seems
incredible that ..., I can't believe that
...; **mentiroso, -a** [menti'roso, a] *adj*
lying ▷ *nm/f* liar
menú [me'nu] (*pl* **~s**) *nm* menu;
menú del día set menu; **menú
turístico** tourist menu
menudencias [menu'ðenθjas] (*LAM*)
nfpl giblets
menudo, -a [me'nuðo, a] *adj*
(*pequeño*) small, tiny; (*sin importancia*)
petty, insignificant; **¡~ negocio!** (*fam*)
some deal!; **a ~** often, frequently
meñique [me'ɲike] *nm* little finger
mercadillo [merka'ðiʎo] (*ESP*) *nm*
flea market
mercado [mer'kaðo] *nm* market;
mercado de pulgas (*LAM*) flea market
mercancía [merkan'θia] *nf*
commodity; **mercancías** *nfpl* goods,
merchandise *sg*
mercenario, -a [merθe'narjo, a]
adj, nm mercenary
mercería [merθe'ria] *nf*
haberdashery (*BRIT*), notions *pl* (*US*);
(*tienda*) haberdasher's (*BRIT*), notions
store (*US*)
mercurio [mer'kurjo] *nm* mercury
merecer [mere'θer] *vt* to deserve,
merit ▷ *vi* to be deserving, be worthy;
merece la pena it's worthwhile;

merecido, -a *adj* (well) deserved;
llevar su merecido to get one's deserts
merendar [meren'dar] *vt* to have
for tea ▷ *vi* to have tea; (*en el campo*)
to have a picnic; **merendero** *nm*
open-air cafe
merengue [me'renge] *nm* meringue
meridiano [meri'ðjano] *nm* (*Geo*)
meridian
merienda [me'rjenda] *nf* (light) tea,
afternoon snack; (*de campo*) picnic
mérito ['merito] *nm* merit; (*valor*)
worth, value
merluza [mer'luθa] *nf* hake
mermelada [merme'laða] *nf* jam
mero, -a ['mero, a] *adj* mere; (*MÉX,
CAM: fam*) very
merodear [meroðe'ar] *vi*: **~ por** to
prowl about
mes [mes] *nm* month
mesa ['mesa] *nf* table; (*de trabajo*)
desk; (*Geo*) plateau; **poner/quitar la ~**
to lay/clear the table; **mesa electoral**
officials in charge of a polling station;
mesa redonda (*reunión*) round table;
mesero, -a (*LAM*) *nm/f* waiter/
waitress
meseta [me'seta] *nf* (*Geo*) plateau,
tableland
mesilla [me'siʎa] *nf* (*tb*: **~ de noche**)
bedside table
mesón [me'son] *nm* inn
mestizo, -a [mes'tiθo, a] *adj* half-
caste, of mixed race ▷ *nm/f* half-caste
meta ['meta] *nf* goal; (*de carrera*)
finish
metabolismo [metaβo'lismo] *nm*
metabolism
metáfora [me'tafora] *nf* metaphor
metal [me'tal] *nm* (*materia*) metal;
(*Mús*) brass; **metálico, -a** *adj* metallic;
(*de metal*) metal ▷ *nm* (*dinero contante*)
cash
meteorología [meteorolo'xia] *nf*
meteorology
meter [me'ter] *vt* (*colocar*) to put,
place; (*introducir*) to put in, insert;
(*involucrar*) to involve; (*causar*) to make,

cause; **meterse** *vr*: **~se en** to go into,
enter; (*fig*) to interfere in, meddle
in; **~se a** to start; **~se a escritor** to
become a writer; **~se con uno** to
provoke sb, pick a quarrel with sb
meticuloso, -a [metiku'loso, a] *adj*
meticulous, thorough
metódico, -a [me'toðiko, a] *adj*
methodical
método ['metoðo] *nm* method
metralleta [metra'ʎeta] *nf* sub-
machine-gun
métrico, -a ['metriko, a] *adj* metric
metro ['metro] *nm* metre; (*tren*)
underground (BRIT), subway (US)
metrosexual [metrosek'swal] *adj*,
nm metrosexual
mexicano, -a [mexi'kano, a] *adj*,
nm/f Mexican
México ['mexiko] *nm* Mexico;
Ciudad de ~ Mexico City
mezcla ['meθkla] *nf* mixture;
mezcladora (MÉX) *nf* (*tb*: **mezcladora
de cemento**) cement mixer; **mezclar**
vt to mix (up); **mezclarse** *vr* to mix,
mingle; **mezclarse en** to get mixed up
in, get involved in
mezquino, -a [meθ'kino, a] *adj*
mean
mezquita [meθ'kita] *nf* mosque
mg. *abr* (= *miligramo*) mg
mi [mi] *adj pos* my ▷ *nm* (Mús) E
mí [mi] *pron* me; myself
mía *pron* V **mío**
michelín [mitʃe'lin] (*fam*) *nm* (*de
grasa*) spare tyre
microbio [mi'kroβjo] *nm* microbe
micrófono [mi'krofono] *nm*
microphone
microondas [mikro'ondas] *nm inv*
(*tb*: **horno ~**) microwave (oven)
microscopio [mikro'skopjo] *nm*
microscope
miedo ['mjeðo] *nm* fear; (*nerviosismo*)
apprehension, nervousness; **tener ~** to
be afraid; **de ~** wonderful, marvellous;
hace un frío de ~ (*fam*) it's terribly cold;
miedoso, -a *adj* fearful, timid

miel [mjel] *nf* honey
miembro ['mjembro] *nm* limb;
(*socio*) member; **miembro viril** penis
mientras ['mjentras] *conj* while;
(*duración*) as long as ▷ *adv* meanwhile;
~ tanto meanwhile
miércoles ['mjerkoles] *nm inv*
Wednesday
mierda ['mjerða] (*fam!*) *nf* shit (!)
miga ['miɣa] *nf* crumb; (*fig: meollo*)
essence; **hacer buenas ~s** (*fam*) to
get on well
mil [mil] *num* thousand; **dos ~ libras**
two thousand pounds
milagro [mi'laɣro] *nm* miracle;
milagroso, -a *adj* miraculous
milésima [mi'lesima] *nf* (*de segundo*)
thousandth
mili ['mili] (ESP: *fam*) *nf*: **hacer la ~** to
do one's military service
milímetro [mi'limetro] *nm*
millimetre
militante [mili'tante] *adj* militant
militar [mili'tar] *adj* military ▷ *nmf*
soldier ▷ *vi* (Mil) to serve; (*en un
partido*) to be a member
milla ['miʎa] *nf* mile
millar [mi'ʎar] *nm* thousand
millón [mi'ʎon] *num* million;
millonario, -a *nm/f* millionaire
milusos [mi'lusos] (MÉX) *nm inv*
odd-job man
mimar [mi'mar] *vt* to spoil, pamper
mimbre ['mimbre] *nm* wicker
mímica ['mimika] *nf* (*para
comunicarse*) sign language; (*imitación*)
mimicry
mimo ['mimo] *nm* (*caricia*) caress; (*de
niño*) spoiling; (Teatro) mime; (: *actor*)
mime artist
mina ['mina] *nf* mine
mineral [mine'ral] *adj* mineral ▷ *nm*
(Geo) mineral; (*mena*) ore
minero, -a [mi'nero, a] *adj* mining
cpd ▷ *nm/f* miner
miniatura [minja'tura] *adj inv*, *nf*
miniature
minidisco [mini'disko] *nm*

MiniDisc®

minifalda [miniˈfalda] *nf* miniskirt

mínimo, -a [ˈminimo, a] *adj, nm* minimum

minino, -a [miˈnino, a] (*fam*) *nm/f* puss, pussy

ministerio [minisˈterjo] *nm* Ministry; **Ministerio de Hacienda/de Asuntos Exteriores**Treasury (*BRIT*), Treasury Department (*US*)/Foreign Office (*BRIT*), State Department (*US*)

ministro, -a [miˈnistro, a] *nm/f* minister

minoría [minoˈria] *nf* minority

minúscula [miˈnuskula] *nf* small letter

minúsculo, -a [miˈnuskulo, a] *adj* tiny, minute

minusválido, -a [minusˈβaliðo, a] *adj* (physically) handicapped ▷ *nm/f* (physically) handicapped person

minuta [miˈnuta] *nf* (*de comida*) menu

minutero [minuˈtero] *nm* minute hand

minuto [miˈnuto] *nm* minute

mío, -a [ˈmio, a] *pron*: **el ~/la mía** mine; **un amigo ~** a friend of mine; **lo ~** what is mine

miope [miˈope] *adj* short-sighted

mira [ˈmira] *nf* (*de arma*) sight(s) (*pl*); (*fig*) aim, intention

mirada [miˈraða] *nf* look, glance; (*expresión*) look, expression; **clavar la ~ en** to stare at; **echar una ~ a** to glance at

mirado, -a [miˈraðo, a] *adj* (*sensato*) sensible; (*considerado*) considerate; **bien/mal ~** (*estimado*) well/not well thought of; **bien ~ ...** all things considered ...

mirador [miraˈðor] *nm* viewpoint, vantage point

mirar [miˈrar] *vt* to look at; (*observar*) to watch; (*considerar*) to consider, think over; (*vigilar, cuidar*) to watch, look after ▷ *vi* to look; (*Arq*) to face; **mirarse** *vr* (*dos personas*) to look at each other; **~**

bien/mal to think highly of/have a poor opinion of; **~se al espejo** to look at o.s. in the mirror

mirilla [miˈriʎa] *nf* spyhole, peephole

mirlo [ˈmirlo] *nm* blackbird

misa [ˈmisa] *nf* mass

miserable [miseˈraβle] *adj* (*avaro*) mean, stingy; (*nimio*) miserable, paltry; (*lugar*) squalid; (*fam*) vile, despicable ▷ *nmf* (*malvado*) rogue

miseria [miˈserja] *nf* (*pobreza*) poverty; (*tacañería*) meanness, stinginess; (*condiciones*) squalor; **una ~** a pittance

misericordia [miseriˈkorðja] *nf* (*compasión*) compassion, pity; (*piedad*) mercy

misil [miˈsil] *nm* missile

misión [miˈsjon] *nf* mission; **misionero, -a** *nm/f* missionary

mismo, -a [ˈmismo, a] *adj* (*semejante*) same; (*después de pron*) -self; (*para énfasis*) very ▷ *adv*: **aquí/hoy ~** right here/this very day; **ahora ~** right now ▷ *conj*: **lo ~ que** just like o as; **el ~ traje** the same suit; **en ese ~ momento** at that very moment; **vino el ~ ministro** the minister himself came; **yo ~ lo vi** I saw it myself; **lo ~** the same (thing); **da lo ~** it's all the same; **quedamos en las mismas** we're no further forward; **por lo ~** for the same reason

misterio [misˈterjo] *nm* mystery; **misterioso, -a** *adj* mysterious

mitad [miˈtað] *nf* (*medio*) half; (*centro*) middle; **a ~ de precio** (at) half-price; **en** o **a ~ del camino** halfway along the road; **cortar por la ~** to cut through the middle

mitin [ˈmitin] (*pl* **mítines**) *nm* meeting

mito [ˈmito] *nm* myth

mixto, -a [ˈmiksto, a] *adj* mixed

ml. *abr* (= *mililitro*) ml

mm. *abr* (= *milímetro*) mm

mobiliario [moβiˈljarjo] *nm* furniture

mochila [mo'tʃila] *nf* rucksack (*BRIT*), back-pack

moco ['moko] *nm* mucus; **mocos** *nmpl* (*fam*) snot; **limpiarse los ~s de la nariz** (*fam*) to wipe one's nose

moda ['moða] *nf* fashion; (*estilo*) style; **a la o de ~** in fashion, fashionable; **pasado de ~** out of fashion

modales [mo'ðales] *nmpl* manners

modelar [moðe'lar] *vt* to model

modelo [mo'ðelo] *adj inv, nmf* model

módem ['moðem] *nm* (*Inform*) modem

moderado, -a [moðe'raðo, a] *adj* moderate

moderar [moðe'rar] *vt* to moderate; (*violencia*) to restrain, control; (*velocidad*) to reduce; **moderarse** *vr* to restrain o.s., control o.s.

modernizar [moðerni'θar] *vt* to modernize

moderno, -a [mo'ðerno, a] *adj* modern; (*actual*) present-day

modestia [mo'ðestja] *nf* modesty; **modesto, -a** *adj* modest

modificar [moðifi'kar] *vt* to modify

modisto, -a [mo'ðisto, a] *nm/f* (*diseñador*) couturier, designer; (*que confecciona*) dressmaker

modo ['moðo] *nm* way, manner; (*Mús*) mode; **modos** *nmpl* manners; **de ningún ~** in no way; **de todos ~s** at any rate; **modo de empleo** directions *pl* (for use)

mofarse [mo'farse] *vr*: **~ de** to mock, scoff at

mofle ['mofle] (*MÉX, CAM*) *nm* silencer (*BRIT*), muffler (*US*)

mogollón [moɣo'ʎon] (*ESP: fam*) *adv* a hell of a lot

moho ['moo] *nm* mould, mildew; (*en metal*) rust

mojar [mo'xar] *vt* to wet; (*humedecer*) to damp(en), moisten; (*calar*) to soak; **mojarse** *vr* to get wet

molcajete [molka'xete] (*MÉX*) *nm* mortar

molde ['molde] *nm* mould; (*Costura*) pattern; (*fig*) model; **moldeado** *nm* soft perm; **moldear** *vt* to mould

mole ['mole] *nf* mass, bulk; (*edificio*) pile

moler [mo'ler] *vt* to grind, crush

molestar [moles'tar] *vt* to bother; (*fastidiar*) to annoy; (*incomodar*) to inconvenience, put out ▷ *vi* to be a nuisance; **molestarse** *vr* to bother; (*incomodarse*) to go to trouble; (*ofenderse*) to take offence; **¿(no) te molesta si ...?** do you mind if ...?

▌ No confundir **molestar** con la palabra inglesa *molest*.

molestia [mo'lestja] *nf* bother, trouble; (*incomodidad*) inconvenience; (*Med*) discomfort; **es una ~** it's a nuisance; **molesto, -a** *adj* (*que fastidia*) annoying; (*incómodo*) inconvenient; (*inquieto*) uncomfortable, ill at ease; (*enfadado*) annoyed

molido, -a [mo'liðo, a] *adj*: **estar ~** (*fig*) to be exhausted o dead beat

molinillo [moli'niʎo] *nm* hand mill; **molinillo de café** coffee grinder

molino [mo'lino] *nm* (*edificio*) mill; (*máquina*) grinder

momentáneo, -a [momen'taneo, a] *adj* momentary

momento [mo'mento] *nm* moment; **de ~** at o for the moment

momia ['momja] *nf* mummy

monarca [mo'narka] *nmf* monarch, ruler; **monarquía** *nf* monarchy

monasterio [monas'terjo] *nm* monastery

mondar [mon'dar] *vt* to peel; **mondarse** *vr* (*ESP*): **~se de risa** (*fam*) to split one's sides laughing

mondongo [mon'dongo] (*LAM*) *nm* tripe

moneda [mo'neða] *nf* (*tipo de dinero*) currency, money; (*pieza*) coin; **una ~ de 2 euros** a 2 euro piece; **monedero** *nm* purse

monitor, a [moni'tor, a] *nm/f* instructor, coach ▷ *nm* (*TV*) set; (*Inform*) monitor

monja ['monxa] nf nun

monje ['monxe] nm monk

mono, -a ['mono, a] adj (bonito) lovely, pretty; (gracioso) nice, charming ▷ nm/f monkey, ape ▷ nm dungarees pl; (overoles) overalls pl

monopatín [monopa'tin] nm skateboard

monopolio [mono'poljo] nm monopoly; **monopolizar** vt to monopolize

monótono, -a [mo'notono, a] adj monotonous

monstruo ['monstrwo] nm monster ▷ adj inv fantastic; **monstruoso, -a** adj monstrous

montaje [mon'taxe] nm assembly; (Teatro) décor; (Cine) montage

montaña [mon'taɲa] nf (monte) mountain; (sierra) mountains pl, mountainous area; **montaña rusa** roller coaster; **montañero, -a** nm/f mountaineer; **montañismo** nm mountaineering

montar [mon'tar] vt (subir a) to mount, get on; (Tec) to assemble, put together; (negocio) to set up; (arma) to cock; (colocar) to lift on to; (Culin) to beat ▷ vi to mount, get on; (sobresalir) to overlap; **~ en bicicleta** to ride a bicycle; **~ en cólera** to get angry; **~ a caballo** to ride, go horseriding

monte ['monte] nm (montaña) mountain; (bosque) woodland; (área sin cultivar) wild area, wild country; **monte de piedad** pawnshop

montón [mon'ton] nm heap, pile; (fig): **un ~ de** heaps o lots of

monumento [monu'mento] nm monument

moño ['moɲo] nm bun

moqueta [mo'keta] nf fitted carpet

mora ['mora] nf blackberry; V tb **moro**

morado, -a [mo'raðo, a] adj purple, violet ▷ nm bruise

moral [mo'ral] adj moral ▷ nf (ética) ethics pl; (moralidad) morals pl, morality; (ánimo) morale

moraleja [mora'lexa] nf moral

morboso, -a [mor'βoso, a] adj morbid

morcilla [mor'θiʎa] nf blood sausage ≈ black pudding (BRIT)

mordaza [mor'ðaθa] nf (para la boca) gag; (Tec) clamp

morder [mor'ðer] vt to bite; (fig: consumir) to eat away, eat into; **mordisco** nm bite

moreno, -a [mo'reno, a] adj (color) (dark) brown; (de tez) dark; (de pelo moreno) dark-haired; (negro) black

morfina [mor'fina] nf morphine

moribundo, -a [mori'βundo, a] adj dying

morir [mo'rir] vi to die; (fuego) to die down; (luz) to go out; **morirse** vr to die; (fig) to be dying; **murió en un accidente** he was killed in an accident; **~se por algo** to be dying for sth

moro, -a ['moro, a] adj Moorish ▷ nm/f Moor

moroso, -a [mo'roso, a] nm/f bad debtor, defaulter

morraña [mo'rraɲa] (MÉX) nf (cambio) small o loose change

morro ['morro] nm (Zool) snout, nose; (Auto, Aviac) nose

morsa ['morsa] nf walrus

mortadela [morta'ðela] nf mortadella

mortal [mor'tal] adj mortal; (golpe) deadly; **mortalidad** nf mortality

mortero [mor'tero] nm mortar

mosca ['moska] nf fly

Moscú [mos'ku] n Moscow

mosquearse [moske'arse] (fam) vr (enojarse) to get cross; (ofenderse) to take offence

mosquitero [moski'tero] nm mosquito net

mosquito [mos'kito] nm mosquito

mostaza [mos'taθa] nf mustard

mosto ['mosto] nm (unfermented)

grape juice

mostrador [mostra'ðor] *nm* (*de tienda*) counter; (*de café*) bar

mostrar [mos'trar] *vt* to show; (*exhibir*) to display, exhibit; (*explicar*) to explain; **mostrarse** *vr*: **~se amable** to be kind; to prove to be kind; **no se muestra muy inteligente** he doesn't seem (to be) very intelligent

mota ['mota] *nf* speck, tiny piece; (*en diseño*) dot

mote ['mote] *nm* nickname

motín [mo'tin] *nm* (*del pueblo*) revolt, rising; (*del ejército*) mutiny

motivar [moti'βar] *vt* (*causar*) to cause, motivate; (*explicar*) to explain, justify; **motivo** *nm* motive, reason

moto ['moto] (*fam*) *nf* = **motocicleta**

motocicleta [motoθi'kleta] *nf* motorbike (*BRIT*), motorcycle

motoneta [moto'neta] (*cs*) *nf* scooter

motor [mo'tor] *nm* motor, engine; **motor a chorro** *o* **de reacción/de explosión** jet engine/internal combustion engine

motora [mo'tora] *nf* motorboat

movedizo, -a *adj* V **arena**

mover [mo'βer] *vt* to move; (*cabeza*) to shake; (*accionar*) to drive; (*fig*) to cause, provoke; **moverse** *vr* to move; (*fig*) to get a move on

móvil ['moβil] *adj* mobile; (*pieza de máquina*) moving; (*mueble*) movable ▷ *nm* (*motivo*) motive; (*teléfono*) mobile

movimiento [moβi'mjento] *nm* movement; (*Tec*) motion; (*actividad*) activity

mozo, -a ['moθo, a] *adj* (*joven*) young ▷ *nm/f* youth, young man/girl; (*cs: mesero*) waiter/waitress

MP3 *nm* MP3; **reproductor (de) ~** MP3 player

mucama [mu'kama] (*RPL*) *nf* maid

muchacho, -a [mu'tʃatʃo, a] *nm/f* (*niño*) boy/girl; (*criado*) servant; (*criada*)

maid

muchedumbre [mutʃe'ðumbre] *nf* crowd

○ **PALABRA CLAVE**

mucho, -a ['mutʃo, a] *adj* **1**(*cantidad*) a lot of, much; (*número*) lots of, a lot of, many; **mucho dinero** a lot of money; **hace mucho calor** it's very hot; **muchas amigas** lots *o* a lot of friends
2 (*sg: grande*): **ésta es mucha casa para él** this house is much too big for him
▷ *pron*: **tengo mucho que hacer** I've got a lot to do; **muchos dicen que ...** a lot of people say that ...; V *tb* **tener**
▷ *adv* **1** **me gusta mucho** I like it a lot; **lo siento mucho** I'm very sorry; **come mucho** he eats a lot; **¿te vas a quedar mucho?** are you going to be staying long?
2 (*respuesta*) very; **¿estás cansado? – ¡mucho!** are you tired? – very!
3 (*locuciones*): **como mucho** at (the) most; **con mucho: el mejor con mucho** by far the best; **ni mucho menos: no es rico ni mucho menos** he's far from being rich
4: **por mucho que: por mucho que le creas** no matter how *o* however much you believe her

muda ['muða] *nf* change of clothes

mudanza [mu'ðanθa] *nf* (*de casa*) move

mudar [mu'ðar] *vt* to change; (*Zool*) to shed ▷ *vi* to change; **mudarse** *vr* (*ropa*) to change; **~se de casa** to move house

mudo, -a ['muðo, a] *adj* dumb; (*callado, Cine*) silent

mueble ['mweβle] *nm* piece of furniture; **muebles** *nmpl* furniture *sg*

mueca ['mweka] *nf* face, grimace; **hacer ~s a** to make faces at

muela ['mwela] *nf* back tooth; **muela del juicio** wisdom tooth

muelle ['mweʎe] nm spring; (Náut) wharf; (malecón) pier

muero etc vb V **morir**

muerte ['mwerte] nf death; (homicidio) murder; **dar ~ a** to kill

muerto, -a ['mwerto, a] pp de **morir** ▷ adj dead ▷ nm/f dead man/woman; (difunto) deceased; (cadáver) corpse; **estar ~ de cansancio** to be dead tired; **Día de los Muertos** (MÉX) All Souls' Day

- **DÍA DE LOS MUERTOS**
-
- All Souls' Day (or "Day of the Dead")
- in Mexico coincides with All
- Saints' Day, which is celebrated
- in the Catholic countries of Latin
- America on November 1st and
- 2nd. All Souls' Day is actually
- a celebration which begins
- in the evening of October 31st
- and continues until November
- 2nd. It is a combination of the
- Catholic tradition of honouring
- the Christian saints and martyrs,
- and the ancient Mexican or Aztec
- traditions, in which death was not
- something sinister. For this reason
- all the dead are honoured by
- bringing offerings of food, flowers
- and candles to the cemetery.

muestra ['mwestra] nf (señal) indication, sign; (demostración) demonstration; (prueba) proof; (estadística) sample; (modelo) model, pattern; (testimonio) token

muestro etc vb V **mostrar**

muevo etc vb V **mover**

mugir [mu'xir] vi (vaca) to moo

mugre ['muɣre] nf dirt, filth

mujer [mu'xer] nf woman; (esposa) wife; **mujeriego** nm womanizer

mula ['mula] nf mule

muleta [mu'leta] nf (para andar) crutch; (Taur) stick with red cape attached

multa ['multa] nf fine; **poner una ~ a** to fine; **multar** vt to fine

multicines [multi'θines] nmpl multiscreen cinema sg

multinacional [multinaθjo'nal] nf multinational

múltiple ['multiple] adj multiple; (pl) many, numerous

multiplicar [multipli'kar] vt (Mat) to multiply; (fig) to increase; **multiplicarse** vr (Bio) to multiply; (fig) to be everywhere at once

multitud [multi'tuð] nf (muchedumbre) crowd; **~ de** lots of

mundial [mun'djal] adj world-wide, universal; (guerra, récord) world cpd

mundo ['mundo] nm world; **todo el ~** everybody; **tener ~** to be experienced, know one's way around

munición [muni'θjon] nf ammunition

municipal [muniθi'pal] adj municipal, local

municipio [muni'θipjo] nm (ayuntamiento) town council, corporation; (territorio administrativo) town, municipality

muñeca [mu'neka] nf (Anat) wrist; (juguete) doll

muñeco [mu'neko] nm (figura) figure; (marioneta) puppet; (fig) puppet, pawn

mural [mu'ral] adj mural, wall cpd ▷ nm mural

muralla [mu'raʎa] nf (city) wall(s) (pl)

murciélago [mur'θjelaɣo] nm bat

murmullo [mur'muʎo] nm murmur(ing); (cuchicheo) whispering

murmurar [murmu'rar] vi to murmur, whisper; (cotillear) to gossip

muro ['muro] nm wall

muscular [musku'lar] adj muscular

músculo ['muskulo] nm muscle

museo [mu'seo] nm museum; **museo de arte** art gallery

musgo ['musɣo] nm moss

música ['musika] nf music; V tb **músico**

músico, -a ['musiko, a] adj musical

▷ *nm/f* musician

muslo ['muslo] *nm* thigh

musulmán, -ana [musul'man, ana] *nm/f* Moslem

mutación [muta'θjon] *nf* (*Bio*) mutation; (*cambio*) (sudden) change

mutilar [muti'lar] *vt* to mutilate; (*a una persona*) to maim

mutuo, -a ['mutwo, a] *adj* mutual

muy [mwi] *adv* very; (*demasiado*) too; **M~ Señor mío** Dear Sir; **~ de noche** very late at night; **eso es ~ de él** that's just like him

N *abr* (= *norte*) N

nabo ['naβo] *nm* turnip

nacer [na'θer] *vi* to be born; (*de huevo*) to hatch; (*vegetal*) to sprout; (*río*) to rise; **nací en Barcelona** I was born in Barcelona; **nacido, -a** *adj* born; **recién nacido** newborn; **nacimiento** *nm* birth; (*de Navidad*) Nativity; (*de río*) source

nación [na'θjon] *nf* nation; **nacional** *adj* national; **nacionalismo** *nm* nationalism

nada ['naða] *pron* nothing ▷ *adv* not at all, in no way; **no decir ~** to say nothing, not to say anything; **~ más** nothing else; **de ~** don't mention it

nadador, a [naða'ðor, a] *nm/f* swimmer

nadar [na'ðar] *vi* to swim

nadie ['naðje] *pron* nobody, no-one; **~ habló** nobody spoke; **no había ~** there was nobody there, there wasn't anybody there

nado ['naðo] **a nado**: *adv*: **pasar a ~** to swim across

nafta ['nafta] (RPL) nf petrol (BRIT), gas (US)

naipe ['naipe] nm (playing) card; **naipes** nmpl cards

nalgas ['nalɣas] nfpl buttocks

nalguear [nalɣe'ar] (MÉX, CAM) vt to spank

nana ['nana] (ESP) nf lullaby

naranja [na'ranxa] adj inv, nf orange; **media ~** (fam) better half; **naranjada** nf orangeade; **naranjo** nm orange tree

narciso [nar'θiso] nm narcissus

narcótico, -a [nar'kotiko, a] adj, nm narcotic; **narcotizar** vt to drug; **narcotráfico** nm drug trafficking o running

nariz [na'riθ] nf nose; **nariz chata/ respingona** snub/turned-up nose

narración [narra'θjon] nf narration

narrar [na'rrar] vt to narrate, recount; **narrativa** nf narrative

nata ['nata] nf cream; **nata montada** whipped cream

natación [nata'θjon] nf swimming

natal [na'tal] adj: **ciudad ~** home town; **natalidad** nf birth rate

natillas [na'tiʎas] nfpl custard sg

nativo, -a [na'tiβo, a] adj, nm/f native

natural [natu'ral] adj natural; (fruta etc) fresh ▷ nmf native ▷ nm (disposición) nature

naturaleza [natura'leθa] nf nature; (género) nature, kind; **naturaleza muerta** still life

naturalmente [natural'mente] adv (de modo natural) in a natural way; **¡~!** of course!

naufragar [naufra'ɣar] vi to sink; **naufragio** nm shipwreck

nauseabundo, -a [nausea'βundo, a] adj nauseating, sickening

náuseas ['nauseas] nfpl nausea sg; **me da ~** it makes me feel sick

náutico, -a ['nautiko, a] adj nautical

navaja [na'βaxa] nf knife; (de barbero, peluquero) razor

naval [na'βal] adj naval

Navarra [na'βarra] n Navarre

nave ['naβe] nf (barco) ship, vessel; (Arq) nave; **nave espacial** spaceship; **nave industrial** factory premises pl

navegador [naβeɣa'ðor] nm (Inform) browser

navegante [naβe'ɣante] nmf navigator

navegar [naβe'ɣar] vi (barco) to sail; (avión) to fly; **~ por Internet** to surf the Net

Navidad [naβi'ðað] nf Christmas; **Navidades** nfpl Christmas time; **¡Feliz ~!** Merry Christmas!; **navideño, -a** adj Christmas cpd

nazca etc vb V **nacer**

nazi ['naθi] adj, nmf Nazi

NE abr (= nor(d)este) NE

neblina [ne'βlina] nf mist

necesario, -a [neθe'sarjo, a] adj necessary

neceser [neθe'ser] nm toilet bag; (bolsa grande) holdall

necesidad [neθesi'ðað] nf need; (lo inevitable) necessity; (miseria) poverty; **en caso de ~** in case of need o emergency; **hacer sus ~es** to relieve o.s.

necesitado, -a [neθesi'taðo, a] adj needy, poor; **~ de** in need of

necesitar [neθesi'tar] vt to need, require

necio, -a ['neθjo, a] adj foolish

nectarina [nekta'rina] nf nectarine

nefasto, -a [ne'fasto, a] adj ill-fated, unlucky

negación [neɣa'θjon] nf negation; (rechazo) refusal, denial

negar [ne'ɣar] vt (renegar, rechazar) to refuse; (prohibir) to refuse, deny; (desmentir) to deny; **negarse** vr: **~se a** to refuse to

negativa [neɣa'tiβa] nf negative; (rechazo) refusal, denial

negativo, -a [neɣa'tiβo, a] adj, nm negative

negociante [neɣo'θjante] *nmf*
businessman/woman

negociar [neɣo'θjar] *vt, vi* to
negotiate; **~ en** to deal *o* trade in

negocio [ne'ɣoθjo] *nm* (*Com*)
business; (*asunto*) affair, business;
(*operación comercial*) deal, transaction;
(*lugar*) place of business; **los ~s**
business *sg*; **hacer ~** to do business

negra ['neɣra] *nf* (*Mús*) crotchet; V
tb **negro**

negro, -a ['neɣro, a] *adj* black;
(*suerte*) awful ▷ *nm* black ▷ *nm/f* black
man/woman

nene, -a ['nene, a] *nm/f* baby,
small child

neón [ne'on] *nm*: **luces/lámpara de ~**
neon lights/lamp

neoyorquino, -a [neojor'kino, a]
adj (of) New York

nervio [ner'βjo] *nm* nerve;
nerviosismo *nm* nervousness, nerves
pl; **nervioso, -a** *adj* nervous

neto, -a ['neto, a] *adj* net

neumático, -a [neu'matiko, a] *adj*
pneumatic ▷ *nm* (*ESP*) tyre (*BRIT*),
tire (*US*); **neumático de recambio**
spare tyre

neurólogo, -a [neu'roloɣo, a] *nm/f*
neurologist

neurona [neu'rona] *nf* nerve cell

neutral [neu'tral] *adj* neutral;
neutralizar *vt* to neutralize;
(*contrarrestar*) to counteract

neutro, -a ['neutro, a] *adj* (*Bio,
Ling*) neuter

neutrón [neu'tron] *nm* neutron

nevada [ne'βaða] *nf* snowstorm;
(*caída de nieve*) snowfall

nevar [ne'βar] *vi* to snow

nevera [ne'βera] (*ESP*) *nf* refrigerator
(*BRIT*), icebox (*US*)

nevería [neβe'ria] (*MÉX*) *nf* ice-cream
parlour

nexo ['nekso] *nm* link, connection

ni [ni] *conj* nor, neither; (*tb: ~ siquiera*)
not ... even; **~ aunque que** not even
if; **~ blanco ~ negro** neither white

nor black

Nicaragua [nika'raɣwa] *nf*
Nicaragua; **nicaragüense** *adj, nmf*
Nicaraguan

nicho ['nitʃo] *nm* niche

nicotina [niko'tina] *nf* nicotine

nido ['niðo] *nm* nest

niebla ['njeβla] *nf* fog; (*neblina*) mist

niego *etc vb* V **negar**

nieto, -a ['njeto, a] *nm/f* grandson/
daughter; **nietos** *nmpl* grandchildren

nieve *etc vb* V **nevar** ▷ *nf*
snow; (*MÉX: helado*) ice cream

NIF *nm abr* (= *Número de Identificación
Fiscal*) *personal identification number used
for financial and tax purposes*

ninfa ['ninfa] *nf* nymph

ningún *adj* V **ninguno**

ninguno, -a [nin'guno, a] (*adj
ningún*) no *pron* (*nadie*) nobody; (*ni
uno*) none, not one; (*ni uno ni otro*)
neither; **de ninguna manera** by no
means, not at all

niña ['nina] *nf* (*Anat*) pupil; V *tb* **niño**

niñera [ni'nera] *nf* nursemaid, nanny

niñez [ni'neθ] *nf* childhood; (*infancia*)
infancy

niño, -a ['nino, a] *adj* (*joven*) young;
(*inmaduro*) immature ▷ *nm/f* child,
boy/girl

nipón, -ona [ni'pon, ona] *adj, nm/f*
Japanese

níquel ['nikel] *nm* nickel

níspero ['nispero] *nm* medlar

nítido, -a ['nitiðo, a] *adj* clear; sharp

nitrato [ni'trato] *nm* nitrate

nitrógeno [ni'troxeno] *nm* nitrogen

nivel [ni'βel] *nm* (*Geo*) level; (*norma*)
level, standard; (*altura*) height; **nivel
de aceite** oil level; **nivel de aire** spirit
level; **nivel de vida** standard of living;
nivelar *vt* to level out; (*fig*) to even up;
(*Com*) to balance

no [no] *adv* no; not; (*con verbo*) not
▷ *excl* no!; **~ tengo nada** I don't have
anything, I have nothing; **~ es el mío**
it's not mine; **ahora ~** not now; **¿~ lo
sabes?** don't you know?; **~ mucho** not

much; **~ bien termine, lo entregaré** as soon as I finish, I'll hand it over; **~ más: ayer ~ más** just yesterday; **¡pase ~ más!** come in!; **¡a que ~ lo sabes!** I bet you don't know!; **¡cómo ~!** of course!; **la ~ intervención** non-intervention

noble ['noβle] *adj, nmf* noble; **nobleza** *nf* nobility

noche ['notʃe] *nf* night, night-time; (*la tarde*) evening; **de ~, por la ~** at night; **es de ~** it's dark; **Noche de San Juan** *see note*

● **NOCHE DE SAN JUAN**
●
● The **Noche de San Juan** on the
● 24th June is a **fiesta** coinciding
● with the summer solstice and
● which has taken the place of
● other ancient pagan festivals.
● Traditionally fire plays a major
● part in these festivities with
● celebrations and dancing taking
● place around bonfires in towns
● and villages across the country.

nochebuena [notʃe'βwena] *nf* Christmas Eve

● **NOCHEBUENA**
●
● Traditional Christmas
● celebrations in Spanish-speaking
● countries mainly take place
● on the night of **Nochebuena**,
● Christmas Eve. Families gather
● together for a large meal and the
● more religiously inclined attend
● Midnight Mass. While presents are
● traditionally given by **los Reyes**
● **Magos** on the 6th January, more
● and more people are exchanging
● gifts on Christmas Eve.

nochevieja [notʃe'βjexa] *nf* New Year's Eve

nocivo, -a [no'θiβo, a] *adj* harmful

noctámbulo, -a [nok'tambulo, a]
nm/f sleepwalker

nocturno, -a [nok'turno, a] *adj* (*de la noche*) nocturnal, night *cpd*; (*de la tarde*) evening *cpd* ▷ *nm* nocturne

nogal [no'xal] *nm* walnut tree

nómada ['nomaða] *adj* nomadic
▷ *nmf* nomad

nombrar [nom'brar] *vt* (*designar*) to name; (*mencionar*) to mention; (*dar puesto a*) to appoint

nombre ['nombre] *nm* name; (*sustantivo*) noun; **~ y apellidos** name in full; **poner ~ a** to call, name; **nombre común/propio** common/proper noun; **nombre de pila/de soltera** Christian/maiden name

nómina ['nomina] *nf* (*lista*) payroll; (*hoja*) payslip

nominal [nomi'nal] *adj* nominal

nominar [nomi'nar] *vt* to nominate

nominativo, -a [nomina'tiβo, a] *adj* (*Com*): **cheque ~ a X** cheque made out to X

nordeste [nor'ðeste] *adj* north-east, north-eastern, north-easterly ▷ *nm* north-east

nórdico, -a ['norðiko, a] *adj* Nordic

noreste [no'reste] *adj, nm* = **nordeste**

noria ['norja] *nf* (*Agr*) waterwheel; (*de carnaval*) big (BRIT) o Ferris (US) wheel

norma ['norma] *nf* rule (of thumb)

normal [nor'mal] *adj* (*corriente*) normal; (*habitual*) usual, natural; **normalizarse** *vr* to return to normal; **normalmente** *adv* normally

normativa [norma'tiβa] *nf* (set of) rules *pl*, regulations *pl*

noroeste [noro'este] *adj* north-west, north-western, north-westerly ▷ *nm* north-west

norte ['norte] *adj* north, northern, northerly ▷ *nm* north; (*fig*) guide

norteamericano, -a [norteameri'kano, a] *adj, nm/f* (North) American

Noruega [no'rweɣa] *nf* Norway

noruego, -a [no'rweɣo, a] *adj, nm/f* Norwegian

nos [nos] *pron* (*directo*) us; (*indirecto*) us; to us; for us; from us; (*reflexivo*) (to) ourselves; (*recíproco*) (to) each other; **~ levantamos a las 7** we get up at 7

nosotros, -as [no'sotros, as] *pron* (*sujeto*) we; (*después de prep*) us

nostalgia [nos'talxja] *nf* nostalgia

nota ['nota] *nf* (*Escol*) mark

notable [no'taßle] *adj* notable; (*Escol*) outstanding

notar [no'tar] *vt* to notice, note; **notarse** *vr* to be obvious; **se nota que ...** one observes that ...

notario [no'tarjo] *nm* notary

noticia [no'tiθja] *nf* (*información*) piece of news; **las ~s** the news *sg*; **tener ~s de algn** to hear from sb

▌ No confundir **noticia** con la palabra inglesa *notice*.

noticiero [noti'θjero] (*LAM*) *nm* news bulletin

notificar [notifi'kar] *vt* to notify, inform

notorio, -a [no'torjo, a] *adj* (*público*) well-known; (*evidente*) obvious

novato, -a [no'ßato, a] *adj* inexperienced ▷ *nm/f* beginner, novice

novecientos, -as [noße'θjentos, as] *num* nine hundred

novedad [noße'ðað] *nf* (*calidad de nuevo*) newness; (*noticia*) piece of news; (*cambio*) change, (new) development

novel [no'ßel] *adj* new; (*inexperto*) inexperienced ▷ *nmf* beginner

novela [no'ßela] *nf* novel

noveno, -a [no'ßeno, a] *adj* ninth

noventa [no'ßenta] *num* ninety

novia *nf* V **novio**

novicio, -a [no'ßiθjo, a] *nm/f* novice

noviembre [no'ßjembre] *nm* November

novillada [noßi'ʎaða] *nf* (*Taur*) bullfight with young bulls; **novillero** *nm* novice bullfighter; **novillo** *nm* young bull, bullock; **hacer novillos** (*fam*) to play truant

novio, -a ['noßjo, a] *nm/f* boyfriend/ girlfriend; (*prometido*) fiancé/fiancée; (*recién casado*) bridegroom/bride; **los ~s** the newly-weds

nube ['nuße] *nf* cloud

nublado, -a [nu'ßlaðo, a] *adj* cloudy; **nublarse** *vr* to grow dark

nubosidad [nußosi'ðað] *nf* cloudiness; **había mucha ~** it was very cloudy

nuca ['nuka] *nf* nape of the neck

nuclear [nukle'ar] *adj* nuclear

núcleo ['nukleo] *nm* (*centro*) core; (*Física*) nucleus; **núcleo urbano** city centre

nudillo [nu'ðiʎo] *nm* knuckle

nudista [nu'ðista] *adj* nudist

nudo ['nuðo] *nm* knot; (*de carreteras*) junction

nuera ['nwera] *nf* daughter-in-law

nuestro, -a ['nwestro, a] *adj pos* our ▷ *pron* ours; **~ padre** our father; **un amigo ~** a friend of ours; **es el ~** it's ours

Nueva York [-jork] *n* New York

Nueva Zelanda [-θe'landa] *nf* New Zealand

nueve ['nweße] *num* nine

nuevo, -a ['nweßo, a] *adj* (*gen*) new; **de ~** again

nuez [nweθ] *nf* walnut; (*Anat*) Adam's apple; **nuez moscada** nutmeg

nulo, -a ['nulo, a] *adj* (*inepto, torpe*) useless; (*inválido*) (null and) void; (*Deporte*) drawn, tied

núm. *abr* (= *número*) no.

numerar [nume'rar] *vt* to number

número ['numero] *nm* (*gen*) number; (*tamaño: de zapato*) size; (*ejemplar: de diario*) number, issue; **sin ~** numberless, unnumbered; **número atrasado** back number; **número de matrícula/ teléfono** registration/telephone number; **número impar/par** odd/even number; **número romano** Roman numeral

numeroso, -a [nume'roso, a] *adj* numerous

nunca ['nunka] *adv* (*jamás*) never; **~**

lo pensé I never thought it; **no viene
~** he never comes; **~ más** never again;
más que ~ more than ever
nupcias ['nupθjas] *nfpl* wedding
sg, nuptials
nutria ['nutrja] *nf* otter
nutrición [nutri'θjon] *nf* nutrition
nutrir [nu'trir] *vt (alimentar)* to
nourish; *(dar de comer)* to feed; *(fig)*
to strengthen; **nutritivo, -a** *adj*
nourishing, nutritious
nylon [ni'lon] *nm* nylon

ñango, -a ['ɲango, a] *(MÉX) adj* puny
ñapa ['ɲapa] *(LAM) nf* extra
ñata ['ɲata] *(LAM: fam) nf* nose; *V
tb* **ñato**
ñato, -a ['ɲato, a] *(LAM) adj* snub-
nosed
ñoñería [ɲoɲe'ria] *nf* insipidness
ñoño, -a ['ɲoɲo, a] *adj (fam: tonto)*
silly, stupid; *(soso)* insipid; *(persona)*
spineless; *(ESP: película, novela)*
sentimental

O *abr* (= *oeste*) W

o [o] *conj* or

oasis [o'asis] *nm inv* oasis

obcecarse [oβθe'karse] *vr* to get o become stubborn

obedecer [oβeðe'θer] *vt* to obey; **obediente** *adj* obedient

obertura [oβer'tura] *nf* overture

obeso, -a [o'βeso, a] *adj* obese

obispo [o'βispo] *nm* bishop

obituario [oβɪ'twarjo] (*LAM*) *nm* obituary

objetar [oβxe'tar] *vt, vi* to object

objetivo, -a [oβxe'tiβo, a] *adj, nm* objective

objeto [oβ'xeto] *nm* (*cosa*) object; (*fin*) aim

objetor, a [oβxe'tor, a] *nm/f* objector

obligación [oβlixa'θjon] *nf* obligation; (*Com*) bond

obligar [oβli'xar] *vt* to force; **obligarse** *vr* to bind o.s.; **obligatorio, -a** *adj* compulsory, obligatory

oboe [o'βoe] *nm* oboe

obra ['oβra] *nf* work; (*Arq*) construction, building; (*Teatro*) play; **por ~ de** thanks to (the efforts of); **obra maestra** masterpiece; **obras públicas** public works; **obrar** *vt* to work; (*tener efecto*) to have an effect on ▷ *vi* to act, behave; (*tener efecto*) to have an effect; **la carta obra en su poder** the letter is in his/her possession

obrero, -a [o'βrero, a] *adj* (*clase*) working; (*movimiento*) labour *cpd* ▷ *nm/f* (*gen*) worker; (*sin oficio*) labourer

obsceno, -a [oβs'θeno, a] *adj* obscene

obscu... = **oscu...**

obsequiar [oβse'kjar] *vt* (*ofrecer*) to present with; (*agasajar*) to make a fuss of, lavish attention on; **obsequio** *nm* (*regalo*) gift; (*cortesía*) courtesy, attention

observación [oβserβa'θjon] *nf* observation; (*reflexión*) remark

observador, a [oβserβa'ðor, a] *nm/f* observer

observar [oβser'βar] *vt* to observe; (*anotar*) to notice; **observarse** *vr* to keep to, observe

obsesión [oβse'sjon] *nf* obsession; **obsesivo, -a** *adj* obsessive

obstáculo [oβs'takulo] *nm* obstacle; (*impedimento*) hindrance, drawback

obstante [oβs'tante]: **no ~** *adv* nevertheless

obstinado, -a [oβsti'naðo, a] *adj* obstinate, stubborn

obstinarse [oβsti'narse] *vr* to be obstinate; **~ en** to persist in

obstruir [oβstru'ir] *vt* to obstruct

obtener [oβte'ner] *vt* (*gen*) to obtain; (*premio*) to win

obturador [oβtura'ðor] *nm* (*Foto*) shutter

obvio, -a ['oββjo, a] *adj* obvious

oca ['oka] *nf* (*animal*) goose; (*juego*) ≈ snakes and ladders

ocasión [oka'sjon] *nf* (*oportunidad*) opportunity, chance; (*momento*) occasion, time; (*causa*) cause; **de ~**

secondhand; **ocasionar** vt to cause
ocaso [o'kaso] nm (fig) decline
occidente [okθi'ðente] nm west
OCDE nf abr (= Organización de Cooperación y Desarrollo Económico) OECD
océano [o'θeano] nm ocean; **Océano Índico** Indian Ocean
ochenta [o'tʃenta] num eighty
ocho ['otʃo] num eight; **dentro de ~ días** within a week
ocio ['oθjo] nm (tiempo) leisure; (pey) idleness
octavilla [okta'viʎa] nf leaflet, pamphlet
octavo, -a [ok'taβo, a] adj eighth
octubre [ok'tuβre] nm October
oculista [oku'lista] nmf oculist
ocultar [okul'tar] vt (esconder) to hide; (callar) to conceal; **oculto, -a** adj hidden; (fig) secret
ocupación [okupa'θjon] nf occupation
ocupado, -a [oku'paðo, a] adj (persona) busy; (plaza) occupied, taken; (teléfono) engaged; **ocupar** vt (gen) to occupy; **ocuparse** vr: **ocuparse de o en** (gen) to concern o.s. with; (cuidar) to look after
ocurrencia [oku'rrenθja] nf (idea) bright idea
ocurrir [oku'rrir] vi to happen; **ocurrirse** vr: **se me ocurrió que ...** it occurred to me that ...
odiar [o'ðjar] vt to hate; **odio** nm hate, hatred; **odioso, -a** adj (gen) hateful; (malo) nasty
odontólogo, -a [oðon'toloxo, a] nm/f dentist, dental surgeon
oeste [o'este] nm west; **una película del ~** a western
ofender [ofen'der] vt (agraviar) to offend; (insultar) to insult; **ofenderse** vr to take offence; **ofensa** nf offence; **ofensiva** nf offensive; **ofensivo, -a** adj offensive
oferta [o'ferta] nf offer; (propuesta) proposal; **la ~ y la demanda** supply and demand; **artículos en ~** goods on offer
oficial [ofi'θjal] adj official ⊳ nm (Mil) officer
oficina [ofi'θina] nf office; **oficina de correos** post office; **oficina de información** information bureau; **oficina de turismo** tourist office; **oficinista** nmf clerk
oficio [o'fiθjo] nm (profesión) profession; (puesto) post; (Rel) service; **ser del ~** to be an old hand; **tener mucho ~** to have a lot of experience; **oficio de difuntos** funeral service
ofimática [ofi'matika] nf office automation
ofrecer [ofre'θer] vt (dar) to offer; (proponer) to propose; **ofrecerse** vr (persona) to offer o.s., volunteer; (situación) to present itself; **¿qué se le ofrece?, ¿se le ofrece algo?** what can I do for you?, can I get you anything?
ofrecimiento [ofreθi'mjento] nm offer
oftalmólogo, -a [oftal'moloxo, a] nm/f ophthalmologist
oída [o'iða] nf: **de ~s** by hearsay
oído [o'iðo] nm (Anat) ear; (sentido) hearing
oigo etc vb V **oír**
oír [o'ir] vt (gen) to hear; (atender a) to listen to; **¡oiga!** listen!; **~ misa** to attend mass
OIT nf abr (= Organización Internacional del Trabajo) ILO
ojal [o'xal] nm buttonhole
ojalá [oxa'la] excl if only (it were so)!, some hope! ⊳ conj if only ...!, would that ...!; **~ (que) venga hoy** I hope he comes today
ojeada [oxe'aða] nf glance
ojera [o'xera] nf: **tener ~s** to have bags under one's eyes
ojo ['oxo] nm eye; (de puente) span; (de cerradura) keyhole ⊳ excl careful!; **tener ~ para** to have an eye for; **ojo de buey** porthole
okey ['okei] (LAM) excl O.K.

okupa [o'kupa] (ESP: fam) nmf
squatter

ola ['ola] nf wave

olé [o'le] excl bravo!, olé!

oleada [ole'aða] nf big wave, swell;
(fig) wave

oleaje [ole'axe] nm swell

óleo ['oleo] nm oil; **oleoducto** nm
(oil) pipeline

oler [o'ler] vt (gen) to smell; (inquirir) to
pry into; (fig: sospechar) to sniff out ▷ vi
to smell; **~ a** to smell of

olfatear [olfate'ar] vt to smell;
(inquirir) to pry into; **olfato** nm sense
of smell

olimpiada [olim'piaða] nf: **las
O~s** the Olympics; **olímpico, -a**
[o'limpiko, a] adj Olympic

oliva [o'liβa] nf (aceituna) olive; **aceite
de ~** olive oil; **olivo** nm olive tree

olla ['oʎa] nf pan; (comida) stew; **olla
exprés** o **a presión** (ESP) pressure
cooker; **olla podrida** type of Spanish
stew

olmo ['olmo] nm elm (tree)

olor [o'lor] nm smell; **oloroso, -a** adj
scented

olvidar [olβi'ðar] vt to forget; (omitir)
to omit; **olvidarse** vr (fig) to forget
o.s.; **se me olvidó** I forgot

olvido [ol'βiðo] nm oblivion; (despiste)
forgetfulness

ombligo [om'bliɣo] nm navel

omelette [ome'lete] (LAM) nf
omelet(te)

omisión [omi'sjon] nf (abstención)
omission; (descuido) neglect

omiso, -a [o'miso, a] adj: **hacer caso
~ de** to ignore, pass over

omitir [omi'tir] vt to omit

omnipotente [omnipo'tente] adj
omnipotent

omóplato [o'moplato] nm shoulder
blade

OMS nf abr (= Organización Mundial de
la Salud) WHO

once ['onθe] num eleven; **onces** (cs)
nfpl tea break sg

onda ['onda] nf wave; **onda corta/
larga/media** short/long/medium
wave; **ondear** vt, vi to wave; (tener
ondas) to be wavy; (agua) to ripple

ondulación [ondula'θjon] nf
undulation; **ondulado, -a** adj wavy

ONG nf abr (= organización no
gubernamental) NGO

ONU ['onu] nf abr (= Organización de las
Naciones Unidas) UNO

opaco, -a [o'pako, a] adj opaque

opción [op'θjon] nf (gen) option;
(derecho) right, option

OPEP ['opep] nf abr (= Organización de
Países Exportadores de Petróleo) OPEC

ópera ['opera] nf opera; **ópera bufa** o
cómica comic opera

operación [opera'θjon] nf (gen)
operation; (Com) transaction, deal

operador, a [opera'ðor, a]
nm/f operator; (Cine: de proyección)
projectionist; (: de rodaje) cameraman

operar [ope'rar] vt (producir) to
produce, bring about; (Med) to operate
on ▷ vi (Com) to operate, deal;
operarse vr to occur; (Med) to have
an operation

opereta [ope'reta] nf operetta

opinar [opi'nar] vt to think ▷ vi
to give one's opinion; **opinión** nf
(creencia) belief; (criterio) opinion

opio ['opjo] nm opium

oponer [opo'ner] vt (resistencia) to
put up, offer; **oponerse** vr (objetar)
to object; (estar frente a frente) to be
opposed; (dos personas) to oppose each
other; **~ A a B** to set A against B; **me
opongo a pensar que ...** I refuse to
believe o think that ...

oportunidad [oportuni'ðað] nf
(ocasión) opportunity; (posibilidad)
chance

oportuno, -a [opor'tuno, a] adj
(en su tiempo) opportune, timely;
(respuesta) suitable; **en el momento ~**
at the right moment

oposición [oposi'θjon] nf
opposition; **oposiciones** nfpl (Escol)

public examinations

opositor, a [oposi'tor, a] *nm/f* (*adversario*) opponent; (*candidato*): **~ (a)** candidate (for)

opresión [opre'sjon] *nf* oppression; **opresor, a** *nm/f* oppressor

oprimir [opri'mir] *vt* to squeeze; (*fig*) to oppress

optar [op'tar] *vi* (*elegir*) to choose; **~ por** to opt for; **optativo, -a** *adj* optional

óptico, -a ['optiko, a] *adj* optic(al) ▷ *nm/f* optician; **óptica** *nf* optician's (shop); **desde esta óptica** from this point of view

optimismo [opti'mismo] *nm* optimism; **optimista** *nmf* optimist

opuesto, -a [o'pwesto, a] *adj* (*contrario*) opposite; (*antagónico*) opposing

oración [ora'θjon] *nf* (*Rel*) prayer; (*Ling*) sentence

orador, a [ora'ðor, a] *nm/f* (*conferenciante*) speaker, orator

oral [o'ral] *adj* oral

orangután [orangu'tan] *nm* orangutan

orar [o'rar] *vi* to pray

oratoria [ora'torja] *nf* oratory

órbita ['orβita] *nf* orbit

orden ['orðen] *nm* (*gen*) order ▷ *nf* (*gen*) order; (*Inform*) command; **en ~ de prioridad** in order of priority; **orden del día** agenda

ordenado, -a [orðe'naðo, a] *adj* (*metódico*) methodical; (*arreglado*) orderly

ordenador [orðena'ðor] *nm* computer; **ordenador central** mainframe computer

ordenar [orðe'nar] *vt* (*mandar*) to order; (*poner orden*) to put in order, arrange; **ordenarse** *vr* (*Rel*) to be ordained

ordeñar [orðe'nar] *vt* to milk

ordinario, -a [orði'narjo, a] *adj* (*común*) ordinary, usual; (*vulgar*) vulgar, common

orégano [o'reɣano] *nm* oregano

oreja [o'rexa] *nf* ear; (*Mecánica*) lug, flange

orfanato [orfa'nato] *nm* orphanage

orfebrería [orfeβre'ria] *nf* gold/silver work

orgánico, -a [or'ɣaniko, a] *adj* organic

organismo [orɣa'nismo] *nm* (*Bio*) organism; (*Pol*) organization

organización [orɣaniθa'θjon] *nf* organization; **organizar** *vt* to organize

órgano ['orɣano] *nm* organ

orgasmo [or'ɣasmo] *nm* orgasm

orgía [or'xia] *nf* orgy

orgullo [or'ɣuʎo] *nm* pride; **orgulloso, -a** *adj* (*gen*) proud; (*altanero*) haughty

orientación [orjenta'θjon] *nf* (*posición*) position; (*dirección*) direction

oriental [orjen'tal] *adj* eastern; (*del Extremo Oriente*) oriental

orientar [orjen'tar] *vt* (*situar*) to orientate; (*señalar*) to point; (*dirigir*) to direct; (*guiar*) to guide; **orientarse** *vr* to get one's bearings

oriente [o'rjente] *nm* east; **el O~ Medio** the Middle East; **el Próximo/Extremo O~** the Near/Far East

origen [o'rixen] *nm* origin

original [orixi'nal] *adj* (*nuevo*) original; (*extraño*) odd, strange; **originalidad** *nf* originality

originar [orixi'nar] *vt* to start, cause; **originarse** *vr* to originate; **originario, -a** *adj* original; **originario de** native of

orilla [o'riʎa] *nf* (*borde*) border; (*de río*) bank; (*de bosque, tela*) edge; (*de mar*) shore

orina [o'rina] *nf* urine; **orinal** *nm* (chamber) pot; **orinar** *vi* to urinate; **orinarse** *vr* to wet o.s.

oro ['oro] *nm* gold; **oros** *nmpl* (*Naipes*) hearts

orquesta [or'kesta] *nf* orchestra; **orquesta sinfónica** symphony orchestra

orquídea [or'kiðea] nf orchid
ortiga [or'tixa] nf nettle
ortodoxo, -a [orto'ðokso, a] adj orthodox
ortografía [ortoɣra'fia] nf spelling
ortopedia [orto'peðja] nf orthopaedics sg; **ortopédico, -a** adj orthopaedic
oruga [o'ruxa] nf caterpillar
orzuelo [or'θwelo] nm stye
os [os] pron (gen) you; (a vosotros) to you
osa ['osa] nf (she-)bear; **Osa Mayor/Menor** Great/Little Bear
osadía [osa'ðia] nf daring
osar [o'sar] vi to dare
oscilación [osθila'θjon] nf (movimiento) oscillation; (fluctuación) fluctuation
oscilar [osθi'lar] vi to oscillate; to fluctuate
oscurecer [oskure'θer] vt to darken ▷ vi to grow dark; **oscurecerse** vr to grow o get dark
oscuridad [oskuri'ðað] nf obscurity; (tinieblas) darkness
oscuro, -a [os'kuro, a] adj dark; (fig) obscure; **a oscuras** in the dark
óseo, -a ['oseo, a] adj bone cpd
oso ['oso] nm bear; **oso de peluche** teddy bear; **oso hormiguero** anteater
ostentar [osten'tar] vt (gen) to show; (pey) to flaunt, show off; (poseer) to have, possess
ostión [os'tjon] (MÉX) nm = **ostra**
ostra ['ostra] nf oyster
OTAN ['otan] nf abr (= Organización del Tratado del Atlántico Norte) NATO
otitis [o'titis] nf earache
otoñal [oto'ɲal] adj autumnal
otoño [o'toɲo] nm autumn
otorgar [otor'ɣar] vt (conceder) to concede; (dar) to grant
otorrino, -a [oto'rrino, a], **otorrinolaringólogo, -a** [otorrinolarin'goloɣo, a] nm/f ear,

nose and throat specialist

otro, -a ['otro, a] adj 1 (distinto: sg) another; (: pl) other; **con otros amigos** with other o different friends
2 (adicional): **tráigame otro café (más), por favor** can I have another coffee please; **otros diez días más** another ten days
▷ pron 1 **el otro** the other one; **(los) otros** (the) others; **de otro** somebody else's; **que lo haga otro** let somebody else do it
2 (recíproco): **se odian (la) una a (la) otra** they hate one another o each other
3: **otro tanto: comer otro tanto** to eat the same o as much again; **recibió una decena de telegramas y otras tantas llamadas** he got about ten telegrams and as many calls

ovación [oβa'θjon] nf ovation
oval [o'βal] adj oval; **ovalado, -a** adj oval; **óvalo** nm oval
ovario [o'βarjo] nm ovary
oveja [o'βexa] nf sheep
overol [oβe'rol] (LAM) nm overalls pl
ovillo [o'βiʎo] nm (de lana) ball of wool
OVNI ['oβni] nm abr (= objeto volante no identificado) UFO
ovulación [oβula'θjon] nf ovulation; **óvulo** nm ovum
oxidación [oksiða'θjon] nf rusting
oxidar [oksi'ðar] vt to rust; **oxidarse** vr to go rusty
óxido [o'ksiðo] nm oxide
oxigenado, -a [oksixe'naðo, a] adj (Quím) oxygenated; (pelo) bleached
oxígeno [ok'sixeno] nm oxygen
oyente [o'jente] nmf listener
oyes etc vb V **oír**
ozono [o'θono] nm ozone

P

pabellón [paβe'ʎon] nm bell tent; (Arq) pavilion; (de hospital etc) block, section; (bandera) flag
pacer [pa'θer] vi to graze
paciencia [pa'θjenθja] nf patience
paciente [pa'θjente] adj, nmf patient
pacificación [paθifika'θjon] nf pacification
pacífico, -a [pa'θifiko, a] adj (persona) peaceable; (existencia) peaceful; **el (Océano) P~** the Pacific (Ocean)
pacifista [paθi'fista] nmf pacifist
pacotilla [pako'tiʎa] nf: **de ~** (actor, escritor) third-rate
pactar [pak'tar] vt to agree to o on ▷ vi to come to an agreement
pacto ['pakto] nm (tratado) pact; (acuerdo) agreement
padecer [paðe'θer] vt (sufrir) to suffer; (soportar) to endure, put up with; **padecimiento** nm suffering
padrastro [pa'ðrastro] nm stepfather
padre ['paðre] nm father ▷ adj (fam): **un éxito ~** a tremendous success; **padres** nmpl parents; **padre político** father-in-law
padrino [pa'ðrino] nm (Rel) godfather; (tb: **~ de boda**) best man; (fig) sponsor, patron; **padrinos** nmpl godparents
padrón [pa'ðron] nm (censo) census, roll
padrote [pa'ðrote] (MÉX: fam) nm pimp
paella [pa'eʎa] nf paella, dish of rice with meat, shellfish etc
paga ['paɣa] nf (pago) payment; (sueldo) pay, wages pl
pagano, -a [pa'ɣano, a] adj, nm/f pagan, heathen
pagar [pa'ɣar] vt to pay; (las compras, crimen) to pay for; (fig: favor) to repay ▷ vi to pay; **~ al contado/a plazos** to pay (in) cash/in instalments
pagaré [paɣa're] nm I.O.U.
página ['paxina] nf page; **página de inicio** (Inform) home page; **página web** (Inform) web page
pago ['paɣo] nm (dinero) payment; **en ~ de** in return for; **pago anticipado/a cuenta/contra reembolso/en especie** advance payment/payment on account/cash on delivery/payment in kind
pág(s). abr (= página(s)) p(p).
pague etc vb V **pagar**
país [pa'is] nm (gen) country; (región) land; **los P~es Bajos** the Low Countries; **el P~ Vasco** the Basque Country
paisaje [pai'saxe] nm landscape, scenery
paisano, -a [pai'sano, a] adj of the same country ▷ nm/f (compatriota) fellow countryman/woman; **vestir de ~** (soldado) to be in civvies; (guardia) to be in plain clothes
paja ['paxa] nf straw; (fig) rubbish (BRIT), trash (US)
pajarita [paxa'rita] nf (corbata) bow tie

pájaro ['paxaro] nm bird; **pájaro carpintero** woodpecker

pajita [pa'xita] nf (drinking) straw

pala ['pala] nf spade, shovel; (raqueta etc) bat; (: de tenis) racquet; (Culin) slice; **pala mecánica** power shovel

palabra [pa'laβra] nf word; (facultad) (power of) speech; (derecho de hablar) right to speak; **tomar la ~** (en mitin) to take the floor

palabrota [pala'brota] nf swearword

palacio [pa'laθjo] nm palace; (mansión) mansion, large house; **palacio de justicia** courthouse; **palacio municipal** town o city hall

paladar [pala'ðar] nm palate; **paladear** vt to taste

palanca [pa'lanka] nf lever; (fig) pull, influence

palangana [palan'gana] nf washbasin

palco ['palko] nm box

Palestina [pales'tina] nf Palestine; **palestino, -a** nm/f Palestinian

paleta [pa'leta] nf (de pintor) palette; (de albañil) trowel; (de ping-pong) bat; (MÉX, CAM: helado) ice lolly (BRIT), Popsicle® (US)

palidecer [paliðe'θer] vi to turn pale; **palidez** nf paleness; **pálido, -a** adj pale

palillo [pa'liλo] nm (mondadientes) toothpick; (para comer) chopstick

palito [pa'lito] (RPL) nm (helado) ice lolly (BRIT), Popsicle® (US)

paliza [pa'liθa] nf beating, thrashing

palma ['palma] nf (Anat) palm; (árbol) palm tree; **batir o dar ~s** to clap, applaud; **palmada** nf slap; **palmadas** nfpl clapping sg, applause sg

palmar [pal'mar] (fam) vi (tb: **~la**) to die, kick the bucket

palmear [palme'ar] vi to clap

palmera [pal'mera] nf (Bot) palm tree

palmo ['palmo] nm (medida) span; (fig) small amount; **~ a ~** inch by inch

palo ['palo] nm stick; (poste) post; (de tienda de campaña) pole; (mango) handle, shaft; (golpe) blow, hit; (de golf) club; (de béisbol) bat; (Náut) mast; (Naipes) suit

paloma [pa'loma] nf dove, pigeon

palomitas [palo'mitas] nfpl popcorn sg

palpar [pal'par] vt to touch, feel

palpitar [palpi'tar] vi to palpitate; (latir) to beat

palta ['palta] (cs) nf avocado

paludismo [palu'ðismo] nm malaria

pamela [pa'mela] nf picture hat, sun hat

pampa ['pampa] nf pampas, prairie

pan [pan] nm bread; (una barra) loaf; **pan integral** wholemeal (BRIT) o wholewheat (US) bread; **pan rallado** breadcrumbs pl; **pan tostado** (MÉX: tostada) toast

pana ['pana] nf corduroy

panadería [panaðe'ria] nf baker's (shop); **panadero, -a** nm/f baker

Panamá [pana'ma] nm Panama; **panameño, -a** adj Panamanian

pancarta [pan'karta] nf placard, banner

panceta [pan'θeta] (ESP, RPL) nf bacon

pancho ['pantʃo] (RPL) nm hot dog

pancito [pan'θito] nm (bread) roll

panda ['panda] nm (Zool) panda

pandereta [pande'reta] nf tambourine

pandilla [pan'diλa] nf set, group; (de criminales) gang; (pey: camarilla) clique

panecillo [pane'θiλo] (ESP) nm (bread) roll

panel [pa'nel] nm panel; **panel solar** solar panel

panfleto [pan'fleto] nm pamphlet

pánico ['paniko] nm panic

panorama [pano'rama] nm panorama; (vista) view

panqueque [pan'keke] (LAM) nm pancake

pantalla [pan'taλa] nf (de cine) screen; (de lámpara) lampshade

pantalón [panta'lon] nm trousers;
pantalones nmpl trousers;
pantalones cortes shorts
pantano [pan'tano] nm (ciénaga)
marsh, swamp; (depósito: de agua)
reservoir; (fig) jam, difficulty
panteón [pante'on] nm (monumento)
pantheon
pantera [pan'tera] nf panther
pantimedias [panti'meðjas] (MÉX)
nfpl = **pantis**
pantis ['pantis] nmpl tights (BRIT),
pantyhose (US)
pantomima [panto'mima] nf
pantomime
pantorrilla [panto'rriʎa] nf calf
(of the leg)
pants [pants] (MÉX) nmpl tracksuit
(BRIT), sweat suit (US)
pantufla [pan'tufla] nf slipper
panty(s) ['panti(s)] nm(pl) tights
(BRIT), pantyhose (US)
panza ['panθa] nf belly, paunch
pañal [pa'ɲal] nm nappy (BRIT),
diaper (US); **pañales** nmpl (fig) early
stages, infancy sg
paño ['paɲo] nm (tela) cloth; (pedazo de
tela) (piece of) cloth; (trapo) duster, rag;
paños menores underclothes
pañuelo [pa'ɲwelo] nm
handkerchief, hanky; (fam: para la
cabeza) (head)scarf
papa ['papa] nm: **el P~** the Pope ▷ nf
(LAM: patata) potato; **papas fritas** (LAM)
French fries, chips (BRIT); (de bolsa)
crisps (BRIT), potato chips (US)
papá [pa'pa] (fam) nm dad(dy), pa (US)
papada [pa'paða] nf double chin
papagayo [papa'ɣajo] nm parrot
papalote [papa'lote] (MÉX, CAM)
nm kite
papanatas [papa'natas] (fam) nm
inv simpleton
papaya [pa'paja] nf papaya
papear [pape'ar] (fam) vt, vi to scoff
papel [pa'pel] nm paper; (hoja de
papel) sheet of paper; (Teatro: fig) role;
papel de aluminio aluminium (BRIT)

o aluminum (US) foil; **papel de arroz/
envolver/fumar** rice/wrapping/
cigarette paper; **papel de estaño** o
plata tinfoil; **papel de lija** sandpaper;
papel higiénico toilet paper; **papel
moneda** paper money; **papel secante**
blotting paper
papeleo [pape'leo] nm red tape
papelera [pape'lera] nf wastepaper
basket; (en la calle) litter bin; **papelera
(de reciclaje)** (Inform) wastebasket
papelería [papele'ria] nf stationer's
(shop)
papeleta [pape'leta] (ESP) nf (Pol)
ballot paper
paperas [pa'peras] nfpl mumps sg
papilla [pa'piʎa] nf (de bebé) baby
food
paquete [pa'kete] nm (de cigarrillos
etc) packet; (Correos etc) parcel
par [par] adj (igual) like, equal; (Mat)
even ▷ nm equal; (de guantes) pair; (de
veces) couple; (Pol) peer; (Golf, Com) par;
abrir de ~ en ~ to open wide
para ['para] prep for; **no es ~ comer**
it's not for eating; **decir ~ sí** to say to
o.s.; **¿~ qué lo quieres?** what do you
want it for?; **se casaron ~ separarse
otra vez** they married only to separate
again; **lo tendré ~ mañana** I'll have
it (for) tomorrow; **ir ~ casa** to go
home, head for home; **~ profesor es
muy estúpido** he's very stupid for a
teacher; **¿quién es usted ~ gritar así?**
who are you to shout like that?; **tengo
bastante ~ vivir** I have enough to live
on; V tb **con**
parabién [para'βjen] nm
congratulations pl
parábola [pa'raβola] nf parable;
(Mat) parabola; **parabólica** nf
(tb: **antena parabólica**) satellite dish
parabrisas [para'βrisas] nm inv
windscreen (BRIT), windshield (US)
paracaídas [paraka'iðas] nm
inv parachute; **paracaidista** nmf
parachutist; (Mil) paratrooper
parachoques [para'tʃokes] nm inv

(*Auto*) bumper; (*Mecánica etc*) shock absorber

parada [pa'raða] *nf* stop; (*acto*) stopping; (*de industria*) shutdown, stoppage; (*lugar*) stopping place; **parada de autobús** bus stop; **parada de taxis** taxi stand o rank (*BRIT*)

paradero [para'ðero] *nm* stopping-place; (*situación*) whereabouts

parado, -a [pa'raðo, a] *adj* (*persona*) motionless, standing still; (*fábrica*) closed, at a standstill; (*coche*) stopped; (*LAM: de pie*) standing (up); (*ESP: sin empleo*) unemployed, idle

paradoja [para'ðoxa] *nf* paradox

parador [para'ðor] *nm* parador, state-run hotel

paragolpes [para'golpes] (*RPL*) *nm inv* (*Auto*) bumper, fender (*US*)

paraguas [pa'raɣwas] *nm inv* umbrella

Paraguay [para'ɣwai] *nm* Paraguay; **paraguayo, -a** *adj, nm/f* Paraguayan

paraíso [para'iso] *nm* paradise, heaven

paraje [pa'raxe] *nm* place, spot

paralelo, -a [para'lelo, a] *adj* parallel

parálisis [pa'ralisis] *nf inv* paralysis; **paralítico, -a** *adj, nm/f* paralytic

paralizar [parali'θar] *vt* to paralyse; **paralizarse** *vr* to become paralysed; (*fig*) to come to a standstill

páramo ['paramo] *nm* bleak plateau

paranoico, -a [para'noiko, a] *nm/f* paranoiac

parapente [para'pente] *nm* (*deporte*) paragliding; (*aparato*) paraglider

parapléjico, -a [para'plexiko, a] *adj, nm/f* paraplegic

parar [pa'rar] *vt* to stop; (*golpe*) to ward off ▷ *vi* to stop; **pararse** *vr* to stop; (*LAM: ponerse de pie*) to stand up; **ha parado de llover** it has stopped raining; **van a ir a ~ a comisaría** they're going to end up in the police station; **~se en** to pay attention to

pararrayos [para'rrajos] *nm inv* lightning conductor

parásito, -a [pa'rasito, a] *nm/f* parasite

parcela [par'θela] *nf* plot, piece of ground

parche ['partʃe] *nm* (*gen*) patch

parchís [par'tʃis] *nm* ludo

parcial [par'θjal] *adj* (*pago*) part-; (*eclipse*) partial; (*Jur*) prejudiced, biased; (*Pol*) partisan

parecer [pare'θer] *nm* (*opinión*) opinion, view; (*aspecto*) looks *pl* ▷ *vi* (*tener apariencia*) to seem, look; (*asemejarse*) to look o seem like; (*aparecer, llegar*) to appear; **parecerse** *vr* to look alike, resemble each other; **al ~** apparently; **según parece** evidently, apparently; **~se a** to look like, resemble; **me parece que** I think (that), it seems to me that

parecido, -a [pare'θiðo, a] *adj* similar ▷ *nm* similarity, likeness, resemblance; **bien ~** good-looking, nice-looking

pared [pa'reð] *nf* wall

pareja [pa'rexa] *nf* (*par*) pair; (*dos personas*) couple; (*otro: de un par*) other one (of a pair); (*persona*) partner

parentesco [paren'tesko] *nm* relationship

paréntesis [pa'rentesis] *nm inv* parenthesis; (*en escrito*) bracket

parezco *etc vb* V **parecer**

pariente [pa'rjente] *nmf* relative, relation

No confundir **pariente** con la palabra inglesa *parent*.

parir [pa'rir] *vt* to give birth to ▷ *vi* (*mujer*) to give birth, have a baby

París [pa'ris] *n* Paris

parka ['parka] (*LAM*) *nf* anorak

parking ['parkin] *nm* car park (*BRIT*), parking lot (*US*)

parlamentar [parlamen'tar] *vi* to parley

parlamentario, -a [parlamen'tarjo, a] *adj* parliamentary ▷ *nm/f* member of parliament

parlamento [parla'mento] nm
parliament

parlanchín, -ina [parlan'tʃin, ina]
adj indiscreet ▷ nm/f chatterbox

parlar [par'lar] vi to chatter (away)

paro ['paro] nm (huelga) stoppage
(of work), strike; (ESP: desempleo)
unemployment; (: subsidio)
unemployment benefit; **estar en ~**
(ESP) to be unemployed; **paro cardíaco**
cardiac arrest

parodia [pa'roðja] nf parody;
parodiar vt to parody

parpadear [parpaðe'ar] vi (ojos) to
blink; (luz) to flicker

párpado ['parpaðo] nm eyelid

parque ['parke] nm (lugar verde)
park; (MÉX: munición) ammunition;
parque de atracciones fairground;
parque de bomberos (ESP) fire station;
parque infantil/temático/zoológico
playground/theme park/zoo

parqué [par'ke] nm parquet
(flooring)

parquímetro [par'kimetro] nm
parking meter

parra ['parra] nf (grape)vine

párrafo ['parrafo] nm paragraph;
echar un ~ (fam) to have a chat

parranda [pa'rranda] (fam) nf spree,
binge

parrilla [pa'rriʎa] nf (Culin) grill; (de
coche) grille; **(carne a la) ~** barbecue;
parrillada nf barbecue

párroco ['parroko] nm parish priest

parroquia [pa'rrokja] nf parish;
(iglesia) parish church; (Com) clientele,
customers pl; **parroquiano, -a** nm/f
parishioner; (Com) client, customer

parte ['parte] nm message; (informe)
report ▷ nf part; (lado, cara) side; (de
reparto) share; (Jur) party; **en alguna
~ de Europa** somewhere in Europe;
en o por todas ~s everywhere; **en
gran ~** to a large extent; **la mayor ~
de los españoles** most Spaniards;
de un tiempo a esta ~ for some time
past; **de ~ de algn** on sb's behalf; **¿de**

~ de quién? (Tel) who is speaking?;
por ~ de on the part of; **yo por mi ~** I
for my part; **por otra ~** on the other
hand; **dar ~** to inform; **tomar ~** to take
part; **parte meteorológico** weather
forecast o report

participación [partiθipa'θjon] nf
(acto) participation, taking part; (parte,
Com) share; (de lotería) shared prize;
(aviso) notice, notification

participante [partiθi'pante] nmf
participant

participar [partiθi'par] vt to notify,
inform ▷ vi to take part, participate

partícipe [par'tiθipe] nmf
participant

particular [partiku'lar] adj (especial)
particular, special; (individual, personal)
private, personal ▷ nm (punto, asunto)
particular, point; (individuo) individual;
tiene coche ~ he has a car of his own

partida [par'tiða] nf (salida)
departure; (Com) entry, item; (juego)
game; (grupo de personas) band,
group; **mala ~** dirty trick; **partida de
nacimiento/matrimonio/defunción**
(ESP) birth/marriage/death certificate

partidario, -a [parti'ðarjo, a] adj
partisan ▷ nm/f supporter, follower

partido [par'tiðo] nm (Pol) party;
(Deporte) game, match; **sacar ~ de**
to profit o benefit from; **tomar ~** to
take sides

partir [par'tir] vt (dividir) to split,
divide; (compartir, distribuir) to share
(out), distribute; (romper) to break
open, split open; (rebanada) to cut (off)
▷ vi (ponerse en camino) to set off o out;
(comenzar) to start (off o out); **partirse**
vr to crack o split o break (in two etc); **a
~ de** (starting) from

partitura [parti'tura] nf (Mús) score

parto ['parto] nm birth; (fig) product,
creation; **estar de ~** to be in labour

parvulario [parβu'larjo] (ESP) nm
nursery school, kindergarten

pasa ['pasa] nf raisin; **pasa de
Corinto** currant

pasacintas [pasa'θintas] (*LAM*) *nm*
cassette player

pasada [pa'saða] *nf* passing,
passage; **de ~** in passing, incidentally;
una mala ~ a dirty trick

pasadizo [pasa'ðiθo] *nm* (*pasillo*)
passage, corridor; (*callejuela*) alley

pasado, -a [pa'saðo, a] *adj* past;
(*malo: comida, fruta*) bad; (*muy cocido*)
overdone; (*anticuado*) out of date
▷ *nm* past; **~ mañana** the day after
tomorrow; **el mes ~** last month

pasador [pasa'ðor] *nm* (*cerrojo*) bolt;
(*de pelo*) hair slide; (*horquilla*) grip

pasaje [pa'saxe] *nm* passage; (*pago de
viaje*) fare; (*los pasajeros*) passengers *pl*;
(*pasillo*) passageway

pasajero, -a [pasa'xero, a] *adj*
passing; (*situación, estado*) temporary;
(*amor, enfermedad*) brief ▷ *nm/f*
passenger

pasamontañas [pasamon'taɲas]
nm inv balaclava helmet

pasaporte [pasa'porte] *nm* passport

pasar [pa'sar] *vt* to pass; (*tiempo*) to
spend; (*desgracias*) to suffer, endure;
(*noticia*) to give, pass on; (*río*) to cross;
(*barrera*) to pass through; (*falta*) to
overlook, tolerate; (*contrincante*) to
surpass, do better than; (*coche*) to
overtake; (*Cine*) to show; (*enfermedad*)
to give, infect with ▷ *vi* (*gen*) to pass;
(*terminarse*) to be over; (*ocurrir*) to
happen; **pasarse** *vr* (*flores*) to fade;
(*comida*) to go bad o off; (*fig*) to overdo
it, go too far; **~ de** to go beyond,
exceed; **~ por** (*LAM*) to fetch; **~lo
bien/mal** to have a good/bad time;
¡pase! come in!; **hacer ~** to show in; **lo
que pasa es que ...** the thing is ...; **~se
al enemigo** to go over to the enemy; **se
me pasó** I forgot; **no se le pasa nada**
he misses nothing; **pase lo que pase**
come what may; **¿qué pasa?** what's
going on?, what's up?; **¿qué te pasa?**
what's wrong?

pasarela [pasa'rela] *nf* footbridge;
(*en barco*) gangway

pasatiempo [pasa'tjempo] *nm*
pastime, hobby

Pascua ['paskwa] *nf* (*en Semana
Santa*) Easter; **Pascuas** *nfpl* Christmas
(time); **¡felices ~s!** Merry Christmas!

pase ['pase] *nm* pass; (*Cine*)
performance, showing

pasear [pase'ar] *vt* to take for a walk;
(*exhibir*) to parade, show off ▷ *vi* to
walk, go for a walk; **pasearse** *vr* to
walk, go for a walk; **~ en coche** to go
for a drive; **paseo** *nm* (*avenida*) avenue;
(*distancia corta*) walk, stroll; **dar un** o
ir de paseo to go for a walk; **paseo
marítimo** (*ESP*) promenade

pasillo [pa'siλo] *nm* passage, corridor

pasión [pa'sjon] *nf* passion

pasivo, -a [pa'siβo, a] *adj* passive;
(*inactivo*) inactive ▷ *nm* (*Com*)
liabilities *pl*, debts *pl*

pasmoso, -a [pas'moso, a] *adj*
amazing, astonishing

paso, -a ['paso, a] *adj* dried ▷ *nm*
step; (*modo de andar*) walk; (*huella*)
footprint; (*rapidez*) speed, pace,
rate; (*camino accesible*) way through,
passage; (*cruce*) crossing; (*pasaje*)
passing, passage; (*Geo*) pass; (*estrecho*)
strait; **a ese ~** (*fig*) at that rate; **salir
al ~ de** o **a** to waylay; **estar de ~** to
be passing through; **prohibido el ~**
no entry; **ceda el ~** give way; **paso a
nivel** (*Ferro*) level-crossing; **paso (de)
cebra** (*ESP*) zebra crossing; **paso de
peatones** pedestrian crossing; **paso
elevado** flyover

pasota [pa'sota] (*ESP: fam*) *adj, nmf*
≈ dropout; **ser un ~** to be a bit of a
dropout; (*ser indiferente*) not to care
about anything

pasta ['pasta] *nf* paste; (*Culin: masa*)
dough; (: *de bizcochos etc*) pastry;
(*fam*) dough; **pastas** *nfpl* (*bizcochos*)
pastries, small cakes; (*fideos, espaguetis
etc*) pasta; **pasta dentífrica** o **de
dientes** toothpaste

pastar [pas'tar] *vt, vi* to graze

pastel [pas'tel] *nm* (*dulce*) cake; (*Arte*)

pastel; **pastel de carne** meat pie;
pastelería nf cake shop
pastilla [pas'tiʎa] nf (de jabón,
chocolate) bar; (píldora) tablet, pill
pasto ['pasto] nm (hierba) grass;
(lugar) pasture, field; **pastor, a**
[pas'tor, a] nm/f shepherd/ess
▷ nm (Rel) clergyman, pastor; **pastor
alemán** Alsatian
pata ['pata] nf (pierna) leg; (pie) foot;
(de muebles) leg; **~s arriba** upside down;
metedura de ~ (fam) gaffe; **meter la
~** (fam) to put one's foot in it; **tener
buena/mala ~** to be lucky/unlucky;
pata de cabra (Tec) crowbar; **patada**
nf kick; (en el suelo) stamp
patata [pa'tata] nf potato; **patatas
fritas** chips, French fries; (de bolsa)
crisps
paté [pa'te] nm pâté
patente [pa'tente] adj obvious,
evident; (Com) patent ▷ nf patent
paternal [pater'nal] adj fatherly,
paternal; **paterno, a** adj paternal
patético, -a [pa'tetiko, a] adj
pathetic, moving
patilla [pa'tiʎa] nf (de gafas)
side(piece); **patillas** nfpl sideburns
patín [pa'tin] nm skate; (de trineo)
runner; **patín de ruedas** roller skate;
patinaje nm skating; **patinar** vi to
skate; (resbalarse) to skid, slip; (fam) to
slip up, blunder
patineta [pati'neta] nf (MÉX: patinete)
scooter; (cs: monopatín) skateboard
patinete [pati'nete] nm scooter
patio ['patjo] nm (de casa) patio,
courtyard; **patio de recreo** playground
pato ['pato] nm duck; **pagar el ~** (fam)
to take the blame, carry the can
patoso, -a [pa'toso, a] (fam) adj
clumsy
patotero [pato'tero] (cs) nm
hooligan, lout
patraña [pa'traɲa] nf story, fib
patria ['patrja] nf native land,
mother country
patrimonio [patri'monjo] nm

inheritance; (fig) heritage
patriota [pa'trjota] nmf patriot
patrocinar [patroθi'nar] vt to
sponsor
patrón, -ona [pa'tron, ona] nm/f
(jefe) boss, chief, master(mistress);
(propietario) landlord/lady; (Rel) patron
saint ▷ nm (Tec, Costura) pattern
patronato [patro'nato] nm
sponsorship; (acto) patronage;
(fundación benéfica) trust, foundation
patrulla [pa'truʎa] nf patrol
pausa ['pausa] nf pause, break
pauta ['pauta] nf line, guide line
pava ['paβa] (RPL) nf kettle
pavimento [paβi'mento] nm (de
losa) pavement, paving
pavo ['paβo] nm turkey; **pavo real**
peacock
payaso, -a [pa'jaso, a] nm/f clown
payo, -a ['pajo, a] nm/f non-gipsy
paz [paθ] nf peace; (tranquilidad)
peacefulness, tranquillity; **hacer las
paces** to make peace; (fig) to make up;
¡déjame en ~! leave me alone!
PC nm PC, personal computer
P.D. abr (= posdata) P.S., p.s.
peaje [pe'axe] nm toll
peatón [pea'ton] nm pedestrian;
peatonal adj pedestrian
peca ['peka] nf freckle
pecado [pe'kaðo] nm sin; **pecador, a**
adj sinful ▷ nm/f sinner
pecaminoso, -a [pekami'noso, a]
adj sinful
pecar [pe'kar] vi (Rel) to sin; **peca de
generoso** he is generous to a fault
pecera [pe'θera] nf fish tank;
(redonda) goldfish bowl
pecho ['petʃo] nm (Anat) chest; (de
mujer) breast; **dar el ~ a** to breast-feed;
tomar algo a ~ to take sth to heart
pechuga [pe'tʃuxa] nf breast
peculiar [peku'ljar] adj special,
peculiar; (característico) typical,
characteristic
pedal [pe'ðal] nm pedal; **pedalear**
vi to pedal

pedante [pe'ðante] *adj* pedantic
▷ *nmf* pedant

pedazo [pe'ðaθo] *nm* piece, bit;
hacerse ~s to smash, shatter

pediatra [pe'ðjatra] *nmf*
paediatrician

pedido [pe'ðiðo] *nm* (*Com*) order;
(*petición*) request

pedir [pe'ðir] *vt* to ask for, request;
(*comida, Com: mandar*) to order;
(*necesitar*) to need, demand, require
▷ *vi* to ask; **me pidió que cerrara la
puerta** he asked me to shut the door;
¿cuánto piden por el coche? how
much are they asking for the car?

pedo ['peðo] (*fam!*) *nm* fart

pega ['peɣa] *nf* snag; **poner ~s (a)** to
complain (about)

pegadizo, -a [peɣa'ðiθo, a] *adj*
(*Mús*) catchy

pegajoso, -a [peɣa'xoso, a] *adj*
sticky, adhesive

pegamento [peɣa'mento] *nm*
gum, glue

pegar [pe'ɣar] *vt* (*papel, sellos*) to
stick (on); (*cartel*) to stick up; (*coser*)
to sew (on); (*unir: partes*) to join, fix
together; (*Comput*) to paste; (*Med*)
to give, infect with; (*dar: golpe*) to give,
deal ▷ *vi* (*adherirse*) to stick, adhere; (*ir
juntos: colores*) to match, go together;
(*golpear*) to hit; (*quemar: el sol*) to strike
hot, burn; **pegarse** *vr* (*gen*) to stick;
(*dos personas*) to hit each other, fight;
(*fam*): **~ un grito** to let out a yell; **~ un
salto** to jump (with fright); **~ en** to
touch; **~se un tiro** to shoot o.s.

pegatina [peɣa'tina] *nf* sticker

pegote [pe'ɣote] (*fam*) *nm* eyesore,
sight

peinado [pei'naðo] *nm* hairstyle

peinar [pei'nar] *vt* to comb; (*hacer
estilo*) to style; **peinarse** *vr* to comb
one's hair

peine ['peine] *nm* comb; **peineta** *nf*
ornamental comb

p.ej. *abr* (= *por ejemplo*) e.g.

Pekín [pe'kin] *n* Pekin(g)

pelado, -a [pe'laðo, a] *adj* (*fruta,
patata etc*) peeled; (*cabeza*) shorn;
(*campo, fig*) bare; (*fam: sin dinero*) broke

pelar [pe'lar] *vt* (*fruta, patatas etc*) to
peel; (*cortar el pelo a*) to cut the hair of;
(*quitar la piel: animal*) to skin; **pelarse** *vr*
(*la piel*) to peel off; **voy a ~me** I'm going
to get my haircut

peldaño [pel'daɲo] *nm* step

pelea [pe'lea] *nf* (*lucha*) fight;
(*discusión*) quarrel, row; **peleado, -a**
[pele'aðo, a] *adj*: **estar peleado (con
algn)** to have fallen out (with sb);
pelear [pele'ar] *vi* to fight; **pelearse**
vr to fight; (*reñirse*) to fall out, quarrel

pelela [pe'lela] (*cs*) *nf* potty

peletería [pelete'ria] *nf* furrier's,
fur shop

pelícano [pe'likano] *nm* pelican

película [pe'likula] *nf* film; (*cobertura
ligera*) thin covering; (*Foto: rollo*) roll
o reel of film; **película de dibujos
(animados)/del oeste** cartoon/
western

peligro [pe'liɣro] *nm* danger; (*riesgo*)
risk; **correr ~ de** to run the risk of;
peligroso, -a *adj* dangerous, risky

pelirrojo, -a [peli'rroxo, a] *adj* red-
haired, red-headed ▷ *nm/f* redhead

pellejo [pe'ʎexo] *nm* (*de animal*)
skin, hide

pellizcar [peʎiθ'kar] *vt* to pinch, nip

pelma ['pelma] (*ESP: fam*) *nmf* pain
(in the neck)

pelmazo [pel'maθo] (*fam*) *nm* =
pelma

pelo ['pelo] *nm* (*cabellos*) hair;
(*de barba, bigote*) whisker; (*de
animal: pellejo*) hair, fur, coat; **venir al
~** to be exactly what one needs; **un
hombre de ~ en pecho** a brave man;
por los ~s by the skin of one's teeth; **no
tener ~s en la lengua** to be outspoken,
not to mince one's words; **con ~s y
señales** in minute detail; **tomar el ~ a
algn** to pull sb's leg

pelota [pe'lota] *nf* ball; **en ~** stark
naked; **hacer la ~ (a algn)** (*ESP: fam*) to

creep (to sb); **pelota vasca** pelota

pelotón [pelo'ton] nm (Mil) squad, detachment

peluca [pe'luka] nf wig

peluche [pe'lutʃe] nm: **oso/muñeco de ~** teddy bear/soft toy

peludo, -a [pe'luðo, a] adj hairy, shaggy

peluquería [peluke'ria] nf hairdresser's; **peluquero, -a** nm/f hairdresser

pelusa [pe'lusa] nf (Bot) down; (en tela) fluff

pena ['pena] nf (congoja) grief, sadness; (remordimiento) regret; (dificultad) trouble; (dolor) pain; (Jur) sentence; **merecer** o **valer la ~** to be worthwhile; **a duras ~s** with great difficulty; **¡qué ~!** what a shame!; **pena capital** capital punishment; **pena de muerte** death penalty

penal [pe'nal] adj penal ▷ nm (cárcel) prison

penalidad [penali'ðað] nf (problema, dificultad) trouble, hardship; (Jur) penalty, punishment; **penalidades** nfpl trouble sg, hardship sg

penalti [pe'nalti] nm = **penalty**

penalty [pe'nalti] (pl ~s o **penalties**) nm penalty (kick)

pendiente [pen'djente] adj pending, unsettled ▷ nm earring ▷ nf hill, slope

pene ['pene] nm penis

penetrante [pene'trante] adj (herida) deep; (persona, arma) sharp; (sonido) penetrating, piercing; (mirada) searching; (viento, ironía) biting

penetrar [pene'trar] vt to penetrate, pierce; (entender) to grasp ▷ vi to penetrate, go in; (entrar) to enter, go in; (líquido) to soak in; (fig) to pierce

penicilina [peniθi'lina] nf penicillin

península [pe'ninsula] nf peninsula; **peninsular** adj peninsular

penique [pe'nike] nm penny

penitencia [peni'tenθja] nf penance

penoso, -a [pe'noso, a] adj (lamentable) distressing; (difícil)

arduous, difficult

pensador, a [pensa'ðor, a] nm/f thinker

pensamiento [pensa'mjento] nm thought; (mente) mind; (idea) idea

pensar [pen'sar] vt to think; (considerar) to think over, think out; (proponerse) to intend, plan; (imaginarse) to think up, invent ▷ vi to think; **~ en** to aim at, aspire to; **pensativo, -a** adj thoughtful, pensive

pensión [pen'sjon] nf (casa) boarding o guest house; (dinero) pension; (cama y comida) board and lodging; **media ~** half-board; **pensión completa** full board; **pensionista** nmf (jubilado) (old-age) pensioner; (huésped) lodger

penúltimo, -a [pe'nultimo, a] adj penultimate, last but one

penumbra [pe'numbra] nf half-light

peña ['peɲa] nf (roca) rock; (cuesta) cliff, crag; (grupo) group, circle; (LAM: club) folk club

peñasco [pe'ɲasko] nm large rock, boulder

peñón [pe'ɲon] nm wall of rock; **el P~** the Rock (of Gibraltar)

peón [pe'on] nm labourer; (LAM Agr) farm labourer, farmhand; (Ajedrez) pawn

peonza [pe'onθa] nf spinning top

peor [pe'or] adj (comparativo) worse; (superlativo) worst ▷ adv worse; worst; **de mal en ~** from bad to worse

pepinillo [pepi'niʎo] nm gherkin

pepino [pe'pino] nm cucumber; **(no) me importa un ~** I don't care one bit

pepita [pe'pita] nf (Bot) pip; (Minería) nugget

pepito [pe'pito] (ESP) nm (tb: **~ de ternera**) steak sandwich

pequeño, -a [pe'keɲo, a] adj small, little

pera ['pera] nf pear; **peral** nm pear tree

percance [per'kanθe] nm setback, misfortune

percatarse [perka'tarse] vr: **~ de** to

notice, take note of
percebe [per'θeβe] nm barnacle
percepción [perθep'θjon] nf (vista)
perception; (idea) notion, idea
percha ['pertʃa] nf (coat)hanger;
(ganchos) coat hooks pl; (de ave) perch
percibir [perθi'βir] vt to perceive,
notice; (Com) to earn, get
percusión [perku'sjon] nf
percussion
perdedor, a [perðe'ðor, a] adj losing
▷ nm/f loser
perder [per'ðer] vt to lose; (tiempo,
palabras) to waste; (oportunidad) to
lose, miss; (tren) to miss ▷ vi to lose;
perderse vr (extraviarse) to get lost;
(desaparecer) to disappear, be lost to
view; (arruinarse) to be ruined; **echar a
~ (comida)** to spoil, ruin; (oportunidad)
to waste
pérdida ['perðiða] nf loss; (de tiempo)
waste; **pérdidas** nfpl (Com) losses
perdido, -a [per'ðiðo, a] adj lost
perdiz [per'ðiθ] nf partridge
perdón [per'ðon] nm (disculpa)
pardon, forgiveness; (clemencia) mercy;
¡~! sorry!, I beg your pardon!; **perdonar**
vt to pardon, forgive; (la vida) to spare;
(excusar) to exempt, excuse; **¡perdone
(usted)!** sorry!, I beg your pardon!
perecedero, -a [pereθe'ðero, a] adj
perishable
perecer [pere'θer] vi to perish, die
peregrinación [pereɣrina'θjon] nf
(Rel) pilgrimage
peregrino, -a [pere'ɣrino, a] adj
(idea) strange, absurd ▷ nm/f pilgrim
perejil [pere'xil] nm parsley
perenne [pe'renne] adj everlasting,
perennial
pereza [pe'reθa] nf laziness, idleness;
perezoso, -a adj lazy, idle
perfección [perfek'θjon] nf
perfection; **perfeccionar** vt to
perfect; (mejorar) to improve; (acabar) to
complete, finish
perfecto, -a [per'fekto, a] adj
perfect; (total) complete

perfil [per'fil] nm profile; (contorno)
silhouette, outline; (Arq) (cross)
section; **perfiles** nmpl features
perforación [perfora'θjon] nf
perforation; (con taladro) drilling;
perforadora nf punch
perforar [perfo'rar] vt to perforate;
(agujero) to drill, bore; (papel) to punch a
hole in ▷ vi to drill, bore
perfume [per'fume] nm perfume,
scent
periferia [peri'ferja] nf periphery; (de
ciudad) outskirts pl
periférico [peri'feriko] (LAM) nm ring
road (BRIT), beltway (US)
perilla [pe'riʎa] nf (barba) goatee;
(LAM: de puerta) doorknob, door handle
perímetro [pe'rimetro] nm
perimeter
periódico, -a [pe'rjoðiko, a] adj
periodic(al) ▷ nm newspaper
periodismo [perjo'ðismo] nm
journalism; **periodista** nmf journalist
periodo [pe'rjoðo] nm period
período [pe'rioðo] nm =**periodo**
periquito [peri'kito] nm budgerigar,
budgie
perito, -a [pe'rito, a] adj (experto)
expert; (diestro) skilled, skilful
▷ nm/f expert; skilled worker; (técnico)
technician
perjudicar [perxuði'kar] vt (gen)
to damage, harm; **perjudicial** adj
damaging, harmful; (en detrimento)
detrimental; **perjuicio** nm damage,
harm
perjurar [perxu'rar] vi to commit
perjury
perla ['perla] nf pearl; **me viene de ~s**
it suits me fine
permanecer [permane'θer] vi
(quedarse) to stay, remain; (seguir) to
continue to be
permanente [perma'nente] adj
permanent, constant ▷ nf perm
permiso [per'miso] nm permission;
(licencia) permit, licence; **con ~** excuse
me; **estar de ~** (Mil) to be on leave;

permiso de conducir driving licence (*BRIT*), driver's license (*US*); **permiso por enfermedad** (*LAM*) sick leave

permitir [permi'tir] *vt* to permit, allow

pernera [per'nera] *nf* trouser leg

pero ['pero] *conj* but; (*aún*) yet ▷ *nm* (*defecto*) flaw, defect; (*reparo*) objection

perpendicular [perpendiku'lar] *adj* perpendicular

perpetuo, -a [per'petwo, a] *adj* perpetual

perplejo, -a [per'plexo, a] *adj* perplexed, bewildered

perra ['perra] *nf* (*Zool*) bitch; **estar sin una ~** (*ESP: fam*) to be flat broke

perrera [pe'rrera] *nf* kennel

perrito [pe'rrito] *nm* (*tb*: **~ caliente**) hot dog

perro ['perro] *nm* dog

persa ['persa] *adj*, *nmf* Persian

persecución [perseku'θjon] *nf* pursuit, chase; (*Rel*, *Pol*) persecution

perseguir [perse'ɣir] *vt* to pursue, hunt; (*cortejar*) to chase after; (*molestar*) to pester, annoy; (*Rel*, *Pol*) to persecute

persiana [per'sjana] *nf* (Venetian) blind

persistente [persis'tente] *adj* persistent

persistir [persis'tir] *vi* to persist

persona [per'sona] *nf* person; **persona mayor** elderly person

personaje [perso'naxe] *nm* important person, celebrity; (*Teatro etc*) character

personal [perso'nal] *adj* (*particular*) personal; (*para una persona*) single, for one person ▷ *nm* personnel, staff; **personalidad** *nf* personality

personarse [perso'narse] *vr* to appear in person

personificar [personifi'kar] *vt* to personify

perspectiva [perspek'tiβa] *nf* perspective; (*vista*, *panorama*) view, panorama; (*posibilidad futura*) outlook, prospect

persuadir [perswa'ðir] *vt* (*gen*) to persuade; (*convencer*) to convince; **persuadirse** *vr* to become convinced; **persuasión** *nf* persuasion

pertenecer [pertene'θer] *vi* to belong; (*fig*) to concern; **perteneciente** *adj*: **perteneciente a** belonging to; **pertenencia** *nf* ownership; **pertenencias** *nfpl* (*bienes*) possessions, property *sg*

pertenezca *etc vb* V **pertenecer**

pértiga ['pertiɣa] *nf*: **salto de ~** pole vault

pertinente [perti'nente] *adj* relevant, pertinent; (*apropiado*) appropriate; **~ a** concerning, relevant to

perturbación [perturβa'θjon] *nf* (*Pol*) disturbance; (*Med*) upset, disturbance

Perú [pe'ru] *nm* Peru; **peruano, -a** *adj*, *nm/f* Peruvian

perversión [perβer'sjon] *nf* perversion; **perverso, -a** *adj* perverse; (*depravado*) depraved

pervertido, -a [perβer'tiðo, a] *adj* perverted ▷ *nm/f* pervert

pervertir [perβer'tir] *vt* to pervert, corrupt

pesa ['pesa] *nf* weight; (*Deporte*) shot

pesadez [pesa'ðeθ] *nf* (*peso*) heaviness; (*lentitud*) slowness; (*aburrimiento*) tediousness

pesadilla [pesa'ðiʎa] *nf* nightmare, bad dream

pesado, -a [pe'saðo, a] *adj* heavy; (*lento*) slow; (*difícil*, *duro*) tough, hard; (*aburrido*) boring, tedious; (*tiempo*) sultry

pésame ['pesame] *nm* expression of condolence, message of sympathy; **dar el ~** to express one's condolences

pesar [pe'sar] *vt* to weigh ▷ *vi* to weigh; (*ser pesado*) to weigh a lot, be heavy; (*fig: opinión*) to carry weight; **no pesa mucho** it's not very heavy ▷ *nm* (*arrepentimiento*) regret; (*pena*) grief, sorrow; **a ~ de** o **pese a (que)** in spite of, despite

pesca ['peska] nf (acto) fishing; (lo pescado) catch; **ir de ~** to go fishing

pescadería [peskaðe'ria] nf fish shop, fishmonger's (BRIT)

pescadilla [peska'ðiʎa] nf whiting

pescado [pes'kaðo] nm fish

pescador, a [peska'ðor, a] nm/f fisherman/woman

pescar [pes'kar] vt (tomar) to catch; (intentar tomar) to fish for; (conseguir: trabajo) to manage to get ▷ vi to fish, go fishing

pesebre [pe'seβre] nm manger

peseta [pe'seta] nf (Hist) peseta

pesimista [pesi'mista] adj pessimistic ▷ nmf pessimist

pésimo, -a ['pesimo, a] adj awful, dreadful

peso ['peso] nm weight; (balanza) scales pl; (moneda) peso; **vender al ~** to sell by weight; **peso bruto/neto** gross/net weight; **peso pesado/pluma** heavyweight/featherweight

pesquero, -a [pes'kero, a] adj fishing cpd

pestaña [pes'taɲa] nf (Anat) eyelash; (borde) rim

peste ['peste] nf plague; (mal olor) stink, stench

pesticida [pesti'θiða] nm pesticide

pestillo [pes'tiʎo] nm (cerrojo) bolt; (picaporte) door handle

petaca [pe'taka] nf (de cigarros) cigarette case; (de pipa) tobacco pouch; (MÉX: maleta) suitcase

pétalo ['petalo] nm petal

petardo [pe'tardo] nm firework, firecracker

petición [peti'θjon] nf (pedido) request, plea; (memorial) petition; (Jur) plea

peto ['peto] (ESP) nm dungarees pl, overalls pl (US)

petróleo [pe'troleo] nm oil, petroleum; **petrolero, -a** adj petroleum cpd ▷ nm (oil) tanker

peyorativo, -a [pejora'tiβo, a] adj pejorative

pez [peθ] nm fish; **pez espada** swordfish

pezón [pe'θon] nm teat, nipple

pezuña [pe'θuɲa] nf hoof

pianista [pja'nista] nmf pianist

piano ['pjano] nm piano

piar [pjar] vi to cheep

pibe, -a ['piβe, a] (RPL) nm/f boy/girl

picadero [pika'ðero] nm riding school

picadillo [pika'ðiʎo] nm mince, minced meat

picado, -a [pi'kaðo, a] adj pricked, punctured; (Culin) minced, chopped; (mar) choppy; (diente) bad; (tabaco) cut; (enfadado) cross

picador [pika'ðor] nm (Taur) picador; (minero) faceworker

picadura [pika'ðura] nf (pinchazo) puncture; (de abeja) sting; (de mosquito) bite; (tabaco picado) cut tobacco

picante [pi'kante] adj hot; (comentario) racy, spicy

picaporte [pika'porte] nm (manija) doorhandle; (pestillo) latch

picar [pi'kar] vt (agujerear, perforar) to prick, puncture; (abeja) to sting; (mosquito, serpiente) to bite; (Culin) to mince, chop; (incitar) to incite, goad; (dañar, irritar) to annoy, bother; (quemar: lengua) to burn, sting ▷ vi (pez) to bite, take the bait; (sol) to burn, scorch; (abeja, Med) to sting; (mosquito) to bite; **picarse** vr (agriarse) to turn sour, go off; (ofenderse) to take offence

picardía [pikar'ðia] nf villainy; (astucia) slyness, craftiness; (una picardía) dirty trick; (palabra) rude/bad word o expression

pícaro, -a ['pikaro, a] adj (malicioso) villainous; (travieso) mischievous ▷ nm (astuto) crafty sort; (sinvergüenza) rascal, scoundrel

pichi ['pitʃi] (ESP) nm pinafore dress (BRIT), jumper (US)

pichón [pi'tʃon] nm young pigeon

pico ['piko] nm (de ave) beak; (punta)

sharp point; (*Tec*) pick, pickaxe; (*Geo*) peak, summit; **y ~** and a bit; **las seis y ~** six and a bit

picor [pi'kor] *nm* itch

picoso, -a [pi'koso, a] (*MÉX*) *adj* (*comida*) hot

picudo, -a [pi'kuðo, a] *adj* pointed, with a point

pidió *etc vb* V **pedir**

pido *etc vb* V **pedir**

pie [pje] (*pl* **~s**) *nm* foot; (*fig: motivo*) motive, basis; (: *fundamento*) foothold; **ir a ~** to go on foot, walk; **estar de ~** to be standing (up); **ponerse de ~** to stand up; **de ~s a cabeza** from top to bottom; **al ~ de la letra** (*citar*) literally, verbatim; (*copiar*) exactly, word for word; **en ~ de guerra** on a war footing; **dar ~ a** to give cause for; **hacer ~** (*en el agua*) to touch (the) bottom

piedad [pje'ðað] *nf* (*lástima*) pity, compassion; (*clemencia*) mercy; (*devoción*) piety, devotion

piedra [pje'ðra] *nf* stone; (*roca*) rock; (*de mechero*) flint; (*Meteorología*) hailstone; **piedra preciosa** precious stone

piel [pjel] *nf* (*Anat*) skin; (*Zool*) skin, hide, fur; (*cuero*) leather; (*Bot*) skin, peel

pienso *etc vb* V **pensar**

pierdo *etc vb* V **perder**

pierna ['pjerna] *nf* leg

pieza ['pjeθa] *nf* piece; (*habitación*) room; **pieza de recambio** *o* **repuesto** spare (part)

pigmeo, -a [piɣ'meo, a] *adj, nm/f* pigmy

pijama [pi'xama] *nm* pyjamas *pl* (*BRIT*), pajamas *pl* (*US*)

pila ['pila] *nf* (*Elec*) battery; (*montón*) heap, pile; (*lavabo*) sink

píldora ['pildora] *nf* pill; **la ~ (anticonceptiva)** the (contraceptive) pill

pileta [pi'leta] (*RPL*) *nf* (*fregadero*) (kitchen) sink; (*piscina*) swimming pool

pillar [pi'ʎar] *vt* (*saquear*) to pillage, plunder; (*fam: coger*) to catch; (: *agarrar*) to grasp, seize; (: *entender*) to grasp, catch on to; **pillarse** *vr*: **~se un dedo con la puerta** to catch one's finger in the door

pillo, -a ['piʎo, a] *adj* villainous; (*astuto*) sly, crafty ▷ *nm/f* rascal, rogue, scoundrel

piloto [pi'loto] *nm* pilot; (*de aparato*) (pilot) light; (*Auto: luz*) tail *o* rear light; (: *conductor*) driver; **piloto automático** automatic pilot

pimentón [pimen'ton] *nm* paprika

pimienta [pi'mjenta] *nf* pepper

pimiento [pi'mjento] *nm* pepper, pimiento

pin [pin] (*pl* **~s**) *nm* badge

pinacoteca [pinako'teka] *nf* art gallery

pinar [pi'nar] *nm* pine forest (*BRIT*), pine grove (*US*)

pincel [pin'θel] *nm* paintbrush

pinchadiscos [pintʃa'ðiskos] (*ESP*) *nmf inv* disc-jockey, DJ

pinchar [pin'tʃar] *vt* (*perforar*) to prick, pierce; (*neumático*) to puncture; (*fig*) to prod; (*Inform*) to click

pinchazo [pin'tʃaθo] *nm* (*perforación*) prick; (*de neumático*) puncture; (*fig*) prod

pincho ['pintʃo] *nm* savoury (snack); **pincho de tortilla** small slice of omelette; **pincho moruno** shish kebab

ping-pong ['pin'pon] *nm* table tennis

pingüino [pin'gwino] *nm* penguin

pino ['pino] *nm* pine (tree)

pinta ['pinta] *nf* spot; (*de líquidos*) spot, drop; (*aspecto*) appearance, look(s) (*pl*); **pintado, -a** *adj* spotted; (*de colores*) colourful; **pintadas** *nfpl* graffiti *sg*

pintalabios [pinta'laβjos] (*ESP*) *nm inv* lipstick

pintar [pin'tar] *vt* to paint ▷ *vi* to paint; (*fam*) to count, be important; **pintarse** *vr* to put on make-up

pintor, a [pin'tor, a] *nm/f* painter

pintoresco, -a [pinto'resko, a] *adj* picturesque

pintura [pin'tura] nf painting;
pintura al óleo oil painting

pinza ['pinθa] nf (Zool) claw; (para
colgar ropa) clothes peg; (Tec) pincers
pl; **pinzas** nfpl (para depilar etc)
tweezers pl

piña ['piɲa] nf (de pino) pine cone;
(fruta) pineapple; (fig) group

piñata [pi'ɲata] nf container hung up
at parties to be beaten with sticks until
sweets or presents fall out

- **PIÑATA**
-
- **Piñata** is a very popular party
- game in Mexico. The **piñata** itself
- is a hollow figure made of papier
- maché, or, traditionally, from
- adobe, in the shape of an object,
- a star, a person or an animal. It is
- filled with either sweets and toys,
- or fruit and yam beans. The game
- consists of hanging the **piñata**
- from the ceiling, and beating it
- with a stick, blindfolded, until it
- breaks and the presents fall out.

piñón [pi'ɲon] nm (fruto) pine nut;
(Tec) pinion

pío, -a ['pio, a] adj (devoto) pious,
devout; (misericordioso) merciful

piojo ['pjoxo] nm louse

pipa ['pipa] nf pipe; **pipas** nfpl (Bot)
(edible) sunflower seeds

pipí [pi'pi] (fam) nm: **hacer ~** to have
a wee(-wee) (BRIT), have to go (wee-
wee) (US)

pique ['pike] nm (resentimiento)
pique, resentment; (rivalidad)
rivalry, competition; **irse a ~** to sink;
(esperanza, familia) to be ruined

piqueta [pi'keta] nf pick(axe)

piquete [pi'kete] nm (Mil) squad,
party; (de obreros) picket; (MÉX: de
insecto) bite; **piquetear** (LAM) vt to
picket

pirado, -a [pi'raðo, a] (fam) adj
round the bend ▷ nm/f nutter

piragua [pi'raɣwa] nf canoe;
piragüismo nm canoeing

pirámide [pi'ramiðe] nf pyramid

pirata [pi'rata] adj, nmf pirate; **pirata
informático** hacker

Pirineo(s) [piri'neo(s)] nm(pl)
Pyrenees pl

pirómano, -a [pi'romano, a] nm/f
(Med, Jur) arsonist

piropo [pi'ropo] nm compliment,
(piece of) flattery

pirueta [pi'rweta] nf pirouette

piruleta [piru'leta] (ESP) nf lollipop

pis [pis] (fam) nm pee, piss; **hacer ~** to
have a pee; (para niños) to wee-wee

pisada [pi'saða] nf (paso) footstep;
(huella) footprint

pisar [pi'sar] vt (caminar sobre) to walk
on, tread on; (apretar con el pie) to press;
(fig) to trample on, walk all over ▷ vi to
tread, step, walk

piscina [pis'θina] nf swimming pool

Piscis ['pisθis] nm Pisces

piso ['piso] nm (suelo, planta)
floor; (ESP: apartamento) flat (BRIT),
apartment; **primer ~** (ESP) first floor;
(LAM: planta baja) ground floor

pisotear [pisote'ar] vt to trample (on
o underfoot)

pista ['pista] nf track, trail; (indicio)
clue; **pista de aterrizaje** runway; **pista
de baile** dance floor; **pista de hielo** ice
rink; **pista de tenis** (ESP) tennis court

pistola [pis'tola] nf pistol; (Tec)
spray-gun

pistón [pis'ton] nm (Tec) piston;
(Mús) key

pitar [pi'tar] vt (silbato) to blow;
(rechiflar) to whistle at, boo ▷ vi to
whistle; (Auto) to sound o toot one's
horn; (LAM: fumar) to smoke

pitillo [pi'tiʎo] nm cigarette

pito ['pito] nm whistle; (de coche) horn

pitón [pi'ton] nm (Zool) python

pitonisa [pito'nisa] nf fortune-teller

pitorreo [pito'rreo] nm joke; **estar
de ~** to be joking

píxel ['piksel] (pl **pixels** or **~es**) nm

pixel

piyama [pi'jama] (LAM) nm pyjamas pl (BRIT), pajamas pl (US)

pizarra [pi'θarra] nf (piedra) slate; (ESP: encerado) blackboard; **pizarra blanca** whiteboard; **pizarra interactiva** interactive whiteboard

pizarrón [piθa'rron] (LAM) nm blackboard

pizca ['piθka] nf pinch, spot; (fig) spot, speck; **ni ~** not a bit

placa ['plaka] nf plate; (distintivo) badge, insignia; **placa de matrícula** (LAM) number plate

placard [pla'kar] (RPL) nm cupboard

placer [pla'θer] nm pleasure ▷ vt to please

plaga ['plaɣa] nf pest; (Med) plague; (abundancia) abundance

plagio ['plaxjo] nm plagiarism

plan [plan] nm (esquema, proyecto) plan; (idea, intento) idea, intention; **tener ~** (fam) to have a date; **tener un ~** (fam) to have an affair; **en ~ económico** (fam) on the cheap; **vamos en ~ de turismo** we're going as tourists; **si te pones en ese ~ ...** if that's your attitude ...

plana ['plana] nf sheet (of paper), page; (Tec) trowel; **en primera ~** on the front page

plancha ['plantʃa] nf (para planchar) iron; (rótulo) plate, sheet; (Náut) gangway; **a la ~** (Culin) grilled; **planchar** vt to iron ▷ vi to do the ironing

planear [plane'ar] vt to plan ▷ vi to glide

planeta [pla'neta] nm planet

plano, -a ['plano, a] adj flat, level, even ▷ nm (Mat, Tec) plane; (Foto) shot; (Arq) plan; (Geo) map; (de ciudad) map, street plan; **primer ~** close-up

planta ['planta] nf (Bot, Tec) plant; (Anat) sole of the foot, foot; (piso) floor; (LAM: personal) staff; **planta baja** ground floor

plantar [plan'tar] vt (Bot) to plant;

(levantar) to erect, set up; **plantarse** vr to stand firm; **~ a algn en la calle** to throw sb out; **dejar plantado a algn** (fam) to stand sb up

plantear [plante'ar] vt (problema) to pose; (dificultad) to raise

plantilla [plan'tiʎa] nf (de zapato) insole; (ESP: personal) personnel; **ser de ~** (ESP) to be on the staff

plantón [plan'ton] nm (Mil) guard, sentry; (fam) long wait; **dar (un) ~ a algn** to stand sb up

plasta ['plasta] (ESP: fam) adj inv boring ▷ nmf bore

plástico, -a ['plastiko, a] adj plastic ▷ nm plastic

Plastilina® [plasti'lina] nf Plasticine®

plata ['plata] nf (metal) silver; (cosas hechas de plata) silverware; (CS: dinero) cash, dough

plataforma [plata'forma] nf platform; **plataforma de lanzamiento/perforación** launch(ing) pad/drilling rig

plátano ['platano] nm (fruta) banana; (árbol) plane tree; banana tree

platea [pla'tea] nf (Teatro) pit

plática ['platika] nf talk, chat; **platicar** vi to talk, chat

platillo [pla'tiʎo] nm saucer; **platillos** nmpl (Mús) cymbals; **platillo volante** flying saucer

platino [pla'tino] nm platinum; **platinos** nmpl (Auto) contact points

plato ['plato] nm plate, dish; (parte de comida) course; (comida) dish; **primer ~** first course; **plato combinado** set main course (served on one plate); **plato fuerte** main course

playa ['plaja] nf beach; (costa) seaside; **playa de estacionamiento** (CS) car park (BRIT), parking lot (US)

playera [pla'jera] nf (MÉX: camiseta) T-shirt; **playeras** nfpl (zapatos) canvas shoes

plaza ['plaθa] nf square; (mercado) market(place); (sitio) room, space; (de *vehículo*) seat, place; (*colocación*) post, job; **plaza de toros** bullring

plazo ['plaθo] *nm* (*lapso de tiempo*) time, period; (*fecha de vencimiento*) expiry date; (*pago parcial*) instalment; **a corto/largo ~** short-/long-term; **comprar algo a ~s** to buy sth on hire purchase (*BRIT*) o on time (*US*)

plazoleta [plaθo'leta] *nf* small square

plebeyo, -a [ple'βejo, a] *adj* plebeian; (*pey*) coarse, common

plegable [ple'xaβle] *adj* collapsible; (*silla*) folding

pleito ['pleito] *nm* (*Jur*) lawsuit, case; (*fig*) dispute, feud

plenitud [pleni'tuð] *nf* plenitude, fullness; (*abundancia*) abundance

pleno, -a ['pleno, a] *adj* full; (*completo*) complete ▷ *nm* plenum; **en ~ día** in broad daylight; **en ~ verano** at the height of summer; **en plena cara** full in the face

pliego *etc* ['pljexo] *vb* V **plegar** ▷ *nm* (*hoja*) sheet (of paper); (*carta*) sealed letter/document; **pliego de condiciones** details *pl*, specifications *pl*

pliegue *etc* ['pljexe] *vb* V **plegar** ▷ *nm* fold, crease; (*de vestido*) pleat

plomería [plome'ria] (*LAM*) *nf* plumbing; **plomero** (*LAM*) *nm* plumber

plomo ['plomo] *nm* (*metal*) lead; (*Elec*) fuse; **sin ~** unleaded

pluma ['pluma] *nf* feather; (*para escribir*): **~ (estilográfica)** ink pen; **~ fuente** (*LAM*) fountain pen

plumero [plu'mero] *nm* (*para el polvo*) feather duster

plumón [plu'mon] *nm* (*de ave*) down

plural [plu'ral] *adj* plural

pluriempleo [pluriem'pleo] *nm* having more than one job

plus [plus] *nm* bonus

población [poβla'θjon] *nf* population; (*pueblo, ciudad*) town, city

poblado, -a [po'βlaðo, a] *adj* inhabited ▷ *nm* (*aldea*) village; (*pueblo*)

(small) town; **densamente ~** densely populated

poblador, a [poβla'ðor, a] *nm/f* settler, colonist

pobre ['poβre] *adj* poor ▷ *nmf* poor person; **pobreza** *nf* poverty

pocilga [po'θilxa] *nf* pigsty

○ **PALABRA CLAVE**

poco, -a ['poko, a] *adj* **1** (*sg*) little, not much; **poco tiempo** little o not much time; **de poco interés** of little interest, not very interesting; **poca cosa**
2 (*pl*) few, not many; **unos pocos** a few, some; **pocos niños comen lo que les conviene** few children eat what they should
▷ *adv* **1** little, not much; **cuesta poco** it doesn't cost much
2 (+ *adj*: *negativo, antónimo*): **poco amable/inteligente** not very nice/intelligent
3: **por poco me caigo** I almost fell
4: **a poco: a poco de haberse casado** shortly after getting married
5: **poco a poco** little by little
▷ *nm* a little, a bit; **un poco triste/de dinero** a little sad/money

podar [po'ðar] *vt* to prune

○ **PALABRA CLAVE**

poder [po'ðer] *vi* **1** (*tener capacidad*) can, be able to; **no puedo hacerlo** I can't do it, I'm unable to do it
2 (*tener permiso*) can, may, be allowed to; **¿se puede?** may I (o we)?; **puedes irte ahora** you may go now; **no se puede fumar en este hospital** smoking is not allowed in this hospital
3 (*tener posibilidad*) may, might, could; **puede llegar mañana** he may o might arrive tomorrow; **pudiste haberte hecho daño** you might o could have

hurt yourself; **¡podías habérmelo dicho antes!** you might have told me before!

4: **puede ser** perhaps; **puede ser que lo sepa Tomás** Tomás may o might know

5: **¡no puedo más!** I've had enough!; **es tonto a más no poder** he's as stupid as they come

6: **poder con: no puedo con este crío** this kid's too much for me
▷ *nm* power; **detentar** o **ocupar** o **estar en el poder** to be in power; **poder adquisitivo/ejecutivo/legislativo** purchasing/executive/legislative power; **poder judicial** judiciary

poderoso, -a [poðe'roso, a] *adj* (*político, país*) powerful
podio ['poðjo] *nm* (*Deporte*) podium
podium ['poðjum] = **podio**
podrido, -a [po'ðriðo, a] *adj* rotten, bad; (*fig*) rotten, corrupt
podrir [po'ðrir] = **pudrir**
poema [po'ema] *nm* poem
poesía [poe'sia] *nf* poetry
poeta [po'eta] *nmf* poet; **poético, -a** *adj* poetic(al)
poetisa [poe'tisa] *nf* (woman) poet
póker ['poker] *nm* poker
polaco, -a [po'lako, a] *adj* Polish
▷ *nm/f* Pole
polar [po'lar] *adj* polar
polea [po'lea] *nf* pulley
polémica [po'lemika] *nf* polemics *sg*; (*una polémica*) controversy, polemic
polen ['polen] *nm* pollen
policía [poli'θia] *nmf* policeman/woman ▷ *nf* police; **policíaco, -a** *adj* police *cpd*; **novela policíaca** detective story; **policial** *adj* police *cpd*
polideportivo [poliðepor'tiβo] *nm* sports centre o complex
polígono [po'liɣono] *nm* (*Mat*) polygon; **polígono industrial** (*ESP*) industrial estate

polilla [po'liʎa] *nf* moth
polio ['poljo] *nf* polio
política [po'litika] *nf* politics *sg*; (*económica, agraria etc*) policy; V *tb* **político**
político, -a [po'litiko, a] *adj* political; (*discreto*) tactful; (*de familia*) ...-in-law ▷ *nm/f* politician; **padre ~** father-in-law
póliza ['poliθa] *nf* certificate, voucher; (*impuesto*) tax stamp; **póliza de seguro(s)** insurance policy
polizón [poli'θon] *nm* stowaway
pollera [po'ʎera] (*CS*) *nf* skirt
pollo ['poʎo] *nm* chicken
polo ['polo] *nm* (*Geo, Elec*) pole; (*helado*) ice lolly (*BRIT*), Popsicle® (*US*); (*Deporte*) polo; (*suéter*) polo-neck; **polo Norte/Sur** North/South Pole
Polonia [po'lonja] *nf* Poland
poltrona [pol'trona] *nf* easy chair
polución [polu'θjon] *nf* pollution
polvera [pol'βera] *nf* powder compact
polvo ['polβo] *nm* dust; (*Quím, Culin, Med*) powder; **polvos** *nmpl* (*maquillaje*) powder *sg*; **en ~** powdered; **quitar el ~** to dust; **estar hecho ~** (*fam*) to be worn out o exhausted; **polvos de talco** talcum powder *sg*
pólvora ['polβora] *nf* gunpowder
polvoriento, -a [polβo'rjento, a] *adj* (*superficie*) dusty; (*sustancia*) powdery
pomada [po'maða] *nf* cream, ointment
pomelo [po'melo] *nm* grapefruit
pómez ['pomeθ] *nf*: **piedra ~** pumice stone
pomo ['pomo] *nm* doorknob
pompa ['pompa] *nf* (*burbuja*) bubble; (*bomba*) pump; (*esplendor*) pomp, splendour
pómulo ['pomulo] *nm* cheekbone
pon [pon] *vb* V **poner**
ponchadura [pontʃa'dura] (*MÉX*) *nf* puncture (*BRIT*), flat (*US*); **ponchar** (*MÉX*) *vt* (*llanta*) to puncture

ponche ['pontʃe] *nm* punch
poncho ['pontʃo] *nm* poncho
pondré *etc vb* V **poner**

○ **PALABRA CLAVE**

poner [po'ner] *vt* **1** (*colocar*) to put;
(*telegrama*) to send; (*obra de teatro*)
to put on; (*película*) to show; **ponlo
más fuerte** turn it up; **¿qué ponen
en el Excelsior?** what's on at the
Excelsior?
2 (*tienda*) to open; (*instalar: gas etc*) to
put in; (*radio, TV*) to switch *o* turn on
3 (*suponer*): **pongamos que ...** let's
suppose that ...
4 (*contribuir*): **el gobierno ha puesto
otro millón** the government has
contributed another million
5 (*Tel*): **póngame con el Sr. López** can
you put me through to Mr. López?
6: **poner de: le han puesto de
director general** they've appointed
him general manager
7 (+ *adj*) to make; **me estás poniendo
nerviosa** you're making me nervous
8 (*dar nombre*): **al hijo le pusieron
Diego** they called their son Diego
▷ *vi* (*gallina*) to lay
ponerse *vr* **1** (*colocarse*): **se puso a mi
lado** he came and stood beside me;
tú ponte en esa silla you go and sit
on that chair
2 (*vestido, cosméticos*) to put on; **¿por
qué no te pones el vestido nuevo?**
why don't you put on *o* wear your
new dress?
3 (+ *adj*) to turn; to get, become; **se
puso muy serio** he got very serious;
**después de lavarla la tela se puso
azul** after washing it the material
turned blue
4: **ponerse a: se puso a llorar** he
started to cry; **tienes que ponerte
a estudiar** you must get down to
studying

pongo *etc vb* V **poner**

poniente [po'njente] *nm* (*occidente*)
west; (*viento*) west wind
pontífice [pon'tifiθe] *nm* pope,
pontiff
popa ['popa] *nf* stern
popote [po'pote] (*MÉX*) *nm* straw
popular [popu'lar] *adj* popular;
(*cultura*) of the people, folk *cpd*;
popularidad *nf* popularity

○ **PALABRA CLAVE**

por [por] *prep* **1** (*objetivo*) for; **luchar
por la patria** to fight for one's
country
2 (+ *infin*): **por no llegar tarde** so as not
to arrive late; **por citar unos ejemplos**
to give a few examples
3 (*causa*) out of, because of; **por
escasez de fondos** through *o* for lack
of funds
4 (*tiempo*): **por la mañana/noche** in
the morning/at night; **se queda por
una semana** she's staying (for) a week
5 (*lugar*): **pasar por Madrid** to pass
through Madrid; **ir a Guayaquil por
Quito** to go to Guayaquil via Quito;
caminar por la calle to walk along the
street; V tb **todo**
6 (*cambio, precio*): **te doy uno nuevo
por el que tienes** I'll give you a new
one (in return) for the one you've got
7 (*valor distributivo*): **6 euros por
hora/cabeza** 6 euros an *o* per hour/a
o per head
8 (*modo, medio*) by; **por correo/avión**
by post/air; **entrar por la entrada
principal** to go in through the main
entrance
9: **10 por 10 son 100** 10 times 10 is 100
10 (*en lugar de*): **vino él por su jefe** he
came instead of his boss
11: **por mí que revienten** as far as I'm
concerned they can drop dead
12: **¿por qué?** why?; **¿por qué no?**
why not?

porcelana [porθe'lana] *nf* porcelain;

(*china*) china

porcentaje [porθen'taxe] *nm*
percentage

porción [por'θjon] *nf* (*parte*) portion,
share; (*cantidad*) quantity, amount

porfiar [por'fjar] *vi* to persist, insist;
(*disputar*) to argue stubbornly

pormenor [porme'nor] *nm* detail,
particular

pornografía [pornoxra'fia] *nf*
pornography

poro ['poro] *nm* pore

pororó [poro'ro] (*RPL*) *nm* popcorn

poroso, -a [po'roso, a] *adj* porous

poroto [po'roto] (*CS*) *nm* bean

porque ['porke] *conj* (*a causa de*)
because; (*ya que*) since; (*con el fin de*) so
that, in order that

porqué [por'ke] *nm* reason, cause

porquería [porke'ria] *nf* (*suciedad*)
filth, dirt; (*acción*) dirty trick; (*objeto*)
small thing, trifle; (*fig*) rubbish

porra ['porra] (*ESP*) *nf* (*arma*) stick,
club

porrazo [po'rraθo] *nm* blow, bump

porro ['porro] (*fam*) *nm* (*droga*) joint
(*fam*)

porrón [po'rron] *nm glass wine jar with
a long spout*

portaaviones [porta(a)βjones] *nm
inv* aircraft carrier

portada [por'taða] *nf* (*de revista*)
cover

portador, a [porta'ðor, a] *nm/f*
carrier, bearer; (*Com*) bearer, payee

portaequipajes [portaeki'paxes]
nm inv (*Auto: maletero*) boot; (*: baca*)
luggage rack

portafolio [porta'foljo] (*LAM*) *nm*
briefcase

portal [por'tal] *nm* (*entrada*)
vestibule, hall; (*portada*) porch,
doorway; (*puerta de entrada*) main door;
(*Internet*) portal; **portales** *nmpl* (*LAM*)
arcade *sg*

portamaletas [portama'letas]
nm inv (*Auto: maletero*) boot; (*: baca*)
roof rack

portarse [por'tarse] *vr* to behave,
conduct o.s.

portátil [por'tatil] *adj* portable

portavoz [porta'βoθ] *nmf*
spokesman/woman

portazo [por'taθo] *nm*: **dar un ~** to
slam the door

porte ['porte] *nm* (*Com*) transport;
(*precio*) transport charges *pl*

portentoso, -a [porten'toso, a] *adj*
marvellous, extraordinary

porteño, -a [por'teɲo, a] *adj* of o
from Buenos Aires

portería [porte'ria] *nf* (*oficina*)
porter's office; (*Deporte*) goal

portero, -a [por'tero, a] *nm/f* porter;
(*conserje*) caretaker; (*ujier*) doorman;
(*Deporte*) goalkeeper; **portero
automático** (*ESP*) entry phone

pórtico ['portiko] *nm* (*patio*) portico,
porch; (*fig*) gateway; (*arcada*) arcade

portorriqueño, -a [portorri'keɲo,
a] *adj* Puerto Rican

Portugal [portu'xal] *nm* Portugal;
portugués, -esa *adj, nm/f* Portuguese
▷ *nm* (*Ling*) Portuguese

porvenir [porβe'nir] *nm* future

pos [pos] *prep*: **en ~ de** after, in
pursuit of

posaderas [posa'ðeras] *nfpl*
backside *sg*, buttocks

posar [po'sar] *vt* (*en el suelo*) to lay
down, put down; (*la mano*) to place,
put gently ▷ *vi* (*modelo*) to sit, pose;
posarse *vr* to settle; (*pájaro*) to perch;
(*avión*) to land, come down

posavasos [posa'basos] *nm inv*
coaster; (*para cerveza*) beermat

posdata [pos'ðata] *nf* postscript

pose ['pose] *nf* pose

poseedor, a [posee'ðor, a] *nm/f*
owner, possessor; (*de récord, puesto*)
holder

poseer [pose'er] *vt* to possess, own;
(*ventaja*) to enjoy; (*récord, puesto*)
to hold

posesivo, -a [pose'siβo, a] *adj*
possessive

posibilidad [posiβili'ðað] *nf*
possibility; (*oportunidad*) chance;
posibilitar *vt* to make possible; (*hacer realizable*) to make feasible

posible [po'siβle] *adj* possible;
(*realizable*) feasible; **de ser ~** if possible;
en lo ~ as far as possible

posición [posi'θjon] *nf* position;
(*rango social*) status

positivo, -a [posi'tiβo, a] *adj*
positive

poso ['poso] *nm* sediment; (*heces*)
dregs *pl*

posponer [pospo'ner] *vt* (*relegar*)
to put behind/below; (*aplazar*) to
postpone

posta ['posta] *nf*: **a ~** deliberately,
on purpose

postal [pos'tal] *adj* postal ▷ *nf*
postcard

poste ['poste] *nm* (*de telégrafos etc*)
post, pole; (*columna*) pillar

póster ['poster] (*pl* **~es, ~s**) *nm* poster

posterior [poste'rjor] *adj* back, rear;
(*siguiente*) following, subsequent; (*más tarde*) later

postgrado [post'graðo] *nm* =
posgrado

postizo, -a [pos'tiθo, a] *adj* false,
artificial ▷ *nm* hairpiece

postre ['postre] *nm* sweet, dessert

póstumo, -a ['postumo, a] *adj*
posthumous

postura [pos'tura] *nf* (*del cuerpo*)
posture, position; (*fig*) attitude,
position

potable [po'taβle] *adj* drinkable;
agua ~ drinking water

potaje [po'taxe] *nm* thick vegetable
soup

potencia [po'tenθja] *nf* power;
potencial [poten'θjal] *adj, nm*
potential

potente [po'tente] *adj* powerful

potro, -a ['potro, a] *nm/f* (*Zool*) colt/
filly ▷ *nm* (*de gimnasia*) vaulting horse

pozo ['poθo] *nm* well; (*de río*) deep
pool; (*de mina*) shaft

PP (*ESP*) *nm abr* = **Partido Popular**

práctica ['praktika] *nf* practice;
(*método*) method; (*arte, capacidad*) skill;
en la ~ in practice

practicable [prakti'kaβle] *adj*
practicable; (*camino*) passable

practicante [prakti'kante] *nmf*
(*Med: ayudante de doctor*) medical
assistant; (*: enfermero*) nurse; (*quien
practica algo*) practitioner ▷ *adj*
practising

practicar [prakti'kar] *vt* to practise;
(*Deporte*) to play; (*realizar*) to carry out,
perform

práctico, -a ['praktiko, a] *adj*
practical; (*instruído: persona*) skilled,
expert

practique *etc vb* V **practicar**

pradera [pra'ðera] *nf* meadow; (*US
etc*) prairie

prado ['praðo] *nm* (*campo*) meadow,
field; (*pastizal*) pasture

Praga ['praɣa] *n* Prague

pragmático, -a [praɣ'matiko, a] *adj*
pragmatic

precario, -a [pre'karjo, a] *adj*
precarious

precaución [prekau'θjon] *nf* (*medida
preventiva*) preventive measure,
precaution; (*prudencia*) caution,
wariness

precedente [preθe'ðente] *adj*
preceding; (*anterior*) former ▷ *nm*
precedent

preceder [preθe'ðer] *vt, vi* to
precede, go before, come before

precepto [pre'θepto] *nm* precept

precinto [pre'θinto] *nm* (*tb: ~ de
garantía*) seal

precio ['preθjo] *nm* price; (*costo*)
cost; (*valor*) value, worth; (*de viaje*)
fare; **precio al contado/de coste/de
oportunidad** cash/cost/bargain
price; **precio al por menor** retail price;
precio de ocasión bargain price;
precio de venta al público retail price;
precio tope top price

preciosidad [preθjosi'ðað] *nf* (*valor*)

(high) value, (great) worth; (*encanto*) charm; (*cosa bonita*) beautiful thing; **es una ~** it's lovely, it's really beautiful

precioso, -a [pre'θjoso, a] *adj* precious; (*de mucho valor*) valuable; (*fam*) lovely, beautiful

precipicio [preθi'piθjo] *nm* cliff, precipice; (*fig*) abyss

precipitación [preθipita'θjon] *nf* haste; (*lluvia*) rainfall

precipitado, -a [preθipi'taðo, a] *adj* (*conducta*) hasty, rash; (*salida*) hasty, sudden

precipitar [preθipi'tar] *vt* (*arrojar*) to hurl down, throw; (*apresurar*) to hasten; (*acelerar*) to speed up, accelerate; **precipitarse** *vr* to throw o.s.; (*apresurarse*) to rush; (*actuar sin pensar*) to act rashly

precisamente [preθisa'mente] *adv* precisely; (*exactamente*) precisely, exactly

precisar [preθi'sar] *vt* (*necesitar*) to need, require; (*fijar*) to determine exactly, fix; (*especificar*) to specify

precisión [preθi'sjon] *nf* (*exactitud*) precision

preciso, -a [pre'θiso, a] *adj* (*exacto*) precise; (*necesario*) necessary, essential

preconcebido, -a [prekonθe'βiðo, a] *adj* preconceived

precoz [pre'koθ] *adj* (*persona*) precocious; (*calvicie etc*) premature

predecir [preðe'θir] *vt* to predict, forecast

predestinado, -a [preðesti'naðo, a] *adj* predestined

predicar [preði'kar] *vt, vi* to preach

predicción [preðik'θjon] *nf* prediction

predilecto, -a [preði'lekto, a] *adj* favourite

predisposición [preðisposi'θjon] *nf* inclination; prejudice, bias

predominar [preðomi'nar] *vt* to dominate ▷ *vi* to predominate; (*prevalecer*) to prevail; **predominio** *nm* predominance; prevalence

preescolar [pre(e)sko'lar] *adj* preschool

prefabricado, -a [prefaβri'kaðo, a] *adj* prefabricated

prefacio [pre'faθjo] *nm* preface

preferencia [prefe'renθja] *nf* preference; **de ~** preferably, for preference

preferible [prefe'riβle] *adj* preferable

preferir [prefe'rir] *vt* to prefer

prefiero *etc vb* V **preferir**

prefijo [pre'fixo] *nm* (*Tel*) (dialling) code

pregunta [pre'ɣunta] *nf* question; **hacer una ~** to ask a question; **preguntas frecuentes** FAQs, frequently asked questions

preguntar [preɣun'tar] *vt* to ask; (*cuestionar*) to question ▷ *vi* to ask; **preguntarse** *vr* to wonder; **preguntar por algn** to ask for sb; **preguntón, -ona** [preɣun'ton, ona] *adj* inquisitive

prehistórico, -a [preis'toriko, a] *adj* prehistoric

prejuicio [pre'xwiθjo] *nm* (*acto*) prejudgement; (*idea preconcebida*) preconception; (*parcialidad*) prejudice, bias

preludio [pre'luðjo] *nm* prelude

prematuro, -a [prema'turo, a] *adj* premature

premeditar [premeði'tar] *vt* to premeditate

premiar [pre'mjar] *vt* to reward; (*en un concurso*) to give a prize to

premio ['premjo] *nm* reward; prize; (*Com*) premium

prenatal [prena'tal] *adj* antenatal, prenatal

prenda ['prenda] *nf* (*ropa*) garment, article of clothing; (*garantía*) pledge; **prendas** *nfpl* (*talentos*) talents, gifts

prender [pren'der] *vt* (*captar*) to catch, capture; (*detener*) to arrest; (*Costura*) to pin, attach; (*sujetar*) to fasten ▷ *vi* to catch; (*arraigar*) to take root; **prenderse** *vr* (*encenderse*) to catch fire

prendido, -a [pren'diðo, a] (*LAM*) *adj* (*luz etc*) on

prensa ['prensa] *nf* press; **la ~** the press

preñado, -a [pre'naðo, a] *adj* pregnant; **~ de** pregnant with, full of

preocupación [preokupa'θjon] *nf* worry, concern; (*ansiedad*) anxiety

preocupado, -a [preoku'paðo, a] *adj* worried, concerned; (*ansioso*) anxious

preocupar [preoku'par] *vt* to worry; **preocuparse** *vr* to worry; **~se de algo** (*hacerse cargo*) to take care of sth

preparación [prepara'θjon] *nf* (*acto*) preparation; (*estado*) readiness; (*entrenamiento*) training

preparado, -a [prepa'raðo, a] *adj* (*dispuesto*) prepared; (*Culin*) ready (to serve) ▷ *nm* preparation

preparar [prepa'rar] *vt* (*disponer*) to prepare, get ready; (*Tec: tratar*) to prepare, process; (*entrenar*) to teach, train; **prepararse** *vr*: **~se a** o **para** to prepare to o for, get ready to o for; **preparativo, -a** *adj* preparatory, preliminary; **preparativos** *nmpl* preparations; **preparatoria** (*MÉX*) *nf* sixth-form college (*BRIT*), senior high school (*US*)

presa ['presa] *nf* (*cosa apresada*) catch; (*víctima*) victim; (*de animal*) prey; (*de agua*) dam

presagiar [presa'xjar] *vt* to presage, forebode; **presagio** *nm* omen

prescindir [presθin'dir] *vi*: **~ de** (*privarse de*) to do o go without; (*descartar*) to dispense with

prescribir [preskri'βir] *vt* to prescribe

presencia [pre'senθja] *nf* presence; **presenciar** *vt* to be present at; (*asistir a*) to attend; (*ver*) to see, witness

presentación [presenta'θjon] *nf* presentation; (*introducción*) introduction

presentador, a [presenta'ðor, a]

nm/f presenter, compère

presentar [presen'tar] *vt* to present; (*ofrecer*) to offer; (*mostrar*) to show, display; (*a una persona*) to introduce; **presentarse** *vr* (*llegar inesperadamente*) to appear, turn up; (*ofrecerse: como candidato*) to run, stand; (*aparecer*) to show, appear; (*solicitar empleo*) to apply

presente [pre'sente] *adj* present ▷ *nm* present; **hacer ~** to state, declare; **tener ~** to remember, bear in mind

presentimiento [presenti'mjento] *nm* premonition, presentiment

presentir [presen'tir] *vt* to have a premonition of

preservación [preserβa'θjon] *nf* protection, preservation

preservar [preser'βar] *vt* to protect, preserve; **preservativo** *nm* sheath, condom

presidencia [presi'ðenθja] *nf* presidency; (*de comité*) chairmanship

presidente [presi'ðente] *nmf* president; (*de comité*) chairman/ woman

presidir [presi'ðir] *vt* (*dirigir*) to preside at, preside over; (: *comité*) to take the chair at; (*dominar*) to dominate, rule ▷ *vi* to preside; to take the chair

presión [pre'sjon] *nf* pressure; **presión atmosférica** atmospheric o air pressure; **presionar** *vt* to press; (*fig*) to press, put pressure on ▷ *vi*: **presionar para** to press for

preso, -a ['preso, a] *nm/f* prisoner; **tomar** o **llevar ~ a algn** to arrest sb, take sb prisoner

prestación [presta'θjon] *nf* service; (*subsidio*) benefit; **prestaciones** *nfpl* (*Tec, Auto*) performance features

prestado, -a [pres'taðo, a] *adj* on loan; **pedir ~** to borrow

prestamista [presta'mista] *nmf* moneylender

préstamo ['prestamo] *nm* loan; **préstamo hipotecario** mortgage

prestar [pres'tar] *vt* to lend, loan;

(*atención*) to pay; (*ayuda*) to give
prestigio [pres'tixjo] *nm* prestige;
prestigioso, -a *adj* (*honorable*)
prestigious; (*famoso, renombrado*)
renowned, famous
presumido, -a [presu'miðo, a] *adj*
(*persona*) vain
presumir [presu'mir] *vt* to presume
▷ *vi* (*tener aires*) to be conceited;
presunto, -a *adj* (*supuesto*) supposed,
presumed; (*así llamado*) so-called;
presuntuoso, -a *adj* conceited,
presumptuous
presupuesto [presu'pwesto] *pp de*
presuponer ▷ *nm* (*Finanzas*) budget;
(*estimación: de costo*) estimate
pretencioso, -a [preten'θjoso, a]
adj pretentious
pretender [preten'der] *vt* (*intentar*)
to try to, seek to; (*reivindicar*) to claim;
(*buscar*) to seek, try for; (*cortejar*) to
woo, court; **~ que** to expect that
No confundir **pretender** con la
palabra inglesa *pretend*.
pretendiente *nmf* (*amante*) suitor;
(*al trono*) pretender; **pretensión** *nf*
(*aspiración*) aspiration; (*reivindicación*)
claim; (*orgullo*) pretension
pretexto [pre'teksto] *nm* pretext;
(*excusa*) excuse
prevención [preβen'θjon] *nf*
prevention; (*precaución*) precaution
prevenido, -a [preβe'niðo, a] *adj*
prepared, ready; (*cauteloso*) cautious
prevenir [preβe'nir] *vt* (*impedir*) to
prevent; (*predisponer*) to prejudice,
bias; (*avisar*) to warn; (*preparar*) to
prepare, get ready; **prevenirse** *vr* to
get ready, prepare; **~se contra** to take
precautions against; **preventivo, -a**
adj preventive, precautionary
prever [pre'βer] *vt* to foresee
previo, -a ['preβjo, a] *adj* (*anterior*)
previous; (*preliminar*) preliminary
▷ *prep*: **~ acuerdo de los otros** subject
to the agreement of the others
previsión [preβi'sjon] *nf* (*perspicacia*)
foresight; (*predicción*) forecast;

previsto, -a *adj* anticipated, forecast
prima ['prima] *nf* (*Com*) bonus; (*de
seguro*) premium; V tb **primo**
primario, -a [pri'marjo, a] *adj*
primary
primavera [prima'βera] *nf* spring(-
time)
primera [pri'mera] *nf* (*Auto*) first
gear; (*Ferro: tb:* **~ clase**) first class; **de ~**
(*fam*) first-class, first-rate
primero, -a [pri'mero, a] (*adj* **primer**)
first; (*principal*) prime *adv* first; (*más
bien*) sooner, rather; **primera plana**
front page
primitivo, -a [primi'tiβo, a] *adj*
primitive; (*original*) original
primo, -a ['primo, a] *adj* prime
▷ *nm/f* cousin; (*fam*) fool, idiot;
materias primas raw materials;
primo hermano first cousin
primogénito, -a [primo'xenito, a]
adj first-born
primoroso, -a [primo'roso, a] *adj*
exquisite, delicate
princesa [prin'θesa] *nf* princess
principal [prinθi'pal] *adj* principal,
main ▷ *nm* (*jefe*) chief, principal
príncipe ['prinθipe] *nm* prince
principiante [prinθi'pjante] *nmf*
beginner
principio [prin'θipjo] *nm* (*comienzo*)
beginning, start; (*origen*) origin;
(*primera etapa*) rudiment, basic idea;
(*moral*) principle; **desde el ~** from the
first; **en un ~** at first; **a ~s de** at the
beginning of
pringue ['pringe] *nm* (*grasa*) grease,
fat, dripping
prioridad [priori'ðað] *nf* priority
prisa ['prisa] *nf* (*apresuramiento*) hurry,
haste; (*rapidez*) speed; (*urgencia*) (sense
of) urgency; **a o de ~** quickly; **correr
~** to be urgent; **darse ~** to hurry up;
tener ~ to be in a hurry
prisión [pri'sjon] *nf* (*cárcel*) prison;
(*período de cárcel*) imprisonment;
prisionero, -a *nm/f* prisoner
prismáticos [pris'matikos] *nmpl*

binoculars

privado, -a [pri'βaðo, a] *adj* private

privar [pri'βar] *vt* to deprive;
privativo, -a *adj* exclusive

privilegiar [priβile'xjar] *vt* to grant
a privilege to; (*favorecer*) to favour

privilegio [priβi'lexjo] *nm* privilege;
(*concesión*) concession

pro [pro] *nm o f* profit, advantage
▷ *prep*: **asociación ~ ciegos**
association for the blind ▷ *prefijo*: **~
americano** pro-American; **en ~ de** on
behalf of, for; **los ~s y los contras** the
pros and cons

proa ['proa] *nf* bow, prow; **de ~** bow
cpd, fore

probabilidad [proβaβili'ðað] *nf*
probability, likelihood; (*oportunidad,
posibilidad*) chance, prospect; **probable**
adj probable, likely

probador [proβa'ðor] *nm* (*en tienda*)
fitting room

probar [pro'βar] *vt* (*demostrar*) to
prove; (*someter a prueba*) to test, try out;
(*ropa*) to try on; (*comida*) to taste ▷ *vi* to
try; **~se un traje** to try on a suit

probeta [pro'βeta] *nf* test tube

problema [pro'βlema] *nm* problem

procedente [proθe'ðente] *adj*
(*razonable*) reasonable; (*conforme a
derecho*) proper, fitting; **~ de** coming
from, originating in

proceder [proθe'ðer] *vi* (*avanzar*) to
proceed; (*actuar*) to act; (*ser correcto*)
to be right (and proper), be fitting
▷ *nm* (*comportamiento*) behaviour,
conduct; **~ de** to come from, originate
in; **procedimiento** *nm* procedure;
(*proceso*) process; (*método*) means *pl*,
method

procesador [proθesa'ðor] *nm*
processor; **procesador de textos** word
processor

procesar [proθe'sar] *vt* to try, put
on trial

procesión [proθe'sjon] *nf* procession

proceso [pro'θeso] *nm* process;
(*Jur*) trial

proclamar [prokla'mar] *vt* to
proclaim

procrear [prokre'ar] *vt, vi* to
procreate

procurador, a [prokura'ðor, a] *nm/f*
attorney

procurar [proku'rar] *vt* (*intentar*)
to try, endeavour; (*conseguir*) to get,
obtain; (*asegurar*) to secure; (*producir*)
to produce

prodigio [pro'ðixjo] *nm* prodigy;
(*milagro*) wonder, marvel; **prodigioso,
-a** *adj* prodigious, marvellous

pródigo, -a ['proðixo, a] *adj*: **hijo ~**
prodigal son

producción [proðuk'θjon] *nf*
(*gen*) production; (*producto*) output;
producción en serie mass production

producir [proðu'θir] *vt* to produce;
(*causar*) to cause, bring about;
producirse *vr* (*cambio*) to come about;
(*accidente*) to take place; (*problema etc*)
to arise; (*hacerse*) to be produced, be
made; (*estallar*) to break out

productividad [proðuktiβi'ðað]
nf productivity; **productivo, -a** *adj*
productive; (*provechoso*) profitable

producto [pro'ðukto] *nm* product

productor, a [proðuk'tor, a] *adj*
productive, producing ▷ *nm/f*
producer

proeza [pro'eθa] *nf* exploit, feat

profano, -a [pro'fano, a] *adj* profane
▷ *nm/f* layman/woman

profecía [profe'θia] *nf* prophecy

profesión [profe'sjon] *nf* profession;
(*en formulario*) occupation; **profesional**
adj professional

profesor, a [profe'sor, a] *nm/f*
teacher; **profesorado** *nm* teaching
profession

profeta [pro'feta] *nmf* prophet

prófugo, -a ['profuxo, a] *nm/f*
fugitive; (*Mil: desertor*) deserter

profundidad [profundi'ðað] *nf*
depth; **profundizar** *vi*: **profundizar
en** to go deeply into; **profundo, -a** *adj*
deep; (*misterio, pensador*) profound

progenitor [proxeni'tor] nm
ancestor; **progenitores** nmpl (padres)
parents

programa [pro'ɣrama] nm
programme (BRIT), program (US);
programa de estudios curriculum,
syllabus; **programación** nf
programming; **programador, a**
nm/f programmer; **programar** vt to
program

progresar [proxre'sar] vi to
progress, make progress; **progresista**
adj, nmf progressive; **progresivo,**
-a adj progressive; (gradual) gradual;
(continuo) continuous; **progreso** nm
progress

prohibición [proiβi'θjon] nf
prohibition, ban

prohibir [proi'βir] vt to prohibit, ban,
forbid; **prohibido** o **se prohibe fumar**
no smoking; **"prohibido el paso"**
"no entry"

prójimo, -a ['proximo, a] nm/f
fellow man; (vecino) neighbour

prólogo ['proloxo] nm prologue

prolongar [prolon'ɣar] vt to extend;
(reunión etc) to prolong; (calle, tubo)
to extend

promedio [pro'meðjo] nm average;
(de distancia) middle, mid-point

promesa [pro'mesa] nf promise

prometer [prome'ter] vt to promise
▷ vi to show promise; **prometerse** vr
(novios) to get engaged; **prometido,**
-a adj promised; engaged ▷ nm/f
fiancé/fiancée

prominente [promi'nente] adj
prominent

promoción [promo'θjon] nf
promotion

promotor [promo'tor] nm promoter;
(instigador) instigator

promover [promo'βer] vt to
promote; (causar) to cause; (instigar) to
instigate, stir up

promulgar [promul'ɣar] vt to
promulgate; (anunciar) to proclaim

pronombre [pro'nombre] nm
pronoun

pronosticar [pronosti'kar] vt to
predict, foretell, forecast; **pronóstico**
nm prediction, forecast; **pronóstico**
del tiempo weather forecast

pronto, -a ['pronto, a] adj (rápido)
prompt, quick; (preparado) ready ▷ adv
quickly, promptly; (en seguida) at once,
right away; (dentro de poco) soon;
(temprano) early ▷ nm: **tiene unos**
~s muy malos he gets ratty all of a
sudden (inf); **de ~** suddenly; **por lo ~**
meanwhile, for the present

pronunciación [pronunθja'θjon] nf
pronunciation

pronunciar [pronun'θjar] vt to
pronounce; (discurso) to make, deliver;
pronunciarse vr to revolt, rebel;
(declararse) to declare o.s.

propagación [propaɣa'θjon] nf
propagation

propaganda [propa'ɣanda] nf (Pol)
propaganda; (Com) advertising

propenso, -a [pro'penso, a] adj
inclined to; **ser ~ a** to be inclined to,
have a tendency to

propicio, -a [pro'piθjo, a] adj
favourable, propitious

propiedad [propje'ðað] nf property;
(posesión) possession, ownership;
propiedad particular private property

propietario, -a [propje'tarjo, a]
nm/f owner, proprietor

propina [pro'pina] nf tip

propio, -a ['propjo, a] adj own,
of one's own; (característico)
characteristic, typical; (debido) proper;
(mismo) selfsame, very; **el ~ ministro**
the minister himself; **¿tienes casa**
propia? have you a house of your own?

proponer [propo'ner] vt to propose,
put forward; (problema) to pose;
proponerse vr to propose, intend

proporción [propor'θjon] nf
proportion; (Mat) ratio; **proporciones**
nfpl (dimensiones) dimensions;
(fig) size sg; **proporcionado,**
-a adj proportionate; (regular)

medium, middling; (*justo*) just right;
proporcionar vt (*dar*) to give, supply,
provide
proposición [proposi'θjon] nf
proposition; (*propuesta*) proposal
propósito [pro'posito] nm purpose;
(*intento*) aim, intention ▷ adv: **a ~**
by the way, incidentally; (*a posta*) on
purpose, deliberately; **a ~ de** about,
with regard to
propuesta [pro'pwesta] vb V
proponer ▷ nf proposal
propulsar [propul'sar] vt to drive,
propel; (*fig*) to promote, encourage;
propulsión nf propulsion; **propulsión**
a chorro o **por reacción** jet propulsion
prórroga ['prorroɣa] nf extension;
(*Jur*) stay; (*Com*) deferment; (*Deporte*)
extra time; **prorrogar** vt (*período*) to
extend; (*decisión*) to defer, postpone
prosa ['prosa] nf prose
proseguir [prose'ɣir] vt to continue,
carry on ▷ vi to continue, go on
prospecto [pros'pekto] nm
prospectus
prosperar [prospe'rar] vi to prosper,
thrive, flourish; **prosperidad** nf
prosperity; (*éxito*) success; **próspero,**
-a adj prosperous, flourishing; (*que*
tiene éxito) successful
prostíbulo [pros'tiβulo] nm brothel
(*BRIT*), house of prostitution (*US*)
prostitución [prostitu'θjon] nf
prostitution
prostituir [prosti'twir] vt to
prostitute; **prostituirse** vr to
prostitute o.s., become a prostitute
prostituta [prosti'tuta] nf
prostitute
protagonista [protaɣo'nista] nmf
protagonist
protección [protek'θjon] nf
protection
protector, a [protek'tor, a] adj
protective, protecting ▷ nm/f
protector
proteger [prote'xer] vt to protect;
protegido, -a nm/f protégé/protégée

proteína [prote'ina] nf protein
protesta [pro'testa] nf protest;
(*declaración*) protestation
protestante [protes'tante] adj
Protestant
protestar [protes'tar] vt to protest,
declare ▷ vi to protest
protocolo [proto'kolo] nm protocol
prototipo [proto'tipo] nm prototype
provecho [pro'βetʃo] nm advantage,
benefit; (*Finanzas*) profit; **¡buen ~!** bon
appétit!; **en ~ de** to the benefit of;
sacar ~ de to benefit from, profit by
provenir [proβe'nir] vi: **~ de** to come
o stem from
proverbio [pro'βerβjo] nm proverb
providencia [proβi'ðenθja] nf
providence
provincia [pro'βinθja] nf province
provisión [proβi'sjon] nf provision;
(*abastecimiento*) provision, supply;
(*medida*) measure, step
provisional [proβisjo'nal] adj
provisional
provocar [proβo'kar] vt to provoke;
(*alentar*) to tempt, invite; (*causar*)
to bring about, lead to; (*promover*)
to promote; (*estimular*) to rouse,
stimulate; **¿te provoca un café?** (*CAM*)
would you like a coffee?; **provocativo,**
-a adj provocative
proxeneta [prokse'neta] nm pimp
próximamente [proksima'mente]
adv shortly, soon
proximidad [proksimi'ðað] nf
closeness, proximity; **próximo, -a**
adj near, close; (*vecino*) neighbouring;
(*siguiente*) next
proyectar [projek'tar] vt (*objeto*) to
hurl, throw; (*luz*) to cast, shed; (*Cine*) to
screen, show; (*planear*) to plan
proyectil [projek'til] nm projectile,
missile
proyecto [pro'jekto] nm plan;
(*estimación de costo*) detailed estimate
proyector [projek'tor] nm (*Cine*)
projector
prudencia [pru'ðenθja] nf (*sabiduría*)

wisdom; (*cuidado*) care; **prudente** *adj*
sensible, wise; (*conductor*) careful
prueba *etc* ['prweβa] *vb* V **probar** ▷ *nf*
proof; (*ensayo*) test, trial; (*degustación*)
tasting, sampling; (*de ropa*) fitting; **a**
~ on trial; a ~ de proof against; **a ~ de**
agua/fuego waterproof/fireproof;
someter a ~ to put to the test
psico... [siko] *prefijo* psycho...;
psicología *nf* psychology;
psicológico, -a *adj* psychological;
psicólogo, -a *nm/f* psychologist;
psicópata *nmf* psychopath; **psicosis**
nf inv psychosis
psiquiatra [si'kjatra] *nmf*
psychiatrist; **psiquiátrico, -a** *adj*
psychiatric
PSOE [pe'soe] (*ESP*) *nm abr* = **Partido**
Socialista Obrero Español
púa ['pua] *nf* (*Bot, Zool*) prickle, spine;
(*para guitarra*) plectrum (*BRIT*), pick
(*US*); **alambre de ~** barbed wire
pubertad [puβer'taδ] *nf* puberty
publicación [puβlika'θjon] *nf*
publication
publicar [puβli'kar] *vt* (*editar*) to
publish; (*hacer público*) to publicize;
(*divulgar*) to make public, divulge
publicidad [puβliθi'δaδ] *nf*
publicity; (*Com: propaganda*)
advertising; **publicitario, -a** *adj*
publicity *cpd*; advertising *cpd*
público, -a ['puβliko, a] *adj* public
▷ *nm* public; (*Teatro etc*) audience
puchero [pu'tʃero] *nm* (*Culin: guiso*)
stew; (: *olla*) cooking pot; **hacer ~s**
to pout
pucho ['putʃo] (*cs: fam*) *nm* cigarette,
fag (*BRIT*)
pude *etc vb* V **poder**
pudiente [pu'δjente] *adj* (*rico*)
wealthy, well-to-do
pudiera *etc vb* V **poder**
pudor [pu'δor] *nm* modesty
pudrir [pu'δrir] *vt* to rot; **pudrirse** *vr*
to rot, decay
pueblo ['pweβlo] *nm* people; (*nación*)
nation; (*aldea*) village

puedo *etc vb* V **poder**
puente ['pwente] *nm* bridge; **hacer ~**
(*fam*) to take extra days off work between 2
public holidays; to take a long weekend;
puente aéreo shuttle service; **puente**
colgante suspension bridge; **puente**
levadizo drawbridge

   ● **HACER PUENTE**
   ●
   ● When a public holiday in Spain
   ● falls on a Tuesday or Thursday it is
   ● common practice for employers
   ● to make the Monday or Friday
   ● a holiday as well and to give
   ● everyone a four-day weekend. This
   ● is known as **hacer puente**. When
   ● a named public holiday such as the
   ● **Día de la Constitución** falls on a
   ● Tuesday or Thursday, people refer
   ● to the whole holiday period as e.g.
   ● the **puente de la Constitución**.

puerco, -a ['pwerko, a] *nm/f* pig/
sow ▷ *adj* (*sucio*) dirty, filthy; (*obsceno*)
disgusting; **puerco espín** porcupine
pueril [pwe'ril] *adj* childish
puerro ['pwerro] *nm* leek
puerta ['pwerta] *nf* door; (*de jardín*)
gate; (*portal*) doorway; (*fig*) gateway;
(*portería*) goal; **a la ~** at the door; **a ~**
cerrada behind closed doors; **puerta**
giratoria revolving door
puerto ['pwerto] *nm* port; (*paso*)
pass, (*fig*) haven, refuge
Puerto Rico [pwerto'riko] *nm*
Puerto Rico; **puertorriqueño, -a** *adj*,
nm/f Puerto Rican
pues [pwes] *adv* (*entonces*) then;
(*bueno*) well, well then; (*así que*)
so ▷ *conj* (*ya que*) since; **¡~ sí!** yes!,
certainly!
puesta ['pwesta] *nf* (*apuesta*) bet,
stake; **puesta al día** updating; **puesta**
a punto fine tuning; **puesta de sol**
sunset; **puesta en marcha** starting
puesto, -a ['pwesto, a] *pp de* **poner**
▷ *adj*: **tener algo ~** to have sth on, be

wearing sth ▷ *nm (lugar, posición)* place; *(trabajo)* post, job; *(Com)* stall ▷ *conj:* **~ que** since, as

púgil ['puxil] *nm* boxer

pulga ['pulɣa] *nf* flea

pulgada [pul'ɣaða] *nf* inch

pulgar [pul'ɣar] *nm* thumb

pulir [pu'lir] *vt* to polish; *(alisar)* to smooth; *(fig)* to polish up, touch up

pulmón [pul'mon] *nm* lung; **pulmonía** *nf* pneumonia

pulpa ['pulpa] *nf* pulp; *(de fruta)* flesh, soft part

pulpería [pulpe'ria] *(LAM) nf (tienda)* small grocery store

púlpito ['pulpito] *nm* pulpit

pulpo ['pulpo] *nm* octopus

pulque ['pulke] *nm* pulque

* **PULQUE**
*
* **Pulque** is a thick, white, alcoholic
* drink which is very popular in
* Mexico. In ancient times it was
* considered sacred by the Aztecs.
* It is produced by fermenting the
* juice of the **maguey**, a Mexican
* cactus similar to the agave. It can
* be drunk by itself or mixed with
* fruit or vegetable juice.

pulsación [pulsa'θjon] *nf* beat; **pulsaciones** pulse rate

pulsar [pul'sar] *vt (tecla)* to touch, tap; *(Mús)* to play; *(botón)* to press, push ▷ *vi* to pulsate; *(latir)* to beat, throb

pulsera [pul'sera] *nf* bracelet

pulso ['pulso] *nm (Anat)* pulse; *(fuerza)* strength; *(firmeza)* steadiness, steady hand

pulverizador [pulβeriθa'ðor] *nm* spray, spray gun

pulverizar [pulβeri'θar] *vt* to pulverize; *(líquido)* to spray

puna ['puna] *(CAM) nf* mountain sickness

punta ['punta] *nf* point, tip; *(extremo)* end; *(fig)* touch, trace; **horas ~** peak o

rush hours; **sacar ~ a** to sharpen

puntada [pun'taða] *nf (Costura)* stitch

puntal [pun'tal] *nm* prop, support

puntapié [punta'pje] *nm* kick

puntería [punte'ria] *nf (de arma)* aim, aiming; *(destreza)* marksmanship

puntero, -a [pun'tero, a] *adj* leading ▷ *nm (palo)* pointer

puntiagudo, -a [puntja'ɣuðo, a] *adj* sharp, pointed

puntilla [pun'tiʎa] *nf (encaje)* lace edging o trim; **(andar) de ~s** (to walk) on tiptoe

punto ['punto] *nm (gen)* point; *(señal diminuta)* spot, dot; *(Costura, Med)* stitch; *(lugar)* spot, place; *(momento)* point, moment; **a ~** ready; **estar a ~ de** to be on the point of o about to; **en ~** on the dot; **hasta cierto ~** to some extent; **hacer ~** *(ESP: tejer)* to knit; **dos ~s** *(Ling)* colon; **punto de interrogación** question mark; **punto de vista** point of view, viewpoint; **punto final** full stop *(BRIT)*, period *(US)*; **punto muerto** dead center; *(Auto)* neutral (gear); **punto y aparte** *(en dictado)* full stop, new paragraph; **punto y coma** semicolon

puntocom [punto'kom] *adj inv, nf inv* dotcom

puntuación [puntwa'θjon] *nf* punctuation; *(puntos: en examen)* mark(s) *(pl)*; *(Deporte)* score

puntual [pun'twal] *adj (a tiempo)* punctual; *(exacto)* exact, accurate; **puntualidad** *nf* punctuality; exactness, accuracy

puntuar [pun'twar] *vi (Deporte)* to score, count

punzante [pun'θante] *adj (dolor)* shooting, sharp; *(herramienta)* sharp

puñado [pu'ɲaðo] *nm* handful

puñal [pu'ɲal] *nm* dagger; **puñalada** *nf* stab

puñetazo [puɲe'taθo] *nm* punch

puño ['puɲo] *nm (Anat)* fist; *(cantidad)* fistful, handful; *(Costura)* cuff; *(de* *herramienta*) handle

pupila [pu'pila] *nf* pupil

pupitre [pu'pitre] *nm* desk

puré [pu're] *nm* purée; (*sopa*) (thick) soup; **puré de papas** (*LAM*) mashed potatoes; **puré de patatas** (*ESP*) mashed potatoes

purga ['purɣa] *nf* purge; **purgante** *adj, nm* purgative

purgatorio [purɣa'torjo] *nm* purgatory

purificar [purifi'kar] *vt* to purify; (*refinar*) to refine

puritano, -a [puri'tano, a] *adj* (*actitud*) puritanical; (*iglesia, tradición*) puritan ▷ *nm/f* puritan

puro, -a ['puro, a] *adj* pure; (*verdad*) simple, plain ▷ *nm* cigar

púrpura ['purpura] *nf* purple

pus [pus] *nm* pus

puse *etc vb* V **poder**

pusiera *etc vb* V **poder**

puta ['puta] (*fam!*) *nf* whore, prostitute

putrefacción [putrefak'θjon] *nf* rotting, putrefaction

PVP *nm abr* (= *precio de venta al público*) RRP

pyme, PYME ['pime] *nf abr* (= *Pequeña y Mediana Empresa*) SME

q

○ **PALABRA CLAVE**

que [ke] *conj* **1** (*con oración subordinada: muchas veces no se traduce*) that; **dijo que vendría** he said (that) he would come; **espero que lo encuentres** I hope (that) you find it; *V tb* **el**

2 (*en oración independiente*): **¡que entre!** send him in; **¡que aproveche!** enjoy your meal!; **¡que se mejore tu padre!** I hope your father gets better

3 (*enfático*): **¿me quieres? – ¡que sí!** do you love me? – of course!

4 (*consecutivo: muchas veces no se traduce*) that; **es tan grande que no lo puedo levantar** it's so big (that) I can't lift it

5 (*comparaciones*) than; **yo que tú/él** if I were you/him; *V tb* **más, menos, mismo**

6 (*valor disyuntivo*): **que le guste o no** whether he likes it or not; **que venga o que no venga** whether he comes or not

7 (*porque*): **no puedo, que tengo que quedarme en casa** I can't, I've got to stay in
▷ *pron* **1** (*cosa*) that, which; (*+ prep*) which; **el sombrero que te compraste** the hat (that *o* which) you bought; **la cama en que dormí** the bed (that *o* which) I slept in
2 (*persona: suj*) that, who; (*: objeto*) that, whom; **el amigo que me acompañó al museo** the friend that *o* who went to the museum with me; **la chica que invité** the girl (that *o* whom) I invited

qué [ke] *adj* what?, which? ▷ *pron* what?; **¡~ divertido!** how funny!; **¿~ edad tienes?** how old are you?; **¿de ~ me hablas?** what are you saying to me?; **¿~ tal?** how are you?, how are things?; **¿~ hay (de nuevo)?** what's new?

quebrado, -a [ke'βraðo, a] *adj* (*roto*) broken ▷ *nm/f* bankrupt ▷ *nm* (*Mat*) fraction
quebrantar [keβran'tar] *vt* (*infringir*) to violate, transgress
quebrar [ke'βrar] *vt* to break, smash ▷ *vi* to go bankrupt
quedar [ke'ðar] *vi* to stay, remain; (*encontrarse: sitio*) to be; (*haber aún*) to remain, be left; **quedarse** *vr* to remain, stay (behind); **~se (con) algo** to keep sth; **~ en** (*acordar*) to agree on/to; **~ en nada** to come to nothing; **~ por hacer** to be still to be done; **~ ciego/mudo** to be left blind/dumb; **no te queda bien ese vestido** that dress doesn't suit you; **eso queda muy lejos** that's a long way (away); **quedamos a las seis** we agreed to meet at six
quedo, -a ['keðo, a] *adj* still ▷ *adv* softly, gently
quehacer [kea'θer] *nm* task, job; **quehaceres (domésticos)** *nmpl* household chores
queja ['kexa] *nf* complaint; **quejarse** *vr* (*enfermo*) to moan, groan; (*protestar*) to complain; **quejarse de que** to

complain (about the fact) that; **quejido** *nm* moan
quemado, -a [ke'maðo, a] *adj* burnt
quemadura [kema'ðura] *nf* burn, scald
quemar [ke'mar] *vt* to burn; (*fig: malgastar*) to burn up, squander ▷ *vi* to be burning hot; **quemarse** *vr* (*consumirse*) to burn (up); (*del sol*) to get sunburnt
quemarropa [kema'rropa]: **a ~** *adv* point-blank
quepo *etc vb* V **caber**
querella [ke'reʎa] *nf* (*Jur*) charge; (*disputa*) dispute

O PALABRA CLAVE

querer [ke'rer] *vt* **1** (*desear*) to want; **quiero más dinero** I want more money; **quisiera** *o* **querría un té** I'd like a tea; **sin querer** unintentionally; **quiero ayudar/que vayas** I want to help/you to go
2 (*preguntas: para pedir algo*): **¿quiere abrir la ventana?** could you open the window?; **¿quieres echarme una mano?** can you give me a hand?
3 (*amar*) to love; (*tener cariño a*) to be fond of; **te quiero** I love you; **quiere mucho a sus hijos** he's very fond of his children
4 le pedí que me dejara ir pero no quiso I asked him to let me go but he refused

querido, -a [ke'riðo, a] *adj* dear ▷ *nm/f* darling; (*amante*) lover
queso ['keso] *nm* cheese; **queso crema** (*LAM*) cream cheese; **queso de untar** (*ESP*) cream cheese; **queso manchego** *sheep's milk cheese made in La Mancha*; **queso rallado** grated cheese
quicio ['kiθjo] *nm* hinge; **sacar a algn de ~** to get on sb's nerves
quiebra ['kjeβra] *nf* break, split; (*Com*) bankruptcy; (*Econ*) slump
quiebro ['kjeβro] *nm* (*del cuerpo*)

swerve

quien [kjen] *pron* who; **hay ~ piensa que** there are those who think that; **no hay ~ lo haga** no-one will do it

quién [kjen] *pron* who, whom; **¿~ es?** who's there?

quienquiera [kjen'kjera] (*pl* **quienesquiera**) *pron* whoever

quiero *etc vb* V **querer**

quieto, -a ['kjeto, a] *adj* still; (*carácter*) placid

> No confundir **quieto** con la palabra inglesa *quiet*.

quietud *nf* stillness

quilate [ki'late] *nm* carat

químico, -a ['kimiko, a] *adj* chemical ▷ *nm/f* chemist ▷ *nf* chemistry

quincalla [kin'kaʎa] *nf* hardware, ironmongery (*BRIT*)

quince ['kinθe] *num* fifteen; **~ días** a fortnight; **quinceañero, -a** *nm/f* teenager; **quincena** *nf* fortnight; (*pago*) fortnightly pay; **quincenal** *adj* fortnightly

quiniela [ki'njela] *nf* football pools *pl*; **quinielas** *nfpl* (*impreso*) pools coupon *sg*

quinientos, -as [ki'njentos, as] *adj*, *num* five hundred

quinto, -a ['kinto, a] *adj* fifth ▷ *nf* country house; (*Mil*) call-up, draft

quiosco ['kjosko] *nm* (*de música*) bandstand; (*de periódicos*) news stand

quirófano [ki'rofano] *nm* operating theatre

quirúrgico, -a [ki'rurxiko, a] *adj* surgical

quise *etc vb* V **querer**

quisiera *etc vb* V **querer**

quisquilloso, -a [kiski'ʎoso, a] *adj* (*susceptible*) touchy; (*meticuloso*) pernickety

quiste ['kiste] *nm* cyst

quitaesmalte [kitaes'malte] *nm* nail-polish remover

quitamanchas [kita'mantʃas] *nm inv* stain remover

quitanieves [kita'njeβes] *nm inv* snowplough (*BRIT*), snowplow (*US*)

quitar [ki'tar] *vt* to remove, take away; (*ropa*) to take off; (*dolor*) to relieve; **¡quita de ahí!** get away!; **quitarse** *vr* to withdraw; (*ropa*) to take off; **se quitó el sombrero** he took off his hat

Quito ['kito] *n* Quito

quizá(s) [ki'θa(s)] *adv* perhaps, maybe

r

rábano ['raβano] *nm* radish; **me importa un ~** I don't give a damn

rabia ['raβja] *nf* (*Med*) rabies *sg*; (*ira*) fury, rage; **rabiar** *vi* to have rabies; to rage, be furious; **rabiar por algo** to long for sth

rabieta [ra'βjeta] *nf* tantrum, fit of temper

rabino [ra'βino] *nm* rabbi

rabioso, -a [ra'βjoso, a] *adj* rabid; (*fig*) furious

rabo ['raβo] *nm* tail

racha ['ratʃa] *nf* gust of wind; **buena/mala ~** spell of good/bad luck

racial [ra'θjal] *adj* racial, race *cpd*

racimo [ra'θimo] *nm* bunch

ración [ra'θjon] *nf* portion; **raciones** *nfpl* rations

racional [raθjo'nal] *adj* (*razonable*) reasonable; (*lógico*) rational

racionar [raθjo'nar] *vt* to ration (out)

racismo [ra'θismo] *nm* racism; **racista** *adj, nm* racist

radar [ra'ðar] *nm* radar

radiador [raðja'ðor] *nm* radiator

radiante [ra'ðjante] *adj* radiant

radical [raði'kal] *adj, nmf* radical

radicar [raði'kar] *vi*: ~ **en** (*dificultad, problema*) to lie in; (*solución*) to consist in

radio ['raðjo] *nf* radio; (*aparato*) radio (set) ▷ *nm* (*Mat*) radius; (*Quím*) radium; **radioactividad** *nf* radioactivity; **radioactivo, -a** *adj* radioactive; **radiografía** *nf* X-ray; **radioterapia** *nf* radiotherapy; **radioyente** *nmf* listener

ráfaga ['rafaxa] *nf* gust; (*de luz*) flash; (*de tiros*) burst

raíz [ra'iθ] *nf* root; **a ~ de** as a result of; **raíz cuadrada** square root

raja ['raxa] *nf* (*de melón etc*) slice; (*grieta*) crack; **rajar** *vt* to split; (*fam*) to slash; **rajarse** *vr* to split, crack; **rajarse de** to back out of

rajatabla [raxa'taβla]: **a ~** *adv* (*estrictamente*) strictly, to the letter

rallador [raʎa'ðor] *nm* grater

rallar [ra'ʎar] *vt* to grate

rama ['rama] *nf* branch; **ramaje** *nm* branches *pl*, foliage; **ramal** *nm* (*de cuerda*) strand; (*Ferro*) branch line (*BRIT*); (*Auto*) branch (road) (*BRIT*)

rambla ['rambla] *nf* (*avenida*) avenue

ramo ['ramo] *nm* branch; (*sección*) department, section

rampa ['rampa] *nf* ramp; **rampa de acceso** entrance ramp

rana ['rana] *nf* frog; **salto de ~** leapfrog

ranchero [ran'tʃero] (*MÉX*) *nm* (*hacendado*) rancher; smallholder

rancho ['rantʃo] *nm* (*grande*) ranch; (*pequeño*) small farm

rancio, -a ['ranθjo, a] *adj* (*comestibles*) rancid; (*vino*) aged, mellow; (*fig*) ancient

rango ['rango] *nm* rank, standing

ranura [ra'nura] *nf* groove; (*de teléfono etc*) slot

rapar [ra'par] *vt* to shave; (*los cabellos*) to crop

rapaz [ra'paθ] (*nf* **~a**) *nmf* young

boy/girl ⊳ *adj* (*Zool*) predatory

rape ['rape] *nm* (*pez*) monkfish; **al ~** cropped

rapé [ra'pe] *nm* snuff

rapidez [rapi'ðeθ] *nf* speed, rapidity; **rápido, -a** *adj* fast, quick ⊳ *adv* quickly ⊳ *nm* (*Ferro*) express; **rápidos** *nmpl* rapids

rapiña [ra'pina] *nm* robbery; **ave de ~** bird of prey

raptar [rap'tar] *vt* to kidnap; **rapto** *nm* kidnapping; (*impulso*) sudden impulse; (*éxtasis*) ecstasy, rapture

raqueta [ra'keta] *nf* racquet

raquítico, -a [ra'kitiko, a] *adj* stunted; (*fig*) poor, inadequate

rareza [ra'reθa] *nf* rarity; (*fig*) eccentricity

raro, -a ['raro, a] *adj* (*poco común*) rare; (*extraño*) odd, strange; (*excepcional*) remarkable

ras [ras] *nm*: **a ~ de** level with; **a ~ de tierra** at ground level

rasar [ra'sar] *vt* (*igualar*) to level

rascacielos [raska'θjelos] *nm inv* skyscraper

rascar [ras'kar] *vt* (*con las uñas etc*) to scratch; (*raspar*) to scrape; **rascarse** *vr* to scratch (o.s.)

rasgar [ras'ɣar] *vt* to tear, rip (up)

rasgo ['rasɣo] *nm* (*con pluma*) stroke; **rasgos** *nmpl* (*facciones*) features, characteristics; **a grandes ~s** in outline, broadly

rasguño [ras'ɣuno] *nm* scratch

raso, -a ['raso, a] *adj* (*liso*) flat, level; (*a baja altura*) very low ⊳ *nm* satin; **cielo ~** clear sky

raspadura [raspa'ðura] *nf* (*acto*) scrape, scraping; (*marca*) scratch; **raspaduras** *nfpl* (*de papel etc*) scrapings

raspar [ras'par] *vt* to scrape; (*arañar*) to scratch; (*limar*) to file

rastra ['rastra] *nf* (*Agr*) rake; **a ~s** by dragging; (*fig*) unwillingly

rastrear [rastre'ar] *vt* (*seguir*) to track

rastrero, -a [ras'trero, a] *adj* (*Bot*, *Zool*) creeping; (*fig*) despicable, mean

rastrillo [ras'triʎo] *nm* rake

rastro ['rastro] *nm* (*Agr*) rake; (*pista*) track, trail; (*vestigio*) trace; **el R~** (*ESP*) the Madrid fleamarket

rasurado [rasu'raðo] (*MÉX*) *nm* shaving; **rasuradora** [rasura'ðora] (*MÉX*) *nf* electric shaver; **rasurar** [rasu'rar] (*MÉX*) *vt* to shave; **rasurarse** *vr* to shave

rata ['rata] *nf* rat

ratear [rate'ar] *vt* (*robar*) to steal

ratero, -a [ra'tero, a] *adj* light-fingered ⊳ *nm/f* (*carterista*) pickpocket; (*ladrón*) petty thief

rato ['rato] *nm* while, short time; **a ~s** from time to time; **hay para ~** there's still a long way to go; **al poco ~** soon afterwards; **pasar el ~** to kill time; **pasar un buen/mal ~** to have a good/rough time; **en mis ~s libres** in my spare time

ratón [ra'ton] *nm* mouse; **ratonera** *nf* mousetrap

raudal [rau'ðal] *nm* torrent; **a ~es** in abundance

raya ['raja] *nf* line; (*marca*) scratch; (*en tela*) stripe; (*de pelo*) parting; (*límite*) boundary; (*pez*) ray; (*puntuación*) dash; **a ~s** striped; **pasarse de la ~** to go too far; **tener a ~** to keep in check; **rayar** *vt* to line; to scratch; (*subrayar*) to underline ⊳ *vi*: **rayar en** *o* **con** to border on

rayo ['rajo] *nm* (*del sol*) ray, beam; (*de luz*) shaft; (*en una tormenta*) (flash of) lightning; **rayos X** X-rays

raza ['raθa] *nf* race; **raza humana** human race

razón [ra'θon] *nf* reason; (*justicia*) right, justice; (*razonamiento*) reasoning; (*motivo*) reason, motive; (*Mat*) ratio; **a ~ de 10 cada día** at the rate of 10 a day; **en ~ de** with regard to; **dar ~ a algn** to agree that sb is right; **tener ~** to be right; **razón de ser** raison d'être; **razón directa/inversa** direct/inverse proportion; **razonable**

adj reasonable; (*justo, moderado*) fair; **razonamiento** *nm* (*juicio*) judg(e)ment; (*argumento*) reasoning; **razonar** *vt, vi* to reason, argue

re [re] *nm* (*Mús*) D

reacción [reak'θjon] *nf* reaction; **avión a ~** jet plane; **reacción en cadena** chain reaction; **reaccionar** *vi* to react

reacio, -a [re'aθjo, a] *adj* stubborn

reactivar [reakti'βar] *vt* to revitalize

reactor [reak'tor] *nm* reactor

real [re'al] *adj* real; (*del rey, fig*) royal

realidad [reali'ðað] *nf* reality, fact; (*verdad*) truth

realista [rea'lista] *nmf* realist

realización [realiθa'θjon] *nf* fulfilment

realizador, a [realiθa'ðor, a] *nm/f* film-maker

realizar [reali'θar] *vt* (*objetivo*) to achieve; (*plan*) to carry out; (*viaje*) to make, undertake; **realizarse** *vr* to come about, come true

realmente [real'mente] *adv* really, actually

realzar [real'θar] *vt* to enhance; (*acentuar*) to highlight

reanimar [reani'mar] *vt* to revive; (*alentar*) to encourage; **reanimarse** *vr* to revive

reanudar [reanu'ðar] *vt* (*renovar*) to renew; (*historia, viaje*) to resume

reaparición [reapari'θjon] *nf* reappearance

rearme [re'arme] *nm* rearmament

rebaja [re'βaxa] *nf* (*Com*) reduction; (: *descuento*) discount; **rebajas** *nfpl* (*Com*) sale; **rebajar** *vt* (*bajar*) to lower; (*reducir*) to reduce; (*disminuir*) to lessen; (*humillar*) to humble

rebanada [reβa'naða] *nf* slice

rebañar [reβa'ɲar] *vt* (*comida*) to scrape up; (*plato*) to scrape clean

rebaño [re'βaɲo] *nm* herd; (*de ovejas*) flock

rebatir [reβa'tir] *vt* to refute

rebeca [re'βeka] *nf* cardigan

rebelarse [reβe'larse] *vr* to rebel, revolt

rebelde [re'βelde] *adj* rebellious; (*niño*) unruly ▷ *nmf* rebel; **rebeldía** *nf* rebelliousness; (*desobediencia*) disobedience

rebelión [reβe'ljon] *nf* rebellion

reblandecer [reβlande'θer] *vt* to soften

rebobinar [reβoβi'nar] *vt* (*cinta, película de video*) to rewind

rebosante [reβo'sante] *adj* overflowing

rebosar [reβo'sar] *vi* (*líquido, recipiente*) to overflow; (*abundar*) to abound, be plentiful

rebotar [reβo'tar] *vt* to bounce; (*rechazar*) to repel ▷ *vi* (*pelota*) to bounce; (*bala*) to ricochet; **rebote** *nm* rebound; **de rebote** on the rebound

rebozado, -a [reβo'θaðo, a] *adj* fried in batter o breadcrumbs

rebozar [reβo'θar] *vt* to wrap up; (*Culin*) to fry in batter o breadcrumbs

rebuscado, -a [reβus'kaðo, a] *adj* (*amanerado*) affected; (*palabra*) recherché; (*plan*) far-fetched

rebuscar [reβus'kar] *vi*: **~ (en/por)** to search carefully (in/for)

recado [re'kaðo] *nm* (*mensaje*) message; (*encargo*) errand; **tomar un ~** (*Tel*) to take a message

recaer [reka'er] *vi* to relapse; **~ en** to fall to o on; (*criminal etc*) to fall back into, relapse into; **recaída** *nf* relapse

recalcar [rekal'kar] *vt* (*fig*) to stress, emphasize

recalentar [rekalen'tar] *vt* (*volver a calentar*) to reheat; (*calentar demasiado*) to overheat

recámara [re'kamara] (*Méx*) *nf* bedroom

recambio [re'kambjo] *nm* spare; (*de pluma*) refill

recapacitar [rekapaθi'tar] *vi* to reflect

recargado, -a [rekar'ɣaðo, a] *adj* overloaded

recargar [rekar'ɣar] vt to overload; (batería) to recharge; **~ el saldo de** (Tel) to top up; **recargo** nm surcharge; (aumento) increase

recatado, -a [reka'taðo, a] adj (modesto) modest, demure; (prudente) cautious

recaudación [rekauða'θjon] nf (acción) collection; (cantidad) takings pl; (en deporte) gate; **recaudador, a** nm/f tax collector

recelar [reθe'lar] vt: **~ que ...** (sospechar) to suspect that ...; (temer) to fear that ... ▷ vi: **~ de** to distrust; **recelo** nm distrust, suspicion

recepción [reθep'θjon] nf reception; **recepcionista** nmf receptionist

receptor, a [reθep'tor, a] nm/f recipient ▷ nm (Tel) receiver

recesión [reθe'sjon] nf (Com) recession

receta [re'θeta] nf (Culin) recipe; (Med) prescription

No confundir **receta** con la palabra inglesa *receipt*.

rechazar [retʃa'θar] vt to reject; (oferta) to turn down; (ataque) to repel

rechazo [re'tʃaθo] nm rejection

rechinar [retʃi'nar] vi to creak; (dientes) to grind

rechistar [retʃis'tar] vi: **sin ~** without a murmur

rechoncho, -a [re'tʃontʃo, a] (fam) adj thickset (BRIT), heavy-set (US)

rechupete [retʃu'pete]: **de ~** adj (comida) delicious, scrumptious

recibidor [reθiβi'ðor] nm entrance hall

recibimiento [reθiβi'mjento] nm reception, welcome

recibir [reθi'βir] vt to receive; (dar la bienvenida) to welcome ▷ vi to entertain; **recibo** nm receipt

reciclable [reθi'klaβle] adj recyclable

reciclar [reθi'klar] vt to recycle

recién [re'θjen] adv recently, newly; **los ~ casados** the newly-weds; **el ~ llegado** the newcomer; **el ~ nacido** the

newborn child

reciente [re'θjente] adj recent; (fresco) fresh

recinto [re'θinto] nm enclosure; (área) area, place

recio, -a ['reθjo, a] adj strong, tough; (voz) loud ▷ adv hard, loud(ly)

recipiente [reθi'pjente] nm receptacle

recíproco, -a [re'θiproko, a] adj reciprocal

recital [reθi'tal] nm (Mús) recital; (Literatura) reading

recitar [reθi'tar] vt to recite

reclamación [reklama'θjon] nf claim, demand; (queja) complaint

reclamar [rekla'mar] vt to claim, demand ▷ vi: **~ contra** to complain about; **reclamo** nm (anuncio) advertisement; (tentación) attraction

reclinar [rekli'nar] vt to recline, lean; **reclinarse** vr to lean back

reclusión [reklu'sjon] nf (prisión) prison; (refugio) seclusion

recluta [re'kluta] nmf recruit ▷ nf recruitment; **reclutar** vt (datos) to collect; (dinero) to collect up; **reclutamiento** nm recruitment

recobrar [reko'βrar] vt (salud) to recover; (rescatar) to get back; **recobrarse** vr to recover

recodo [re'koðo] nm (de río, camino) bend

recogedor [rekoxe'ðor] nm dustpan

recoger [reko'xer] vt to collect; (Agr) to harvest; (levantar) to pick up; (juntar) to gather; (pasar a buscar) to come for, get; (dar asilo) to give shelter to; (faldas) to gather up; (pelo) to put up; **recogerse** vr (retirarse) to retire; **recogido, -a** adj (lugar) quiet, secluded; (pequeño) small ▷ nf (Correos) collection; (Agr) harvest

recolección [rekolek'θjon] nf (Agr) harvesting; (colecta) collection

recomendación [rekomenda'θjon] nf (sugerencia) suggestion, recommendation; (referencia) reference

recomendar [rekomen'dar] *vt* to suggest, recommend; (*confiar*) to entrust

recompensa [rekom'pensa] *nf* reward, recompense; **recompensar** *vt* to reward, recompense

reconciliación [rekonθilja'θjon] *nf* reconciliation

reconciliar [rekonθi'ljar] *vt* to reconcile; **reconciliarse** *vr* to become reconciled

recóndito, -a [re'kondito, a] *adj* (*lugar*) hidden, secret

reconocer [rekono'θer] *vt* to recognize; (*registrar*) to search; (*Med*) to examine; **reconocido, -a** *adj* recognized; (*agradecido*) grateful; **reconocimiento** *nm* recognition; search; examination; gratitude; (*confesión*) admission

reconquista [rekon'kista] *nf* reconquest; **la R~** the Reconquest (of Spain)

reconstituyente [rekonstitu'jente] *nm* tonic

reconstruir [rekonstru'ir] *vt* to reconstruct

reconversión [rekonβer'sjon] *nf* (*reestructuración*) restructuring; **reconversión industrial** industrial rationalization

recopilación [rekopila'θjon] *nf* (*resumen*) summary; (*compilación*) compilation; **recopilar** *vt* to compile

récord ['rekorð] (*pl* **~s**) *adj inv, nm* record

recordar [rekor'ðar] *vt* (*acordarse de*) to remember; (*acordar a otro*) to remind ▷ *vi* to remember

> No confundir **recordar** con la palabra inglesa *record*.

recorrer [reko'rrer] *vt* (*país*) to cross, travel through; (*distancia*) to cover; (*registrar*) to search; (*repasar*) to look over; **recorrido** *nm* run, journey; **tren de largo recorrido** main-line train

recortar [rekor'tar] *vt* to cut out; **recorte** *nm* (*acción, de prensa*) cutting; (*de telas, chapas*) trimming; **recorte presupuestario** budget cut

recostar [rekos'tar] *vt* to lean; **recostarse** *vr* to lie down

recoveco [reko'βeko] *nm* (*de camino, río etc*) bend; (*en casa*) cubby hole

recreación [rekrea'θjon] *nf* recreation

recrear [rekre'ar] *vt* (*entretener*) to entertain; (*volver a crear*) to recreate; **recreativo, -a** *adj* recreational; **recreo** *nm* recreation; (*Escol*) break, playtime

recriminar [rekrimi'nar] *vt* to reproach ▷ *vi* to recriminate; **recriminarse** *vr* to reproach each other

recrudecer [rekruðe'θer] *vt, vi* to worsen; **recrudecerse** *vr* to worsen

recta ['rekta] *nf* straight line

rectángulo, -a [rek'tangulo, a] *adj* rectangular ▷ *nm* rectangle

rectificar [rektifi'kar] *vt* to rectify; (*volverse recto*) to straighten ▷ *vi* to correct o.s.

rectitud [rekti'tuð] *nf* straightness

recto, -a ['rekto, a] *adj* straight; (*persona*) honest, upright; **siga todo ~** go straight on ▷ *nm* rectum

rector, a [rek'tor, a] *adj* governing

recuadro [re'kwaðro] *nm* box; (*Tip*) inset

recubrir [reku'βrir] *vt*: **~ (con)** (*pintura, crema*) to cover (with)

recuento [re'kwento] *nm* inventory; **hacer el ~ de** to count o reckon up

recuerdo [re'kwerðo] *nm* souvenir; **recuerdos** *nmpl* (*memorias*) memories; **¡~s a tu madre!** give my regards to your mother!

recular [reku'lar] *vi* to back down

recuperación [rekupera'θjon] *nf* recovery

recuperar [rekupe'rar] *vt* to recover; (*tiempo*) to make up; **recuperarse** *vr* to recuperate

recurrir [reku'rrir] *vi* (*Jur*) to appeal; **~ a** to resort to; (*persona*) to turn to;

recurso nm resort; (medios) means pl, resources pl; (Jur) appeal

red [reð] nf net, mesh; (Ferro etc) network; (trampa) trap; **la R~** (Internet) the Net

redacción [reðak'θjon] nf (acción) editing; (personal) editorial staff; (Escol) essay, composition

redactar [reðak'tar] vt to draw up, draft; (periódico) to edit

redactor, a [reðak'tor, a] nm/f editor

redada [re'ðaða] nf (de policía) raid, round-up

rededor [reðe'ðor] nm: **al** o **en ~** around, round about

redoblar [reðo'βlar] vt to redouble ▷ vi (tambor) to roll

redonda [re'ðonda] nf: **a la ~** around, round about

redondear [reðonde'ar] vt to round, round off

redondel [reðon'del] nm (círculo) circle; (Taur) bullring, arena

redondo, -a [re'ðondo, a] adj (circular) round; (completo) complete

reducción [reðuk'θjon] nf reduction

reducido, -a [reðu'θiðo, a] adj reduced; (limitado) limited; (pequeño) small

reducir [reðu'θir] vt to reduce; to limit; **reducirse** vr to diminish

redundancia [reðun'danθja] nf redundancy

reembolsar [re(e)mbol'sar] vt (persona) to reimburse; (dinero) to repay, pay back; (depósito) to refund; **reembolso** nm reimbursement; refund

reemplazar [re(e)mpla'θar] vt to replace; **reemplazo** nm replacement; **de reemplazo** (Mil) reserve

reencuentro [re(e)n'kwentro] nm reunion

reescribible [reeskri'βiβle] adj rewritable

refacción [refak'θjon] (MÉX) nf spare (part)

referencia [refe'renθja] nf reference; **con ~ a** with reference to

referéndum [refe'rendum] (pl **~s**) nm referendum

referente [refe'rente] adj: **~ a** concerning, relating to

réferi ['referi] (LAM) nmf referee

referir [refe'rir] vt (contar) to tell, recount; (relacionar) to refer, relate; **referirse** vr: **~se a** to refer to

refilón [refi'lon]: **de ~** adv obliquely

refinado, -a [refi'naðo, a] adj refined

refinar [refi'nar] vt to refine; **refinería** nf refinery

reflejar [refle'xar] vt to reflect; **reflejo, -a** adj reflected; (movimiento) reflex ▷ nm reflection; (Anat) reflex

reflexión [reflek'sjon] nf reflection; **reflexionar** vt to reflect on ▷ vi to reflect; (detenerse) to pause (to think)

reflexivo, -a [reflek'siβo, a] adj thoughtful; (Ling) reflexive

reforma [re'forma] nf reform; (Arq etc) repair; **reforma agraria** agrarian reform

reformar [refor'mar] vt to reform; (modificar) to change, alter; (Arq) to repair; **reformarse** vr to mend one's ways

reformatorio [reforma'torjo] nm reformatory

reforzar [refor'θar] vt to strengthen; (Arq) to reinforce; (fig) to encourage

refractario, -a [refrak'tarjo, a] adj (Tec) heat-resistant

refrán [re'fran] nm proverb, saying

refregar [refre'xar] vt to scrub

refrescante [refres'kante] adj refreshing, cooling

refrescar [refres'kar] vt to refresh ▷ vi to cool down; **refrescarse** vr to get cooler; (tomar aire fresco) to go out for a breath of fresh air; (beber) to have a drink

refresco [re'fresko] nm soft drink, cool drink; **"~s"** "refreshments"

refriega [re'frjexa] nf scuffle, brawl

refrigeración [refrixera'θjon] *nf*
refrigeration; (*de sala*) air-conditioning

refrigerador [refrixera'ðor] *nm*
refrigerator (*BRIT*), icebox (*US*)

refrigerar [refrixe'rar] *vt* to
refrigerate; (*sala*) to air-condition

refuerzo [re'fwerθo] *nm*
reinforcement; (*Tec*) support

refugiado, -a [refu'xjaðo, a] *nm/f*
refugee

refugiarse [refu'xjarse] *vr* to take
refuge, shelter

refugio [re'fuxjo] *nm* refuge;
(*protección*) shelter

refunfuñar [refunfu'ɲar] *vi* to
grunt, growl; (*quejarse*) to grumble

regadera [reɣa'ðera] *nf* watering can

regadío [reɣa'ðio] *nm* irrigated land

regalado, -a [reɣa'laðo, a] *adj*
comfortable, luxurious; (*gratis*) free,
for nothing

regalar [reɣa'lar] *vt* (*dar*) to give (as
a present); (*entregar*) to give away;
(*mimar*) to pamper, to make a fuss of

regaliz [reɣa'liθ] *nm* liquorice

regalo [re'ɣalo] *nm* (*obsequio*) gift,
present; (*gusto*) pleasure

regañadientes [reɣaɲa'ðjentes]: **a ~**
adv reluctantly

regañar [reɣa'ɲar] *vt* to scold ▷ *vi* to
grumble; **regañón, -ona** *adj* nagging

regar [re'ɣar] *vt* to water, irrigate;
(*fig*) to scatter, sprinkle

regatear [reɣate'ar] *vt* (*Com*) to
bargain over; (*escatimar*) to be mean
with ▷ *vi* to bargain, haggle; (*Deporte*)
to dribble; **regateo** *nm* bargaining;
dribbling; (*del cuerpo*) swerve, dodge

regazo [re'ɣaθo] *nm* lap

regenerar [rexene'rar] *vt* to
regenerate

régimen ['reximen] (*pl* **regímenes**)
nm regime; (*Med*) diet

regimiento [rexi'mjento] *nm*
regiment

regio, -a ['rexjo, a] *adj* royal, regal;
(*fig: suntuoso*) splendid; (*cs: fam*) great,
terrific

región [re'xjon] *nf* region

regir [re'xir] *vt* to govern, rule;
(*dirigir*) to manage, run ▷ *vi* to apply,
be in force

registrar [rexis'trar] *vt* (*buscar*) to
search; (: *en cajón*) to look through;
(*inspeccionar*) to inspect; (*anotar*)
to register, record; (*Inform*) to log;
registrarse *vr* to register; (*ocurrir*)
to happen

registro [re'xistro] *nm* (*acto*)
registration; (*Mús, libro*) register;
(*inspección*) inspection, search;
registro civil registry office

regla ['reɣla] *nf* (*ley*) rule, regulation;
(*de medir*) ruler, rule; (*Med: período*)
period; **en ~** in order

reglamentación [reɣlamenta'θjon]
nf (*acto*) regulation; (*lista*) rules *pl*

reglamentar [reɣlamen'tar] *vt*
to regulate; **reglamentario, -a** *adj*
statutory; **reglamento** *nm* rules *pl*,
regulations *pl*

regocijarse [reɣoθi'xarse] *vr*
(*alegrarse*) to rejoice; **regocijo** *nm* joy,
happiness

regrabadora [reɣraβa'ðora] *nf*
rewriter; **regrabadora de DVD** DVD
rewriter

regresar [reɣre'sar] *vi* to come back,
go back, return; **regreso** *nm* return

reguero [re'ɣero] *nm* (*de sangre etc*)
trickle; (*de humo*) trail

regulador [reɣula'ðor] *nm* regulator;
(*de radio etc*) knob, control

regular [reɣu'lar] *adj* regular;
(*normal*) normal, usual; (*común*)
ordinary; (*organizado*) regular, orderly;
(*mediano*) average; (*fam*) not bad, so-so
▷ *adv* so-so, alright ▷ *vt* (*controlar*) to
control, regulate; (*Tec*) to adjust; **por lo
~** as a rule; **regularidad** *nf* regularity;
regularizar *vt* to regularize

rehabilitación [reaβilita'θjon] *nf*
rehabilitation; (*Arq*) restoration

rehabilitar [reaβili'tar] *vt* to
rehabilitate; (*Arq*) to restore; (*reintegrar*)
to reinstate

rehacer [rea'θer] vt (reparar) to mend, repair; (volver a hacer) to redo, repeat; **rehacerse** vr (Med) to recover

rehén [re'en] nm hostage

rehuir [reu'ir] vt to avoid, shun

rehusar [reu'sar] vt, vi to refuse

reina ['reina] nf queen; **reinado** nm reign

reinar [rei'nar] vi to reign

reincidir [reinθi'ðir] vi to relapse

reincorporarse [reinkorpo'rarse] vr: ~ a to rejoin

reino ['reino] nm kingdom; **reino animal/vegetal** animal/plant kingdom; **el Reino Unido** the United Kingdom

reintegrar [reinte'ɣrar] vt (reconstituir) to reconstruct; (persona) to reinstate; (dinero) to refund, pay back; **reintegrarse** vr: ~se a to return to

reír [re'ir] vi to laugh; **reírse** vr to laugh; **~se de** to laugh at

reiterar [reite'rar] vt to reiterate

reivindicación [reiβindika'θjon] nf (demanda) claim, demand; (justificación) vindication

reivindicar [reiβindi'kar] vt to claim

reja ['rexa] nf (de ventana) grille, bars pl; (en la calle) grating

rejilla [re'xiʎa] nf grating, grille; (muebles) wickerwork; (de ventilación) vent; (de coche etc) luggage rack

rejoneador [rexonea'ðor] nm mounted bullfighter

rejuvenecer [rexuβene'θer] vt, vi to rejuvenate

relación [rela'θjon] nf relation, relationship; (Mat) ratio; (narración) report; **con ~ a, en ~ con** in relation to; **relaciones públicas** public relations; **relacionar** vt to relate, connect; **relacionarse** vr to be connected, be linked

relajación [relaxa'θjon] nf relaxation

relajar [rela'xar] vt to relax; **relajarse** vr to relax

relamerse [rela'merse] vr to lick one's lips

relámpago [re'lampaɣo] nm flash of lightning; **visita ~** lightning visit

relatar [rela'tar] vt to tell, relate

relativo, -a [rela'tiβo, a] adj relative; **en lo ~ a** concerning

relato [re'lato] nm (narración) story, tale

relegar [rele'ɣar] vt to relegate

relevante [rele'βante] adj eminent, outstanding

relevar [rele'βar] vt (sustituir) to relieve; **relevarse** vr to relay; **~ a algn de un cargo** to relieve sb of his post

relevo [re'leβo] nm relief; **carrera de ~s** relay race

relieve [re'ljeβe] nm (Arte, Tec) relief; (fig) prominence, importance; **bajo ~** bas-relief

religión [reli'xjon] nf religion; **religioso, -a** adj religious ⊳ nm/f monk/nun

relinchar [relin'tʃar] vi to neigh

reliquia [re'likja] nf relic; **reliquia de familia** heirloom

rellano [re'ʎano] nm (Arq) landing

rellenar [reʎe'nar] vt (llenar) to fill up; (Culin) to stuff; (Costura) to pad; **relleno, -a** adj full up; stuffed ⊳ nm stuffing; (de tapicería) padding

reloj [re'lo(x)] nm clock; **poner el ~ (en hora)** to set one's watch (o the clock); **reloj (de pulsera)** wristwatch; **reloj despertador** alarm (clock); **reloj digital** digital watch; **relojero, -a** nm/f clockmaker; watchmaker

reluciente [relu'θjente] adj brilliant, shining

relucir [relu'θir] vi to shine; (fig) to excel

remachar [rema'tʃar] vt to rivet; (fig) to hammer home, drive home; **remache** nm rivet

remangar [reman'gar] vt to roll up

remanso [re'manso] nm pool

remar [re'mar] vi to row

rematado, -a [rema'taðo, a] adj complete, utter

rematar [rema'tar] vt to finish off; (*Com*) to sell off cheap ▷ vi to end, finish off; (*Deporte*) to shoot

remate [re'mate] nm end, finish; (*punta*) tip; (*Deporte*) shot; (*Arq*) top; **de o para ~** to crown it all (*BRIT*), to top it off

remedar [reme'ðar] vt to imitate

remediar [reme'ðjar] vt to remedy; (*subsanar*) to make good, repair; (*evitar*) to avoid

remedio [re'meðjo] nm remedy; (*alivio*) relief, help; (*Jur*) recourse, remedy; **poner ~ a** to correct, stop; **no tener más ~** to have no alternative; **¡qué ~!** there's no choice!; **sin ~** hopeless

remendar [remen'dar] vt to repair; (*con parche*) to patch

remiendo [re'mjendo] nm mend; (*con parche*) patch; (*cosido*) darn

remilgado, -a [remil'ɣaðo, a] adj prim; (*afectado*) affected

remiso, -a [re'miso, a] adj slack, slow

remite [re'mite] nm (*en sobre*) name and address of sender

remitir [remi'tir] vt to remit, send ▷ vi to slacken; (*en carta*): **remite: X** sender: X; **remitente** nmf sender

remo ['remo] nm (*de barco*) oar; (*Deporte*) rowing

remojar [remo'xar] vt to steep, soak; (*galleta etc*) to dip, dunk

remojo [re'moxo] nm: **dejar la ropa en ~** to leave clothes to soak

remolacha [remo'latʃa] nf beet, beetroot

remolcador [remolka'ðor] nm (*Náut*) tug; (*Auto*) breakdown lorry

remolcar [remol'kar] vt to tow

remolino [remo'lino] nm eddy; (*de agua*) whirlpool; (*de viento*) whirlwind; (*de gente*) crowd

remolque [re'molke] nm tow, towing; (*cuerda*) towrope; **llevar a ~** to tow

remontar [remon'tar] vt to mend;

remontarse vr to soar; **~se a** (*Com*) to amount to; **~ el vuelo** to soar

remorder [remor'ðer] vt to distress, disturb; **~le la conciencia a algn** to have a guilty conscience; **remordimiento** nm remorse

remoto, -a [re'moto, a] adj remote

remover [remo'βer] vt to stir; (*tierra*) to turn over; (*objetos*) to move round

remuneración [remunera'θjon] nf remuneration

remunerar [remune'rar] vt to remunerate; (*premiar*) to reward

renacer [rena'θer] vi to be reborn; (*fig*) to revive; **renacimiento** nm rebirth; **el Renacimiento** the Renaissance

renacuajo [rena'kwaxo] nm (*Zool*) tadpole

renal [re'nal] adj renal, kidney cpd

rencilla [ren'θiʎa] nf quarrel

rencor [ren'kor] nm rancour, bitterness; **rencoroso, -a** adj spiteful

rendición [rendi'θjon] nf surrender

rendido, -a [ren'diðo, a] adj (*sumiso*) submissive; (*cansado*) worn-out, exhausted

rendija [ren'dixa] nf (*hendedura*) crack, cleft

rendimiento [rendi'mjento] nm (*producción*) output; (*Tec, Com*) efficiency

rendir [ren'dir] vt (*vencer*) to defeat; (*producir*) to produce; (*dar beneficio*) to yield; (*agotar*) to exhaust ▷ vi to pay; **rendirse** vr (*someterse*) to surrender; (*cansarse*) to wear o.s. out; **~ homenaje o culto a** to pay homage to

renegar [rene'ɣar] vi (*renunciar*) to renounce; (*blasfemar*) to blaspheme; (*quejarse*) to complain

RENFE ['renfe] nf abr (= *Red Nacional de los Ferrocarriles Españoles*)

renglón [ren'glon] nm (*línea*) line; (*Com*) item, article; **a ~ seguido** immediately after

renombre [re'nombre] nm renown

renovación [renoβa'θjon] nf (*de*

contrato) renewal; (*Arq*) renovation
renovar [reno'βar] *vt* to renew; (*Arq*) to renovate
renta ['renta] *nf* (*ingresos*) income; (*beneficio*) profit; (*alquiler*) rent; **renta vitalicia** annuity; **rentable** *adj* profitable
renuncia [re'nunθja] *nf* resignation; **renunciar** [renun'θjar] *vt* to renounce; (*tabaco, alcohol etc*): **renunciar a** to give up; (*oferta, oportunidad*) to turn down; (*puesto*) to resign ▷ *vi* to resign
reñido, -a [re'ɲiðo, a] *adj* (*batalla*) bitter, hard-fought; **estar ~ con algn** to be on bad terms with sb
reñir [re'ɲir] *vt* (*regañar*) to scold ▷ *vi* (*estar peleado*) to quarrel, fall out; (*combatir*) to fight
reo ['reo] *nmf* culprit, offender; (*acusado*) accused, defendant
reojo [re'oxo]: **de ~** *adv* out of the corner of one's eye
reparación [repara'θjon] *nf* (*acto*) mending, repairing; (*Tec*) repair; (*fig*) amends *pl*, reparation
reparar [repa'rar] *vt* to repair; (*fig*) to make amends for; (*observar*) to observe ▷ *vi*: **~ en** (*darse cuenta de*) to notice; (*prestar atención a*) to pay attention to
reparo [re'paro] *nm* (*advertencia*) observation; (*duda*) doubt; (*dificultad*) difficulty; **poner ~s (a)** to raise objections (to)
repartidor, a [reparti'ðor, a] *nm/f* distributor
repartir [repar'tir] *vt* to distribute, share out; (*Correos*) to deliver; **reparto** *nm* distribution; delivery; (*Teatro, Cine*) cast; (*CAM: urbanización*) housing estate (*BRIT*), real estate development (*US*)
repasar [repa'sar] *vt* (*Escol*) to revise; (*Mecánica*) to check, overhaul; (*Costura*) to mend; **repaso** *nm* revision; overhaul, checkup; mending
repecho [re'petʃo] *nm* steep incline
repelente [repe'lente] *adj* repellent, repulsive

repeler [repe'ler] *vt* to repel
repente [re'pente] *nm*: **de ~** suddenly
repentino, -a [repen'tino, a] *adj* sudden
repercusión [reperku'sjon] *nf* repercussion
repercutir [reperku'tir] *vi* (*objeto*) to rebound; (*sonido*) to echo; **~ en** (*fig*) to have repercussions on
repertorio [reper'torjo] *nm* list; (*Teatro*) repertoire
repetición [repeti'θjon] *nf* repetition
repetir [repe'tir] *vt* to repeat; (*plato*) to have a second helping of ▷ *vi* to repeat; (*sabor*) to come back; **repetirse** *vr* (*volver sobre un tema*) to repeat o.s.
repetitivo, -a [repeti'tiβo, a] *adj* repetitive, repetitious
repique [re'pike] *nm* pealing, ringing; **repiqueteo** *nm* pealing; (*de tambor*) drumming
repisa [re'pisa] *nf* ledge, shelf; (*de ventana*) windowsill; **la ~ de la chimenea** the mantelpiece
repito *etc vb* V **repetir**
replantearse [replante'arse] *vr*: **~ un problema** to reconsider a problem
repleto, -a [re'pleto, a] *adj* replete, full up
réplica ['replika] *nf* answer; (*Arte*) replica
replicar [repli'kar] *vi* to answer; (*objetar*) to argue, answer back
repliegue [re'pljeɣe] *nm* (*Mil*) withdrawal
repoblación [repoβla'θjon] *nf* repopulation; (*de río*) restocking; **repoblación forestal** reafforestation
repoblar [repo'βlar] *vt* to repopulate; (*con árboles*) to reafforest
repollito [repo'ʎito] (*cs*) *nm*: **~s de Bruselas** (Brussels) sprouts
repollo [re'poʎo] *nm* cabbage
reponer [repo'ner] *vt* to replace, put back; (*Teatro*) to revive; **reponerse** *vr* to recover; **~ que ...** to reply that ...
reportaje [repor'taxe] *nm* report,

article

reportero, -a [repor'tero, a] nm/f
reporter

reposacabezas [reposaka'βeθas]
nm inv headrest

reposar [repo'sar] vi to rest, repose

reposera [repo'sera] (RPL) nf deck
chair

reposición [reposi'θjon] nf
replacement; (Cine) remake

reposo [re'poso] nm rest

repostar [repos'tar] vt to replenish;
(Auto) to fill up (with petrol (BRIT) o
gasoline (US))

repostería [reposte'ria] nf
confectioner's (shop)

represa [re'presa] nf dam; (lago
artificial) lake, pool

represalia [repre'salja] nf reprisal

representación [representa'θjon]
nf representation; (Teatro)
performance; **representante** nmf
representative; performer

representar [represen'tar] vt to
represent; (Teatro) to perform; (edad)
to look; **representarse** vr to imagine;
representativo, -a adj representative

represión [repre'sjon] nf repression

reprimenda [repri'menda] nf
reprimand, rebuke

reprimir [repri'mir] vt to repress

reprobar [repro'βar] vt to censure,
reprove

reprochar [repro'tʃar] vt to reproach;
reproche nm reproach

reproducción [reproðuk'θjon] nf
reproduction

reproducir [reproðu'θir] vt to
reproduce; **reproducirse** vr to breed;
(situación) to recur

reproductor, a [reproðuk'tor,
a] adj reproductive ▷ nm player;
reproductor de CD CD player

reptil [rep'til] nm reptile

república [re'puβlika] nf republic;
República Dominicana Dominican
Republic; **republicano, -a** adj, nm
republican

repudiar [repu'ðjar] vt to repudiate;
(fe) to renounce

repuesto [re'pwesto] nm (pieza de
recambio) spare (part); (abastecimiento)
supply; **rueda de ~** spare wheel

repugnancia [repuɣ'nanθja]
nf repugnance; **repugnante** adj
repugnant, repulsive

repugnar [repuɣ'nar] vt to disgust

repulsa [re'pulsa] nf rebuff

repulsión [repul'sjon] nf repulsion,
aversion; **repulsivo, -a** adj repulsive

reputación [reputa'θjon] nf
reputation

requerir [reke'rir] vt (pedir) to ask,
request; (exigir) to require; (llamar) to
send for, summon

requesón [reke'son] nm cottage
cheese

requete... [re'kete] prefijo extremely

réquiem ['rekjem] (pl ~s) nm
requiem

requisito [reki'sito] nm requirement,
requisite

res [res] nf beast, animal

resaca [re'saka] nf (de mar) undertow,
undercurrent; (fam) hangover

resaltar [resal'tar] vi to project, stick
out; (fig) to stand out

resarcir [resar'θir] vt to compensate;
resarcirse vr to make up for

resbaladero [resβala'ðero] (MÉX)
nm slide

resbaladizo, -a [resβala'ðiθo, a]
adj slippery

resbalar [resβa'lar] vi to slip, slide;
(fig) to slip (up); **resbalarse** vr to
slip, slide; to slip (up); **resbalón** nm
(acción) slip

rescatar [reska'tar] vt (salvar) to
save, rescue; (objeto) to get back,
recover; (cautivos) to ransom

rescate [res'kate] nm rescue; (de
objeto) recovery; **pagar un ~** to pay
a ransom

rescindir [resθin'dir] vt to rescind

rescisión [resθi'sjon] nf cancellation

resecar [rese'kar] vt to dry

thoroughly; (*Med*) to cut out, remove;
resecarse *vr* to dry up
reseco, -a [re'seko, a] *adj* very dry;
(*fig*) skinny
resentido, -a [resen'tiðo, a] *adj*
resentful
resentimiento [resenti'mjento] *nm*
resentment, bitterness
resentirse [resen'tirse] *vr*
(*debilitarse: persona*) to suffer; **~ de**
(*consecuencias*) to feel the effects of; **~
de (o por) algo** to resent sth, be bitter
about sth
reseña [re'sena] *nf* (*cuenta*) account;
(*informe*) report; (*Literatura*) review
reseñar [rese'nar] *vt* to describe;
(*Literatura*) to review
reserva [re'serβa] *nf* reserve;
(*reservación*) reservation
reservado, -a [reser'βaðo, a] *adj*
reserved; (*retraído*) cold, distant ▷ *nm*
private room
reservar [reser'βar] *vt* (*guardar*) to
keep; (*habitación, entrada*) to reserve;
reservarse *vr* to save o.s.; (*callar*) to
keep to o.s.
resfriado [resfri'aðo] *nm* cold;
resfriarse *vr* to cool; (*Med*) to catch
a cold
resguardar [resɣwar'ðar] *vt* to
protect, shield; **resguardarse** *vr*: **~se
de** to guard against; **resguardo**
nm defence; (*vale*) voucher; (*recibo*)
receipt, slip
residencia [resi'ðenθja] *nf*
residence; **residencia de ancianos**
residential home, old people's
home; **residencia universitaria**
hall of residence; **residencial** *nf*
(*urbanización*) housing estate
residente [resi'ðente] *adj, nmf*
resident
residir [resi'ðir] *vi* to reside, live; **~ en**
to reside in, lie in
residuo [re'siðwo] *nm* residue
resignación [resiɣna'θjon] *nf*
resignation; **resignarse** *vr*: **resignarse
a o con** to resign o.s. to, be resigned to

resina [re'sina] *nf* resin
resistencia [resis'tenθja] *nf* (*dureza*)
endurance, strength; (*oposición, Elec*)
resistance; **resistente** *adj* strong,
hardy; resistant
resistir [resis'tir] *vt* (*soportar*) to bear;
(*oponerse a*) to resist, oppose; (*aguantar*)
to put up with ▷ *vi* to resist; (*aguantar*)
to last, endure; **resistirse** *vr*: **~se a** to
refuse to, resist
resoluto, -a [reso'luto, a] *adj*
resolute
resolver [resol'βer] *vt* to resolve;
(*solucionar*) to solve, resolve; (*decidir*) to
decide, settle; **resolverse** *vr* to make
up one's mind
resonar [reso'nar] *vi* to ring, echo
resoplar [reso'plar] *vi* to snort;
resoplido *nm* heavy breathing
resorte [re'sorte] *nm* spring; (*fig*)
lever
resortera [resor'tera] (*Méx*) *nf*
catapult
respaldar [respal'dar] *vt* to back
(up), support; **respaldarse** *vr* to lean
back; **~se con o en** (*fig*) to take one's
stand on; **respaldo** *nm* (*de sillón*) back;
(*fig*) support, backing
respectivo, -a [respek'tiβo, a] *adj*
respective; **en lo ~ a** with regard to
respecto [res'pekto] *nm*: **al ~** on this
matter; **con ~ a, ~ de** with regard to,
in relation to
respetable [respe'taβle] *adj*
respectable
respetar [respe'tar] *vt* to respect;
respeto *nm* respect; (*acatamiento*)
deference; **respetos** *nmpl* respects;
respetuoso, -a *adj* respectful
respingo [res'pingo] *nm* start, jump
respiración [respira'θjon] *nf*
breathing; (*Med*) respiration;
(*ventilación*) ventilation; **respiración
asistida** artificial respiration (*by
machine*)
respirar [respi'rar] *vi* to breathe;
respiratorio, -a *adj* respiratory;
respiro *nm* breathing; (*fig: descanso*)

respite

resplandecer [resplande'θer]
vi to shine; **resplandeciente** adj
resplendent, shining; **resplandor**
nm brilliance, brightness; (de luz,
fuego) blaze

responder [respon'der] vt to answer
▷ vi to answer; (fig) to respond; (pey) to
answer back; **~ de** o **por** to answer for;
respondón, -ona adj cheeky

responsabilidad [responsaβili'ðað]
nf responsibility

responsabilizarse
[responsaβili'θarse] vr to make o.s.
responsible, take charge

responsable [respon'saβle] adj
responsible

respuesta [res'pwesta] nf answer,
reply

resquebrajar [reskeβra'xar] vt to
crack, split; **resquebrajarse** vr to
crack, split

resquicio [res'kiθjo] nm chink;
(hendedura) crack

resta ['resta] nf (Mat) remainder

restablecer [restaβle'θer] vt to
re-establish, restore; **restablecerse**
vr to recover

restante [res'tante] adj remaining;
lo ~ the remainder

restar [res'tar] vt (Mat) to subtract;
(fig) to take away ▷ vi to remain, be left

restauración [restaura'θjon] nf
restoration

restaurante [restau'rante] nm
restaurant

restaurar [restau'rar] vt to restore

restituir [restitu'ir] vt (devolver) to
return, give back; (rehabilitar) to restore

resto ['resto] nm (residuo) rest,
remainder; (apuesta) stake; **restos**
nmpl remains

restorán [resto'ran] nm (Lam)
restaurant

restregar [restre'xar] vt to scrub, rub

restricción [restrik'θjon] nf
restriction

restringir [restrin'xir] vt to restrict,

limit

resucitar [resuθi'tar] vt, vi to
resuscitate, revive

resuelto, -a [re'swelto, a] pp de
resolver ▷ adj resolute, determined

resultado [resul'taðo] nm result;
(conclusión) outcome; **resultante** adj
resulting, resultant

resultar [resul'tar] vi (ser) to be;
(llegar a ser) to turn out to be; (salir bien)
to turn out well; (Com) to amount to;
~ de to stem from; **me resulta difícil
hacerlo** it's difficult for me to do it

resumen [re'sumen] (pl **resúmenes**)
nm summary, résumé; **en ~** in short

resumir [resu'mir] vt to sum
up; (cortar) to abridge, cut down;
(condensar) to summarize

No confundir **resumir** con la
palabra inglesa resume.

resurgir [resur'xir] vi (reaparecer)
to reappear

resurrección [resurre(k)'θjon] nf
resurrection

retablo [re'taβlo] nm altarpiece

retaguardia [reta'xwarðja] nf
rearguard

retahíla [reta'ila] nf series, string

retal [re'tal] nm remnant

retar [re'tar] vt to challenge; (desafiar)
to defy, dare

retazo [re'taθo] nm snippet (BRIT),
fragment

retención [reten'θjon] nf (tráfico)
hold-up; **retención fiscal** deduction
for tax purposes

retener [rete'ner] vt (intereses) to
withhold

reticente [reti'θente] adj (tono)
insinuating; (postura) reluctant; **ser ~ a
hacer algo** to be reluctant o unwilling
to do sth

retina [re'tina] nf retina

retintín [retin'tin] nm jangle, jingle

retirada [reti'raða] nf (Mil, refugio)
retreat; (de dinero) withdrawal; (de
embajador) recall; **retirado, -a** adj
(lugar) remote; (vida) quiet; (jubilado)

retired

retirar [reti'rar] vt to withdraw; (*quitar*) to remove; (*jubilar*) to retire, pension off; **retirarse** vr to retreat, withdraw; to retire; (*acostarse*) to retire, go to bed; **retiro** nm retreat; retirement; (*pago*) pension

reto ['reto] nm dare, challenge

retocar [reto'kar] vt (*fotografía*) to touch up, retouch

retoño [re'toɲo] nm sprout, shoot; (*fig*) offspring, child

retoque [re'toke] nm retouching

retorcer [retor'θer] vt to twist; (*manos, lavado*) to wring; **retorcerse** vr to become twisted; (*mover el cuerpo*) to writhe

retorcido, -a [retor'θiðo, a] adj (*persona*) devious

retorcijón [retorθi'jon] (LAM) nm (tb: ~ **de tripas**) stomach cramp

retórica [re'torika] nf rhetoric; (*pey*) affectedness

retorno [re'torno] nm return

retortijón [retorti'xon] (ESP) nm (tb: ~ **de tripas**) stomach cramp

retozar [reto'θar] vi (*juguetear*) to frolic, romp; (*saltar*) to gambol

retracción [retrak'θjon] nf retraction

retraerse [retra'erse] vr to retreat, withdraw; **retraído, -a** adj shy, retiring; **retraimiento** nm retirement; (*timidez*) shyness

retransmisión [retransmi'sjon] nf repeat (broadcast)

retransmitir [retransmi'tir] vt (*mensaje*) to relay; (*TV etc*) to repeat, retransmit; (: *en vivo*) to broadcast live

retrasado, -a [retra'saðo, a] adj late; (*Med*) mentally retarded; (*país etc*) backward, underdeveloped

retrasar [retra'sar] vt (*demorar*) to postpone, put off; (*retardar*) to slow down ▷ vi (*atrasarse*) to be late; (*reloj*) to be slow; (*producción*) to fall (off); (*quedarse atrás*) to lag behind; **retrasarse** vr to be late; to be slow; to

fall (off); to lag behind

retraso [re'traso] nm (*demora*) delay; (*lentitud*) slowness; (*tardanza*) lateness; (*atraso*) backwardness; **retrasos** nmpl (*Finanzas*) arrears; **llegar con ~** to arrive late; **retraso mental** mental deficiency

retratar [retra'tar] vt (*Arte*) to paint the portrait of; (*fotografiar*) to photograph; (*fig*) to depict, describe; **retrato** nm portrait; (*fig*) likeness; **retrato-robot** (ESP) nm Identikit®

retrete [re'trete] nm toilet

retribuir [retri'βwir] vt (*recompensar*) to reward; (*pagar*) to pay

retro... ['retro] prefijo retro...

retroceder [retroθe'ðer] vi (*echarse atrás*) to move back(wards); (*fig*) to back down

retroceso [retro'θeso] nm backward movement; (*Med*) relapse; (*fig*) backing down

retrospectivo, -a [retrospek'tiβo, a] adj retrospective

retrovisor [retroβi'sor] nm (tb: **espejo ~**) rear-view mirror

retumbar [retum'bar] vi to echo, resound

reúma [re'uma], **reuma** ['reuma] nm rheumatism

reunión [reu'njon] nf (*asamblea*) meeting; (*fiesta*) party

reunir [reu'nir] vt (*juntar*) to reunite, join (together); (*recoger*) to gather (together); (*personas*) to get together, (*cualidades*) to combine; **reunirse** vr (*personas: en asamblea*) to meet, gather

revalidar [reβali'ðar] vt (*ratificar*) to confirm, ratify

revalorizar [reβalori'θar] vt to revalue, reassess

revancha [re'βantʃa] nf revenge

revelación [reβela'θjon] nf revelation

revelado [reβe'laðo] nm developing

revelar [reβe'lar] vt to reveal; (*Foto*) to develop

reventa [re'βenta] nf (*de*

entradas: para concierto) touting

reventar [reβen'tar] *vt* to burst, explode

reventón [reβen'ton] *nm* (*Auto*) blow-out (*BRIT*), flat (*US*)

reverencia [reβe'renθja] *nf* reverence; **reverenciar** *vt* to revere

reverendo, -a [reβe'rendo, a] *adj* reverend

reverente [reβe'rente] *adj* reverent

reversa [re'βersa] (*MÉX, CAM*) *nf* reverse (gear)

reversible [reβer'siβle] *adj* (*prenda*) reversible

reverso [re'βerso] *nm* back, other side; (*de moneda*) reverse

revertir [reβer'tir] *vi* to revert

revés [re'βes] *nm* back, wrong side; (*fig*) reverse, setback; (*Deporte*) backhand; **al ~** the wrong way round; (*de arriba abajo*) upside down; (*ropa*) inside out; **volver algo del ~** to turn sth round; (*ropa*) to turn sth inside out

revisar [reβi'sar] *vt* (*examinar*) to check; (*texto etc*) to revise; **revisión** *nf* revision; **revisión salarial** wage review

revisor, a [reβi'sor, a] *nm/f* inspector; (*Ferro*) ticket collector

revista [re'βista] *nf* magazine, review; (*Teatro*) revue; (*inspección*) inspection; **pasar ~ a** to review, inspect; **revista del corazón** *magazine featuring celebrity gossip and real-life romance stories*

revivir [reβi'βir] *vi* to revive

revolcarse [reβol'karse] *vr* to roll about

revoltijo [reβol'tixo] *nm* mess, jumble

revoltoso, -a [reβol'toso, a] *adj* (*travieso*) naughty, unruly

revolución [reβolu'θjon] *nf* revolution; **revolucionario, -a** *adj, nm/f* revolutionary

revolver [reβol'βer] *vt* (*desordenar*) to disturb, mess up; (*mover*) to move about ▷ *vi*: **~ en** to go through,

rummage (about) in; **revolverse** *vr* (*volver contra*) to turn on *o* against

revólver [re'βolβer] *nm* revolver

revuelo [re'βwelo] *nm* fluttering; (*fig*) commotion

revuelta [re'βwelta] *nf* (*motín*) revolt; (*agitación*) commotion

revuelto, -a [re'βwelto, a] *pp de* **revolver** ▷ *adj* (*mezclado*) mixed-up, in disorder

rey [rei] *nm* king; **Día de R~es** Twelfth Night; **los R~es Magos** the Three Wise Men, the Magi

● **REYES MAGOS**
●
● On the night before the 6th
● January (the Epiphany), children
● go to bed expecting **los Reyes**
● **Magos** (the Three Wise Men) to
● bring them presents. Twelfth
● Night processions, known as
● **cabalgatas**, take place that
● evening when 3 people dressed
● as **los Reyes Magos** arrive in the
● town by land or sea to the delight
● of the children.

reyerta [re'jerta] *nf* quarrel, brawl

rezagado, -a [reθa'ɣaðo, a] *nm/f* straggler

rezar [re'θar] *vi* to pray; **~ con** (*fam*) to concern, have to do with; **rezo** *nm* prayer

rezumar [reθu'mar] *vt* to ooze

ría ['ria] *nf* estuary

riada [ri'aða] *nf* flood

ribera [ri'βera] *nf* (*de río*) bank; (: *área*) riverside

ribete [ri'βete] *nm* (*de vestido*) border; (*fig*) addition

ricino [ri'θino] *nm*: **aceite de ~** castor oil

rico, -a ['riko, a] *adj* rich; (*adinerado*) wealthy, rich; (*lujoso*) luxurious; (*comida*) delicious; (*niño*) lovely, cute ▷ *nm/f* rich person

ridiculez [riðiku'leθ] *nf* absurdity

ridiculizar [riðikuliˈθar] vt to ridicule
ridículo, -a [riˈðikulo, a] adj ridiculous; **hacer el ~** to make a fool of o.s.; **poner a algn en ~** to make a fool of sb
riego [ˈrjeɣo] nm (aspersión) watering; (irrigación) irrigation; **riego sanguíneo** blood flow o circulation
riel [rjel] nm rail
rienda [ˈrjenda] nf rein; **dar ~ suelta a** to give free rein to
riesgo [ˈrjesɣo] nm risk; **correr el ~ de** to run the risk of
rifa [ˈrifa] nf (lotería) raffle; **rifar** vt to raffle
rifle [ˈrifle] nm rifle
rigidez [rixiˈðeθ] nf rigidity, stiffness; (fig) strictness; **rígido, -a** adj rigid, stiff; strict, inflexible
rigor [riˈɣor] nm strictness, rigour; (inclemencia) harshness; **de ~** de rigueur, essential; **riguroso, -a** adj rigorous, harsh; (severo) severe
rimar [riˈmar] vi to rhyme
rimbombante [rimbomˈbante] adj pompous
rímel [ˈrimel] nm mascara
rímmel [ˈrimel] nm = **rímel**
rin [rin] (MÉX) nm (wheel) rim
rincón [rinˈkon] nm corner (inside)
rinoceronte [rinoθeˈronte] nm rhinoceros
riña [ˈriɲa] nf (disputa) argument; (pelea) brawl
riñón [riˈɲon] nm kidney
río etc [ˈrio] vb V **reír** ⊳ nm river; (fig) torrent, stream; **río abajo/arriba** downstream/upstream; **Río de la Plata** River Plate
rioja [riˈoxa] nm (vino) rioja (wine)
rioplatense [rioplaˈtense] adj of o from the River Plate region
riqueza [riˈkeθa] nf wealth, riches pl; (cualidad) richness
risa [ˈrisa] nf laughter; (una risa) laugh; **¡qué ~!** what a laugh!
risco [ˈrisko] nm crag, cliff

ristra [ˈristra] nf string
risueño, -a [riˈsweɲo, a] adj (sonriente) smiling; (contento) cheerful
ritmo [ˈritmo] nm rhythm; **a ~ lento** slowly; **trabajar a ~ lento** to go slow; **ritmo cardíaco** heart rate
rito [ˈrito] nm rite
ritual [riˈtwal] adj, nm ritual
rival [riˈβal] adj, nmf rival; **rivalidad** nf rivalry; **rivalizar** vi: **rivalizar con** to rival, vie with
rizado, -a [riˈθaðo, a] adj curly ⊳ nm curls pl
rizar [riˈθar] vt to curl; **rizarse** vr (pelo) to curl; (agua) to ripple; **rizo** nm curl; ripple
RNE nf abr = **Radio Nacional de España**
robar [roˈβar] vt to rob; (objeto) to steal; (casa etc) to break into; (Naipes) to draw
roble [ˈroβle] nm oak; **robledal** nm oakwood
robo [ˈroβo] nm robbery, theft
robot [roˈβot] nm robot; **robot (de cocina)** (ESP) food processor
robustecer [roβusteˈθer] vt to strengthen
robusto, -a [roˈβusto, a] adj robust, strong
roca [ˈroka] nf rock
roce [ˈroθe] nm (caricia) brush; (Tec) friction; (en la piel) graze; **tener ~ con** to be in close contact with
rociar [roˈθjar] vt to spray
rocín [roˈθin] nm nag, hack
rocío [roˈθio] nm dew
rocola [roˈkola] (LAM) nf jukebox
rocoso, -a [roˈkoso, a] adj rocky
rodaballo [roðaˈβaʎo] nm turbot
rodaja [roˈðaxa] nf slice
rodaje [roˈðaxe] nm (Cine) shooting, filming; (Auto): **en ~** running in
rodar [roˈðar] vt (vehículo) to wheel (along); (escalera) to roll down; (viajar por) to travel (over) ⊳ vi to roll; (coche) to go, run; (Cine) to shoot, film
rodear [roðeˈar] vt to surround ⊳ vi

to go round; **rodearse** vr: **~se de amigos** to surround o.s. with friends

rodeo [ro'ðeo] nm (ruta indirecta) detour; (evasión) evasion; (Deporte) rodeo; **hablar sin ~s** to come to the point, speak plainly

rodilla [ro'ðiʎa] nf knee; **de ~s** kneeling; **ponerse de ~s** to kneel (down)

rodillo [ro'ðiʎo] nm roller; (Culin) rolling-pin

roedor, a [roe'ðor, a] adj gnawing ▷ nm rodent

roer [ro'er] vt (masticar) to gnaw; (corroer, fig) to corrode

rogar [ro'xar] vt, vi (pedir) to ask for; (suplicar) to beg, plead; **se ruega no fumar** please do not smoke

rojizo, -a [ro'xiθo, a] adj reddish

rojo, -a [ro'xo, a] adj, nm red; **al ~ vivo** red-hot

rol [rol] nm list, roll; (papel) role

rollito [ro'ʎito] nm (tb: **~ de primavera**) spring roll

rollizo, -a [ro'ʎiθo, a] adj (objeto) cylindrical; (persona) plump

rollo [ro'ʎo] nm roll; (de cuerda) coil; (madera) log; (ESP: fam) bore; **¡qué ~!** (ESP: fam) what a carry-on!

Roma ['roma] n Rome

romance [ro'manθe] nm (amoroso) romance; (Literatura) ballad

romano, -a [ro'mano, a] adj, nm/f Roman; **a la romana** in batter

romanticismo [romanti'θismo] nm romanticism

romántico, -a [ro'mantiko, a] adj romantic

rombo ['rombo] nm (Geom) rhombus

romería [rome'ria] nf (Rel) pilgrimage; (excursión) trip, outing

romero, -a [ro'mero, a] nm/f pilgrim ▷ nm rosemary

romo, -a ['romo, a] adj blunt; (fig) dull

rompecabezas [rompeka'βeθas] nm inv riddle, puzzle; (juego) jigsaw (puzzle)

rompehuelgas [rompe'welxas] (LAM) nm inv strikebreaker, scab

rompeolas [rompe'olas] nm inv breakwater

romper [rom'per] vt to break; (hacer pedazos) to smash; (papel, tela etc) to tear, rip ▷ vi (olas) to break; (sol, diente) to break through; **romperse** vr to break; **~ un contrato** to break a contract; **~ a** (empezar a) to start (suddenly) to; **~ a llorar** to burst into tears; **~ con algn** to fall out with sb

ron [ron] nm rum

roncar [ron'kar] vi to snore

ronco, -a ['ronko, a] adj (afónico) hoarse; (áspero) raucous

ronda ['ronda] nf (gen) round; (patrulla) patrol; **rondar** vt to patrol ▷ vi to patrol; (fig) to prowl round

ronquido [ron'kiðo] nm snore, snoring

ronronear [ronrone'ar] vi to purr

roña ['rona] nf (Veterinaria) mange; (mugre) dirt, grime; (óxido) rust

roñoso, -a [ro'noso, a] adj (mugriento) filthy; (tacaño) mean

ropa ['ropa] nf clothes pl, clothing; **ropa blanca** linen; **ropa de cama** bed linen; **ropa de color** coloureds pl; **ropa interior** underwear; **ropa sucia** dirty washing; **ropaje** nm gown, robes pl

ropero [ro'pero] nm linen cupboard; (guardarropa) wardrobe

rosa ['rosa] adj pink ▷ nf rose

rosado, -a [ro'saðo, a] adj pink

▷ *nm* rosé
rosal [ro'sal] *nm* rosebush
rosario [ro'sarjo] *nm* (*Rel*) rosary;
rezar el ~ to say the rosary
rosca ['roska] *nf* (*de tornillo*) thread;
(*de humo*) coil, spiral; (*pan, postre*) ring-
shaped roll/pastry
rosetón [rose'ton] *nm* rosette; (*Arq*)
rose window
rosquilla [ros'kiʎa] *nf* doughnut-
shaped fritter
rostro ['rostro] *nm* (*cara*) face
rotativo, -a [rota'tiβo, a] *adj* rotary
roto, -a ['roto, a] *pp de* **romper** ▷ *adj*
broken
rotonda [ro'tonda] *nf* roundabout
rótula ['rotula] *nf* kneecap; (*Tec*) ball-
and-socket joint
rotulador [rotula'ðor] *nm* felt-tip
pen
rótulo ['rotulo] *nm* heading, title;
label; (*letrero*) sign
rotundamente [rotunda'mente]
adv (*negar*) flatly; (*responder, afirmar*)
emphatically; **rotundo, -a** *adj* round;
(*enfático*) emphatic
rotura [ro'tura] *nf* (*acto*) breaking;
(*Med*) fracture
rozadura [roθa'ðura] *nf* abrasion,
graze
rozar [ro'θar] *vt* (*frotar*) to rub;
(*arañar*) to scratch; (*tocar ligeramente*)
to shave, touch lightly; **rozarse** *vr* to
rub (together); **~se con** (*fam*) to rub
shoulders with
rte. *abr* (= *remite, remitente*) sender
RTVE *nf abr* = **Radiotelevisión
Española**
rubí [ru'βi] *nm* ruby; (*de reloj*) jewel
rubio, -a ['ruβjo, a] *adj* fair-haired,
blond(e) ▷ *nm/f* blond/blonde;
tabaco ~ Virginia tobacco
rubor [ru'βor] *nm* (*sonrojo*) blush;
(*timidez*) bashfulness; **ruborizarse**
vr to blush
rúbrica ['ruβrika] *nf* (*de la firma*)
flourish; **rubricar** *vt* (*firmar*) to sign
with a flourish; (*concluir*) to sign

and seal
rudimentario, -a [ruðimen'tarjo,
a] *adj* rudimentary
rudo, -a ['ruðo, a] *adj* (*sin pulir*)
unpolished; (*grosero*) coarse; (*violento*)
violent; (*sencillo*) simple
rueda ['rweða] *nf* wheel; (*círculo*)
ring, circle; (*rodaja*) slice, round; **rueda
de auxilio** (*RPL*) spare tyre; **rueda
delantera/trasera/de repuesto**
front/back/spare wheel; **rueda de
prensa** press conference; **rueda
gigante** (*LAM*) big (*BRIT*) o Ferris (*US*)
wheel
ruedo ['rweðo] *nm* (*círculo*) circle;
(*Taur*) arena, bullring
ruego *etc* ['rwexo] *vb* V **rogar** ▷ *nm*
request
rugby ['ruxβi] *nm* rugby
rugido [ru'xiðo] *nm* roar
rugir [ru'xir] *vi* to roar
rugoso, -a [ru'xoso, a] *adj* (*arrugado*)
wrinkled; (*áspero*) rough; (*desigual*)
ridged
ruido ['rwiðo] *nm* noise; (*sonido*)
sound; (*alboroto*) racket, row;
(*escándalo*) commotion, rumpus;
ruidoso, -a *adj* noisy, loud; (*fig*)
sensational
ruin [rwin] *adj* contemptible, mean
ruina ['rwina] *nf* ruin; (*colapso*)
collapse; (*de persona*) ruin, downfall
ruinoso, -a [rwi'noso, a] *adj*
ruinous; (*destartalado*) dilapidated,
tumbledown; (*com*) disastrous
ruiseñor [rwise'ɲor] *nm* nightingale
rulero [ru'lero] (*RPL*) *nm* roller
ruleta [ru'leta] *nf* roulette
rulo ['rulo] *nm* (*para el pelo*) curler
Rumanía [ruma'nia] *nf* Rumania
rumba ['rumba] *nf* rumba
rumbo ['rumbo] *nm* (*ruta*) route,
direction; (*ángulo de dirección*) course,
bearing; (*fig*) course of events; **ir con ~
a** to be heading for
rumiante [ru'mjante] *nm* ruminant
rumiar [ru'mjar] *vt* to chew; (*fig*) to
chew over ▷ *vi* to chew the cud

rumor [ru'mor] *nm* (*ruido sordo*) low sound; (*murmuración*) murmur, buzz; **rumorearse** *vr*: **se rumorea que ...** it is rumoured that ...
rupestre [ru'pestre] *adj* rock *cpd*
ruptura [rup'tura] *nf* rupture
rural [ru'ral] *adj* rural
Rusia ['rusja] *nf* Russia; **ruso, -a** *adj*, *nm/f* Russian
rústico, -a ['rustiko, a] *adj* rustic; (*ordinario*) coarse, uncouth ▷ *nm/f* yokel
ruta ['ruta] *nf* route
rutina [ru'tina] *nf* routine

S

S *abr* (= *santo, a*) St; (= *sur*) S
s. *abr* (= *siglo*) C.; (= *siguiente*) foll
S.A. *abr* (= *Sociedad Anónima*) Ltd. (BRIT), Inc. (US)
sábado ['saβaðo] *nm* Saturday
sábana ['saβana] *nf* sheet
sabañón [saβa'ɲon] *nm* chilblain
saber [sa'βer] *vt* to know; (*llegar a conocer*) to find out, learn; (*tener capacidad de*) to know how to ▷ *vi*: **~ a** to taste of, taste like ▷ *nm* knowledge, learning; **a ~** namely; **¿sabes conducir/nadar?** can you drive/swim?; **¿sabes francés?** do you speak French?; **~ de memoria** to know by heart; **hacer ~ algo a algn** to inform sb of sth, let sb know sth
sabiduría [saβiðu'ria] *nf* (*conocimientos*) wisdom; (*instrucción*) learning
sabiendas [sa'βjendas]: **a ~** *adv* knowingly
sabio, -a ['saβjo, a] *adj* (*docto*) learned; (*prudente*) wise, sensible
sabor [sa'βor] *nm* taste, flavour;

saborear vt to taste, savour; (fig) to relish

sabotaje [saβo'taxe] nm sabotage

sabré etc vb V **saber**

sabroso, -a [sa'βroso, a] adj tasty; (fig: fam) racy, salty

sacacorchos [saka'kortʃos] nm inv corkscrew

sacapuntas [saka'puntas] nm inv pencil sharpener

sacar [sa'kar] vt to take out; (fig: extraer) to get (out); (quitar) to remove, get out; (hacer salir) to bring out; (conclusión) to draw; (novela etc) to publish, bring out; (ropa) to take off; (obra) to make; (premio) to receive; (entradas) to get; (Tenis) to serve; **~ adelante** (niño) to bring up; (negocio) to carry on, go on with; **~ a algn a bailar** to get sb up to dance; **~ una foto** to take a photo; **~ la lengua** to stick out one's tongue; **~ buenas/malas notas** to get good/bad marks

sacarina [saka'rina] nf saccharin(e)

sacerdote [saθer'ðote] nm priest

saciar [sa'θjar] vt (hambre, sed) to satisfy; **saciarse** vr (de comida) to get full up

saco ['sako] nm bag; (grande) sack; (su contenido) bagful; (LAM: chaqueta) jacket; **saco de dormir** sleeping bag

sacramento [sakra'mento] nm sacrament

sacrificar [sakrifi'kar] vt to sacrifice; **sacrificio** nm sacrifice

sacristía [sakris'tia] nf sacristy

sacudida [saku'ðiða] nf (agitación) shake, shaking; (sacudimiento) jolt, bump; **sacudida eléctrica** electric shock

sacudir [saku'ðir] vt to shake; (golpear) to hit

Sagitario [saxi'tarjo] nm Sagittarius

sagrado, -a [sa'ɣraðo, a] adj sacred, holy

Sáhara ['saara] nm: **el ~** the Sahara (desert)

sal [sal] vb V **salir** ▷ nf salt; **sales de baño** bath salts

sala ['sala] nf room; (tb: **~ de estar**) living room; (Teatro) house, auditorium; (de hospital) ward; **sala de espera** waiting room; **sala de estar** living room; **sala de fiestas** dance hall

salado, -a [sa'laðo, a] adj salty; (fig) witty, amusing; **agua salada** salt water

salar [sa'lar] vt to salt, add salt to

salario [sa'larjo] nm wage, pay

salchicha [sal'tʃitʃa] nf (pork) sausage; **salchichón** nm (salami-type) sausage

saldo ['saldo] nm (pago) settlement; (de una cuenta) balance; (lo restante) remnant(s) (pl), remainder; (de móvil) credit; **saldos** nmpl (en tienda) sale

saldré etc vb V **salir**

salero [sa'lero] nm salt cellar

salgo etc vb V **salir**

salida [sa'liða] nf (puerta etc) exit, way out; (acto) leaving, going out; (de tren, Aviac) departure; (Tec) output, production; (fig) way out; (Com) opening; (Geo, válvula) outlet; (de gas) leak; **calle sin ~** cul-de-sac; **salida de baño** (RPL) bathrobe; **salida de emergencia/incendios** emergency exit/fire escape

○ **PALABRA CLAVE**

salir [sa'lir] vi 1 (partir: tb: **salir de**) to leave; **Juan ha salido** Juan is out; **salió de la cocina** he came out of the kitchen

2 (aparecer) to appear; (disco, libro) to come out; **anoche salió en la tele** she appeared o was on TV last night; **salió en todos los periódicos** it was in all the papers

3 (resultar): **la muchacha nos salió muy trabajadora** the girl turned out to be a very hard worker; **la comida te ha salido exquisita** the food was delicious; **sale muy caro** it's very expensive

4: **salirle a uno algo: la entrevista que hice me salió bien/mal** the interview I did went o turned out well/badly
5: **salir adelante: no sé como haré para salir adelante** I don't know how I'll get by
salirse vr (*líquido*) to spill; (*animal*) to escape

saliva [sa'liβa] nf saliva
salmo ['salmo] nm psalm
salmón [sal'mon] nm salmon
salmonete [salmo'nete] nm red mullet
salón [sa'lon] nm (*de casa*) living room, lounge; (*muebles*) lounge suite; **salón de baile** dance hall; **salón de belleza** beauty parlour
salpicadera [salpika'ðera] (*MÉX*) nf mudguard (*BRIT*), fender (*US*)
salpicadero [salpika'ðero] nm (*Auto*) dashboard
salpicar [salpi'kar] vt (*rociar*) to sprinkle, spatter; (*esparcir*) to scatter
salpicón [salpi'kon] nm (tb: **~ de marisco**) seafood salad
salsa ['salsa] nf sauce; (*con carne asada*) gravy; (*fig*) spice
saltamontes [salta'montes] nm inv grasshopper
saltar [sal'tar] vt to jump (over), leap (over); (*dejar de lado*) to skip, miss out ▷ vi to jump, leap; (*pelota*) to bounce; (*al aire*) to fly up; (*quebrarse*) to break; (*al agua*) to dive; (*fig*) to explode, blow up
salto ['salto] nm jump, leap; (*al agua*) dive; **salto de agua** waterfall; **salto de altura/longitud** high/long jump
salud [sa'luð] nf health; **¡(a su) ~!** cheers!, good health!; **saludable** adj (*de buena salud*) healthy; (*provechoso*) good, beneficial
saludar [salu'ðar] vt to greet; (*Mil*) to salute; **saludo** nm greeting; **"saludos"** (*en carta*) "best wishes", "regards"
salvación [salβa'θjon] nf salvation;

(*rescate*) rescue
salvado [sal'βaðo] nm bran
salvaje [sal'βaxe] adj wild; (*tribu*) savage
salvamanteles [salβaman'teles] nm inv table mat
salvamento [salβa'mento] nm rescue
salvapantallas [salβapan'taλas] nm inv screen saver
salvar [sal'βar] vt (*rescatar*) to save, rescue; (*resolver*) to overcome, resolve; (*cubrir distancias*) to cover, travel; (*hacer excepción*) to except, exclude; (*barco*) to salvage
salvavidas [salβa'βiðas] adj inv: **bote/chaleco ~** lifeboat/life jacket
salvo, -a ['salβo, a] adj safe ▷ adv except (for), save; **a ~** out of danger; **~ que** unless
san [san] adj saint; **S~ Juan** St John
sanar [sa'nar] vt (*herida*) to heal; (*persona*) to cure ▷ vi (*persona*) to get well, recover; (*herida*) to heal
sanatorio [sana'torjo] nm sanatorium
sanción [san'θjon] nf sanction
sancochado, -a [sanko'tʃado, a] (*MÉX*) adj (*Culin*) underdone, rare
sandalia [san'dalja] nf sandal
sandía [san'dia] nf watermelon
sandwich ['sandwitʃ] (pl **~s**, **~es**) nm sandwich
sanfermines [sanfer'mines] nmpl *festivities in celebration of San Fermín (Pamplona)*

● **SANFERMINES**
●
● The **Sanfermines** is a week-long
● festival in Pamplona made famous
● by Ernest Hemingway. From the
● 7th July, the feast of "San Fermín",
● crowds of mainly young people
● take to the streets drinking,
● singing and dancing. Early in
● the morning bulls are released
● along the narrow streets leading

- to the bullring, and young men
- risk serious injury to show their
- bravery by running out in front
- of them, a custom which is also
- typical of many Spanish villages.

sangrar [san'grar] *vt, vi* to bleed;
sangre *nf* blood
sangría [san'gria] *nf* sangria,
sweetened drink of red wine with fruit
sangriento, -a [san'grjento, a]
adj bloody
sanguíneo, -a [san'gineo, a] *adj*
blood *cpd*
sanidad [sani'ðað] *nf* (*tb*: **~ pública**)
public health
San Isidro [sani'sidro] *nm patron
saint of Madrid*

sanitario, -a [sani'tarjo, a] *adj*
health *cpd*; **sanitarios** *nmpl* toilets
(*BRIT*), washroom (*US*)
sano, -a ['sano, a] *adj* healthy; (*sin
daños*) sound; (*comida*) wholesome;
(*entero*) whole, intact; **~ y salvo** safe
and sound
▌ No confundir **sano** con la palabra
inglesa *sane*.
Santiago [san'tjaɣo] *nm*: **~ (de Chile)**
Santiago
santiamén [santja'men] *nm*: **en un ~**
in no time at all
santidad [santi'ðað] *nf* holiness,
sanctity
santiguarse [santi'ɣwarse] *vr* to
make the sign of the cross

santo, -a ['santo, a] *adj* holy; (*fig*)
wonderful, miraculous ▷ *nm/f* saint
▷ *nm* saint's day; **~ y seña** password
santuario [san'twarjo] *nm*
sanctuary, shrine
sapo ['sapo] *nm* toad
saque ['sake] *nm* (*Tenis*) service,
serve; (*Fútbol*) throw-in; **saque de
esquina** corner (kick)
saquear [sake'ar] *vt* (*Mil*) to sack;
(*robar*) to loot, plunder; (*fig*) to ransack
sarampión [saram'pjon] *nm*
measles *sg*
sarcástico, -a [sar'kastiko, a] *adj*
sarcastic
sardina [sar'ðina] *nf* sardine
sargento [sar'xento] *nm* sergeant
sarmiento [sar'mjento] *nm* (*Bot*)
vine shoot
sarna ['sarna] *nf* itch; (*Med*) scabies
sarpullido [sarpu'ʎiðo] *nm* (*Med*)
rash
sarro ['sarro] *nm* (*en dientes*) tartar,
plaque
sartén [sar'ten] *nf* frying pan
sastre ['sastre] *nm* tailor; **sastrería**
nf (*arte*) tailoring; (*tienda*) tailor's
(shop)
Satanás [sata'nas] *nm* Satan
satélite [sa'telite] *nm* satellite
sátira ['satira] *nf* satire
satisfacción [satisfak'θjon] *nf*
satisfaction
satisfacer [satisfa'θer] *vt* to satisfy;
(*gastos*) to meet; (*pérdida*) to make
good; **satisfacerse** *vr* to satisfy o.s.,
be satisfied; (*vengarse*) to take revenge;
satisfecho, -a *adj* satisfied; (*contento*)
content(ed), happy; (*tb*: **satisfecho de
sí mismo**) self-satisfied, smug
saturar [satu'rar] *vt* to saturate;
saturarse *vr* (*mercado, aeropuerto*) to
reach saturation point
sauce ['sauθe] *nm* willow; **sauce
llorón** weeping willow
sauna ['sauna] *nf* sauna
savia ['saβja] *nf* sap
saxofón [sakso'fon] *nm* saxophone

sazonar [saθo'nar] vt to ripen; (Culin) to flavour, season

scooter [e'skuter] (ESP) nf scooter

Scotch® [skotʃ] (LAM) nm Sellotape® (BRIT), Scotch tape® (US)

SE abr (= sudeste) SE

○ **PALABRA CLAVE**

se [se] pron **1** (reflexivo: sg: m) himself; (: f) herself; (: pl) themselves; (: cosa) itself; (: de Vds) yourself; (: de Vds) yourselves; **se está preparando** she's preparing herself
2 (con complemento indirecto) to him; to her; to them; to it; to you; **a usted se lo dije ayer** I told you yesterday; **se compró un sombrero** he bought himself a hat; **se rompió la pierna** he broke his leg
3 (uso recíproco) each other, one another; **se miraron (el uno al otro)** they looked at each other o one another
4 (en oraciones pasivas): **se han vendido muchos libros** a lot of books have been sold
5 (impers): **se dice que ...** people say that ..., it is said that ...; **allí se come muy bien** the food there is very good, you can eat very well there

sé etc [se] vb V **saber; ser**

sea etc vb V **ser**

sebo ['seβo] nm fat, grease

secador [seka'ðor] nm: **~ de pelo** hair-dryer

secadora [seka'ðora] nf tumble dryer

secar [se'kar] vt to dry; **secarse** vr to dry (off); (río, planta) to dry up

sección [sek'θjon] nf section

seco, -a ['seko, a] adj dry; (carácter) cold; (respuesta) sharp, curt; **parar en ~** to stop dead; **decir algo a secas** to say sth curtly

secretaría [sekreta'ria] nf secretariat

secretario, -a [sekre'tarjo, a] nm/f secretary

secreto, -a [se'kreto, a] adj secret; (persona) secretive ▷ nm secret; (calidad) secrecy

secta ['sekta] nf sect

sector [sek'tor] nm sector

secuela [se'kwela] nf consequence

secuencia [se'kwenθja] nf sequence

secuestrar [sekwes'trar] vt to kidnap; (bienes) to seize, confiscate; **secuestro** nm kidnapping; seizure, confiscation

secundario, -a [sekun'darjo, a] adj secondary

sed [seð] nf thirst; **tener ~** to be thirsty

seda ['seða] nf silk

sedal [se'ðal] nm fishing line

sedán [se'ðan] (LAM) nm saloon (BRIT), sedan (US)

sedante [se'ðante] nm sedative

sede ['seðe] nf (de gobierno) seat; (de compañía) headquarters pl; **Santa S~** Holy See

sedentario, -a [seðen'tario, a] adj sedentary

sediento, -a [se'ðjento, a] adj thirsty

sedimento [seði'mento] nm sediment

seducción [seðuk'θjon] nf seduction

seducir [seðu'θir] vt to seduce; (cautivar) to charm, fascinate; (atraer) to attract; **seductor, a** adj seductive; charming, fascinating; attractive ▷ nm/f seducer

segar [se'xar] vt (mies) to reap, cut; (hierba) to mow, cut

seglar [se'xlar] adj secular, lay

seguida [se'xiða] nf: **en ~** at once, right away

seguido, -a [se'xiðo, a] adj (continuo) continuous, unbroken; (recto) straight ▷ adv (directo) straight (on); (después) after; (LAM: a menudo) often; **~s** consecutive, successive; **5 días ~s** 5 days running, 5 days in a row

seguir [se'xir] vt to follow; (venir

después) to follow on, come after;
(*proseguir*) to continue; (*perseguir*) to
chase, pursue ▷ *vi* (*gen*) to follow;
(*continuar*) to continue, carry o go
on; **seguirse** *vr* to follow; **sigo sin
comprender** I still don't understand;
sigue lloviendo it's still raining

según [se'ɣun] *prep* according to
▷ *adv*: **¿irás? - ~** are you going? – it all
depends ▷ *conj* as; **~ caminamos**
while we walk

segundo, -a [se'ɣundo, a] *adj*
second ▷ *nm* second ▷ *nf* second
meaning; **de segunda mano** second-
hand; **segunda (clase)** second class;
segunda (marcha) (*Auto*) second
(gear)

seguramente [seɣura'mente] *adv*
surely; (*con certeza*) for sure, with
certainty

seguridad [seɣuri'ðað] *nf* safety;
(*del estado, de casa etc*) security;
(*certidumbre*) certainty; (*confianza*)
confidence; (*estabilidad*) stability;
seguridad social social security

seguro, -a [se'ɣuro, a] *adj* (*cierto*)
sure, certain; (*fiel*) trustworthy; (*libre
de peligro*) safe; (*bien defendido, firme*)
secure ▷ *adv* for sure, certainly ▷ *nm*
(*Com*) insurance; **seguro contra
terceros/a todo riesgo** third party/
comprehensive insurance; **seguros
sociales** social security *sg*

seis [seis] *num* six

seísmo [se'ismo] *nm* tremor,
earthquake

selección [selek'θjon] *nf* selection;
seleccionar *vt* to pick, choose, select

selectividad [selektiβi'ðað] (*ESP*) *nf*
university entrance examination

selecto, -a [se'lekto, a] *adj* select,
choice; (*escogido*) selected

sellar [se'ʎar] *vt* (*documento oficial*) to
seal; (*pasaporte, visado*) to stamp

sello ['seʎo] *nm* stamp; (*precinto*) seal

selva ['selβa] *nf* (*bosque*) forest,
woods *pl*; (*jungla*) jungle

semáforo [se'maforo] *nm* (*Auto*)
traffic lights *pl*; (*Ferro*) signal

semana [se'mana] *nf* week; **entre
~** during the week; **Semana Santa**
Holy Week; **semanal** *adj* weekly;
semanario *nm* weekly magazine

SEMANA SANTA

In Spain celebrations for **Semana
Santa** (Holy Week) are often
spectacular. "Viernes Santo",
"Sábado Santo" and "Domingo de
Resurrección" (Good Friday, Holy
Saturday, Easter Sunday) are all
national public holidays, with
additional days being given as
local holidays. There are fabulous
procesiones all over the country,
with members of "cofradías"
(brotherhoods) dressing in hooded
robes and parading their "pasos"
(religious floats and sculptures)
through the streets. Seville has
the most famous Holy Week
processions.

sembrar [sem'brar] *vt* to sow;
(*objetos*) to sprinkle, scatter about;
(*noticias etc*) to spread

semejante [seme'xante] *adj*
(*parecido*) similar ▷ *nm* fellow man,
fellow creature; **~s** alike, similar;
nunca hizo cosa ~ he never did any
such thing; **semejanza** *nf* similarity,
resemblance

semejar [seme'xar] *vi* to seem like,
resemble; **semejarse** *vr* to look alike,
be similar

semen ['semen] *nm* semen

semestral [semes'tral] *adj* half-
yearly, bi-annual

semicírculo [semi'θirkulo] *nm*
semicircle

semidesnatado, -a
[semiðesna'taðo, a] *adj* semi-
skimmed

semifinal [semifi'nal] *nf* semifinal

semilla [se'miʎa] *nf* seed

seminario [semi'narjo] nm (Rel) seminary; (Escol) seminar

sémola ['semola] nf semolina

senado [se'naðo] nm senate; **senador, a** nm/f senator

sencillez [senθi'ʎeθ] nf simplicity; (de persona) naturalness; **sencillo, -a** adj simple; natural, unaffected

senda ['senda] nf path, track

senderismo [sende'rismo] nm hiking

sendero [sen'dero] nm path, track

sendos, -as ['sendos, as] adj pl: **les dio ~ golpes** he hit both of them

senil [se'nil] adj senile

seno ['seno] nm (Anat) bosom, bust; (fig) bosom; **~s** breasts

sensación [sensa'θjon] nf sensation; (sentido) sense; (sentimiento) feeling; **sensacional** adj sensational

sensato, -a [sen'sato, a] adj sensible

sensible [sen'sible] adj sensitive; (apreciable) perceptible, appreciable; (pérdida) considerable

▌No confundir **sensible** con la palabra inglesa sensible.

sensiblero, -a adj sentimental

sensitivo, -a [sensi'tiβo, a] adj sense cpd

sensorial [senso'rjal] adj sensory

sensual [sen'swal] adj sensual

sentada [sen'taða] nf sitting; (protesta) sit-in

sentado, -a [sen'taðo, a] adj: **estar ~** to sit, be sitting (down); **dar por ~** to take for granted, assume

sentar [sen'tar] vt to sit, seat; (fig) to establish ▷ vi (vestido) to suit; (alimento): **~ bien/mal a** to agree/ disagree with; **sentarse** vr (persona) to sit, sit down; (los depósitos) to settle

sentencia [sen'tenθja] nf (máxima) maxim, saying; (Jur) sentence; **sentenciar** vt to sentence

sentido, -a [sen'tiðo, a] adj (pérdida) regrettable; (carácter) sensitive ▷ nm sense; (sentimiento) feeling; (significado) sense, meaning; (dirección) direction;

mi más ~ pésame my deepest sympathy; **tener ~** to make sense; **sentido común** common sense; **sentido del humor** sense of humour; **sentido único** one-way (street)

sentimental [sentimen'tal] adj sentimental; **vida ~** love life

sentimiento [senti'mjento] nm feeling

sentir [sen'tir] vt to feel; (percibir) to perceive, sense; (lamentar) to regret, be sorry for ▷ vi (tener la sensación) to feel; (lamentarse) to feel sorry ▷ nm opinion, judgement; **~se bien/mal** to feel well/ill; **lo siento** I'm sorry

seña ['sena] nf sign; (Mil) password; **señas** nfpl (dirección) address sg; **señas personales** personal description sg

señal [se'nal] nf sign; (síntoma) symptom; (Ferro, Tel) signal; (marca) mark; (Com) deposit; **en ~ de** as a token o sign of; **señalar** vt to mark; (indicar) to point out, indicate

señor [se'nor] nm (hombre) man; (caballero) gentleman; (dueño) owner, master; (trato: antes de nombre propio) Mr; (: hablando directamente) sir; **muy ~ mío** Dear Sir; **el ~ alcalde/presidente** the mayor/president

señora [se'nora] nf (dama) lady; (trato: antes de nombre propio) Mrs; (: hablando directamente) madam; (esposa) wife; **Nuestra S~** Our Lady

señorita [seno'rita] nf (con nombre y/o apellido) Miss; (mujer joven) young lady

señorito [seno'rito] nm young gentleman; (pey) rich kid

sepa etc vb V **saber**

separación [separa'θjon] nf separation; (división) division; (hueco) gap

separar [sepa'rar] vt to separate; (dividir) to divide; **separarse** vr (parte) to come away; (partes) to come apart; (persona) to leave, go away; (matrimonio) to separate; **separatismo** nm separatism

sepia ['sepja] nf cuttlefish

septentrional [septentrjo'nal] adj northern

septiembre [sep'tjembre] nm September

séptimo, -a ['septimo, a] adj, nm seventh

sepulcral [sepul'kral] adj (fig: silencio, atmósfera) deadly; **sepulcro** nm tomb, grave

sepultar [sepul'tar] vt to bury; **sepultura** nf (acto) burial; (tumba) grave, tomb

sequía [se'kia] nf drought

séquito ['sekito] nm (de rey etc) retinue; (seguidores) followers pl

○ **PALABRA CLAVE**

ser [ser] vi **1** (descripción) to be; **es médica/muy alta** she's a doctor/very tall; **la familia es de Cuzco** his (o her etc) family is from Cuzco; **soy Ana** (Tel) Ana speaking o here

2 (propiedad): **es de Joaquín** it's Joaquín's, it belongs to Joaquín

3 (horas, fechas, números): **es la una** it's one o'clock; **son las seis y media** it's half-past six; **es el 1 de junio** it's the first of June; **somos/son seis** there are six of us/them

4 (en oraciones pasivas): **ha sido descubierto ya** it's already been discovered

5: **es de esperar que ...** it is to be hoped o I etc hope that ...

6 (locuciones con sub): **o sea** that is to say; **sea él sea su hermana** either him or his sister

7: **a no ser por él ...** but for him ...

8: **a no ser que: a no ser que tenga uno ya** unless he's got one already ▷ nm being; **ser humano** human being

sereno, -a [se'reno, a] adj (persona) calm, unruffled; (el tiempo) fine, settled; (ambiente) calm, peaceful ▷ nm night

watchman

serial [ser'jal] nm serial

serie ['serje] nf series; (cadena) sequence, succession; **fuera de ~** out of order; (fig) special, out of the ordinary; **fabricación en ~** mass production

seriedad [serje'ðað] nf seriousness; (formalidad) reliability; **serio, -a** adj serious; reliable, dependable; grave, serious; **en serio** adv seriously

serigrafía [serixra'fia] nf silk-screen printing

sermón [ser'mon] nm (Rel) sermon

seropositivo, -a [seroposi'tiβo] adj HIV positive

serpentear [serpente'ar] vi to wriggle; (camino, río) to wind, snake

serpentina [serpen'tina] nf streamer

serpiente [ser'pjente] nf snake; **serpiente de cascabel** rattlesnake

serranía [serra'nia] nf mountainous area

serrar [se'rrar] vt = **aserrar**

serrín [se'rrin] nm sawdust

serrucho [se'rrutʃo] nm saw

service ['serβis] (RPL) nm (Auto) service

servicio [ser'βiθjo] nm service; (LAM Auto) service; **servicios** nmpl (ESP) toilet(s); **servicio incluido** service charge included; **servicio militar** military service

servidumbre [serβi'ðumbre] nf (sujeción) servitude; (criados) servants pl, staff

servil [ser'βil] adj servile

servilleta [serβi'ʎeta] nf serviette, napkin

servir [ser'βir] vt to serve ▷ vi to serve; (tener utilidad) to be of use, be useful; **servirse** vr to serve o help o.s.; **~ de algo** to make use of sth, use sth; **sírvase pasar** please come in

sesenta [se'senta] num sixty

sesión [se'sjon] nf (Pol) session, sitting; (Cine) showing

seso ['seso] nm brain; **sesudo, -a** adj sensible, wise

seta ['seta] nf mushroom; **seta venenosa** toadstool

setecientos, -as [sete'θjentos, as] adj, num seven hundred

setenta [se'tenta] num seventy

seto ['seto] nm hedge

severo, -a [se'βero, a] adj severe

Sevilla [se'βiʎa] n Seville; **sevillano, -a** adj of o from Seville ▷ nm/f native o inhabitant of Seville

sexo ['sekso] nm sex

sexto, -a ['seksto, a] adj, nm sixth

sexual [sek'swal] adj sexual; **vida ~** sex life

si [si] conj if ▷ nm (Mús) B; **me pregunto ~ ...** I wonder if o whether ...

sí [si] adv yes ▷ pron consent ▷ pron (uso impersonal) oneself; (sg: m) himself; (: f) herself; (: de cosa) itself; (de usted) yourself; (pl) themselves; (de ustedes) yourselves; (recíproco) each other; **él no quiere pero yo ~** he doesn't want to but I do; **ella ~ vendrá** she will certainly come, she is sure to come; **claro que ~** of course; **creo que ~** I think so

siamés, -esa [sja'mes, esa] adj, nm/f Siamese

SIDA ['siða] nm abr (= Síndrome de Inmunodeficiencia Adquirida) AIDS

siderúrgico, -a [siðe'rurxico, a] adj iron and steel cpd

sidra ['siðra] nf cider

siembra ['sjembra] nf sowing

siempre ['sjempre] adv always; (todo el tiempo) all the time; **~ que** (cada vez) whenever; (dado que) provided that; **como ~** as usual; **para ~** for ever

sien [sjen] nf temple

siento etc ['sjento] vb V **sentar; sentir**

sierra ['sjerra] nf (Tec) saw; (cadena de montañas) mountain range

siervo, -a ['sjerβo, a] nm/f slave

siesta ['sjesta] nf siesta, nap; **echar la ~** to have an afternoon nap o a siesta

siete ['sjete] num seven

sifón [si'fon] nm syphon

sigla ['siɣla] nf abbreviation; acronym

siglo ['siɣlo] nm century; (fig) age

significado [siɣnifi'kaðo] nm (de palabra etc) meaning

significar [siɣnifi'kar] vt to mean, signify; (notificar) to make known, express

signo ['siɣno] nm sign; **signo de admiración** o **exclamación** exclamation mark; **signo de interrogación** question mark

sigo etc vb V **seguir**

siguiente [si'ɣjente] adj next, following

siguió etc vb V **seguir**

sílaba ['silaβa] nf syllable

silbar [sil'βar] vt, vi to whistle; **silbato** nm whistle; **silbido** nm whistle, whistling

silenciador [silenθja'ðor] nm silencer

silenciar [silen'θjar] vt (persona) to silence; (escándalo) to hush up; **silencio** nm silence, quiet; **silencioso, -a** adj silent, quiet

silla ['siʎa] nf (asiento) chair; (tb: ~ de montar) saddle; **silla de ruedas** wheelchair

sillón [si'ʎon] nm armchair, easy chair

silueta [si'lweta] nf silhouette; (de edificio) outline; (figura) figure

silvestre [sil'βestre] adj wild

simbólico, -a [sim'boliko, a] adj symbolic(al)

simbolizar [simboli'θar] vt to symbolize

símbolo ['simbolo] nm symbol

similar [simi'lar] adj similar

simio ['simjo] nm ape

simpatía [simpa'tia] nf liking; (afecto) affection; (amabilidad) kindness; **simpático, -a** adj nice, pleasant; kind

▋No confundir **simpático** con la palabra inglesa sympathetic.

simpatizante [simpati'θante] nmf sympathizer

simpatizar [simpati'θar] vi: **~ con** to get on well with

simple ['simple] adj simple; (elemental) simple, easy; (mero) mere; (puro) pure, sheer ▷ nmf simpleton; **simpleza** nf simpleness; (necedad) silly thing; **simplificar** vt to simplify

simposio [sim'posjo] nm symposium

simular [simu'lar] vt to simulate

simultáneo, -a [simul'taneo, a] adj simultaneous

sin [sin] prep without; **la ropa está ~ lavar** the clothes are unwashed; **~ que** without; **~ embargo** however, still

sinagoga [sina'xoxa] nf synagogue

sinceridad [sinθeri'ðað] nf sincerity; **sincero, -a** adj sincere

sincronizar [sinkroni'θar] vt to synchronize

sindical [sindi'kal] adj union cpd, trade-union cpd; **sindicalista** adj, nmf trade unionist

sindicato [sindi'kato] nm (de trabajadores) trade(s) union; (de negociantes) syndicate

síndrome ['sinðrome] nm (Med) syndrome; **síndrome de abstinencia** (Med) withdrawal symptoms; **síndrome de de la clase turista** (Med) economy-class syndrome

sinfín [sin'fin] nm: **un ~ de** a great many, no end of

sinfonía [sinfo'nia] nf symphony

singular [singu'lar] adj singular; (fig) outstanding, exceptional; (raro) peculiar, odd

siniestro, -a [si'njestro, a] adj sinister ▷ nm (accidente) accident

sinnúmero [sin'numero] nm = **sinfín**

sino ['sino] nm fate, destiny ▷ conj (pero) but; (salvo) except, save

sinónimo, -a [si'nonimo, a] adj synonymous ▷ nm synonym

síntesis ['sintesis] nf synthesis; **sintético, -a** adj synthetic

sintió vb V **sentir**

síntoma ['sintoma] nm symptom

sintonía [sinto'nia] nf (Radio, Mús: de programa) tuning; **sintonizar** vt (Radio: emisora) to tune (in)

sinvergüenza [simber'xwenθa] nmf rogue, scoundrel; **¡es un ~!** he's got a nerve!

siquiera [si'kjera] conj even if, even though ▷ adv at least; **ni ~** not even

Siria ['sirja] nf Syria

sirviente, -a [sir'βjente, a] nm/f servant

sirvo etc vb V **servir**

sistema [sis'tema] nm system; (método) method; **sistema educativo** education system; **sistemático, -a** adj systematic

- **SISTEMA EDUCATIVO**
-
- The reform of the Spanish **sistema**
- **educativo** (education system)
- begun in the early 90s has replaced
- the courses **EGB**, **BUP** and **COU**
- with the following: "Primaria" a
- compulsory 6 years; "Secundaria"
- a compulsory 4 years and
- "Bachillerato" an optional 2-year
- secondary school course, essential
- for those wishing to go on to higher
- education.

sitiar [si'tjar] vt to besiege, lay siege to

sitio ['sitjo] nm (lugar) place; (espacio) room, space; (Mil) siege; **sitio de taxis** (MÉX: parada) taxi stand o rank (BRIT); **sitio web** (Inform) website

situación [sitwa'θjon] nf situation, position; (estatus) position, standing

situado, -a [situ'aðo] adj situated, placed

situar [si'twar] vt to place, put; (edificio) to locate, situate

slip [slip] nm pants pl, briefs pl

smoking ['smokin, es'mokin] (pl **~s**) nm dinner jacket (BRIT), tuxedo (US)
▌ No confundir **smoking** con la palabra inglesa smoking.

SMS *nm* (*mensaje*) text message, SMS message

snob [es'nob] = **esnob**

SO *abr* (= *suroeste*) SW

sobaco [so'βako] *nm* armpit

sobar [so'βar] *vt* (*ropa*) to rumple; (*comida*) to play around with

soberanía [soβera'nia] *nf* sovereignty; **soberano, -a** *adj* sovereign; (*fig*) supreme ▷ *nm/f* sovereign

soberbia [so'βerβja] *nf* pride; haughtiness, arrogance; magnificence

soberbio, -a [so'βerβjo, a] *adj* (*orgulloso*) proud; (*altivo*) arrogant; (*estupendo*) magnificent, superb

sobornar [soβor'nar] *vt* to bribe; **soborno** *nm* bribe

sobra ['soβra] *nf* excess, surplus; **sobras** *nfpl* left-overs, scraps; **de ~** surplus, extra; **tengo de ~** I've more than enough; **sobrado, -a** *adj* (*más que suficiente*) more than enough; (*superfluo*) excessive; **sobrante** *adj* remaining, extra ▷ *nm* surplus, remainder

sobrar [so'βrar] *vt* to exceed, surpass ▷ *vi* (*tener de más*) to be more than enough; (*quedar*) to remain, be left (over)

sobrasada [soβra'saða] *nf* pork sausage spread

sobre ['soβre] *prep* (*gen*) on; (*encima*) on (top of); (*por encima de, arriba de*) over, above; (*más que*) more than; (*además*) in addition to, besides; (*alrededor de*) about ▷ *nm* envelope; **~ todo** above all

sobrecama [soβre'kama] *nf* bedspread

sobrecargar [soβrekar'ɣar] *vt* (*camión*) to overload; (*Com*) to surcharge

sobredosis [soβre'ðosis] *nf inv* overdose

sobreentender [soβre(e)nten'der] *vt* to deduce, infer; **sobreentenderse** *vr*: **se sobreentiende que ...** it is

implied that ...

sobrehumano, -a [soβreu'mano, a] *adj* superhuman

sobrellevar [soβreʎe'βar] *vt* to bear, endure

sobremesa [soβre'mesa] *nf*: **durante la ~** after dinner

sobrenatural [soβrenatu'ral] *adj* supernatural

sobrenombre [soβre'nombre] *nm* nickname

sobrepasar [soβrepa'sar] *vt* to exceed, surpass

sobreponerse [soβrepo'nerse] *vr*: **~ a** to overcome

sobresaliente [soβresa'ljente] *adj* outstanding, excellent

sobresalir [soβresa'lir] *vi* to project, jut out; (*fig*) to stand out, excel

sobresaltar [soβresal'tar] *vt* (*asustar*) to scare, frighten; (*sobrecoger*) to startle; **sobresalto** *nm* (*movimiento*) start; (*susto*) scare; (*turbación*) sudden shock

sobretodo [soβre'toðo] *nm* overcoat

sobrevenir [soβreβe'nir] *vi* (*ocurrir*) to happen (unexpectedly); (*resultar*) to follow, ensue

sobrevivir [soβreβi'βir] *vi* to survive

sobrevolar [soβreβo'lar] *vt* to fly over

sobriedad [soβrje'ðað] *nf* sobriety, soberness; (*moderación*) moderation, restraint

sobrino, -a [so'βrino, a] *nm/f* nephew/niece

sobrio, -a ['soβrjo, a] *adj* sober; (*moderado*) moderate, restrained

socarrón, -ona [soka'rron, ona] *adj* (*sarcástico*) sarcastic, ironic(al)

socavón [soka'βon] *nm* (*hoyo*) hole

sociable [so'θjaβle] *adj* (*persona*) sociable, friendly; (*animal*) social

social [so'θjal] *adj* social; (*Com*) company *cpd*

socialdemócrata [soθjalde'mokrata] *nmf* social democrat

socialista [soθja'lista] *adj, nm* socialist

socializar [soθjali'θar] *vt* to socialize

sociedad [soθje'ðað] *nf* society; (*Com*) company; **sociedad anónima** limited company; **sociedad de consumo** consumer society

socio, -a ['soθjo, a] *nm/f* (*miembro*) member; (*Com*) partner

sociología [soθjolo'xia] *nf* sociology; **sociólogo, -a** *nm/f* sociologist

socorrer [soko'rrer] *vt* to help; **socorrista** *nmf* first aider; (*en piscina, playa*) lifeguard; **socorro** *nm* (*ayuda*) help, aid; (*Mil*) relief; **¡socorro!** help!

soda ['soða] *nf* (*sosa*) soda; (*bebida*) soda (water)

sofá [so'fa] (*pl* **~s**) *nm* sofa, settee; **sofá-cama** *nm* studio couch; sofa bed

sofocar [sofo'kar] *vt* to suffocate; (*apagar*) to smother, put out; **sofocarse** *vr* to suffocate; (*fig*) to blush, feel embarrassed; **sofoco** *nm* suffocation; embarrassment

sofreír [sofre'ir] *vt* (*Culin*) to fry lightly

soga ['soxa] *nf* rope

sois *etc vb* V **ser**

soja ['soxa] *nf* soya

sol [sol] *nm* sun; (*luz*) sunshine, sunlight; (*Mús*) G; **hace ~** it's sunny

solamente [sola'mente] *adv* only, just

solapa [so'lapa] *nf* (*de chaqueta*) lapel; (*de libro*) jacket

solapado, -a [sola'paðo, a] *adj* (*intenciones*) underhand; (*gestos, movimiento*) sly

solar [so'lar] *adj* solar, sun *cpd*

soldado [sol'daðo] *nm* soldier; **soldado raso** private

soldador [solda'ðor] *nm* soldering iron; (*persona*) welder

soldar [sol'dar] *vt* to solder, weld

soleado, -a [sole'aðo, a] *adj* sunny

soledad [sole'ðað] *nf* solitude; (*estado infeliz*) loneliness

solemne [so'lemne] *adj* solemn

soler [so'ler] *vi* to be in the habit of, be accustomed to; **suele salir a las ocho** she usually goes out at eight o'clock

solfeo [sol'feo] *nm* solfa

solicitar [soliθi'tar] *vt* (*permiso*) to ask for, seek; (*puesto*) to apply for; (*votos*) to canvass for; (*atención*) to attract

solícito, -a [so'liθito, a] *adj* (*diligente*) diligent; (*cuidadoso*) careful; **solicitud** *nf* (*calidad*) great care; (*petición*) request; (*a un puesto*) application

solidaridad [soliðari'ðað] *nf* solidarity; **solidario, -a** *adj* (*participación*) joint, common; (*compromiso*) mutually binding

sólido, -a ['soliðo, a] *adj* solid

soliloquio [soli'lokjo] *nm* soliloquy

solista [so'lista] *nmf* soloist

solitario, -a [soli'tarjo, a] *adj* (*persona*) lonely, solitary; (*lugar*) lonely, desolate ▷ *nm/f* (*recluso*) recluse; (*en la sociedad*) loner ▷ *nm* solitaire

sollozar [soλo'θar] *vi* to sob; **sollozo** *nm* sob

solo, -a ['solo, a] *adj* (*único*) single, sole; (*sin compañía*) alone; (*solitario*) lonely; **hay una sola dificultad** there is just one difficulty; **a solas** alone, by oneself

sólo ['solo] *adv* only, just

solomillo [solo'miλo] *nm* sirloin

soltar [sol'tar] *vt* (*dejar ir*) to let go of; (*desprender*) to unfasten, loosen; (*librar*) to release, set free; (*risa etc*) to let out

soltero, -a [sol'tero, a] *adj* single, unmarried ▷ *nm/f* bachelor/single woman; **solterón, -ona** *nm/f* old bachelor/spinster

soltura [sol'tura] *nf* looseness, slackness; (*de los miembros*) agility, ease of movement; (*en el hablar*) fluency, ease

soluble [so'luβle] *adj* (*Quím*) soluble; (*problema*) solvable; **~ en agua** soluble in water

solución [solu'θjon] *nf* solution; **solucionar** *vt* (*problema*) to solve;

(*asunto*) to settle, resolve
solventar [solβen'tar] *vt* (*pagar*) to settle, pay; (*resolver*) to resolve; **solvente** *adj* (*Econ: empresa, persona*) solvent

sombra ['sombra] *nf* shadow; (*como protección*) shade; **sombras** *nfpl* (*oscuridad*) darkness *sg*, shadows; **tener buena/mala ~** to be lucky/unlucky

sombrero [som'brero] *nm* hat

sombrilla [som'briʎa] *nf* parasol, sunshade

sombrío, -a [som'brio, a] *adj* (*oscuro*) dark; (*triste*) sombre, sad; (*persona*) gloomy

someter [some'ter] *vt* (*país*) to conquer; (*persona*) to subject to one's will; (*informe*) to present, submit; **someterse** *vr* to give in, yield, submit; **~ a** to subject to

somier [so'mjer] (*pl* **~s**) *n* spring mattress

somnífero [som'nifero] *nm* sleeping pill

somos *vb* V **ser**

son [son] *vb* V **ser** ▷ *nm* sound

sonaja [so'naxa] (*MÉX*) *nf* = **sonajero**

sonajero [sona'xero] *nm* (*baby's*) rattle

sonambulismo [sonambu'lismo] *nm* sleepwalking; **sonámbulo, -a** *nm/f* sleepwalker

sonar [so'nar] *vt* to ring ▷ *vi* to sound; (*hacer ruido*) to make a noise; (*pronunciarse*) to be sounded, be pronounced; (*ser conocido*) to sound familiar; (*campana*) to ring; (*reloj*) to strike, chime; **sonarse** *vr*: **~se (las narices)** to blow one's nose; **me suena ese nombre** that name rings a bell

sonda ['sonda] *nf* (*Náut*) sounding; (*Tec*) bore, drill; (*Med*) probe

sondear [sonde'ar] *vt* to sound; to bore (into), drill; to probe, sound; (*fig*) to sound out; **sondeo** *nm* sounding; boring, drilling; (*fig*) poll, enquiry

sonido [so'niðo] *nm* sound

sonoro, -a [so'noro, a] *adj* sonorous;

(*resonante*) loud, resonant

sonreír [sonre'ir] *vi* to smile; **sonreírse** *vr* to smile; **sonriente** *adj* smiling; **sonrisa** *nf* smile

sonrojarse [sonro'xarse] *vr* to blush, go red; **sonrojo** *nm* blush

soñador, a [soɲa'ðor, a] *nm/f* dreamer

soñar [so'ɲar] *vt, vi* to dream; **~ con** to dream about o of

soñoliento, -a [soɲo'ljento, a] *adj* sleepy, drowsy

sopa ['sopa] *nf* soup

soplar [so'plar] *vt* (*polvo*) to blow away, blow off; (*inflar*) to blow up; (*vela*) to blow out ▷ *vi* to blow; **soplo** *nm* blow, puff; (*de viento*) puff, gust

soplón, -ona [so'plon, ona] (*fam*) *nm/f* (*niño*) telltale; (*de policía*) grass (*fam*)

soporífero [sopo'rifero] *nm* sleeping pill

soportable [sopor'taβle] *adj* bearable

soportar [sopor'tar] *vt* to bear, carry; (*fig*) to bear, put up with

▌ No confundir **soportar** con la palabra inglesa *support*.

soporte *nm* support; (*fig*) pillar, support

soprano [so'prano] *nf* soprano

sorber [sor'βer] *vt* (*chupar*) to sip; (*absorber*) to soak up, absorb

sorbete [sor'βete] *nm* iced fruit drink

sorbo ['sorβo] *nm* (*trago: grande*) gulp, swallow; (: *pequeño*) sip

sordera [sor'ðera] *nf* deafness

sórdido, -a ['sorðiðo, a] *adj* dirty, squalid

sordo, -a ['sorðo, a] *adj* (*persona*) deaf ▷ *nm/f* deaf person; **sordomudo, -a** *adj* deaf and dumb

sorna ['sorna] *nf* sarcastic tone

soroche [so'rotʃe] (*CAM*) *nm* mountain sickness

sorprendente [sorpren'dente] *adj* surprising

sorprender [sorpren'der] *vt* to

surprise; **sorpresa** nf surprise
sortear [sorte'ar] vt to draw lots
for; (rifar) to raffle; (dificultad) to avoid;
sorteo nm (en lotería) draw; (rifa) raffle
sortija [sor'tixa] nf ring; (rizo)
ringlet, curl
sosegado, -a [sose'ɣaðo, a] adj
quiet, calm
sosiego [so'sjeɣo] nm quiet(ness),
calm(ness)
soso, -a ['soso, a] adj (Culin)
tasteless; (aburrido) dull, uninteresting
sospecha [sos'petʃa] nf suspicion;
sospechar vt to suspect;
sospechoso, -a adj suspicious;
(testimonio, opinión) suspect ▷ nm/f
suspect
sostén [sos'ten] nm (apoyo)
support; (sujetador) bra; (alimentación)
sustenance, food
sostener [soste'ner] vt to support;
(mantener) to keep up, maintain;
(alimentar) to sustain, keep going;
sostenerse vr to support o.s.; (seguir)
to continue, remain; **sostenido, -a** adj
continuous, sustained; (prolongado)
prolonged
sotana [so'tana] nf (Rel) cassock
sótano ['sotano] nm basement
soy [soi] vb V **ser**
soya ['soja] (LAM) nf soya (BRIT),
soy (US)
Sr. abr (= Señor) Mr
Sra. abr (= Señora) Mrs
Sres. abr (= Señores) Messrs
Srta. abr (= Señorita) Miss
Sta. abr (= Santa) St
Sto. abr (= Santo) St
su [su] pron (de él) his; (de ella) her; (de
una cosa) its; (de ellos, ellas) their; (de
usted, ustedes) your
suave ['swaβe] adj gentle; (superficie)
smooth; (trabajo) easy; (música, voz)
soft, sweet; **suavidad** nf gentleness;
smoothness; softness, sweetness;
suavizante nm (de ropa) softener;
(del pelo) conditioner; **suavizar** vt to
soften; (quitar la aspereza) to smooth

(out)
subasta [su'βasta] nf auction;
subastar vt to auction (off)
subcampeón, -ona [suβkampe'on,
ona] nm/f runner-up
subconsciente [suβkon'sθjente]
adj, nm subconscious
subdesarrollado, -a
[suβðesarro'ʎaðo, a] adj
underdeveloped
subdesarrollo [suβðesa'rroʎo] nm
underdevelopment
subdirector, a [suβðirek'tor, a]
nm/f assistant director
súbdito, -a ['suβðito, a] nm/f
subject
subestimar [suβesti'mar] vt to
underestimate, underrate
subida [su'βiða] nf (de montaña etc)
ascent, climb; (de precio) rise, increase;
(pendiente) slope, hill
subir [su'βir] vt (objeto) to raise,
lift up; (cuesta, calle) to go up; (colina,
montaña) to climb; (precio) to raise, put
up ▷ vi to go up, come up; (a un coche)
to get in; (a un autobús, tren o avión) to
get on, board; (precio) to rise, go up;
(río, marea) to rise; **subirse** vr to get
up, climb
súbito, -a ['suβito, a] adj (repentino)
sudden; (imprevisto) unexpected
subjetivo, -a [suβxe'tiβo, a] adj
subjective
sublevar [suβle'βar] vt to rouse to
revolt; **sublevarse** vr to revolt, rise
sublime [su'βlime] adj sublime
submarinismo [suβmari'nismo]
nm scuba diving
submarino, -a [suβma'rino, a] adj
underwater ▷ nm submarine
subnormal [suβnor'mal] adj
subnormal ▷ nmf subnormal person
subordinado, -a [suβorði'naðo, a]
adj, nm/f subordinate
subrayar [suβra'jar] vt to underline
subsanar [suβsa'nar] vt to rectify
subsidio [suβ'siðjo] nm (ayuda) aid,
financial help; (subvención) subsidy,

grant; (*de enfermedad, paro etc*) benefit, allowance

subsistencia [suβsis'tenθja] *nf* subsistence

subsistir [suβsis'tir] *vi* to subsist; (*sobrevivir*) to survive, endure

subte ['suβte] (*RPL*) *nm* underground (*BRIT*), subway (*US*)

subterráneo, -a [suβte'rraneo, a] *adj* underground, subterranean ▷ *nm* underpass, underground passage

subtítulo [suβ'titulo] *nm* (*Cine*) subtitle

suburbio [su'βurβjo] *nm* (*barrio*) slum quarter

subvención [suββen'θjon] *nf* (*Econ*) subsidy, grant; **subvencionar** *vt* to subsidize

sucedáneo, -a [suθe'ðaneo, a] *adj* substitute ▷ *nm* substitute (food)

suceder [suθe'ðer] *vt, vi* to happen; (*seguir*) to succeed, follow; **lo que sucede es que ...** the fact is that ...; **sucesión** *nf* succession; (*serie*) sequence, series

sucesivamente [suθesiβa'mente] *adv*: **y así** ~ and so on

sucesivo, -a [suθe'siβo, a] *adj* successive, following; **en lo** ~ in future, from now on

suceso [su'θeso] *nm* (*hecho*) event, happening; (*incidente*) incident

▌ No confundir **suceso** con la palabra inglesa *success*.

suciedad [suθje'ðað] *nf* (*estado*) dirtiness; (*mugre*) dirt, filth

sucio, -a ['suθjo, a] *adj* dirty

suculento, -a [suku'lento, a] *adj* succulent

sucumbir [sukum'bir] *vi* to succumb

sucursal [sukur'sal] *nf* branch (office)

sudadera [suða'ðera] *nf* sweatshirt

Sudáfrica [suð'afrika] *nf* South Africa

Sudamérica [suða'merika] *nf* South America; **sudamericano, -a** *adj, nm/f* South American

sudar [su'ðar] *vt, vi* to sweat

sudeste [su'ðeste] *nm* south-east

sudoeste [suðo'este] *nm* south-west

sudor [su'ðor] *nm* sweat; **sudoroso, -a** *adj* sweaty, sweating

Suecia ['sweθja] *nf* Sweden; **sueco, -a** *adj* Swedish ▷ *nm/f* Swede

suegro, -a ['sweɣro, a] *nm/f* father-/ mother-in-law

suela ['swela] *nf* sole

sueldo ['sweldo] *nm* pay, wage(s) (*pl*)

suele *etc vb* V **soler**

suelo ['swelo] *nm* (*tierra*) ground; (*de casa*) floor

suelto, -a ['swelto, a] *adj* loose; (*libre*) free; (*separado*) detached; (*ágil*) quick, agile ▷ *nm* (loose) change, small change

sueñito [swe'ɲito] (*LAM*) *nm* nap

sueño *etc* ['sweɲo] *vb* V **soñar** ▷ *nm* sleep; (*somnolencia*) sleepiness, drowsiness; (*lo soñado, fig*) dream; **tener** ~ to be sleepy

suero ['swero] *nm* (*Med*) serum; (*de leche*) whey

suerte ['swerte] *nf* (*fortuna*) luck; (*azar*) chance; (*destino*) fate, destiny; (*especie*) sort, kind; **tener** ~ to be lucky

suéter ['sweter] *nm* sweater

suficiente [sufi'θjente] *adj* enough, sufficient ▷ *nm* (*Escol*) pass

sufragio [su'fraxjo] *nm* (*voto*) vote; (*derecho de voto*) suffrage

sufrido, -a [su'friðo, a] *adj* (*persona*) tough; (*paciente*) long-suffering, patient

sufrimiento [sufri'mjento] *nm* (*dolor*) suffering

sufrir [su'frir] *vt* (*padecer*) to suffer; (*soportar*) to bear, put up with; (*apoyar*) to hold up, support ▷ *vi* to suffer

sugerencia [suxe'renθja] *nf* suggestion

sugerir [suxe'rir] *vt* to suggest; (*sutilmente*) to hint

sugestión [suxes'tjon] *nf* suggestion; (*sutil*) hint; **sugestionar** *vt* to influence

sugestivo, -a [suxes'tiβo, a] *adj*
stimulating; (*fascinante*) fascinating

suicida [sui'θiða] *adj* suicidal ▷ *nmf*
suicidal person; (*muerto*) suicide,
person who has committed suicide;
suicidarse *vr* to commit suicide, kill
o.s.; **suicidio** *nm* suicide

Suiza ['swiθa] *nf* Switzerland; **suizo,
-a** *adj, nm/f* Swiss

sujeción [suxe'θjon] *nf* subjection

sujetador [suxeta'ðor] *nm* (*sostén*)
bra

sujetar [suxe'tar] *vt* (*fijar*) to fasten;
(*detener*) to hold down; **sujetarse** *vr* to
subject o.s.; **sujeto, -a** *adj* fastened,
secure ▷ *nm* subject; (*individuo*)
individual; **sujeto a** subject to

suma ['suma] *nf* (*cantidad*) total,
sum; (*de dinero*) sum; (*acto*) adding (up),
addition; **en ~** in short

sumamente [suma'mente] *adv*
extremely, exceedingly

sumar [su'mar] *vt* to add (up) ▷ *vi*
to add up

sumergir [sumer'xir] *vt* to
submerge; (*hundir*) to sink

suministrar [sumini'strar] *vt* to
supply, provide; **suministro** *nm*
supply; (*acto*) supplying, providing

sumir [su'mir] *vt* to sink, submerge;
(*fig*) to plunge

sumiso, -a [su'miso, a] *adj*
submissive, docile

sumo, -a ['sumo, a] *adj* great,
extreme; (*autoridad*) highest, supreme

suntuoso, -a [sun'twoso, a] *adj*
sumptuous, magnificent

supe *etc vb* V **saber**

super... [super] *prefijo* super..., over...

superbueno, -a [super'bweno, a]
adj great, fantastic

súper ['super] *nf* (*gasolina*) four-star
(petrol)

superar [supe'rar] *vt* (*sobreponerse
a*) to overcome; (*rebasar*) to surpass,
do better than; (*pasar*) to go beyond;
superarse *vr* to excel o.s.

superficial [superfi'θjal] *adj*
superficial; (*medida*) surface *cpd*, of
the surface

superficie [super'fiθje] *nf* surface;
(*área*) area

superfluo, -a [su'perflwo, a] *adj*
superfluous

superior [supe'rjor] *adj* (*piso, clase*)
upper; (*temperatura, número, nivel*)
higher; (*mejor: calidad, producto*)
superior, better ▷ *nmf* superior;
superioridad *nf* superiority

supermercado [supermer'kaðo] *nm*
supermarket

superponer [superpo'ner] *vt* to
superimpose

superstición [supersti'θjon] *nf*
superstition; **supersticioso, -a** *adj*
superstitious

supervisar [superβi'sar] *vt* to
supervise

supervivencia [superβi'βenθja]
nf survival

superviviente [superβi'βjente] *adj*
surviving

supiera *etc vb* V **saber**

suplantar [suplan'tar] *vt* to
supplant

suplemento [suple'mento] *nm*
supplement

suplente [su'plente] *adj, nm*
substitute

supletorio, -a [suple'torjo, a] *adj*
supplementary ▷ *nm* supplement;
teléfono ~ extension

súplica ['suplika] *nf* request; (*Jur*)
petition

suplicar [supli'kar] *vt* (*cosa*) to
beg (for), plead for; (*persona*) to beg,
plead with

suplicio [su'pliθjo] *nm* torture

suplir [su'plir] *vt* (*compensar*) to make
good, make up for; (*reemplazar*) to
replace, substitute ▷ *vi*: **~ a** to take the
place of, substitute for

supo *etc vb* V **saber**

suponer [supo'ner] *vt* to suppose;
suposición *nf* supposition

suprimir [supri'mir] *vt* to suppress;

(*derecho, costumbre*) to abolish; (*palabra etc*) to delete; (*restricción*) to cancel, lift

supuesto, -a [su'pwesto, a] *pp de* **suponer** ▷ *adj* (*hipotético*) supposed ▷ *nm* assumption, hypothesis; **~ que** since; **por ~** of course

sur [sur] *nm* south

surcar [sur'kar] *vt* to plough; **surco** *nm* (*en metal, disco*) groove; (*Agr*) furrow

surgir [sur'xir] *vi* to arise, emerge; (*dificultad*) to come up, crop up

suroeste [suro'este] *nm* south-west

surtido, -a [sur'tiðo, a] *adj* mixed, assorted ▷ *nm* (*selección*) selection, assortment; (*abastecimiento*) supply, stock; **surtidor** *nm* (*tb:* **surtidor de gasolina**) petrol pump (BRIT), gas pump (US)

surtir [sur'tir] *vt* to supply, provide ▷ *vi* to spout, spurt

susceptible [susθep'tiβle] *adj* susceptible; (*sensible*) sensitive; **~ de** capable of

suscitar [susθi'tar] *vt* to cause, provoke; (*interés, sospechas*) to arouse

suscribir [suskri'βir] *vt* (*firmar*) to sign; (*respaldar*) to subscribe to, endorse; **suscribirse** *vr* to subscribe; **suscripción** *nf* subscription

susodicho, -a [suso'ðitʃo, a] *adj* above-mentioned

suspender [suspen'der] *vt* (*objeto*) to hang (up), suspend; (*trabajo*) to stop, suspend; (*Escol*) to fail; (*interrumpir*) to adjourn; (*atrasar*) to postpone

suspense [sus'pense] (ESP) *nm* suspense; **película/novela de ~** thriller

suspensión [suspen'sjon] *nf* suspension; (*fig*) stoppage, suspension

suspenso, -a [sus'penso, a] *adj* hanging, suspended; (ESP Escol) failed ▷ *nm* (ESP Escol) fail; **película** *o* **novela de ~** (LAM) thriller; **quedar** *o* **estar en ~** to be pending

suspicaz [suspi'kaθ] *adj* suspicious, distrustful

suspirar [suspi'rar] *vi* to sigh;

suspiro *nm* sigh

sustancia [sus'tanθja] *nf* substance

sustento [sus'tento] *nm* support; (*alimento*) sustenance, food

sustituir [sustitu'ir] *vt* to substitute, replace; **sustituto, -a** *nm/f* substitute, replacement

susto ['susto] *nm* fright, scare

sustraer [sustra'er] *vt* to remove, take away; (*Mat*) to subtract

susurrar [susu'rrar] *vi* to whisper; **susurro** *nm* whisper

sutil [su'til] *adj* (*aroma, diferencia*) subtle; (*tenue*) thin; (*inteligencia, persona*) sharp

suyo, -a ['sujo, a] (*con artículo o después del verbo* ser) *adj* (*de él*) his; (*de ella*) hers; (*de ellos, ellas*) theirs; (*de Ud, Uds*) yours; **un amigo ~** a friend of his (*o* hers *o* theirs *o* yours)

t

Tabacalera [taβakaˈlera] *nf* Spanish
  state tobacco monopoly
tabaco [taˈβako] *nm* tobacco;
  (*ESP: fam*) cigarettes *pl*
tabaquería [tabakeˈria] (*LAM*) *nf*
  tobacconist's (shop) (*BRIT*), smoke
  shop (*US*); **tabaquero, -a** (*LAM*) *nm/f*
  tobacconist
taberna [taˈβerna] *nf* bar, pub (*BRIT*)
tabique [taˈβike] *nm* partition (wall)
tabla [ˈtaβla] *nf* (*de madera*) plank;
  (*estante*) shelf; (*de vestido*) pleat; (*Arte*)
  panel; **tablas** *nfpl*: **estar** o **quedar en**
  ~s to draw; **tablado** *nm* (*plataforma*)
  platform; (*Teatro*) stage
tablao [taˈβlao] *nm* (*tb*: **~ flamenco**)
  flamenco show
tablero [taˈβlero] *nm* (*de madera*)
  plank, board; (*de ajedrez, damas*)
  board; **tablero de mandos** (*LAM Auto*)
  dashboard
tableta [taˈβleta] *nf* (*Med*) tablet; (*de*
  chocolate) bar
tablón [taˈβlon] *nm* (*de suelo*) plank;
  (*de techo*) beam; **tablón de anuncios**
  notice (*BRIT*) o bulletin (*US*) board
tabú [taˈβu] *nm* taboo
taburete [taβuˈrete] *nm* stool
tacaño, -a [taˈkaɲo, a] *adj* mean
tacha [ˈtatʃa] *nf* flaw; (*Tec*) stud;
  tachar *vt* (*borrar*) to cross out; **tachar**
  de to accuse of
tacho [ˈtatʃo] (*CS*) *nm* (*balde*) bucket;
  tacho de la basura rubbish bin (*BRIT*),
  trash can (*US*)
taco [ˈtako] *nm* (*Billar*) cue; (*de billetes*)
  book; (*CS: de zapato*) heel; (*tarugo*) peg;
  (*palabrota*) swear word
tacón [taˈkon] *nm* heel; **de ~ alto**
  high-heeled
táctica [ˈtaktika] *nf* tactics *pl*
táctico, -a [ˈtaktiko, a] *adj* tactical
tacto [ˈtakto] *nm* touch; (*fig*) tact
tajada [taˈxaða] *nf* slice
tajante [taˈxante] *adj* sharp
tajo [ˈtaxo] *nm* (*corte*) cut; (*Geo*) cleft
tal [tal] *adj* such ▷ *pron* (*persona*)
  someone, such a one; (*cosa*)
  something, such a thing ▷ *adv*: **~ como**
  (*igual*) just as ▷ *conj*: **con ~ de que**
  provided that; **~ cual** (*como es*) just as
  it is; **~ vez** perhaps; **~ como** such as;
  ~ para cual (*dos iguales*) two of a kind;
  ¿qué ~? how are things?; **¿qué ~ te**
  gusta? how do you like it?
taladrar [talaˈðrar] *vt* to drill;
  taladro *nm* drill
talante [taˈlante] *nm* (*humor*) mood;
  (*voluntad*) will, willingness
talar [taˈlar] *vt* to fell, cut down;
  (*devastar*) to devastate
talco [ˈtalko] *nm* (*polvos*) talcum
  powder
talento [taˈlento] *nm* talent;
  (*capacidad*) ability
TALGO [ˈtalxo] (*ESP*) *nm abr* (= *tren*
  articulado ligero Goicoechea-Oriol) ≈
  HST (*BRIT*)
talismán [talisˈman] *nm* talisman
talla [ˈtaʎa] *nf* (*estatura, fig, Med*)
  height, stature; (*palo*) measuring rod;
  (*Arte*) carving; (*medida*) size
tallar [taˈʎar] *vt* (*madera*) to carve;

(*metal etc*) to engrave; (*medir*) to measure

tallarines [taʎa'rines] *nmpl* noodles

talle ['taʎe] *nm* (*Anat*) waist; (*fig*) appearance

taller [ta'ʎer] *nm* (*Tec*) workshop; (*de artista*) studio

tallo ['taʎo] *nm* (*de planta*) stem; (*de hierba*) blade; (*brote*) shoot

talón [ta'lon] *nm* (*Anat*) heel; (*Com*) counterfoil; (*cheque*) cheque (*BRIT*), check (*US*)

talonario [talo'narjo] *nm* (*de cheques*) chequebook (*BRIT*), checkbook (*US*); (*de recibos*) receipt book

tamaño, -a [ta'maɲo, a] *adj* (*tan grande*) such a big; (*tan pequeño*) such a small ▷ *nm* size; **de ~ natural** full-size

tamarindo [tama'rindo] *nm* tamarind

tambalearse [tambale'arse] *vr* (*persona*) to stagger; (*vehículo*) to sway

también [tam'bjen] *adv* (*igualmente*) also, too, as well; (*además*) besides

tambor [tam'bor] *nm* drum; (*Anat*) eardrum; **tambor del freno** brake drum

tamizar [tami'θar] *vt* to sieve

tampoco [tam'poko] *adv* nor, neither; **yo ~ lo compré** I didn't buy it either

tampón [tam'pon] *nm* tampon

tan [tan] *adv* so; **~ es así que ...** so much so that ...

tanda ['tanda] *nf* (*gen*) series; (*turno*) shift

tangente [tan'xente] *nf* tangent

tangerina [tanxe'rina] (*LAM*) *nf* tangerine

tangible [tan'xiβle] *adj* tangible

tanque ['tanke] *nm* (*cisterna, Mil*) tank; (*Auto*) tanker

tantear [tante'ar] *vt* (*calcular*) to reckon (up); (*medir*) to take the measure of; (*probar*) to test, try out; (*tomar la medida: persona*) to take the measurements of; (*situación*) to weigh up; (*persona: opinión*) to sound out ▷ *vi*

(*Deporte*) to score; **tanteo** *nm* (*cálculo*) (rough) calculation; (*prueba*) test, trial; (*Deporte*) scoring

tanto, -a ['tanto, a] *adj* (*cantidad*) so much, as much ▷ *adv* (*cantidad*) so much, as much; (*tiempo*) so long, as long ▷ *conj*: **en ~ que** while ▷ *nm* (*suma*) certain amount; (*proporción*) so much; (*punto*) point; (*gol*) goal; **un ~ perezoso** somewhat lazy ▷ *pron*: **cado uno paga** ~ each one pays so much; **~s** so many, as many; **20 y ~s** 20-odd; **hasta ~ (que)** until such time as; **~ tú como yo** both you and I; **~ como eso** as much as that; **~ más ... cuanto que** all the more ... because; **~ mejor/peor** so much the better/the worse; **~ si viene como si va** whether he comes or whether he goes; **~ es así que** so much so that; **por (lo) ~** therefore; **entre ~** meanwhile; **estar al ~** to be up to date; **me he vuelto ronco de** *o* **con ~ hablar** I have become hoarse with so much talking; **a ~s de agosto** on such and such a day in August

tapa ['tapa] *nf* (*de caja, olla*) lid; (*de botella*) top; (*de libro*) cover; (*comida*) snack

tapadera [tapa'ðera] *nf* lid, cover

tapar [ta'par] *vt* (*cubrir*) to cover; (*envolver*) to wrap *o* cover up; (*la vista*) to obstruct; (*persona, falta*) to conceal; (*MÉX, CAM: diente*) to fill; **taparse** *vr* to wrap o.s. up

taparrabo [tapa'rraβo] *nm* loincloth

tapete [ta'pete] *nm* table cover

tapia ['tapja] *nf* (*garden*) wall

tapicería [tapiθe'ria] *nf* tapestry; (*para muebles*) upholstery; (*tienda*) upholsterer's (shop)

tapiz [ta'piθ] *nm* (*alfombra*) carpet; (*tela tejida*) tapestry; **tapizar** *vt* (*muebles*) to upholster

tapón [ta'pon] *nm* (*de botella*) top; (*de lavabo*) plug; **tapón de rosca** screw-top

taquigrafía [takiɣra'fia] *nf* shorthand; **taquígrafo, -a** *nm/f* shorthand writer, stenographer

taquilla [ta'kiʎa] *nf* (*donde se compra*) booking office; (*suma recogida*) takings *pl*

tarántula [ta'rantula] *nf* tarantula

tararear [tarare'ar] *vi* to hum

tardar [tar'ðar] *vi* (*tomar tiempo*) to take a long time; (*llegar tarde*) to be late; (*demorar*) to delay; **¿tarda mucho el tren?** does the train take (very) long?; **a más ~** at the latest; **no tardes en venir** come soon

tarde ['tarðe] *adv* late ▷ *nf* (*de día*) afternoon; (*al anochecer*) evening; **de ~ en ~** from time to time; **¡buenas ~s!** good afternoon!; **a o por la ~** in the afternoon; in the evening

tardío, -a [tar'ðio, a] *adj* (*retrasado*) late; (*lento*) slow (to arrive)

tarea [ta'rea] *nf* task; (*faena*) chore; (*Escol*) homework

tarifa [ta'rifa] *nf* (*lista de precios*) price list; (*precio*) tariff

tarima [ta'rima] *nf* (*plataforma*) platform

tarjeta [tar'xeta] *nf* card; **tarjeta de crédito/de Navidad/postal/telefónica** credit card/Christmas card/postcard/phonecard; **tarjeta de embarque** boarding pass; **tarjeta de memoria** memory card; **tarjeta prepago** top-up card; **tarjeta SIM** SIM card

tarro ['tarro] *nm* jar, pot

tarta ['tarta] *nf* (*pastel*) cake; (*de base dura*) tart

tartamudear [tartamuðe'ar] *vi* to stammer; **tartamudo, -a** *adj* stammering ▷ *nm/f* stammerer

tártaro, -a ['tartaro, a] *adj*: **salsa tártara** tartar(e) sauce

tasa ['tasa] *nf* (*precio*) (fixed) price, rate; (*valoración*) valuation; (*medida, norma*) measure, standard; **tasa de cambio/interés** exchange/interest rate; **tasas de aeropuerto** airport tax; **tasas universitarias** university fees

tasar [ta'sar] *vt* (*arreglar el precio*) to fix a price for; (*valorar*) to value, assess

tasca ['taska] (*fam*) *nf* pub

tatarabuelo, -a [tatara'βwelo, a] *nm/f* great-great-grandfather/mother

tatuaje [ta'twaxe] *nm* (*dibujo*) tattoo; (*acto*) tattooing

tatuar [ta'twar] *vt* to tattoo

taurino, -a [tau'rino, a] *adj* bullfighting *cpd*

Tauro ['tauro] *nm* Taurus

tauromaquia [tauro'makja] *nf* tauromachy, (art of) bullfighting

taxi ['taksi] *nm* taxi; **taxista** [tak'sista] *nmf* taxi driver

taza ['taθa] *nf* cup; (*de retrete*) bowl; **~ para café** coffee cup; **taza de café** cup of coffee; **tazón** *nm* (*taza grande*) mug, large cup; (*de fuente*) basin

te [te] *pron* (*complemento de objeto*) you; (*complemento indirecto*) (to) you; (*reflexivo*) (to) yourself; **¿~ duele mucho el brazo?** does your arm hurt a lot?; **~ equivocas** you're wrong; **¡cálma~!** calm down!

té [te] *nm* tea

teatral [tea'tral] *adj* theatre *cpd*; (*fig*) theatrical

teatro [te'atro] *nm* theatre; (*Literatura*) plays *pl*, drama

tebeo [te'βeo] *nm* comic

techo ['tetʃo] *nm* (*externo*) roof; (*interno*) ceiling; **techo corredizo** sunroof

tecla ['tekla] *nf* key; **teclado** *nm* keyboard; **teclear** *vi* (*Mús*) to strum; (*con los dedos*) to tap ▷ *vt* (*Inform*) to key in

técnica ['teknika] *nf* technique; (*tecnología*) technology; V *tb* **técnico**

técnico, -a ['tekniko, a] *adj* technical ▷ *nm/f* technician; (*experto*) expert

tecnología [teknolo'xia] *nf* technology; **tecnológico, -a** *adj* technological

tecolote [teko'lote] (*Méx*) *nm* owl

tedioso, -a [te'ðjoso, a] *adj* boring, tedious

teja ['texa] *nf* tile; (*Bot*) lime (tree);

tejado nm (tiled) roof

tejemaneje [texema'nexe] nm (lío) fuss; (intriga) intrigue

tejer [te'xer] vt to weave; (hacer punto) to knit; (fig) to fabricate; **tejido** nm (tela) material, fabric; (telaraña) web; (Anat) tissue

tel [tel] abr (= teléfono) tel

tela ['tela] nf (tejido) material; (telaraña) web; (en líquido) skin; **telar** nm (máquina) loom

telaraña [tela'raɲa] nf cobweb

tele ['tele] (fam) nf telly (BRIT), tube (US)

tele... ['tele] prefijo tele...; **telebasura** nf trash TV; **telecomunicación** nf telecommunication; **telediario** nm television news; **teledirigido, -a** adj remote-controlled

teleférico [tele'feriko] nm (de esquí) ski-lift

telefonear [telefone'ar] vi to telephone

telefónico, -a [tele'foniko, a] adj telephone cpd

telefonillo [telefo'niʎo] nm (de puerta) intercom

telefonista [telefo'nista] nmf telephonist

teléfono [te'lefono] nm (tele)phone; **estar hablando al ~** to be on the phone; **llamar a algn por ~** to ring sb (up) o phone sb (up); **teléfono celular** (LAM) mobile phone; **teléfono con cámara** camera phone; **teléfono inalámbrico** cordless phone; **teléfono móvil** (ESP) mobile phone

telégrafo [te'leɣrafo] nm telegraph

telegrama [tele'ɣrama] nm telegram

tele: telenovela nf soap (opera); **teleobjetivo** nm telephoto lens; **telepatía** nf telepathy; **telepático, -a** adj telepathic; **telerrealidad** nf reality TV; **telescopio** nm telescope; **telesilla** nm chairlift; **telespectador, a** nm/f viewer; **telesquí** nm ski-lift; **teletarjeta** nf phonecard; **teletipo**

nm teletype; **teletrabajador, a** nm/f teleworker; **teletrabajo** nm teleworking; **televentas** nfpl telesales

televidente [teleβi'ðente] nmf viewer

televisar [teleβi'sar] vt to televise

televisión [teleβi'sjon] nf television; **televisión digital** digital television

televisor [teleβi'sor] nm television set

télex ['teleks] nm inv telex

telón [te'lon] nm curtain; **telón de acero** (Pol) iron curtain; **telón de fondo** backcloth, background

tema ['tema] nm (asunto) subject, topic; (Mús) theme; **temático, -a** adj thematic

temblar [tem'blar] vi to shake, tremble; (por frío) to shiver; **temblor** nm trembling; (de tierra) earthquake; **tembloroso, -a** adj trembling

temer [te'mer] vt to fear ▷ vi to be afraid; **temo que llegue tarde** I am afraid he may be late

temible [te'miβle] adj fearsome

temor [te'mor] nm (miedo) fear; (duda) suspicion

témpano ['tempano] nm (tb: ~ de hielo) ice-floe

temperamento [tempera'mento] nm temperament

temperatura [tempera'tura] nf temperature

tempestad [tempes'tað] nf storm

templado, -a [tem'plaðo, a] adj (moderado) moderate; (frugal) frugal; (agua) lukewarm; (clima) mild; (Mús) well-tuned; **templanza** nf moderation; mildness

templar [tem'plar] vt (moderar) to moderate; (furia) to restrain; (calor) to reduce; (afinar) to tune (up); (acero) to temper; (tuerca) to tighten up; **temple** nm (ajuste) tempering; (afinación) tuning; (pintura) tempera

templo ['templo] nm (iglesia) church; (pagano etc) temple

temporada [tempo'raða] *nf* time, period; *(estación)* season

temporal [tempo'ral] *adj (no permanente)* temporary ▷ *nm* storm

temprano, -a [tem'prano, a] *adj* early; *(demasiado pronto)* too soon, too early

ten *vb* V **tener**

tenaces [te'naθes] *adj pl* V **tenaz**

tenaz [te'naθ] *adj (material)* tough; *(persona)* tenacious; *(creencia, resistencia)* stubborn

tenaza(s) [te'naθa(s)] *nf(pl) (Med)* forceps; *(Tec)* pliers; *(Zool)* pincers

tendedero [tende'ðero] *nm (para ropa)* drying place; *(cuerda)* clothes line

tendencia [ten'denθja] *nf* tendency; **tener ~ a** to tend to, have a tendency to

tender [ten'der] *vt (extender)* to spread out; *(colgar)* to hang out; *(vía férrea, cable)* to lay; *(estirar)* to stretch ▷ *vi*: **~ a** to tend to, have a tendency towards; **tenderse** *vr* to lie down; **~ la cama/mesa** (LAM) to make the bed/lay (BRIT) o set (US) the table

tenderete [tende'rete] *nm (puesto)* stall; *(exposición)* display of goods

tendero, -a [ten'dero, a] *nm/f* shopkeeper

tendón [ten'don] *nm* tendon

tendré *etc vb* V **tener**

tenebroso, -a [tene'βroso, a] *adj (oscuro)* dark; *(fig)* gloomy

tenedor [tene'ðor] *nm (Culin)* fork

tenencia [te'nenθja] *nf (de casa)* tenancy; *(de oficio)* tenure; *(de propiedad)* possession

○ **PALABRA CLAVE**

tener [te'ner] *vt* **1** *(poseer, gen)* to have; *(en la mano)* to hold; **¿tienes un boli?** have you got a pen?; **va a tener un niño** she's going to have a baby; **¡ten (o tenga)!, ¡aquí tienes (o tiene)!** here you are!

2 *(edad, medidas)* to be; **tiene 7 años** she's 7 (years old); **tiene 15 cm de largo**

it's 15 cm long; V **calor; hambre etc**

3 *(considerar)*: **lo tengo por brillante** I consider him to be brilliant; **tener en mucho a algn** to think very highly of sb

4 *(+ pp: = pretérito)*: **tengo terminada ya la mitad del trabajo** I've done half the work already

5: **tener que hacer algo** to have to do sth; **tengo que acabar este trabajo hoy** I have to finish this job today

6: **¿qué tienes, estás enfermo?** what's the matter with you, are you ill?

tenerse *vr* **1 tenerse en pie** to stand up

2 tenerse por to think o.s.

tengo *etc vb* V **tener**

tenia ['tenja] *nf* tapeworm

teniente [te'njente] *nm (rango)* lieutenant; *(ayudante)* deputy

tenis ['tenis] *nm* tennis; **tenis de mesa** table tennis; **tenista** *nmf* tennis player

tenor [te'nor] *nm (sentido)* meaning; *(Mús)* tenor; **a ~ de** on the lines of

tensar [ten'sar] *vt* to tighten; *(arco)* to draw

tensión [ten'sjon] *nf* tension; *(Tec)* stress; **tener la ~ alta** to have high blood pressure; **tensión arterial** blood pressure

tenso, -a ['tenso, a] *adj* tense

tentación [tenta'θjon] *nf* temptation

tentáculo [ten'takulo] *nm* tentacle

tentador, a [tenta'ðor, a] *adj* tempting

tentar [ten'tar] *vt (seducir)* to tempt; *(atraer)* to attract

tentempié [tentem'pje] *nm* snack

tenue ['tenwe] *adj (delgado)* thin, slender; *(neblina)* light; *(lazo, vínculo)* slight

teñir [te'nir] *vt* to dye; *(fig)* to tinge; **teñirse** *vr* to dye; **~se el pelo** to dye one's hair

teología [teolo'xia] *nf* theology

teoría [teo'ria] *nf* theory; **en ~** in

theory; **teórico, -a** adj theoretic(al)
▷ nm/f theoretician, theorist; **teorizar**
vi to theorize
terapéutico, -a [tera'peutiko, a] adj
therapeutic
terapia [te'rapja] nf therapy
tercer adj V **tercero**
tercermundista [terθermun'dista]
adj Third World cpd
tercero, -a [ter'θero, a] (delante de
nmsg: **tercer**) adj third ▷ nm (Jur)
third party
terceto [ter'θeto] nm trio
terciar [ter'θjar] vi (participar) to
take part; (hacer de árbitro) to mediate;
terciario, -a adj tertiary
tercio ['terθjo] nm third
terciopelo [terθjo'pelo] nm velvet
terco, -a ['terko, a] adj obstinate
tergal® [ter'ɣal] nm type of polyester
tergiversar [terxiβer'sar] vt to
distort
termal [ter'mal] adj thermal
termas ['termas] nfpl hot springs
térmico, -a ['termiko, a] adj
thermal
terminal [termi'nal] adj, nm, nf
terminal
terminante [termi'nante] adj
(final) final, definitive; (tajante)
categorical; **terminantemente**
adv: **terminantemente prohibido**
strictly forbidden
terminar [termi'nar] vt (completar)
to complete, finish; (concluir) to end
▷ vi (llegar a su fin) to end; (parar) to
stop; (acabar) to finish; **terminarse** vr
to come to an end; **~ por hacer algo** to
end up (by) doing sth
término ['termino] nm end,
conclusion; (parada) terminus; (límite)
boundary; **en último ~** (a fin de cuentas)
in the last analysis; (como último
recurso) as a last resort; **término medio**
average; (fig) middle way
termómetro [ter'mometro] nm
thermometer
termo(s)® ['termo(s)] nm Thermos®

termostato [termo'stato] nm
thermostat
ternero, -a [ter'nero, a] nm/f
(animal) calf ▷ nf (carne) veal
ternura [ter'nura] nf (trato)
tenderness; (palabra) endearment;
(cariño) fondness
terrado [te'rraðo] nm terrace
terraplén [terra'plen] nm
embankment
terrateniente [terrate'njente] nmf
landowner
terraza [te'rraθa] nf (balcón) balcony;
(tejado) (flat) roof; (Agr) terrace
terremoto [terre'moto] nm
earthquake
terrenal [terre'nal] adj earthly
terreno [te'rreno] nm (tierra) land;
(parcela) plot; (suelo) soil; (fig) field; **un ~**
a piece of land
terrestre [te'rrestre] adj terrestrial;
(ruta) land cpd
terrible [te'rriβle] adj terrible, awful
territorio [terri'torjo] nm territory
terrón [te'rron] nm (de azúcar) lump;
(de tierra) clod, lump
terror [te'rror] nm terror; **terrorífico,
-a** adj terrifying; **terrorista** adj, nmf
terrorist; **terrorista suicida** suicide
bomber
terso, -a ['terso, a] adj (liso) smooth;
(pulido) polished
tertulia [ter'tulja] nf (reunión
informal) social gathering; (grupo)
group, circle
tesis ['tesis] nf inv thesis
tesón [te'son] nm (firmeza) firmness;
(tenacidad) tenacity
tesorero, -a [teso'rero, a] nm/f
treasurer
tesoro [te'soro] nm treasure; (Com,
Pol) treasury
testamento [testa'mento] nm will
testarudo, -a [testa'ruðo, a] adj
stubborn
testículo [tes'tikulo] nm testicle
testificar [testifi'kar] vt to testify;
(fig) to attest ▷ vi to give evidence

testigo [tes'tiɣo] nmf witness;
testigo de cargo/descargo witness
for the prosecution/defence; **testigo
ocular** eye witness

testimonio [testi'monjo] nm
testimony

teta ['teta] nf (de biberón) teat;
(Anat: fam) breast

tétanos ['tetanos] nm tetanus

tetera [te'tera] nf teapot

tétrico, -a ['tetriko, a] adj gloomy,
dismal

textil [teks'til] adj textile

texto ['teksto] nm text; **textual** adj
textual

textura [teks'tura] nf (de tejido)
texture

tez [teθ] nf (cutis) complexion

ti [ti] pron you; (reflexivo) yourself

tía ['tia] nf (pariente) aunt; (fam)
chick, bird

tibio, -a ['tiβjo, a] adj lukewarm

tiburón [tiβu'ron] nm shark

tic [tik] nm (ruido) click; (de reloj) tick;
(Med): **~ nervioso** nervous tic

tictac [tik'tak] nm (de reloj) tick tock

tiempo ['tjempo] nm time; (época,
período) age, period; (Meteorología)
weather; (Ling) tense; (Deporte) half; **a ~**
in time; **a un o al mismo ~** at the same
time; **al poco ~** very soon (after); **se
quedó poco ~** he didn't stay very long;
hace poco ~ not long ago; **mucho ~** a
long time; **de ~ en ~** from time to time;
hace buen/mal ~ the weather is fine/
bad; **estar a ~** to be in time; **hace ~**
some time ago; **hacer ~** to while away
the time; **motor de 2 ~s** two-stroke
engine; **primer ~** first half

tienda ['tjenda] nf shop, store;
tienda de abarrotes (MÉX, CAM)
grocer's (BRIT), grocery store
(US); **tienda de alimentación o
comestibles** grocer's (BRIT), grocery
store (US); **tienda de campaña** tent

tienes etc vb V **tener**

tienta etc ['tjenta] vb V **tentar**
▷ nf: **andar a ~s** to grope one's way

along

tiento etc ['tjento] vb V **tentar** ▷ nm
(tacto) touch; (precaución) wariness

tierno, -a ['tjerno, a] adj (blando)
tender; (fresco) fresh; (amable) sweet

tierra ['tjerra] nf earth; (suelo) soil;
(mundo) earth, world; (país) country,
land; **~ adentro** inland

tieso, -a ['tjeso, a] adj (rígido) rigid;
(duro) stiff; (fam: orgulloso) conceited

tiesto ['tjesto] nm flowerpot

tifón [ti'fon] nm typhoon

tifus ['tifus] nm typhus

tigre ['tiɣre] nm tiger

tijera [ti'xera] nf scissors pl; (Zool)
claw; **tijeras** nfpl scissors; (para
plantas) shears

tila ['tila] nf lime blossom tea

tildar [til'dar] vt: **~ de** to brand as

tilde ['tilde] nf (Tip) tilde

tilín [ti'lin] nm tinkle

timar [ti'mar] vt (estafar) to swindle

timbal [tim'bal] nm small drum

timbre ['timbre] nm (sello) stamp;
(campanilla) bell; (tono) timbre; (Com)
stamp duty

timidez [timi'ðeθ] nf shyness;
tímido, -a adj shy

timo ['timo] nm swindle

timón [ti'mon] nm helm, rudder;
timonel nm helmsman

tímpano ['timpano] nm (Anat)
eardrum; (Mús) small drum

tina ['tina] nf tub; (baño) bath(tub);
tinaja nf large jar

tinieblas [ti'njeβlas] nfpl darkness
sg; (sombras) shadows

tino ['tino] nm (habilidad) skill; (juicio)
insight

tinta ['tinta] nf ink; (Tec) dye; (Arte)
colour

tinte ['tinte] nm dye

tintero [tin'tero] nm inkwell

tinto ['tinto] nm red wine

tintorería [tintore'ria] nf dry
cleaner's

tío ['tio] nm (pariente) uncle;
(fam: individuo) bloke (BRIT), guy

tiovivo [tio'βiβo] nm merry-go-round

típico, -a ['tipiko, a] adj typical

tipo ['tipo] nm (clase) type, kind; (hombre) fellow; (Anat: de hombre) build; (: de mujer) figure; (Imprenta) type; **tipo bancario/de descuento/de interés/de cambio** bank/discount/interest/exchange rate

tipografía [tipoɣra'fia] nf printing cpd

tíquet ['tiket] (pl ~s) nm ticket; (en tienda) cash slip

tiquismiquis [tikis'mikis] nm inv fussy person ▷ nmpl (querellas) squabbling sg; (escrúpulos) silly scruples

tira ['tira] nf strip; (fig) abundance; **tira y afloja** give and take

tirabuzón [tiraβu'θon] nm (rizo) curl

tirachinas [tira'tʃinas] nm inv catapult

tirada [ti'raða] nf (acto) cast, throw; (serie) series; (Tip) printing, edition; **de una ~** at one go

tirado, -a [ti'raðo, a] adj (barato) dirt-cheap; (fam: fácil) very easy

tirador [tira'ðor] nm (mango) handle

tirano, -a [ti'rano, a] adj tyrannical ▷ nm/f tyrant

tirante [ti'rante] adj (cuerda etc) tight, taut; (relaciónes) strained ▷ nm (Arq) brace; (Tec) stay; **tirantes** nmpl (de pantalón) braces (BRIT), suspenders (US); **tirantez** nf tightness; (fig) tension

tirar [ti'rar] vt to throw; (dejar caer) to drop; (volcar) to upset; (derribar) to knock down o over; (desechar) to throw out o away; (dinero) to squander; (imprimir) to print ▷ vi (disparar) to shoot; (de la puerta etc) to pull; (fam: andar) to go; (tender a, buscar realizar) to tend to; (Deporte) to shoot; **tirarse** vr to throw o.s.; **~ abajo** to bring down, destroy; **tira más a su padre** he takes more after his father; **ir tirando** to manage

tirita [ti'rita] nf (sticking) plaster

(BRIT), Bandaid® (US)

tiritar [tiri'tar] vi to shiver

tiro ['tiro] nm (lanzamiento) throw; (disparo) shot; (Deporte) shot; (Golf, Tenis) drive; (alcance) range; **caballo de ~** cart-horse; **tiro al blanco** target practice

tirón [ti'ron] nm (sacudida) pull, tug; **de un ~** in one go, all at once

tiroteo [tiro'teo] nm exchange of shots, shooting

tisis ['tisis] nf inv consumption, tuberculosis

títere ['titere] nm puppet

titubear [tituβe'ar] vi to stagger; to stammer; (fig) to hesitate; **titubeo** nm staggering; stammering; hesitation

titulado, -a [titu'laðo, a] adj (libro) entitled; (persona) titled

titular [titu'lar] adj titular ▷ nmf holder ▷ nm headline ▷ vt to title; **titularse** vr to be entitled; **título** nm title; (de diario) headline; (certificado) professional qualification; (universitario) (university) degree; **a título de** in the capacity of

tiza ['tiθa] nf chalk

toalla [to'aʎa] nf towel

tobillo [to'βiʎo] nm ankle

tobogán [toβo'ɣan] nm (montaña rusa) roller-coaster; (de niños) chute, slide

tocadiscos [toka'ðiskos] nm inv record player

tocado, -a [to'kaðo, a] adj (fam) touched ▷ nm headdress

tocador [toka'ðor] nm (mueble) dressing table; (cuarto) boudoir; (fam) ladies' toilet (BRIT) o room (US)

tocar [to'kar] vt to touch; (Mús) to play; (referirse a) to allude to; (timbre) to ring ▷ vi (a la puerta) to knock (on o at the door); (ser de turno) to fall to, be the turn of; (ser hora) to be due; **tocarse** vr (cubrirse la cabeza) to cover one's head; (tener contacto) to touch (each other); **por lo que a mí me toca** as far as I am concerned; **te toca a ti** it's your turn

tocayo, -a [to'kajo, a] *nm/f* namesake

tocino [to'θino] *nm* bacon

todavía [toða'βia] *adv* (*aun*) even; (*aún*) still, yet; **~ más** yet more; **~ no** not yet

○ **PALABRA CLAVE**

todo, -a ['toðo, a] *adj* **1** (*con artículo sg*) all; **toda la carne** all the meat; **toda la noche** all night, the whole night; **todo el libro** the whole book; **toda una botella** a whole bottle; **todo lo contrario** quite the opposite; **está toda sucia** she's all dirty; **por todo el país** throughout the whole country

2 (*con artículo pl*) all; every; **todos los libros** all the books; **todas las noches** every night; **todos los que quieran salir** all those who want to leave
▷ *pron* **1** everything, all; **todos** everyone, everybody; **lo sabemos todo** we know everything; **todos querían más tiempo** everybody *o* everyone wanted more time; **nos marchamos todos** all of us left
2: **con todo: con todo él me sigue gustando** even so I still like him
▷ *adv* all; **vaya todo seguido** keep straight on *o* ahead
▷ *nm*: **como un todo** as a whole; **del todo: no me agrada del todo** I don't entirely like it

todopoderoso, -a [toðopoðe'roso, a] *adj* all powerful; (*Rel*) almighty

todoterreno [toðote'rreno] *sm inv* four-wheel drive, SUV (*ESP US*)

toga ['toɣa] *nf* toga; (*Escol*) gown

Tokio ['tokjo] *n* Tokyo

toldo ['toldo] *nm* (*para el sol*) sunshade (*BRIT*), parasol; (*tienda*) marquee

tolerancia [tole'ranθja] *nf* tolerance; **tolerante** *adj* (*sociedad*) liberal; (*persona*) open-minded

tolerar [tole'rar] *vt* to tolerate; (*resistir*) to endure

toma ['toma] *nf* (*acto*) taking; (*Med*) dose; **toma de corriente** socket; **toma de tierra** earth (wire); **tomacorriente** (*LAM*) *nm* socket

tomar [to'mar] *vt* to take; (*aspecto*) to take on; (*beber*) to drink ▷ *vi* to take; (*LAM*: *beber*) to drink; **tomarse** *vr* to take; **~se por** to consider o.s. to be; **~ a bien/mal** to take well/badly; **~ en serio** to take seriously; **~ el pelo a algn** to pull sb's leg; **~la con algn** to pick a quarrel with sb; **¡tome!** here you are!; **~ el sol** to sunbathe

tomate [to'mate] *nm* tomato

tomillo [to'miʎo] *nm* thyme

tomo ['tomo] *nm* (*libro*) volume

ton [ton] *abr* = **tonelada** ▷ *nm*: **sin ~ ni son** without rhyme or reason

tonalidad [tonali'ðað] *nf* tone

tonel [to'nel] *nm* barrel

tonelada [tone'laða] *nf* ton; **tonelaje** *nm/f* tonnage

tónica ['tonika] *nf* (*Mús*) tonic; (*fig*) keynote

tónico, -a ['toniko, a] *adj* tonic ▷ *nm* (*Med*) tonic

tono ['tono] *nm* tone; **fuera de ~** inappropriate

tontería [tonte'ria] *nf* (*estupidez*) foolishness; (*cosa*) stupid thing; (*acto*) foolish act; **tonterías** *nfpl* (*disparates*) rubbish *sg*, nonsense *sg*

tonto, -a ['tonto, a] *adj* stupid, silly ▷ *nm/f* fool

topar [to'par] *vi*: **~ contra** *o* **en** to run into; **~ con** to run up against

tope ['tope] *adj* maximum ▷ *nm* (*fin*) end; (*límite*) limit; (*Ferro*) buffer; (*Auto*) bumper; **al ~** end to end

tópico, -a ['topiko, a] *adj* topical ▷ *nm* platitude

topo ['topo] *nm* (*Zool*) mole; (*fig*) blunderer

toque *etc* ['toke] *vb* V **tocar** ▷ *nm* touch; (*Mús*) beat; (*de campana*) peal; **dar un ~ a** to warn; **toque de queda**

curfew

toqué etc vb V **tocar**

toquetear [toke'tear] vt to finger

toquilla [to'kiʎa] nf (pañuelo) headscarf; (chal) shawl

tórax ['toraks] nm thorax

torbellino [torbe'ʎino] nm whirlwind; (fig) whirl

torcedura [torθe'ðura] nf twist; (Med) sprain

torcer [tor'θer] vt to twist; (la esquina) to turn; (Med) to sprain ▷ vi (desviar) to turn off; **torcerse** vr (ladearse) to bend; (desviarse) to go astray; (fracasar) to go wrong; **torcido, -a** adj twisted; (fig) crooked ▷ nm curl

tordo, -a ['torðo, a] adj dappled ▷ nm thrush

torear [tore'ar] vt (fig: evadir) to avoid; (jugar con) to tease ▷ vi to fight bulls; **toreo** nm bullfighting; **torero, -a** nm/f bullfighter

tormenta [tor'menta] nf storm; (fig: confusión) turmoil

tormento [tor'mento] nm torture; (fig) anguish

tornar [tor'nar] vt (devolver) to return, give back; (transformar) to transform ▷ vi to go back

tornasolado, -a [tornaso'laðo, a] adj (brillante) iridescent; (reluciente) shimmering

torneo [tor'neo] nm tournament

tornillo [tor'niʎo] nm screw

torniquete [torni'kete] nm (Med) tourniquet

torno ['torno] nm (Tec) winch; (tambor) drum; **en ~ (a)** round, about

toro ['toro] nm bull; (fam) he-man; **los ~s** bullfighting

toronja [to'ronxa] nf grapefruit

torpe ['torpe] adj (poco hábil) clumsy, awkward; (necio) dim; (lento) slow

torpedo [tor'peðo] nm torpedo

torpeza [tor'peθa] nf (falta de agilidad) clumsiness; (lentitud) slowness; (error) mistake

torre ['torre] nf tower; (de petróleo)

derrick

torrefacto, -a [torre'facto, a] adj roasted

torrente [to'rrente] nm torrent

torrija [to'rrixa] nf French toast

torsión [tor'sjon] nf twisting

torso ['torso] nm torso

torta ['torta] nf cake; (fam) slap

tortícolis [tor'tikolis] nm inv stiff neck

tortilla [tor'tiʎa] nf omelette; (LAM: de maíz) maize pancake; **tortilla de papas** (LAM) potato omelette; **tortilla de patatas** (ESP) potato omelette; **tortilla francesa** (ESP) plain omelette

tórtola ['tortola] nf turtledove

tortuga [tor'tuxa] nf tortoise

tortuoso, -a [tor'twoso, a] adj winding

tortura [tor'tura] nf torture; **torturar** vt to torture

tos [tos] nf cough; **tos ferina** whooping cough

toser [to'ser] vi to cough

tostada [tos'taða] nf piece of toast; **tostado, -a** adj toasted; (por el sol) dark brown; (piel) tanned

tostador [tosta'ðor] (ESP) nm toaster; **tostadora** (LAM) nf = **tostador**

tostar [tos'tar] vt to toast; (café) to roast; (persona) to tan; **tostarse** vr to get brown

total [to'tal] adj total ▷ adv in short; (al fin y al cabo) when all is said and done ▷ nm total; **en ~** in all; **~ que ...** to cut (BRIT) o make (US) a long story short ...

totalidad [totali'ðað] nf whole

totalitario, -a [totali'tarjo, a] adj totalitarian

tóxico, -a ['toksiko, a] adj toxic ▷ nm poison; **toxicómano, -a** nm/f drug addict

toxina [to'ksina] nf toxin

tozudo, -a [to'θuðo, a] adj obstinate

trabajador, a [traβaxa'ðor, a] adj hard-working ▷ nm/f worker;

trabajador autónomo o **por cuenta propia** self-employed person

trabajar [traβa'xar] vt to till; (Agr) to work at; (empeñarse en) to work at; (convencer) to persuade ▷ vi to work; (esforzarse) to strive; **trabajo** nm work; (tarea) task; (Pol) labour; (fig) effort; **tomarse el trabajo de** to take the trouble to; **trabajo a destajo** piecework; **trabajo en equipo** teamwork; **trabajo por turnos** shift work; **trabajos forzados** hard labour sg

trabalenguas [traβa'lengwas] nm inv tongue twister

tracción [trak'θjon] nf traction; **tracción delantera/trasera** front-wheel/rear-wheel drive

tractor [trak'tor] nm tractor

tradición [traði'θjon] nf tradition; **tradicional** adj traditional

traducción [traðuk'θjon] nf translation

traducir [traðu'θir] vt to translate; **traductor, a** nm/f translator

traer [tra'er] vt to bring; (llevar) to carry; (llevar puesto) to wear; (incluir) to carry; (causar) to cause; **traerse** vr: **~se algo** to be up to sth

traficar [trafi'kar] vi to trade

tráfico ['trafiko] nm (Com) trade; (Auto) traffic

tragaluz [traɣa'luθ] nm skylight

tragamonedas [traɣamo'neðas] (LAM) nf inv slot machine

tragaperras [traɣa'perras] (ESP) nf inv slot machine

tragar [tra'ɣar] vt to swallow; (devorar) to devour, bolt down; **tragarse** vr to swallow

tragedia [tra'xeðja] nf tragedy; **trágico, -a** adj tragic

trago ['traɣo] nm (líquido) drink; (bocado) gulp; (fam: de bebida) swig; (desgracia) blow; **echar un ~** to have a drink

traición [trai'θjon] nf treachery; (Jur) treason; (una traición) act of treachery;

traicionar vt to betray

traidor, a [trai'ðor, a] adj treacherous ▷ nm/f traitor

traigo etc vb V **traer**

traje ['traxe] vb V **traer** ▷ nm (de hombre) suit; (de mujer) dress; (vestido típico) costume; **traje de baño/chaqueta** swimsuit/suit; **traje de etiqueta** dress suit; **traje de luces** bullfighter's costume

trajera etc vb V **traer**

trajín [tra'xin] nm (fam: movimiento) bustle; **trajinar** vi (moverse) to bustle about

trama ['trama] nf (intriga) plot; (de tejido) weft, woof (US); **tramar** vt to plot; (Tec) to weave

tramitar [trami'tar] vt (asunto) to transact; (negociar) to negotiate

trámite ['tramite] nm (paso) step; (Jur) transaction; **trámites** nmpl (burocracia) procedure sg; (Jur) proceedings

tramo ['tramo] nm (de tierra) plot; (de escalera) flight; (de vía) section

trampa ['trampa] nf trap; (en el suelo) trapdoor; (truco) trick; (engaño) fiddle; **trampear** vt, vi to cheat

trampolín [trampo'lin] nm (de piscina etc) diving board

tramposo, -a [tram'poso, a] adj crooked, cheating ▷ nm/f crook, cheat

tranca ['tranka] nf (palo) stick; (de puerta, ventana) bar; **trancar** vt to bar

trance ['tranθe] nm (momento difícil) difficult moment o juncture; (estado hipnotizado) trance

tranquilidad [trankili'ðað] nf (calma) calmness, stillness; (paz) peacefulness

tranquilizar [trankili'θar] vt (calmar) to calm (down); (asegurar) to reassure; **tranquilizarse** vr to calm down; **tranquilo, -a** adj (calmado) calm; (apacible) peaceful; (mar) calm; (mente) untroubled

transacción [transak'θjon] nf transaction

transbordador [transβorða'ðor]
nm ferry

transbordo [trans'βorðo] nm
transfer; **hacer ~** to change (trains etc)

transcurrir [transku'rrir] vi (tiempo)
to pass; (hecho) to take place

transcurso [trans'kurso] nm: **~ del
tiempo** lapse (of time)

transeúnte [transe'unte] nmf
passer-by

transferencia [transfe'renθja] nf
transference; (Com) transfer

transferir [transfe'rir] vt to transfer

transformador [transforma'ðor]
nm (Elec) transformer

transformar [transfor'mar] vt to
transform; (convertir) to convert

transfusión [transfu'sjon] nf
transfusion

transgénico, -a [trans'xeniko, a]
adj genetically modified, GM

transición [transi'θjon] nf transition

transigir [transi'xir] vi to
compromise, make concessions

transitar [transi'tar] vi to go (from
place to place); **tránsito** nm transit;
(Auto) traffic; **transitorio, -a** adj
transitory

transmisión [transmi'sjon] nf (Tec)
transmission; (transferencia) transfer;
transmisión exterior/en directo
outside/live broadcast

transmitir [transmi'tir] vt to
transmit; (Radio, TV) to broadcast

transparencia [transpa'renθja]
nf transparency; (claridad) clearness,
clarity; (foto) slide

transparentar [transparen'tar]
vt to reveal ▷ vi to be transparent;
transparente adj transparent;
(claro) clear

transpirar [transpi'rar] vi to perspire

transportar [transpor'tar] vt to
transport; (llevar) to carry; **transporte**
nm transport; (Com) haulage

transversal [transβer'sal] adj
transverse, cross

tranvía [tram'bia] nm tram

trapeador [trapea'ðor] (LAM) nm
mop; **trapear** (LAM) vt to mop

trapecio [tra'peθjo] nm trapeze;
trapecista nmf trapeze artist

trapero, -a [tra'pero, a] nm/f
ragman

trapicheo [trapi'tʃeo] (fam) nm
scheme, fiddle

trapo ['trapo] nm (tela) rag; (de
cocina) cloth

tráquea ['trakea] nf windpipe

traqueteo [trake'teo] nm rattling

tras [tras] prep (detrás) behind;
(después) after

trasatlántico [trasat'lantiko] nm
(barco) (cabin) cruiser

trascendencia [trasθen'denθja] nf
(importancia) importance; (Filosofía)
transcendence

trascendental [trasθenden'tal] adj
important; (Filosofía) transcendental

trasero, -a [tra'sero, a] adj back,
rear ▷ nm (Anat) bottom

trasfondo [tras'fondo] nm
background

trasgredir [trasɣre'ðir] vt to
contravene

trashumante [trasu'mante] adj
(animales) migrating

trasladar [trasla'ðar] vt to move;
(persona) to transfer; (postergar) to
postpone; (copiar) to copy; **trasladarse**
vr (mudarse) to move; **traslado** nm
move; (mudanza) move, removal

traslucir [traslu'θir] vt to show

trasluz [tras'luθ] nm reflected light;
al ~ against o up to the light

trasnochador, a [trasnotʃa'ðor, a]
nm/f night owl

trasnochar [trasno'tʃar] vi (acostarse
tarde) to stay up late

traspapelar [traspape'lar] vt
(documento, carta) to mislay, misplace

traspasar [traspa'sar] vt (suj: bala
etc) to pierce, go through; (propiedad)
to sell, transfer; (calle) to cross over;
(límites) to go beyond; (ley) to break;
traspaso nm (venta) transfer, sale

traspatio [tras'patjo] (LAM) nm
backyard

traspié [tras'pje] nm (tropezón) trip;
(error) blunder

trasplantar [trasplan'tar] vt to
transplant

traste ['traste] nm (Mús) fret; **dar al ~
con algo** to ruin sth

trastero [tras'tero] nm storage room

trastienda [tras'tjenda] nf back
of shop

trasto ['trasto] (pey) nm (cosa) piece of
junk; (persona) dead loss

trastornado, -a [trastor'naðo, a]
adj (loco) mad, crazy

trastornar [trastor'nar] vt
(fig: planes) to disrupt; (: nervios) to
shatter; (: persona) to drive crazy;
trastornarse vr (volverse loco) to go
mad o crazy; **trastorno** nm (acto)
overturning; (confusión) confusion

tratable [tra'taβle] adj friendly

tratado [tra'taðo] nm (Pol) treaty;
(Com) agreement

tratamiento [trata'mjento] nm
treatment; **tratamiento de textos**
(Inform) word processing cpd

tratar [tra'tar] vt (ocuparse de) to
treat; (manejar, Tec) to handle; (Med) to
treat; (dirigirse a: persona) to address
▷ vi: **~ de** (hablar sobre) to deal with,
be about; (intentar) to try to; **tratarse**
vr to treat each other; **~ con** (Com) to
trade in; (negociar) to negotiate with;
(tener contactos) to have dealings with;
¿de qué se trata? what's it about?;
trato nm dealings pl; (relaciones)
relationship; (comportamiento) manner;
(Com) agreement

trauma ['trauma] nm trauma

través [tra'βes] nm (fig) reverse; **al ~**
across, crossways; **a ~ de** across; (sobre)
over; (por) through

travesaño [traβe'saɲo] nm (Arq)
crossbeam; (Deporte) crossbar

travesía [traβe'sia] nf (calle) cross-
street; (Náut) crossing

travesura [traβe'sura] nf (broma)

prank; (ingenio) wit

travieso, -a [tra'βjeso, a] adj (niño)
naughty

trayecto [tra'jekto] nm (ruta) road,
way; (viaje) journey; (tramo) stretch;
trayectoria nf trajectory; (fig) path

traza ['traθa] nf (aspecto) looks pl;
(señal) sign; **trazado, -a** adj: **bien
trazado** shapely, well-formed ▷ nm
(Arq) plan, design; (fig) outline

trazar [tra'θar] vt (Arq) to plan; (Arte)
to sketch; (fig) to trace; (plan) to draw
up; **trazo** nm (línea) line; (bosquejo)
sketch

trébol ['treβol] nm (Bot) clover

trece ['treθe] num thirteen

trecho ['tretʃo] nm (distancia)
distance; (tiempo) while

tregua ['treɣwa] nf (Mil) truce; (fig)
respite

treinta ['treinta] num thirty

tremendo, -a [tre'mendo, a] adj
(terrible) terrible; (imponente: cosa)
imposing; (fam: fabuloso) tremendous

tren [tren] nm train; **tren de
aterrizaje** undercarriage; **tren de
cercanías** suburban train

trenca ['trenka] nf duffel coat

trenza ['trenθa] nf (de pelo) plait
(BRIT), braid (US)

trepadora [trepa'ðora] nf (Bot)
climber

trepar [tre'par] vt, vi to climb

tres [tres] num three

tresillo [tre'siʎo] nm three-piece
suite; (Mús) triplet

treta ['treta] nf trick

triángulo ['trjangulo] nm triangle

tribu ['triβu] nf tribe

tribuna [tri'βuna] nf (plataforma)
platform; (Deporte) (grand)stand

tribunal [triβu'nal] nm (Jur) court;
(comisión, fig) tribunal; **~ popular** jury

tributo [tri'βuto] nm (Com) tax

trigal [tri'ɣal] nm wheat field

trigo ['triɣo] nm wheat

trigueño, -a [tri'ɣeɲo, a] adj (pelo)
corn-coloured

trillar [tri'ʎar] vt (Agr) to thresh

trimestral [trimes'tral] adj quarterly; (Escol) termly

trimestre [tri'mestre] nm (Escol) term

trinar [tri'nar] vi (pájaros) to sing; (rabiar) to fume, be angry

trinchar [trin'tʃar] vt to carve

trinchera [trin'tʃera] nf (fosa) trench

trineo [tri'neo] nm sledge

trinidad [trini'ðað] nf trio; (Rel): la T~ the Trinity

tripa ['tripa] nf (Anat) intestine; (fam: tb: ~s) insides pl

triple ['triple] adj triple

triplicado, -a [tripli'kaðo, a] adj: por ~ in triplicate

tripulación [tripula'θjon] nf crew

tripulante [tripu'lante] nmf crewman/woman

tripular [tripu'lar] vt (barco) to man; (Auto) to drive

triquiñuela [triki'ɲwela] nf trick

tris [tris] nm inv crack

triste ['triste] adj sad; (lamentable) sorry, miserable; **tristeza** nf (aflicción) sadness; (melancolía) melancholy

triturar [tritu'rar] vt (moler) to grind; (mascar) to chew

triunfar [trjun'far] vi (tener éxito) to triumph; (ganar) to win; **triunfo** nm triumph

trivial [tri'βjal] adj trivial

triza ['triθa] nf: **hacer ~s** to smash to bits; (papel) to tear to shreds

trocear [troθe'ar] vt (carne, manzana) to cut up, cut into pieces

trocha ['trotʃa] nf short cut

trofeo [tro'feo] nm (premio) trophy; (éxito) success

tromba ['tromba] nf downpour

trombón [trom'bon] nm trombone

trombosis [trom'bosis] nf inv thrombosis

trompa ['trompa] nf horn; (trompo) humming top; (hocico) snout; (fam): **cogerse una ~** to get tight

trompazo [trom'paθo] nm bump, bang

trompeta [trom'peta] nf trumpet; (clarín) bugle

trompicón [trompi'kon]: a **trompicones** adv in fits and starts

trompo ['trompo] nm spinning top

trompón [trom'pon] nm bump

tronar [tro'nar] vt (MÉX, CAM: fusilar) to shoot; (MÉX: examen) to flunk ▷ vi to thunder; (fig) to rage

tronchar [tron'tʃar] vt (árbol) to chop down; (fig: vida) to cut short; (: esperanza) to shatter; (persona) to tire out; **troncharse** vr to fall down

tronco ['tronko] nm (de árbol, Anat) trunk

trono ['trono] nm throne

tropa ['tropa] nf (Mil) troop; (soldados) soldiers pl

tropezar [trope'θar] vi to trip, stumble; (errar) to slip up; ~ **con** to run into; (topar con) to bump into; **tropezón** nm trip; (fig) blunder

tropical [tropi'kal] adj tropical

trópico ['tropiko] nm tropic

tropiezo [tro'pjeθo] vb V **tropezar** ▷ nm (error) slip, blunder; (desgracia) misfortune; (obstáculo) snag

trotamundos [trota'mundos] nm inv globetrotter

trotar [tro'tar] vi to trot; **trote** nm trot; (fam) travelling; **de mucho trote** hard-wearing

trozar [tro'θar] (LAM) vt to cut up, cut into pieces

trozo ['troθo] nm bit, piece

trucha ['trutʃa] nf trout

truco ['truko] nm (habilidad) knack; (engaño) trick

trueno ['trweno] nm thunder; (estampido) bang

trueque etc ['trweke] vb V **trocar** ▷ nm exchange; (Com) barter

trufa ['trufa] nf (Bot) truffle

truhán, -ana [tru'an, ana] nm/f rogue

truncar [trun'kar] vt (cortar) to truncate; (fig: la vida etc) to cut short; (: el desarrollo) to stunt

tu [tu] *adj* your
tú [tu] *pron* you
tubérculo [tu'βerkulo] *nm* (*Bot*) tuber
tuberculosis [tuβerku'losis] *nf inv* tuberculosis
tubería [tuβe'ria] *nf* pipes *pl*; (*conducto*) pipeline
tubo ['tuβo] *nm* tube, pipe; **tubo de ensayo** test tube; **tubo de escape** exhaust (pipe)
tuerca ['twerka] *nf* nut
tuerto, -a ['twerto, a] *adj* blind in one eye ▷ *nm/f* one-eyed person
tuerza *etc vb* V **torcer**
tuétano ['twetano] *nm* marrow; (*Bot*) pith
tufo ['tufo] *nm* (*hedor*) stench
tul [tul] *nm* tulle
tulipán [tuli'pan] *nm* tulip
tullido, -a [tu'ʎiðo, a] *adj* crippled
tumba ['tumba] *nf* (*sepultura*) tomb
tumbar [tum'bar] *vt* to knock down; **tumbarse** *vr* (*echarse*) to lie down; (*extenderse*) to stretch out
tumbo ['tumbo] *nm*: **dar ~s** to stagger
tumbona [tum'bona] *nf* (*butaca*) easy chair; (*de playa*) deckchair (*BRIT*), beach chair (*US*)
tumor [tu'mor] *nm* tumour
tumulto [tu'multo] *nm* turmoil
tuna ['tuna] *nf* (*Mús*) student music group; V tb **tuno**

tunante [tu'nante] *nmf* rascal
tunear [tune'ar] *vt* (*Auto*) to style, mod (*inf*)
túnel ['tunel] *nm* tunnel
tuning ['tunin] *nm* (*Auto*) car styling, modding (*inf*)
tuno, -a ['tuno, a] *nm/f* (*fam*) rogue ▷ *nm* member of student music group
tupido, -a [tu'piðo, a] *adj* (*denso*) dense; (*tela*) close-woven
turbante [tur'βante] *nm* turban
turbar [tur'βar] *vt* (*molestar*) to disturb; (*incomodar*) to upset
turbina [tur'βina] *nf* turbine
turbio, -a ['turβjo, a] *adj* cloudy; (*tema etc*) confused
turbulencia [turβu'lenθja] *nf* turbulence; (*fig*) restlessness; **turbulento, -a** *adj* turbulent; (*fig: intranquilo*) restless; (*: ruidoso*) noisy
turco, -a ['turko, a] *adj* Turkish ▷ *nm/f* Turk
turismo [tu'rismo] *nm* tourism; (*coche*) car; **turista** *nmf* tourist; **turístico, -a** *adj* tourist *cpd*
turnar [tur'nar] *vi* to take (it in) turns; **turnarse** *vr* to take (it in) turns; **turno** *nm* (*de trabajo*) shift; (*en juegos etc*) turn
turquesa [tur'kesa] *nf* turquoise
Turquía [tur'kia] *nf* Turkey
turrón [tu'rron] *nm* (*dulce*) nougat
tutear [tute'ar] *vt* to address as familiar "tú"; **tutearse** *vr* to be on familiar terms
tutela [tu'tela] *nf* (*legal*) guardianship; **tutelar** *adj* tutelary ▷ *vt* to protect
tutor, a [tu'tor, a] *nm/f* (*legal*) guardian; (*Escol*) tutor
tuve *etc vb* V **tener**
tuviera *etc vb* V **tener**
tuyo, -a ['tujo, a] *adj* yours, of yours ▷ *pron* yours; **un amigo ~** a friend of yours; **los ~s** (*fam*) your relations o family
TV *nf abr* (= televisión) TV
TVE *nf abr* = **Televisión Española**

u [u] *conj* or

ubicar [uβi'kar] *vt* to place, situate; (*LAM: encontrar*) to find; **ubicarse** *vr* (*LAM: encontrarse*) to lie, be located

ubre ['uβre] *nf* udder

UCI *nf abr* (= *Unidad de Cuidados Intensivos*) ICU

Ud(s) *abr* = **usted(es)**

UE *nf abr* (= *Unión Europea*) EU

ufanarse [ufa'narse] *vr* to boast; **ufano, -a** *adj* (*arrogante*) arrogant; (*presumido*) conceited

UGT (*ESP*) *nf abr* = **Unión General de Trabajadores**

úlcera ['ulθera] *nf* ulcer

ulterior [ulte'rjor] *adj* (*más allá*) farther, further; (*subsecuente, siguiente*) subsequent

últimamente ['ultimamente] *adv* (*recientemente*) lately, recently

ultimar [ulti'mar] *vt* to finish; (*finalizar*) to finalize; (*LAM: matar*) to kill

ultimátum [ulti'matum] (*pl* **~s**) *nm* ultimatum

último, -a ['ultimo, a] *adj* last; (*más*

reciente) latest, most recent; (*más bajo*) bottom; (*más alto*) top; **en las últimas** on one's last legs; **por ~** finally

ultra ['ultra] *adj* ultra ▷ *nmf* extreme right-winger

ultraje [ul'traxe] *nm* outrage; insult

ultramar [ultra'mar] *nm*: **de** *o* **en ~** abroad, overseas

ultramarinos [ultrama'rinos] *nmpl* groceries; **tienda de ~** grocer's (shop)

ultranza [ul'tranθa]: **a ~** *adv* (*a todo trance*) at all costs; (*completo*) outright

umbral [um'bral] *nm* (*gen*) threshold

○ **PALABRA CLAVE**

un, una [un, 'una] *art indef* a; (*antes de vocal*) an; **una mujer/naranja** a woman/an orange
▷ *adj*: **unos** (*o* **unas**): **hay unos regalos para ti** there are some presents for you; **hay unas cervezas en la nevera** there are some beers in the fridge

unánime [u'nanime] *adj* unanimous; **unanimidad** *nf* unanimity

undécimo, -a [un'deθimo, a] *adj* eleventh

ungir [un'xir] *vt* to anoint

ungüento [un'gwento] *nm* ointment

único, -a ['uniko, a] *adj* only, sole; (*sin par*) unique

unidad [uni'ðað] *nf* unity; (*Com, Tec etc*) unit

unido, -a [u'niðo, a] *adj* joined, linked; (*fig*) united

unificar [unifi'kar] *vt* to unite, unify

uniformar [unifor'mar] *vt* to make uniform, level up; (*persona*) to put into uniform

uniforme [uni'forme] *adj* uniform, equal; (*superficie*) even ▷ *nm* uniform

unilateral [unilate'ral] *adj* unilateral

unión [u'njon] *nf* union; (*acto*) uniting, joining; (*unidad*) unity; (*Tec*) joint; **Unión Europea** European Union

unir [u'nir] *vt* (*juntar*) to join, unite;

(*atar*) to tie, fasten; (*combinar*) to combine; **unirse** *vr* to join together, unite; (*empresas*) to merge

unísono [u'nisono] *nm*: **al ~** in unison

universal [uniβer'sal] *adj* universal; (*mundial*) world *cpd*

universidad [uniβersi'ðað] *nf* university

universitario, -a [uniβersi'tarjo, a] *adj* university *cpd* ▷ *nm/f* (*profesor*) lecturer; (*estudiante*) (university) student; (*graduado*) graduate

universo [uni'βerso] *nm* universe

○ **PALABRA CLAVE**

uno, -a ['uno, a] *adj* one; **unos pocos** a few; **unos cien** about a hundred ▷ *pron* 1 one; **quiero sólo uno** I only want one; **uno de ellos** one of them 2 (*alguien*) somebody, someone; **conozco a uno que se te parece** I know somebody *o* someone who looks like you; **uno mismo** oneself; **unos querían quedarse** some (people) wanted to stay
3 **(los) unos ... (los) otros ...** some ... others
▷ *nf* one; **es la una** it's one o'clock
▷ *nm* (number) one

untar [un'tar] *vt* (*mantequilla*) to spread; (*engrasar*) to grease, oil

uña ['uɲa] *nf* (*Anat*) nail; (*garra*) claw; (*casco*) hoof; (*arrancaclavos*) claw

uranio [u'ranjo] *nm* uranium

urbanización [urβaniθa'θjon] *nf* (*barrio, colonia*) housing estate

urbanizar [urβani'θar] *vt* (*zona*) to develop, urbanize

urbano, -a [ur'βano, a] *adj* (*de ciudad*) urban; (*cortés*) courteous, polite

urbe ['urβe] *nf* large city

urdir [ur'ðir] *vt* to warp; (*complot*) to plot, contrive

urgencia [ur'xenθja] *nf* urgency; (*prisa*) haste, rush; (*emergencia*) emergency; **servicios de ~** emergency

services; **"U~s"** "Casualty"; **urgente** *adj* urgent

urgir [ur'xir] *vi* to be urgent; **me urge** I'm in a hurry for it

urinario, -a [uri'narjo, a] *adj* urinary ▷ *nm* urinal

urna ['urna] *nf* urn; (*Pol*) ballot box

urraca [u'rraka] *nf* magpie

URSS [urs] *nf* (*Hist*): **la URSS** the USSR

Uruguay [uru'ɣwai] *nm* (*tb*: **el ~**) Uruguay; **uruguayo, -a** *adj, nm/f* Uruguayan

usado, -a [u'saðo, a] *adj* used; (*de segunda mano*) secondhand

usar [u'sar] *vt* to use; (*ropa*) to wear; (*tener costumbre*) to be in the habit of; **usarse** *vr* to be used; **uso** *nm* use; wear; (*costumbre*) usage, custom; (*moda*) fashion; **al uso** in keeping with custom; **al uso de** in the style of; **de uso externo** (*Med*) for external use

usted [us'teð] *pron* (*sg*) you *sg*; (*pl*): **~es** *pl* you *pl*

usual [u'swal] *adj* usual

usuario, -a [usu'arjo, a] *nm/f* user

usura [u'sura] *nf* usury; **usurero, -a** *nm/f* usurer

usurpar [usur'par] *vt* to usurp

utensilio [uten'siljo] *nm* tool; (*Culin*) utensil

útero ['utero] *nm* uterus, womb

útil ['util] *adj* useful ▷ *nm* tool; **utilidad** *nf* usefulness; (*Com*) profit; **utilizar** *vt* to use, utilize

utopía [uto'pia] *nf* Utopia; **utópico, -a** *adj* Utopian

uva ['uβa] *nf* grape

● **LAS UVAS**

In Spain **Las uvas** play a big part on New Year's Eve (**Nochevieja**), when on the stroke of midnight people gather at home, in restaurants or in the **plaza mayor** and eat a grape for each stroke of the clock of the **Puerta del Sol** in Madrid. It is said to bring luck for the following year.

V

v *abr* (= voltio) v

va *vb* V **ir**

vaca ['baka] *nf* (animal) cow; **carne de ~** beef

vacaciones [baka'θjones] *nfpl* holidays

vacante [ba'kante] *adj* vacant, empty ▷ *nf* vacancy

vaciar [ba'θjar] *vt* to empty out; (ahuecar) to hollow out; (moldear) to cast; **vaciarse** *vr* to empty

vacilar [baθi'lar] *vi* to be unsteady; (al hablar) to falter; (dudar) to hesitate, waver; (memoria) to fail

vacío, -a [ba'θio, a] *adj* empty; (puesto) vacant; (desocupado) idle; (vano) vain ▷ *nm* emptiness; (Física) vacuum; (un vacío) (empty) space

vacuna [ba'kuna] *nf* vaccine; **vacunar** *vt* to vaccinate

vacuno, -a [ba'kuno, a] *adj* cow *cpd*; **ganado ~** cattle

vadear [baðe'ar] *vt* (río) to ford; **vado** *nm* ford

vagabundo, -a [baɣa'βundo, a] *adj* wandering ▷ *nm* tramp

vagancia [ba'ɣanθja] *nf* (pereza) idleness, laziness

vagar [ba'ɣar] *vi* to wander; (no hacer nada) to idle

vagina [ba'xina] *nf* vagina

vago, -a ['baɣo, a] *adj* vague; (perezoso) lazy ▷ *nm/f* (vagabundo) tramp; (flojo) lazybones *sg*, idler

vagón [ba'ɣon] *nm* (Ferro: de pasajeros) carriage; (: de mercancías) wagon

vaho ['bao] *nm* (vapor) vapour, steam; (respiración) breath

vaina ['baina] *nf* sheath

vainilla [bai'niʎa] *nf* vanilla

vais *vb* V **ir**

vaivén [bai'βen] *nm* to-and-fro movement; (de tránsito) coming and going; **vaivenes** *nmpl* (fig) ups and downs

vajilla [ba'xiʎa] *nf* crockery, dishes *pl*; (juego) service, set

valdré *etc vb* V **valer**

vale ['bale] *nm* voucher; (recibo) receipt; (pagaré) IOU

valedero, -a [bale'ðero, a] *adj* valid

valenciano, -a [balen'θjano, a] *adj* Valencian

valentía [balen'tia] *nf* courage, bravery

valer [ba'ler] *vt* to be worth; (Mat) to equal; (costar) to cost ▷ *vi* (ser útil) to be useful; (ser válido) to be valid; **valerse** *vr* to take care of oneself; **~se de** to make use of, take advantage of; **~ la pena** to be worthwhile; **¿vale?** (ESP) OK?; **más vale que nos vayamos** we'd better go; **¡eso a mí no me vale!** (MÉX: fam: no importar) I couldn't care less about that

valeroso, -a [bale'roso, a] *adj* brave, valiant

valgo *etc vb* V **valer**

valía [ba'lia] *nf* worth, value

validar [bali'ðar] *vt* to validate; **validez** *nf* validity; **válido, -a** *adj* valid

valiente [ba'ljente] *adj* brave, valiant

▷*nm* hero

valija [ba'lixa] (*cs*) *nf* (suit)case

valioso, -a [ba'ljoso, a] *adj* valuable

valla ['baʎa] *nf* fence; (*Deporte*) hurdle; **valla publicitaria** hoarding; **vallar** *vt* to fence in

valle ['baʎe] *nm* valley

valor [ba'lor] *nm* value, worth; (*precio*) price; (*valentía*) valour, courage; (*importancia*) importance; **valores** *nmpl* (*Com*) securities; **valorar** *vt* to value

vals [bals] *nm inv* waltz

válvula ['balβula] *nf* valve

vamos *vb* V **ir**

vampiro, -resa [bam'piro, 'resa] *nm/f* vampire

van *vb* V **ir**

vanguardia [ban'gwardja] *nf* vanguard; (*Arte etc*) avant-garde

vanidad [bani'ðað] *nf* vanity; **vanidoso, -a** *adj* vain, conceited

vano, -a ['bano, a] *adj* vain

vapor [ba'por] *nm* vapour; (*vaho*) steam; **al ~** (*Culin*) steamed; **vapor de agua** water vapour; **vaporizador** *nm* atomizer; **vaporizar** *vt* to vaporize; **vaporoso, -a** *adj* vaporous

vaquero, -a [ba'kero, a] *adj* cattle *cpd* ▷*nm* cowboy; **vaqueros** *nmpl* (*pantalones*) jeans

vaquilla [ba'kiʎa] *nf* (*Zool*) heifer

vara ['bara] *nf* stick; (*Tec*) rod

variable [ba'rjaβle] *adj, nf* variable

variación [barja'θjon] *nf* variation

variar [bar'jar] *vt* to vary; (*modificar*) to modify; (*cambiar de posición*) to switch around ▷*vi* to vary

varicela [bari'θela] *nf* chickenpox

varices [ba'riθes] *nfpl* varicose veins

variedad [barje'ðað] *nf* variety

varilla [ba'riʎa] *nf* stick; (*Bot*) twig; (*Tec*) rod; (*de rueda*) spoke

vario, -a ['barjo, a] *adj* varied; **~s** various, several

varita [ba'rita] *nf* (*tb*: **~ mágica**) magic wand

varón [ba'ron] *nm* male, man; **varonil**

adj manly, virile

Varsovia [bar'soβja] *n* Warsaw

vas *vb* V **ir**

vasco, -a ['basko, a] *adj*, *nm/f* Basque; **vascongado, -a** [baskon'gaðo, a] *adj* Basque; **las Vascongadas** the Basque Country

vaselina [base'lina] *nf* Vaseline®

vasija [ba'sixa] *nf* container, vessel

vaso ['baso] *nm* glass, tumbler; (*Anat*) vessel

> No confundir **vaso** con la palabra inglesa *vase*.

vástago ['bastaɣo] *nm* (*Bot*) shoot; (*Tec*) rod; (*fig*) offspring

vasto, -a ['basto, a] *adj* vast, huge

Vaticano [bati'kano] *nm*: **el ~** the Vatican

vatio ['batjo] *nm* (*Elec*) watt

vaya *etc vb* V **ir**

Vd(s) *abr* = **usted(es)**

ve [be] *vb* V **ir; ver**

vecindad [beθin'dað] *nf* neighbourhood; (*habitantes*) residents *pl*

vecindario [beθin'darjo] *nm* neighbourhood; residents *pl*

vecino, -a [be'θino, a] *adj* neighbouring ▷*nm/f* neighbour; (*residente*) resident

veda ['beða] *nf* prohibition; **vedar** [be'ðar] *vt* (*prohibir*) to ban, prohibit; (*impedir*) to stop, prevent

vegetación [bexeta'θjon] *nf* vegetation

vegetal [bexe'tal] *adj, nm* vegetable

vegetariano, -a [bexeta'rjano, a] *adj, nm/f* vegetarian

vehículo [be'ikulo] *nm* vehicle; (*Med*) carrier

veía *etc vb* V **ver**

veinte ['beinte] *num* twenty

vejar [be'xar] *vt* (*irritar*) to annoy, vex; (*humillar*) to humiliate

vejez [be'xeθ] *nf* old age

vejiga [be'xiɣa] *nf* (*Anat*) bladder

vela ['bela] *nf* (*de cera*) candle; (*Náut*) sail; (*insomnio*) sleeplessness; (*vigilia*) vigil; (*Mil*) sentry duty; **estar a dos ~s** (*fam: sin dinero*) to be skint

velado, -a [be'laðo, a] *adj* veiled; (*sonido*) muffled; (*Foto*) blurred ▷ *nf* soirée

velar [be'lar] *vt* (*vigilar*) to keep watch over ▷ *vi* to stay awake; **~ por** to watch over, look after

velatorio [bela'torjo] *nm* (*funeral*) wake

velero [be'lero] *nm* (*Náut*) sailing ship; (*Aviac*) glider

veleta [be'leta] *nf* weather vane

veliz [be'lis] (*MÉX*) *nm* (*suit*)case

vello [ˈbeʎo] *nm* down, fuzz

velo [ˈbelo] *nm* veil

velocidad [beloθi'ðað] *nf* speed; (*Tec, Auto*) gear

velocímetro [belo'θimetro] *nm* speedometer

velorio [be'lorjo] (*LAM*) *nm* (*funeral*) wake

veloz [be'loθ] *adj* fast

ven *vb* V **venir**

vena [ˈbena] *nf* vein

venado [be'naðo] *nm* deer

vencedor, a [benθe'ðor, a] *adj* victorious ▷ *nm/f* victor, winner

vencer [ben'θer] *vt* (*dominar*) to defeat, beat; (*derrotar*) to vanquish; (*superar, controlar*) to overcome, master ▷ *vi* (*triunfar*) to win (through), triumph; (*plazo*) to expire; **vencido, -a** *adj* (*derrotado*) defeated, beaten; (*Com*) due ▷ *adv*: **pagar vencido** to pay in arrears

venda [ˈbenda] *nf* bandage; **vendaje** *nm* bandage, dressing; **vendar** *vt* to bandage; **vendar los ojos** to blindfold

vendaval [benda'βal] *nm* (*viento*) gale

vendedor, a [bende'ðor, a] *nm/f* seller

vender [ben'der] *vt* to sell; **venderse** *vr* (*estar a la venta*) to be on sale; **~ al contado/al por mayor/al por menor** to sell for cash/wholesale/retail; **"se vende"** "for sale"

vendimia [ben'dimja] *nf* grape harvest

vendré *etc vb* V **venir**

veneno [be'neno] *nm* poison; (*de serpiente*) venom; **venenoso, -a** *adj* poisonous; venomous

venerable [bene'raβle] *adj* venerable; **venerar** *vt* (*respetar*) to revere; (*adorar*) to worship

venéreo, -a [be'nereo, a] *adj*: **enfermedad venérea** venereal disease

venezolano, -a [beneθo'lano, a] *adj* Venezuelan

Venezuela [bene'θwela] *nf* Venezuela

venganza [ben'ganθa] *nf* vengeance, revenge; **vengar** *vt* to avenge; **vengarse** *vr* to take revenge; **vengativo, -a** *adj* (*persona*) vindictive

vengo *etc vb* V **venir**

venia [ˈbenja] *nf* (*perdón*) pardon; (*permiso*) consent

venial [be'njal] *adj* venial

venida [be'niða] *nf* (*llegada*) arrival; (*regreso*) return

venidero, -a [beni'ðero, a] *adj* coming, future

venir [be'nir] *vi* to come; (*llegar*) to arrive; (*ocurrir*) to happen; (*fig*): **~ de** to stem from; **~ bien/mal** to be suitable/unsuitable; **el año que viene** next year; **~se abajo** to collapse

venta [ˈbenta] *nf* (*Com*) sale; **"en ~"** "for sale"; **estar a la o en ~** to be (up) for sale o on the market; **venta a domicilio** door-to-door selling; **venta a plazos** hire purchase; **venta al contado/al por mayor/al por menor** cash sale/wholesale/retail

ventaja [ben'taxa] *nf* advantage; **ventajoso, -a** *adj* advantageous

ventana [ben'tana] *nf* window; **ventanilla** *nf* (*de taquilla*) window (*of booking office etc*)

ventilación [bentila'θjon] *nf* ventilation; (*corriente*) draught

ventilador [bentila'ðor] *nm* fan

ventilar [benti'lar] vt to ventilate; (para secar) to put out to dry; (asunto) to air, discuss

ventisca [ben'tiska] nf blizzard

ventrílocuo, -a [ben'trilokwo, a] nm/f ventriloquist

ventura [ben'tura] nf (felicidad) happiness; (buena suerte) luck; (destino) fortune; **a la (buena) ~** at random; **venturoso, -a** adj happy; (afortunado) lucky, fortunate

veo etc vb V **ver**

ver [ber] vt to see; (mirar) to look at, watch; (entender) to understand; (investigar) to look into ▷ vi to see; to understand; **verse** vr (encontrarse) to meet; (dejarse ver) to be seen; (hallarse: en un apuro) to find o.s., be; **(vamos) a ~** let's see; **no tener nada que ~ con** to have nothing to do with; **a mi modo de ~** as I see it; **ya ~emos** we'll see

vera ['bera] nf edge, verge; (de río) bank

veranear [berane'ar] vi to spend the summer; **veraneo** nm summer holiday; **veraniego, -a** adj summer cpd

verano [be'rano] nm summer

veras ['beras] nfpl truth sg; **de ~** really, truly

verbal [ber'βal] adj verbal

verbena [ber'βena] nf (baile) open-air dance

verbo ['berβo] nm verb

verdad [ber'ðað] nf truth; (fiabilidad) reliability; **de ~** real, proper; **a decir ~** to tell the truth; **verdadero, -a** adj (veraz) true, truthful; (fiable) reliable; (fig) real

verde ['berðe] adj green; (chiste) blue, dirty ▷ nm green; **viejo ~** dirty old man; **verdear** vi to turn green; **verdor** nm greenness

verdugo [ber'ðuxo] nm executioner

verdulero, -a [berðu'lero, a] nm/f greengrocer

verduras [ber'ðuras] nfpl (Culin)

greens

vereda [be'reða] nf path; (cs: acera) pavement (BRIT), sidewalk (US)

veredicto [bere'ðikto] nm verdict

vergonzoso, -a [berxon'θoso, a] adj shameful; (tímido) timid, bashful

vergüenza [ber'xwenθa] nf shame, sense of shame; (timidez) bashfulness; (pudor) modesty; **me da ~** I'm ashamed

verídico, -a [be'riðiko, a] adj true, truthful

verificar [berifi'kar] vt to check; (corroborar) to verify; (llevar a cabo) to carry out; **verificarse** vr (predicción) to prove to be true

verja ['berxa] nf (cancela) iron gate; (valla) iron railings pl; (de ventana) grille

vermut [ber'mut] (pl ~s) nm vermouth

verosímil [bero'simil] adj likely, probable; (relato) credible

verruga [be'rruxa] nf wart

versátil [ber'satil] adj versatile

versión [ber'sjon] nf version

verso ['berso] nm verse; **un ~** a line of poetry

vértebra ['berteβra] nf vertebra

verter [ber'ter] vt (líquido: adrede) to empty, pour (out); (: sin querer) to spill; (basura) to dump ▷ vi to flow

vertical [berti'kal] adj vertical

vértice ['bertiθe] nm vertex, apex

vertidos [ber'tiðos] nmpl waste sg

vertiente [ber'tjente] nf slope; (fig) aspect

vértigo ['bertixo] nm vertigo; (mareo) dizziness

vesícula [be'sikula] nf blister

vespino® [bes'pino] nm o nf moped

vestíbulo [bes'tiβulo] nm hall; (de teatro) foyer

vestido [bes'tiðo] nm (ropa) clothes pl, clothing; (de mujer) dress, frock ▷ pp de **vestir**; **~ de azul/marinero** dressed in blue/as a sailor

vestidor [besti'ðor] (MÉX) nm (Deporte) changing (BRIT) o locker (US) room

vestimenta [besti'menta] *nf* clothing

vestir [bes'tir] *vt* (*poner: ropa*) to put on; (*llevar: ropa*) to wear; (*proveer de ropa a*) to clothe; (*sastre*) to make clothes for ▷ *vi* to dress; (*verse bien*) to look good; **vestirse** *vr* to get dressed, dress o.s.

vestuario [bes'twarjo] *nm* clothes *pl*, wardrobe; (*Teatro: cuarto*) dressing room; (*Deporte*) changing (BRIT) *o* locker (US) room

vetar [be'tar] *vt* to veto

veterano, -a [bete'rano, a] *adj, nm* veteran

veterinaria [beteri'narja] *nf* veterinary science; *V tb* **veterinario**

veterinario, -a [beteri'narjo, a] *nm/f* vet(erinary surgeon)

veto ['beto] *nm* veto

vez [beθ] *nf* time; (*turno*) turn; **a la ~ que** at the same time as; **a su ~** in its turn; **otra ~** again; **una ~** once; **de una ~** in one go; **de una ~ para siempre** once and for all; **en ~ de** instead of; **a o algunas veces** sometimes; **una y otra ~** repeatedly; **de ~ en cuando** from time to time; **7 veces 9** 7 times 9; **hacer las veces de** to stand in for; **tal ~** perhaps

vía ['bia] *nf* track, route; (*Ferro*) line; (*fig*) way; (*Anat*) passage, tube ▷ *prep* via, by way of; **por ~ judicial** by legal means; **en ~s de** in the process of; **vía aérea** airway; **Vía Láctea** Milky Way; **vía pública** public road *o* thoroughfare

viable ['bjaβle] *adj* (*solución, plan, alternativa*) feasible

viaducto [bja'ðukto] *nm* viaduct

viajante [bja'xante] *nm* commercial traveller

viajar [bja'xar] *vi* to travel; **viaje** *nm* journey; (*gira*) tour; (*Náut*) voyage; **estar de viaje** to be on a trip; **viaje de ida y vuelta** round trip; **viaje de novios** honeymoon; **viajero, -a** *adj* travelling; (*Zool*) migratory ▷ *nm/f* (*quien viaja*) traveller; (*pasajero*) passenger

víbora ['biβora] *nf* (*Zool*) viper; (: (MÉX: *venenoso*) poisonous snake

vibración [biβra'θjon] *nf* vibration

vibrar [bi'βrar] *vt, vi* to vibrate

vicepresidente [biθepresi'ðente] *nmf* vice-president

viceversa [biθe'βersa] *adv* vice versa

vicio ['biθjo] *nm* vice; (*mala costumbre*) bad habit; **vicioso, -a** *adj* (*muy malo*) vicious; (*corrompido*) depraved ▷ *nm/f* depraved person

víctima ['biktima] *nf* victim

victoria [bik'torja] *nf* victory; **victorioso, -a** *adj* victorious

vid [bið] *nf* vine

vida ['biða] *nf* (*gen*) life; (*duración*) lifetime; **de por ~** for life; **en la o mi ~** never; **estar con ~** to be still alive; **ganarse la ~** to earn one's living

vídeo ['biðeo] *nm* video ▷ *adj inv*: **película de ~** video film; **videocámara** *nf* camcorder; **videocasete** *nm* video cassette, videotape; **videoclub** *nm* video club; **videojuego** *nm* video game; **videollamada** *nf* video call; **videoteléfono** *nf* videophone

vidrio ['biðrjo] *nm* glass

vieira ['bjeira] *nf* scallop

viejo, -a ['bjexo, a] *adj* old ▷ *nm/f* old man/woman; **hacerse ~** to get old

Viena ['bjena] *n* Vienna

vienes *etc vb V* **venir**

vienés, -esa [bje'nes, esa] *adj* Viennese

viento ['bjento] *nm* wind; **hacer ~** to be windy

vientre ['bjentre] *nm* belly; (*matriz*) womb

viernes ['bjernes] *nm inv* Friday; **Viernes Santo** Good Friday

Vietnam [bjet'nam] *nm* Vietnam; **vietnamita** *adj* Vietnamese

viga ['bixa] *nf* beam, rafter; (*de metal*) girder

vigencia [bi'xenθja] *nf* validity; **estar en ~** to be in force; **vigente** *adj* valid, in force; (*imperante*) prevailing

vigésimo, -a [bi'xesimo, a] *adj* twentieth

vigía [bi'xia] *nm* look-out

vigilancia [bixi'lanθja] *nf*: **tener a algn bajo ~** to keep watch on sb

vigilar [bixi'lar] *vt* to watch over ▷ *vi* (*gen*) to be vigilant; (*hacer guardia*) to keep watch; **~ por** to take care of

vigilia [vi'xilja] *nf* wakefulness, being awake; (*Rel*) fast

vigor [bi'xor] *nm* vigour, vitality; **en ~** in force; **entrar/poner en ~** to come/put into effect; **vigoroso, -a** *adj* vigorous

VIH *nm abr* (= *virus de la inmunodeficiencia humana*) HIV; **VIH negativo/positivo** HIV-negative/- positive

vil [bil] *adj* vile, low

villa ['biʎa] *nf* (*casa*) villa; (*pueblo*) small town; (*municipalidad*) municipality

villancico [biʎan'θiko] *nm* (Christmas) carol

vilo ['bilo]: **en ~** *adv* in the air, suspended; (*fig*) on tenterhooks, in suspense

vinagre [bi'naɣre] *nm* vinegar

vinagreta [bina'ɣreta] *nf* vinaigrette, French dressing

vinculación [binkula'θjon] *nf* (*lazo*) link, bond; (*acción*) linking

vincular [binku'lar] *vt* to link, bind; **vínculo** *nm* link, bond

vine *etc vb* V **venir**

vinicultura [binikul'tura] *nf* wine growing

viniera *etc vb* V **venir**

vino ['bino] *vb* V **venir** ▷ *nm* wine; **vino blanco/tinto** white/red wine

viña ['biɲa] *nf* vineyard; **viñedo** *nm* vineyard

viola ['bjola] *nf* viola

violación [bjola'θjon] *nf* violation; (*sexual*) rape

violar [bjo'lar] *vt* to violate; (*sexualmente*) to rape

violencia [bjo'lenθja] *nf* violence,

force; (*incomodidad*) embarrassment; (*acto injusto*) unjust act; **violentar** *vt* to force; (*casa*) to break into; (*agredir*) to assault; (*violar*) to violate; **violento, -a** *adj* violent; (*furioso*) furious; (*situación*) embarrassing; (*acto*) forced, unnatural

violeta [bjo'leta] *nf* violet

violín [bjo'lin] *nm* violin

violón [bjo'lon] *nm* double bass

virar [bi'rar] *vi* to change direction

virgen ['birxen] *adj, nf* virgin

Virgo ['birxo] *nm* Virgo

viril [bi'ril] *adj* virile; **virilidad** *nf* virility

virtud [bir'tuð] *nf* virtue; **en ~ de** by virtue of; **virtuoso, -a** *adj* virtuous ▷ *nm/f* virtuoso

viruela [bi'rwela] *nf* smallpox

virulento, -a [biru'lento, a] *adj* virulent

virus ['birus] *nm inv* virus

visa ['bisa] (*LAM*) *nf* = **visado**

visado [bi'saðo] (*ESP*) *nm* visa

víscera ['bisθera] *nf* (*Anat, Zool*) gut, bowel; **vísceras** *nfpl* entrails

visceral [bisθe'ral] *adj* (*odio*) intense; **reacción ~** gut reaction

visera [bi'sera] *nf* visor

visibilidad [bisiβili'ðað] *nf* visibility; **visible** *adj* visible; (*fig*) obvious

visillos [bi'siʎos] *nmpl* lace curtains

visión [bi'sjon] *nf* (*Anat*) vision, (eye)sight; (*fantasía*) vision, fantasy

visita [bi'sita] *nf* call, visit; (*persona*) visitor; **hacer una ~** to pay a visit; **visitar** [bisi'tar] *vt* to visit, call on

visón [bi'son] *nm* mink

visor [bi'sor] *nm* (*Foto*) viewfinder

víspera ['bispera] *nf*: **la ~ de ...** the day before ...

vista ['bista] *nf* sight, vision; (*capacidad de ver*) (eye)sight; (*mirada*) look(s) (*pl*); **a primera ~** at first glance; **hacer la ~ gorda** to turn a blind eye; **volver la ~** to look back; **está a la ~ que** it's obvious that; **en ~ de** in view of; **en ~ de que** in view of the fact that; **¡hasta la ~!** so long!, see you!; **con ~s**

a with a view to; **vistazo** *nm* glance; **dar** *o* **echar un vistazo a** to glance at

visto, -a ['bisto, a] *pp de* **ver** ▷ *vb V tb* **vestir** ▷ *adj* seen; (*considerado*) considered ▷ *nm*: **~ bueno** approval; **por lo ~** apparently; **está ~ que** it's clear that; **está bien/mal ~** it's acceptable/unacceptable; **~ que** since, considering that

vistoso, -a [bis'toso, a] *adj* colourful

visual [bi'swal] *adj* visual

vital [bi'tal] *adj* life *cpd*, living *cpd*; (*fig*) vital; (*persona*) lively, vivacious; **vitalicio, -a** *adj* for life; **vitalidad** *nf* (*de persona, negocio*) energy; (*de ciudad*) liveliness

vitamina [bita'mina] *nf* vitamin

vitorear [bitore'ar] *vt* to cheer, acclaim

vitrina [bi'trina] *nf* show case; (*LAM: escaparate*) shop window

viudo, -a ['bjuðo, a] *nm/f* widower/widow

viva ['biβa] *excl* hurrah!; **¡~ el rey!** long live the king!

vivaracho, -a [biβa'ratʃo, a] *adj* jaunty, lively; (*ojos*) bright, twinkling

vivaz [bi'βaθ] *adj* lively

víveres ['biβeres] *nmpl* provisions

vivero [bi'βero] *nm* (*para plantas*) nursery; (*para peces*) fish farm; (*fig*) hotbed

viveza [bi'βeθa] *nf* liveliness; (*agudeza: mental*) sharpness

vivienda [bi'βjenda] *nf* housing; (*una vivienda*) house; (*piso*) flat (*BRIT*), apartment (*US*)

viviente [bi'βjente] *adj* living

vivir [bi'βir] *vt, vi* to live ▷ *nm* life, living

vivo, -a ['biβo, a] *adj* living, alive; (*fig: descripción*) vivid; (*persona: astuto*) smart, clever; **en ~** (*transmisión etc*) live

vocablo [bo'kaβlo] *nm* (*palabra*) word; (*término*) term

vocabulario [bokaβu'larjo] *nm* vocabulary

vocación [boka'θjon] *nf* vocation;

vocacional (*LAM*) *nf* ≈ technical college

vocal [bo'kal] *adj* vocal ▷ *nf* vowel; **vocalizar** *vt* to vocalize

vocero [bo'θero] (*LAM*) *nmf* spokesman/woman

voces ['boθes] *pl de* **voz**

vodka ['boðka] *nm o f* vodka

vol *abr* = **volumen**

volado [bo'laðo] (*MÉX*) *adv* in a rush, hastily

volador, a [bola'ðor, a] *adj* flying

volandas [bo'landas]: **en ~** *adv* in the air

volante [bo'lante] *adj* flying ▷ *nm* (*de coche*) steering wheel; (*de reloj*) balance

volar [bo'lar] *vt* (*edificio*) to blow up ▷ *vi* to fly

volátil [bo'latil] *adj* volatile

volcán [bol'kan] *nm* volcano; **volcánico, -a** *adj* volcanic

volcar [bol'kar] *vt* to upset, overturn; (*tumbar, derribar*) to knock over; (*vaciar*) to empty out ▷ *vi* to overturn; **volcarse** *vr* to tip over

voleibol [bolei'βol] *nm* volleyball

volqué *etc vb V* **volcar**

voltaje [bol'taxe] *nm* voltage

voltear [bolte'ar] *vt* to turn over; (*volcar*) to turn upside down

voltereta [bolte'reta] *nf* somersault

voltio ['boltjo] *nm* volt

voluble [bo'luβle] *adj* fickle

volumen [bo'lumen] (*pl* **volúmenes**) *nm* volume; **voluminoso, -a** *adj* voluminous; (*enorme*) massive

voluntad [bolun'tað] *nf* will; (*resolución*) willpower; (*deseo*) desire, wish

voluntario, -a [bolun'tarjo, a] *adj* voluntary ▷ *nm/f* volunteer

volver [bol'βer] *vt* (*gen*) to turn; (*dar vuelta a*) to turn (over); (*voltear*) to turn round, turn upside down; (*poner al revés*) to turn inside out; (*devolver*) to return ▷ *vi* to return, go back, come back; **volverse** *vr* to turn round; **~ la**

espalda to turn one's back; **~ triste** *etc*
a algn to make sb sad *etc*; **~ a hacer**
to do again; **~ en sí** to come to; **~se**
insoportable/muy caro to get o
become unbearable/very expensive;
~se loco to go mad

vomitar [bomi'tar] *vt, vi* to vomit;
vómito *nm* vomit

voraz [bo'raθ] *adj* voracious

vos [bos] (*LAM*) *pron* you

vosotros, -as [bo'sotros, as] (*ESP*)
pron you; (*reflexivo*) **entre/para ~**
among/for yourselves

votación [bota'θjon] *nf* (*acto*) voting;
(*voto*) vote

votar [bo'tar] *vi* to vote; **voto** *nm*
vote; (*promesa*) vow; **votos** *nmpl*
(good) wishes

voy *vb* V **ir**

voz [boθ] *nf* voice; (*grito*) shout;
(*rumor*) rumour; (*Ling*) word; **dar voces**
to shout, yell; **de viva ~** verbally; **en ~**
alta aloud; **en ~ baja** in a low voice, in
a whisper; **voz de mando** command

vuelco ['bwelko] *vb* V **volcar** ▷ *nm*
spill, overturning

vuelo ['bwelo] *vb* V **volar** ▷ *nm*
flight; (*encaje*) lace, frill; **coger al ~** to
catch in flight; **vuelo chárter/regular**
charter/scheduled flight; **vuelo libre**
(*Deporte*) hang-gliding

vuelque *etc vb* V **volcar**

vuelta ['bwelta] *nf* (*gen*) turn; (*curva*)
bend, curve; (*regreso*) return; (*revolución*)
revolution; (*de circuito*) lap; (*de papel,
tela*) reverse; (*cambio*) change; **a la ~**
on one's return; **a la ~ (de la esquina)**
round the corner; **a ~ de correo** by
return of post; **dar ~s** (*cabeza*) to spin;
dar(se) la ~ (*volverse*) to turn round;
dar ~s a una idea to turn over an idea
(in one's head); **estar de ~** to be back;
dar una ~ to go for a walk; (*en coche*) to
go for a drive; **vuelta ciclista** (*Deporte*)
(cycle) tour

vuelto ['bwelto] *pp de* **volver**

vuelvo *etc vb* V **volver**

vuestro, -a ['bwestro, a] *adj pos*

your; **un amigo ~** a friend of yours
▷ *pron*: **el ~/la vuestra, los ~s/las**
vuestras yours

vulgar [bul'ɣar] *adj* (*ordinario*)
vulgar; (*común*) common; **vulgaridad**
nf commonness; (*acto*) vulgarity;
(*expresión*) coarse expression

vulnerable [bulne'raβle] *adj*
vulnerable

vulnerar [bulne'rar] *vt* (*ley, acuerdo*)
to violate, breach; (*derechos, intimidad*)
to violate; (*reputación*) to damage

W X

walkie-talkie [walki-'talki] (*pl* **~s**)
nm walkie-talkie
Walkman® ['walkman] *nm*
Walkman®
wáter ['bater] *nm* (*taza*) toilet;
(*LAM: lugar*) toilet (*BRIT*), rest room (*US*)
web [web] *nm o f* (*página*) website;
(*red*) (World Wide) Web; **webcam**
nf webcam; **webmaster** *nmf*
webmaster; **website** *nm* website
western ['western] (*pl* **~s**) *nm*
western
whisky ['wiski] *nm* whisky, whiskey
windsurf ['winsurf] *nm*
windsurfing; **hacer ~** to go
windsurfing

xenofobia [kseno'foβja] *nf*
xenophobia
xilófono [ksi'lofono] *nm* xylophone
xocoyote, -a [ksoko'yote, a] (*MÉX*)
nm/f baby of the family, youngest child

yuca ['juka] *nf* (*alimento*) cassava, manioc root
Yugoslavia [juɣos'laβja] *nf* (*Hist*) Yugoslavia
yugular [juɣu'lar] *adj* jugular
yunque ['junke] *nm* anvil
yuyo ['jujo] (*RPL*) *nm* (*mala hierba*) weed

y [i] *conj* and
ya [ja] *adv* (*gen*) already; (*ahora*) now; (*en seguida*) at once; (*pronto*) soon ▷ *excl* all right! ▷ *conj* (*ahora que*) now that; **~ lo sé** I know; **~ que ...** since; **¡~ está bien!** that's (quite) enough!; **¡~ voy!** coming!
yacaré [jaka're] (*CS*) *nm* cayman
yacer [ja'θer] *vi* to lie
yacimiento [jaθi'mjento] *nm* (*de mineral*) deposit; (*arqueológico*) site
yanqui ['janki] *adj, nmf* Yankee
yate ['jate] *nm* yacht
yazco *etc vb* V **yacer**
yedra ['jeðra] *nf* ivy
yegua ['jeɣwa] *nf* mare
yema ['jema] *nf* (*del huevo*) yolk; (*Bot*) leaf bud; (*fig*) best part; **yema del dedo** fingertip
yerno ['jerno] *nm* son-in-law
yeso ['jeso] *nm* plaster
yo [jo] *pron* I; **soy ~** it's me
yodo ['joðo] *nm* iodine
yoga ['joɣa] *nm* yoga
yogur(t) [jo'ɣur(t)] *nm* yoghurt

Z

zafar [θa'far] vt (*soltar*) to untie; (*superficie*) to clear; **zafarse** vr (*escaparse*) to escape; (*Tec*) to slip off

zafiro [θa'firo] nm sapphire

zaga ['θaxa] nf: **a la ~** behind

zaguán [θa'ɣwan] nm hallway

zalamero, -a [θala'mero, a] *adj* flattering; (*cobista*) suave

zamarra [θa'marra] nf (*chaqueta*) sheepskin jacket

zambullirse [θambu'ʎirse] vr to dive

zampar [θam'par] vt to gobble down

zanahoria [θana'orja] nf carrot

zancadilla [θanka'ðiʎa] nf trip

zanco ['θanko] nm stilt

zanja ['θanxa] nf ditch; **zanjar** vt (*resolver*) to resolve

zapata [θa'pata] nf (*Mecánica*) shoe

zapatería [θapate'ria] nf (*oficio*) shoemaking; (*tienda*) shoe shop; (*fábrica*) shoe factory; **zapatero, -a** nm/f shoemaker

zapatilla [θapa'tiʎa] nf slipper; **zapatilla de deporte** training shoe

zapato [θa'pato] nm shoe

zapping ['θapin] nm channel-hopping; **hacer ~** to channel-hop

zar [θar] nm tsar, czar

zarandear [θarande'ar] (*fam*) vt to shake vigorously

zarpa ['θarpa] nf (*garra*) claw

zarpar [θar'par] vi to weigh anchor

zarza ['θarθa] nf (*Bot*) bramble; **zarzamora** nf blackberry

zarzuela [θar'θwela] nf Spanish light opera

zigzag [θiɣ'θax] nm zigzag

zinc [θink] nm zinc

zíper ['θiper] (*MÉX, CAM*) nm zip (fastener) (*BRIT*), zipper (*US*)

zócalo ['θokalo] nm (*Arq*) plinth, base; (*de pared*) skirting board (*BRIT*), baseboard (*US*); (*MÉX: plaza*) main o public square

zoclo ['θoklo] (*MÉX*) nm skirting board (*BRIT*), baseboard (*US*)

zodíaco [θo'ðiako] nm zodiac

zona ['θona] nf zone; **zona fronteriza** border area; **zona roja** (*LAM*) red-light district

zonzo, -a (*LAM: fam*) ['θonθo, a] *adj* silly ▷ nm/f fool

zoo ['θoo] nm zoo

zoología [θoolo'xia] nf zoology; **zoológico, -a** *adj* zoological ▷ nm (*tb*: **parque zoológico**) zoo; **zoólogo, -a** nm/f zoologist

zoom [θum] nm zoom lens

zopilote [θopi'lote] (*MÉX, CAM*) nm buzzard

zoquete [θo'kete] nm (*fam*) blockhead

zorro, -a ['θorro, a] *adj* crafty ▷ nm/f fox/vixen

zozobrar [θoθo'βrar] vi (*hundirse*) to capsize; (*fig*) to fail

zueco ['θweko] nm clog

zumbar [θum'bar] vt (*golpear*) to hit ▷ vi to buzz; **zumbido** nm buzzing

zumo ['θumo] nm juice

zurcir [θur'θir] vt (*coser*) to darn

zurdo, -a ['θurðo, a] *adj* left-handed

zurrar [θu'rrar] (*fam*) vt to wallop

Spanish in focus

Introduction

Spanish in focus gives you a fascinating introduction to the Spanish-speaking world. The following pages look at where Spanish is spoken throughout the world, helping you to get to know the language and the people that speak it. Practical language tips and notes on common translation difficulties will allow you to become more confident in Spanish and a useful correspondence section gives you all the information you need to be able to communicate effectively.

We've also included a number of links to useful websites, which will give you the opportunity to read and learn more about Spanish-speaking countries and the Spanish language.

We hope that you will enjoy using your *Spanish in focus* supplement. We are sure that it will help you to find out more about Spanish-speaking countries and become more confident in writing and speaking Spanish.

¡Vamos!

Spain and its regions

Spellings

The English spellings of Seville, Majorca and Andalusia are not used in Spanish; *Sevilla*, *Mallorca* and *Andalucía* are the Spanish forms. Remember the accent on *Málaga*, *Córdoba* and *Cádiz* in Spanish.

Spain and its regions

The six biggest Spanish cities

City	Name of inhabitants	Population
Madrid	los madrileños	2,938,700
Barcelona	los barceloneses	1,504,900
Valencia	los valencianos	738,500
Sevilla	los sevillanos	683,600
Zaragoza	los zaragozanos	614,900
Málaga	los malagueños	524,400

Spain shares the Iberian Peninsula with Portugal, its neighbour to the west. The Spanish state consists of the mainland; the Balearic Islands in the Mediterranean; and the Canary Islands in the Atlantic, north-west of Africa. The towns of Ceuta and Melilla, on the coast of Morocco, are also Spanish.

The head of state is the King, Juan Carlos I. The Prime Minister, leader of the party that has the majority in parliament, heads the government and is elected every four years.

Spain is organized into seventeen administrative regions called *comunidades autónomas*. Each region, made up of several smaller *provincias*, has its own parliament and can legislate in areas such as housing, infrastructure, health and education. Central government retains jurisdiction for matters such as defence, foreign affairs and the legal system, which affect the country as a whole.

Regional identity is strong in many parts of Spain, and though the majority of people speak Castilian Spanish (*castellano*) as their first language, other languages and dialects are also important, and for significant numbers of people are their mother tongue. Three of these languages are called *lenguas cooficiales*: Basque (*euskera*), Catalan (*catalán*) and Galician (*gallego*). They have official status under the Constitution and are therefore used in official documents, education and so on.

A snapshot of Spain

- Spain is the second biggest country by area in Western Europe, covering 504 800 km² (well over twice the size of the UK).

- Spain's highest mountain is in the Canary Islands: Teide (3718 m), in Tenerife.

- The river Ebro is around 910km long, rising in the Cantabrian Mountains and flowing into the Mediterranean.

- 40.8 million people live in Spain. The population is one of the slowest-growing in the world.

- The main religion in Spain is Roman Catholicism.

- Spain is the world's tenth largest economy (the US is first and the UK fourth).

- Only France is more popular with foreign tourists; almost 52 million visit Spain every year. The British and Germans head the list, and Andalusia is the most popular destination.

Useful links:

www.ine.es
  The Spanish statistical office.

www.cervantes.es
  Information about Spanish language and culture.

The Spanish-speaking world

Spellings
Don't forget the accent on *Perú*, *Panamá* and *México* in Spanish. *República Dominicana* is the Spanish-speaking Dominican Republic (not to be confused with English-speaking Dominica). Cuba's capital, Havana, is *la Habana* in Spanish.

t i c o

Océano
Pacífico

Filipinas

Guinea
Ecuatorial

Océano
Índico

©Collins Bartholomew Ltd 2005

Countries or regions where Spanish is the main language or an official language

Countries or regions where many of the population speak Spanish

Other languages of Spain

Language	Brief description	Where spoken
Basque (*euskera*)	Not related to any other known language	In the Basque Country (on the border with France)
Catalan (*catalán*)	Closely related to both French and Spanish	In Catalonia (north-eastern Spain), Valencia and the Balearics
Galician (*gallego*)	Close to Portuguese	In Galicia (north-west Spain)

A useful link:
www.la-moncloa.es
Information on the Prime Minister and government.

Latin American Spanish

There are 417 million speakers of Spanish worldwide; only Chinese has more. Latin American Spanish differs from the Spanish spoken in Europe (peninsular Spanish). There is also a huge variation in the type of Spanish spoken throughout the Americas. For example, a 'light bulb' is *un foco* in Mexico, but *una bujía* in Central America. Accents and pronunciation can also vary dramatically throughout the region.

Some words are common to most Latin American countries. For example:

Latin American Spanish	English	Peninsular Spanish
carro	car	*coche*
computadora	computer	*ordenador*
papa	potato	*patata*

Two Amerindian languages
Náhuatl was the language of the Aztecs and is still spoken by a million Mexicans. It gave us words such as 'tomato', 'avocado', 'chocolate' and 'chilli'. *Quechua* is still used by 13 million descendants of the Incas in the Andean region. 'Llama', 'condor' and 'puma' all come from Quechua.

A snapshot of Spanish-speaking America

- Argentina is the biggest Spanish-speaking country by area in South and Central America, covering 2 780 000 km². Next come Mexico (1 958 000 km²) and Peru (1 285 000 km²).

- Mexico has by far the biggest population (101 million), but is outstripped by tiny El Salvador in terms of population density (310 people per km², compared with 246 in the UK and just 31 in the US).

- The highest mountain in the world outside the Himalayas, Cerro Aconcagua (6959 m) lies in Argentina, on the border with Chile. The lowest point in South America, Península Valdés (40 m below sea level), is also in Argentina

At an altitude of 3630 m, the Bolivian city of La Paz is the highest capital in the Americas.

The Atacama Desert (lying mainly in northern Chile) is the driest place on earth.

- The second longest river in the world, the Amazon, rises in the Peruvian Andes and flows east through Brazil to the Atlantic. Angel Falls in Venezuela is the world's highest waterfall.

- Latin America has only two landlocked countries: Bolivia and Paraguay.

- Chile is over 4000 km long but only 177 km wide on average.

- Mexico is the world's ninth largest economy (the US is first and the UK fourth).

- The USA has the fifth largest Spanish-speaking population in the world (28 million, or 10% of the population).

A useful link:

http://lanic.utexas.edu/index.html
Aspects of life in Spanish-speaking America.

Improving your pronunciation

There are a number of different methods you can use to improve your accent and increase your confidence in speaking Spanish:

• read out loud to yourself to improve your confidence

• listen to Spanish-language radio

• watch Spanish-language films

• chat with Spanish-speakers

A useful link:
www.geocities.com/spanishradio/
A selection of Spanish and Latin American stations.

Some special Spanish sounds

• *Z and c*. Most Spaniards say *z* and the *c* in *ce* and *ci* like 'th' in English '**th**in' (e.g. *cena* = 'thena'; *diez* = 'dieth'). Latin Americans tend to use an 's' sound, as in English '**s**ame'.

• *Ll*. The pronunciation of this (e.g. *llamar*, *ella*) is rather variable – all over the Spanish-speaking world you'll hear speakers who pronounce it like English '**y**et', while others pronounce it like 'mi**lli**on'.

• *J and g*. *J* in any position and *g* before *e* or *i*, sound similar to English 'lo**ch**' (e.g. *jefe*, *ajo*, *gente*) in Spain, but in Latin America they are softer, more like English *h*.

• *B and v*. These sound exactly the same: at the start of a word and after *m* and *n* (e.g. *vaso*, *ambulancia*) they are similar to English **b**oy. Otherwise to say them try saying a 'b', but don't let your lips touch (e.g. *obra*, *uva*).

• *D*. Between vowels and after consonants other than *l* or *n* (e.g. *modo*, *ardiente*), *d* is very like 'th' in English '**th**ough'.

• *H*. In Spanish, *h* is always silent (e.g. *hablar* is pronounced 'ablah').

• *R and rr*. *Rr* is strongly trilled, like Scots *r* (e.g. *perro*). *R* is said with a single trill (e.g. *pero*), but sounds like *rr* at the start of a word and after *l*, *n* or *s* (e.g. *rápido*).

• *Ñ*. A *tilde* changes the sound of *n* to one similar to English 'o**ni**on' (e.g. *baño*).

Improving your fluency

Conversational words and phrases

In English we insert lots of words and phrases, such as *so, then, by the way* into our conversation, to give our thoughts a structure and often to show our attitude. The Spanish words shown below do the same thing. If you use them they will make you sound more fluent and natural.

- *además*
  Además, no tienes nada que perder. (= besides)

- *está bien*
  ¡Está bien! Lo haré. (= all right!)

- *bueno*
  ¡Bueno! Haremos lo que tú quieras. (= all right!)

- *por cierto*
  Por cierto, ¿has sacado las entradas? (= by the way)

- *claro*
  ¿Te gusta el fútbol? – **¡Claro que sí/ no!** (= of course!/of course not!)

- *desde luego*
  Desde luego que me gusta! (= of course)

- *entonces*
  Si no es tu padre, ¿**entonces** quién es? (= then)
  ¿**Entonces**, vienes o te quedas? (= so)

- *pues*
  Pues, como te iba contando … (= well)

- *por supuesto*
  Por supuesto que iré. (= of course)

- *de todas formas/maneras*
  De todas formas/maneras iremos. (= anyway, in any case)

- *vale*
  ¿Vamos a tomar algo? – **¡Vale!** (= OK)

- *venga*
  ¡Venga, vámonos! (= come on; used in Spain)

Improving your fluency

Varying the words you use to get your message across will make you sound more fluent in Spanish. For example, you already know *Me gusta el mar*, but for a change you could say *Me encanta el mar* to mean the same thing. Here are some other suggestions:

Saying what you like or dislike

Me ha gustado mucho tu regalo.	I was delighted with ...
Estaba encantado/encantada con el regalo.	I (really) liked ...
No me gusta comer fuera de casa.	I don't like ...
Mi vecina *me cae muy mal*.	I don't like ... (at all).
Detesto cualquier tipo de violencia.	I hate ...

Expressing your opinion

Creo que es demasiado cáro.	I think ...
Pienso que es normal.	I think ...
Me parece que le va a encantar tu visita.	I think ...
Estoy seguro/segura de que no es culpa tuya.	I'm sure ...
En mi opinión, fue un error.	In my opinion ...

Agreeing or disagreeing

Tienes razón.	You're right.
Estoy (No estoy) de acuerdo contigo.	I (don't) agree with you.
¡Claro que sí!	Of course!
¡Naturalmente!	Of course!
En eso te equivocas.	You're wrong there.

Correspondence

The following section on correspondence has been designed to help you communicate confidently in written as well as spoken Spanish. Sample letters, e-mails and sections on text messaging and making telephone calls will ensure that you have all the vocabulary you need to correspond successfully in Spanish.

Text messaging

Abbreviation	Spanish	English
+trd	*más tarde*	later
2	*tú*	you
a2	*adiós*	goodbye
bboo	*besos*	love (from)
find	*fin de semana*	weekend
gnl	*genial*	wonderful
h lgo HL	*hasta luego*	see you later
LAP	*lo antes posible*	asap (as soon as possible)
msj	*mensaje*	message
NLS	*no lo sé*	I don't know
q acc? q hcs?	*¿qué haces?*	what are you doing?
QT1BD	*¡que tengas un buen día!*	have a good day!
q tl?	*¿qué tal?*	how are you?
salu2	*saludos*	best wishes
tq	*te quiero*	I love you
x	*por*	for, by etc
xdon	*perdón*	sorry
xq	*porque*	because
xq?	*¿por qué?*	why?

Writing an e-mail

Archivo	Edición	Ver	Herramientas	**Correo**	Ayuda	Enviar

A:	belen.huertas@glnet.es
Cc:	
Copia oculta:	
Asunto:	Concierto

Correo menu:
- Nuevo mensaje
- Responder al autor
- Responder a todos
- Reenviar
- Archivo adjunto

Hola, ¿qué tal el fin de semana?

Me sobran dos entradas para el concierto de mañana, de unos amigos que no pueden venir. Si te interesa, o conoces a alguien que quiera ir, avísame en cuanto puedas.

Un beso,

E.

> **Saying your e-mail address**
> In Spanish, when you tell someone your e-mail address, you say:
> *belen punto huertas arroba glnet punto es*

archivo	file	*responder a todos*	reply to all
edición (f)	edit	*reenviar*	forward
ver	view	*archivo adjunto*	attachment
herramientas (fpl)	tools	*A*	to
correo	mail	CC	cc (carbon copy)
ayuda	help	*copia oculta*	bcc (blind carbon copy)
enviar	send	*asunto*	subject
nuevo mensaje (m)	new	*de*	from
responder al autor	reply to sender	*fecha*	sent

Here is some additional useful Internet vocabulary:

adelante	forward	*e-mail* or *email* (m)	e-mail or email; e-mail or email address
atrás	back	*enlaces* (mpl)	links
banda ancha	broadband	*historial* (m)	history
bajarse algo de Internet	to download something from the Internet	*icono*	icon
borrar	to delete	*Internet* (m or f)	the Internet
buscador (m)	search engine	*mandar un e-mail* or *un email a alguien*	to e-mail or email someone
buscar	to search	*navegar por Internet*	to surf the Net
clicar en or *hacer clic en*	to click on	*página de inicio*	home page
copia de seguridad	backup	*página web*	web page
copiar	to copy	*preguntas frecuentes*	FAQs
correo basura	spam	*sitio web*	website
cortar y pegar	to cut and paste	*el* or *la web*	the (World-Wide) Web
descargarse algo de Internet	to download something from the Internet		

Writing a personal letter

→

Barcelona,
5 de junio de 2006

Queridos amigos: ← Use a colon here

Muchas gracias por la preciosa pulsera que me mandasteis por mi cumpleaños, que me ha gustado muchísimo. Voy a disfrutar de verdad poniéndomela para mi fiesta del sábado, y estoy segura de que a Cristina le va a dar una envidia tremenda.

En realidad no hay demasiadas cosas nuevas que contaros, ya que últimamente parece que no hago otra cosa que estudiar para los exámenes, que ya están a la vuelta de la esquina. No sabéis las ganas que tengo de terminarlos todos y poder empezar a pensar en las vacaciones.

Paloma me encarga que os dé recuerdos de su parte.

Muchos besos de

Ana

Writing a personal letter

Other ways of starting a personal letter	Other ways of ending a personal letter
Querido Juan	*Con mucho cariño*
Mi querida Marta	*Un fuerte abrazo de …*
Queridísimo Antonio	*Un beso muy fuerte*
	Afectuosamente

Some useful phrases

Muchas gracias por la carta.	Thank you for your letter.
Me alegró mucho recibir noticias tuyas.	It was great to hear from you.
Perdona que no te haya escrito antes.	Sorry for not writing sooner.
Dale un beso a Eduardo de mi parte.	Give my love to Eduardo.
Mamá te manda recuerdos.	Mum sends her best wishes.
Escríbeme pronto.	Write soon.

Writing a formal letter

José Arteaga Pérez ← Your own name and address
Plaza San Agustín 45, 3º A
34012 Zaragoza

19 de marzo de 2006

Date

Hotel Sol y Mar ← Name and address of the
Paseo Marítimo 12   person/company you are
08005 Barcelona   writing to

Estimados señores: ← Use a colon here

Como continuación a nuestra conversación
telefónica de esta mañana, les escribo para
confirmarles la reserva de una habitación doble
con baño para las noches del miércoles 1 y el jueves
2 de julio de 2006.

Como hemos acordado, le adjunto un cheque de
30 € como garantía para la reserva.

Sin otro particular, les envío un atento saludo.

José Arteaga Pérez

In much of the Spanish-speaking world, and especially in Spain, most people use two *apellidos*, or surnames. The first is their father's first surname, and the second their mother's first surname. For example, the children of Juan Arteaga López, married to Carmen Pérez Rodríguez would be called Arteaga Pérez. A married woman normally retains her own surname instead of taking her husband's.

Writing a formal letter

Other ways of starting a formal letter	Other ways of ending a formal letter
Estimado señor (García) *Estimados señores* *Muy señor mío/Muy señores míos* (used especially in Spain) *De nuestra consideración* (used especially in Latin America)	*Reciba un atento saludo de …* *Un cordial saludo* *Le/les saluda atentamente*

Some useful phrases

Agradecemos su carta de …	Thank you for your letter of …
En relación con …	With reference to …
Les ruego que me envíen …	Please send me …
Sin otro particular, quedo a la espera de su respuesta.	I look forward to hearing from you.
Muchas gracias de antemano por …	Thank you in advance for …

Sr. D. is short for Señor Don

Sr. D. José María Álvarez Martín

c/ Colón 59, 3º dcha.

3º dcha means that the person lives on the third floor, and their door is on the right. ('Left' would be *izqda*.)

08720 Vilafranca del Penedés

Barcelona

SPAIN

The postcode comes before the name of the town.

Making a call

Asking for information

¿Cuál es el prefijo de Léon?	What's the code for Léon?
¿Qué hay que hacer para obtener línea externa?	How do I get an outside line?
¿Podría decirme cuál es la extensión del Sr. Ruiz?	Please could you tell me what Sr. Ruiz's extension number is?

When your number answers

Hola, ¿está Susana?	Hello! Is Susana there?
Por favor, ¿podría hablar con Carlos García?	Could I speak to Carlos García, please?
¿Es usted la Sra. Reyes?	Is that Sra. Reyes?
¿Puede decirle que me llame?	Could you ask him/her to call me back?
Le vuelvo a llamar dentro de media hora.	I'll call back in half an hour.
¿Podría dejar un recado?	Could I leave a message, please?

When you answer the telephone

¿Diga?/ ¿Dígame?/¿Sí?		(used in Spain)
¿Aló?	Hello?	(used in Latin America)
¿Hola?		(used in the Southern Cone)
¿Bueno?		(used in Mexico)

¿Con quién hablo?	Who's speaking?
Soy Marcos.	It's Marcos speaking.
Sí, soy yo.	Speaking.
¿Quiere dejar un mensaje?	Would you like to leave a message?

Making a call

What you may hear

¿De parte de quién?	Who's calling?
Le paso.	I'm putting you through now.
No cuelgue.	Please hold.
No contesta.	There's no reply.
Comunica.	The line is engaged (Brit)/busy (US).
¿Quiere dejar un mensaje?	Would you like to leave a message?

If you have a problem

Perdone, me he equivocado de número.	Sorry, I dialled the wrong number.
No se oye bien.	This is a bad line.
Se corta.	You're breaking up.
Me estoy quedando sin batería.	My battery's low.
Se oye muy mal.	I can't hear you.

Saying your phone number

To tell someone your phone number in Spanish, you divide the number up into pairs instead of saying each digit separately. For example:

88 73 14

ochenta y ocho / setenta y tres / catorce

If there's an extra number, you make a group of three and say those numbers separately. For example:

959 48 32 94

nueve-cinco-nueve / cuarenta y ocho / treinta y dos / noventa y cuatro

Spanish phrases and sayings

In Spanish, as in many languages, people use vivid expressions based on images from their experience of real life. We've grouped the common expressions below according to the type of image they use. For fun, we have given you the word-for-word translation as well as the true English equivalent.

Food and drink

en todas partes cuecen habas
 word for word:
→ it's the same the whole world over
  broad beans are cooked everywhere

llamar al pan pan y al vino vino
 word for word:
→ to call a spade a spade
  to call bread bread and wine wine

eso es pedir peras al olmo
 word for word:
→ that's asking the impossible
  that's asking the elm tree for pears

llegar para los postres
 word for word:
→ to come very late
  to arrive in time for pudding

ahogarse en un vaso de agua
 word for word:
→ to make a mountain out of a molehill
  to drown in a glass of water

Animals and insects

aburrirse como una ostra
 word for word:
→ to be bored stiff
  to get as bored as an oyster

si los burros volaran
 word for word:
→ pigs might fly
  if donkeys could fly

estar más loco que una cabra
 word for word:
→ to be as mad as a hatter
  to be madder than a goat

a paso de tortuga
 word for word:
→ at a snail's pace
  at a tortoise's pace

Spanish phrases and sayings

Objects

consultar algo con la almohada → to sleep on something
word for word: *to discuss something with one's pillow*

empezar la casa por el tejado → to put the cart before the horse
word for word: *to start the house with the roof*

estar en la luna → to have one's head in the clouds
word for word: *to be on the moon*

Weather

ha llovido mucho desde entonces → a lot of water has flowed under the bridge since then
word for word: *it's rained a lot since then*

nunca llueve a gusto de todos → you can't please everyone
word for word: *it never rains to everyone's liking*

una tormenta en un vaso de agua → a storm in a teacup
word for word: *a storm in a glass of water*

Parts of the body

romperse la cabeza → to rack one's brains
word for word: *to break one's head*

tener la cabeza sobre los hombros → to have one's head screwed on (the right way)
word for word: *to have one's head on one's shoulders*

costar un ojo de la cara → to cost an arm and a leg
word for word: *to cost an eye from one's face*

me costó un riñón → it cost me a fortune
word for word: *it cost me a kidney*

Spanish phrases and sayings

Clothes

cambiar de chaqueta
→ to change sides
word for word: *to change one's jacket*

estar hasta el gorro
→ to be fed up
word for word: *to be up to one's hat*

querer nadar y guardar la ropa
→ to want to have it both ways
word for word: *to want to swim and keep one's clothes on*

estar todavía en pañales
→ to be still wet behind the ears
word for word: *to be still in nappies*

Colours

no distinguir lo blanco de lo negro
→ to be unable to tell right from wrong
word for word: *not to be able to tell what's white from what's black*

ponerse de mil colores
→ to go bright red
word for word: *to turn a thousand colours*

verlo todo de color de rosa
→ to see everything through rose-tinted spectacles
word for word: *to see everything in pink*

estar más rojo que un cangrejo
→ to be lobster-pink or lobster-red
word for word: *to be redder than a crab*

Some common translation difficulties

On the following pages we have shown some of the translation difficulties that you are most likely to come across. We hope that the tips

we have given will help you to avoid these common pitfalls when writing and speaking Spanish.

'I, you, he, she, they...?'

Yo, tú, él, and so on are not normally used before a verb if the ending or context make it clear who is performing the action:

I speak Spanish.	→	*Hablo español.*
We have two cars.	→	*Tenemos dos coches.*

But use **yo, tú, él** and the other subject pronouns for emphasis, contrast or where it helps make it clear who is being talked about:

You don't need to come.	→	***Tú** no tienes por qué venir.*
He drives but she doesn't.	→	***Él** conduce pero ella no.*

Usted and **ustedes**, the polite words for 'you', are used more than the other pronouns.

Personal *a*

When the direct object of a verb is a specific person or pet, put ***a*** in front of it (except after *tener*):

I look after **my little sister**.	→	*Cuido **a mi hermana pequeña**.*
They love **their dog**.	→	*Quieren mucho **a su perro**.*

Some common translation difficulties

In Spanish the word for 'you' and the form of the verb depend on who you are talking to:

• With one person you know well, use the **tú** form of the verb:

Will you lend me this CD?	➔ ¿Me **prestas** este CD?

• With one person you do not know so well, use **usted** and the **usted** form of the verb:

Have you met my wife?	➔ ¿**Usted conoce** a mi mujer?

• With more than one person you know well, in Spain use the **vosotros/as** form of the verb:

Do you understand, children?	➔ ¿**Entendéis**, niños?

Elsewhere, use **ustedes** and the **ustedes** form:

Are you coming too?	➔ ¿Vienen también **ustedes**?

• With more than one person you do not know so well, use **ustedes** and the **ustedes** form:

Please come this way.	➔ Pasen **ustedes** por aquí.

> **Vos and tú**
> In Argentina and parts of Central America, *vos* is preferred to *tú*.

Some common translation difficulties

Showing possession

In English, you can use 's and s' to show who or what something belongs to; in Spanish, you have to use a different construction:

my brother**'s** car	➜	*el coche **de** mi hermano*
the girl**s'** bedroom	➜	*el cuarto **de** las niñas*

Translating 'to'

To is generally translated by **a** but remember:

• When you are talking about the time, use ***menos***:

five **to** ten	➜	*las diez **menos** cinco*
at a quarter **to** seven	➜	*a las siete **menos** cuarto*

• In front of verbs, it is often just shown by the Spanish verb ending:

to sing	➜	***cantar***
to eat	➜	***comer***
I want **to go out**.	➜	*Quiero **salir**.*

• When you mean 'in order to', use ***para***:

I did it **(in order) to** help you.	➜	*Lo hice **para** ayudaros.*

Some common translation difficulties

'There is' and 'there are'

In Spanish these are both translated by **hay**:

There is a gentleman at the door. → **Hay** un señor en la puerta.
There are five books on the table. → **Hay** cinco libros en la mesa.

Translating 'and'

The normal word for 'and' is y. But to avoid two 'i' sounds coming together, you use e instead before words beginning with i or hi (but not hie):

Spain **and** Italy → España **e** Italia
grapes **and** figs → uvas **e** higos

Translating 'or'

The normal word for 'or' is o, but to avoid two 'o' sounds coming together, you use u instead before words beginning with o or ho:

for one reason **or** another → por un motivo **u** otro

Translating -ing

In Spanish you use the infinitive (the Spanish verb ending in -ar, -er and -ir) after verbs like gustar, encantar, preferir, ver and oír as well as after prepositions, even though in English we use the -ing form of the verb:

I like **going** to the cinema. → Me gusta **ir** al cine.
We love **dancing**. → Nos encanta **bailar**.
We prefer **travelling** by train. → Preferimos **viajar** en tren.
I've heard her **singing**. → La he oído **cantar**.
Before **leaving**... → Antes de **salir**...

Some common translation difficulties

There are two main verbs which mean 'be' in Spanish, *ser* and *estar*.

Ser is used:

• to link nouns and pronouns (words like 'he' and 'him'):

Pablo **is** a teacher.	→	*Pablo **es** profesor.*
It's me.	→	***Soy** yo.*
It's five o'clock.	→	***Son** las cinco.*
Three and two **are** five.	→	*Tres y dos **son** cinco.*

• with adjectives that give the idea of inherent and fundamental characteristics:

He's tall.	→	***Es** alto.*
Marta's very attractive.	→	*Marta **es** muy guapa.*
They're fair.	→	***Son** rubios.*
He's a bachelor.	→	***Es** soltero.*
They're Italian.	→	***Son** italianos.*

Estar is used:

• when describing more temporary qualities:

The coffee's cold.	→	*El café **está** frío.*
She's in a bad mood.	→	***Está** de mal humor.*
You're looking very pretty today.	→	***Estás** muy guapa hoy.*

• to talk about location and with past participles (the *–ado/-ido* form of regular verbs) used as adjectives:

I'm in Madrid.	→	***Estoy** en Madrid.*
Madrid **is** in Spain.	→	*Madrid **está** en España.*
She's married.	→	***Está** casada.*
The window's broken.	→	*La ventana **está** rota.*

Some common translation difficulties

Translating 'to be' by other verbs

Other verbs can be used in certain contexts instead of *ser* and *estar* to translate 'to be':

• Use **tener** in phrases describing how you feel:

I'm hot/cold.	→	**Tengo** calor/frío.
We're hungry/thirsty.	→	**Tenemos** hambre/sed.
Don't be afraid.	→	**No tengas** miedo.
You're right.	→	**Tienes** razón.

• Use **tener** when talking about your age:

How old **are you**?	→	¿Cuántos años **tienes**?
I'm fifteen.	→	**Tengo** quince (años).

• Use **hacer** when talking about the weather:

What's the weather like?	→	¿Qué tiempo **hace**?
It's lovely.	→	**Hace** bueno.
It's hot.	→	**Hace** calor.
It's windy.	→	**Hace** viento.

Translating verbs

Many English verbs can be followed by a preposition or adverb such as 'on' or 'back' – 'to go on', 'to give back'. These additions often give the verb a new meaning. There is no similar way of doing this in Spanish – you just use a different word, for example:

to go	→	ir
to go on	→	seguir, continuar
to give	→	dar
to give back	→	devolver

Some common translation difficulties

More on prepositions

Sentences that contain a verb and preposition in English might not contain a preposition in Spanish, and vice versa. The dictionary can help you with these.

For example:

- Verb + preposition:

  to look **for** something → *buscar algo*

- Verb without preposition:

  to attend something → *asistir **a** algo*

Verb without preposition:

Verb + preposition:

'Can', 'be able'

There are different ways of saying what someone can do in Spanish:

- Use **poder** to talk about someone's physical ability to do something:

  I **can't** go out with you. → ***No puedo** salir contigo.*

- Use **saber** to talk about things you *know how to* do:

  Can you swim? → *¿**Sabes** nadar?*

- Don't translate *can* when it's used with verbs of sensing, seeing and hearing:

  I **can't see** anything. → ***No veo** nada.*
  Can't you **hear** me? → *¿Es que **no** me **oyes**?*

A useful link:
www.spanish.about.com/od/learnspanishgrammar

31

A [eɪ] *n* (*Mus*) la *m*

○ **KEYWORD**

a [ə] (*before vowel or silent h: an*) *indef art*
1 un(a); **a book** un libro; **an apple**
una manzana; **she's a doctor** (ella)
es médica
2 (*instead of the number "one"*) un(a); **a
year ago** hace un año; **a hundred/
thousand** *etc* **pounds** cien/mil *etc*
libras
3 (*in expressing ratios, prices etc*): **3 a
day/week** 3 al día/a la semana; **10 km
an hour** 10 km por hora; **£5 a person** £5
por persona; **30p a kilo** 30p el kilo

A2 (*BRIT: Scol*) *n* segunda parte de los
"*A levels*"
A.A. *n abbr* (*BRIT: = Automobile
Association*) ≈ RACE *m* (*SP*); (*= Alcoholics
Anonymous*) Alcohólicos Anónimos
A.A.A. (*US*) *n abbr* (*= American
Automobile Association*) ≈ RACE *m* (*SP*)
aback [ə'bæk] *adv*: **to be taken ~**
quedar desconcertado
abandon [ə'bændən] *vt* abandonar;
(*give up*) renunciar a
abattoir ['æbətwɑː*] (*BRIT*) *n*
matadero
abbey ['æbɪ] *n* abadía
abbreviation [ə'briːvɪ'eɪʃən] *n* (*short
form*) abreviatura
abdomen ['æbdəmən] *n* abdomen *m*
abduct [æb'dʌkt] *vt* raptar,
secuestrar
abide [ə'baɪd] *vt*: **I can't ~ it/him**
no lo/le puedo ver; **abide by** *vt fus*
atenerse a
ability [ə'bɪlɪtɪ] *n* habilidad *f*,
capacidad *f*; (*talent*) talento
able ['eɪbl] *adj* capaz; (*skilled*) hábil; **to
be ~ to do sth** poder hacer algo
abnormal [æb'nɔːməl] *adj* anormal
aboard [ə'bɔːd] *adv* a bordo ▷ *prep*
a bordo de
abolish [ə'bɔlɪʃ] *vt* suprimir, abolir
abolition [æbəu'lɪʃən] *n* supresión
f, abolición *f*
abort [ə'bɔːt] *vt, vi* abortar; **abortion**
[ə'bɔːʃən] *n* aborto; **to have an
abortion** abortar, hacerse abortar

○ **KEYWORD**

about [ə'baut] *adv* **1** (*approximately*)
más o menos, aproximadamente;
about a hundred/thousand *etc*
unos(unas) cien/mil *etc*; **it takes
about 10 hours** se tarda unas *or* más
o menos 10 horas; **at about 2 o'clock**
sobre las dos; **I've just about finished**
casi he terminado
2 (*referring to place*) por todas partes;
to leave things lying about dejar las
cosas (tiradas) por ahí; **to run about**
correr por todas partes; **to walk about**
pasearse, ir y venir
3: **to be about to do sth** estar a punto
de hacer algo
▷ *prep* **1** (*relating to*) de, sobre, acerca
de; **a book about London** un libro
sobre *or* acerca de Londres; **what is it**

about? ¿de qué se trata?; **we talked about it** hablamos de eso or ello; **what** or **how about doing this?** ¿qué tal si hacemos esto?

2 (referring to place) por; **to walk about the town** caminar por la ciudad

above [ə'bʌv] adv encima, por encima, arriba ▷ prep encima de; (greater than: in number) más de; (: in rank) superior a; **mentioned ~** susodicho; **~ all** sobre todo

abroad [ə'brɔːd] adv (to be) en el extranjero; (to go) al extranjero

abrupt [ə'brʌpt] adj (sudden) brusco; (curt) áspero

abscess ['æbsɪs] n absceso

absence ['æbsəns] n ausencia

absent ['æbsənt] adj ausente; **absent-minded** adj distraído

absolute ['æbsəluːt] adj absoluto; **absolutely** [-'luːtlɪ] adv (totally) totalmente; (certainly!) ¡por supuesto (que sí)!

absorb [əb'zɔːb] vt absorber; **to be ~ed in a book** estar absorto en un libro; **absorbent cotton** (US) n algodón m hidrófilo; **absorbing** adj absorbente

abstain [əb'steɪn] vi: **to ~ (from)** abstenerse (de)

abstract ['æbstrækt] adj abstracto

absurd [əb'səːd] adj absurdo

abundance [ə'bʌndəns] n abundancia

abundant [ə'bʌndənt] adj abundante

abuse [n ə'bjuːs, vb ə'bjuːz] n (insults) insultos mpl, injurias fpl; (ill-treatment) malos tratos mpl; (misuse) abuso ▷ vt insultar; maltratar; abusar de; **abusive** adj ofensivo

abysmal [ə'bɪzməl] adj pésimo; (failure) garrafal; (ignorance) supino

academic [ækə'dɛmɪk] adj académico, universitario; (pej: issue) puramente teórico ▷ n estudioso/a, profesor(a) m/f universitario/a; **academic year** n (Univ) año m

académico; (Scol) año m escolar

academy [ə'kædəmɪ] n (learned body) academia; (school) instituto, colegio; **~ of music** conservatorio

accelerate [æk'sɛləreɪt] vt, vi acelerar; **acceleration** [æksɛlə'reɪʃən] n aceleración f; **accelerator** (BRIT) n acelerador m

accent ['æksɛnt] n acento; (fig) énfasis m

accept [ək'sɛpt] vt aceptar; (responsibility, blame) admitir; **acceptable** adj aceptable; **acceptance** n aceptación f

access ['æksɛs] n acceso; **to have ~ to** tener libre acceso a; **accessible** [-'sɛsəbl] adj (place, person) accesible; (knowledge etc) asequible

accessory [æk'sɛsərɪ] n accesorio; (Law): **~ to** cómplice de

accident ['æksɪdənt] n accidente m; (chance event) casualidad f; **by ~** (unintentionally) sin querer; (by chance) por casualidad; **accidental** [-'dɛntl] adj accidental, fortuito; **accidentally** [-'dɛntəlɪ] adv sin querer; por casualidad; **Accident and Emergency Department** n (BRIT) Urgencias fpl; **accident insurance** n seguro contra accidentes

acclaim [ə'kleɪm] vt aclamar, aplaudir ▷ n aclamación f, aplausos mpl

accommodate [ə'kɔmədeɪt] vt (person) alojar, hospedar; (: car, hotel etc) tener cabida para; (oblige, help) complacer

accommodation [əkɔmə'deɪʃən] (US **accommodations**) n alojamiento

accompaniment [ə'kʌmpənɪmənt] n acompañamiento

accompany [ə'kʌmpənɪ] vt acompañar

accomplice [ə'kʌmplɪs] n cómplice mf

accomplish [ə'kʌmplɪʃ] vt (finish) concluir; (achieve) lograr; **accomplishment** n (skill: gen pl) talento; (*completion*) realización f

accord [əˈkɔːd] n acuerdo
▷ vt conceder; **of his own ~**
espontáneamente; **accordance**
n: **in accordance with** de acuerdo
con; **according** ▷ **according to** prep
según; (*in accordance with*) conforme
a; **accordingly** adv (*appropriately*)
de acuerdo con esto; (*as a result*) en
consecuencia

account [əˈkaunt] n (*Comm*)
cuenta; (*report*) informe m; **accounts**
npl (*Comm*) cuentas fpl; **of no ~** de
ninguna importancia; **on ~** a cuenta;
on no ~ bajo ningún concepto; **on ~
of** a causa de, por motivo de; **to take
into ~, take ~ of** tener en cuenta;
account for vt fus (*explain*) explicar;
(*represent*) representar; **accountable**
adj: **accountable (to)** responsable
(ante); **accountant** n contable mf,
contador(a) m/f; **account number** n
(*at bank etc*) número de cuenta

accumulate [əˈkjuːmjuleɪt] vt
acumular ▷ vi acumularse

accuracy [ˈækjurəsɪ] n (*of total*)
exactitud f; (*of description etc*)
precisión f

accurate [ˈækjurɪt] adj (*total*) exacto;
(*description*) preciso; (*person*) cuidadoso;
(*device*) de precisión; **accurately** adv
con precisión

accusation [ækjuˈzeɪʃən] n
acusación f

accuse [əˈkjuːz] vt: **to ~ sb (of sth)**
acusar a algn (de algo); **accused** n
(*Law*) acusado/a

accustomed [əˈkʌstəmd] adj: **~ to**
acostumbrado a

ace [eɪs] n as m

ache [eɪk] n dolor m ▷ vi doler; **my
head ~s** me duele la cabeza

achieve [əˈtʃiːv] vt (*aim, result*)
alcanzar; (*success*) lograr, conseguir;
achievement n (*completion*)
realización f; (*success*) éxito

acid [ˈæsɪd] adj ácido; (*taste*) agrio ▷ n
(*Chem, inf: LSD*) ácido

acknowledge [əkˈnɒlɪdʒ] vt
(*letter: also*: **~ receipt of**) acusar recibo
de; (*fact, situation, person*) reconocer;
acknowledgement n acuse m de
recibo

acne [ˈæknɪ] n acné m

acorn [ˈeɪkɔːn] n bellota

acoustic [əˈkuːstɪk] adj acústico

acquaintance [əˈkweɪntəns] n
(*person*) conocido/a; (*with person,
subject*) conocimiento

acquire [əˈkwaɪə*] vt adquirir;
acquisition [ækwɪˈzɪʃən] n
adquisición f

acquit [əˈkwɪt] vt absolver, exculpar;
to ~ o.s. well salir con éxito

acre [ˈeɪkə*] n acre m

acronym [ˈækrənɪm] n siglas fpl

across [əˈkrɒs] prep (*on the other side
of*) al otro lado de, del otro lado de;
(*crosswise*) a través de ▷ adv de un lado
a otro, de una parte a otra; a través, al
través; (*measurement*): **the road is 10m
~** la carretera tiene 10m de ancho; **to
run/swim ~** atravesar corriendo/
nadando; **~ from** enfrente de

acrylic [əˈkrɪlɪk] adj acrílico ▷ n
acrílica

act [ækt] n acto, acción f; (*of play*)
acto; (*in music hall etc*) número;
(*Law*) decreto, ley f ▷ vi (*behave*)
comportarse; (*have effect: drug,
chemical*) hacer efecto; (*Theatre*) actuar;
(*pretend*) fingir; (*take action*) obrar ▷ vt
(*part*) hacer el papel de; **in the ~ of: to
catch sb in the ~ of ...** pillar a algn en
el momento en que ...; **to ~ as** actuar
or hacer de; **act up** (*inf*) vi (*person*)
portarse mal; **acting** adj suplente
▷ n (*activity*) actuación f; (*profession*)
profesión f de actor

action [ˈækʃən] n acción f, acto;
(*Mil*) acción f, batalla; (*Law*) proceso,
demanda; **out of ~** (*person*) fuera de
combate; (*thing*) estropeado; **to take ~**
tomar medidas; **action replay** n (*TV*)
repetición f

activate [ˈæktɪveɪt] vt activar

active ['æktɪv] adj activo, enérgico; (volcano) en actividad; **actively** adv (participate) activamente; (discourage, dislike) enérgicamente

activist ['æktɪvɪst] n activista m/f

activity [-'tɪvɪtɪ] n actividad f; **activity holiday** n vacaciones con actividades organizadas

actor ['æktə*] n actor m, actriz f

actress ['æktrɪs] n actriz f

actual ['æktjuəl] adj verdadero, real; (emphatic use) propiamente dicho

⊓ Be careful not to translate **actual** by the Spanish word actual.

actually ['æktjuəlɪ] adv realmente, en realidad; (even) incluso

⊓ Be careful not to translate **actually** by the Spanish word actualmente.

acupuncture ['ækjupʌŋktʃə*] n acupuntura

acute [ə'kju:t] adj agudo

ad [æd] n abbr = **advertisement**

A.D. adv abbr (= anno Domini) DC

adamant ['ædəmənt] adj firme, inflexible

adapt [ə'dæpt] vt adaptar ▷ vi: to ~ (to) adaptarse (a), ajustarse (a); **adapter** (us **adaptor**) n (Elec) adaptador m; (for several plugs) ladrón m

add [æd] vt añadir, agregar; **add up** vt (figures) sumar ▷ vi (fig): **it doesn't add up** no tiene sentido; **add up to** vt fus (Math) sumar, ascender a; (fig: mean) querer decir, venir a ser

addict ['ædɪkt] n adicto/a; (enthusiast) entusiasta mf; **addicted** [ə'dɪktɪd] adj: **to be addicted to** ser adicto a, ser fanático de; **addiction** [ə'dɪkʃən] n (to drugs etc) adicción f; **addictive** [ə'dɪktɪv] adj que causa adicción

addition [ə'dɪʃən] n (adding up) adición f; (thing added) añadidura, añadido; **in ~** además, por añadidura; **in ~ to** además de; **additional** adj adicional

additive ['ædɪtɪv] n aditivo

address [ə'drɛs] n dirección f, señas fpl; (speech) discurso ▷ vt (letter) dirigir; (speak to) dirigirse a, dirigir la palabra a; (problem) tratar; **address book** n agenda (de direcciones)

adequate ['ædɪkwɪt] adj (satisfactory) adecuado; (enough) suficiente

adhere [əd'hɪə*] vi: **to ~ to** (stick to) pegarse a; (fig: abide by) observar; (: belief etc) ser partidario de

adhesive [əd'hi:zɪv] n adhesivo; **adhesive tape** n (BRIT) cinta adhesiva; (US Med) esparadrapo

adjacent [ə'dʒeɪsənt] adj: **~ to** contiguo a, inmediato a

adjective ['ædʒɛktɪv] n adjetivo

adjoining [ə'dʒɔɪnɪŋ] adj contiguo, vecino

adjourn [ə'dʒə:n] vt aplazar ▷ vi suspenderse

adjust [ə'dʒʌst] vt (change) modificar; (clothing) arreglar; (machine) ajustar ▷ vi: **to ~ (to)** adaptarse (a); **adjustable** adj ajustable; **adjustment** n adaptación f; (to machine, prices) ajuste m

administer [əd'mɪnɪstə*] vt administrar; **administration** [-'treɪʃən] n (management) administración f; (government) gobierno; **administrative** [-trətɪv] adj administrativo

administrator [əd'mɪnɪstreɪtə*] n administrador(a) m/f

admiral ['ædmərəl] n almirante m

admiration [ædmə'reɪʃən] n admiración f

admire [əd'maɪə*] vt admirar; **admirer** n (fan) admirador(a) m/f

admission [əd'mɪʃən] n (to university, club) ingreso; (entry fee) entrada; (confession) confesión f

admit [əd'mɪt] vt (confess) confesar; (permit to enter) dejar entrar, dar entrada a; (to club, organization) admitir; (accept: defeat) reconocer; **to be ~ted to hospital** ingresar en el hospital; **admit to** vt fus confesarse

culpable de; **admittance** n entrada;
admittedly adv es cierto or verdad
que
adolescent [ædəu'lɛsnt] adj, n
adolescente mf
adopt [ə'dɔpt] vt adoptar; **adopted**
adj adoptivo; **adoption** [ə'dɔpʃən] n
adopción f
adore [ə'dɔː*] vt adorar
adorn [ə'dɔːn] vt adornar
Adriatic [eɪdrɪ'ætɪk] n: **the ~ (Sea)** el
(Mar) Adriático
adrift [ə'drɪft] adv a la deriva
adult ['ædʌlt] n adulto/a ▷ adj
(grown-up) adulto; (for adults)
para adultos; **adult education** n
educación f para adultos
adultery [ə'dʌltərɪ] n adulterio
advance [əd'vɑːns] n (progress)
adelanto, progreso; (money) anticipo,
préstamo; (Mil) avance m ▷ adj: **~
booking** venta anticipada; **~ notice,
~ warning** previo aviso ▷ vt (money)
anticipar; (theory, idea) proponer
(para la discusión) ▷ vi avanzar,
adelantarse; **to make ~s (to sb)**
hacer proposiciones (a algn); **in ~** por
adelantado; **advanced** adj avanzado;
(Scol: studies) adelantado
advantage [əd'vɑːntɪdʒ] n (also
Tennis) ventaja; **to take ~ of** (person)
aprovecharse de; (opportunity)
aprovechar
advent ['ædvənt] n advenimiento;
A~ Adviento
adventure [əd'ventʃə*] n aventura;
adventurous [-tʃərəs] adj atrevido;
aventurero
adverb ['ædvəːb] n adverbio
adversary ['ædvəsərɪ] n adversario,
contrario
adverse ['ædvəːs] adj adverso,
contrario
advert ['ædvəːt] (BRIT) n abbr =
advertisement
advertise ['ædvətaɪz] vi (in newspaper
etc) anunciar, hacer publicidad; **to ~
for** (staff, accommodation etc) buscar

por medio de anuncios ▷ vt anunciar;
advertisement [əd'vəːtɪsmənt]
n (Comm) anuncio; **advertiser**
n anunciante mf; **advertising** n
publicidad f, anuncios mpl; (industry)
industria publicitaria
advice [əd'vaɪs] n consejo, consejos
mpl; (notification) aviso; **a piece of ~** un
consejo; **to take legal ~** consultar con
un abogado
advisable [əd'vaɪzəbl] adj
aconsejable, conveniente
advise [əd'vaɪz] vt aconsejar;
(inform): **to ~ sb of sth** informar a algn
de algo; **to ~ sb against sth/doing sth**
desaconsejar algo a algn/aconsejar
a algn que no haga algo; **adviser,
advisor** n consejero/a; (consultant)
asesor(a) m/f; **advisory** adj consultivo
advocate [vb 'ædvəkeɪt, n -kɪt] vt
abogar por ▷ n (lawyer) abogado/a;
(supporter): **~ of** defensor(a) m/f de
Aegean [iː'dʒiːən] n: **the ~ (Sea)** el
(Mar) Egeo
aerial ['ɛərɪəl] n antena ▷ adj aéreo
aerobics [ɛə'rəubɪks] n aerobic m
aeroplane ['ɛərəpleɪn] (BRIT) n
avión m
aerosol ['ɛərəsɔl] n aerosol m
affair [ə'fɛə*] n asunto; (also: **love ~**)
aventura (amorosa)
affect [ə'fɛkt] vt (influence) afectar,
influir en; (afflict, concern) afectar;
(move) conmover; **affected** adj
afectado; (feeling) afecto, cariño;
affection n afecto, cariño;
affectionate adj afectuoso, cariñoso
afflict [ə'flɪkt] vt afligir
affluent ['æfluənt] adj (wealthy)
acomodado; **the ~ society** la sociedad
opulenta
afford [ə'fɔːd] vt (provide)
proporcionar; **can we ~ (to buy)
it?** ¿tenemos bastante dinero para
comprarlo?; **affordable** adj asequible
Afghanistan [æf'gænɪstæn] n
Afganistán m
afraid [ə'freɪd] adj: **to be ~ of** (person)
tener miedo a; (thing) tener miedo de;

to be ~ to tener miedo de, temer; **I am ~ that** me temo que; **I am ~ not/so** lo siento, pero no/es así

Africa ['æfrɪkə] n África; **African** adj, n africano/a m/f; **African-American** adj, n afroamericano/a

after ['ɑːftə*] prep (time) después de; (place, order) detrás de, tras ▷ adv después ▷ conj después (de) que; **what/who are you ~?** ¿qué/a quién busca usted?; **~ having done/he left** después de haber hecho/después de que se marchó; **to name sb ~ sb** llamar a algn por algn; **it's twenty ~ eight** (US) son las ocho y veinte; **to ask ~ sb** preguntar por algn; **~ all** después de todo, al fin y al cabo; **~ you!** ¡pase usted!; **after-effects** npl consecuencias fpl, efectos mpl; **aftermath** n consecuencias fpl, resultados mpl; **afternoon** n tarde f; **after-shave (lotion)** n aftershave m; **aftersun (lotion/cream)** n loción f/crema para después del sol, aftersun m; **afterwards** (US **afterward**) adv después, más tarde

again [ə'gɛn] adv otra vez, de nuevo; **to do sth ~** volver a hacer algo; **~ and ~** una y otra vez

against [ə'gɛnst] prep (in opposition to) en contra de; (leaning on, touching) contra, junto a

age [eɪdʒ] n edad f; (period) época ▷ vi envejecer(se) ▷ vt envejecer; **she is 20 years of ~** tiene 20 años; **to come of ~** llegar a la mayoría de edad; **it's been ~s since I saw you** hace siglos que no te veo; **~d 10** de 10 años de edad; **age group** n: **to be in the same age group** tener la misma edad; **age limit** n edad f mínima (or máxima)

agency ['eɪdʒənsɪ] n agencia

agenda [ə'dʒɛndə] n orden m del día

▎ Be careful not to translate **agenda** by the Spanish word agenda.

agent ['eɪdʒənt] n agente mf; (Comm: holding concession) representante mf, delegado/a; (Chem,

fig) agente m

aggravate ['ægrəveɪt] vt (situation) agravar; (person) irritar

aggression [ə'grɛʃən] n agresión f

aggressive [ə'grɛsɪv] adj (belligerent) agresivo; (assertive) enérgico

agile ['ædʒaɪl] adj ágil

agitated ['ædʒɪteɪtɪd] adj agitado

AGM n abbr (= annual general meeting) asamblea anual

ago [ə'gəu] adv: **2 days ~** hace 2 días; **not long ~** hace poco; **how long ~?** ¿hace cuánto tiempo?

agony ['ægənɪ] n (pain) dolor m agudo; (distress) angustia; **to be in ~** retorcerse de dolor

agree [ə'griː] vt (price, date) acordar, quedar en ▷ vi (have same opinion): **to ~ (with/that)** estar de acuerdo (con/que); (correspond) coincidir, concordar; (consent) acceder; **to ~ with** (person) estar de acuerdo con, ponerse de acuerdo con; (: food) sentar bien a; (Ling) concordar con; **to ~ to sth/to do sth** consentir en algo/aceptar hacer algo; **to ~ that** (admit) estar de acuerdo en que; **agreeable** adj (sensation) agradable; (person) simpático; (willing) de acuerdo, conforme; **agreed** adj (time, place) convenido; **agreement** n acuerdo; (contract) contrato; **in agreement** de acuerdo, conforme

agricultural [ægrɪ'kʌltʃərəl] adj agrícola

agriculture ['ægrɪkʌltʃə*] n agricultura

ahead [ə'hɛd] adv (in front) delante; (into the future): **she had no time to think ~** no tenía tiempo de hacer planes para el futuro; **~ of** delante de; (in advance of) antes de; **~ of time** antes de la hora; **go right or straight ~** (direction) siga adelante; (permission) hazlo (or hágalo)

aid [eɪd] n ayuda, auxilio; (device) aparato ▷ vt ayudar, auxiliar; **in ~ of a** beneficio de

aide [eɪd] n (person, also Mil) ayudante

mf

AIDS [eɪdz] *n abbr* (= *acquired immune deficiency syndrome*) SIDA *m*

ailing ['eɪlɪŋ] *adj* (*person, economy*) enfermizo

ailment ['eɪlmənt] *n* enfermedad *f*, achaque *m*

aim [eɪm] *vt* (*gun, camera*) apuntar; (*missile, remark*) dirigir; (*blow*) asestar ▷ *vi* (*also*: **take ~**) apuntar ▷ *n* (*in shooting*: *skill*) puntería; (*objective*) propósito, meta; **to ~ at** (*with weapon*) apuntar a; (*objective*) aspirar a, pretender; **to ~ to do** tener la intención de hacer

ain't [eɪnt] (*inf*) = **am not**; **aren't**; **isn't**

air [ɛə*] *n* aire *m*; (*appearance*) aspecto ▷ *vt* (*room*) ventilar; (*clothes, ideas*) airear ▷ *cpd* aéreo; **to throw sth into the ~** (*ball etc*) lanzar algo al aire; **by ~** (*travel*) en avión; **to be on the ~** (*Radio, TV*) estar en antena; **airbag** *n* airbag *m inv*; **airbed** (BRIT) *n* colchón *m* neumático; **airborne** *adj* (*in the air*) en el aire; **as soon as the plane was airborne** tan pronto como el avión estuvo en el aire; **air-conditioned** *adj* climatizado; **air conditioning** *n* aire acondicionado; **aircraft** *n inv* avión *m*; **airfield** *n* campo de aviación; **Air Force** *n* fuerzas *fpl* aéreas, aviación *f*; **air hostess** (BRIT) *n* azafata; **airing cupboard** *n* (BRIT) armario *m* para oreo; **airlift** *n* puente *m* aéreo; **airline** *n* línea aérea; **airliner** *n* avión *m* de pasajeros; **airmail** *n*: **by airmail** por avión; **airplane** (US) *n* avión *m*; **airport** *n* aeropuerto; **air raid** *n* ataque *m* aéreo; **airsick** *adj*: **to be airsick** marearse (en avión); **airspace** *n* espacio aéreo; **airstrip** *n* pista de aterrizaje; **air terminal** *n* terminal *f*; **airtight** *adj* hermético; **air-traffic controller** *n* controlador(a) *m/f* aéreo/a; **airy** *adj* (*room*) bien ventilado; (*fig*: *manner*) desenfadado

aisle [aɪl] *n* (*of church*) nave *f*; (*of theatre, supermarket*) pasillo; **aisle seat** *n* (*in plane*) asiento de pasillo

ajar [ə'dʒɑ:*] *adj* entreabierto

à la carte [ælæ'kɑ:t] *adv* a la carta

alarm [ə'lɑːm] *n* (*in shop, bank*) alarma; (*anxiety*) inquietud *f* ▷ *vt* asustar, inquietar; **alarm call** *n* (*in hotel etc*) alarma; **alarm clock** *n* despertador *m*; **alarmed** *adj* (*person*) alarmado, asustado; (*house, car etc*) con alarma; **alarming** *adj* alarmante

Albania [æl'beɪnɪə] *n* Albania

albeit [ɔːl'biːɪt] *conj* aunque

album ['ælbəm] *n* álbum *m*; (*L.P.*) elepé *m*

alcohol ['ælkəhɔl] *n* alcohol *m*; **alcohol-free** *adj* sin alcohol; **alcoholic** [-'hɔlɪk] *adj, n* alcohólico/a *m/f*

alcove ['ælkəuv] *n* nicho, hueco

ale [eɪl] *n* cerveza

alert [ə'lə:t] *adj* (*attentive*) atento; (*to danger, opportunity*) alerta ▷ *n* alerta *m*, alarma ▷ *vt* poner sobre aviso; **to be on the ~** (*also Mil*) estar alerta *or* sobre aviso

algebra ['ældʒɪbrə] *n* álgebra

Algeria [æl'dʒɪərɪə] *n* Argelia

alias ['eɪlɪəs] *adv* alias, conocido por ▷ *n* (*of criminal*) apodo; (*of writer*) seudónimo

alibi ['ælɪbaɪ] *n* coartada

alien ['eɪlɪən] *n* (*foreigner*) extranjero/ a; (*extraterrestrial*) extraterrestre *mf* ▷ *adj*: **~ to** ajeno a; **alienate** *vt* enajenar, alejar

alight [ə'laɪt] *adj* ardiendo; (*eyes*) brillante ▷ *vi* (*person*) apearse, bajar; (*bird*) posarse

align [ə'laɪn] *vt* alinear

alike [ə'laɪk] *adj* semejantes, iguales ▷ *adv* igualmente, del mismo modo; **to look ~** parecerse

alive [ə'laɪv] *adj* vivo; (*lively*) alegre

○ **KEYWORD**

all [ɔːl] *adj* (*sg*) todo/a; (*pl*) todos/as; **all day** todo el día; **all night** toda la noche; **all men** todos los hombres;

all five came vinieron los cinco; **all the books** todos los libros; **all his life** toda su vida
▷ *pron* **1** todo; **I ate it all, I ate all of it** me lo comí todo; **all of us went** fuimos todos; **all the boys went** fueron todos los chicos; **is that all?** ¿eso es todo?, ¿algo más?; *(in shop)* ¿algo más?, ¿alguna cosa más?
2 *(in phrases)*: **above all** sobre todo; por encima de todo; **after all** después de todo; **at all: not at all** *(in answer to question)* en absoluto; *(in answer to thanks)* ¡de nada!, ¡no hay de qué!; **I'm not at all tired** no estoy nada cansado/a; **anything at all will do** cualquier cosa viene bien; **all in all** a fin de cuentas
▷ *adv*: **all alone** completamente solo/a; **it's not as hard as all that** no es tan difícil como lo pintas; **all the more/the better** tanto más/mejor; **all but** casi; **the score is 2 all** están empatados a 2

Allah ['ælə] *n* Alá *m*
allegation [ælɪ'geɪʃən] *n* alegato
alleged [ə'lɛdʒd] *adj* supuesto, presunto; **allegedly** *adv* supuestamente, según se afirma
allegiance [ə'liːdʒəns] *n* lealtad *f*
allergic [ə'ləːdʒɪk] *adj*: **~ to** alérgico a
allergy ['ælədʒɪ] *n* alergia
alleviate [ə'liːvɪeɪt] *vt* aliviar
alley ['ælɪ] *n* callejuela
alliance [ə'laɪəns] *n* alianza
allied ['ælaɪd] *adj* aliado
alligator ['ælɪgeɪtə*] *n* (*Zool*) caimán *m*
all-in (*BRIT*) ['ɔːlɪn] *adj, adv* (*charge*) todo incluido
allocate ['æləkeɪt] *vt* (*money etc*) asignar
allot [ə'lɔt] *vt* asignar
all-out ['ɔːlaut] *adj* (*effort etc*) supremo
allow [ə'lau] *vt* permitir, dejar; (*a claim*) admitir; (*sum, time etc*)

dar, conceder; (*concede*): **to ~ that** reconocer que; **to ~ sb to do** permitir a algn hacer; **he is ~ed to ...** se le permite ...; **allow for** *vt fus* tener en cuenta;
allowance *n* subvención *f*; (*welfare payment*) subsidio, pensión *f*; (*pocket money*) dinero de bolsillo; (*tax allowance*) desgravación *f*; **to make allowances for** (*person*) disculpar a; (*thing*) tener en cuenta
all right *adv* bien; (*as answer*) ¡conforme!, ¡está bien!
ally ['ælaɪ] *n* aliado/a ▷ *vt*: **to ~ o.s. with** aliarse con
almighty [ɔːl'maɪtɪ] *adj* todopoderoso; (*row etc*) imponente
almond ['ɑːmənd] *n* almendra
almost ['ɔːlməust] *adv* casi
alone [ə'ləun] *adj, adv* solo; **to leave sb ~** dejar a algn en paz; **to leave sth ~** no tocar algo, dejar algo sin tocar; **let ~ ...** y mucho menos ...
along [ə'lɔŋ] *prep* a lo largo de, por ▷ *adv*: **is he coming ~ with us?** ¿viene con nosotros?; **he was limping ~** iba cojeando; **~ with** junto con; **all ~** (*all the time*) desde el principio; **alongside** *prep* al lado de ▷ *adv* al lado
aloof [ə'luːf] *adj* reservado ▷ *adv*: **to stand ~** mantenerse apartado
aloud [ə'laud] *adv* en voz alta
alphabet ['ælfəbɛt] *n* alfabeto
Alps [ælps] *npl*: **the ~** los Alpes
already [ɔːl'rɛdɪ] *adv* ya
alright ['ɔːl'raɪt] (*BRIT*) *adv* = **all right**
also ['ɔːlsəu] *adv* también, además
altar ['ɔltə*] *n* altar *m*
alter ['ɔltə*] *vt* cambiar, modificar ▷ *vi* cambiar; **alteration** [ɔltə'reɪʃən] *n* cambio; (*to clothes*) arreglo; (*to building*) arreglos *mpl*
alternate [*adj* ɔl'təːnɪt, *vb* 'ɔltə:neɪt] *adj* (*actions etc*) alternativo; (*events*) alterno; (*US*) = **alternative** ▷ *vi*: **to ~ (with)** alternar (con); **on ~ days** un día sí y otro no
alternative [ɔl'təːnətɪv] *adj* alternativo ▷ *n* alternativa; **~**

medicine medicina alternativa;
alternatively adv: **alternatively one
could ...** por otra parte se podría ...
although [ɔːl'ðəu] conj aunque
altitude ['æltɪtjuːd] n altura
altogether [ɔːltə'gɛðə*] adv
completamente, del todo; (on the
whole) en total, en conjunto
aluminium [ælju'mɪnɪəm] (BRIT),
aluminum [ə'luːmɪnəm] (US) n
aluminio
always ['ɔːlweɪz] adv siempre
Alzheimer's (disease)
['æltshaɪməz-] n enfermedad f de
Alzheimer
am [æm] vb see **be**
amalgamate [ə'mælgəmeɪt] vi
amalgamarse ▷vt amalgamar, unir
amass [ə'mæs] vt amontonar,
acumular
amateur ['æmətə*] n aficionado/a,
amateur mf
amaze [ə'meɪz] vt asombrar, pasmar;
to be ~d (at) quedar pasmado (de);
amazed adj asombrado; **amazement**
n asombro, sorpresa; **amazing** adj
extraordinario; (fantastic) increíble
Amazon ['æməzən] n (Geo)
Amazonas m
ambassador [æm'bæsədə*] n
embajador(a) m/f
amber ['æmbə*] n ámbar m; **at ~**
(BRIT Aut) en el amarillo
ambiguous [æm'bɪgjuəs] adj
ambiguo
ambition [æm'bɪʃən] n ambición f;
ambitious [-ʃəs] adj ambicioso
ambulance ['æmbjuləns] n
ambulancia
ambush ['æmbuʃ] n emboscada ▷vt
tender una emboscada a
amen [ɑː'mɛn] excl amén
amend [ə'mɛnd] vt enmendar; **to
make ~s** dar cumplida satisfacción;
amendment n enmienda
amenities [ə'miːnɪtɪz] npl
comodidades fpl
America [ə'mɛrɪkə] n (USA)

Estados mpl Unidos; **American** adj, n
norteamericano/a; estadounidense
mf; **American football** n (BRIT) fútbol
m americano
amicable ['æmɪkəbl] adj amistoso,
amigable
amid(st) [ə'mɪd(st)] prep entre, en
medio de
ammunition [æmju'nɪʃən] n
municiones fpl
amnesty ['æmnɪstɪ] n amnistía
among(st) [ə'mʌŋ(st)] prep entre,
en medio de
amount [ə'maunt] n (gen) cantidad
f; (of bill etc) suma, importe m ▷vi: **to
~ to** sumar; (be same as) equivaler a,
significar
amp(ère) ['æmp(ɛə*)] n amperio
ample ['æmpl] adj (large) grande;
(abundant) abundante; (enough)
bastante, suficiente
amplifier ['æmplɪfaɪə*] n
amplificador m
amputate ['æmpjuteɪt] vt amputar
Amtrak ['æmtræk] (US) n empresa
nacional de ferrocarriles de los EEUU
amuse [ə'mjuːz] vt divertir; (distract)
distraer, entretener; **amusement**
n diversión f; (pastime) pasatiempo;
(laughter) risa; **amusement arcade** n
salón m de juegos; **amusement park** n
parque m de atracciones
amusing [ə'mjuːzɪŋ] adj divertido
an [æn] indef art see **a**
anaemia [ə'niːmɪə] (US **anemia**)
n anemia
anaemic [ə'niːmɪk] (US **anemic**) adj
anémico; (fig) soso, insípido
anaesthetic [ænɪs'θɛtɪk] (US
anesthetic) n anestesia
analog(ue) ['ænəlɔg] adj (computer,
watch) analógico
analogy [ə'nælədʒɪ] n analogía
analyse ['ænəlaɪz] (US **analyze**)
vt analizar; **analysis** [ə'næləsɪs] (pl
analyses) n análisis m inv; **analyst**
[-lɪst] n (political analyst, psychoanalyst)
analista mf

analyze ['ænəlaız] (US) vt = **analyse**
anarchy ['ænəkı] n anarquía, desorden m
anatomy [ə'nætəmı] n anatomía
ancestor ['ænsıstə*] n antepasado
anchor ['æŋkə*] n ancla, áncora ▷ vi (also: **to drop ~**) anclar ▷ vt anclar; **to weigh ~** levar anclas
anchovy ['æntʃəvı] n anchoa
ancient ['eınʃənt] adj antiguo
and [ænd] conj y; (before i-, hi- + consonant) e; **men ~ women** hombres y mujeres; **father ~ son** padre e hijo; **trees ~ grass** árboles y hierba; **~ so on** etcétera, y así sucesivamente; **try ~ come** procura venir; **he talked ~ talked** habló sin parar; **better ~ better** cada vez mejor
Andes ['ændi:z] npl: **the ~** los Andes
Andorra [æn'dɔ:rə] n Andorra
anemia etc [ə'ni:mıə] (US) = **anaemia** etc
anesthetic [ænıs'θetık] (US) = **anaesthetic**
angel ['eındʒəl] n ángel m
anger ['æŋgə*] n cólera
angina [æn'dʒaınə] n angina (del pecho)
angle ['æŋgl] n ángulo; **from their ~** desde su punto de vista
angler ['æŋglə*] n pescador(a) m/f (de caña)
Anglican ['æŋglıkən] adj, n anglicano/a m/f
angling ['æŋglıŋ] n pesca con caña
angrily ['æŋgrılı] adv coléricamente, airadamente
angry ['æŋgrı] adj enfadado, airado; (wound) inflamado; **to be ~ with sb/at sth** estar enfadado con algn/por algo; **to get ~** enfadarse, enojarse
anguish ['æŋgwıʃ] n (physical) tormentos mpl; (mental) angustia
animal ['ænıməl] n animal m; (pej: person) bestia ▷ adj animal
animated [-meıtıd] adj animado
animation [ænı'meıʃən] n animación f

aniseed ['ænısi:d] n anís m
ankle ['æŋkl] n tobillo
annex [n 'æneks, vb æ'neks] n (BRIT: also: **~e**: building) edificio anexo ▷ vt (territory) anexionar
anniversary [ænı'və:sərı] n aniversario
announce [ə'nauns] vt anunciar; **announcement** n anuncio; (official) declaración f; **announcer** n (Radio) locutor(a) m/f; (TV) presentador(a) m/f
annoy [ə'nɔı] vt molestar, fastidiar; **don't get ~ed!** ¡no se enfade!; **annoying** adj molesto, fastidioso; (person) pesado
annual ['ænjuəl] adj anual ▷ n (Bot) anual m; (book) anuario; **annually** adv anualmente, cada año
annum ['ænəm] n see **per**
anonymous [ə'nɔnıməs] adj anónimo
anorak ['ænəræk] n anorak m
anorexia [ænə'reksıə] n (Med: also: **~ nervosa**) anorexia
anorexic [ænə'reksık] adj, n anoréxico/a m/f
another [ə'nʌðə*] adj (one more, a different one) otro ▷ pron otro; see **one**
answer ['ɑ:nsə*] n contestación f, respuesta; (to problem) solución f ▷ vi contestar, responder ▷ vt (reply to) contestar a, responder a; (problem) resolver; (prayer) escuchar; **in ~ to your letter** contestando or en contestación a su carta; **to ~ the phone** contestar or coger el teléfono; **to ~ the bell** or **the door** acudir a la puerta; **answer back** vi replicar, ser respondón/ona; **answerphone** n (esp BRIT) contestador m (automático)
ant [ænt] n hormiga
Antarctic [ænt'ɑ:ktık] n: **the ~** el Antártico
antelope ['æntıləup] n antílope m
antenatal ['æntı'neıtl] adj antenatal, prenatal
antenna [æn'tenə, pl -ni:] (pl **antennae**) n antena

anthem ['ænθəm] n: **national ~**
himno nacional
anthology [æn'θɔlədʒɪ] n
antología
anthrax ['ænθræks] n ántrax m
anthropology [ænθrə'pɔlədʒɪ] n
antropología
anti [ænti] prefix anti; **antibiotic**
[-baɪ'ɔtɪk] n antibiótico; **antibody**
['æntɪbɔdɪ] n anticuerpo
anticipate [æn'tɪsɪpeɪt] vt prever;
(expect) esperar, contar con; (look
forward to) esperar con ilusión; (do
first) anticiparse a, adelantarse a;
anticipation [-'peɪʃən] n (expectation)
previsión f; (eagerness) ilusión f,
expectación f
anticlimax [æntɪ'klaɪmæks] n
decepción f
anticlockwise [æntɪ'klɔkwaɪz]
(BRIT) adv en dirección
contraria a la de las agujas
del reloj
antics ['æntɪks] npl gracias
fpl
anti: antidote ['æntɪdəut] n
antídoto; **antifreeze** ['æntɪfriːz] n
anticongelante m; **antihistamine**
[-'hɪstəmiːn] n antihistamínico;
antiperspirant ['æntɪpəːspɪrənt] n
antitranspirante m
antique [æn'tiːk] n antigüedad f
▷ adj antiguo; **antique shop** n tienda
de antigüedades
antiseptic [æntɪ'septɪk] adj, n
antiséptico
antisocial [æntɪ'səuʃəl] adj
antisocial
antivirus [æntɪ'vaɪərəs] adj (program,
software) antivirus inv
antlers ['æntləz] npl cuernas fpl,
cornamenta sg
anxiety [æŋ'zaɪətɪ] n inquietud
f; (Med) ansiedad f; **~ to do** deseo
de hacer
anxious ['æŋkʃəs] adj inquieto,
preocupado; (worrying) preocupante;
(keen): **to be ~ to do** tener muchas

ganas de hacer

○ **KEYWORD**

any ['ɛnɪ] adj 1 (in questions etc)
algún/alguna; **have you any butter/
children?** ¿tienes mantequilla/
hijos?; **if there are any tickets left** si
quedan billetes, si queda algún
billete
2 (with negative): **I haven't any money/
books** no tengo dinero/libros
3 (no matter which) cualquier; **any
excuse will do** valdrá or servirá
cualquier excusa; **choose any book
you like** escoge el libro que quieras
4 (in phrases): **in any case** de todas
formas, en cualquier caso; **any day
now** cualquier día (de estos); **at any
moment** en cualquier momento, de
un momento a otro; **at any rate** en
todo caso; **any time: come (at) any
time** ven cuando quieras; **he might
come (at) any time** podría llegar de un
momento a otro
▷ pron 1 (in questions etc): **have you got
any?** ¿tienes alguno(s)/a(s)?; **can any
of you sing?** ¿sabe cantar alguno de
vosotros/ustedes?
2 (with negative): **I haven't any (of
them)** no tengo ninguno
3 (no matter which one(s)): **take any of
those books (you like)** toma el libro
que quieras de ésos
▷ adv 1 (in questions etc): **do you
want any more soup/sandwiches?**
¿quieres más sopa/bocadillos?; **are
you feeling any better?** ¿te sientes
algo mejor?
2 (with negative): **I can't hear him any
more** ya no le oigo; **don't wait any
longer** no esperes más

any: anybody pron cualquiera;
(in interrogative sentences) alguien;
(in negative sentences): **I don't see
anybody** no veo a nadie; **if anybody
should phone ...** si llama alguien

...; **anyhow** adv (at any rate) de todos modos, de todas formas; (haphazard): **do it anyhow you like** hazlo como quieras; **she leaves things just anyhow** deja las cosas como quiera or de cualquier modo; **I shall go anyhow** de todos modos iré; **anyone** pron = **anybody**; **anything** pron (in questions etc) algo, alguna cosa; (with negative) nada; **can you see anything?** ¿ves algo?; **if anything happens to me ...** si algo me ocurre ...; (no matter what): **you can say anything you like** puedes decir lo que quieras; **anything will do** vale todo or cualquier cosa; **he'll eat anything** come de todo or lo que sea; **anytime** adv (at any moment) en cualquier momento, de un momento a otro; (whenever) no importa cuándo, cuando quieras; **anyway** adv (at any rate) de todos modos, de todas formas; **I shall go anyway** iré de todos modos; (besides): **anyway, I couldn't come even if I wanted to** además, no podría venir aunque quisiera; **why are you phoning, anyway?** ¿entonces, por qué llamas?, ¿por qué llamas, pues?; **anywhere** adv (in questions etc): **can you see him anywhere?** ¿le ves por algún lado?; **are you going anywhere?** ¿vas a algún sitio?; (with negative): **I can't see him anywhere** no le veo por ninguna parte; **anywhere in the world** (no matter where) en cualquier parte (del mundo); **put the books down anywhere** deja los libros donde quieras

apart [ə'pɑːt] adv (aside) aparte; (situation): **~ (from)** separado (de); (movement): **to pull ~** separar; **10 miles ~** separados por 10 millas; **to take ~** desmontar; **~ from** prep aparte de

apartment [ə'pɑːtmənt] n (US) piso (SP), departamento (LAM), apartamento; (room) cuarto; **apartment building** (US) n edificio de apartamentos

apathy ['æpəθɪ] n apatía, indiferencia

ape [eɪp] n mono ▷ vt imitar, remedar

aperitif [ə'perɪtɪf] n aperitivo

aperture ['æpətʃuə*] n rendija, resquicio; (Phot) abertura

APEX ['eɪpɛks] n abbr (= Advanced Purchase Excursion Fare) tarifa f APEX

apologize [ə'pɒlədʒaɪz] vi: **to ~ (for sth to sb)** disculparse (con algn de algo)

apology [ə'pɒlədʒɪ] n disculpa, excusa

Be careful not to translate **apology** by the Spanish word apología.

apostrophe [ə'pɒstrəfɪ] n apóstrofo

appal [ə'pɔːl] (US **appall**) vt horrorizar, espantar; **appalling** adj espantoso; (awful) pésimo

apparatus [æpə'reɪtəs] n (equipment) equipo; (organization) aparato; (in gymnasium) aparatos mpl

apparent [ə'pærənt] adj aparente; (obvious) evidente; **apparently** adv por lo visto, al parecer

appeal [ə'piːl] vi (Law) apelar ▷ n (Law) apelación f; (request) llamamiento; (plea) petición f; (charm) atractivo; **to ~ for** reclamar; **to ~ to** (be attractive to) atraer; **it doesn't ~ to me** no me atrae, no me llama la atención; **appealing** adj (attractive) atractivo

appear [ə'pɪə*] vi aparecer, presentarse; (Law) comparecer; (publication) salir (a luz), publicarse; (seem) parecer; **to ~ on TV/in "Hamlet"** salir por la tele/hacer un papel en "Hamlet"; **it would ~ that** parecería que; **appearance** n aparición f; (look) apariencia, aspecto

appendices [ə'pendɪsiːz] npl of **appendix**

appendicitis [əpendɪ'saɪtɪs] n apendicitis f

appendix [ə'pendɪks] (pl **appendices**) n apéndice m

appetite ['æpɪtaɪt] n apetito; (fig) deseo, anhelo

appetizer ['æpɪtaɪzə*] n (drink) aperitivo; (food) tapas fpl (SP)

applaud [ə'plɔːd] vt, vi aplaudir

applause [ə'plɔːz] n aplausos mpl

apple ['æpl] n manzana; **apple pie** n pastel m de manzana, pay m de manzana (LAM)

appliance [ə'plaɪəns] n aparato

applicable [ə'plɪkəbl] adj (relevant): **to be ~ (to)** referirse (a)

applicant ['æplɪkənt] n candidato/a; solicitante mf

application [æplɪ'keɪʃən] n aplicación f; (for a job etc) solicitud f, petición f; **application form** n solicitud f

apply [ə'plaɪ] vt (paint etc) poner; (law etc: put into practice) poner en vigor ▷ vi: **to ~ to** (ask) dirigirse a; (be applicable) ser aplicable a; **to ~ for** (permit, grant, job) solicitar; **to ~ o.s. to** aplicarse a, dedicarse a

appoint [ə'pɔɪnt] vt (to post) nombrar a

> Be careful not to translate **appoint** by the Spanish word apuntar.

appointment n (with client) cita; (act) nombramiento; (post) puesto; (at hairdresser etc): **to have an appointment** tener hora; **to make an appointment (with sb)** citarse (con algn)

appraisal [ə'preɪzl] n valoración f

appreciate [ə'priːʃɪeɪt] vt apreciar, tener en mucho; (be grateful for) agradecer; (be aware) comprender ▷ vi (Comm) aumentar(se) en valor; **appreciation** [-'eɪʃən] n apreciación f; (gratitude) reconocimiento, agradecimiento; (Comm) aumento en valor

apprehension [æprɪ'hɛnʃən] n (fear) aprensión f

apprehensive [æprɪ'hɛnsɪv] adj aprensivo

apprentice [ə'prɛntɪs] n aprendiz(a) m/f

approach [ə'prəutʃ] vi acercarse

▷ vt acercarse a; (ask, apply to) dirigirse a; (situation, problem) abordar ▷ n acercamiento; (access) acceso; (to problem, situation): **~ (to)** actitud f (ante)

appropriate [adj ə'prəupriɪt, vb ə'prəupriɛɪt] adj apropiado, conveniente ▷ vt (take) apropiarse de

approval [ə'pruːvəl] n aprobación f, visto bueno; (permission) consentimiento; **on ~** (Comm) a prueba

approve [ə'pruːv] vt aprobar; **approve of** vt fus (thing) aprobar; (person): **they don't approve of her** (ella) no les parece bien

approximate [ə'prɔksɪmɪt] adj aproximado; **approximately** adv aproximadamente, más o menos

Apr. abbr (= April) abr

apricot ['eɪprɪkɔt] n albaricoque m, chabacano (MEX), damasco (RPL)

April ['eɪprəl] n abril m; **April Fools' Day** n el primero de abril, ≈ día m de los Inocentes (28 December)

apron ['eɪprən] n delantal m

apt [æpt] adj acertado, apropiado; (likely): **~ to do** propenso a hacer

aquarium [ə'kwɛərɪəm] n acuario

Aquarius [ə'kwɛərɪəs] n Acuario

Arab ['ærəb] adj, n árabe mf

Arabia [ə'reɪbɪə] n Arabia; **Arabian** adj árabe; **Arabic** ['ærəbɪk] adj árabe; (numerals) arábigo ▷ n árabe m

arbitrary ['ɑːbɪtrərɪ] adj arbitrario

arbitration [ɑːbɪ'treɪʃən] n arbitraje m

arc [ɑːk] n arco

arcade [ɑː'keɪd] n (round a square) soportales mpl; (shopping mall) galería comercial

arch [ɑːtʃ] n arco; (of foot) arco del pie ▷ vt arquear

archaeology [ɑːkɪ'ɔlɔdʒɪ] (US **archeology**) n arqueología

archbishop [ɑːtʃ'bɪʃəp] n arzobispo

archeology [ɑːkɪ'ɔlɔdʒɪ] (US) = **archaeology**

architect ['ɑːkɪtɛkt] n arquitecto/a;

architectural [ɑːkɪˈtɛktʃərəl] *adj* arquitectónico; **architecture** *n* arquitectura

archive [ˈɑːkaɪv] *n* (*often pl: also Comput*) archivo

Arctic [ˈɑːktɪk] *adj* ártico ▷ *n*: **the ~** el Ártico

are [ɑː*] *vb see* **be**

area [ˈɛərɪə] *n* área, región *f*; (*part of place*) zona; (*Math etc*) área, superficie *f*; (*in room: e.g. dining area*) parte *f*; (*of knowledge, experience*) campo; **area code** (*US*) *n* (*Tel*) prefijo

arena [əˈriːnə] *n* estadio; (*of circus*) pista

aren't [ɑːnt] = **are not**

Argentina [ɑːdʒənˈtiːnə] *n* Argentina; **Argentinian** [-ˈtɪnɪən] *adj, n* argentino/a *m/f*

arguably [ˈɑːgjuəblɪ] *adv* posiblemente

argue [ˈɑːgjuː] *vi* (*quarrel*) discutir, pelearse; (*reason*) razonar, argumentar; **to ~ that** sostener que

argument [ˈɑːgjumənt] *n* discusión *f*, pelea; (*reasons*) argumento

Aries [ˈɛəriːz] *n* Aries *m*

arise [əˈraɪz] (*pt* **arose**, *pp* **arisen**) *vi* surgir, presentarse

arithmetic [əˈrɪθmətɪk] *n* aritmética

arm [ɑːm] *n* brazo ▷ *vt* armar; **arms** *npl* armas *fpl*; **~ in ~** cogidos del brazo; **armchair** [ˈɑːmtʃɛə*] *n* sillón *m*, butaca

armed [ɑːmd] *adj* armado; **armed robbery** *n* robo a mano armada

armour [ˈɑːmə*] (*US* **armor**) *n* armadura; (*Mil: tanks*) blindaje *m*

armpit [ˈɑːmpɪt] *n* sobaco, axila

armrest [ˈɑːmrɛst] *n* apoyabrazos *m inv*

army [ˈɑːmɪ] *n* ejército; (*fig*) multitud *f*

A road *n* (*BRIT*) ≈ carretera *f* nacional

aroma [əˈrəumə] *n* aroma *m*, fragancia; **aromatherapy** *n* aromaterapia

arose [əˈrəuz] *pt of* **arise**

around [əˈraund] *adv* alrededor; (*in the area*) **there is no one else ~** no hay nadie más por aquí ▷ *prep* alrededor de

arouse [əˈrauz] *vt* despertar; (*anger*) provocar

arrange [əˈreɪndʒ] *vt* arreglar, ordenar; (*organize*) organizar; **to ~ to do sth** quedar en hacer algo; **arrangement** *n* arreglo; (*agreement*) acuerdo; **arrangements** *npl* (*preparations*) preparativos *mpl*

array [əˈreɪ] *n*: **~ of** (*things*) serie *f* de; (*people*) conjunto de

arrears [əˈrɪəz] *npl* atrasos *mpl*; **to be in ~ with one's rent** estar retrasado en el pago del alquiler

arrest [əˈrɛst] *vt* detener; (*sb's attention*) llamar ▷ *n* detención *f*; **under ~** detenido

arrival [əˈraɪvəl] *n* llegada; **new ~** recién llegado/a; (*baby*) recién nacido

arrive [əˈraɪv] *vi* llegar; (*baby*) nacer; **arrive at** *vt fus* (*decision, solution*) llegar a

arrogance [ˈærəgəns] *n* arrogancia, prepotencia (*LAM*)

arrogant [ˈærəgənt] *adj* arrogante

arrow [ˈærəu] *n* flecha

arse [ɑːs] (*BRIT: inf!*) *n* culo, trasero

arson [ˈɑːsn] *n* incendio premeditado

art [ɑːt] *n* arte *m*; (*skill*) destreza; **art college** *n* escuela *f* de Bellas Artes

artery [ˈɑːtərɪ] *n* arteria

art gallery *n* pinacoteca; (*saleroom*) galería de arte

arthritis [ɑːˈθraɪtɪs] *n* artritis *f*

artichoke [ˈɑːtɪtʃəuk] *n* alcachofa; **Jerusalem ~** aguaturma

article [ˈɑːtɪkl] *n* artículo

articulate [*adj* ɑːˈtɪkjulɪt, *vb* ɑːˈtɪkjuleɪt] *adj* claro, bien expresado ▷ *vt* expresar

artificial [ɑːtɪˈfɪʃəl] *adj* artificial; (*affected*) afectado

artist [ˈɑːtɪst] *n* artista *mf*; (*Mus*) intérprete *mf*; **artistic** [ɑːˈtɪstɪk] *adj*

artístico
art school n escuela de bellas artes

○ KEYWORD

as [æz] conj **1** (referring to time) cuando, mientras; a medida que; **as the years went by** con el paso de los años; **he came in as I was leaving** entró cuando me marchaba; **as from tomorrow** desde or a partir de mañana
2 (in comparisons): **as big as** tan grande como; **twice as big as** el doble de grande que; **as much money/many books as** tanto dinero/tantos libros como; **as soon as** en cuanto
3 (since, because) como, ya que; **he left early as he had to be home by 10** se fue temprano ya que tenía que estar en casa a las 10
4 (referring to manner, way): **do as you wish** haz lo que quieras; **as she said** como dijo; **he gave it to me as a present** me lo dio de regalo
5 (in the capacity of): **he works as a barman** trabaja de barman; **as chairman of the company, he ...** como presidente de la compañía ...
6 (concerning): **as for** or **to that** por or en lo que respecta a eso
7: **as if** or **though** como si; **he looked as if he was ill** parecía como si estuviera enfermo, tenía aspecto de enfermo; see also **long; such; well**

a.s.a.p. abbr (= as soon as possible) cuanto antes
asbestos [æz'bɛstəs] n asbesto, amianto
ascent [ə'sɛnt] n subida; (slope) cuesta, pendiente f
ash [æʃ] n ceniza; (tree) fresno
ashamed [ə'ʃeɪmd] adj avergonzado, apenado (LAM); **to be ~ of** avergonzarse de
ashore [ə'ʃɔː*] adv en tierra; (swim etc) a tierra

ashtray ['æʃtreɪ] n cenicero
Ash Wednesday n miércoles m de Ceniza
Asia ['eɪʃə] n Asia; **Asian** adj, n asiático/a m/f
aside [ə'saɪd] adv a un lado ▷ n aparte m
ask [ɑːsk] vt (question) preguntar; (invite) invitar; **to ~ sth/to do sth** preguntar algo a algn/pedir a algn que haga algo; **to ~ sb about sth** preguntar algo a algn; **to ~ (sb) a question** hacer una pregunta (a algn); **to ~ sb out to dinner** invitar a cenar a algn; **ask for** vt fus pedir; (trouble) buscar
asleep [ə'sliːp] adj dormido; **to fall ~** dormirse, quedarse dormido
asparagus [əs'pærəgəs] n (plant) espárrago; (food) espárragos mpl
aspect ['æspɛkt] n aspecto, apariencia; (direction in which a building etc faces) orientación f
aspirations [æspə'reɪʃənz] npl aspiraciones fpl; (ambition) ambición f
aspire [əs'paɪə*] vi: **to ~ to** aspirar a, ambicionar
aspirin ['æsprɪn] n aspirina
ass [æs] n asno, burro; (inf: idiot) imbécil mf; (US: inf!) culo, trasero
assassin [ə'sæsɪn] n asesino/a; **assassinate** vt asesinar
assault [ə'sɔːlt] n asalto; (Law) agresión f ▷ vt asaltar, atacar; (sexually) violar
assemble [ə'sɛmbl] vt reunir, juntar; (Tech) montar ▷ vi reunirse, juntarse
assembly [ə'sɛmblɪ] n reunión f, asamblea; (parliament) parlamento; (construction) montaje m
assert [ə'səːt] vt afirmar; (authority) hacer valer; **assertion** [-ʃən] n afirmación f
assess [ə'sɛs] vt valorar, calcular; (tax, damages) fijar; (for tax) gravar; **assessment** n valoración f; (for tax) gravamen m
asset ['æsɛt] n ventaja; **assets** npl (Comm) activo; (property, funds)

fondos *mpl*

assign [ə'saɪn] *vt*: **to ~ (to)** (*date*) fijar (para); (*task*) asignar (a); (*resources*) destinar (a); **assignment** *n* tarea

assist [ə'sɪst] *vt* ayudar; **assistance** *n* ayuda, auxilio; **assistant** *n* ayudante *mf*; (BRIT: *also*: **shop assistant**) dependiente/a *m/f*

associate [*adj, n* ə'səuʃɪɪt, *vb* ə'səuʃɪeɪt] *adj* asociado ▷ *n* (*at work*) colega *mf* ▷ *vt* asociar; (*ideas*) relacionar ▷ *vi*: **to ~ with sb** tratar con algn

association [əsəusɪ'eɪʃən] *n* asociación *f*

assorted [ə'sɔːtɪd] *adj* surtido, variado

assortment [ə'sɔːtmənt] *n* (*of shapes, colours*) surtido; (*of books*) colección *f*; (*of people*) mezcla

assume [ə'sjuːm] *vt* suponer; (*responsibilities*) asumir; (*attitude*) adoptar, tomar

assumption [ə'sʌmpʃən] *n* suposición *f*, presunción *f*; (*of power etc*) toma

assurance [ə'ʃuərəns] *n* garantía, promesa; (*confidence*) confianza, aplomo; (*insurance*) seguro

assure [ə'ʃuə*] *vt* asegurar

asterisk ['æstərɪsk] *n* asterisco

asthma ['æsmə] *n* asma

astonish [ə'stɒnɪʃ] *vt* asombrar, pasmar; **astonished** *adj* estupefacto, pasmado; **to be astonished (at)** asombrarse (de); **astonishing** *adj* asombroso, pasmoso; **I find it astonishing that ...** me asombra *or* pasma que ...; **astonishment** *n* asombro, sorpresa

astound [ə'staund] *vt* asombrar, pasmar

astray [ə'streɪ] *adv*: **to go ~** extraviarse; **to lead ~** (*morally*) llevar por mal camino

astrology [æs'trɒlədʒɪ] *n* astrología

astronaut ['æstrənɔːt] *n* astronauta *mf*

astronomer [əs'trɒnəmə*] *n* astrónomo/a

astronomical [æstrə'nɒmɪkəl] *adj* astronómico

astronomy [æs'trɒnəmɪ] *n* astronomía

astute [əs'tjuːt] *adj* astuto

asylum [ə'saɪləm] *n* (*refuge*) asilo; (*mental hospital*) manicomio

○ **KEYWORD**

at [æt] *prep* **1** (*referring to position*) en; (*direction*) a; **at the top** en lo alto; **at home/school** en casa/la escuela; **to look at sth/sb** mirar algo/a algn

2 (*referring to time*): **at 4 o'clock** a las 4; **at night** por la noche; **at Christmas** en Navidad; **at times** a veces

3 (*referring to rates, speed etc*): **at £1 a kilo** a una libra el kilo; **two at a time** de dos en dos; **at 50 km/h** a 50 km/h

4 (*referring to manner*): **at a stroke** de un golpe; **at peace** en paz

5 (*referring to activity*): **to be at work** estar trabajando; (*in the office etc*) estar en el trabajo; **to play at cowboys** jugar a los vaqueros; **to be good at sth** ser bueno en algo

6 (*referring to cause*): **shocked/ surprised/annoyed at sth** asombrado/sorprendido/fastidiado por algo; **I went at his suggestion** fui a instancias suyas

7 (*symbol*) arroba

ate [eɪt] *pt of* **eat**

atheist ['eɪθɪɪst] *n* ateo/a

Athens ['æθɪnz] *n* Atenas

athlete ['æθliːt] *n* atleta *mf*

athletic [æθ'letɪk] *adj* atlético; **athletics** *n* atletismo

Atlantic [ət'læntɪk] *adj* atlántico ▷ *n*: **the ~ (Ocean)** el (Océano) Atlántico

atlas ['ætləs] *n* atlas *m inv*

A.T.M. *n abbr* (= *automated telling*

machine) cajero automático
atmosphere ['ætməsfɪə*] *n*
atmósfera; (*of place*) ambiente *m*
atom ['ætəm] *n* átomo; **atomic**
[ə'tɒmɪk] *adj* atómico; **atom(ic)
bomb** *n* bomba atómica
A to Z® *n* (*map*) callejero
atrocity [ə'trɒsɪtɪ] *n* atrocidad *f*
attach [ə'tætʃ] *vt* (*fasten*) atar;
(*join*) unir, sujetar; (*document,
letter*) adjuntar; (*importance etc*)
dar, conceder; **to be ~ed to sb/sth**
(*to like*) tener cariño a algn/algo;
attachment *n* (*tool*) accesorio;
(*Comput*) archivo, documento adjunto;
(*love*): **attachment (to)** apego (a)
attack [ə'tæk] *vt* (*Mil*) atacar;
(*criminal*) agredir, asaltar; (*criticize*)
criticar; (*task*) emprender ▷ *n* ataque
m, asalto; (*on sb's life*) atentado;
(*fig: criticism*) crítica; (*of illness*) ataque
m; **heart ~** infarto (de miocardio);
attacker *n* agresor(a) *m/f*, asaltante
mf
attain [ə'teɪn] *vt* (*also: ~ to*) alcanzar;
(*achieve*) lograr, conseguir
attempt [ə'tempt] *n* tentativa,
intento; (*attack*) atentado ▷ *vt*
intentar
attend [ə'tend] *vt* asistir a; (*patient*)
atender; **attend to** *vt fus* ocuparse
de; (*customer, patient*) atender a;
attendance *n* asistencia, presencia;
(*people present*) concurrencia;
attendant *n* ayudante *mf*; (*in garage
etc*) encargado/a ▷ *adj* (*dangers*)
concomitante
attention [ə'tenʃən] *n* atención
f; (*care*) atenciones *fpl* ▷ *excl* (*Mil*)
¡firme(s)!; **for the ~ of ...** (*Admin*)
atención ...
attic ['ætɪk] *n* desván *m*
attitude ['ætɪtjuːd] *n* actitud *f*;
(*disposition*) disposición *f*
attorney [ə'tɜːnɪ] *n* (*lawyer*)
abogado/a; **Attorney General** *n*
(*BRIT*) ≈ Presidente *m* del Consejo del
Poder Judicial (*SP*); (*US*) ≈ ministro

de Justicia
attract [ə'trækt] *vt* atraer; (*sb's
attention*) llamar; **attraction**
[ə'trækʃən] *n* encanto; (*gen
pl: amusements*) diversiones *fpl*;
(*Physics*) atracción *f*; (*fig: towards sb,
sth*) atractivo; **attractive** *adj* guapo;
(*interesting*) atrayente
attribute [*n* 'ætrɪbjuːt, *vb* ə'trɪbjuːt]
n atributo ▷ *vt*: **to ~ sth to** atribuir
algo a
aubergine ['əubəʒiːn] (*BRIT*) *n*
berenjena; (*colour*) morado
auburn ['ɔːbən] *adj* color castaño
rojizo
auction ['ɔːkʃən] *n* (*also: **sale by ~***)
subasta ▷ *vt* subastar
audible ['ɔːdɪbl] *adj* audible, que se
puede oír
audience ['ɔːdɪəns] *n* público;
(*Radio*) radioescuchas *mpl*; (*TV*)
telespectadores *mpl*; (*interview*)
audiencia
audit ['ɔːdɪt] *vt* revisar, intervenir
audition [ɔː'dɪʃən] *n* audición *f*
auditor ['ɔːdɪtə*] *n* interventor(a)
m/f, censor(a) *m/f* de cuentas
auditorium [ɔːdɪ'tɔːrɪəm] *n*
auditorio
Aug. *abbr* (= *August*) ag
August ['ɔːgəst] *n* agosto
aunt [ɑːnt] *n* tía; **auntie** *n diminutive
of* **aunt**; **aunty** *n diminutive of* **aunt**
au pair ['əu'pɛə*] *n* (*also: **~ girl***)
(chica) au pair *f*
aura ['ɔːrə] *n* aura; (*atmosphere*)
ambiente *m*
austerity [ɔ'stɛrɪtɪ] *n* austeridad *f*
Australia [ɔs'treɪlɪə] *n* Australia;
Australian *adj*, *n* australiano/a *m/f*
Austria ['ɔstrɪə] *n* Austria; **Austrian**
adj, *n* austríaco/a *m/f*
authentic [ɔː'θentɪk] *adj* auténtico
author ['ɔːθə*] *n* autor(a) *m/f*
authority [ɔː'θɒrɪtɪ] *n* autoridad *f*;
(*official permission*) autorización *f*; **the
authorities** *npl* las autoridades
authorize ['ɔːθəraɪz] *vt* autorizar

auto ['ɔːtəʊ] (US) n coche m (SP), carro (LAM), automóvil m

auto- autobiography [ɔːtəbaɪˈɒɡrəfɪ] n autobiografía; **autograph** ['ɔːtəɡrɑːf] n autógrafo ▷ vt (photo etc) dedicar; (programme) firmar; **automatic** [ɔːtəˈmætɪk] adj automático ▷ n (gun) pistola automática; (car) coche m automático; **automatically** adv automáticamente; **automobile** ['ɔːtəməbiːl] (US) n coche m (SP), carro (LAM), automóvil m; **autonomous** [ɔːˈtɒnəməs] adj autónomo; **autonomy** [ɔːˈtɒnəmɪ] n autonomía

autumn ['ɔːtəm] n otoño

auxiliary [ɔːgˈzɪlɪərɪ] adj, n auxiliar mf

avail [əˈveɪl] vt: **to ~ o.s. of** aprovechar(se) de ▷ n: **to no ~** en vano, sin resultado

availability [əveɪləˈbɪlɪtɪ] n disponibilidad f

available [əˈveɪləbl] adj disponible; (unoccupied) libre; (person: unattached) soltero y sin compromiso

avalanche ['ævəlɑːnʃ] n alud m, avalancha

Ave. abbr = **avenue**

avenue ['ævənjuː] n avenida; (fig) camino

average ['ævərɪdʒ] n promedio, término medio ▷ adj medio, de término medio; (ordinary) regular, corriente ▷ vt sacar un promedio de; **on ~** por regla general

avert [əˈvɜːt] vt prevenir; (blow) desviar; (one's eyes) apartar

avid ['ævɪd] adj ávido

avocado [ævəˈkɑːdəʊ] n (also BRIT: **~ pear**) aguacate m, palta (SC)

avoid [əˈvɔɪd] vt evitar, eludir

await [əˈweɪt] vt esperar, aguardar

awake [əˈweɪk] (pt awoke, pp awoken or awaked) adj despierto ▷ vt despertar ▷ vi despertarse; **to be ~** estar despierto

award [əˈwɔːd] n premio; (Law: damages) indemnización f ▷ vt otorgar, conceder; (Law: damages) adjudicar

aware [əˈwɛə*] adj: **~ (of)** consciente (de); **to become ~ of/that** (realize) darse cuenta de/de que; (learn) enterarse de/de que; **awareness** n conciencia; (knowledge) conocimiento

away [əˈweɪ] adv fuera; (movement): **she went ~** se marchó; **far ~** lejos; **two kilometres ~** a dos kilómetros de distancia; **two hours ~ by car** a dos horas en coche; **the holiday was two weeks ~** faltaban dos semanas para las vacaciones; **he's ~ for a week** estará ausente una semana; **to take ~ (from)** quitar (a); (subtract) substraer (de); **to work/pedal ~** seguir trabajando/pedaleando; **to fade ~** (colour) desvanecerse; (sound) apagarse

awe [ɔː] n admiración f respetuosa; **awesome** ['ɔːsəm] (US) adj (excellent) formidable

awful ['ɔːfəl] adj horroroso; (quantity): **an ~ lot (of)** cantidad (de); **awfully** adv (very) terriblemente

awkward ['ɔːkwəd] adj desmañado, torpe; (shape) incómodo; (embarrassing) delicado, difícil

awoke [əˈwəʊk] pt of **awake**

awoken [əˈwəʊkən] pp of **awake**

axe [æks] (US **ax**) n hacha ▷ vt (project) cortar; (jobs) reducir

axle ['æksl] n eje m, árbol m

ay(e) [aɪ] excl sí

azalea [əˈzeɪlɪə] n azalea

b

B [biː] n (Mus) si m

B.A. abbr = **Bachelor of Arts**

baby ['beɪbɪ] n bebé mf; (US: inf: darling) mi amor; **baby carriage** (US) n cochecito; **baby-sit** vi hacer de canguro; **baby-sitter** n canguro/a; **baby wipe** n toallita húmeda (para bebés)

bachelor ['bætʃələ*] n soltero; **B~ of Arts/Science** licenciado/a en Filosofía y Letras/Ciencias

back [bæk] n (of person) espalda; (of animal) lomo; (of hand) dorso; (as opposed to front) parte f de atrás; (of chair) respaldo; (of page) reverso; (of book) final m; (Football) defensa m; (of crowd): **the ones at the ~** los del fondo ▷ vt (candidate: also: **~ up**) respaldar, apoyar; (horse: at races) apostar a; (car) dar marcha atrás a or con ▷ vi (car etc) ir (or salir or entrar) marcha atrás ▷ adj (payment, rent) atrasado; (seats, wheels) de atrás ▷ adv (not forward) (hacia) atrás; (returned): **he's ~** está de vuelta, ha vuelto; **he ran ~** volvió corriendo; (restitution): **throw the ball ~** devuelve la pelota; **can I have it ~?** ¿me lo devuelve?; (again): **he called ~** llamó de nuevo; **back down** vi echarse atrás; **back out** vi (of promise) volverse atrás; **back up** vt (person) apoyar, respaldar; (theory) defender; (Comput) hacer una copia preventiva or de reserva; **backache** n dolor m de espalda; **backbencher** (BRIT) n miembro del parlamento sin cargo relevante; **backbone** n columna vertebral; **back door** n puerta f trasera; **backfire** vi (Aut) petardear; (plans) fallar, salir mal; **backgammon** n backgammon m; **background** n fondo; (of events) antecedentes mpl; (basic knowledge) bases fpl; (experience) conocimientos mpl, educación f; **family background** origen m, antecedentes mpl; **backing** n (fig) apoyo, respaldo; **backlog** n: **backlog of work** trabajo atrasado; **backpack** n mochila; **backpacker** n mochilero/a; **backslash** n pleca, barra inversa; **backstage** adv entre bastidores; **backstroke** n espalda; **backup** adj suplementario; (Comput) de reserva ▷ n (support) apoyo; (also: **backup file**) copia preventiva or de reserva; **backward** adj (person, country) atrasado; **backwards** adv hacia atrás; (read a list) al revés; (fall) de espaldas; **backyard** n traspatio

bacon ['beɪkən] n tocino, beicon m

bacteria [bæk'tɪərɪə] npl bacterias fpl

bad [bæd] adj malo; (mistake, accident) grave; (food) podrido, pasado; **his ~ leg** su pierna lisiada; **to go ~** (food) pasarse

badge [bædʒ] n insignia; (policeman's) chapa, placa

badger ['bædʒə*] n tejón m

badly ['bædlɪ] adv mal; **to reflect ~ on sb** influir negativamente en la reputación de algn; **~ wounded** gravemente herido; **he needs it ~** le hace gran falta; **to be ~ off (for money)** andar mal de dinero

bad-mannered ['bæd'mænəd] adj

mal educado

badminton ['bædmɪntən] n
bádminton m

bad-tempered ['bæd'tɛmpəd] adj
de mal genio or carácter; (temporarily)
de mal humor

bag [bæg] n bolsa; (handbag) bolso;
(satchel) mochila; (case) maleta; **~s**
of (inf) un montón de; **baggage** n
equipaje m; **baggage allowance** n
límite m de equipaje; **baggage**
reclaim n recogida de equipajes;
baggy adj amplio; **bagpipes** npl
gaita

bail [beɪl] n fianza ▷ vt
(prisoner: gen: grant bail to) poner en
libertad bajo fianza; (boat: also: ~ **out**)
achicar; **on ~** (prisoner) bajo fianza; **to**
~ sb out obtener la libertad de algn
bajo fianza

bait [beɪt] n cebo ▷ vt poner cebo en;
(tease) tomar el pelo a

bake [beɪk] vt cocer (al horno) ▷ vi
cocerse; **baked beans** npl judías fpl
en salsa de tomate; **baked potato** n
patata al horno; **baker** n panadero;
bakery n panadería; (for cakes)
pastelería; **baking** n (act) amasar m;
(batch) hornada; **baking powder** n
levadura (en polvo)

balance ['bæləns] n equilibrio;
(Comm: sum) balance m; (remainder)
resto; (scales) balanza ▷ vt equilibrar;
(budget) nivelar; (account) saldar;
(make equal) equilibrar; **~ of trade/**
payments balanza de comercio/
pagos; **balanced** adj (personality, diet)
equilibrado; (report) objetivo; **balance**
sheet n balance m

balcony ['bælkənɪ] n (open) balcón m;
(closed) galería; (in theatre) anfiteatro

bald [bɔːld] adj calvo; (tyre) liso

Balearics [bælɪˈærɪks] npl: **the ~** las
Baleares

ball [bɔːl] n pelota; (football) balón m;
(of wool, string) ovillo; (dance) baile m; **to**
play ~ (fig) cooperar

ballerina [bæləˈriːnə] n bailarina

ballet ['bæleɪ] n ballet m; **ballet**
dancer n bailarín/ina m/f

balloon [bəˈluːn] n globo

ballot ['bælət] n votación f

ballpoint (pen) ['bɔːlpɔɪnt-] n
bolígrafo

ballroom ['bɔːlrum] n salón m
de baile

Baltic ['bɔːltɪk] n: **the ~ (Sea)** el (Mar)
Báltico

bamboo [bæmˈbuː] n bambú m

ban [bæn] n prohibición f,
proscripción f ▷ vt prohibir, proscribir

banana [bəˈnɑːnə] n plátano, banana
(LAM), banano (CAM)

band [bænd] n grupo; (strip) faja, tira;
(stripe) lista; (Mus: jazz) orquesta; (: rock)
grupo; (Mil) banda

bandage ['bændɪdʒ] n venda,
vendaje m ▷ vt vendar

Band-Aid® ['bændeɪd] (US) n tirita

bandit ['bændɪt] n bandido

bang [bæŋ] n (of gun, exhaust)
estallido, detonación f; (of door)
portazo; (blow) golpe m ▷ vt (door)
cerrar de golpe; (one's head) golpear ▷ vi
estallar; (door) cerrar de golpe

Bangladesh [bɑːŋɡləˈdɛʃ] n
Bangladesh m

bangle ['bæŋɡl] n brazalete m,
ajorca

bangs [bæŋz] (US) npl flequillo

banish ['bænɪʃ] vt desterrar

banister(s) ['bænɪstə(z)] n(pl)
barandilla, pasamanos m inv

banjo ['bændʒəu] (pl **~es** or **~s**) n
banjo

bank [bæŋk] n (Comm) banco; (of river,
lake) ribera, orilla; (of earth) terraplén
m ▷ vi (Aviat) ladearse; **bank on** vt fus
contar con; **bank account** n cuenta
de banco; **bank balance** n saldo;
bank card n tarjeta bancaria; **bank**
charges npl comisión fsg; **banker** n
banquero; **bank holiday** n (BRIT) día m
festivo or de fiesta; **banking** n banca;
bank manager n director(a) m/f
(de sucursal) de banco; **banknote** n

billete *m* de banco

bankrupt ['bæŋkrʌpt] *adj* quebrado,
insolvente; **to go ~** hacer bancarrota;
to be ~ estar en quiebra; **bankruptcy**
n quiebra
bank statement *n* balance *m or*
detalle *m* de cuenta
banner ['bænə*] *n* pancarta
bannister(s) ['bænɪstə(z)] *n(pl)* =
banister(s)
banquet ['bæŋkwɪt] *n* banquete *m*
baptism ['bæptɪzəm] *n* bautismo;
(*act*) bautizo
baptize [bæp'taɪz] *vt* bautizar
bar [bɑ:*] *n* (*pub*) bar *m*; (*counter*)
mostrador *m*; (*rod*) barra; (*of window,
cage*) reja; (*of soap*) pastilla; (*of
chocolate*) tableta; (*fig: hindrance*)
obstáculo; (*prohibition*) proscripción
f; (*Mus*) barra ▷ *vt* (*road*) obstruir;
(*person*) excluir; (*activity*) prohibir; **the
B~** (*Law*) la abogacía; **behind ~s** entre
rejas; **~ none** sin excepción
barbaric [bɑ:'bærɪk] *adj* bárbaro
barbecue ['bɑ:bɪkju:] *n* barbacoa
barbed wire ['bɑ:bd-] *n* alambre
m de púas
barber ['bɑ:bə*] *n* peluquero,
barbero; **barber's (shop)** (*us* **barber
(shop)**) *n* peluquería
bar code *n* código de barras
bare [bɛə*] *adj* desnudo; (*trees*) sin
hojas; (*necessities etc*) básico ▷ *vt*
desnudar; (*teeth*) enseñar; **barefoot**

adj, adv descalzo; **barely** *adv* apenas
bargain ['bɑ:gɪn] *n* pacto, negocio;
(*good buy*) ganga ▷ *vi* negociar; (*haggle*)
regatear; **into the ~** además, por
añadidura; **bargain for** *vt fus*: **he got
more than he bargained for** le resultó
peor de lo que esperaba
barge [bɑ:dʒ] *n* barcaza; **barge in**
vi irrumpir; (*interrupt: conversation*)
interrumpir
bark [bɑ:k] *n* (*of tree*) corteza; (*of dog*)
ladrido ▷ *vi* ladrar
barley ['bɑ:lɪ] *n* cebada
barmaid ['bɑ:meɪd] *n* camarera
barman ['bɑ:mən] (*irreg*) *n* camarero,
barman *m*
barn [bɑ:n] *n* granero
barometer [bə'rɒmɪtə*] *n*
barómetro
baron ['bærən] *n* barón *m*; (*press baron
etc*) magnate *m*; **baroness** *n* baronesa
barracks ['bærəks] *npl* cuartel *m*
barrage ['bærɑ:ʒ] *n* (*Mil*) descarga,
bombardeo; (*dam*) presa; (*of criticism*)
lluvia, aluvión *m*
barrel ['bærəl] *n* barril *m*; (*of gun*)
cañón *m*
barren ['bærən] *adj* estéril
barrette [bə'rɛt] (*us*) *n* pasador *m*
(*LAM, SP*), broche *m* (*MEX*)
barricade [bærɪ'keɪd] *n* barricada
barrier ['bærɪə*] *n* barrera
barring ['bɑ:rɪŋ] *prep* excepto, salvo
barrister ['bærɪstə*] (*BRIT*) *n*
abogado/a
barrow ['bærəu] *n* (*cart*) carretilla
(de mano)
bartender ['bɑ:tɛndə*] (*us*) *n*
camarero, barman *m*
base [beɪs] *n* base *f* ▷ *vt*: **to ~ sth on**
basar *or* fundar algo en ▷ *adj* bajo,
infame
baseball ['beɪsbɔ:l] *n* béisbol *m*;
baseball cap *n* gorra *f* de béisbol
basement ['beɪsmənt] *n* sótano
bases¹ ['beɪsi:z] *npl of* **basis**
bases² ['beɪsɪz] *npl of* **base**
bash [bæʃ] (*inf*) *vt* golpear

basic ['beɪsɪk] *adj* básico; **basically** *adv* fundamentalmente, en el fondo; (*simply*) sencillamente; **basics** *npl*: **the basics** los fundamentos

basil ['bæzl] *n* albahaca

basin ['beɪsn] *n* cuenco, tazón *m*; (*Geo*) cuenca; (*also*: **wash~**) lavabo

basis ['beɪsɪs] (*pl* **bases**) *n* base *f*; **on a part-time/trial ~** a tiempo parcial/a prueba

basket ['bɑ:skɪt] *n* cesta, cesto; canasta; **basketball** *n* baloncesto

bass [beɪs] *n* (*Mus*: *instrument*) bajo; (*double bass*) contrabajo; (*singer*) bajo

bastard ['bɑ:stəd] *n* bastardo; (*inf!*) hijo de puta (!)

bat [bæt] *n* (*Zool*) murciélago; (*for ball games*) palo; (*BRIT*: *for table tennis*) pala ▷ *vt*: **he didn't ~ an eyelid** ni pestañeó

batch [bætʃ] *n* (*of bread*) hornada; (*of letters etc*) lote *m*

bath [bɑ:θ, *pl* bɑ:ðz] *n* (*action*) baño; (*bathtub*) bañera (*SP*), tina (*LAM*), bañadera (*RPL*) ▷ *vt* bañar; **to have a ~** bañarse, tomar un baño; *see also* **baths**

bathe [beɪð] *vi* bañarse ▷ *vt* (*wound*) lavar

bathing ['beɪðɪŋ] *n* el bañarse; **bathing costume** (*US* **bathing suit**) *n* traje *m* de baño

bath: bathrobe *n* (*man's*) batín *m*; (*woman's*) bata; **bathroom** *n* (cuarto de) baño; **baths** [bɑ:ðz] *npl* (*also*: **swimming baths**) piscina; **bath towel** *n* toalla de baño; **bathtub** *n* bañera

baton ['bætən] *n* (*Mus*) batuta; (*Athletics*) testigo; (*weapon*) porra

batter ['bætə*] *vt* maltratar; (*rain etc*) azotar ▷ *n* masa (para rebozar); **battered** *adj* (*hat*, *pan*) estropeado

battery ['bætərɪ] *n* (*Aut*) batería; (*of torch*) pila; **battery farming** *n* cría intensiva

battle ['bætl] *n* batalla; (*fig*) lucha ▷ *vi* luchar; **battlefield** *n* campo *m* de batalla

bay [beɪ] *n* (*Geo*) bahía; **B~ of Biscay**
≈ mar Cantábrico; **to hold sb at ~** mantener a algn a raya

bazaar [bə'zɑ:*] *n* bazar *m*; (*fete*) venta con fines benéficos

B. & B. *n abbr* = **bed and breakfast**; (*place*) pensión *f*; (*terms*) cama y desayuno

BBC *n abbr* (= British Broadcasting Corporation) cadena de radio y televisión estatal británica

B.C. *adv abbr* (= before Christ) a. de C.

○ **KEYWORD**

be [bi:] (*pt* **was, were**, *pp* **been**) *aux vb* **1** (*with present participle*: *forming continuous tenses*): **what are you doing?** ¿qué estás haciendo?, ¿qué haces?; **they're coming tomorrow** vienen mañana; **I've been waiting for you for hours** llevo horas esperándote
2 (*with pp*: *forming passives*) ser (*but often replaced by active or reflexive constructions*); **to be murdered** ser asesinado; **the box had been opened** habían abierto la caja; **the thief was nowhere to be seen** no se veía al ladrón por ninguna parte
3 (*in tag questions*): **it was fun, wasn't it?** fue divertido, ¿no? or ¿verdad?; **he's good-looking, isn't he?** es guapo, ¿no te parece?; **she's back again, is she?** entonces, ¿ha vuelto?
4 (+*to* +*infin*): **the house is to be sold** (*necessity*) hay que vender la casa; (*future*) van a vender la casa; **he's not to open it** no tiene que abrirlo
▷ *vb* +*complement* **1** (*with n or num complement*, *but see also 3, 4, 5 and impers vb below*) ser; **she's a doctor** es médico; **2 and 2 are 4** 2 y 2 son 4
2 (*with adj complement*: *expressing permanent or inherent quality*) ser; (*: expressing state seen as temporary or reversible*) estar; **I'm English** soy inglés/esa; **she's tall/pretty** es alta/bonita; **he's young** es joven; **be careful/good/quiet** ten cuidado/

pórtate bien/cállate; **I'm tired** estoy
cansado/a; **it's dirty** está sucio/a
3 (*of health*) estar; **how are you?** ¿cómo
estás?; **he's very ill** está muy enfermo;
I'm better now ya estoy mejor
4 (*of age*) tener; **how old are you?**
¿cuántos años tienes?; **I'm sixteen
(years old)** tengo dieciséis años
5 (*cost*) costar; ser; **how much was the
meal?** ¿cuánto fue *or* costó la comida?;
that'll be £5.75, please son £5.75, por
favor; **this shirt is £17** esta camisa
cuesta £17
▷ vi 1 (*exist, occur etc*) existir, haber; **the
best singer that ever was** el mejor
cantante que existió jamás; **is there
a God?** ¿hay un Dios?, ¿existe Dios?;
be that as it may sea como sea; **so
be it** así sea
2 (*referring to place*) estar; **I won't
be here tomorrow** no estaré aquí
mañana
3 (*referring to movement*): **where have
you been?** ¿dónde has estado?
▷ impers vb 1 (*referring to time*): **it's 5
o'clock** son las 5; **it's the 28th of April**
estamos a 28 de abril
2 (*referring to distance*): **it's 10 km to the
village** el pueblo está a 10 km
3 (*referring to the weather*): **it's too
hot/cold** hace demasiado calor/frío;
it's windy today hace viento hoy
4 (*emphatic*): **it's me** soy yo; **it was
Maria who paid the bill** fue María la
que pagó la cuenta

beach [biːtʃ] *n* playa ▷ vt varar
beacon ['biːkən] *n* (*lighthouse*) faro;
(*marker*) guía
bead [biːd] *n* cuenta; (*of sweat etc*)
gota; **beads** *npl* (*necklace*) collar *m*
beak [biːk] *n* pico
beam [biːm] *n* (*Arch*) viga, travesaño;
(*of light*) rayo, haz *m* de luz ▷ vi brillar;
(*smile*) sonreír
bean [biːn] *n* judía; **runner/broad
~** habichuela/haba; **coffee ~** grano
de café; **beansprouts** *npl* brotes

mpl de soja
bear [bɛə*] (*pt* **bore**, *pp* **borne**) *n* oso
▷ vt (*weight etc*) llevar; (*cost*) pagar;
(*responsibility*) tener; (*endure*) soportar,
aguantar; (*children*) parir, tener; (*fruit*)
dar ▷ vi: **to ~ right/left** torcer a la
derecha/izquierda
beard [bɪəd] *n* barba
bearer ['bɛərə*] *n* portador(a) *m/f*
bearing ['bɛərɪŋ] *n* porte *m*,
comportamiento; (*connection*)
relación *f*
beast [biːst] *n* bestia; (*inf*) bruto,
salvaje *m*
beat [biːt] (*pt* **~**, *pp* **beaten**) *n* (*of heart*)
latido; (*Mus*) ritmo, compás *m*; (*of
policeman*) ronda ▷ vt pegar, golpear;
(*eggs*) batir; (*defeat: opponent*) vencer,
derrotar; (: *record*) sobrepasar ▷ vi
(*heart*) latir; (*drum*) redoblar; (*rain, wind*)
azotar; **off the ~en track** aislado; **to ~
it** (*inf*) largarse; **beat up** vt (*attack*) dar
una paliza a; **beating** *n* paliza
beautiful ['bjuːtɪful] *adj* precioso,
hermoso, bello; **beautifully** *adv*
maravillosamente
beauty ['bjuːtɪ] *n* belleza; **beauty
parlour** (*US* **beauty parlor**) *n* salón *m*
de belleza; **beauty salon** *n* salón *m* de
belleza; **beauty spot** *n* (*Tourism*) lugar
m pintoresco
beaver ['biːvə*] *n* castor *m*
became [bɪ'keɪm] *pt of* **become**
because [bɪ'kɔz] *conj* porque; **~ of**
debido a, a causa de
beckon ['bɛkən] *vt* (*also:* **~ to**) llamar
con señas
become [bɪ'kʌm] (*pt* **became**, *pp* **~**)
vt (*suit*) favorecer, sentar bien a ▷ vi (+
n) hacerse, llegar a ser; (+ *adj*) ponerse,
volverse; **to ~ fat** engordar
bed [bɛd] *n* cama; (*of flowers*) macizo;
(*of coal, clay*) capa; (*of river*) lecho; (*of
sea*) fondo; **to go to ~** acostarse; **bed
and breakfast** *n* (*place*) pensión *f*;
(*terms*) cama y desayuno; **bedclothes**
npl ropa de cama; **bedding** *n* ropa
de cama; **bed linen** *n* (*BRIT*) ropa *f*

de cama

● **BED AND BREAKFAST**
●
● Se llama **bed and breakfast** a una
● forma de alojamiento, en el campo
● o la ciudad, que ofrece cama y
● desayuno a precios inferiores a
● los de un hotel. El servicio se suele
● anunciar con carteles en los que
● a menudo se usa únicamente la
● abreviatura **B. & B.**

bed: bedroom n dormitorio; **bedside**
n: **at the bedside of** a la cabecera de;
bedside lamp n lámpara de noche;
bedside table n mesilla de noche;
bedsit(ter) (BRIT) n cuarto de alquiler;
bedspread n cubrecama m, colcha;
bedtime n hora de acostarse
bee [bi:] n abeja
beech [bi:tʃ] n haya
beef [bi:f] n carne f de vaca; **roast ~**
rosbif m; **beefburger** n hamburguesa;
Beefeater n alabardero de la Torre
de Londres
been [bi:n] pp of **be**
beer [bɪə*] n cerveza; **beer garden**
n (BRIT) terraza f de verano, jardín m
(de un bar)
beet [bi:t] (US) n (also: **red ~**)
remolacha
beetle ['bi:tl] n escarabajo
beetroot ['bi:tru:t] (BRIT) n
remolacha
before [bɪ'fɔ:*] prep (of time) antes
de; (of space) delante de ▷ conj antes
(de) que ▷ adv antes, anteriormente;
delante, adelante; **~ going** antes de
marcharse; **~ she goes** antes de que se
vaya; **the week ~** la semana anterior;
I've never seen it ~ no lo he visto
nunca; **beforehand** adv de antemano,
con anticipación
beg [bɛg] vi pedir limosna ▷ vt pedir,
rogar; (entreat) suplicar; **to ~ sb to do
sth** rogar a algn que haga algo; see
also **pardon**

began [bɪ'gæn] pt of **begin**
beggar ['bɛgə*] n mendigo/a
begin [bɪ'gɪn] (pt **began**, pp **begun**) vt,
vi empezar, comenzar; **to ~ doing** or **to
do sth** empezar a hacer algo; **beginner**
n principiante mf; **beginning** n
principio, comienzo
begun [bɪ'gʌn] pp of **begin**
behalf [bɪ'hɑ:f] n: **on ~ of** en nombre
de, por; (for benefit of) en beneficio de;
on my/his ~ por mí/él
behave [bɪ'heɪv] vi (person)
portarse, comportarse; (well: also:
~ o.s.) portarse bien; **behaviour**
(US **behavior**) n comportamiento,
conducta
behind [bɪ'haɪnd] prep detrás de;
(supporting): **to be ~ sb** apoyar a
algn ▷ adv detrás, por detrás, atrás
▷ n trasero; **to be ~ (schedule)** ir
retrasado; **~ the scenes** (fig) entre
bastidores
beige [beɪʒ] adj color beige
Beijing ['beɪ'dʒɪŋ] n Pekín m
being ['bi:ɪŋ] n ser m; (existence): **in ~**
existente; **to come into ~** aparecer
belated [bɪ'leɪtɪd] adj atrasado,
tardío
belch [bɛltʃ] vi eructar ▷ vt (gen: **belch
out**: smoke etc) arrojar
Belgian ['bɛldʒən] adj, n belga mf
Belgium ['bɛldʒəm] n Bélgica
belief [bɪ'li:f] n opinión f; (faith) fe f
believe [bɪ'li:v] vt, vi creer; **to ~ in**
creer en; **believer** n partidario/a; (Rel)
creyente mf, fiel mf
bell [bɛl] n campana; (small)
campanilla; (on door) timbre m
bellboy ['bɛlbɔɪ] (BRIT) n botones
m inv
bellhop ['bɛlhɔp] (US) n = **bellboy**
bellow ['bɛləu] vi bramar; (person)
rugir
bell pepper n (esp US) pimiento,
pimentón m (LAM)
belly ['bɛlɪ] n barriga, panza; **belly
button** (inf) n ombligo
belong [bɪ'lɔŋ] vi: **to ~ to** pertenecer

a; (*club etc*) ser socio de; **this book ~s here** este libro va aquí; **belongings** *npl* pertenencias *fpl*

beloved [bɪ'lʌvɪd] *adj* querido/a

below [bɪ'ləʊ] *prep* bajo, debajo de; (*less than*) inferior a ▷ *adv* abajo, (por) debajo; **see ~** véase más abajo

belt [bɛlt] *n* cinturón *m*; (*Tech*) correa, cinta ▷ *vt* (*thrash*) pegar con correa; **beltway** (*US*) *n* (*Aut*) carretera de circunvalación

bemused [bɪ'mju:zd] *adj* perplejo

bench [bɛntʃ] *n* banco; (*BRIT Pol*): **the Government/Opposition ~es** (los asientos de) los miembros del Gobierno/de la Oposición; **the B~** (*Law: judges*) magistratura

bend [bɛnd] (*pt, pp* **bent**) *vt* doblar ▷ *vi* inclinarse ▷ *n* (*BRIT: in road, river*) curva; (*in pipe*) codo; **bend down** *vi* inclinarse, doblarse; **bend over** *vi* inclinarse

beneath [bɪ'ni:θ] *prep* bajo, debajo de; (*unworthy*) indigno de ▷ *adv* abajo, (por) debajo

beneficial [bɛnɪ'fɪʃəl] *adj* beneficioso

benefit ['bɛnɪfɪt] *n* beneficio; (*allowance of money*) subsidio ▷ *vt* beneficiar ▷ *vi*: **he'll ~ from it** le sacará provecho

benign [bɪ'naɪn] *adj* benigno; (*smile*) afable

bent [bɛnt] *pt, pp of* **bend** ▷ *n* inclinación *f* ▷ *adj*: **to be ~ on** estar empeñado en

bereaved [bɪ'ri:vd] *npl*: **the ~** los íntimos de una persona afligidos por su muerte

beret ['bɛreɪ] *n* boina

Berlin [bə:'lɪn] *n* Berlín

Bermuda [bə:'mju:də] *n* las Bermudas

berry ['bɛrɪ] *n* baya

berth [bə:θ] *n* (*bed*) litera; (*cabin*) camarote *m*; (*for ship*) amarradero ▷ *vi* atracar, amarrar

beside [bɪ'saɪd] *prep* junto a, al lado de; **to be ~ o.s. with anger** estar fuera

de sí; **that's ~ the point** eso no tiene nada que ver; **besides** *adv* además ▷ *prep* además de

best [bɛst] *adj* (el/la) mejor ▷ *adv* (lo) mejor; **the ~ part of** (*quantity*) la mayor parte de; **at ~** en el mejor de los casos; **to make the ~ of sth** sacar el mejor partido de algo; **to do one's ~** hacer todo lo posible; **to the ~ of my knowledge** que yo sepa; **to the ~ of my ability** como mejor puedo; **best-before date** *n* fecha de consumo preferente; **best man** (*irreg*) *n* padrino de boda; **bestseller** *n* éxito de librería, bestseller *m*

bet [bɛt] (*pt, pp* **~** *or* **~ted**) *n* apuesta ▷ *vt*: **to ~ money on** apostar dinero por ▷ *vi* apostar; **to ~ sb sth** apostar algo a algn

betray [bɪ'treɪ] *vt* traicionar; (*trust*) faltar a

better ['bɛtə*] *adj, adv* mejor ▷ *vt* superar ▷ *n*: **to get the ~ of sb** quedar por encima de algn; **you had ~ do it** más vale que lo hagas; **he thought ~ of it** cambió de parecer; **to get ~** (*Med*) mejorar(se)

betting ['bɛtɪŋ] *n* juego, el apostar; **betting shop** (*BRIT*) *n* agencia de apuestas

between [bɪ'twi:n] *prep* entre ▷ *adv* (*time*) mientras tanto; (*place*) en medio

beverage ['bɛvərɪdʒ] *n* bebida

beware [bɪ'wɛə*] *vi*: **to ~ (of)** tener cuidado (con); **"~ of the dog"** "perro peligroso"

bewildered [bɪ'wɪldəd] *adj* aturdido, perplejo

beyond [bɪ'jɔnd] *prep* más allá de; (*past: understanding*) fuera de; (*after: date*) después de, más allá de; (*above*) superior a ▷ *adv* (*in space*) más allá; (*in time*) posteriormente; **~ doubt** fuera de toda duda; **~ repair** irreparable

bias ['baɪəs] *n* (*prejudice*) prejuicio, pasión *f*; (*preference*) predisposición *f*; **bias(s)ed** *adj* parcial

bib [bɪb] n babero

Bible ['baɪbl] n Biblia

bicarbonate of soda [baɪˈkɑ:bənɪt-] n bicarbonato sódico

biceps ['baɪsɛps] n bíceps m

bicycle ['baɪsɪkl] n bicicleta; **bicycle pump** n bomba de bicicleta

bid [bɪd] (pt **bade** or ~, pp **bidden** or ~) n oferta, postura; (in tender) licitación f; (attempt) tentativa, conato ▷ vi hacer una oferta ▷ vt (offer) ofrecer; **to ~ sb good day** dar a algn los buenos días; **bidder** n: **the highest bidder** el mejor postor

bidet ['bi:deɪ] n bidet m

big [bɪg] adj grande; (brother, sister) mayor; **bigheaded** adj engreído; **big toe** n dedo gordo (del pie)

bike [baɪk] n bici f; **bike lane** n carril-bici m

bikini [bɪˈki:nɪ] n bikini m

bilateral [baɪˈlætərl] adj (agreement) bilateral

bilingual [baɪˈlɪŋgwəl] adj bilingüe

bill [bɪl] n cuenta; (invoice) factura; (Pol) proyecto de ley; (us: banknote) billete m; (of bird) pico; (of show) programa m; **"post no ~s"** "prohibido fijar carteles"; **to fit** or **fill the ~** (fig) cumplir con los requisitos; **billboard** (us) n cartelera; **billfold** ['bɪlfəuld] (us) n cartera

billiards ['bɪljədz] n billar m

billion ['bɪljən] n (BRIT) billón m (millón de millones); (us) mil millones mpl

bin [bɪn] n (for rubbish) cubo or bote m (MEX) or tacho (SC) de la basura; (container) recipiente m

bind [baɪnd] (pt, pp **bound**) vt atar; (book) encuadernar; (oblige) obligar ▷ n (inf: nuisance) lata

binge [bɪndʒ] (inf) n: **to go on a ~** ir de juerga

bingo ['bɪŋgəu] n bingo m

binoculars [bɪˈnɔkjuləz] npl prismáticos mpl

bio... [baɪə'] prefix: **biochemistry** n bioquímica; **biodegradable** [baɪəudɪˈgreɪdəbl] adj biodegradable; **biography** [baɪˈɔgrəfɪ] n biografía; **biological** adj biológico; **biology** [baɪˈɔlədʒɪ] n biología; **biometric** [baɪəˈmɛtrɪk] adj biométrico

birch [bə:tʃ] n (tree) abedul m

bird [bə:d] n ave f, pájaro; (BRIT: inf: girl) chica; **bird flu** n gripe f aviar; **bird of prey** n ave f de presa; **birdwatching** n: **he likes to go birdwatching on Sundays** los domingos le gusta ir a ver pájaros

Biro® ['baɪrəu] n boli m

birth [bə:θ] n nacimiento; **to give ~ to** parir, dar a luz; **birth certificate** n partida de nacimiento; **birth control** n (policy) control m de natalidad; (methods) métodos mpl anticonceptivos; **birthday** n cumpleaños m inv ▷ cpd (cake, card etc) de cumpleaños; **birthmark** n antojo, marca de nacimiento; **birthplace** n lugar m de nacimiento

biscuit ['bɪskɪt] (BRIT) n galleta

bishop ['bɪʃəp] n obispo; (Chess) alfil m

bistro ['bi:strəu] n café-bar m

bit [bɪt] pt of **bite** ▷ n trozo, pedazo, pedacito; (Comput) bit m, bitio; (for horse) freno, bocado; **a ~ of** un poco de; **a ~ mad** un poco loco; **~ by ~** poco a poco

bitch [bɪtʃ] n perra; (inf!: woman) zorra (!)

bite [baɪt] (pt **bit**, pp **bitten**) vt, vi morder; (insect etc) picar ▷ n (insect bite) picadura; (mouthful) bocado; **to ~ one's nails** comerse las uñas; **let's have a ~ (to eat)** (inf) vamos a comer algo

bitten ['bɪtn] pp of **bite**

bitter ['bɪtə*] adj amargo; (wind) cortante, penetrante; (battle) encarnizado ▷ n (BRIT: beer) cerveza típica británica a base de lúpulos

bizarre [bɪˈzɑ:*] adj raro, extraño

black [blæk] adj negro; (tea, coffee) solo ▷ n color m negro; (person): **B~**

negro/a ▷ vt (BRIT Industry) boicotear;
to give sb a ~ eye ponerle a algn
el ojo morado; **~ and blue** (bruised)
amoratado; **to be in the ~** (bank
account) estar en números negros;
black out vi (faint) desmayarse;
blackberry n zarzamora; **blackbird**
n mirlo; **blackboard** n pizarra; **black
coffee** n café m solo; **blackcurrant**
n grosella negra; **black ice** n hielo
invisible en la carretera; **blackmail**
n chantaje m ▷ vt chantajear; **black
market** n mercado negro; **blackout**
n (Mil) oscurecimiento; (power cut)
apagón m; (TV, Radio) interrupción f de
programas; (fainting) desvanecimiento;
black pepper n pimienta f negra;
black pudding n morcilla; **Black Sea**
n: **the Black Sea** el Mar Negro
bladder ['blædə*] n vejiga
blade [bleɪd] n hoja; (of propeller)
paleta; **a ~ of grass** una brizna de
hierba
blame [bleɪm] n culpa ▷ vt: **to ~ sb
for sth** echar a algn la culpa de algo; **to
be to ~ (for)** tener la culpa (de)
bland [blænd] adj (music, taste) soso
blank [blæŋk] adj en blanco; (look) sin
expresión ▷ n (of memory): **my mind is
a ~** no puedo recordar nada; (on form)
blanco, espacio en blanco; (cartridge)
cartucho sin bala or de fogueo
blanket ['blæŋkɪt] n manta (SP),
cobija (LAM); (of snow) capa; (of fog)
manto
blast [blɑːst] n (of wind) ráfaga, soplo;
(of explosive) explosión f ▷ vt (blow
up) volar
blatant ['bleɪtənt] adj descarado
blaze [bleɪz] n (fire) fuego; (fig: of
colour) despliegue m; (: of glory)
esplendor m ▷ vi arder en llamas; (fig)
brillar ▷ vt: **to ~ a trail** (fig) abrir (un)
camino; **in a ~ of publicity** con gran
publicidad
blazer ['bleɪzə*] n chaqueta de uniforme
de colegial o de socio de club
bleach [bliːtʃ] n (also: **household ~**)

lejía ▷ vt blanquear; **bleachers** (US)
npl (Sport) gradas fpl al sol
bleak [bliːk] adj (countryside) desierto;
(prospect) poco prometedor(a);
(weather) crudo; (smile) triste
bled [bled] pt, pp of **bleed**
bleed [bliːd] (pt, pp **bled**) vt, vi
sangrar; **my nose is ~ing** me está
sangrando la nariz
blemish ['blemɪʃ] n marca, mancha;
(on reputation) tacha
blend [blend] n mezcla ▷ vt mezclar;
(colours etc) combinar, mezclar ▷ vi
(colours etc: also: **~ in**) combinarse,
mezclarse; **blender** n (Culin) batidora
bless [bles] (pt, pp **~ed** or **blest**) vt
bendecir; **~ you!** (after sneeze) ¡Jesús!;
blessing n (approval) aprobación f;
(godsend) don m del cielo, bendición f;
(advantage) beneficio, ventaja
blew [bluː] pt of **blow**
blight [blaɪt] vt (hopes etc) frustrar,
arruinar
blind [blaɪnd] adj ciego; (fig): **~ (to)**
ciego (a) ▷ n (for window) persiana ▷ vt
cegar; (dazzle) deslumbrar; (deceive): **to
~ sb to ...** cegar a algn a ...; **the blind**
npl los ciegos; **blind alley** n callejón
m sin salida; **blindfold** n venda ▷ adv
con los ojos vendados ▷ vt vendar
los ojos a
blink [blɪŋk] vi parpadear, pestañear;
(light) oscilar
bliss [blɪs] n felicidad f
blister ['blɪstə*] n ampolla ▷ vi
(paint) ampollarse
blizzard ['blɪzəd] n ventisca
bloated ['bləutɪd] adj hinchado;
(person: full) ahíto
blob [blɔb] n (drop) gota; (indistinct
object) bulto
block [blɔk] n bloque m; (in pipes)
obstáculo; (of buildings) manzana
(SP), cuadra (LAM) ▷ vt obstruir,
cerrar; (progress) estorbar; **~ of flats**
(BRIT) bloque m de pisos; **mental ~**
bloqueo mental; **block up** vt tapar,
obstruir; (pipe) atascar; **blockade**

[-'keɪd] n bloqueo ▷ vt bloquear; **blockage** n estorbo, obstrucción f; **blockbuster** n (book) bestseller m; (film) éxito de público; **block capitals** npl mayúsculas fpl; **block letters** npl mayúsculas fpl

blog [blɔg] n blog m

bloke [bləuk] (BRIT: inf) n tipo, tío

blond(e) [blɔnd] adj, n rubio/a m/f

blood [blʌd] n sangre f; **blood donor** n donante mf de sangre; **blood group** n grupo sanguíneo; **blood poisoning** n envenenamiento de la sangre; **blood pressure** n presión f sanguínea; **bloodshed** n derramamiento de sangre; **bloodshot** adj inyectado en sangre; **bloodstream** n corriente f sanguínea; **blood test** n análisis m inv de sangre; **blood transfusion** n transfusión f de sangre; **blood type** n grupo sanguíneo; **blood vessel** n vaso sanguíneo; **bloody** adj sangriento; (nose etc) lleno de sangre; (BRIT: inf!): **this bloody ...** este condenado o puñetero ... (!) ▷ adv: **bloody strong/good** (BRIT: inf!) terriblemente fuerte/bueno

bloom [blu:m] n flor f ▷ vi florecer

blossom ['blɔsəm] n flor f ▷ vi florecer

blot [blɔt] n borrón m; (fig) mancha ▷ vt (stain) manchar

blouse [blauz] n blusa

blow [bləu] (pt blew, pp blown) n golpe m; (with sword) espadazo ▷ vi soplar; (dust, sand etc) volar; (fuse) fundirse ▷ vt (wind) llevarse; (fuse) quemar; (instrument) tocar; **to ~ one's nose** sonarse; **blow away** vt llevarse, arrancar; **blow out** vi apagarse; **blow up** vi estallar ▷ vt volar; (tyre) inflar; (Phot) ampliar; **blow-dry** n moldeado (con secador)

blown [bləun] pp of **blow**

blue [blu:] adj azul; (depressed) deprimido; **~ film/joke** película/chiste m verde; **out of the ~** (fig) de repente; **bluebell** n campanilla, campánula

azul; **blueberry** n arándano; **blue cheese** n queso azul; **blues** npl: **the blues** (Mus) el blues; **to have the blues** estar triste; **bluetit** n herrerillo m (común)

bluff [blʌf] vi tirarse un farol, farolear ▷ n farol m; **to call sb's ~** coger a algn la palabra

blunder ['blʌndə*] n patinazo, metedura de pata ▷ vi cometer un error, meter la pata

blunt [blʌnt] adj (pencil) despuntado; (knife) desafilado, romo; (person) franco, directo

blur [blə:*] n (shape): **to become a ~** hacerse borroso ▷ vt (vision) enturbiar; (distinction) borrar; **blurred** adj borroso

blush [blʌʃ] vi ruborizarse, ponerse colorado ▷ n rubor m; **blusher** n colorete m

board [bɔ:d] n (cardboard) cartón m; (wooden) tabla, tablón; (on wall) tablón m; (for chess etc) tablero; (committee) junta, consejo; (in firm) mesa or junta directiva; (Naut, Aviat): **on ~** a bordo ▷ vt (ship) embarcarse en; (train) subir a; **full ~** (BRIT) pensión completa; **half ~** (BRIT) media pensión; **to go by the ~** (fig) ser abandonado or olvidado; **board game** n juego de tablero; **boarding card** (BRIT) n tarjeta de embarque; **boarding pass** (US) n = **boarding card**; **boarding school** n internado; **board room** n sala de juntas

boast [bəust] vi: **to ~ (about or of)** alardear (de)

boat [bəut] n barco, buque m; (small) barca, bote m

bob [bɔb] vi (also: **~ up and down**) menearse, balancearse

bobby pin ['bɔbɪ-] (US) n horquilla

body ['bɔdɪ] n cuerpo; (corpse) cadáver m; (of car) caja, carrocería; (fig: group) grupo; (: organization) organismo; **body-building** n culturismo; **bodyguard** n guardaespaldas m inv; **bodywork** n carrocería

bog [bɔg] n pantano, ciénaga ▷ vt: **to get ~ged down** (fig) empantanarse, atascarse

bogus ['bəugəs] adj falso, fraudulento

boil [bɔɪl] vt (water) hervir; (eggs) pasar por agua, cocer ▷ vi hervir; (fig: with anger) estar furioso; (: with heat) asfixiarse ▷ n (Med) furúnculo, divieso; **to come to the ~, to come to a ~** (us) comenzar a hervir; **to ~ down to** (fig) reducirse a; **boil over** vi salirse, rebosar; (anger etc) llegar al colmo; **boiled egg** n (soft) huevo tibio (MEX) or pasado por agua or a la copa (SC); (hard) huevo duro; **boiled potatoes** npl patatas fpl (SP) or papas fpl (LAM) cocidas; **boiler** n caldera; **boiling** ['bɔɪlɪŋ] adj: **I'm boiling (hot)** (inf) estoy asado; **boiling point** n punto de ebullición

bold [bəuld] adj valiente, audaz; (pej) descarado; (colour) llamativo

Bolivia [bə'lɪvɪə] n Bolivia; **Bolivian** adj, n boliviano/a m/f

bollard ['bɔləd] (BRIT) n (Aut) poste m

bolt [bəult] n (lock) cerrojo; (with nut) perno, tornillo ▷ adv: **~ upright** rígido, erguido ▷ vt (door) echar el cerrojo a; (also: **~ together**) sujetar con tornillos; (food) engullir ▷ vi fugarse; (horse) desbocarse

bomb [bɔm] n bomba ▷ vt bombardear; **bombard** [bɔm'bɑːd] vt bombardear; (fig) asediar; **bomber** n (Aviat) bombardero; **bomb scare** n amenaza de bomba

bond [bɔnd] n (promise) fianza; (Finance) bono; (link) vínculo, lazo; (Comm): **in ~** en depósito bajo fianza; **bonds** npl (chains) cadenas fpl

bone [bəun] n hueso; (of fish) espina ▷ vt deshuesar; quitar las espinas a

bonfire ['bɔnfaɪə*] n hoguera, fogata

bonnet ['bɔnɪt] n gorra; (BRIT: of car) capó m

bonus ['bəunəs] n (payment) paga extraordinaria, plus m; (fig) bendición f

boo [buː] excl ¡uh! ▷ vt abuchear, rechiflar

book [buk] n libro; (of tickets) taco; (of stamps etc) librito ▷ vt (ticket) sacar; (seat, room) reservar; **books** npl (Comm) cuentas fpl, contabilidad f; **book in** vi (at hotel) registrarse; **book up** vt: **to be booked up** (hotel) estar completo; **bookcase** n librería, estante m para libros; **booking** n reserva; **booking office** n (BRIT Rail) despacho de billetes (SP) or boletos (LAM); (Theatre) taquilla (SP), boletería (LAM); **book-keeping** n contabilidad f; **booklet** n folleto; **bookmaker** n corredor m de apuestas; **bookmark** n (also Comput) marcador; **bookseller** n librero; **bookshelf** n estante m (para libros); **bookshop, book store** n librería

boom [buːm] n (noise) trueno, estampido; (in prices etc) alza rápida; (Econ, in population) boom m ▷ vi (cannon) hacer gran estruendo, retumbar; (Econ) estar en alza

boost [buːst] n estímulo, empuje m ▷ vt estimular, empujar

boot [buːt] n bota; (BRIT: of car) maleta, maletero ▷ vt (Comput) arrancar; **to ~** (in addition) además, por añadidura

booth [buːð] n (telephone booth, voting booth) cabina

booze [buːz] (inf) n bebida

border ['bɔːdə*] n borde m, margen m; (of a country) frontera; (for flowers) arriate m ▷ vt (also) bordear; (another country: also: **~ on**) lindar con; **borderline** n: **on the borderline** en el límite

bore [bɔː*] pt of **bear** ▷ vt (hole) hacer un agujero en; (well) perforar; (person) aburrir ▷ n (person) pelmazo, pesado; (of gun) calibre m; **bored** adj aburrido; **he's bored to tears** or **to death** or **stiff** está aburrido como una ostra, está muerto de aburrimiento; **boredom** n aburrimiento

boring ['bɔːrɪŋ] adj aburrido

born [bɔːn] adj: **to be ~** nacer; **I was ~**

in 1960 nací en 1960
borne [bɔːn] *pp of* **bear**
borough [ˈbʌrə] *n* municipio
borrow [ˈbɒrəu] *vt*: **to ~ sth (from sb)** tomar algo prestado (a algn)
Bosnia(-Herzegovina) [ˈbɔːsnɪə(hɜːtsəˈgəuviːnə)] *n* Bosnia(-Herzegovina); **Bosnian** [ˈbɒznɪən] *adj, n* bosnio/a
bosom [ˈbuzəm] *n* pecho
boss [bɒs] *n* jefe *m* ▷ *vt* (*also*: **~ about or around**) mangonear; **bossy** *adj* mandón/ona
both [bəuθ] *adj, pron* ambos/as, los dos(las dos); **~ of us went, we ~ went** fuimos los dos, ambos fuimos ▷ *adv*: **~ A and B** tanto A como B
bother [ˈbɒðə*] *vt* (*worry*) preocupar; (*disturb*) molestar, fastidiar ▷ *vi* (*also*: **~ o.s.**) molestarse ▷ *n* (*trouble*) dificultad *f*; (*nuisance*) molestia, lata; **to ~ doing** tomarse la molestia de hacer
bottle [ˈbɒtl] *n* botella; (*small*) frasco; (*baby's*) biberón *m* ▷ *vt* embotellar; **bottle bank** *n* contenedor *m* de vidrio; **bottle-opener** *n* abrebotellas *m inv*
bottom [ˈbɒtəm] *n* (*of box, sea*) fondo; (*buttocks*) trasero, culo; (*of page*) pie *m*; (*of list*) final *m*; (*of class*) último/a ▷ *adj* (*lowest*) más bajo; (*last*) último
bought [bɔːt] *pt, pp of* **buy**
boulder [ˈbəuldə*] *n* canto rodado
bounce [bauns] *vi* (*ball*) (re)botar; (*cheque*) ser rechazado ▷ *vt* hacer (re)botar ▷ *n* (*rebound*) (re)bote *m*; **bouncer** (*inf*) *n* gorila *m* (*que echa a los alborotadores de un bar, club etc*)
bound [baund] *pt, pp of* **bind** ▷ *n* (*leap*) salto; (*gen pl: limit*) límite *m* ▷ *vi* (*leap*) saltar ▷ *vt* (*border*) rodear ▷ *adj*: **~ by** rodeado de; **to be ~ to do sth** (*obliged*) tener el deber de hacer algo; **he's ~ to come** es seguro que vendrá; **out of ~s** prohibido el paso; **~ for** con destino a
boundary [ˈbaundrɪ] *n* límite *m*
bouquet [ˈbukeɪ] *n* (*of flowers*) ramo
bourbon [ˈbuəbən] (*US*) *n* (*also*: **~**

whiskey) whisky *m* americano, bourbon *m*
bout [baut] *n* (*of malaria etc*) ataque *m*; (*of activity*) período; (*Boxing etc*) combate *m*, encuentro
boutique [buːˈtiːk] *n* boutique *f*, tienda de ropa
bow¹ [bəu] *n* (*knot*) lazo; (*weapon, Mus*) arco
bow² [bau] *n* (*of the head*) reverencia; (*Naut: also*: **~s**) proa ▷ *vi* inclinarse, hacer una reverencia
bowels [bauəlz] *npl* intestinos *mpl*, vientre *m*; (*fig*) entrañas *fpl*
bowl [bəul] *n* tazón *m*, cuenco; (*ball*) bola ▷ *vi* (*Cricket*) arrojar la pelota; *see also* **bowls**; **bowler** *n* (*Cricket*) lanzador *m* (de la pelota); (*BRIT: also*: **bowler hat**) hongo, bombín *m*; **bowling** *n* (*game*) bochas *fpl*, bolos *mpl*; **bowling alley** *n* bolera; **bowling green** *n* pista para bochas; **bowls** *n* juego de las bochas, bolos *mpl*
bow tie [ˈbəu-] *n* corbata de lazo, pajarita
box [bɒks] *n* (*also*: **cardboard ~**) caja, cajón *m*; (*Theatre*) palco ▷ *vt* encajonar ▷ *vi* (*Sport*) boxear; **boxer** [ˈbɒksə*] *n* (*person*) boxeador *m*; **boxer shorts** [ˈbɒksəfɔːts] *pl n* bóxers; **a pair of boxer shorts** unos bóxers; **boxing** [ˈbɒksɪŋ] *n* (*Sport*) boxeo; **Boxing Day** (*BRIT*) *n* día en que se dan los aguinaldos, 26 de diciembre; **boxing gloves** *npl* guantes *mpl* de boxeo; **boxing ring** *n* ring *m*, cuadrilátero; **box office** *n* taquilla (*SP*), boletería (*LAM*)
boy [bɔɪ] *n* (*young*) niño; (*older*) muchacho, chico; (*son*) hijo; **boy band** *n* boy band *m* (*grupo musical de chicos*)
boycott [ˈbɔɪkɔt] *n* boicot *m* ▷ *vt* boicotear
boyfriend [ˈbɔɪfrend] *n* novio
bra [brɑː] *n* sostén *m*, sujetador *m*
brace [breɪs] *n* (*BRIT: also*: **~s**: *on teeth*) corrector *m*, aparato; (*tool*) berbiquí *m* ▷ *vt* (*knees, shoulders*) tensionar; **braces** *npl* (*BRIT*) tirantes *mpl*; **to ~ o.s.** (*fig*)

prepararse
bracelet ['breɪslɪt] n pulsera,
brazalete m
bracket ['brækɪt] n (Tech) soporte
m, puntal m; (group) clase f, categoría;
(also: **brace ~**) soporte m, abrazadera;
(also: **round ~**) paréntesis m inv; (also:
square ~) corchete m ▷ vt (word etc)
poner entre paréntesis
brag [bræg] vi jactarse
braid [breɪd] n (trimming) galón m; (of
hair) trenza
brain [breɪn] n cerebro; **brains** npl
sesos mpl; **she's got ~s** es muy lista
braise [breɪz] vt cocer a fuego lento
brake [breɪk] n (on vehicle) freno ▷ vi
frenar; **brake light** n luz f de frenado
bran [bræn] n salvado
branch [brɑːntʃ] n rama; (Comm)
sucursal f; **branch off** vi: **a small
road branches off to the right**
hay una carretera pequeña que sale
hacia la derecha; **branch out** vi (fig)
extenderse
brand [brænd] n marca; (fig: type)
tipo ▷ vt (cattle) marcar con
hierro candente; **brand name** n
marca; **brand-new** adj flamante,
completamente nuevo
brandy ['brændɪ] n coñac m
brash [bræʃ] adj (forward) descarado
brass [brɑːs] n latón m; **the ~** (Mus) los
cobres; **brass band** n banda de metal
brat [bræt] (pej) n mocoso/a
brave [breɪv] adj valiente, valeroso
▷ vt (face up to) desafiar; **bravery** n
valor m, valentía
brawl [brɔːl] n pelea, reyerta
Brazil [brə'zɪl] n (el) Brasil; **Brazilian**
adj, n brasileño/a m/f
breach [briːtʃ] vt abrir brecha en ▷ n
(gap) brecha; (breaking): **~ of contract**
infracción f de contrato; **~ of the peace**
perturbación f del órden público
bread [bred] n pan m; **breadbin** n
panera; **breadbox** (us) n panera;
breadcrumbs npl migajas fpl; (Culin)
pan rallado

breadth [brɛtθ] n anchura; (fig)
amplitud f
break [breɪk] (pt **broke**, pp **broken**)
vt romper; (promise) faltar a; (law)
violar, infringir; (record) batir ▷ vi
romperse, quebrarse; (storm) estallar;
(weather) cambiar; (dawn) despuntar;
(news etc) darse a conocer ▷ n (gap)
abertura; (fracture) fractura; (time)
intervalo; (: at school) (período de)
recreo; (chance) oportunidad f; **to ~
the news to sb** comunicar la noticia
a algn; **break down** vt (figures, data)
analizar, descomponer ▷ vi (machine)
estropearse; (Aut) averiarse; (person)
romper a llorar; (talks) fracasar;
break in vt (horse etc) domar ▷ vi
(burglar) forzar una entrada; (interrupt)
interrumpir; **break into** vt fus (house)
forzar; **break off** vi (speaker) pararse,
detenerse; (branch) partir; **break out** vi
estallar; (prisoner) escaparse; **to break
out in spots** salirle a algn granos;
break up vi (ship) hacerse pedazos;
(crowd, meeting) disolverse; (marriage)
deshacerse; (Scol) terminar (el curso);
(line) cortarse ▷ vt (rocks etc) partir;
(journey) partir; (fight etc) acabar con;
the line's or you're breaking up se
corta; **breakdown** n (Aut) avería;
(in communications) interrupción f;
(Med: also: **nervous breakdown**)
colapso, crisis f nerviosa; (of marriage,
talks) fracaso; (of statistics) análisis m
inv; **breakdown truck, breakdown
van** n (camión m) grúa
breakfast ['brɛkfəst] n desayuno
break: break-in n robo con
allanamiento de morada;
breakthrough n (also fig) avance m
breast [brest] n (of woman) pecho,
seno; (chest) pecho; (of bird) pechuga;
breast-feed (pt, pp **breast-fed**) vt, vi
amamantar, criar a los pechos; **breast-
stroke** n braza (de pecho)
breath [brɛθ] n aliento, respiración
f; **to take a deep ~** respirar hondo; **out
of ~** sin aliento, sofocado

Breathalyser® ['breθəlaɪzə*] (BRIT)
n alcoholímetro

breathe [briːð] vt, vi respirar;
breathe in vt, vi aspirar; **breathe
out** vt, vi espirar; **breathing** n
respiración f

breath: breathless adj sin aliento,
jadeante; **breathtaking** adj
imponente, pasmoso; **breath test** n
prueba de la alcoholemia

bred [bred] pt, pp of **breed**

breed [briːd] (pt, pp **bred**) vt criar ▷ vi
reproducirse, procrear ▷ n (Zool) raza,
casta; (type) tipo

breeze [briːz] n brisa

breezy ['briːzɪ] adj de mucho viento,
ventoso; (person) despreocupado

brew [bruː] vt (tea) hacer; (beer)
elaborar ▷ vi (fig: trouble) prepararse;
(storm) amenazar; **brewery** n fábrica
de cerveza, cervecería

bribe [braɪb] n soborno ▷ vt
sobornar, cohechar; **bribery** n
soborno, cohecho

bric-a-brac ['brɪkəbræk] n inv
baratijas fpl

brick [brɪk] n ladrillo; **bricklayer** n
albañil m

bride [braɪd] n novia; **bridegroom** n
novio; **bridesmaid** n dama de honor

bridge [brɪdʒ] n puente m; (Naut)
puente m de mando; (of nose) caballete
m; (Cards) bridge m ▷ vt (fig): **to ~ a gap**
llenar un vacío

bridle ['braɪdl] n brida, freno

brief [briːf] adj breve, corto ▷ n (Law)
escrito; (task) cometido, encargo
▷ vt informar; **briefs** npl (for men)
calzoncillos mpl; (for women) bragas fpl;
briefcase n cartera (SP), portafolio
(LAM); **briefing** n (Press) informe m;
briefly adv (glance) fugazmente; (say)
en pocas palabras

brigadier [brɪgə'dɪə*] n general m
de brigada

bright [braɪt] adj brillante; (room)
luminoso; (day) de sol; (person: clever)
listo, inteligente; (: lively) alegre;

(colour) vivo; (future) prometedor(a)

brilliant ['brɪljənt] adj brillante; (inf)
fenomenal

brim [brɪm] n borde m; (of hat) ala

brine [braɪn] n (Culin) salmuera

bring [brɪŋ] (pt, pp **brought**) vt (thing,
person: with you) traer; (: to sb) llevar,
conducir; (trouble, satisfaction) causar;
bring about vt ocasionar, producir;
bring back vt volver a traer; (return)
devolver; **bring down** vt (government,
plane) derribar; (price) rebajar; **bring
in** vt (harvest) recoger; (person) hacer
entrar or pasar; (object) traer; (Pol: bill,
law) presentar; (produce: income)
producir, rendir; **bring on** vt (illness,
attack) producir, causar; (player,
substitute) sacar (de la reserva), hacer
salir; **bring out** vt sacar; (book etc)
publicar; (meaning) subrayar; **bring
up** vt subir; (person) educar, criar;
(question) sacar a colación; (food: vomit)
devolver, vomitar

brink [brɪŋk] n borde m

brisk [brɪsk] adj (abrupt: tone) brusco;
(person) enérgico, vigoroso; (pace)
rápido; (trade) activo

bristle ['brɪsl] n cerda ▷ vi: **to ~ in
anger** temblar de rabia

Brit [brɪt] n abbr (inf: = British person)
británico/a

Britain ['brɪtən] n (also: **Great ~**)
Gran Bretaña

British ['brɪtɪʃ] adj británico
▷ npl: **the ~** los británicos; **British Isles**
npl: **the British Isles** las Islas Británicas

Briton ['brɪtən] n británico/a

brittle ['brɪtl] adj quebradizo, frágil

broad [brɔːd] adj ancho; (range)
amplio; (smile) abierto; (general: outlines
etc) general; (accent) cerrado; **in ~
daylight** en pleno día; **broadband** n
banda ancha; **broad bean** n haba;
broadcast (pt, pp **~**) n emisión f
▷ vt (Radio) emitir; (TV) transmitir
▷ vi emitir; transmitir; **broaden** vt
ampliar ▷ vi ensancharse; **to broaden
one's mind** hacer más tolerante a

algn; **broadly** adv en general; **broad-minded** adj tolerante, liberal

broccoli ['brɒkəlɪ] n brécol m

brochure ['brəʊʃjʊə*] n folleto

broil [brɔɪl] vt (Culin) asar a la parrilla

broiler ['brɔɪlə*] n (grill) parrilla

broke [brəʊk] pt of **break** ▷ adj (inf) pelado, sin blanca

broken ['brəʊkən] pp of **break** ▷ adj roto; (machine: also: **~ down**) averiado; **~ leg** pierna rota; **in ~ English** en un inglés imperfecto

broker ['brəʊkə*] n agente mf, bolsista mf; (insurance broker) agente de seguros

bronchitis [brɒŋ'kaɪtɪs] n bronquitis f

bronze [brɒnz] n bronce m

brooch [brəʊtʃ] n prendedor m, broche m

brood [bruːd] n camada, cría ▷ vi (person) dejarse obsesionar

broom [brum] n escoba; (Bot) retama

Bros. abbr (= Brothers) Hnos

broth [brɒθ] n caldo

brothel ['brɒθl] n burdel m

brother ['brʌðə*] n hermano; **brother-in-law** n cuñado

brought [brɔːt] pt, pp of **bring**

brow [brau] n (forehead) frente m; (eyebrow) ceja; (of hill) cumbre f

brown [braun] adj (colour) marrón m; (hair) castaño; (tanned) bronceado, moreno ▷ n (colour) color m marrón or pardo ▷ vt (Culin) dorar; **brown bread** n pan integral

Brownie ['braunɪ] n niña exploradora

brown rice n arroz m integral

brown sugar n azúcar m terciado

browse [brauz] vi (through book) hojear; (in shop) mirar; **browser** n (Comput) navegador m

bruise [bruːz] n cardenal m (SP), moretón m ▷ vt magullar

brunette [bruːˈnɛt] n morena

brush [brʌʃ] n cepillo; (for painting, shaving etc) brocha; (artist's) pincel m;

(with police etc) roce m ▷ vt (sweep) barrer; (groom) cepillar; (also: **~ against**) rozar al pasar

Brussels ['brʌslz] n Bruselas

Brussels sprout n col f de Bruselas

brutal ['bruːtl] adj brutal

B.Sc. abbr (= Bachelor of Science) licenciado en Ciencias

BSE n abbr (= bovine spongiform encephalopathy) encefalopatía espongiforme bovina

bubble ['bʌbl] n burbuja ▷ vi burbujear, borbotar; **bubble bath** n espuma para el baño; **bubble gum** n chicle m de globo; **bubblejet printer** ['bʌbldʒɛt-] n impresora de inyección por burbujas

buck [bʌk] n (rabbit) conejo macho; (deer) gamo; (US: inf) dólar m ▷ vi corcovear; **to pass the ~ (to sb)** echar (a algn) el muerto

bucket ['bʌkɪt] n cubo, balde m

buckle ['bʌkl] n hebilla ▷ vt abrochar con hebilla ▷ vi combarse

bud [bʌd] n (of plant) brote m, yema; (of flower) capullo ▷ vi brotar, echar brotes

Buddhism ['budɪzm] n Budismo

Buddhist ['budɪst] adj, n budista m/f

buddy ['bʌdɪ] (US) n compañero, compinche m

budge [bʌdʒ] vt mover; (fig) hacer ceder ▷ vi moverse, ceder

budgerigar ['bʌdʒərɪgɑː*] n periquito

budget ['bʌdʒɪt] n presupuesto ▷ vi: **to ~ for sth** presupuestar algo

budgie ['bʌdʒɪ] n = **budgerigar**

buff [bʌf] adj (colour) color m de ante ▷ n (inf: enthusiast) entusiasta mf

buffalo ['bʌfələu] (pl **~** or **~es**) n (BRIT) búfalo; (US: bison) bisonte m

buffer ['bʌfə*] n (Comput) memoria intermedia; (Rail) tope m

buffet¹ ['bʌfɪt] vt golpear

buffet² ['bufeɪ] n (BRIT: in station) bar m, cafetería; (food) buffet m; **buffet car** (BRIT) n (Rail) coche-comedor m

bug [bʌg] n (esp US: insect) bicho, sabandija; (Comput) error m; (germ) microbio, bacilo; (spy device) micrófono oculto ▷ vt (inf: annoy) fastidiar; (room) poner micrófono oculto en

buggy ['bʌgɪ] n cochecito de niño

build [bɪld] (pt, pp **built**) n (of person) tipo ▷ vt construir, edificar; **build up** vt (morale, forces, production) acrecentar; (stocks) acumular; **builder** n (contractor) contratista mf; **building** n construcción f; (structure) edificio; **building site** n obra; **building society** (BRIT) n sociedad f inmobiliaria

built [bɪlt] pt, pp of **build**; **built-in** adj (cupboard) empotrado; (device) interior, incorporado; **built-up** adj (area) urbanizado

bulb [bʌlb] n (Bot) bulbo; (Elec) bombilla, foco (MEX), bujía (CAM), bombita (RPL)

Bulgaria [bʌl'gɛərɪə] n Bulgaria; **Bulgarian** adj, n búlgaro/a m/f

bulge [bʌldʒ] n bulto, protuberancia ▷ vi bombearse, pandearse; (pocket etc): **to ~ (with)** rebosar (de)

bulimia [bə'lɪmɪə] n bulimia

bulimic [bju:'lɪmɪk] adj, n bulímico/a m/f

bulk [bʌlk] n masa, mole f; **in ~** (Comm) a granel; **the ~ of** la mayor parte de; **bulky** adj voluminoso, abultado

bull [bul] n toro; (male elephant, whale) macho

bulldozer ['buldəuzə*] n bulldozer m

bullet ['bulɪt] n bala

bulletin ['bulɪtɪn] n anuncio, parte m; (journal) boletín m; **bulletin board** n (US) tablón m de anuncios; (Comput) tablero de noticias

bullfight ['bulfaɪt] n corrida de toros; **bullfighter** n torero; **bullfighting** n los toros, el toreo

bully ['bulɪ] n valentón m, matón m ▷ vt intimidar, tiranizar

bum [bʌm] n (inf: backside) culo; (esp US: tramp) vagabundo

bumblebee ['bʌmblbi:] n abejorro

bump [bʌmp] n (blow) tope m, choque m; (jolt) sacudida; (on road etc) bache m; (on head etc) chichón m ▷ vt (strike) chocar contra; **bump into** vt fus chocar contra, tropezar con; (person) topar con; **bumper** n (Aut) parachoques m inv ▷ adj: **bumper crop** or **harvest** cosecha abundante; **bumpy** adj (road) lleno de baches

bun [bʌn] n (BRIT: cake) pastel m; (US: bread) bollo; (of hair) moño

bunch [bʌntʃ] n (of flowers) ramo; (of keys) manojo; (of bananas) piña; (of people) grupo; (pej) pandilla; **bunches** npl (in hair) coletas fpl

bundle ['bʌndl] n bulto, fardo; (of sticks) haz m; (of papers) legajo ▷ vt (also: **~ up**) atar, envolver; **to ~ sth/sb into** meter algo/a algn precipitadamente en

bungalow ['bʌŋgələu] n bungalow m, chalé m

bungee jumping ['bʌndʒi:'dʒʌmpɪŋ] n puenting m, banyi m

bunion ['bʌnjən] n juanete m

bunk [bʌŋk] n litera; **bunk beds** npl literas fpl

bunker ['bʌŋkə*] n (coal store) carbonera; (Mil) refugio; (Golf) bunker m

bunny ['bʌnɪ] n (inf: also: **~ rabbit**) conejito

buoy [bɔɪ] n boya; **buoyant** adj (ship) capaz de flotar; (economy) boyante; (person) optimista

burden ['bə:dn] n carga ▷ vt cargar

bureau [bjuə'rəu] (pl **~x**) n (BRIT: writing desk) escritorio, buró m; (US: chest of drawers) cómoda; (office) oficina, agencia

bureaucracy [bjuə'rɔkrəsɪ] n burocracia

bureaucrat ['bjuərəkræt] n burócrata m/f

bureau de change [-də'ʃɑ̃ʒ] (pl **bureaux de change**) n caja f de cambio

bureaux ['bjuərəuz] npl of **bureau**

burger ['bəːgə*] n hamburguesa
burglar ['bəːglə*] n ladrón/ona m/f;
 burglar alarm n alarma f antirrobo;
 burglary n robo con allanamiento,
 robo de una casa
burial ['bɛrɪəl] n entierro
burn [bəːn] (pt, pp **~ed** or **~t**) vt
 quemar; (house) incendiar ▷ vi
 quemarse, arder; incendiarse; (sting)
 escocer ▷ n quemadura; **burn down**
 vt incendiar; **burn out** vt (writer
 etc): **to burn o.s. out** agotarse;
 burning adj (building etc) en llamas;
 (hot: sand etc) abrasador(a); (ambition)
 ardiente
Burns' Night [bəːnz-] n ver recuadro

● **BURNS' NIGHT**
●
● Cada veinticinco de enero los
● escoceses celebran la llamada
● **Burns' Night** (noche de Burns),
● en honor al poeta escocés Robert
● Burns (1759–1796). Es tradición
● hacer una cena en la que, al son
● de la música de la gaita escocesa,
● se sirve "haggis", plato tradicional
● de asadura de cordero cocida
● en el estómago del animal,
● acompañado de nabos y puré de
● patatas. Durante la misma se
● recitan poemas del autor y varios
● discursos conmemorativos de
● carácter festivo.

---

burnt [bəːnt] pt, pp of **burn**
burp [bəːp] (inf) n eructo ▷ vi eructar
burrow ['bʌrəu] n madriguera ▷ vi
 hacer una madriguera; (rummage)
 hurgar
burst [bəːst] (pt, pp **~**) vt reventar;
 (river: banks etc) romper ▷ vi
 reventarse; (tyre) pincharse ▷ n (of
 gunfire) ráfaga; (also: **~ pipe**) reventón
 m; **a ~ of energy/speed/enthusiasm**
 una explosión de energía/un
 ímpetu de velocidad/un arranque
 de entusiasmo; **to ~ into flames**

estallar en llamas; **to ~ into tears**
 deshacerse en lágrimas; **to ~ out
 laughing** soltar la carcajada; **to ~
 open** abrirse de golpe; **to be ~ing with**
 (container) estar lleno a rebosar de;
 (: person) reventar por or de; **burst into**
 vt fus (room etc) irrumpir en
bury ['bɛrɪ] vt enterrar; (body)
 enterrar, sepultar
bus [bʌs] (pl **~es**) n autobús m; **bus
 conductor** n cobrador(a) m/f
bush [buʃ] n arbusto; (scrub land)
 monte m; **to beat about the ~**
 andar(se) con rodeos
business ['bɪznɪs] n (matter) asunto;
 (trading) comercio, negocios mpl; (firm)
 empresa, casa; (occupation) oficio;
 to be away on ~ estar en viaje de
 negocios; **it's my ~ to ...** me toca or
 corresponde ...; **it's none of my ~** yo no
 tengo nada que ver; **he means ~** habla
 en serio; **business class** n (Aer) clase f
 preferente; **businesslike** adj eficiente;
 businessman (irreg) n hombre m de
 negocios; **business trip** n viaje m de
 negocios; **businesswoman** (irreg) n
 mujer f de negocios
busker ['bʌskə*] (BRIT) n músico/a
 ambulante
bus: bus pass n bonobús; **bus shelter**
 n parada cubierta; **bus station** n
 estación f de autobuses; **bus-stop** n
 parada de autobús
bust [bʌst] n (Anat) pecho; (sculpture)
 busto ▷ adj (inf: broken) roto,
 estropeado; **to go ~** quebrar
bustling ['bʌslɪŋ] adj (town)
 animado, bullicioso
busy ['bɪzɪ] adj ocupado, atareado;
 (shop, street) concurrido, animado;
 (Tel: line) comunicando ▷ vt: **to ~ o.s.
 with** ocuparse en; **busy signal** (US) n
 (Tel) señal f de comunicando

○ **KEYWORD**

but [bʌt] conj **1** pero; **he's not very
 bright, but he's hard-working** no es

muy inteligente, pero es trabajador

2 (*in direct contradiction*) sino; **he's not English but French** no es inglés sino francés; **he didn't sing but he shouted** no cantó sino que gritó

3 (*showing disagreement, surprise etc*): **but that's far too expensive!** ¡pero eso es carísimo!; **but it does work!** ¡(pero) sí que funciona!

▷ *prep* (*apart from, except*) menos, salvo; **we've had nothing but trouble** no hemos tenido más que problemas; **no-one but him can do it** nadie más que él puede hacerlo; **who but a lunatic would do such a thing?** ¡sólo un loco haría una cosa así!; **but for you/your help** si no fuera por ti/tu ayuda; **anything but that** cualquier cosa menos eso

▷ *adv* (*just, only*): **she's but a child** no es más que una niña; **had I but known** si lo hubiera sabido; **I can but try** al menos lo puedo intentar; **it's all but finished** está casi acabado

butcher ['butʃə*] *n* carnicero ▷ *vt* hacer una carnicería con; (*cattle etc*) matar; **butcher's (shop)** *n* carnicería

butler ['bʌtlə*] *n* mayordomo

butt [bʌt] *n* (*barrel*) tonel *m*; (*of gun*) culata; (*of cigarette*) colilla; (*BRIT: fig: target*) blanco ▷ *vt* dar cabezadas contra, top(et)ar

butter ['bʌtə*] *n* mantequilla ▷ *vt* untar con mantequilla; **buttercup** *n* botón *m* de oro

butterfly ['bʌtəflaɪ] *n* mariposa; (*Swimming: also:* **~ stroke**) braza de mariposa

buttocks ['bʌtəks] *npl* nalgas *fpl*

button ['bʌtn] *n* botón *m*; (*US*) placa, chapa ▷ *vt* (*also:* **~ up**) abotonar, abrochar ▷ *vi* abrocharse

buy [baɪ] (*pt, pp* **bought**) *vt* comprar ▷ *n* compra; **to ~ sb sth/sth from sb** comprarle algo a algn; **to ~ sb a drink** invitar a algn a tomar algo; **buy out** *vt*

(*partner*) comprar la parte de; **buy up** *vt* (*property*) acaparar; (*stock*) comprar todas las existencias de; **buyer** *n* comprador(a) *m/f*

buzz [bʌz] *n* zumbido; (*inf: phone call*) llamada (por teléfono) ▷ *vi* zumbar; **buzzer** *n* timbre *m*

⬤ **KEYWORD**

by [baɪ] *prep* **1** (*referring to cause, agent*) por; de; **killed by lightning** muerto por un relámpago; **a painting by Picasso** un cuadro de Picasso

2 (*referring to method, manner, means*): **by bus/car/train** en autobús/coche/tren; **to pay by cheque** pagar con un cheque; **by moonlight/candlelight** a la luz de la luna/una vela; **by saving hard he …** ahorrando …

3 (*via, through*) por; **we came by Dover** vinimos por Dover

4 (*close to, past*): **the house by the river** la casa junto al río; **she rushed by me** pasó a mi lado como una exhalación; **I go by the post office every day** paso por delante de Correos todos los días

5 (*time: not later than*) para; (: *during*): **by daylight** de día; **by 4 o'clock** para las cuatro; **by this time tomorrow** mañana a estas horas; **by the time I got here it was too late** cuando llegué ya era demasiado tarde

6 (*amount*): **by the metre/kilo** por metro/kilo; **paid by the hour** pagado por hora

7 (*Math, measure*): **to divide/multiply by 3** dividir/multiplicar por 3; **a room 3 metres by 4** una habitación de 3 metros por 4; **it's broader by a metre** es un metro más ancho

8 (*according to*) según, de acuerdo con; **it's 3 o'clock by my watch** según mi reloj, son las tres; **it's all right by me** por mí, está bien

9: (all) by oneself *etc* todo solo; **he did it (all) by himself** lo hizo él solo;

**he was standing (all) by himself in a
corner** estaba de pie solo en un rincón
10: by the way a propósito, por cierto;
this wasn't my idea, by the way
pues, no fue idea mía
▷ *adv* **1** *see* **go; pass** *etc*
2: by and by finalmente; **they'll come
back by and by** acabarán volviendo;
by and large en líneas generales, en
general

bye(-bye) [ˈbaɪ(ˈbaɪ)] *excl* adiós,
hasta luego
by-election (BRIT) *n* elección *f* parcial
bypass [ˈbaɪpɑːs] *n* carretera de
circunvalación; (*Med*) (operación *f* de)
by-pass *f* ▷ *vt* evitar
byte [baɪt] *n* (*Comput*) byte *m*, octeto

C [siː] *n* (*Mus*) do *m*
cab [kæb] *n* taxi *m*; (*of truck*) cabina
cabaret [ˈkæbəreɪ] *n* cabaret *m*
cabbage [ˈkæbɪdʒ] *n* col *f*, berza
cabin [ˈkæbɪn] *n* cabaña; (*on ship*)
camarote *m*; (*on plane*) cabina; **cabin
crew** *n* tripulación *f* de cabina
cabinet [ˈkæbɪnɪt] *n* (*Pol*) consejo
de ministros; (*furniture*) armario; (*also:*
display ~) vitrina; **cabinet minister** *n*
ministro/a (del gabinete)
cable [ˈkeɪbl] *n* cable *m* ▷ *vt*
cablegrafiar; **cable car** *n* teleférico;
cable television *n* televisión *f* por
cable
cactus [ˈkæktəs] (*pl* **cacti**) *n* cacto
café [ˈkæfeɪ] *n* café *m*
cafeteria [kæfɪˈtɪərɪə] *n* cafetería
caffein(e) [ˈkæfiːn] *n* cafeína
cage [keɪdʒ] *n* jaula
cagoule [kəˈguːl] *n* chubasquero
cake [keɪk] *n* (*Culin: large*) tarta;
(*: small*) pastel *m*; (*of soap*) pastilla
calcium [ˈkælsɪəm] *n* calcio
calculate [ˈkælkjuleɪt] *vt* calcular;

calculation [-'leɪʃən] n cálculo, cómputo; **calculator** n calculadora
calendar ['kæləndə*] n calendario
calf [kɑ:f] (pl **calves**) n (of cow) ternero, becerro; (of other animals) cría; (also: **~skin**) piel f de becerro; (Anat) pantorrilla
calibre ['kælɪbə*] (US **caliber**) n calibre m
call [kɔ:l] vt llamar; (meeting) convocar ▷ vi (shout) llamar; (Tel) llamar (por teléfono); (visit: also: **~ round**) hacer una visita ▷ n llamada; (of bird) canto; **to be ~ed** llamarse; **on ~** (on duty) de guardia; **call back** vi (return) volver; (Tel) volver a llamar; **call for** vt fus (demand) pedir, exigir; (fetch) pasar a recoger; **call in** vt (doctor, expert, police) llamar; **call off** vt (cancel: meeting, race) cancelar; (: deal) anular; (: strike) desconvocar; **call on** vt fus (visit) visitar; (turn to) acudir a; **call out** vi gritar; **call up** vt (Mil) llamar al servicio militar; (Tel) llamar; **callbox** (BRIT) n cabina telefónica; **call centre** (US **call center**) n centro de atención al cliente; **caller** n visita; (Tel) usuario/a
callous ['kæləs] adj insensible, cruel
calm [kɑ:m] adj tranquilo; (sea) liso, en calma ▷ n calma, tranquilidad f ▷ vt calmar, tranquilizar; **calm down** vi calmarse, tranquilizarse ▷ vt calmar, tranquilizar; **calmly** ['kɑ:mlɪ] adv tranquilamente, con calma
Calor gas® ['kælə*-] n butano
calorie ['kælərɪ] n caloría
calves [kɑ:vz] npl of **calf**
camcorder ['kæmkɔ:də*] n videocámara
came [keɪm] pt of **come**
camel ['kæməl] n camello
camera ['kæmərə] n máquina fotográfica; (Cinema, TV) cámara; **in ~** (Law) a puerta cerrada; **cameraman** (irreg) n cámara m; **camera phone** n teléfono con cámara
camouflage ['kæməflɑ:ʒ]

camuflaje m ▷ vt camuflar
camp [kæmp] n campamento, camping m; (Mil) campamento; (for prisoners) campo; (fig: faction) bando ▷ vi acampar ▷ adj afectado, afeminado
campaign [kæm'peɪn] n (Mil, Pol etc) campaña ▷ vi hacer campaña; **campaigner** n: **campaigner for** defensor(a) m/f de
camp: campbed (BRIT) n cama de campaña; **camper** n campista mf; (vehicle) caravana; **campground** (US) n camping m, campamento; **camping** n camping m; **to go camping** hacer camping; **campsite** n camping m
campus ['kæmpəs] n ciudad f universitaria
can¹ [kæn] n (of oil, water) bidón m; (tin) lata, bote m ▷ vt enlatar

○ **KEYWORD**

can² [kæn] (negative **cannot, can't**, conditional and pt **could**) aux vb 1 (be able to) poder; **you can do it if you try** puedes hacerlo si lo intentas; **I can't see you** no te veo
2 (know how to) saber; **I can swim/play tennis/drive** sé nadar/jugar al tenis/conducir; **can you speak French?** ¿hablas or sabes hablar francés?
3 (may) poder; **can I use your phone?** ¿me dejas or puedo usar tu teléfono?
4 (expressing disbelief, puzzlement etc): **it can't be true!** ¡no puede ser (verdad)!; **what can he want?** ¿qué querrá?
5 (expressing possibility, suggestion etc): **he could be in the library** podría estar en la biblioteca; **she could have been delayed** pudo haberse retrasado

Canada ['kænədə] n (el) Canadá; **Canadian** [kə'neɪdɪən] adj, n canadiense mf
canal [kə'næl] n canal m
canary [kə'nɛərɪ] n canario
Canary Islands [kə'nɛərɪ'aɪləndz]

npl: **the ~** las (Islas) Canarias

cancel ['kænsəl] *vt* cancelar; (*train*) suprimir; (*cross out*) tachar, borrar; **cancellation** [-'leɪʃən] *n* cancelación *f*; supresión *f*

Cancer ['kænsə*] *n* (*Astrology*) Cáncer *m*

cancer ['kænsə*] *n* cáncer *m*

candidate ['kændɪdeɪt] *n* candidato/a

candle ['kændl] *n* vela; (*in church*) cirio; **candlestick** *n* (*single*) candelero; (*low*) palmatoria; (*bigger, ornate*) candelabro

candy ['kændɪ] *n* azúcar *m* cande; (*US*) caramelo; **candy bar** (*US*) *n* barrita (*dulce*); **candyfloss** (*BRIT*) *n* algodón *m* (azucarado)

cane [keɪn] *n* (*Bot*) caña; (*stick*) vara, palmeta; (*for furniture*) mimbre *f* ▷ *vt* (*BRIT: Scol*) castigar (con vara)

canister ['kænɪstə*] *n* bote *m*, lata; (*of gas*) bombona

cannabis ['kænəbɪs] *n* marijuana

canned [kænd] *adj* en lata, de lata

cannon ['kænən] (*pl ~ or ~s*) *n* cañón *m*

cannot ['kænɔt] = **can not**

canoe [kə'nuː] *n* canoa; (*Sport*) piragua; **canoeing** *n* piragüismo

canon ['kænən] *n* (*clergyman*) canónigo; (*standard*) canon *m*

can-opener ['kænəupnə*] *n* abrelatas *m inv*

can't [kænt] = **can not**

canteen [kæn'tiːn] *n* (*eating place*) cantina; (*BRIT: of cutlery*) juego

canter ['kæntə*] *vi* ir a medio galope

canvas ['kænvəs] *n* (*material*) lona; (*painting*) lienzo; (*Naut*) velas *fpl*

canvass ['kænvəs] *vi* (*Pol*): **to ~ for** solicitar votos por ▷ *vt* (*Comm*) sondear

canyon ['kænjən] *n* cañón *m*

cap [kæp] *n* (*hat*) gorra; (*of pen*) capuchón *m*; (*of bottle*) tapa, tapón *m*; (*contraceptive*) diafragma *m*; (*for toy gun*) cápsula ▷ *vt* (*outdo*) superar; (*limit*) recortar

capability [keɪpə'bɪlɪtɪ] *n* capacidad *f*

capable ['keɪpəbl] *adj* capaz

capacity [kə'pæsɪtɪ] *n* capacidad *f*; (*position*) calidad *f*

cape [keɪp] *n* capa; (*Geo*) cabo

caper ['keɪpə*] *n* (*Culin: gen pl*) alcaparra; (*prank*) broma

capital ['kæpɪtl] *n* (*also: ~ city*) capital *f*; (*money*) capital *m*; (*also: ~ letter*) mayúscula; **capitalism** *n* capitalismo; **capitalist** *adj, n* capitalista *mf*; **capital punishment** *n* pena de muerte

Capitol ['kæpɪtl] *n* ver recuadro

⊚ CAPITOL
⊚
⊚ El Capitolio **(Capitol)** es el edificio
⊚ del Congreso **(Congress)** de
⊚ los Estados Unidos, situado en
⊚ la ciudad de Washington. Por
⊚ extensión, también se suele llamar
⊚ así al edificio en el que tienen lugar
⊚ las sesiones parlamentarias de
⊚ la cámara de representantes de
⊚ muchos de los estados.

Capricorn ['kæprɪkɔːn] *n* Capricornio

capsize [kæp'saɪz] *vt* volcar, hacer zozobrar ▷ *vi* volcarse, zozobrar

capsule ['kæpsjuːl] *n* cápsula

captain ['kæptɪn] *n* capitán *m*

caption ['kæpʃən] *n* (*heading*) título; (*to picture*) leyenda

captivity [kæp'tɪvɪtɪ] *n* cautiverio

capture ['kæptʃə*] *vt* prender, apresar; (*animal, Comput*) capturar; (*place*) tomar; (*attention*) captar, llamar ▷ *n* apresamiento; captura; toma; (*data capture*) formulación *f* de datos

car [kɑː*] *n* coche *m*, carro (*LAM*), automóvil *m*; (*US Rail*) vagón *m*

carafe [kə'ræf] *n* jarra

caramel ['kærəməl] *n* caramelo

carat ['kærət] *n* quilate *m*

caravan ['kærəvæn] n (BRIT)
caravana, ruló f; (in desert) caravana;
caravan site (BRIT) n camping m para
caravanas

carbohydrate [kɑːbəʊ'haɪdreɪt] n
hidrato de carbono; (food) fécula

carbon ['kɑːbən] n carbono; **carbon
dioxide** n dióxido de carbono,
anhídrido carbónico; **carbon
monoxide** n monóxido de carbono

car boot sale n mercadillo organizado
en un aparcamiento, en el que se
exponenlas mercancías en el maletero
del coche

carburettor [kɑːbju'retə*] (US
carburetor) n carburador m

card [kɑːd] n (material) cartulina;
(index card etc) ficha; (playing card) carta,
naipe m; (visiting card, greetings card etc)
tarjeta; **cardboard** n cartón m; **card
game** n juego de naipes or cartas

cardigan ['kɑːdɪgən] n rebeca

cardinal ['kɑːdɪnl] adj cardinal;
(importance, principal) esencial ▷ n
cardenal m

cardphone ['kɑːdfəʊn] n cabina que
funciona con tarjetas telefónicas

care [keə*] n cuidado; (worry)
inquietud f; (charge) cargo, custodia
▷ vi: **to ~ about** (person, animal) tener
cariño a; (thing, idea) preocuparse por; **~
of** en casa de, al cuidado de; **in sb's ~** a
cargo de algn; **to take ~ to** cuidarse de,
tener cuidado de; **to take ~ of** cuidar;
(problem etc) ocuparse de; **I don't ~** no
me importa; **I couldn't ~ less** eso me
trae sin cuidado; **care for** vt fus cuidar
a; (like) querer

career [kə'rɪə*] n profesión f; (in work,
school) carrera ▷ vi (also: **~ along**)
correr a toda velocidad

care: carefree adj despreocupado;
careful adj cuidadoso; (cautious)
cauteloso; **(be) careful!** ¡tenga
cuidado!; **carefully** adv con cuidado,
cuidadosamente; con cautela;
caregiver (US) n (professional)
enfermero/a m/f; (unpaid) persona que

cuida a un pariente o vecino; **careless**
adj descuidado; (heedless) poco
atento; **carelessness** n descuido,
falta de atención; **carer** ['keərə*] n
(professional) enfermero/a m/f; (unpaid)
persona que cuida a un pariente o vecino;
caretaker n portero/a, conserje mf

car-ferry ['kɑːferɪ] n transbordador
m para coches

cargo ['kɑːgəʊ] (pl **~es**) n
cargamento, carga

car hire n alquiler m de automóviles

Caribbean [kærɪ'biːən] n: **the ~ (Sea)**
el (Mar) Caribe

caring ['keərɪŋ] adj humanitario;
(behaviour) afectuoso

carnation [kɑː'neɪʃən] n clavel m

carnival ['kɑːnɪvəl] n carnaval m;
(US: funfair) parque m de atracciones

carol ['kærəl] n: **(Christmas) ~**
villancico

carousel [kærə'sel] (US) n tiovivo,
caballitos mpl

car park (BRIT) n aparcamiento,
parking m

carpenter ['kɑːpɪntə*] n
carpintero/a

carpet ['kɑːpɪt] n alfombra; (fitted)
moqueta ▷ vt alfombrar

car rental (US) n alquiler m de coches

carriage ['kærɪdʒ] n (BRIT Rail) vagón
m; (horse-drawn) coche m; (of goods)
transporte m; (: cost) porte m, flete m;
carriageway (BRIT) n (part of road)
calzada

carrier ['kærɪə*] n (transport company)
transportista, empresa de transportes;
(Med) portador(a) m/f; **carrier bag**
(BRIT) n bolsa de papel or plástico

carrot ['kærət] n zanahoria

carry ['kærɪ] vt (person)
llevar; (transport) transportar;
(involve: responsibilities etc) entrañar,
implicar; (Med) ser portador de ▷ vi
(sound) oírse; **to get carried away** (fig)
entusiasmarse; **carry on** vi (continue)
seguir (adelante), continuar ▷ vt
proseguir, continuar; **carry out** vt

(orders) cumplir; (investigation) llevar a cabo, realizar

cart [kɑːt] n carro, carreta ▷ vt (inf: transport) acarrear

carton ['kɑːtən] n (box) caja (de cartón); (of milk etc) bote m; (of yogurt) tarrina

cartoon [kɑːˈtuːn] n (Press) caricatura; (comic strip) tira cómica; (film) dibujos mpl animados

cartridge ['kɑːtrɪdʒ] n cartucho; (of pen) recambio

carve [kɑːv] vt (meat) trinchar; (wood, stone) cincelar, esculpir; (initials etc) grabar; **carving** n (object) escultura; (design) talla; (art) tallado

car wash n lavado de coches

case [keɪs] n (container) caja; (Med) caso; (for jewels etc) estuche m; (Law) causa, proceso; (BRIT: also: **suit~**) maleta; **in ~ of** en caso de; **in any ~** en todo caso; **just in ~** por si acaso

cash [kæʃ] n dinero en efectivo, dinero contante ▷ vt cobrar, hacer efectivo; **to pay (in) ~** pagar al contado; **~ on delivery** cóbrese al entregar; **cashback** n (discount) devolución f; (at supermarket etc) retirada de dinero en efectivo de un establecimiento donde se ha pagado con tarjeta; también dinero retirado; **cash card** n tarjeta f dinero; **cash desk** (BRIT) n caja; **cash dispenser** n cajero automático

cashew [kæˈʃuː] n (also: **~ nut**) anacardo

cashier [kæˈʃɪə*] n cajero/a

cashmere ['kæʃmɪə*] n cachemira

cash point n cajero automático

cash register n caja

casino [kəˈsiːnəu] n casino

casket ['kɑːskɪt] n cofre m, estuche m; (US: coffin) ataúd m

casserole ['kæsərəul] n (food, pot) cazuela

cassette [kæˈsɛt] n casete f; **cassette player, cassette recorder** n casete m

cast [kɑːst] (pt, pp **~**) vt (throw) echar, arrojar, lanzar; (glance, eyes) dirigir;

(Theatre): **to ~ sb as Othello** dar a algn el papel de Otelo ▷ vi (Fishing) lanzar ▷ n (Theatre) reparto; (also: **plaster ~**) vaciado; **to ~ one's vote** votar; **to ~ doubt on** suscitar dudas acerca de; **cast off** vi (Naut) desamarrar; (Knitting) cerrar (los puntos)

castanets [kæstəˈnɛts] npl castañuelas fpl

caster sugar ['kɑːstə*-] (BRIT) n azúcar m extrafino

Castile [kæsˈtiːl] n Castilla; **Castilian** adj, n castellano/a m/f

cast-iron ['kɑːstaɪən] adj (lit) (hecho) de hierro fundido; (fig: case) irrebatible

castle ['kɑːsl] n castillo; (Chess) torre f

casual ['kæʒjul] adj fortuito; (irregular: work etc) eventual, temporero; (unconcerned) despreocupado; (clothes) informal

▌ Be careful not to translate **casual** by the Spanish word *casual*.

casualty ['kæʒjultɪ] n víctima, herido/a; (dead) muerto/a; (Med: department) urgencias fpl

cat [kæt] n gato; (big cat) felino

Catalan ['kætəlæn] adj, n catalán/ana m/f

catalogue ['kætəlɔg] (US **catalog**) n catálogo ▷ vt catalogar

Catalonia [kætəˈləunɪə] n Cataluña

catalytic converter [kætəˈlɪtɪkkən'vɜːtə*] n catalizador m

cataract ['kætərækt] n (Med) cataratas fpl

catarrh [kəˈtɑː*] n catarro

catastrophe [kəˈtæstrəfɪ] n catástrofe f

catch [kætʃ] (pt, pp **caught**) vt coger (SP), agarrar (LAM); (arrest) detener; (grasp) asir; (breath) contener; (surprise: person) sorprender; (attract: attention) captar; (hear) oír; (Med) contagiarse de, coger; (also: **~ up**) alcanzar ▷ vi (fire) encenderse; (in branches etc) enredarse ▷ n (fish etc) pesca; (act of catching) cogida; (hidden problem) dificultad f; (game) pilla-pilla; (*of lock*) pestillo, cerradura; **to ~ fire** encenderse; **to ~ sight of** divisar; **catch up** vi (*fig*) ponerse al día; **catching** ['kætʃɪŋ] adj (*Med*) contagioso

category ['kætɪgərɪ] n categoría, clase f

cater ['keɪtə*] vi: **to ~ for** (*BRIT*) abastecer a; (*needs*) atender a; (*Comm: parties etc*) proveer comida a

caterpillar ['kætəpɪlə*] n oruga, gusano

cathedral [kə'θi:drəl] n catedral f

Catholic ['kæθəlɪk] adj, n (*Rel*) católico/a m/f

Catseye® ['kæts'aɪ] (*BRIT*) n (*Aut*) catafoto

cattle ['kætl] npl ganado

catwalk ['kætwɔ:k] n pasarela

caught [kɔ:t] pt, pp of **catch**

cauliflower ['kɔlɪflauə*] n coliflor f

cause [kɔ:z] n causa, motivo, razón f; (*principle: also Pol*) causa ▷ vt causar

caution ['kɔ:ʃən] n cautela, prudencia; (*warning*) advertencia, amonestación f ▷ vt amonestar; **cautious** adj cauteloso, prudente, precavido

cave [keɪv] n cueva, caverna; **cave in** vi (*roof etc*) derrumbarse, hundirse

caviar(e) ['kævɪɑ:*] n caviar m

cavity ['kævɪtɪ] n hueco, cavidad f

cc abbr (= *cubic centimetres*) c.c.; (= *carbon copy*) copia hecha con papel del carbón

CCTV n abbr (= *closed-circuit television*) circuito cerrado de televisión

CD n abbr (= *compact disc*) CD m; (*player*) (reproductor m de) CD; **CD player** n reproductor m de CD; **CD-ROM** [si:di:'rɔm] n abbr CD-ROM m; **CD writer** n grabadora de CD

cease [si:s] vt, vi cesar; **ceasefire** n alto m el fuego

cedar ['si:də*] n cedro

ceilidh ['keɪlɪ] n baile con música y danzas tradicionales escocesas o irlandesas

ceiling ['si:lɪŋ] n techo; (*fig*) límite m

celebrate ['sɛlɪbreɪt] vt celebrar ▷ vi

divertirse; **celebration** [-'breɪʃən] n fiesta, celebración f

celebrity [sɪ'lɛbrɪtɪ] n celebridad f

celery ['sɛlərɪ] n apio

cell [sɛl] n celda; (*Biol*) célula; (*Elec*) elemento

cellar ['sɛlə*] n sótano; (*for wine*) bodega

cello ['tʃɛləu] n violoncelo

Cellophane® ['sɛləfeɪn] n celofán m

cellphone ['sɛlfəʊn] n teléfono celular

Celsius ['sɛlsɪəs] adj centígrado

Celtic ['kɛltɪk] adj celta

cement [sə'mɛnt] n cemento

cemetery ['sɛmɪtrɪ] n cementerio

censor ['sɛnsə*] n censor m ▷ vt (*cut*) censurar; **censorship** n censura

census ['sɛnsəs] n censo

cent [sɛnt] n (*unit of dollar*) centavo, céntimo; (*unit of euro*) céntimo; *see also* **per**

centenary [sɛn'ti:nərɪ] n centenario

centennial [sɛn'tɛnɪəl] (*US*) n centenario

center ['sɛntə*] (*US*) = **centre**

centi... [sɛntɪ] *prefix*: **centigrade** adj centígrado; **centimetre** (*US* **centimeter**) n centímetro; **centipede** ['sɛntɪpi:d] n ciempiés m inv

central ['sɛntrəl] adj central; (*of house etc*) céntrico; **Central America** n Centroamérica; **central heating** n calefacción f central; **central reservation** n (*BRITAut*) mediana

centre ['sɛntə*] (*US* **center**) n centro; (*fig*) núcleo ▷ vt centrar; **centre-forward** n (*Sport*) delantero centro; **centre-half** n (*Sport*) medio centro

century ['sɛntjʊrɪ] n siglo; **20th ~** siglo veinte

CEO n abbr = **chief executive officer**

ceramic [sɪ'ræmɪk] adj cerámico

cereal ['si:rɪəl] n cereal m

ceremony ['sɛrɪmənɪ] n ceremonia; **to stand on ~** hacer ceremonias, estar de cumplido

certain ['sə:tən] adj seguro;

(*person*): **a ~ Mr Smith** un tal Sr. Smith; (*particular, some*) cierto; **for ~** a ciencia cierta; **certainly** *adv* (*undoubtedly*) ciertamente; (*of course*) desde luego, por supuesto; **certainty** *n* certeza, certidumbre *f*, seguridad *f*; (*inevitability*) certeza

certificate [sə'tɪfɪkɪt] *n* certificado

certify ['sɜ:tɪfaɪ] *vt* certificar; (*award diploma to*) conceder un diploma a; (*declare insane*) declarar loco

cf. *abbr* (= *compare*) cfr

CFC *n abbr* (= *chlorofluorocarbon*) CFC *m*

chain [tʃeɪn] *n* cadena; (*of mountains*) cordillera; (*of events*) sucesión *f* ▷ *vt* (*also: ~ up*) encadenar; **chain-smoke** *vi* fumar un cigarrillo tras otro

chair [tʃɛə*] *n* silla; (*armchair*) sillón *m*, butaca; (*of university*) cátedra; (*of meeting etc*) presidencia ▷ *vt* (*meeting*) presidir; **chairlift** *n* telesilla; **chairman** (*irreg*) *n* presidente *m*; **chairperson** *n* presidente/a *m/f*; **chairwoman** (*irreg*) *n* presidenta

chalet ['ʃæleɪ] *n* chalet *m* (de madera)

chalk [tʃɔːk] *n* (*Geo*) creta; (*for writing*) tiza, gis *m* (*MEX*); **chalkboard** (*US*) *n* pizarrón (*LAM*), pizarra (*SP*)

challenge ['tʃælɪndʒ] *n* desafío, reto ▷ *vt* desafiar, retar; (*statement, right*) poner en duda; **to ~ sb to do sth** retar a algn a que haga algo; **challenging** *adj* exigente; (*tone*) de desafío

chamber ['tʃeɪmbə*] *n* cámara, sala; (*Pol*) cámara; (*BRIT Law: gen pl*) despacho; **~ of commerce** cámara de comercio; **chambermaid** *n* camarera

champagne [ʃæm'peɪn] *n* champaña *m*, champán *m*

champion ['tʃæmpiən] *n* campeón/ona *m/f*; (*of cause*) defensor(a) *m/f*; **championship** *n* campeonato

chance [tʃɑːns] *n* (*opportunity*) ocasión *f*, oportunidad *f*; (*likelihood*) posibilidad *f*; (*risk*) riesgo ▷ *vt* arriesgar, probar ▷ *adj* fortuito, casual; **to ~ it** arriesgarse, intentarlo; **to take a ~** arriesgarse; **by ~** por

casualidad

chancellor ['tʃɑːnsələ*] *n* canciller *m*; **Chancellor of the Exchequer** (*BRIT*) *n* Ministro de Hacienda

chandelier [ʃændə'lɪə*] *n* araña (de luces)

change [tʃeɪndʒ] *vt* cambiar; (*replace*) cambiar, reemplazar; (*gear, clothes, job*) cambiar de; (*transform*) transformar ▷ *vi* cambiar(se); (*change trains*) hacer transbordo; (*traffic lights*) cambiar de color; (*be transformed*): **to ~ into** transformarse en ▷ *n* cambio; (*alteration*) modificación *f*; (*transformation*) transformación *f*; (*of clothes*) muda; (*coins*) suelto, sencillo; (*money returned*) vuelta; **to ~ gear** (*Aut*) cambiar de marcha; **to ~ one's mind** cambiar de opinión or idea; **for a ~** para variar; **change over** *vi* (*from sth to sth*) cambiar; (*players etc*) cambiar(se) ▷ *vt* cambiar; **changeable** *adj* (*weather*) cambiable; **change machine** *n* máquina de cambio; **changing room** (*BRIT*) *n* vestuario

channel ['tʃænl] *n* (*TV*) canal *m*; (*of river*) cauce *m*; (*groove*) conducto; (*fig: medium*) medio ▷ *vt* (*river etc*) encauzar; **the (English) C~** el Canal (de la Mancha); **the C~ Islands** las Islas Normandas; **Channel Tunnel** *n*: **the Channel Tunnel** el túnel del Canal de la Mancha, el Eurotúnel

chant [tʃɑːnt] *n* (*of crowd*) gritos *mpl*; (*Rel*) canto ▷ *vt* (*slogan, word*) repetir a gritos

chaos ['keɪɒs] *n* caos *m*

chaotic [keɪ'ɒtɪk] *adj* caótico

chap [tʃæp] (*BRIT: inf*) *n* (*man*) tío, tipo

chapel ['tʃæpəl] *n* capilla

chapped [tʃæpt] *adj* agrietado

chapter ['tʃæptə*] *n* capítulo

character ['kærɪktə*] *n* carácter *m*, naturaleza, índole *f*; (*moral strength, personality*) carácter *m*; (*in novel, film*) personaje *m*; **characteristic** [-'rɪstɪk] *adj* característico ▷ *n* característica; **characterize** ['kærɪktəraɪz] *vt* caracterizar

charcoal ['tʃɑ:kəul] n carbón m vegetal; (*Art*) carboncillo

charge [tʃɑ:dʒ] n (*Law*) cargo, acusación f; (*cost*) precio, coste m; (*responsibility*) cargo ▷ vt (*Law*): **to ~ (with)** acusar (de); (*battery*) cargar; (*price*) pedir; (*customer*) cobrar ▷ vi precipitarse; (*Mil*) cargar, atacar; **charge card** n tarjeta de cuenta; **charger** n (*also:* **battery charger**) cargador m (de baterías)

charismatic [kærɪz'mætɪk] adj carismático

charity ['tʃærɪtɪ] n caridad f; (*organization*) sociedad f benéfica; (*money, gifts*) limosnas fpl; **charity shop** n (BRIT) tienda de artículos de segunda mano que dedica su recaudación a causas benéficas

charm [tʃɑ:m] n encanto, atractivo; (*talisman*) hechizo; (*on bracelet*) dije m ▷ vt encantar; **charming** adj encantador(a)

chart [tʃɑ:t] n (*diagram*) cuadro; (*graph*) gráfica; (*map*) carta de navegación ▷ vt (*course*) trazar; (*progress*) seguir; **charts** npl (*Top 40*): **the ~s** ≈ los 40 principales (SP)

charter ['tʃɑ:tə*] vt (*plane*) alquilar; (*ship*) fletar ▷ n (*document*) carta; (*of university, company*) estatutos mpl; **chartered accountant** (BRIT) n contable m/f diplomado/a; **charter flight** n vuelo chárter

chase [tʃeɪs] vt (*pursue*) perseguir; (*also:* **~ away**) ahuyentar ▷ n persecución f

chat [tʃæt] vi (*also:* **have a ~**) charlar; (*on Internet*) chatear ▷ n charla; **chat up** vt (*inf: girl*) ligar con, enrollarse con; **chat room** n (*Internet*) chat m, canal m de charla; **chat show** (BRIT) n programa m de entrevistas

chatter ['tʃætə*] vi (*person*) charlar; (*teeth*) castañetear ▷ n (*of birds*) parloteo; (*of people*) charla, cháchara

chauffeur ['ʃəufə*] n chófer m

chauvinist ['ʃəuvɪnɪst] n (*male chauvinist*) machista m; (*nationalist*) chovinista mf

cheap [tʃi:p] adj barato; (*joke*) de mal gusto; (*poor quality*) de mala calidad ▷ adv barato; **cheap day return** n billete de ida y vuelta el mismo día; **cheaply** adv barato, a bajo precio

cheat [tʃi:t] vi hacer trampa ▷ vt: **to ~ sb (out of sth)** estafar (algo) a algn ▷ n (*person*) tramposo/a; **cheat on** vt fus engañar

Chechnya [tʃɪtʃ'nja:] n Chechenia

check [tʃɛk] vt (*examine*) controlar; (*facts*) comprobar; (*halt*) parar, detener; (*restrain*) refrenar, restringir ▷ n (*inspection*) control m, inspección f; (*curb*) freno; (*us: bill*) nota, cuenta; (*us*) = **cheque**; (*pattern: gen pl*) cuadro; **check in** vi (*at hotel*) firmar el registro; (*at airport*) facturar el equipaje ▷ vt (*luggage*) facturar; **check off** vt (*esp us: check*) comprobar; (*cross off*) tachar; **check out** vi (*of hotel*) marcharse; **check up** vi: **to check up on sth** comprobar algo; **to check up on sb** investigar a algn; **checkbook** (*us*) = **chequebook; checked** adj a cuadros; **checkers** (*us*) n juego de damas; **check-in** n (*also:* **check-in desk**: *at airport*) mostrador m de facturación; **checking account** (*us*) n cuenta corriente; **checklist** n lista (de control); **checkmate** n jaque m mate; **checkout** n caja; **checkpoint** n (punto de) control m; **checkroom** (*us*) n consigna; **checkup** n (*Med*) reconocimiento general

cheddar ['tʃedə*] n (*also:* **~ cheese**) queso m cheddar

cheek [tʃi:k] n mejilla; (*impudence*) descaro; **what a ~!** ¡qué cara!; **cheekbone** n pómulo; **cheeky** adj fresco, descarado

cheer [tʃɪə*] vt vitorear, aplaudir; (*gladden*) alegrar, animar ▷ vi dar vivas ▷ n viva m; **cheer up** vi animarse ▷ vt alegrar, animar; **cheerful** adj alegre

cheerio [tʃɪərɪ'əu] (BRIT) excl ¡hasta luego!

cheerleader ['tʃɪəliːdə*] n animador(a) m/f

cheese [tʃiːz] n queso; **cheeseburger** n hamburguesa con queso; **cheesecake** n pastel m de queso

chef [ʃɛf] n jefe a m/f de cocina

chemical ['kɛmɪkəl] adj químico ▷ n producto químico

chemist ['kɛmɪst] n (BRIT: pharmacist) farmacéutico/a; (scientist) químico/a; **chemistry** n química; **chemist's (shop)** (BRIT) n farmacia

cheque [tʃɛk] (US **check**) n cheque m; **chequebook** n talonario de cheques (SP), chequera (LAM); **cheque card** n tarjeta de cheque

cherry ['tʃɛrɪ] n cereza; (also: ~ **tree**) cerezo

chess [tʃɛs] n ajedrez m

chest [tʃɛst] n (Anat) pecho; (box) cofre m, cajón m

chestnut ['tʃɛsnʌt] n castaña; (also: ~ **tree**) castaño

chest of drawers n cómoda

chew [tʃuː] vt mascar, masticar; **chewing gum** n chicle m

chic [ʃiːk] adj elegante

chick [tʃɪk] n pollito, polluelo; (inf: girl) chica

chicken ['tʃɪkɪn] n gallina, pollo; (food) pollo; (inf: coward) gallina mf; **chicken out** (inf) vi rajarse; **chickenpox** n varicela

chickpea ['tʃɪkpiː] n garbanzo

chief [tʃiːf] n jefe/a m/f ▷ adj principal; **chief executive (officer)** n director(a) m/f general; **chiefly** adv principalmente

child [tʃaɪld] (pl ~**ren**) n niño/a; (offspring) hijo/a; **child abuse** n (with violence) malos tratos mpl a niños; (sexual) abuso m sexual de niños; **child benefit** n (BRIT) subsidio por cada hijo pequeño; **childbirth** n parto; **child-care** n cuidado de los niños; **childhood** n niñez f, infancia; **childish**

adj pueril, aniñado; **child minder** (BRIT) n madre f de día; **children** ['tʃɪldrən] npl of **child**

Chile ['tʃɪlɪ] n Chile m; **Chilean** adj, n chileno/a m/f

chill [tʃɪl] n frío; (Med) resfriado ▷ vt enfriar; (Culin) congelar; **chill out** vi (esp US: inf) tranquilizarse

chil(l)i ['tʃɪlɪ] (BRIT) n chile m, ají m (SC)

chilly ['tʃɪlɪ] adj frío

chimney ['tʃɪmnɪ] n chimenea

chimpanzee [tʃɪmpæn'ziː] n chimpancé m

chin [tʃɪn] n mentón m, barbilla

China ['tʃaɪnə] n China

china ['tʃaɪnə] n porcelana; (crockery) loza

Chinese [tʃaɪ'niːz] adj chino ▷ n inv chino/a m/f; (Ling) chino

chip [tʃɪp] n (gen pl: Culin: BRIT) patata (SP) or papa (LAM) frita; (: US: also: **potato ~**) patata or papa frita; (of wood) astilla; (of glass, stone) lasca; (at poker) ficha; (Comput) chip m ▷ vt (cup, plate) desconchar; **chip shop** pescadería (donde se vende principalmente pescado rebozado y patatas fritas)

chiropodist [kɪ'rɔpədɪst] (BRIT) n pedicuro/a, callista m/f

chisel ['tʃɪzl] n (for wood) escoplo; (for stone) cincel m

chives [tʃaɪvz] npl cebollinos mpl

chlorine ['klɔːriːn] n cloro

choc-ice ['tʃɔkaɪs] n (BRIT) helado m cubierto de chocolate

chocolate ['tʃɔklɪt] n chocolate m; (sweet) bombón m

choice [tʃɔɪs] n elección f, selección f; (option) opción f; (preference) preferencia ▷ adj escogido

choir ['kwaɪə*] n coro

choke [tʃəuk] vi ahogarse; (on food) atragantarse ▷ vt estrangular, ahogar; (block): **to be ~d with** estar atascado de ▷ n (Aut) estárter m

cholesterol [kə'lɛstərɔl] n colesterol m

choose [tʃuːz] (pt **chose**, pp **chosen**)

vt escoger, elegir; (*team*) seleccionar; **to ~ to do sth** optar por hacer algo

chop [tʃɒp] *vt* (*wood*) cortar, tajar; (*Culin: also:* **~ up**) picar ▷ *n* (*Culin*) chuleta; **chop down** *vt* (*tree*) talar; **chop off** *vt* cortar (de un tajo); **chopsticks** ['tʃɒpstɪks] *npl* palillos *mpl*

chord [kɔːd] *n* (*Mus*) acorde *m*

chore [tʃɔː*] *n* faena, tarea; (*routine task*) trabajo rutinario

chorus ['kɔːrəs] *n* coro; (*repeated part of song*) estribillo

chose [tʃəuz] *pt of* **choose**

chosen ['tʃəuzn] *pp of* **choose**

Christ [kraɪst] *n* Cristo

christen ['krɪsn] *vt* bautizar; **christening** *n* bautizo

Christian ['krɪstɪən] *adj, n* cristiano/a *m/f*; **Christianity** [-'ænɪtɪ] *n* cristianismo; **Christian name** *n* nombre *m* de pila

Christmas ['krɪsməs] *n* Navidad *f*; **Merry ~!** ¡Felices Pascuas!; **Christmas card** *n* crismas *m inv*, tarjeta de Navidad; **Christmas carol** *n* villancico *m*; **Christmas Day** *n* día *m* de Navidad; **Christmas Eve** *n* Nochebuena; **Christmas pudding** *n* (*esp BRIT*) pudin *m* de Navidad; **Christmas tree** *n* árbol *m* de Navidad

chrome [krəum] *n* cromo

chronic ['krɒnɪk] *adj* crónico

chrysanthemum [krɪ'sænθəməm] *n* crisantemo

chubby ['tʃʌbɪ] *adj* regordete

chuck [tʃʌk] (*inf*) *vt* lanzar, arrojar; (*BRIT: also:* **~ up**) abandonar; **chuck out** *vt* (*person*) echar (fuera); (*rubbish etc*) tirar

chuckle ['tʃʌkl] *vi* reírse entre dientes

chum [tʃʌm] *n* compañero/a

chunk [tʃʌŋk] *n* pedazo, trozo

church [tʃəːtʃ] *n* iglesia; **churchyard** *n* cementerio

churn [tʃəːn] *n* (*for butter*) mantequera; (*for milk*) lechera

chute [ʃuːt] *n* (*also:* **rubbish ~**)

vertedero; (*for coal etc*) rampa de caída

chutney ['tʃʌtnɪ] *n* condimento a base de frutas de la India

CIA (*US*) *n abbr* (= *Central Intelligence Agency*) CIA *f*

CID (*BRIT*) *n abbr* (= *Criminal Investigation Department*) ≈ B.I.C. *f* (*SP*)

cider ['saɪdə*] *n* sidra

cigar [sɪ'gɑː*] *n* puro

cigarette [sɪgə'ret] *n* cigarrillo; **cigarette lighter** *n* mechero

cinema ['sɪnəmə] *n* cine *m*

cinnamon ['sɪnəmən] *n* canela

circle ['səːkl] *n* círculo; (*in theatre*) anfiteatro ▷ *vi* dar vueltas ▷ *vt* (*surround*) rodear, cercar; (*move round*) dar la vuelta a

circuit ['səːkɪt] *n* circuito; (*tour*) gira; (*track*) pista; (*lap*) vuelta

circular ['səːkjulə*] *adj* circular ▷ *n* circular *f*

circulate ['səːkjuleɪt] *vi* circular; (*person: at party etc*) hablar con los invitados ▷ *vt* poner en circulación; **circulation** [-'leɪʃən] *n* circulación *f*; (*of newspaper*) tirada

circumstances ['səːkəmstənsɪz] *npl* circunstancias *fpl*; (*financial condition*) situación *f* económica

circus ['səːkəs] *n* circo

cite [saɪt] *vt* citar

citizen ['sɪtɪzn] *n* (*Pol*) ciudadano/a; (*of city*) vecino/a, habitante *mf*; **citizenship** *n* ciudadanía; (*BRIT: Scol*) civismo

citrus fruits ['sɪtrəs-] *npl* agrios *mpl*

city ['sɪtɪ] *n* ciudad *f*; **the C~** centro financiero de Londres; **city centre** (*BRIT*) *n* centro de la ciudad; **city technology college** *n* centro de formación profesional (*centro de enseñanza secundaria que da especial importancia a la ciencia y tecnología*).

civic ['sɪvɪk] *adj* cívico; (*authorities*) municipal

civil ['sɪvɪl] *adj* civil; (*polite*) atento, cortés; **civilian** [sɪ'vɪlɪən] *adj* civil (*no militar*) ▷ *n* civil *mf*, paisano/a

civilization [sɪvɪlaɪˈzeɪʃən] n civilización f

civilized [ˈsɪvɪlaɪzd] adj civilizado

civil: civil law n derecho civil; **civil rights** npl derechos mpl civiles; **civil servant** n funcionario/a del Estado; **Civil Service** n administración f pública; **civil war** n guerra civil

CJD n abbr (= Creutzfeldt-Jakob disease) enfermedad de Creutzfeldt-Jakob

claim [kleɪm] vt exigir, reclamar; (rights etc) reivindicar; (assert) pretender ▷ vi (for insurance) reclamar ▷ n reclamación f; pretensión f; **claim form** n solicitud f

clam [klæm] n almeja

clamp [klæmp] n abrazadera, grapa ▷ vt (two things together) cerrar fuertemente; (one thing on another) afianzar (con abrazadera); (Aut: wheel) poner el cepo a

clan [klæn] n clan m

clap [klæp] vi aplaudir

claret [ˈklærət] n burdeos m inv

clarify [ˈklærɪfaɪ] vt aclarar

clarinet [klærɪˈnɛt] n clarinete m

clarity [ˈklærɪtɪ] n claridad f

clash [klæʃ] n enfrentamiento; choque m; desacuerdo; estruendo ▷ vi (fight) enfrentarse; (beliefs) chocar; (disagree) estar en desacuerdo; (colours) desentonar; (two events) coincidir

clasp [klɑːsp] n (hold) apretón m; (of necklace, bag) cierre m ▷ vt apretar; abrazar

class [klɑːs] n clase f ▷ vt clasificar

classic [ˈklæsɪk] adj, n clásico; **classical** adj clásico

classification [klæsɪfɪˈkeɪʃən] n clasificación f

classify [ˈklæsɪfaɪ] vt clasificar

classmate [ˈklɑːsmeɪt] n compañero/a de clase

classroom [ˈklɑːsrum] n aula; **classroom assistant** n profesor(a) m/f de apoyo

classy [ˈklɑːsɪ] adj (inf) elegante, con estilo

clatter [ˈklætə*] n estrépito ▷ vi hacer ruido or estrépito

clause [klɔːz] n cláusula; (Ling) oración f

claustrophobic [klɔːstrəˈfəubɪk] adj claustrofóbico; **I feel ~** me entra claustrofobia

claw [klɔː] n (of cat) uña; (of bird of prey) garra; (of lobster) pinza

clay [kleɪ] n arcilla

clean [kliːn] adj limpio; (record, reputation) bueno, intachable; (joke) decente ▷ vt limpiar; (hands etc) lavar; **clean up** vt limpiar, asear; **cleaner** n (person) asistenta; (substance) producto para la limpieza; **cleaner's** n tintorería; **cleaning** n limpieza

cleanser [ˈklɛnzə*] n (for face) crema limpiadora

clear [klɪə*] adj claro; (road, way) libre; (conscience) limpio, tranquilo; (skin) terso; (sky) despejado ▷ vt (space) despejar, limpiar; (Law: suspect) absolver; (obstacle) salvar, saltar por encima de; (cheque) aceptar ▷ vi (fog etc) despejarse ▷ adv: **~ of** a distancia de; **to ~ the table** recoger or levantar la mesa; **clear away** vt (things, clothes etc) quitar (de en medio); (dishes) retirar; **clear up** vt limpiar; (mystery) aclarar, resolver; **clearance** n (removal) despeje m; (permission) acreditación f; **clear-cut** adj bien definido, nítido; **clearing** n (in wood) claro; **clearly** adv claramente; (evidently) sin duda; **clearway** (BRIT) n carretera donde no se puede parar

clench [klɛntʃ] vt apretar, cerrar

clergy [ˈkləːdʒɪ] n clero

clerk [klɑːk, (US) kləːrk] n (BRIT) oficinista mf; (US) dependiente/a m/f

clever [ˈklɛvə*] adj (intelligent) inteligente, listo; (skilful) hábil; (device, arrangement) ingenioso

cliché [ˈkliːʃeɪ] n cliché m, frase f hecha

click [klɪk] vt (tongue) chasquear; (heels) taconear ▷ vi (Comput) hacer clic; **to ~ on an icon** hacer clic en un icono

client ['klaɪənt] n cliente m/f

cliff [klɪf] n acantilado

climate ['klaɪmɪt] n clima m; **climate change** n cambio climático

climax ['klaɪmæks] n (of battle, career) apogeo; (of film, book) punto culminante; (sexual) orgasmo

climb [klaɪm] vi subir; (plant) trepar; (move with effort): **to ~ over a wall/into a car** trepar a una tapia/subir a un coche ▷ vt (stairs) subir; (tree) trepar a; (mountain) escalar ▷ n subida; **climb down** vi (fig) volverse atrás; **climber** n alpinista mf (SP, MEX), andinista mf (LAM); **climbing** n alpinismo (SP, MEX), andinismo (LAM)

clinch [klɪntʃ] vt (deal) cerrar; (argument) remachar

cling [klɪŋ] (pt, pp **clung**) vi: **to ~ to** agarrarse a; (clothes) pegarse a

Clingfilm® ['klɪŋfɪlm] n plástico adherente

clinic ['klɪnɪk] n clínica

clip [klɪp] n (for hair) horquilla; (also: **paper ~**) sujetapapeles m inv, clip m; (TV, Cinema) fragmento ▷ vt (cut) cortar; (also: **~ together**) unir; **clipping** n (newspaper) recorte m

cloak [kləʊk] n capa, manto ▷ vt (fig) encubrir, disimular; **cloakroom** n guardarropa; (BRIT: WC) lavabo (SP), aseos mpl (SP), baño (LAM)

clock [klɒk] n reloj m; **clock in** or **on** vi (with card) fichar, picar; (start work) entrar a trabajar; **clock off** or **out** vi (with card) fichar or picar la salida; (leave work) salir del trabajar; **clockwise** adv en el sentido de las agujas del reloj; **clockwork** n aparato de relojería ▷ adj (toy) de cuerda

clog [klɒg] n zueco, chanclo ▷ vt atascar ▷ vi (also: **~ up**) atascarse

clone [kləʊn] n clon m ▷ vt clonar

close¹ [kləʊs] adj (near): **~ (to)** cerca (de); (friend) íntimo; (connection) estrecho; (examination) detallado,

minucioso; (weather) bochornoso ▷ adv cerca; **~ by, ~ at hand** muy cerca; **to have a ~ shave** (fig) escaparse por un pelo

close² [kləʊz] vt (shut) cerrar; (end) concluir, terminar ▷ vi (shop etc) cerrarse; (end) concluirse, terminarse ▷ n (end) fin m, final m, conclusión f; **close down** vi cerrarse definitivamente; **closed** adj (shop etc) cerrado

closely ['kləʊslɪ] adv (study) con detalle; (watch) de cerca; (resemble) estrechamente

closet ['klɒzɪt] n armario

close-up ['kləʊsʌp] n primer plano

closing time n hora de cierre

closure ['kləʊʒə*] n cierre m

clot [klɒt] n (gen) coágulo; (inf: idiot) imbécil m/f ▷ vi (blood) coagularse

cloth [klɒθ] n (material) tela, paño; (rag) trapo

clothes [kləʊðz] npl ropa; **clothes line** n cuerda (para tender la ropa); **clothes peg** (US **clothes pin**) n pinza

clothing ['kləʊðɪŋ] n = **clothes**

cloud [klaʊd] n nube f; **cloud over** vi (also fig) nublarse; **cloudy** adj nublado, nubloso; (liquid) turbio

clove [kləʊv] n clavo; **~ of garlic** diente m de ajo

clown [klaʊn] n payaso ▷ vi (also: **~ about, ~ around**) hacer el payaso

club [klʌb] n (society) club m; (weapon) porra, cachiporra; (also: **golf ~**) palo ▷ vt aporrear ▷ vi: **to ~ together** (for gift) comprar entre todos; **clubs** npl (Cards) tréboles mpl; **club class** n (Aviat) clase f preferente

clue [kluː] n pista; (in crosswords) indicación f; **I haven't a ~** no tengo ni idea

clump [klʌmp] n (of trees) grupo

clumsy ['klʌmzɪ] adj (person) torpe, desmañado; (tool) difícil de manejar; (movement) desgarbado

clung [klʌŋ] pt, pp of **cling**

cluster ['klʌstə*] n grupo ▷ vi

agruparse, apiñarse
clutch [klʌtʃ] n (Aut) embrague m; (grasp): **~es** garras fpl ▷ vt asir; agarrar
cm abbr (= centimetre) cm
Co. abbr = **county; company**
c/o abbr (= care of) c/a, a/c
coach [kəutʃ] n autocar m (SP), coche m de línea; (horse-drawn) coche m; (of train) vagón m, coche m; (Sport) entrenador(a) m/f, instructor(a) m/f; (tutor) profesor(a) m/f particular ▷ vt (Sport) entrenar; (student) preparar, enseñar; **coach station** n (BRIT) estación f de autobuses etc; **coach trip** n excursión f en autocar
coal [kəul] n carbón m
coalition [kəuə'lɪʃən] n coalición f
coarse [kɔːs] adj basto, burdo; (vulgar) grosero, ordinario
coast [kəust] n costa, litoral m ▷ vi (Aut) ir en punto muerto; **coastal** adj costero, costanero; **coastguard** n guardacostas m inv; **coastline** n litoral m
coat [kəut] n abrigo; (of animal) pelaje m, lana; (of paint) mano f, capa ▷ vt cubrir, revestir; **coat hanger** n percha (SP), gancho (LAM); **coating** n capa, baño
coax [kəuks] vt engatusar
cob [kɔb] n see **corn**
cobbled ['kɔbld] adj: **~ street** calle f empedrada, calle f adoquinada
cobweb ['kɔbwɛb] n telaraña
cocaine [kə'keɪn] n cocaína
cock [kɔk] n (rooster) gallo; (male bird) macho ▷ vt (gun) amartillar; **cockerel** n gallito
cockney ['kɔknɪ] n habitante de ciertos barrios de Londres
cockpit ['kɔkpɪt] n cabina
cockroach ['kɔkrəutʃ] n cucaracha
cocktail ['kɔkteɪl] n coctel m, cóctel m
cocoa ['kəukəu] n cacao; (drink) chocolate m
coconut ['kəukənʌt] n coco
cod [kɔd] n bacalao

C.O.D. abbr (= cash on delivery) C.A.E.
code [kəud] n código; (cipher) clave f; (dialling code) prefijo; (post code) código postal
coeducational [kəuɛdju'keɪʃənl] adj mixto
coffee ['kɔfɪ] n café m; **coffee bar** (BRIT) n cafetería; **coffee bean** n grano de café; **coffee break** n descanso (para tomar café); **coffee maker** n máquina de hacer café, cafetera; **coffeepot** n cafetera; **coffee shop** n café m; **coffee table** n mesita (para servir el café)
coffin ['kɔfɪn] n ataúd m
cog [kɔg] n (wheel) rueda dentada; (tooth) diente m
cognac ['kɔnjæk] n coñac m
coherent [kəu'hɪərənt] adj coherente
coil [kɔɪl] n rollo; (Elec) bobina, carrete m; (contraceptive) espiral f ▷ vt enrollar
coin [kɔɪn] n moneda ▷ vt (word) inventar, idear
coincide [kəuɪn'saɪd] vi coincidir; (agree) estar de acuerdo; **coincidence** [kəu'ɪnsɪdəns] n casualidad f
Coke® [kəuk] n Coca-Cola®
coke [kəuk] n (coal) coque m
colander ['kɔləndə*] n colador m, escurridor m
cold [kəuld] adj frío ▷ n frío; (Med) resfriado; **it's ~** hace frío; **to be ~** (person) tener frío; **to catch (a) ~** resfriarse; **in ~ blood** a sangre fría; **cold sore** n herpes mpl or fpl
coleslaw ['kəulslɔː] n especie de ensalada de col
colic ['kɔlɪk] n cólico
collaborate [kə'læbəreɪt] vi colaborar
collapse [kə'læps] vi hundirse, derrumbarse; (Med) sufrir un colapso ▷ n hundimiento, derrumbamiento; (Med) colapso
collar ['kɔlə*] n (of coat, shirt) cuello; (of dog etc) collar; **collarbone** n clavícula

colleague ['kɔliːg] n colega mf; (at work) compañero/a

collect [kə'lɛkt] vt (litter, mail etc) recoger; (as a hobby) coleccionar; (BRIT: call and pick up) recoger; (debts, subscriptions etc) recaudar ▷ vi reunirse; (dust) acumularse; **to call ~** (US Tel) llamar a cobro revertido; **collection** [kə'lɛkʃən] n colección f; (of mail, for charity) recogida; **collective** [kə'lɛktɪv] adj colectivo; **collector** n coleccionista mf

college ['kɔlɪdʒ] n colegio mayor; (of agriculture, technology) escuela universitaria

collide [kə'laɪd] vi chocar

collision [kə'lɪʒən] n choque m

cologne [kə'ləun] n (also: **eau de ~**) (agua de) colonia

Colombia [kə'lɔmbɪə] n Colombia; **Colombian** adj, n colombiano/a

colon ['kəulən] n (sign) dos puntos; (Med) colon m

colonel ['kəːnl] n coronel m

colonial [kə'ləunɪəl] adj colonial

colony ['kɔlənɪ] n colonia

colour etc ['kʌlə*] (US **color** etc) n color m ▷ vt color(e)ar; (dye) teñir; (fig: account) adornar; (: judgement) distorsionar ▷ vi (blush) sonrojarse; **colour in** vt colorear; **colour-blind** adj daltónico; **coloured** adj de color; (photo) en color; **colour film** n película en color; **colourful** adj lleno de color; (story) fantástico; (person) excéntrico; **colouring** n (complexion) tez f; (in food) colorante m; **colour television** n televisión f en color

column ['kɔləm] n columna

coma ['kəumə] n coma m

comb [kəum] n peine m; (ornamental) peineta ▷ vt (hair) peinar; (area) registrar a fondo

combat ['kɔmbæt] n combate m ▷ vt combatir

combination [kɔmbɪ'neɪʃən] n combinación f

combine [vb kəm'baɪn, n 'kɔmbaɪn]

vt combinar; (qualities) reunir ▷ vi combinarse ▷ n (Econ) cartel m

○ **KEYWORD**

come [kʌm] (pt **came**, pp **come**) vi
1 (movement towards): venir; **to come running** venir corriendo
2 (arrive) llegar; **he's come here to work** ha venido aquí para trabajar; **to come home** volver a casa
3 (reach): **to come to** llegar a; **the bill came to £40** la cuenta ascendía a cuarenta libras
4 (occur): **an idea came to me** se me ocurrió una idea
5 (be, become): **to come loose/undone** etc aflojarse/desabrocharse/desatarse etc; **I've come to like him** por fin ha llegado a gustarme

come across vt fus (person) topar con; (thing) dar con

come along vi (BRIT: progress) ir

come back vi (return) volver

come down vi (price) bajar; (tree, building) ser derribado

come from vt fus (place, source) ser de

come in vi (visitor) entrar; (train, report) llegar; (fashion) ponerse de moda; (on deal etc) entrar

come off vi (button) soltarse, desprenderse; (attempt) salir bien

come on vi (pupil) progresar; (work, project) desarrollarse; (lights) encenderse; (electricity) volver; **come on!** ¡vamos!

come out vi (fact) salir a la luz; (book, sun) salir; (stain) quitarse

come round vi (after faint, operation) volver en sí

come to vi (wake) volver en sí

come up vi (sun) salir; (problem) surgir; (event) aproximarse; (in conversation) mencionarse

come up with vt fus (idea) sugerir; (money) conseguir

comeback ['kʌmbæk] n: **to make a ~**

(Theatre) volver a las tablas

comedian [kə'miːdɪən] n humorista mf

comedy ['kɒmɪdɪ] n comedia; (humour) comicidad f

comet ['kɒmɪt] n cometa m

comfort ['kʌmfət] n bienestar m; (relief) alivio ▷ vt consolar; **comfortable** adj cómodo; (financially) acomodado; (easy) fácil; **comfort station** (US) n servicios mpl

comic ['kɒmɪk] adj (also: **~al**) cómico ▷ n (comedian) cómico; (for children) tebeo; (BRIT: for adults) comic m; **comic book** (US) n libro m de cómics; **comic strip** n tira cómica

comma ['kɒmə] n coma

command [kə'mɑːnd] n orden f, mandato; (Mil: authority) mando; (mastery) dominio ▷ vt (troops) mandar; (give orders to): **to ~ sb to do** mandar or ordenar a algn hacer; **commander** n (Mil) comandante mf, jefe/a m/f

commemorate [kə'mɛmǝreɪt] vt conmemorar

commence [kə'mɛns] vt, vi comenzar, empezar; **commencement** (US) n (Univ) (ceremonia de) graduación f

commend [kə'mɛnd] vt elogiar, alabar; (recommend) recomendar

comment ['kɒmɛnt] n comentario ▷ vi: **to ~ on** hacer comentarios sobre; **"no ~"** (written) "sin comentarios"; (spoken) "no tengo nada que decir"; **commentary** ['kɒmǝntərɪ] n comentario; **commentator** ['kɒmǝntertǝ*] n comentarista mf

commerce ['kɒmǝːs] n comercio

commercial [kə'mǝːʃǝl] adj comercial ▷ n (TV, Radio) anuncio; **commercial break** n intermedio para publicidad

commission [kə'mɪʃǝn] n (committee, fee) comisión f ▷ vt (work of art) encargar; **out of ~** fuera de servicio; **commissioner** n (Police) comisario de policía

commit [kə'mɪt] vt (act) cometer; (resources) dedicar; (to sb's care) entregar; **to ~ o.s. (to do)** comprometerse (a hacer); **to ~ suicide** suicidarse; **commitment** n compromiso; (to ideology etc) entrega

committee [kə'mɪtɪ] n comité m

commodity [kə'mɒdɪtɪ] n mercancía

common ['kɒmən] adj común; (pej) ordinario ▷ n campo común; **commonly** adv comúnmente; **commonplace** adj de lo más común; **Commons** (BRIT) npl (Pol): **the Commons** (la Cámara de) los Comunes; **common sense** n sentido común; **Commonwealth** n: **the Commonwealth** la Commonwealth

communal ['kɒmjuːnl] adj (property) comunal; (kitchen) común

commune [n 'kɒmjuːn, vb kə'mjuːn] n (group) comuna ▷ vi: **to ~ with** comulgar or conversar con

communicate [kə'mjuːnɪkeɪt] vt comunicar ▷ vi: **to ~ (with)** comunicarse (con); (in writing) estar en contacto (con)

communication [kəmjuːnɪ'keɪʃǝn] n comunicación f

communion [kə'mjuːnɪən] n (also: **Holy ~**) comunión f

communism ['kɒmjunɪzǝm] n comunismo; **communist** adj, n comunista mf

community [kə'mjuːnɪtɪ] n comunidad f; (large group) colectividad f; **community centre** (US **community center**) n centro social; **community service** n trabajo m comunitario (prestado en lugar de cumplir una pena de prisión)

commute [kə'mjuːt] vi viajar a diario de la casa al trabajo ▷ vt conmutar; **commuter** n persona que viaja a diario de la casa al trabajo

compact [adj kəm'pækt, n 'kɒmpækt] adj compacto ▷ n (also: **powder ~**)

polvera; **compact disc** n compact disc m; **compact disc player** n reproductor m de disco compacto, compact disc m

companion [kəm'pænɪən] n compañero/a

company ['kʌmpənɪ] n compañía; (Comm) sociedad f, compañía; **to keep sb ~** acompañar a algn; **company car** n coche m de la empresa; **company director** n director(a) m/f de empresa

comparable ['kɔmpərəbl] adj comparable

comparative [kəm'pærətɪv] adj relativo; (study) comparativo; **comparatively** adv (relatively) relativamente

compare [kəm'pɛə*] vt: **to ~ sth/sb with** or **to** comparar algo/a algn con ▷ vi: **to ~ (with)** compararse (con); **comparison** [-'pærɪsn] n comparación f

compartment [kəm'pɑ:tmənt] n (also: Rail) compartim(i)ento

compass ['kʌmpəs] n brújula; **compasses** npl (Math) compás m

compassion [kəm'pæʃən] n compasión f

compatible [kəm'pætɪbl] adj compatible

compel [kəm'pɛl] vt obligar; **compelling** adj (fig: argument) convincente

compensate ['kɔmpənseɪt] vt compensar ▷ vi: **to ~ for** compensar; **compensation** [-'seɪʃən] n (for loss) indemnización f

compete [kəm'pi:t] vi (take part) tomar parte, concurrir; (vie with): **to ~ with** competir con, hacer competencia a

competent ['kɔmpɪtənt] adj competente, capaz

competition [kɔmpɪ'tɪʃən] n (contest) concurso; (rivalry) competencia

competitive [kəm'pɛtɪtɪv] adj (Econ, Sport) competitivo

competitor [kəm'pɛtɪtə*] n (rival) competidor(a) m/f; (participant) concursante mf

complacent [kəm'pleɪsənt] adj autocomplaciente

complain [kəm'pleɪn] vi quejarse; (Comm) reclamar; **complaint** n queja; reclamación f; (Med) enfermedad f

complement [n 'kɔmplɪmənt, vb 'kɔmplɪmənt] n complemento; (esp of ship's crew) dotación f ▷ vt (enhance) complementar; **complementary** [kɔmplɪ'mɛntərɪ] adj complementario

complete [kəm'pli:t] adj (full) completo; (finished) acabado ▷ vt (fulfil) completar; (finish) acabar; (a form) llenar; **completely** adv completamente; **completion** [-'pli:ʃən] n terminación f; (of contract) realización f

complex ['kɔmplɛks] adj, n complejo

complexion [kəm'plɛkʃən] n (of face) tez f, cutis m

compliance [kəm'plaɪəns] n (submission) sumisión f; (agreement) conformidad f; **in ~ with** de acuerdo con

complicate ['kɔmplɪkeɪt] vt complicar; **complicated** adj complicado; **complication** [-'keɪʃən] n complicación f

compliment ['kɔmplɪmənt] n (formal) cumplido ▷ vt felicitar; **complimentary** [-'mɛntərɪ] adj lisonjero; (free) de favor

comply [kəm'plaɪ] vi: **to ~ with** cumplir con

component [kəm'pəunənt] adj componente ▷ n (Tech) pieza

compose [kəm'pəuz] vt: **to be ~d of** componerse de; (music etc) componer; **to ~ o.s.** tranquilizarse; **composer** n (Mus) compositor(a) m/f; **composition** [kɔmpə'zɪʃən] n composición f

composure [kəm'pəuʒə*] n serenidad f, calma

compound ['kɔmpaund] n (Chem)

compuesto; (Ling) palabra compuesta; (enclosure) recinto ▷ adj compuesto; (fracture) complicado

comprehension [-'hɛnʃən] n comprensión f

comprehensive [kɔmprɪ'hɛnsɪv] adj exhaustivo; (Insurance) contra todo riesgo; **comprehensive (school)** n centro estatal de enseñanza secundaria ≈ Instituto Nacional de Bachillerato (SP)

compress [vb kəm'prɛs, n 'kɔmprɛs] vt comprimir; (information) condensar ▷ n (Med) compresa

comprise [kəm'praɪz] vt (also: **be ~d of**) comprender, constar de; (constitute) constituir

compromise ['kɔmprəmaɪz] n (agreement) arreglo ▷ vt comprometer ▷ vi transigir

compulsive [kəm'pʌlsɪv] adj compulsivo; (viewing, reading) obligado

compulsory [kəm'pʌlsərɪ] adj obligatorio

computer [kəm'pju:tə*] n ordenador m, computador m, computadora; **computer game** n juego para ordenador; **computer-generated** adj realizado por ordenador, creado por ordenador; **computerize** vt (data) computerizar; (system) informatizar; **we're computerized now** ya nos hemos informatizado; **computer programmer** n programador(a) m/f; **computer programming** n programación f; **computer science** n informática; **computer studies** npl informática fsg, computación fsg (LAM); **computing** [kəm'pju:tɪŋ] n (activity, science) informática

con [kɔn] vt (deceive) engañar; (cheat) estafar ▷ n estafa

conceal [kən'si:l] vt ocultar

concede [kən'si:d] vt (point, argument) reconocer; (territory) ceder; **to ~ (defeat)** darse por vencido; **to ~ that** admitir que

conceited [kən'si:tɪd] adj presumido

conceive [kən'si:v] vt, vi concebir

concentrate ['kɔnsəntreɪt] vi concentrarse ▷ vt concentrar

concentration [kɔnsən'treɪʃən] n concentración f

concept ['kɔnsɛpt] n concepto

concern [kən'sə:n] n (matter) asunto; (Comm) empresa; (anxiety) preocupación f ▷ vt (worry) preocupar; (involve) afectar; (relate to) tener que ver con; **to be ~ed (about)** interesarse (por), preocuparse (por); **concerning** prep sobre, acerca de

concert ['kɔnsət] n concierto; **concert hall** n sala de conciertos

concerto [kən'tʃə:təu] n concierto

concession [kən'sɛʃən] n concesión f; **tax ~** privilegio fiscal

concise [kən'saɪs] adj conciso

conclude [kən'klu:d] vt concluir; (treaty etc) firmar; (agreement) llegar a; (decide) llegar a la conclusión de; **conclusion** [-'klu:ʒən] n conclusión f; firma

concrete ['kɔnkri:t] n hormigón m ▷ adj de hormigón; (fig) concreto

concussion [kən'kʌʃən] n conmoción f cerebral

condemn [kən'dɛm] vt condenar; (building) declarar en ruina

condensation [kɔndɛn'seɪʃən] n condensación f

condense [kən'dɛns] vi condensarse ▷ vt condensar, abreviar

condition [kən'dɪʃən] n condición f, estado; (requirement) condición f ▷ vt condicionar; **on ~ that** a condición (de) que; **conditional** [kən'dɪʃənl] adj condicional; **conditioner** n suavizante m

condo ['kɔndəu] (US) n (inf) = **condominium**

condom ['kɔndəm] n condón m

condominium [kɔndə'mɪnɪəm] (US) n (building) bloque m de pisos or apartamentos (propiedad de quienes lo habitan), condominio (LAM); (apartment) piso or apartamento (en propiedad), condominio (LAM)

condone [kən'dəʊn] vt condonar

conduct [n 'kɔndʌkt, vb kən'dʌkt] n conducta, comportamiento ▷ vt (lead) conducir; (manage) llevar a cabo, dirigir; (Mus) dirigir; **to ~ o.s.** comportarse; **conducted tour** (BRIT) n visita acompañada; **conductor** n (of orchestra) director m; (US: on train) revisor(a) m/f; (on bus) cobrador m; (Elec) conductor m

cone [kəʊn] n cono; (pine cone) piña; (on road) pivote m; (for ice-cream) cucurucho

confectionery [kən'fɛkʃənRI] n dulces mpl

confer [kən'fə:*] vt: **to ~ sth on** otorgar algo a ▷ vi conferenciar

conference ['kɔnfərns] n (meeting) reunión f; (convention) congreso

confess [kən'fɛs] vt confesar ▷ vi admitir; **confession** [-'fɛʃən] n confesión f

confide [kən'faɪd] vi: **to ~ in** confiar en

confidence ['kɔnfɪdns] n (also: self-~) confianza; (secret) confidencia; **in ~** (speak, write) en confianza; **confident** adj seguro de sí mismo; (certain) seguro; **confidential** [kɔnfɪ'dɛnʃəl] adj confidencial

confine [kən'faɪn] vt (limit) limitar; (shut up) encerrar; **confined** adj (space) reducido

confirm [kən'fə:m] vt confirmar; **confirmation** [kɔnfə'meɪʃən] n confirmación f

confiscate ['kɔnfɪskeɪt] vt confiscar

conflict [n 'kɔnflɪkt, vb kən'flɪkt] n conflicto ▷ vi chocar

conform [kən'fɔ:m] vi conformarse; **to ~ to** ajustarse a

confront [kən'frʌnt] vt (problems) hacer frente a; (enemy, danger) enfrentarse con; **confrontation** [kɔnfrən'teɪʃən] n enfrentamiento

confuse [kən'fju:z] vt (perplex) aturdir, desconcertar; (mix up) confundir; (complicate) complicar; **confused** adj confuso; (person) perplejo; **confusing** adj confuso; **confusion** [-'fju:ʒən] n confusión f

congestion [kən'dʒɛstʃən] n congestión f

congratulate [kən'grætjuleɪt] vt: **to ~ sb (on)** felicitar a algn (por); **congratulations** [-'leɪʃənz] npl felicitaciones fpl; **congratulations!** ¡enhorabuena!

congregation [-'geɪʃən] n (of a church) feligreses mpl

congress ['kɔngrɛs] n congreso; (US): **C~** Congreso; **congressman** (irreg: US) n miembro del Congreso; **congresswoman** (irreg: US) n diputada, miembro f del Congreso

conifer ['kɔnɪfə*] n conífera

conjugate ['kɔndʒugeɪt] vt conjugar

conjugation [kɔndʒə'geɪʃən] n conjugación f

conjunction [kən'dʒʌŋkʃən] n conjunción f; **in ~ with** junto con

conjure ['kʌndʒə*] vi hacer juegos de manos

connect [kə'nɛkt] vt juntar, unir; (Elec) conectar; (Tel: subscriber) poner; (: caller) poner al habla; (fig) relacionar, asociar ▷ vi: **to ~ with** (train) enlazar con; **to be ~ed with** (associated) estar relacionado con; **connecting flight** n vuelo m de enlace; **connection** [-ʃən] n juntura, unión f; (Elec) conexión f; (Rail) enlace m; (Tel) comunicación f; (fig) relación f

conquer ['kɔŋkə*] vt (territory) conquistar; (enemy, feelings) vencer

conquest ['kɔŋkwɛst] n conquista

cons [kɔnz] npl see **convenience; pro; mod**

conscience ['kɔnʃəns] n conciencia

conscientious [kɔnʃɪ'ɛnʃəs] adj concienzudo; (objection) de conciencia

conscious ['kɔnʃəs] adj (deliberate) deliberado; (awake, aware) consciente; **consciousness** n conciencia; (Med) conocimiento

consecutive [kən'sɛkjutɪv] adj
consecutivo; **on 3 ~ occasions** en 3
ocasiones consecutivas

consensus [kən'sɛnsəs] n consenso

consent [kən'sɛnt] n
consentimiento ▷ vi: **to ~ (to)**
consentir (en)

consequence ['kɔnsɪkwəns]
n consecuencia; (significance)
importancia

consequently ['kɔnsɪkwəntlɪ] adv
por consiguiente

conservation [kɔnsə'veɪʃən] n
conservación f

conservative [kən'sə:vətɪv]
adj conservador(a); (estimate etc)
cauteloso; **Conservative** (BRIT) adj, n
(Pol) conservador(a) m/f

conservatory [kən'sə:vətrɪ] n
invernadero; (Mus) conservatorio

consider [kən'sɪdə*] vt considerar;
(take into account) tener en cuenta;
(study) estudiar, examinar; **to ~
doing sth** pensar en (la posibilidad
de) hacer algo; **considerable** adj
considerable; **considerably** adv
notablemente; **considerate** adj
considerado; **consideration** [-'reɪʃə
n] n consideración f; (factor) factor
m; **to give sth further consideration**
estudiar algo más a fondo;
considering prep teniendo en cuenta

consignment [kən'saɪnmənt]
n envío

consist [kən'sɪst] vi: **to ~ of** consistir
en

consistency [kən'sɪstənsɪ]
n (of argument etc) coherencia;
consecuencia; (thickness) consistencia

consistent [kən'sɪstənt] adj (person)
consecuente; (argument etc) coherente

consolation [kɔnsə'leɪʃən] n
consuelo

console¹ [kən'səul] vt consolar

console² ['kɔnsəul] n consola

consonant ['kɔnsənənt] n
consonante f

conspicuous [kən'spɪkjuəs] adj

(visible) visible

conspiracy [kən'spɪrəsɪ] n conjura,
complot m

constable ['kʌnstəbl] (BRIT) n policía
mf; **chief ~** ≈ jefe m de policía

constant ['kɔnstənt] adj constante;
constantly adv constantemente

constipated ['kɔnstɪpeɪtəd] adj
estreñido

> Be careful not to translate
> **constipated** by the Spanish word
> constipado.

constipation [kɔnstɪ'peɪʃən] n
estreñimiento

constituency [kən'stɪtjuənsɪ] n
(Pol: area) distrito electoral; (: electors)
electorado

constitute ['kɔnstɪtju:t] vt
constituir

constitution [kɔnstɪ'tju:ʃən] n
constitución f

constraint [kən'streɪnt] n
obligación f; (limit) restricción f

construct [kən'strʌkt] vt construir;
construction [-ʃən] n construcción f;
constructive adj constructivo

consul ['kɔnsl] n cónsul mf;
consulate ['kɔnsjulɪt] n consulado

consult [kən'sʌlt] vt consultar;
consultant n (BRIT Med) especialista
mf; (other specialist) asesor(a)
m/f; **consultation** [kɔnsəl'teɪʃən] n
consulta; **consulting room** (BRIT) n
consultorio

consume [kən'sju:m] vt (eat)
comerse; (drink) beberse; (fire etc,
Comm) consumir; **consumer** n
consumidor(a) m/f

consumption [kən'sʌmpʃən] n
consumo

cont. abbr (= continued) sigue

contact ['kɔntækt] n contacto;
(person) contacto; (: pej) enchufe m ▷ vt
ponerse en contacto con; **contact
lenses** npl lentes fpl de contacto

contagious [kən'teɪdʒəs] adj
contagioso

contain [kən'teɪn] vt contener;

to ~ o.s. contenerse; **container** n recipiente m; (for shipping etc) contenedor m

contaminate [kən'tæmineit] vt contaminar

cont'd abbr (= continued) sigue

contemplate ['kɔntəmpleit] vt contemplar; (reflect upon) considerar

contemporary [kən'tempərəri] adj, n contemporáneo/a m/f

contempt [kən'tempt] n desprecio; **~ of court** (Law) desacato (a los tribunales)

contend [kən'tend] vt (argue) afirmar ▷ vi: **to ~ with/for** luchar contra/por

content [n, vb kən'tent, n 'kɔntent] adj (happy) contento; (satisfied) satisfecho ▷ vt contentar; satisfacer ▷ n contenido; **contents** npl contenido; **(table of) ~s** índice m de materias; **contented** adj contento; satisfecho

contest [n 'kɔntest, vb kən'test] n lucha; (competition) concurso ▷ vt (dispute) impugnar; (Pol) presentarse como candidato/a en

> Be careful not to translate **contest** by the Spanish word contestar.

contestant [kən'testənt] n concursante mf; (in fight) contendiente mf

context ['kɔntekst] n contexto

continent ['kɔntinənt] n continente m; **the C~** (BRIT) el continente europeo; **continental** [-'nentl] adj continental; **continental breakfast** n desayuno estilo europeo; **continental quilt** (BRIT) n edredón m

continual [kən'tinjuəl] adj continuo; **continually** adv constantemente

continue [kən'tinju:] vi, vt seguir, continuar

continuity [kɔntı'njuiti] n (also Cine) continuidad f

continuous [kən'tinjuəs] adj continuo; **continuous assessment** n (BRIT) evaluación f continua;

continuously adv continuamente

contour ['kɔntuə*] n contorno; (also: **~ line**) curva de nivel

contraception [kɔntrə'sepʃən] n contracepción f

contraceptive [kɔntrə'septiv] adj, n anticonceptivo

contract [n 'kɔntrækt, vb kən'trækt] n contrato ▷ vi (Comm): **to ~ to do sth** comprometerse por contrato a hacer algo; (become smaller) contraerse, encogerse ▷ vt contraer; **contractor** n contratista mf

contradict [kɔntrə'dikt] vt contradecir; **contradiction** [-ʃən] n contradicción f

contrary¹ ['kɔntrəri] adj contrario ▷ n lo contrario; **on the ~** al contrario; **unless you hear to the ~** a no ser que le digan lo contrario

contrary² [kən'treəri] adj (perverse) terco

contrast [n 'kɔntra:st, vt kən'tra:st] n contraste m ▷ vt comparar; **in ~ to** en contraste con

contribute [kən'tribju:t] vi contribuir ▷ vt: **to ~ £10/an article** contribuir con 10 libras/un artículo a; **to ~ to** (charity) donar a; (newspaper) escribir para; (discussion) intervenir en; **contribution** [kɔntrı'bju:ʃən] n (donation) donativo; (BRIT: for social security) cotización f; (to debate) intervención f; (to journal) colaboración f; **contributor** n contribuyente mf; (to newspaper) colaborador(a) m/f

control [kən'trəul] vt controlar; (process etc) dirigir; (machinery) manejar; (temper) dominar; (disease) contener ▷ n control m; **controls** npl (of vehicle) instrumentos mpl de mando; (of radio) controles mpl; (governmental) medidas fpl de control; **under ~** bajo control; **to be in ~ of** tener el mando de; **the car went out of ~** se perdió el control del coche; **control tower** n (Aviat) torre f de control

controversial [kɔntrə'və:ʃl] adj

polémico

controversy ['kɒntrəvə:sɪ] n
polémica

convenience [kən'vi:nɪəns] n
(easiness) comodidad f; (suitability)
idoneidad f; (advantage) ventaja; **at
your ~** cuando le sea conveniente;
all modern ~s, all mod cons (BRIT)
todo confort

convenient [kən'vi:nɪənt] adj
(useful) útil; (place, time) conveniente

convent ['kɒnvənt] n convento

convention [kən'vɛnʃən] n
convención f; (meeting) asamblea;
(agreement) convenio; **conventional**
adj convencional

conversation [kɒnvə'seɪʃən] n
conversación f

conversely [-'və:slɪ] adv a la inversa

conversion [kən'və:ʃən] n
conversión f

convert [vb kən'və:t, n 'kɒnvə:t] vt
(Rel, Comm) convertir; (alter): **to ~ sth
into/to** transformar algo en/convertir
algo a ▷ n converso/a; **convertible**
adj convertible ▷ n descapotable m

convey [kən'veɪ] vt llevar; (thanks)
comunicar; (idea) expresar; **conveyor
belt** n cinta transportadora

convict [vb kən'vɪkt, n 'kɒnvɪkt] vt
(find guilty) declarar culpable a ▷ n
presidiario/a; **conviction** [-ʃən]
condena; (belief, certainty) convicción f

convince [kən'vɪns] vt convencer;
convinced adj: **convinced of/that**
convencido de/de que; **convincing** adj
convincente

convoy ['kɒnvɔɪ] n convoy m

cook [kuk] vt (stew etc) guisar; (meal)
preparar ▷ vi cocer; (person) cocinar
▷ n cocinero/a; **cook book** n libro de
cocina; **cooker** n cocina; **cookery** n
cocina; **cookery book** (BRIT) n =**cook
book**; **cookie** (US) n galleta; **cooking**
n cocina

cool [ku:l] adj fresco; (not afraid)
tranquilo; (unfriendly) frío ▷ vt enfriar
▷ vi enfriarse; **cool down** vi enfriarse;

(fig: person, situation) calmarse; **cool
off** vi (become calmer) calmarse,
apaciguarse; (lose enthusiasm) perder
(el) interés, enfriarse

cop [kɒp] (inf) n poli mf(SP), tira
mf(MEX)

cope [kəup] vi: **to ~ with** (problem)
hacer frente a

copper ['kɒpə*] n (metal) cobre m;
(BRIT: inf) poli mf, tira mf(MEX)

copy ['kɒpɪ] n copia; (of book etc)
ejemplar m ▷ vt copiar; **copyright** n
derechos mpl de autor

coral ['kɒrəl] n coral m

cord [kɔ:d] n cuerda; (Elec) cable
m; (fabric) pana; **cords** npl (trousers)
pantalones mpl de pana; **cordless** adj
sin hilos

corduroy ['kɔ:dərɔɪ] n pana

core [kɔ:*] n centro, núcleo; (of fruit)
corazón m; (of problem) meollo ▷ vt
quitar el corazón de

coriander [kɒrɪ'ændə*] n culantro

cork [kɔ:k] n corcho; (tree) alcornoque
m; **corkscrew** n sacacorchos m inv

corn [kɔ:n] n (BRIT: cereal crop) trigo;
(US: maize) maíz m; (on foot) callo; **~ on
the cob** (Culin) mazorca, elote m (MEX),
choclo (SC)

corned beef ['kɔ:nd-] n carne f
acecinada (en lata)

corner ['kɔ:nə*] n (outside) esquina;
(inside) rincón m; (in road) curva;
(Football) córner m; (Boxing) esquina
▷ vt (trap) arrinconar; (Comm) acaparar
▷ vi (in car) tomar las curvas; **corner
shop** (BRIT) tienda de la esquina

cornflakes ['kɔ:nfleɪks] npl copos
mpl de maíz, cornflakes mpl

cornflour ['kɔ:nflauə*] (BRIT) n
harina de maíz

cornstarch ['kɔ:nstɑ:tʃ] (US) n =
cornflour

Cornwall ['kɔ:nwəl] n Cornualles m

coronary ['kɒrənərɪ] n (also: ~
thrombosis) infarto

coronation [kɒrə'neɪʃən] n
coronación f

coroner ['kɔrənə*] n juez mf de instrucción

corporal ['kɔːpərl] n cabo ▷ adj: **~ punishment** castigo corporal

corporate ['kɔːpərɪt] adj (action, ownership) colectivo; (finance, image) corporativo

corporation [kɔːpə'reɪʃən] n (of town) ayuntamiento; (Comm) corporación f

corps [kɔː*, pl kɔːz] n inv cuerpo; **diplomatic ~** cuerpo diplomático; **press ~** gabinete m de prensa

corpse [kɔːps] n cadáver m

correct [kə'rɛkt] adj (just, exacto; (proper) correcto ▷ vt corregir; (exam) corregir, calificar; **correction** [-ʃən] n (act) corrección f; (instance) rectificación f

correspond [kɔrɪs'pɔnd] vi (write): **to ~ (with)** escribirse (con); (be equivalent to): **to ~ (to)** corresponder (a); (be in accordance): **to ~ (with)** corresponder (con); **correspondence** n correspondencia; **correspondent** n corresponsal mf; **corresponding** adj correspondiente

corridor ['kɔrɪdɔː*] n pasillo

corrode [kə'rəud] vt corroer ▷ vi corroerse

corrupt [kə'rʌpt] adj (person) corrupto; (Comput) corrompido ▷ vt corromper; (Comput) degradar; **corruption** n corrupción f; (of data) alteración f

Corsica ['kɔːsɪkə] n Córcega

cosmetic [kɔz'mɛtɪk] adj, n cosmético; **cosmetic surgery** n cirugía f estética

cosmopolitan [kɔzmə'pɔlɪtn] adj cosmopolita

cost [kɔst] (pt, pp ~) n (price) precio ▷ vi costar, valer ▷ vt preparar el presupuesto de; **how much does it ~?** ¿cuánto cuesta?; **to ~ sb time/effort** costarle a algn tiempo/esfuerzo; **it ~ him his life** le costó la vida; **at all ~s** cueste lo que cueste; **costs** npl (Comm)

costes mpl; (Law) costas fpl

co-star ['kəustɑː*] n coprotagonista mf

Costa Rica ['kɔstə'riːkə] n Costa Rica; **Costa Rican** adj, n costarriqueño/a

costly ['kɔstlɪ] adj costoso

cost of living n costo or coste m (Sp) de la vida

costume ['kɔstjuːm] n traje m; (BRIT: also: **swimming ~**) traje de baño

cosy ['kəuzɪ] (US **cozy**) adj (person) cómodo; (room) acogedor(a)

cot [kɔt] n (BRIT: child's) cuna; (US: campbed) cama de campaña

cottage ['kɔtɪdʒ] n casita de campo; (rustic) barraca; **cottage cheese** n requesón m

cotton ['kɔtn] n algodón m; (thread) hilo; **cotton on** vi (inf): **to cotton on (to sth)** caer en la cuenta (de algo); **cotton bud** n (BRIT) bastoncillo m de algodón; **cotton candy** (US) n algodón m (azucarado); **cotton wool** (BRIT) n algodón m (hidrófilo)

couch [kautʃ] n sofá m; (doctor's etc) diván m

cough [kɔf] vi toser ▷ n tos f; **cough mixture** n jarabe m para la tos

could [kud] pt of **can²**; **couldn't** = **could not**

council ['kaunsl] n consejo; **city or town ~** consejo municipal; **council estate** (BRIT) n urbanización de viviendas municipales de alquiler; **council house** (BRIT) n vivienda municipal de alquiler; **councillor** (US **councilor**) n concejal(a) m/f; **council tax** n (BRIT) contribución f municipal (dependiente del valor de la vivienda)

counsel ['kaunsl] n (advice) consejo; (lawyer) abogado/a ▷ vt aconsejar; **counselling** (US **counseling**) n (Psych) asistencia f psicológica; **counsellor** (US **counselor**) n consejero/a, abogado/a

count [kaunt] vt contar; (include) incluir ▷ vi contar ▷ n cuenta; (of votes) escrutinio; (level) nivel m;

(*nobleman*) conde *m*; **count in** (*inf*) *vt*: **to count sb in on sth** contar con algn para algo; **count on** *vt fus* contar con; **countdown** *n* cuenta atrás

counter ['kauntə*] *n* (*in shop*) mostrador *m*; (*in games*) ficha ▷ *vt* contrarrestar ▷ *adv*: **to run ~ to** ser contrario a, ir en contra de; **counter clockwise** (*US*) *adv* en sentido contrario al de las agujas del reloj

counterfeit ['kauntəfɪt] *n* falsificación *f*, simulación *f* ▷ *vt* falsificar ▷ *adj* falso, falsificado

counterpart ['kauntəpɑːt] *n* homólogo/a

countess ['kauntɪs] *n* condesa

countless ['kauntlɪs] *adj* innumerable

country ['kʌntrɪ] *n* país *m*; (*native land*) patria; (*as opposed to town*) campo; (*region*) región *f*, tierra; **country and western (music)** *n* música country; **country house** *n* casa de campo; **countryside** *n* campo

county ['kauntɪ] *n* condado

coup [kuː] (*pl* ~**s**) *n* (*also*: ~ **d'état**) golpe *m* (de estado); (*achievement*) éxito

couple ['kʌpl] *n* (*of things*) par *m*; (*of people*) pareja; (*married couple*) matrimonio; **a ~ of** un par de

coupon ['kuːpɔn] *n* cupón *m*; (*voucher*) valé *m*

courage ['kʌrɪdʒ] *n* valor *m*, valentía; **courageous** [kə'reɪdʒəs] *adj* valiente

courgette [kuə'ʒet] (*BRIT*) *n* calabacín *m*, calabacita (*MEX*)

courier ['kurɪə*] *n* mensajero/a; (*for tourists*) guía *mf* (de turismo)

course [kɔːs] *n* (*direction*) dirección *f*; (*of river, Scol*) curso; (*process*) transcurso; (*Med*): ~ **of treatment** tratamiento; (*of ship*) rumbo; (*part of meal*) plato; (*Golf*) campo; **of ~** desde luego, naturalmente; **of ~!** ¡claro!

court [kɔːt] *n* (*royal*) corte *f*; (*Law*) tribunal *m*, juzgado; (*Tennis etc*) pista, cancha ▷ *vt* (*woman*) cortejar a; **to take to ~** demandar

courtesy ['kə:təsɪ] *n* cortesía; **(by) ~ of** por cortesía de; **courtesy bus, courtesy coach** *n* autobús *m* gratuito

court: court-house ['kɔːthaus] (*US*) *n* palacio de justicia; **courtroom** ['kɔːtrum] *n* sala de justicia; **courtyard** ['kɔːtjɑːd] *n* patio

cousin ['kʌzn] *n* primo/a; **first ~** primo/a carnal, primo/a hermano/a

cover ['kʌvə*] *vt* cubrir; (*feelings, mistake*) ocultar; (*with lid*) tapar; (*book etc*) forrar; (*distance*) recorrer; (*include*) abarcar; (*protect: also: Insurance*) cubrir; (*Press*) investigar; (*discuss*) tratar ▷ *n* cubierta; (*lid*) tapa; (*for chair etc*) funda; (*envelope*) sobre *m*; (*for book*) forro; (*of magazine*) portada; (*shelter*) abrigo; (*Insurance*) cobertura; (*of spy*) cobertura; **covers** *npl* (*on bed*) sábanas; mantas; **to take ~** (*shelter*) protegerse, resguardarse; **under ~** (*indoors*) bajo techo; **under ~ of darkness** al amparo de la oscuridad; **under separate ~** (*Comm*) por separado; **cover up** *vi*: **to cover up for sb** encubrir a algn; **coverage** *n* (*TV, Press*) cobertura; **cover charge** *n* precio del cubierto; **cover-up** *n* encubrimiento

cow [kau] *n* vaca; (*inf!: woman*) bruja ▷ *vt* intimidar

coward ['kauəd] *n* cobarde *mf*; **cowardly** *adj* cobarde

cowboy ['kaubɔɪ] *n* vaquero

cozy ['kəuzɪ] (*US*) *adj* = **cosy**

crab [kræb] *n* cangrejo

crack [kræk] *n* grieta; (*noise*) crujido; (*drug*) crack *m* ▷ *vt* agrietar, romper; (*nut*) cascar; (*solve: problem*) resolver; (: *code*) descifrar; (*whip etc*) chasquear; (*knuckles*) crujir; (*joke*) contar ▷ *adj* (*expert*) de primera; **crack down on** *vt fus* adoptar fuertes medidas contra; **cracked** *adj* (*cup, window*) rajado; (*wall*) resquebrajado; **cracker** *n* (*biscuit*) cráquer *m*; (*Christmas cracker*) petardo sorpresa

crackle ['krækl] *vi* crepitar

cradle ['kreɪdl] *n* cuna

craft [krɑːft] n (skill) arte m; (trade) oficio; (cunning) astucia; (boat: pl inv) barco; (plane: pl inv) avión m; **craftsman** (irreg) n artesano; **craftsmanship** n (quality) destreza

cram [kræm] vt (fill): **to ~ sth with** llenar algo (a reventar) de; (put): **to ~ sth into** meter algo a la fuerza en ⊳ vi (for exams) empollar

cramp [kræmp] n (Med) calambre m; **cramped** adj apretado, estrecho

cranberry ['krænbəri] n arándano agrio

crane [kreɪn] n (Tech) grúa; (bird) grulla

crap [kræp] n (inf!) mierda (!)

crash [kræʃ] n (noise) estrépito; (of cars etc) choque m; (of plane) accidente m de aviación; (Comm) quiebra ⊳ vt (car, plane) estrellar ⊳ vi (car, plane) estrellarse; (two cars) chocar; (Comm) quebrar; **crash course** n curso acelerado; **crash helmet** n casco (protector)

crate [kreɪt] n cajón m de embalaje; (for bottles) caja

crave [kreɪv] vt, vi: **to ~ (for)** ansiar, anhelar

crawl [krɔːl] vi (drag o.s.) arrastrarse; (child) andar a gatas, gatear; (vehicle) avanzar (lentamente) ⊳ n (Swimming) crol m

crayfish ['kreɪfɪʃ] n inv (freshwater) cangrejo de río; (saltwater) cigala

crayon ['kreɪən] n lápiz m de color

craze [kreɪz] n (fashion) moda

crazy ['kreɪzɪ] adj (person) loco; (idea) disparatado; (inf: keen): **~ about sb/sth** loco por algn/algo

creak [kriːk] vi (floorboard) crujir; (hinge etc) chirriar, rechinar

cream [kriːm] n (of milk) nata, crema; (lotion) crema; (fig) flor f y nata ⊳ adj (colour) color crema; **cream cheese** n queso blanco; **creamy** adj cremoso; (colour) color crema

crease [kriːs] n (fold) pliegue m; (in trousers) raya; (wrinkle) arruga ⊳ vt (wrinkle) arrugar ⊳ vi (wrinkle up) arrugarse

create [kriːˈeɪt] vt crear; **creation** [-ʃən] n creación f; **creative** adj creativo; **creator** n creador(a) m/f

creature ['kriːtʃə*] n (animal) animal m, bicho; (person) criatura

crèche [krɛʃ] n guardería (infantil)

credentials [krɪˈdɛnʃlz] npl (references) referencias fpl; (identity papers) documentos mpl de identidad

credibility [krɛdɪˈbɪlɪtɪ] n credibilidad f

credible ['krɛdɪbl] adj creíble; (trustworthy) digno de confianza

credit ['krɛdɪt] n crédito; (merit) honor m, mérito ⊳ vt (Comm) abonar; (believe: also: **give ~ to**) creer, prestar fe a ⊳ adj crediticio; **credits** npl (Cinema) fichas fpl técnicas; **to be in ~** (person) tener saldo a favor; **to ~ sb with** (fig) reconocer a algn el mérito de; **credit card** n tarjeta de crédito

creek [kriːk] n cala, ensenada; (US) riachuelo

creep [kriːp] (pt, pp **crept**) vi arrastrarse

cremate [krɪˈmeɪt] vt incinerar

crematorium [krɛməˈtɔːrɪəm] (pl **crematoria**) n crematorio

crept [krɛpt] pt, pp of **creep**

crescent ['krɛsnt] n media luna; (street) calle f (en forma de semicírculo)

cress [krɛs] n berro

crest [krɛst] n (of bird) cresta; (of hill) cima, cumbre f; (of coat of arms) blasón m

crew [kruː] n (of ship etc) tripulación f; (TV, Cinema) equipo m; **crew-neck** n cuello a la caja

crib [krɪb] n cuna ⊳ vt (inf) plagiar

cricket ['krɪkɪt] n (insect) grillo; (game) críquet m; **cricketer** n jugador(a) m/f de críquet

crime [kraɪm] n (no pl: illegal activities) crimen m; (illegal action) delito; **criminal** ['krɪmɪnl] n criminal mf, delincuente mf ⊳ adj criminal; (illegal) delictivo; (law) penal

crimson ['krɪmzn] adj carmesí

cringe [krɪndʒ] vi agacharse, encogerse

cripple ['krɪpl] n lisiado/a, cojo/a ▷ vt lisiar, mutilar

crisis ['kraɪsɪs] (pl **crises**) n crisis f inv

crisp [krɪsp] adj fresco; (vegetables etc) crujiente; (manner) seco; **crispy** adj crujiente

criterion [kraɪ'tɪərɪən] (pl **criteria**) n criterio

critic ['krɪtɪk] n crítico/a; **critical** adj crítico; (illness) grave; **criticism** ['krɪtɪsɪzm] n crítica; **criticize** ['krɪtɪsaɪz] vt criticar

Croat ['krəuæt] adj, n = **Croatian**

Croatia [krəu'eɪʃə] n Croacia; **Croatian** adj, n croata m/f ▷ n (Ling) croata m

crockery ['krɔkərɪ] n loza, vajilla

crocodile ['krɔkədaɪl] n cocodrilo

crocus ['krəukəs] n croco, crocus m

croissant ['krwæsŋ] n croissant m, medialuna (esp LAM)

crook [kruk] n ladrón/ona m/f; (of shepherd) cayado; **crooked** ['krukɪd] adj torcido; (dishonest) nada honrado

crop [krɔp] n (produce) cultivo; (amount produced) cosecha; (riding crop) látigo de montar ▷ vt cortar, recortar; **crop up** vi surgir, presentarse

cross [krɔs] n cruz f; (hybrid) cruce m ▷ vt (street etc) cruzar, atravesar ▷ adj de mal humor, enojado; **cross off** vt tachar; **cross out** vt tachar; **cross over** vi cruzar; **cross-Channel ferry** ['krɔs'tʃænl-] n transbordador m que cruza el Canal de la Mancha; **crosscountry (race)** n carrera a campo traviesa, cross m; **crossing** n (sea passage) travesía; (also: **pedestrian crossing**) paso para peatones; **crossing guard** (us) n persona encargada de ayudar a los niños a cruzar la calle; **crossroads** n cruce m, encrucijada; **crosswalk** (us) n paso de peatones; **crossword** n crucigrama m

crotch [krɔtʃ] n (Anat, of garment) entrepierna

crouch [krautʃ] vi agacharse, acurrucarse

crouton ['kru:tɔn] n cubito de pan frito

crow [krəu] n (bird) cuervo; (of cock) canto, cacareo ▷ vi (cock) cantar

crowd [kraud] n muchedumbre f, multitud f ▷ vt (fill) llenar ▷ vi (gather): **to ~ round** reunirse en torno a; (cram): **to ~ in** entrar en tropel; **crowded** adj (full) atestado; (densely populated) superpoblado

crown [kraun] n corona; (of head) coronilla; (for tooth) funda; (of hill) cumbre f ▷ vt coronar; (fig) completar, rematar; **crown jewels** npl joyas fpl reales

crucial ['kru:ʃl] adj decisivo

crucifix ['kru:sɪfɪks] n crucifijo

crude [kru:d] adj (materials) bruto; (fig: basic) tosco; (: vulgar) ordinario; **crude (oil)** n (petróleo) crudo

cruel ['kruəl] adj cruel; **cruelty** n crueldad f

cruise [kru:z] n crucero ▷ vi (ship) hacer un crucero; (car) ir a velocidad de crucero

crumb [krʌm] n miga, migaja

crumble ['krʌmbl] vt desmenuzar ▷ vi (building, also fig) desmoronarse

crumpet ['krʌmpɪt] n ≈ bollo para tostar

crumple ['krʌmpl] vt (paper) estrujar; (material) arrugar

crunch [krʌntʃ] vt (with teeth) mascar; (underfoot) hacer crujir ▷ n (fig) hora o momento de la verdad; **crunchy** adj crujiente

crush [krʌʃ] n (crowd) aglomeración f; (infatuation): **to have a ~ on sb** estar loco por algn; (drink): **lemon ~** limonada ▷ vt aplastar; (paper) estrujar; (cloth) arrugar; (fruit) exprimir; (opposition) aplastar; (hopes) destruir

crust [krʌst] n corteza; (of snow, ice) costra; **crusty** adj (bread) crujiente;

(*person*) de mal carácter

crutch [krʌtʃ] *n* muleta

cry [kraɪ] *vi* llorar ▷ *n* (*shriek*) chillido; (*shout*) grito; **cry out** *vi* (*call out, shout*) lanzar un grito, echar un grito ▷ *vt* gritar

crystal ['krɪstl] *n* cristal *m*

cub [kʌb] *n* cachorro; (*also:* **~ scout**) niño explorador

Cuba ['kju:bə] *n* Cuba; **Cuban** *adj, n* cubano/a *m/f*

cube [kju:b] *n* cubo ▷ *vt* (*Math*) cubicar

cubicle ['kju:bɪkl] *n* (*at pool*) caseta; (*for bed*) cubículo

cuckoo ['kuku:] *n* cuco

cucumber ['kju:kʌmbə*] *n* pepino

cuddle ['kʌdl] *vt* abrazar ▷ *vi* abrazarse

cue [kju:] *n* (*snooker cue*) taco; (*Theatre etc*) señal *f*

cuff [kʌf] *n* (*of sleeve*) puño; (*US: of trousers*) vuelta; (*blow*) bofetada ▷ **off the ~** *adv* de improviso; **cufflinks** *npl* gemelos *mpl*

cuisine [kwɪ'zi:n] *n* cocina

cul-de-sac ['kʌldəsæk] *n* callejón *m* sin salida

cull [kʌl] *vt* (*idea*) sacar ▷ *n* (*of animals*) matanza selectiva

culminate ['kʌlmɪneɪt] *vi*: **to ~ in** terminar en

culprit ['kʌlprɪt] *n* culpable *mf*

cult [kʌlt] *n* culto

cultivate ['kʌltɪveɪt] *vt* cultivar

cultural ['kʌltʃərəl] *adj* cultural

culture ['kʌltʃə*] *n* (*also fig*) cultura; (*Biol*) cultivo

cumin ['kʌmɪn] *n* (*spice*) comino

cunning ['kʌnɪŋ] *n* astucia ▷ *adj* astuto

cup [kʌp] *n* taza; (*as prize*) copa

cupboard ['kʌbəd] *n* armario; (*in kitchen*) alacena

cup final *n* (*Football*) final *f* de copa

curator [kjuə'reɪtə*] *n* director(a) *m/f*

curb [kə:b] *vt* refrenar; (*person*) reprimir ▷ *n* freno; (*US*) bordillo

curdle ['kə:dl] *vi* cuajarse

cure [kjuə*] *vt* curar ▷ *n* cura, curación *f*; (*fig: solution*) remedio

curfew ['kə:fju:] *n* toque *m* de queda

curiosity [kjuərɪ'ɔsɪtɪ] *n* curiosidad *f*

curious ['kjuərɪəs] *adj* curioso; (*person: interested*): **to be ~** sentir curiosidad

curl [kə:l] *n* rizo ▷ *vt* (*hair*) rizar ▷ *vi* rizarse; **curl up** *vi* (*person*) hacerse un ovillo; **curler** *n* rulo; **curly** *adj* rizado

currant ['kʌrnt] *n* pasa (de Corinto); (*blackcurrant, redcurrant*) grosella

currency ['kʌrnsɪ] *n* moneda; **to gain ~** (*fig*) difundirse

current ['kʌrnt] *n* corriente *f* ▷ *adj* (*accepted*) corriente; (*present*) actual; **current account** (*BRIT*) *n* cuenta corriente; **current affairs** *npl* noticias *fpl* de actualidad; **currently** *adv* actualmente

curriculum [kə'rɪkjuləm] (*pl* **~s** *or* **curricula**) *n* plan *m* de estudios; **curriculum vitae** *n* currículum *m*

curry ['kʌrɪ] *n* curry *m* ▷ *vt*: **to ~ favour with** buscar favores con; **curry powder** *n* curry *m* en polvo

curse [kə:s] *vi* soltar tacos ▷ *vt* maldecir ▷ *n* maldición *f*; (*swearword*) palabrota, taco

cursor ['kə:sə*] *n* (*Comput*) cursor *m*

curt [kə:t] *adj* corto, seco

curtain ['kə:tn] *n* cortina; (*Theatre*) telón *m*

curve [kə:v] *n* curva ▷ *vi* (*road*) hacer una curva; (*line etc*) curvarse; **curved** *adj* curvo

cushion ['kuʃən] *n* cojín *m*; (*of air*) colchón *m* ▷ *vt* (*shock*) amortiguar

custard ['kʌstəd] *n* natillas *fpl*

custody ['kʌstədɪ] *n* custodia; **to take into ~** detener

custom ['kʌstəm] *n* costumbre *f*; (*Comm*) clientela

customer ['kʌstəmə*] *n* cliente *m/f*

customized ['kʌstəmaɪzd] *adj* (*car etc*) hecho a encargo

customs ['kʌstəmz] *npl* aduana; **customs officer** *n* aduanero/a

cut [kʌt] (*pt, pp* ~) *vt* cortar; (*price*) rebajar; (*text, programme*) acortar; (*reduce*) reducir ▷ *vi* cortar ▷ *n* (*of garment*) corte *m*; (*in skin*) cortadura; (*in salary etc*) rebaja; (*in spending*) reducción *f*, recorte *m*; (*slice of meat*) tajada; **to ~ a tooth** echar un diente; **to ~ and paste** (*Comput*) cortar y pegar; **cut back** *vt* (*plants*) podar; (*production, expenditure*) reducir; **cut down** *vt* (*tree*) derribar; (*reduce*) reducir; **cut off** *vt* cortar; (*person, place*) aislar; (*Tel*) desconectar; **cut out** *vt* (*shape*) recortar; (*stop: activity etc*) dejar; (*remove*) quitar; **cut up** *vt* cortar (en pedazos); **cutback** *n* reducción *f*

cute [kju:t] *adj* mono

cutlery ['kʌtlərɪ] *n* cubiertos *mpl*

cutlet ['kʌtlɪt] *n* chuleta; (*nut etc cutlet*) plato vegetariano hecho con nueces y verdura en forma de chuleta

cut-price ['kʌt'praɪs] (BRIT) *adj* a precio reducido

cut-rate ['kʌt'reɪt] (US) *adj* = **cut-price**

cutting ['kʌtɪŋ] *adj* (*remark*) mordaz ▷ *n* (BRIT: *from newspaper*) recorte *m*; (*from plant*) esqueje *m*

CV *n abbr* = **curriculum vitae**

cwt *abbr* = **hundredweight(s)**

cybercafé ['saɪbəkæfeɪ] *n* cibercafé *m*

cyberspace ['saɪbəspeɪs] *n* ciberespacio

cycle ['saɪkl] *n* ciclo; (*bicycle*) bicicleta ▷ *vi* ir en bicicleta; **cycle hire** *n* alquiler *m* de bicicletas; **cycle lane** *n* carril-bici *m*; **cycle path** *n* carril-bici *m*; **cycling** *n* ciclismo; **cyclist** *n* ciclista *mf*

cyclone ['saɪkləun] *n* ciclón *m*

cylinder ['sɪlɪndə*] *n* cilindro; (*of gas*) bombona

cymbal ['sɪmbl] *n* címbalo, platillo

cynical ['sɪnɪkl] *adj* cínico

Cypriot ['sɪprɪət] *adj, n* chipriota *m/f*

Cyprus ['saɪprəs] *n* Chipre *f*

cyst [sɪst] *n* quiste *m*; **cystitis** [-'taɪtɪs] *n* cistitis *f*

czar [zɑ:*] *n* zar *m*

Czech [tʃɛk] *adj, n* checo/a *m/f*; **Czech Republic** *n*: **the Czech Republic** la República Checa

d

D [diː] n (Mus) re m
dab [dæb] vt (eyes, wound) tocar (ligeramente); (paint, cream) poner un poco de
dad [dæd] n = **daddy**
daddy ['dædɪ] n papá m
daffodil ['dæfədɪl] n narciso
daft [dɑːft] adj tonto
dagger ['dægə*] n puñal m, daga
daily ['deɪlɪ] adj diario, cotidiano ▷ adv todos los días, cada día
dairy ['dɛərɪ] n (shop) lechería; (on farm) vaquería; **dairy produce** n productos mpl lácteos
daisy ['deɪzɪ] n margarita
dam [dæm] n presa ▷ vt construir una presa sobre, represar
damage ['dæmɪdʒ] n lesión f; daño; (dents etc) desperfectos mpl; (fig) perjuicio ▷ vt dañar, perjudicar; (spoil, break) estropear; **damages** npl (Law) daños mpl y perjuicios
damn [dæm] vt condenar; (curse) maldecir ▷ n (inf): **I don't give a ~** me importa un pito ▷ adj (inf: also: **~ed**) maldito; **~ (it)!** ¡maldito sea!
damp [dæmp] adj húmedo, mojado ▷ n humedad f ▷ vt (also: **~en**: cloth, rag) mojar; (: enthusiasm) enfriar
dance [dɑːns] n baile m ▷ vi bailar; **dance floor** n pista f de baile; **dancer** n bailador(a) m/f; (professional) bailarín/ina m/f; **dancing** n baile m
dandelion ['dændɪlaɪən] n diente m de león
dandruff ['dændrəf] n caspa
Dane [deɪn] n danés/esa m/f
danger ['deɪndʒə*] n peligro; (risk) riesgo; **~!** (on sign) ¡peligro de muerte!; **to be in ~ of** correr riesgo de; **dangerous** adj peligroso
dangle ['dæŋgl] vt colgar ▷ vi pender, colgar
Danish ['deɪnɪʃ] adj danés/esa ▷ n (Ling) danés m
dare [dɛə*] vt: **to ~ sb to do** desafiar a algn a hacer ▷ vi: **to ~ (to) do sth** atreverse a hacer algo; **I ~ say** (I suppose) puede ser (que); **daring** adj atrevido, osado ▷ n atrevimiento, osadía
dark [dɑːk] adj oscuro; (hair, complexion) moreno ▷ n: **in the ~** a oscuras; **to be in the ~ about** (fig) no saber nada de; **after ~** después del anochecer; **darken** vt (colour) hacer más oscuro ▷ vi oscurecerse; **darkness** n oscuridad f; **darkroom** n cuarto oscuro
darling ['dɑːlɪŋ] adj, n querido/a m/f
dart [dɑːt] n dardo; (in sewing) sisa ▷ vi precipitarse; **dartboard** n diana; **darts** n (game) dardos mpl
dash [dæʃ] n (small quantity: of liquid) gota, chorrito; (sign) raya ▷ vt (throw) tirar; (hopes) defraudar ▷ vi precipitarse, ir de prisa
dashboard ['dæʃbɔːd] n (Aut) salpicadero
data ['deɪtə] npl datos mpl; **database** n base f de datos; **data processing** n proceso de datos
date [deɪt] n (day) fecha; (with

friend) cita; (*fruit*) dátil *m* ▷ *vt* fechar; (*person*) salir con; **~ of birth** fecha de nacimiento; **to ~** *adv* hasta la fecha; **dated** *adj* anticuado

daughter ['dɔːtə*] *n* hija; **daughter-in-law** *n* nuera, hija política

daunting ['dɔːntɪŋ] *adj* desalentador(a)

dawn [dɔːn] *n* alba, amanecer *m*; (*fig*) nacimiento ▷ *vi* (*day*) amanecer; (*fig*) **it ~ed on him that ...** cayó en la cuenta de que ...

day [deɪ] *n* día *m*; (*working day*) jornada; (*heyday*) tiempos *mpl*, días *mpl*; **the ~ before/after** el día anterior/siguiente; **the ~ after tomorrow** pasado mañana; **the ~ before yesterday** anteayer; **the following ~** el día siguiente; **by ~** de día; **day-care centre** ['deɪkeə-] *n* centro de día; (*for children*) guardería infantil; **daydream** *vi* soñar despierto; **daylight** *n* luz *f* (del día); **day return** (BRIT) *n* billete *m* de ida y vuelta (en un día); **daytime** *n* día *m*; **day-to-day** *adj* cotidiano; **day trip** *n* excursión *f* (de un día)

dazed [deɪzd] *adj* aturdido

dazzle ['dæzl] *vt* deslumbrar; **dazzling** *adj* (*light, smile*) deslumbrante; (*colour*) fuerte

DC *abbr* (= *direct current*) corriente *f* continua

dead [ded] *adj* muerto; (*limb*) dormido; (*telephone*) cortado; (*battery*) agotado ▷ *adv* (*completely*) totalmente; (*exactly*) exactamente; **to shoot sb ~** matar a algn a tiros; **~ tired** muerto (de cansancio); **to stop ~** parar en seco; **dead end** *n* callejón *m* sin salida; **deadline** *n* fecha (*or* hora) tope; **deadly** *adj* mortal, fatal; **Dead Sea** *n*: **the Dead Sea** el Mar Muerto

deaf [def] *adj* sordo; **deafen** *vt* ensordecer; **deafening** *adj* ensordecedor/a

deal [diːl] (*pt, pp* **~t**) *n* (*agreement*) pacto, convenio; (*business deal*) trato ▷ *vt* dar; (*card*) repartir; **a great ~**

(*of*) bastante, mucho; **deal with** *vt fus* (*people*) tratar con; (*problem*) ocuparse de; (*subject*) tratar de; **dealer** *n* comerciante *m/f*; (*Cards*) mano *f*; **dealings** *npl* (*Comm*) transacciones *fpl*; (*relations*) relaciones *fpl*

dealt [delt] *pt, pp* of **deal**

dean [diːn] *n* (*Rel*) deán *m*; (*Scol*: BRIT) decano; (: US) decano; rector *m*

dear [dɪə*] *adj* querido; (*expensive*) caro ▷ *n*: **my ~** mi querido/a ▷ *excl*: **~ me!** ¡Dios mío!; **D~ Sir/Madam** (*in letter*) Muy Señor Mío, Estimado Señor/Estimada Señora; **D~ Mr/Mrs X** Estimado/a Señor(a) X; **dearly** *adv* (*love*) mucho; (*pay*) caro

death [deθ] *n* muerte *f*; **death penalty** *n* pena de muerte; **death sentence** *n* condena a muerte

debate [dɪ'beɪt] *n* debate *m* ▷ *vt* discutir

debit ['debɪt] *n* debe *m* ▷ *vt*: **to ~ a sum to sb** *or* **to sb's account** cargar una suma en cuenta a algn; **debit card** *n* tarjeta *f* de débito

debris ['debriː] *n* escombros *mpl*

debt [det] *n* deuda; **to be in ~** tener deudas

debut ['deɪbjuː] *n* presentación *f*

Dec. *abbr* (= *December*) dic

decade ['dekeɪd] *n* decenio, década

decaffeinated [dɪ'kæfɪneɪtɪd] *adj* descafeinado

decay [dɪ'keɪ] *n* (*of building*) desmoronamiento; (*of tooth*) caries *f inv* ▷ *vi* (*rot*) pudrirse

deceased [dɪ'siːst] *n*: **the ~** el(la) difunto/a

deceit [dɪ'siːt] *n* engaño; **deceive** [dɪ'siːv] *vt* engañar

December [dɪ'sembə*] *n* diciembre *m*

decency ['diːsənsɪ] *n* decencia

decent ['diːsənt] *adj* (*proper*) decente; (*person: kind*) amable, bueno

deception [dɪ'sepʃən] *n* engaño

deceptive [dɪ'septɪv] *adj* engañoso

> Be careful not to translate **deception** by the Spanish word *decepción*.

decide [dɪ'saɪd] vt (person) decidir; (question, argument) resolver ▷ vi decidir; **to ~ to do/that** decidir hacer/que; **to ~ on sth** decidirse por algo
decimal ['dɛsɪməl] adj decimal ▷ n decimal m
decision [dɪ'sɪʒən] n decisión f
decisive [dɪ'saɪsɪv] adj decisivo; (person) decidido
deck [dɛk] n (Naut) cubierta; (of bus) piso; (record deck) platina; (of cards) baraja; **deckchair** n tumbona
declaration [dɛklə'reɪʃən] n declaración f
declare [dɪ'klɛə*] vt declarar
decline [dɪ'klaɪn] n disminución f, descenso ▷ vt rehusar ▷ vi (person, business) decaer; (strength) disminuir
decorate ['dɛkəreɪt] vt (adorn): **to ~ (with)** adornar (de), decorar (de); (paint) pintar; (paper) empapelar; **decoration** [-'reɪʃən] n adorno; (act) decoración f; (medal) condecoración f; **decorator** n (workman) pintor m (decorador)
decrease [n 'diːkriːs, vb dɪ'kriːs] n: **~ (in)** disminución f (de) ▷ vt disminuir, reducir ▷ vi reducirse
decree [dɪ'kriː] n decreto
dedicate ['dɛdɪkeɪt] vt dedicar; **dedicated** adj dedicado; (Comput) especializado; **dedicated word processor** procesador m de textos especializado or dedicado; **dedication** [-'keɪʃən] n (devotion) dedicación f; (in book) dedicatoria
deduce [dɪ'djuːs] vt deducir
deduct [dɪ'dʌkt] vt restar; descontar; **deduction** [dɪ'dʌkʃən] n (amount deducted) descuento; (conclusion) deducción f, conclusión f
deed [diːd] n hecho, acto; (feat) hazaña; (Law) escritura
deem [diːm] vt (formal) juzgar, considerar
deep [diːp] adj profundo; (expressing measurements) de profundidad; (voice) bajo; (breath) profundo; (colour) intenso

▷ adv: **the spectators stood 20 ~** los espectadores se formaron de 20 en fondo; **to be 4 metres ~** tener 4 metros de profundidad; **deep-fry** vt freír en aceite abundante; **deeply** adv (breathe) a pleno pulmón; (interested, moved, grateful) profundamente, hondamente
deer [dɪə*] n inv ciervo
default [dɪ'fɔːlt] n: **by ~** (win) por incomparecencia ▷ adj (Comput) por defecto
defeat [dɪ'fiːt] n derrota ▷ vt derrotar, vencer
defect [n 'diːfɛkt, vb dɪ'fɛkt] n defecto ▷ vi: **to ~ to the enemy** pasarse al enemigo; **defective** [dɪ'fɛktɪv] adj defectuoso
defence [dɪ'fɛns] (US **defense**) n defensa
defend [dɪ'fɛnd] vt defender; **defendant** n acusado/a; (in civil case) demandado/a; **defender** n defensor(a) m/f; (Sport) defensa mf
defense [dɪ'fɛns] (US) = **defence**
defensive [dɪ'fɛnsɪv] adj defensivo ▷ n: **on the ~** a la defensiva
defer [dɪ'fɜː*] vt aplazar
defiance [dɪ'faɪəns] n desafío; **in ~ of** en contra de; **defiant** [dɪ'faɪənt] adj (challenging) desafiante, retador(a)
deficiency [dɪ'fɪʃənsɪ] n (lack) falta; (defect) defecto; **deficient** [dɪ'fɪʃənt] adj deficiente
deficit ['dɛfɪsɪt] n déficit m
define [dɪ'faɪn] vt (word etc) definir; (limits etc) determinar
definite ['dɛfɪnɪt] adj (fixed) determinado; (obvious) claro; (certain) indudable; **he was ~ about it** no dejó lugar a dudas (sobre ello); **definitely** adv desde luego, por supuesto
definition [dɛfɪ'nɪʃən] n definición f; (clearness) nitidez f
deflate [diː'fleɪt] vt desinflar
deflect [dɪ'flɛkt] vt desviar
defraud [dɪ'frɔːd] vt: **to ~ sb of sth** estafar algo a algn

defrost [diːˈfrɔst] vt descongelar
defuse [diːˈfjuːz] vt desactivar; (*situation*) calmar
defy [dɪˈfaɪ] vt (*resist*) oponerse a; (*challenge*) desafiar; (*fig*): **it defies description** resulta imposible describirlo
degree [dɪˈgriː] n grado; (*Scol*) título; **to have a ~ in maths** tener una licenciatura en matemáticas; **by ~s** (*gradually*) poco a poco, por etapas; **to some ~** hasta cierto punto
dehydrated [diːhaɪˈdreɪtɪd] adj deshidratado; (*milk*) en polvo
de-icer [diːˈaɪsə*] n descongelador m
delay [dɪˈleɪ] vt demorar, aplazar; (*person*) entretener; (*train*) retrasar ▷ vi tardar ▷ n demora, retraso; **to be ~ed** retrasarse; **without ~** en seguida, sin tardar
delegate [n ˈdɛlɪgɪt, vb ˈdɛlɪgeɪt] n delegado/a ▷ vt (*person*) delegar en; (*task*) delegar
delete [dɪˈliːt] vt suprimir, tachar
deli [ˈdɛlɪ] n = **delicatessen**
deliberate [adj dɪˈlɪbərɪt, vb dɪˈlɪbəreɪt] adj (*intentional*) intencional; (*slow*) pausado, lento ▷ vi deliberar; **deliberately** adv (*on purpose*) a propósito
delicacy [ˈdɛlɪkəsɪ] n delicadeza; (*choice food*) manjar m
delicate [ˈdɛlɪkɪt] adj delicado; (*fragile*) frágil
delicatessen [dɛlɪkəˈtɛsn] n ultramarinos mpl finos
delicious [dɪˈlɪʃəs] adj delicioso
delight [dɪˈlaɪt] n (*feeling*) placer m, deleite m; (*person, experience etc*) encanto, delicia ▷ vt encantar, deleitar; **to take ~ in** deleitarse en; **delighted** adj: **delighted (at or with/to do)** encantado (con/de hacer); **delightful** adj encantador(a), delicioso
delinquent [dɪˈlɪŋkwənt] adj, n delincuente mf
deliver [dɪˈlɪvə*] vt (*distribute*) repartir; (*hand over*) entregar; (*message*) comunicar; (*speech*) pronunciar; (*Med*) asistir al parto de; **delivery** n reparto; entrega; (*of speaker*) modo de expresarse; (*Med*) parto, alumbramiento; **to take delivery of** recibir
delusion [dɪˈluːʒən] n ilusión f, engaño
de luxe [dəˈlʌks] adj de lujo
delve [dɛlv] vi: **to ~ into** hurgar en
demand [dɪˈmɑːnd] vt (*gen*) exigir; (*rights*) reclamar ▷ n exigencia; (*claim*) reclamación f; (*Econ*) demanda; **to be in ~** ser muy solicitado; **on ~** a solicitud; **demanding** adj (*boss*) exigente; (*work*) absorbente
demise [dɪˈmaɪz] n (*death*) fallecimiento
demo [ˈdɛməu] (*inf*) n abbr (= *demonstration*) manifestación f
democracy [dɪˈmɔkrəsɪ] n democracia; **democrat** [ˈdɛməkræt] n demócrata mf; **democratic** [dɛməˈkrætɪk] adj democrático; (*us*) demócrata
demolish [dɪˈmɔlɪʃ] vt derribar, demoler; (*fig: argument*) destruir
demolition [dɛməˈlɪʃən] n derribo, demolición f
demon [ˈdiːmən] n (*evil spirit*) demonio
demonstrate [ˈdɛmənstreɪt] vt demostrar; (*skill, appliance*) mostrar ▷ vi manifestarse; **demonstration** [-ˈstreɪʃən] n (*Pol*) manifestación f; (*proof, exhibition*) demostración f; **demonstrator** n (*Pol*) manifestante mf; (*Comm*) demostrador(a) m/f; vendedor(a) m/f
demote [dɪˈməut] vt degradar
den [dɛn] n (*of animal*) guarida; (*room*) habitación f
denial [dɪˈnaɪəl] n (*refusal*) negativa; (*of report etc*) negación f
denim [ˈdɛnɪm] n tela vaquera; **denims** npl vaqueros mpl
Denmark [ˈdɛnmɑːk] n Dinamarca

denomination [dɪnɒmɪ'neɪʃən] n
valor m; (Rel) confesión f

denounce [dɪ'nauns] vt denunciar

dense [dɛns] adj (crowd) denso; (thick)
espeso; (: foliage etc) tupido; (inf: stupid)
torpe

density ['dɛnsɪtɪ] n densidad f
▷ **single/double-~ disk** n (Comput)
disco de densidad sencilla/de doble
densidad

dent [dɛnt] n abolladura ▷ vt
(also: **make a ~ in**) abollar

dental ['dɛntl] adj dental; **dental
floss** [-flɔs] n seda dental; **dental
surgery** n clínica f dental, consultorio
m dental

dentist ['dɛntɪst] n dentista mf

dentures ['dɛntʃəz] npl dentadura
(postiza)

deny [dɪ'naɪ] vt negar; (charge)
rechazar

deodorant [di:'əudərənt] n
desodorante m

depart [dɪ'pɑːt] vi irse, marcharse;
(train) salir; **to ~ from** (fig: differ from)
apartarse de

department [dɪ'pɑːtmənt] n
(Comm) sección f; (Scol) departamento;
(Pol) ministerio; **department store** n
gran almacén m

departure [dɪ'pɑːtʃə*] n partida, ida;
(of train) salida; (of employee) marcha;
a new ~ un nuevo rumbo; **departure
lounge** n (at airport) sala de embarque

depend [dɪ'pɛnd] vi: **to ~ on** depender
de; (rely on) contar con; **it ~s** depende,
según; **~ing on the result** según el
resultado; **dependant** n dependiente
mf; **dependent** adj: **to be dependent
on** depender de ▷ n = **dependant**

depict [dɪ'pɪkt] vt (in picture) pintar;
(describe) representar

deport [dɪ'pɔːt] vt deportar

deposit [dɪ'pɒzɪt] n depósito; (Chem)
sedimento; (of ore, oil) yacimiento ▷ vt
(gen) depositar; **deposit account** (BRIT)
n cuenta de ahorros

depot ['dɛpəu] n (storehouse)

depósito; (for vehicles) parque m; (US)
estación f

depreciate [dɪ'priːʃɪeɪt] vi
depreciarse, perder valor

depress [dɪ'prɛs] vt deprimir; (wages
etc) hacer bajar; (press down) apretar;
depressed adj deprimido; **depressing**
adj deprimente; **depression**
[dɪ'prɛʃən] n depresión f

deprive [dɪ'praɪv] vt: **to ~ sb of** privar
a algn de; **deprived** adj necesitado

dept. abbr (= department) dto

depth [dɛpθ] n profundidad f; (of
cupboard) fondo; **to be in the ~s of
despair** sentir la mayor desesperación;
to be out of one's ~ (in water) no hacer
pie; (fig) sentirse totalmente perdido

deputy ['dɛpjutɪ] adj: **~ head**
subdirector(a) m/f ▷ n sustituto/a,
suplente mf; (US Pol) diputado/a;
(US: also: **~ sheriff**) agente m del sheriff

derail [dɪ'reɪl] vt: **to be ~ed**
descarrilarse

derelict ['dɛrɪlɪkt] adj abandonado

derive [dɪ'raɪv] vt (benefit etc) obtener
▷ vi: **to ~ from** derivarse de

descend [dɪ'sɛnd] vt, vi descender,
bajar; **to ~ from** descender de; **to
~ to** rebajarse a; **descendant** n
descendiente mf

descent [dɪ'sɛnt] n descenso; (origin)
descendencia

describe [dɪs'kraɪb] vt describir;
description [-'krɪpʃən] n descripción
f; (sort) clase f, género

desert [n 'dɛzət, vb dɪ'zɜːt] n desierto
▷ vt abandonar ▷ vi (Mil) desertar;
deserted [dɪ'zɜːtɪd] adj desierto

deserve [dɪ'zɜːv] vt merecer, ser
digno de

design [dɪ'zaɪn] n (sketch) bosquejo;
(layout, shape) diseño; (pattern) dibujo;
(intention) intención f ▷ vt diseñar;
design and technology (BRIT: Scol) n
≈ dibujo y tecnología

designate [vb 'dɛzɪgneɪt, adj
'dɛzɪgnɪt] vt (appoint) nombrar;
(destine) designar ▷ adj designado

designer [dɪˈzaɪnə*] n diseñador(a) m/f; (fashion designer) modisto/a, diseñador(a) m/f de moda

desirable [dɪˈzaɪərəbl] adj (proper) deseable; (attractive) atractivo

desire [dɪˈzaɪə*] n deseo ▷ vt desear

desk [dɛsk] n (in office) escritorio; (for pupil) pupitre m; (in hotel, at airport) recepción f; (BRIT: in shop, restaurant) caja; **desk-top publishing** [ˈdɛsktɔp-] n autoedición f

despair [dɪsˈpɛə*] n desesperación f ▷ vi: **to ~ of** perder la esperanza de

despatch [dɪsˈpætʃ] n, vt = **dispatch**

desperate [ˈdɛspərɪt] adj desesperado; (fugitive) peligroso; **to be ~ for sth/to do** necesitar urgentemente algo/hacer; **desperately** adv desesperadamente; (very) terriblemente, gravemente

desperation [dɛspəˈreɪʃən] n desesperación f; **in (sheer) ~** (absolutamente) desesperado

despise [dɪsˈpaɪz] vt despreciar

despite [dɪsˈpaɪt] prep a pesar de, pese a

dessert [dɪˈzɜːt] n postre m; **dessertspoon** n cuchara (de postre)

destination [dɛstɪˈneɪʃən] n destino

destined [ˈdɛstɪnd] adj: **~ for London** con destino a Londres

destiny [ˈdɛstɪnɪ] n destino

destroy [dɪsˈtrɔɪ] vt destruir; (animal) sacrificar

destruction [dɪsˈtrʌkʃən] n destrucción f

destructive [dɪsˈtrʌktɪv] adj destructivo, destructor(a)

detach [dɪˈtætʃ] vt separar; (unstick) despegar; **detached** adj (attitude) objetivo, imparcial; **detached house** n ≈ chalé m, ≈ chalet m

detail [ˈdiːteɪl] n detalle m; (no pl; : in picture etc) detalles mpl; (trifle) pequeñez f ▷ vt detallar; (Mil) destacar; **in ~** detalladamente; **detailed** adj detallado

detain [dɪˈteɪn] vt retener; (in captivity) detener

detect [dɪˈtɛkt] vt descubrir; (Med, Police) identificar; (Mil, Radar, Tech) detectar; **detection** [dɪˈtɛkʃən] n descubrimiento; identificación f; **detective** n detective mf; **detective story** n novela policíaca

detention [dɪˈtɛnʃən] n detención f, arresto; (Scol) castigo

deter [dɪˈtɜ:*] vt (dissuade) disuadir

detergent [dɪˈtɜ:dʒənt] n detergente m

deteriorate [dɪˈtɪərɪəreɪt] vi deteriorarse

determination [dɪtɜ:mɪˈneɪʃən] n resolución f

determine [dɪˈtɜ:mɪn] vt determinar; **determined** adj (person) resuelto, decidido; **determined to do** resuelto a hacer

deterrent [dɪˈtɛrənt] n (Mil) fuerza de disuasión

detest [dɪˈtɛst] vt aborrecer

detour [ˈdiːtuə*] n (gen, us Aut) desviación f

detract [dɪˈtrækt] vt: **to ~ from** quitar mérito a, desvirtuar

detrimental [dɛtrɪˈmɛntl] adj: **~ (to)** perjudicial (a)

devastating [ˈdɛvəsteɪtɪŋ] adj devastador(a); (fig) arrollador(a)

develop [dɪˈvɛləp] vt desarrollar; (Phot) revelar; (disease) coger; (habit) adquirir; (fault) empezar a tener ▷ vi desarrollarse; (advance) progresar; (facts, symptoms) aparecer; **developing country** n país m en (vías de) desarrollo; **development** n desarrollo; (advance) progreso; (of affair, case) desenvolvimiento; (of land) urbanización f

device [dɪˈvaɪs] n (apparatus) aparato, mecanismo

devil [ˈdɛvl] n diablo, demonio

devious [ˈdiːvɪəs] adj taimado

devise [dɪˈvaɪz] vt idear, inventar

devote [dɪˈvəut] vt: **to ~ sth to** dedicar algo a; **devoted** adj (loyal)

leal, fiel; **to be devoted to sb** querer con devoción a algn; **the book is devoted to politics** el libro trata de la política; **devotion** n dedicación f; (Rel) devoción f
devour [dɪ'vauə*] vt devorar
devout [dɪ'vaut] adj devoto
dew [djuː] n rocío
diabetes [daɪə'biːtiːz] n diabetes f
diabetic [daɪə'bɛtɪk] adj, n diabético/a m/f
diagnose [ˈdaɪəgnəuz] vt diagnosticar
diagnosis [daɪəg'nəusɪs] (pl -ses) n diagnóstico
diagonal [daɪ'ægənl] adj, n diagonal f
diagram [ˈdaɪəgræm] n diagrama m, esquema m
dial [ˈdaɪəl] n esfera (sp), cara (LAM); (on radio etc) dial m; (of phone) disco ▷ vt (number) marcar
dialect [ˈdaɪəlɛkt] n dialecto
dialling code [ˈdaɪəlɪŋ-] n prefijo
dialling tone (us **dial tone**) n (BRIT) señal f or tono de marcar
dialogue [ˈdaɪəlɒg] (us **dialog**) n diálogo
diameter [daɪ'æmɪtə*] n diámetro
diamond [ˈdaɪəmənd] n diamante m; (shape) rombo; **diamonds** npl (Cards) diamantes mpl
diaper [ˈdaɪəpə*] (us) n pañal m
diarrhoea [daɪə'riːə] (us **diarrhea**) n diarrea
diary [ˈdaɪərɪ] n (daily account) diario; (book) agenda
dice [daɪs] n inv dados mpl ▷ vt (Culin) cortar en cuadritos
dictate [dɪk'teɪt] vt dictar; (conditions) imponer; **dictation** [-'teɪʃən] n dictado; (giving of orders) órdenes fpl
dictator [dɪk'teɪtə*] n dictador m
dictionary [ˈdɪkʃənrɪ] n diccionario
did [dɪd] pt of **do**
didn't [ˈdɪdənt] = **did not**
die [daɪ] vi morir; (fig: fade)

desvanecerse, desaparecer; **to be dying for sth/to do sth** morirse por algo/de ganas de hacer algo; **die down** vi apagarse; (wind) amainar; **die out** vi desaparecer
diesel [ˈdiːzəl] n vehículo con motor Diesel
diet [ˈdaɪət] n dieta; (restricted food) régimen m ▷ vi (also: **be on a ~**) estar a dieta, hacer régimen
differ [ˈdɪfə*] vi: **to ~ (from)** (be different) ser distinto (a), diferenciarse (de); (disagree) discrepar (de); **difference** n diferencia; (disagreement) desacuerdo; **different** adj diferente, distinto; **differentiate** [-'rɛnʃɪeɪt] vi: **to differentiate (between)** distinguir (entre); **differently** adv de otro modo, en forma distinta
difficult [ˈdɪfɪkəlt] adj difícil; **difficulty** n dificultad f
dig [dɪg] (pt, pp **dug**) vt (hole, ground) cavar ▷ n (prod) empujón m; (archaeological) excavación f; (remark) indirecta; **to ~ one's nails into** clavar las uñas en; **dig up** vt (information) desenterrar; (plant) desarraigar
digest [vb daɪ'dʒɛst, n 'daɪdʒɛst] vt (food) digerir; (facts) asimilar ▷ n resumen m; **digestion** [dɪ'dʒɛstʃən] n digestión f
digit [ˈdɪdʒɪt] n (number) dígito; (finger) dedo; **digital** adj digital; **digital camera** n cámara digital; **digital TV** n televisión f digital
dignified [ˈdɪgnɪfaɪd] adj grave, solemne
dignity [ˈdɪgnɪtɪ] n dignidad f
digs [dɪgz] (BRIT: inf) npl pensión f, alojamiento
dilemma [daɪ'lɛmə] n dilema m
dill [dɪl] n eneldo
dilute [daɪ'luːt] vt diluir
dim [dɪm] adj (light) débil; (outline) indistinto; (room) oscuro; (inf: stupid) lerdo ▷ vt (light) bajar
dime [daɪm] (us) n moneda de diez centavos

dimension [dɪ'mɛnʃən] n dimensión f

diminish [dɪ'mɪnɪʃ] vt, vi disminuir

din [dɪn] n estruendo, estrépito

dine [daɪn] vi cenar; **diner** n (person) comensal mf

dinghy ['dɪŋɡɪ] n bote m; (also: **rubber ~**) lancha (neumática)

dingy ['dɪndʒɪ] adj (room) sombrío; (colour) sucio

dining car ['daɪnɪŋ-] (BRIT) n (Rail) coche-comedor m

dining room ['daɪnɪŋ-] n comedor m

dining table n mesa f de comedor

dinner ['dɪnə*] n (evening meal) cena; (lunch) comida; (public) cena, banquete m; **dinner jacket** n smoking m; **dinner party** n cena; **dinner time** n (evening) hora de cenar; (midday) hora de comer

dinosaur ['daɪnəsɔ:*] n dinosaurio

dip [dɪp] n (slope) pendiente m; (in sea) baño; (Culin) salsa ▷ vt (in water) mojar; (ladle etc) meter; (BRIT Aut): **to ~ one's lights** poner luces de cruce ▷ vi (road etc) descender, bajar

diploma [dɪ'pləʊmə] n diploma m

diplomacy [dɪ'pləʊməsɪ] n diplomacia

diplomat ['dɪpləmæt] n diplomático/a; **diplomatic** [dɪplə'mætɪk] adj diplomático

dipstick ['dɪpstɪk] (BRIT) n (Aut) varilla de nivel (del aceite)

dire [daɪə*] adj calamitoso

direct [daɪ'rɛkt] adj directo; (challenge) claro; (person) franco ▷ vt dirigir; (order): **to ~ sb to do sth** mandar a algn hacer algo ▷ adv derecho; **can you ~ me to ...?** ¿puede indicarme dónde está ...?; **direct debit** (BRIT) n domiciliación f bancaria de recibos

direction [dɪ'rɛkʃən] n dirección f; **sense of ~** sentido de la dirección; **directions** npl (instructions) instrucciones fpl; **~s for use** modo de empleo

directly [dɪ'rɛktlɪ] adv (in straight line) directamente; (at once) en seguida

director [dɪ'rɛktə*] n director(a) m/f

directory [dɪ'rɛktərɪ] n (Tel) guía (telefónica); (Comput) directorio; **directory enquiries** (US **directory assistance**) n (servicio de) información f

dirt [də:t] n suciedad f; (earth) tierra; **dirty** adj sucio; (joke) verde, colorado (MEX) ▷ vt ensuciar; (stain) manchar

disability [dɪsə'bɪlɪtɪ] n incapacidad f

disabled [dɪs'eɪbld] adj: **to be physically ~** ser minusválido/a; **to be mentally ~** ser deficiente mental

disadvantage [dɪsəd'vɑ:ntɪdʒ] n desventaja, inconveniente m

disagree [dɪsə'ɡri:] vi (differ) discrepar; **to ~ (with)** no estar de acuerdo (con); **disagreeable** adj desagradable; (person) antipático; **disagreement** n desacuerdo

disappear [dɪsə'pɪə*] vi desaparecer; **disappearance** n desaparición f

disappoint [dɪsə'pɔɪnt] vt decepcionar, defraudar; **disappointed** adj decepcionado; **disappointing** adj decepcionante; **disappointment** n decepción f

disapproval [dɪsə'pru:vəl] n desaprobación f

disapprove [dɪsə'pru:v] vi: **to ~ of** ver mal

disarm [dɪs'ɑ:m] vt desarmar; **disarmament** [dɪs'ɑ:məmənt] n desarme m

disaster [dɪ'zɑ:stə*] n desastre m

disastrous [dɪ'zɑ:strəs] adj desastroso

disbelief [dɪsbə'li:f] n incredulidad f

disc [dɪsk] n disco; (Comput) = **disk**

discard [dɪs'kɑ:d] vt (old things) tirar; (fig) descartar

discharge [vb dɪs'tʃɑ:dʒ, n 'dɪstʃɑ:dʒ] vt (task, duty) cumplir; (waste) verter; (patient) dar de alta; (employee) despedir; (soldier) licenciar; (defendant) poner en libertad ▷ n (Elec) descarga; (*Med*) supuración f; (*dismissal*) despedida; (*of duty*) desempeño; (*of debt*) pago, descargo

discipline ['dɪsɪplɪn] n disciplina ▷ vt disciplinar; (*punish*) castigar

disc jockey n pinchadiscos *mf inv*

disclose [dɪs'kləuz] vt revelar

disco ['dɪskəu] n abbr discoteca

discoloured [dɪs'kʌləd] (*US* **discolored**) adj descolorido

discomfort [dɪs'kʌmfət] n incomodidad f; (*unease*) inquietud f; (*physical*) malestar m

disconnect [dɪskə'nɛkt] vt separar; (*Elec etc*) desconectar

discontent [dɪskən'tɛnt] n descontento

discontinue [dɪskən'tɪnjuː] vt interrumpir; (*payments*) suspender; **"~d"** (*Comm*) "ya no se fabrica"

discount [n 'dɪskaunt, vb dɪs'kaunt] n descuento ▷ vt descontar

discourage [dɪs'kʌrɪdʒ] vt desalentar; (*advise against*): **to ~ sb from doing** disuadir a algn de hacer

discover [dɪs'kʌvə*] vt descubrir; (*error*) darse cuenta de; **discovery** n descubrimiento

discredit [dɪs'krɛdɪt] vt desacreditar

discreet [dɪ'skriːt] adj (*tactful*) discreto; (*careful*) prudente

discrepancy [dɪ'skrɛpənsɪ] n diferencia

discretion [dɪ'skrɛʃən] n (*tact*) discreción f; **at the ~ of** a criterio de

discriminate [dɪ'skrɪmɪneɪt] vi: **to ~ between** distinguir entre; **to ~ against** discriminar contra; **discrimination** [-'neɪʃən] n (*discernment*) perspicacia; (*bias*) discriminación f

discuss [dɪ'skʌs] vt discutir; (*a theme*) tratar; **discussion** [dɪ'skʌʃən] n discusión f

disease [dɪ'ziːz] n enfermedad f

disembark [dɪsɪm'baːk] vt, vi desembarcar

disgrace [dɪs'greɪs] n ignominia; (*shame*) vergüenza, escándalo ▷ vt deshonrar; **disgraceful** adj vergonzoso

disgruntled [dɪs'grʌntld] adj disgustado, descontento

disguise [dɪs'gaɪz] n disfraz m ▷ vt disfrazar; **in ~** disfrazado

disgust [dɪs'gʌst] n repugnancia ▷ vt repugnar, dar asco a

Be careful not to translate **disgust** by the Spanish word *disgustar*.

disgusted [dɪs'gʌstɪd] adj indignado

Be careful not to translate **disgusted** by the Spanish word *disgustado*.

disgusting [dɪs'gʌstɪŋ] adj repugnante, asqueroso; (*behaviour etc*) vergonzoso

dish [dɪʃ] n (*gen*) plato; **to do** or **wash the ~es** fregar los platos; **dishcloth** n estropajo

dishonest [dɪs'ɔnɪst] adj (*person*) poco honrado, tramposo; (*means*) fraudulento

dishtowel ['dɪʃtauəl] (*US*) n estropajo

dishwasher ['dɪʃwɔʃə*] n lavaplatos m inv

disillusion [dɪsɪ'luːʒən] vt desilusionar

disinfectant [dɪsɪn'fɛktənt] n desinfectante m

disintegrate [dɪs'ɪntɪgreɪt] vi disgregarse, desintegrarse

disk [dɪsk] n (*esp US*) = **disc**; (*Comput*) disco, disquete m; **single-/double-sided ~** disco de una cara/dos caras; **disk drive** n disc drive m; **diskette** n = **disk**

dislike [dɪs'laɪk] n antipatía, aversión f ▷ vt tener antipatía a

dislocate ['dɪsləkeɪt] vt dislocar

disloyal [dɪs'lɔɪəl] adj desleal

dismal ['dɪzml] adj (*gloomy*) deprimente, triste; (*very bad*) malísimo, fatal

dismantle [dɪs'mæntl] vt desmontar, desarmar

dismay [dɪs'meɪ] n consternación f
▷ vt consternar

dismiss [dɪs'mɪs] vt (worker)
despedir; (pupils) dejar marchar;
(soldiers) dar permiso para irse; (idea,
Law) rechazar; (possibility) descartar;
dismissal n despido

disobedient [dɪsə'biːdɪənt] adj
desobediente

disobey [dɪsə'beɪ] vt desobedecer

disorder [dɪs'ɔːdə*] n desorden m;
(rioting) disturbios mpl; (Med) trastorno

disorganized [dɪs'ɔːgənaɪzd] adj
desorganizado

disown [dɪs'əʊn] vt (action) renegar
de; (person) negar cualquier tipo de
relación con

dispatch [dɪs'pætʃ] vt enviar ▷ n
(sending) envío; (Press) informe m; (Mil)
parte m

dispel [dɪs'pɛl] vt disipar

dispense [dɪs'pɛns] vt (medicines)
preparar; **dispense with** vt fus
prescindir de; **dispenser** n (container)
distribuidor m automático

disperse [dɪs'pəːs] vt dispersar ▷ vi
dispersarse

display [dɪs'pleɪ] n (in shop window)
escaparate m; (exhibition) exposición
f; (Comput) visualización f; (of feeling)
manifestación f ▷ vt exponer;
manifestar; (ostentatiously) lucir

displease [dɪs'pliːz] vt (offend)
ofender; (annoy) fastidiar

disposable [dɪs'pəʊzəbl] adj
desechable; (income) disponible

disposal [dɪs'pəʊzl] n (of rubbish)
destrucción f; **at one's ~** a su
disposición

dispose [dɪs'pəʊz] vi: **to ~ of**
(unwanted goods) deshacerse de;
(problem etc) resolver; **disposition**
[dɪspə'zɪʃən] n (nature)
temperamento; (inclination)
propensión f

disproportionate [dɪsprə'pɔːʃənət]
adj desproporcionado

dispute [dɪs'pjuːt] n disputa; (also:

industrial ~) conflicto (laboral) ▷ vt
(argue) disputar, discutir; (question)
cuestionar

disqualify [dɪs'kwɒlɪfaɪ] vt (Sport)
desclasificar; **to ~ sb for sth/from
doing sth** incapacitar a algn para
algo/hacer algo

disregard [dɪsrɪ'gɑːd] vt (ignore) no
hacer caso de

disrupt [dɪs'rʌpt] vt (plans)
desbaratar, trastornar; (conversation)
interrumpir; **disruption**
[dɪs'rʌpʃən] n trastorno,
desbaratamiento; interrupción f

dissatisfaction [dɪssætɪs'fækʃən] n
disgusto, descontento

dissatisfied [dɪs'sætɪsfaɪd] adj
insatisfecho

dissect [dɪ'sɛkt] vt disecar

dissent [dɪ'sɛnt] n disensión f

dissertation [dɪsə'teɪʃən] n tesina

dissolve [dɪ'zɒlv] vt disolver
▷ vi disolverse; **to ~ in(to) tears**
deshacerse en lágrimas

distance ['dɪstəns] n distancia; **in
the ~** a lo lejos

distant ['dɪstənt] adj lejano; (manner)
reservado, frío

distil [dɪs'tɪl] (us **distill**) vt destilar;
distillery n destilería

distinct [dɪs'tɪŋkt] adj (different)
distinto; (clear) claro; (unmistakeable)
inequívoco; **as ~ from** a diferencia
de; **distinction** [dɪs'tɪŋkʃən] n
distinción f; (honour) honor m; (in
exam) sobresaliente m; **distinctive** adj
distintivo

distinguish [dɪs'tɪŋgwɪʃ] vt
distinguir; **to ~ o.s.** destacarse;
distinguished adj (eminent)
distinguido

distort [dɪs'tɔːt] vt distorsionar;
(shape, image) deformar

distract [dɪs'trækt] vt distraer;
distracted adj distraído; **distraction**
[dɪs'trækʃən] n distracción f;
(confusion) aturdimiento

distraught [dɪs'trɔːt] adj loco de

inquietud

distress [dɪs'trɛs] n (*anguish*)
angustia, aflicción f ▷vt afligir;
distressing adj angustioso; doloroso

distribute [dɪs'trɪbjuːt] vt distribuir;
(*share out*) repartir; **distribution**
[-'bjuːʃən] n distribución f, reparto;
distributor n (*Aut*) distribuidor m;
(*Comm*) distribuidora

district ['dɪstrɪkt] n (*of country*)
zona, región f; (*of town*) barrio; (*Admin*)
distrito; **district attorney** (*US*) n
fiscal mf

distrust [dɪs'trʌst] n desconfianza
▷vt desconfiar de

disturb [dɪs'təːb] vt (*person: bother,
interrupt*) molestar; (*: upset*)
perturbar, inquietar; (*disorganize*)
alterar; **disturbance** n (*upheaval*)
perturbación f; (*political etc: gen
pl*) disturbio; (*of mind*) trastorno;
disturbed adj (*worried, upset*)
preocupado, angustiado; **emotionally
disturbed** trastornado; (*childhood*)
inseguro; **disturbing** adj inquietante,
perturbador(a)

ditch [dɪtʃ] n zanja; (*irrigation ditch*)
acequia ▷vt (*inf: partner*) deshacerse
de; (*: plan, car etc*) abandonar

ditto ['dɪtəu] adv ídem, lo mismo

dive [daɪv] n (*from board*) salto;
(*underwater*) buceo; (*of submarine*)
sumersión f ▷vi (*swimmer: into water*)
saltar; (*: under water*) zambullirse,
bucear; (*fish, submarine*) sumergirse;
(*bird*) lanzarse en picado; **to ~ into** (*bag
etc*) meter la mano en; (*place*) meterse
de prisa en; **diver** n (*underwater*) buzo

diverse [daɪ'vəːs] adj diversos/as,
varios/as

diversion [daɪ'vəːʃən] n (*BRIT Aut*)
desviación f; (*distraction, Mil*) diversión
f; (*of funds*) distracción f

diversity [daɪ'vəːsɪtɪ] n diversidad f

divert [daɪ'vəːt] vt (*turn aside*) desviar

divide [dɪ'vaɪd] vt dividir; (*separate*)
separar ▷vi dividirse; (*road*)
bifurcarse; **divided highway** (*US*) n

carretera de doble calzada

divine [dɪ'vaɪn] adj (*also fig*) divino

diving ['daɪvɪŋ] n (*Sport*) salto;
(*underwater*) buceo; **diving board** n
trampolín m

division [dɪ'vɪʒən] n división f;
(*sharing out*) reparto; (*disagreement*)
diferencias fpl; (*Comm*) sección f

divorce [dɪ'vɔːs] n divorcio
▷vt divorciarse de; **divorced** adj
divorciado; **divorcee** [-'siː] n
divorciado/a

D.I.Y. (*BRIT*) adj, n abbr = **do-it-
yourself**

dizzy ['dɪzɪ] adj (*spell*) de mareo; **to
feel ~** marearse

DJ n abbr = **disc jockey**

DNA n abbr (= *deoxyribonucleic acid*)
ADN m

○ **KEYWORD**

do [duː] (*pt* **did**, *pp* **done**) n (*inf: party
etc*) **we're having a little do on
Saturday** damos una fiestecita el
sábado; **it was rather a grand do** fue
un acontecimiento a lo grande
▷ *aux vb* **1** (*in negative constructions: not
translated*): **I don't understand** no
entiendo
2 (*to form questions: not translated*):
didn't you know? ¿no lo sabías?; **what
do you think?** ¿qué opinas?
3 (*for emphasis, in polite expressions*):
**people do make mistakes
sometimes** sí que se cometen errores
a veces; **she does seem rather late**
a mí también me parece que se ha
retrasado; **do sit down/help yourself**
siéntate/sírvete por favor; **do take
care!** ¡ten cuidado(, te pido)!
4 (*used to avoid repeating vb*): **she sings
better than I do** canta mejor que yo;
do you agree? – yes, I do/no, I don't
¿estás de acuerdo? – sí (lo estoy)/no
(lo estoy); **she lives in Glasgow – so
do I** vive en Glasgow – yo también; **he
didn't like it and neither did we** no

le gustó y a nosotros tampoco; **who made this mess? – I did** ¿quién hizo esta chapuza? – yo; **he asked me to help him and I did** me pidió que le ayudara y lo hice

5 (*in question tags*): **you like him, don't you?** te gusta, ¿verdad? *or* ¿no?; **I don't know him, do I?** creo que no le conozco

▷ *vt* **1** (*gen, carry out, perform etc*): **what are you doing tonight?** ¿qué haces esta noche?; **what can I do for you?** ¿en qué puedo servirle?; **to do the washing-up/cooking** fregar los platos/cocinar; **to do one's teeth/hair/nails** lavarse los dientes/arreglarse el pelo/arreglarse las uñas

2 (*Aut etc*): **the car was doing 100** el coche iba a 100; **we've done 200 km already** ya hemos hecho 200 km; **he can do 100 in that car** puede ir a 100 en ese coche

▷ *vi* **1** (*act, behave*) hacer; **do as I do** haz como yo

2 (*get on, fare*): **he's doing well/badly at school** va bien/mal en la escuela; **the firm is doing well** la empresa anda *or* va bien; **how do you do?** mucho gusto; (*less formal*) ¿qué tal?

3 (*suit*): **will it do?** ¿sirve?, ¿está *or* va bien?

4 (*be sufficient*) bastar; **will £10 do?** ¿será bastante con £10?; **that'll do** así está bien; **that'll do!** (*in annoyance*) ¡ya está bien!, ¡basta ya!; **to make do (with)** arreglárselas (con)

do up *vt* (*laces*) atar; (*zip, dress, shirt*) abrochar; (*renovate: room, house*) renovar

do with *vt fus* (*need*): **I could do with a drink/some help** no me vendría mal un trago/un poco de ayuda; (*be connected*) tener que ver con; **what has it got to do with you?** ¿qué tiene que ver contigo?

do without *vi* pasar sin; **if you're late for tea then you'll do without** si llegas tarde tendrás que quedarte

sin cenar

▷ *vt fus* pasar sin; **I can do without a car** puedo pasar sin coche

dock [dɔk] *n* (*Naut*) muelle *m*; (*Law*) banquillo (de los acusados) ▷ *vi* (*enter dock*) atracar (la) muelle; (*Space*) acoplarse; **docks** *npl* (*Naut*) muelles *mpl*, puerto *sg*

doctor ['dɔktə*] *n* médico/a; (*Ph. D. etc*) doctor(a) *m/f* ▷ *vt* (*drink etc*) adulterar; **Doctor of Philosophy** *n* Doctor en Filosofía y Letras

document ['dɔkjumənt] *n* documento; **documentary** [-'mɛntərɪ] *adj* documental ▷ *n* documental *m*; **documentation** [-mɛn'teɪʃən] *n* documentación *f*

dodge [dɔdʒ] *n* (*fig*) truco ▷ *vt* evadir; (*blow*) esquivar

dodgy ['dɔdʒɪ] *adj* (*inf: uncertain*) dudoso; (*suspicious*) sospechoso; (*risky*) arriesgado

does [dʌz] *vb see* **do**

doesn't ['dʌzɪnt] = **does not**

dog [dɔg] *n* perro ▷ *vt* seguir los pasos de; (*bad luck*) perseguir; **doggy bag** ['dɔgɪ-] *n* bolsa para llevarse las sobras de la comida

do-it-yourself ['du:ɪtjɔː'sɛlf] *n* bricolaje *m*

dole [dəul] (*BRIT*) *n* (*payment*) subsidio de paro; **on the ~** parado

doll [dɔl] *n* muñeca; (*US: inf: woman*) muñeca, gachí *f*

dollar ['dɔlə*] *n* dólar *m*

dolphin ['dɔlfɪn] *n* delfín *m*

dome [dəum] *n* (*Arch*) cúpula

domestic [də'mɛstɪk] *adj* (*animal, duty*) doméstico; (*flight, policy*) nacional; **domestic appliance** *n* aparato *m* doméstico, aparato *m* de uso doméstico

dominant ['dɔmɪnənt] *adj* dominante

dominate ['dɔmɪneɪt] *vt* dominar

domino ['dɔmɪnəu] (*pl* **-es**) *n* ficha de dominó; **dominoes** *n* (*game*) dominó

donate [dəˈneɪt] vt donar; **donation** [dəˈneɪʃən] n donativo

done [dʌn] pp of **do**

donkey [ˈdɔŋkɪ] n burro

donor [ˈdəʊnə*] n donante mf; **donor card** n carnet m de donante

don't [dəʊnt] = **do not**

donut [ˈdəʊnʌt] (US) n = **doughnut**

doodle [ˈduːdl] vi hacer dibujitos or garabatos

doom [duːm] n (fate) suerte f ▷ vt: **to be ~ed to failure** estar condenado al fracaso

door [dɔː*] n puerta; **doorbell** n timbre m; **door handle** n tirador m; (of car) manija; **doorknob** n pomo m de la puerta, manilla f (LAM); **doorstep** n peldaño; **doorway** n entrada, puerta

dope [dəʊp] n (inf: illegal drug) droga; (: person) imbécil mf ▷ vt (horse etc) drogar

dormitory [ˈdɔːmɪtrɪ] n (BRIT) dormitorio; (US) colegio mayor

DOS n abbr (= disk operating system) DOS m

dosage [ˈdəʊsɪdʒ] n dosis f inv

dose [dəʊs] n dosis f inv

dot [dɔt] n punto ▷ vi: **~ted with** salpicado de; **on the ~** en punto; **dotcom** [dɔtˈkɔm] n puntocom f inv; **dotted line** [ˈdɔtɪd-] n: **to sign on the dotted line** firmar

double [ˈdʌbl] adj doble ▷ adv (twice): **to cost ~** costar el doble ▷ n doble m ▷ vt doblar ▷ vi doblarse; **on the ~, at the ~** (BRIT) corriendo; **double back** vi (person) volver sobre sus pasos; **double bass** n contrabajo; **double bed** n cama de matrimonio; **double-check** vt volver a revisar ▷ vi: **I'll double-check** voy a revisarlo otra vez; **double-click** vi (Comput) hacer doble clic; **double-cross** vt (trick) engañar; (betray) traicionar; **doubledecker** n autobús m de dos pisos; **double glazing** (BRIT) n doble acristalamiento; **double room** n

habitación f doble; **doubles** n (Tennis) juego de dobles; **double yellow lines** npl (BRIT: Aut) línea doble amarilla de prohibido aparcar, ≈ línea f sg amarilla continua

doubt [daut] n duda ▷ vt dudar; (suspect) dudar de; **to ~ that** dudar que; **doubtful** adj dudoso; (person): **to be doubtful about sth** tener dudas sobre algo; **doubtless** adv sin duda

dough [dəʊ] n masa, pasta; **doughnut** (US **donut**) n ≈ rosquilla

dove [dʌv] n paloma

down [daun] n (feathers) plumón m, flojel m ▷ adv (downwards) abajo, hacia abajo; (on the ground) por o en tierra ▷ prep abajo ▷ vt (inf: drink) beberse; **~ with X!** ¡abajo X!; **down-and-out** n vagabundo/a; **downfall** n caída, ruina; **downhill** adv: **to go downhill** (also fig) ir cuesta abajo

Downing Street [ˈdaunɪŋ-] n (BRIT) Downing Street f

down: download vt (Comput) bajar; **downright** adj (nonsense, lie) manifiesto; (refusal) terminante

Down's syndrome [ˈdaunz-] n síndrome m de Down

down: downstairs adv (below) (en el piso de) abajo; (downwards) escaleras abajo; **down-to-earth** adj práctico; **downtown** adv en el centro de la ciudad; **down under** adv en Australia (or Nueva Zelanda); **downward** [-wəd] adj, adv hacia abajo; **downwards** [-wədz] adv hacia abajo

doz. abbr = **dozen**

doze [dəʊz] vi dormitar

dozen [ˈdʌzn] n docena; **a ~ books** una docena de libros; **~s of** cantidad de

Dr. abbr = **doctor; drive**

drab [dræb] adj gris, monótono

draft [drɑːft] n (first copy) borrador m; (Pol: of bill) anteproyecto; (US: call-up) quinta ▷ vt (plan) preparar; (write roughly) hacer un borrador de; see also **draught**

drag [dræg] vt arrastrar; (river) dragar,

rastrear ▷ vi (time) pasar despacio;
(play, film etc) hacerse pesado ▷ n (inf)
lata; (women's clothing): **in ~** vestido
de travesti; **to ~ and drop** (Comput)
arrastrar y soltar

dragon ['drægən] n dragón m

dragonfly ['drægənflaɪ] n libélula

drain [dreɪn] n desaguadero; (in
street) sumidero; (source of loss): **to be
a ~ on** consumir, agotar ▷ vt (land,
marshes) desaguar; (reservoir) desecar;
(vegetables) escurrir ▷ vi escurrirse;
drainage n (act) desagüe m; (Med,
Agr) drenaje m; (sewage) alcantarillado;
drainpipe n tubo de desagüe

drama ['drɑːmə] n (art) teatro;
(play) drama m; (excitement) emoción f;
dramatic [drə'mætɪk] adj dramático;
(sudden, marked) espectacular

drank [dræŋk] pt of **drink**

drape [dreɪp] vt (cloth) colocar; (flag)
colgar; **drapes** npl (US) cortinas fpl

drastic ['dræstɪk] adj (measure)
severo; (change) radical, drástico

draught [drɑːft] (US **draft**) n (of
air) corriente f de aire; (Naut) calado;
on ~ (beer) de barril; **draught beer** n
cerveza de barril; **draughts** (BRIT) n
(game) juego de damas

draw [drɔː] (pt **drew**, pp **drawn**) vt
(picture) dibujar; (cart) tirar de; (curtain)
correr; (take out) sacar; (attract) atraer;
(money) retirar; (wages) cobrar ▷ vi
(Sport) empatar ▷ n (Sport) empate m;
(lottery) sorteo; **draw out** vi (lengthen)
alargarse ▷ vt sacar; **draw up** vi (stop)
pararse ▷ vt (chair) acercar; (document)
redactar; **drawback** n inconveniente
m, desventaja

drawer [drɔː*] n cajón m

drawing ['drɔːɪŋ] n dibujo; **drawing
pin** (BRIT) n chincheta; **drawing room**
n salón m

drawn [drɔːn] pp of **draw**

dread [drɛd] n pavor m, terror m ▷ vt
temer, tener miedo or pavor a; **dreadful**
adj horroroso

dream [driːm] (pt, pp **~ed** or **~t**) n

sueño ▷ vt, vi soñar; **dreamer** n
soñador(a) m/f

dreamt [drɛmt] pt, pp of **dream**

dreary ['drɪərɪ] adj monótono

drench [drɛntʃ] vt empapar

dress [drɛs] n vestido; (clothing)
ropa ▷ vt vestir; (wound) vendar ▷ vi
vestirse; **to get ~ed** vestirse; **dress
up** vi vestirse de etiqueta; (in fancy
dress) disfrazarse; **dress circle** (BRIT)
n principal m; **dresser** n (furniture)
aparador m; (: US) cómoda (con espejo);
dressing n (Med) vendaje m; (Culin)
aliño; **dressing gown** (BRIT) n bata;
dressing room n (Theatre) camarín
m; (Sport) vestuario; **dressing table** n
tocador m; **dressmaker** n modista,
costurera

drew [druː] pt of **draw**

dribble ['drɪbl] vi (baby) babear ▷ vt
(ball) regatear

dried [draɪd] adj (fruit) seco; (milk)
en polvo

drier ['draɪə*] n = **dryer**

drift [drɪft] n (of current etc) flujo;
(of snow) ventisquero; (meaning)
significado ▷ vi (boat) ir a la deriva;
(sand, snow) amontonarse

drill [drɪl] n (drill bit) broca; (tool for
DIY etc) taladro; (of dentist) fresa; (for
mining etc) perforadora, barrena; (Mil)
instrucción f ▷ vt perforar, taladrar;
(troops) enseñar la instrucción a ▷ vi
(for oil) perforar

drink [drɪŋk] (pt **drank**, pp **drunk**) n
bebida; (sip) trago ▷ vt, vi beber; **to
have a ~** tomar algo; tomar una copa
or un trago; **a ~ of water** un trago de
agua; **drink-driving** n: **to be charged
with drink-driving** ser acusado de
conducir borracho or en estado de
embriaguez; **drinker** n bebedor(a)
m/f; **drinking water** n agua potable

drip [drɪp] n (act) goteo; (one drip)
gota; (Med) gota a gota m ▷ vi gotear

drive [draɪv] (pt **drove**, pp **driven**)
n (journey) viaje m (en coche); (also:
~way) entrada; (energy) energía,

vigor m; (Comput: also: **disk ~**) drive m ▷ vt (car) conducir (SP), manejar (LAM); (nail) clavar; (push) empujar; (Tech: motor) impulsar ▷ vi (Aut: at controls) conducir; (: travel) pasearse en coche; **left-/right-hand ~** conducción f a la izquierda/derecha; **to ~ sb mad** volverle loco a algn; **drive out** vt (force out) expulsar, echar; **drive-in** adj (esp US): **drive-in cinema** autocine m

driven ['drɪvn] pp of **drive**

driver ['draɪvə*] n conductor(a) m/f (SP), chofer mf (LAM); (of taxi, bus) chófer mf (SP), chofer mf (LAM); **driver's license** (US) n carnet m de conducir

driveway ['draɪvweɪ] n entrada

driving ['draɪvɪŋ] n el conducir (SP), el manejar (LAM); **driving instructor** n profesor(a) m/f de autoescuela (SP), instructor(a) m/f de manejo (LAM); **driving lesson** n clase f de conducir (SP) or manejar (LAM); **driving licence** (BRIT) n licencia de manejo (LAM), carnet m de conducir (SP); **driving test** n examen m de conducir (SP) or manejar (LAM)

drizzle ['drɪzl] n llovizna

droop [druːp] vi (flower) marchitarse; (shoulders) encorvarse; (head) inclinarse

drop [drɒp] n (of water) gota; (lessening) baja; (fall) caída ▷ vt dejar caer; (voice, eyes, price) bajar; (passenger) dejar; (omit) omitir ▷ vi (object) caer; (wind) amainar; **drop in** vi (inf: visit): **to drop in (on)** pasar por casa (de); **drop off** vi (sleep) dormirse ▷ vt (passenger) dejar; **drop out** vi (withdraw) retirarse

drought [draut] n sequía

drove [drəuv] pt of **drive**

drown [draun] vt ahogar ▷ vi ahogarse

drowsy ['drauzɪ] adj soñoliento; **to be ~** tener sueño

drug [drʌg] n medicamento; (narcotic) droga ▷ vt drogar; **to be on ~s** drogarse; **drug addict** n drogadicto/a; **drug dealer** n traficante mf de drogas; **druggist** (US) n farmacéutico;

drugstore (US) n farmacia

drum [drʌm] n tambor m; (for oil, petrol) bidón m; **drums** npl batería; **drummer** n tambor m

drunk [drʌŋk] pp of **drink** ▷ adj borracho ▷ n (also: **~ard**) borracho/a; **drunken** adj borracho; (laughter, party) de borrachos

dry [draɪ] adj seco; (day) sin lluvia; (climate) árido, seco ▷ vt secar; (tears) enjugarse ▷ vi secarse; **dry off** vi secarse; **dry-cleaner's** n tintorería; **dry-cleaning** n lavado en seco; **dryer** n (for hair) secador m; (US: for clothes) secadora

DSS n abbr = **Department of Social Security**

D & T (BRIT: Scol) n abbr (= design and technology) ≈ dibujo y tecnología

DTP n abbr (= desk-top publishing) autoedición f

dual ['djuəl] adj doble; **dual carriageway** (BRIT) n carretera de doble calzada

dubious ['djuːbɪəs] adj indeciso; (reputation, company) sospechoso

duck [dʌk] n pato ▷ vi agacharse

due [djuː] adj (owed): **he is ~ £10** se le deben 10 libras; (expected: event): **the meeting is ~ on Wednesday** la reunión tendrá lugar el miércoles; (: arrival): **the train is ~ at 8am** el tren tiene su llegada para las 8; (proper) debido ▷ n: **to give sb his** (or **her**) **~** ser justo con algn ▷ adv: **~ north** derecho al norte

duel ['djuəl] n duelo

duet [djuːˈɛt] n dúo

dug [dʌg] pt, pp of **dig**

duke [djuːk] n duque m

dull [dʌl] adj (light) débil; (stupid) torpe; (boring) pesado; (sound, pain) sordo; (weather, day) gris ▷ vt (pain, grief) aliviar; (mind, senses) entorpecer

dumb [dʌm] adj mudo; (pej: stupid) estúpido

dummy ['dʌmɪ] n (tailor's dummy)

maniquí m; (mock-up) maqueta; (BRIT: for baby) chupete m ▷ adj falso, postizo

dump [dʌmp] n (also: **rubbish ~**) basurero, vertedero; (inf: place) cuchitril m ▷ vt (put down) dejar; (get rid of) deshacerse de; (Comput: data) transferir

dumpling ['dʌmplɪŋ] n bola de masa hervida

dune [dju:n] n duna

dungarees [dʌŋgə'ri:z] npl mono

dungeon ['dʌndʒən] n calabozo

duplex ['dju:plɛks] n dúplex m

duplicate [n 'dju:plɪkət, vb 'dju:plɪkeɪt] n duplicado ▷ vt duplicar; (photocopy) fotocopiar; (repeat) repetir; **in ~** por duplicado

durable ['djuərəbl] adj duradero

duration [djuə'reɪʃən] n duración f

during ['djuərɪŋ] prep durante

dusk [dʌsk] n crepúsculo, anochecer m

dust [dʌst] n polvo ▷ vt quitar el polvo a, desempolvar; (cake etc): **to ~ with** espolvorear de; **dustbin** (BRIT) n cubo or bote m (MEX) or tacho (SC) de la basura; **duster** n paño, trapo; **dustman** (BRIT: irreg) n basurero; **dustpan** n cogedor m; **dusty** adj polvoriento

Dutch [dʌtʃ] adj holandés/esa ▷ n (Ling) holandés m; **the Dutch** npl los holandeses; **to go ~** (inf) pagar cada uno lo suyo; **Dutchman** (irreg) n holandés m; **Dutchwoman** (irreg) n holandésa

duty ['dju:tɪ] n deber m; (tax) derechos mpl de aduana; **on ~** de servicio; (at night etc) de guardia; **off ~** libre (de servicio); **duty-free** adj libre de impuestos

duvet ['du:veɪ] (BRIT) n edredón m

DVD n abbr (= digital versatile or video disc) DVD m; **DVD player** n lector m de DVD; **DVD writer** n grabadora de DVD

dwarf [dwɔ:f] (pl **dwarves**) n enano/a ▷ vt empequeñecer

dwell [dwɛl] (pt, pp **dwelt**) vi morar; **dwell on** vt fus explayarse en

dwelt [dwɛlt] pt, pp of **dwell**

dwindle ['dwɪndl] vi disminuir

dye [daɪ] n tinte m ▷ vt teñir

dying ['daɪɪŋ] adj moribundo

dynamic [daɪ'næmɪk] adj dinámico

dynamite ['daɪnəmaɪt] n dinamita

dyslexia [dɪs'lɛksɪə] n dislexia

dyslexic [dɪs'lɛksɪk] adj, n disléxico/a m/f

E [iː] *n* (*Mus*) mi *m*

E111 *n abbr* (= *form E111*) impreso E111

each [iːtʃ] *adj* cada *inv* ▷ *pron* cada uno; **~ other** el uno al otro; **they hate ~ other** se odian (entre ellos *or* mutuamente); **they have 2 books ~** tienen 2 libros por persona

eager [ˈiːɡə*] *adj* (*keen*) entusiasmado; **to be ~ to do sth** tener muchas ganas de hacer algo, impacientarse por hacer algo; **to be ~ for** tener muchas ganas de

eagle [ˈiːɡl] *n* águila

ear [ɪə*] *n* oreja; oído; (*of corn*) espiga; **earache** *n* dolor *m* de oídos; **eardrum** *n* tímpano

earl [əːl] *n* conde *m*

earlier [ˈəːlɪə*] *adj* anterior ▷ *adv* antes

early [ˈəːlɪ] *adv* temprano; (*before time*) con tiempo, con anticipación ▷ *adj* temprano; (*settlers etc*) primitivo; (*death, departure*) prematuro; (*reply*) pronto; **to have an ~ night** acostarse temprano; **in the ~** *or* **~ in the**

spring/19th century a principios de primavera/del siglo diecinueve; **early retirement** *n* jubilación *f* anticipada

earmark [ˈɪəmɑːk] *vt*: **to ~ (for)** reservar (para), destinar (a)

earn [əːn] *vt* (*salary*) percibir; (*interest*) devengar; (*praise*) merecerse

earnest [ˈəːnɪst] *adj* (*wish*) fervoroso; (*person*) serio, formal; **in ~** en serio

earnings [ˈəːnɪŋz] *npl* (*personal*) sueldo, ingresos *mpl*; (*company*) ganancias *fpl*

ear: earphones *npl* auriculares *mpl*; **earplugs** *npl* tapones *mpl* para los oídos; **earring** *n* pendiente *m*, arete *m*

earth [əːθ] *n* tierra; (*BRIT Elec*) cable *m* de toma de tierra ▷ *vt* (*BRIT Elec*) conectar a tierra; **earthquake** *n* terremoto

ease [iːz] *n* facilidad *f*; (*comfort*) comodidad *f* ▷ *vt* (*lessen: problem*) mitigar; (: *pain*) aliviar; (: *tension*) reducir; **to ~ sth in/out** meter/sacar algo con cuidado; **at ~!** (*Mil*) ¡descansen!

easily [ˈiːzɪlɪ] *adv* fácilmente

east [iːst] *n* este *m* ▷ *adj* del este, oriental; (*wind*) este ▷ *adv* al este, hacia el este; **the E~** el Oriente; (*Pol*) los países del Este; **eastbound** *adj* en dirección este

Easter [ˈiːstə*] *n* Pascua (de Resurrección); **Easter egg** *n* huevo de Pascua

eastern [ˈiːstən] *adj* del este, oriental; (*oriental*) oriental

Easter Sunday *n* Domingo de Resurrección

easy [ˈiːzɪ] *adj* fácil; (*simple*) sencillo; (*comfortable*) holgado, cómodo; (*relaxed*) tranquilo ▷ *adv*: **to take it** *or* **things ~** (*not worry*) tomarlo con calma; (*rest*) descansar; **easy-going** *adj* acomodadizo

eat [iːt] (*pt* **ate**, *pp* **eaten**) *vt* comer; **eat out** *vi* comer fuera

eavesdrop [ˈiːvzdrɔp] *vi*: **to ~ (on)** escuchar a escondidas

e-book ['i:buk] n libro electrónico

e-business ['i:bɪznɪs] n (company) negocio electrónico; (commerce) comercio electrónico

EC n abbr (= European Community) CE f

eccentric [ɪk'sentrɪk] adj, n excéntrico/a m/f

echo ['ɛkəʊ] (pl **~es**) n eco ▷ vt (sound) repetir ▷ vi resonar, hacer eco

eclipse [ɪ'klɪps] n eclipse m

eco-friendly ['i:kəʊfrendlɪ] adj ecológico

ecological [i:kə'lɒdʒɪkl] adj ecológico

ecology [ɪ'kɒlədʒɪ] n ecología

e-commerce n abbr comercio electrónico

economic [i:kə'nɒmɪk] adj económico; (business etc) rentable; **economical** adj económico; **economics** n (Scol) economía ▷ npl (of project etc) rentabilidad f

economist [ɪ'kɒnəmɪst] n economista m/f

economize [ɪ'kɒnəmaɪz] vi economizar, ahorrar

economy [ɪ'kɒnəmɪ] n economía; **economy class** (Aviat) clase f económica; **economy class syndrome** n síndrome m de la clase turista

ecstasy ['ɛkstəsɪ] n éxtasis m inv; (drug) éxtasis m inv; **ecstatic** [ɛks'tætɪk] adj extático

eczema ['ɛksɪmə] n eczema m

edge [ɛdʒ] n (of knife) filo; (of object) borde m; (of lake) orilla ▷ vt (Sewing) ribetear; **on ~** (fig) = **edgy; to ~ away from** alejarse poco a poco de

edgy ['ɛdʒɪ] adj nervioso, inquieto

edible ['ɛdɪbl] adj comestible

Edinburgh ['ɛdɪnbərə] n Edimburgo

edit ['ɛdɪt] vt (be editor of) dirigir; (text, report) corregir, preparar; **edition** [ɪ'dɪʃən] n edición f; **editor** n (of newspaper) director(a) m/f; (of column): **foreign/political editor** encargado de la sección de extranjero/política; (of book) redactor(a) m/f;

editorial [-'tɔ:rɪəl] adj editorial ▷ n editorial m

educate ['ɛdjukeɪt] vt (gen) educar; (instruct) instruir; **educated** ['ɛdjukeɪtɪd] adj culto

education [ɛdju'keɪʃən] n educación f; (schooling) enseñanza; (Scol) pedagogía; **educational** adj (policy etc) educacional; (experience) docente; (toy) educativo

eel [i:l] n anguila

eerie ['ɪərɪ] adj misterioso

effect [ɪ'fɛkt] n efecto ▷ vt efectuar, llevar a cabo; **to take ~** (law) entrar en vigor or vigencia; (drug) surtir efecto; **in ~** en realidad; **effects** npl (property) efectos mpl; **effective** adj eficaz; (actual) verdadero; **effectively** adv eficazmente; (in reality) efectivamente

efficiency [ɪ'fɪʃənsɪ] n eficiencia; rendimiento

efficient [ɪ'fɪʃənt] adj eficiente; (machine) de buen rendimiento; **efficiently** adv eficientemente, de manera eficiente

effort ['ɛfət] n esfuerzo; **effortless** adj sin ningún esfuerzo; (style) natural

e.g. adv abbr (= exempli gratia) p.ej.

egg [ɛg] n huevo; **hard-boiled/soft-boiled ~** huevo duro/pasado por agua; **eggcup** n huevera; **eggplant** (esp us) n berenjena; **eggshell** n cáscara de huevo; **egg white** n clara de huevo; **egg yolk** n yema de huevo

ego ['i:gəʊ] n ego

Egypt ['i:dʒɪpt] n Egipto; **Egyptian** [ɪ'dʒɪpʃən] adj, n egipcio/a m/f

eight [eɪt] num ocho; **eighteen** num diez y ocho, dieciocho; **eighteenth** adj decimoctavo; **the eighteenth floor** la planta dieciocho; **the eighteenth of August** el dieciocho de agosto; **eighth** num octavo; **eightieth** ['eɪtɪɪθ] adj octogésimo

eighty ['eɪtɪ] num ochenta

Eire ['ɛərə] n Eire m

either ['aɪðə*] adj cualquiera de los dos; (both, each) cada ▷ pron: **~ (of**

them) cualquiera (de los dos) ▷ *adv* tampoco ▷ *conj*: **~ yes or no** o sí o no; **on ~ side** en ambos lados; **I don't like ~** no me gusta ninguno/a de los(las) dos; **no, I don't ~** no, yo tampoco

eject [ɪ'dʒɛkt] *vt* echar, expulsar; *(tenant)* desahuciar

elaborate [*adj* ɪ'læbərɪt, *vb* ɪ'læbəreɪt] *adj (complex)* complejo ▷ *vt (expand)* ampliar; *(refine)* refinar ▷ *vi* explicar con más detalles

elastic [ɪ'læstɪk] *n* elástico ▷ *adj* elástico; *(fig)* flexible; **elastic band** (BRIT) *n* gomita

elbow ['ɛlbəu] *n* codo

elder ['ɛldə*] *adj* mayor ▷ *n (tree)* saúco; *(person)* mayor; **elderly** *adj* de edad, mayor ▷ *npl*: **the elderly** los mayores

eldest ['ɛldɪst] *adj, n* el/la mayor

elect [ɪ'lɛkt] *vt* elegir ▷ *adj*: **the president ~** el presidente electo; **to ~ to do** optar por hacer; **election** *n* elección *f*; **electoral** *adj* electoral; **electorate** *n* electorado

electric [ɪ'lɛktrɪk] *adj* eléctrico; **electrical** *adj* eléctrico; **electric blanket** *n* manta eléctrica; **electric fire** *n* estufa eléctrica; **electrician** [ɪlɛk'trɪʃən] *n* electricista *mf*; **electricity** [ɪlɛk'trɪsɪtɪ] *n* electricidad *f*; **electric shock** *n* electrochoque *m*; **electrify** [ɪ'lɛktrɪfaɪ] *vt (Rail)* electrificar; *(fig: audience)* electrizar

electronic [ɪlɛk'trɔnɪk] *adj* electrónico; **electronic mail** *n* correo electrónico; **electronics** *n* electrónica

elegance ['ɛlɪgəns] *n* elegancia

elegant ['ɛlɪgənt] *adj* elegante

element ['ɛlɪmənt] *n* elemento; *(of kettle etc)* resistencia

elementary [ɛlɪ'mɛntərɪ] *adj* elemental; *(primitive)* rudimentario; **elementary school** (US) *n* escuela de enseñanza primaria

elephant ['ɛlɪfənt] *n* elefante *m*

elevate ['ɛlɪveɪt] *vt (gen)* elevar; *(in rank)* ascender

elevator ['ɛlɪveɪtə*] (US) *n* ascensor *m*; *(in warehouse etc)* montacargas *m inv*

eleven [ɪ'lɛvn] *num* once; **eleventh** *num* undécimo

eligible ['ɛlɪdʒəbl] *adj*: **an ~ young man/woman** un buen partido; **to be ~ for sth** llenar los requisitos para algo

eliminate [ɪ'lɪmɪneɪt] *vt (suspect, possibility)* descartar

elm [ɛlm] *n* olmo

eloquent ['ɛləkwənt] *adj* elocuente

else [ɛls] *adv*: **something ~** otra cosa; **somewhere ~** en otra parte; **everywhere ~** en todas partes menos aquí; **where ~?** ¿dónde más?, ¿en qué otra parte?; **there was little ~ to do** apenas quedaba otra cosa que hacer; **nobody ~ spoke** no habló nadie más; **elsewhere** *adv (be)* en otra parte; *(go)* a otra parte

elusive [ɪ'luːsɪv] *adj* esquivo; *(quality)* difícil de encontrar

e-mail ['iːmeɪl] *n abbr* (= *electronic mail*) correo electrónico, e-mail *m*; **e-mail address** *n* dirección *f* electrónica, email *m*

embankment [ɪm'bæŋkmənt] *n* terraplén *m*

embargo [ɪm'bɑːgəu] (*pl* ~**es**) *n* (Comm, Naut) embargo; *(prohibition)* prohibición *f*; **to put an ~ on sth** poner un embargo en algo

embark [ɪm'bɑːk] *vi* embarcarse ▷ *vt* embarcar; **to ~ on** *(journey)* emprender; *(course of action)* lanzarse a

embarrass [ɪm'bærəs] *vt* avergonzar; *(government etc)* dejar en mal lugar; **embarrassed** *adj (laugh, silence)* embarazoso

> ▌ Be careful not to translate
> **embarrassed** by the Spanish word
> ▌ *embarazada*.

embarrassing *adj (situation)* violento; *(question)* embarazoso; **embarrassment** *n (shame)* vergüenza; *(problem)*: **to be an embarrassment for sb** poner en un aprieto a algn

embassy ['ɛmbəsɪ] n embajada
embrace [ɪm'breɪs] vt abrazar, dar un abrazo a; (include) abarcar ▷ vi abrazarse ▷ n abrazo
embroider [ɪm'brɔɪdə*] vt bordar; **embroidery** n bordado
embryo ['ɛmbrɪəu] n embrión m
emerald ['ɛmərəld] n esmeralda
emerge [ɪ'mə:dʒ] vi salir; (arise) surgir
emergency [ɪ'mə:dʒənsɪ] n crisis f inv; **in an ~** en caso de urgencia; **state of ~** estado de emergencia; **emergency brake** (us) n freno de mano; **emergency exit** n salida de emergencia; **emergency landing** n aterrizaje m forzoso; **emergency room** (us: Med) n sala f de urgencias; **emergency services** npl (fire, police, ambulance) servicios mpl de urgencia or emergencia
emigrate ['ɛmɪgreɪt] vi emigrar; **emigration** [ɛmɪ'greɪʃən] n emigración f
eminent ['ɛmɪnənt] adj eminente
emissions [ɪ'mɪʃənz] npl emisión f
emit [ɪ'mɪt] vt emitir; (smoke) arrojar; (smell) despedir; (sound) producir
emotion [ɪ'məuʃən] n emoción f; **emotional** adj (needs) emocional; (person) sentimental; (scene) conmovedor(a), emocionante; (speech) emocionado
emperor ['ɛmpərə*] n emperador m
emphasis ['ɛmfəsɪs] n (pl **-ses**) n énfasis m inv
emphasize ['ɛmfəsaɪz] vt (word, point) subrayar, recalcar; (feature) hacer resaltar
empire ['ɛmpaɪə*] n imperio
employ [ɪm'plɔɪ] vt emplear; **employee** [-'iː] n empleado/a; **employer** n patrón/ona m/f; empresario; **employment** n (work) trabajo; **employment agency** n agencia de colocaciones
empower [ɪm'pauə*] vt: **to ~ sb to do sth** autorizar a algn para hacer algo
empress ['ɛmprɪs] n emperatriz f

emptiness ['ɛmptɪnɪs] n vacío; (of life etc) vaciedad f
empty ['ɛmptɪ] adj vacío; (place) desierto; (house) desocupado; (threat) vano ▷ vt vaciar; (place) dejar vacío ▷ vi vaciarse; (house etc) quedar desocupado; **empty-handed** adj con las manos vacías
EMU n abbr (= European Monetary Union) UME f
emulsion [ɪ'mʌlʃən] n emulsión f; (also: **~ paint**) pintura emulsión
enable [ɪ'neɪbl] vt: **to ~ sb to do sth** permitir a algn hacer algo
enamel [ɪ'næməl] n esmalte m; (also: **~ paint**) pintura esmaltada
enchanting [ɪn'tʃɑːntɪŋ] adj encantador(a)
encl. abbr (= enclosed) adj
enclose [ɪn'kləuz] vt (land) cercar; (letter etc) adjuntar; **please find ~d** le mandamos adjunto
enclosure [ɪn'kləuʒə*] n cercado, recinto
encore [ɔŋ'kɔ:*] excl ¡otra!, ¡bis! ▷ n bis m
encounter [ɪn'kauntə*] n encuentro ▷ vt encontrar, encontrarse con; (difficulty) tropezar con
encourage [ɪn'kʌrɪdʒ] vt alentar, animar; (activity) fomentar; (growth) estimular; **encouragement** n estímulo; (of industry) fomento
encouraging [ɪn'kʌrɪdʒɪŋ] adj alentador(a)
encyclop(a)edia [ɛnsaɪkləu'piːdɪə] n enciclopedia
end [ɛnd] n fin m; (of table) extremo; (of street) final m; (Sport) lado ▷ vt terminar, acabar; (also: **bring to an ~**, **put an ~ to**) acabar con ▷ vi terminar, acabar; **in the ~** al fin; **on ~** (object) de punta, de cabeza; **to stand on ~** (hair) erizarse; **for hours on ~** hora tras hora; **end up** vi: **to end up in** terminar en; (place) ir a parar en
endanger [ɪn'deɪndʒə*] vt poner en peligro; **an ~ed species** una especie en

peligro de extinción

endearing [ɪn'dɪərɪŋ] *adj* simpático, atractivo

endeavour [ɪn'dɛvə*] (*US* **endeavor**) *n* esfuerzo; (*attempt*) tentativa ▷ *vi*: **to ~ to do** esforzarse por hacer; (*try*) procurar hacer

ending ['ɛndɪŋ] *n* (*of book*) desenlace *m*; (*Ling*) terminación *f*

endless ['ɛndlɪs] *adj* interminable, inacabable

endorse [ɪn'dɔ:s] *vt* (*cheque*) endosar; (*approve*) aprobar; **endorsement** *n* (*on driving licence*) nota de inhabilitación

endurance [ɪn'djuərəns] *n* resistencia

endure [ɪn'djuə*] *vt* (*bear*) aguantar, soportar ▷ *vi* (*last*) durar

enemy ['ɛnəmɪ] *adj, n* enemigo/a *m/f*

energetic [ɛnə'dʒɛtɪk] *adj* enérgico

energy ['ɛnədʒɪ] *n* energía

enforce [ɪn'fɔ:s] *vt* (*Law*) hacer cumplir

engaged [ɪn'geɪdʒd] *adj* (*BRIT: busy, in use*) ocupado; (*betrothed*) prometido; **to get ~** prometerse; **engaged tone** (*BRIT*) *n* (*Tel*) señal *f* de comunicando

engagement [ɪn'geɪdʒmənt] *n* (*appointment*) compromiso, cita; (*booking*) contratación *f*; (*to marry*) compromiso; (*period*) noviazgo; **engagement ring** *n* anillo de prometida

engaging [ɪn'geɪdʒɪŋ] *adj* atractivo

engine ['ɛndʒɪn] *n* (*Aut*) motor *m*; (*Rail*) locomotora

engineer [ɛndʒɪ'nɪə*] *n* ingeniero; (*BRIT: for repairs*) mecánico; (*on ship, US Rail*) maquinista *m*; **engineering** *n* ingeniería

England ['ɪŋglənd] *n* Inglaterra

English ['ɪŋglɪʃ] *adj* inglés/esa ▷ *n* (*Ling*) inglés *m*; **the English** *npl* los ingleses *mpl*; **English Channel** *n*: **the English Channel** (el Canal de) la Mancha; **Englishman** (*irreg*) *n* inglés *m*; **Englishwoman** (*irreg*) *n* inglésa

engrave [ɪn'greɪv] *vt* grabar

engraving [ɪn'greɪvɪŋ] *n* grabado

enhance [ɪn'hɑ:ns] *vt* (*gen*) aumentar; (*beauty*) realzar

enjoy [ɪn'dʒɔɪ] *vt* (*health, fortune*) disfrutar de, gozar de; (*like*) gustarle a algn; **to ~ o.s.** divertirse; **enjoyable** *adj* agradable; (*amusing*) divertido; **enjoyment** *n* (*joy*) placer *m*; (*activity*) diversión *f*

enlarge [ɪn'lɑ:dʒ] *vt* aumentar; (*broaden*) extender; (*Phot*) ampliar ▷ *vi*: **to ~ on** (*subject*) tratar con más detalles; **enlargement** *n* (*Phot*) ampliación *f*

enlist [ɪn'lɪst] *vt* alistar; (*support*) conseguir ▷ *vi* alistarse

enormous [ɪ'nɔ:məs] *adj* enorme

enough [ɪ'nʌf] *adj*: **~ time/books** bastante tiempo/bastantes libros ▷ *pron* bastante(s) ▷ *adv*: **big ~** bastante grande; **he has not worked ~** no ha trabajado bastante; **have you got ~?** ¿tiene usted bastante(s)?; **~ to eat** (lo) suficiente para comer; **~!** ¡basta ya!; **that's ~, thanks** con eso basta, gracias; **I've had ~ of him** estoy harto de él; **... which, funnily** *or* **oddly ~ ...** ... lo que, por extraño que parezca ...

enquire [ɪn'kwaɪə*] *vt, vi* = **inquire**

enquiry [ɪn'kwaɪərɪ] *n* (*official investigation*) investigación

enrage [ɪn'reɪdʒ] *vt* enfurecer

enrich [ɪn'rɪtʃ] *vt* enriquecer

enrol [ɪn'rəul] (*US* **enroll**) *vt* (*members*) inscribir; (*Scol*) matricular ▷ *vi* inscribirse; matricularse; **enrolment** (*US* **enrollment**) *n* inscripción *f*; matriculación *f*

en route [ɔn'ru:t] *adv* durante el viaje

en suite [ɔn'swi:t] *adj*: **with ~ bathroom** con baño

ensure [ɪn'ʃuə*] *vt* asegurar

entail [ɪn'teɪl] *vt* suponer

enter ['ɛntə*] *vt* (*room*) entrar en; (*club*) hacerse socio de; (*army*) alistarse en; (*sb for a competition*) inscribir; (*write*

down) anotar, apuntar; (*Comput*) meter
▷ *vi* entrar

enterprise ['entəpraız] *n*
empresa; (*spirit*) iniciativa; **free
~** la libre empresa; **private ~** la
iniciativa privada; **enterprising** *adj*
emprendedor(a)

entertain [entə'teın] *vt* (*amuse*)
divertir; (*invite: guest*) invitar (a casa);
(*idea*) abrigar; **entertainer** *n* artista
mf; **entertaining** *adj* divertido,
entretenido; **entertainment** *n*
(*amusement*) diversión *f*; (*show*)
espectáculo

enthusiasm [ın'θu:zıæzəm] *n*
entusiasmo

enthusiast [ın'θu:zıæst] *n*
entusiasta *mf*; **enthusiastic** [-'æstık]
adj entusiasta; **to be enthusiastic
about** entusiasmarse por

entire [ın'taıə*] *adj* entero; **entirely**
adv totalmente

entitle [ın'taıtl] *vt*: **to ~ sb to sth** dar
a algn derecho a algo; **entitled** *adj*
(*book*) titulado; **to be entitled to do**
tener derecho a hacer

entrance [*n* 'entrəns, *vb* ın'trɑ:ns] *n*
entrada ▷ *vt* encantar, hechizar; **to
gain ~ to** (*university etc*) ingresar en;
entrance examination *n* examen
m de ingreso; **entrance fee** *n* cuota;
entrance ramp (*US*) *n* (*Aut*) rampa
de acceso

entrant ['entrənt] *n* (*in race,
competition*) participante *mf*; (*in
examination*) candidato/a

entrepreneur [ɔntrəprə'nə:] *n*
empresario

entrust [ın'trʌst] *vt*: **to ~ sth to sb**
confiar algo a algn

entry ['entrı] *n* entrada; (*in
competition*) participación *f*; (*in
register*) apunte *m*; (*in account*) partida;
(*in reference book*) artículo; **"no ~"**
"prohibido el paso"; (*Aut*) "dirección
prohibida"; **entry phone** *n* portero
automático

envelope ['envələup] *n* sobre *m*

envious ['envıəs] *adj* envidioso; (*look*)
de envidia

environment [ın'vaıərnmənt] *n*
(*surroundings*) entorno; (*natural world*):
the ~ el medio ambiente;
environmental [-'mentl] *adj*
ambiental; medioambiental;
environmentally [-'mentəlı]
adv: **environmentally sound/friendly**
ecológico

envisage [ın'vızıdʒ] *vt* prever

envoy ['envɔı] *n* enviado

envy ['envı] *n* envidia ▷ *vt* tener
envidia a; **to ~ sb sth** envidiar algo
a algn

epic ['epık] *n* épica ▷ *adj* épico

epidemic [epı'demık] *n* epidemia

epilepsy ['epılepsı] *n* epilepsia

epileptic [epı'leptık] *adj*, *n*
epiléptico/a *m/f*; **epileptic fit**
[epı'leptık-] *n* ataque *m* de epilepsia,
acceso *m* epiléptico

episode ['epısəud] *n* episodio

equal ['i:kwl] *adj* igual; (*treatment*)
equitativo ▷ *n* igual *mf* ▷ *vt* ser igual
a; (*fig*) igualar; **to be ~ to** (*task*) estar
a la altura de; **equality** [i:'kwɔlıtı]
n igualdad *f*; **equalize** *vi* (*Sport*)
empatar; **equally** *adv* igualmente;
(*share etc*) a partes iguales

equation [ı'kweıʒən] *n* (*Math*)
ecuación *f*

equator [ı'kweıtə*] *n* ecuador *m*

equip [ı'kwıp] *vt* equipar; (*person*)
proveer; **to be well ~ped** estar bien
equipado; **equipment** *n* equipo;
(*tools*) avíos *mpl*

equivalent [ı'kwıvələnt] *adj*: **~ (to)**
equivalente (a) ▷ *n* equivalente *m*

ER *abbr* (*BRIT*: = *Elizabeth Regina*) la reina
Isabel; (*US: Med*) = **emergency room**

era ['ıərə] *n* era, época

erase [ı'reız] *vt* borrar; **eraser** *n*
goma de borrar

erect [ı'rekt] *adj* erguido ▷ *vt* erigir,
levantar; (*assemble*) montar; **erection**
[-ʃən] *n* construcción *f*; (*assembly*)
montaje *m*; (*Physiol*) erección *f*

ERM *n abbr* (= *Exchange Rate Mechanism*) tipo de cambio europeo

erode [ɪˈrəʊd] *vt* (*Geo*) erosionar; (*metal*) corroer, desgastar; (*fig*) desgastar

erosion [ɪˈrəʊʒən] *n* erosión *f*; desgaste *m*

erotic [ɪˈrɒtɪk] *adj* erótico

errand [ˈɛrnd] *n* recado (*SP*), mandado (*LAM*)

erratic [ɪˈrætɪk] *adj* desigual, poco uniforme

error [ˈɛrə*] *n* error *m*, equivocación *f*

erupt [ɪˈrʌpt] *vi* entrar en erupción; (*fig*) estallar; **eruption** [ɪˈrʌpʃən] *n* erupción *f*; (*of war*) estallido

escalate [ˈɛskəleɪt] *vi* extenderse, intensificarse

escalator [ˈɛskəleɪtə*] *n* escalera móvil

escape [ɪˈskeɪp] *n* fuga ▷ *vi* escaparse; (*flee*) huir, evadirse; (*leak*) fugarse ▷ *vt* (*responsibility etc*) evitar, eludir; (*consequences*) escapar a; (*elude*): **his name ~s me** no me sale su nombre; **to ~ from** (*place*) escaparse de; (*person*) escaparse a

escort [*n* ˈɛskɔːt, *vb* ɪˈskɔːt] *n* acompañante *mf*; (*Mil*) escolta *mf* ▷ *vt* acompañar

especially [ɪˈspɛʃlɪ] *adv* (*above all*) sobre todo; (*particularly*) en particular, especialmente

espionage [ˈɛspɪənɑːʒ] *n* espionaje *m*

essay [ˈɛseɪ] *n* (*Literature*) ensayo; (*Scol: short*) redacción *f*; (: *long*) trabajo

essence [ˈɛsns] *n* esencia

essential [ɪˈsɛnʃl] *adj* (*necessary*) imprescindible; (*basic*) esencial; **essentially** *adv* esencialmente; **essentials** *npl* lo imprescindible, lo esencial

establish [ɪˈstæblɪʃ] *vt* establecer; (*prove*) demostrar; (*relations*) entablar; (*reputation*) ganarse; **establishment** *n* establecimiento; **the Establishment**

la clase dirigente

estate [ɪˈsteɪt] *n* (*land*) finca, hacienda; (*inheritance*) herencia; (*BRIT: also*: **housing ~**) urbanización *f*; **estate agent** (*BRIT*) *n* agente *mf* inmobiliario/a; **estate car** (*BRIT*) *n* furgoneta

estimate [*n* ˈɛstɪmət, *vb* ˈɛstɪmeɪt] *n* estimación *f*, apreciación *f*; (*assessment*) tasa, cálculo; (*Comm*) presupuesto ▷ *vt* estimar, tasar; calcular

etc *abbr* (= *et cetera*) etc

eternal [ɪˈtəːnl] *adj* eterno

eternity [ɪˈtəːnɪtɪ] *n* eternidad *f*

ethical [ˈɛθɪkl] *adj* ético; **ethics** [ˈɛθɪks] *n* ética ▷ *npl* moralidad *f*

Ethiopia [iːθɪˈəʊpɪə] *n* Etiopía

ethnic [ˈɛθnɪk] *adj* étnico; **ethnic minority** *n* minoría étnica

e-ticket [ˈiːtɪkɪt] *n* billete *m* electrónico (*SP*), boleto electrónico (*LAM*)

etiquette [ˈɛtɪkɛt] *n* etiqueta

EU *n abbr* (= *European Union*) UE *f*

euro *n* euro

Europe [ˈjʊərəp] *n* Europa; **European** [-ˈpiːən] *adj*, *n* europeo/a *m/f*; **European Community** *n* Comunidad *f* Europea; **European Union** *n* Unión *f* Europea

Eurostar® [ˈjʊərəʊstɑː*] *n* Eurostar® *m*

evacuate [ɪˈvækjueɪt] *vt* (*people*) evacuar; (*place*) desocupar

evade [ɪˈveɪd] *vt* evadir, eludir

evaluate [ɪˈvæljueɪt] *vt* evaluar; (*value*) tasar; (*evidence*) interpretar

evaporate [ɪˈvæpəreɪt] *vi* evaporarse; (*fig*) desvanecerse

eve [iːv] *n*: **on the ~ of** en vísperas de

even [ˈiːvn] *adj* (*level*) llano; (*smooth*) liso; (*speed, temperature*) uniforme; (*number*) par ▷ *adv* hasta, incluso; (*introducing a comparison*) aún, todavía; **~ if**, **~ though** aunque +*subjun*; **~ more** aun más; **~ so** aun así; **not ~** ni siquiera; **~ he was there** hasta él estuvo allí; **~ on Sundays** incluso los domingos; **to get ~ with sb** ajustar cuentas con algn

evening ['iːvnɪŋ] n tarde f; (late) noche f; **in the ~** por la tarde; **evening class** n clase f nocturna; **evening dress** n (no pl: formal clothes) traje m de etiqueta; (woman's) traje m de noche

event [ɪ'vent] n suceso, acontecimiento; (Sport) prueba; **in the ~ of** en caso de; **eventful** adj (life) activo; (day) ajetreado

eventual [ɪ'ventʃuəl] adj final

> Be careful not to translate **eventual** by the Spanish word *eventual*.

eventually adv (finally) finalmente; (in time) con el tiempo

ever ['evə*] adv (at any time) nunca, jamás; (at all times) siempre; (in question): **why ~ not?** ¿y por qué no?; **the best ~** lo nunca visto; **have you ~ seen it?** ¿lo ha visto usted alguna vez?; **better than ~** mejor que nunca; **~ since** adv desde entonces ▷ conj después de que; **evergreen** n árbol m de hoja perenne

○ **KEYWORD**

every ['evrɪ] adj **1** (each) cada; **every one of them** (persons) todos ellos/as; (objects) cada uno de ellos/as; **every shop in the town was closed** todas las tiendas de la ciudad estaban cerradas

2 (all possible) todo/a; **I gave you every assistance** te di toda la ayuda posible; **I have every confidence in him** tiene toda mi confianza; **we wish you every success** te deseamos toda suerte de éxitos

3 (showing recurrence) todo/a; **every day/week** todos los días/todas las semanas; **every other car had been broken into** habían forzado uno de cada dos coches; **she visits me every other/third day** me visita cada dos/tres días; **every now and then** de vez en cuando

every: everybody pron = **everyone**; **everyday** adj (daily) cotidiano, de todos los días; (usual) acostumbrado; **everyone** pron todos/as, todo el mundo; **everything** pron todo; **this shop sells everything** esta tienda vende de todo; **everywhere** adv: **I've been looking for you everywhere** te he estado buscando por todas partes; **everywhere you go you meet ...** en todas partes encuentras ...

evict [ɪ'vɪkt] vt desahuciar

evidence ['evɪdəns] n (proof) prueba; (of witness) testimonio; (sign) indicios mpl; **to give ~** prestar declaración, dar testimonio

evident ['evɪdənt] adj evidente, manifiesto; **evidently** adv por lo visto

evil ['iːvl] adj malo; (influence) funesto ▷ n mal m

evoke [ɪ'vəuk] vt evocar

evolution [iːvə'luːʃən] n evolución f

evolve [ɪ'vɔlv] vt desarrollar ▷ vi evolucionar, desarrollarse

ewe [juː] n oveja

ex [eks] (inf) n: **my ~** mi ex

ex- [eks] prefix ex

exact [ɪg'zækt] adj exacto; (person) meticuloso ▷ vt: **to ~ sth (from)** exigir algo (de); **exactly** adv exactamente; (indicating agreement) exacto

exaggerate [ɪg'zædʒəreɪt] vt, vi exagerar; **exaggeration** [-'reɪʃən] n exageración f

exam [ɪg'zæm] n abbr (Scol) = **examination**

examination [ɪgzæmɪ'neɪʃən] n examen m; (Med) reconocimiento

examine [ɪg'zæmɪn] vt examinar; (inspect) inspeccionar, escudriñar; (Med) reconocer; **examiner** n examinador(a) m/f

example [ɪg'zaːmpl] n ejemplo; **for ~** por ejemplo

exasperated [ɪg'zaːspəreɪtɪd] adj exasperado

excavate ['ekskəveɪt] vt excavar

exceed [ɪk'siːd] vt (amount) exceder;

(*number*) pasar de; (*speed limit*) sobrepasar; (*powers*) excederse en; (*hopes*) superar; **exceedingly** *adv* sumamente, sobremanera

excel [ɪkˈsɛl] *vi* sobresalir; **to ~ o.s** lucirse

excellence [ˈɛksələns] *n* excelencia

excellent [ˈɛksələnt] *adj* excelente

except [ɪkˈsɛpt] *prep* (*also*: **~ for, ~ing**) excepto, salvo ▷ *vt* exceptuar, excluir; **~ if/when** excepto si/cuando; **~ that** salvo que; **exception** [ɪkˈsɛpʃən] *n* excepción *f*; **to take exception to** ofenderse por; **exceptional** [ɪkˈsɛpʃənl] *adj* excepcional; **exceptionally** [ɪkˈsɛpʃənəlɪ] *adv* excepcionalmente, extraordinariamente

excerpt [ˈɛksəːpt] *n* extracto

excess [ɪkˈsɛs] *n* exceso; **excess baggage** *n* exceso de equipaje; **excessive** *adj* excesivo

exchange [ɪksˈtʃeɪndʒ] *n* intercambio; (*conversation*) diálogo; (*also*: **telephone ~**) central *f* (telefónica) ▷ *vt*: **to ~ (for)** cambiar (por); **exchange rate** *n* tipo de cambio

excite [ɪkˈsaɪt] *vt* (*stimulate*) estimular; (*arouse*) excitar; **excited** *adj*: **to get excited** emocionarse; **excitement** *n* (*agitation*) excitación *f*; (*exhilaration*) emoción *f*; **exciting** *adj* emocionante

exclaim [ɪkˈskleɪm] *vi* exclamar; **exclamation** [ɛkskləˈmeɪʃən] *n* exclamación *f*; **exclamation mark** *n* punto de admiración; **exclamation point** (*US*) = **exclamation mark**

exclude [ɪkˈskluːd] *vt* excluir; exceptuar

excluding [ɪksˈkluːdɪŋ] *prep*: **~ VAT** IVA no incluido

exclusion [ɪkˈskluːʒən] *n* exclusión *f*; **to the ~ of** con exclusión de

exclusive [ɪkˈskluːsɪv] *adj* exclusivo; (*club, district*) selecto; **~ of tax** excluyendo impuestos; **exclusively** *adv* únicamente

excruciating [ɪkˈskruːʃɪeɪtɪŋ] *adj* (*pain*) agudísimo, atroz; (*noise, embarrassment*) horrible

excursion [ɪkˈskəːʃən] *n* (*tourist excursion*) excursión *f*

excuse [*n* ɪkˈskjuːs, *vb* ɪkˈskjuːz] *n* disculpa, excusa; (*pretext*) pretexto ▷ *vt* (*justify*) justificar; (*forgive*) disculpar, perdonar; **to ~ sb from doing sth** dispensar a algn de hacer algo; **~ me!** (*attracting attention*) ¡por favor!; (*apologizing*) ¡perdón!; **if you will ~ me** con su permiso

ex-directory [ˈɛksdɪˈrɛktərɪ] (*BRIT*) *adj* que no consta en la guía

execute [ˈɛksɪkjuːt] *vt* (*plan*) realizar; (*order*) cumplir; (*person*) ajusticiar, ejecutar; **execution** [-ˈkjuːʃən] *n* realización *f*; cumplimiento; ejecución *f*

executive [ɪgˈzɛkjutɪv] *n* (*person, committee*) ejecutivo; (*Pol: committee*) poder *m* ejecutivo ▷ *adj* ejecutivo

exempt [ɪgˈzɛmpt] *adj*: **~ from** exento de ▷ *vt*: **to ~ sb from** eximir a algn de

exercise [ˈɛksəsaɪz] *n* ejercicio ▷ *vt* (*patience*) usar de; (*right*) valerse de; (*dog*) llevar de paseo; (*mind*) preocupar ▷ *vi* (*also*: **to take ~**) hacer ejercicio(s); **exercise book** *n* cuaderno

exert [ɪgˈzəːt] *vt* ejercer; **to ~ o.s.** esforzarse; **exertion** [-ʃən] *n* esfuerzo

exhale [eksˈheɪl] *vt* despedir ▷ *vi* exhalar

exhaust [ɪgˈzɔːst] *n* (*Aut: also*: **~ pipe**) escape *m*; (: *fumes*) gases *mpl* de escape ▷ *vt* agotar; **exhausted** *adj* agotado; **exhaustion** [ɪgˈzɔːstʃən] *n* agotamiento; **nervous exhaustion** postración *f* nerviosa

exhibit [ɪgˈzɪbɪt] *n* (*Art*) obra expuesta; (*Law*) objeto expuesto ▷ *vt* (*show: emotions*) manifestar; (: *courage, skill*) demostrar; (*paintings*) exponer; **exhibition** [ɛksɪˈbɪʃən] *n* exposición *f*; (*of talent etc*) demostración *f*

exhilarating [ɪgˈzɪləreɪtɪŋ] *adj* estimulante, tónico

exile ['ɛksaɪl] n exilio; (person) exiliado/a ▷ vt desterrar, exiliar

exist [ɪg'zɪst] vi existir; (live) vivir; **existence** n existencia; **existing** adj existente, actual

exit ['ɛksɪt] n salida ▷ vi (Theatre) hacer mutis; (Comput) salir (del sistema)

Be careful not to translate **exit** by the Spanish word éxito.

exit ramp (US) n (Aut) vía de acceso

exotic [ɪg'zɔtɪk] adj exótico

expand [ɪk'spænd] vt ampliar; (number) aumentar ▷ vi (population) aumentar; (trade etc) expandirse; (gas, metal) dilatarse

expansion [ɪk'spænʃən] n (of population) aumento; (of trade) expansión f

expect [ɪk'spɛkt] vt esperar; (require) contar con; (suppose) suponer ▷ vi: **to be ~ing** (pregnant woman) estar embarazada; **expectation** [ɛkspɛk'teɪʃən] n (hope) esperanza; (belief) expectativa

expedition [ɛkspə'dɪʃən] n expedición f

expel [ɪk'spɛl] vt arrojar; (from place) expulsar

expenditure [ɪks'pɛndɪtʃə*] n gastos mpl, desembolso; consumo

expense [ɪk'spɛns] n gasto, gastos mpl; (high cost) costa; **expenses** npl (Comm) gastos mpl; **at the ~ of** a costa de; **expense account** n cuenta de gastos

expensive [ɪk'spɛnsɪv] adj caro, costoso

experience [ɪk'spɪərɪəns] n experiencia ▷ vt experimentar; (suffer) sufrir; **experienced** adj experimentado

experiment [ɪk'spɛrɪmənt] n experimento ▷ vi hacer experimentos; **experimental** [-'mɛntl] adj experimental; **the process is still at the experimental stage** el proceso está todavía en prueba

expert ['ɛkspəːt] adj experto, perito ▷ n experto/a, perito/a; (specialist) especialista mf; **expertise** [-'tiːz] n pericia

expire [ɪk'spaɪə*] vi caducar, vencer; **expiry** n vencimiento; **expiry date** n (of medicine, food item) fecha de caducidad

explain [ɪk'spleɪn] vt explicar; **explanation** [ɛksplə'neɪʃən] n explicación f

explicit [ɪk'splɪsɪt] adj explícito

explode [ɪk'spləʊd] vi estallar, explotar; (population) crecer rápidamente; (with anger) reventar

exploit [n 'ɛksplɔɪt, vb ɪk'splɔɪt] n hazaña ▷ vt explotar; **exploitation** [-'teɪʃən] n explotación f

explore [ɪk'splɔː*] vt explorar; (fig) examinar; investigar; **explorer** n explorador(a) m/f

explosion [ɪk'spləʊʒən] n explosión f; **explosive** [ɪks'pləʊsɪv] adj, n explosivo

export [vb ɛk'spɔːt, n, cpd 'ɛkspɔːt] vt exportar ▷ n (process) exportación f; (product) producto de exportación ▷ cpd de exportación; **exporter** n exportador m

expose [ɪk'spəʊz] vt exponer; (unmask) desenmascarar; **exposed** adj expuesto

exposure [ɪk'spəʊʒə*] n exposición f; (publicity) publicidad f; (Phot: speed) velocidad f de obturación; (: shot) fotografía; **to die from ~** (Med) morir de frío

express [ɪk'sprɛs] adj (definite) expreso, explícito; (BRIT: letter etc) urgente ▷ n (train) rápido ▷ vt expresar; **expression** [ɪk'sprɛʃən] n expresión f; (of actor etc) sentimiento; **expressway** (US) n (urban motorway) autopista

exquisite [ɛk'skwɪzɪt] adj exquisito

extend [ɪk'stɛnd] vt (visit, street) prolongar; (building) ampliar; (invitation) ofrecer ▷ vi (land)

extenderse; (*period of time*) prolongarse
extension [ɪkˈstɛnʃən] *n* extensión
f; (*building*) ampliación *f*; (*of time*)
prolongación *f*; (*Tel: in private house*)
línea derivada; (: *in office*) extensión
f; **extension lead** *n* alargador *m*,
alargadera
extensive [ɪkˈstɛnsɪv] *adj* extenso;
(*damage*) importante; (*knowledge*)
amplio
extent [ɪkˈstɛnt] *n* (*breadth*)
extensión *f*; (*scope*) alcance *m*; **to some**
~ hasta cierto punto; **to the ~ of ...**
hasta el punto de ...; **to such an ~ that**
... hasta tal punto que ...; **to what ~?**
¿hasta qué punto?
exterior [ɛkˈstɪərɪə*] *adj* exterior,
externo ▷ *n* exterior *m*
external [ɛkˈstəːnl] *adj* externo
extinct [ɪkˈstɪŋkt] *adj* (*volcano*)
extinguido; (*race*) extinto; **extinction**
n extinción *f*
extinguish [ɪkˈstɪŋgwɪʃ] *vt*
extinguir, apagar
extra [ˈɛkstrə] *adj* adicional ▷ *adv* (*in*
addition) de más ▷ *n* (*luxury, addition*)
extra *m*; (*Cinema, Theatre*) extra *mf*,
comparsa *mf*
extract [*vb* ɪkˈstrækt, *n* ˈɛkstrækt] *vt*
sacar; (*tooth*) extraer; (*money, promise*)
obtener ▷ *n* extracto
extradite [ˈɛkstrədaɪt] *vt* extraditar
extraordinary [ɪkˈstrɔːdnrɪ] *adj*
extraordinario; (*odd*) raro
extravagance [ɪkˈstrævəgəns] *n*
derroche *m*, despilfarro; (*thing bought*)
extravagancia
extravagant [ɪkˈstrævəgənt]
adj (*lavish: person*) pródigo; (: *gift*)
(demasiado) caro; (*wasteful*)
despilfarrador(a)
extreme [ɪkˈstriːm] *adj* extremo,
extremado ▷ *n* extremo; **extremely**
adv sumamente, extremadamente
extremist [ɪkˈstriːmɪst] *adj, n*
extremista *m/f*
extrovert [ˈɛkstrəvəːt] *n*
extrovertido/a

eye [aɪ] *n* ojo ▷ *vt* mirar de soslayo,
ojear; **to keep an ~ on** vigilar; **eyeball**
n globo ocular; **eyebrow** *n* ceja;
eyedrops *npl* gotas *fpl* para los ojos,
colino; **eyelash** *n* pestaña; **eyelid** *n*
párpado; **eyeliner** *n* delineador *m* (de
ojos); **eyeshadow** *n* sombreador *m* de
ojos; **eyesight** *n* vista; **eye witness** *n*
testigo *mf* presencial

F [ɛf] *n* (*Mus*) fa *m*

fabric ['fæbrɪk] *n* tejido, tela

Be careful not to translate **fabric** by the Spanish word *fábrica*.

fabulous ['fæbjuləs] *adj* fabuloso

face [feɪs] *n* (*Anat*) cara, rostro; (*of clock*) esfera (*SP*), cara (*LAM*); (*of mountain*) cara, ladera; (*of building*) fachada ▷ *vt* (*direction*) estar de cara a; (*situation*) hacer frente a; (*facts*) aceptar; **~ down** (*person, card*) boca abajo; **to lose ~** desprestigiarse; **to make** *or* **pull a ~** hacer muecas; **in the ~ of** (*difficulties etc*) ante; **on the ~ of it** a primera vista; **~ to ~** cara a cara; **face up to** *vt fus* hacer frente a, arrostrar; **face cloth** (*BRIT*) *n* manopla; **face pack** *n* (*BRIT*) mascarilla

facial ['feɪʃəl] *adj* de la cara ▷ *n* (*also*: **beauty ~**) tratamiento facial, limpieza

facilitate [fə'sɪlɪteɪt] *vt* facilitar

facilities [fə'sɪlɪtɪz] *npl* (*buildings*) instalaciones *fpl*; (*equipment*) servicios *mpl*; **credit ~** facilidades *fpl* de crédito

fact [fækt] *n* hecho; **in ~** en realidad

faction ['fækʃən] *n* facción *f*

factor ['fæktə*] *n* factor *m*

factory ['fæktərɪ] *n* fábrica

factual ['fæktjuəl] *adj* basado en los hechos

faculty ['fækəltɪ] *n* facultad *f*; (*US: teaching staff*) personal *m* docente

fad [fæd] *n* novedad *f*, moda

fade [feɪd] *vi* desteñirse; (*sound, smile*) desvanecerse; (*light*) apagarse; (*flower*) marchitarse; (*hope, memory*) perderse; **fade away** *vi* (*sound*) apagarse

fag [fæg] (*BRIT: inf*) *n* (*cigarette*) pitillo (*SP*), cigarro

Fahrenheit ['fɑːrənhaɪt] *n* Fahrenheit *m*

fail [feɪl] *vt* (*candidate, test*) suspender (*SP*), reprobar (*LAM*); (*memory etc*) fallar a ▷ *vi* suspender (*SP*), reprobar (*LAM*); (*be unsuccessful*) fracasar; (*strength, brakes*) fallar; (*light*) acabarse; **to ~ to do sth** (*neglect*) dejar de hacer algo; (*be unable*) no poder hacer algo; **without ~** sin falta; **failing** *n* falta, defecto ▷ *prep* a falta de; **failure** ['feɪljə*] *n* fracaso; (*person*) fracasado/a; (*mechanical etc*) fallo

faint [feɪnt] *adj* débil; (*recollection*) vago; (*mark*) apenas visible ▷ *n* desmayo ▷ *vi* desmayarse; **to feel ~** estar mareado, marearse; **faintest** *adj*: **I haven't the faintest idea** no tengo la más remota idea; **faintly** *adv* débilmente; (*vaguely*) vagamente

fair [fɛə*] *adj* justo; (*hair, person*) rubio; (*weather*) bueno; (*good enough*) regular; (*considerable*) considerable ▷ *adv* (*play*) limpio ▷ *n* feria; (*BRIT: funfair*) parque *m* de atracciones; **fairground** *n* recinto ferial; **fair-haired** *adj* (*person*) rubio; **fairly** *adv* (*justly*) con justicia; (*quite*) bastante; **fair trade** *n* comercio justo; **fairway** *n* (*Golf*) calle *f*

fairy ['fɛərɪ] *n* hada; **fairy tale** *n* cuento de hadas

faith [feɪθ] *n* fe *f*; (*trust*) confianza; (*sect*) religión *f*; **faithful** *adj*

(loyal: troops etc) leal; (spouse) fiel; (account) exacto; **faithfully** adv fielmente; **yours faithfully** (BRIT: in letters) le saluda atentamente
fake [feɪk] n (painting etc) falsificación f; (person) impostor(a) m/f ▷ adj falso ▷ vt fingir; (painting etc) falsificar
falcon ['fɔːlkən] n halcón m
fall [fɔːl] (pt **fell**, pp **fallen**) n caída; (in price etc) descenso; (US) otoño ▷ vi caer(se); (price) bajar, descender; **falls** npl (waterfall) cascada, salto de agua; **to ~ flat** (on one's face) caerse (boca abajo); (plan) fracasar; (joke, story) no hacer gracia; **fall apart** vi deshacerse; **fall down** vi (person) caerse; (building, hopes) derrumbarse; **fall for** vt fus (trick) dejarse engañar por; (person) enamorarse de; **fall off** vi caerse; (diminish) disminuir; **fall out** vi (friends etc) reñir; (hair, teeth) caerse; **fall over** vi caer(se); **fall through** vi (plan, project) fracasar
fallen ['fɔːlən] pp of **fall**
fallout ['fɔːlaʊt] n lluvia radioactiva
false [fɔːls] adj falso; **under ~ pretences** con engaños; **false alarm** n falsa alarma; **false teeth** (BRIT) npl dentadura postiza
fame [feɪm] n fama
familiar [fə'mɪlɪə*] adj conocido, familiar; (tone) de confianza; **to be ~ with** (subject) conocer (bien); **familiarize** [fə'mɪlɪəraɪz] vt: **to familiarize o.s. with** familiarizarse con
family ['fæmɪlɪ] n familia; **family doctor** n médico/a de cabecera; **family planning** n planificación f familiar
famine ['fæmɪn] n hambre f, hambruna
famous ['feɪməs] adj famoso, célebre
fan [fæn] n abanico; (Elec) ventilador m; (of pop star) fan mf; (Sport) hincha mf ▷ vt abanicar; (fire, quarrel) atizar
fanatic [fə'nætɪk] n fanático/a
fan belt n correa del ventilador

fan club n club m de fans
fancy ['fænsɪ] n (whim) capricho, antojo; (imagination) imaginación f ▷ adj (luxury) lujoso, de lujo ▷ vt (feel like, want) tener ganas de; (imagine) imaginarse; (think) creer; **to take a ~ to sb** tomar cariño a algn; **he fancies her** (inf) le gusta (ella) mucho; **fancy dress** n disfraz m
fan heater n calefactor m de aire
fantasize ['fæntəsaɪz] vi fantasear, hacerse ilusiones
fantastic [fæn'tæstɪk] adj (enormous) enorme; (strange, wonderful) fantástico
fantasy ['fæntəzɪ] n (dream) sueño; (unreality) fantasía
fanzine ['fænziːn] n fanzine m
FAQs abbr (= frequently asked questions) preguntas frecuentes
far [fɑː*] adj (distant) lejano ▷ adv lejos; (much, greatly) mucho; **~ away, ~ off** (a lo) lejos; **~ better** mucho mejor; **~ from** lejos de; **by ~** con mucho; **go as ~ as the farm** vaya hasta la granja; **as ~ as I know** que yo sepa; **how ~?** ¿hasta dónde?; (fig) ¿hasta qué punto?
farce [fɑːs] n farsa
fare [feə*] n (on trains, buses) precio (del billete); (in taxi: cost) tarifa; (food) comida; **half ~** medio pasaje m; **full ~** pasaje completo
Far East n: **the ~** el Extremo Oriente
farewell [feə'wel] excl, n adiós m
farm [fɑːm] n cortijo (SP), hacienda (LAM), rancho (MEX), estancia (RPL) ▷ vt cultivar; **farmer** n granjero, hacendado (LAM), ranchero (MEX), estanciero (RPL); **farmhouse** n granja, casa del hacendado (LAM), rancho (MEX), casco de la estancia (RPL); **farming** n agricultura; (of crops) cultivo; (of animals) cría; **farmyard** n corral m
far-reaching [fɑː'riːtʃɪŋ] adj (reform, effect) de gran alcance
fart [fɑːt] (inf!) vi tirarse un pedo (!)
farther ['fɑːðə*] adv más lejos, más allá ▷ adj más lejano

farthest ['fɑːðɪst] *superlative of* **far**

fascinate ['fæsɪneɪt] *vt* fascinar; **fascinated** *adj* fascinado

fascinating ['fæsɪneɪtɪŋ] *adj* fascinante

fascination [-'neɪʃən] *n* fascinación *f*

fascist ['fæʃɪst] *adj, n* fascista *m/f*

fashion ['fæʃən] *n* moda; (*fashion industry*) industria de la moda; (*manner*) manera ▷ *vt* formar; **in ~** a la moda; **out of ~** pasado de moda; **fashionable** *adj* de moda; **fashion show** *n* desfile *m* de modelos

fast [fɑːst] *adj* rápido; (*dye, colour*) resistente; (*clock*): **to be ~** estar adelantado ▷ *adv* rápidamente, de prisa; (*stuck, held*) firmemente ▷ *n* ayuno ▷ *vi* ayunar; **~ asleep** profundamente dormido

fasten ['fɑːsn] *vt* atar, sujetar; (*coat, belt*) abrochar ▷ *vi* atarse; abrocharse

fast food *n* comida rápida, platos *mpl* preparados

fat [fæt] *adj* gordo; (*book*) grueso; (*profit*) grande, pingüe ▷ *n* grasa; (*on person*) carnes *fpl*; (*lard*) manteca

fatal ['feɪtl] *adj* (*mistake*) fatal; (*injury*) mortal; **fatality** [fə'tælɪtɪ] *n* (*road death etc*) víctima; **fatally** *adv* fatalmente; mortalmente

fate [feɪt] *n* destino; (*of person*) suerte *f*

father ['fɑːðə*] *n* padre *m*; **Father Christmas** *n* Papá *m* Noel; **father-in-law** *n* suegro

fatigue [fə'tiːg] *n* fatiga, cansancio

fattening ['fætnɪŋ] *adj* (*food*) que hace engordar

fatty ['fætɪ] *adj* (*food*) graso ▷ *n* (*inf*) gordito/a, gordinflón/ona *m/f*

faucet ['fɔːsɪt] (*US*) *n* grifo (*SP*), llave *f*, canilla (*RPL*)

fault [fɔːlt] *n* (*blame*) culpa; (*defect: in person, machine*) defecto; (*Geo*) falla ▷ *vt* criticar; **it's my ~** es culpa mía; **to find ~ with** criticar, poner peros a; **at ~** culpable; **faulty** *adj* defectuoso

fauna ['fɔːnə] *n* fauna

favour *etc* ['feɪvə*] (*US* **favor** *etc*) *n* favor *m*; (*approval*) aprobación *f* ▷ *vt* (*proposition*) estar a favor de, aprobar; (*assist*) ser propicio a; **to do sb a ~** hacer un favor a algn; **to find ~ with sb** caer en gracia a algn; **in ~ of** a favor de; **favourable** *adj* favorable; **favourite** ['feɪvrɪt] *adj, n* favorito, preferido

fawn [fɔːn] *n* cervato ▷ *adj* (*also:* **~-coloured**) color de cervato, leonado ▷ *vi*: **to ~ (up)on** adular

fax [fæks] *n* (*document*) fax *m*; (*machine*) telefax *m* ▷ *vt* mandar por telefax

FBI (*US*) *n abbr* (= *Federal Bureau of Investigation*) ≈ BIC *f* (*SP*)

fear [fɪə*] *n* miedo, temor *m* ▷ *vt* tener miedo de, temer; **for ~ of** por si; **fearful** *adj* temeroso, miedoso; (*awful*) terrible; **fearless** *adj* audaz

feasible ['fiːzəbl] *adj* factible

feast [fiːst] *n* banquete *m*; (*Rel: also:* **~ day**) fiesta ▷ *vi* festejar

feat [fiːt] *n* hazaña

feather ['fɛðə*] *n* pluma

feature ['fiːtʃə*] *n* característica; (*article*) artículo de fondo ▷ *vt* (*film*) presentar ▷ *vi*: **to ~ in** tener un papel destacado en; **features** *npl* (*of face*) facciones *fpl*; **feature film** *n* largometraje *m*

Feb. *abbr* (= *February*) feb

February ['fɛbruərɪ] *n* febrero

fed [fɛd] *pt, pp of* **feed**

federal ['fɛdərəl] *adj* federal

federation [fɛdə'reɪʃən] *n* federación *f*

fed up [fɛd'ʌp] *adj*: **to be ~ (with)** estar harto (de)

fee [fiː] *n* pago; (*professional*) derechos *mpl*, honorarios *mpl*; (*of club*) cuota; **school ~s** matrícula

feeble ['fiːbl] *adj* débil; (*joke*) flojo

feed [fiːd] (*pt, pp* **fed**) *n* comida; (*of animal*) pienso; (*on printer*) dispositivo de alimentación ▷ *vt* alimentar; (*BRIT: baby: breastfeed*) dar el pecho a; (*animal*) dar de comer a; (*data,*

information): **to ~ into** meter en;
feedback n reacción f, feedback m

feel [fi:l] (*pt, pp* **felt**) n (*sensation*)
sensación f; (*sense of touch*) tacto;
(*impression*): **to have the ~ of** parecerse
a ▷ vt tocar; (*pain etc*) sentir; (*think,
believe*) creer; **to ~ hungry/cold** tener
hambre/frío; **to ~ lonely/better**
sentirse solo/mejor; **I don't ~ well**
no me siento bien; **it ~s soft** es suave
al tacto; **to ~ like** (*want*) tener ganas
de; **feeling** n (*physical*) sensación f;
(*foreboding*) presentimiento; (*emotion*)
sentimiento

feet [fi:t] *npl of* **foot**

fell [fɛl] *pt of* **fall** ▷ vt (*tree*) talar

fellow ['fɛləu] n tipo, tío (*SP*);
(*comrade*) compañero; (*of learned
society*) socio/a; **fellow citizen** n
conciudadano/a; **fellow countryman**
(*irreg*) n compatriota m; **fellow men**
npl semejantes *mpl*; **fellowship** n
compañerismo; (*grant*) beca

felony ['fɛlənɪ] n crimen m

felt [fɛlt] *pt, pp of* **feel** ▷ n fieltro;
felt-tip n (*also:* **felt-tip pen**)
rotulador m

female ['fi:meɪl] n (*pej: woman*) mujer
f, tía; (*Zool*) hembra ▷ adj femenino;
hembra

feminine ['fɛmɪnɪn] adj femenino

feminist ['fɛmɪnɪst] n feminista

fence [fɛns] n valla, cerca ▷ vt (*also: ~
in*) cercar ▷ vi (*Sport*) hacer esgrima;
fencing n esgrima

fend [fɛnd] vi: **to ~ for o.s.** valerse por
sí mismo; **fend off** vt (*attack*) rechazar;
(*questions*) evadir

fender ['fɛndə*] (*US*) n guardafuego;
(*Aut*) parachoques m inv

fennel ['fɛnl] n hinojo

ferment [*vb* fə'mɛnt, *n* 'fə:mɛnt] vi
fermentar ▷ n (*fig*) agitación f

fern [fə:n] n helecho

ferocious [fə'rəuʃəs] adj feroz

ferret ['fɛrɪt] n hurón m

ferry ['fɛrɪ] n (*small*) barca (de pasaje),
balsa; (*large: also:* **~boat**) transbordador

m, ferry m ▷ vt transportar

fertile ['fə:taɪl] adj fértil; (*Biol*)
fecundo; **fertilize** ['fə:tɪlaɪz] vt (*Biol*)
fecundar; (*Agr*) abonar; **fertilizer** n
abono

festival ['fɛstɪvəl] n (*Rel*) fiesta; (*Art,
Mus*) festival m

festive ['fɛstɪv] adj festivo; **the ~
season** (*BRIT: Christmas*) las Navidades

fetch [fɛtʃ] vt ir a buscar; (*sell for*)
venderse por

fête [feɪt] n fiesta

fetus ['fi:təs] (*US*) n = **foetus**

feud [fju:d] n (*hostility*) enemistad f;
(*quarrel*) disputa

fever ['fi:və*] n fiebre f; **feverish**
adj febril

few [fju:] adj (*not many*) pocos ▷ pron
pocos; algunos; **a ~** adj unos pocos,
algunos; **fewer** adj menos; **fewest** adj
los(las) menos

fiancé [fɪ'ã:ŋseɪ] n novio, prometido;
fiancée n novia, prometida

fiasco [fɪ'æskəu] n fiasco

fib [fɪb] n mentirilla

fibre ['faɪbə*] (*US* **fiber**) n fibra;
fibreglass (*US* **Fiberglass**®) n fibra
de vidrio

fickle ['fɪkl] adj inconstante

fiction ['fɪkʃən] n ficción f; **fictional**
adj novelesco

fiddle ['fɪdl] n (*Mus*) violín m;
(*cheating*) trampa ▷ vt (*BRIT: accounts*)
falsificar; **fiddle with** vt fus juguetear
con

fidelity [fɪ'dɛlɪtɪ] n fidelidad f

field [fi:ld] n campo; (*fig*) campo,
esfera; (*Sport*) campo (*SP*), cancha (*LAM*);
field marshal n mariscal m

fierce [fɪəs] adj feroz; (*wind, heat*)
fuerte; (*fighting, enemy*) encarnizado

fifteen [fɪf'ti:n] num quince;
fifteenth adj decimoquinto; **the
fifteenth floor** la planta quince;
the fifteenth of August el quince
de agosto

fifth [fɪfθ] num quinto

fiftieth ['fɪftɪɪθ] adj quincuagésimo

fifty ['fɪftɪ] num cincuenta; **fifty-fifty** adj (deal, split) a medias ▷ adv a medias, mitad por mitad

fig [fɪg] n higo

fight [faɪt] (pt, pp **fought**) n (gen) pelea; (Mil) combate m; (struggle) lucha ▷ vt luchar contra; (cancer, alcoholism) combatir; (election) intentar ganar; (emotion) resistir ▷ vi pelear, luchar; **fight back** vi defenderse; (after illness) recuperarse ▷ vt (tears) contener; **fight off** vt (attack, attacker) rechazar; (disease, sleep, urge) luchar contra; **fighting** n combate m, pelea

figure ['fɪgə*] n (Drawing, Geom) figura, dibujo; (number, cipher) cifra; (body, outline) tipo; (personality) figura ▷ vt (esp US) imaginar ▷ vi (appear) figurar; **figure out** vt (work out) resolver

file [faɪl] n (tool) lima; (dossier) expediente m; (folder) carpeta; (Comput) fichero; (row) fila ▷ vt limar; (Law: claim) presentar; (store) archivar; **filing cabinet** n fichero, archivador m

Filipino [fɪlɪ'pi:nəu] adj filipino ▷ n (person) filipino/a m/f; (Ling) tagalo

fill [fɪl] vt (space): **to ~ (with)** llenar (de); (vacancy, need) cubrir ▷ n: **to eat one's ~** llenarse; **fill in** vt rellenar; **fill out** vt (form, receipt) rellenar; **fill up** vt llenar (hasta el borde) ▷ vi (Aut) poner gasolina

fillet ['fɪlɪt] n filete m; **fillet steak** n filete m de ternera

filling ['fɪlɪŋ] n (Culin) relleno; (for tooth) empaste m; **filling station** n estación f de servicio

film [fɪlm] n película ▷ vt (scene) filmar ▷ vi rodar (una película); **film star** n astro, estrella de cine

filter ['fɪltə*] n filtro ▷ vt filtrar; **filter lane** (BRIT) n carril m de selección

filth [fɪlθ] n suciedad f; **filthy** adj sucio; (language) obsceno

fin [fɪn] n (gen) aleta

final ['faɪnl] adj (last) final, último; (definitive) definitivo, terminante ▷ n (BRIT Sport) final f; **finals** npl (Scol) examen m final; (US Sport) final f

finale [fɪ'nɑ:lɪ] n final m

final: finalist n (Sport) finalista mf; **finalize** vt concluir, completar; **finally** adv (lastly) por último, finalmente; (eventually) por fin

finance [faɪ'næns] n (money) fondos mpl ▷ vt financiar; **finances** npl finanzas fpl; (personal finances) situación f económica; **financial** [-'nænʃəl] adj financiero; **financial year** n ejercicio (financiero)

find [faɪnd] (pt, pp **found**) vt encontrar, hallar; (come upon) descubrir ▷ n hallazgo; descubrimiento; **to ~ sb guilty** (Law) declarar culpable a algn; **find out** vt averiguar; (truth, secret) descubrir; **to find out about** (subject) informarse sobre; (by chance) enterarse de; **findings** npl (Law) veredicto, fallo; (of report) recomendaciones fpl

fine [faɪn] adj excelente; (thin) fino ▷ adv (well) bien ▷ n (Law) multa ▷ vt (Law) multar; **to be ~** (person) estar bien; (weather) hacer buen tiempo; **fine arts** npl bellas artes fpl

finger ['fɪŋgə*] n dedo ▷ vt (touch) manosear; **little/index ~** (dedo) meñique m/índice m; **fingernail** n uña; **fingerprint** n huella dactilar; **fingertip** n yema del dedo

finish ['fɪnɪʃ] n (end) fin m; (Sport) meta; (polish etc) acabado ▷ vt, vi terminar; **to ~ doing sth** acabar de hacer algo; **to ~ third** llegar el tercero; **finish off** vt acabar, terminar; (kill) acabar con; **finish up** vt acabar, terminar ▷ vi ir a parar, terminar

Finland ['fɪnlənd] n Finlandia

Finn [fɪn] n finlandés/esa m/f; **Finnish** adj finlandés/esa ▷ n (Ling) finlandés m

fir [fə:*] n abeto

fire ['faɪə*] n fuego; (in hearth) lumbre f; (accidental) incendio; (heater) estufa ▷ vt (gun) disparar; (interest) despertar; (inf: dismiss) despedir ▷ vi (shoot)

disparar; **on ~** ardiendo, en llamas;
fire alarm n alarma de incendios;
firearm n arma de fuego; **fire brigade**
(us **fire department**) n (cuerpo de)
bomberos mpl; **fire engine** (BRIT) n
coche m de bomberos; **fire escape**
n escalera de incendios; **fire exit** n
salida de incendios; **fire extinguisher**
n extintor m (de incendios); **fireman**
(irreg) n bombero; **fireplace** n
chimenea; **fire station** n parque m
de bomberos; **firetruck** (us) n = **fire
engine**; **firewall** n (Internet) firewall
m; **firewood** n leña; **fireworks** npl
fuegos mpl artificiales

firm [fə:m] adj firme; (look, voice)
resuelto ▷ n firma, empresa; **firmly**
adv firmemente; resueltamente

first [fə:st] adj primero ▷ adv (before
others) primero; (when listing reasons
etc) en primer lugar, primeramente
▷ n (person: in race) primero/a; (Aut)
primera; (BRIT Scol) título de licenciado
con calificación de sobresaliente; **at ~** al
principio; **~ of all** ante todo; **first aid** n
primera ayuda, primeros auxilios mpl;
first-aid kit n botiquín m; **first-class**
adj (excellent) de primera (categoría);
(ticket etc) de primera clase; **first-hand**
adj de primera mano; **first lady** n
(esp us) primera dama; **firstly** adv en
primer lugar; **first name** n nombre m
(de pila); **first-rate** adj estupendo

fiscal ['fɪskəl] adj fiscal; **fiscal year** n
año fiscal, ejercicio

fish [fɪʃ] n inv pez m; (food) pescado
▷ vt, vi pescar; **to go ~ing** ir de pesca;
~ and chips pescado frito con patatas
fritas; **fisherman** (irreg) n pescador
m; **fish fingers** (BRIT) npl croquetas
fpl de pescado; **fishing** n pesca;
fishing boat n barca de pesca; **fishing
line** n sedal m; **fishmonger** (irreg) n
pescadero/a; **fishmonger's (shop)**
(BRIT) n pescadería; **fish sticks** (us)
npl = **fish fingers**; **fishy** (inf) adj
sospechoso

fist [fɪst] n puño

fit [fɪt] adj (healthy) en (buena)
forma; (proper) adecuado, apropiado
▷ vt (clothes) estar or sentar bien a;
(instal) poner; (equip) proveer, dotar;
(facts) cuadrar or corresponder con
▷ vi (clothes) sentar bien; (in space,
gap) caber; (facts) coincidir ▷ n (Med)
ataque m; **~ to** (ready) a punto de; **~ for**
apropiado para; **a ~ of anger/pride**
un arranque de cólera/orgullo; **this
dress is a good ~** este vestido me
sienta bien; **by ~s and starts** a rachas;
fit in vi (fig: person) llevarse bien
(con todos); **fitness** n (Med) salud
f; **fitted** adj (jacket, shirt) entallado;
(sheet) de cuatro picos; **fitted carpet**
n moqueta; **fitted kitchen** n cocina
amueblada; **fitting** adj apropiado ▷ n
(of dress) prueba; (of piece of equipment)
instalación f; **fitting room** n probador
m; **fittings** npl instalaciones fpl

five [faɪv] num cinco; **fiver** (inf) n
(BRIT) billete m de cinco libras; (us)
billete m de cinco dólares

fix [fɪks] vt (secure) fijar, asegurar;
(mend) arreglar; (prepare) preparar
▷ n: **to be in a ~** estar en un aprieto; **fix
up** vt (meeting) arreglar; **to fix sb up
with sth** proveer a algn de algo; **fixed**
adj (prices etc) fijo; **fixture** n (Sport)
encuentro

fizzy ['fɪzɪ] adj (drink) gaseoso

flag [flæg] n bandera; (stone) losa ▷ vi
decaer ▷ vt: **to ~ sb down** hacer señas
a algn para que se pare; **flagpole** n
asta de bandera

flair [flɛə*] n aptitud f especial

flak [flæk] n (Mil) fuego antiaéreo;
(inf: criticism) lluvia de críticas

flake [fleɪk] n (of rust, paint) escama;
(of snow, soap powder) copo ▷ vi (also: **~
off**) desconcharse

flamboyant [flæm'bɔɪənt] adj
(dress) vistoso; (person)
extravagante

flame [fleɪm] n llama

flamingo [flə'mɪŋgəu] n flamenco

flammable ['flæməbl] adj

inflamable

flan [flæn] (BRIT) n tarta

> ▌Be careful not to translate **flan** by the Spanish word *flan*.

flank [flæŋk] n (of animal) ijar m; (of army) flanco ▷ vt flanquear

flannel ['flænl] n (BRIT: also: **face ~**) manopla; (fabric) franela

flap [flæp] n (of pocket, envelope) solapa ▷ vt (wings, arms) agitar ▷ vi (sail, flag) ondear

flare [fleə*] n llamarada; (Mil) bengala; (in skirt etc) vuelo; **flares** npl (trousers) pantalones mpl de campana; **flare up** vi encenderse; (fig: person) encolerizarse; (: revolt) estallar

flash [flæʃ] n relámpago; (also: **news ~**) noticias fpl de última hora; (Phot) flash m ▷ vt (light, headlights) lanzar un destello con; (news, message) transmitir; (smile) lanzar ▷ vi brillar; (hazard light etc) lanzar destellos; **in a ~** en un instante; **he ~ed by** or **past** pasó como un rayo; **flashback** n (Cinema) flashback m; **flashbulb** n bombilla fusible; **flashlight** n linterna

flask [flɑːsk] n frasco; (also: **vacuum ~**) termo

flat [flæt] adj llano; (smooth) liso; (tyre) desinflado; (battery) descargado; (beer) muerto; (refusal etc) rotundo; (Mus) desafinado; (rate) fijo ▷ n (BRIT: apartment) piso (SP), departamento (LAM), apartamento; (Aut) pinchazo; (Mus) bemol m; **to work ~ out** trabajar a toda mecha; **flatten** vt (also: **flatten out**) allanar; (smooth out) alisar; (building, plants) arrasar

flatter ['flætə*] vt adular, halagar; **flattering** adj halagüeño; (dress) que favorece

flaunt [flɔːnt] vt ostentar, lucir

flavour etc ['fleivə*] (US **flavor** etc) n sabor m, gusto ▷ vt sazonar, condimentar; **strawberry-flavoured** con sabor a fresa; **flavouring** n (in product) aromatizante m

flaw [flɔː] n defecto; **flawless** adj

impecable

flea [fliː] n pulga; **flea market** n rastro, mercadillo

flee [fliː] (pt, pp **fled**) vt huir de ▷ vi huir, fugarse

fleece [fliːs] n vellón m; (wool) lana; (top) forro polar ▷ vt (inf) desplumar

fleet [fliːt] n flota; (of lorries etc) escuadra

fleeting ['fliːtiŋ] adj fugaz

Flemish ['flemiʃ] adj flamenco

flesh [fleʃ] n carne f; (skin) piel f; (of fruit) pulpa

flew [fluː] pt of **fly**

flex [fleks] n cordón m ▷ vt (muscles) tensar; **flexibility** n flexibilidad f; **flexible** adj flexible; **flexitime** (US **flextime**) n horario flexible

flick [flik] n capirotazo; chasquido ▷ vt (with hand) dar un capirotazo a; (whip etc) chasquear; (switch) accionar; **flick through** vt fus hojear

flicker ['flikə*] vi (light) parpadear; (flame) vacilar

flies [flaiz] npl of **fly**

flight [flait] n vuelo; (escape) huida, fuga; (also: **~ of steps**) tramo (de escaleras); **flight attendant** n auxiliar mf de vuelo

flimsy ['flimzi] adj (thin) muy ligero; (building) endeble; (excuse) flojo

flinch [flintʃ] vi encogerse; **to ~ from** retroceder ante

fling [fliŋ] (pt, pp **flung**) vt arrojar

flint [flint] n pedernal m; (in lighter) piedra

flip [flip] vt dar la vuelta a; (switch: turn on) encender; (turn) apagar; (coin) echar a cara o cruz

flip-flops ['flipflɔps] npl (esp BRIT) chancletas fpl

flipper ['flipə*] n aleta

flirt [fləːt] vi coquetear, flirtear ▷ n coqueta

float [fləut] n flotador m; (in procession) carroza; (money) reserva ▷ vi flotar; (swimmer) hacer la plancha

flock [flɔk] n (of sheep) rebaño; (of

birds) bandada ▷ vi: **to ~ to** acudir
en tropel a
flood [flʌd] n inundación f; (of
letters, imports etc) avalancha ▷ vt
inundar ▷ vi (place) inundarse;
(people): **to ~ into** inundar; **flooding** n
inundaciones fpl; **floodlight** n foco
floor [flɔ:*] n suelo; (storey) piso; (of
sea) fondo ▷ vt (question) dejar sin
respuesta; (: blow) derribar; **ground ~,
first ~** (US) planta baja; **first ~, second
~** (US) primer piso; **floorboard** n tabla;
flooring n suelo; (material) solería;
floor show n cabaret m
flop [flɔp] n fracaso ▷ vi (fail)
fracasar; (fall) derrumbarse; **floppy** adj
flojo ▷ n (Comput: also: **floppy disk**)
floppy m
flora ['flɔ:rə] n flora
floral ['flɔ:rl] adj (pattern) floreado
florist ['flɔrɪst] n florista mf; **florist's
(shop)** n floristería
flotation [fləʊ'teɪʃən] n (of shares)
emisión f; (of company) lanzamiento
flour ['flaʊə*] n harina
flourish ['flʌrɪʃ] vi florecer ▷ n
ademán m, movimiento (ostentoso)
flow [fləʊ] n (movement) flujo; (of
traffic) circulación f; (tide) corriente f
▷ vi (river, blood) fluir; (traffic) circular
flower ['flaʊə*] n flor f ▷ vi florecer;
flower bed n macizo; **flowerpot**
n tiesto
flown [fləʊn] pp of **fly**
fl. oz. abbr (= fluid ounce)
flu [flu:] n: **to have ~** tener la gripe
fluctuate ['flʌktjʊeɪt] vi fluctuar
fluent ['flu:ənt] adj (linguist) que
habla perfectamente; (speech)
elocuente; **he speaks ~ French, he's ~
in French** domina el francés
fluff [flʌf] n pelusa; **fluffy** adj de
pelo suave
fluid ['flu:ɪd] adj (movement) fluido,
líquido; (situation) inestable ▷ n fluido,
líquido; **fluid ounce** n onza f líquida
fluke [flu:k] (inf) n chiripa
flung [flʌŋ] pt, pp of **fling**

fluorescent [fluə'resnt] adj
fluorescente
fluoride ['fluəraɪd] n fluoruro
flurry ['flʌrɪ] n (of snow) temporal m; **~
of activity** frenesí m de actividad
flush [flʌʃ] n rubor m; (fig: of youth
etc) resplandor m ▷ vt limpiar con
agua ▷ vi ruborizarse ▷ adj: **~ with** a
ras de; **to ~ the toilet** hacer funcionar
la cisterna
flute [flu:t] n flauta
flutter ['flʌtə*] n (of wings) revoloteo,
aleteo; (fig): **a ~ of panic/excitement**
una oleada de pánico/excitación ▷ vi
revolotear
fly [flaɪ] (pt **flew**, pp **flown**) n mosca;
(on trousers: also: **flies**) bragueta ▷ vt
(plane) pilot(e)ar; (cargo) transportar
(en avión); (distances) recorrer (en
avión) ▷ vi volar; (passengers) ir en
avión; (escape) evadirse; (flag) ondear;
fly away, fly off vi emprender el
vuelo; **fly-drive** n: **fly-drive holiday**
vacaciones que incluyen vuelo y alquiler
de coche; **flying** n (activity) (el) volar;
(action) vuelo ▷ adj: **flying visit** visita
relámpago; **with flying colours** con
lucimiento; **flying saucer** n platillo
volante; **flyover** (BRIT) n paso a
desnivel or superior
FM abbr (Radio) (= frequency modulation)
FM
foal [fəʊl] n potro
foam [fəʊm] n espuma ▷ vi hacer
espuma
focus ['fəʊkəs] (pl **~es**) n foco; (centre)
centro ▷ vt (field glasses etc) enfocar
▷ vi: **to ~ (on)** enfocar (a); (issue etc)
centrarse en; **in/out of ~** enfocado/
desenfocado
foetus ['fi:təs] (US **fetus**) n feto
fog [fɔg] n niebla; **foggy** adj: **it's
foggy** hay niebla, está brumoso;
fog lamp (US **fog light**) n (Aut) faro
de niebla
foil [fɔɪl] vt frustrar ▷ n hoja; (kitchen
foil) papel m (de) aluminio; (complement)
complemento; (Fencing) florete m

fold [fəuld] n (bend, crease) pliegue m; (Agr) redil m ▷ vt doblar; (arms) cruzar; **fold up** vi plegarse, doblarse; (business) quebrar ▷ vt (map etc) plegar; **folder** n (for papers) carpeta; (Comput) directorio; **folding** adj (chair, bed) plegable

foliage ['fəulɪɪdʒ] n follaje m

folk [fəuk] npl gente f ▷ adj popular, folklórico; **folks** npl (family) familia sg, parientes mpl; **folklore** ['fəuklɔ:*] n folklore m; **folk music** n música folk; **folk song** n canción f popular

follow ['fɔləu] vt seguir ▷ vi seguir; (result) resultar; **to ~ suit** hacer lo mismo; **follow up** vt (letter, offer) responder a; (case) investigar; **follower** n (of person, belief) partidario/a; **following** adj siguiente ▷ n afición f, partidarios mpl; **follow-up** n continuación f

fond [fɔnd] adj (memory, smile etc) cariñoso; (hopes) ilusorio; **to be ~ of** tener cariño a; (pastime, food) ser aficionado a

food [fu:d] n comida; **food mixer** n batidora; **food poisoning** n intoxicación f alimenticia; **food processor** n robot m de cocina; **food stamp** (US) n vale m para comida

fool [fu:l] n tonto/a; (Culin) puré m de frutas con nata ▷ vt engañar ▷ vi (gen) bromear; **fool about, fool around** vi hacer el tonto; **foolish** adj tonto; (careless) imprudente; **foolproof** adj (plan etc) infalible

foot [fut] (pl **feet**) n pie m; (measure) pie m (=304 mm); (of animal) pata ▷ vt (bill) pagar; **on ~** a pie; **footage** n (Cinema) imágenes fpl; **foot-and-mouth (disease)** [futənd'mauθ-] n fiebre f aftosa; **football** n balón m; (game: BRIT) fútbol m; (: US) fútbol m americano; **footballer** n (BRIT) = **football player**; **football match** n partido de fútbol; **football player** n (BRIT) futbolista mf; (US) jugador m de fútbol americano; **footbridge** n

puente m para peatones; **foothills** npl estribaciones fpl; **foothold** n pie m firme; **footing** n (fig) posición f; **to lose one's footing** perder el pie; **footnote** n nota (al pie de la página); **footpath** n sendero; **footprint** n huella, pisada; **footstep** n paso; **footwear** n calzado

○ **KEYWORD**

for [fɔ:] prep **1** (indicating destination, intention) para; **the train for London** el tren con destino a or de Londres; **he left for Rome** marchó para Roma; **he went for the paper** fue por el periódico; **is this for me?** ¿es esto para mí?; **it's time for lunch** es la hora de comer

2 (indicating purpose) para; **what('s it) for?** ¿para qué (es)?; **to pray for peace** rezar por la paz

3 (on behalf of, representing): **the MP for Hove** el diputado por Hove; **he works for the government/a local firm** trabaja para el gobierno/en una empresa local; **I'll ask him for you** se lo pediré por ti; **G for George** G de Gerona

4 (because of) por esta razón; **for fear of being criticized** por temor a ser criticado

5 (with regard to) para; **it's cold for July** hace frío para julio; **he has a gift for languages** tiene don de lenguas

6 (in exchange for) por; **I sold it for £5** lo vendí por £5; **to pay 50 pence for a ticket** pagar 50 peniques por un billete

7 (in favour of): **are you for or against us?** ¿estás con nosotros o contra nosotros?; **I'm all for it** estoy totalmente a favor; **vote for X** vote (a) X

8 (referring to distance): **there are roadworks for 5 km** hay obras en 5 km; **we walked for miles** caminamos kilómetros y kilómetros

9 (referring to time): **he was away for two years** estuvo fuera (durante) dos años; **it hasn't rained for 3 weeks** no ha llovido durante *or* en 3 semanas; **I have known her for years** la conozco desde hace años; **can you do it for tomorrow?** ¿lo podrás hacer para mañana?

10 (*with infinitive clauses*): **it is not for me to decide** la decisión no es cosa mía; **it would be best for you to leave** sería mejor que te fueras; **there is still time for you to do it** todavía te queda tiempo para hacerlo; **for this to be possible ...** para que esto sea posible ...

11 (*in spite of*) a pesar de; **for all his complaints** a pesar de sus quejas ▷ *conj* (*since, as: rather formal*) puesto que

forbid [fə'bɪd] (*pt* **forbad(e)**, *pp* **forbidden**) *vt* prohibir; **to ~ sb to do sth** prohibir a algn hacer algo; **forbidden** *pt of* **forbid** ▷ *adj* (*food, area*) prohibido; (*word, subject*) tabú

force [fɔːs] *n* fuerza ▷ *vt* forzar; (*push*) meter a la fuerza; **to ~ o.s. to do** hacer un esfuerzo por hacer; **forced** *adj* forzado; **forceful** *adj* enérgico

ford [fɔːd] *n* vado

fore [fɔː*] *n*: **to come to the ~** empezar a destacar; **forearm** *n* antebrazo; **forecast** (*pt, pp* **forecast**) *n* pronóstico ▷ *vt* pronosticar; **forecourt** *n* patio; **forefinger** *n* (dedo) índice *m*; **forefront** *n*: **in the forefront of** en la vanguardia de; **foreground** *n* primer plano; **forehead** ['fɔrɪd] *n* frente *f*

foreign ['fɔrɪn] *adj* extranjero; (*trade*) exterior; (*object*) extraño; **foreign currency** *n* divisas *fpl*; **foreigner** *n* extranjero/a; **foreign exchange** *n* divisas *fpl*; **Foreign Office** (BRIT) *n* Ministerio de Asuntos Exteriores; **Foreign Secretary** (BRIT) *n* Ministro de Asuntos Exteriores

fore: foreman (*irreg*) *n* capataz *m*; (*in construction*) maestro de obras; **foremost** *adj* principal ▷ *adv*: **first**

and foremost ante todo; **forename** *n* nombre *m* (de pila)

forensic [fə'rɛnsɪk] *adj* forense

foresee [fɔː'siː] (*pt* **foresaw**, *pp* **foreseen**) *vt* prever; **foreseeable** *adj* previsible

forest ['fɔrɪst] *n* bosque *m*; **forestry** *n* silvicultura

forever [fə'rɛvə*] *adv* para siempre; (*endlessly*) constantemente

foreword ['fɔːwəd] *n* prefacio

forfeit ['fɔːfɪt] *vt* perder

forgave [fə'geɪv] *pt of* **forgive**

forge [fɔːdʒ] *n* herrería ▷ *vt* (*signature, money*) falsificar; (*metal*) forjar; **forger** *n* falsificador(a) *m/f*; **forgery** *n* falsificación *f*

forget [fə'gɛt] (*pt* **forgot**, *pp* **forgotten**) *vt* olvidar ▷ *vi* olvidarse; **forgetful** *adj* olvidadizo

forgive [fə'gɪv] (*pt* **forgave**, *pp* **forgiven**) *vt* perdonar; **to ~ sb for sth** perdonar algo a algn

forgot [fə'gɔt] *pt of* **forget**

forgotten [fə'gɔtn] *pp of* **forget**

fork [fɔːk] *n* (*for eating*) tenedor *m*; (*for gardening*) horca; (*of roads*) bifurcación *f* ▷ *vi* (*road*) bifurcarse

forlorn [fə'lɔːn] *adj* (*person*) triste, melancólico; (*place*) abandonado; (*attempt, hope*) desesperado

form [fɔːm] *n* forma; (BRIT Scol) clase *f*; (*document*) formulario ▷ *vt* formar; (*idea*) concebir; (*habit*) adquirir; **in top ~** en plena forma; **to ~ a queue** hacer cola

formal ['fɔːməl] *adj* (*offer, receipt*) por escrito; (*person etc*) correcto; (*occasion, dinner*) de etiqueta; (*dress*) correcto; (*garden*) (de estilo) clásico; **formality** [-'mælɪtɪ] *n* (*procedure*) trámite *m*; corrección *f*; etiqueta

format ['fɔːmæt] *n* formato ▷ *vt* (Comput) formatear

formation [fɔː'meɪʃən] *n* formación *f*

former ['fɔːmə*] *adj* anterior; (*earlier*) antiguo; (*ex*) ex; **the ~ ... the latter ...** aquél ... éste ...; **formerly** *adv* antes

formidable ['fɔːmɪdəbl] *adj*
formidable
formula ['fɔːmjulə] *n* fórmula
fort [fɔːt] *n* fuerte *m*
forthcoming [fɔːθ'kʌmɪŋ] *adj*
próximo, venidero; (*help, information*)
disponible; (*character*) comunicativo
fortieth ['fɔːtɪɪθ] *adj* cuadragésimo
fortify ['fɔːtɪfaɪ] *vt* (*city*) fortificar;
(*person*) fortalecer
fortnight ['fɔːtnaɪt] (*BRIT*) *n* quince
días *mpl*; quincena; **fortnightly** *adj*
de cada quince días, quincenal ▷ *adv*
cada quince días, quincenalmente
fortress ['fɔːtrɪs] *n* fortaleza
fortunate ['fɔːtʃənɪt] *adj*
afortunado; **it is ~ that ...** (es una)
suerte que ...; **fortunately** *adv*
afortunadamente
fortune ['fɔːtʃən] *n* suerte *f*; (*wealth*)
fortuna; **fortune-teller** *n* adivino/a
forty ['fɔːtɪ] *num* cuarenta
forum ['fɔːrəm] *n* foro
forward ['fɔːwəd] *adj* (*movement,
position*) avanzado; (*front*) delantero;
(*in time*) adelantado; (*not shy*) atrevido
▷ *n* (*Sport*) delantero ▷ *vt* (*letter*)
remitir; (*career*) promocionar; **to move
~** avanzar; **forwarding address** *n*
destinatario; **forward(s)** *adv* (hacia)
adelante; **forward slash** *n* barra
diagonal
fossil ['fɔsl] *n* fósil *m*
foster ['fɔstə*] *vt* (*child*) acoger en
una familia; fomentar; **foster child** *n*
hijo/a adoptivo/a; **foster mother** *n*
madre *f* adoptiva
fought [fɔːt] *pt, pp of* **fight**
foul [faul] *adj* sucio, puerco; (*weather,
smell etc*) asqueroso; (*language*) grosero;
(*temper*) malísimo ▷ *n* (*Sport*) falta
▷ *vt* (*dirty*) ensuciar; **foul play** *n* (*Law*)
muerte *f* violenta
found [faund] *pt, pp of* **find** ▷ *vt*
fundar; **foundation** [-'deɪʃən]
n (*act*) fundación *f*; (*basis*) base *f*;
(*also:* **foundation cream**) crema
base; **foundations** *npl* (*of building*)

cimientos *mpl*
founder ['faundə*] *n* fundador(a) *m/f*
▷ *vi* hundirse
fountain ['fauntɪn] *n* fuente *f*;
fountain pen *n* (pluma) estilográfica
(*SP*), pluma-fuente *f* (*LAM*)
four [fɔː*] *num* cuatro; **on all ~s** a
gatas; **four-letter word** *n* taco; **four-
poster** *n* (*also:* **four-poster bed**) cama
de columnas; **fourteen** *num* catorce;
fourteenth *adj* decimocuarto; **fourth**
num cuarto; **four-wheel drive** *n*
tracción *f* a las cuatro ruedas
fowl [faul] *n* ave *f* (de corral)
fox [fɔks] *n* zorro ▷ *vt* confundir
foyer ['fɔɪeɪ] *n* vestíbulo
fraction ['frækʃən] *n* fracción *f*
fracture ['fræktʃə*] *n* fractura
fragile ['frædʒaɪl] *adj* frágil
fragment ['frægmənt] *n* fragmento
fragrance ['freɪɡrəns] *n* fragancia
frail [freɪl] *adj* frágil; (*person*) débil
frame [freɪm] *n* (*Tech*) armazón *m*;
(*of person*) cuerpo; (*of picture, door etc*)
marco; (*of spectacles: also:* **~s**) montura
▷ *vt* enmarcar; **framework** *n* marco
France [frɑːns] *n* Francia
franchise ['fræntʃaɪz] *n* (*Pol*) derecho
de votar, sufragio; (*Comm*) licencia,
concesión *f*
frank [fræŋk] *adj* franco ▷ *vt* (*letter*)
franquear; **frankly** *adv* francamente
frantic ['fræntɪk] *adj* (*distraught*)
desesperado; (*hectic*) frenético
fraud [frɔːd] *n* fraude *m*; (*person*)
impostor(a) *m/f*
fraught [frɔːt] *adj*: **~ with** lleno de
fray [freɪ] *vi* deshilacharse
freak [friːk] *n* (*person*) fenómeno;
(*event*) suceso anormal
freckle ['frɛkl] *n* peca
free [friː] *adj* libre; (*gratis*) gratuito
▷ *vt* (*prisoner etc*) poner en libertad;
(*jammed object*) soltar; **~ (of charge),
for ~** gratis; **freedom** *n* libertad
f; **Freefone®** *n* número gratuito;
free gift *n* prima; **free kick** *n* tiro
libre; **freelance** *adj* independiente

▷ adv por cuenta propia; **freely** adv
libremente; (*liberally*) generosamente;
Freepost® n porte m pagado;
free-range adj (*hen, eggs*) de granja;
freeway (us) n autopista; **free will** n
libre albedrío; **of one's own free will**
por su propia voluntad

freeze [fri:z] (*pt* **froze**, *pp* **frozen**) vi
(*weather*) helar; (*liquid, pipe, person*)
helarse, congelarse ▷ vt helar; (*food,
prices, salaries*) congelar ▷ n helada; (*on
arms, wages*) congelación f; **freezer** n
congelador m, freezer m (sc)

freezing ['fri:zɪŋ] adj helado; **three
degrees below ~** tres grados bajo
cero; **freezing point** n punto de
congelación

freight [freɪt] n (*goods*) carga; (*money
charged*) flete m; **freight train** (us) n
tren m de mercancías

French [frentʃ] adj francés/esa ▷ n
(*Ling*) francés m; **the French** npl los
franceses; **French bean** n judía
verde; **French bread** n pan m francés;
French dressing n (*Culin*) vinagreta;
French fried potatoes, French fries
(us) npl patatas fpl (sp) or papas fpl
(lam) fritas; **Frenchman** (*irreg*) n
francés m; **Frenchwoman** (*irreg*) n
francésa; **French stick** n barra de pan;
French window n puerta de cristal

frenzy ['frenzɪ] n frenesí m

frequency ['fri:kwənsɪ] n frecuencia

frequent [adj 'fri:kwənt, vb
frɪ'kwent] adj frecuente ▷ vt
frecuentar; **frequently** [-əntlɪ] adv
frecuentemente, a menudo

fresh [freʃ] adj fresco; (*bread*) tierno;
(*new*) nuevo; **freshen** vi (*wind, air*)
soplar más recio; **freshen up** vi
(*person*) arreglarse, lavarse; **fresher**
(brit: *inf*) n (*Univ*) estudiante mf de
primer año; **freshly** adv (*made, painted
etc*) recién; **freshman** (us: *irreg*) n =
fresher; **freshwater** adj (*fish*) de
agua dulce

fret [fret] vi inquietarse

Fri abbr (= *Friday*) vier

friction ['frɪkʃən] n fricción f

Friday ['fraɪdɪ] n viernes m inv

fridge [frɪdʒ] (brit) n frigorífico
(sp), nevera (sp), refrigerador m (lam),
heladera (rpl)

fried [fraɪd] adj frito

friend [frend] n amigo/a; **friendly**
adj simpático; (*government*) amigo;
(*place*) acogedor(a); (*match*) amistoso;
friendship n amistad f

fries [fraɪz] (*esp* us) npl = **French fried
potatoes**

frigate ['frɪgɪt] n fragata

fright [fraɪt] n (*terror*) terror m; (*scare*)
susto; **to take ~** asustarse; **frighten**
vt asustar; **frightened** adj asustado;
frightening adj espantoso; **frightful**
adj espantoso, horrible

frill [frɪl] n volante m

fringe [frɪndʒ] n (brit: *of hair*)
flequillo; (*on lampshade etc*) flecos mpl;
(*of forest etc*) borde m, margen m

Frisbee® ['frɪzbɪ] n frisbee® m

fritter ['frɪtə*] n buñuelo

frivolous ['frɪvələs] adj frívolo

fro [frəu] *see* **to**

frock [frɔk] n vestido

frog [frɔg] n rana; **frogman** (*irreg*) n
hombre-rana m

○ KEYWORD

from [frɔm] prep **1** (*indicating starting
place*) de, desde; **where do you come
from?** ¿de dónde eres?; **from London
to Glasgow** de Londres a Glasgow;
to escape from sth/sb escaparse de
algo/algn

2 (*indicating origin etc*) de; **a letter/
telephone call from my sister** una
carta/llamada de mi hermana; **tell
him from me that ...** dígale de mi
parte que ...

3 (*indicating time*): **from one o'clock
to** or **until** or **till two** de(sde) la una a
or hasta las dos; **from January (on)** a
partir de enero

4 (*indicating distance*) de; **the hotel is**

1 km from the beach el hotel está a 1 km de la playa
5 (*indicating price, number etc*) de; **prices range from £10 to £50** los precios van desde £10 a *or* hasta £50; **the interest rate was increased from 9% to 10%** el tipo de interés fue incrementado de un 9% a un 10%
6 (*indicating difference*) de; **he can't tell red from green** no sabe distinguir el rojo del verde; **to be different from sb/sth** ser diferente a algn/algo
7 (*because of, on the basis of*): **from what he says** por lo que dice; **weak from hunger** debilitado por el hambre

front [frʌnt] *n* (*foremost part*) parte *f* delantera; (*of house*) fachada; (*of dress*) delantero; (*promenade: also:* **sea ~**) paseo marítimo; (*Mil, Pol, Meteorology*) frente *m*; (*fig: appearances*) apariencias *fpl* ▷ *adj* (*wheel, leg*) delantero; (*row, line*) primero; **in ~ (of)** delante (de); **front door** *n* puerta principal; **frontier** ['frʌntɪə*] *n* frontera; **front page** *n* primera plana; **front-wheel drive** *n* tracción *f* delantera
frost [frɔst] *n* helada; (*also:* **hoar~**) escarcha; **frostbite** *n* congelación *f*; **frosting** *n* (*esp US: icing*) glaseado; **frosty** *adj* (*weather*) de helada; (*welcome etc*) glacial
froth [frɔθ] *n* espuma
frown [fraun] *vi* fruncir el ceño
froze [frəuz] *pt of* **freeze**
frozen ['frəuzn] *pp of* **freeze**
fruit [fruːt] *n inv* fruta; fruto; (*fig*) fruto; resultados *mpl*; **fruit juice** *n* zumo (*SP*) *or* jugo (*LAM*) de fruta; **fruit machine** (*BRIT*) *n* máquina *f* tragaperras; **fruit salad** *n* macedonia (*SP*) *or* ensalada (*LAM*) de frutas
frustrate [frʌs'treɪt] *vt* frustrar; **frustrated** *adj* frustrado
fry [fraɪ] (*pt, pp* **fried**) *vt* freír; **small ~** gente *f* menuda; **frying pan** *n* sartén *f*
ft. *abbr* =**foot**; **feet**
fudge [fʌdʒ] *n* (*Culin*) caramelo blando

fuel [fjuəl] *n* (*for heating*) combustible *m*; (*coal*) carbón *m*; (*wood*) leña; (*for engine*) carburante *m*; **fuel tank** *n* depósito (de combustible)
fulfil [ful'fɪl] *vt* (*function*) cumplir con; (*condition*) satisfacer; (*wish, desire*) realizar
full [ful] *adj* lleno; (*fig*) pleno; (*complete*) completo; (*maximum*) máximo; (*information*) detallado; (*price*) íntegro; (*skirt*) amplio ▷ *adv*: **to know ~ well that** saber perfectamente que; **I'm ~ (up)** no puedo más; **~ employment** pleno empleo; **a ~ two hours** dos horas completas; **at ~ speed** a máxima velocidad; **in ~** (*reproduce, quote*) íntegramente; **full-length** *adj* (*novel etc*) entero; (*coat*) largo; (*portrait*) de cuerpo entero; **full moon** *n* luna llena; **full-scale** *adj* (*attack, war*) en gran escala; (*model*) de tamaño natural; **full stop** *n* punto; **full-time** *adj* (*work*) de tiempo completo ▷ *adv*: **to work full-time** trabajar a tiempo completo; **fully** *adv* completamente; (*at least*) por lo menos
fumble [fʌmbl] *vi*: **to ~ with** manejar torpemente
fume [fjuːm] *vi* (*rage*) estar furioso; **fumes** *npl* humo, gases *mpl*
fun [fʌn] *n* (*amusement*) diversión *f*; **to have ~** divertirse; **for ~** en broma; **to make ~ of** burlarse de
function ['fʌŋkʃən] *n* función *f* ▷ *vi* funcionar
fund [fʌnd] *n* fondo; (*reserve*) reserva; **funds** *npl* (*money*) fondos *mpl*
fundamental [fʌndə'mɛntl] *adj* fundamental
funeral ['fjuːnərəl] *n* (*burial*) entierro; (*ceremony*) funerales *mpl*; **funeral director** *n* director(a) *m/f* de pompas fúnebres; **funeral parlour** (*BRIT*) *n* funeraria
funfair ['fʌnfɛə*] (*BRIT*) *n* parque *m* de atracciones
fungus ['fʌŋgəs] (*pl* **fungi**) *n* hongo; (*mould*) moho

funnel ['fʌnl] n embudo; (of ship) chimenea

funny ['fʌnɪ] adj gracioso, divertido; (strange) curioso, raro

fur [fəː*] n piel f; (BRIT: in kettle etc) sarro; **fur coat** n abrigo de pieles

furious ['fjuərɪəs] adj furioso; (effort) violento

furnish ['fəːnɪʃ] vt amueblar; (supply) suministrar; (information) facilitar; **furnishings** npl muebles mpl

furniture ['fəːnɪtʃə*] n muebles mpl; **piece of ~** mueble m

furry ['fəːrɪ] adj peludo

further ['fəːðə*] adj (new) nuevo, adicional ▷ adv más lejos; (more) más; (moreover) además ▷ vt promover, adelantar; **further education** n educación f superior; **furthermore** adv además

furthest ['fəːðɪst] superlative of **far**

fury ['fjuərɪ] n furia

fuse [fjuːz] (US **fuze**) n fusible m; (for bomb etc) mecha ▷ vt (metal) fundir; (fig) fusionar ▷ vi fundirse; fusionarse; (BRIT Elec): **to ~ the lights** fundir los plomos; **fuse box** n caja de fusibles

fusion ['fjuːʒən] n fusión f

fuss [fʌs] n (excitement) conmoción f; (trouble) alboroto; **to make a ~** armar un lío or jaleo; **to make a ~ of sb** mimar a algn; **fussy** adj (person) exigente; (too ornate) recargado

future ['fjuːtʃə*] adj futuro; (coming) venidero ▷ n futuro; (prospects) porvenir m; **in ~** de ahora en adelante; **futures** npl (Comm) operaciones fpl a término, futuros mpl

fuze [fjuːz] (US) = **fuse**

fuzzy ['fʌzɪ] adj (Phot) borroso; (hair) muy rizado

G [dʒiː] n (Mus) sol m

g. abbr (= gram(s)) gr.

gadget ['gædʒɪt] n aparato

Gaelic ['geɪlɪk] adj, n (Ling) gaélico

gag [gæg] n (on mouth) mordaza; (joke) chiste m ▷ vt amordazar

gain [geɪn] n: **~ (in)** aumento (de); (profit) ganancia ▷ vt ganar ▷ vi (watch) adelantarse; **to ~ from/by sth** sacar provecho de algo; **to ~ on sb** ganar terreno a algn; **to ~ 3 lbs (in weight)** engordar 3 libras

gal. abbr = **gallon**

gala ['gɑːlə] n fiesta

galaxy ['gæləksɪ] n galaxia

gale [geɪl] n (wind) vendaval m

gall bladder ['gɔːl-] n vesícula biliar

gallery ['gælərɪ] n (also: **art ~**: public) pinacoteca; (: private) galería de arte; (for spectators) tribuna

gallon ['gæln] n galón m (BRIT = 4,546 litros, US = 3,785 litros)

gallop ['gæləp] n galope m ▷ vi galopar

gallstone ['gɔːlstəun] n cálculo

biliario

gamble ['gæmbl] n (risk) riesgo ▷vt jugar, apostar ▷vi (take a risk) jugárselas; (bet) apostar; **to ~ on** apostar a; (success etc) contar con; **gambler** n jugador(a) m/f; **gambling** n juego

game [geɪm] n juego; (match) partido; (of cards) partida; (Hunting) caza ▷adj (willing): **to be ~ for anything** atreverse a todo; **big ~** caza mayor (contest) juegos; (BRIT: Scol) deportes mpl; **games console** [geɪmz-] n consola de juegos; **game show** n programa m concurso m, concurso

gammon ['gæmən] n (bacon) tocino ahumado; (ham) jamón m ahumado

gang [gæŋ] n (of criminals) pandilla; (of friends etc) grupo; (of workmen) brigada

gangster ['gæŋstə*] n gángster m

gap [gæp] n vacío (SP), hueco (LAM); (in trees, traffic) claro; (in time) intervalo; (difference): **~ (between)** diferencia (entre)

gape [geɪp] vi mirar boquiabierto; (shirt etc) abrirse (completamente)

gap year n año sabático (antes de empezar a estudiar en la universidad)

garage ['gærɑːʒ] n garaje m; (for repairs) taller m; **garage sale** n venta de objetos usados (en el jardín de una casa particular)

garbage ['gɑːbɪdʒ] (US) n basura; (inf: nonsense) tonterías fpl; **garbage can** n cubo or bote m (MEX) or tacho (SC) de la basura; **garbage collector** (US) n basurero/a

garden ['gɑːdn] n jardín m; **gardens** npl (park) parque m; **garden centre** (BRIT) n centro de jardinería; **gardener** n jardinero/a; **gardening** n jardinería

garlic ['gɑːlɪk] n ajo

garment ['gɑːmənt] n prenda (de vestir)

garnish ['gɑːnɪʃ] vt (Culin) aderezar

garrison ['gærɪsn] n guarnición f

gas [gæs] n gas m; (fuel) combustible m; (US: gasoline) gasolina ▷vt asfixiar con gas; **gas cooker** (BRIT) n cocina de gas; **gas cylinder** n bombona de gas; **gas fire** n estufa de gas

gasket ['gæskɪt] n (Aut) junta de culata

gasoline ['gæsəliːn] (US) n gasolina

gasp [gɑːsp] n boqueada; (of shock etc) grito sofocado ▷vi (pant) jadear

gas: gas pedal n (esp US) acelerador m; **gas station** (US) n gasolinera; **gas tank** (US) n (Aut) depósito (de gasolina)

gate [geɪt] n puerta; (iron gate) verja

gateau ['gætəu] (pl **~x**) n tarta

gatecrash ['geɪtkræʃ] (BRIT) vt colarse en

gateway ['geɪtweɪ] n puerta

gather ['gæðə*] vt (flowers, fruit) coger (SP), recoger; (assemble) reunir; (pick up) recoger; (Sewing) fruncir; (understand) entender ▷vi (assemble) reunirse; **to ~ speed** ganar velocidad; **gathering** n reunión f, asamblea

gauge [geɪdʒ] n (instrument) indicador m ▷vt medir; (fig) juzgar

gave [geɪv] pt of **give**

gay [geɪ] adj (homosexual) gay; (joyful) alegre; (colour) vivo

gaze [geɪz] n mirada fija ▷vi: **to ~ at sth** mirar algo fijamente

GB abbr = **Great Britain**

GCSE (BRIT) n abbr (= General Certificate of Secondary Education) examen de reválida que se hace a los 16 años

gear [gɪə*] n equipo, herramientas fpl; (Tech) engranaje m; (Aut) velocidad f, marcha ▷vt (fig: adapt): **to ~ sth to** adaptar or ajustar algo a; **top or high** (US)**/low ~** cuarta/primera velocidad; **in ~** en marcha; **gear up** vi prepararse; **gear box** n caja de cambios; **gear lever** n palanca de cambio; **gear shift** (US) n = **gear lever**; **gear stick** n (BRIT) palanca de cambios

geese [giːs] npl of **goose**

gel [dʒɛl] n gel m
gem [dʒɛm] n piedra preciosa
Gemini ['dʒɛmɪnaɪ] n Géminis m, Gemelos mpl
gender ['dʒɛndə*] n género
gene [dʒiːn] n gen(e) m
general ['dʒɛnərl] n general m ▷ adj general; **in ~** en general; **general anaesthetic** (US **general anesthetic**) n anestesia general; **general election** n elecciones fpl generales; **generalize** vi generalizar; **generally** adv generalmente, en general; **general practitioner** n médico general; **general store** n tienda (que vende de todo) (LAM, SP), almacén m (SC, SP)
generate ['dʒɛnəreɪt] vt (Elec) generar; (jobs, profits) producir
generation [dʒɛnə'reɪʃən] n generación f
generator ['dʒɛnəreɪtə*] n generador m
generosity [dʒɛnə'rɔsɪtɪ] n generosidad f
generous ['dʒɛnərəs] adj generoso
genetic [dʒɪ'nɛtɪk] adj: **~ engineering** ingeniería genética; **~ fingerprinting** identificación f genética; **genetically modified** adj transgénico; **genetics** n genética
genitals ['dʒɛnɪtlz] npl (órganos mpl) genitales mpl
genius ['dʒiːnɪəs] n genio
genome ['giːnəum] n genoma m
gent [dʒɛnt] n abbr (BRIT inf) = **gentleman**
gentle ['dʒɛntl] adj apacible, dulce; (animal) manso; (breeze, curve etc) suave
  Be careful not to translate **gentle** by the Spanish word gentil.
gentleman ['dʒɛntlmən] (irreg) n señor m; (well-bred man) caballero
gently ['dʒɛntlɪ] adv dulcemente; suavemente
gents [dʒɛnts] n aseos mpl (de caballeros)
genuine ['dʒɛnjuɪn] adj auténtico; (person) sincero; **genuinely** adv sinceramente

geographic(al) [dʒɪə'græfɪk(l)] adj geográfico
geography [dʒɪ'ɔgrəfɪ] n geografía
geology [dʒɪ'ɔlədʒɪ] n geología
geometry [dʒɪ'ɔmɪtrɪ] n geometría
geranium [dʒɪ'reɪnjəm] n geranio
geriatric [dʒɛrɪ'ætrɪk] adj, n geriátrico/a m/f
germ [dʒəːm] n (microbe) microbio, bacteria; (seed, fig) germen m
German ['dʒəːmən] adj alemán/ana ▷ n alemán/ana m/f; (Ling) alemán m; **German measles** n rubéola
Germany ['dʒəːmənɪ] n Alemania
gesture ['dʒɛstjə*] n gesto; (symbol) muestra

○ **KEYWORD**

get [gɛt] (pt, pp **got**, pp **gotten** (US)) vi **1** (become, be) ponerse, volverse; **to get old/tired** envejecer/cansarse; **to get drunk** emborracharse; **to get dirty** ensuciarse; **to get married** casarse; **when do I get paid?** ¿cuándo me pagan or se me paga?; **it's getting late** se está haciendo tarde
2 (go): **to get to/from** llegar a/de; **to get home** llegar a casa
3 (begin) empezar a; **to get to know sb** (llegar a) conocer a algn; **I'm getting to like him** me está empezando a gustar; **let's get going** or **started** ¡vamos (a empezar)!
4 (modal aux vb): **you've got to do it** tienes que hacerlo
▷ vt **1**: **to get sth done** (finish) terminar algo; (have done) mandar hacer algo; **to get one's hair cut** cortarse el pelo; **to get the car going** or **to go** arrancar el coche; **to get sb to do sth** conseguir or hacer que algn haga algo; **to get sth/sb ready** preparar algo/a algn
2 (obtain: money, permission, results) conseguir; (find: job, flat) encontrar; (fetch: person, doctor) buscar; (object) ir a buscar, traer; **to get sth for sb**

conseguir algo para algn; **get me Mr Jones, please** (Tel) póngame (SP) or comuníqueme (LAM) con el Sr. Jones, por favor; **can I get you a drink?** ¿quieres algo de beber?

3 (receive: present, letter) recibir; (acquire: reputation) alcanzar; (: prize) ganar; **what did you get for your birthday?** ¿qué te regalaron por tu cumpleaños?; **how much did you get for the painting?** ¿cuánto sacaste por el cuadro?

4 (catch) coger (SP), agarrar (LAM); (hit: target etc) dar en; **to get sb by the arm/throat** coger or agarrar a algn por el brazo/cuello; **get him!** ¡cógelo! (SP), ¡atrápalo! (LAM); **the bullet got him in the leg** la bala le dio en la pierna

5 (take, move) llevar; **to get sth to sb** hacer llegar algo a algn; **do you think we'll get it through the door?** ¿crees que lo podremos meter por la puerta?

6 (catch, take: plane, bus etc) coger (SP), tomar (LAM); **where do I get the train for Birmingham?** ¿dónde se coge or se toma el tren para Birmingham?

7 (understand) entender; (hear) oír; **I've got it!** ¡ya lo tengo!, ¡eureka!; **I don't get your meaning** no te entiendo; **I'm sorry, I didn't get your name** lo siento, no cogí tu nombre

8 (have, possess): **to have got** tener

get away vi marcharse; (escape) escaparse

get away with vt fus hacer impunemente

get back vi (return) volver ▷ vt recobrar

get in vi entrar; (train) llegar; (arrive home) volver a casa, regresar

get into vt fus entrar en; (vehicle) subir a; **to get into a rage** enfadarse

get off vi (from train etc) bajar; (depart: person, car) marcharse ▷ vt (remove) quitar ▷ vt fus (train, bus) bajar de

get on vi (at exam etc): **how are you getting on?** ¿cómo te va?; (agree): **to**

get on (with) llevarse bien (con) ▷ vt fus subir a

get out vi salir; (of vehicle) bajar ▷ vt sacar

get out of vt fus salir de; (duty etc) escaparse de

get over vt fus (illness) recobrarse de

get through vi (Tel) lograr comunicarse

get up vi (rise) levantarse ▷ vt fus subir

getaway ['gɛtəweɪ] n fuga
Ghana ['gɑːnə] n Ghana
ghastly ['gɑːstlɪ] adj horrible
ghetto ['gɛtəu] n gueto
ghost [gəust] n fantasma m
giant ['dʒaɪənt] n gigante mf ▷ adj gigantesco, gigante
gift [gɪft] n regalo; (ability) talento; **gifted** adj dotado; **gift shop** (US **gift store**) n tienda de regalos; **gift token, gift voucher** n vale m canjeable por un regalo
gig [gɪg] n (inf: concert) actuación f
gigabyte ['dʒɪgəbaɪt] n gigabyte m
gigantic [dʒaɪˈgæntɪk] adj gigantesco
giggle ['gɪgl] vi reírse tontamente
gills [gɪlz] npl (of fish) branquias fpl, agallas fpl
gilt [gɪlt] adj, n dorado
gimmick ['gɪmɪk] n truco
gin [dʒɪn] n ginebra
ginger ['dʒɪndʒə*] n jengibre m
gipsy ['dʒɪpsɪ] n = **gypsy**
giraffe [dʒɪˈrɑːf] n jirafa
girl [gəːl] n (small) niña; (young woman) chica, joven f, muchacha; (daughter) hija; **an English ~** una (chica) inglesa; **girl band** n girl band m (grupo musical de chicas); **girlfriend** n (of girl) amiga; (of boy) novia; **Girl Scout** (US) n = **Girl Guide**
gist [dʒɪst] n lo esencial
give [gɪv] (pt **gave**, pp **given**) vt dar; (deliver) entregar; (as gift) regalar ▷ vi (break) romperse; (stretch: fabric) dar

de sí; **to ~ sb sth, ~ sth to sb** dar algo a algn; **give away** vt (give free) regalar; (betray) traicionar; (disclose) revelar; **give back** vt devolver; **give in** vi ceder ▷ vt entregar; **give out** vt distribuir; **give up** vi rendirse, darse por vencido ▷ vt renunciar a; **to give up smoking** dejar de fumar; **to give o.s. up** entregarse

given ['gɪvn] pp of **give** ▷ adj (fixed: time, amount) determinado ▷ conj: **~ (that)** ... dado (que) ...; **~ the circumstances** ... dadas las circunstancias ...

glacier ['glæsɪə*] n glaciar m

glad [glæd] adj contento; **gladly** ['-lɪ] adv con mucho gusto

glamour ['glæmər] (US **glamor**) n encanto, atractivo; **glamorous** adj encantador(a), atractivo

glance [glɑːns] n ojeada, mirada ▷ vi: **to ~ at** echar una ojeada a

gland [glænd] n glándula

glare [glɛə*] n (of anger) mirada feroz; (of light) deslumbramiento, brillo; **to be in the ~ of publicity** ser el foco de la atención pública ▷ vi deslumbrar; **to ~ at** mirar con odio a; **glaring** adj (mistake) manifiesto

glass [glɑːs] n vidrio, cristal m; (for drinking) vaso; (: with stem) copa; **glasses** npl (spectacles) gafas fpl

glaze [gleɪz] vt (window) poner cristales a; (pottery) vidriar ▷ n vidriado

gleam [gliːm] vi brillar

glen [glɛn] n cañada

glide [glaɪd] vi deslizarse; (Aviat: birds) planear; **glider** n (Aviat) planeador m

glimmer ['glɪmə*] n luz f tenue; (of interest) muestra; (of hope) rayo

glimpse [glɪmps] n vislumbre m ▷ vt vislumbrar, entrever

glint [glɪnt] vi centellear

glisten ['glɪsn] vi relucir, brillar

glitter ['glɪtə*] vi relucir, brillar

global ['gləubl] adj mundial; **globalization** n globalización f;

global warming n (re)calentamiento global or de la tierra

globe [gləub] n globo; (model) globo terráqueo

gloom [gluːm] n oscuridad f; (sadness) tristeza; **gloomy** adj (dark) oscuro; (sad) triste; (pessimistic) pesimista

glorious ['glɔːrɪəs] adj glorioso; (weather etc) magnífico

glory ['glɔːrɪ] n gloria

gloss [glɔs] n (shine) brillo; (paint) pintura de aceite

glossary ['glɔsərɪ] n glosario

glossy ['glɔsɪ] adj lustroso; (magazine) de lujo

glove [glʌv] n guante m; **glove compartment** n (Aut) guantera

glow [gləu] vi brillar

glucose ['gluːkəus] n glucosa

glue [gluː] n goma (de pegar), cemento ▷ vt pegar

GM adj abbr (= genetically modified) transgénico

gm abbr (= gram) g

GMO n abbr (= genetically modified organism) organismo transgénico

GMT abbr (= Greenwich Mean Time) GMT

gnaw [nɔː] vt roer

go [gəu] (pt **went**, pp **gone**, pl **~es**) vi ir; (travel) viajar; (depart) irse, marcharse; (work) funcionar, marchar; (be sold) venderse; (time) pasar; (fit, suit): **to ~ with** hacer juego con; (become) ponerse; (break etc) estropearse, romperse ▷ n: **to have a ~ (at)** probar suerte (con); **to be on the ~** no parar; **whose ~ is it?** ¿a quién le toca?; **he's ~ing to do it** va a hacerlo; **to ~ for a walk** ir de paseo; **to ~ dancing** ir a bailar; **how did it ~?** ¿qué tal salió or resultó?, ¿cómo ha ido?; **to ~ round the back** pasar por detrás; **go ahead** vi seguir adelante; **go away** vi irse, marcharse; **go back** vi volver; **go by** vi (time) pasar ▷ vt fus guiarse por; **go down** vi bajar; (ship) hundirse; (sun) ponerse ▷ vt fus bajar; **go for** vt fus (fetch) ir por; (like) gustar; (attack) atacar; **go in** vi entrar; **go into** vt fus entrar en; (investigate) investigar; (embark on) dedicarse a; **go off** vi irse, marcharse; (food) pasarse; (explode) estallar; (event) realizarse ▷ vt fus dejar de gustar; **I'm going off him/the idea** ya no me gusta tanto él/la idea; **go on** vi (continue) seguir, continuar; (happen) pasar, ocurrir; **to go on doing sth** seguir haciendo algo; **go out** vi salir; (fire, light) apagarse; **go over** vi (ship) zozobrar ▷ vt fus (check) revisar; **go past** vi, vt fus pasar; **go round** vi (circulate: news, rumour) correr; (suffice) alcanzar, bastar; (revolve) girar, dar vueltas; (visit): **to go round (to sb's)** pasar a ver (a algn); **to go round (by)** (make a detour) dar la vuelta (por); **go through** vt fus (town etc) atravesar; **go up** vi, vt fus subir; **go with** vt fus (accompany) ir con, acompañar a; **go without** vt fus pasarse sin

go-ahead ['gəuəhɛd] adj (person) dinámico; (firm) innovador(a) ▷ n luz f verde

goal [gəul] n meta; (score) gol m; **goalkeeper** n portero; **goal-post** n poste m (de la portería)

goat [gəut] n cabra

gobble ['gɔbl] vt (also: ~ **down**, ~ **up**) tragarse, engullir

God [gɔd] n Dios m; **godchild** n ahijado/a; **goddaughter** n ahijada; **goddess** n diosa; **godfather** n padrino; **godmother** n madrina; **godson** n ahijado

goggles ['gɔglz] npl gafas fpl

going ['gəuɪŋ] n (conditions) estado del terreno ▷ adj: **the ~ rate** la tarifa corriente or en vigor

gold [gəuld] n oro ▷ adj de oro; **golden** adj (made of gold) de oro; (gold in colour) dorado; **goldfish** n pez m de colores; **goldmine** n (also fig) mina de oro; **gold-plated** adj chapado en oro

golf [gɔlf] n golf m; **golf ball** n (for game) pelota de golf; (on typewriter) esfera; **golf club** n club m de golf;

(stick) palo (de golf); **golf course** n campo de golf; **golfer** n golfista mf

gone [gɔn] pp of **go**

gong [gɔŋ] n gong m

good [gud] adj bueno; (pleasant) agradable; (kind) bueno, amable; (well-behaved) educado ▷ n bien m, provecho; **goods** npl (Comm) mercancías fpl; **~!** ¡qué bien!; **to be ~ at** tener aptitud para; **to be ~ for** servir para; **it's ~ for you** te hace bien; **would you be ~ enough to ...?** ¿podría hacerme el favor de ...?, ¿sería tan amable de ...?; **a ~ deal (of)** mucho; **a ~ many** muchos; **to make ~ reparar**; **it's no ~ complaining** no vale la pena (de) quejarse; **for ~** para siempre, definitivamente; **~ morning/ afternoon!** ¡buenos días/buenas tardes!; **~ evening!** ¡buenas noches!; **~ night!** ¡buenas noches!

goodbye [gud'baɪ] excl ¡adiós!; **to say ~ (to)** (person) despedirse (de)

good: Good Friday n Viernes m Santo; **good-looking** adj guapo; **good-natured** adj amable, simpático; **goodness** n (of person) bondad f; **for goodness sake!** ¡por Dios!; **goodness gracious!** ¡Dios mío!; **goods train** (BRIT) n tren m de mercancías; **goodwill** n buena voluntad f

Google® ['gu:gəl] n Google® m ▷ vi hacer búsquedas en Internet ▷ vt buscar información en Internet sobre

goose [gu:s] (pl **geese**) n ganso, oca

gooseberry ['guzbəri] n grosella espinosa; **to play ~** hacer de carabina

goose bumps, goose pimples npl carne f de gallina

gorge [gɔ:dʒ] n barranco ▷ vr: **to ~ o.s. (on)** atracarse (de)

gorgeous ['gɔ:dʒəs] adj (thing) precioso; (weather) espléndido; (person) guapísimo

gorilla [gə'rɪlə] n gorila m

gosh [gɔʃ] (inf) excl ¡cielos!

gospel ['gɔspl] n evangelio

gossip ['gɔsɪp] n (scandal)

cotilleo, chismes *mpl*; (*chat*) charla;
(*scandalmonger*) cotilla *m/f*, chismoso/a
▷ *vi* cotillear; **gossip column** *n* ecos
mpl de sociedad

got [gɔt] *pt, pp of* **get**

gotten (*us*) ['gɔtn] *pp of* **get**

gourmet ['guəmeɪ] *n* gastrónomo/a
m/f

govern ['gʌvən] *vt* gobernar;
(*influence*) dominar; **government** *n*
gobierno; **governor** *n* gobernador(a)
m/f; (*of school etc*) miembro del consejo;
(*of jail*) director(a) *m/f*

gown [gaun] *n* traje *m*; (*of teacher*,
BRIT: *of judge*) toga

G.P. *n abbr* = **general practitioner**

grab [græb] *vt* coger (*SP*), agarrar
(*LAM*), arrebatar ▷ *vi*: **to ~ at** intentar
agarrar

grace [greɪs] *n* gracia ▷ *vt* honrar;
(*adorn*) adornar; **5 days' ~** un plazo de
5 días; **graceful** *adj* grácil, ágil; (*style*,
shape) elegante, gracioso; **gracious**
['greɪʃəs] *adj* amable

grade [greɪd] *n* (*quality*) clase
f, calidad *f*; (*in hierarchy*) grado;
(*Scol*: *mark*) nota; (*us*: *school class*) curso
▷ *vt* clasificar; **grade crossing** (*us*)
n paso a nivel; **grade school** (*us*) *n*
escuela primaria

gradient ['greɪdɪənt] *n* pendiente *f*

gradual ['grædjuəl] *adj* paulatino;
gradually *adv* paulatinamente

graduate [*n* 'grædjuɪt, *vb* 'grædjueɪt]
n (*us*: *of high school*) graduado/a; (*of
university*) licenciado/a ▷ *vi* graduarse;
licenciarse; **graduation** [-'eɪʃən] *n*
(*ceremony*) entrega del título

graffiti [grə'fiːtɪ] *n* pintadas *fpl*

graft [grɑːft] *n* (*Agr, Med*) injerto;
(*BRIT*: *inf*) trabajo duro; (*bribery*)
corrupción *f* ▷ *vt* injertar

grain [greɪn] *n* (*single particle*) grano;
(*corn*) granos *mpl*, cereales *mpl*; (*of
wood*) fibra

gram [græm] *n* gramo

grammar ['græmə*] *n* gramática;
grammar school (*BRIT*) *n* ≈ instituto

de segunda enseñanza, liceo (*SP*)

gramme [græm] *n* = **gram**

gran [græn] (*inf*) *n* (*BRIT*) abuelita

grand [grænd] *adj* magnífico,
imponente; (*wonderful*) estupendo;
(*gesture etc*) grandioso; **grandad**
(*inf*) *n* = **granddad**; **grandchild**
(*pl* **grandchildren**) *n* nieto/a
m/f; **granddad** (*inf*) *n* yayo, abuelito;
granddaughter *n* nieta; **grandfather**
n abuelo; **grandma** (*inf*) *n* yaya,
abuelita; **grandmother** *n* abuela;
grandpa (*inf*) *n* = **granddad**;
grandparents *npl* abuelos *mpl*; **grand
piano** *n* piano de cola; **Grand Prix**
['grɑ̃ː'priː] *n* (*Aut*) gran premio, Grand
Prix *m*; **grandson** *n* nieto

granite ['grænɪt] *n* granito

granny ['grænɪ] (*inf*) *n* abuelita, yaya

grant [grɑːnt] *vt* (*concede*) conceder;
(*admit*) reconocer ▷ *n* (*Scol*) beca;
(*Admin*) subvención *f*; **to take sth/sb
for ~ed** dar algo por sentado/no hacer
ningún caso a algn

grape [greɪp] *n* uva

grapefruit ['greɪpfruːt] *n* pomelo
(*SP, SC*), toronja (*LAM*)

graph [grɑːf] *n* gráfica; **graphic**
['græfɪk] *adj* gráfico; **graphics** *n*
artes *fpl* gráficas ▷ *npl* (*drawings*)
dibujos *mpl*

grasp [grɑːsp] *vt* agarrar, asir;
(*understand*) comprender ▷ *n*
(*grip*) asimiento; (*understanding*)
comprensión *f*

grass [grɑːs] *n* hierba; (*lawn*) césped
m; **grasshopper** *n* saltamontes *m inv*

grate [greɪt] *n* parrilla de chimenea
▷ *vi*: **to ~ (on)** chirriar (sobre) ▷ *vt*
(*Culin*) rallar

grateful ['greɪtful] *adj* agradecido

grater ['greɪtə*] *n* rallador *m*

gratitude ['grætɪtjuːd] *n*
agradecimiento

grave [greɪv] *n* tumba ▷ *adj* serio,
grave

gravel ['grævl] *n* grava

gravestone ['greɪvstəun] *n* lápida

graveyard ['greɪvjɑːd] n cementerio

gravity ['grævɪtɪ] n gravedad f

gravy ['greɪvɪ] n salsa de carne

gray [greɪ] adj = **grey**

graze [greɪz] vi pacer ▷ vt (touch lightly) rozar; (scrape) raspar ▷ n (Med) abrasión f

grease [griːs] n (fat) grasa; (lubricant) lubricante m ▷ vt engrasar; lubrificar; **greasy** adj grasiento

great [greɪt] adj grande; (inf) magnífico, estupendo; **Great Britain** n Gran Bretaña; **great-grandfather** n bisabuelo; **great-grandmother** n bisabuela; **greatly** adv muy; (with verb) mucho

Greece [griːs] n Grecia

greed [griːd] n (also: **~iness**) codicia, avaricia; (for food) gula; (for power etc) avidez f; **greedy** adj avaro; (for food) glotón/ona

Greek [griːk] adj griego ▷ n griego/a; (Ling) griego

green [griːn] adj (also Pol) verde; (inexperienced) novato ▷ n verde m, (stretch of grass) césped m; (Golf) green; m **greens** npl (vegetables) verduras fpl; **green card** n (Aut) carta verde; (us: work permit) permiso de trabajo para los extranjeros en EE. UU.; **greengage** n (ciruela) claudia; **greengrocer** (BRIT) n verdulero/a; **greenhouse** n invernadero; **greenhouse effect** n efecto invernadero

Greenland ['griːnlənd] n Groenlandia

green salad n ensalada f (de lechuga, pepino, pimiento verde, etc)

greet [griːt] vt (welcome) dar la bienvenida a; (receive: news) recibir; **greeting** n (welcome) bienvenida; **greeting(s) card** n tarjeta de felicitación

grew [gruː] pt of **grow**

grey [greɪ] (us **gray**) adj gris; (weather) sombrío; **grey-haired** adj canoso; **greyhound** n galgo

grid [grɪd] n reja; (Elec) red f; **gridlock** n (traffic jam) retención f

grief [griːf] n dolor m, pena

grievance ['griːvəns] n motivo de queja, agravio

grieve [griːv] vi afligirse, acongojarse ▷ vt dar pena a; **to ~ for** llorar por

grill [grɪl] n (on cooker) parrilla; (also: **mixed ~**) parillada ▷ vt (BRIT) asar a la parrilla; (inf: question) interrogar

grille [grɪl] n reja; (Aut) rejilla

grim [grɪm] adj (place) sombrío; (situation) triste; (person) ceñudo

grime [graɪm] n mugre f, suciedad f

grin [grɪn] n sonrisa abierta ▷ vi sonreír abiertamente

grind [graɪnd] (pt, pp **ground**) vt (coffee, pepper etc) moler; (us: meat) picar; (make sharp) afilar ▷ n (work) rutina

grip [grɪp] n (hold) asimiento; (control) control m, dominio; (of tyre etc): **to have a good/bad ~** agarrarse bien/mal; (handle) asidero; (holdall) maletín m ▷ vt agarrar; (viewer, reader) fascinar; **to get to ~s with** enfrentarse con; **gripping** adj absorbente

grit [grɪt] n gravilla; (courage) valor m ▷ vt (road) poner gravilla en; **to ~ one's teeth** apretar los dientes

grits [grɪts] (us) npl maíz msg a medio moler

groan [grəun] n gemido; quejido ▷ vi gemir; quejarse

grocer ['grəusə*] n tendero (de ultramarinos (SP)); **groceries** npl comestibles mpl; **grocer's (shop)** n tienda de comestibles or (MEX, CAM) abarrotes, almacén (sc); **grocery** n (shop) tienda de ultramarinos

groin [grɔɪn] n ingle f

groom [gruːm] n mozo/a de cuadra; (also: **bride~**) novio ▷ vt (horse) almohazar; (fig): **to ~ sb for** preparar a algn para; **well-~ed** de buena presencia

groove [gruːv] n ranura, surco

grope [grəup] vi: **to ~ for** buscar a tientas

gross [grəus] adj (neglect, injustice) grave; (vulgar: behaviour) grosero;

(: *appearance*) de mal gusto; (*Comm*) bruto; **grossly** adv (*greatly*) enormemente

grotesque [grə'tɛsk] adj grotesco

ground [graund] pt, pp of **grind** ▷ n suelo, tierra; (*Sport*) campo, terreno; (*reason: gen pl*) causa, razón f; (*us: also:* ~ **wire**) tierra ▷ vt (*plane*) mantener en tierra; (*us Elec*) conectar con tierra; **grounds** npl (*of coffee etc*) poso; (*gardens etc*) jardines mpl, parque m; **on the ~** en el suelo; **to the ~** al suelo; **to gain/lose ~** ganar/perder terreno; **ground floor** n (*BRIT*) planta baja; **groundsheet** (*BRIT*) n tela impermeable; suelo; **groundwork** n preparación f

group [gru:p] n grupo; (*musical*) conjunto ▷ vt (*also:* ~ **together**) agrupar ▷ vi (*also:* ~ **together**) agruparse

grouse [graus] n inv (*bird*) urogallo ▷ vi (*complain*) quejarse

grovel ['grɔvl] vi (*fig*): **to ~ before** humillarse ante

grow [grəu] (*pt* **grew**, *pp* **grown**) vi crecer; (*increase*) aumentar; (*expand*) desarrollarse; (*become*) volverse; **to ~ rich/weak** enriquecerse/debilitarse ▷ vt cultivar; (*hair, beard*) dejar crecer; **grow on** vt fus: **that painting is growing on me** ese cuadro me gusta cada vez más; **grow up** vi crecer, hacerse hombre/mujer

growl [graul] vi gruñir

grown [grəun] pp of **grow**; **grown-up** n adulto/a, mayor mf

growth [grəuθ] n crecimiento, desarrollo; (*what has grown*) brote m; (*Med*) tumor m

grub [grʌb] n larva, gusano; (*inf: food*) comida

grubby ['grʌbɪ] adj sucio, mugriento

grudge [grʌdʒ] n (motivo de) rencor m ▷ vt: **to ~ sb sth** dar algo a algn de mala gana; **to bear sb a ~** guardar rencor a algn

gruelling ['gruəlɪŋ] (*us* **grueling**) adj penoso, duro

gruesome ['gru:səm] adj horrible

grumble ['grʌmbl] vi refunfuñar, quejarse

grumpy ['grʌmpɪ] adj gruñón/ona

grunt [grʌnt] vi gruñir

guarantee [gærən'ti:] n garantía ▷ vt garantizar

guard [gɑ:d] n (*squad*) guardia; (*one man*) guardia mf; (*BRIT Rail*) jefe m de tren; (*on machine*) dispositivo de seguridad; (*also:* **fire~**) rejilla de protección ▷ vt guardar; (*prisoner*) vigilar; **to be on one's ~** estar alerta; **guardian** n guardián/ana m/f; (*of minor*) tutor(a) m/f

guerrilla [gə'rɪlə] n guerrillero/a

guess [gɛs] vi adivinar; (*us*) suponer ▷ vt adivinar; suponer ▷ n suposición f, conjetura; **to take** or **have a ~** tratar de adivinar

guest [gɛst] n invitado/a; (*in hotel*) huésped mf; **guest house** n casa de huéspedes, pensión f; **guest room** n cuarto de huéspedes

guidance ['gaɪdəns] n (*advice*) consejos mpl

guide [gaɪd] n (*person*) guía mf; (*book, fig*) guía; (*also:* **Girl ~**) guía ▷ vt (*round museum etc*) guiar; (*lead*) conducir; (*direct*) orientar; **guidebook** n guía; **guide dog** n perro m guía; **guided tour** n visita f con guía; **guidelines** npl (*advice*) directrices fpl

guild [gɪld] n gremio

guilt [gɪlt] n culpabilidad f; **guilty** adj culpable

guinea pig ['gɪnɪ-] n cobaya; (*fig*) conejillo de Indias

guitar [gɪ'tɑ:*] n guitarra; **guitarist** n guitarrista m/f

gulf [gʌlf] n golfo; (*abyss*) abismo

gull [gʌl] n gaviota

gulp [gʌlp] vi tragar saliva ▷ vt (*also:* ~ **down**) tragarse

gum [gʌm] n (*Anat*) encía; (*glue*) goma, cemento; (*sweet*) caramelo de goma; (*also:* **chewing-~**) chicle m ▷ vt pegar con goma

gun [gʌn] *n* (*small*) pistola, revólver *m*; (*shotgun*) escopeta; (*rifle*) fusil *m*; (*cannon*) cañón *m*; **gunfire** *n* disparos *mpl*; **gunman** (*irreg*) *n* pistolero; **gunpoint** *n*: **at gunpoint** a mano armada; **gunpowder** *n* pólvora; **gunshot** *n* escopetazo

gush [gʌʃ] *vi* salir a raudales; (*person*) deshacerse en efusiones

gust [gʌst] *n* (*of wind*) ráfaga

gut [gʌt] *n* intestino; **guts** *npl* (*Anat*) tripas *fpl*; (*courage*) valor *m*

gutter ['gʌtə*] *n* (*of roof*) canalón *m*; (*in street*) cuneta

guy [gaɪ] *n* (*also*: **~rope**) cuerda; (*inf*: *man*) tío (sp), tipo; (*figure*) monigote *m*

Guy Fawkes' Night [gaɪ'fɔːks-] *n* ver recuadro

gym [dʒɪm] *n* gimnasio; **gymnasium** *n* gimnasio *mf*; **gymnast** *n* gimnasta *mf*; **gymnastics** *n* gimnasia; **gym shoes** *npl* zapatillas *fpl* (de deporte)

gynaecologist [gaɪnɪ'kɔlədʒɪst] (*us* **gynecologist**) *n* ginecólogo/a

gypsy ['dʒɪpsɪ] *n* gitano/a

haberdashery [hæbə'dæʃərɪ] (BRIT) *n* mercería

habit ['hæbɪt] *n* hábito, costumbre *f*; (*drug habit*) adicción *f*; (*costume*) hábito

habitat ['hæbɪtæt] *n* hábitat *m*

hack [hæk] *vt* (*cut*) cortar; (*slice*) tajar ▷ *n* (*pej*: *writer*) escritor(a) *m/f* a sueldo; **hacker** *n* (*Comput*) pirata *mf* informático/a

had [hæd] *pt, pp of* **have**

haddock ['hædək] (*pl* **~** *or* **~s**) *n* *especie de merluza*

hadn't ['hædnt] = **had not**

haemorrhage ['hemərɪdʒ] (*us* **hemorrhage**) *n* hemorragia

haemorrhoids ['hemərɔɪdz] (*us* **hemorrhoids**) *npl* hemorroides *fpl*

haggle ['hægl] *vi* regatear

Hague [heɪg] *n*: **The ~** La Haya

hail [heɪl] *n* granizo; (*fig*) lluvia ▷ *vt* saludar; (*taxi*) llamar a; (*acclaim*) aclamar ▷ *vi* granizar; **hailstone** *n* (piedra de) granizo

hair [heə*] *n* pelo, cabellos *mpl*; (*one hair*) pelo, cabello; (*on legs etc*) vello;

to do one's ~ arreglarse el pelo; **to have grey ~** tener canas *fpl*; **hairband** *n* cinta; **hairbrush** *n* cepillo (para el pelo); **haircut** *n* corte *m* (de pelo); **hairdo** *n* peinado; **hairdresser** *n* peluquero/a; **hairdresser's** *n* peluquería; **hair dryer** *n* secador *m* de pelo; **hair gel** *n* fijador; **hair spray** *n* laca; **hairstyle** *n* peinado; **hairy** *adj* peludo; velludo; (*inf: frightening*) espeluznante

hake [heɪk] (*pl ~ or ~s*) *n* merluza

half [hɑːf] (*pl* **halves**) *n* mitad *f*; (*of beer*) ≈ caña (*SP*), media pinta; (*Rail, Bus*) billete *m* de niño ▷ *adj* medio ▷ *adv* medio, a medias; **two and a ~** dos y media; **~ a dozen** media docena; **~ a pound** media libra; **to cut sth in ~** cortar algo por la mitad; **half board** *n* (*BRIT: in hotel*) media pensión; **half-brother** *n* hermanastro; **half day** *n* medio día *m*, media jornada; **half fare** *n* medio pasaje *m*; **half-hearted** *adj* indiferente, poco entusiasta; **half-hour** *n* media hora; **half-price** *adj, adv* a mitad de precio; **half term** (*BRIT*) *n* (*Scol*) vacaciones de mediados del trimestre; **half-time** *n* descanso; **halfway** *adv* a medio camino; **halfway through** a mitad de

hall [hɔːl] *n* (*for concerts*) sala; (*entrance way*) hall *m*; vestíbulo

hallmark ['hɔːlmɑːk] *n* sello

hallo [hə'ləʊ] *excl* = **hello**

hall of residence (*BRIT*) *n* residencia

Hallowe'en [hæləʊ'iːn] *n* víspera de Todos los Santos

hallucination [həluːsɪ'neɪʃən] *n* alucinación *f*

hallway ['hɔːlweɪ] *n* vestíbulo

halo ['heɪləʊ] *n* (*of saint*) halo, aureola

halt [hɔːlt] *n* (*stop*) alto, parada ▷ *vt* parar; interrumpir ▷ *vi* pararse

halve [hɑːv] *vt* partir por la mitad

halves [hɑːvz] *npl of* **half**

ham [hæm] *n* jamón *m* (cocido)

hamburger ['hæmbɜːgə*] *n* hamburguesa

hamlet ['hæmlɪt] *n* aldea

hammer ['hæmə*] *n* martillo ▷ *vt* (*nail*) clavar; (*force*): **to ~ an idea into sb/a message home** meter una idea en la cabeza a algn/machacar una idea ▷ *vi* dar golpes

hammock ['hæmək] *n* hamaca

hamper ['hæmpə*] *vt* estorbar ▷ *n* cesto

hamster ['hæmstə*] *n* hámster *m*

hamstring ['hæmstrɪŋ] *n* (*Anat*) tendón *m* de la corva

hand [hænd] *n* mano *f*; (*of clock*) aguja; (*writing*) letra; (*worker*) obrero ▷ *vt* dar, pasar; **to give or lend sb a ~** echar una mano a algn, ayudar a algn; **at ~** a mano; **in ~** (*time*) libre; (*job etc*) entre manos; **on ~** (*person, services*) a mano, al alcance; (*information etc*) a mano; **on the one ~ ..., on the other ~ ...** por una parte ... por otra (parte) ...; **hand down** *vt* pasar, bajar; (*tradition*) transmitir; (*heirloom*) dejar en herencia; (*US: sentence, verdict*) imponer; **hand in** *vt* entregar; **hand out** *vt* distribuir; **hand over** *vt* (*deliver*) entregar; **handbag** *n* bolso (*SP*), cartera (*LAM*), bolsa (*MEX*); **hand baggage** *n* = **hand luggage**; **handbook** *n* manual *m*; **handbrake** *n* freno de mano; **handcuffs** *npl* esposas *fpl*; **handful**

n puñado

handicap ['hændɪkæp] *n*
minusvalía; (*disadvantage*) desventaja;
(*Sport*) handicap *m* ▷ *vt* estorbar; **to be
mentally ~ped** ser mentalmente *m/f*
discapacitado; **to be physically ~ped**
ser minusválido/a

handkerchief ['hæŋkətʃif] *n*
pañuelo

handle ['hændl] *n* (*of door etc*)
tirador *m*; (*of cup etc*) asa; (*of knife etc*)
mango; (*for winding*) manivela ▷ *vt*
(*touch*) tocar; (*deal with*) encargarse de;
(*treat: people*) manejar; **"~ with care"**
"(manéjese) con cuidado"; **to fly off
the ~** perder los estribos; **handlebar(s)**
n(pl) manillar *m*

hand: hand luggage *n* equipaje *m*
de mano; **handmade** *adj* hecho a
mano; **handout** *n* (*money etc*) limosna;
(*leaflet*) folleto; **hands-free** *adj* (*phone*)
manos libres *inv*; **hands-free kit** *n*
manos libres *m inv*

handsome ['hænsəm] *adj* guapo;
(*building*) bello; (*fig: profit*) considerable

handwriting ['hændraɪtɪŋ] *n* letra

handy ['hændɪ] *adj* (*close at hand*)
a la mano; (*tool etc*) práctico; (*skilful*)
hábil, diestro

hang [hæŋ] (*pt, pp* **hung**) *vt* colgar;
(*criminal: pt, pp* **hanged**) ahorcar ▷ *vi*
(*painting, coat etc*) colgar; (*hair, drapery*)
caer; **to get the ~ of sth** (*inf*) lograr
dominar algo; **hang about** *or* **around**
vi haraganear; **hang down** *vi* colgar,
pender; **hang on** *vi* (*wait*) esperar;
hang out *vt* (*washing*) tender, colgar
▷ *vi* (*inf: live*) vivir; (*spend time*) pasar
el rato; **to hang out of sth** colgar
fuera de algo; **hang round** *vi* = **hang
around**; **hang up** *vi* (*Tel*) colgar ▷ *vt*
colgar

hanger ['hæŋə*] *n* percha

hang-gliding ['-glaɪdɪŋ] *n* vuelo
libre

hangover ['hæŋəʊvə*] *n* (*after
drinking*) resaca

hankie, hanky ['hæŋkɪ] *n abbr* =
handkerchief

happen ['hæpən] *vi* suceder, ocurrir;
(*chance*): **he ~ed to hear/see** dió la
casualidad de que oyó/vió; **as it ~s** da
la casualidad de que

happily ['hæpɪlɪ] *adv* (*luckily*)
afortunadamente; (*cheerfully*)
alegremente

happiness ['hæpɪnɪs] *n* felicidad *f*;
(*cheerfulness*) alegría

happy ['hæpɪ] *adj* feliz; (*cheerful*)
alegre; **to be ~ (with)** estar contento
(con); **to be ~ to do** estar encantado de
hacer; **~ birthday!** ¡feliz cumpleaños!

harass ['hærəs] *vt* acosar, hostigar;
harassment *n* persecución *f*

harbour ['hɑːbə*] (*us* **harbor**) *n*
puerto ▷ *vt* (*fugitive*) dar abrigo a; (*hope
etc*) abrigar

hard [hɑːd] *adj* duro; (*difficult*) difícil;
(*work*) arduo; (*person*) severo; (*fact*)
innegable ▷ *adv* (*work*) mucho, duro;
(*think*) profundamente; **to look ~ at**
clavar los ojos en; **to try ~** esforzarse;
no ~ feelings! ¡sin rencor(es)!; **to be
~ of hearing** ser duro de oído; **to be
~ done by** ser tratado injustamente;
hardback *n* libro en cartoné;
hardboard *n* aglomerado *m* (*de
madera*); **hard disk** *n* (*Comput*) disco
duro *or* rígido; **harden** *vt* endurecer;
(*fig*) curtir ▷ *vi* endurecerse; curtirse

hardly ['hɑːdlɪ] *adv* apenas; **~ ever**
casi nunca

hard: hardship *n* privación *f*; **hard
shoulder** (*BRIT*) *n* (*Aut*) arcén *m*; **hard-
up** (*inf*) *adj* sin un duro (*SP*), pelado, sin
un centavo (*MEX*), pato (*SC*); **hardware**
n ferretería; (*Comput*) hardware *m*;
(*Mil*) armamento; **hardware shop**
(*us* **hardware store**) ferretería; **hard-
working** *adj* trabajador(a)

hardy ['hɑːdɪ] *adj* fuerte; (*plant*)
resistente

hare [hɛə*] *n* liebre *f*

harm [hɑːm] *n* daño, mal *m* ▷ *vt*
(*person*) hacer daño a; (*health, interests*)
perjudicar; (*thing*) dañar; **out of ~'s**

way a salvo; **harmful** adj dañino;
harmless adj (person) inofensivo; (joke
etc) inocente

harmony ['hɑ:mənɪ] n armonía

harness ['hɑ:nɪs] n arreos mpl; (for
child) arnés m; (safety harness) arneses
mpl ▷ vt (horse) enjaezar; (resources)
aprovechar

harp [hɑ:p] n arpa ▷ vi: **to ~ on
(about)** machacar (con)

harsh [hɑ:ʃ] adj (cruel) duro, cruel;
(severe) severo; (sound) áspero; (light)
deslumbrador(a)

harvest ['hɑ:vɪst] n (harvest time)
siega; (of cereals etc) cosecha; (of grapes)
vendimia ▷ vt cosechar

has [hæz] vb see **have**

hasn't ['hæznt] = **has not**

hassle ['hæsl] (inf) n lata

haste [heɪst] n prisa; **hasten** ['heɪsn]
vt acelerar ▷ vi darse prisa; **hastily**
adv de prisa; precipitadamente; **hasty**
adj apresurado; (rash) precipitado

hat [hæt] n sombrero

hatch [hætʃ] n (Naut: also: **~way**)
escotilla; (also: **service ~**) ventanilla
▷ vi (bird) salir del cascarón ▷ vt
incubar; (plot) tramar; **5 eggs have ~ed**
han salido 5 pollos

hatchback ['hætʃbæk] n (Aut) tres or
cinco puertas m

hate [heɪt] vt odiar, aborrecer ▷ n
odio; **hatred** ['heɪtrɪd] n odio

haul [hɔ:l] vt tirar ▷ n (of fish) redada;
(of stolen goods etc) botín m

haunt [hɔ:nt] vt (ghost) aparecerse
en; (obsess) obsesionar ▷ n guarida;
haunted adj (castle etc) embrujado;
(look) de angustia

○ **KEYWORD**

have [hæv] (pt, pp **had**) aux vb **1** (gen)
haber; **to have arrived/eaten** haber
llegado/comido; **having finished** or
when he had finished, he left cuando
hubo acabado, se fue
2 (in tag questions): **you've done it,**

haven't you? lo has hecho, ¿verdad?
or ¿no?
3 (in short answers and questions): **I
haven't** no; **so I have** pues, es verdad;
we haven't paid - yes we have!
no hemos pagado - ¡sí que hemos
pagado!; **I've been there before, have
you?** he estado allí antes, ¿y tú?
▷ modal aux vb (be obliged): **to have
(got) to do sth** tener que hacer algo;
you haven't to tell her no hay que or
no debes decírselo
▷ vt **1** (possess): **he has (got) blue
eyes/dark hair** tiene los ojos azules/el
pelo negro
2 (referring to meals etc): **to have
breakfast/lunch/dinner** desayunar/
comer/cenar; **to have a drink/a
cigarette** tomar algo/fumar un
cigarillo
3 (receive) recibir; (obtain) obtener; **may
I have your address?** ¿puedes darme
tu dirección?; **you can have it for
£5** te lo puedes quedar por £5; **I must
have it by tomorrow** lo necesito para
mañana; **to have a baby** tener un
niño or bebé
4 (maintain, allow): **I won't have it/this
nonsense!** ¡no lo permitiré!/¡no
permitiré estas tonterías!; **we can't
have that** no podemos permitir eso
5 to have sth done hacer or mandar
hacer algo; **to have one's hair cut**
cortarse el pelo; **to have sb do sth**
hacer que algn haga algo
6 (experience, suffer): **to have a cold/flu**
tener un resfriado/la gripe; **she had
her bag stolen/her arm broken** le
robaron el bolso/se rompió un brazo;
to have an operation operarse
7 (+ noun): **to have a swim/walk/
bath/rest** nadar/dar un paseo/darse
un baño/descansar; **let's have a look**
vamos a ver; **to have a meeting/
party** celebrar una reunión/una fiesta;
let me have a try déjame intentarlo

haven ['heɪvn] n puerto; (fig) refugio

haven't ['hævnt] = **have not**

havoc ['hævək] n estragos mpl

Hawaii [hə'waɪiː] n (Islas fpl) Hawai fpl

hawk [hɔːk] n halcón m

hawthorn ['hɔːθɔːn] n espino

hay [heɪ] n heno; **hay fever** n fiebre f del heno; **haystack** n almiar m

hazard ['hæzəd] n peligro ▷ vt aventurar; **hazardous** adj peligroso; **hazard warning lights** npl (Aut) señales fpl de emergencia

haze [heɪz] n neblina

hazel ['heɪzl] n (tree) avellano ▷ adj (eyes) color m de avellano; **hazelnut** n avellana

hazy ['heɪzɪ] adj brumoso; (idea) vago

he [hiː] pron él; **~ who ...** él que ..., quien ...

head [hɛd] n cabeza; (leader) jefe/a m/f; (of school) director(a) m/f ▷ vt (list) encabezar; (group) capitanear; (company) dirigir; **~s (or tails)** cara (o cruz); **~ first** de cabeza; **~ over heels** (in love) perdidamente; **to ~ the ball** cabecear (la pelota); **head for** vt fus dirigirse a; (disaster) ir camino de; **head off** vt (threat, danger) evitar; **headache** n dolor m de cabeza; **heading** n título; **headlamp** (BRIT) n = **headlight**; **headlight** n faro; **headline** n titular m; **head office** n oficina central, central f; **headphones** npl auriculares mpl; **headquarters** npl sede f central; (Mil) cuartel m general; **headroom** n (in car) altura interior; (under bridge) (límite m de) altura; **headscarf** n pañuelo; **headset** n cascos mpl; **headteacher** n director(directora); **head waiter** n maître m

heal [hiːl] vt curar ▷ vi cicatrizarse

health [hɛlθ] n salud f; **health care** n asistencia sanitaria; **health centre** (BRIT) n ambulatorio, centro médico; **health food** n alimentos mpl orgánicos; **Health Service** (BRIT) n el servicio de salud pública, ≈ el Insalud (SP); **healthy** adj sano, saludable

heap [hiːp] n montón m ▷ vt: **to ~ (up)** amontonar; **to ~ sth with** llenar algo hasta arriba de; **~s of** un montón de

hear [hɪə*] (pt, pp **~d**) vt (also Law) oír; (news) saber ▷ vi oír; **to ~ about** oír hablar de; **to ~ from sb** tener noticias de algn

heard [hə:d] pt, pp of **hear**

hearing ['hɪərɪŋ] n (sense) oído; (Law) vista; **hearing aid** n audífono

hearse [hə:s] n coche m fúnebre

heart [hɑːt] n corazón m; (fig) valor m; (of lettuce) cogollo; **hearts** npl (Cards) corazones mpl; **to lose/take ~** descorazonarse/cobrar ánimo; **at ~** en el fondo; **by ~** (learn, know) de memoria; **heart attack** n infarto (de miocardio); **heartbeat** n latido (del corazón); **heartbroken** adj: **she was heartbroken about it** esto le partió el corazón; **heartburn** n acedía; **heart disease** n enfermedad f cardíaca

hearth [hɑːθ] n (fireplace) chimenea

heartless ['hɑːtlɪs] adj despiadado

hearty ['hɑːtɪ] adj (person) campechano; (laugh) sano; (dislike, support) absoluto

heat [hiːt] n calor m; (Sport: also: **qualifying ~**) prueba eliminatoria ▷ vt calentar; **heat up** vi calentarse ▷ vt calentar; **heated** adj caliente; (fig) acalorado; **heater** n estufa; (in car) calefacción f

heather ['hɛðə*] n brezo

heating ['hiːtɪŋ] n calefacción f

heatwave ['hiːtweɪv] n ola de calor

heaven ['hɛvn] n cielo; (fig) una maravilla; **heavenly** adj celestial; (fig) maravilloso

heavily ['hɛvɪlɪ] adv pesadamente; (drink, smoke) con exceso; (sleep, sigh) profundamente; (depend) mucho

heavy ['hɛvɪ] adj pesado; (work, blow) duro; (sea, rain, meal) fuerte; (drinker, smoker) grande; (responsibility) grave; (schedule) ocupado; (weather) bochornoso

Hebrew ['hiːbruː] *adj, n* (*Ling*) hebreo
hectare ['hɛktaː*] *n* (*BRIT*) hectárea
hectic ['hɛktɪk] *adj* agitado
he'd [hiːd] = **he would; he had**
hedge [hɛdʒ] *n* seto ▷ *vi* contestar
   con evasivas; **to ~ one's bets** (*fig*)
   cubrirse
hedgehog ['hɛdʒhɔg] *n* erizo
heed [hiːd] *vt* (*also*: **take ~**: *pay*
   attention to) hacer caso de
heel [hiːl] *n* talón *m*; (*of shoe*) tacón *m*
   ▷ *vt* (*shoe*) poner tacón a
hefty ['hɛftɪ] *adj* (*person*) fornido;
   (*parcel, profit*) gordo
height [haɪt] *n* (*of person*) estatura;
   (*of building*) altura; (*high ground*) cerro;
   (*altitude*) altitud *f*; (*fig*: *of season*): **at the**
   ~ of summer en los días más calurosos
   del verano; (: *of power etc*) cúspide *f*;
   (: *of stupidity etc*) colmo; **heighten** *vt*
   elevar; (*fig*) aumentar
heir [ɛə*] *n* heredero; **heiress** *n*
   heredera
held [hɛld] *pt, pp of* **hold**
helicopter ['hɛlɪkɔptə*] *n*
   helicóptero
hell [hɛl] *n* infierno; **~!** (*inf*)
   ¡demonios!
he'll [hiːl] = **he will; he shall**
hello [hə'ləu] *excl* ¡hola!; (*to attract*
   attention) ¡oiga!; (*surprise*) ¡caramba!
helmet ['hɛlmɪt] *n* casco
help [hɛlp] *n* ayuda; (*cleaner etc*)
   criada, asistenta ▷ *vt* ayudar; **~!**
   ¡socorro!; **~ yourself** sírvete; **he can't**
   ~ it no es culpa suya; **help out** *vi*
   ayudar, echar una mano ▷ *vt*: **to help**
   sb out ayudar a algn, echar una mano
   a algn; **helper** *n* ayudante *mf*; **helpful**
   adj útil; (*person*) servicial; (*advice*)
   útil; **helping** *n* ración *f*; **helpless**
   adj (*incapable*) incapaz; (*defenceless*)
   indefenso; **helpline** *n* teléfono de
   asistencia al público
hem [hɛm] *n* dobladillo ▷ *vt* poner or
   coser el dobladillo de
hemisphere ['hɛmɪsfɪə*] *n*
   hemisferio

hemorrhage ['hɛmərɪdʒ] (*US*) *n* =
   haemorrhage
hemorrhoids ['hɛmərɔɪdz] (*US*) *npl* =
   haemorrhoids
hen [hɛn] *n* gallina; (*female bird*)
   hembra
hence [hɛns] *adv* (*therefore*) por lo
   tanto; **2 years ~** de aquí a 2 años
hen night, hen party *n* (*inf*)
   despedida de soltera
hepatitis [hɛpə'taɪtɪs] *n* hepatitis *f*
her [həː*] *pron* (*direct*) la; (*indirect*) le;
   (*stressed, after prep*) ella ▷ *adj* su; *see*
   also **me; my**
herb [həːb] *n* hierba; **herbal** *adj* de
   hierbas; **herbal tea** *n* infusión *f* de
   hierbas
herd [həːd] *n* rebaño
here [hɪə*] *adv* aquí; (*at this point*)
   en este punto; **~!** (*present*) ¡presente!;
   ~ is/are aquí está/están; **~ she is**
   aquí está
hereditary [hɪ'rɛdɪtrɪ] *adj*
   hereditario
heritage ['hɛrɪtɪdʒ] *n* patrimonio
hernia ['həːnɪə] *n* hernia
hero ['hɪərəu] (*pl* **~es**) *n* héroe *m*;
   (*in book, film*) protagonista *m*; **heroic**
   [hɪ'rəuɪk] *adj* heroico
heroin ['hɛrəuɪn] *n* heroína
heroine ['hɛrəuɪn] *n* heroína; (*in*
   book, film) protagonista
heron ['hɛrən] *n* garza
herring ['hɛrɪŋ] *n* arenque *m*
hers [həːz] *pron* (el) suyo/(la) suya *etc*;
   see also **mine¹**
herself [həː'sɛlf] *pron* (*reflexive*) se;
   (*emphatic*) ella misma; (*after prep*) sí
   (misma); *see also* **oneself**
he's [hiːz] = **he is; he has**
hesitant ['hɛzɪtənt] *adj* vacilante
hesitate ['hɛzɪteɪt] *vi* vacilar; (*in*
   speech) titubear; (*be unwilling*) resistirse
   a; **hesitation** ['-teɪʃən] *n* indecisión *f*,
   titubeo; dudas *fpl*
heterosexual [hɛtərəu'sɛksjuəl] *adj*
   heterosexual
hexagon ['hɛksəgən] *n* hexágono

hey [heɪ] *excl* ¡oye!, ¡oiga!

heyday ['heɪdeɪ] *n*: **the ~ of** el apogeo de

HGV *n abbr* (= *heavy goods vehicle*) vehículo pesado

hi [haɪ] *excl* ¡hola!; (*to attract attention*) ¡oiga!

hibernate ['haɪbəneɪt] *vi* invernar

hiccough ['hɪkʌp] = **hiccup**

hiccup ['hɪkʌp] *vi* hipar

hid [hɪd] *pt of* **hide**

hidden ['hɪdn] *pp of* **hide** ▷ *adj*: **~ agenda** plan *m* encubierto

hide [haɪd] (*pt* **hid**, *pp* **hidden**) *n* (*skin*) piel *f* ▷ *vt* esconder, ocultar ▷ *vi*: **to ~ (from sb)** esconderse *or* ocultarse (de algn)

hideous ['hɪdɪəs] *adj* horrible

hiding ['haɪdɪŋ] *n* (*beating*) paliza; **to be in ~** (*concealed*) estar escondido

hi-fi ['haɪfaɪ] *n* estéreo, hifi *m* ▷ *adj* de alta fidelidad

high [haɪ] *adj* alto; (*speed, number*) grande; (*price*) elevado; (*wind*) fuerte; (*voice*) agudo ▷ *adv* alto, a gran altura; **it is 20 m ~** tiene 20 m de altura; **~ in the air** en las alturas; **highchair** *n* silla alta; **high-class** *adj* (*hotel*) de lujo; (*person*) distinguido, de categoría; (*food*) de alta categoría; **higher education** *n* educación *f or* enseñanza superior; **high heels** *npl* (*heels*) tacones *mpl* altos; (*shoes*) zapatos *mpl* de tacón; **high jump** *n* (*Sport*) salto de altura; **highlands** ['haɪləndz] *npl* tierras *fpl* altas; **the Highlands** (*in Scotland*) las Tierras Altas de Escocia; **highlight** *n* (*fig: of event*) punto culminante ▷ *vt* subrayar; **highlights** *npl* (*in hair*) reflejos *mpl*; **highlighter** *n* rotulador; **highly** *adv* (*paid*) muy bien; (*critical, confidential*) sumamente; (*a lot*): **to speak/think highly of** hablar muy bien de/tener en mucho a; **highness** *n* altura; **Her/His Highness** Su Alteza; **high-rise** *n* (*also*: **high-rise block, high-rise building**) torre *f* de pisos; **high school**

n ≈ Instituto Nacional de Bachillerato (*SP*); **high season** (*BRIT*) *n* temporada alta; **high street** (*BRIT*) *n* calle *f* mayor; **high-tech** (*inf*) *adj* al-tec (*inf*), de alta tecnología; **highway** *n* carretera; (*US*) carretera nacional; autopista; **Highway Code** (*BRIT*) *n* código de la circulación

hijack ['haɪdʒæk] *vt* secuestrar; **hijacker** *n* secuestrador(a) *m/f*

hike [haɪk] *vi* (*go walking*) ir de excursión (a pie) ▷ *n* caminata; **hiker** *n* excursionista *mf*; **hiking** *n* senderismo

hilarious [hɪ'lɛərɪəs] *adj* divertidísimo

hill [hɪl] *n* colina; (*high*) montaña; (*slope*) cuesta; **hillside** *n* ladera; **hill walking** *n* senderismo (de montaña); **hilly** *adj* montañoso

him [hɪm] *pron* (*direct*) le, lo; (*indirect*) le; (*stressed, after prep*) él; *see also* **me**; **himself** *pron* (*reflexive*) se; (*emphatic*) él mismo; (*after prep*) sí (mismo); *see also* **oneself**

hind [haɪnd] *adj* posterior

hinder ['hɪndə*] *vt* estorbar, impedir

hindsight ['haɪndsaɪt] *n*: **with ~** en retrospectiva

Hindu ['hɪnduː] *n* hindú *mf*; **Hinduism** *n* (*Rel*) hinduismo

hinge [hɪndʒ] *n* bisagra, gozne *m* ▷ *vi* (*fig*): **to ~ on** depender de

hint [hɪnt] *n* indirecta; (*advice*) consejo; (*sign*) dejo ▷ *vt*: **to ~ that** insinuar que ▷ *vi*: **to ~ at** hacer alusión a

hip [hɪp] *n* cadera

hippie ['hɪpɪ] *n* hippie *m/f*, jipi *m/f*

hippo ['hɪpəu] (*pl* **~s**) *n* hipopótamo

hippopotamus [hɪpə'pɔtəməs] (*pl* **~es** *or* **hippopotami**) *n* hipopótamo

hippy ['hɪpɪ] *n* = **hippie**

hire ['haɪə*] *vt* (*BRIT: car, equipment*) alquilar; (*worker*) contratar ▷ *n* alquiler *m*; **for ~** se alquila; (*taxi*) libre; **hire(d) car** (*BRIT*) *n* coche *m* de alquiler; **hire purchase** (*BRIT*) *n* compra a plazos

his [hɪz] *pron* (el) suyo/(la) suya *etc*
▷ *adj* su; *see also* **mine¹; my**
Hispanic [hɪs'pænɪk] *adj* hispánico
hiss [hɪs] *vi* silbar
historian [hɪ'stɔːrɪən] *n*
historiador(a) *m/f*
historic(al) [hɪ'stɔrɪk(l)] *adj*
histórico
history ['hɪstərɪ] *n* historia
hit [hɪt] (*pt, pp* ~) *vt* (*strike*) golpear,
pegar; (*reach: target*) alcanzar; (*collide
with: car*) chocar contra; (*fig: affect*)
afectar ▷ *n* golpe *m*; (*success*) éxito;
(*on website*) visita; (*in web search*)
correspondencia; **to ~ it off with
sb** llevarse bien con algn; **hit back**
vi defenderse; (*fig*) devolver golpe
por golpe
hitch [hɪtʃ] *vt* (*fasten*) atar, amarrar;
(*also:* **~ up**) remangar *n* (*difficulty*)
dificultad *f*; **to ~ a lift** hacer
autostop
hitch-hike ['hɪtʃhaɪk] *vi* hacer
autostop; **hitch-hiker** *n* autostopista
m/f; **hitch-hiking** *n* autostop *m*
hi-tech [haɪ'tɛk] *adj* de alta
tecnología
hitman ['hɪtmæn] (*irreg*) *n* asesino
a sueldo
HIV *n abbr* (= *human immunodeficiency
virus*) VIH *m*; **~-negative/positive**
VIH negativo/positivo
hive [haɪv] *n* colmena
hoard [hɔːd] *n* (*treasure*) tesoro;
(*stockpile*) provisión *f* ▷ *vt* acumular;
(*goods in short supply*) acaparar
hoarse [hɔːs] *adj* ronco
hoax [həʊks] *n* trampa
hob [hɔb] *n* quemador *m*
hobble ['hɔbl] *vi* cojear
hobby ['hɔbɪ] *n* pasatiempo, afición
f
hobo ['həʊbəʊ] (*us*) *n* vagabundo
hockey ['hɔkɪ] *n* hockey *m*; **hockey
stick** *n* palo *m* de hockey
hog [hɔg] *n* cerdo, puerco ▷ *vt* (*fig*)
acaparar; **to go the whole ~** poner
toda la carne en el asador

Hogmanay [hɔgmə'neɪ] *n ver
recuadro*

hoist [hɔɪst] *n* (*crane*) grúa ▷ *vt*
levantar, alzar; (*flag, sail*) izar
hold [həʊld] (*pt, pp* **held**) *vt* sostener;
(*contain*) contener; (*have: power,
qualification*) tener; (*keep back*) retener;
(*believe*) sostener; (*consider*) considerar;
(*keep in position*): **to ~ one's head up**
mantener la cabeza alta; (*meeting*)
celebrar ▷ *vi* (*withstand pressure*)
resistir; (*be valid*) valer ▷ *n* (*grasp*)
asimiento; (*fig*) dominio; **~ the line!**
(*Tel*) ¡no cuelgue!; **to ~ one's own** (*fig*)
defenderse; **to catch** *or* **get (a) ~ of**
agarrarse *or* asirse de; **hold back** *vt*
retener; (*secret*) ocultar; **hold on** *vi*
agarrarse bien; (*wait*) esperar; **hold
on!** (*Tel*) ¡(espere) un momento!; **hold
out** *vt* ofrecer ▷ *vi* (*resist*) resistir;
hold up *vt* (*raise*) levantar; (*support*)
apoyar; (*delay*) retrasar; (*rob*) asaltar;
holdall (*BRIT*) *n* bolsa; **holder** *n*
(*container*) receptáculo; (*of ticket, record*)
poseedor(a) *m/f*; (*of office, title etc*)
titular *mf*
hole [həʊl] *n* agujero
holiday ['hɔlɪdeɪ] *n* vacaciones
fpl; (*public holiday*) (día *m* de) fiesta,
día *m* feriado; **on ~** de vacaciones;
holiday camp *n* (*BRIT: also:* **holiday
centre**) centro de vacaciones; **holiday**

job n (BRIT) trabajillo extra para las vacaciones; **holiday-maker** (BRIT) n turista mf; **holiday resort** n centro turístico

Holland ['hɔlənd] n Holanda

hollow ['hɔləu] adj hueco; (claim) vacío; (eyes) hundido; (sound) sordo ▷ n hueco; (in ground) hoyo ▷ vt: **to ~ out** excavar

holly ['hɔlɪ] n acebo

Hollywood ['hɔlɪwud] n Hollywood m

holocaust ['hɔləkɔːst] n holocausto

holy ['həulɪ] adj santo, sagrado; (water) bendito

home [həum] n casa; (country) patria; (institution) asilo ▷ cpd (domestic) casero, de casa; (Econ, Pol) nacional ▷ adv (direction) a casa; (right in: nail etc) a fondo; **at ~** en casa; (in country) en el país; (fig) como pez en el agua; **to go/come ~** ir/volver a casa; **make yourself at ~** ¡estás en tu casa!; **home address** n domicilio; **homeland** n tierra natal; **homeless** adj sin hogar, sin casa; **homely** adj (simple) sencillo; **home-made** adj casero; **home match** n partido en casa; **Home Office** (BRIT) n Ministerio del Interior; **home owner** n propietario/a m/f de una casa; **home page** n página de inicio; **Home Secretary** (BRIT) n Ministro del Interior; **homesick** adj: **to be homesick** tener morriña, sentir nostalgia; **home town** n ciudad f natal; **homework** n deberes mpl

homicide ['hɔmɪsaɪd] (US) n homicidio

homoeopathic [həumɪə'pəθɪk] (US **homeopathic**) adj homeopático

homoeopathy [həumɪ'ɔpəθɪ] (US **homeopathy**) n homeopatía

homosexual [hɔməu'sɛksjuəl] adj, n homosexual mf

honest ['ɔnɪst] adj honrado; (sincere) franco, sincero; **honestly** adv honradamente; francamente; **honesty** n honradez f

honey ['hʌnɪ] n miel f; **honeymoon** n luna de miel; **honeysuckle** n madreselva

Hong Kong ['hɔŋ'kɔŋ] n Hong-Kong m

honorary ['ɔnərərɪ] adj (member, president) de honor; (title) honorífico; **~ degree** doctorado honoris causa

honour ['ɔnə*] (US **honor**) vt honrar; (commitment, promise) cumplir con ▷ n honor m, honra; **to graduate with ~s** ≈ licenciarse con matrícula (de honor); **honourable** (US **honorable**) adj honorable; **honours degree** n (Scol) título de licenciado con calificación alta

hood [hud] n capucha (BRIT Aut) capota; (US Aut) capó m; (of cooker) campana de humos; **hoodie** n (top) jersey m con capucha

hoof [huːf] (pl **hooves**) n pezuña

hook [huk] n gancho; (on dress) corchete m, broche m; (for fishing) anzuelo ▷ vt enganchar; (fish) pescar

hooligan ['huːlɪgən] n gamberro

hoop [huːp] n aro

hooray [huː'reɪ] excl = **hurray**

hoot [huːt] (BRIT) vi (Aut) tocar el pito, pitar; (siren) (hacer) sonar; (owl) ulular

Hoover® ['huːvə*] (BRIT) n aspiradora ▷ vt: **to hoover** pasar la aspiradora por

hooves [huːvz] npl of **hoof**

hop [hɔp] vi saltar, brincar; (on one foot) saltar con un pie

hope [həup] vt, vi esperar ▷ n esperanza; **I ~ so/not** espero que sí/no; **hopeful** adj (person) optimista; (situation) prometedor(a); **hopefully** adv con esperanza; (one hopes): **hopefully he will recover** esperamos que se recupere; **hopeless** adj desesperado; (person): **to be hopeless** ser un desastre

hops [hɔps] npl lúpulo

horizon [hə'raɪzn] n horizonte m; **horizontal** [hɔrɪ'zɔntl] adj horizontal

hormone ['hɔːməun] n hormona

horn [hɔːn] n cuerno; (Mus: also:

French ~) trompa; (Aut) pito, claxon m
horoscope ['hɔrəskəup] n
horóscopo
horrendous [hɔ'rɛndəs] adj
horrendo
horrible ['hɔrɪbl] adj horrible
horrid ['hɔrɪd] adj horrible, horroroso
horrific [hɔ'rɪfɪk] adj (accident)
horroroso; (film) horripilante
horrifying ['hɔrɪfaɪɪŋ] adj horroroso
horror ['hɔrə*] n horror m; **horror
film** n película de horror
hors d'œuvre [ɔː'də:vrə] n
entremeses mpl
horse [hɔːs] n caballo; **horseback**
n: **on horseback** a caballo; **horse
chestnut** n (tree) castaño de Indias;
(nut) castaña de Indias; **horsepower**
n caballo (de fuerza); **horse-racing** n
carreras fpl de caballos; **horseradish** n
rábano picante; **horse riding** n (BRIT)
equitación f
hose [həuz] n manguera; **hosepipe**
n manguera
hospital ['hɔspɪtl] n hospital m
hospitality [hɔspɪ'tælɪtɪ] n
hospitalidad f
host [həust] n anfitrión m; (TV, Radio)
presentador m; (Rel) hostia; (large
number): **a ~ of** multitud de
hostage ['hɔstɪdʒ] n rehén m
hostel ['hɔstl] n hostal m; **(youth) ~**
albergue m juvenil
hostess ['həustɪs] n anfitriona;
(BRIT: air hostess) azafata; (TV, Radio)
presentadora
hostile ['hɔstaɪl] adj hostil
hostility [hɔ'stɪlɪtɪ] n hostilidad f
hot [hɔt] adj caliente; (weather)
caluroso, de calor; (as opposed to warm)
muy caliente; (spicy) picante; **to be
~** (person) tener calor; (object) estar
caliente; (weather) hacer calor; **hot dog**
n perro caliente
hotel [həu'tɛl] n hotel m
hot-water bottle [hɔt'wɔ:tə*-] n
bolsa de agua caliente
hound [haund] vt acosar ▷ n perro

(de caza)
hour ['auə*] n hora; **hourly** adj (de)
cada hora
house [n haus, pl 'hauzɪz, vb hauz] n
(gen, firm) casa; (Pol) cámara; (Theatre)
sala ▷ vt (person) alojar; (collection)
albergar; **on the ~** (fig) la casa invita;
household n familia; (home) casa;
householder n propietario/a; (head of
house) cabeza de familia; **housekeeper**
n ama de llaves; **housekeeping**
n (work) trabajos mpl domésticos;
housewife (irreg) n ama de casa;
house wine n vino m de la casa;
housework n faenas fpl (de la casa)
housing ['hauzɪŋ] n (act)
alojamiento; (houses) viviendas fpl;
**housing development, housing
estate** (BRIT) n urbanización f
hover ['hɔvə*] vi flotar (en el aire);
hovercraft n aerodeslizador m
how [hau] adv (in what way) cómo;
~ are you? ¿cómo estás?; **~ much milk/
many people?** ¿cuánta leche/gente?;
~ much does it cost? ¿cuánto cuesta?;
~ long have you been here? ¿cuánto
hace que estás aquí?; **~ old are you?**
¿cuántos años tienes?; **~ tall is he?**
¿cómo es de alto?; **~ is school?** ¿cómo
(te) va (en) la escuela?; **~ was the film?**
¿qué tal la película?; **~ lovely/awful!**
¡qué bonito/horror!
however [hau'ɛvə*] adv: **~ I do it** lo
haga como lo haga; **~ cold it is** por
mucho frío que haga; **~ fast he runs**
por muy rápido que corra; **~ did you
do it?** ¿cómo lo hiciste? ▷ conj sin
embargo, no obstante
howl [haul] n aullido ▷ vi aullar;
(person) dar alaridos; (wind) ulular
H.P. n abbr = **hire purchase**
h.p. abbr = **horsepower**
HQ n abbr = **headquarters**
hr(s) abbr (= hour(s)) h
HTML n abbr (= hypertext markup
language) lenguaje m de hipertexto
hubcap ['hʌbkæp] n tapacubos m inv
huddle ['hʌdl] vi: **to ~ together**

acurrucarse
huff [hʌf] *n*: **in a ~** enojado
hug [hʌg] *vt* abrazar; (*thing*) apretar con los brazos
huge [hju:dʒ] *adj* enorme
hull [hʌl] *n* (*of ship*) casco
hum [hʌm] *vt* tararear, canturrear ⊳ *vi* tararear, canturrear; (*insect*) zumbar
human ['hju:mən] *adj*, *n* humano
humane [hju:'meɪn] *adj* humano, humanitario
humanitarian [hju:mænɪ'teərɪən] *adj* humanitario
humanity [hju:'mænɪtɪ] *n* humanidad *f*
human rights *npl* derechos *mpl* humanos
humble ['hʌmbl] *adj* humilde
humid ['hju:mɪd] *adj* húmedo; **humidity** [-'mɪdɪtɪ] *n* humedad *f*
humiliate [hju:'mɪlɪeɪt] *vt* humillar
humiliating [hju:'mɪlɪeɪtɪŋ] *adj* humillante, vergonzoso
humiliation [hju:mɪlɪ'eɪʃən] *n* humillación *f*
hummus ['huməs] *n* paté de garbanzos
humorous ['hju:mərəs] *adj* gracioso, divertido
humour ['hju:mə*] (*us* humor) *n* humorismo, sentido del humor; (*mood*) humor *m* ⊳ *vt* (*person*) complacer
hump [hʌmp] *n* (*in ground*) montículo; (*camel's*) giba
hunch [hʌntʃ] *n* (*premonition*) presentimiento
hundred ['hʌndrəd] *num* ciento; (*before n*) cien; **~s of** centenares de; **hundredth** [-ɪdθ] *adj* centésimo
hung [hʌŋ] *pt*, *pp of* **hang**
Hungarian [hʌŋ'gɛərɪən] *adj*, *n* húngaro/a *m/f*
Hungary ['hʌŋgərɪ] *n* Hungría
hunger ['hʌŋgə*] *n* hambre *f* ⊳ *vi*: **to ~ for** (*fig*) tener hambre de, anhelar
hungry ['hʌŋgrɪ] *adj*: **~ (for)** hambriento (de); **to be ~** tener hambre

hunt [hʌnt] *vt* (*seek*) buscar; (*Sport*) cazar ⊳ *vi* (*search*): **to ~ (for)** buscar; (*Sport*) cazar ⊳ *n* búsqueda; caza, cacería; **hunter** *n* cazador(a) *m/f*; **hunting** *n* caza
hurdle ['hə:dl] *n* (*Sport*) valla; (*fig*) obstáculo
hurl [hə:l] *vt* lanzar, arrojar
hurrah [hu'rɑ:] *excl* = **hurray**
hurray [hu'reɪ] *excl* ¡viva!
hurricane ['hʌrɪkən] *n* huracán *m*
hurry ['hʌrɪ] *n* prisa ⊳ *vt* (*also*: **~ up**: *person*) dar prisa a; (: *work*) apresurar, hacer de prisa; **to be in a ~** tener prisa; **hurry up** *vi* darse prisa, apurarse (*LAM*)
hurt [hə:t] (*pt*, *pp* **~**) *vt* hacer daño a ⊳ *vi* doler ⊳ *adj* lastimado
husband ['hʌzbənd] *n* marido
hush [hʌʃ] *n* silencio ⊳ *vt* hacer callar; **~!** ¡chitón!, ¡cállate!
husky ['hʌskɪ] *adj* ronco ⊳ *n* perro esquimal
hut [hʌt] *n* cabaña; (*shed*) cobertizo
hyacinth ['haɪəsɪnθ] *n* jacinto
hydrangea [haɪ'dreɪndʒə] *n* hortensia
hydrofoil ['haɪdrəfɔɪl] *n* aerodeslizador *m*
hydrogen ['haɪdrədʒən] *n* hidrógeno
hygiene ['haɪdʒi:n] *n* higiene *f*; **hygienic** [-'dʒi:nɪk] *adj* higiénico
hymn [hɪm] *n* himno
hype [haɪp] (*inf*) *n* bombardeo publicitario
hyphen ['haɪfn] *n* guión *m*
hypnotize ['hɪpnətaɪz] *vt* hipnotizar
hypocrite ['hɪpəkrɪt] *n* hipócrita *mf*
hypocritical [hɪpə'krɪtɪkl] *adj* hipócrita
hypothesis [haɪ'pɔθɪsɪs] (*pl* **hypotheses**) *n* hipótesis *f inv*
hysterical [hɪ'stɛrɪkl] *adj* histérico; (*funny*) para morirse de risa
hysterics [hɪ'stɛrɪks] *npl* histeria; **to be in ~** (*fig*) morirse de risa

I [aɪ] *pron* yo

ice [aɪs] *n* hielo; (*ice cream*) helado ▷ *vt* (*cake*) alcorzar ▷ *vi* (*also:* **~ over, ~ up**) helarse; **iceberg** *n* iceberg *m*; **ice cream** *n* helado; **ice cube** *n* cubito de hielo; **ice hockey** *n* hockey *m* sobre hielo

Iceland ['aɪslənd] *n* Islandia; **Icelander** *n* islandés/esa *m/f*; **Icelandic** [aɪs'lændɪk] *adj* islandés/esa ▷ *n* (*Ling*) islandés *m*

ice: ice lolly (*BRIT*) *n* polo; **ice rink** *n* pista de hielo; **ice skating** *n* patinaje *m* sobre hielo

icing ['aɪsɪŋ] *n* (*Culin*) alcorza; **icing sugar** (*BRIT*) *n* azúcar *m* glas(eado)

icon ['aɪkɔn] *n* icono

ICT (*BRIT: Scol*) *n abbr* (= *information and communications technology*) informática

icy ['aɪsɪ] *adj* helado

I'd [aɪd] = **I would; I had**

ID card *n* (*identity card*) DNI *m*

idea [aɪ'dɪə] *n* idea

ideal [aɪ'dɪəl] *n* ideal *m* ▷ *adj* ideal; **ideally** [-dɪəlɪ] *adv* idealmente;

they're ideally suited hacen una pareja ideal

identical [aɪ'dɛntɪkl] *adj* idéntico

identification [aɪdɛntɪfɪ'keɪʃən] *n* identificación *f*; (**means of**) **~** documentos *mpl* personales

identify [aɪ'dɛntɪfaɪ] *vt* identificar

identity [aɪ'dɛntɪtɪ] *n* identidad *f*; **identity card** *n* carnet *m* de identidad; **identity theft** *n* robo de identidad

ideology [aɪdɪ'ɔlədʒɪ] *n* ideología

idiom ['ɪdɪəm] *n* modismo; (*style of speaking*) lenguaje *m*

> Be careful not to translate **idiom** by the Spanish word *idioma*.

idiot ['ɪdɪət] *n* idiota *mf*

idle ['aɪdl] *adj* (*inactive*) ocioso; (*lazy*) holgazán/ana; (*unemployed*) parado, desocupado; (*machinery etc*) parado; (*talk etc*) frívolo ▷ *vi* (*machine*) marchar en vacío

idol ['aɪdl] *n* ídolo

idyllic [ɪ'dɪlɪk] *adj* idílico

i.e. *abbr* (= *that is*) esto es

if [ɪf] *conj* si; **~ necessary** si fuera necesario, si hiciese falta; **~ I were you** yo en tu lugar; **~ so/not** de ser así/si no; **~ only I could!** ¡ojalá pudiera; *see also* **as; even**

ignite [ɪg'naɪt] *vt* (*set fire to*) encender ▷ *vi* encenderse

ignition [ɪg'nɪʃən] *n* (*Aut: process*) ignición *f*; (: *mechanism*) encendido; **to switch on/off the ~** arrancar/apagar el motor

ignorance ['ɪgnərəns] *n* ignorancia

ignorant ['ɪgnərənt] *adj* ignorante; **to be ~ of** ignorar

ignore [ɪg'nɔ:*] *vt* (*person, advice*) no hacer caso de; (*fact*) pasar por alto

I'll [aɪl] = **I will; I shall**

ill [ɪl] *adj* enfermo, malo ▷ *n* mal *m* ▷ *adv* mal; **to be taken ~** ponerse enfermo

illegal [ɪ'li:gl] *adj* ilegal

illegible [ɪ'lɛdʒɪbl] *adj* ilegible

illegitimate [ɪlɪ'dʒɪtɪmət] *adj*

ilegítimo
ill health n mala salud f; **to be in ~** estar mal de salud
illiterate [ɪ'lɪtərət] adj analfabeto
illness ['ɪlnɪs] n enfermedad f
illuminate [ɪ'luːmɪneɪt] vt (room, street) iluminar, alumbrar
illusion [ɪ'luːʒən] n ilusión f; (trick) truco
illustrate ['ɪləstreɪt] vt ilustrar
illustration [ɪlə'streɪʃən] n (act of illustrating) ilustración f; (example) ejemplo, ilustración f; (in book) lámina
I'm [aɪm]=**I am**
image ['ɪmɪdʒ] n imagen f
imaginary [ɪ'mædʒɪnərɪ] adj imaginario
imagination [ɪmædʒɪ'neɪʃən] n imaginación f; (inventiveness) inventiva
imaginative [ɪ'mædʒɪnətɪv] adj imaginativo
imagine [ɪ'mædʒɪn] vt imaginarse
imbalance [ɪm'bæləns] n desequilibrio
imitate ['ɪmɪteɪt] vt imitar; **imitation** [ɪmɪ'teɪʃən] n imitación f; (copy) copia
immaculate [ɪ'mækjulət] adj inmaculado
immature [ɪmə'tjuə*] adj (person) inmaduro
immediate [ɪ'miːdɪət] adj inmediato; (pressing) urgente, apremiante; (nearest: family) próximo; (: neighbourhood) inmediato; **immediately** adv (at once) en seguida; (directly) inmediatamente; **immediately next to** muy junto a
immense [ɪ'mɛns] adj inmenso, enorme; (importance) enorme; **immensely** adv enormemente
immerse [ɪ'məːs] vt (submerge) sumergir; **to be ~d in** (fig) estar absorto en
immigrant ['ɪmɪgrənt] n inmigrante mf; **immigration** [ɪmɪ'greɪʃən] n inmigración f
imminent ['ɪmɪnənt] adj inminente

immoral [ɪ'mɔrl] adj inmoral
immortal [ɪ'mɔːtl] adj inmortal
immune [ɪ'mjuːn] adj: **~ (to)** inmune (a); **immune system** n sistema m inmunitario
immunize ['ɪmjunaɪz] vt inmunizar
impact ['ɪmpækt] n impacto
impair [ɪm'pɛə*] vt perjudicar
impartial [ɪm'paːʃl] adj imparcial
impatience [ɪm'peɪʃəns] n impaciencia
impatient [ɪm'peɪʃənt] adj impaciente; **to get** or **grow ~** impacientarse
impeccable [ɪm'pɛkəbl] adj impecable
impending [ɪm'pɛndɪŋ] adj inminente
imperative [ɪm'pɛrətɪv] adj (tone) imperioso; (need) imprescindible
imperfect [ɪm'pəːfɪkt] adj (goods etc) defectuoso ▷ n (Ling: also: **~ tense**) imperfecto
imperial [ɪm'pɪərɪəl] adj imperial
impersonal [ɪm'pəːsənl] adj impersonal
impersonate [ɪm'pəːsəneɪt] vt hacerse pasar por; (Theatre) imitar
impetus ['ɪmpətəs] n ímpetu m; (fig) impulso
implant [ɪm'plɑːnt] vt (Med) injertar, implantar; (fig: idea, principle) inculcar
implement [n 'ɪmplɪmənt, vb 'ɪmplɪmɛnt] n herramienta; (for cooking) utensilio ▷ vt (regulation) hacer efectivo; (plan) realizar
implicate ['ɪmplɪkeɪt] vt (compromise) comprometer; **to ~ sb in sth** comprometer a algn en algo
implication [ɪmplɪ'keɪʃən] n consecuencia; **by ~** indirectamente
implicit [ɪm'plɪsɪt] adj implícito; (belief, trust) absoluto
imply [ɪm'plaɪ] vt (involve) suponer; (hint) dar a entender que
impolite [ɪmpə'laɪt] adj mal educado

import [vb ɪmˈpɔːt, n ˈɪmpɔːt] vt
importar ▷ n (Comm) importación
f; (: article) producto importado;
(meaning) significado, sentido
importance [ɪmˈpɔːtəns] n
importancia
important [ɪmˈpɔːtənt] adj
importante; **it's not ~** no importa, no
tiene importancia
importer [ɪmˈpɔːtə*] n
importador(a) m/f
impose [ɪmˈpəuz] vt imponer
▷ vi: **to ~ on sb** abusar de algn;
imposing adj imponente,
impresionante
impossible [ɪmˈpɔsɪbl] adj
imposible; (person) insoportable
impotent [ˈɪmpətənt] adj impotente
impoverished [ɪmˈpɔvərɪʃt] adj
necesitado
impractical [ɪmˈpræktɪkl] adj
(person, plan) poco práctico
impress [ɪmˈpres] vt impresionar;
(mark) estampar; **to ~ sth on sb** hacer
entender algo a algn
impression [ɪmˈpreʃən] n
impresión f; (imitation) imitación f; **to
be under the ~ that** tener la impresión
de que
impressive [ɪmˈpresɪv] adj
impresionante
imprison [ɪmˈprɪzn] vt encarcelar;
imprisonment n encarcelamiento;
(term of imprisonment) cárcel f
improbable [ɪmˈprɔbəbl] adj
improbable, inverosímil
improper [ɪmˈprɔpə*] adj
(unsuitable: conduct etc) incorrecto;
(: activities) deshonesto
improve [ɪmˈpruːv] vt mejorar;
(foreign language) perfeccionar
▷ vi mejorarse; **improvement** n
mejoramiento; perfección f;
progreso
improvise [ˈɪmprəvaɪz] vt, vi
improvisar
impulse [ˈɪmpʌls] n impulso; **to act
on ~** obrar sin reflexión; **impulsive**

[ɪmˈpʌlsɪv] adj irreflexivo

○ **KEYWORD**

in [ɪn] prep **1** (indicating place,
position, with place names) en; **in the
house/garden** en (la) casa/el jardín;
in here/there aquí/ahí or allí dentro;
in London/England en Londres/
Inglaterra
2 (indicating time) en; **in spring** en (la)
primavera; **in the afternoon** por la
tarde; **at 4 o'clock in the afternoon**
a las 4 de la tarde; **I did it in 3 hours/
days** lo hice en 3 horas/días; **I'll see
you in 2 weeks** or **in 2 weeks' time** te
veré dentro de 2 semanas
3 (indicating manner etc) en; **in a loud/
soft voice** en voz alta/baja; **in pencil/
ink** a lápiz/bolígrafo; **the boy in the
blue shirt** el chico de la camisa azul
4 (indicating circumstances): **in the sun/
shade/rain** al sol/a la sombra/bajo la
lluvia; **a change in policy** un cambio
de política
5 (indicating mood, state): **in tears** en
lágrimas, llorando; **in anger/despair**
enfadado/desesperado; **to live in
luxury** vivir lujosamente
6 (with ratios, numbers): **1 in 10
households, 1 household in 10** una
de cada 10 familias; **20 pence in the
pound** 20 peniques por libra; **they
lined up in twos** se alinearon de dos
en dos
7 (referring to people, works) en; entre;
the disease is common in children la
enfermedad es común entre los niños;
in (the works of) Dickens en (las
obras de) Dickens
8 (indicating profession etc): **to be in
teaching** estar en la enseñanza
9 (after superlative) de; **the best pupil
in the class** el(la) mejor alumno/a
de la clase
10 (with present participle): **in saying
this** al decir esto
▷ adv: **to be in** (person: at home) estar en

casa; (*at work*) estar; (*train, ship, plane*) haber llegado; (*in fashion*) estar de moda; **she'll be in later today** llegará más tarde hoy; **to ask sb in** hacer pasar a algn; **to run/limp** *etc* **in** entrar corriendo/cojeando *etc*
▷ *n*: **the ins and outs** (*of proposal, situation etc*) los detalles

inability [ɪnə'bɪlɪtɪ] *n*: **~ (to do)** incapacidad *f* (de hacer)

inaccurate [ɪn'ækjʊrət] *adj* inexacto, incorrecto

inadequate [ɪn'ædɪkwət] *adj* (*income, reply etc*) insuficiente; (*person*) incapaz

inadvertently [ɪnəd'vəːtntlɪ] *adv* por descuido

inappropriate [ɪnə'prəʊprɪət] *adj* inadecuado; (*improper*) poco oportuno

inaugurate [ɪ'nɔːgjʊreɪt] *vt* inaugurar; (*president, official*) investir

Inc. (*us*) *abbr* (= *incorporated*) S.A.

incapable [ɪn'keɪpəbl] *adj* incapaz

incense [*n* 'ɪnsɛns, *vb* ɪn'sɛns] *n* incienso ▷ *vt* (*anger*) indignar, encolerizar

incentive [ɪn'sɛntɪv] *n* incentivo, estímulo

inch [ɪntʃ] *n* pulgada; **to be within an ~ of** estar a dos dedos de; **he didn't give an ~** no dio concesión alguna

incidence ['ɪnsɪdns] *n* (*of crime, disease*) incidencia

incident ['ɪnsɪdnt] *n* incidente *m*

incidentally [ɪnsɪ'dɛntəlɪ] *adv* (*by the way*) a propósito

inclination [ɪnklɪ'neɪʃən] *n* (*tendency*) tendencia, inclinación *f*; (*desire*) deseo; (*disposition*) propensión *f*

incline [*n* 'ɪnklaɪn, *vb* ɪn'klaɪn] *n* pendiente *m*, cuesta ▷ *vt* (*head*) poner de lado ▷ *vi* inclinarse; **to be ~d to** (*tend*) tener tendencia a hacer algo

include [ɪn'kluːd] *vt* (*incorporate*) incluir; (*in letter*) adjuntar; **including** *prep* incluso, inclusive

inclusion [ɪn'kluːʒən] *n* inclusión *f*

inclusive [ɪn'kluːsɪv] *adj* inclusivo; **~ of tax** incluidos los impuestos

income ['ɪnkʌm] *n* (*earned*) ingresos *mpl*; (*from property etc*) renta; (*from investment etc*) rédito; **income support** *n* (*BRIT*) ≈ ayuda familiar; **income tax** *n* impuesto sobre la renta

incoming ['ɪnkʌmɪŋ] *adj* (*flight, government etc*) entrante

incompatible [ɪnkəm'pætɪbl] *adj* incompatible

incompetence [ɪn'kɔmpɪtəns] *n* incompetencia

incompetent [ɪn'kɔmpɪtənt] *adj* incompetente

incomplete [ɪnkəm'pliːt] *adj* (*partial: achievement etc*) incompleto; (*unfinished: painting etc*) inacabado

inconsistent [ɪnkən'sɪstənt] *adj* inconsecuente; (*contradictory*) incongruente; **~ with** (que) no concuerda con

inconvenience [ɪnkən'viːnjəns] *n* inconvenientes *mpl*; (*trouble*) molestia, incomodidad *f* ▷ *vt* incomodar

inconvenient [ɪnkən'viːnjənt] *adj* incómodo, poco práctico; (*time, place, visitor*) inoportuno

incorporate [ɪn'kɔːpəreɪt] *vt* incorporar; (*contain*) comprender; (*add*) agregar

incorrect [ɪnkə'rɛkt] *adj* incorrecto

increase [*n* 'ɪnkriːs, *vb* ɪn'kriːs] *n* aumento ▷ *vi* aumentar; (*grow*) crecer; (*price*) subir ▷ *vt* aumentar; (*price*) subir; **increasingly** *adv* cada vez más, más y más

incredible [ɪn'krɛdɪbl] *adj* increíble; **incredibly** *adv* increíblemente

incur [ɪn'kəː*] *vt* (*expenditure*) incurrir; (*loss*) sufrir; (*anger, disapproval*) provocar

indecent [ɪn'diːsnt] *adj* indecente

indeed [ɪn'diːd] *adv* efectivamente, en realidad; (*in fact*) en efecto; (*furthermore*) es más; **yes ~!** ¡claro que sí!

indefinitely [ɪn'dɛfɪnɪtlɪ] *adv* (*wait*) indefinidamente

independence [ɪndɪ'pɛndns] *n* independencia; **Independence Day** (*us*) *n* Día *m* de la Independencia

- INDEPENDENCE DAY

- El cuatro de julio es **Independence Day**, la fiesta nacional de Estados Unidos, que se celebra en conmemoración de la Declaración de Independencia, escrita por Thomas Jefferson y aprobada en 1776. En ella se proclamaba la independencia total de Gran Bretaña de las trece colonias americanas que serían el origen de los Estados Unidos de América.

independent [ɪndɪ'pɛndənt] *adj* independiente; **independent school** *n* (*BRIT*) escuela *f* privada, colegio *m* privado

index ['ɪndɛks] (*pl* **~es**) *n* (*in book*) índice *m*; (: *in library etc*) catálogo; (*pl* **indices**: *ratio, sign*) exponente *m*

India ['ɪndɪə] *n* la India; **Indian** *adj, n* indio/a; **Red Indian** piel roja *mf*

indicate ['ɪndɪkeɪt] *vt* indicar; **indication** [-'keɪʃən] *n* indicio, señal *f*; **indicative** [ɪn'dɪkətɪv] *adj*: **to be indicative of** indicar; **indicator** *n* indicador *m*; (*Aut*) intermitente *m*

indices ['ɪndɪsiːz] *npl of* **index**

indict [ɪn'daɪt] *vt* acusar; **indictment** *n* acusación *f*

indifference [ɪn'dɪfrəns] *n* indiferencia

indifferent [ɪn'dɪfrənt] *adj* indiferente; (*mediocre*) regular

indigenous [ɪn'dɪdʒɪnəs] *adj* indígena

indigestion [ɪndɪ'dʒɛstʃən] *n* indigestión *f*

indignant [ɪn'dɪgnənt] *adj*: **to be ~ at sth/with sb** indignarse por

algo/con algn

indirect [ɪndɪ'rɛkt] *adj* indirecto

indispensable [ɪndɪ'spɛnsəbl] *adj* indispensable, imprescindible

individual [ɪndɪ'vɪdjuəl] *n* individuo ▷ *adj* individual; (*personal*) personal; (*particular*) particular; **individually** *adv* (*singly*) individualmente

Indonesia [ɪndə'niːzɪə] *n* Indonesia

indoor ['ɪndɔː*] *adj* (*swimming pool*) cubierto; (*plant*) de interior; (*sport*) bajo cubierta; **indoors** [ɪn'dɔːz] *adv* dentro

induce [ɪn'djuːs] *vt* inducir, persuadir; (*bring about*) producir; (*labour*) provocar

indulge [ɪn'dʌldʒ] *vt* (*whim*) satisfacer; (*person*) complacer; (*child*) mimar ▷ *vi*: **to ~ in** darse el gusto de; **indulgent** *adj* indulgente

industrial [ɪn'dʌstrɪəl] *adj* industrial; **industrial estate** (*BRIT*) *n* polígono (*SP*) *or* zona (*LAM*) industrial; **industrialist** *n* industrial *mf*; **industrial park** (*US*) *n* = **industrial estate**

industry ['ɪndəstrɪ] *n* industria; (*diligence*) aplicación *f*

inefficient [ɪnɪ'fɪʃənt] *adj* ineficaz, ineficiente

inequality [ɪnɪ'kwɔlɪtɪ] *n* desigualdad *f*

inevitable [ɪn'ɛvɪtəbl] *adj* inevitable; **inevitably** *adv* inevitablemente

inexpensive [ɪnɪk'spɛnsɪv] *adj* económico

inexperienced [ɪnɪk'spɪərɪənst] *adj* inexperto

inexplicable [ɪnɪk'splɪkəbl] *adj* inexplicable

infamous ['ɪnfəməs] *adj* infame

infant ['ɪnfənt] *n* niño/a; (*baby*) niño/a pequeño/a, bebé *mf*; (*pej*) aniñado

infantry ['ɪnfəntrɪ] *n* infantería

infant school (*BRIT*) *n* parvulario

infect [ɪn'fɛkt] *vt* (*wound*) infectar; (*food*) contaminar; (*person, animal*) contagiar; **infection** [ɪn'fɛkʃən] *n* infección *f*; (*fig*) contagio; **infectious**

[ɪnˈfɛkʃəs] *adj* (*also fig*) contagioso

infer [ɪnˈfə:*] *vt* deducir, inferir

inferior [ɪnˈfɪərɪə*] *adj, n* inferior *mf*

infertile [ɪnˈfə:taɪl] *adj* estéril; (*person*) infecundo

infertility [ɪnfə:ˈtɪlɪtɪ] *n* esterilidad *f*; infecundidad *f*

infested [ɪnˈfɛstɪd] *adj*: **~ with** plagado de

infinite [ˈɪnfɪnɪt] *adj* infinito; **infinitely** *adv* infinitamente

infirmary [ɪnˈfə:mərɪ] *n* hospital *m*

inflamed [ɪnˈfleɪmd] *adj*: **to become ~** inflamarse

inflammation [ɪnfləˈmeɪʃən] *n* inflamación *f*

inflatable [ɪnˈfleɪtəbl] *adj* (*ball, boat*) inflable

inflate [ɪnˈfleɪt] *vt* (*tyre, price etc*) inflar; (*fig*) hinchar; **inflation** [ɪnˈfleɪʃən] *n* (*Econ*) inflación *f*

inflexible [ɪnˈflɛksəbl] *adj* (*rule*) rígido; (*person*) inflexible

inflict [ɪnˈflɪkt] *vt*: **to ~ sth on sb** infligir algo en algn

influence [ˈɪnfluəns] *n* influencia ▷ *vt* influir en, influenciar; **under the ~ of alcohol** en estado de embriaguez; **influential** [-ˈɛnʃl] *adj* influyente

influx [ˈɪnflʌks] *n* afluencia

info (*inf*) [ˈɪnfəu] *n* = **information**

inform [ɪnˈfɔ:m] *vt*: **to ~ sb of sth** informar a algn sobre *or* de algo ▷ *vi*: **to ~ on sb** delatar a algn

informal [ɪnˈfɔ:məl] *adj* (*manner, tone*) familiar; (*dress, interview, occasion*) informal; (*visit, meeting*) extraoficial

information [ɪnfəˈmeɪʃən] *n* información *f*; (*knowledge*) conocimientos *mpl*; **a piece of ~** un dato; **information office** *n* información *f*; **information technology** *n* informática

informative [ɪnˈfɔ:mətɪv] *adj* informativo

infra-red [ɪnfrəˈrɛd] *adj* infrarrojo

infrastructure [ˈɪnfrəstrʌktʃə*] *n* (*of system etc*) infraestructura

infrequent [ɪnˈfri:kwənt] *adj* infrecuente

infuriate [ɪnˈfjuərɪeɪt] *vt*: **to become ~d** ponerse furioso

infuriating [ɪnˈfjuərɪeɪtɪŋ] *adj* (*habit, noise*) enloquecedor(a)

ingenious [ɪnˈdʒi:njəs] *adj* ingenioso

ingredient [ɪnˈgri:dɪənt] *n* ingrediente *m*

inhabit [ɪnˈhæbɪt] *vt* vivir en; **inhabitant** *n* habitante *mf*

inhale [ɪnˈheɪl] *vt* inhalar ▷ *vi* (*breathe in*) aspirar; (*in smoking*) tragar; **inhaler** *n* inhalador *m*

inherent [ɪnˈhɪərənt] *adj*: **~ in** *or* **to** inherente a

inherit [ɪnˈhɛrɪt] *vt* heredar; **inheritance** *n* herencia; (*fig*) patrimonio

inhibit [ɪnˈhɪbɪt] *vt* inhibir, impedir; **inhibition** [-ˈbɪʃən] *n* cohibición *f*

initial [ɪˈnɪʃl] *adj* primero ▷ *n* inicial *f* ▷ *vt* firmar con las iniciales; **initials** *npl* (*as signature*) iniciales *fpl*, (*abbreviation*) siglas *fpl*; **initially** *adv* al principio

initiate [ɪˈnɪʃɪeɪt] *vt* iniciar; **to ~ proceedings against sb** (*Law*) entablar proceso contra algn

initiative [ɪˈnɪʃətɪv] *n* iniciativa

inject [ɪnˈdʒɛkt] *vt* inyectar; **to ~ sb with sth** inyectar a algn; **injection** [ɪnˈdʒɛkʃən] *n* inyección *f*

injure [ˈɪndʒə*] *vt* (*hurt*) herir, lastimar; (*fig: reputation etc*) perjudicar; **injured** *adj* (*person, arm*) herido, lastimado; **injury** *n* herida, lesión *f*; (*wrong*) perjuicio, daño

Be careful not to translate **injury** by the Spanish word *injuria*.

injustice [ɪnˈdʒʌstɪs] *n* injusticia

ink [ɪŋk] *n* tinta; **ink-jet printer** [ˈɪŋkdʒɛt-] *n* impresora de chorro de tinta

inland [*adj* ˈɪnlənd, *adv* ɪnˈlænd] *adj* (*waterway, port etc*) interior ▷ *adv* tierra adentro; **Inland Revenue** (*BRIT*) *n* departamento de impuestos ≈

Hacienda (SP)

in-laws ['ɪnlɔːz] *npl* suegros *mpl*

inmate ['ɪnmeɪt] *n* (*in prison*) preso/a, presidiario/a; (*in asylum*) internado/a

inn [ɪn] *n* posada, mesón *m*

inner ['ɪnə*] *adj* (*courtyard, calm*) interior; (*feelings*) íntimo; **inner-city** *adj* (*schools, problems*) de las zonas céntricas pobres, de los barrios céntricos pobres

inning ['ɪnɪŋ] *n* (US: Baseball) inning *m*, entrada; **~s** (*Cricket*) entrada, turno

innocence ['ɪnəsns] *n* inocencia

innocent ['ɪnəsnt] *adj* inocente

innovation [ɪnəʊ'veɪʃən] *n* novedad *f*

innovative ['ɪnəʊ'veɪtɪv] *adj* innovador

in-patient ['ɪnpeɪʃənt] *n* paciente *m/f* interno/a

input ['ɪnpʊt] *n* entrada; (*of resources*) inversión *f*; (*Comput*) entrada de datos

inquest ['ɪnkwɛst] *n* (*coroner's*) encuesta judicial

inquire [ɪn'kwaɪə*] *vi* preguntar ▷ *vt*: **to ~ whether** preguntar si; **to ~ about** (*person*) preguntar por; (*fact*) informarse de; **inquiry** *n* pregunta; (*investigation*) investigación *f*, pesquisa; **"Inquiries"** "Información"

ins. *abbr* = **inches**

insane [ɪn'seɪn] *adj* loco; (*Med*) demente

insanity [ɪn'sænɪtɪ] *n* demencia, locura

insect ['ɪnsɛkt] *n* insecto; **insect repellent** *n* loción *f* contra insectos

insecure [ɪnsɪ'kjʊə*] *adj* inseguro

insecurity [ɪnsɪ'kjʊərɪtɪ] *n* inseguridad *f*

insensitive [ɪn'sɛnsɪtɪv] *adj* insensible

insert [*vb* ɪn'səːt, *n* 'ɪnsəːt] *vt* (*into sth*) introducir ▷ *n* encarte *m*

inside ['ɪn'saɪd] *n* interior *m* ▷ *adj* interior, interno ▷ *adv* (*be*) (por) dentro; (*go*) hacia dentro ▷ *prep* dentro de; (*of time*): **~ 10 minutes** en menos

de 10 minutos; **inside lane** *n* (*Aut: in Britain*) carril *m* izquierdo; (: *in US, Europe etc*) carril *m* derecho; **inside out** *adv* (*turn*) al revés; (*know*) a fondo

insight ['ɪnsaɪt] *n* perspicacia

insignificant [ɪnsɪg'nɪfɪknt] *adj* insignificante

insincere [ɪnsɪn'sɪə*] *adj* poco sincero

insist [ɪn'sɪst] *vi* insistir; **to ~ on** insistir en; **to ~ that** insistir en que; (*claim*) exigir que; **insistent** *adj* insistente; (*noise, action*) persistente

insomnia [ɪn'sɔmnɪə] *n* insomnio

inspect [ɪn'spɛkt] *vt* inspeccionar, examinar; (*troops*) pasar revista a; **inspection** [ɪn'spɛkʃən] *n* inspección *f*, examen *m*; (*of troops*) revista; **inspector** *n* inspector(a) *m/f*; (BRIT: *on buses, trains*) revisor(a) *m/f*

inspiration [ɪnspə'reɪʃən] *n* inspiración *f*; **inspire** [ɪn'spaɪə*] *vt* inspirar; **inspiring** *adj* inspirador(a)

instability [ɪnstə'bɪlɪtɪ] *n* inestabilidad *f*

install [ɪn'stɔːl] (US **instal**) *vt* instalar; (*official*) nombrar; **installation** [ɪnstə'leɪʃən] *n* instalación *f*

instalment [ɪn'stɔːlmənt] (US **installment**) *n* plazo; (*of story*) entrega; (*of TV serial etc*) capítulo; **in ~s** (*pay, receive*) a plazos

instance ['ɪnstəns] *n* ejemplo, caso; **for ~** por ejemplo; **in the first ~** en primer lugar

instant ['ɪnstənt] *n* instante *m*, momento ▷ *adj* inmediato; (*coffee etc*) instantáneo; **instantly** *adv* en seguida; **instant messaging** *n* mensajería instantánea

instead [ɪn'stɛd] *adv* en cambio; **~ of** en lugar de, en vez de

instinct ['ɪnstɪŋkt] *n* instinto; **instinctive** *adj* instintivo

institute ['ɪnstɪtjuːt] *n* instituto; (*professional body*) colegio ▷ *vt* (*begin*) iniciar, empezar; (*proceedings*) entablar; (*system, rule*) establecer

institution [ˌɪnstɪˈtjuːʃən] n
institución f; (Med: home) asilo;
(: asylum) manicomio; (of system etc)
establecimiento; (of custom)
iniciación f

instruct [ɪnˈstrʌkt] vt: **to ~ sb in sth**
instruir a algn en or sobre algo; **to ~ sb
to do sth** dar instrucciones a algn de
hacer algo; **instruction** [ɪnˈstrʌkʃən]
n (teaching) instrucción f; **instructions**
npl (orders) órdenes fpl; **instructions
(for use)** modo de empleo; **instructor**
n instructor(a) m/f

instrument [ˈɪnstrəmənt] n
instrumento; **instrumental** [-ˈmɛntl]
adj (Mus) instrumental; **to be
instrumental in** ser (el) artífice de

insufficient [ɪnsəˈfɪʃənt] adj
insuficiente

insulate [ˈɪnsjuleɪt] vt aislar;
insulation [-ˈleɪʃən] n aislamiento

insulin [ˈɪnsjulɪn] n insulina

insult [n ˈɪnsʌlt, vb ɪnˈsʌlt] n insulto
▷ vt insultar; **insulting** adj insultante

insurance [ɪnˈʃuərəns] n seguro;
fire/life ~ seguro contra incendios/
sobre la vida; **insurance company**
n compañía f de seguros; **insurance
policy** n póliza (de seguros)

insure [ɪnˈʃuə*] vt asegurar

intact [ɪnˈtækt] adj íntegro;
(unharmed) intacto

intake [ˈɪnteɪk] n (of food) ingestión f;
(of air) consumo; (BRIT Scol): **an ~ of 200
a year** 200 matriculados al año

integral [ˈɪntɪgrəl] adj (whole)
íntegro; (part) integrante

integrate [ˈɪntɪgreɪt] vt integrar ▷ vi
integrarse

integrity [ɪnˈtɛgrɪtɪ] n honradez f,
rectitud f

intellect [ˈɪntəlɛkt] n intelecto;
intellectual [-ˈlɛktjuəl] adj, n
intelectual mf

intelligence [ɪnˈtɛlɪdʒəns] n
inteligencia

intelligent [ɪnˈtɛlɪdʒənt] adj
inteligente

intend [ɪnˈtɛnd] vt (gift etc): **to ~ sth
for** destinar algo a; **to ~ to do sth** tener
intención de or pensar hacer algo

intense [ɪnˈtɛns] adj intenso

intensify [ɪnˈtɛnsɪfaɪ] vt intensificar;
(increase) aumentar

intensity [ɪnˈtɛnsɪtɪ] n (gen)
intensidad f

intensive [ɪnˈtɛnsɪv] adj intensivo;
intensive care n: **to be in intensive
care** estar bajo cuidados intensivos;
intensive care unit n unidad f de
vigilancia intensiva

intent [ɪnˈtɛnt] n propósito; (Law)
premeditación f ▷ adj (absorbed)
absorto; (attentive) atento; **to all ~s
and purposes** prácticamente; **to
be ~ on doing sth** estar resuelto a
hacer algo

intention [ɪnˈtɛnʃən] n intención f,
propósito; **intentional** adj deliberado

interact [ɪntərˈækt] vi influirse
mutuamente; **interaction**
[ɪntərˈækʃən] n interacción f, acción
f recíproca; **interactive** adj (Comput)
interactivo

intercept [ɪntəˈsɛpt] vt interceptar;
(stop) detener

interchange [ˈɪntətʃeɪndʒ] n
intercambio; (on motorway)
intersección f

intercourse [ˈɪntəkɔːs] n (sexual)
relaciones fpl sexuales

interest [ˈɪntrɪst] n (also Comm)
interés m ▷ vt interesar; **interested**
adj interesado; **to be interested
in** interesarse por; **interesting** adj
interesante; **interest rate** n tipo or
tasa de interés

interface [ˈɪntəfeɪs] n (Comput)
junción f

interfere [ɪntəˈfɪə*] vi: **to ~ in**
entrometerse en; **to ~ with** (hinder)
estorbar; (damage) estropear

interference [ɪntəˈfɪərəns] n
intromisión f; (Radio, TV) interferencia

interim [ˈɪntərɪm] n: **in the ~** en el
ínterin ▷ adj provisional

interior [ɪn'tɪərɪə*] n interior
m ▷ adj interior; **interior design**
n interiorismo, decoración f de
interiores
intermediate [ɪntə'miːdɪət] adj
intermedio
intermission [ɪntə'mɪʃən] n
intermisión f; (Theatre) descanso
intern [vb ɪn'təːn, n 'ɪntəːn] (US) vt
internar ▷ n interno/a
internal [ɪn'təːnl] adj (layout, pipes,
security) interior; (injury, internal,
memo) internal; **Internal Revenue
Service** (US) n departamento de
impuestos, ≈ Hacienda (SP)
international [ɪntə'næʃənl] adj
internacional ▷ n (BRIT: match) partido
internacional
Internet ['ɪntənet] n: **the ~** Internet
m or f; **Internet café** n cibercafé
m; **Internet Service Provider** n
proveedor m de (acceso a) Internet;
Internet user n internauta mf
interpret [ɪn'təːprɪt] vt interpretar;
(translate) traducir; (understand)
entender ▷ vi hacer de intérprete;
interpretation [ɪntəːprɪ'teɪʃən]
n interpretación f; traducción f;
interpreter n intérprete mf
interrogate [ɪn'terəʊgeɪt] vt
interrogar; **interrogation** [-'geɪʃən] n
interrogatorio
interrogative [ɪntə'rɔgətɪv] adj
interrogativo
interrupt [ɪntə'rʌpt] vt, vi
interrumpir; **interruption** [-'rʌpʃən] n
interrupción f
intersection [ɪntə'sɛkʃən] n (of
roads) cruce m
interstate ['ɪntəsteɪt] (US) n
carretera interestatal
interval ['ɪntəvl] n intervalo; (BRIT
Theatre, Sport) descanso; (Scol) recreo;
at ~s a ratos, de vez en cuando
intervene [ɪntə'viːn] vi intervenir;
(event) interponerse; (time) transcurrir
interview ['ɪntəvjuː] n entrevista
▷ vt entrevistarse con; **interviewer** n

entrevistador(a) m/f
intimate [adj 'ɪntɪmət, vb 'ɪntɪmeɪt]
adj íntimo; (friendship) estrecho;
(knowledge) profundo ▷ vt dar a
entender
intimidate [ɪn'tɪmɪdeɪt] vt
intimidar, amedrentar
intimidating [ɪn'tɪmɪdeɪtɪŋ] adj
amedrentador, intimidante
into ['ɪntuː] prep en; (towards) a;
(inside) hacia el interior de; **~ 3 pieces/
French** en 3 pedazos/al francés
intolerant [ɪn'tɔlərənt] adj: **~ (of)**
intolerante (con or para)
intranet ['ɪntrənet] n intranet f
intransitive [ɪn'trænsɪtɪv] adj
intransitivo
intricate ['ɪntrɪkət] adj (design,
pattern) intrincado
intrigue [ɪn'triːg] n intriga ▷ vt
fascinar; **intriguing** adj fascinante
introduce [ɪntrə'djuːs] vt introducir,
meter; (speaker, TV show etc) presentar;
to ~ sb (to sb) presentar a algn (a
algn); **to ~ sb to** (pastime, technique)
introducir a algn a; **introduction**
[-'dʌkʃən] n introducción f; (of person)
presentación f; **introductory**
[-'dʌktərɪ] adj introductorio; (lesson,
offer) de introducción
intrude [ɪn'truːd] vi (person)
entrometerse; **to ~ on** estorbar;
intruder n intruso/a
intuition [ɪntjuː'ɪʃən] n intuición f
inundate ['ɪnʌndeɪt] vt: **to ~ with**
inundar de
invade [ɪn'veɪd] vt invadir
invalid [n 'ɪnvəlɪd, adj ɪn'vælɪd] n
(Med) minusválido/a ▷ adj (not valid)
inválido, nulo
invaluable [ɪn'væljuəbl] adj
inestimable
invariably [ɪn'vɛərɪəblɪ] adv sin
excepción, siempre; **she is ~ late**
siempre llega tarde
invasion [ɪn'veɪʒən] n invasión f
invent [ɪn'vɛnt] vt inventar;
invention [ɪn'vɛnʃən] n invento;

(lie) ficción f, mentira; **inventor** n
inventor(a) m/f

inventory ['ɪnvəntrɪ] n inventario

inverted commas [ɪn'vɜːtɪd-] *(BRIT)*
npl comillas fpl

invest [ɪn'vɛst] vt invertir ▷ vi: **to ~ in**
(company etc) invertir dinero en; *(fig: sth useful)* comprar

investigate [ɪn'vɛstɪgeɪt] vt
investigar; **investigation** [-'geɪʃən] n
investigación f, pesquisa

investigator [ɪn'vɛstɪgeɪtə*]
n investigador(a) m/f; **private ~**
investigador(a) m/f privado/a

investment [ɪn'vɛstmənt] n
inversión f

investor [ɪn'vɛstə*] n inversionista
mf

invisible [ɪn'vɪzɪbl] adj invisible

invitation [ɪnvɪ'teɪʃən] n invitación f

invite [ɪn'vaɪt] vt invitar; *(opinions etc)*
solicitar, pedir; **inviting** adj atractivo;
(food) apetitoso

invoice ['ɪnvɔɪs] n factura ▷ vt
facturar

involve [ɪn'vɔlv] vt suponer,
implicar; tener que ver con; *(concern, affect)* corresponder; **to ~ sb (in sth)**
comprometer a algn (con algo);
involved adj complicado; **to be
involved in** *(take part)* tomar parte
en; *(be engrossed)* estar muy metido
en; **involvement** n participación f,
dedicación f

inward ['ɪnwəd] adj *(movement)*
interior, interno; *(thought, feeling)*
íntimo; **inward(s)** adv hacia dentro

iPod ® ['aɪpɔd] n iPod ® m

IQ n abbr (= intelligence quotient)
cociente m intelectual

IRA n abbr (= Irish Republican Army)
IRA m

Iran [ɪ'rɑːn] n Irán m; **Iranian**
[ɪ'reɪnɪən] adj, n iraní mf

Iraq [ɪ'rɑːk] n Iraq m; **Iraqi** adj, n
iraquí mf

Ireland ['aɪələnd] n Irlanda

iris ['aɪrɪs] *(pl ~es)* n *(Anat)* iris m;

(Bot) lirio

Irish ['aɪrɪʃ] adj irlandés/esa
▷ npl: **the ~** los irlandeses; **Irishman**
(irreg) n irlandés m; **Irishwoman** *(irreg)*
n irlandésa

iron ['aɪən] n hierro; *(for clothes)*
plancha ▷ cpd de hierro ▷ vt *(clothes)*
planchar

ironic(al) [aɪ'rɔnɪk(l)] adj irónico;
ironically adv irónicamente

ironing ['aɪənɪŋ] n *(activity)*
planchado; *(clothes: ironed)* ropa
planchada; (: to be ironed) ropa por
planchar; **ironing board** n tabla de
planchar

irony ['aɪrənɪ] n ironía

irrational [ɪ'ræʃənl] adj irracional

irregular [ɪ'rɛgjulə*] adj irregular;
(surface) desigual; *(action, event)*
anómalo; *(behaviour)* poco ortodoxo

irrelevant [ɪ'rɛləvənt] adj fuera de
lugar, inoportuno

irresistible [ɪrɪ'zɪstɪbl] adj
irresistible

irresponsible [ɪrɪ'spɔnsɪbl] adj *(act)*
irresponsable; *(person)* poco serio

irrigation [ɪrɪ'geɪʃən] n riego

irritable ['ɪrɪtəbl] adj *(person)* de
mal humor

irritate ['ɪrɪteɪt] vt fastidiar; *(Med)*
picar; **irritating** adj fastidioso;
irritation [-'teɪʃən] n fastidio;
enfado; picazón f

IRS *(US)* n abbr = **Internal Revenue
Service**

is [ɪz] vb see **be**

ISDN n abbr (= Integrated Services Digital
Network) RDSI f

Islam ['ɪzlɑːm] n Islam m; **Islamic**
[ɪz'læmɪk] adj islámico

island ['aɪlənd] n isla; **islander** n
isleño/a

isle [aɪl] n isla

isn't ['ɪznt] = **is not**

isolated ['aɪsəleɪtɪd] adj aislado

isolation [aɪsə'leɪʃən] n aislamiento

ISP n abbr = **Internet Service Provider**

Israel ['ɪzreɪl] n Israel m; **Israeli**

[ɪzˈreɪlɪ] *adj, n* israelí *mf*

issue [ˈɪsjuː] *n (problem, subject)* cuestión *f; (outcome)* resultado; *(of banknotes etc)* emisión *f; (of newspaper etc)* edición *f* ▷ *vt (rations, equipment)* distribuir, repartir; *(orders)* dar; *(certificate, passport)* expedir; *(decree)* promulgar; *(magazine)* publicar; *(cheques)* extender; *(banknotes, stamps)* emitir; **at ~** en cuestión; **to take ~ with sb (over)** estar en desacuerdo con algn (sobre); **to make an ~ of sth** hacer una cuestión de algo

IT *n abbr* = **information technology**

○ KEYWORD

it [ɪt] *pron* **1** *(specific subject: not generally translated)* él (ella); *(: direct object)* lo, la; *(: indirect object)* le; *(after prep)* él (ella); *(abstract concept)* ello; **it's on the table** está en la mesa; **I can't find it** no lo (*or* la) encuentro; **give it to me** dámelo (*or* dámela); **I spoke to him about it** le hablé del asunto; **what did you learn from it?** ¿qué aprendiste de él (*or* ella)?; **did you go to it?** *(party, concert etc)* ¿fuiste?

2 *(impersonal)*: **it's raining** llueve, está lloviendo; **it's 6 o'clock/the 10th of August** son las 6/es el 10 de agosto; **how far is it? – it's 10 miles/2 hours on the train** ¿a qué distancia está? – a 10 millas/2 horas en tren; **who is it? – it's me** ¿quién es? – soy yo

Italian [ɪˈtæljən] *adj* italiano ▷ *n* italiano/a; *(Ling)* italiano

italics [ɪˈtælɪks] *npl* cursiva

Italy [ˈɪtəlɪ] *n* Italia

itch [ɪtʃ] *n* picazón *f* ▷ *vi (part of body)* picar; **to ~ to do sth** rabiar por hacer algo; **itchy** *adj*: **my hand is itchy** me pica la mano

it'd [ˈɪtd] = **it would**; **it had**

item [ˈaɪtəm] *n* artículo; *(on agenda)* asunto (a tratar); *(also:* **news ~**) noticia

itinerary [aɪˈtɪnərərɪ] *n* itinerario

it'll [ˈɪtl] = **it will**; **it shall**

its [ɪts] *adj* su; sus *pl*

it's [ɪts] = **it is**; **it has**

itself [ɪtˈsɛlf] *pron (reflexive)* sí mismo/a; *(emphatic)* él mismo(ella misma)

ITV *n abbr* (BRIT: = *Independent Television*) *cadena de televisión comercial independiente del Estado*

I've [aɪv] = **I have**

ivory [ˈaɪvərɪ] *n* marfil *m*

ivy [ˈaɪvɪ] *n (Bot)* hiedra

j

jab [dʒæb] vt: **to ~ sth into sth** clavar algo en algo ▷ n (inf. Med) pinchazo

jack [dʒæk] n (Aut) gato; (Cards) sota

jacket ['dʒækɪt] n chaqueta, americana (SP), saco (LAM); (of book) sobrecubierta; **jacket potato** n patata asada (con piel)

jackpot ['dʒækpɒt] n premio gordo

Jacuzzi® [dʒə'kuːzɪ] n jacuzzi® m

jagged ['dʒægɪd] adj dentado

jail [dʒeɪl] n cárcel f ▷ vt encarcelar; **jail sentence** n pena f de cárcel

jam [dʒæm] n mermelada; (also: **traffic ~**) embotellamiento; (inf: difficulty) apuro ▷ vt (passage etc) obstruir; (mechanism, drawer etc) atascar; (Radio) interferir ▷ vi atascarse, trabarse; **to ~ sth into sth** meter algo a la fuerza en algo

Jamaica [dʒə'meɪkə] n Jamaica

jammed [dʒæmd] adj atascado

Jan abbr (= January) ene

janitor ['dʒænɪtə*] n (caretaker) portero, conserje m

January ['dʒænjuərɪ] n enero

Japan [dʒə'pæn] n (el) Japón; **Japanese** [dʒæpə'niːz] adj japonés/esa ▷ n inv japonés/esa m/f; (Ling) japonés m

jar [dʒɑː*] n tarro, bote m ▷ vi (sound) chirriar; (colours) desentonar

jargon ['dʒɑːgən] n jerga

javelin ['dʒævlɪn] n jabalina

jaw [dʒɔː] n mandíbula

jazz [dʒæz] n jazz m

jealous ['dʒɛləs] adj celoso; (envious) envidioso; **jealousy** n celos mpl; envidia

jeans [dʒiːnz] npl vaqueros mpl, tejanos mpl

Jello® ['dʒɛləu] (US) n gelatina

jelly ['dʒɛlɪ] n (jam) jalea; (dessert etc) gelatina; **jellyfish** n inv medusa, aguaviva (RPL)

jeopardize ['dʒɛpədaɪz] vt arriesgar, poner en peligro

jerk [dʒəːk] n (jolt) sacudida; (wrench) tirón m; (inf) imbécil mf ▷ vt tirar bruscamente de ▷ vi (vehicle) traquetear

Jersey ['dʒəːzɪ] n Jersey m

jersey ['dʒəːzɪ] n jersey m; (fabric) (tejido de) punto

Jesus ['dʒiːzəs] n Jesús m

jet [dʒɛt] n (of gas, liquid) chorro; (Aviat) avión m a reacción; **jet lag** n desorientación f después de un largo vuelo; **jet-ski** vi practicar el motociclismo acuático

jetty ['dʒɛtɪ] n muelle m, embarcadero

Jew [dʒuː] n judío/a

jewel ['dʒuːəl] n joya; (in watch) rubí m; **jeweller** (US **jeweler**) n joyero/a; **jeweller's (shop)** (US **jewelry store**) n joyería; **jewellery** (US **jewelry**) n joyas fpl, alhajas fpl

Jewish ['dʒuːɪʃ] adj judío

jigsaw ['dʒɪgsɔː] n (also: **~ puzzle**) rompecabezas m inv, puzle m

job [dʒɒb] n (task) tarea; (post) empleo; **it's not my ~** no me incumbe a mí; **it's a good ~ that ...** menos mal que

...; **just the ~!** ¡estupendo!; **job centre** (BRIT) n oficina estatal de colocaciones; **jobless** adj sin trabajo

jockey ['dʒɔkɪ] n jockey mf ▷ vi: **to ~ for position** maniobrar para conseguir una posición

jog [dʒɔg] vt empujar (ligeramente) ▷ vi (run) hacer footing; **to ~ sb's memory** refrescar la memoria a algn; **jogging** n footing m

join [dʒɔɪn] vt (things) juntar, unir; (club) hacerse socio de; (Pol: party) afiliarse a; (queue) ponerse en; (meet: people) reunirse con ▷ vi (roads) juntarse; (rivers) confluir ▷ n juntura; **join in** vi tomar parte, participar ▷ vt fus tomar parte or participar en; **join up** vi reunirse; (Mil) alistarse

joiner ['dʒɔɪnə*] (BRIT) n carpintero/a

joint [dʒɔɪnt] n (Tech) junta, unión f; (Anat) articulación f; (BRIT Culin) pieza de carne (para asar); (inf: place) tugurio; (: of cannabis) porro ▷ adj (common) común; (combined) combinado; **joint account** (with bank etc) cuenta común; **jointly** adv (gen) en común; (together) conjuntamente

joke [dʒəuk] n chiste m; (also: **practical ~**) broma ▷ vi bromear; **to play a ~ on** gastar una broma a; **joker** n (Cards) comodín m

jolly ['dʒɔlɪ] adj (merry) alegre; (enjoyable) divertido ▷ adv (BRIT: inf) muy, terriblemente

jolt [dʒəult] n (jerk) sacudida; (shock) susto ▷ vt (physically) sacudir; (emotionally) asustar

Jordan ['dʒɔːdən] n (country) Jordania; (river) Jordán m

journal ['dʒəːnl] n (magazine) revista; (diary) periódico, diario; **journalism** n periodismo; **journalist** n periodista mf, reportero/a

journey ['dʒəːnɪ] n viaje m; (distance covered) trayecto

joy [dʒɔɪ] n alegría; **joyrider** n gamberro que roba un coche para dar una vuelta y luego abandonarlo; **joy stick** n

(Aviat) palanca de mando; (Comput) palanca de control

Jr abbr = **junior**

judge [dʒʌdʒ] n juez mf; (fig: expert) perito ▷ vt juzgar; (consider) considerar

judo ['dʒuːdəu] n judo

jug [dʒʌg] n jarra

juggle ['dʒʌgl] vi hacer juegos malabares; **juggler** n malabarista mf

juice [dʒuːs] n zumo (SP), jugo (LAM); **juicy** adj jugoso

Jul abbr (= July) jul

July [dʒuːˈlaɪ] n julio

jumble ['dʒʌmbl] n revoltijo ▷ vt (also: **~ up**) revolver; **jumble sale** (BRIT) n venta de objetos usados con fines benéficos

○
○ **JUMBLE SALE**
○
○ Los **jumble sales** son unos
○ mercadillos que se organizan con
○ fines benéficos en los locales de
○ un colegio, iglesia u otro centro
○ público. En ellos puede comprarse
○ todo tipo de artículos baratos de
○ segunda mano, sobre todo ropa,
○ juguetes, libros, vajillas o muebles.

jumbo ['dʒʌmbəu] n (also: **~ jet**) jumbo

jump [dʒʌmp] vi saltar, dar saltos; (with fear etc) pegar un bote; (increase) aumentar ▷ vt saltar ▷ n salto; aumento; **to ~ the queue** (BRIT) colarse

jumper ['dʒʌmpə*] n (BRIT: pullover) suéter m, jersey m; (US: dress) mandil m

jumper cables (US) npl = **jump leads**

jump leads (BRIT) npl cables mpl puente de batería

Jun. abbr = **junior**

junction ['dʒʌŋkʃən] n (BRIT: of roads) cruce m; (Rail) empalme m

June [dʒuːn] n junio

jungle ['dʒʌŋgl] n selva, jungla

junior ['dʒuːnɪə*] adj (in age) menor, más joven; (brother/sister etc): **seven**

years her **~** siete años menor que ella; (*position*) subalterno ▷ *n* menor *mf*, joven *mf*; **junior high school** (*US*) *n* centro de educación secundaria; *see also* **high school**; **junior school** (*BRIT*) *n* escuela primaria

junk [dʒʌŋk] *n* (*cheap goods*) baratijas *fpl*; (*rubbish*) basura; **junk food** *n* alimentos preparados y envasados de escaso valor nutritivo

junkie ['dʒʌŋkɪ] (*inf*) *n* drogadicto/a, yonqui *mf*

junk mail *n* propaganda de buzón

Jupiter ['dʒuːpɪtə*] *n* (*Mythology, Astrology*) Júpiter *m*

jurisdiction [dʒuərɪs'dɪkʃən] *n* jurisdicción *f*; **it falls** *or* **comes within/ outside our ~** es/no es de nuestra competencia

jury ['dʒuərɪ] *n* jurado

just [dʒʌst] *adj* justo ▷ *adv* (*exactly*) exactamente; (*only*) sólo, solamente; **he's ~ done it/left** acaba de hacerlo/ irse; **~ right** perfecto; **~ two o'clock** las dos en punto; **she's ~ as clever as you** (ella) es tan lista como tú; **~ as well that ...** menos mal que ...; **~ as he was leaving** en el momento en que se marchaba; **~ before/enough** justo antes/lo suficiente; **~ here** aquí mismo; **he ~ missed** ha fallado por poco; **~ listen to this** escucha esto un momento

justice ['dʒʌstɪs] *n* justicia; (*US: judge*) juez *mf*; **to do ~ to** (*fig*) hacer justicia a

justification [dʒʌstɪfɪ'keɪʃən] *n* justificación *f*

justify ['dʒʌstɪfaɪ] *vt* justificar; (*text*) alinear

jut [dʒʌt] *vi* (*also: ~ out*) sobresalir

juvenile ['dʒuːvənaɪl] *adj* (*court*) de menores; (*humour, mentality*) infantil ▷ *n* menor *m* de edad

K *abbr* (= *one thousand*) mil; (= *kilobyte*) kilobyte *m*, kiloocteto

kangaroo [kæŋgə'ruː] *n* canguro

karaoke [kɑːrə'əukɪ] *n* karaoke

karate [kə'rɑːtɪ] *n* karate *m*

kebab [kə'bæb] *n* pincho moruno

keel [kiːl] *n* quilla; **on an even ~** (*fig*) en equilibrio

keen [kiːn] *adj* (*interest, desire*) grande, vivo; (*eye, intelligence*) agudo; (*competition*) reñido; (*edge*) afilado; (*eager*) entusiasta; **to be ~ to do** *or* **on doing sth** tener muchas ganas de hacer algo; **to be ~ on sth/sb** interesarse por algo/algn

keep [kiːp] (*pt, pp* **kept**) *vt* (*preserve, store*) guardar; (*hold back*) quedarse con; (*maintain*) mantener; (*detain*) detener; (*shop*) ser propietario de; (*feed: family etc*) mantener; (*promise*) cumplir; (*chickens, bees etc*) criar; (*accounts*) llevar; (*diary*) escribir; (*prevent*): **to ~ sb from doing sth** impedir a algn hacer algo ▷ *vi* (*food*) conservarse; (*remain*) seguir, continuar ▷ *n* (*of* *castle)* torreón m; *(food etc)* comida, subsistencia; *(inf)*: **for ~s** para siempre; **to ~ doing sth** seguir haciendo algo; **to ~ sb happy** tener a algn contento; **to ~ a place tidy** mantener un lugar limpio; **to ~ sth to o.s.** guardar algo para sí mismo; **to ~ sth (back) from sb** ocultar algo a algn; **to ~ time** *(clock)* mantener la hora exacta; **keep away** vt: **to keep sth/sb away from sb** mantener a algn apartado de algn ▷ vi: **to keep away (from)** mantenerse apartado (de); **keep back** vt *(crowd, tears)* contener; *(money)* quedarse con; *(conceal: information)*: **to keep sth back from sb** ocultar algo a algn ▷ vi hacerse a un lado; **keep off** vt *(dog, person)* mantener a distancia ▷ vi: **if the rain keeps off** so no lleuve; **keep your hands off!** ¡no toques!; **"keep off the grass"** "prohibido pisar el césped"; **keep on** vi: **to keep on doing** seguir or continuar haciendo; **to keep on (about sth)** no parar de hablar (de algo); **keep out** vi *(stay out)* permanecer fuera; **"keep out"** "prohibida la entrada"; **keep up** vt mantener, conservar ▷ vi no retrasarse; **to keep up with** *(pace)* ir al paso de; *(level)* mantenerse a la altura de; **keeper** n guardián/ana m/f; **keeping** n *(care)* cuidado; **in keeping with** de acuerdo con

kennel ['kɛnl] n perrera; **kennels** npl residencia canina

Kenya ['kɛnjə] n Kenia

kept [kɛpt] pt, pp of **keep**

kerb [kəːb] *(BRIT)* n bordillo

kerosene ['kɛrəsiːn] n keroseno

ketchup ['kɛtʃəp] n salsa de tomate, catsup m

kettle ['kɛtl] n hervidor m de agua

key [kiː] n llave f; *(Mus)* tono; *(of piano, typewriter)* tecla ▷ adj *(issue etc)* clave inv ▷ vt *(also: ~ in)* teclear; **keyboard** n teclado; **keyhole** n ojo (de la cerradura); **keyring** n llavero

kg abbr (= kilogram) kg

khaki ['kɑːkɪ] n caqui

kick [kɪk] vt dar una patada or un puntapié a; *(inf: habit)* quitarse de ▷ vi *(horse)* dar coces ▷ n patada; puntapié m; *(of animal)* coz f; *(thrill)*: **he does it for ~s** lo hace por pura diversión; **kick off** vi *(Sport)* hacer el saque inicial; **kick-off** n saque inicial; **the kick-off is at 10 o'clock** el partido empieza a las diez

kid [kɪd] n *(inf: child)* chiquillo/a; *(animal)* cabrito; *(leather)* cabritilla ▷ vi *(inf)* bromear

kidnap ['kɪdnæp] vt secuestrar; **kidnapping** n secuestro

kidney ['kɪdnɪ] n riñón m; **kidney bean** n judía, alubia

kill [kɪl] vt matar; *(murder)* asesinar ▷ n matanza; **to ~ time** matar el tiempo; **killer** n asesino/a; **killing** *(one)* asesinato; *(several)* matanza; **to make a killing** *(fig)* hacer su agosto

kiln [kɪln] n horno

kilo ['kiːləʊ] n kilo; **kilobyte** n *(Comput)* kilobyte m, kilooocteto; **kilogram(me)** n kilo, kilogramo; **kilometre** ['kɪləmiːtə*] *(US kilometer)* n kilómetro; **kilowatt** n kilovatio

kilt [kɪlt] n falda escocesa

kin [kɪn] n see **next-of-kin**

kind [kaɪnd] adj amable, atento ▷ n clase f, especie f; *(species)* género; **in ~** *(Comm)* en especie; **a ~ of** una especie de; **to be two of a ~** ser tal para cual

kindergarten ['kɪndəgɑːtn] n jardín m de la infancia

kindly ['kaɪndlɪ] adj bondadoso; cariñoso ▷ adv bondadosamente, amablemente; **will you ~ ...** sea usted tan amable de ...

kindness ['kaɪndnɪs] n *(quality)* bondad f, amabilidad f; *(act)* favor m

king [kɪŋ] n rey m; **kingdom** n reino; **kingfisher** n martín m pescador; **king-size(d) bed** n cama de matrimonio extragrande

kiosk ['kiːɔsk] n quiosco; *(BRIT Tel)* cabina

kipper ['kɪpə*] n arenque m ahumado

kiss [kɪs] *n* beso ▷ *vt* besar; **to ~ (each other)** besarse; **kiss of life** *n* respiración *f* boca a boca

kit [kɪt] *n* (*equipment*) equipo; (*tools etc*) (caja de) herramientas *fpl*; (*assembly kit*) juego de armar

kitchen ['kɪtʃɪn] *n* cocina

kite [kaɪt] *n* (*toy*) cometa

kitten ['kɪtn] *n* gatito/a

kiwi ['ki:wi:-] *n* (*also*: **~ fruit**) kiwi *m*

km *abbr* (= *kilometre*) km

km/h *abbr* (= *kilometres per hour*) km/h

knack [næk] *n*: **to have the ~ of doing sth** tener el don de hacer algo

knee [ni:] *n* rodilla; **kneecap** *n* rótula

kneel [ni:l] (*pt, pp* **knelt**) *vi* (*also*: **~ down**) arrodillarse

knelt [nɛlt] *pt, pp of* **kneel**

knew [nju:] *pt of* **know**

knickers ['nɪkəz] (BRIT) *npl* bragas *fpl*

knife [naɪf] (*pl* **knives**) *n* cuchillo ▷ *vt* acuchillar

knight [naɪt] *n* caballero; (*Chess*) caballo

knit [nɪt] *vt* tejer, tricotar ▷ *vi* hacer punto, tricotar; (*bones*) soldarse; **to ~ one's brows** fruncir el ceño; **knitting** *n* labor *f* de punto; **knitting needle** *n* aguja de hacer punto; **knitwear** *n* prendas *fpl* de punto

knives [naɪvz] *npl of* **knife**

knob [nɔb] *n* (*of door*) tirador *m*; (*of stick*) puño; (*on radio, TV*) botón *m*

knock [nɔk] *vt* (*strike*) golpear; (*bump into*) chocar contra; (*inf*) criticar ▷ *vi* (*at door etc*): **to ~ at/on** llamar a ▷ *n* golpe *m*; (*on door*) llamada; **knock down** *vt* atropellar; **knock off** (*inf*) *vi* (*finish*) salir del trabajo ▷ *vt* (*from price*) descontar; (*inf: steal*) birlar; **knock out** *vt* dejar sin sentido; (*Boxing*) poner fuera de combate, dejar K.O.; (*in competition*) eliminar; **knock over** *vt* (*object*) tirar; (*person*) atropellar; **knockout** *n* (*Boxing*) K.O. *m*, knockout *m* ▷ *cpd* (*competition etc*) eliminatorio

knot [nɔt] *n* nudo ▷ *vt* anudar

know [nəu] (*pt* **knew**, *pp* **known**)

vt (*facts*) saber; (*be acquainted with*) conocer; (*recognize*) reconocer, conocer; **to ~ how to swim** saber nadar; **to ~ about** *or* **of sb/sth** saber de algn/algo; **know-all** *n* sabelotodo *mf*; **know-how** *n* conocimientos *mpl*; **knowing** *adj* (*look*) de complicidad; **knowingly** *adv* (*purposely*) adrede; (*smile, look*) con complicidad; **know-it-all** (*US*) *n* = **know-all**

knowledge ['nɔlɪdʒ] *n* conocimiento; (*learning*) saber *m*, conocimientos *mpl*; **knowledgeable** *adj* entendido

known [nəun] *pp of* **know** ▷ *adj* (*thief, facts*) conocido; (*expert*) reconocido

knuckle ['nʌkl] *n* nudillo

koala [kəu'ɑːlə] *n* (*also*: **~ bear**) koala *m*

Koran [kɔ'rɑːn] *n* Corán *m*

Korea [kə'rɪə] *n* Corea; **Korean** *adj, n* coreano/a *m/f*

kosher ['kəuʃə*] *adj* autorizado por la ley judía

Kosovar ['kɔsəvɑ*], **Kosovan** ['kɔːsəvən] *adj* kosovar

Kosovo ['kɔsəvəu] *n* Kosovo

Kremlin ['kremlɪn] *n*: **the ~** el Kremlin

Kuwait [ku'weɪt] *n* Kuwait *m*

L

L (BRIT) abbr = **learner driver**

l. abbr (= **litre**) l

lab [læb] n abbr = **laboratory**

label ['leɪbl] n etiqueta ▷ vt poner etiqueta a

labor etc ['leɪbə*] (US) = **labour** etc

laboratory [ləˈbɔrətərɪ] n laboratorio

Labor Day (US) n día m de los trabajadores (*primer lunes de septiembre*)

labor union (US) n sindicato

labour ['leɪbə*] (US **labor**) n (*hard work*) trabajo; (*labour force*) mano f de obra; (*Med*): **to be in ~** estar de parto ▷ vi: **to ~ (at sth)** trabajar (en algo) ▷ vt: **to ~ a point** insistir en un punto; **L~, the L~ party** (BRIT) el partido laborista, los laboristas *mpl*; **labourer** n peón m; **farm labourer** peón m; (*day labourer*) jornalero

lace [leɪs] n encaje m; (*of shoe etc*) cordón m ▷ vt (*shoes: also*: **~ up**) atarse (los zapatos)

lack [læk] n (*absence*) falta ▷ vt faltarle a algn, carecer de; **through** or **for ~ of** por falta de; **to be ~ing** faltar, no haber; **to be ~ing in sth** faltarle a algn algo

lacquer ['lækə*] n laca

lacy ['leɪsɪ] adj (*of lace*) de encaje; (*like lace*) como de encaje

lad [læd] n muchacho, chico

ladder ['lædə*] n escalera (de mano); (BRIT: *in tights*) carrera

ladle ['leɪdl] n cucharón m

lady ['leɪdɪ] n señora; (*dignified, graceful*) dama; **"ladies and gentlemen ..."** "señoras y caballeros ..."; **young ~** señorita; **the ladies' (room)** los servicios de señoras; **ladybird** (US **ladybug**) n mariquita

lag [læg] n retraso ▷ vi (*also*: **~ behind**) retrasarse, quedarse atrás ▷ vt (*pipes*) revestir

lager ['lɑːgə*] n cerveza (rubia)

lagoon [ləˈguːn] n laguna

laid [leɪd] pt, pp of **lay**; **laid back** (*inf*) adj relajado

lain [leɪn] pp of **lie**

lake [leɪk] n lago

lamb [læm] n cordero; (*meat*) (carne f de) cordero

lame [leɪm] adj cojo; (*excuse*) poco convincente

lament [ləˈment] n quejo ▷ vt lamentarse de

lamp [læmp] n lámpara; **lamppost** (BRIT) n (poste m de) farol m; **lampshade** n pantalla

land [lænd] n tierra; (*country*) país m; (*piece of land*) terreno; (*estate*) tierras *fpl*, finca ▷ vi (*from ship*) desembarcar; (*Aviat*) aterrizar; (*fig: fall*) caer, terminar ▷ vt (*passengers, goods*) desembarcar; **to ~ sb with sth** (*inf*) hacer cargar a algn con algo; **landing** n aterrizaje m; (*of staircase*) rellano; **landing card** n tarjeta de desembarque; **landlady** n (*of rented house, pub etc*) dueña; **landlord** n propietario; (*of pub etc*) patrón m; **landmark** n lugar m conocido; **to be a landmark** (*fig*) marcar un hito histórico; **landowner** n terrateniente *mf*; **landscape** *n* paisaje *m*; **landslide** *n* (*Geo*) corrimiento de tierras; (*fig: Pol*) victoria arrolladora

lane [leɪn] *n* (*in country*) camino; (*Aut*) carril *m*; (*in race*) calle *f*

language ['læŋgwɪdʒ] *n* lenguaje *m*; (*national tongue*) idioma *m*, lengua; **bad ~** palabrotas *fpl*; **language laboratory** *n* laboratorio de idiomas; **language school** *n* academia de idiomas

lantern ['læntn] *n* linterna, farol *m*

lap [læp] *n* (*of track*) vuelta; (*of body*) regazo ⊳ *vt* (*also: ~ up*) beber a lengüetadas ⊳ *vi* (*waves*) chapotear; **to sit on sb's ~** sentarse en las rodillas de algn

lapel [lə'pɛl] *n* solapa

lapse [læps] *n* fallo; (*moral*) desliz *m*; (*of time*) intervalo ⊳ *vi* (*expire*) caducar; (*time*) pasar, transcurrir; **to ~ into bad habits** caer en malos hábitos

laptop (computer) ['læptɔp-] *n* (ordenador *m*) portátil *m*

lard [lɑːd] *n* manteca (de cerdo)

larder ['lɑːdə*] *n* despensa

large [lɑːdʒ] *adj* grande; **at ~** (*free*) en libertad; (*generally*) en general

> Be careful not to translate **large** by the Spanish word *largo*.

largely *adv* (*mostly*) en su mayor parte; (*introducing reason*) en gran parte; **large-scale** *adj* (*map*) en gran escala; (*fig*) importante

lark [lɑːk] *n* (*bird*) alondra; (*joke*) broma

laryngltls [lærɪn'dʒaɪtɪs] *n* laringitis *f*

lasagne [lə'zænjə] *n* lasaña

laser ['leɪzə*] *n* láser *m*; **laser printer** *n* impresora (por) láser

lash [læʃ] *n* latigazo; (*also: eye~*) pestaña ⊳ *vt* azotar; (*tie*): **to ~ to/ together** atar a/atar; **lash out** *vi*: **to lash out (at sb)** (*hit*) arremeter (contra algn); **to lash out against sb** lanzar invectivas contra algn

lass [læs] (*BRIT*) *n* chica

last [lɑːst] *adj* último; (*end: of series*

etc) final ⊳ *adv* (*most recently*) la última vez; (*finally*) por último ⊳ *vi* durar; (*continue*) continuar, seguir; **~ night** anoche; **~ week** la semana pasada; **at ~** por fin; **~ but one** penúltimo; **lastly** *adv* por último, finalmente; **last-minute** *adj* de última hora

latch [lætʃ] *n* pestillo; **latch onto** *vt fus* (*person, group*) pegarse a; (*idea*) agarrarse a

late [leɪt] *adj* (*far on: in time, process etc*) al final de; (*not on time*) tarde, atrasado; (*dead*) fallecido ⊳ *adv* tarde; (*behind time, schedule*) con retraso; **of ~** últimamente; **~ at night** a última hora de la noche; **in ~ May** hacia fines de mayo; **the ~ Mr X** el difunto Sr X; **latecomer** *n* recién llegado/a; **lately** *adv* últimamente; **later** *adj* (*date etc*) posterior; (*version etc*) más reciente ⊳ *adv* más tarde, después; **latest** ['leɪtɪst] *adj* último; **at the latest** a más tardar

lather ['lɑːðə*] *n* espuma (de jabón) ⊳ *vt* enjabonar

Latin ['lætɪn] *n* latín *m* ⊳ *adj* latino; **Latin America** *n* América latina; **Latin American** *adj*, *n* latinoamericano/a *m/f*

latitude ['lætɪtjuːd] *n* latitud *f*; (*fig*) libertad *f*

latter ['lætə*] *adj* último; (*of two*) segundo ⊳ *n*: **the ~** el último, éste

laugh [lɑːf] *n* risa ⊳ *vi* reír(se); (**to do sth) for a ~** (hacer algo) en broma; **laugh at** *vt fus* reírse de; **laughter** *n* risa

launch [lɔːntʃ] *n* lanzamiento; (*boat*) lancha ⊳ *vt* (*ship*) botar; (*rocket etc*) lanzar; (*fig*) comenzar; **launch into** *vt fus* lanzarse a

launder ['lɔːndə*] *vt* lavar

Launderette® [lɔːn'drɛt] (*BRIT*) *n* lavandería (automática)

Laundromat® ['lɔːndrəmæt] (*US*) *n* = **Launderette**

laundry ['lɔːndrɪ] *n* (*dirty*) ropa sucia; (*clean*) colada; (*room*) lavadero

lava ['lɑːvə] n lava

lavatory ['lævətərɪ] n wáter m

lavender ['lævəndə*] n lavanda

lavish ['lævɪʃ] adj (amount) abundante; (person): **~ with** pródigo en ▷ vt: **to ~ sth on sb** colmar a algn de algo

law [lɔː] n ley f; (Scol) derecho; (a rule) regla; (professions connected with law) jurisprudencia; **lawful** adj legítimo, lícito; **lawless** adj (action) criminal

lawn [lɔːn] n césped m; **lawnmower** n cortacésped m

lawsuit ['lɔːsuːt] n pleito

lawyer ['lɔːjə*] n abogado/a; (for sales, wills etc) notario/a

lax [læks] adj laxo

laxative ['læksətɪv] n laxante m

lay [leɪ] (pt, pp **laid**) pt of **lie** ▷ adj laico; (not expert) lego ▷ vt (place) colocar; (eggs, table) poner; (cable) tender; (carpet) extender; **lay down** vt (pen etc) dejar; (rules etc) establecer; **to lay down the law** (pej) imponer las normas; **lay off** vt (workers) despedir; **lay on** vt (meal, facilities) proveer; **lay out** vt (spread out) disponer, exponer; **lay-by** n (BRIT Aut) área de aparcamiento

layer ['leɪə*] n capa

layman ['leɪmən] (irreg) n lego

layout ['leɪaut] n (design) plan m, trazado; (Press) composición f

lazy ['leɪzɪ] adj perezoso, vago; (movement) lento

lb. abbr = **pound** (weight)

lead¹ [liːd] (pt, pp **led**) n (front position) delantera; (clue) pista; (Elec) cable m; (for dog) correa; (Theatre) papel m principal ▷ vt (walk etc in front) ir a la cabeza de; (guide): **to ~ sb somewhere** conducir a algn a algún sitio; (be leader) dirigir; (start, guide: activity) protagonizar ▷ vi (road, pipe etc) conducir a; (Sport) ir primero; **to be in the ~** (Sport) llevar la delantera; (fig) ir a la cabeza; **to ~ the way** llevar la delantera; **lead up to** vt fus (events)

conducir a; (in conversation) preparar el terreno para

lead² [lɛd] n (metal) plomo; (in pencil) mina

leader ['liːdə*] n jefe/a m/f, líder mf; (Sport) líder mf; **leadership** n dirección f; (position) mando; (quality) iniciativa

lead-free ['lɛdfriː] adj sin plomo

leading ['liːdɪŋ] adj (main) principal; (first) primero; (front) delantero

lead singer [liːd-] n cantante mf

leaf [liːf] (pl **leaves**) n hoja ▷ vi: **to ~ through** hojear; **to turn over a new ~** reformarse

leaflet ['liːflɪt] n folleto

league [liːg] n sociedad f; (Football) liga; **to be in ~ with** haberse confabulado con

leak [liːk] n (of liquid, gas) escape m, fuga; (in pipe) agujero; (in roof) gotera; (in security) filtración f ▷ vi (shoes, ship) hacer agua; (pipe) tener (un) escape; (roof) gotear; (liquid, gas) escaparse, fugarse; (fig) divulgarse ▷ vt (fig) filtrar

lean [liːn] (pt, pp **~ed** or **~t**) adj (thin) flaco; (meat) magro ▷ vt: **to ~ sth on sth** apoyar algo en algo ▷ vi (slope) inclinarse; **to ~ against** apoyarse contra; **to ~ on** apoyarse en; **lean forward** vi inclinarse hacia adelante; **lean over** vi inclinarse; **leaning** n: **leaning (towards)** inclinación f (hacia)

leant [lɛnt] pt, pp of **lean**

leap [liːp] (pt, pp **~ed** or **~t**) n salto ▷ vi saltar

leapt [lɛpt] pt, pp of **leap**

leap year n año bisiesto

learn [ləːn] (pt, pp **~ed** or **~t**) vt aprender ▷ vi aprender; **to ~ about sth** enterarse de algo; **to ~ to do sth** aprender a hacer algo; **learner** n (BRIT: also: **learner driver**) principiante mf; **learning** n el saber m, conocimientos mpl

learnt [ləːnt] pt, pp of **learn**

lease [liːs] n arriendo ▷ vt arrendar

leash [liːʃ] n correa

least [li:st] *adj*: **the ~** (*slightest*) el menor, el más pequeño; (*smallest amount of*) mínimo ▷ *adv* (*+ vb*) menos; (*+ adj*): **the ~ expensive** el (la) menos costoso/a; **the ~ possible effort** el menor esfuerzo posible; **at ~** por lo menos, al menos; **you could at ~ have written** por lo menos podías haber escrito; **not in the ~** en absoluto

leather ['lɛðə*] *n* cuero

leave [li:v] (*pt, pp* **left**) *vt* dejar; (*go away from*) abandonar; (*place etc: permanently*) salir de ▷ *vi* irse; (*train etc*) salir ▷ *n* permiso; **to ~ sth to sb** (*money etc*) legar algo a algn; (*responsibility etc*) encargar a algn de algo; **to be left** quedar, sobrar; **there's some milk left over** sobra *or* queda algo de leche; **on ~** de permiso; **leave behind** *vt* (*on purpose*) dejar; (*accidentally*) dejarse; **leave out** *vt* omitir

leaves [li:vz] *npl of* **leaf**

Lebanon ['lɛbənən] *n*: **the ~** el Líbano

lecture ['lɛktʃə*] *n* conferencia; (*Scol*) clase *f* ▷ *vi* dar una clase ▷ *vt* (*scold*): **to ~ sb on** *or* **about sth** echar una reprimenda a algn por algo; **to give a ~ on** dar una conferencia sobre; **lecture hall** *n* sala de conferencias; (*Univ*) aula; **lecturer** *n* conferenciante *mf*; (*BRIT: at university*) profesor(a) *m/f*; **lecture theatre** *n* = **lecture hall**

led [lɛd] *pt, pp of* **lead**[1]

ledge [lɛdʒ] *n* repisa; (*of window*) alféizar *m*; (*of mountain*) saliente *m*

leek [li:k] *n* puerro

left [lɛft] *pt, pp of* **leave** ▷ *adj* izquierdo; (*remaining*): **there are two ~** quedan dos ▷ *n* izquierda ▷ *adv* a la izquierda; **on** *or* **to the ~** a la izquierda; **the L~** (*Pol*) la izquierda; **left-hand** *adj*: **the left-hand side** la izquierda; **left-hand drive** *adj*: **a left-hand drive car** un coche con el volante a la izquierda; **left-handed** *adj* zurdo; **left-luggage locker** *n* (*BRIT*) consigna *f* automática; **left-luggage**

(office) (*BRIT*) *n* consigna; **left-overs** *npl* sobras *fpl*; **left-wing** *adj* (*Pol*) de izquierdas, izquierdista

leg [lɛg] *n* pierna; (*of animal, chair*) pata; (*trouser leg*) pernera; (*Culin: of lamb*) pierna; (*: of chicken*) pata; (*of journey*) etapa

legacy ['lɛgəsɪ] *n* herencia

legal ['li:gl] *adj* (*permitted by law*) lícito; (*of law*) legal; **legal holiday** (*US*) *n* fiesta oficial; **legalize** *vt* legalizar; **legally** *adv* legalmente

legend ['lɛdʒənd] *n* (*also fig: person*) leyenda; **legendary** [-ərɪ] *adj* legendario

leggings ['lɛgɪŋz] *npl* mallas *fpl*, leggins *mpl*

legible ['lɛdʒəbl] *adj* legible

legislation [lɛdʒɪs'leɪʃən] *n* legislación *f*

legislative ['lɛdʒɪslətɪv] *adj* legislativo

legitimate [lɪ'dʒɪtɪmət] *adj* legítimo

leisure ['lɛʒə*] *n* ocio, tiempo libre; **at ~** con tranquilidad; **leisure centre** (*BRIT*) *n* centro de recreo; **leisurely** *adj* sin prisa; lento

lemon ['lɛmən] *n* limón *m*; **lemonade** *n* (*fizzy*) gaseosa; **lemon tea** *n* té *m* con limón

lend [lɛnd] (*pt, pp* **lent**) *vt*: **to ~ sth to sb** prestar algo a algn

length [lɛŋθ] *n* (*size*) largo, longitud *f*; (*distance*): **the ~ of** todo lo largo de; (*of swimming pool, cloth*) largo; (*of wood, string*) trozo; (*amount of time*) duración *f*; **at ~** (*at last*) por fin, finalmente; (*lengthily*) largamente; **lengthen** *vt* alargar ▷ *vi* alargarse; **lengthways** *adv* a lo largo; **lengthy** *adj* largo, extenso

lens [lɛnz] *n* (*of spectacles*) lente *f*; (*of camera*) objetivo

Lent [lɛnt] *n* Cuaresma

lent [lɛnt] *pt, pp of* **lend**

lentil ['lɛntl] *n* lenteja

Leo ['li:əu] *n* Leo

leopard ['lɛpəd] *n* leopardo

leotard ['liːətɑːd] n mallas fpl

leprosy ['leprəsɪ] n lepra

lesbian ['lɛzbɪən] n lesbiana

less [lɛs] adj (in size, degree etc) menor; (in quality) menos ▷ pron, adv menos ▷ prep: **~ tax/10% discount** menos impuestos/el 10 por ciento de descuento; **~ than half** menos de la mitad; **~ than ever** menos que nunca; **~ and ~** cada vez menos; **the ~ he works …** cuanto menos trabaja …; **lessen** vi disminuir, reducirse ▷ vt disminuir, reducir; **lesser** ['lɛsə*] adj menor; **to a lesser extent** en menor grado

lesson ['lɛsn] n clase f; (warning) lección f

let [lɛt] (pt, pp **~**) vt (allow) dejar, permitir; (BRIT: lease) alquilar; **to ~ sb do sth** dejar que algn haga algo; **to ~ sb know sth** comunicar algo a algn; **~'s go** ¡vamos!; **~ him come** que venga; **"to ~"** "se alquila"; **let down** vt (tyre) desinflar; (disappoint) defraudar; **let in** vt dejar entrar; (visitor etc) hacer pasar; **let off** vt (culprit) dejar escapar; (gun) disparar; (bomb) accionar; (firework) hacer estallar; **let out** vt dejar salir; (sound) soltar

lethal ['liːθl] adj (weapon) mortífero; (poison, wound) mortal

letter ['lɛtə*] n (of alphabet) letra; (correspondence) carta; **letterbox** (BRIT) n buzón m

lettuce ['lɛtɪs] n lechuga

leukaemia [luːˈkiːmɪə] (US **leukemia**) n leucemia

level ['lɛvl] adj (flat) llano ▷ adv: **to draw ~ with** llegar a la altura de ▷ n nivel m; (height) altura ▷ vt nivelar; allanar; (destroy: building) derribar; (: forest) arrasar; **to be ~ with** estar a nivel de; **A ~s** (BRIT) ≈ exámenes mpl de bachillerato superior, B.U.P.; **AS ~** (BRIT) asignatura aprobada entre los "GCSEs" y los "A levels"; **on the ~** (fig: honest) serio; **level crossing** (BRIT) n paso a nivel

lever ['liːvə*] n (also fig) palanca ▷ vt: **to ~ up** levantar con palanca; **leverage** n (using bar etc) apalancamiento; (fig: influence) influencia

levy ['lɛvɪ] n impuesto ▷ vt exigir, recaudar

liability [laɪəˈbɪlətɪ] n (pej: person, thing) estorbo, lastre m; (Jur: responsibility) responsabilidad f

liable ['laɪəbl] adj (subject): **~ to** sujeto a; (responsible): **~ for** responsable de; (likely): **~ to do** propenso a hacer

liaise [lɪˈeɪz] vi: **to ~ with** enlazar con

liar ['laɪə*] n mentiroso/a

liberal ['lɪbərəl] adj liberal; (offer, amount etc) generoso; **Liberal Democrat** n (BRIT) demócrata m/f liberal

liberate ['lɪbəreɪt] vt (people: from poverty etc) librar; (prisoner) libertar; (country) liberar

liberation [lɪbəˈreɪʃən] n liberación f

liberty ['lɪbətɪ] n libertad f; **to be at ~** (criminal) estar en libertad; **to be at ~ to do** estar libre para hacer; **to take the ~ of doing sth** tomarse la libertad de hacer algo

Libra ['liːbrə] n Libra

librarian [laɪˈbrɛərɪən] n bibliotecario/a

library ['laɪbrərɪ] n biblioteca

Be careful not to translate **library** by the Spanish word librería.

Libya ['lɪbɪə] n Libia

lice [laɪs] npl of **louse**

licence ['laɪsəns] (US **license**) n licencia; (permit) permiso; (also: **driving ~**) carnet m de conducir (SP), licencia de manejo (LAM)

license ['laɪsəns] n (US) = **licence** ▷ vt autorizar, dar permiso a; **licensed** adj (for alcohol) autorizado para vender bebidas alcohólicas; (car) matriculado; **license plate** (US) n placa (de matrícula); **licensing hours** (BRIT) npl horas durante las cuales se permite la venta y consumo de alcohol (en un bar etc)

lick [lɪk] *vt* lamer; (*inf: defeat*) dar una paliza a; **to ~ one's lips** relamerse
lid [lɪd] *n* (*of box, case*) tapa; (*of pan*) tapadera
lie [laɪ] (*pt* **lay**, *pp* **lain**) *vi* (*rest*) estar echado, estar acostado; (*of object: be situated*) estar, encontrarse; (*tell lies: pt, pp* **lied**) mentir ▷ *n* mentira; **to ~ low** (*fig*) mantenerse a escondidas; **lie about** *or* **around** *vi* (*things*) estar tirado; (*BRIT: people*) estar tumbado; **lie down** *vi* echarse, tumbarse
Liechtenstein ['lɪktənstaɪn] *n* Liechtenstein *m*
lie-in ['laɪɪn] (*BRIT*) *n*: **to have a ~** quedarse en la cama
lieutenant [lɛf'tɛnənt, *US* luː'tɛnənt] *n* (*Mil*) teniente *mf*
life [laɪf] (*pl* **lives**) *n* vida; **to come to ~** animarse; **life assurance** (*BRIT*) *n* seguro de vida; **lifeboat** *n* lancha de socorro; **lifeguard** *n* vigilante *mf*, socorrista *mf*; **life insurance** *n* = **life assurance**; **life jacket** *n* chaleco salvavidas; **lifelike** *adj* (*model etc*) que parece vivo; (*realistic*) realista; **life preserver** (*US*) *n* cinturón *m*/chaleco salvavidas; **life sentence** *n* cadena perpetua; **lifestyle** *n* estilo de vida; **lifetime** *n* (*of person*) vida; (*of thing*) período de vida
lift [lɪft] *vt* levantar; (*end: ban, rule*) levantar, suprimir ▷ *vi* (*fog*) disiparse ▷ *n* (*BRIT: machine*) ascensor *m*; **to give sb a ~** (*BRIT*) llevar a algn en el coche; **lift up** *vt* levantar; **lift-off** *n* despegue *m*
light [laɪt] (*pt, pp* **-ed** *or* **lit**) *n* luz *f*; (*lamp*) luz *f*, lámpara; (*Aut*) faro; (*for cigarette etc*): **have you got a ~?** ¿tienes fuego? ▷ *vt* (*candle, cigarette, fire*) encender (*SP*), prender (*LAM*); (*room*) alumbrar ▷ *adj* (*colour*) claro; (*not heavy, also fig*) ligero; (*room*) con mucha luz; (*gentle, graceful*) ágil; **lights** *npl* (*traffic lights*) semáforos *mpl*; **to come to ~** salir a luz; **in the ~ of** (*new evidence etc*) a la luz de; **light up** *vi*

(*smoke*) encender un cigarrillo; (*face*) iluminarse ▷ *vt* (*illuminate*) iluminar, alumbrar; (*set fire to*) encender; **light bulb** *n* bombilla (*SP*), foco (*MEX*), bujía (*CAM*), bombita (*RPL*); **lighten** *vt* (*make less heavy*) aligerar; **lighter** *n* (*also:* **cigarette lighter**) encendedor *m*, mechero; **light-hearted** *adj* (*person*) alegre; (*remark etc*) divertido; **lighthouse** *n* faro; **lighting** *n* (*system*) alumbrado; **lightly** *adv* ligeramente; (*not seriously*) con poca seriedad; **to get off lightly** ser castigado con poca severidad
lightning ['laɪtnɪŋ] *n* relámpago, rayo
lightweight ['laɪtweɪt] *adj* (*suit*) ligero ▷ *n* (*Boxing*) peso ligero
like [laɪk] *vt* gustarle a algn ▷ *prep* como ▷ *adj* parecido, semejante ▷ *n*: **and the ~** y otros por el estilo; **his ~s and dislikes** sus gustos y aversiones; **I would ~, I'd ~** me gustaría; (*for purchase*) quisiera; **would you ~ a coffee?** ¿le apetece un café?; **I ~ swimming** me gusta nadar; **she ~s apples** le gustan las manzanas; **to be** *or* **look ~ sb/sth** parecerse a algn/algo; **what does it look/taste/sound ~?** ¿cómo es/a qué sabe/cómo suena?; **that's just ~ him** es muy de él, es característico de él; **do it ~ this** hazlo así; **it is nothing ~ ...** no tiene parecido alguno con ...; **likeable** *adj* simpático, agradable
likelihood ['laɪklɪhud] *n* probabilidad *f*
likely ['laɪklɪ] *adj* probable; **he's ~ to leave** es probable que se vaya; **not ~!** ¡ni hablar!
likewise ['laɪkwaɪz] *adv* igualmente; **to do ~** hacer lo mismo
liking ['laɪkɪŋ] *n*: **~ (for)** (*person*) cariño (a); (*thing*) afición (a); **to be to sb's ~** ser del gusto de algn
lilac ['laɪlək] *n* (*tree*) lilo; (*flower*) lila
Lilo® ['laɪləu] *n* colchoneta inflable
lily ['lɪlɪ] *n* lirio, azucena; **~ of the**

valley lirio de los valles
limb [lɪm] n miembro
limbo ['lɪmbəu] n: **to be in ~** (fig)
quedar a la expectativa
lime [laɪm] n (tree) limero; (fruit) lima;
(Geo) cal f
limelight ['laɪmlaɪt] n: **to be in the ~**
(fig) ser el centro de atención
limestone ['laɪmstəun] n piedra
caliza
limit ['lɪmɪt] n límite m ▷ vt limitar;
limited adj limitado; **to be limited
to** limitarse a
limousine ['lɪməziːn] n limusina
limp [lɪmp] n: **to have a ~** tener cojera
▷ vi cojear ▷ adj flojo; (material)
fláccido
line [laɪn] n línea; (rope) cuerda; (for
fishing) sedal m; (wire) hilo; (row, series)
fila, hilera; (of writing) renglón m, línea;
(of song) verso; (on face) arruga; (Rail)
vía ▷ vt (road etc) llenar; (Sewing) forrar;
to ~ the streets llenar las aceras; **in
~ with** alineado con; (according to) de
acuerdo con; **line up** vi hacer cola ▷ vt
alinear; (prepare) preparar; organizar
linear ['lɪnɪə*] adj lineal
linen ['lɪnɪn] n ropa blanca; (cloth)
lino
liner ['laɪnə*] n vapor m de línea,
transatlántico; (for bin) bolsa (de
basura)
line-up ['laɪnʌp] n (us: queue) cola;
(Sport) alineación f
linger ['lɪŋgə*] vi retrasarse, tardar en
marcharse; (smell, tradition) persistir
lingerie ['lænʒəriː] n lencería
linguist ['lɪŋgwɪst] n lingüista mf;
linguistic adj lingüístico
lining ['laɪnɪŋ] n forro; (Anat)
(membrana) mucosa
link [lɪŋk] n (of a chain) eslabón
m; (relationship) relación f, vínculo;
(Internet) link m, enlace m ▷ vt vincular,
unir; (associate): **to ~ with** or **to**
relacionar con; **links** npl (Golf) campo
de golf; **link up** vt acoplar ▷ vi unirse
lion ['laɪən] n león m; **lioness** n leona

lip [lɪp] n labio; **lipread** vi leer los
labios; **lip salve** n crema protectora
para labios; **lipstick** n lápiz m de
labios, carmín m
liqueur [lɪ'kjuə*] n licor m
liquid ['lɪkwɪd] adj, n líquido;
liquidizer [-aɪzə*] n licuadora
liquor ['lɪkə*] n licor m, bebidas
fpl alcohólicas; **liquor store** (us)
n bodega, tienda de vinos y bebidas
alcohólicas
Lisbon ['lɪzbən] n Lisboa
lisp [lɪsp] n ceceo ▷ vi cecear
list [lɪst] n lista ▷ vt (mention)
enumerar; (put on a list) poner en
una lista
listen ['lɪsn] vi escuchar, oír; **to ~ to
sb/sth** escuchar a algn/algo; **listener**
n oyente mf; (Radio) radioyente mf
lit [lɪt] pt, pp of **light**
liter ['liːtə*] (us) n = **litre**
literacy ['lɪtərəsɪ] n capacidad f de
leer y escribir
literal ['lɪtərl] adj literal; **literally** adv
literalmente
literary ['lɪtərərɪ] adj literario
literate ['lɪtərət] adj que sabe leer y
escribir; (educated) culto
literature ['lɪtərɪtʃə*] n literatura;
(brochures etc) folletos mpl
litre ['liːtə*] (us **liter**) n litro
litter ['lɪtə*] n (rubbish) basura; (young
animals) camada, cría; **litter bin** (BRIT)
n papelera; **littered** adj: **littered with**
(scattered) lleno de
little ['lɪtl] adj (small) pequeño; (not
much) poco ▷ adv poco; **a ~** un poco
(de); **~ house/bird** casita/pajarito; **a
~ bit** un poquito; **~ by ~** poco a poco;
little finger n dedo meñique
live¹ [laɪv] adj (animal) vivo; (wire)
conectado; (broadcast) en directo;
(shell) cargado
live² [lɪv] vi vivir; **live together** vi
vivir juntos; **live up to** vt fus (fulfil)
cumplir con
livelihood ['laɪvlɪhud] n sustento
lively ['laɪvlɪ] adj vivo;

(*interesting: place, book etc*) animado

liven up ['laɪvn-] *vt* animar ▷ *vi* animarse

liver ['lɪvə*] *n* hígado

lives [laɪvz] *npl of* **life**

livestock ['laɪvstɔk] *n* ganado

living ['lɪvɪŋ] *adj* (*alive*) vivo ▷ *n*: **to earn** or **make a ~** ganarse la vida; **living room** *n* sala (de estar)

lizard ['lɪzəd] *n* lagarto; (*small*) lagartija

load [ləud] *n* carga; (*weight*) peso ▷ *vt* (*Comput*) cargar; (*also*: **~ up**): **to ~ (with)** cargar (con or de); **a ~ of rubbish** (*inf*) tonterías *fpl*; **a ~ of**, **~s of** (*fig*) (gran) cantidad de, montones de; **loaded** *adj* (*vehicle*): **to be loaded with** estar cargado de

loaf [ləuf] (*pl* **loaves**) *n* (barra de) pan *m*

loan [ləun] *n* préstamo ▷ *vt* prestar; **on ~** prestado

loathe [ləuð] *vt* aborrecer; (*person*) odiar

loaves [ləuvz] *npl of* **loaf**

lobby ['lɔbɪ] *n* vestíbulo, sala de espera; (*Pol: pressure group*) grupo de presión ▷ *vt* presionar

lobster ['lɔbstə*] *n* langosta

local ['ləukl] *adj* local ▷ *n* (*pub*) bar *m*; **the locals** *npl* los vecinos, los del lugar; **local anaesthetic** *n* (*Med*) anestesia local; **local authority** *n* municipio, ayuntamiento (*sp*); **local government** *n* gobierno municipal; **locally** [-kəlɪ] *adv* en la vecindad; por aquí

locate [ləu'keɪt] *vt* (*find*) localizar; (*situate*): **to be ~d in** estar situado en

location [ləu'keɪʃən] *n* situación *f*; **on ~** (*Cinema*) en exteriores

loch [lɔx] *n* lago

lock [lɔk] *n* (*of door, box*) cerradura; (*of canal*) esclusa; (*of hair*) mechón *m* ▷ *vt* (*with key*) cerrar (con llave) ▷ *vi* (*door etc*) cerrarse (con llave); (*wheels*) trabarse; **lock in** *vt* encerrar; **lock out** *vt* (*person*) cerrar la puerta a; **lock up** *vt* (*criminal*) meter en la cárcel; (*mental*

patient) encerrar; (*house*) cerrar (con llave) ▷ *vi* echar la llave

locker ['lɔkə*] *n* casillero; **locker-room** (*us*) *n* (*Sport*) vestuario

locksmith ['lɔksmɪθ] *n* cerrajero/a

locomotive [ləukə'məutɪv] *n* locomotora

lodge [lɔdʒ] *n* casita (del guarda) ▷ *vi* (*person*): **to ~ (with)** alojarse (en casa de); (*bullet, bone*) incrustarse ▷ *vt* presentar; **lodger** *n* huésped *mf*

lodging ['lɔdʒɪŋ] *n* alojamiento, hospedaje *m*

loft [lɔft] *n* desván *m*

log [lɔg] *n* (*of wood*) leño, tronco; (*written account*) diario ▷ *vt* anotar; **log in, log on** *vi* (*Comput*) entrar en el sistema; **log off, log out** *vi* (*Comput*) salir del sistema

logic ['lɔdʒɪk] *n* lógica; **logical** *adj* lógico

logo ['ləugəu] *n* logotipo

lollipop ['lɔlɪpɔp] *n* pirulí *m*; **lollipop man/lady** (*BRIT: irreg*) *n* persona encargada de ayudar a los niños a cruzar la calle

lolly ['lɔlɪ] *n* (*inf: ice cream*) polo; (: *lollipop*) piruleta; (: *money*) guita

London ['lʌndən] *n* Londres; **Londoner** *n* londinense *mf*

lone [ləun] *adj* solitario

loneliness ['ləunlɪnɪs] *n* soledad *f*, aislamiento

lonely ['ləunlɪ] *adj* (*situation*) solitario; (*person*) solo; (*place*) aislado

long [lɔŋ] *adj* largo ▷ *adv* mucho tiempo, largamente ▷ *vi*: **to ~ for sth** anhelar algo; **so** or **as ~ as** mientras, con tal que; **don't be ~!** ¡no tardes!, ¡vuelve pronto!; **how ~ is the street?** ¿cuánto tiene la calle de largo?; **how ~ is the lesson?** ¿cuánto dura la clase?; **6 metres ~** que mide 6 metros, de 6 metros de largo; **6 months ~** que dura 6 meses, de 6 meses de duración; **all night ~** toda la noche; **he no ~er comes** ya no viene; **I can't stand it any ~er** ya no lo aguanto más; **~ before**

mucho antes; **before ~** (+ *future*) dentro de poco; (+ *past*) poco tiempo después; **at ~ last** al fin, por fin; **long-distance** *adj* (*race*) de larga distancia; (*call*) interurbano; **long-haul** *adj* (*flight*) de larga distancia; **longing** *n* anhelo, ansia; (*nostalgia*) nostalgia ▷ *adj* anhelante

longitude ['lɔŋgɪtjuːd] *n* longitud *f*

long: long jump *n* salto de longitud; **long-life** *adj* (*batteries*) de larga duración; (*milk*) uperizado; **long-sighted** (BRIT) *adj* présbita; **long-standing** *adj* de mucho tiempo; **long-term** *adj* a largo plazo

loo [luː] (BRIT: *inf*) *n* wáter *m*

look [luk] *vi* mirar; (*seem*) parecer; (*building etc*): **to ~ south/on to the sea** dar al sur/al mar ▷ *n* (*gen*): **to have a ~** mirar; (*glance*) mirada; (*appearance*) aire *m*, aspecto; **looks** *npl* (*good looks*) belleza; **~ (here)!** (*expressing annoyance etc*) ¡oye!; **~!** (*expressing surprise*) ¡mira!; **look after** *vt fus* (*care for*) cuidar a; (*deal with*) encargarse de; **look around** *vi* echar una mirada alrededor; **look at** *vt fus* mirar; (*read quickly*) echar un vistazo a; **look back** *vi* mirar hacia atrás; **look down on** *vt fus* (*fig*) despreciar, mirar con desprecio; **look for** *vt fus* buscar; **look forward to** *vt fus* esperar con ilusión; (*in letters*): **we look forward to hearing from you** quedamos a la espera de sus gratas noticias; **look into** *vt* investigar; **look out** *vi* (*beware*): **to look out (for)** tener cuidado (de); **look out for** *vt fus* (*seek*) buscar; (*await*) esperar; **look round** *vi* volver la cabeza; **look through** *vt fus* (*examine*) examinar; **look up** *vi* mirar hacia arriba; (*improve*) mejorar ▷ *vt* (*word*) buscar; **look up to** *vt fus* admirar; **lookout** *n* (*tower etc*) puesto de observación; (*person*) vigía *mf*; **to be on the lookout for sth** estar al acecho de algo

loom [luːm] *vi*: **~ (up)** (*threaten*) surgir, amenazar; (*event: approach*) aproximarse

loony ['luːnɪ] (*inf*) *n, adj* loco/a *m/f*

loop [luːp] *n* lazo ▷ *vt*: **to ~ sth round sth** pasar algo alrededor de algo; **loophole** *n* escapatoria

loose [luːs] *adj* suelto; (*clothes*) ancho; (*morals, discipline*) relajado; **to be on the ~** estar en libertad; **to be at a ~ end** *or* **at ~ ends** (US) no saber qué hacer; **loosely** *adv* libremente, aproximadamente; **loosen** *vt* aflojar

loot [luːt] *n* botín *m* ▷ *vt* saquear

lop-sided ['lɔp'saɪdɪd] *adj* torcido

lord [lɔːd] *n* señor *m*; **L~ Smith** Lord Smith; **the L~** el Señor; **my ~** (*to bishop*) Ilustrísima; (*to noble etc*) Señor; **good L~!** ¡Dios mío!; **Lords** *npl* (BRIT: *Pol*): **the (House of) Lords** la Cámara de los Lores

lorry ['lɔrɪ] (BRIT) *n* camión *m*; **lorry driver** (BRIT) *n* camionero/a

lose [luːz] (*pt, pp* **lost**) *vt* perder ▷ *vi* perder, ser vencido; **to ~ (time)** (*clock*) atrasarse; **lose out** *vi* salir perdiendo; **loser** *n* perdedor(a) *m/f*

loss [lɔs] *n* pérdida; **heavy ~es** (*Mil*) grandes pérdidas; **to be at a ~** no saber qué hacer; **to make a ~** sufrir pérdidas

lost [lɔst] *pt, pp* of **lose** ▷ *adj* perdido; **lost property** (US **lost and found**) *n* objetos *mpl* perdidos

lot [lɔt] *n* (*group: of things*) grupo; (*at auctions*) lote *m*; **the ~** el todo, todos; **a ~** (*large number: of books etc*) muchos; (*a great deal*) mucho, bastante; **a ~ of, ~s of** mucho(s) (*pl*); **to read a ~** leer bastante; **to draw ~s (for sth)** echar suertes (para decidir algo)

lotion ['ləuʃən] *n* loción *f*

lottery ['lɔtərɪ] *n* lotería

loud [laud] *adj* (*voice, sound*) fuerte; (*laugh, shout*) estrepitoso; (*condemnation etc*) enérgico; (*gaudy*) chillón ▷ *adv* (*speak etc*) fuerte; **out ~** en voz alta; **loudly** *adv* (*noisily*) fuerte; (*aloud*) en voz alta; **loudspeaker** *n* altavoz *m*

lounge [laundʒ] *n* salón *m*, sala (de

estar); (*at airport etc*) sala; (BRIT: *also:* **~-bar**) salón-bar *m* ▷ *vi* (*also:* **~ about** *or* **around**) reposar, holgazanear
louse [laus] (*pl* **lice**) *n* piojo
lousy ['lauzi] (*inf*) *adj* (*bad quality*) malísimo, asqueroso; (*ill*) fatal
love [lʌv] *n* (*romantic, sexual*) amor *m*; (*kind, caring*) cariño ▷ *vt* amar, querer; (*thing, activity*) encantarle a algn; **"~ from Anne"** (*on letter*) "un abrazo (de) Anne"; **to ~ to do** encantarle a algn hacer; **to be/fall in ~ with** estar enamorado/enamorarse de; **to make ~** hacer el amor; **for the ~ of** por amor de; **"15 ~"** (*Tennis*) "15 a cero"; **I ~ you** te quiero; **I ~ paella** me encanta la paella; **love affair** *n* aventura sentimental; **love life** *n* vida sentimental
lovely ['lʌvlɪ] *adj* (*delightful*) encantador; (*beautiful*) precioso
lover ['lʌvə*] *n* amante *mf*; (*person in love*) enamorado; (*amateur*): **a ~ of** un(a) aficionado/a *or* un(a) amante de
loving ['lʌvɪŋ] *adj* amoroso, cariñoso; (*action*) tierno
low [ləu] *adj, adv* bajo ▷ *n* (*Meteorology*) área de baja presión; **to be ~ on** (*supplies etc*) andar mal de; **to feel ~** sentirse deprimido; **to turn (down) ~** bajar; **low-alcohol** *adj* de bajo contenido en alcohol; **low-calorie** *adj* bajo en calorías
lower ['ləuə*] *adj* más bajo; (*less important*) menos importante ▷ *vt* bajar; (*reduce*) reducir ▷ *vr*: **to ~ o.s. to** (*fig*) rebajarse a
low-fat *adj* (*milk, yoghurt*) desnatado; (*diet*) bajo en calorías
loyal ['lɔɪəl] *adj* leal; **loyalty** *n* lealtad *f*; **loyalty card** *n* tarjeta cliente
L.P. *n abbr* (= *long-playing record*) elepé *m*
L-plates ['ɛl-] (BRIT) *npl* placas *fpl* de aprendiz de conductor

● **L-PLATES**
●
● En el Reino Unido las personas
● que están aprendiendo a conducir
● deben llevar en la parte delantera
● y trasera de su vehículo unas
● placas blancas con una L en rojo
● conocidas como **L-Plates** (de
● **learner**). No es necesario que
● asistan a clases teóricas sino que,
● desde el principio, se le entrega
● un carnet de conducir provisional
● ("provisional driving licence")
● para que realicen sus prácticas,
● aunque no pueden circular por
● las autopistas y deben ir siempre
● acompañadas por un conductor
● con carnet definitivo ("full driving
● licence").

Lt *abbr* (= *lieutenant*) Tte.
Ltd *abbr* (= *limited company*) S.A.
luck [lʌk] *n* suerte *f*; **bad ~** mala suerte; **good ~!** ¡que tengas suerte!, ¡suerte!; **bad** *or* **hard** *or* **tough ~!** ¡qué penal!; **luckily** *adv* afortunadamente; **lucky** *adj* afortunado; (*at cards etc*) con suerte; (*object*) que trae suerte
lucrative ['lu:krətɪv] *adj* lucrativo
ludicrous ['lu:dɪkrəs] *adj* absurdo
luggage ['lʌgɪdʒ] *n* equipaje *m*; **luggage rack** *n* (*on car*) baca, portaequipajes *m inv*
lukewarm ['lu:kwɔ:m] *adj* tibio
lull [lʌl] *n* tregua ▷ *vt*: **to ~ sb to sleep** arrullar a algn; **to ~ sb into a false sense of security** dar a algn una falsa sensación de seguridad
lullaby ['lʌləbai] *n* nana
lumber ['lʌmbə*] *n* (*junk*) trastos *mpl* viejos; (*wood*) maderos *mpl*
luminous ['lu:mɪnəs] *adj* luminoso
lump [lʌmp] *n* terrón *m*; (*fragment*) trozo; (*swelling*) bulto ▷ *vt* (*also:* **~ together**) juntar; **lump sum** *n* suma global; **lumpy** *adj* (*sauce*) lleno de grumos; (*mattress*) lleno de bultos
lunatic ['lu:nətɪk] *adj* loco
lunch [lʌntʃ] *n* almuerzo, comida ▷ *vi* almorzar; **lunch break, lunch hour** *n* hora del almuerzo; **lunch time** *n* hora de comer

lung [lʌŋ] n pulmón m
lure [luə*] n (attraction) atracción f
  ▷ vt tentar
lurk [lə:k] vi (person, animal) estar al
  acecho; (fig) acechar
lush [lʌʃ] adj exuberante
lust [lʌst] n lujuria; (greed) codicia
Luxembourg ['lʌksəmbə:g] n
  Luxemburgo
luxurious [lʌg'zjuərɪəs] adj lujoso
luxury ['lʌkʃərɪ] n lujo ▷ cpd de lujo
Lycra® ['laɪkrə] n licra®
lying ['laɪɪŋ] n mentiras fpl ▷ adj
  mentiroso
lyrics ['lɪrɪks] npl (of song) letra

m. abbr = **metre; mile; million**
M.A. abbr = **Master of Arts**
ma (inf) [mɑ:] n mamá
mac [mæk] (BRIT) n impermeable m
macaroni [mækə'rəunɪ] n
  macarrones mpl
Macedonia [mæsɪ'dəunɪə] n
  Macedonia; **Macedonian** [-'dəunɪən]
  adj macedonio ▷ n macedonio/a;
  (Ling) macedonio
machine [mə'ʃi:n] n máquina
  ▷ vt (dress etc) coser a máquina;
  (Tech) hacer a máquina; **machine
  gun** n ametralladora; **machinery**
  n maquinaria; (fig) mecanismo;
  machine washable adj lavable a
  máquina
macho ['mætʃəu] adj machista
mackerel ['mækrl] n inv caballa
mackintosh ['mækɪntɔʃ] (BRIT) n
  impermeable m
mad [mæd] adj loco; (idea)
  disparatado; (angry) furioso; (keen): **to
  be ~ about sth** volverle loco a algn algo
Madagascar [mædə'gæskə*] n

Madagascar *m*

madam ['mædəm] *n* señora

mad cow disease *n* encefalopatía espongiforme bovina

made [meɪd] *pt, pp of* **make**; **made-to-measure** (*BRIT*) *adj* hecho a la medida; **made-up** ['meɪdʌp] *adj* (*story*) ficticio

madly ['mædlɪ] *adv* locamente

madman ['mædmən] (*irreg*) *n* loco

madness ['mædnɪs] *n* locura

Madrid [mə'drɪd] *n* Madrid

Mafia ['mæfɪə] *n* Mafia

mag [mæg] *n abbr* (*BRIT inf*) = **magazine**

magazine [mægə'zi:n] *n* revista; (*Radio, TV*) programa *m* magazina

maggot ['mægət] *n* gusano

magic ['mædʒɪk] *n* magia ▷ *adj* mágico; **magical** *adj* mágico; **magician** [mə'dʒɪʃən] *n* mago/a; (*conjurer*) prestidigitador(a) *m/f*

magistrate ['mædʒɪstreɪt] *n* juez *mf* (*municipal*)

magnet ['mægnɪt] *n* imán *m*; **magnetic** [-'nɛtɪk] *adj* magnético; (*personality*) atrayente

magnificent [mæg'nɪfɪsənt] *adj* magnífico

magnify ['mægnɪfaɪ] *vt* (*object*) ampliar; (*sound*) aumentar; **magnifying glass** *n* lupa

magpie ['mægpaɪ] *n* urraca

mahogany [mə'hɔgənɪ] *n* caoba

maid [meɪd] *n* criada; **old ~** (*pej*) solterona

maiden name *n* nombre *m* de soltera

mail [meɪl] *n* correo; (*letters*) cartas *fpl* ▷ *vt* echar al correo; **mailbox** (*US*) *n* buzón *m*; **mailing list** *n* lista de direcciones; **mailman** (*US: irreg*) *n* cartero; **mail-order** *n* pedido postal

main [meɪn] *adj* principal, mayor ▷ *n* (*pipe*) cañería maestra; (*US*) red *f* eléctrica ▷ **the ~s** *npl* (*BRIT Elec*) la red eléctrica; **in the ~** en general; **main course** *n* (*Culin*) plato principal; **mainland** *n* tierra firme; **mainly**

adv principalmente; **main road** *n* carretera; **mainstream** *n* corriente *f* principal; **main street** *n* calle *f* mayor

maintain [meɪn'teɪn] *vt* mantener; **maintenance** ['meɪntənəns] *n* mantenimiento; (*Law*) manutención *f*

maisonette [meɪzə'nɛt] *n* dúplex *m*

maize [meɪz] (*BRIT*) *n* maíz *m*, choclo (*SC*)

majesty ['mædʒɪstɪ] *n* majestad *f*; (*title*): **Your M~** Su Majestad

major ['meɪdʒə*] *n* (*Mil*) comandante *mf* ▷ *adj* principal; (*Mus*) mayor

Majorca [mə'jɔ:kə] *n* Mallorca

majority [mə'dʒɔrɪtɪ] *n* mayoría

make [meɪk] (*pt, pp* **made**) *vt* hacer; (*manufacture*) fabricar; (*mistake*) cometer; (*speech*) pronunciar; (*cause to be*): **to ~ sb sad** poner triste a algn; (*force*): **to ~ sb do sth** obligar a algn a hacer algo; (*earn*) ganar; (*equal*): **2 and 2 ~ 4** 2 y 2 son 4 ▷ *n* marca; **to ~ the bed** hacer la cama; **to ~ a fool of sb** poner a algn en ridículo; **to ~ a profit/loss** obtener ganancias/sufrir pérdidas; **to ~ it** (*arrive*) llegar; (*achieve sth*) tener éxito; **what time do you ~ it?** ¿qué hora tienes?; **to ~ do with** contentarse con; **make off** *vi* largarse; **make out** *vt* (*decipher*) descifrar; (*understand*) entender; (*see*) distinguir; (*cheque*) extender; **make up** *vt* (*invent*) inventar; (*prepare*) hacer; (*constitute*) constituir ▷ *vi* reconciliarse; (*with cosmetics*) maquillarse; **make up for** *vt fus* compensar; **makeover** ['meɪkəuvə*] *n* (*by beautician*) sesión *f* de maquillaje y peluquería; (*change of image*) lavado de cara; **maker** *n* fabricante *mf*; (*of film, programme*) autor(a) *m/f*; **makeshift** *adj* improvisado; **make-up** *n* maquillaje *m*

making ['meɪkɪŋ] *n* (*fig*): **in the ~** en vías de formación; **to have the ~s of** (*person*) tener madera de

malaria [mə'lɛərɪə] *n* malaria

Malaysia [mə'leɪzɪə] *n* Malasia,

Malaysia

male [meɪl] n (Biol) macho ▷ adj (sex, attitude) masculino; (child etc) varón

malicious [mə'lɪʃəs] adj malicioso; rencoroso

malignant [mə'lɪgnənt] adj (Med) maligno

mall [mɔːl] (Us) n (also: **shopping ~**) centro comercial

mallet ['mælɪt] n mazo

malnutrition [mælnjuː'trɪʃən] n desnutrición f

malpractice [mæl'præktɪs] n negligencia profesional

malt [mɔːlt] n malta; (whisky) whisky m de malta

Malta ['mɔːltə] n Malta; **Maltese** [-'tiːz] adj, n inv maltés/esa m/f

mammal ['mæml] n mamífero

mammoth ['mæməθ] n mamut m ▷ adj gigantesco

man [mæn] (pl **men**) n hombre m; (mankind) el hombre ▷ vt (Naut) tripular; (Mil) guarnecer; (operate: machine) manejar; **an old ~** un viejo; **~ and wife** marido y mujer

manage ['mænɪdʒ] vi arreglárselas, ir tirando ▷ vt (be in charge of) dirigir; (control: person) manejar; (: ship) gobernar; **manageable** adj manejable; **management** n dirección f; **manager** n director(a) m/f; (of pop star) mánager mf; (Sport) entrenador(a) m/f; **manageress** n directora; entrenadora; **managerial** [-ə'dʒɪərɪəl] adj directivo; **managing director** n director(a) m/f general

mandarin ['mændərɪn] n (also: **~ orange**) mandarina; (person) mandarín m

mandate ['mændeɪt] n mandato

mandatory ['mændətərɪ] adj obligatorio

mane [meɪn] n (of horse) crin f; (of lion) melena

maneuver [mə'nuːvə*] (Us) = **manoeuvre**

mangetout [mɔnʒ'tuː] n tirabeque

m

mango ['mæŋgəu] (pl **~es**) n mango

man: manhole n agujero de acceso; **manhood** n edad f viril; (state) virilidad f

mania ['meɪnɪə] n manía; **maniac** ['meɪnɪæk] n maníaco/a; (fig) maniático

manic ['mænɪk] adj frenético

manicure ['mænɪkjuə*] n manicura

manifest ['mænɪfest] vt manifestar, mostrar ▷ adj manifiesto

manifesto [mænɪ'festəu] n manifiesto

manipulate [mə'nɪpjuleɪt] vt manipular

man: mankind [mæn'kaɪnd] n humanidad f, género humano; **manly** adj varonil; **man-made** adj artificial

manner ['mænə*] n manera, modo; (behaviour) conducta, manera de ser; (type): **all ~ of things** toda clase de cosas; **manners** npl (behaviour) modales mpl; **bad ~s** mala educación

manoeuvre [mə'nuːvə*] (Us **maneuver**) vt, vi maniobrar ▷ n maniobra

manpower ['mænpauə*] n mano f de obra

mansion ['mænʃən] n palacio, casa grande

manslaughter ['mænslɔːtə*] n homicidio no premeditado

mantelpiece ['mæntlpiːs] n repisa, chimenea

manual ['mænjuəl] adj manual ▷ n manual m

manufacture [mænju'fæktʃə*] vt fabricar ▷ n fabricación f; **manufacturer** n fabricante mf

manure [mə'njuə*] n estiércol m

manuscript ['mænjuskrɪpt] n manuscrito

many ['menɪ] adj, pron muchos/as; **a great ~** muchísimos, un buen número de; **~ a time** muchas veces

map [mæp] n mapa m ▷ **to ~ out** vt proyectar

maple ['meɪpl] n arce m, maple m (LAM)

Mar abbr (= March) mar

mar [mɑ:*] vt estropear

marathon ['mærəθən] n maratón m

marble ['mɑ:bl] n mármol m; (toy) canica

March [mɑ:tʃ] n marzo

march [mɑ:tʃ] vi (Mil) marchar; (demonstrators) manifestarse ▷ n marcha; (demonstration) manifestación f

mare [mɛə*] n yegua

margarine [mɑ:dʒə'ri:n] n margarina

margin ['mɑ:dʒɪn] n margen m; (Comm: profit margin) margen m de beneficios; **marginal** adj marginal; **marginally** adv ligeramente

marigold ['mærɪɡəuld] n caléndula

marijuana [mærɪ'wɑ:nə] n marijuana

marina [mə'ri:nə] n puerto deportivo

marinade [mærɪ'neɪd] n adobo

marinate ['mærɪneɪt] vt marinar

marine [mə'ri:n] adj marino ▷ n soldado de marina

marital ['mærɪtl] adj matrimonial; **marital status** n estado m civil

maritime ['mærɪtaɪm] adj marítimo

marjoram ['mɑ:dʒərəm] n mejorana

mark [mɑ:k] n marca, señal f; (in snow, mud etc) huella; (stain) mancha; (BRIT Scol) nota ▷ vt marcar; manchar; (damage: furniture) rayar; (indicate: place etc) señalar; (BRIT Scol) calificar, corregir; **to ~ time** marcar el paso; (fig) marcar(se) un ritmo; **marked** adj (obvious) marcado, acusado; **marker** n (sign) marcador m; (bookmark) señal f (de libro)

market ['mɑ:kɪt] n mercado ▷ vt (Comm) comercializar; **marketing** n márketing m; **marketplace** n mercado; **market research** n análisis m inv de mercados

marmalade ['mɑ:məleɪd] n mermelada de naranja

maroon [mə'ru:n] vt: **to be ~ed** quedar aislado; (fig) quedar abandonado ▷ n (colour) granate m

marquee [mɑ:'ki:] n entoldado

marriage ['mærɪdʒ] n (relationship, institution) matrimonio; (wedding) boda; (act) casamiento; **marriage certificate** n partida de casamiento

married ['mærɪd] adj casado; (life, love) conyugal

marrow ['mærəu] n médula; (vegetable) calabacín m

marry ['mærɪ] vt casarse con; (father, priest etc) casar ▷ vi (also: **get married**) casarse

Mars [mɑ:z] n Marte m

marsh [mɑ:ʃ] n pantano; (salt marsh) marisma

marshal ['mɑ:ʃl] n (Mil) mariscal m; (at sports meeting etc) oficial m; (US: of police, fire department) jefe/a m/f ▷ vt (thoughts etc) ordenar; (soldiers) formar

martyr ['mɑ:tə*] n mártir mf

marvel ['mɑ:vl] n maravilla, prodigio ▷ vi: **to ~ (at)** maravillarse (de); **marvellous** (US **marvelous**) adj maravilloso

Marxism ['mɑ:ksɪzəm] n marxismo

Marxist ['mɑ:ksɪst] adj, n marxista mf

marzipan ['mɑ:zɪpæn] n mazapán m

mascara [mæs'kɑ:rə] n rímel m

mascot ['mæskət] n mascota

masculine ['mæskjulɪn] adj masculino

mash [mæʃ] vt machacar; **mashed potato(es)** n(pl) puré m de patatas (SP) or papas (LAM)

mask [mɑ:sk] n máscara ▷ vt (cover): **to ~ one's face** ocultarse la cara; (hide: feelings) esconder

mason ['meɪsn] n (also: **stone~**) albañil m; (also: **free~**) masón m; **masonry** n (in building) mampostería

mass [mæs] n (people) muchedumbre f; (of air, liquid etc) masa; (of detail, hair etc) gran cantidad f; (Rel) misa ▷ cpd

masivo ▷ *vi* reunirse; concentrarse;
the masses *npl* las masas; **~es of** (*inf*)
montones de
massacre ['mæsəkə*] *n* masacre *f*
massage ['mæsɑ:ʒ] *n* masaje *m* ▷ *vt*
dar masaje en
massive ['mæsɪv] *adj* enorme;
(*support, changes*) masivo
mass media *npl* medios *mpl* de
comunicación
mass-produce ['mæsprə'dju:s] *vt*
fabricar en serie
mast [mɑ:st] *n* (*Naut*) mástil *m*; (*Radio
etc*) torre *f*
master ['mɑ:stə*] *n* (*of servant*)
amo; (*of situation*) dueño, maestro;
(*in primary school*) maestro; (*in
secondary school*) profesor *m*; (*title for
boys*): **M~ X** Señorito X ▷ *vt* dominar;
mastermind *n* inteligencia superior
▷ *vt* dirigir, planear; **Master of
Arts/Science** *n* licenciatura superior
en Letras/Ciencias; **masterpiece** *n*
obra maestra
masturbate ['mæstəbeɪt] *vi*
masturbarse
mat [mæt] *n* estera; (*also*: **door~**)
felpudo; (*also*: **table ~**) salvamanteles *m*
inv, posavasos *m inv* ▷ *adj* = **matt**
match [mætʃ] *n* cerilla, fósforo;
(*game*) partido; (*equal*) igual *m/f* ▷ *vt*
(*go well with*) hacer juego con; (*equal*)
igualar; (*correspond to*) corresponderse
con; (*pair: also*: **~ up**) casar con ▷ *vi*
hacer juego; **to be a good ~** hacer
juego; **matchbox** *n* caja de cerillas;
matching *adj* que hace juego
mate [meɪt] *n* (*workmate*) colega *mf*;
(*inf: friend*) amigo/a; (*animal*) macho/
hembra; (*in merchant navy*) segundo
de a bordo ▷ *vi* acoplarse, aparearse
▷ *vt* aparear
material [mə'tɪərɪəl] *n* (*substance*)
materia; (*information*) material *m*;
(*cloth*) tela, tejido ▷ *adj* material;
(*important*) esencial; **materials** *npl*
materiales *mpl*
materialize [mə'tɪərɪəlaɪz] *vi*

materializarse
maternal [mə'tə:nl] *adj* maternal
maternity [mə'tə:nɪtɪ] *n*
maternidad *f*; **maternity hospital** *n*
hospital *m* de maternidad; **maternity
leave** *n* baja por maternidad
math [mæθ] (*US*) *n* = **mathematics**
mathematical [mæθə'mætɪkl] *adj*
matemático
mathematician [mæθəmə'tɪʃən] *n*
matemático/a
mathematics [mæθə'mætɪks] *n*
matemáticas *fpl*
maths [mæθs] (*BRIT*) *n* =
mathematics
matinée ['mætɪneɪ] *n* sesión *f* de
tarde
matron ['meɪtrən] *n* enfermera *f* jefe;
(*in school*) ama de llaves
matt [mæt] *adj* mate
matter ['mætə*] *n* cuestión *f*, asunto;
(*Physics*) sustancia, materia; (*reading
matter*) material *m*; (*Med: pus*) pus *m*
▷ *vi* importar; **matters** *npl* (*affairs*)
asuntos *mpl*, temas *mpl*; **it doesn't ~**
no importa; **what's the ~?** ¿qué pasa?;
no ~ what pase lo que pase; **as a ~
of course** por rutina; **as a ~ of fact**
de hecho
mattress ['mætrɪs] *n* colchón *m*
mature [mə'tjuə*] *adj* maduro
▷ *vi* madurar; **mature student** *n*
estudiante de más de 21 años; **maturity**
n madurez *f*
maul [mɔ:l] *vt* magullar
mauve [məuv] *adj* de color malva (*SP*)
or guinda (*LAM*)
max *abbr* = **maximum**
maximize ['mæksɪmaɪz] *vt* (*profits
etc*) llevar al máximo; (*chances*)
maximizar
maximum ['mæksɪməm] (*pl
maxima*) *adj* máximo ▷ *n* máximo
May [meɪ] *n* mayo
may [meɪ] (*conditional* **might**) *vi*
(*indicating possibility*): **he ~ come** puede
que venga; (*be allowed to*): **~ I smoke?**
¿puedo fumar?; (*wishes*): **~ God bless**

you! ¡que Dios le bendiga!; **you ~ as well go** bien puedes irte
maybe ['meɪbiː] *adv* quizá(s)
May Day *n* el primero de Mayo
mayhem ['meɪhɛm] *n* caos *m* total
mayonnaise [meɪə'neɪz] *n* mayonesa
mayor [mɛə*] *n* alcalde *m*; **mayoress** *n* alcaldesa
maze [meɪz] *n* laberinto
MD *n abbr* = **managing director**
me [miː] *pron* (*direct*) me; (*stressed, after pron*) mí; **can you hear ~?** ¿me oyes?; **he heard ME** ¡me oyó a mí!; **it's ~ soy yo**; **give them to ~** dámelos/las; **with/without ~** conmigo/sin mí
meadow ['mɛdəu] *n* prado, pradera
meagre ['miːgə*] (*US* **meager**) *adj* escaso, pobre
meal [miːl] *n* comida; (*flour*) harina; **mealtime** *n* hora de comer
mean [miːn] (*pt, pp* **~t**) *adj* (*with money*) tacaño; (*unkind*) mezquino, malo; (*shabby*) humilde; (*average*) medio ▷ *vt* (*signify*) querer decir, significar; (*refer to*) referirse a; (*intend*): **to ~ to do sth** pensar *or* pretender hacer algo ▷ *n* medio, término medio; **means** *npl* (*way*) medio, manera; (*money*) recursos *mpl*, medios *mpl*; **by ~s of** mediante, por medio de; **by all ~s!** ¡naturalmente!, ¡claro que sí!; **do you ~ it?** ¿lo dices en serio?; **what do you ~?** ¿qué quieres decir?; **to be ~t for sb/sth** ser para algn/algo
meaning ['miːnɪŋ] *n* significado, sentido; (*purpose*) sentido, propósito; **meaningful** *adj* significativo; **meaningless** *adj* sin sentido
meant [mɛnt] *pt, pp of* **mean**
meantime ['miːntaɪm] *adv* (*also*: **in the ~**) mientras tanto
meanwhile ['miːnwaɪl] *adv* = **meantime**
measles ['miːzlz] *n* sarampión *m*
measure ['mɛʒə*] *vt, vi* medir ▷ *n* medida; (*ruler*) regla; **measurement** ['mɛʒəmənt] *n* (*measure*) medida;

(*act*) medición *f*; **to take sb's measurements** tomar las medidas a algn
meat [miːt] *n* carne *f*; **cold ~** fiambre *m*; **meatball** *n* albóndiga
Mecca ['mɛkə] *n* La Meca
mechanic [mɪ'kænɪk] *n* mecánico/a; **mechanical** *adj* mecánico
mechanism ['mɛkənɪzəm] *n* mecanismo
medal ['mɛdl] *n* medalla; **medallist** (*US* **medalist**) *n* (*Sport*) medallista *mf*
meddle ['mɛdl] *vi*: **to ~ in** entrometerse en; **to ~ with sth** manosear algo
media ['miːdɪə] *npl* medios *mpl* de comunicación ▷ *npl of* **medium**
mediaeval [mɛdɪ'iːvl] *adj* = **medieval**
mediate ['miːdɪeɪt] *vi* mediar
medical ['mɛdɪkl] *adj* médico ▷ *n* reconocimiento médico; **medical certificate** *n* certificado *m* médico
medicated ['mɛdɪkeɪtɪd] *adj* medicinal
medication [mɛdɪ'keɪʃən] *n* medicación *f*
medicine ['mɛdsɪn] *n* medicina; (*drug*) medicamento
medieval [mɛdɪ'iːvl] *adj* medieval
mediocre [miːdɪ'əukə*] *adj* mediocre
meditate ['mɛdɪteɪt] *vi* meditar
meditation [mɛdɪ'teɪʃən] *n* meditación *f*
Mediterranean [mɛdɪtə'reɪnɪən] *adj* mediterráneo; **the ~ (Sea)** el (Mar) Mediterráneo
medium ['miːdɪəm] (*pl* **media**) *adj* mediano, regular ▷ *n* (*means*) medio; (*pl* **mediums**: *person*) médium *mf*; **medium-sized** *adj* de tamaño mediano; (*clothes*) de (la) talla mediana; **medium wave** *n* onda media
meek [miːk] *adj* manso, sumiso
meet [miːt] (*pt, pp* **met**) *vt* encontrar; (*accidentally*) encontrarse con, tropezar con; (*by arrangement*) reunirse

con; (for the first time) conocer; (go and fetch) ir a buscar; (opponent) enfrentarse con; (obligations) cumplir; (encounter: problem) hacer frente a; (need) satisfacer ▷ vi encontrarse; (in session) reunirse; (join: objects) unirse; (for the first time) conocerse; **meet up** vi: **to meet up with sb** reunirse con algn; **meet with** vt fus (difficulty) tropezar con; **to meet with success** tener éxito; **meeting** n encuentro; (arranged) cita, compromiso; (business meeting) reunión f; (Pol) mítin m; **meeting place** n lugar m de reunión or encuentro

megabyte ['mɛgəbaɪt] n (Comput) megabyte m, megaocteto

megaphone ['mɛgəfəun] n megáfono

megapixel ['mɛgəpɪksl] n megapíxel m

melancholy ['mɛlənkəlɪ] n melancolía ▷ adj melancólico

melody ['mɛlədɪ] n melodía

melon ['mɛlən] n melón m

melt [mɛlt] vi (metal) fundirse; (snow) derretirse ▷ vt fundir

member ['mɛmbə*] n (gen, Anat) miembro; (of club) socio/a; **Member of Congress** (US) n miembro mf del Congreso; **Member of Parliament** n (BRIT) diputado/a m/f, parlamentario/a m/f; **Member of the European Parliament** n diputado/a m/f del Parlamento Europeo, eurodiputado/a m/f; **Member of the Scottish Parliament** (BRIT) diputado/a del Parlamento escocés; **membership** n (members) número de miembros; (state) filiación f; **membership card** n carnet m de socio

memento [mə'mɛntəu] n recuerdo

memo ['mɛməu] n apunte m, nota

memorable ['mɛmərəbl] adj memorable

memorandum [mɛmə'rændəm] (pl **memoranda**) n apunte m, nota; (official note) acta

memorial [mɪ'mɔːrɪəl] n monumento conmemorativo ▷ adj conmemorativo

memorize ['mɛməraɪz] vt aprender de memoria

memory ['mɛmərɪ] n (also: Comput) memoria; (instance) recuerdo; (of dead person): **in ~ of** a la memoria de; **memory card** n (for digital camera) tarjeta de memoria

men [mɛn] npl of **man**

menace ['mɛnəs] n amenaza ▷ vt amenazar

mend [mɛnd] vt reparar, arreglar; (darn) zurcir ▷ vi reponerse ▷ n: **to be on the ~** ir mejorando; **to ~ one's ways** enmendarse

meningitis [mɛnɪn'dʒaɪtɪs] n meningitis f

menopause ['mɛnəupɔːz] n menopausia

men's room (US) n: **the ~** el servicio de caballeros

menstruation [mɛnstru'eɪʃən] n menstruación f

menswear ['mɛnzwɛə*] n confección f de caballero

mental ['mɛntl] adj mental; **mental hospital** n (hospital m) psiquiátrico; **mentality** [mɛn'tælɪtɪ] n mentalidad f; **mentally** adv: **to be mentally ill** tener una enfermedad mental

menthol ['mɛnθɔl] n mentol m

mention ['mɛnʃən] n mención f ▷ vt mencionar; (speak) hablar de; **don't ~ it!** ¡de nada!

menu ['mɛnjuː] n (set menu) menú m; (printed) carta; (Comput) menú m

MEP n abbr = **Member of the European Parliament**

mercenary ['məːsɪnərɪ] adj, n mercenario/a

merchandise ['məːtʃəndaɪz] n mercancías fpl

merchant ['məːtʃənt] n comerciante mf; **merchant navy** (US), **merchant marine** n marina mercante

merciless ['mə:sɪlɪs] adj despiadado

mercury ['mə:kjʊrɪ] n mercurio

mercy ['mə:sɪ] n compasión f; (Rel) misericordia; **at the ~ of** a la merced de

mere [mɪə*] adj simple, mero; **merely** adv simplemente, sólo

merge [mə:dʒ] vt (join) unir ▷ vi unirse; (Comm) fusionarse; (colours etc) fundirse; **merger** n (Comm) fusión f

meringue [mə'ræŋ] n merengue m

merit ['merɪt] n mérito ▷ vt merecer

mermaid ['mə:meɪd] n sirena

merry ['merɪ] adj alegre; **M~ Christmas!** ¡Felices Pascuas!; **merry-go-round** n tiovivo

mesh [meʃ] n malla

mess [mes] n (muddle: of situation) confusión f; (: of room) revoltijo; (dirt) porquería; (Mil) comedor m; **mess about** or **around** (inf) vi perder el tiempo; (pass the time) entretenerse; **mess up** vt (spoil) estropear; (dirty) ensuciar; **mess with** (inf) vt fus (challenge, confront) meterse con (inf); (interfere with) interferir con

message ['mesɪdʒ] n recado, mensaje m

messenger ['mesɪndʒə*] n mensajero/a

Messrs abbr (on letters) (= Messieurs) Sres

messy ['mesɪ] adj (dirty) sucio; (untidy) desordenado

met [met] pt, pp of **meet**

metabolism [me'tæbəlɪzəm] n metabolismo

metal ['metl] n metal m; **metallic** [-'tælɪk] adj metálico

metaphor ['metəfə*] n metáfora

meteor ['miːtɪə*] n meteoro; **meteorite** [-aɪt] n meteorito

meteorology [miːtɪə'rɔlədʒɪ] n meteorología

meter ['miːtə*] n (instrument) contador m; (us: unit) = **metre** ▷ vt (us Post) franquear

method ['meθəd] n método; **methodical** [mɪ'θɔdɪkl] adj metódico

meths [meθs] n (BRIT) alcohol m metilado or desnaturalizado

meticulous [me'tɪkjʊləs] adj meticuloso

metre ['miːtə*] (us **meter**) n metro

metric ['metrɪk] adj métrico

metro ['metrəʊ] n metro

metropolitan [metrə'pɔlɪtən] adj metropolitano; **the M~ Police** (BRIT) la policía londinense

Mexican ['meksɪkən] adj, n mexicano/a, mejicano/a

Mexico ['meksɪkəʊ] n México, Méjico (SP)

mg abbr (= milligram) mg

mice [maɪs] npl of **mouse**

micro... [maɪkrəʊ] prefix micro...; **microchip** n microplaqueta; **microphone** n micrófono; **microscope** n microscopio; **microwave** n (also: **microwave oven**) horno microondas

mid [mɪd] adj: **in ~ May** a mediados de mayo; **in ~ afternoon** a media tarde; **in ~ air** en el aire; **midday** n mediodía m

middle ['mɪdl] n centro; (half-way point) medio; (waist) cintura ▷ adj de en medio; (course, way) intermedio; **in the ~ of the night** en plena noche; **middle-aged** adj de mediana edad; **Middle Ages** npl: **the Middle Ages** la Edad Media; **middle-class** adj de clase media; **the middle class(es)** la clase media; **Middle East** n Oriente m Medio; **middle name** n segundo nombre; **middle school** n (us) colegio para niños de doce a catorce años; (BRIT) colegio para niños de ocho o nueve a doce o trece años

midge [mɪdʒ] n mosquito

midget ['mɪdʒɪt] n enano/a

midnight ['mɪdnaɪt] n medianoche f

midst [mɪdst] n: **in the ~ of** (crowd) en medio de; (situation, action) en mitad de

midsummer [mɪd'sʌmə*] n: **in ~** en pleno verano

midway [mɪd'weɪ] adj, adv: **~ (between)** a medio camino (entre); **~**

through a la mitad (de)

midweek [mɪd'wiːk] *adv* entre semana

midwife ['mɪdwaɪf] (*irreg*) *n* comadrona, partera

midwinter [mɪd'wɪntə*] *n*: **in ~** en pleno invierno

might [maɪt] *vb see* **may** ▷ *n* fuerza, poder *m*; **mighty** *adj* fuerte, poderoso

migraine ['miːɡreɪn] *n* jaqueca

migrant ['maɪɡrənt] *n, adj* (*bird*) migratorio; (*worker*) emigrante

migrate [maɪ'ɡreɪt] *vi* emigrar

migration [maɪ'ɡreɪʃən] *n* emigración *f*

mike [maɪk] *n abbr* (= *microphone*) micro

mild [maɪld] *adj* (*person*) apacible; (*climate*) templado; (*slight*) ligero; (*taste*) suave; (*illness*) leve; **mildly** ['-lɪ] *adv* ligeramente; suavemente; **to put it mildly** para no decir más

mile [maɪl] *n* milla; **mileage** *n* número de millas ≈ kilometraje *m*; **mileometer** [maɪ'lɔmɪtə] *n* ≈ cuentakilómetros *m inv*; **milestone** *n* mojón *m*

military ['mɪlɪtərɪ] *adj* militar

militia [mɪ'lɪʃə] *n* milicia

milk [mɪlk] *n* leche *f* ▷ *vt* (*cow*) ordeñar; (*fig*) chupar; **milk chocolate** *n* chocolate *m* con leche; **milkman** (*irreg*) *n* lechero; **milky** *adj* lechoso

mill [mɪl] *n* (*windmill etc*) molino; (*coffee mill*) molinillo; (*factory*) fábrica ▷ *vt* moler ▷ *vi* (*also*: **~ about**) arremolinarse

millennium [mɪ'lɛnɪəm] (*pl* **~s** or **millennia**) *n* milenio, milenario

milli... ['mɪlɪ] *prefix*: **milligram(me)** *n* miligramo; **millilitre** (*US* **milliliter**) ['mɪlɪliːtə*] *n* mililitro; **millimetre** (*US* **millimeter**) *n* milímetro

million ['mɪljən] *n* millón *m*; **a ~ times** un millón de veces; **millionaire** [-jə'nɛə*] *n* millonario/a; **millionth** [-θ] *adj* millonésimo

milometer [maɪ'lɔmɪtə*] (*BRIT*) *n* =

mileometer

mime [maɪm] *n* mímica; (*actor*) mimo/a ▷ *vt* remedar ▷ *vi* actuar de mimo

mimic ['mɪmɪk] *n* imitador(a) *m/f* ▷ *adj* mímico ▷ *vt* remedar, imitar

min. *abbr* = **minimum**; **minute(s)**

mince [mɪns] *vt* picar ▷ *n* (*BRIT Culin*) carne *f* picada; **mincemeat** *n* conserva de fruta picada; (*US*: *meat*) carne *f* picada; **mince pie** *n* empanadilla rellena de fruta picada

mind [maɪnd] *n* mente *f*; (*intellect*) intelecto; (*contrasted with matter*) espíritu *m* ▷ *vt* (*attend to, look after*) ocuparse de, cuidar; (*be careful*) tener cuidado con; (*object to*): **I don't ~ the noise** no me molesta el ruido; **it is on my ~** me preocupa; **to bear sth in ~** tomar *or* tener algo en cuenta; **to make up one's ~** decidirse; **I don't ~** me es igual; **~ you ...** te advierto que ...; **never ~!** ¡es igual!, ¡no importa!; (*don't worry*) ¡no te preocupes!; **"~ the step"** "cuidado con el escalón"; **mindless** *adj* (*crime*) sin motivo; (*work*) de autómata

mine[1] [maɪn] *pron* el mío/la mía etc; **a friend of ~** un(a) amigo/a mío/mía ▷ *adj*: **this book is ~** este libro es mío

mine[2] [maɪn] *n* mina ▷ *vt* (*coal*) extraer; (*bomb: beach etc*) minar; **minefield** *n* campo de minas; **miner** *n* minero/a

mineral ['mɪnərəl] *adj* mineral ▷ *n* mineral *m*; **mineral water** *n* agua mineral

mingle ['mɪŋɡl] *vi*: **to ~ with** mezclarse con

miniature ['mɪnətʃə*] *adj* (en) miniatura ▷ *n* miniatura

minibar ['mɪnɪbɑː*] *n* minibar *m*

minibus ['mɪnɪbʌs] *n* microbús *m*

minicab ['mɪnɪkæb] *n* taxi *m* (*que sólo puede pedirse por teléfono*)

minimal ['mɪnɪml] *adj* mínimo

minimize ['mɪnɪmaɪz] *vt* minimizar; (*play down*) empequeñecer

minimum ['mɪnɪməm] (*pl* **minima**)

n, adj mínimo

mining ['maɪnɪŋ] *n* explotación *f* minera

miniskirt ['mɪnɪskə:t] *n* minifalda

minister ['mɪnɪstə*] *n* (*BRIT Pol*) ministro/a (*SP*), secretario/a (*LAM*); (*Rel*) pastor *m* ▷ *vi*: **to ~ to** atender a

ministry ['mɪnɪstrɪ] *n* (*BRIT Pol*) ministerio, secretaría (*MEX*); (*Rel*) sacerdocio

minor ['maɪnə*] *adj* (*repairs, injuries*) leve; (*poet, planet*) menor; (*Mus*) menor ▷ *n* (*Law*) menor *m* de edad

Minorca [mɪ'nɔ:kə] *n* Menorca

minority [maɪ'nɔrɪtɪ] *n* minoría

mint [mɪnt] *n* (*plant*) menta, hierbabuena; (*sweet*) caramelo de menta ▷ *vt* (*coins*) acuñar; **the (Royal) M~, the (US) M~** la Casa de la Moneda; **in ~ condition** en perfecto estado

minus ['maɪnəs] *n* (*also*: **~ sign**) signo de menos ▷ *prep* menos; **12 ~ 6 equals 6** 12 menos 6 son 6; **~ 24°C** menos 24 grados

minute¹ ['mɪnɪt] *n* minuto; (*fig*) momento; **minutes** *npl* (*of meeting*) actas *fpl*; **at the last ~** a última hora

minute² [maɪ'nju:t] *adj* diminuto; (*search*) minucioso

miracle ['mɪrəkl] *n* milagro

miraculous [mɪ'rækjuləs] *adj* milagroso

mirage ['mɪrɑ:ʒ] *n* espejismo

mirror ['mɪrə*] *n* espejo; (*in car*) retrovisor *m*

misbehave [mɪsbɪ'heɪv] *vi* portarse mal

misc. *abbr* = **miscellaneous**

miscarriage ['mɪskærɪdʒ] *n* (*Med*) aborto; **~ of justice** error *m* judicial

miscellaneous [mɪsɪ'leɪnɪəs] *adj* varios/as, diversos/as

mischief ['mɪstʃɪf] *n* travesuras *fpl*, diabluras *fpl*; (*maliciousness*) malicia; **mischievous** [-ʃɪvəs] *adj* travieso

misconception [mɪskən'sɛpʃən] *n* idea equivocada; equivocación *f*

misconduct [mɪs'kɔndʌkt] *n* mala conducta; **professional ~** falta profesional

miser ['maɪzə*] *n* avaro/a

miserable ['mɪzərəbl] *adj* (*unhappy*) triste, desgraciado; (*unpleasant, contemptible*) miserable

misery ['mɪzərɪ] *n* tristeza; (*wretchedness*) miseria, desdicha

misfortune [mɪs'fɔ:tʃən] *n* desgracia

misgiving [mɪs'gɪvɪŋ] *n* (*apprehension*) presentimiento; **to have ~s about sth** tener dudas acerca de algo

misguided [mɪs'gaɪdɪd] *adj* equivocado

mishap ['mɪshæp] *n* desgracia, contratiempo

misinterpret [mɪsɪn'tə:prɪt] *vt* interpretar mal

misjudge [mɪs'dʒʌdʒ] *vt* juzgar mal

mislay [mɪs'leɪ] *vt* extraviar, perder

mislead [mɪs'li:d] *vt* llevar a conclusiones erróneas; **misleading** *adj* engañoso

misplace [mɪs'pleɪs] *vt* extraviar

misprint ['mɪsprɪnt] *n* errata, error *m* de imprenta

misrepresent [mɪsrɛprɪ'zɛnt] *vt* falsificar

Miss [mɪs] *n* Señorita

miss [mɪs] *vt* (*train etc*) perder; (*fail to hit: target*) errar; (*regret the absence of*): **I ~ him** (yo) le echo de menos or a faltar; (*fail to see*): **you can't ~ it** no tiene pérdida ▷ *vi* fallar ▷ *n* (*shot*) tiro fallido or perdido; **miss out** (*BRIT*) *vt* omitir; **miss out on** *vt fus* (*fun, party, opportunity*) perderse

missile ['mɪsaɪl] *n* (*Aviat*) mísil *m*; (*object thrown*) proyectil *m*

missing ['mɪsɪŋ] *adj* (*pupil*) ausente; (*thing*) perdido; (*Mil*): **~ in action** desaparecido en combate

mission ['mɪʃən] *n* misión *f*; (*official representation*) delegación *f*; **missionary** *n* misionero/a

misspell [mɪs'spɛl] (pt, pp **misspelt**
(BRIT) or **~ed**) vt escribir mal
mist [mɪst] n (light) neblina; (heavy)
niebla; (at sea) bruma ▷ vi (eyes: also:
~ over, ~ up) llenarse de lágrimas;
(BRIT: windows: also: **~ over, ~ up**)
empañarse
mistake [mɪs'teɪk] (vt: irreg) n
error m ▷ vt entender mal; **by ~**
por equivocación; **to make a ~**
equivocarse; **to ~ A for B** confundir
A con B; **mistaken** pp of **mistake**
▷ adj equivocado; **to be mistaken**
equivocarse, engañarse
mister ['mɪstə*] (inf) n señor m;
see **Mr**
mistletoe ['mɪsltəu] n muérdago
mistook [mɪs'tuk] pt of **mistake**
mistress ['mɪstrɪs] n (lover) amante
f; (of house) señora (de la casa); (BRIT: in
primary school) maestra; (in secondary
school) profesora; (of situation) dueña
mistrust [mɪs'trʌst] vt desconfiar de
misty ['mɪstɪ] adj (day) de niebla;
(glasses etc) empañado
misunderstand [mɪsʌndə'stænd]
(irreg) vt, vi entender mal;
misunderstanding n malentendido
misunderstood [mɪsʌndə'stud] pt,
pp of **misunderstand** ▷ adj (person)
incomprendido
misuse [n mɪs'juːs, vb mɪs'juːz] n
mal uso; (of power) abuso; (of funds)
malversación f ▷ vt abusar de;
malversar
mitt(en) ['mɪt(n)] n manopla
mix [mɪks] vt mezclar; (combine)
unir ▷ vi mezclarse; (people) llevarse
bien ▷ n mezcla; **mix up** vt mezclar;
(confuse) confundir; **mixed** adj mixto;
(feelings etc) encontrado; **mixed grill**
n (BRIT) parrillada mixta; **mixed
salad** n ensalada mixta; **mixed-up**
adj (confused) confuso, revuelto;
mixer n (for food) licuadora; (for
drinks) coctelera; (person): **he's a good
mixer** tiene don de gentes; **mixture** n
mezcla; (also: **cough mixture**) jarabe

m; **mix-up** n confusión f
ml abbr (= millilitre(s)) ml
mm abbr (= millimetre) mm
moan [məun] n gemido ▷ vi gemir;
(inf: complain): **to ~ (about)** quejarse
(de)
moat [məut] n foso
mob [mɔb] n multitud f ▷ vt acosar
mobile ['məubaɪl] adj móvil ▷ n
móvil m; **mobile home** n caravana;
mobile phone n teléfono móvil
mobility [məu'bɪlɪtɪ] n movilidad f
mobilize ['məubɪlaɪz] vt movilizar
mock [mɔk] vt (ridicule) ridiculizar;
(laugh at) burlarse de ▷ adj fingido;
~ exam examen preparatorio antes de
los exámenes oficiales* (BRIT: Scol: inf)
exámenes mpl de prueba; **mockery**
n burla
mod cons ['mɔd'kɔnz] npl
abbr (= modern conveniences) see
convenience
mode [məud] n modo
model ['mɔdl] n modelo; (fashion
model, artist's model) modelo mf ▷ adj
modelo ▷ vt (with clay etc) modelar;
(copy): **to ~ o.s. on** tomar como modelo
a ▷ vi ser modelo; **to ~ clothes** pasar
modelos, ser modelo
modem ['məudəm] n modem m
moderate [adj 'mɔdərət, vb 'mɔdə
reɪt] adj moderado/a ▷ vi moderarse,
calmarse ▷ vt moderar
moderation [mɔdə'reɪʃən] n
moderación f; **in ~** con moderación
modern ['mɔdən] adj moderno;
modernize vt modernizar; **modern
languages** npl lenguas fpl modernas
modest ['mɔdɪst] adj modesto;
(small) módico; **modesty** n modestia
modification [mɔdɪfɪ'keɪʃən] n
modificación f
modify ['mɔdɪfaɪ] vt modificar
module ['mɔdjuːl] n (unit, component,
Space) módulo
mohair ['məuhɛə*] n mohair m
Mohammed [mə'hæmɛd] n
Mahoma m

moist [mɔɪst] adj húmedo; **moisture**
['mɔɪstʃə*] n humedad f; **moisturizer**
['mɔɪstʃəraɪzə*] n crema hidratante
mold etc [məuld] (US) = **mould** etc
mole [məul] n (animal, spy) topo;
(spot) lunar m
molecule ['mɒlɪkjuːl] n molécula
molest [məu'lest] vt importunar;
(assault sexually) abusar sexualmente
de

▌ Be careful not to translate **molest**
by the Spanish word molestar.

molten ['məultən] adj fundido;
(lava) líquido
mom [mɒm] (US) n = **mum**
moment ['məumənt] n momento;
at the ~ de momento, por ahora;
momentarily ['məuməntrɪlɪ] adv
momentáneamente; (US: very soon) de
un momento a otro; **momentary** adj
momentáneo; **momentous** [-'mentə
s] adj trascendental, importante
momentum [məu'mentəm] n
momento; (fig) ímpetu m; **to gather ~**
cobrar velocidad; (fig) ganar fuerza
mommy ['mɒmɪ] (US) n = **mummy**
Mon abbr (= Monday) lun
Monaco ['mɒnəkəu] n Mónaco
monarch ['mɒnək] n monarca mf;
monarchy n monarquía
monastery ['mɒnəstərɪ] n
monasterio
Monday ['mʌndɪ] n lunes m inv
monetary ['mʌnɪtərɪ] adj monetario
money ['mʌnɪ] n dinero; (currency)
moneda; **to make ~** ganar dinero;
money belt n riñonera; **money
order** n giro
mongrel ['mʌŋɡrəl] n (dog) perro
mestizo
monitor ['mɒnɪtə*] n (Scol) monitor
m; (also: **television ~**) receptor m de
control; (of computer) monitor m ▷ vt
controlar
monk [mʌŋk] n monje m
monkey ['mʌŋkɪ] n mono
monologue ['mɒnəlɒɡ] n monólogo
monopoly [mə'nɒpəlɪ] n monopolio

monosodium glutamate
[mɒnə'səudɪəm'ɡluːtəmeɪt] n
glutamato monosódico
monotonous [mə'nɒtənəs] adj
monótono
monsoon [mɒn'suːn] n monzón m
monster ['mɒnstə*] n monstruo
month [mʌnθ] n mes m; **monthly**
adj mensual ▷ adv mensualmente
monument ['mɒnjumənt] n
monumento
mood [muːd] n humor m; (of crowd,
group) clima m; **to be in a good/bad ~**
estar de buen/mal humor; **moody** adj
(changeable) de humor variable; (sullen)
malhumorado
moon [muːn] n luna; **moonlight** n
luz f de la luna
moor [muə*] n páramo ▷ vt (ship)
amarrar ▷ vi echar las amarras
moose [muːs] n inv alce m
mop [mɒp] n fregona; (of hair)
greña, melena ▷ vt fregar; **mop up**
vt limpiar
mope [məup] vi estar or andar
deprimido
moped ['məuped] n ciclomotor m
moral ['mɒrl] adj moral ▷ n
moraleja; **morals** npl moralidad f,
moral f
morale [mɔ'rɑːl] n moral f
morality [mə'rælɪtɪ] n moralidad f
morbid ['mɔːbɪd] adj (interest)
morboso; (Med) mórbido

○ KEYWORD

more [mɔː*] adj 1 (greater in number
etc) más; **more people/work
than before** más gente/trabajo
que antes
2 (additional) más; **do you want
(some) more tea?** ¿quieres más té?; **is
there any more wine?** ¿queda vino?;
it'll take a few more weeks tardará
unas semanas más; **it's 2 kms more
to the house** faltan 2 kms para la casa;
more time/letters than we expected

más tiempo del que/más cartas de las que esperábamos
▷ pron (*greater amount, additional amount*) más; **more than 10** más de 10; **it cost more than the other one/than we expected** costó más que el otro/más de lo que esperábamos; **is there any more?** ¿hay más?; **many/much more** muchos(as)/mucho(a) más
▷ adv más; **more dangerous/easily (than)** más peligroso/fácilmente (que); **more and more expensive** cada vez más caro; **more or less** más o menos; **more than ever** más que nunca

moreover [mɔːˈrəuvə*] adv además, por otra parte

morgue [mɔːg] n depósito de cadáveres

morning [ˈmɔːnɪŋ] n mañana; (*early morning*) madrugada ▷ cpd matutino, de la mañana; **in the ~** por la mañana; **7 o'clock in the ~** las 7 de la mañana; **morning sickness** n náuseas fpl matutinas

Moroccan [məˈrɔkən] adj, n marroquí m/f

Morocco [məˈrɔkəu] n Marruecos m

moron [ˈmɔːrɔn] (*inf*) n imbécil mf

morphine [ˈmɔːfiːn] n morfina

Morse [mɔːs] n (*also: ~ code*) (código) Morse

mortal [ˈmɔːtl] adj, n mortal m

mortar [ˈmɔːtə*] n argamasa

mortgage [ˈmɔːgɪdʒ] n hipoteca ▷ vt hipotecar

mortician [mɔːˈtɪʃən] (*us*) n director/a m/f de pompas fúnebres

mortified [ˈmɔːtɪfaɪd] adj: **I was ~** me dio muchísima vergüenza

mortuary [ˈmɔːtjuərɪ] n depósito de cadáveres

mosaic [məuˈzeɪɪk] n mosaico

Moslem [ˈmɔzləm] adj, n = **Muslim**

mosque [mɔsk] n mezquita

mosquito [mɔsˈkiːtəu] (*pl* **~es**) n

mosquito (*sp*), zancudo (*lam*)

moss [mɔs] n musgo

most [məust] adj la mayor parte de, la mayoría de ▷ pron la mayor parte, la mayoría ▷ adv el más; (*very*) muy; **the ~** (*also:* + *adj*) el más; **~ of them** la mayor parte de ellos; **I saw the ~** yo vi el que más; **at the (very) ~** a lo sumo, todo lo más; **to make the ~ of** aprovechar (al máximo); **a ~ interesting book** un libro interesantísimo; **mostly** adv en su mayor parte, principalmente

MOT (*brit*) n abbr = **Ministry of Transport**; **the ~ (test)** inspección (*anual*) obligatoria de coches y camiones

motel [məuˈtel] n motel m

moth [mɔθ] n mariposa nocturna; (*clothes moth*) polilla

mother [ˈmʌðə*] n madre f ▷ adj materno ▷ vt (*care for*) cuidar (como una madre); **motherhood** n maternidad f; **mother-in-law** n suegra; **mother-of-pearl** n nácar m; **Mother's Day** n Día m de la Madre; **mother-to-be** n futura madre f; **mother tongue** n lengua materna

motif [məuˈtiːf] n motivo

motion [ˈməuʃən] n movimiento; (*gesture*) ademán m, señal f; (*at meeting*) moción f ▷ vt, vi: **to ~ (to) sb to do sth** hacer señas a algn para que haga algo; **motionless** adj inmóvil; **motion picture** n película

motivate [ˈməutɪveɪt] vt motivar

motivation [məutɪˈveɪʃən] n motivación f

motive [ˈməutɪv] n motivo

motor [ˈməutə*] n motor m; (*brit: inf: vehicle*) coche m (*sp*), carro (*lam*), automóvil m ▷ adj motor (*f: motora or motriz*); **motorbike** n moto f; **motorboat** n lancha motora; **motorcar** (*brit*) n coche m, carro, automóvil m; **motorcycle** n motocicleta; **motorcyclist** n motociclista mf; **motoring** (*brit*) n automovilismo; **motorist** n conductor(a) m/f, automovilista mf;

motor racing (*BRIT*) *n* carreras *fpl* de coches, automovilismo; **motorway** (*BRIT*) *n* autopista

motto [ˈmɔtəu] (*pl* **~es**) *n* lema *m*; (*watchword*) consigna

mould [məuld] (*US* **mold**) *n* molde *m*; (*mildew*) moho ▷ *vt* moldear; (*fig*) formar; **mouldy** *adj* enmohecido

mound [maund] *n* montón *m*, montículo

mount [maunt] *n* monte *m* ▷ *vt* montar, subir a; (*jewel*) engarzar; (*picture*) enmarcar; (*exhibition etc*) organizar ▷ *vi* (*increase*) aumentar; **mount up** *vi* aumentar

mountain [ˈmauntɪn] *n* montaña ▷ *cpd* de montaña; **mountain bike** *n* bicicleta de montaña; **mountaineer** *n* alpinista *mf* (*SP, MEX*), andinista *mf* (*LAM*); **mountaineering** *n* alpinismo (*SP, MEX*), andinismo (*LAM*); **mountainous** *adj* montañoso; **mountain range** *n* sierra

mourn [mɔːn] *vt* llorar, lamentar ▷ *vi*: **to ~ for** llorar la muerte de; **mourner** *n* doliente *mf*; dolorido/a; **mourning** *n* luto; **in mourning** de luto

mouse [maus] (*pl* **mice**) *n* (*Zool, Comput*) ratón *m*; **mouse mat** *n* (*Comput*) alfombrilla

moussaka [muˈsɑːkə] *n* musaca

mousse [muːs] *n* (*Culin*) crema batida; (*for hair*) espuma (moldeadora)

moustache [məsˈtɑːʃ] (*US* **mustache**) *n* bigote *m*

mouth [mauð, *pl* mauðz] *n* boca; (*of river*) desembocadura; **mouthful** *n* bocado; **mouth organ** *n* armónica; **mouthpiece** *n* (*of musical instrument*) boquilla; (*spokesman*) portavoz *mf*; **mouthwash** *n* enjuague *m*

move [muːv] *n* (*movement*) movimiento; (*in game*) jugada; (: *turn to play*) turno; (*change: of house*) mudanza; (: *of job*) cambio de trabajo ▷ *vt* mover; (*emotionally*) conmover; (*Pol: resolution etc*) proponer ▷ *vi* moverse; (*traffic*) circular; (*also*: **~ house**) trasladarse, mudarse; **to ~ sb to do sth** mover a algn a hacer algo; **to get a ~ on** darse prisa; **move back** *vi* retroceder; **move in** *vi* (*to a house*) instalarse; (*police, soldiers*) intervenir; **move off** *vi* ponerse en camino; **move on** *vi* ponerse en camino; **move out** *vi* (*of house*) mudarse; **move over** *vi* apartarse, hacer sitio; **move up** *vi* (*employee*) ser ascendido; **movement** *n* movimiento

movie [ˈmuːvɪ] *n* película; **to go to the ~s** ir al cine; **movie theater** (*US*) *n* cine *m*

moving [ˈmuːvɪŋ] *adj* (*emotional*) conmovedor(a); (*that moves*) móvil

mow [məu] (*pt* **~ed**, *pp* **mowed** *or* **mown**) *vt* (*grass, corn*) cortar, segar; **mower** *n* (*also*: **lawnmower**) cortacéspedes *m inv*

Mozambique [məuzæmˈbiːk] *n* Mozambique *m*

MP *n abbr* = **Member of Parliament**

MP3 *n* MP3; **MP3 player** *n* reproductor *m* (de) MP3

mpg *n abbr* = **miles per gallon**

m.p.h. *n abbr* = **miles per hour** (60 *m.p.h.* = 96 *k.p.h.*)

Mr [ˈmɪstə*] (*US* **Mr.**) *n*: **~ Smith** (el) Sr. Smith

Mrs [ˈmɪsɪz] (*US* **Mrs.**) *n*: **~ Smith** (la) Sra. Smith

Ms [mɪz] (*US* **Ms.**) *n* = **Miss** *or* **Mrs**; **~ Smith** (la) Sr(t)a. Smith

MSP *n abbr* = **Member of the Scottish Parliament**

Mt *abbr* (*Geo*) (= *mount*) m

much [mʌtʃ] *adj* mucho ▷ *adv* mucho; (*before pp*) muy ▷ *n or pron* mucho; **how ~ is it?** ¿cuánto es?, ¿cuánto cuesta?; **too ~** demasiado; **it's not ~** no es mucho; **as ~ as** tanto como; **however ~ he tries** por mucho que se esfuerce

muck [mʌk] *n* suciedad *f*; **muck up** (*inf*) *vt* arruinar, estropear; **mucky** *adj* (*dirty*) sucio

mucus ['mju:kəs] n mucosidad f, moco

mud [mʌd] n barro, lodo

muddle ['mʌdl] n desorden m, confusión f; (mix-up) embrollo, lío ▷ vt (also: ~ up) embrollar, confundir

muddy ['mʌdɪ] adj fangoso, cubierto de lodo

mudguard ['mʌdɡɑ:d] n guardabarros m inv

muesli ['mju:zlɪ] n muesli m

muffin ['mʌfɪn] n panecillo dulce

muffled ['mʌfld] adj (noise etc) amortiguado, apagado

muffler (US) ['mʌflə*] n (Aut) silenciador m

mug [mʌɡ] n taza grande (sin platillo); (for beer) jarra; (inf: face) jeta ▷ vt (assault) asaltar; **mugger** ['mʌɡə*] n atracador(a) m/f; **mugging** n asalto

muggy ['mʌɡɪ] adj bochornoso

mule [mju:l] n mula

multicoloured ['mʌltɪkʌləd] (US), **multicolored** adj multicolor

multimedia [mʌltɪ'mi:dɪə] adj multimedia

multinational [mʌltɪ'næʃənl] n multinacional f ▷ adj multinacional

multiple ['mʌltɪpl] adj múltiple ▷ n múltiplo; **multiple choice (test)** n examen m de tipo test; **multiple sclerosis** n esclerosis f múltiple

multiplex cinema ['mʌltɪplɛks-] n multicines mpl

multiplication [mʌltɪplɪ'keɪʃən] n multiplicación f

multiply ['mʌltɪplaɪ] vt multiplicar ▷ vi multiplicarse

multistorey [mʌltɪ'stɔ:rɪ] (BRIT) adj de muchos pisos

mum [mʌm] (BRIT: inf) n mamá ▷ adj: **to keep ~** mantener la boca cerrada

mumble ['mʌmbl] vt, vi hablar entre dientes, refunfuñar

mummy ['mʌmɪ] n (BRIT: mother) mamá; (embalmed) momia

mumps [mʌmps] n paperas fpl

munch [mʌntʃ] vt, vi mascar

municipal [mju:'nɪsɪpl] adj municipal

mural ['mjuərl] n (pintura) mural m

murder ['mə:də*] n asesinato; (in law) homicidio ▷ vt asesinar, matar; **murderer** n asesino

murky ['mə:kɪ] adj (water) turbio; (street, night) lóbrego

murmur ['mə:mə*] n murmullo ▷ vt, vi murmurar

muscle ['mʌsl] n músculo; (fig: strength) garra, fuerza; **muscular** ['mʌskjulə*] adj muscular; (person) musculoso

museum [mju:'zɪəm] n museo

mushroom ['mʌʃrum] n seta, hongo; (Culin) champiñón m ▷ vi crecer de la noche a la mañana

music ['mju:zɪk] n música; **musical** adj musical; (sound) melodioso; (person) con talento musical ▷ n (show) comedia musical; **musical instrument** n instrumento musical; **musician** [-'zɪʃən] n músico/a

Muslim ['mʌzlɪm] adj, n musulmán/ ana m/f

muslin ['mʌzlɪn] n muselina

mussel ['mʌsl] n mejillón m

must [mʌst] aux vb (obligation): **I ~ do it** debo hacerlo, tengo que hacerlo; (probability): **he ~ be there by now** ya debe (de) estar allí ▷ n: **it's a ~** es imprescindible

mustache ['mʌstæʃ] (US) n = **moustache**

mustard ['mʌstəd] n mostaza

mustn't ['mʌsnt] = **must not**

mute [mju:t] adj, n mudo/a m/f

mutilate ['mju:tɪleɪt] vt mutilar

mutiny ['mju:tɪnɪ] n motín m ▷ vi amotinarse

mutter ['mʌtə*] vt, vi murmurar

mutton ['mʌtn] n carne f de cordero

mutual ['mju:tʃuəl] adj mutuo; (interest) común

muzzle ['mʌzl] n hocico; (for dog) bozal m; (of gun) boca ▷ vt (dog) poner

un bozal a

my [maɪ] *adj* mi(s); **~ house/brother/ sisters** mi casa/mi hermano/mis hermanas; **I've washed ~ hair/cut ~ finger** me he lavado el pelo/cortado un dedo; **is this ~ pen or yours?** ¿es este bolígrafo mío o tuyo?

myself [maɪ'sɛlf] *pron (reflexive)* me; *(emphatic)* yo mismo; *(after prep)* mí (mismo); *see also* **oneself**

mysterious [mɪs'tɪərɪəs] *adj* misterioso

mystery ['mɪstərɪ] *n* misterio

mystical ['mɪstɪkl] *adj* místico

mystify ['mɪstɪfaɪ] *vt (perplex)* dejar perplejo

myth [mɪθ] *n* mito; **mythology** [mɪ'θɒlədʒɪ] *n* mitología

n/a *abbr* (= *not applicable*) no interesa

nag [næg] *vt (scold)* regañar

nail [neɪl] *n (human)* uña; *(metal)* clavo ▷ *vt* clavar; **to ~ sth to sth** clavar algo en algo; **to ~ sb down to doing sth** comprometer a algn a que haga algo; **nailbrush** *n* cepillo para las uñas; **nailfile** *n* lima para las uñas; **nail polish** *n* esmalte *m* or laca para las uñas; **nail polish remover** *n* quitaesmalte *m*; **nail scissors** *npl* tijeras *fpl* para las uñas; **nail varnish** (*BRIT*) *n* = **nail polish**

naïve [naɪ'iːv] *adj* ingenuo

naked ['neɪkɪd] *adj (nude)* desnudo; *(flame)* expuesto al aire

name [neɪm] *n* nombre *m*; *(surname)* apellido; *(reputation)* fama, renombre *m* ▷ *vt (child)* poner nombre a; *(criminal)* identificar; *(price, date etc)* fijar; **what's your ~?** ¿cómo se llama?; **by ~** de nombre; **in the ~ of** en nombre de; **to give one's ~ and address** dar sus señas; **namely** *adv* a saber

nanny ['nænɪ] *n* niñera

nap [næp] n (sleep) sueñecito, siesta

napkin ['næpkɪn] n (also: **table ~**) servilleta

nappy ['næpɪ] (BRIT) n pañal m

narcotics npl (illegal drugs) estupefacientes mpl, narcóticos mpl

narrative ['nærətɪv] n narrativa ▷ adj narrativo

narrator [nə'reɪtə*] n narrador(a) m/f

narrow ['nærəu] adj estrecho, angosto; (fig: majority etc) corto; (: ideas etc) estrecho ▷ vi (road) estrecharse; (diminish) reducirse; **to have a ~ escape** escaparse por los pelos; **narrow down** vt (search, investigation, possibilities) restringir, limitar; (list) reducir; **narrowly** adv (miss) por poco; **narrow-minded** adj de miras estrechas

nasal ['neɪzl] adj nasal

nasty ['nɑːstɪ] adj (remark) feo; (person) antipático; (revolting: taste, smell) asqueroso; (wound, disease etc) peligroso, grave

nation ['neɪʃən] n nación f

national ['næʃənl] adj, n nacional m/f; **national anthem** n himno nacional; **national dress** n vestido nacional; **National Health Service** (BRIT) n servicio nacional de salud pública ≈ Insalud m (SP); **National Insurance** (BRIT) n seguro social nacional; **nationalist** adj, n nacionalista mf; **nationality** [-'nælɪtɪ] n nacionalidad f; **nationalize** vt nacionalizar; **national park** (BRIT) n parque m nacional; **National Trust** n (BRIT) organización encargada de preservar el patrimonio histórico británico

nationwide ['neɪʃənwaɪd] adj en escala or a nivel nacional

native ['neɪtɪv] n (local inhabitant) natural mf, nacional mf ▷ adj (indigenous) indígena; (country) natal; (innate) natural, innato; **a ~ of Russia** un(a) natural mf de Rusia; **Native American** adj, n americano/a

indígena, amerindio/a; **native speaker** n hablante mf nativo/a

NATO ['neɪtəu] n abbr (= North Atlantic Treaty Organization) OTAN f

natural ['nætʃrəl] adj natural; **natural gas** n gas m natural; **natural history** n historia natural; **naturally** adv (speak etc) naturalmente; (of course) desde luego, por supuesto; **natural resources** npl recursos mpl naturales

nature ['neɪtʃə*] n (also: **N~**) naturaleza; (group, sort) género, clase f; (character) carácter m, genio; **by ~** or de naturaleza; **nature reserve** n reserva natural

naughty ['nɔːtɪ] adj (child) travieso

nausea ['nɔːsɪə] n náuseas fpl

naval ['neɪvl] adj naval, de marina

navel ['neɪvl] n ombligo

navigate ['nævɪgeɪt] vt gobernar ▷ vi navegar; (Aut) ir de copiloto; **navigation** [-'geɪʃən] n (action) navegación f; (science) náutica

navy ['neɪvɪ] n marina de guerra; (ships) armada, flota

Nazi ['nɑːtsɪ] n nazi mf

NB abbr (= nota bene) nótese

near [nɪə*] adj (place, relation) cercano; (time) próximo ▷ adv cerca ▷ prep (also: **~ to**: space) cerca de, junto a; (: time) cerca de ▷ vt acercarse a, aproximarse a; **nearby** [nɪə'baɪ] adj cercano, próximo ▷ adv cerca; **nearly** adv casi, por poco; **I nearly fell** por poco me caigo; **near-sighted** adj miope, corto de vista

neat [niːt] adj (place) ordenado, bien cuidado; (person) pulcro; (plan) ingenioso; (spirits) solo; **neatly** adv (tidily) con esmero; (skilfully) ingeniosamente

necessarily ['nɛsɪsrɪlɪ] adv necesariamente

necessary ['nɛsɪsrɪ] adj necesario, preciso

necessity [nɪ'sɛsɪtɪ] n necesidad f

neck [nɛk] n (of person, garment, bottle) cuello; (of animal) pescuezo ▷ vi

(*inf*) besuquearse; **~ and ~** parejos;
necklace ['nɛklɪs] *n* collar *m*; **necktie**
['nɛktaɪ] *n* corbata
nectarine ['nɛktərɪn] *n* nectarina
need [niːd] *n* (*lack*) escasez *f*, falta;
(*necessity*) necesidad *f* ▷ *vt* (*require*)
necesitar; **I ~ to do it** tengo que *or* debo
hacerlo; **you don't ~ to go** no hace
falta que (te) vayas
needle ['niːdl] *n* aguja ▷ *vt* (*fig: inf*)
picar, fastidiar
needless ['niːdlɪs] *adj* innecesario; **~
to say** huelga decir que
needlework ['niːdlwəːk] *n* (*activity*)
costura, labor *f* de aguja
needn't ['niːdnt] = **need not**
needy ['niːdɪ] *adj* necesitado
negative ['nɛɡətɪv] *n* (*Phot*)
negativo; (*Ling*) negación *f* ▷ *adj*
negativo
neglect [nɪ'ɡlɛkt] *vt* (*one's duty*) faltar
a, no cumplir con; (*child*) descuidar,
desatender ▷ *n* (*of house, garden etc*)
abandono; (*of child*) desatención *f*; (*of
duty*) incumplimiento
negotiate [nɪ'ɡəʊʃɪeɪt] *vt* (*treaty,
loan*) negociar; (*obstacle*) franquear;
(*bend in road*) tomar ▷ *vi*: **to ~ (with)**
negociar (con)
negotiations [nɪɡəʊʃɪ'eɪʃənz] *pl n*
negociaciones
negotiator [nɪ'ɡəʊʃɪeɪtə*] *n*
negociador(a) *m/f*
neighbour ['neɪbə*] (*us* **neighbor** *etc*)
n vecino/a; **neighbourhood** *n* (*place*)
vecindad *f*, barrio; (*people*) vecindario;
neighbouring *adj* vecino
neither ['naɪðə*] *adj* ni ▷ *conj*: **I
didn't move and ~ did John** no me
he movido, ni Juan tampoco ▷ *pron*
ninguno ▷ *adv*: **~ good nor bad** ni
bueno ni malo; **~ is true** ninguno/a de
los(las) dos es cierto/a
neon ['niːɔn] *n* neón *m*
Nepal [nɪ'pɔːl] *n* Nepal *m*
nephew ['nɛvjuː] *n* sobrino
nerve [nəːv] *n* (*Anat*) nervio; (*courage*)
valor *m*; (*impudence*) descaro, frescura

(*nervousness*) nerviosismo *msg*, nervios
mpl; **a fit of ~s** un ataque de nervios
nervous ['nəːvəs] *adj* (*anxious, Anat*)
nervioso; (*timid*) tímido, miedoso;
nervous breakdown *n* crisis *f*
nerviosa
nest [nɛst] *n* (*of bird*) nido; (*wasps'
nest*) avispero ▷ *vi* anidar
net [nɛt] *n* (*gen*) red *f*; (*fabric*) tul *m*
▷ *adj* (*Comm*) neto, líquido ▷ *vt* coger
(*sp*) *or* agarrar (*LAM*) con red; (*Sport*)
marcar; **netball** *n* básquet *m*
Netherlands ['nɛðələndz] *npl*: **the ~**
los Países Bajos
nett [nɛt] *adj* = **net**
nettle ['nɛtl] *n* ortiga
network ['nɛtwəːk] *n* red *f*
neurotic [njʊə'rɔtɪk] *adj* neurótico/a
neuter ['njuːtə*] *adj* (*Ling*) neutro
▷ *vt* castrar, capar
neutral ['njuːtrəl] *adj* (*person*)
neutral; (*colour etc, Elec*) neutro ▷ *n*
(*Aut*) punto muerto
never ['nɛvə*] *adv* nunca, jamás;
I ~ went no fui nunca; **~ in my life**
jamás en la vida; *see also* **mind**; **never-
ending** *adj* interminable, sin fin;
nevertheless [nɛvəðə'lɛs] *adv* sin
embargo, no obstante
new [njuː] *adj* nuevo; (*brand new*) a
estrenar; (*recent*) reciente; **New Age**
n Nueva Era; **newborn** *adj* recién
nacido; **newcomer** ['njuːkʌmə*] *n*
recién venido/a *or* llegado/a; **newly**
adv nuevamente, recién
news [njuːz] *n* noticias *fpl*; **a piece
of ~** una noticia; **the ~** (*Radio, TV*) las
noticias *fpl*; **news agency** *n* agencia
de noticias; **newsagent** (*BRIT*) *n*
vendedor(a) *m/f* de periódicos;
newscaster *n* presentador(a) *m/f*,
locutor(a) *m/f*; **news dealer** (*us*)
= **newsagent**; **newsletter** *n* hoja
informativa, boletín *m*; **newspaper**
n periódico, diario; **newsreader** *n* =
newscaster
newt [njuːt] *n* tritón *m*
New Year *n* Año Nuevo; **New Year's**

Day n Día m de Año Nuevo; **New Year's Eve** n Nochevieja

New Zealand [njuːˈziːlənd] n Nueva Zelanda; **New Zealander** n neozelandés/esa m/f

next [nɛkst] adj (house, room) vecino; (bus stop, meeting) próximo; (following: page etc) siguiente ▷ adv después; **the ~ day** el día siguiente; **~ time** la próxima vez; **~ year** el año próximo or que viene; **~ to** junto a, al lado de; **~ to nothing** casi nada; **~ please!** ¡el siguiente!; **next door** adv en la casa de al lado ▷ adj vecino, de al lado; **next-of-kin** n pariente m más cercano

NHS n abbr = **National Health Service**

nibble [ˈnɪbl] vt mordisquear, mordiscar

nice [naɪs] adj (likeable) simpático; (kind) amable; (pleasant) agradable; (attractive) bonito, lindo (LAM); **nicely** adv amablemente; bien

niche [niːʃ] n (Arch) nicho, hornacina

nick [nɪk] n (wound) rasguño; (cut, indentation) mella, muesca ▷ vt (inf) birlar, robar; **in the ~ of time** justo a tiempo

nickel [ˈnɪkl] n níquel m; (US) moneda de 5 centavos

nickname [ˈnɪkneɪm] n apodo, mote m ▷ vt apodar

nicotine [ˈnɪkətiːn] n nicotina

niece [niːs] n sobrina

Nigeria [naɪˈdʒɪərɪə] n Nigeria

night [naɪt] n noche f; (evening) tarde f; **the ~ before last** anteanoche; **at ~, by ~** de noche, por la noche; **night club** n cabaret m; **nightdress** (BRIT) n camisón m; **nightie** [ˈnaɪtɪ] n = **nightdress**; **nightlife** n vida nocturna; **nightly** adj de todas las noches ▷ adv todas las noches, cada noche; **nightmare** n pesadilla; **night school** n clase(s) f(pl) nocturna(s); **night shift** n turno nocturno or de noche; **night-time** n noche f

nil [nɪl] (BRIT) n (Sport) cero, nada

nine [naɪn] num nueve; **nineteen** num diecinueve, diez y nueve; **nineteenth** [naɪnˈtiːnθ] adj decimonoveno, decimonono; **ninetieth** [ˈnaɪntɪθ] adj nonagésimo; **ninety** num noventa

ninth [naɪnθ] adj noveno

nip [nɪp] vt (pinch) pellizcar; (bite) morder

nipple [ˈnɪpl] n (Anat) pezón m

nitrogen [ˈnaɪtrədʒən] n nitrógeno

○ **KEYWORD**

no [nəʊ] (pl **noes**) adv (opposite of "yes") no; **are you coming? – no (I'm not)** ¿vienes? – no; **would you like some more? – no thank you** ¿quieres más? – no gracias ▷ adj (not any): **I have no money/time/books** no tengo dinero/tiempo/libros; **no other man would have done it** ningún otro lo hubiera hecho; **"no entry"** "prohibido el paso"; **"no smoking"** "prohibido fumar" ▷ n no m

nobility [nəʊˈbɪlɪtɪ] n nobleza

noble [ˈnəʊbl] adj noble

nobody [ˈnəʊbədɪ] pron nadie

nod [nɒd] vi saludar con la cabeza; (in agreement) decir que sí con la cabeza; (doze) dar cabezadas ▷ vt: **to ~ one's head** inclinar la cabeza ▷ n inclinación f de cabeza; **nod off** vi dar cabezadas

noise [nɔɪz] n ruido; (din) escándalo, estrépito; **noisy** adj ruidoso; (child) escandaloso

nominal [ˈnɒmɪnl] adj nominal

nominate [ˈnɒmɪneɪt] vt (propose) proponer; (appoint) nombrar; **nomination** [nɒmɪˈneɪʃən] n propuesta; nombramiento; **nominee** [ˈniː] n candidato/a

none [nʌn] pron ninguno/a ▷ adv de ninguna manera; **~ of you** ninguno de vosotros; **I've ~ left** no me queda ninguno/a; **he's ~ the worse for it** no le ha hecho ningún mal

nonetheless [nʌnðəˈlɛs] *adv* sin embargo, no obstante

non-fiction [nɔnˈfɪkʃən] *n* literatura no novelesca

nonsense [ˈnɔnsəns] *n* tonterías *fpl*, disparates *fpl*; **~!** ¡qué tonterías!

non: **non-smoker** *n* no fumador(a) *m/f*; **non-smoking** *adj* (de) no fumador; **non-stick** *adj* (*pan, surface*) antiadherente

noodles [ˈnuːdlz] *npl* tallarines *mpl*

noon [nuːn] *n* mediodía *m*

no-one [ˈnəuwʌn] *pron* = **nobody**

nor [nɔː*] *conj* = **neither** ▷ *adv see* **neither**

norm [nɔːm] *n* norma

normal [ˈnɔːml] *adj* normal; **normally** *adv* normalmente

north [nɔːθ] *n* norte *m* ▷ *adj* del norte, norteño ▷ *adv* al or hacia el norte; **North America** *n* América del Norte; **North American** *adj, n* norteamericano/a *m/f*; **northbound** [ˈnɔːθbaund] *adj* (*traffic*) que se dirige al norte; (*carriageway*) de dirección norte; **north-east** *n* nor(d)este *m*; **northeastern** *adj* nor(d)este, del nor(d)este; **northern** [ˈnɔːðən] *adj* norteño, del norte; **Northern Ireland** *n* Irlanda del Norte; **North Korea** *n* Corea del Norte; **North Pole** *n* Polo Norte; **North Sea** *n* Mar *m* del Norte; **north-west** *n* nor(d)oeste *m*; **northwestern** [ˈnɔːθˈwestən] *adj* noroeste, del noroeste

Norway [ˈnɔːweɪ] *n* Noruega; **Norwegian** [-ˈwiːdʒən] *adj* noruego/a ▷ *n* noruego/a; (*Ling*) noruego

nose [nəuz] *n* (*Anat*) nariz *f*; (*Zool*) hocico; (*sense of smell*) olfato ▷ *vi*: **to ~ about** curiosear; **nosebleed** *n* hemorragia nasal; **nosey** (*inf*) *adj* curioso, fisgón/ona

nostalgia [nɔsˈtældʒɪə] *n* nostalgia

nostalgic [nɔsˈtældʒɪk] *adj* nostálgico

nostril [ˈnɔstrɪl] *n* ventana de la nariz

nosy [ˈnəuzɪ] (*inf*) *adj* = **nosey**

not [nɔt] *adv* no; **~ that ...** no es que ...; **it's too late, isn't it?** es demasiado tarde, ¿verdad *or* no?; **~ yet/now** todavía/ahora no; **why ~?** ¿por qué no?; *see also* **all; only**

notable [ˈnəutəbl] *adj* notable; **notably** *adv* especialmente

notch [nɔtʃ] *n* muesca, corte *m*

note [nəut] *n* (*Mus, record, letter*) nota; (*banknote*) billete *m*; (*tone*) tono ▷ *vt* (*observe*) notar, observar; (*write down*) apuntar, anotar; **notebook** *n* libreta, cuaderno; **noted** [ˈnəutɪd] *adj* célebre, conocido; **notepad** *n* bloc *m*; **notepaper** *n* papel *m* para cartas

nothing [ˈnʌθɪŋ] *n* nada; (*zero*) cero; **he does ~** no hace nada; **~ new** nada nuevo; **~ much** no mucho; **for ~** (*free*) gratis, sin pago; (*in vain*) en balde

notice [ˈnəutɪs] *n* (*announcement*) anuncio; (*warning*) aviso; (*dismissal*) despido; (*resignation*) dimisión *f*; (*period of time*) plazo ▷ *vt* (*observe*) notar, observar; **to bring sth to sb's ~** (*attention*) llamar la atención de algn sobre algo; **to take ~ of** tomar nota de, prestar atención a; **at short ~** con poca anticipación; **until further ~** hasta nuevo aviso; **to hand in one's ~** dimitir

▌ Be careful not to translate **notice** by the Spanish word *noticia*.

noticeable *adj* evidente, obvio

notify [ˈnəutɪfaɪ] *vt*: **to ~ sb (of sth)** comunicar (algo) a algn

notion [ˈnəuʃən] *n* idea; (*opinion*) opinión *f*; **notions** *npl* (*us*) mercería

notorious [nəuˈtɔːrɪəs] *adj* notorio

notwithstanding [nɔtwɪθˈstændɪŋ] *adv* no obstante, sin embargo; **~ this** a pesar de esto

nought [nɔːt] *n* cero

noun [naun] *n* nombre *m*, sustantivo

nourish [ˈnʌrɪʃ] *vt* nutrir; (*fig*) alimentar; **nourishment** *n* alimento, sustento

Nov. *abbr* (= *November*) nov

novel [ˈnɔvl] *n* novela ▷ *adj* (*new*)

nuevo, original; (*unexpected*) insólito; **novelist** n novelista mf; **novelty** n novedad f

November [nəu'vɛmbə*] n noviembre m

novice ['nɔvɪs] n (*Rel*) novicio/a

now [nau] adv (*at the present time*) ahora; (*these days*) actualmente, hoy día ▷ conj: **~ (that)** ya que, ahora que; **right ~** ahora mismo; **by ~** ya; **just ~** ahora mismo; **~ and then, ~ and again** de vez en cuando; **from ~ on** de ahora en adelante; **nowadays** ['nauədeɪz] adv hoy (en) día, actualmente

nowhere ['nəuwɛə*] adv (*direction*) a ninguna parte; (*location*) en ninguna parte

nozzle ['nɔzl] n boquilla

nr abbr (*BRIT*) = **near**

nuclear ['nju:klɪə*] adj nuclear

nucleus ['nju:klɪəs] (*pl* **nuclei**) n núcleo

nude [nju:d] adj, n desnudo/a m/f; **in the ~** desnudo

nudge [nʌdʒ] vt dar un codazo a

nudist ['nju:dɪst] n nudista mf

nudity ['nju:dɪtɪ] n desnudez f

nuisance ['nju:sns] n molestia, fastidio; (*person*) pesado, latoso; **what a ~!** ¡qué lata!

numb [nʌm] adj: **~ with cold/fear** entumecido por el frío/paralizado de miedo

number ['nʌmbə*] n número; (*quantity*) cantidad f ▷ vt (*pages etc*) numerar, poner número a; (*amount to*) sumar, ascender a; **to be ~ed among** figurar entre; **a ~ of** varios, algunos; **they were ten in ~** eran diez; **number plate** (*BRIT*) n matrícula, placa; **Number Ten** n (*BRIT: 10 Downing Street*) residencia del primer ministro

numerical [nju:'mɛrɪkl] adj numérico

numerous ['nju:mərəs] adj numeroso

nun [nʌn] n monja, religiosa

nurse [nə:s] n enfermero/a; (*also*:

~maid) niñera ▷ vt (*patient*) cuidar, atender

nursery ['nə:sərɪ] n (*institution*) guardería infantil; (*room*) cuarto de los niños; (*for plants*) criadero, semillero; **nursery rhyme** n canción f infantil; **nursery school** n parvulario, escuela de párvulos; **nursery slope** (*BRIT*) n (*Ski*) cuesta para principiantes

nursing ['nə:sɪŋ] n (*profession*) profesión f de enfermera; (*care*) asistencia, cuidado; **nursing home** n clínica de reposo

nurture ['nə:tʃə*] vt (*child, plant*) alimentar, nutrir

nut [nʌt] n (*Tech*) tuerca; (*Bot*) nuez f

nutmeg ['nʌtmɛg] n nuez f moscada

nutrient ['nju:trɪənt] adj nutritivo ▷ n elemento nutritivo

nutrition [nju:'trɪʃən] n nutrición f, alimentación f

nutritious [nju:'trɪʃəs] adj nutritivo, alimenticio

nuts [nʌts] (*inf*) adj loco

NVQ n abbr (*BRIT*) = **National Vocational Qualification**

nylon ['naɪlɔn] n nilón m ▷ adj de nilón

O

oath [əuθ] *n* juramento; *(swear word)* palabrota; **on** *(BRIT) or* **under ~** bajo juramento

oak [əuk] *n* roble *m* ▷ *adj* de roble

O.A.P. *(BRIT) n, abbr* = **old-age pensioner**

oar [ɔ:*] *n* remo

oasis [əu'eɪsɪs] *(pl* **oases**) *n* oasis *m inv*

oath [əuθ] *n* juramento; *(swear word)* palabrota; **on** *(BRIT) or* **under ~** bajo juramento

oatmeal ['əutmi:l] *n* harina de avena

oats [əuts] *npl* avena

obedience [ə'bi:dɪəns] *n* obediencia

obedient [ə'bi:dɪənt] *adj* obediente

obese [əu'bi:s] *adj* obeso

obesity [əu'bi:sɪtɪ] *n* obesidad *f*

obey [ə'beɪ] *vt* obedecer; *(instructions, regulations)* cumplir

obituary [ə'bɪtjuərɪ] *n* necrología

object [*n* 'ɔbdʒɪkt, *vb* əb'dʒɛkt] *n* objeto; *(purpose)* objeto, propósito; *(Ling)* complemento ▷ *vi*: **to ~ to** estar en contra de; *(proposal)* oponerse a; **to ~ that** objetar que; **expense is no**

~ no importa cuánto cuesta; **I ~!** ¡yo protesto!; **objection** [əb'dʒɛkʃən] *n* protesta; **I have no objection to ...** no tengo inconveniente en que ...; **objective** *adj, n* objetivo

obligation [ɔblɪ'geɪʃən] *n* obligación *f*; *(debt)* deber *m*; **without ~** sin compromiso

obligatory [ə'blɪgətərɪ] *adj* obligatorio

oblige [ə'blaɪdʒ] *vt (do a favour for)* complacer, hacer un favor a; **to ~ sb to do sth** forzar *or* obligar a algn a hacer algo; **to be ~d to sb for sth** estarle agradecido a algn por algo

oblique [ə'bli:k] *adj* oblicuo; *(allusion)* indirecto

obliterate [ə'blɪtəreɪt] *vt* borrar

oblivious [ə'blɪvɪəs] *adj*: **~ of** inconsciente de

oblong ['ɔblɔŋ] *adj* rectangular ▷ *n* rectángulo

obnoxious [əb'nɔkʃəs] *adj* odioso, detestable; *(smell)* nauseabundo

oboe ['əubəu] *n* oboe *m*

obscene [əb'si:n] *adj* obsceno

obscure [əb'skjuə*] *adj* oscuro ▷ *vt* oscurecer; *(hide: sun)* esconder

observant [əb'zə:vnt] *adj* observador(a)

observation [ɔbzə'veɪʃən] *n* observación *f*; *(Med)* examen *m*

observatory [əb'zə:vətrɪ] *n* observatorio

observe [əb'zə:v] *vt* observar; *(rule)* cumplir; **observer** *n* observador(a) *m/f*

obsess [əb'sɛs] *vt* obsesionar; **obsession** [əb'sɛʃən] *n* obsesión *f*; **obsessive** *adj* obsesivo; obsesionante

obsolete ['ɔbsəli:t] *adj*: **to be ~** estar en desuso

obstacle ['ɔbstəkl] *n* obstáculo; *(nuisance)* estorbo

obstinate ['ɔbstɪnɪt] *adj* terco, porfiado; *(determined)* obstinado

obstruct [əb'strʌkt] *vt* obstruir; *(hinder)* estorbar, obstaculizar; **obstruction** [əb'strʌkʃən] *n (action)* obstrucción f; (object) estorbo, obstáculo

obtain [əb'teɪn] vt obtener; (achieve) conseguir

obvious ['ɔbvɪəs] adj obvio, evidente; **obviously** adv evidentemente, naturalmente; **obviously not** por supuesto que no

occasion [ə'keɪʒən] n oportunidad f, ocasión f; (event) acontecimiento; **occasional** adj poco frecuente, ocasional; **occasionally** adv de vez en cuando

occult [ɔ'kʌlt] adj (gen) oculto

occupant ['ɔkjupənt] n (of house) inquilino/a; (of car) ocupante mf

occupation [ɔkju'peɪʃən] n ocupación f; (job) trabajo; (pastime) ocupaciones fpl

occupy ['ɔkjupaɪ] vt (seat, post, time) ocupar; (house) habitar; **to o.s. in doing** pasar el tiempo haciendo

occur [ə'kə:*] vi pasar, suceder; **to ~ to sb** ocurrírsele a algn; **occurrence** [ə'kʌrəns] n acontecimiento; (existence) existencia

ocean ['əuʃən] n océano

o'clock [ə'klɔk] adv: **it is 5 ~** son las 5

Oct. abbr (= October) oct

October [ɔk'təubə*] n octubre m

octopus ['ɔktəpəs] n pulpo

odd [ɔd] adj extraño, raro; (number) impar; (sock, shoe etc) suelto; **60-~** 60 y pico; **at ~ times** de vez en cuando; **to be the ~ one out** estar de más; **oddly** adv curiosamente, extrañamente; see also **enough**; **odds** npl (in betting) puntos mpl de ventaja; **it makes no odds** da lo mismo; **at odds** reñidos/as; **odds and ends** fpl minucias fpl

odometer [ɔ'dɔmɪtə*] (us) n cuentakilómetros m inv

odour ['əudə*] (us **odor**) n olor m; (unpleasant) hedor m

of [ɔv, əv] prep **1** (gen) de; **a friend of ours** un amigo nuestro; **a boy of 10** un chico de 10 años; **that was kind of you** eso fue muy amable por or de tu parte **2** (expressing quantity, amount, dates etc) de; **a kilo of flour** un kilo de harina; **there were three of them** había tres; **three of us went** tres de nosotros fuimos; **the 5th of July** el 5 de julio **3** (from, out of) de; **made of wood** (hecho) de madera

off [ɔf] adj, adv (engine) desconectado; (light) apagado; (tap) cerrado; (BRIT: food: bad) pasado, malo; (: milk) cortado; (cancelled) cancelado ▷ prep de; **to be ~** (to leave) irse, marcharse; **to be ~ sick** estar enfermo or de baja; **a day ~** un día libre or sin trabajar; **to have an ~ day** tener un día malo; **he had his coat ~** se había quitado el abrigo; **10% ~** (Comm) (con el) 10% de descuento; **5 km ~ (the road)** a 5 km (de la carretera); **~ the coast** frente a la costa; **I'm ~ meat** (no longer eat/like it) paso de la carne; **on the ~ chance** por si acaso; **~ and on** de vez en cuando

offence [ə'fens] (us **offense**) n (crime) delito; **to take ~ at** ofenderse por

offend [ə'fend] vt (person) ofender; **offender** n delincuente mf

offense [ə'fens] (us) n = **offence**

offensive [ə'fensɪv] adj ofensivo; (smell etc) repugnante ▷ n (Mil) ofensiva

offer ['ɔfə*] n oferta, ofrecimiento; (proposal) propuesta ▷ vt ofrecer; (opportunity) facilitar; **"on ~"** (Comm) "en oferta"

offhand [ɔf'hænd] adj informal ▷ adv de improviso

office ['ɔfɪs] n (place) oficina; (room) despacho; (position) carga, oficio; **doctor's ~** (us) consultorio; **to take ~** entrar en funciones; **office block** (us**), office building** n bloque m de oficinas; **office hours** npl horas fpl de oficina; (us Med) horas fpl de consulta

officer ['ɔfɪsə*] n (Mil etc) oficial mf;

(also: **police ~**) agente *mf* de policía; (*of organization*) director(a) *m/f*

office worker *n* oficinista *mf*

official [ə'fɪʃl] *adj* oficial, autorizado ▷ *n* funcionario/a, oficial *mf*

off: off-licence (BRIT) *n* (*shop*) bodega *tienda de vinos y bebidas alcohólicas*; **off-line** *adj*, *adv* (Comput) fuera de línea; **off-peak** *adj* (*electricity*) de banda económica; (*ticket*) billete de precio reducido por viajar fuera de las horas punta; **off-putting** (BRIT) *adj* (*person*) asqueroso; (*remark*) desalentador(a); **off-season** *adj*, *adv* fuera de temporada

    ● **OFF-LICENCE**
    ●
    ● En el Reino Unido la venta
    ● de bebidas alcohólicas está
    ● estrictamente regulada
    ● y se necesita una licencia
    ● especial, con la que cuentan
    ● los bares, restaurantes y los
    ● establecimientos de **off-licence**,
    ● los únicos lugares en donde
    ● se pueden adquirir bebidas
    ● alcohólicas para su consumo
    ● fuera del local, de donde viene
    ● su nombre. También venden
    ● bebidas no alcohólicas, tabaco,
    ● chocolatinas, patatas fritas, etc.
    ● y a menudo forman parte de una
    ● cadena nacional.

offset ['ɔfsɛt] *vt* contrarrestar, compensar

offshore [ɔf'ʃɔ:*] *adj* (*breeze, island*) costera; (*fishing*) de bajura

offside ['ɔf'saɪd] *adj* (Sport) fuera de juego; (Aut: in UK) del lado derecho; (: in US, Europe etc) del lado izquierdo

offspring ['ɔfsprɪŋ] *n inv* descendencia

often ['ɔfn] *adv* a menudo, con frecuencia; **how ~ do you go?** ¿cada cuánto vas?

oh [əu] *excl* ¡ah!

oil [ɔɪl] *n* aceite *m*; (*petroleum*) petróleo; (*for heating*) aceite *m* combustible ▷ *vt* engrasar; **oil filter** *n* (Aut) filtro de aceite; **oil painting** *n* pintura al óleo; **oil refinery** *n* refinería de petróleo; **oil rig** *n* torre *f* de perforación; **oil slick** *n* marea negra; **oil tanker** *n* petrolero; (*truck*) camión *m* cisterna; **oil well** *n* pozo (de petróleo); **oily** *adj* aceitoso; (*food*) grasiento

ointment ['ɔɪntmənt] *n* ungüento

O.K., okay ['əu'keɪ] *excl* ¡O.K.!, ¡está bien!, ¡vale! (SP) ▷ *adj* bien ▷ *vt* dar el visto bueno a

old [əuld] *adj* viejo; (*former*) antiguo; **how ~ are you?** ¿cuántos años tienes?, ¿qué edad tienes?; **he's 10 years ~** tiene 10 años; **~er brother** hermano mayor; **old age** *n* vejez *f*; **old-age pension** *n* (BRIT) jubilación *f*, pensión *f*; **old-age pensioner** (BRIT) *n* jubilado/a; **old-fashioned** *adj* anticuado, pasado de moda; **old people's home** *n* (*esp* BRIT) residencia *f* de ancianos

olive ['ɔlɪv] *n* (*fruit*) aceituna; (*tree*) olivo ▷ *adj* (also: **~-green**) verde oliva; **olive oil** *n* aceite *m* de oliva

Olympic [əu'lɪmpɪk] *adj* olímpico; **the ~ Games, the ~s** las Olimpiadas

omelet(te) ['ɔmlɪt] *n* tortilla francesa (SP), omelette *f* (LAM)

omen ['əumən] *n* presagio

ominous ['ɔmɪnəs] *adj* de mal agüero, amenazador(a)

omit [əu'mɪt] *vt* omitir

○ KEYWORD

on [ɔn] *prep* **1** (*indicating position*) en; sobre; **on the wall** en la pared; **it's on the table** está sobre *or* en la mesa; **on the left** a la izquierda

2 (*indicating means, method, condition etc*): **on foot** a pie; **on the train/**

plane (go) en tren/avión; (be) en el tren/el avión; **on the radio/television/telephone** por or en la radio/televisión/al teléfono; **to be on drugs** drogarse; (Med) estar a tratamiento; **to be on holiday/business** estar de vacaciones/en viaje de negocios
3 (referring to time): **on Friday** el viernes; **on Fridays** los viernes; **on June 20th** el 20 de junio; **a week on Friday** del viernes en una semana; **on arrival** al llegar; **on seeing this** al ver esto
4 (about, concerning) sobre, acerca de; **a book on physics** un libro de or sobre física
▷ adv **1** (referring to dress): **to have one's coat on** tener or llevar el abrigo puesto; **she put her gloves on** se puso los guantes
2 (referring to covering): **"screw the lid on tightly"** "cerrar bien la tapa"
3 (further, continuously): **to walk** etc **on** seguir caminando etc
▷ adj **1** (functioning, in operation: machine, radio, TV, light) encendido/a (SP), prendido/a (LAM); (: tap) abierto/a; (: brakes) echado/a, puesto/a; **is the meeting still on?** (in progress) ¿todavía continúa la reunión?; (not cancelled) ¿va a haber reunión al fin?; **there's a good film on at the cinema** ponen una buena película en el cine
2 **that's not on!** (inf: not possible) ¡eso ni hablar!; (: not acceptable) ¡eso no se hace!

once [wʌns] adv una vez; (formerly) antiguamente ▷ conj una vez que; **~ he had left/it was done** una vez que se había marchado/se hizo; **at ~** en seguida, inmediatamente; (simultaneously) a la vez; **~ a week** una vez por semana; **~ more** otra vez; **~ and for all** de una vez por todas; **~ upon a time** érase una vez
oncoming ['ɒnkʌmɪŋ] adj (traffic) que viene de frente

○ **KEYWORD**

one [wʌn] num un(o)/una; **one hundred and fifty** ciento cincuenta; **one by one** uno a uno
▷ adj **1** (sole) único; **the one book which** el único libro que; **the one man who** el único que
2 (same) mismo/a; **they came in the one car** vinieron en un solo coche
▷ pron **1** **this one** éste(ésta); **that one** ése(ésa); (more remote) aquél(aquella); **I've already got (a red) one** ya tengo uno/a rojo/a; **one by one** uno/a por uno/a
2 **one another** os (SP), se (+ el uno al otro, unos a otros etc); **do you two ever see one another?** ¿vosotros dos os veis alguna vez? (SP), ¿se ven ustedes dos alguna vez?; **the boys didn't dare look at one another** los chicos no se atrevieron a mirarse (el uno al otro); **they all kissed one another** se besaron unos a otros
3 (impers): **one never knows** nunca se sabe; **to cut one's finger** cortarse el dedo; **one needs to eat** hay que comer
one-off (BRIT: inf) n (event) acontecimiento único

oneself [wʌn'sɛlf] pron (reflexive) se; (after prep) sí; (emphatic) uno/a mismo/a; **to hurt ~** hacerse daño; **to keep sth for ~** guardarse algo; **to talk to ~** hablar solo
one: one-shot [wʌn'ʃɒt] (US) n = **one-off**; **one-sided** adj (argument) parcial; **one-to-one** adj (relationship) de dos; **one-way** adj (street) de sentido único
ongoing ['ɒngəʊɪŋ] adj continuo
onion ['ʌnjən] n cebolla
on-line ['ɒnlaɪn] adj, adv (Comput) en línea
onlooker ['ɒnlʊkə*] n espectador(a) m/f

only ['əʊnlɪ] *adv* solamente, sólo ▷ *adj* único, solo ▷ *conj* solamente que, pero; **an ~ child** un hijo único; **not ~ ... but also ...** no sólo ... sino también ...

on-screen [ɒn'skri:n] *adj* (*Comput etc*) en pantalla; (*romance, kiss*) cinematográfico

onset ['ɒnsɛt] *n* comienzo

onto ['ɒntu] *prep* = **on to**

onward(s) ['ɒnwəd(z)] *adv* (*move*) (hacia) adelante; **from that time ~** desde entonces en adelante

oops [ʊps] *excl* (*also*: **~-a-daisy!**) ¡huy!

ooze [u:z] *vi* rezumar

opaque [əʊ'peɪk] *adj* opaco

open ['əʊpn] *adj* abierto; (*car*) descubierto; (*road, view*) despejado; (*meeting*) público; (*admiration*) manifiesto ▷ *vt* abrir ▷ *vi* abrirse; (*book etc: commence*) comenzar; **in the ~ (air)** al aire libre; **open up** *vt* abrir; (*blocked road*) despejar ▷ *vi* abrirse, empezar; **open-air** *adj* al aire libre; **opening** *n* abertura; (*start*) comienzo; (*opportunity*) oportunidad *f*; **opening hours** *npl* horario de apertura; **open learning** *n* enseñanza flexible a tiempo parcial; **openly** *adv* abiertamente; **open-minded** *adj* imparcial; **open-necked** *adj* (*shirt*) desabrochado; sin corbata; **open-plan** *adj*: **open-plan office** gran oficina sin particiones; **Open University** *n* (*BRIT*) ≈ Universidad *f* Nacional de Enseñanza a Distancia, UNED *f*

opera ['ɒpərə] *n* ópera; **opera house** *n* teatro de la ópera; **opera singer** *n* cantante *m/f* de ópera

operate ['ɒpəreɪt] *vt* (*machine*) hacer funcionar; (*company*) dirigir ▷ *vi* funcionar; **to ~ on sb** (*Med*) operar a algn

operating room ['ɒpəreɪtɪŋ-] (*US*) *n* quirófano, sala de operaciones

operating theatre (*BRIT*) *n* sala de operaciones

operation [ɒpə'reɪʃən] *n* operación *f*; (*of machine*) funcionamiento; **to be in ~** estar funcionando *or* en funcionamiento; **to have an ~** (*Med*) ser operado; **operational** *adj* operacional, en buen estado

operative ['ɒpərətɪv] *adj* en vigor

operator ['ɒpəreɪtə*] *n* (*of machine*) maquinista *mf*, operario/a; (*Tel*) operador(a) *m/f*, telefonista *mf*

opinion [ə'pɪnɪən] *n* opinión *f*; **in my ~** en mi opinión, a mi juicio; **opinion poll** *n* encuesta, sondeo

opponent [ə'pəʊnənt] *n* adversario/ a, contrincante *mf*

opportunity [ɒpə'tju:nɪtɪ] *n* oportunidad *f*; **to take the ~ of doing** aprovechar la ocasión para hacer

oppose [ə'pəʊz] *vt* oponerse a; **to be ~d to sth** oponerse a algo; **as ~d to** a diferencia de

opposite ['ɒpəzɪt] *adj* opuesto, contrario a; (*house etc*) de enfrente ▷ *adv* en frente ▷ *prep* en frente de, frente a ▷ *n* lo contrario

opposition [ɒpə'zɪʃən] *n* oposición *f*

oppress [ə'prɛs] *vt* oprimir

opt [ɒpt] *vi*: **to ~ for** optar por; **to ~ to do** optar por hacer; **opt out** *vi*: **to opt out of** optar por no hacer

optician [ɒp'tɪʃən] *n* óptico *m/f*

optimism ['ɒptɪmɪzəm] *n* optimismo

optimist ['ɒptɪmɪst] *n* optimista *mf*;

optimistic [-'mɪstɪk] *adj* optimista
optimum ['ɔptɪməm] *adj* óptimo
option ['ɔpʃən] *n* opción *f*; **optional**
adj facultativo, discrecional
or [ɔː*] *conj* o; (*before o, ho*) u; (*with
negative*): **he hasn't seen ~ heard
anything** no ha visto ni oído nada; **~
else** si no
oral ['ɔːrəl] *adj* oral ▷ *n* examen *m* oral
orange ['ɔrɪndʒ] *n* (*fruit*) naranja
▷ *adj* color naranja; **orange juice** *n*
jugo *m* de naranja, zumo *m* de naranja
(*SP*); **orange squash** *n* naranjada
orbit ['ɔːbɪt] *n* órbita ▷ *vt, vi* orbitar
orchard ['ɔːtʃəd] *n* huerto
orchestra ['ɔːkɪstrə] *n* orquesta;
(*US: seating*) platea
orchid ['ɔːkɪd] *n* orquídea
ordeal [ɔː'diːl] *n* experiencia
horrorosa
order ['ɔːdə*] *n* orden *m*; (*command*)
orden *f*; (*good order*) buen estado;
(*Comm*) pedido *m* ▷ *vt* (*also*: **put in ~**)
arreglar, poner en orden; (*Comm*)
pedir; (*command*) mandar, ordenar;
in ~ en orden; (*of document*) en regla;
in (working) ~ en funcionamiento;
in ~ to do/that para hacer/que;
on ~ (*Comm*) pedido; **to be out of ~**
estar desordenado; (*not working*) no
funcionar; **to ~ sb to do sth** mandar
a algn hacer algo; **order form** *n* hoja
de pedido; **orderly** *n* (*Mil*) ordenanza
m; (*Med*) enfermero/a (auxiliar) ▷ *adj*
ordenado
ordinary ['ɔːdnrɪ] *adj* corriente,
normal; (*pej*) común y corriente; **out of
the ~** fuera de lo común
ore [ɔː*] *n* mineral *m*
oregano [ɔrɪ'gɑːnəu] *n* orégano
organ ['ɔːgən] *n* órgano; **organic**
[ɔː'gænɪk] *adj* orgánico; **organism** *n*
organismo
organization [ɔːgənaɪ'zeɪʃən] *n*
organización *f*
organize ['ɔːgənaɪz] *vt* organizar;
organized ['ɔːgənaɪzd] *adj*
organizado; **organizer** *n*

organizador(a) *m/f*
orgasm ['ɔːgæzəm] *n* orgasmo
orgy ['ɔːdʒɪ] *n* orgía
oriental [ɔːrɪ'entl] *adj* oriental
orientation [ɔːrɪen'teɪʃən] *n*
orientación *f*
origin ['ɔrɪdʒɪn] *n* origen *m*
original [ə'rɪdʒɪnl] *adj* original; (*first*)
primero; (*earlier*) primitivo ▷ *n* original
m; **originally** *adv* al principio
originate [ə'rɪdʒɪneɪt] *vi*: **to ~ from,
to ~ in** surgir de, tener su origen en
Orkneys ['ɔːknɪz] *npl*: **the ~** (*also*: **the
Orkney Islands**) las Orcadas
ornament ['ɔːnəmənt] *n* adorno;
(*trinket*) chuchería; **ornamental**
[-'mentl] *adj* decorativo, de adorno
ornate [ɔː'neɪt] *adj* muy ornado,
vistoso
orphan ['ɔːfn] *n* huérfano/a
orthodox ['ɔːθədɔks] *adj* ortodoxo
orthopaedic [ɔːθə'piːdɪk] (*US*
orthopedic) *adj* ortopédico
osteopath ['ɔstɪəpæθ] *n* osteópata
mf
ostrich ['ɔstrɪtʃ] *n* avestruz *m*
other ['ʌðə*] *adj* otro ▷ *pron*: **the ~
(one)** el(la) otro/a ▷ *adv*: **~ than** aparte
de; **otherwise** *adv* de otra manera
▷ *conj* (*if not*) si no
otter ['ɔtə*] *n* nutria
ouch [autʃ] *excl* ¡ay!
ought [ɔːt] (*pt* ~) *aux vb*: **I ~ to do
it** debería hacerlo; **this ~ to have
been corrected** esto debiera haberse
corregido; **he ~ to win** (*probability*)
debe *or* debiera ganar
ounce [auns] *n* onza (28.35*g*)
our ['auə*] *adj* nuestro; *see also* **my**;
ours *pron* (el) nuestro/(la) nuestra
etc; *see also* **mine**[1]; **ourselves** *pron pl*
(*reflexive, after prep*) nosotros; (*emphatic*)
nosotros mismos; *see also* **oneself**
oust [aust] *vt* desalojar
out [aut] *adv* fuera, afuera; (*not
at home*) fuera (de casa); (*light, fire*)
apagado; **~ there** allí (fuera); **he's ~**
(*absent*) no está, ha salido; **to be ~ in**

one's calculations equivocarse (en sus cálculos); **to run ~** salir corriendo; **~ loud** en alta voz; **~ of** (*outside*) fuera de; (*because of: anger etc*) por; **~ of petrol** sin gasolina; **"~ of order"** "no funciona"; **outback** n interior m; **outbound** adj (*flight*) de salida; (*flight: not return*) de ida; **outbreak** n (*of war*) comienzo; (*of disease*) epidemia; (*of violence etc*) ola; **outburst** n explosión f, arranque m; **outcast** n paria mf; **outcome** n resultado; **outcry** n protestas fpl; **outdated** adj anticuado, fuera de moda; **outdoor** adj exterior, de aire libre; (*clothes*) de calle; **outdoors** adv al aire libre

outer ['autə*] adj exterior, externo; **outer space** n espacio exterior

outfit ['autfɪt] n (*clothes*) conjunto

out: outgoing adj (*character*) extrovertido; (*retiring: president etc*) saliente; **outgoings** (BRIT) npl gastos mpl; **outhouse** n dependencia

outing ['autɪŋ] a excursión f, paseo

out: outlaw n proscrito ▷ vt proscribir; **outlay** n inversión f; **outlet** n salida; (*of pipe*) desagüe m; (*us Elec*) toma de corriente; (*also:* **retail outlet**) punto de venta; **outline** n (*shape*) contorno, perfil m; (*sketch, plan*) esbozo ▷ vt (*plan etc*) esbozar; **in outline** a grandes rasgos; **outlook** n (*fig*) perspectivas fpl; (*: for weather*) pronóstico; **outnumber** vt superar en número; **out-of-date** adj (*passport*) caducado; (*clothes*) pasado de moda; **out-of-doors** adv al aire libre; **out-of-the-way** adj apartado; **out-of-town** adj (*shopping centre etc*) en las afueras; **outpatient** n paciente mf externo/a; **outpost** n puesto avanzado; **output** n (*volumen m de*) producción m, rendimiento; (*Comput*) salida

outrage ['autreɪdʒ] n escándalo; (*atrocity*) atrocidad f ▷ vt ultrajar; **outrageous** [-'reɪdʒəs] adj monstruoso

outright [*adv* aut'raɪt, *adj* 'autraɪt] adv (*ask, deny*) francamente; (*refuse*) rotundamente; (*win*) de manera absoluta; (*be killed*) en el acto ▷ adj franco; rotundo

outset ['autset] n principio

outside [aut'saɪd] n exterior m ▷ adj exterior, externo ▷ adv fuera ▷ prep fuera de; (*beyond*) más allá de; **at the ~** (*fig*) a lo sumo; **outside lane** n (*Aut: in Britain*) carril m de la derecha; (*: in US, Europe etc*) carril m de la izquierda; **outside line** n (*Tel*) línea (exterior); **outsider** n (*stranger*) extraño, forastero

out: outsize adj (*clothes*) de talla grande; **outskirts** npl alrededores mpl, afueras fpl; **outspoken** adj muy franco; **outstanding** adj excepcional, destacado; (*remaining*) pendiente

outward ['autwəd] adj externo; (*journey*) de ida; **outwards** adv (*esp* BRIT) = **outward**

outweigh [aut'weɪ] vt pesar más que

oval ['əuvl] adj ovalado ▷ n óvalo

ovary ['əuvərɪ] n ovario

oven ['ʌvn] n horno; **oven glove** n guante m para el horno, manopla para el horno; **ovenproof** adj resistente al horno; **oven-ready** adj listo para el horno

over ['əuvə*] adv encima, por encima ▷ adj or adv (*finished*) terminado; (*surplus*) de sobra ▷ prep (por) encima de; (*above*) sobre; (*on the other side of*) al otro lado de; (*more than*) más de; (*during*) durante; **~ here** (por) aquí; **~ there** (por) allí or allá; **all ~** (*everywhere*) por todas partes; **~ and ~ (again)** una y otra vez; **~ and above** además de; **to ask sb ~** invitar a algn a casa; **to bend ~** inclinarse

overall [*adj, n* 'əuvərɔːl, *adv* əuvər'ɔːl] adj (*length etc*) total; (*study*) de conjunto ▷ adv en conjunto ▷ n (BRIT) guardapolvo; **overalls** npl (*boiler suit*) mono (SP) or overol m (LAM) (de trabajo)

overboard adv (*Naut*) por la borda

overcame [əuvə'keɪm] pt of **overcome**

overcast ['əuvəkɑːst] adj encapotado

overcharge [əuvə'tʃɑːdʒ] vt: **to ~ sb** cobrar un precio excesivo a algn

overcoat ['əuvəkəut] n abrigo, sobretodo

overcome [əuvə'kʌm] vt vencer; (difficulty) superar

over: overcrowded adj atestado de gente; (city, country) superpoblado; **overdo** (irreg) vt exagerar; (overcook) cocer demasiado; **to overdo it** (work etc) pasarse; **overdone** [əuvə'dʌn] adj (vegetables) recocido; (steak) demasiado hecho; **overdose** n sobredosis f inv; **overdraft** n saldo deudor; **overdrawn** adj (account) en descubierto; **overdue** adj retrasado; **overestimate** vt sobreestimar

overflow [vb əuvə'fləu, n 'əuvəfləu] vi desbordarse ▷ n (also: ~ pipe) (cañería de) desagüe m

overgrown [əuvə'grəun] adj (garden) invadido por la vegetación

overhaul [vb əuvə'hɔːl, n 'əuvəhɔːl] vt revisar, repasar ▷ n revisión f

overhead [adv əuvə'hɛd, adj, n 'əuvəhɛd] adv por arriba or encima ▷ adj (cable) aéreo ▷ n (US) = **overheads**; **overhead projector** n retroproyector; **overheads** npl (expenses) gastos mpl generales

over: overhear (irreg) vt oír por casualidad; **overheat** vi (engine) recalentarse; **overland** adj, adv por tierra; **overlap** [əuvə'læp] vi traslaparse; **overleaf** adv al dorso; **overload** vt sobrecargar; **overlook** vt (have view of) dar a, tener vistas a; (miss: by mistake) pasar por alto; (excuse) perdonar

overnight [əuvə'naɪt] adv durante la noche; (fig) de la noche a la mañana ▷ adj de noche; **to stay ~** pasar la noche; **overnight bag** n fin m de semana, neceser m de viaje

overpass (US) ['əuvəpɑːs] n paso superior

overpower [əuvə'pauə*] vt dominar; (fig) embargar; **overpowering** adj (heat) agobiante; (smell) penetrante

over: overreact [əuvəri'ækt] vi reaccionar de manera exagerada; **overrule** vt (decision) anular; (claim) denegar; **overrun** (irreg) vt (country) invadir; (time limit) rebasar, exceder

overseas [əuvə'siːz] adv (abroad: live) en el extranjero; (travel) al extranjero ▷ adj (trade) exterior; (visitor) extranjero

oversee [əuvə'siː] (irreg) vt supervisar

overshadow [əuvə'ʃædəu] vt: **to be ~ed by** estar a la sombra de

oversight ['əuvəsaɪt] n descuido

oversleep [əuvə'sliːp] (irreg) vi quedarse dormido

overspend [əuvə'spɛnd] (irreg) vi gastar más de la cuenta; **we have overspent by 5 pounds** hemos excedido el presupuesto en 5 libras

overt [əu'vəːt] adj abierto

overtake [əuvə'teɪk] (irreg) vt sobrepasar; (BRIT Aut) adelantar

over: overthrow (irreg) vt (government) derrocar; **overtime** n horas fpl extraordinarias

overtook [əuvə'tuk] pt of **overtake**

over: overturn vt volcar; (fig: plan) desbaratar; (: government) derrocar ▷ vi volcar; **overweight** adj demasiado gordo or pesado; **overwhelm** vt aplastar; (emotion) sobrecoger; **overwhelming** adj (victory, defeat) arrollador(a); (feeling) irresistible

ow [au] excl ¡ay!

owe [əu] vt: **to ~ sb sth, to ~ sth to sb** deber algo a algn; **owing to** prep debido a, por causa de

owl [aul] n búho, lechuza

own [əun] vt tener, poseer ▷ adj propio; **a room of my ~** una habitación propia; **to get one's ~ back** tomar revancha; **on one's ~** solo, a solas; **own up** vi confesar; **owner** n dueño/a;

ownership n posesión f

ox [ɔks] (pl **~en**) n buey m

Oxbridge ['ɔksbrɪdʒ] n universidades de Oxford y Cambridge

oxen ['ɔksən] npl of **ox**

oxygen ['ɔksɪdʒən] n oxígeno

oyster ['ɔɪstə*] n ostra

oz. abbr = **ounce(s)**

ozone ['əuzəun] n ozono; **ozone friendly** adj que no daña la capa de ozono; **ozone layer** n capa f de ozono

p [piː] abbr = **penny; pence**

P.A. n abbr = **personal assistant; public address system**

p.a. abbr = **per annum**

pace [peɪs] n paso ▷ vi: **to ~ up and down** pasearse de un lado a otro; **to keep ~ with** llevar el mismo paso que; **pacemaker** n (Med) regulador m cardíaco, marcapasos m inv; (Sport: also: **pacesetter**) liebre f

Pacific [pə'sɪfɪk] n: **the ~ (Ocean)** el (Océano) Pacífico

pacifier ['pæsɪfaɪə*] (US) n (dummy) chupete m

pack [pæk] n (packet) paquete m; (of hounds) jauría; (of people) manada, bando; (of cards) baraja; (bundle) fardo; (US: of cigarettes) paquete m; (back pack) mochila ▷ vt (fill) llenar; (in suitcase etc) meter, poner; (cram) llenar, atestar; **to ~ (one's bags)** hacerse la maleta; **to ~ sb off** despachar a algn; **pack in** vi (watch, car) estropearse ▷ vt (inf) dejar; **pack it in!** ¡para!, ¡basta ya!; **pack up** vi (inf: machine) estropearse; (person) irse

▷ vt (belongings, clothes) recoger; (goods, presents) empaquetar, envolver
package ['pækɪdʒ] n paquete m; (bulky) bulto; (also: ~ **deal**) acuerdo global; **package holiday** n vacaciones fpl organizadas; **package tour** n viaje m organizado
packaging ['pækɪdʒɪŋ] n envase m
packed [pækt] adj abarrotado; **packed lunch** n almuerzo frío
packet ['pækɪt] n paquete m
packing ['pækɪŋ] n embalaje m
pact [pækt] n pacto m
pad [pæd] n (of paper) bloc m; (cushion) cojinete m; (inf: home) casa ▷ vt rellenar; **padded** adj (jacket) acolchado; (bra) reforzado
paddle ['pædl] n (oar) canalete m; (us: for table tennis) paleta ▷ vt impulsar con canalete ▷ vi (with feet) chapotear; **paddling pool** (BRIT) n estanque m de juegos
paddock ['pædək] n corral m
padlock ['pædlɔk] n candado
paedophile ['pi:dəufail] (us **pedophile**) adj de pedófilos ▷ n pedófilo/a
page [peɪdʒ] n (of book) página; (of newspaper) plana; (also: ~ **boy**) paje m ▷ vt (in hotel etc) llamar por altavoz a
pager ['peɪdʒə*] n (Tel) busca m
paid [peɪd] pt, pp of **pay** ▷ adj (work) remunerado; (holiday) pagado; (official etc) a sueldo; **to put ~ to** (BRIT) acabar con
pain [peɪn] n dolor m; **to be in ~** sufrir; **to take ~s to do sth** tomarse grandes molestias en hacer algo; **painful** adj doloroso; (difficult) penoso; (disagreeable) desagradable; **painkiller** n analgésico; **painstaking** ['peɪnzteɪkɪŋ] adj (person) concienzudo, esmerado
paint [peɪnt] n pintura ▷ vt pintar; **to ~ the door blue** pintar la puerta de azul; **paintbrush** n (of artist) pincel m; (of decorator) brocha; **painter** n pintor(a) m/f; **painting** n pintura

pair [pɛə*] n (of shoes, gloves etc) par m; (of people) pareja; **a ~ of scissors** unas tijeras; **a ~ of trousers** unos pantalones, un pantalón
pajamas [pə'dʒɑ:məz] (us) npl pijama m
Pakistan [pɑ:kɪ'stɑ:n] n Paquistán m; **Pakistani** adj, n paquistaní mf
pal [pæl] (inf) n compinche mf, compañero/a
palace ['pæləs] n palacio
pale [peɪl] adj (gen) pálido; (colour) claro ▷ n: **to be beyond the ~** pasarse de la raya
Palestine ['pælɪstaɪn] n Palestina; **Palestinian** [-'tɪnɪən] adj, n palestino/a m/f
palm [pɑ:m] n (Anat) palma; (also: ~ **tree**) palmera, palma ▷ vt: **to ~ sth off on sb** (inf) encajar algo a algn
pamper ['pæmpə*] vt mimar
pamphlet ['pæmflət] n folleto
pan [pæn] n (also: **sauce~**) cacerola, cazuela, olla; (also: **frying ~**) sartén f
pancake ['pænkeɪk] n crepe f
panda ['pændə] n panda m
pane [peɪn] n cristal m
panel ['pænl] n (of wood etc) panel m; (Radio, TV) panel m de invitados
panhandler ['pænhændlə*] (us) (inf) mendigo/a
panic ['pænɪk] n terror m pánico ▷ vi dejarse llevar por el pánico
panorama [pænə'rɑ:mə] n panorama m
pansy ['pænzɪ] n (Bot) pensamiento; (inf, pej) maricón m
pant [pænt] vi jadear
panther ['pænθə*] n pantera
panties ['pæntɪz] npl bragas fpl, pantis mpl
pantomime ['pæntəmaɪm] (BRIT) n revista musical representada en Navidad, basada en cuentos de hadas

● **PANTOMIME**
●
● En época navideña se ponen en

escena en los teatros británicos las llamadas **pantomimes**, que son versiones libres de cuentos tradicionales como Aladino o El gato con botas. En ella nunca faltan personajes como la dama ("dame"), papel que siempre interpreta un actor, el protagonista joven ("principal boy"), normalmente interpretado por una actriz, y el malvado ("villain"). Es un espectáculo familiar en el que se anima al público a participar y aunque va dirigido principalmente a los niños, cuenta con grandes dosis de humor para adultos.

pants [pænts] n (BRIT: underwear: woman's) bragas fpl; (: man's) calzoncillos mpl; (US: trousers) pantalones mpl

paper ['peɪpə*] n papel m; (also: **news~**) periódico, diario; (academic essay) ensayo; (exam) examen m ▷ adj de papel ▷ vt empapelar, tapizar (MEX); **papers** npl (also: **identity ~s**) papeles mpl, documentos mpl; **paperback** n libro en rústica; **paper bag** n bolsa de papel; **paper clip** n clip m; **paper shop** (BRIT) n tienda de periódicos; **paperwork** n trabajo administrativo

paprika ['pæprɪkə] n pimentón m

par [pɑː*] n par f; (Golf) par m; **to be on a ~ with** estar a la par con

paracetamol [pærə'siːtəmɔl] (BRIT) n paracetamol m

parachute ['pærəʃuːt] n paracaídas m inv

parade [pə'reɪd] n desfile m ▷ vt (show) hacer alarde de ▷ vi desfilar; (Mil) pasar revista

paradise ['pærədaɪs] n paraíso

paradox ['pærədɔks] n paradoja

paraffin ['pærəfɪn] (BRIT) n (also: ~ oil) parafina

paragraph ['pærəgrɑːf] n párrafo

parallel ['pærəlɛl] adj en paralelo; (fig) semejante ▷ n (line) paralela; (fig, Geo) paralelo

paralysed ['pærəlaɪzd] adj paralizado

paralysis [pə'rælɪsɪs] n parálisis f inv

paramedic [pærə'mɛdɪk] n auxiliar m/f sanitario/a

paranoid ['pærənɔɪd] adj (person, feeling) paranoico

parasite ['pærəsaɪt] n parásito/a

parcel ['pɑːsl] n paquete m ▷ vt (also: ~ **up**) empaquetar, embalar

pardon ['pɑːdn] n (Law) indulto ▷ vt perdonar; ~ **me!, I beg your ~!** (I'm sorry!) ¡perdone usted!; **(I beg your) ~?, ~ me?** (US: what did you say?) ¿cómo?

parent ['pɛərənt] n (mother) madre f; (father) padre m; **parents** npl padres mpl

▮ Be careful not to translate **parent** by the Spanish word pariente.

parental [pə'rɛntl] adj paternal/ maternal

Paris ['pærɪs] n París

parish ['pærɪʃ] n parroquia

Parisian [pə'rɪzɪən] adj, n parisiense mf

park [pɑːk] n parque m ▷ vt aparcar, estacionar ▷ vi aparcar, estacionarse

parking ['pɑːkɪŋ] n aparcamiento, estacionamiento; **"no ~"** "prohibido estacionarse"; **parking lot** (US) n parking m; **parking meter** n parquímetro; **parking ticket** n multa de aparcamiento

parkway ['pɑːkweɪ] (US) n alameda

parliament ['pɑːləmənt] n parlamento; (Spanish) Cortes fpl; **parliamentary** [-'mɛntərɪ] adj parlamentario

● **PARLIAMENT**
●
● El Parlamento británico
● (**Parliament**) tiene como sede
● el palacio de Westminster,
● también llamado "Houses of
● Parliament" y consta de dos

cámaras. La Cámara de los
Comunes ("House of Commons"),
compuesta por 650 diputados
(**Members of Parliament**)
elegidos por sufragio universal
en su respectiva circunscripción
electoral (constituency), se reúne
175 días al año y sus sesiones son
moderadas por el Presidente de
la Cámara (**Speaker**). La cámara
alta es la Cámara de los Lores
("House of Lords") y está formada
por miembros que han sido
nombrados por el monarca o que
han heredado su escaño. Su poder
es limitado, aunque actúa como
tribunal supremo de apelación,
excepto en Escocia.

Parmesan [pɑ:mɪ'zæn] n (also: ~
cheese) queso parmesano
parole [pə'rəul] n: **on ~** libre bajo
palabra
parrot ['pærət] n loro, papagayo
parsley ['pɑ:slɪ] n perejil m
parsnip ['pɑ:snɪp] n chirivía
parson ['pɑ:sn] n cura m
part [pɑ:t] n (gen, Mus) parte f; (bit)
trozo; (of machine) pieza; (Theatre etc)
papel m; (of serial) entrega; (us: in hair)
raya ▷ adv = **partly** ▷ vt separar ▷ vi
(people) separarse; (crowd) apartarse; **to
take ~ in** tomar parte or participar en;
to take sth in good ~ tomar algo en
buena parte; **to take sb's ~** defender
a algn; **for my ~** por mi parte; **for the
most ~** en su mayor parte; **to ~ one's
hair** hacerse la raya; **part with** vt fus
ceder, entregar; (money) pagar; **part
of speech** n parte f de la oración,
categoría f gramatical
partial ['pɑ:ʃl] adj parcial; **to be ~ to**
ser aficionado a
participant [pɑ:'tɪsɪpənt] n (in
competition) concursante mf; (in
campaign etc) participante mf
participate [pɑ:'tɪsɪpeɪt] vi: **to ~ in**
participar en

particle ['pɑ:tɪkl] n partícula; (of
dust) grano
particular [pə'tɪkjulə*] adj (special)
particular; (concrete) concreto; (given)
determinado; (fussy) quisquilloso;
(demanding) exigente; **in ~** en
particular; **particularly** adv (in
particular) sobre todo; (difficult, good
etc) especialmente; **particulars**
npl (information) datos mpl; (details)
pormenores mpl
parting ['pɑ:tɪŋ] n (act) separación f;
(farewell) despedida; (BRIT: in hair) raya
▷ adj de despedida
partition [pɑ:'tɪʃən] n (Pol) división f;
(wall) tabique m
partly ['pɑ:tlɪ] adv en parte
partner ['pɑ:tnə*] n (Comm)
socio/a; (Sport, at dance) pareja; (spouse)
cónyuge mf; (lover) compañero/a;
partnership n asociación f; (Comm)
sociedad f
partridge ['pɑ:trɪdʒ] n perdiz f
part-time ['pɑ:t'taɪm] adj, adv a
tiempo parcial
party ['pɑ:tɪ] n (Pol) partido;
(celebration) fiesta; (group) grupo;
(Law) parte f interesada ▷ cpd (Pol)
de partido
pass [pɑ:s] vt (time, object) pasar;
(place) pasar por; (overtake) rebasar;
(exam) aprobar; (approve) aprobar ▷ vi
pasar; (Scol) aprobar, ser aprobado
▷ n (permit) permiso; (membership
card) carnet m; (in mountains) puerto,
desfiladero; (Sport) pase m; (Scol: also:
~ **mark**): **to get a ~ in** aprobar en;
to ~ sth through sth pasar algo por
algo; **to make a ~ at sb** (inf) hacer
proposiciones a algn; **pass away** vi
fallecer; **pass by** vi pasar ▷ vt (ignore)
pasar por alto; **pass on** vt transmitir;
pass out vi desmayarse; **pass over**
vi, vt omitir, pasar por alto; **pass up** vt
(opportunity) renunciar a; **passable** adj
(road) transitable; (tolerable) pasable
passage ['pæsɪdʒ] n (also: ~**way**)
pasillo; (act of passing) tránsito; (fare,

in book) pasaje m; (by boat) travesía; (Anat) tubo

passenger ['pæsɪndʒə*] n pasajero/a, viajero/a

passer-by [pɑ:sə'baɪ] n transeúnte mf

passing place n (Aut) apartadero

passion ['pæʃən] n pasión f; **passionate** adj apasionado; **passion fruit** n fruta de la pasión, granadilla

passive ['pæsɪv] adj (gen, also Ling) pasivo

passport ['pɑ:spɔ:t] n pasaporte m; **passport control** n control m de pasaporte; **passport office** n oficina de pasaportes

password ['pɑ:swɜ:d] n contraseña

past [pɑ:st] prep (in front of) por delante de; (further than) más allá de; (later than) después de ▷ adj pasado; (president etc) antiguo ▷ n (time) pasado; (of person) antecedentes mpl; **he's ~ forty** tiene más de cuarenta años; **ten/quarter ~ eight** las ocho y diez/cuarto; **for the ~ few/3 days** durante los últimos días/últimos 3 días; **to run ~ sb** pasar a algn corriendo

pasta ['pæstə] n pasta

paste [peɪst] n pasta; (glue) engrudo ▷ vt pegar

pastel ['pæstl] adj pastel; (painting) al pastel

pasteurized ['pæstəraɪzd] adj pasteurizado

pastime ['pɑ:staɪm] n pasatiempo

pastor ['pɑ:stə*] n pastor m

past participle [-'pɑ:tɪsɪpl] n (Ling) participio m (de) pasado or (de) pretérito or pasivo

pastry ['peɪstrɪ] n (dough) pasta; (cake) pastel m

pasture ['pɑ:stʃə*] n pasto

pasty¹ ['pæstɪ] n empanada

pasty² ['peɪstɪ] adj (complexion) pálido

pat [pæt] vt dar una palmadita a; (dog etc) acariciar

patch [pætʃ] n (of material,: eye patch) parche m; (mended part) remiendo; (of

land) terreno ▷ vt remendar; **(to go through) a bad ~** (pasar por) una mala racha; **patchy** adj desigual

pâté ['pæteɪ] n paté m

patent ['peɪtnt] n patente f ▷ vt patentar ▷ adj patente, evidente

paternal [pə'tɜ:nl] adj paternal; (relation) paterno

paternity leave [pə'tɜ:nɪtɪ-] n permiso m por paternidad, licencia por paternidad

path [pɑ:θ] n camino, sendero; (trail, track) pista; (of missile) trayectoria

pathetic [pə'θetɪk] adj patético, lastimoso; (very bad) malísimo

pathway ['pɑ:θweɪ] n sendero, vereda

patience ['peɪʃns] n paciencia; (BRIT Cards) solitario

patient ['peɪʃnt] n paciente mf ▷ adj paciente, sufrido

patio ['pætɪəu] n patio

patriotic [pætrɪ'ɔtɪk] adj patriótico

patrol [pə'trəul] n patrulla ▷ vt patrullar por; **patrol car** n coche m patrulla

patron ['peɪtrən] n (in shop) cliente mf; (of charity) patrocinador(a) m/f; **~ of the arts** mecenas m

patronizing ['pætrənaɪzɪŋ] adj condescendiente

pattern ['pætən] n (Sewing) patrón m; (design) dibujo; **patterned** adj (material) estampado

pause [pɔ:z] n pausa ▷ vi hacer una pausa

pave [peɪv] vt pavimentar; **to ~ the way for** preparar el terreno para

pavement ['peɪvmənt] (BRIT) n acera, banqueta (MEX), andén m (CAM), vereda (SC)

pavilion [pə'vɪlɪən] n (Sport) caseta

paving ['peɪvɪŋ] n pavimento, enlosado

paw [pɔ:] n pata

pawn [pɔ:n] n (Chess) peón m; (fig) instrumento ▷ vt empeñar; **pawn broker** n prestamista mf

pay [peɪ] (*pt, pp* **paid**) *n* (*wage etc*) sueldo, salario ▷ *vt* pagar ▷ *vi* (*be profitable*) rendir; **to ~ attention (to)** prestar atención (a); **to ~ sb a visit** hacer una visita a algn; **to ~ one's respects to sb** presentar sus respetos a algn; **pay back** *vt* (*money*) reembolsar; (*person*) pagar; **pay for** *vt fus* pagar; **pay in** *vt* ingresar; **pay off** *vt* saldar ▷ *vi* (*scheme, decision*) dar resultado; **pay out** *vt* (*money*) gastar, desembolsar; **pay up** *vt* pagar (de mala gana); **payable** *adj*: **payable to** pagadero a; **pay day** *n* día *m* de paga; **pay envelope** (*US*) *n* = **pay packet**; **payment** *n* pago; **monthly payment** mensualidad *f*; **payout** *n* pago; (*in competition*) premio en metálico; **pay packet** (*BRIT*) *n* sobre *m* (de paga); **pay phone** *n* teléfono público; **payroll** *n* nómina; **pay slip** *n* recibo de sueldo; **pay television** *n* televisión *f* de pago

PC *n abbr* = **personal computer**; (*BRIT*) (= *police constable*) policía *mf* ▷ *adv abbr* = **politically correct**

p.c. *abbr* = **per cent**

PDA *n abbr* (= *personal digital assistant*) agenda electrónica

PE *n abbr* (= *physical education*) ed. física

pea [pi:] *n* guisante *m* (*SP*), arveja (*LAM*), chícharo (*MEX*, *CAM*)

peace [pi:s] *n* paz *f*; (*calm*) paz *f*, tranquilidad *f*; **peaceful** *adj* (*gentle*) pacífico; (*calm*) tranquilo, sosegado

peach [pi:tʃ] *n* melocotón *m* (*SP*), durazno (*LAM*)

peacock ['pi:kɔk] *n* pavo real

peak [pi:k] *n* (*of mountain*) cumbre *f*, cima; (*of cap*) visera; (*fig*) cumbre *f*; **peak hours** *npl* horas *fpl* punta

peanut ['pi:nʌt] *n* cacahuete *m* (*SP*), maní *m* (*LAM*), cacahuate *m* (*MEX*); **peanut butter** *n* manteca de cacahuete *or* maní

pear [pɛə*] *n* pera

pearl [pə:l] *n* perla

peasant ['pɛznt] *n* campesino/a

peat [pi:t] *n* turba

pebble ['pɛbl] *n* guijarro

peck [pɛk] *vt* (*also*: **~ at**) picotear ▷ *n* picotazo; (*kiss*) besito; **peckish** (*BRIT*: *inf*) *adj*: **I feel peckish** tengo ganas de picar algo

peculiar [pɪ'kju:lɪə*] *adj* (*odd*) extraño, raro; (*typical*) propio, característico; **~ to** propio de

pedal ['pɛdl] *n* pedal *m* ▷ *vi* pedalear

pedalo ['pɛdələu] *n* patín *m* a pedal

pedestal ['pɛdəstl] *n* pedestal *m*

pedestrian [pɪ'dɛstrɪən] *n* peatón/ona *m/f* ▷ *adj* pedestre; **pedestrian crossing** (*BRIT*) *n* paso de peatones; **pedestrianized** *adj*: **a pedestrianized street** una calle peatonal; **pedestrian precinct** (*US* **pedestrian zone**) *n* zona peatonal

pedigree ['pɛdɪgri:] *n* genealogía; (*of animal*) raza, pedigrí *m* ▷ *cpd* (*animal*) de raza, de casta

pedophile ['pi:dəufaɪl] (*US*) *n* = **paedophile**

pee [pi:] (*inf*) *vi* mear

peek [pi:k] *vi* mirar a hurtadillas

peel [pi:l] *n* piel *f*; (*of orange, lemon*) cáscara; (: *removed*) peladuras *fpl* ▷ *vt* pelar ▷ *vi* (*paint etc*) desconcharse; (*wallpaper*) despegarse, desprenderse; (*skin*) pelar

peep [pi:p] *n* (*BRIT*: *look*) mirada furtiva; (*sound*) pío ▷ *vi* (*BRIT*: *look*) mirar furtivamente

peer [pɪə*] *vi*: **to ~ at** escudriñar ▷ *n* (*noble*) par *m*; (*equal*) igual *m*; (*contemporary*) contemporáneo/a

peg [pɛg] *n* (*for coat etc*) gancho, colgadero; (*BRIT*: *also*: **clothes ~**) pinza

pelican ['pɛlɪkən] *n* pelícano; **pelican crossing** (*BRIT*) *n* (*Aut*) paso de peatones señalizado

pelt [pɛlt] *vt*: **to ~ sb with sth** arrojarle algo a algn ▷ *vi* (*rain*) llover a cántaros; (*inf*: *run*) correr ▷ *n* pellejo

pelvis ['pɛlvɪs] *n* pelvis *f*

pen [pɛn] *n* (*fountain pen*) pluma; (*ballpoint pen*) bolígrafo; (*for sheep*) redil *m*

penalty ['pɛnltɪ] n (gen) pena; (fine) multa

pence [pɛns] npl of **penny**

pencil ['pɛnsl] n lápiz m; **pencil in** vt (appointment) apuntar con carácter provisional; **pencil case** n estuche m; **pencil sharpener** n sacapuntas m inv

pendant ['pɛndnt] n pendiente m

pending ['pɛndɪŋ] prep antes de ▷ adj pendiente

penetrate ['pɛnɪtreɪt] vt penetrar

penfriend ['pɛnfrɛnd] (BRIT) n amigo/a por carta

penguin ['pɛŋgwɪn] n pingüino

penicillin [pɛnɪ'sɪlɪn] n penicilina

peninsula [pə'nɪnsjulə] n península

penis ['piːnɪs] n pene m

penitentiary [pɛnɪ'tɛnʃərɪ] (US) n cárcel f, presidio

penknife ['pɛnnaɪf] n navaja

penniless ['pɛnɪlɪs] adj sin dinero

penny ['pɛnɪ] (pl **pennies** or **pence**) (BRIT) n penique m; (US) centavo

penpal ['pɛnpæl] n amigo/a por carta

pension ['pɛnʃən] n (state benefit) jubilación f; **pensioner** (BRIT) n jubilado/a

pentagon ['pɛntəgən] (US) n: **the P~** (Pol) el Pentágono

○ **PENTAGON**
○
○ Se conoce como **Pentagon** al
○ edificio de planta pentagonal
○ que acoge las dependencias
○ del Ministerio de Defensa
○ estadounidense ("Department of
○ Defense") en Arlington, Virginia.
○ En lenguaje periodístico se aplica
○ también a la dirección militar
○ del país.

penthouse ['pɛnthaus] n ático de lujo

penultimate [pɛ'nʌltɪmət] adj penúltimo

people ['piːpl] npl gente f; (citizens) pueblo, ciudadanos mpl; (Pol): **the ~** el pueblo ▷ n (nation, race) pueblo, nación f; **several ~ came** vinieron varias personas; **~ say that ...** dice la gente que ...

pepper ['pɛpə*] n (spice) pimienta; (vegetable) pimiento ▷ vt: **to ~ with** (fig) salpicar de; **peppermint** n (sweet) pastilla de menta

per [pə:*] prep por; **~ day/~son** por día/persona; **~ annum** al año

perceive [pə'siːv] vt percibir; (realize) darse cuenta de

per cent n por ciento

percentage [pə'sɛntɪdʒ] n porcentaje m

perception [pə'sɛpʃən] n percepción f; (insight) perspicacia; (opinion etc) opinión f

perch [pə:tʃ] n (fish) perca; (for bird) percha ▷ vi: **to ~ (on)** (bird) posarse (en); (person) encaramarse (en)

percussion [pə'kʌʃən] n percusión f

perfect [adj, n 'pə:fɪkt, vb pə'fɛkt] adj perfecto ▷ n (also: ~ **tense**) perfecto ▷ vt perfeccionar; **perfection** [pə'fɛkʃən] n perfección f; **perfectly** ['pə:fɪktlɪ] adv perfectamente

perform [pə'fɔ:m] vt (carry out) realizar, llevar a cabo; (Theatre) representar; (piece of music) interpretar ▷ vi (well, badly) funcionar; **performance** n (of a play) representación f; (of actor, athlete etc) actuación f; (of car, engine, company) rendimiento; (of economy) resultados mpl; **performer** n (actor) actor m, actriz f

perfume ['pə:fju:m] n perfume m

perhaps [pə'hæps] adv quizá(s), tal vez

perimeter [pə'rɪmɪtə*] n perímetro

period ['pɪərɪəd] n período; (Scol) clase f; (full stop) punto; (Med) regla ▷ adj (costume, furniture) de época; **periodical** [pɪərɪ'ɔdɪkl] n periódico; **periodically** adv de vez en cuando, cada cierto tiempo

perish ['pɛrɪʃ] vi perecer; (decay) echarse a perder

perjury ['pə:dʒərɪ] n (Law) perjurio

perk [pə:k] n extra m

perm [pə:m] n permanente f

permanent ['pə:mənənt] adj permanente; **permanently** adv (lastingly) para siempre, de modo definitivo; (all the time) permanentemente

permission [pə'mɪʃən] n permiso

permit [n 'pə:mɪt, vt pə'mɪt] n permiso, licencia ▷vt permitir

perplex [pə'plɛks] vt dejar perplejo

persecute ['pə:sɪkju:t] vt perseguir

persecution [pə:sɪ'kju:ʃən] n persecución f

persevere [pə:sɪ'vɪə*] vi persistir

Persian ['pə:ʃən] adj, n persa mf; **the ~ Gulf** el Golfo Pérsico

persist [pə'sɪst] vi: **to ~ (in doing sth)** persistir (en hacer algo); **persistent** adj persistente; (determined) porfiado

person ['pə:sn] n persona; **in ~** en persona; **personal** adj personal; individual; (visit) en persona; **personal assistant** n ayudante mf personal; **personal computer** n ordenador m personal; **personality** [-'nælɪtɪ] n personalidad f; **personally** adv personalmente; (in person) en persona; **to take sth personally** tomarse algo a mal; **personal organizer** n agenda; **personal stereo** n Walkman® m

personnel [pə:sə'nɛl] n personal m

perspective [pə'spɛktɪv] n perspectiva

perspiration [pə:spɪ'reɪʃən] n transpiración f

persuade [pə'sweɪd] vt: **to ~ sb to do sth** persuadir a algn para que haga algo

persuasion [pə'sweɪʒən] n persuasión f; (persuasiveness) persuasiva

persuasive [pə'sweɪsɪv] adj persuasivo

perverse [pə'və:s] adj perverso; (wayward) travieso

pervert [n 'pə:və:t, vb pə'və:t] n pervertido/a ▷vt pervertir; (truth, sb's words) tergiversar

pessimism ['pɛsɪmɪzəm] n pesimismo

pessimist ['pɛsɪmɪst] n pesimista mf; **pessimistic** [-'mɪstɪk] adj pesimista

pest [pɛst] n (insect) insecto nocivo; (fig) lata, molestia

pester ['pɛstə*] vt molestar, acosar

pesticide ['pɛstɪsaɪd] n pesticida m

pet [pɛt] n animal m doméstico ▷cpd favorito ▷vt acariciar; **teacher's ~** favorito/a (del profesor); **~ hate** manía

petal ['pɛtl] n pétalo

petite [pə'ti:t] adj chiquita

petition [pə'tɪʃən] n petición f

petrified ['pɛtrɪfaɪd] adj horrorizado

petrol ['pɛtrəl] (BRIT) n gasolina

petroleum [pə'trəulɪəm] n petróleo

petrol: petrol pump (BRIT) n (in garage) surtidor m de gasolina; **petrol station** (BRIT) n gasolinera; **petrol tank** (BRIT) n depósito (de gasolina)

petticoat ['pɛtɪkəut] n enaguas fpl

petty ['pɛtɪ] adj (mean) mezquino; (unimportant) insignificante

pew [pju:] n banco

pewter ['pju:tə*] n peltre m

phantom ['fæntəm] n fantasma m

pharmacist ['fɑ:məsɪst] n farmacéutico/a

pharmacy ['fɑ:məsɪ] n farmacia

phase [feɪz] n fase f; **phase in** vt introducir progresivamente; **phase out** vt (machinery, product) retirar progresivamente; (job, subsidy) eliminar por etapas

Ph.D. abbr = **Doctor of Philosophy**

pheasant ['fɛznt] n faisán m

phenomena [fə'nɔmɪnə] npl of **phenomenon**

phenomenal [fɪ'nɔmɪnl] adj fenomenal, extraordinario

phenomenon [fə'nɔmɪnən] (pl **phenomena**) n fenómeno

Philippines ['fɪlɪpi:nz] npl: **the ~** las

Filipinas

philosopher [fɪ'lɔsəfə*] n filósofo/a

philosophical [fɪlə'sɔfɪkl] adj filosófico

philosophy [fɪ'lɔsəfɪ] n filosofía

phlegm [flɛm] n flema

phobia ['fəubjə] n fobia

phone [fəun] n teléfono ▷ vt telefonear, llamar por teléfono; **to be on the ~** tener teléfono; (be calling) estar hablando por teléfono; **phone back** vt, vi volver a llamar; **phone up** vt, vi llamar por teléfono; **phone book** n guía telefónica; **phone booth** n cabina telefónica; **phone box** (BRIT) n = **phone booth**; **phone call** n llamada (telefónica); **phonecard** n teletarjeta; **phone number** n número de teléfono

phonetics [fə'nɛtɪks] n fonética

phoney ['fəunɪ] adj falso

photo ['fəutəu] n foto f; **photo album** n álbum m de fotos; **photocopier** n fotocopiadora; **photocopy** n fotocopia ▷ vt fotocopiar

photograph ['fəutəgraːf] n fotografía ▷ vt fotografiar; **photographer** [fə'tɔgrəfə*] n fotógrafo; **photography** [fə'tɔgrəfɪ] n fotografía

phrase [freɪz] n frase f ▷ vt expresar; **phrase book** n libro de frases

physical ['fɪzɪkl] adj físico; **physical education** n educación f física; **physically** adv físicamente

physician [fɪ'zɪʃən] n médico/a

physicist ['fɪzɪsɪst] n físico/a

physics ['fɪzɪks] n física

physiotherapist [fɪzɪəu'θɛrəpɪst] n fisioterapeuta

physiotherapy [fɪzɪəu'θɛrəpɪ] n fisioterapia

physique [fɪ'ziːk] n físico

pianist ['piːənɪst] n pianista mf

piano [pɪ'ænəu] n piano

pick [pɪk] n (tool: also: **~-axe**) pico, piqueta ▷ vt (select) elegir, escoger; (gather) coger (SP), recoger; (remove, take out) sacar, quitar; (lock) abrir con ganzúa; **take your ~** escoja lo que quiera; **the ~ of** lo mejor de; **to ~ one's nose/teeth** hurgarse las narices/ limpiarse los dientes; **to ~ a quarrel with sb** meterse con algn; **pick on** vt fus (person) meterse con; **pick out** vt escoger; (distinguish) identificar; **pick up** vi (improve: sales) ir mejor; (: patient) reponerse; (Finance) recobrarse ▷ vt recoger; (learn) aprender; (Police: arrest) detener; (person: for sex) ligar; (Radio) captar; **to pick up speed** acelerarse; **to pick o.s. up** levantarse

pickle ['pɪkl] n (also: **~s**: as condiment) escabeche m; (fig: mess) apuro ▷ vt encurtir

pickpocket ['pɪkpɔkɪt] n carterista mf

pick-up ['pɪkʌp] n (also: **~ truck**) furgoneta, camioneta

picnic ['pɪknɪk] n merienda ▷ vi ir de merienda; **picnic area** n zona de picnic; (Aut) área de descanso

picture ['pɪktʃə*] n cuadro; (painting) pintura; (photograph) fotografía; (TV) imagen f; (film) película; (fig: description) descripción f; (: situation) situación f ▷ vt (imagine) imaginar; **pictures** npl: **the ~s** (BRIT) el cine; **picture frame** n marco; **picture messaging** n (envío de) mensajes con imágenes

picturesque [pɪktʃə'rɛsk] adj pintoresco

pie [paɪ] n pastel m; (open) tarta; (small: of meat) empanada

piece [piːs] n pedazo, trozo; (of cake) trozo; (item): **a ~ of clothing/ furniture/advice** una prenda (de vestir)/un mueble/un consejo ▷ vt: **to ~ together** juntar; (Tech) armar; **to take to ~s** desmontar

pie chart n gráfico de sectores or tarta

pier [pɪə*] n muelle m, embarcadero

pierce [pɪəs] vt perforar; **pierced** adj: **I've got pierced ears** tengo los agujeros hechos en las orejas

pig [pɪg] n cerdo, chancho (LAM);

(*pej: unkind person*) asqueroso; (: *greedy person*) glotón/ona *m/f*

pigeon ['pɪdʒən] *n* paloma; (*as food*) pichón *m*

piggy bank ['pɪgɪ-] *n* hucha (*en forma de cerdito*)

pigsty ['pɪgstaɪ] *n* pocilga

pigtail *n* (*girl's*) trenza

pike [paɪk] *n* (*fish*) lucio

pilchard ['pɪltʃəd] *n* sardina

pile [paɪl] *n* montón *m*; (*of carpet, cloth*) pelo; **pile up** *vi +adv* (*accumulate: work*) amontonarse, acumularse ▷ *vt +adv* (*put in a heap: books, clothes*) apilar, amontonar; (*accumulate*) acumular; **piles** *npl* (*Med*) almorranas *fpl*, hemorroides *mpl*; **pile-up** *n* (*Aut*) accidente *m* múltiple

pilgrimage ['pɪlgrɪmɪdʒ] *n* peregrinación *f*, romería

pill [pɪl] *n* píldora; **the ~** la píldora

pillar ['pɪlə*] *n* pilar *m*

pillow ['pɪləu] *n* almohada; **pillowcase** *n* funda

pilot ['paɪlət] *n* piloto ▷ *cpd* (*scheme etc*) piloto ▷ *vt* pilotar; **pilot light** *n* piloto

pimple ['pɪmpl] *n* grano

PIN *n abbr* (= *personal identification number*) número personal

pin [pɪn] *n* alfiler *m* ▷ *vt* prender (con alfiler); **~s and needles** hormigueo; **to ~ sb down** (*fig*) hacer que algn concrete; **to ~ sth on sb** (*fig*) colgarle a algn el sambenito de algo

pinafore ['pɪnəfɔ:*] *n* delantal *m*

pinch [pɪntʃ] *n* (*of salt etc*) pizca ▷ *vt* pellizcar; (*inf: steal*) birlar; **at a ~** en caso de apuro

pine [paɪn] *n* (*also: ~ tree*) pino ▷ *vi*: **to ~ for** suspirar por

pineapple ['paɪnæpl] *n* piña, ananás *m*

ping [pɪŋ] *n* (*noise*) sonido agudo; **ping-pong**® *n* pingpong® *m*

pink [pɪŋk] *adj* rosado, (color de) rosa ▷ *n* (*colour*) rosa; (*Bot*) clavel *m*, clavellina

pinpoint ['pɪnpɔɪnt] *vt* precisar

pint [paɪnt] *n* pinta (BRIT = 568cc, US = 473cc); (BRIT: *inf: of beer*) pinta de cerveza ≈ jarra (SP)

pioneer [paɪə'nɪə*] *n* pionero/a

pious ['paɪəs] *adj* piadoso, devoto

pip [pɪp] *n* (*seed*) pepita; **the ~s** (BRIT) la señal

pipe [paɪp] *n* tubo, caño; (*for smoking*) pipa ▷ *vt* conducir en cañerías; **pipeline** *n* (*for oil*) oleoducto; (*for gas*) gasoducto; **piper** *n* gaitero/a

pirate ['paɪərət] *n* pirata *mf* ▷ *vt* (*cassette, book*) piratear

Pisces ['paɪsi:z] *n* Piscis *m*

piss [pɪs] (*inf!*) *vi* mear; **pissed** (*inf!*) *adj* (*drunk*) borracho

pistol ['pɪstl] *n* pistola

piston ['pɪstən] *n* pistón *m*, émbolo

pit [pɪt] *n* hoyo; (*also:* **coal ~**) mina; (*in garage*) foso de inspección; (*also:* **orchestra ~**) platea ▷ *vt*: **to ~ one's wits against sb** medir fuerzas con algn

pitch [pɪtʃ] *n* (*Mus*) tono; (BRIT *Sport*) campo, terreno; (*fig*) punto; (*tar*) brea ▷ *vt* (*throw*) arrojar, lanzar ▷ *vi* (*fall*) caer(se); **to ~ a tent** montar una tienda (de campaña); **pitch-black** *adj* negro como boca de lobo

pitfall ['pɪtfɔ:l] *n* riesgo

pith [pɪθ] *n* (*of orange*) médula

pitiful ['pɪtɪful] *adj* (*touching*) lastimoso, conmovedor(a)

pity ['pɪtɪ] *n* compasión *f*, piedad *f* ▷ *vt* compadecer(se de); **what a ~!** ¡qué pena!

pizza ['pi:tsə] *n* pizza

placard ['plækɑ:d] *n* letrero; (*in march etc*) pancarta

place [pleɪs] *n* lugar *m*, sitio; (*seat*) plaza, asiento; (*post*) puesto; (*home*): **at/to his ~** en/a su casa; (*role: in society etc*) papel *m* ▷ *vt* (*object*) poner, colocar; (*identify*) reconocer; **to take ~** tener lugar; **to be ~d** (*in race, exam*) colocarse; **out of ~** (*not suitable*) fuera de lugar; **in the first ~** en primer lugar; **to change ~s with sb** cambiarse de sitio con algn; **~ of birth** lugar *m* de nacimiento; **place mat** *n* (*wooden etc*) salvamanteles *m inv*; (*linen etc*) mantel *m* individual; **placement** *n* (*positioning*) colocación *f*; (*at work*) emplazamiento

placid ['plæsɪd] *adj* apacible

plague [pleɪg] *n* plaga; (*Med*) peste *f* ▷ *vt* (*fig*) acosar, atormentar

plaice [pleɪs] *n inv* platija

plain [pleɪn] *adj* (*unpatterned*) liso; (*clear*) claro, evidente; (*simple*) sencillo; (*not handsome*) poco atractivo ▷ *adv* claramente ▷ *n* llano, llanura; **plain chocolate** *n* chocolate *m* amargo; **plainly** *adv* claramente

plaintiff ['pleɪntɪf] *n* demandante *mf*

plait [plæt] *n* trenza

plan [plæn] *n* (*drawing*) plano; (*scheme*) plan *m*, proyecto ▷ *vt* proyectar, planificar ▷ *vi* hacer proyectos; **to ~ to do** pensar hacer

plane [pleɪn] *n* (*Aviat*) avión *m*; (*Math, fig*) plano; (*also:* **~ tree**) plátano; (*tool*) cepillo

planet ['plænɪt] *n* planeta *m*

plank [plæŋk] *n* tabla

planning ['plænɪŋ] *n* planificación *f*; **family ~** planificación familiar

plant [plɑːnt] *n* planta; (*machinery*) maquinaria; (*factory*) fábrica ▷ *vt* plantar; (*field*) sembrar; (*bomb*) colocar

plantation [plæn'teɪʃən] *n* plantación *f*; (*estate*) hacienda

plaque [plæk] *n* placa

plaster ['plɑːstə*] *n* (*for walls*) yeso; (*also:* **~ of Paris**) yeso mate, escayola (*SP*); (*BRIT: also:* **sticking ~**) tirita (*SP*), curita (*LAM*) ▷ *vt* enyesar; (*cover*) **to ~ with** llenar or cubrir de; **plaster cast** *n* (*Med*) escayola; (*model, statue*) vaciado de yeso

plastic ['plæstɪk] *n* plástico ▷ *adj* de plástico; **plastic bag** *n* bolsa de plástico; **plastic surgery** *n* cirujía plástica

plate [pleɪt] *n* (*dish*) plato; (*metal, in book*) lámina; (*dental plate*) placa de

dentadura postiza

plateau ['plætəʊ] (*pl* **~s** *or* **~x**) *n* meseta, altiplanicie *f*

platform ['plætfɔːm] *n* (*Rail*) andén *m*; (*stage, BRIT: on bus*) plataforma; (*at meeting*) tribuna; (*Pol*) programa *m* (electoral)

platinum ['plætɪnəm] *adj, n* platino

platoon [plə'tuːn] *n* pelotón *m*

platter ['plætə*] *n* fuente *f*

plausible ['plɔːzɪbl] *adj* verosímil; (*person*) convincente

play [pleɪ] *n* (*Theatre*) obra, comedia ▷ *vt* (*game*) jugar; (*compete against*) jugar contra; (*instrument*) tocar; (*part: in play etc*) hacer el papel de; (*tape, record*) poner ▷ *vi* jugar; (*band*) tocar; (*tape, record*) sonar; **to ~ safe** ir a lo seguro; **play back** *vt* (*tape*) poner; **play up** *vi* (*cause trouble to*) dar guerra; **player** *n* jugador(a) *m/f*; (*Theatre*) actor(actriz) *m/f*; (*Mus*) músico/a; **playful** *adj* juguetón/ona; **playground** *n* (*in school*) patio de recreo; (*in park*) parque *m* infantil; **playgroup** *n* jardín *m* de niños; **playing card** *n* naipe *m*, carta; **playing field** *n* campo de deportes; **playschool** *n* = **playgroup**; **playtime** *n* (*Scol*) recreo; **playwright** *n* dramaturgo/a

plc *abbr* (= *public limited company*) ≈ S.A.

plea [pliː] *n* súplica, petición *f*; (*Law*) alegato, defensa

plead [pliːd] *vt* (*Law*): **to ~ sb's case** defender a algn; (*give as excuse*) poner como pretexto ▷ *vi* (*Law*) declararse; (*beg*): **to ~ with sb** suplicar or rogar a algn

pleasant ['plɛznt] *adj* agradable

please [pliːz] *excl* ¡por favor! ▷ *vt* (*give pleasure to*) dar gusto a, agradar ▷ *vi* (*think fit*): **do as you ~** haz lo que quieras; **~ yourself!** (*inf*) ¡haz lo que quieras!, ¡como quieras!; **pleased** *adj* (*happy*) alegre, contento; **pleased (with)** satisfecho (de); **pleased to meet you** ¡encantado!, ¡tanto gusto!

pleasure ['plɛʒə*] *n* placer *m*, gusto;

"it's a ~" "el gusto es mío"

pleat [pliːt] n pliegue m

pledge [plɛdʒ] n (promise) promesa, voto ▷ vt prometer

plentiful ['plɛntɪful] adj copioso, abundante

plenty ['plɛntɪ] n: ~ **of** mucho(s)/a(s)

pliers ['plaɪəz] npl alicates mpl, tenazas fpl

plight [plaɪt] n situación f difícil

plod [plɒd] vi caminar con paso pesado; (fig) trabajar laboriosamente

plonk [plɒŋk] (inf) n (BRIT: wine) vino peleón ▷ vt: **to ~ sth down** dejar caer algo

plot [plɒt] n (scheme) complot m, conjura; (of story, play) argumento; (of land) terreno ▷ vt (mark out) trazar; (conspire) tramar, urdir ▷ vi conspirar

plough [plau] (US **plow**) n arado ▷ vt (earth) arar; **to ~ money into** invertir dinero en; **ploughman's lunch** (BRIT) n almuerzo de pub a base de pan, queso y encurtidos

plow [plau] (US) = **plough**

ploy [plɔɪ] n truco, estratagema

pluck [plʌk] vt (fruit) coger (SP), recoger (LAM); (musical instrument) puntear; (bird) desplumar; (eyebrows) depilar; **to ~ up courage** hacer de tripas corazón

plug [plʌg] n tapón m; (Elec) enchufe m, clavija; (Aut: also: **spark(ing) ~**) bujía ▷ vt (hole) tapar; (inf: advertise) dar publicidad a; **plug in** vt (Elec) enchufar; **plughole** n desagüe m

plum [plʌm] n (fruit) ciruela

plumber ['plʌmə*] n fontanero/a (SP, CAM), plomero/a (LAM)

plumbing ['plʌmɪŋ] n (trade) fontanería, plomería; (piping) cañería

plummet ['plʌmɪt] vi: **to ~ (down)** caer a plomo

plump [plʌmp] adj rechoncho, rollizo ▷ vi: **to ~ for** (inf: choose) optar por

plunge [plʌndʒ] n zambullida ▷ vt sumergir, hundir ▷ vi (fall) caer; (dive) saltar; (person) arrojarse; **to take the ~** lanzarse

plural ['pluərl] adj plural ▷ n plural m

plus [plʌs] n (also: ~ **sign**) signo más ▷ prep más, y, además de; **ten/twenty ~** más de diez/veinte

ply [plaɪ] vt (a trade) ejercer ▷ vi (ship) ir y venir ▷ n (of wool, rope) cabo; **to ~ sb with drink** insistir en ofrecer a algn muchas copas; **plywood** n madera contrachapada

P.M. n abbr = **Prime Minister**

p.m. adv abbr (= post meridiem) de la tarde or noche

PMS n abbr (= premenstrual syndrome) SPM m

PMT n abbr (= premenstrual tension) SPM m

pneumatic drill [njuːˈmætɪk-] n martillo neumático

pneumonia [njuːˈməunɪə] n pulmonía

poach [pəutʃ] vt (cook) escalfar; (steal) cazar (or pescar) en vedado ▷ vi cazar (or pescar) en vedado; **poached** adj escalfado

P.O. Box n abbr (= Post Office Box) apdo., aptdo.

pocket ['pɒkɪt] n bolsillo; (fig: small area) bolsa ▷ vt meter en el bolsillo; (steal) embolsar; **to be out of ~** (BRIT) salir perdiendo; **pocketbook** (US) n cartera; **pocket money** n asignación f

pod [pɒd] n vaina

podiatrist [pɔˈdiːətrɪst] (US) n pedicuro/a

podium ['pəudɪəm] n podio

poem ['pəuɪm] n poema m

poet ['pəuɪt] n poeta m/f; **poetic** [-ˈɛtɪk] adj poético; **poetry** n poesía

poignant ['pɔɪnjənt] adj conmovedor(a)

point [pɔɪnt] n punto; (tip) punta; (purpose) fin m, propósito; (use) utilidad f; (significant part) lo significativo; (moment) momento; (Elec) toma (de corriente); (also: **decimal ~**): **2 ~ 3 (2.3)** dos coma tres (2,3) ▷ vt señalar; (gun etc): **to ~ sth at sb** apuntar algo

a algn ▷ *vi*: **to ~ at** señalar; **points**
npl (*Aut*) contactos *mpl*; (*Rail*) agujas
fpl; **to be on the ~ of doing sth** estar
a punto de hacer algo; **to make a ~ of**
poner empeño en; **to get/miss the
~** comprender/no comprender; **to
come to the ~** ir al meollo; **there's no
~ (in doing)** no tiene sentido (hacer);
point out *vt* señalar; **point-blank**
adv (*say, refuse*) sin más hablar; (*also*:
at point-blank range) a quemarropa;
pointed *adj* (*shape*) puntiagudo,
afilado; (*remark*) intencionado; **pointer**
n (*needle*) aguja, indicador *m*; **pointless**
adj sin sentido; **point of view** *n* punto
de vista

poison ['pɔɪzn] *n* veneno ▷ *vt*
envenenar; **poisonous** *adj* venenoso;
(*fumes etc*) tóxico

poke [pəuk] *vt* (*jab with finger, stick
etc*) empujar; (*put*): **to ~ sth in(to)**
introducir algo en; **poke about** *or*
around *vi* fisgonear; **poke out** *vi*
(*stick out*) salir

poker ['pəukə*] *n* atizador *m*; (*Cards*)
póker *m*

Poland ['pəulənd] *n* Polonia

polar ['pəulə*] *adj* polar; **polar bear**
n oso polar

Pole [pəul] *n* polaco/a

pole [pəul] *n* palo; (*fixed*) poste *m*;
(*Geo*) polo; **pole bean** (*US*) *n* ≈ judía
verde; **pole vault** *n* salto con pértiga

police [pə'liːs] *n* policía ▷ *vt* vigilar;
police car *n* coche-patrulla *m*; **police
constable** (*BRIT*) *n* guardia *m*, policía
m; **police force** *n* cuerpo de policía;
policeman (*irreg*) *n* policía *m*, guardia
m; **police officer** *n* guardia *m*, policía
m; **police station** *n* comisaría;
policewoman (*irreg*) *n* mujer *f* policía

policy ['pɔlɪsɪ] *n* política; (*also*:
insurance ~) póliza

polio ['pəulɪəu] *n* polio *f*

Polish ['pəulɪʃ] *adj* polaco ▷ *n* (*Ling*)
polaco

polish ['pɔlɪʃ] *n* (*for shoes*) betún *m*;
(*for floor*) cera (de lustrar); (*shine*) brillo,

lustre *m*; (*fig*: *refinement*) educación *f*
▷ *vt* (*shoes*) limpiar; (*make shiny*) pulir,
sacar brillo a; **polish off** *vt* (*food*)
despachar; **polished** *adj* (*fig*: *person*)
elegante

polite [pə'laɪt] *adj* cortés, atento;
politeness *n* cortesía

political [pə'lɪtɪkl] *adj* político;
politically *adv* políticamente;
politically correct políticamente
correcto

politician [pɔlɪ'tɪʃən] *n* político/a

politics ['pɔlɪtɪks] *n* política

poll [pəul] *n* (*election*) votación *f*; (*also*:
opinion ~) sondeo, encuesta ▷ *vt*
encuestar; (*votes*) obtener

pollen ['pɔlən] *n* polen *m*

polling station ['pəulɪŋ-] *n* centro
electoral

pollute [pə'luːt] *vt* contaminar

pollution [pə'luːʃən] *n* polución *f*,
contaminación *f* del medio ambiente

polo ['pəuləu] *n* (*sport*) polo; **polo-
neck** *adj* de cuello vuelto ▷ *n* (*sweater*)
suéter *m* de cuello vuelto; **polo shirt** *n*
polo, niqui *m*

polyester [pɔlɪ'ɛstə*] *n* poliéster *m*

polystyrene [pɔlɪ'staɪriːn] *n*
poliestireno

polythene ['pɔlɪθiːn] (*BRIT*) *n*
politeno; **polythene bag** *n* bolsa de
plástico

pomegranate ['pɔmɪgrænɪt] *n*
granada

pompous ['pɔmpəs] *adj* pomposo

pond [pɔnd] *n* (*natural*) charca;
(*artificial*) estanque *m*

ponder ['pɔndə*] *vt* meditar

pony ['pəunɪ] *n* poni *m*; **ponytail**
n coleta; **pony trekking** (*BRIT*) *n*
excursión *f* a caballo

poodle ['puːdl] *n* caniche *m*

pool [puːl] *n* (*natural*) charca; (*also*:
swimming ~) piscina, alberca (*MEX*),
pileta (*RPL*); (*fig*: *of light etc*) charco;
(*Sport*) chapolín *m* ▷ *vt* juntar; **pools**
npl quinielas *fpl*

poor [puə*] *adj* pobre; (*bad*) de mala

calidad ▷ *npl*: **the ~** los pobres; **poorly**
adj mal, enfermo ▷ *adv* mal
pop [pɔp] *n* (*sound*) ruido seco; (*Mus*)
(música) pop *m*; (*inf: father*) papá *m*;
(*drink*) gaseosa ▷ *vt* (*put quickly*) meter
(de prisa) ▷ *vi* reventar; (*cork*) saltar;
pop in *vi* entrar un momento; **pop
out** *vi* salir un momento; **popcorn** *n*
palomitas *fpl*
poplar ['pɔplə*] *n* álamo
popper ['pɔpə*] (*BRIT*) *n* automático
poppy ['pɔpɪ] *n* amapola
Popsicle® ['pɔpsɪkl] (*US*) *n* polo
pop star *n* estrella del pop
popular ['pɔpjulə*] *adj* popular;
popularity [pɔpju'lærɪtɪ] *n*
popularidad *f*
population [pɔpju'leɪʃən] *n*
población *f*
pop-up ['pɔpʌp] (*Comput*) *adj* (*menu,
window*) emergente ▷ *n* ventana
emergente, (ventana *f*) pop-up *f*
porcelain ['pɔːslɪn] *n* porcelana
porch [pɔːtʃ] *n* pórtico, entrada; (*US*)
veranda
pore [pɔː*] *n* poro ▷ *vi*: **to ~ over**
engolfarse en
pork [pɔːk] *n* carne *f* de cerdo *or*
(*LAM*) chancho; **pork chop** *n* chuleta
de cerdo; **pork pie** *n* (*BRIT: Culin*)
empanada de carne de cerdo
porn [pɔːn] *adj* (*inf*) porno *inv* ▷ *n*
porno; **pornographic** [pɔːnə'græfɪk]
adj pornográfico; **pornography**
[pɔː'nɔgrəfɪ] *n* pornografía
porridge ['pɔrɪdʒ] *n* gachas *fpl* de
avena
port [pɔːt] *n* puerto; (*Naut: left side*)
babor *m*; (*wine*) vino de Oporto; **~ of
call** puerto de escala
portable ['pɔːtəbl] *adj* portátil
porter ['pɔːtə*] *n* (*for luggage*)
maletero, (*doorkeeper*) portero/a,
conserje *m/f*
portfolio [pɔːt'fəulɪəu] *n* cartera
portion ['pɔːʃən] *n* porción *f*; (*of food*)
ración *f*
portrait ['pɔːtreɪt] *n* retrato

portray [pɔː'treɪ] *vt* retratar; (*actor*)
representar
Portugal ['pɔːtjugl] *n* Portugal *m*
Portuguese [pɔːtju'giːz] *adj*
portugués/esa ▷ *n inv* portugués/esa
m/f; (*Ling*) portugués *m*
pose [pəuz] *n* postura, actitud *f* ▷ *vi*
(*pretend*): **to ~ as** hacerse pasar por ▷ *vt*
(*question*) plantear; **to ~ for** posar para
posh [pɔʃ] (*inf*) *adj* elegante, de lujo
position [pə'zɪʃən] *n* posición *f*;
(*job*) puesto; (*situation*) situación *f*
▷ *vt* colocar
positive ['pɔzɪtɪv] *adj* positivo;
(*certain*) seguro; (*definite*) definitivo;
positively *adv* (*affirmatively,
enthusiastically*) de forma positiva;
(*inf: really*) absolutamente
possess [pə'zɛs] *vt* poseer;
possession [pə'zɛʃən] *n* posesión
f; **possessions** *npl* (*belongings*)
pertenencias *fpl*; **possessive** *adj*
posesivo
possibility [pɔsɪ'bɪlɪtɪ] *n* posibilidad
f
possible ['pɔsɪbl] *adj* posible; **as big
as ~** lo más grande posible; **possibly**
adv posiblemente; **I cannot possibly
come** me es imposible venir
post [pəust] *n* (*BRIT: system*) correos
mpl; (*BRIT: letters, delivery*) correo;
(*job, situation*) puesto; (*pole*) poste
m ▷ *vt* (*BRIT: send by post*) echar al
correo; (*BRIT: appoint*): **to ~ to** enviar a;
postage *n* porte *m*, franqueo; **postal**
adj postal, de correos; **postal order** *n*
giro postal; **postbox** (*BRIT*) *n* buzón *m*;
postcard *n* tarjeta postal; **postcode**
(*BRIT*) *n* código postal
poster ['pəustə*] *n* cartel *m*
postgraduate ['pəust'grædjuət] *n*
posgraduado/a
postman ['pəustmən] (*BRIT: irreg*)
n cartero
postmark ['pəustmɑːk] *n*
matasellos *m inv*
post-mortem [-'mɔːtəm] *n*
autopsia

post office n (building) (oficina de) correos m; (organization): **the Post Office** Correos m inv (SP), Dirección f General de Correos (LAM)

postpone [pəs'pəʊn] vt aplazar

posture ['pɒstʃə*] n postura, actitud f

postwoman ['pəʊstwʊmən] (BRIT: irreg) n cartera

pot [pɒt] n (for cooking) olla; (teapot) tetera; (coffeepot) cafetera; (for flowers) maceta; (for jam) tarro, pote m; (inf: marijuana) chocolate m ▷ vt (plant) poner en tiesto; **to go to ~** (inf) irse al traste

potato [pə'teɪtəʊ] (pl ~es) n patata (SP), papa (LAM); **potato peeler** n pelapatatas m inv

potent ['pəʊtnt] adj potente, poderoso; (drink) fuerte

potential [pə'tɛnʃl] adj potencial, posible ▷ n potencial m

pothole ['pɒthəʊl] n (in road) bache m; (BRIT: underground) gruta

pot plant ['pɒtplɑːnt] n planta de interior

potter ['pɒtə*] n alfarero/a ▷ vi: **to ~ around** or **about** (BRIT) hacer trabajitos; **pottery** n cerámica; (factory) alfarería

potty ['pɒtɪ] n orinal m de niño

pouch [paʊtʃ] n (Zool) bolsa; (for tobacco) petaca

poultry ['pəʊltrɪ] n aves fpl de corral; (meat) pollo

pounce [paʊns] vi: **to ~ on** precipitarse sobre

pound [paʊnd] n libra (weight = 453g or 16oz; money = 100 pence) ▷ vt (beat) golpear; (crush) machacar ▷ vi (heart) latir; **pound sterling** n libra esterlina

pour [pɔː*] vt echar; (tea etc) servir ▷ vi correr, fluir; **to ~ sb a drink** servirle a algn una copa; **pour in** vi (people) entrar en tropel; **pour out** vi salir en tropel ▷ vt (drink) echar, servir; (fig): **to pour out one's feelings** desahogarse; **pouring** adj: **pouring rain** lluvia torrencial

pout [paʊt] vi hacer pucheros

poverty ['pɒvətɪ] n pobreza, miseria

powder ['paʊdə*] n polvo; (also: **face ~**) polvos mpl ▷ vt polvorear; **to ~ one's face** empolvarse la cara; **powdered milk** n leche f en polvo

power ['paʊə*] n poder m; (strength) fuerza; (nation, Tech) potencia; (drive) empuje m; (Elec) fuerza, energía ▷ vt impulsar; **to be in ~** (Pol) estar en el poder; **power cut** (BRIT) n apagón m; **power failure** n = **power cut**; **powerful** adj poderoso; (engine) potente; (speech etc) convincente; **powerless** adj: **powerless (to do)** incapaz (de hacer); **power point** (BRIT) n enchufe m; **power station** n central f eléctrica

p.p. abbr (= per procurationem); **p.p. J. Smith** p.p. (por poder de) J. Smith; (= pages) págs

PR n abbr = **public relations**

practical ['præktɪkl] adj práctico; **practical joke** n broma pesada; **practically** adv (almost) casi

practice ['præktɪs] n (habit) costumbre f; (exercise) práctica, ejercicio; (training) adiestramiento; (Med: of profession) práctica, ejercicio; (Med, Law: business) consulta ▷ vt, vi (US) = **practise**; **in ~** (in reality) en la práctica; **out of ~** desentrenado

practise ['præktɪs] (US **practice**) vt (carry out) practicar; (profession) ejercer; (train at) practicar ▷ vi ejercer; (train) practicar; **practising** adj (Christian etc) practicante; (lawyer) en ejercicio

practitioner [præk'tɪʃənə*] n (Med) médico/a

pragmatic [præg'mætɪk] adj pragmático

prairie ['prɛərɪ] n pampa

praise [preɪz] n alabanza(s) f(pl), elogio(s) m(pl) ▷ vt alabar, elogiar

pram [præm] (BRIT) n cochecito de niño

prank [præŋk] n travesura

prawn [prɔːn] n gamba; **prawn**

cocktail n cóctel m de gambas
pray [preɪ] vi rezar; **prayer** [prɛə*] n
oración f, rezo; (entreaty) ruego, súplica
preach [pri:tʃ] vi predicar; **preacher**
n predicador(a) m/f
precarious [prɪ'kɛərɪəs] adj precario
precaution [prɪ'kɔ:ʃən] n
precaución f
precede [prɪ'si:d] vt, vi preceder;
precedent ['prɛsɪdənt] n precedente
m; **preceding** [prɪ'si:dɪŋ] adj anterior
precinct ['pri:sɪŋkt] n recinto
precious ['prɛʃəs] adj precioso
precise [prɪ'saɪs] adj preciso,
exacto; **precisely** adv precisamente,
exactamente
precision [prɪ'sɪʒən] n precisión f
predator ['prɛdətə*] n depredador m
predecessor ['pri:dɪsɛsə*] n
antecesor(a) m/f
predicament [prɪ'dɪkəmənt] n
apuro
predict [prɪ'dɪkt] vt pronosticar;
predictable adj previsible; **prediction**
[-'dɪkʃən] n predicción f
predominantly [prɪ'dɔmɪnəntlɪ]
adv en su mayoría
preface ['prɛfəs] n prefacio
prefect ['pri:fɛkt] (BRIT) n (in school)
monitor(a) m/f
prefer [prɪ'fə:*] vt preferir; **to ~ doing**
or **to do** preferir hacer; **preferable**
['prɛfrəbl] adj preferible; **preferably**
['prɛfrəblɪ] adv de preferencia;
preference ['prɛfrəns] n preferencia;
(priority) prioridad f
prefix [pri:fɪks] n prefijo
pregnancy ['prɛgnənsɪ] n (of woman)
embarazo; (of animal) preñez f
pregnant ['prɛgnənt] adj (woman)
embarazada; (animal) preñada
prehistoric ['pri:hɪs'tɔrɪk] adj
prehistórico
prejudice ['prɛdʒudɪs] n prejuicio;
prejudiced adj (person) predispuesto
preliminary [prɪ'lɪmɪnərɪ] adj
preliminar
prelude ['prɛlju:d] n preludio

premature ['prɛmətʃuə*] adj
prematuro
premier ['prɛmɪə*] adj primero,
principal ▷ n (Pol) primer(a)
ministro/a
première ['prɛmɪɛə*] n estreno
Premier League [prɛmɪə'li:g] n
primera división
premises ['prɛmɪsɪz] npl (of business
etc) local m; **on the ~** en el lugar mismo
premium ['pri:mɪəm] n premio;
(insurance) prima; **to be at a ~** ser muy
solicitado
premonition [prɛmə'nɪʃən] n
presentimiento
preoccupied [pri:'ɔkjupaɪd] adj
ensimismado
prepaid [pri:'peɪd] adj porte pagado
preparation [prɛpə'reɪʃən] n
preparación f; **preparations** npl
preparativos mpl
preparatory school [prɪ'pærətərɪ-]
n escuela preparatoria
prepare [prɪ'pɛə*] vt preparar,
disponer; (Culin) preparar ▷ vi: **to ~ for**
(action) prepararse or disponerse para;
(event) hacer preparativos para; **~d to**
dispuesto a; **~d for** listo para
preposition [prɛpə'zɪʃən] n
preposición f
prep school [prɛp-] n = **preparatory
school**
prerequisite [pri:'rɛkwɪzɪt] n
requisito
preschool ['pri:'sku:l] adj preescolar
prescribe [prɪ'skraɪb] vt (Med)
recetar
prescription [prɪ'skrɪpʃən] n (Med)
receta
presence ['prɛzns] n presencia; **in
sb's ~** en presencia de algn; **~ of mind**
aplomo
present [adj, n 'prɛznt, vb prɪ'zɛnt] adj
(in attendance) presente; (current) actual
▷ n (gift) regalo; (actuality): **the ~** la
actualidad, el presente ▷ vt (introduce,
describe) presentar; (expound) exponer;
(give) presentar, dar, ofrecer; (Theatre)

representar; **to give sb a ~** regalar algo a algn; **at ~** actualmente; **presentable** [prɪ'zentəbl] adj: **to make o.s. presentable** arreglarse; **presentation** [-'teɪʃən] n presentación f; (of report etc) exposición f; (formal ceremony) entrega de un regalo; **present-day** adj actual; **presenter** [prɪ'zentə*] n (Radio, TV) locutor(a) m/f; **presently** adv (soon) dentro de poco; (now) ahora; **present participle** n participio (de) presente

preservation [prezə'veɪʃən] n conservación f

preservative [prɪ'zə:vətɪv] n conservante m

preserve [prɪ'zə:v] vt (keep safe) preservar, proteger; (maintain) mantener; (food) conservar ▷ n (for game) coto, vedado; (often pl: jam) conserva, confitura

preside [prɪ'zaɪd] vi presidir

president ['prezɪdənt] n presidente m/f; **presidential** [-'denʃl] adj presidencial

press [pres] n (newspapers): **the P~** la prensa; (printer's) imprenta; (of button) pulsación f ▷ vt empujar; (button etc) apretar; (clothes: iron) planchar; (put pressure on: person) presionar; (insist): **to ~ sth on sb** insistir en que algn acepte algo ▷ vi (squeeze) apretar; (pressurize): **to ~ for** presionar por; **we are ~ed for time/money** estamos apurados de tiempo/dinero; **press conference** n rueda de prensa; **pressing** adj apremiante; **press stud** (BRIT) n botón m de presión; **press-up** (BRIT) n plancha

pressure ['preʃə*] n presión f; **to put ~ on sb** presionar a algn; **pressure cooker** n olla a presión; **pressure group** n grupo de presión

prestige [pres'ti:ʒ] n prestigio

prestigious [pres'tɪdʒəs] adj prestigioso

presumably [prɪ'zju:məblɪ] adv es de suponer que, cabe presumir que

presume [prɪ'zju:m] vt: **to ~ (that)** presumir (que), suponer (que)

pretence [prɪ'tens] (US **pretense**) n fingimiento; **under false ~s** con engaños

pretend [prɪ'tend] vt, vi (feign) fingir

> Be careful not to translate **pretend** by the Spanish word **pretender**.

pretense [prɪ'tens] (US) n = **pretence**

pretentious [prɪ'tenʃəs] adj presumido; (ostentatious) ostentoso, aparatoso

pretext ['pri:tekst] n pretexto

pretty ['prɪtɪ] adj bonito, lindo (LAM) ▷ adv bastante

prevail [prɪ'veɪl] vi (gain mastery) prevalecer; (be current) predominar; **prevailing** adj (dominant) predominante

prevalent ['prevələnt] adj (widespread) extendido

prevent [prɪ'vent] vt: **to ~ sb from doing sth** impedir a algn hacer algo; **to ~ sth from happening** evitar que ocurra algo; **prevention** [prɪ'venʃən] n prevención f; **preventive** adj preventivo

preview ['pri:vju:] n (of film) preestreno

previous ['pri:vɪəs] adj previo, anterior; **previously** adv antes

prey [preɪ] n presa ▷ vi: **to ~ on** (feed on) alimentarse de; **it was ~ing on his mind** le preocupaba, le obsesionaba

price [praɪs] n precio ▷ vt (goods) fijar el precio de; **priceless** adj que no tiene precio; **price list** n tarifa

prick [prɪk] n (sting) picadura ▷ vt pinchar; (hurt) picar; **to ~ up one's ears** aguzar el oído

prickly ['prɪklɪ] adj espinoso; (fig: person) enojadizo

pride [praɪd] n orgullo; (pej) soberbia ▷ vt: **to ~ o.s. on** enorgullecerse de

priest [pri:st] n sacerdote m

primarily ['praɪmərɪlɪ] adv ante todo

primary ['praɪmərɪ] adj (first in importance) principal ▷ n (US Pol)

elección f primaria; **primary school**
(BRIT) n escuela primaria
prime [praim] adj primero, principal;
(excellent) selecto, de primera clase
▷ n: **in the ~ of life** en la flor de la vida
▷ vt (wood: fig) preparar; **~ example**
ejemplo típico; **Prime Minister** n
primer(a) ministro/a
primitive ['primitiv] adj primitivo;
(crude) rudimentario
primrose ['primrəuz] n primavera,
prímula
prince [prins] n príncipe m
princess [prin'sεs] n princesa
principal ['prinsipl] adj principal,
mayor ▷ n director(a) m/f; **principally**
adv principalmente
principle ['prinsipl] n principio; **in ~**
en principio; **on ~** por principio
print [print] n (footprint) huella;
(fingerprint) huella dactilar; (letters)
letra de molde; (fabric) estampado;
(Art) grabado; (Phot) impresión
f ▷ vt (cloth) estampar;
(write in capitals) escribir en letras de
molde; **out of ~** agotado; **print out** vt
(Comput) imprimir; **printer** n (person)
impresor(a) m/f; (machine) impresora;
printout n (Comput) impresión f
prior ['praiə*] adj anterior, previo;
(more important) más importante; **~
to** antes de
priority [prai'ɔriti] n prioridad f; **to
have ~ (over)** tener prioridad (sobre)
prison ['prizn] n cárcel f, prisión f
▷ cpd carcelario; **prisoner** n (in prison)
preso/a; (captured person) prisionero/a;
prisoner-of-war n prisionero de
guerra
pristine ['pristi:n] adj pristino
privacy ['privəsi] n intimidad f
private ['praivit] adj (personal)
particular; (property, industry, discussion
etc) privado; (person) reservado; (place)
tranquilo ▷ n soldado raso; **"~"** (on
envelope) "confidencial"; (on door)
"prohibido el paso"; **in ~** en privado;
privately adv en privado; (in o.s.)

en secreto; **private property** n
propiedad f privada; **private school** n
colegio particular
privatize ['praivitaiz] vt privatizar
privilege ['privilidʒ] n privilegio;
(prerogative) prerrogativa
prize [praiz] n premio ▷ adj de
primera clase ▷ vt apreciar, estimar;
prize-giving n distribución f de
premios; **prizewinner** n premiado/a
pro [prəu] n (Sport) profesional mf
▷ prep a favor de; **the ~s and cons** los
pros y los contras
probability [prɔbə'biliti] n
probabilidad f; **in all ~** con toda
probabilidad
probable ['prɔbəbl] adj probable
probably ['prɔbəbli] adv
probablemente
probation [prə'beiʃən] n: **on ~**
(employee) a prueba; (Law) en libertad
condicional
probe [prəub] n (Med, Space) sonda;
(enquiry) encuesta, investigación f ▷ vt
sondar; (investigate) investigar
problem ['prɔbləm] n problema m
procedure [prə'si:dʒə*] n
procedimiento; (bureaucratic) trámites
mpl
proceed [prə'si:d] vi (do
afterwards): **to ~ to do sth** proceder
a hacer algo; (continue): **to ~ (with)**
continuar or seguir (con); **proceedings**
npl acto(s) (pl); (Law) proceso;
proceeds ['prəusi:dz] npl (money)
ganancias fpl, ingresos mpl
process ['prəusεs] n proceso ▷ vt
tratar, elaborar
procession [prə'sεʃən] n desfile m;
funeral ~ cortejo fúnebre
proclaim [prə'kleim] vt (announce)
anunciar
prod [prɔd] vt empujar ▷ n empujón
m
produce [n 'prɔdju:s, vt prə'dju:s]
n (Agr) productos mpl agrícolas ▷ vt
producir; (play, film, programme)
presentar; **producer** n productor(a)

m/f; (of film, programme)
director(a) *m/f*; (of record) productor(a)
m/f
product ['prɒdʌkt] *n* producto;
production [prə'dʌkʃən] *n*
producción *f*; (Theatre) presentación
f; **productive** [prə'dʌktɪv]
adj productivo; **productivity**
[prɒdʌk'tɪvɪtɪ] *n* productividad *f*
Prof. [prɒf] *abbr* (= professor) Prof
profession [prə'fɛʃən] *n* profesión
f; **professional** *adj* profesional ▷ *n*
profesional *mf*; (skilled person) perito
professor [prə'fɛsə*] *n* (BRIT)
catedrático/a; (US, CANADA) profesor(a)
m/f
profile ['prəʊfaɪl] *n* perfil *m*
profit ['prɒfɪt] *n* (Comm) ganancia
▷ *vi*: **to ~ by** or **from** aprovechar or sacar
provecho de; **profitable** *adj* (Econ)
rentable
profound [prə'faʊnd] *adj* profundo
programme ['prəʊgræm] (US
program) *n* programa *m* ▷ *vt*
programar; **programmer** (US
programer) *n* programador(a) *m/f*;
programming (US **programing**) *n*
programación *f*
progress [*n* 'prəʊgrɛs, *vi* prə'grɛs]
n progreso; (development) desarrollo
▷ *vi* progresar, avanzar; **in ~** en curso;
progressive [-'grɛsɪv] *adj* progresivo;
(person) progresista
prohibit [prə'hɪbɪt] *vt* prohibir; **to**
~ sb from doing sth prohibir a algn
hacer algo
project [*n* 'prɒdʒɛkt, *vb*
prə'dʒɛkt] *n* proyecto ▷ *vt*
proyectar ▷ *vi* (stick out) salir,
sobresalir; **projection**
[prə'dʒɛkʃən] *n* proyección *f*;
(overhang) saliente *m*; **projector**
[prə'dʒɛktə*] *n* proyector *m*
prolific [prə'lɪfɪk] *adj* prolífico
prolong [prə'lɒŋ] *vt* prolongar,
extender
prom [prɒm] *n abbr* = **promenade**
(US: ball) baile *m* de gala; **the P~s** ver

recuadro

promenade [prɒmə'nɑːd] *n* (by sea)
paseo marítimo
prominent ['prɒmɪnənt] *adj*
(standing out) saliente; (important)
eminente, importante
promiscuous [prə'mɪskjʊəs] *adj*
(sexually) promiscuo
promise ['prɒmɪs] *n* promesa
▷ *vt*, *vi* prometer; **promising** *adj*
prometedor(a)
promote [prə'məʊt] *vt* (employee)
ascender; (product, pop star) hacer
propaganda por; (ideas) fomentar;
promotion ['məʊʃən] *n* (advertising
campaign) campaña *f* de promoción; (in
rank) ascenso
prompt [prɒmpt] *adj* rápido ▷ *adv*: **at**
6 o'clock ~ a las seis en punto ▷ *n*
(Comput) aviso ▷ *vt* (urge) mover,
incitar; (when talking) instar; (Theatre)
apuntar; **to ~ sb to do sth** instar
a algn a hacer algo; **promptly** *adv*
rápidamente; (exactly) puntualmente
prone [prəʊn] *adj* (lying) postrado; **~**
to propenso a
prong [prɒŋ] *n* diente *m*, punta
pronoun ['prəʊnaʊn] *n* pronombre

m

pronounce [prə'nauns] *vt*
pronunciar

pronunciation [prənʌnsɪ'eɪʃən] *n*
pronunciación *f*

proof [pru:f] *n* prueba ▷ *adj:* **~
against** a prueba de

prop [prɔp] *n* apoyo; *(fig)* sostén *m*
accesorios *mpl*, at(t)rezzo *msg;* **prop up**
vt (roof, structure) apuntalar; *(economy)*
respaldar

propaganda [prɔpə'gændə] *n*
propaganda

propeller [prə'pɛlə*] *n* hélice *f*

proper ['prɔpə*] *adj (suited, right)*
propio; *(exact)* justo; *(seemly)* correcto,
decente; *(authentic)* verdadero;
(referring to place): **the village ~**
el pueblo mismo; **properly** *adv*
(adequately) correctamente; *(decently)*
decentemente; **proper noun** *n*
nombre *m* propio

property ['prɔpətɪ] *n* propiedad *f;*
(personal) bienes *mpl* muebles

prophecy ['prɔfɪsɪ] *n* profecía

prophet ['prɔfɪt] *n* profeta *m*

proportion [prə'pɔ:ʃən] *n*
proporción *f;* *(share)* parte *f;*
proportions *npl (size)* dimensiones *fpl;*
proportional *adj:* **proportional (to)**
en proporción (con)

proposal [prə'pəuzl] *n (offer of
marriage)* oferta de matrimonio; *(plan)*
proyecto

propose [prə'pəuz] *vt* proponer ▷ *vi*
declararse; **to ~ to do** tener intención
de hacer

proposition [prɔpə'zɪʃən] *n*
propuesta

proprietor [prə'praɪətə*] *n*
propietario/a, dueño/a

prose [prəuz] *n* prosa

prosecute ['prɔsɪkju:t] *vt (Law)*
procesar; **prosecution** [-'kju:ʃən]
n proceso, causa; *(accusing
side)* acusación *f;* **prosecutor** *n*
acusador(a) *m/f;* *(also:* **public
prosecutor**) fiscal *mf*

prospect [*n* 'prɔspɛkt, *vb*
prə'spɛkt] *n (possibility)* posibilidad
f; *(outlook)* perspectiva ▷ *vi:* **to ~
for** buscar; **prospects** *npl (for work
etc)* perspectivas *fpl;* **prospective**
[prə'spɛktɪv] *adj* futuro

prospectus [prə'spɛktəs] *n*
prospecto

prosper ['prɔspə*] *vi* prosperar;
prosperity [-'spɛrɪtɪ] *n* prosperidad *f;*
prosperous *adj* próspero

prostitute ['prɔstɪtju:t] *n*
prostituta; *(male)* hombre que se dedica a
la prostitución

protect [prə'tɛkt] *vt* proteger;
protection [-'tɛkʃən] *n* protección *f;*
protective *adj* protector(a)

protein ['prəuti:n] *n* proteína

protest [*n* 'prəutɛst, *vb* prə'tɛst] *n*
protesta ▷ *vi:* **to ~ about** *or* **at/against**
protestar de/contra ▷ *vt (insist):* **to ~
(that)** insistir en (que)

Protestant ['prɔtɪstənt] *adj, n*
protestante *mf*

protester [prə'tɛstə*] *n*
manifestante *mf*

protractor [prə'træktə*] *n (Geom)*
transportador *m*

proud [praud] *adj* orgulloso; *(pej)*
soberbio, altanero

prove [pru:v] *vt* probar; *(show)*
demostrar ▷ *vi:* **to ~ (to be) correct**
resultar correcto; **to ~ o.s.** probar
su valía

proverb ['prɔvə:b] *n* refrán *m*

provide [prə'vaɪd] *vt* proporcionar,
dar; **to ~ sb with sth** proveer a algn
de algo; **provide for** *vt fus (person)*
mantener a; *(problem etc)* tener en
cuenta; **provided** *conj:* **provided
(that)** con tal de que, a condición
de que; **providing** [prə'vaɪdɪŋ]
conj: **providing (that)** a condición de
que, con tal de que

province ['prɔvɪns] *n* provincia; *(fig)*
esfera; **provincial** [prə'vɪnʃəl] *adj*
provincial; *(pej)* provinciano

provision [prə'vɪʒən] *n (supplying)*

suministro, abastecimiento; (*of contract etc*) disposición *f*; **provisions** *npl* (*food*) comestibles *mpl*; **provisional** *adj* provisional

provocative [prə'vɔkətɪv] *adj* provocativo

provoke [prə'vəuk] *vt* (*cause*) provocar, incitar; (*anger*) enojar

prowl [praul] *vi* (*also:* **~ about, ~ around**) merodear ⊳ *n*: **on the ~** de merodeo

proximity [prɔk'sɪmɪtɪ] *n* proximidad *f*

proxy ['prɔksɪ] *n*: **by ~** por poderes

prudent ['pru:dənt] *adj* prudente

prune [pru:n] *n* ciruela pasa ⊳ *vt* podar

pry [praɪ] *vi*: **to ~ (into)** entrometerse (en)

PS *n abbr* (= *postscript*) P.D.

pseudonym ['sju:dəunɪm] *n* seudónimo

PSHE (*BRIT: Scol*) *n abbr* (= *personal, social and health education*) formación social y sanitaria

psychiatric [saɪkɪ'ætrɪk] *adj* psiquiátrico

psychiatrist [saɪ'kaɪətrɪst] *n* psiquiatra *mf*

psychic ['saɪkɪk] *adj* (*also:* **~al**) psíquico

psychoanalysis [saɪkəuə'nælɪsɪs] *n* psicoanálisis *m inv*

psychological [saɪkə'lɔdʒɪkl] *adj* psicológico

psychologist [saɪ'kɔlədʒɪst] *n* psicólogo/a

psychology [saɪ'kɔlədʒɪ] *n* psicología

psychotherapy [saɪkəu'θɛrəpɪ] *n* psicoterapia

pt *abbr* = **pint(s)**; **point(s)**

PTO *abbr* (= *please turn over*) sigue

pub [pʌb] *n abbr* (= *public house*) pub *m*, bar *m*

puberty ['pju:bətɪ] *n* pubertad *f*

public ['pʌblɪk] *adj* público ⊳ *n*: **the ~** el público; **in ~** en público; **to make ~**

hacer público

publication [pʌblɪ'keɪʃən] *n* publicación *f*

public: public company *n* sociedad *f* anónima; **public convenience** (*BRIT*) *n* aseos *mpl* públicos (*SP*), sanitarios *mpl* (*LAM*); **public holiday** *n* (día *m* de) fiesta (*SP*), (día *m*) feriado (*LAM*); **public house** (*BRIT*) *n* bar *m*, pub *m*

publicity [pʌb'lɪsɪtɪ] *n* publicidad *f*

publicize ['pʌblɪsaɪz] *vt* publicitar

public: public limited company *n* sociedad *f* anónima (S.A.); **publicly** *adv* públicamente, en público; **public opinion** *n* opinión *f* pública; **public relations** *fpl* relaciones *fpl* públicas; **public school** *n* (*BRIT*) escuela privada; (*US*) instituto; **public transport** *n* transporte *m* público

publish ['pʌblɪʃ] *vt* publicar; **publisher** *n* (*person*) editor(a) *m/f*; (*firm*) editorial *f*; **publishing** *n* (*industry*) industria del libro

pub lunch *n* almuerzo *que se sirve en un pub*; **to go for a ~** almorzar o comer en un pub

pudding ['pudɪŋ] *n* pudín *m*; (*BRIT: dessert*) postre *m*; **black ~** morcilla

puddle ['pʌdl] *n* charco

Puerto Rico [pwɛ:təu'ri:kəu] *n* Puerto Rico

puff [pʌf] *n* soplo; (*of smoke, air*) bocanada; (*of breathing*) resoplido ⊳ *vt*: **to ~ one's pipe** chupar la pipa ⊳ *vi* (*pant*) jadear; **puff pastry** *n* hojaldre *m*

pull [pul] *n* (*tug*): **to give sth a ~** dar un tirón a algo ⊳ *vt* tirar de; (*press: trigger*) apretar; (*haul*) tirar, arrastrar; (*close: curtain*) echar ⊳ *vi* tirar; **to ~ to pieces** hacer pedazos; **not to ~ one's punches** no andarse con bromas; **to ~ one's weight** hacer su parte; **to ~ o.s. together** sobreponerse; **to ~ sb's leg** tomar el pelo a algn; **pull apart** *vt* (*break*) romper; **pull away** *vi* (*vehicle: move off*) salir, arrancar; (*draw back*) apartarse bruscamente; **pull back** *vt* (*lever etc*)

tirar hacia sí; (*curtains*) descorrer ▷ *vi*
(*refrain*) contenerse; (*Mil: withdraw*)
retirarse; **pull down** *vt* (*building*)
derribar; **pull in** *vi* (*car etc*) parar
(junto a la acera); (*train*) llegar a la
estación; **pull off** *vt* (*deal etc*) cerrar;
pull out *vi* (*car, train etc*) salir ▷ *vt*
sacar, arrancar; **pull over** *vi* (*Aut*)
hacerse a un lado; **pull up** *vi* (*stop*)
parar ▷ *vt* (*raise*) levantar; (*uproot*)
arrancar, desarraigar
pulley ['pulɪ] *n* polea
pullover ['puləuvə*] *n* jersey *m*,
suéter *m*
pulp [pʌlp] *n* (*of fruit*) pulpa
pulpit ['pulpɪt] *n* púlpito
pulse [pʌls] *n* (*Anat*) pulso; (*rhythm*)
pulsación *f*; (*Bot*) legumbre *f*; **pulses** *pl*
n legumbres
puma ['pju:mə] *n* puma *m*
pump [pʌmp] *n* bomba; (*shoe*)
zapatilla ▷ *vt* sacar con una bomba;
pump up *vt* inflar
pumpkin ['pʌmpkɪn] *n* calabaza
pun [pʌn] *n* juego de palabras
punch [pʌntʃ] *n* (*blow*) golpe *m*,
puñetazo; (*tool*) punzón *m*; (*drink*)
ponche *m* ▷ *vt* (*hit*): **to ~ sb/sth** dar
un puñetazo *or* golpear a algn/algo;
punch-up (*BRIT: inf*) *n* riña
punctual ['pʌŋktjuəl] *adj* puntual
punctuation [pʌŋktju'eɪʃən] *n*
puntuación *f*
puncture ['pʌŋktʃə*] (*BRIT*) *n*
pinchazo ▷ *vt* pinchar
punish ['pʌnɪʃ] *vt* castigar;
punishment *n* castigo
punk [pʌŋk] *n* (*also*: **~ rocker**)
punki *mf*; (*also*: **~ rock**) música punk;
(*US: inf: hoodlum*) rufián *m*
pup [pʌp] *n* cachorro
pupil ['pju:pl] *n* alumno/a; (*of eye*)
pupila
puppet ['pʌpɪt] *n* títere *m*
puppy ['pʌpɪ] *n* cachorro, perrito
purchase ['pə:tʃɪs] *n* compra ▷ *vt*
comprar
pure [pjuə*] *adj* puro; **purely** *adv*

puramente
purify ['pjuərɪfaɪ] *vt* purificar,
depurar
purity ['pjuərɪtɪ] *n* pureza
purple ['pə:pl] *adj* purpúreo; morado
purpose ['pə:pəs] *n* propósito; **on ~** a
propósito, adrede
purr [pə:*] *vi* ronronear
purse [pə:s] *n* monedero;
(*US: handbag*) bolso (*SP*), cartera (*LAM*),
bolsa (*MEX*) ▷ *vt* fruncir
pursue [pə'sju:] *vt* seguir
pursuit [pə'sju:t] *n* (*chase*) caza;
(*occupation*) actividad *f*
pus [pʌs] *n* pus *m*
push [puʃ] *n* empuje *m*, empujón
m; (*of button*) presión *f*; (*drive*) empuje
m ▷ *vt* empujar; (*button*) apretar;
(*promote*) promover ▷ *vi* empujar;
(*demand*): **to ~ for** luchar por; **push in**
vi colarse; **push off** (*inf*) *vi* largarse;
push on *vi* seguir adelante; **push over**
vt (*cause to fall*) hacer caer, derribar;
(*knock over*) volcar; **push through** *vi*
(*crowd*) abrirse paso a empujones ▷ *vt*
(*measure*) despachar; **pushchair** (*BRIT*)
n sillita de ruedas; **pusher** *n* (*drug
pusher*) traficante *mf* de drogas; **push-
up** (*US*) *n* plancha
pussy(-cat) ['pusɪ-] (*inf*) *n* minino
(*inf*)
put [put] (*pt, pp* **~**) *vt* (*place*) poner,
colocar; (*put into*) meter; (*say*) expresar;
(*a question*) hacer; (*estimate*) estimar;
put aside *vt* (*lay down: book etc*) dejar
or poner a un lado; (*save*) ahorrar; (*in
shop*) guardar; **put away** *vt* (*store*)
guardar; **put back** *vt* (*replace*) devolver
a su lugar; (*postpone*) aplazar; **put by**
vt (*money*) guardar; **put down** *vt* (*on
ground*) poner en el suelo; (*animal*)
sacrificar; (*in writing*) apuntar; (*revolt
etc*) sofocar; (*attribute*): **to put sth
down to** atribuir algo a; **put forward**
vt (*ideas*) presentar, proponer; **put
in** *vt* (*complaint*) presentar; (*time*)
dedicar; **put off** *vt* (*postpone*) aplazar;
(*discourage*) desanimar; **put on** *vt*

ponerse; (*light etc*) encender; (*play etc*) presentar; (*gain*): **to put on weight** engordar; (*brake*) echar; (*record, kettle etc*) poner; (*assume*) adoptar; **put out** *vt* (*fire, light*) apagar; (*rubbish etc*) sacar; (*cat etc*) echar; (*one's hand*) alargar; (*inf: person*): **to be put out** alterarse; **put through** *vt* (*Tel*) poner; (*plan etc*) hacer aprobar; **put together** *vt* unir, reunir; (*assemble: furniture*) armar, montar; (*meal*) preparar; **put up** *vt* (*raise*) levantar, alzar; (*hang*) colgar; (*build*) construir; (*increase*) aumentar; (*accommodate*) alojar; **put up with** *vt fus* aguantar

putt [pʌt] *n* putt *m*, golpe *m* corto; **putting green** *n* green *m*; minigolf *m*

puzzle ['pʌzl] *n* rompecabezas *m inv*; (*also:* **crossword ~**) crucigrama *m*; (*mystery*) misterio ▷ *vt* dejar perplejo, confundir ▷ *vi*: **to ~ over sth** devanarse los sesos con algo; **puzzled** *adj* perplejo; **puzzling** *adj* misterioso, extraño

pyjamas [pɪ'dʒɑːməz] (*BRIT*) *npl* pijama *m*

pylon ['paɪlən] *n* torre *f* de conducción eléctrica

pyramid ['pɪrəmɪd] *n* pirámide *f*

quack [kwæk] *n* graznido; (*pej: doctor*) curandero/a

quadruple [kwɔ'drupl] *vt, vi* cuadruplicar

quail [kweɪl] *n* codorniz *f* ▷ *vi*: **to ~ at** *or* **before** amedrentarse ante

quaint [kweɪnt] *adj* extraño; (*picturesque*) pintoresco

quake [kweɪk] *vi* temblar ▷ *n abbr* = **earthquake**

qualification [kwɔlɪfɪ'keɪʃən] *n* (*ability*) capacidad *f*; (*often pl: diploma etc*) título; (*reservation*) salvedad *f*

qualified ['kwɔlɪfaɪd] *adj* capacitado; (*professionally*) titulado; (*limited*) limitado

qualify ['kwɔlɪfaɪ] *vt* (*make competent*) capacitar; (*modify*) modificar ▷ *vi* (*in competition*): **to ~ (for)** calificarse (para); (*pass examination(s)*: **to ~ (as)** calificarse (de), graduarse (en); (*be eligible*): **to ~ (for)** reunir los requisitos (para)

quality ['kwɔlɪtɪ] *n* calidad *f*; (*of person*) cualidad *f*

qualm [kwɑːm] n escrúpulo
quantify ['kwɒntɪfaɪ] vt cuantificar
quantity ['kwɒntɪtɪ] n cantidad f; **in ~** en grandes cantidades
quarantine ['kwɒrntiːn] n cuarentena
quarrel ['kwɒrl] n riña, pelea ▷ vi reñir, pelearse
quarry ['kwɒrɪ] n cantera
quart [kwɔːt] n ≈ litro
quarter ['kwɔːtə*] n cuarto, cuarta parte f; (us: coin) moneda de 25 centavos; (of year) trimestre m; (district) barrio ▷ vt dividir en cuartos; (Mil: lodge) alojar; **quarters** npl (barracks) cuartel m; (living quarters) alojamiento; **a ~ of an hour** un cuarto de hora; **quarter final** n cuarto de final; **quarterly** adj trimestral ▷ adv cada 3 meses, trimestralmente
quartet(te) [kwɔː'tɛt] n cuarteto
quartz [kwɔːts] n cuarzo
quay [kiː] n (also: **~side**) muelle m
queasy ['kwiːzɪ] adj: **to feel ~** tener náuseas
queen [kwiːn] n reina; (Cards etc) dama
queer [kwɪə*] adj raro, extraño ▷ n (inf: highly offensive) maricón m
quench [kwɛntʃ] vt: **to ~ one's thirst** apagar la sed
query ['kwɪərɪ] n (question) pregunta ▷ vt dudar de
quest [kwɛst] n busca, búsqueda
question ['kwɛstʃən] n pregunta; (doubt) duda; (matter) asunto, cuestión f ▷ vt (doubt) dudar de; (interrogate) interrogar, hacer preguntas a; **beyond ~** fuera de toda duda; **out of the ~** imposible; ni hablar; **questionable** adj dudoso; **question mark** n punto de interrogación; **questionnaire** [-'nɛə*] n cuestionario
queue [kjuː] (BRIT) n cola ▷ vi (also: **~ up**) hacer cola
quiche [kiːʃ] n quiche m
quick [kwɪk] adj rápido; (agile) ágil; (mind) listo ▷ n: **cut to the ~** (fig) herido

en lo vivo; **be ~!** ¡date prisa!; **quickly** adv rápidamente, de prisa
quid [kwɪd] (BRIT: inf) n inv libra
quiet ['kwaɪət] adj (voice, music etc) bajo; (person, place) tranquilo; (ceremony) íntimo ▷ n silencio; (calm) tranquilidad f ▷ vt, vi (us) = **quieten**
  Be careful not to translate **quiet** by the Spanish word quieto.
quietly adv tranquilamente; (silently) silenciosamente
quilt [kwɪlt] n edredón m
quirky ['kwɜːkɪ] adj raro, estrafalario
quit [kwɪt] (pt, pp = or **~ted**) vt dejar, abandonar; (premises) desocupar ▷ vi (give up) renunciar; (resign) dimitir
quite [kwaɪt] adv (rather) bastante; (entirely) completamente; **that's not ~ big enough** no acaba de ser lo bastante grande; **~ a few of them** un buen número de ellos; **~ (so)!** ¡así es!, ¡exactamente!
quits [kwɪts] adj: **~ (with)** en paz (con); **let's call it ~** dejémoslo en tablas
quiver ['kwɪvə*] vi estremecerse
quiz [kwɪz] n concurso ▷ vt interrogar
quota ['kwəʊtə] n cuota
quotation [kwəʊ'teɪʃən] n cita; (estimate) presupuesto; **quotation marks** npl comillas fpl
quote [kwəʊt] n cita; (estimate) presupuesto ▷ vt citar; (price) cotizar ▷ vi: **to ~ from** citar de; **quotes** npl (inverted commas) comillas fpl

r

rabbi ['ræbaɪ] n rabino
rabbit ['ræbɪt] n conejo
rabies ['reɪbiːz] n rabia
RAC (BRIT) n abbr (= Royal Automobile Club) ≈ RACE m
rac(c)oon [rə'kuːn] n mapache m
race [reɪs] n carrera; (species) raza ▷vt (horse) hacer correr; (engine) acelerar ▷vi (compete) competir; (run) correr; (pulse) latir a ritmo acelerado; **race car** (US) n = **racing car**; **racecourse** n hipódromo; **racehorse** n caballo de carreras; **racetrack** n pista; (for cars) autódromo
racial ['reɪʃl] adj racial
racing ['reɪsɪŋ] n carreras fpl; **racing car** n coche m de carreras; **racing driver** (BRIT) n piloto mf de carreras
racism ['reɪsɪzəm] n racismo; **racist** [-sɪst] adj, n racista mf
rack [ræk] n (also: **luggage ~**) rejilla; (shelf) estante m; (also: **roof ~**) baca, portaequipajes m inv; (dish rack) escurreplatos m inv; (clothes rack) percha ▷vt atormentar; **to ~ one's brains** devanarse los sesos
racket ['rækɪt] n (for tennis) raqueta; (noise) ruido, estrépito; (swindle) estafa, timo
racquet ['rækɪt] n raqueta
radar ['reɪdɑː*] n radar m
radiation [reɪdɪ'eɪʃən] n radiación f
radiator ['reɪdɪeɪtə*] n radiador m
radical ['rædɪkl] adj radical
radio ['reɪdɪəu] n radio f; **on the ~** por radio; **radioactive** adj radioactivo; **radio station** n emisora
radish ['rædɪʃ] n rábano
RAF n abbr (= Royal Air Force) las Fuerzas Aéreas Británicas
raffle ['ræfl] n rifa, sorteo
raft [rɑːft] n balsa; (also: **life ~**) balsa salvavidas
rag [ræg] n (piece of cloth) trapo; (torn cloth) harapo; (pej: newspaper) periodicucho; (for charity) actividades estudiantiles benéficas; **rags** npl (torn clothes) harapos mpl
rage [reɪdʒ] n rabia, furor m ▷vi (person) rabiar, estar furioso; (storm) bramar; **it's all the ~** (very fashionable) está muy de moda
ragged ['rægɪd] adj (edge) desigual, mellado; (appearance) andrajoso, harapiento
raid [reɪd] n (Mil) incursión f; (criminal) asalto; (by police) redada ▷vt invadir, atacar; asaltar
rail [reɪl] n (on stair) barandilla, pasamanos m inv; (on bridge, balcony) pretil m; (of ship) barandilla; (also: **towel ~**) toallero; **railcard** n (BRIT) tarjeta para obtener descuentos en el tren; **railing(s)** n(pl) vallado; **railroad** (US) n = **railway**; **railway** (BRIT) n ferrocarril m, vía férrea; **railway line** (BRIT) n línea (de ferrocarril); **railway station** (BRIT) n estación f de ferrocarril
rain [reɪn] n lluvia ▷vi llover; **in the ~** bajo la lluvia; **it's ~ing** llueve, está lloviendo; **rainbow** n arco iris;

raincoat n impermeable m; **raindrop** n gota de lluvia; **rainfall** n lluvia; **rainforest** n selvas fpl tropicales; **rainy** adj lluvioso

raise [reɪz] n aumento ▷ vt levantar; (increase) aumentar; (improve: morale) subir; (: standards) mejorar; (doubts) suscitar; (a question) plantear; (cattle, family) criar; (crop) cultivar; (army) reclutar; (loan) obtener; **to ~ one's voice** alzar la voz

raisin ['reɪzn] n pasa de Corinto

rake [reɪk] n (tool) rastrillo; (person) libertino ▷ vt (garden) rastrillar

rally ['rælɪ] n (Pol etc) reunión f, mitin m; (Aut) rallye m; (Tennis) peloteo ▷ vt reunir ▷ vi recuperarse

RAM [ræm] n abbr (= random access memory) RAM f

ram [ræm] n carnero; (also: **battering ~**) ariete m ▷ vt (crash into) dar contra, chocar con; (push: fist etc) empujar con fuerza

Ramadan [ræmə'dæn] n ramadán m

ramble ['ræmbl] n caminata, excursión f en el campo ▷ vi (pej: also: **~ on**) divagar; **rambler** n excursionista mf; (Bot) trepadora; **rambling** adj (speech) inconexo; (house) laberíntico; (Bot) trepador(a)

ramp [ræmp] n rampa; **on/off ~** (US Aut) vía de acceso/salida

rampage [ræm'peɪdʒ] n: **to be on the ~** desmandarse ▷ vi: **they went rampaging through the town** recorrieron la ciudad armando alboroto

ran [ræn] pt of **run**

ranch [rɑːntʃ] n hacienda, estancia

random ['rændəm] adj fortuito, sin orden; (Comput, Math) aleatorio ▷ n: **at ~** al azar

rang [ræŋ] pt of **ring**

range [reɪndʒ] n (of mountains) cadena de montañas, cordillera; (of missile) alcance m; (of voice) registro; (series) serie f; (of products) surtido; (Mil: also: **shooting ~**) campo de tiro;

(also: **kitchen ~**) fogón m ▷ vt (place) colocar; (arrange) arreglar ▷ vi: **to ~ over** (extend) extenderse por; **to ~ from ... to ...** oscilar entre ... y ...

ranger ['reɪndʒə*] n guardabosques mf inv

rank [ræŋk] n (row) fila; (Mil) rango; (status) categoría; (BRIT: also: **taxi ~**) parada de taxis ▷ vi: **to ~ among** figurar entre ▷ adj fétido, rancio; **the ~ and file** (fig) la base

ransom ['rænsəm] n rescate m; **to hold to ~** (fig) hacer chantaje a

rant [rænt] vi divagar, desvariar

rap [ræp] vt golpear, dar un golpecito en ▷ n (music) rap m

rape [reɪp] n violación f; (Bot) colza ▷ vt violar

rapid ['ræpɪd] adj rápido; **rapidly** adv rápidamente; **rapids** npl (Geo) rápidos mpl

rapist ['reɪpɪst] n violador m

rapport [ræ'pɔː*] n simpatía

rare [rɛə*] adj raro, poco común; (Culin: steak) poco hecho; **rarely** adv pocas veces

rash [ræʃ] adj imprudente, precipitado ▷ n (Med) sarpullido, erupción f (cutánea); (of events) serie f

rasher ['ræʃə*] n lonja

raspberry ['rɑːzbərɪ] n frambuesa

rat [ræt] n rata

rate [reɪt] n (ratio) razón f; (price) precio; (: of hotel etc) tarifa; (of interest) tipo; (speed) velocidad f ▷ vt (value) tasar; (estimate) estimar; **rates** npl (BRIT: property tax) impuesto municipal; (fees) tarifa; **to ~ sth/sb as** considerar algo/a algn como

rather ['rɑːðə*] adv: **it's ~ expensive** es algo caro; (too much) es demasiado caro; (to some extent) más bien; **there's ~ a lot** hay bastante; **I would** or **I'd ~ go** preferiría ir; **or ~** mejor dicho

rating ['reɪtɪŋ] n tasación f; (score) índice m; (of ship) clase f; **ratings** npl (Radio, TV) niveles mpl de audiencia

ratio ['reɪʃɪəu] n razón f; **in the ~ of**

100 to 1 a razón de 100 a 1

ration ['ræʃən] n ración f ▷ vt racionar; **rations** npl víveres mpl

rational ['ræʃənl] adj (solution, reasoning) lógico, razonable; (person) cuerdo, sensato

rattle ['rætl] n golpeteo; (of train etc) traqueteo; (for baby) sonaja, sonajero ▷ vi castañetear; (car, bus): **to ~ along** traquetear ▷ vt hacer sonar agitando

rave [reɪv] vi (in anger) encolerizarse; (with enthusiasm) entusiasmarse; (Med) delirar, desvariar ▷ n (inf: party) rave m

raven ['reɪvən] n cuervo

ravine [rə'viːn] n barranco

raw [rɔː] adj crudo; (not processed) bruto; (sore) vivo; (inexperienced) novato, inexperto; **~ materials** materias primas

ray [reɪ] n rayo; **~ of hope** (rayo de) esperanza

razor ['reɪzə*] n (open) navaja; (safety razor) máquina de afeitar; (electric razor) máquina (eléctrica) de afeitar; **razor blade** n hoja de afeitar

Rd abbr = **road**

RE n abbr (BRIT) = **religious education**

re [riː] prep con referencia a

reach [riːtʃ] n alcance m; (of river etc) extensión f entre dos recodos ▷ vt alcanzar, llegar a; (achieve) lograr ▷ vi extenderse; **within ~** al alcance (de la mano); **out of ~** fuera del alcance; **reach out** vt (hand) tender ▷ vi: **to reach out for sth** alargar or tender la mano para tomar algo

react [riː'ækt] vi reaccionar; **reaction** [-'ækʃən] n reacción f; **reactor** [riː'æktə*] n (also: **nuclear reactor**) reactor m (nuclear)

read [riːd, pt, pp red] (pt, pp ~) vi leer ▷ vt leer; (understand) entender; (study) estudiar; **read out** vt leer en alta voz; **reader** n lector(a) m/f; (BRIT: at university) profesor(a) m/f adjunto/a

readily ['redɪlɪ] adv (willingly) de buena gana; (easily) fácilmente; (quickly) en seguida

reading ['riːdɪŋ] n lectura; (on instrument) indicación f

ready ['redɪ] adj listo, preparado; (willing) dispuesto; (available) disponible ▷ adv: **~-cooked** listo para comer ▷ n: **at the ~** (Mil) listo para tirar ▷ **to get ~** vi prepararse ▷ **to get ~** vt preparar; **ready-made** adj confeccionado

real [rɪəl] adj verdadero, auténtico; **in ~ terms** en términos reales; **real ale** n cerveza elaborada tradicionalmente; **real estate** n bienes mpl raíces; **realistic** [-'lɪstɪk] adj realista; **reality** [riː'ælɪtɪ] n realidad f; **reality TV** n telerrealidad f

realization [rɪəlaɪ'zeɪʃən] n comprensión f; (fulfilment, Comm) realización f

realize [rɪəlaɪz] vt (understand) darse cuenta de

really ['rɪəlɪ] adv realmente; (for emphasis) verdaderamente; (actually): **what ~ happened** lo que pasó en realidad; **~?** ¿de veras?; **~!** (annoyance) ¡vamos!, ¡por favor!

realm [relm] n reino; (fig) esfera

realtor ['rɪəltɔ:*] (US) n agente mf inmobiliario/a

reappear [riːə'pɪə*] vi reaparecer

rear [rɪə*] adj trasero ▷ n parte f trasera ▷ vt (cattle, family) criar ▷ vi (also: **~ up**: animal) encabritarse

rearrange [riːə'reɪndʒ] vt ordenar or arreglar de nuevo

rear: **rear-view mirror** n (Aut) (espejo) retrovisor m; **rear-wheel drive** n tracción f trasera

reason ['riːzn] n razón f ▷ vi: **to ~ with sb** tratar de que algn entre en razón; **it stands to ~ that ...** es lógico que ...; **reasonable** adj razonable; (sensible) sensato; **reasonably** adv razonablemente; **reasoning** n razonamiento, argumentos mpl

reassurance [riːə'ʃuərəns] n consuelo

reassure [riːə'ʃuə*] vt tranquilizar,

alentar; **to ~ sb that ...** tranquilizar a algn asegurando que ...

rebate [ˈriːbeɪt] n (on tax etc) desgravación f

rebel [n ˈrɛbl, vi rɪˈbɛl] n rebelde mf ▷ vi rebelarse, sublevarse; **rebellion** [rɪˈbɛljən] n rebelión f, sublevación f; **rebellious** [rɪˈbɛljəs] adj rebelde; (child) revoltoso

rebuild [riːˈbɪld] vt reconstruir

recall [vb rɪˈkɔːl, n ˈriːkɔl] vt (remember) recordar; (ambassador etc) retirar ▷ n recuerdo; retirada

rec'd abbr (= received) rbdo

receipt [rɪˈsiːt] n (document) recibo; (for parcel etc) acuse m de recibo; (act of receiving) recepción f; **receipts** npl (Comm) ingresos mpl

Be careful not to translate **receipt** by the Spanish word receta.

receive [rɪˈsiːv] vt recibir; (guest) acoger; (wound) sufrir; **receiver** n (Tel) auricular m; (Radio) receptor m; (of stolen goods) perista mf; (Comm) administrador m jurídico

recent [ˈriːsnt] adj reciente; **recently** adv recientemente; **recently arrived** recién llegado

reception [rɪˈsɛpʃən] n recepción f; (welcome) acogida; **reception desk** n recepción f; **receptionist** n recepcionista mf

recession [rɪˈsɛʃən] n recesión f

recharge [riːˈtʃɑːdʒ] vt (battery) recargar

recipe [ˈrɛsɪpɪ] n receta; (for disaster, success) fórmula

recipient [rɪˈsɪpɪənt] n recibidor(a) m/f; (of letter) destinatario/a

recital [rɪˈsaɪtl] n recital m

recite [rɪˈsaɪt] vt (poem) recitar

reckless [ˈrɛkləs] adj temerario, imprudente; (driving, driver) peligroso

reckon [ˈrɛkən] vt calcular; (consider) considerar; (think): **I ~ that ...** me parece que ...

reclaim [rɪˈkleɪm] vt (land, waste) recuperar; (land: from sea) rescatar;

(demand back) reclamar

recline [rɪˈklaɪn] vi reclinarse

recognition [rɛkəgˈnɪʃən] n reconocimiento; **transformed beyond ~** irreconocible

recognize [ˈrɛkəgnaɪz] vt: **to ~ (by/as)** reconocer (por/como)

recollection [rɛkəˈlɛkʃən] n recuerdo

recommend [rɛkəˈmɛnd] vt recomendar; **recommendation** [rɛkəmɛnˈdeɪʃən] n recomendación f

reconcile [ˈrɛkənsaɪl] vt (two people) reconciliar; (two facts) compaginar; **to ~ o.s. to sth** conformarse a algo

reconsider [riːkənˈsɪdə*] vt repensar

reconstruct [riːkənˈstrʌkt] vt reconstruir

record [n, adj ˈrɛkɔːd, vt rɪˈkɔːd] n (Mus) disco; (of meeting etc) acta; (register) registro, partida; (file) archivo; (also: **criminal ~**) antecedentes mpl; (written) expediente m; (Sport, Comput) récord m ▷ adj récord, sin precedentes ▷ vt registrar; (Mus: song etc) grabar; **in ~ time** en un tiempo récord; **off the ~** adj no oficial ▷ adv confidencialmente; **recorded delivery** (BRIT) n (Post) entrega con acuse de recibo; **recorder** n (Mus) flauta de pico; **recording** n (Mus) grabación f; **record player** n tocadiscos m inv

recount [rɪˈkaʊnt] vt contar

recover [rɪˈkʌvə*] vt recuperar ▷ vi (from illness, shock) recuperarse; **recovery** n recuperación f

recreate [riːkrɪˈeɪt] vt recrear

recreation [rɛkrɪˈeɪʃən] n recreo; **recreational vehicle** (US) n caravan or rulota pequeña; **recreational drug** droga recreativa

recruit [rɪˈkruːt] n recluta mf ▷ vt reclutar; (staff) contratar; **recruitment** n reclutamiento

rectangle [ˈrɛktæŋgl] n rectángulo; **rectangular** [-ˈtæŋgjulə*] adj rectangular

rectify [ˈrɛktɪfaɪ] vt rectificar

rector ['rɛktə*] n (Rel) párroco
recur [rɪ'kə:*] vi repetirse; (pain, illness) producirse de nuevo; **recurring** adj (problem) repetido, constante
recyclable [ri:'saɪkləbl] adj reciclable
recycle [ri:'saɪkl] vt reciclar
recycling [ri:'saɪklɪŋ] n reciclaje
red [rɛd] n rojo ▷ adj rojo; (hair) pelirrojo; (wine) tinto; **to be in the ~** (account) estar en números rojos; (business) tener un saldo negativo; **to give sb the ~ carpet treatment** recibir a algn con todos los honores; **Red Cross** n Cruz f Roja; **redcurrant** n grosella roja
redeem [rɪ'di:m] vt redimir; (promises) cumplir; (sth in pawn) desempeñar; (fig, also Rel) rescatar
red: red-haired adj pelirrojo; **redhead** n pelirrojo/a; **red-hot** adj candente; **red light** n: **to go through a red light** (Aut) pasar la luz roja; **red-light district** n barrio chino
red meat n carne f roja
reduce [rɪ'dju:s] vt reducir; **to ~ sb to tears** hacer llorar a algn; **"~ speed now"** (Aut) "reduzca la velocidad"; **reduced** adj (decreased) reducido, rebajado; **at a reduced price** con rebaja or descuento; **"greatly reduced prices"** "grandes rebajas"; **reduction** [rɪ'dʌkʃən] n reducción f; (of price) rebaja; (discount) descuento; (smaller-scale copy) copia reducida
redundancy [rɪ'dʌndənsɪ] n (dismissal) despido; (unemployment) desempleo
redundant [rɪ'dʌndnt] adj (Brit: worker) parado, sin trabajo; (detail, object) superfluo; **to be made ~** quedar(se) sin trabajo
reed [ri:d] n (Bot) junco, caña; (Mus) lengüeta
reef [ri:f] n (at sea) arrecife m
reel [ri:l] n carrete m, bobina; (of film) rollo; (dance) baile escocés ▷ vt (also: ~ up) devanar; (also: ~ in) sacar ▷ vi

(sway) tambalear(se)
ref [rɛf] (inf) n abbr = **referee**
refectory [rɪ'fɛktərɪ] n comedor m
refer [rɪ'fə:*] vt (send: patient) referir; (: matter) remitir ▷ vi: **to ~ to** (allude to) referirse a, aludir a; (apply to) relacionarse con; (consult) consultar
referee [rɛfə'ri:] n árbitro; (Brit: for job application): **to be a ~ for sb** proporcionar referencias a algn ▷ vt (match) arbitrar en
reference ['rɛfrəns] n referencia; (for job application: letter) carta de recomendación; **with ~ to** (Comm: in letter) me remito a; **reference number** n número de referencia
refill [vt ri:'fɪl, n 'ri:fɪl] vt rellenar ▷ n repuesto, recambio
refine [rɪ'faɪn] vt refinar; **refined** adj (person) fino; **refinery** n refinería
reflect [rɪ'flɛkt] vt reflejar ▷ vi (think) reflexionar, pensar; **it ~s badly/well on him** le perjudica/le hace honor; **reflection** [-'flɛkʃən] n (act) reflexión f, (image) reflejo; (criticism) crítica; **on reflection** pensándolo bien
reflex ['ri:flɛks] adj, n reflejo
reform [rɪ'fɔ:m] n reforma ▷ vt reformar
refrain [rɪ'freɪn] vi: **to ~ from doing** abstenerse de hacer ▷ n estribillo
refresh [rɪ'frɛʃ] vt refrescar; **refreshing** adj refrescante; **refreshments** npl refrescos mpl
refrigerator [rɪ'frɪdʒəreɪtə*] n frigorífico (SP), nevera (SP), refrigerador m (LAM), heladera (RPL)
refuel [ri:'fjuəl] vi repostar (combustible)
refuge ['rɛfju:dʒ] n refugio, asilo; **to take ~ in** refugiarse en; **refugee** [rɛfju'dʒi:] n refugiado/a
refund [n 'ri:fʌnd, vb rɪ'fʌnd] n reembolso ▷ vt devolver, reembolsar
refurbish [ri:'fə:bɪʃ] vt restaurar, renovar
refusal [rɪ'fju:zəl] n negativa; **to have first ~ on** tener la primera

opción a

refuse¹ ['rɛfjuːs] n basura

refuse² [rɪ'fjuːz] vt rechazar; (invitation) declinar; (permission) denegar ▷ vi: **to ~ to do sth** negarse a hacer algo; (horse) rehusar

regain [rɪ'geɪn] vt recobrar, recuperar

regard [rɪ'gɑːd] n mirada; (esteem) respeto; (attention) consideración f ▷ vt (consider) considerar; **to give one's ~s to** saludar de su parte a; **"with kindest ~s"** "con muchos recuerdos"; **as ~s, with ~ to** con respecto a, en cuanto a; **regarding** prep con respecto a, en cuanto a; **regardless** adv a pesar de todo; **regardless of** sin reparar en

regenerate [rɪ'dʒɛnəreɪt] vt regenerar

reggae ['rɛgeɪ] n reggae m

regiment ['rɛdʒɪmənt] n regimiento

region ['riːdʒən] n región f; **in the ~ of** (fig) alrededor de; **regional** adj regional

register ['rɛdʒɪstə*] n registro ▷ vt registrar; (birth) declarar; (car) matricular; (letter) certificar; (instrument) marcar, indicar ▷ vi (at hotel) registrarse; (as student) matricularse; (make impression) producir impresión; **registered** adj (letter, parcel) certificado

registrar ['rɛdʒɪstrɑ:*] n secretario/a (del registro civil)

registration [rɛdʒɪs'treɪʃən] n (act) declaración f; (Aut: also: **~ number**) matrícula

registry office ['rɛdʒɪstrɪ-] (BRIT) n registro civil; **to get married in a ~** casarse por lo civil

regret [rɪ'grɛt] n sentimiento, pesar m ▷ vt sentir, lamentar; **regrettable** adj lamentable

regular ['rɛgjulə*] adj regular; (soldier) profesional; (usual) habitual; (: doctor) de cabecera ▷ n (client etc) cliente/a m/f habitual; **regularly** adv con regularidad; (often) repetidas veces

regulate ['rɛgjuleɪt] vt controlar;

regulation [-'leɪʃən] n (rule) regla, reglamento

rehabilitation ['riːəbɪlɪ'teɪʃən] n rehabilitación f

rehearsal [rɪ'həːsəl] n ensayo

rehearse [rɪ'həːs] vt ensayar

reign [reɪn] n reinado; (fig) predominio ▷ vi reinar; (fig) imperar

reimburse [riːɪm'bəːs] vt reembolsar

rein [reɪn] n (for horse) rienda

reincarnation [riːɪnkɑː'neɪʃən] n reencarnación f

reindeer ['reɪndɪə*] n inv reno

reinforce [riːɪn'fɔːs] vt reforzar; **reinforcements** npl (Mil) refuerzos mpl

reinstate [riːɪn'steɪt] vt reintegrar; (tax, law) reinstaurar

reject [n 'riːdʒɛkt, vb rɪ'dʒɛkt] n (thing) desecho ▷ vt rechazar; (suggestion) descartar; (coin) expulsar; **rejection** [rɪ'dʒɛkʃən] n rechazo

rejoice [rɪ'dʒɔɪs] vi: **to ~ at** or **over** regocijarse or alegrarse de

relate [rɪ'leɪt] vt (tell) contar, relatar; (connect) relacionar ▷ vi relacionarse; **related** adj afín; (person) emparentado; **related to** (subject) relacionado con; **relating to** prep referente a

relation [rɪ'leɪʃən] n (person) familiar mf, pariente mf; (link) relación f; **relations** npl (relatives) familiares mpl; **relationship** n relación f; (personal) relaciones fpl; (also: **family relationship**) parentesco

relative ['rɛlətɪv] n pariente mf, familiar mf ▷ adj relativo; **relatively** adv (comparatively) relativamente

relax [rɪ'læks] vi descansar; (unwind) relajarse ▷ vt (one's grip) soltar, aflojar; (control) relajar; (mind, person) descansar; **relaxation** [riːlæk'seɪʃən] n descanso; (of rule, control) relajamiento; (entertainment) diversión f; **relaxed** adj relajado; (tranquil) tranquilo; **relaxing** adj relajante

relay ['riːleɪ] n (race) carrera de relevos

▷ *vt* (*Radio, TV*) retransmitir

release [rɪ'liːs] *n* (*liberation*) liberación *f*; (*from prison*) puesta en libertad; (*of gas etc*) escape *m*; (*of film etc*) estreno; (*of record*) lanzamiento ▷ *vt* (*prisoner*) poner en libertad; (*gas*) despedir, arrojar; (*from wreckage*) soltar; (*catch, spring etc*) desenganchar; (*film*) estrenar; (*book*) publicar; (*news*) difundir

relegate ['rɛləgeɪt] *vt* relegar; (*BRIT Sport*): **to be ~d to** bajar a

relent [rɪ'lɛnt] *vi* ablandarse; **relentless** *adj* implacable

relevant ['rɛləvənt] *adj* (*fact*) pertinente; **~ to** relacionado con

reliable [rɪ'laɪəbl] *adj* (*person, firm*) de confianza, de fiar; (*method, machine*) seguro; (*source*) fidedigno

relic ['rɛlɪk] *n* (*Rel*) reliquia; (*of the past*) vestigio

relief [rɪ'liːf] *n* (*from pain, anxiety*) alivio; (*help, supplies*) socorro, ayuda; (*Art, Geo*) relieve *m*

relieve [rɪ'liːv] *vt* (*pain*) aliviar; (*bring help to*) ayudar, socorrer; (*take over from*) sustituir; (: *guard*) relevar; **to ~ sb of sth** quitar algo a algn; **to ~ o.s.** hacer sus necesidades; **relieved** *adj*: **to be relieved** sentir un gran alivio

religion [rɪ'lɪdʒən] *n* religión *f*

religious [rɪ'lɪdʒəs] *adj* religioso; **religious education** *n* educación *f* religiosa

relish ['rɛlɪʃ] *n* (*Culin*) salsa; (*enjoyment*) entusiasmo ▷ *vt* (*food etc*) saborear; (*enjoy*): **to ~ sth** hacerle mucha ilusión a algn algo

relocate [riːləu'keɪt] *vt* cambiar de lugar, mudar ▷ *vi* mudarse

reluctance [rɪ'lʌktəns] *n* renuencia

reluctant [rɪ'lʌktənt] *adj* renuente; **reluctantly** *adv* de mala gana

rely on [rɪ'laɪ-] *vt fus* depender de; (*trust*) contar con

remain [rɪ'meɪn] *vi* (*survive*) quedar; (*be left*) sobrar; (*continue*) quedar(se), permanecer; **remainder** *n* resto;

remaining *adj* que queda(n); (*surviving*) restante(s); **remains** *npl* restos *mpl*

remand [rɪ'mɑːnd] *n*: **on ~** detenido (bajo custodia) ▷ *vt*: **to be ~ed in custody** quedar detenido bajo custodia

remark [rɪ'mɑːk] *n* comentario ▷ *vt* comentar; **remarkable** *adj* (*outstanding*) extraordinario

remarry [riː'mærɪ] *vi* volver a casarse

remedy ['rɛmədɪ] *n* remedio ▷ *vt* remediar, curar

remember [rɪ'mɛmbə*] *vt* recordar, acordarse de; (*bear in mind*) tener presente; (*send greetings to*): **~ me to him** dale recuerdos de mi parte; **Remembrance Day** *n* ≈ día en el que se recuerda a los caídos en las dos guerras mundiales

⬤ **REMEMBRANCE DAY**
⬤
⬤ En el Reino Unido el domingo
⬤ más próximo al 11 de noviembre
⬤ se conoce como **Remembrance**
⬤ **Sunday** o **Remembrance**
⬤ **Day**, aniversario de la firma del
⬤ armisticio de 1918 que puso fin a
⬤ la Primera Guerra Mundial. Ese
⬤ día, a las once de la mañana (hora
⬤ en que se firmó el armisticio), se
⬤ recuerda a los que murieron en
⬤ las dos guerras mundiales con
⬤ dos minutos de silencio ante los
⬤ monumentos a los caídos. Allí se
⬤ colocan coronas de amapolas,
⬤ flor que también se suele llevar
⬤ prendida en el pecho tras pagar un
⬤ donativo destinado a los inválidos
⬤ de guerra.

remind [rɪ'maɪnd] *vt*: **to ~ sb to do sth** recordar a algn que haga algo; **to ~ sb of sth** (*of fact*) recordar algo a algn; **she ~s me of her mother** me recuerda a su madre; **reminder** *n* notificación *f*; (*memento*) recuerdo

reminiscent [remɪ'nɪsnt] *adj*: **to be ~ of sth** recordar algo

remnant ['remnənt] *n* resto; (*of cloth*) retal *m*

remorse [rɪ'mɔːs] *n* remordimientos *mpl*

remote [rɪ'məut] *adj* (*distant*) lejano; (*person*) distante; **remote control** *n* telecontrol *m*; **remotely** *adv* remotamente; (*slightly*) levemente

removal [rɪ'muːvəl] *n* (*taking away*) el quitar; (BRIT: *from house*) mudanza; (*from office: dismissal*) destitución *f*; (*Med*) extirpación *f*; **removal man** (*irreg*) *n* (BRIT) mozo de mudanzas; **removal van** (BRIT) *n* camión *m* de mudanzas

remove [rɪ'muːv] *vt* quitar; (*employee*) destituir; (*name: from list*) tachar, borrar; (*doubt*) disipar; (*abuse*) suprimir, acabar con; (*Med*) extirpar

Renaissance [rɪ'neɪsãns] *n*: **the ~** el Renacimiento

rename [riː'neɪm] *vt* poner nuevo nombre a

render ['rendə*] *vt* (*thanks*) dar; (*aid*) proporcionar, prestar; (*make*): **to ~ sth useless** hacer algo inútil

rendezvous ['rɒndɪvuː] *n* cita

renew [rɪ'njuː] *vt* renovar; (*resume*) reanudar; (*loan etc*) prorrogar

renovate ['renəveɪt] *vt* renovar

renowned [rɪ'naund] *adj* renombrado

rent [rent] *n* (*for house*) arriendo, renta ▷ *vt* alquilar; **rental** *n* (*for television, car*) alquiler *m*

reorganize [riː'ɔːɡənaɪz] *vt* reorganizar

rep [rep] *n abbr* = **representative**

repair [rɪ'peə*] *n* reparación *f*, compostura ▷ *vt* reparar, componer; (*shoes*) remendar; **in good/bad ~** en buen/mal estado; **repair kit** *n* caja de herramientas

repay [riː'peɪ] *vt* (*money*) devolver, reembolsar; (*person*) pagar; (*debt*) liquidar; (*sb's efforts*) devolver,

corresponder a; **repayment** *n* reembolso, devolución *f*; (*sum of money*) recompensa

repeat [rɪ'piːt] *n* (*Radio, TV*) reposición *f* ▷ *vt* repetir ▷ *vi* repetirse; **repeatedly** *adv* repetidas veces; **repeat prescription** *n* (BRIT) receta renovada

repellent [rɪ'pɛlənt] *adj* repugnante ▷ *n*: **insect ~** crema *or* loción *f* anti-insectos

repercussions [riːpə'kʌʃənz] *npl* consecuencias *fpl*

repetition [repɪ'tɪʃən] *n* repetición *f*

repetitive [rɪ'pɛtɪtɪv] *adj* repetitivo

replace [rɪ'pleɪs] *vt* (*put back*) devolver a su sitio; (*take the place*) reemplazar, sustituir; **replacement** *n* (*act*) reposición *f*; (*thing*) recambio; (*person*) suplente *mf*

replay ['riːpleɪ] *n* (*Sport*) desempate *m*; (*of tape, film*) repetición *f*

replica ['replɪkə] *n* copia, reproducción *f* (*exacta*)

reply [rɪ'plaɪ] *n* respuesta, contestación *f* ▷ *vi* contestar, responder

report [rɪ'pɔːt] *n* informe *m*; (*Press etc*) reportaje *m*; (BRIT: *also*: **school ~**) boletín *m* escolar; (*of gun*) estallido ▷ *vt* informar de; (*Press etc*) hacer un reportaje sobre; (*notify: accident, culprit*) denunciar ▷ *vi* (*make a report*) presentar un informe; (*present o.s.*): **to ~ (to sb)** presentarse (ante algn); **report card** *n* (US, SCOTTISH) cartilla escolar; **reportedly** *adv* según se dice; **reporter** *n* periodista *mf*

represent [repr'zent] *vt* representar; (*Comm*) ser agente de; (*describe*): **to ~ sth as** describir algo como; **representation** [-'teɪʃən] *n* representación *f*; **representative** *n* representante *mf*; (US *Pol*) diputado/a *m/f* ▷ *adj* representativo

repress [rɪ'prɛs] *vt* reprimir; **repression** [-'prɛʃən] *n* represión *f*

reprimand ['reprɪmɑːnd] *n*

reprimenda ▷ vt reprender
reproduce [riːprə'djuːs] vt
reproducir ▷ vi reproducirse;
reproduction [-'dʌkʃən] n
reproducción f
reptile ['reptail] n reptil m
republic [rɪ'pʌblɪk] n república;
republican adj, n republicano/a m/f
reputable ['repjutəbl] adj (make etc)
de renombre
reputation [repju'teɪʃən] n
reputación f
request [rɪ'kwest] n petición f;
(formal) solicitud f ▷ vt: **to ~ sth of** or
from sb solicitar algo a algn; **request
stop** (BRIT) n parada discrecional
require [rɪ'kwaɪə*] vt (need: person)
necesitar, tener necesidad de; (: thing,
situation) exigir; (want) pedir; **to ~ sb
to do sth** pedir a algn que haga algo;
requirement n requisito; (need)
necesidad f
resat [riː'sæt] pt, pp de **resit**
rescue ['reskjuː] n rescate m ▷ vt
rescatar
research [rɪ'səːtʃ] n investigaciones
fpl ▷ vt investigar
resemblance [rɪ'zembləns] n
parecido f
resemble [rɪ'zembl] vt parecerse a
resent [rɪ'zent] vt tomar a mal;
resentful adj resentido; **resentment**
n resentimiento
reservation [rezə'veɪʃən] n reserva;
reservation desk (US) n (in hotel)
recepción f
reserve [rɪ'zəːv] n reserva; (Sport)
suplente mf ▷ vt (seats etc) reservar;
reserved adj reservado
reservoir ['rezəvwɑː*] n (artificial
lake) embalse m, tank; (small) depósito f
residence ['rezidəns] n (formal: home)
domicilio; (length of stay) permanencia;
residence permit (BRIT) n permiso de
permanencia
resident ['rezidənt] n (of area)
vecino/a; (in hotel) huésped mf ▷ adj
(population) permanente; (doctor)

residente; **residential** [-'denʃəl] adj
residencial
residue ['rezɪdjuː] n resto
resign [rɪ'zaɪn] vt renunciar a
▷ vi dimitir; **to ~ o.s. to** (situation)
resignarse a; **resignation** [rezɪg'neɪʃə
n] n dimisión f; (state of mind)
resignación f
resin ['rezɪn] n resina
resist [rɪ'zɪst] vt resistir, oponerse a;
resistance n resistencia
resit ['riːsɪt] (BRIT) (pt, pp **resat**)
(exam) volver a presentarse a; (subject)
recuperar, volver a examinarse de (SP)
resolution [rezə'luːʃən] n resolución
f
resolve [rɪ'zɔlv] n resolución f ▷ vt
resolver ▷ vi: **to ~ to do** resolver hacer
resort [rɪ'zɔːt] n (town) centro
turístico; (recourse) recurso ▷ vi: **to ~
to** recurrir a; **in the last ~** como último
recurso
resource [rɪ'sɔːs] n recurso;
resourceful adj despabilado,
ingenioso
respect [rɪs'pekt] n respeto ▷ vt
respetar; **respectable** adj respetable;
(large: amount) apreciable; (passable)
tolerable; **respectful** adj respetuoso;
respective adj respectivo;
respectively adv respectivamente
respite ['respait] n respiro
respond [rɪs'pɔnd] vi responder;
(react) reaccionar; **response** [-'pɔns] n
respuesta; reacción f
responsibility [rɪspɔnsɪ'bɪlɪti] n
responsabilidad f
responsible [rɪs'pɔnsɪbl] adj
(character) serio, formal; (job) de
confianza; (liable): **~ (for)** responsable
(de); **responsibly** adv con seriedad
responsive [rɪs'pɔnsɪv] adj sensible
rest [rest] n descanso, reposo;
(Mus, pause) pausa, silencio;
(support) apoyo; (remainder) resto
▷ vi descansar; (be supported): **to
~ on** descansar sobre ▷ vt: **to ~
sth on/against** apoyar algo en or

sobre/contra; **the ~ of them** (*people, objects*) los demás; **it ~s with him to ...** depende de él el que ...

restaurant ['rɛstərɔŋ] *n* restaurante *m*; **restaurant car** (BRIT) *n* (*Rail*) coche-comedor *m*

restless ['rɛstlɪs] *adj* inquieto

restoration [rɛstə'reɪʃən] *n* restauración *f*; devolución *f*

restore [rɪ'stɔ:*] *vt* (*building*) restaurar; (*sth stolen*) devolver; (*health*) restablecer; (*to power*) volver a poner a

restrain [rɪs'treɪn] *vt* (*feeling*) contener, refrenar; (*person*): **to ~ (from doing**) disuadir (de hacer); **restraint** *n* (*restriction*) restricción *f*; (*moderation*) moderación *f*; (*of manner*) reserva

restrict [rɪs'trɪkt] *vt* restringir, limitar; **restriction** [-kʃən] *n* restricción *f*, limitación *f*

rest room (US) *n* aseos *mpl*

restructure [ri:'strʌktʃə*] *vt* reestructurar

result [rɪ'zʌlt] *n* resultado ▷ *vi*: **to ~ in** terminar en, tener por resultado; **as a ~ of** a consecuencia de

resume [rɪ'zju:m] *vt* reanudar ▷ *vi* comenzar de nuevo

> Be careful not to translate **resume** by the Spanish word *resumir*.

résumé ['reɪzju:meɪ] *n* resumen *m*; (US) currículum *m*

resuscitate [rɪ'sʌsɪteɪt] *vt* (*Med*) resucitar

retail ['ri:teɪl] *adj, adv* al por menor; **retailer** *n* detallista *mf*

retain [rɪ'teɪn] *vt* (*keep*) retener, conservar

retaliation [rɪtælɪ'eɪʃən] *n* represalias *fpl*

retarded [rɪ'tɑ:dɪd] *adj* retrasado

retire [rɪ'taɪə*] *vi* (*give up work*) jubilarse; (*withdraw*) retirarse; (*go to bed*) acostarse; **retired** *adj* (*person*) jubilado; **retirement** *n* (*giving up work: state*) retiro; (: *act*) jubilación *f*

retort [rɪ'tɔ:t] *vi* contestar

retreat [rɪ'tri:t] *n* (*place*) retiro; (*Mil*)

retirada ▷ *vi* retirarse

retrieve [rɪ'tri:v] *vt* recobrar; (*situation, honour*) salvar; (*Comput*) recuperar; (*error*) reparar

retrospect ['rɛtrəspɛkt] *n*: **in ~** retrospectivamente; **retrospective** [-'spɛktɪv] *adj* retrospectivo; (*law*) retroactivo

return [rɪ'tə:n] *n* (*going or coming back*) vuelta, regreso; (*of sth stolen etc*) devolución *f*; (*Finance: from land, shares*) ganancia, ingresos *mpl* ▷ *cpd* (*journey*) de regreso; (BRIT: *ticket*) de ida y vuelta; (*match*) de vuelta ▷ *vi* (*person etc: come or go back*) volver, regresar; (*symptoms etc*) reaparecer; (*regain*): **to ~ to** recuperar ▷ *vt* devolver; (*favour, love etc*) corresponder a; (*verdict*) pronunciar; (*Pol: candidate*) elegir; **returns** *npl* (*Comm*) ingresos *mpl*; **in ~ (for)** a cambio (de); **by ~ of post** a vuelta de correo; **many happy ~s (of the day)!** ¡feliz cumpleaños!; **return ticket** (*esp* BRIT) billete *m* (SP) or boleto *m* (LAM) de ida y vuelta, billete *m* redondo (MEX)

reunion [ri:'ju:nɪən] *n* (*of family*) reunión *f*; (*of two people, school*) reencuentro

reunite [ri:ju:'naɪt] *vt* reunir; (*reconcile*) reconciliar

revamp [ri:'væmp] *vt* renovar

reveal [rɪ'vi:l] *vt* revelar; **revealing** *adj* revelador(a)

revel ['rɛvl] *vi*: **to ~ in sth/in doing sth** gozar de algo/con hacer algo

revelation [rɛvə'leɪʃən] *n* revelación *f*

revenge [rɪ'vɛndʒ] *n* venganza; **to take ~ on** vengarse de

revenue ['rɛvənju:] *n* ingresos *mpl*, rentas *fpl*

Reverend ['rɛvərənd] *adj* (*in titles*): **the ~ John Smith** (*Anglican*) el Reverendo John Smith; (*Catholic*) el Padre John Smith; (*Protestant*) el Pastor John Smith

reversal [rɪ'və:sl] *n* (*of order*)

inversión f; (of direction, policy) cambio; (of decision) revocación f
reverse [rɪˈvəːs] n (opposite) contrario; (back: of cloth) revés m; (: of coin) reverso; (: of paper) dorso; (Aut: also: **~ gear**) marcha atrás, revés m ▷ adj (order) inverso; (direction) contrario; (process) opuesto ▷ vt (decision, Aut) dar marcha atrás a; (position, function) invertir ▷ vi (BRIT Aut) dar marcha atrás; **reverse-charge call** (BRIT) n llamada a cobro revertido; **reversing lights** (BRIT) npl (Aut) luces fpl de retroceso
revert [rɪˈvəːt] vi: **to ~ to** volver a
review [rɪˈvjuː] n (magazine, Mil) revista; (of book, film) reseña; (US: examination) repaso, examen m ▷ vt repasar, examinar; (Mil) pasar revista a; (book, film) reseñar
revise [rɪˈvaɪz] vt (manuscript) corregir; (opinion) modificar; (price, procedure) revisar ▷ vi (study) repasar; **revision** [rɪˈvɪʒən] n corrección f; modificación f; (for exam) repaso
revival [rɪˈvaɪvəl] n (recovery) reanimación f; (of interest) renacimiento; (Theatre) reestreno; (of faith) despertar m
revive [rɪˈvaɪv] vt resucitar; (custom) restablecer; (hope) despertar; (play) reestrenar ▷ vi (person) volver en sí; (business) reactivarse
revolt [rɪˈvəult] n rebelión f ▷ vi rebelarse, sublevarse ▷ vt dar asco a, repugnar; **revolting** adj asqueroso, repugnante
revolution [rɛvəˈluːʃən] n revolución f; **revolutionary** adj, n revolucionario/a m/f
revolve [rɪˈvɔlv] vi dar vueltas, girar; (life, discussion): **to ~ (a)round** girar en torno a
revolver [rɪˈvɔlvə*] n revólver m
reward [rɪˈwɔːd] n premio, recompensa ▷ vt: **to ~ (for)** recompensar or premiar (por); **rewarding** adj (fig) valioso

rewind [riːˈwaɪnd] vt rebobinar
rewritable [riːˈraɪtəbl] adj (CD, DVD) reescribible
rewrite [riːˈraɪt] (pt **rewrote**, pp **rewritten**) vt reescribir
rheumatism [ˈruːmətɪzəm] n reumatismo, reúma m
rhinoceros [raɪˈnɔsərəs] n rinoceronte m
rhubarb [ˈruːbaːb] n ruibarbo
rhyme [raɪm] n rima; (verse) poesía
rhythm [ˈrɪðm] n ritmo
rib [rɪb] n (Anat) costilla ▷ vt (mock) tomar el pelo a
ribbon [ˈrɪbən] n cinta; **in ~s** (torn) hecho trizas
rice [raɪs] n arroz m; **rice pudding** n arroz m con leche
rich [rɪtʃ] adj rico; (soil) fértil; (food) pesado; (: sweet) empalagoso; (abundant): **~ in** (minerals etc) rico en
rid [rɪd] (pt, pp **~**) vt: **to ~ sb of sth** librar a algn de algo; **to get ~ of** deshacerse or desembarazarse de
riddle [ˈrɪdl] n (puzzle) acertijo; (mystery) enigma m, misterio ▷ vt: **to be ~d with** ser lleno or plagado de
ride [raɪd] (pt **rode**, pp **ridden**) n paseo; (distance covered) viaje m, recorrido ▷ vi (as sport) montar; (go somewhere: on horse, bicycle) dar un paseo, pasearse; (travel: on bicycle, motorcycle, bus) viajar ▷ vt (a horse) montar a; (a bicycle, motorcycle) andar en; (distance) recorrer; **to take sb for a ~** (fig) engañar a algn; **rider** n (on horse) jinete mf; (on bicycle) ciclista mf; (on motorcycle) motociclista mf
ridge [rɪdʒ] n (of hill) cresta; (of roof) caballete m; (wrinkle) arruga
ridicule [ˈrɪdɪkjuːl] n irrisión f, burla ▷ vt poner en ridículo, burlarse de; **ridiculous** [-ˈdɪkjuləs] adj ridículo
riding [ˈraɪdɪŋ] n equitación f; **I like ~** me gusta montar a caballo; **riding school** n escuela de equitación
rife [raɪf] adj: **to be ~** ser muy común; **to be ~ with** abundar en

rifle ['raɪfl] n rifle m, fusil m ▷ vt saquear

rift [rɪft] n (in clouds) claro; (fig: disagreement) desavenencia

rig [rɪg] n (also: **oil ~**: at sea) plataforma petrolera ▷ vt (election etc) amañar

right [raɪt] adj (correct) correcto, exacto; (suitable) indicado, debido; (proper) apropiado; (just) justo; (morally good) bueno; (not left) derecho ▷ n bueno; (title, claim) derecho; (not left) derecha ▷ adv bien, correctamente; (not left) a la derecha; (exactly): **~ now** ahora mismo ▷ vt enderezar; (correct) corregir ▷ excl ¡bueno!, ¡está bien!; **to be ~** (person) tener razón; (answer) ser correcto; **is that the ~ time?** (of clock) ¿es esa la hora buena?; **by ~s** en justicia; **on the ~** a la derecha; **to be in the ~** tener razón; **~ away** en seguida; **~ in the middle** exactamente en el centro; **right angle** n ángulo recto; **rightful** adj legítimo; **right-hand** adj: **right-hand drive** conducción f por la derecha; **the right-hand side** derecha; **right-handed** adj diestro; **rightly** adv correctamente, debidamente; (with reason) con razón; **right of way** n (on path etc) derecho de paso; (Aut) prioridad f; **right-wing** adj (Pol) derechista

rigid ['rɪdʒɪd] adj rígido; (person, ideas) inflexible

rigorous ['rɪgərəs] adj riguroso

rim [rɪm] n borde m; (of spectacles) aro; (of wheel) llanta

rind [raɪnd] n (of bacon) corteza; (of lemon etc) cáscara; (of cheese) costra

ring [rɪŋ] n (pt **rang**, pp **rung**) n (of metal) aro; (on finger) anillo; (of people) corro; (of objects) círculo; (gang) banda; (for boxing) cuadrilátero; (of circus) pista; (bull ring) ruedo, plaza; (sound of bell) toque m ▷ vi (on telephone) llamar por teléfono; (bell) repicar; (doorbell, phone) sonar; (also: **~ out**) sonar; (ears) zumbar ▷ vt (BRIT Tel) llamar, telefonear; (bell etc) hacer sonar;

(doorbell) tocar; **to give sb a ~** (BRIT Tel) llamar or telefonear a algn; **ring back** (BRIT) vt, vi (Tel) devolver la llamada; **ring off** (BRIT) vi (Tel) colgar, cortar la comunicación; **ring up** (BRIT) vt (Tel) llamar, telefonear; **ringing tone** n (Tel) tono de llamada; **ringleader** n (of gang) cabecilla m; **ring road** (BRIT) n carretera periférica or de circunvalación; **ringtone** n (on mobile) tono de llamada

rink [rɪŋk] n (also: **ice ~**) pista de hielo

rinse [rɪns] n aclarado; (dye) tinte m ▷ vt aclarar; (mouth) enjuagar

riot ['raɪət] n motín m, disturbio ▷ vi amotinarse; **run ~** desmandarse

rip [rɪp] n rasgón m, rasgadura ▷ vt rasgar, desgarrar ▷ vi rasgarse, desgarrarse; **rip off** vt (inf: cheat) estafar; **rip up** vt hacer pedazos

ripe [raɪp] adj maduro

rip-off ['rɪpɔf] n (inf): **it's a ~!** ¡es una estafa!, ¡es un timo!

ripple ['rɪpl] n onda, rizo; (sound) murmullo ▷ vi rizarse

rise [raɪz] (pt **rose**, pp **risen**) n (slope) cuesta, pendiente f; (hill) altura; (BRIT: in wages) aumento; (in prices, temperature) subida; (fig: to power etc) ascenso ▷ vi subir; (waters) crecer; (sun, moon) salir; (person: from bed etc) levantarse; (also: **~ rebel**) sublevarse; (in rank) ascender; **to give ~ to** dar lugar or origen a; **~ to the occasion** ponerse a la altura de las circunstancias; **risen** ['rɪzn] pp of **rise**; **rising** adj (increasing: number) creciente; (: prices) en aumento or alza; (tide) creciente; (sun, moon) naciente

risk [rɪsk] n riesgo, peligro ▷ vt arriesgar; (run the risk of) exponerse a; **to take or run the ~ of doing** correr el riesgo de hacer; **at ~** en peligro; **at one's own ~** bajo su propia responsabilidad; **risky** adj arriesgado, peligroso

rite [raɪt] n rito; **last ~s** exequias fpl

ritual ['rɪtjuəl] adj ritual ▷ n ritual

m, rito

rival ['raɪvl] *n* rival *mf*; (*in business*) competidor(a) *m/f* ▷ *adj* rival, opuesto ▷ *vt* competir con; **rivalry** *n* competencia

river ['rɪvə*] *n* río ▷ *cpd* (*port*) de río; (*traffic*) fluvial; **up/down ~** río arriba/abajo; **riverbank** *n* orilla (del río)

rivet ['rɪvɪt] *n* roblón *m*, remache *m* ▷ *vt* (*fig*) captar

road [rəud] *n* camino; (*motorway etc*) carretera; (*in town*) calle *f* ▷ *cpd* (*accident*) de tráfico; **major/minor ~** carretera principal/secundaria; **roadblock** *n* barricada; **road map** *n* mapa *m* de carreteras; **road rage** *n* agresividad en la carretera; **road safety** *n* seguridad *f* vial; **roadside** *n* borde *m* (del camino); **roadsign** *n* señal *f* de tráfico; **road tax** *n* (*BRIT*) impuesto de rodaje; **roadworks** *npl* obras *fpl*

roam [rəum] *vi* vagar

roar [rɔ:*] *n* rugido; (*of vehicle, storm*) estruendo; (*of laughter*) carcajada ▷ *vi* rugir; hacer estruendo; **to ~ with laughter** reírse a carcajadas; **to do a ~ing trade** hacer buen negocio

roast [rəust] *n* carne *f* asada, asado ▷ *vt* asar; (*coffee*) tostar; **roast beef** *n* rosbif *m*

rob [rɔb] *vt* robar; **to ~ sb of sth** robar algo a algn; (*fig: deprive*) quitar algo a algn; **robber** *n* ladrón/ona *m/f*; **robbery** *n* robo

robe [rəub] *n* (*for ceremony etc*) toga; (*also*: **bath~**) albornoz *m*

robin ['rɔbɪn] *n* petirrojo

robot ['rəubɔt] *n* robot *m*

robust [rəu'bʌst] *adj* robusto, fuerte

rock [rɔk] *n* roca; (*boulder*) peña, peñasco; (*US: small stone*) piedrecita; (*BRIT: sweet*) ≈ pirulí ▷ *vt* (*swing gently: cradle*) balancear, mecer; (*: child*) arrullar; (*shake*) sacudir ▷ *vi* mecerse, balancearse; sacudirse; **on the ~s** (*drink*) con hielo; (*marriage etc*) en ruinas; **rock and roll** *n* rocanrol *m*; **rock climbing** *n* (*Sport*) escalada

rocket ['rɔkɪt] *n* cohete *m*; **rocking chair** ['rɔkɪŋ-] *n* mecedora

rocky ['rɔkɪ] *adj* rocoso

rod [rɔd] *n* vara, varilla; (*also*: **fishing ~**) caña

rode [rəud] *pt of* **ride**

rodent ['rəudnt] *n* roedor *m*

rogue [rəug] *n* pícaro, pillo

role [rəul] *n* papel *m*; **role-model** *n* modelo a imitar

roll [rəul] *n* rollo; (*of bank notes*) fajo; (*also*: **bread ~**) panecillo; (*register, list*) lista, nómina; (*sound of drums etc*) redoble *m* ▷ *vt* hacer rodar; (*also*: **~ up**: *string*) enrollar; (*cigarette*) liar; (*also*: **~ out**: *pastry*) aplanar; (*flatten: road, lawn*) apisonar ▷ *vi* rodar; (*drum*) redoblar; (*ship*) balancearse; **roll over** *vi* dar una vuelta; **roll up** *vi* (*inf: arrive*) aparecer ▷ *vt* (*carpet*) arrollar; (*: sleeves*) arremangar; **roller** *n* rodillo; (*wheel*) rueda; (*for road*) apisonadora; (*for hair*) rulo; **Rollerblades®** *npl* patines *mpl* en línea; **roller coaster** *n* montaña rusa; **roller skates** *npl* patines *mpl* de rueda; **roller-skating** *n* patinaje sobre ruedas; **to go roller-skating** ir a patinar (*sobre ruedas*); **rolling pin** *n* rodillo (de cocina)

ROM [rɔm] *n abbr* (*Comput*: = *read only memory*) ROM *f*

Roman ['rəumən] (*irreg*) *adj* romano/a; **Roman Catholic** (*irreg*) *adj*, *n* católico/a *m/f* (romano/a)

romance [rə'mæns] *n* (*love affair*) amor *m*; (*charm*) lo romántico; (*novel*) novela de amor

Romania *etc* [ruː'meɪnɪə] *n* = **Rumania** *etc*

Roman numeral *n* número romano

romantic [rə'mæntɪk] *adj* romántico

Rome [rəum] *n* Roma

roof [ruːf] (*pl* **~s**) *n* techo; (*of house*) techo, tejado ▷ *vt* techar, poner techo a; **the ~ of the mouth** el paladar; **roof rack** *n* (*Aut*) baca, portaequipajes *m inv*

rook [ruk] *n* (*bird*) graja; (*Chess*) torre *f*

room [ru:m] n cuarto, habitación f; (also: **bed~**) dormitorio, recámara (MEX), pieza (SC); (in school etc) sala; (space, scope) sitio, cabida; **roommate** n compañero/a de cuarto; **room service** n servicio de habitaciones; **roomy** adj espacioso; (garment) amplio

rooster ['ru:stə*] n gallo

root [ru:t] n raíz f ▷vi arraigarse

rope [rəup] n cuerda; (Naut) cable m ▷vt (tie) atar or amarrar con (una) cuerda; (climbers: also: **~ together**) encordarse; (an area: also: **~ off**) acordonar; **to know the ~s** (fig) conocer los trucos del oficio

rose [rəuz] pt of **rise** ▷n rosa; (shrub) rosal m; (on watering can) roseta

rosé ['rəuzeɪ] n vino rosado

rosemary ['rəuzmərɪ] n romero

rosy ['rəuzɪ] adj rosado, sonrosado; **a ~ future** un futuro prometedor

rot [rɔt] n podredumbre f; (fig: pej) tonterías fpl ▷vt pudrir ▷vi pudrirse

rota ['rəutə] n (sistema m de) turnos m

rotate [rəu'teɪt] vt (revolve) hacer girar, dar vueltas a; (jobs) alternar ▷vi girar, dar vueltas

rotten ['rɔtn] adj podrido; (dishonest) corrompido; (inf: bad) pocho; **to feel ~** (ill) sentirse fatal

rough [rʌf] adj (skin, surface) áspero; (terrain) quebrado; (road) desigual; (voice) bronco; (person, manner) tosco, grosero; (weather) borrascoso; (treatment) brutal; (sea) picado; (town, area) peligroso; (cloth) basto; (plan) preliminar; (guess) aproximado ▷n (Golf): **in the ~** en las hierbas altas; **to ~ it** vivir sin comodidades; **to sleep ~** (BRIT) pasar la noche al raso; **roughly** adv (handle) torpemente; (make) toscamente; (speak) groseramente; (approximately) aproximadamente

roulette [ru:'lɛt] n ruleta

round [raund] adj redondo ▷n círculo; (BRIT: of toast) rebanada; (of policeman) ronda; (of milkman) recorrido; (of doctor) visitas fpl; (game: of cards, in competition) partida; (of ammunition) cartucho; (Boxing) asalto; (of talks) ronda ▷vt (corner) doblar ▷prep alrededor de; (surrounding): **~ his neck/the table** en su cuello/alrededor de la mesa; (in a circular movement): **to move ~ the room/sail ~ the world** dar una vuelta a la habitación/circunnavegar el mundo; (in various directions): **to move ~ a room/house** moverse por toda la habitación/casa; (approximately) alrededor de ▷adv: **all ~** por todos lados; **the long way ~** por el camino menos directo; **all (the) year ~** durante todo el año; **it's just ~ the corner** (fig) está a la vuelta de la esquina; **~ the clock** adv las 24 horas; **to go ~** to sb's **(house)** ir a casa de algn; **to go ~ the back** pasar por atrás; **enough to go ~** bastante (para todos); **a ~ of applause** una salva de aplausos; **a ~ of drinks/sandwiches** una ronda de bebidas/bocadillos; **round off** vt (speech etc) acabar, poner término a; **round up** vt (cattle) acorralar; (people) reunir; (price) redondear; **roundabout** (BRIT) n (Aut) isleta; (at fair) tiovivo ▷adj (route, means) indirecto; **round trip** n viaje m de ida y vuelta; **roundup** n rodeo; (of criminals) redada; (of news) resumen m

rouse [rauz] vt (wake up) despertar; (stir up) suscitar

route [ru:t] n ruta, camino; (of bus) recorrido; (of shipping) derrota

routine [ru:'ti:n] adj rutinario ▷n rutina; (Theatre) número

row¹ [rəu] n (line) fila, hilera; (Knitting) pasada ▷vi (in boat) remar ▷vt conducir remando; **4 days in a ~** 4 días seguidos

row² [rau] n (racket) escándalo; (dispute) bronca, pelea; (scolding) regaño ▷vi pelear(se)

rowboat ['rəubəut] (US) = **rowing boat**

rowing ['rəuɪŋ] n remo; **rowing boat** (BRIT) n bote m de remos

royal ['rɔɪəl] adj real; **royalty** n (royal persons) familia real; (payment to author) derechos mpl de autor

rpm abbr (= revs per minute) r.p.m.

R.S.V.P. abbr (= répondez s'il vous plaót) SRC

Rt. Hon. abbr (BRIT) (= Right Honourable) título honorífico de diputado

rub [rʌb] vt frotar; (scrub) restregar ▷ n: **to give sth a ~** frotar algo; **to ~ sb up or ~ sb** (US) **the wrong way** entrarle algn por mal ojo; **rub in** vt (ointment) aplicar frotando; **rub off** vi borrarse; **rub out** vt borrar

rubber ['rʌbə*] n caucho, goma; (BRIT: eraser) goma de borrar; **rubber band** n goma, gomita; **rubber gloves** npl guantes mpl de goma

rubbish ['rʌbɪʃ] (BRIT) n basura; (waste) desperdicios mpl; (fig: pej) tonterías fpl; (junk) pacotilla; **rubbish bin** (BRIT) n cubo o bote m (MEX) or tacho (SC) de la basura; **rubbish dump** (BRIT) n vertedero, basurero

rubble ['rʌbl] n escombros mpl

ruby ['ruːbɪ] n rubí m

rucksack ['rʌksæk] n mochila

rudder ['rʌdə*] n timón m

rude [ruːd] adj (impolite: person) mal educado; (: word, manners) grosero; (crude) crudo; (indecent) indecente

ruffle ['rʌfl] vt (hair) despeinar; (clothes) arrugar; **to get ~d** (fig: person) alterarse

rug [rʌg] n alfombra; (BRIT: blanket) manta

rugby ['rʌgbɪ] n rugby m

rugged ['rʌgɪd] adj (landscape) accidentado; (features) robusto

ruin ['ruːɪn] n ruina ▷ vt arruinar; (spoil) estropear; **ruins** npl ruinas fpl, restos mpl

rule [ruːl] n (norm) norma, costumbre f; (regulation, ruler) regla; (government) dominio ▷ vt (country, person) gobernar ▷ vi gobernar; (Law) fallar; **as a ~** por regla general; **rule out** vt excluir; **ruler** n (sovereign) soberano; (for measuring) regla; **ruling** adj (party) gobernante; (class) dirigente ▷ n (Law) fallo, decisión f

rum [rʌm] n ron m

Rumania [ruːˈmeɪnɪə] n Rumanía; **Rumanian** adj rumano/a ▷ n rumano/a m/f; (Ling) rumano

rumble ['rʌmbl] n (noise) ruido sordo ▷ vi retumbar, hacer un ruido sordo; (stomach, pipe) sonar

rumour ['ruːmə*] (US **rumor**) n rumor m ▷ vt: **it is ~ed that ...** se rumorea que ...

rump steak n filete m de lomo

run [rʌn] (pt **ran**, pp **run**) n (fast pace): **at a ~** corriendo; (Sport, in tights) carrera; (outing) paseo, excursión f; (distance travelled) trayecto; (series) serie f; (Theatre) temporada; (Ski) pista ▷ vt correr; (operate: business) dirigir; (: competition, course) organizar; (: hotel, house) administrar, llevar; (Comput) ejecutar; (pass: hand) pasar; (Press: feature) publicar ▷ vi correr; (work: machine) funcionar, marchar; (bus, train: operate) circular, ir; (: travel) ir; (continue: play) seguir; (contract) ser válido; (flow: river) fluir; (colours, washing) desteñirse; (in election) ser candidato; **there was a ~ on** (meat, tickets) hubo mucha demanda de; **in the long ~** a la larga; **on the ~** en fuga; **I'll ~ you to the station** te llevaré a la estación (en coche); **to ~ a risk** correr un riesgo; **to ~ a bath** llenar la bañera; **run after** vt fus (to catch up) correr tras; (chase) perseguir; **run away** vi huir; **run down** vt (production) ir reduciendo; (factory) ir restringiendo la producción en; (car) atropellar; (criticize) criticar; **to be run down** (person: tired) estar debilitado; **run into** vt fus (meet: person, trouble) tropezar con; (collide with) chocar con; **run off** vt (water) dejar correr; (copies) sacar ▷ vi huir corriendo; **run out** vi (person) salir corriendo; (*liquid*) irse; (*lease*) caducar, vencer; (*money etc*) acabarse; **run out of** *vt fus* quedar sin; **run over** *vt* (*Aut*) atropellar ▷ *vt fus* (*revise*) repasar; **run through** *vt fus* (*instructions*) repasar; **run up** *vt* (*debt*) contraer; **to run up against** (*difficulties*) tropezar con; **runaway** *adj* (*horse*) desbocado; (*truck*) sin frenos; (*child*) escapado de casa

rung [rʌŋ] *pp of* **ring** ▷ *n* (*of ladder*) escalón *m*, peldaño

runner ['rʌnə*] *n* (*in race: person*) corredor(a) *m/f*; (: *horse*) caballo; (*on sledge*) patín *m*; **runner bean** (*BRIT*) *n* ≈ judía verde; **runner-up** *n* subcampeón/ona *m/f*

running ['rʌnɪŋ] *n* (*sport*) atletismo; (*of business*) administración *f* ▷ *adj* (*water, costs*) corriente; (*commentary*) continuo; **to be in/out of the ~ for sth** tener/no tener posibilidades de ganar algo; **6 days ~** 6 días seguidos

runny ['rʌnɪ] *adj* fluido; (*nose, eyes*) gastante

run-up ['rʌnʌp] *n*: **~ to** (*election etc*) período previo a

runway ['rʌnweɪ] *n* (*Aviat*) pista de aterrizaje

rupture ['rʌptʃə*] *n* (*Med*) hernia ▷ *vt*: **to ~ o.s.** causarse una hernia

rural ['ruərl] *adj* rural

rush [rʌʃ] *n* ímpetu *m*; (*hurry*) prisa; (*Comm*) demanda repentina; (*current*) corriente *f* fuerte; (*of feeling*) torrente *m*; (*Bot*) junco ▷ *vt* apresurar; (*work*) hacer de prisa ▷ *vi* correr, precipitarse; **rush hour** *n* horas *fpl* punta

Russia ['rʌʃə] *n* Rusia; **Russian** *adj* ruso/a ▷ *n* ruso/a *m/f*; (*Ling*) ruso

rust [rʌst] *n* herrumbre *f*, moho ▷ *vi* oxidarse

rusty ['rʌstɪ] *adj* oxidado

ruthless ['ru:θlɪs] *adj* despiadado

RV (*US*) *n abbr* = **recreational vehicle**

rye [raɪ] *n* centeno

S

Sabbath ['sæbəθ] *n* domingo; (*Jewish*) sábado

sabotage ['sæbətɑːʒ] *n* sabotaje *m* ▷ *vt* sabotear

saccharin(e) ['sækərɪn] *n* sacarina

sachet ['sæʃeɪ] *n* sobrecito

sack [sæk] *n* (*bag*) saco, costal *m* ▷ *vt* (*dismiss*) despedir; (*plunder*) saquear; **to get the ~** ser despedido

sacred ['seɪkrɪd] *adj* sagrado, santo

sacrifice ['sækrɪfaɪs] *n* sacrificio ▷ *vt* sacrificar

sad [sæd] *adj* (*unhappy*) triste; (*deplorable*) lamentable

saddle ['sædl] *n* silla (de montar); (*of cycle*) sillín *m* ▷ *vt* (*horse*) ensillar; **to be ~d with sth** (*inf*) quedar cargado con algo

sadistic [sə'dɪstɪk] *adj* sádico

sadly ['sædlɪ] *adv* lamentablemente; **to be ~ lacking in** estar por desgracia carente de

sadness ['sædnɪs] *n* tristeza

s.a.e. *abbr* (= *stamped addressed envelope*) sobre con las propias señas de uno y con sello

safari [sə'fɑːrɪ] n safari m

safe [seɪf] adj (out of danger) fuera de peligro; (not dangerous, sure) seguro; (unharmed) ileso ▷ n caja de caudales, caja fuerte; **~ and sound** sano y salvo; **(just) to be on the ~ side** para mayor seguridad; **safely** adv seguramente, con seguridad; **to arrive safely** llegar bien; **safe sex** n sexo seguro or sin riesgo

safety ['seɪftɪ] n seguridad f; **safety belt** n cinturón m (de seguridad); **safety pin** n imperdible m, seguro (MEX), alfiler m de gancho (SC)

saffron ['sæfrən] n azafrán m

sag [sæg] vi aflojarse

sage [seɪdʒ] n (herb) salvia; (man) sabio

Sagittarius [sædʒɪ'tɛərɪəs] n Sagitario

Sahara [sə'hɑːrə] n: **the ~ (Desert)** el (desierto del) Sáhara

said [sɛd] pt, pp of **say**

sail [seɪl] n (on boat) vela; (trip): **to go for a ~** dar un paseo en barco ▷ vt (boat) gobernar ▷ vi (travel: ship) navegar; (Sport) hacer vela; (begin voyage) salir; **they ~ed into Copenhagen** arribaron a Copenhague; **sailboat** (US) n = **sailing boat**; **sailing** n (Sport) vela; **to go sailing** hacer vela; **sailing boat** n barco de vela; **sailor** n marinero, marino

saint [seɪnt] n santo

sake [seɪk] n: **for the ~ of** por

salad ['sæləd] n ensalada; **salad cream** (BRIT) n (especie f de) mayonesa; **salad dressing** n aliño

salami [sə'lɑːmɪ] n salami m, salchichón m

salary ['sælərɪ] n sueldo

sale [seɪl] n venta; (at reduced prices) liquidación f, saldo; (auction) subasta; **sales** npl (total amount sold) ventas fpl, facturación f; **"for ~"** "se vende"; **on ~** en venta; **on ~ or return** (goods) venta por reposición; **sales assistant** (US),

sales clerk n dependiente/a m/f; **salesman/woman** (irreg) n (in shop) dependiente/a m/f; **salesperson** (irreg) n vendedor/a m/f, dependiente/a m/f; **sales rep** n representante mf, agente mf comercial

saline ['seɪlaɪn] adj salino

saliva [sə'laɪvə] n saliva

salmon ['sæmən] n inv salmón m

salon ['sælɔn] n (hairdressing salon) peluquería; (beauty salon) salón m de belleza

saloon [sə'luːn] n (US) bar m, taberna; (BRIT Aut) coche m (de) turismo; (ship's lounge) cámara, salón m

salt [sɔlt] n sal f ▷ vt salar; (put salt on) poner sal en; **saltwater** adj de agua salada; **salty** adj salado

salute [sə'luːt] n saludo; (of guns) salva ▷ vt saludar

salvage ['sælvɪdʒ] n (saving) salvamento, recuperación f; (things saved) objetos mpl salvados ▷ vt salvar

Salvation Army [sæl'veɪʃən-] n Ejército de Salvación

same [seɪm] adj mismo ▷ pron: **the ~** el(la) mismo/a, los(las) mismos/as; **the ~ book as** el mismo libro que; **at the ~ time** (at the same moment) al mismo tiempo; (yet) sin embargo; **all** or **just the ~** sin embargo, aun así; **to do the ~ (as sb)** hacer lo mismo (que algn); **the ~ to you!** ¡igualmente!

sample ['sɑːmpl] n muestra ▷ vt (food) probar; (wine) catar

sanction ['sæŋkʃən] n aprobación f ▷ vt sancionar; aprobar, **sanctions** npl (Pol) sanciones fpl

sanctuary ['sæŋktjuərɪ] n santuario; (refuge) asilo, refugio; (for wildlife) reserva

sand [sænd] n arena; (beach) playa ▷ vt (also: **~ down**) lijar

sandal ['sændl] n sandalia

sand: **sandbox** (US) n = **sandpit**; **sandcastle** n castillo de arena; **sand dune** n duna; **sandpaper** n papel m de lija; **sandpit** n (for children) cajón m

de arena; **sands** npl playa sg de arena;
sandstone ['sændstəun] n piedra
arenisca
sandwich ['sændwɪtʃ] n sandwich
m ▷vt intercalar; **~ed between**
apretujado entre; **cheese/ham ~**
sandwich de queso/jamón
sandy ['sændɪ] adj arenoso; (colour)
rojizo
sane [seɪn] adj cuerdo; (sensible)
sensato

> Be careful not to translate **sane** by
> the Spanish word sano.

sang [sæŋ] pt of **sing**
sanitary towel (US **sanitary napkin**)
n paño higiénico, compresa
sanity ['sænɪtɪ] n cordura; (of
judgment) sensatez f
sank [sæŋk] pt of **sink**
Santa Claus [sæntə'klɔːz] n San
Nicolás, Papá Noel
sap [sæp] n (of plants) savia ▷vt
(strength) minar, agotar
sapphire ['sæfaɪə*] n zafiro
sarcasm ['sɑːkæzm] n sarcasmo
sarcastic [sɑː'kæstɪk] adj sarcástico
sardine [sɑː'diːn] n sardina
SASE (US) n abbr (= self-addressed
stamped envelope) sobre con las propias
señas de uno y con sello
Sat. abbr (= Saturday) sáb
sat [sæt] pt, pp of **sit**
satchel ['sætʃl] n (child's) mochila,
cartera (SP)
satellite ['sætəlaɪt] n satélite m;
satellite dish n antena de televisión
por satélite; **satellite television** n
televisión f vía satélite
satin ['sætɪn] n raso ▷adj de raso
satire ['sætaɪə*] n sátira
satisfaction [sætɪs'fækʃən] n
satisfacción f
satisfactory [sætɪs'fæktərɪ] adj
satisfactorio
satisfied ['sætɪsfaɪd] adj satisfecho;
to be ~ (with sth) estar satisfecho
(de algo)
satisfy ['sætɪsfaɪ] vt satisfacer;

(convince) convencer
Saturday ['sætədɪ] n sábado
sauce [sɔːs] n salsa; (sweet) crema;
jarabe m; **saucepan** n cacerola, olla
saucer ['sɔːsə*] n platillo; **Saudi
Arabia** n Arabia Saudí or Saudita
sauna ['sɔːnə] n sauna
sausage ['sɔsɪdʒ] n salchicha;
sausage roll n empanadita de
salchicha
sautéed ['səuteɪd] adj salteado
savage ['sævɪdʒ] adj (cruel, fierce)
feroz, furioso; (primitive) salvaje ▷n
salvaje mf ▷vt (attack) embestir
save [seɪv] vt (rescue) salvar, rescatar;
(money, time) ahorrar; (put by, keep: seat)
guardar; (Comput) salvar (y guardar);
(avoid: trouble) evitar; (Sport) parar ▷vi
(also: ~ up) ahorrar ▷n (Sport) parada
▷prep salvo, excepto
savings ['seɪvɪŋz] npl ahorros mpl;
savings account n cuenta de ahorros;
savings and loan association (US) n
sociedad f de ahorro y préstamo
savoury ['seɪvərɪ] (US **savory**) adj
sabroso; (dish: not sweet) salado
saw [sɔː] (pt **~ed**, pp **~ed** or **~n**) pt
of **see** ▷n (tool) sierra ▷vt serrar;
sawdust n (a)serrín m
sawn [sɔːn] pp of **saw**
saxophone ['sæksəfəun] n saxófono
say [seɪ] (pt, pp **said**) n: **to have one's
~** expresar su opinión ▷vt decir; **to
have a** or **some ~ in sth** tener voz or
tener que ver en algo; **to ~ yes/no** decir
que sí/no; **could you ~ that again?**
¿podría repetir eso?; **that is to ~** es
decir; **that goes without ~ing** ni que
decir tiene; **saying** n dicho, refrán m
scab [skæb] n costra; (pej) esquirol m
scaffolding ['skæfəldɪŋ] n andamio,
andamiaje m
scald [skɔːld] n escaldadura ▷vt
escaldar
scale [skeɪl] n (gen, Mus) escala;
(of fish) escama; (of salaries, fees
etc) escalafón m ▷vt (mountain)
escalar; (tree) trepar; **scales** npl (for

weighing: small) balanza; (*: large*) báscula; **on a large ~** en gran escala; **~ of charges** tarifa, lista de precios

scallion ['skæljən] (US) n cebolleta

scallop ['skɔləp] n (*Zool*) venera; (*Sewing*) festón m

scalp [skælp] n cabellera ▷ vt escalpar

scalpel ['skælpl] n bisturí m

scam [skæm] n (*inf*) estafa, timo

scampi ['skæmpɪ] npl gambas fpl

scan [skæn] vt (*examine*) escudriñar; (*glance at quickly*) dar un vistazo a; (*TV, Radar*) explorar, registrar ▷ n (*Med*): **to have a ~** pasar por el escáner

scandal ['skændl] n escándalo; (*gossip*) chismes mpl

Scandinavia [skændɪ'neɪvɪə] n Escandinavia; **Scandinavian** adj, n escandinavo/a m/f

scanner ['skænə*] n (*Radar, Med*) escáner m

scapegoat ['skeɪpɡəut] n cabeza de turco, chivo expiatorio

scar [skɑ:] n cicatriz f; (*fig*) señal f ▷ vt dejar señales en

scarce [skeəs] adj escaso; **to make o.s. ~** (*inf*) esfumarse; **scarcely** adv apenas

scare [skeə*] n susto, sobresalto; (*panic*) pánico ▷ vt asustar, espantar; **to ~ sb stiff** dar a algn un susto de muerte; **bomb ~** amenaza de bomba; **scarecrow** n espantapájaros m inv; **scared** adj: **to be scared** estar asustado

scarf [skɑ:f] (pl **~s** or **scarves**) n (*long*) bufanda; (*square*) pañuelo

scarlet ['skɑ:lɪt] adj escarlata

scarves [skɑ:vz] npl of **scarf**

scary ['skeərɪ] (*inf*) adj espeluznante

scatter ['skætə*] vt (*spread*) esparcir, desparramar; (*put to flight*) dispersar ▷ vi desparramarse; dispersarse

scenario [sɪ'nɑ:rɪəu] n (*Theatre*) argumento; (*Cinema*) guión m; (*fig*) escenario

scene [si:n] n (*Theatre, fig etc*) escena; (*of crime etc*) escenario; (*view*) panorama m; (*fuss*) escándalo; **scenery** n (*Theatre*) decorado; (*landscape*) paisaje m

> Be careful not to translate **scenery** by the Spanish word *escenario*.

scenic adj pintoresco

scent [sɛnt] n perfume m, olor m; (*fig: track*) rastro, pista

sceptical ['skɛptɪkl] adj escéptico

schedule ['ʃɛdju:l] (US) ['skɛdju:l] n (*timetable*) horario; (*of events*) programa m; (*list*) lista ▷ vt (*visit*) fijar la hora de; **to arrive on ~** llegar a la hora debida; **to be ahead of/behind ~** estar adelantado/en retraso; **scheduled flight** n vuelo regular

scheme [ski:m] n (*plan*) plan m, proyecto; (*plot*) intriga; (*arrangement*) disposición f; (*pension scheme etc*) sistema m ▷ vi (*intrigue*) intrigar

schizophrenic [skɪtzə'frɛnɪk] adj esquizofrénico

scholar ['skɔlə*] n (*pupil*) alumno/a; (*learned person*) sabio/a, erudito/a; **scholarship** n erudición f; (*grant*) beca

school [sku:l] n escuela, colegio; (*in university*) facultad f ▷ cpd escolar; **schoolbook** n libro de texto; **schoolboy** n alumno; **school children** npl alumnos mpl; **schoolgirl** n alumna; **schooling** n enseñanza; **schoolteacher** n (*primary*) maestro/a; (*secondary*) profesor(a) m/f

science ['saɪəns] n ciencia; **science fiction** n ciencia-ficción f; **scientific** [-'tɪfɪk] adj científico; **scientist** n científico/a

sci-fi ['saɪfaɪ] n abbr (*inf*) = **science fiction**

scissors ['sɪzəz] npl tijeras fpl; **a pair of ~** unas tijeras

scold [skəuld] vt regañar

scone [skɔn] n pastel de pan

scoop [sku:p] n (*for flour etc*) pala; (*Press*) exclusiva

scooter ['sku:tə*] n moto f; (*toy*) patinete m

scope [skəup] n (of plan) ámbito; (of person) competencia; (opportunity) libertad f (de acción)

scorching ['skɔːtʃɪŋ] adj (heat, sun) abrasador(a)

score [skɔː*] n (points etc) puntuación f; (Mus) partitura f; (twenty) veintena ▷ vt (goal, point) ganar; (mark) rayar; (achieve: success) conseguir ▷ vi marcar un tanto; (Football) marcar (un) gol; (keep score) llevar el tanteo; **~s of** (lots of) decenas de; **on that ~** en lo que se refiere a eso; **to ~ 6 out of 10** obtener una puntuación de 6 sobre 10; **score out** vt tachar; **scoreboard** n marcador m; **scorer** n marcador m; (keeping score) encargado/a del marcador

scorn [skɔːn] n desprecio

Scorpio ['skɔːpɪəu] n Escorpión m

scorpion ['skɔːpɪən] n alacrán m

Scot [skɔt] n escocés/esa m/f

Scotch tape® (us) n cinta adhesiva, celo, scotch® f

Scotland ['skɔtlənd] n Escocia

Scots [skɔts] adj escocés/esa; **Scotsman** (irreg) n escocés; **Scotswoman** (irreg) n escocésa; **Scottish** ['skɔtɪʃ] adj escocés/esa; **Scottish Parliament** n Parlamento escocés

scout [skaut] n (Mil: also: **boy ~**) explorador m; **girl ~** (us) niña exploradora

scowl [skaul] vi fruncir el ceño; **to ~ at sb** mirar con ceño a algn

scramble ['skræmbl] n (climb) subida (difícil); (struggle) pelea ▷ vi: **to ~ through/out** abrirse paso/salir con dificultad; **to ~ for** pelear por; **scrambled eggs** npl huevos mpl revueltos

scrap [skræp] n (bit) pedacito; (fig) pizca; (fight) riña, bronca; (also: **~ iron**) chatarra, hierro viejo ▷ vt (discard) desechar, descartar ▷ vi reñir, armar una bronca; **scraps** npl (waste) sobras fpl, desperdicios mpl; **scrapbook** n álbum m de recortes

scrape [skreip] n: **to get into a ~** meterse en un lío ▷ vt raspar; (skin etc) rasguñar; (scrape against) rozar ▷ vi: **to ~ through** (exam) aprobar por los pelos; **scrap paper** n pedazos mpl de papel

scratch [skrætʃ] n rasguño; (from claw) arañazo ▷ vt (paint, car) rayar; (with claw, nail) rasguñar, arañar; (rub: nose etc) rascarse ▷ vi rascarse; **to start from ~** partir de cero; **to be up to ~** cumplir con los requisitos; **scratch card** n (BRIT) tarjeta f de "rasque y gane"

scream [skriːm] n chillido ▷ vi chillar

screen [skriːn] n (Cinema, TV) pantalla; (movable barrier) biombo ▷ vt (conceal) tapar; (from the wind etc) proteger; (film) proyectar; (candidates etc) investigar a; **screening** n (Med) investigación f médica; **screenplay** n guión m; **screen saver** n (Comput) protector m de pantalla

screw [skruː] n tornillo ▷ vt (also: **~ in**) atornillar; **screw up** vt (paper etc) arrugar; **to screw up one's eyes** arrugar el entrecejo; **screwdriver** n destornillador m

scribble ['skrɪbl] n garabatos mpl ▷ vt, vi garabatear

script [skrɪpt] n (Cinema etc) guión m; (writing) escritura, letra

scroll [skrəul] n rollo

scrub [skrʌb] n (land) maleza ▷ vt fregar, restregar; (inf: reject) cancelar, anular

scruffy ['skrʌfɪ] adj desaliñado, piojoso

scrum(mage) ['skrʌm(mɪdʒ)] n (Rugby) melée f

scrutiny ['skruːtɪnɪ] n escrutinio, examen m

scuba diving ['skuːbə'daɪvɪŋ] n submarinismo

sculptor ['skʌlptə*] n escultor(a) m/f

sculpture ['skʌlptʃə*] n escultura

scum [skʌm] n (on liquid) espuma;

(*pej: people*) escoria
scurry ['skʌrɪ] *vi* correr; **to ~ off**
escabullirse
sea [si:] *n* mar *m* ▷ *cpd* de mar,
marítimo; **by ~** (*travel*) en barco; **on the
~** (*boat*) en el mar; (*town*) junto al mar;
to be all at ~ (*fig*) estar despistado;
out to ~, at ~ en alta mar; **seafood**
n mariscos *mpl*; **sea front** *n* paseo
marítimo; **seagull** *n* gaviota
seal [si:l] *n* (*animal*) foca; (*stamp*) sello
▷ *vt* (*close*) cerrar; **seal off** *vt* (*area*)
acordonar
sea level *n* nivel *m* del mar
seam [si:m] *n* costura; (*of metal*)
juntura; (*of coal*) veta, filón *m*
search [sɜːtʃ] *n* (*for person, thing*)
busca, búsqueda; (*Comput*) búsqueda;
(*inspection: of sb's home*) registro ▷ *vt*
(*look in*) buscar en; (*examine*) examinar;
(*person, place*) registrar ▷ *vi*: **to ~ for**
buscar; **in ~ of** en busca de; **search
engine** *n* (*Comput*) buscador *m*; **search
party** *n* pelotón *m* de salvamento
sea: seashore *n* playa, orilla del mar;
seasick *adj* mareado; **seaside** *n*
playa, orilla del mar; **seaside resort** *n*
centro turístico costero
season ['si:zn] *n* (*of year*) estación
f; (*sporting etc*) temporada; (*of films
etc*) ciclo ▷ *vt* (*food*) sazonar; **in/out
of ~** en sazón/fuera de temporada;
seasonal *adj* estacional; **seasoning**
n condimento, aderezo; **season ticket**
n abono
seat [si:t] *n* (*in bus, train*) asiento;
(*chair*) silla; (*Parliament*) escaño;
(*buttocks*) culo, trasero; (*of trousers*)
culera ▷ *vt* sentar; (*have room for*)
tener cabida para; **to be ~ed** sentarse;
seat belt *n* cinturón *m* de seguridad;
seating *n* asientos *mpl*
sea: sea water *n* agua del mar;
seaweed *n* alga marina
sec. *abbr* = **second(s)**
secluded [sɪ'klu:dɪd] *adj* retirado
second ['sɛkənd] *adj* segundo ▷ *adv*
en segundo lugar ▷ *n* segundo;

(*Aut: also: ~ gear*) segunda; (*Comm*)
artículo con algún desperfecto; (*BRIT
Scol: degree*) título de licenciado con
calificación de notable ▷ *vt* (*motion*)
apoyar; **secondary** *adj* secundario;
secondary school *n* escuela
secundaria; **second-class** *adj* de
segunda clase ▷ *adv* (*Rail*) en segunda;
secondhand *adj* de segunda mano,
usado; **secondly** *adv* en segundo
lugar; **second-rate** *adj* de segunda
categoría; **second thoughts**: **to have
second thoughts** cambiar de opinión;
on second thoughts *or* **thought** (*US*)
pensándolo bien
secrecy ['si:krəsɪ] *n* secreto
secret ['si:krɪt] *adj, n* secreto; **in ~**
en secreto
secretary ['sɛkrətərɪ] *n* secretario/a;
S~ of State (for) (*BRIT Pol*) Ministro
(de)
secretive ['si:krətɪv] *adj* reservado,
sigiloso
secret service *n* servicio secreto
sect [sɛkt] *n* secta
section ['sɛkʃən] *n* sección *f*; (*part*)
parte *f*; (*of document*) artículo; (*of
opinion*) sector *m*; (*cross-section*) corte
m transversal
sector ['sɛktə*] *n* sector *m*
secular ['sɛkjulə*] *adj* secular, seglar
secure [sɪ'kjuə*] *adj* seguro; (*firmly
fixed*) firme, fijo ▷ *vt* (*fix*) asegurar,
afianzar; (*get*) conseguir
security [sɪ'kjuərɪtɪ] *n* seguridad
f; (*for loan*) fianza; (: *object*) prenda;
securities *npl* (*Comm*) valores *mpl*,
títulos *mpl*; **security guard** *n* guardia
m/f de seguridad
sedan [sɪ'dæn] (*US*) *n* (*Aut*) sedán *m*
sedate [sɪ'deɪt] *adj* tranquilo ▷ *vt*
tratar con sedantes
sedative ['sɛdɪtɪv] *n* sedante *m*,
sedativo
seduce [sɪ'dju:s] *vt* seducir;
seductive [-'dʌktɪv] *adj* seductor(a)
see [si:] (*pt* **saw**, *pp* **seen**) *vt* ver;
(*accompany*): **to ~ sb to the door**

acompañar a algn a la puerta;
(*understand*) ver, comprender ▷ *vi* ver
▷ *n* (arz)obispado; **to ~ that** (*ensure*)
asegurar que; **~ you soon!** ¡hasta
pronto!; **see off** *vt* despedir; **see out**
vt (*take to the door*) acompañar hasta la
puerta; **see through** *vt fus* (*fig*) calar
▷ *vt* (*plan*) llevar a cabo; **see to** *vt fus*
atender a, encargarse de

seed [siːd] *n* semilla; (*in fruit*) pepita;
(*fig: gen pl*) germen *m*; (*Tennis etc*)
preseleccionado/a; **to go to ~** (*plant*)
granar; (*fig*) descuidarse

seeing ['siːɪŋ] *conj*: **~ (that)** visto que,
en vista de que

seek [siːk] (*pt, pp* **sought**) *vt* buscar;
(*post*) solicitar

seem [siːm] *vi* parecer; **there ~s to
be ...** parece que hay ...; **seemingly** *adv*
aparentemente, según parece

seen [siːn] *pp of* **see**

seesaw ['siːsɔː] *n* subibaja

segment ['sɛgmənt] *n* (*part*) sección
f; (*of orange*) gajo

segregate ['sɛgrɪgeɪt] *vt* segregar

seize [siːz] *vt* (*grasp*) agarrar,
asir; (*take possession of*) secuestrar;
(: *territory*) apoderarse de; (*opportunity*)
aprovecharse de

seizure ['siːʒə*] *n* (*Med*) ataque *m*;
(*Law, of power*) incautación *f*

seldom ['sɛldəm] *adv* rara vez

select [sɪ'lɛkt] *adj* selecto, escogido
▷ *vt* escoger, elegir; (*Sport*) seleccionar;
selection *n* selección *f*, elección
f; (*Comm*) surtido *m*; **selective** *adj*
selectivo

self [sɛlf] (*pl* **selves**) *n* uno mismo;
the ~ el yo ▷ *prefix* auto...; **self-
assured** *adj* seguro de sí mismo;
self-catering (*BRIT*) *adj* (*flat etc*)
con cocina; **self-centred** (*US*
self-centered) *adj* egocéntrico;
self-confidence *n* confianza en sí
mismo; **self-confident** *adj* seguro
de sí (mismo), lleno de confianza en sí
mismo; **self-conscious** *adj* cohibido;
self-contained (*BRIT*) *adj* (*flat*) con

entrada particular; **self-control** *n*
autodominio; **self-defence** (*US* **self-
defense**) *n* defensa propia; **self-drive**
adj (*BRIT*) sin chofer *or* (*SP*) chófer; **self-
employed** *adj* que trabaja por cuenta
propia; **self-esteem** *n* amor *m* propio;
self-indulgent *adj* autocomplaciente;
self-interest *n* egoísmo; **selfish**
adj egoísta; **self-pity** *n* lástima de
sí mismo; **self-raising** [sɛlf'reɪzɪŋ]
(*US* **self-rising**) *adj*: **self-raising flour**
harina con levadura; **self-respect** *n*
amor *m* propio; **self-service** *adj*
autoservicio

sell [sɛl] (*pt, pp* **sold**) *vt* vender ▷ *vi*
venderse; **to ~ at** *or* **for £10** venderse a
10 libras; **sell off** *vt* liquidar; **sell out**
vi: **to sell out of tickets/milk** vender
todas las entradas/toda la leche; **sell-
by date** *n* fecha de caducidad; **seller**
n vendedor(a) *m/f*

Sellotape® ['sɛləuteɪp] (*BRIT*) *n* celo
(*SP*), cinta Scotch® (*LAM*) *or* Dúrex®
(*MEX, ARG*)

selves [sɛlvz] *npl of* **self**

semester [sɪ'mɛstə*] (*US*) *n*
semestre *m*

semi... [sɛmɪ] *prefix* semi...,
medio...; **semicircle** *n* semicírculo;
semidetached (house) *n* (*casa*)
semiseparada; **semi-final** *n* semi-
final *m*

seminar ['sɛmɪnɑː*] *n* seminario

semi-skimmed [sɛmɪ'skɪmd] *adj*
semidesnatado; **semi-skimmed
(milk)** *n* leche semidesnatada

senate ['sɛnɪt] *n* senado; **the S~** (*US*)
el Senado; **senator** *n* senador(a) *m/f*

send [sɛnd] (*pt, pp* **sent**) *vt* mandar,
enviar; (*signal*) transmitir; **send back**
vt devolver; **send for** *vt fus* mandar
traer; **send in** *vt* (*report, application,
resignation*) mandar; **send off** *vt*
(*goods*) despachar; (*BRIT Sport: player*)
expulsar; **send on** *vt* (*letter, luggage*)
remitir; (*person*) mandar; **send out**
vt (*invitation*) mandar; (*signal*) emitir;
send up *vt* (*person, price*) hacer subir;

(BRIT: parody) parodiar; **sender** n
remitente mf; **send-off** n: **a good
send-off** una buena despedida
senile ['si:naɪl] adj senil
senior ['si:nɪə*] adj (older) mayor, más
viejo; (: on staff) de más antigüedad; (of
higher rank) superior; **senior citizen** n
persona de la tercera edad; **senior high
school** (US) n ≈ instituto de enseñanza
media; see also **high school**
sensation [sen'seɪʃən] n sensación f;
sensational adj sensacional
sense [sens] n (faculty, meaning)
sentido; (feeling) sensación f; (good
sense) sentido común, juicio ▷ vt
sentir, percibir; **it makes ~** tiene
sentido; **senseless** adj estúpido,
insensato; (unconscious) sin
conocimiento; **sense of humour** (BRIT)
n sentido del humor
sensible ['sensɪbl] adj sensato;
(reasonable) razonable, lógico

▌Be careful not to translate **sensible**
by the Spanish word sensible.

sensitive ['sensɪtɪv] adj sensible;
(touchy) susceptible
sensual ['sensjuəl] adj sensual
sensuous ['sensjuəs] adj sensual
sent [sent] pt, pp of **send**
sentence ['sentns] n (Ling) oración
f; (Law) sentencia, fallo ▷ vt: **to ~ sb to
death/to 5 years in prison** condenar
a algn a muerte/a 5 años de cárcel
sentiment ['sentɪmənt] n
sentimiento; (opinion) opinión
f; **sentimental** [-'mentl] adj
sentimental
Sep. abbr (= September) sep., set.
separate [adj 'seprɪt, vb 'sepəreɪt]
adj separado; (distinct) distinto ▷ vt
separar; (part) dividir ▷ vi separarse;
separately adv por separado;
separates npl (clothes) coordinados
mpl; **separation** [-'reɪʃən] n
separación f
September [sep'tembə*] n
se(p)tiembre m
septic ['septɪk] adj séptico; **septic**

tank n fosa séptica
sequel ['si:kwl] n consecuencia,
resultado; (of story) continuación f
sequence ['si:kwəns] n sucesión f,
serie f; (Cinema) secuencia
sequin ['si:kwɪn] n lentejuela
Serb [sə:b] adj, n = **Serbian**
Serbian ['sə:bɪən] adj serbio ▷ n
serbio/a; (Ling) serbio
sergeant ['sɑ:dʒənt] n sargento
serial ['sɪərɪəl] n (TV) telenovela, serie
f televisiva; (Book) serie f; **serial killer** n
asesino/a múltiple; **serial number** n
número de serie
series ['sɪəri:s] n inv serie f
serious ['sɪərɪəs] adj serio; (grave)
grave; **seriously** adv en serio; (ill,
wounded etc) gravemente
sermon ['sə:mən] n sermón m
servant ['sə:vənt] n servidor(a) m/f;
(house servant) criado/a
serve [sə:v] vt servir; (customer)
atender; (train) pasar por;
(apprenticeship) hacer; (prison term)
cumplir ▷ vi (at table) servir; (Tennis)
sacar; **to ~ as/for/to do** servir
de/para/para hacer ▷ n (Tennis) saque
m; **it ~s him right** se lo tiene merecido;
server n (Comput) servidor m
service ['sə:vɪs] n servicio; (Rel)
misa; (Aut) mantenimiento; (dishes
etc) juego ▷ vt (car etc) revisar;
(: repair) reparar; **to be of ~ to sb** ser
útil a algn; **~ included/not included**
servicio incluido/no incluido
(Econ: tertiary sector) sector m terciario
or (de) servicios; (BRIT: on motorway)
área de servicio; (Mil): **the S~s** las
fuerzas armadas; **service area** n (on
motorway) área de servicio; **service
charge** (BRIT) n servicio; **serviceman**
(irreg) n militar m; **service station** n
estación f de servicio
serviette [sə:vɪ'et] (BRIT) n servilleta
session ['seʃən] n sesión f; **to be in ~**
estar en sesión
set [set] (pt, pp ~) n juego; (Radio)
aparato; (TV) televisor m; (of utensils)

batería; (of cutlery) cubierto; (of books)
colección f; (Tennis) set m; (group
of people) grupo; (Cinema) plató m;
(Theatre) decorado; (Hairdressing)
marcado ▷ adj (fixed) fijo; (ready) listo
▷ vt (place) poner, colocar; (fix) fijar;
(adjust) ajustar, arreglar; (decide: rules
etc) establecer, decidir ▷ vi (sun)
ponerse; (jam, jelly) cuajarse; (concrete)
fraguar; (bone) componerse; **to be ~ on
doing sth** estar empeñado en hacer
algo; **to ~ to music** poner música a;
to ~ on fire incendiar, poner fuego a;
to ~ free poner en libertad; **to ~ sth
going** poner algo en marcha; **to ~ sail**
zarpar, hacerse a la vela; **set aside** vt
poner aparte, dejar de lado; (money,
time) reservar; **set down** vt (bus, train)
dejar; **set in** vi (infection) declararse;
(complications) comenzar; **the rain
has set in for the day** parece que va a
llover todo el día; **set off** vi partir ▷ vt
(bomb) hacer estallar; (events) poner en
marcha; (show up well) hacer resaltar;
set out vi partir ▷ vt (arrange)
disponer; (state) exponer; **to set out
to do sth** proponerse hacer algo; **set
up** vt establecer; **setback** n revés m,
contratiempo; **set menu** n menú m
settee [sɛˈtiː] n sofá m
setting [ˈsɛtɪŋ] n (scenery) marco;
(position) disposición f; (of sun) puesta;
(of jewel) engaste m, montadura
settle [ˈsɛtl] vt (argument) resolver;
(accounts) ajustar, liquidar; (Med: calm)
calmar, sosegar ▷ vi (dust etc)
depositarse; (weather) serenarse; **to
~ for sth** convenir en aceptar algo;
to ~ on sth decidirse por algo; **settle
down** vi (get comfortable) ponerse
cómodo, acomodarse; (calm down)
calmarse, tranquilizarse; (live quietly)
echar raíces; **settle in** vi instalarse;
settle up vi: **to settle up with sb**
ajustar cuentas con algn; **settlement**
n (payment) liquidación f; (agreement)
acuerdo, convenio; (village etc) pueblo
setup [ˈsɛtʌp] n sistema m; (situation)

situación f
seven [ˈsɛvn] num siete; **seventeen**
num diez y siete, diecisiete;
seventeenth [sɛvnˈtiːnθ] adj
decimoséptimo; **seventh** num
séptimo; **seventieth** [ˈsɛvntɪɪθ] adj
septuagésimo; **seventy** num setenta
sever [ˈsɛvə*] vt cortar; (relations)
romper
several [ˈsɛvərl] adj, pron varios/as
m/fpl, algunos/as m/fpl; **~ of us** varios
de nosotros
severe [sɪˈvɪə*] adj severo; (serious)
grave; (hard) duro; (pain) intenso
sew [səu] (pt **~ed**, pp **~n**) vt, vi coser
sewage [ˈsuːɪdʒ] n aguas fpl
residuales
sewer [ˈsuːə*] n alcantarilla, cloaca
sewing [ˈsəuɪŋ] n costura; **sewing
machine** n máquina de coser
sewn [səun] pp of **sew**
sex [sɛks] n sexo; (lovemaking): **to
have ~** hacer el amor; **sexism** [ˈsɛksɪzə
m] n sexismo; **sexist** adj, n sexista
mf; **sexual** [ˈsɛksjuəl] adj sexual;
sexual intercourse n relaciones fpl
sexuales; **sexuality** [sɛksjuˈælɪtɪ] n
sexualidad f; **sexy** adj sexy
shabby [ˈʃæbɪ] adj (person)
desharrapado; (clothes) raído, gastado;
(behaviour) ruin inv
shack [ʃæk] n choza, chabola
shade [ʃeɪd] n sombra; (for lamp)
pantalla; (for eyes) visera; (of colour)
matiz m, tonalidad f; (small quantity): **a
~ (too big/more)** un poquitín
(grande/más) ▷ vt dar sombra a; (eyes)
proteger del sol; **in the ~** en la sombra;
shades npl (sunglasses) gafas fpl de sol
shadow [ˈʃædəu] n sombra ▷ vt
(follow) seguir y vigilar; **shadow
cabinet** (BRIT) n (Pol) gabinete paralelo
formado por el partido de oposición
shady [ˈʃeɪdɪ] adj sombreado;
(fig: dishonest) sospechoso; (: deal)
turbio
shaft [ʃɑːft] n (of arrow, spear) astil m;
(Aut, Tech) eje m, árbol m; (of mine) pozo;

(of lift) hueco, caja; (of light) rayo

shake [ʃeɪk] (pt **shook**, pp **shaken**)
vt sacudir; (building) hacer temblar;
(bottle, cocktail) agitar ▷ vi (tremble)
temblar; **to ~ one's head** (in refusal)
negar con la cabeza; (in dismay) mover
or menear la cabeza, incrédulo; **to
~ hands with sb** estrechar la mano
a algn; **shake off** vt sacudirse; (fig)
deshacerse de; **shake up** vt agitar;
(fig) reorganizar; **shaky** adj (hand,
voice) trémulo; (building) inestable

shall [ʃæl] aux vb: **~ I help you?**
¿quieres que te ayude?; **I'll buy three, ~
I?** compro tres, ¿no te parece?

shallow [ˈʃæləu] adj poco profundo;
(fig) superficial

sham [ʃæm] n fraude m, engaño

shambles [ˈʃæmblz] n confusión f

shame [ʃeɪm] n vergüenza ▷ vt
avergonzar; **it is a ~ that/to do** es una
lástima que/hacer; **what a ~!** ¡qué
lástima!; **shameful** adj vergonzoso;
shameless adj desvergonzado

shampoo [ʃæmˈpuː] n champú m
▷ vt lavar con champú

shandy [ˈʃændɪ] n mezcla de cerveza
con gaseosa

shan't [ʃɑːnt] = **shall not**

shape [ʃeɪp] n forma ▷ vt formar, dar
forma a; (sb's ideas) formar; (sb's life)
determinar; **to take ~** tomar forma

share [ʃeə*] n (part) parte f,
porción f; (contribution) cuota;
(Comm) acción f ▷ vt dividir; (have
in common) compartir; **to ~ out
(among or between)** repartir (entre);
shareholder (BRIT) n accionista mf

shark [ʃɑːk] n tiburón m

sharp [ʃɑːp] adj (blade, nose) afilado;
(point) puntiagudo; (outline) definido;
(pain) intenso; (Mus) desafinado;
(contrast) marcado; (voice) agudo;
(person: quick-witted) astuto;
(: dishonest) poco escrupuloso ▷ n
(Mus) sostenido ▷ adv: **at 2 o'clock ~**
a las 2 en punto; **sharpen** vt afilar;
(pencil) sacar punta a; (fig) agudizar;

sharpener n (also: **pencil sharpener**)
sacapuntas m inv; **sharply** adv
(turn, stop) bruscamente; (stand out,
contrast) claramente; (criticize, retort)
severamente

shatter [ˈʃætə*] vt hacer añicos or
pedazos; (fig: ruin) destruir, acabar con
▷ vi hacerse añicos; **shattered** adj
(grief-stricken) destrozado, deshecho;
(exhausted) agotado, hecho polvo

shave [ʃeɪv] vt afeitar, rasurar ▷ vi
afeitarse, rasurarse ▷ n: **to have a
~** afeitarse; **shaver** n (also: **electric
shaver**) máquina de afeitar (eléctrica)

shavings [ˈʃeɪvɪŋz] npl (of wood etc)
virutas fpl

shaving cream [ˈʃeɪvɪŋ-] n crema
de afeitar

shaving foam n espuma de afeitar

shawl [ʃɔːl] n chal m

she [ʃiː] pron ella

sheath [ʃiːθ] n vaina; (contraceptive)
preservativo

shed [ʃed] (pt, pp **~**) n cobertizo ▷ vt
(skin) mudar; (tears, blood) derramar;
(load) derramar; (workers) despedir

she'd [ʃiːd] = **she had**; **she would**

sheep [ʃiːp] n inv oveja; **sheepdog**
n perro pastor; **sheepskin** n piel f
de carnero

sheer [ʃɪə*] adj (utter) puro, completo;
(steep) escarpado; (material) diáfano
▷ adv verticalmente

sheet [ʃiːt] n (on bed) sábana; (of
paper) hoja; (of glass, metal) lámina;
(of ice) capa

sheik(h) [ʃeɪk] n jeque m

shelf [ʃelf] (pl **shelves**) n estante m

shell [ʃel] n (on beach) concha; (of egg,
nut etc) cáscara; (explosive) proyectil
m, obús m; (of building) armazón f ▷ vt
(peas) desenvainar; (Mil) bombardear

she'll [ʃiːl] = **she will**; **she shall**

shellfish [ˈʃelfɪʃ] n inv crustáceo; (as
food) mariscos mpl

shelter [ˈʃeltə*] n abrigo, refugio ▷ vt
(aid) amparar, proteger; (give lodging
to) abrigar ▷ vi abrigarse, refugiarse;

sheltered adj (life) protegido; (spot) abrigado

shelves [ʃɛlvz] npl of **shelf**

shelving [ˈʃɛlvɪŋ] n estantería

shepherd [ˈʃɛpəd] n pastor m ▷ vt (guide) guiar, conducir; **shepherd's pie** (BRIT) n pastel de carne y patatas

sheriff [ˈʃɛrɪf] (US) n sheriff m

sherry [ˈʃɛrɪ] n jerez m

she's [ʃiːz] = **she is**; **she has**

Shetland [ˈʃɛtlənd] n (also: **the ~s**, **the ~ Isles**) las Islas de Zetlandia

shield [ʃiːld] n escudo; (protection) blindaje m ▷ vt: **to ~ (from)** proteger (de)

shift [ʃɪft] n (change) cambio; (at work) turno ▷ vt trasladar; (remove) quitar ▷ vi moverse

shin [ʃɪn] n espinilla

shine [ʃaɪn] (pt, pp **shone**) n brillo, lustre m ▷ vi brillar, relucir ▷ vt (shoes) lustrar, sacar brillo a; **to ~ a torch on sth** dirigir una linterna hacia algo

shingles [ˈʃɪŋɡlz] n (Med) herpes mpl or fpl

shiny [ˈʃaɪnɪ] adj brillante, lustroso

ship [ʃɪp] n buque m, barco ▷ vt (goods) embarcar; (send) transportar or enviar por vía marítima; **shipment** n (goods) envío; **shipping** n (act) embarque m; (traffic) buques mpl; **shipwreck** n naufragio ▷ vt: **to be shipwrecked** naufragar; **shipyard** n astillero

shirt [ʃəːt] n camisa; **in (one's) ~ sleeves** en mangas de camisa

shit [ʃɪt] (inf!) excl ¡mierda! (!)

shiver [ˈʃɪvə*] n escalofrío ▷ vi temblar, estremecerse; (with cold) tiritar

shock [ʃɔk] n (impact) choque m; (Elec) descarga (eléctrica); (emotional) conmoción f; (start) sobresalto, susto; (Med) postración f nerviosa ▷ vt dar un susto a; (offend) escandalizar; **shocking** adj (awful) espantoso; (outrageous) escandaloso

shoe [ʃuː] (pt, pp **shod**) n zapato; (for

horse) herradura ▷ vt (horse) herrar; **shoelace** n cordón m; **shoe polish** n betún m; **shoeshop** n zapatería

shone [ʃɔn] pt, pp of **shine**

shook [ʃuk] pt of **shake**

shoot [ʃuːt] (pt, pp **shot**) n (on branch, seedling) retoño, vástago ▷ vt disparar; (kill) matar a tiros; (wound) pegar un tiro; (execute) fusilar; (film) rodar, filmar ▷ vi (Football) chutar; **shoot down** vt (plane) derribar; **shoot up** vi (prices) dispararse; **shooting** n (shots) tiros mpl; (Hunting) caza con escopeta

shop [ʃɔp] n tienda; (workshop) taller m ▷ vi (also: **go ~ping**) ir de compras; **shop assistant** (BRIT) n dependiente/a m/f; **shopkeeper** n tendero/a; **shoplifting** n mechería; **shopping** n (goods) compras fpl; **shopping bag** n bolsa (de compras); **shopping centre** (US **shopping center**) n centro comercial; **shopping mall** n centro comercial; **shopping trolley** n (BRIT) carrito de la compra; **shop window** n escaparate m (SP), vidriera (LAM)

shore [ʃɔː*] n orilla ▷ vt: **to ~ (up)** reforzar; **on ~** en tierra

short [ʃɔːt] adj corto; (in time) breve, de corta duración; (person) bajo; (curt) brusco, seco; (insufficient) insuficiente; **(a pair of) ~s** (unos) pantalones mpl cortos; **to be ~ of sth** estar falto de algo; **in ~** en pocas palabras; **~ of doing ...** fuera de hacer ...; **it is ~ for** es la forma abreviada de; **to cut ~** (speech, visit) interrumpir, terminar inesperadamente; **everything ~ of ...** todo menos ...; **to fall ~ of** no alcanzar; **to run ~ s** quedarle a algn poco; **to stop ~** parar en seco; **to stop ~ of** detenerse antes de; **shortage** n: **a shortage of** una falta de; **shortbread** n especie de mantecada; **shortcoming** n defecto, deficiencia; **short(crust) pastry** (BRIT) n pasta quebradiza; **shortcut** n atajo; **shorten** vt acortar; (visit) interrumpir; **shortfall** n déficit m; **shorthand** (BRIT) n

taquigrafía; **short-lived** adj efímero;
shortly adv en breve, dentro de poco;
shorts npl pantalones mpl cortos; (US)
calzoncillos mpl; **short-sighted** (BRIT)
adj miope; (fig) imprudente; **short-
sleeved** adj de manga corta; **short
story** n cuento; **short-tempered** adj
enojadizo; **short-term** adj (effect) a
corto plazo
shot [ʃɔt] pt, pp of **shoot** ▷ n (sound)
tiro, disparo; (try) tentativa; (injection)
inyección f; (Phot) toma, fotografía;
to be a good/poor ~ (of person) tener
buena/mala puntería; **like a ~** (without
any delay) como un rayo; **shotgun** n
escopeta
should [ʃud] aux vb: **I ~ go now** debo
irme ahora; **he ~ be there now** debe
de haber llegado (ya); **I ~ go if I were
you** yo en tu lugar me iría; **I ~ like to**
me gustaría
shoulder ['ʃəuldə*] n hombro ▷ vt
(fig) cargar con; **shoulder blade** n
omóplato
shouldn't ['ʃudnt] = **should not**
shout [ʃaut] n grito ▷ vt gritar ▷ vi
gritar, dar voces
shove [ʃʌv] n empujón m ▷ vt
empujar; (inf: put): **to ~ sth in** meter
algo a empellones
shovel ['ʃʌvl] n pala; (mechanical)
excavadora ▷ vt mover con pala
show [ʃəu] (pt **~ed**, pp **~n**) n (of
emotion) demostración f, (semblance)
apariencia; (exhibition) exposición
f; (Theatre) función f, espectáculo;
(TV) show m ▷ vt mostrar, enseñar;
(courage etc) mostrar, manifestar;
(exhibit) exponer; (film) proyectar ▷ vi
mostrarse; (appear) aparecer; **for ~**
para impresionar; **on ~** (exhibits etc)
expuesto; **show in** vt (person) hacer
pasar; **show off** (pej) vi presumir ▷ vt
(display) lucir; **show out** vt: **to show
sb out** acompañar a algn a la puerta;
show up vi (stand out) destacar;
(inf: turn up) aparecer ▷ vt (unmask)
desenmascarar; **show business** n

mundo del espectáculo
shower ['ʃauə*] n (rain) chaparrón
m, chubasco; (of stones etc) lluvia;
(for bathing) ducha, regadera (MEX)
▷ vi llover ▷ vt (fig): **to ~ sb with sth**
colmar a algn de algo; **to have a ~**
ducharse; **shower cap** n gorro de
baño; **shower gel** n gel m de ducha
showing ['ʃəuɪŋ] n (of film)
proyección f
show jumping n hípica
shown [ʃəun] pp of **show**
show-off n: **show-off** (inf) n (person)
presumido/a; **showroom** n sala de
muestras
shrank [ʃræŋk] pt of **shrink**
shred [ʃred] n (gen pl) triza, jirón m
▷ vt hacer trizas; (Culin) desmenuzar
shrewd [ʃruːd] adj astuto
shriek [ʃriːk] n chillido ▷ vi chillar
shrimp [ʃrimp] n camarón m
shrine [ʃraɪn] n santuario, sepulcro
shrink [ʃrɪŋk] (pt **shrank**, pp **shrunk**)
vi encogerse; (be reduced) reducirse;
(also: **~ away**) retroceder ▷ vt encoger
▷ n (inf, pej) loquero/a; **to ~ from
(doing) sth** no atreverse a hacer algo
shrivel ['ʃrɪvl] (also: **~ up**) vt (dry) secar
▷ vi secarse
shroud [ʃraud] n sudario ▷ vt: **~ed in
mystery** envuelto en el misterio
Shrove Tuesday ['ʃrəuv-] n martes
m de carnaval
shrub [ʃrʌb] n arbusto
shrug [ʃrʌg] n encogimiento
de hombros ▷ vt, vi: **to ~ (one's
shoulders)** encogerse de hombros;
shrug off vt negar importancia a
shrunk [ʃrʌŋk] pp of **shrink**
shudder ['ʃʌdə*] n estremecimiento,
escalofrío ▷ vi estremecerse
shuffle ['ʃʌfl] vt (cards) barajar ▷ vi: **to
~ (one's feet)** arrastrar los pies
shun [ʃʌn] vt rehuir, esquivar
shut [ʃʌt] (pt, pp **~**) vt cerrar ▷ vi
cerrarse; **shut down** vt, vi cerrar;
shut up vi (inf: keep quiet) callarse
▷ vt (close) cerrar; (silence) hacer callar;

shutter n contraventana; (Phot) obturador m

shuttle ['ʃʌtl] n lanzadera; (also: ~ service) servicio rápido y continuo entre dos puntos; (Aviat) puente m aéreo; **shuttlecock** n volante m

shy [ʃaɪ] adj tímido

sibling ['sɪblɪŋ] n (formal) hermano/a

Sicily ['sɪsɪlɪ] n Sicilia

sick [sɪk] adj (ill) enfermo; (nauseated) mareado; (humour) negro; (vomiting): **to be ~** (BRIT) vomitar; **to feel ~** tener náuseas; **to be ~ of** (fig) estar harto de; **sickening** adj (fig) asqueroso; **sick leave** n baja por enfermedad; **sickly** adj enfermizo; (smell) nauseabundo; **sickness** n enfermedad f, mal m; (vomiting) náuseas fpl

side [saɪd] n (gen) lado; (of body) costado; (of lake) orilla; (of hill) ladera; (team) equipo ▷ adj (door, entrance) lateral ▷ vi: **to ~ with sb** tomar el partido de algn; **by the ~ of** al lado de; **~ by ~** juntos/as; **from ~ to ~** de un lado para otro; **from all ~s** de todos lados; **to take ~s (with)** tomar partido (con); **sideboard** n aparador m; **sideboards** (BRIT) npl = **sideburns**; **sideburns** npl patillas fpl; **sidelight** n (Aut) luz f lateral; **sideline** n (Sport) línea de banda; (fig) empleo suplementario; **side order** n plato de acompañamiento; **side road** n (BRIT) calle f lateral; **side street** n calle f lateral; **sidetrack** vt (fig) desviar (de su propósito); **sidewalk** (US) n acera; **sideways** adv de lado

siege [siːdʒ] n cerco, sitio

sieve [sɪv] n colador m ▷ vt cribar

sift [sɪft] vt cribar; (fig: information) escudriñar

sigh [saɪ] n suspiro ▷ vi suspirar

sight [saɪt] n (faculty) vista; (spectacle) espectáculo; (on gun) mira, alza ▷ vt divisar; **in ~** a la vista; **out of ~** fuera de (la) vista; **on ~** (shoot) sin previo aviso; **sightseeing** n excursionismo, turismo; **to go sightseeing** hacer turismo

sign [saɪn] n (with hand) señal f, seña; (trace) huella, rastro; (notice) letrero; (written) signo ▷ vt firmar; (Sport) fichar; **to ~ sth over to sb** firmar el traspaso de algo a algn; **sign for** vt fus (item) firmar el recibo de; **sign in** vi firmar el registro (al entrar); **sign on** vi (BRIT: as unemployed) registrarse como desempleado; (for course) inscribirse ▷ vt (Mil) alistar; (employee) contratar; **sign up** vi (Mil) alistarse; (for course) inscribirse ▷ vt (player) fichar

signal ['sɪgnl] n señal f ▷ vi señalizar ▷ vt (person) hacer señas a; (message) comunicar por señales

signature ['sɪgnətʃə*] n firma

significance [sɪg'nɪfɪkəns] n (importance) trascendencia

significant [sɪg'nɪfɪkənt] adj significativo; (important) trascendente

signify ['sɪgnɪfaɪ] vt significar

sign language n lenguaje m para sordomudos

signpost ['saɪnpəust] n indicador m

Sikh [siːk] adj, n sij mf

silence ['saɪlns] n silencio ▷ vt acallar; (guns) reducir al silencio

silent ['saɪlnt] adj silencioso; (not speaking) callado; (film) mudo; **to remain ~** guardar silencio

silhouette [sɪluːˈɛt] n silueta

silicon chip ['sɪlɪkən-] n plaqueta de silicio

silk [sɪlk] n seda ▷ adj de seda

silly ['sɪlɪ] adj (person) tonto; (idea) absurdo

silver ['sɪlvə*] n plata; (money) moneda suelta ▷ adj de plata; (colour) plateado; **silver-plated** adj plateado

similar ['sɪmɪlə*] adj: **~ (to)** parecido or semejante (a); **similarity** [-'lærɪtɪ] n semejanza; **similarly** adv del mismo modo

simmer ['sɪmə*] vi hervir a fuego lento

simple ['sɪmpl] adj (easy) sencillo; (foolish, Comm: interest) simple;

simplicity [-'plɪsɪtɪ] n sencillez f;
simplify ['sɪmplɪfaɪ] vt simplificar;
simply adv (live, talk) sencillamente;
(just, merely) sólo
simulate ['sɪmjuːleɪt] vt fingir,
simular
simultaneous [sɪməl'teɪnɪəs] adj
simultáneo; **simultaneously** adv
simultáneamente
sin [sɪn] n pecado ▷ vi pecar
since [sɪns] adv desde entonces,
después ▷ prep desde ▷ conj (time)
desde que; (because) ya que, puesto
que; **~ then, ever ~** desde entonces
sincere [sɪn'sɪə*] adj sincero;
sincerely adv: **yours sincerely** (in
letters) le saluda atentamente
sing [sɪŋ] (pt **sang**, pp **sung**) vt, vi
cantar
Singapore [sɪŋə'pɔː*] n Singapur m
singer ['sɪŋə*] n cantante mf
singing ['sɪŋɪŋ] n canto
single ['sɪŋgl] adj único, solo;
(unmarried) soltero; (not double) simple,
sencillo ▷ n (BRIT: also: **~ ticket**) billete
m sencillo; (record) sencillo, single
m; **singles** npl (Tennis) individual
m; **single out** vt (choose) escoger;
single bed n cama individual; **single
file** n: **in single file** en fila de uno;
single-handed adv sin ayuda; **single-
minded** adj resuelto, firme; **single
parent** n padre m soltero, madre f
soltera (o divorciado etc); **single parent
family** familia monoparental; **single
room** n cuarto individual
singular ['sɪŋgjulə*] adj (odd) raro,
extraño; (outstanding) excepcional ▷ n
(Ling) singular m
sinister ['sɪnɪstə*] adj siniestro
sink [sɪŋk] (pt **sank**, pp **sunk**) n
fregadero ▷ vt (ship) hundir, echar
a pique; (foundations) excavar ▷ vi
hundirse; **to ~ sth into** hundir algo en;
sink in vi (fig) penetrar, calar
sinus ['saɪnəs] n (Anat) seno
sip [sɪp] n sorbo ▷ vt sorber, beber
a sorbitos

sir [sə*] n señor m; **S~ John Smith** Sir
John Smith; **yes ~** sí, señor
siren ['saɪərn] n sirena
sirloin ['səːlɔɪn] n (also: **~ steak**)
solomillo
sister ['sɪstə*] n hermana;
(BRIT: nurse) enfermera jefe; **sister-in-
law** n cuñada
sit [sɪt] (pt, pp **sat**) vi sentarse; (be
sitting) estar sentado; (assembly)
reunirse; (for painter) posar ▷ vt (exam)
presentarse a; **sit back** vi (in seat)
recostarse; **sit down** vi sentarse;
sit on vt fus (jury, committee) ser
miembro de, formar parte de; **sit up** vi
incorporarse; (not go to bed) velar
sitcom ['sɪtkɔm] n abbr (= situation
comedy) comedia de situación
site [saɪt] n sitio; (also: **building ~**)
solar m ▷ vt situar
sitting ['sɪtɪŋ] n (of assembly etc)
sesión f; (in canteen) turno; **sitting
room** n sala de estar
situated ['sɪtjueɪtɪd] adj situado
situation [sɪtju'eɪʃən] n situación f;
"~s vacant" (BRIT) "ofrecen trabajo"
six [sɪks] num seis; **sixteen** num diez
y seis, dieciséis; **sixteenth** [sɪks'tiːnθ]
adj decimosexto; **sixth** [sɪksθ] num
sexto; **sixth form** n (BRIT) clase f de
alumnos del sexto año (de 16 a 18 años de
edad); **sixth-form college** n instituto
m para alumnos de 16 a 18 años;
sixtieth ['sɪkstɪɪθ] adj sexagésimo;
sixty num sesenta
size [saɪz] n tamaño; (extent)
extensión f; (of clothing) talla; (of shoes)
número; **sizeable** adj importante,
considerable
sizzle ['sɪzl] vi crepitar
skate [skeɪt] n patín m; (fish: pl
inv) raya ▷ vi patinar; **skateboard**
n monopatín m; **skateboarding** n
monopatín m; **skater** n patinador(a)
m/f; **skating** n patinaje m; **skating
rink** n pista de patinaje
skeleton ['skɛlɪtn] n esqueleto;
(Tech) armazón f; (outline) esquema m

skeptical ['skɛptɪkl] (US) = **sceptical**

sketch [skɛtʃ] n (drawing) dibujo; (outline) esbozo, bosquejo; (Theatre) sketch m ▷ vt dibujar; (plan etc: also: ~ out) esbozar

skewer ['skjuːə*] n broqueta

ski: [skiː] n esquí m ▷ vi esquiar; **ski boot** n bota de esquí

skid [skɪd] n patinazo ▷ vi patinar

ski: skier n esquiador(a) m/f; **skiing** n esquí m

skilful ['skɪlful] (US **skillful**) adj diestro, experto

ski lift n telesilla m, telesquí m

skill [skɪl] n destreza, pericia; técnica; **skilled** adj hábil, diestro; (worker) cualificado

skim [skɪm] vt (milk) desnatar; (glide over) rozar, rasar ▷ vi: **to ~ through** (book) hojear; **skimmed milk** (US **skim milk**) n leche f desnatada

skin [skɪn] n piel f; (complexion) cutis m ▷ vt (fruit etc) pelar; (animal) despellejar; **skinhead** n cabeza m/f rapada, skin(head) m/f; **skinny** adj flaco

skip [skɪp] n brinco, salto; (BRIT: container) contenedor m ▷ vi brincar; (with rope) saltar a la comba ▷ vt saltarse

ski: ski pass n forfait m (de esquí); **ski pole** n bastón m de esquiar

skipper ['skɪpə*] n (Naut, Sport) capitán m

skipping rope ['skɪpɪŋ-] (US **skip rope**) n comba

skirt [skəːt] n falda, pollera (SC) ▷ vt (go round) ladear

skirting board ['skəːtɪŋ-] (BRIT) n rodapié m

ski slope n pista de esquí

ski suit n traje m de esquiar

skull [skʌl] n calavera; (Anat) cráneo

skunk [skʌŋk] n mofeta

sky [skaɪ] n cielo; **skyscraper** n rascacielos m inv

slab [slæb] n (stone) bloque m; (flat) losa; (of cake) trozo

slack [slæk] adj (loose) flojo; (slow) de poca actividad; (careless) descuidado; **slacks** npl pantalones mpl

slain [sleɪn] pp of **slay**

slam [slæm] vt (throw) arrojar (violentamente); (criticize) criticar duramente ▷ vi (door) cerrarse de golpe; **to ~ the door** dar un portazo

slander ['slɑːndə*] n calumnia, difamación f

slang [slæŋ] n argot m; (jargon) jerga

slant [slɑːnt] n sesgo, inclinación f; (fig) interpretación f

slap [slæp] n palmada; (in face) bofetada ▷ vt dar una palmada or bofetada a; (paint etc): **to ~ sth on sth** embadurnar algo con algo ▷ adv (directly) exactamente, directamente

slash [slæʃ] vt acuchillar; (fig: prices) fulminar

slate [sleɪt] n pizarra ▷ vt (fig: criticize) criticar duramente

slaughter ['slɔːtə*] n (of animals) matanza; (of people) carnicería ▷ vt matar; **slaughterhouse** n matadero

Slav [slɑːv] adj eslavo

slave [sleɪv] n esclavo/a ▷ vi (also: ~ away) sudar tinta; **slavery** n esclavitud f

slay [sleɪ] (pt **slew**, pp **slain**) vt matar

sleazy ['sliːzɪ] adj de mala fama

sled [slɛd] (US) = **sledge**

sledge [slɛdʒ] n trineo

sleek [sliːk] adj (shiny) lustroso; (car etc) elegante

sleep [sliːp] (pt, pp **slept**) n sueño ▷ vi dormir; **to go to ~** quedarse dormido; **sleep in** vi (oversleep) quedarse dormido; **sleep together** vi (have sex) acostarse juntos; **sleeper** n (person) durmiente mf; (BRIT Rail: on track) traviesa; (: train) coche-cama m; **sleeping bag** n saco de dormir; **sleeping car** n coche-cama m; **sleeping pill** n somnífero; **sleepover** n: **we're having a sleepover at Jo's** nos vamos a quedar a dormir en casa de Jo; **sleepwalk** vi caminar dormido;

(*habitually*) ser sonámbulo; **sleepy** *adj* soñoliento; (*place*) soporífero

sleet [sli:t] *n* aguanieve *f*

sleeve [sli:v] *n* manga; (*Tech*) manguito; (*of record*) portada; **sleeveless** *adj* sin mangas

sleigh [sleɪ] *n* trineo

slender ['slɛndə*] *adj* delgado; (*means*) escaso

slept [slɛpt] *pt*, *pp of* **sleep**

slew [slu:] *pt of* **slay** ▷ *vi* (*BRIT*: *veer*) torcerse

slice [slaɪs] *n* (*of meat*) tajada; (*of bread*) rebanada; (*of lemon*) rodaja; (*utensil*) pala ▷ *vt* cortar (en tajos), rebanar

slick [slɪk] *adj* (*skilful*) hábil, diestro; (*clever*) astuto ▷ *n* (*also*: **oil ~**) marea negra

slide [slaɪd] (*pt*, *pp* **slid**) *n* (*movement*) descenso, desprendimiento; (*in playground*) tobogán *m*; (*Phot*) diapositiva; (*BRIT*: *also*: **hair ~**) pasador *m* ▷ *vt* correr, deslizar ▷ *vi* (*slip*) resbalarse; (*glide*) deslizarse; **sliding** *adj* (*door*) corredizo

slight [slaɪt] *adj* (*slim*) delgado; (*frail*) delicado; (*pain etc*) leve; (*trivial*) insignificante; (*small*) pequeño ▷ *n* desaire *m* ▷ *vt* (*insult*) ofender, desairar; **not in the ~est** en absoluto; **slightly** *adv* ligeramente, un poco

slim [slɪm] *adj* delgado, esbelto; (*fig*: *chance*) remoto ▷ *vi* adelgazar; **slimming** *n* adelgazamiento

slimy ['slaɪmɪ] *adj* cenagoso

sling [slɪŋ] (*pt*, *pp* **slung**) *n* (*Med*) cabestrillo; (*weapon*) honda ▷ *vt* tirar, arrojar

slip [slɪp] *n* (*slide*) resbalón *m*; (*mistake*) descuido; (*underskirt*) combinación *f*; (*of paper*) papelito ▷ *vt* (*slide*) deslizar ▷ *vi* deslizarse; (*stumble*) resbalar(se); (*decline*) decaer; (*move smoothly*): **to ~ into/out of** (*room etc*) introducirse en/salirse de; **to give sb the ~** eludir a algn; **a ~ of the tongue** un lapsus; **to ~ sth on/off** ponerse/quitarse algo;

slip up *vi* (*make mistake*) equivocarse; meter la pata

slipper ['slɪpə*] *n* zapatilla, pantufla

slippery ['slɪpərɪ] *adj* resbaladizo; **slip road** (*BRIT*) *n* carretera de acceso

slit [slɪt] (*pt*, *pp* ~) *n* raja; (*cut*) corte *m* ▷ *vt* rajar; cortar

slog [slɔg] (*BRIT*) *vi* sudar tinta; **it was a ~** costó trabajo (hacerlo)

slogan ['sləugən] *n* eslogan *m*, lema *m*

slope [sləup] *n* (*up*) cuesta, pendiente *f*; (*down*) declive *m*; (*side of mountain*) falda, vertiente *m* ▷ *vi*: **to ~ down** estar en declive; **to ~ up** inclinarse; **sloping** *adj* en pendiente; en declive; (*writing*) inclinado

sloppy ['slɔpɪ] *adj* (*work*) descuidado; (*appearance*) desaliñado

slot [slɔt] *n* ranura ▷ *vt*: **to ~ into** encajar en; **slot machine** *n* (*BRIT*: *vending machine*) distribuidor *m* automático; (*for gambling*) tragaperras *m inv*

Slovakia [sləu'vækɪə] *n* Eslovaquia

Slovene [sləu'vi:n] *adj* esloveno ▷ *n* esloveno/a; (*Ling*) esloveno; **Slovenia** [sləu'vi:nɪə] *n* Eslovenia; **Slovenian** *adj*, *n* = **Slovene**

slow [sləu] *adj* lento; (*not clever*) lerdo; (*watch*): **to be ~** atrasar ▷ *adv* lentamente, despacio ▷ *vt*, *vi* retardar; "**~**" (*road sign*) "disminuir velocidad"; **slow down** *vi* reducir la marcha; **slowly** *adv* lentamente, despacio; **slow motion** *n*: **in slow motion** a cámara lenta

slug [slʌg] *n* babosa; (*bullet*) posta; **sluggish** *adj* lento; (*person*) perezoso

slum [slʌm] *n* casucha

slump [slʌmp] *n* (*economic*) depresión *f* ▷ *vi* hundirse; (*prices*) caer en picado

slung [slʌŋ] *pt*, *pp of* **sling**

slur [slə:*] *n*: **to cast a ~ on** insultar ▷ *vt* (*speech*) pronunciar mal

sly [slaɪ] *adj* astuto; (*smile*) taimado

smack [smæk] *n* bofetada ▷ *vt* dar con la mano a; (*child, on face*) abofetear

▷ *vi*: **to ~ of** saber a, oler a

small [smɔ:l] *adj* pequeño; **small ads** (*BRIT*) *npl* anuncios *mpl* por palabras; **small change** *n* suelto, cambio

smart [smɑ:t] *adj* elegante; (*clever*) listo, inteligente; (*quick*) rápido, vivo ▷ *vi* escocer, picar; **smartcard** *n* tarjeta inteligente

smash [smæʃ] *n* (*also*: **~-up**) choque *m*; (*Mus*) exitazo ▷ *vt* (*break*) hacer pedazos; (*car etc*) estrellar; (*Sport: record*) batir ▷ *vi* hacerse pedazos; (*against wall etc*) estrellarse; **smashing** (*inf*) *adj* estupendo

smear [smɪə*] *n* mancha; (*Med*) frotis *m inv* ▷ *vt* untar; **smear test** *n* (*Med*) citología, frotis *m inv* (cervical)

smell [smɛl] (*pt, pp* **smelt** *or* **~ed**) *n* olor *m*; (*sense*) olfato ▷ *vt*, *vi* oler; **smelly** *adj* maloliente

smelt [smɛlt] *pt, pp of* **smell**

smile [smaɪl] *n* sonrisa ▷ *vi* sonreír

smirk [smə:k] *n* sonrisa falsa *or* afectada

smog [smɔg] *n* esmog *m*

smoke [sməuk] *n* humo ▷ *vi* fumar; (*chimney*) echar humo ▷ *vt* (*cigarettes*) fumar; **smoke alarm** *n* detector *m* de humo, alarma contra incendios; **smoked** *adj* (*bacon, glass*) ahumado; **smoker** *n* fumador(a) *m/f*; (*Rail*) coche *m* fumador; **smoking** *n*: **"no smoking"** "prohibido fumar"

> Be careful not to translate **smoking** by the Spanish word *smoking*.

smoky *adj* (*room*) lleno de humo; (*taste*) ahumado

smooth [smu:ð] *adj* liso; (*sea*) tranquilo; (*flavour, movement*) suave; (*sauce*) fino; (*person: pej*) meloso ▷ *vt* (*also*: **~ out**) alisar; (*creases, difficulties*) allanar

smother ['smʌðə*] *vt* sofocar; (*repress*) contener

SMS *n abbr* (= *short message service*) (servicio) SMS; **SMS message** *n* (mensaje *m*) SMS

smudge [smʌdʒ] *n* mancha ▷ *vt* manchar

smug [smʌg] *adj* presumido; orondo

smuggle ['smʌgl] *vt* pasar de contrabando; **smuggling** *n* contrabando

snack [snæk] *n* bocado; **snack bar** *n* cafetería

snag [snæg] *n* problema *m*

snail [sneɪl] *n* caracol *m*

snake [sneɪk] *n* serpiente *f*

snap [snæp] *n* (*sound*) chasquido; (*photograph*) foto *f* ▷ *adj* (*decision*) instantáneo ▷ *vt* (*break*) quebrar; (*fingers*) castañetear ▷ *vi* quebrarse; (*fig: speak sharply*) contestar bruscamente; **to ~ shut** cerrarse de golpe; **snap at** *vt fus* (*dog*) intentar morder; **snap up** *vt* agarrar; **snapshot** *n* foto *f* (instantánea)

snarl [snɑ:l] *vi* gruñir

snatch [snætʃ] *n* (*small piece*) fragmento ▷ *vt* (*snatch away*) arrebatar; (*fig*) agarrar; **to ~ some sleep** encontrar tiempo para dormir

sneak [sni:k] (*pt US* **snuck**) *vi*: **to ~ in/out** entrar/salir a hurtadillas ▷ *n* (*inf*) soplón/ona *m/f*; **to ~ up on sb** aparecérsele de improviso a algn; **sneakers** *npl* zapatos *mpl* de lona

sneer [snɪə*] *vi* reír con sarcasmo; (*mock*) **to ~ at** burlarse de

sneeze [sni:z] *vi* estornudar

sniff [snɪf] *vi* sollozar ▷ *vt* husmear, oler; (*drugs*) esnifar

snigger ['snɪgə*] *vi* reírse con disimulo

snip [snɪp] *n* tijeretazo; (*BRIT: inf: bargain*) ganga ▷ *vt* tijeretear

sniper ['snaɪpə*] *n* francotirador(a) *m/f*

snob [snɔb] *n* (e)snob *mf*

snooker ['snu:kə*] *n* especie de billar

snoop [snu:p] *vi*: **to ~ about** fisgonear

snooze [snu:z] *n* siesta ▷ *vi* echar una siesta

snore [snɔ:*] *n* ronquido ▷ *vi* roncar

snorkel ['snɔ:kl] *n* (*tubo*) respirador *m*

snort [snɔ:t] n bufido ▷ vi bufar

snow [snəu] n nieve f ▷ vi nevar; **snowball** n bola de nieve ▷ vi (fig) agrandirse, ampliarse; **snowstorm** n nevada, nevasca

snub [snʌb] vt (person) desairar ▷ n desaire m, repulsa

snug [snʌg] adj (cosy) cómodo; (fitted) ajustado

○ **KEYWORD**

so [səu] adv 1 (thus, likewise) así, de este modo; **if so** de ser así; **I like swimming – so do I** a mí me gusta nadar – a mí también; **I've got work to do – so has Paul** tengo trabajo que hacer – Paul también; **it's 5 o'clock – so it is!** son las cinco – ¡pues es verdad!; **I hope/think so** espero/creo que sí; **so far** hasta ahora; (in past) hasta este momento

2 (in comparisons etc: to such a degree) tan; **so quickly (that)** tan rápido (que); **so big (that)** tan grande (que); **she's not so clever as her brother** no es tan lista como su hermano; **we were so worried** estábamos preocupadísimos

3: **so much** adj, adv tanto; **so many** tantos/as

4 (phrases): **10 or so** unos 10, 10 o así; **so long!** (inf: goodbye) ¡hasta luego!

▷ conj 1 (expressing purpose): **so as to do** para hacer; **so (that)** para que +subjun

2 (expressing result) así que; **so you see, I could have gone** así que ya ves, (yo) podría haber ido

soak [səuk] vt (drench) empapar; (steep in water) remojar ▷ vi remojarse, estar a remojo; **soak up** vt absorber; **soaking** adj (also: **soaking wet**) calado or empapado (hasta los huesos or el tuétano)

so-and-so ['səuənsəu] n (somebody) fulano/a de tal

soap [səup] n jabón m; **soap opera** n telenovela; **soap powder** n jabón m en polvo

soar [sɔ:*] vi (on wings) remontarse; (rocket: prices) dispararse; (building etc) elevarse

sob [sɔb] n sollozo ▷ vi sollozar

sober ['səubə*] adj (serious) serio; (not drunk) sobrio; (colour, style) discreto; **sober up** vt quitar la borrachera

so-called ['səu'kɔ:ld] adj así llamado

soccer ['sɔkə*] n fútbol m

sociable ['səuʃəbl] adj sociable

social ['səuʃl] adj social ▷ n velada, fiesta; **socialism** n socialismo; **socialist** adj, n socialista mf; **socialize** vi: **to socialize (with)** alternar (con); **social life** n vida social; **socially** adv socialmente; **social security** n seguridad f social; **social services** npl servicios mpl sociales; **social work** n asistencia social; **social worker** n asistente/a m/f social

society [sə'saɪətɪ] n sociedad f; (club) asociación f; (also: **high ~**) alta sociedad

sociology [səusɪ'ɔlədʒi] n sociología

sock [sɔk] n calcetín m

socket ['sɔkɪt] n cavidad f; (BRIT Elec) enchufe m

soda ['səudə] n (Chem) sosa; (also: **~ water**) soda; (US: also: **~ pop**) gaseosa

sodium ['səudɪəm] n sodio

sofa ['səufə] n sofá m; **sofa bed** n sofá-cama m

soft [sɔft] adj (lenient, not hard) blando; (gentle, not bright) suave; **soft drink** n bebida no alcohólica; **soft drugs** npl drogas fpl blandas; **soften** ['sɔfn] vt ablandar; suavizar; (effect) amortiguar ▷ vi ablandarse; suavizarse; **softly** adv suavemente; (gently) delicadamente, con delicadeza; **software** n (Comput) software m

soggy ['sɔgɪ] adj empapado

soil [sɔɪl] n (earth) tierra, suelo ▷ vt ensuciar

solar ['səulə*] adj solar; **solar power** n energía solar; **solar system** n sistema m solar

sold [səuld] *pt, pp of* **sell**
soldier ['səuldʒə*] *n* soldado; (*army man*) militar *m*
sold out *adj* (*Comm*) agotado
sole [səul] *n* (*of foot*) planta; (*of shoe*) suela; (*fish: pl inv*) lenguado ▷ *adj* único; **solely** *adv* únicamente, sólo, solamente; **I will hold you solely responsible** le consideraré el único responsable
solemn ['sɔləm] *adj* solemne
solicitor [sə'lɪsɪtə*] (*BRIT*) *n* (*for wills etc*) ≈ notario/a; (*in court*) ≈ abogado/a
solid ['sɔlɪd] *adj* sólido; (*gold etc*) macizo ▷ *n* sólido
solitary ['sɔlɪtərɪ] *adj* solitario, solo
solitude ['sɔlɪtjuːd] *n* soledad *f*
solo ['səuləu] *n* solo ▷ *adv* (*fly*) en solitario; **soloist** *n* solista *m/f*
soluble ['sɔljubl] *adj* soluble
solution [sə'luːʃən] *n* solución *f*
solve [sɔlv] *vt* resolver, solucionar
solvent ['sɔlvənt] *adj* (*Comm*) solvente ▷ *n* (*Chem*) solvente *m*
sombre ['sɔmbə*] (*US* **somber**) *adj* sombrío

○ **KEYWORD**

some [sʌm] *adj* **1** (*a certain amount or number*): **some tea/water/biscuits** té/agua/(unas) galletas; **there's some milk in the fridge** hay leche en el frigo; **there were some people outside** había algunas personas fuera; **I've got some money, but not much** tengo algo de dinero, pero no mucho
2 (*certain: in contrasts*) algunos/as; **some people say that ...** hay quien dice que ...; **some films were excellent, but most were mediocre** hubo películas excelentes, pero la mayoría fueron mediocres
3 (*unspecified*): **some woman was asking for you** una mujer estuvo preguntando por ti; **he was asking for some book (or other)** pedía un libro;

some day algún día; **some day next week** un día de la semana que viene ▷ *pron* **1** (*a certain number*): **I've got some** (*books etc*) tengo algunos/as **2** (*a certain amount*) algo; **I've got some** (*money, milk*) tengo algo; **could I have some of that cheese?** ¿me puede dar un poco de ese queso?; **I've read some of the book** he leído parte del libro ▷ *adv*: **some 10 people** unas 10 personas, una decena de personas

some: somebody ['sʌmbədɪ] *pron* = **someone; somehow** *adv* de alguna manera; (*for some reason*) por una u otra razón; **someone** *pron* alguien; **someplace** (*US*) *adv* = **somewhere; something** *pron* algo; **would you like something to eat/drink?** ¿te gustaría cenar/tomar algo?; **sometime** *adv* (*in future*) algún día, en algún momento; (*in past*): **sometime last month** durante el mes pasado; **sometimes** *adv* a veces; **somewhat** *adv* algo; **somewhere** *adv* (*be*) en alguna parte; (*go*) a alguna parte; **somewhere else** (*be*) en otra parte; (*go*) a otra parte
son [sʌn] *n* hijo
song [sɔŋ] *n* canción *f*
son-in-law ['sʌnɪnlɔː] *n* yerno
soon [suːn] *adv* pronto, dentro de poco; **~ afterwards** poco después; *see also* **as**; **sooner** *adv* (*time*) antes, más temprano; (*preference: rather*): **I would sooner do that** preferiría hacer eso; **sooner or later** tarde o temprano
soothe [suːð] *vt* tranquilizar; (*pain*) aliviar
sophisticated [sə'fɪstɪkeɪtɪd] *adj* sofisticado
sophomore ['sɔfəmɔː*] (*US*) *n* estudiante *m/f* de segundo año
soprano [sə'prɑːnəu] *n* soprano *f*
sorbet ['sɔːbeɪ] *n* sorbete *m*
sordid ['sɔːdɪd] *adj* (*place etc*) sórdido; (*motive etc*) mezquino
sore [sɔː*] *adj* (*painful*) doloroso, que duele ▷ *n* llaga

sorrow ['sɒrəu] n pena, dolor m
sorry ['sɒrɪ] adj (regretful) arrepentido; (condition, excuse) lastimoso; ~! ¡perdón!, ¡perdone!; ~? ¿cómo?; **to feel ~ for sb** tener lástima a algn; **I feel ~ for him** me da lástima
sort [sɔːt] n clase f, género, tipo; **sort out** vt (papers) clasificar; (organize) ordenar, organizar; (resolve: problem, situation etc) arreglar, solucionar
SOS n SOS m
so-so ['səusəu] adv regular, así así
sought [sɔːt] pt, pp of **seek**
soul [səul] n alma
sound [saund] n (noise) sonido, ruido; (volume: on TV etc) volumen m; (Geo) estrecho ▷ adj (healthy) sano; (safe, not damaged) en buen estado; (reliable: person) digno de confianza; (sensible) sensato, razonable; (secure: investment) seguro ▷ adv: ~ **asleep** profundamente dormido ▷ vt (alarm) sonar ▷ vi sonar, resonar; (fig: seem) parecer; **to ~ like** sonar a; **soundtrack** n (of film) banda sonora
soup [suːp] n (thick) sopa; (thin) caldo
sour ['sauə*] adj agrio; (milk) cortado; **it's ~ grapes** (fig) están verdes
source [sɔːs] n fuente f
south [sauθ] n sur m ▷ adj del sur, sureño ▷ adv al sur, hacia el sur; **South Africa** n África del Sur; **South African** adj, n sudafricano/a m/f; **South America** n América del Sur, Sudamérica; **South American** adj, n sudamericano/a m/f; **southbound** adj (con) rumbo al sur; **southeastern** [sauθ'iːstən] adj sureste, del sureste; **southern** ['sʌðən] adj del sur, meridional; **South Korea** n Corea del Sur; **South Pole** n Polo Sur; **southward(s)** adv hacia el sur; **southwest** n suroeste m; **southwestern** [sauθ'westən] adj suroeste
souvenir [suːvə'nɪə*] n recuerdo
sovereign ['sɒvrɪn] adj, n soberano/a m/f
sow¹ [səu] (pt ~**ed**, pp **sown**) vt sembrar
sow² [sau] n cerda, puerca
soya ['sɔɪə] (BRIT) n soja
spa [spɑː] n balneario
space [speɪs] n espacio; (room) sitio ▷ cpd espacial ▷ vt (also: ~ **out**) espaciar; **spacecraft** n nave f espacial; **spaceship** n = **spacecraft**
spacious ['speɪʃəs] adj amplio
spade [speɪd] n (tool) pala, laya; **spades** npl (Cards: British) picas fpl; (: Spanish) espadas fpl
spaghetti [spə'gɛtɪ] n espaguetis mpl, fideos mpl
Spain [speɪn] n España
spam [spæm] n (junk e-mail) spam m
span [spæn] n (of bird, plane) envergadura; (of arch) luz f; (in time) lapso ▷ vt extenderse sobre, cruzar; (fig) abarcar
Spaniard ['spænjəd] n español(a) m/f
Spanish ['spænɪʃ] adj español(a) ▷ n (Ling) español m, castellano; **the Spanish** npl los españoles
spank [spæŋk] vt zurrar
spanner ['spænə*] (BRIT) n llave f (inglesa)
spare [speə*] adj de reserva; (surplus) sobrante, de más ▷ n = **spare part** ▷ vt (do without) pasarse sin; (refrain from hurting) perdonar; **to ~** (surplus) sobrante, de sobra; **spare part** n pieza de repuesto; **spare room** n cuarto de los invitados; **spare time** n tiempo libre; **spare tyre** (US **spare tire**) n (Aut) neumático or llanta (LAM) de recambio; **spare wheel** n (Aut) rueda de recambio
spark [spɑːk] n chispa; (fig) chispazo; **spark(ing) plug** n bujía
sparkle ['spɑːkl] n centelleo, destello ▷ vi (shine) relucir, brillar
sparrow ['spærəu] n gorrión m
sparse [spɑːs] adj esparcido, escaso
spasm ['spæzəm] n (Med) espasmo
spat [spæt] pt, pp of **spit**
spate [speɪt] n (fig): **a ~ of** un

torrente de
spatula ['spætjulə] n espátula
speak [spiːk] (pt **spoke**, pp **spoken**)
vt (language) hablar; (truth) decir ▷ vi
hablar; (make a speech) intervenir; **to
~ to sb/of** or **about sth** hablar con
algn/de or sobre algo; **~ up!** ¡habla
fuerte!; **speaker** n (in public) orador(a)
m/f; (also: **loudspeaker**) altavoz m; (for
stereo etc) bafle m; (Pol): **the Speaker**
(BRIT) el Presidente de la Cámara de los
Comunes; (US) el Presidente del Congreso
spear [spɪə*] n lanza ▷ vt alancear
special ['spɛʃl] adj especial; (edition
etc) extraordinario; (delivery) urgente;
special delivery n (Post): **by special
delivery** por entrega urgente;
special effects npl (Cine) efectos mpl
especiales; **specialist** n especialista
mf; **speciality** [spɛʃɪ'ælɪtɪ] (BRIT)
n especialidad f; **specialize** vi: **to
specialize (in)** especializarse
(en); **specially** adv sobre todo,
en particular; **special needs** npl
(BRIT): **children with special needs**
niños que requieren una atención
diferenciada; **special offer** n (Comm)
oferta especial; **special school** n
(BRIT) colegio m de educación especial;
specialty (US) n = **speciality**
species ['spiːʃiːz] n inv especie f
specific [spə'sɪfɪk] adj específico;
specifically adv específicamente
specify ['spɛsɪfaɪ] vt, vi especificar,
precisar
specimen ['spɛsɪmən] n ejemplar m;
(Med: of urine) espécimen m; (: of blood)
muestra
speck [spɛk] n grano, mota
spectacle ['spɛktəkl] n espectáculo;
spectacles npl (BRIT: glasses) gafas
fpl (SP), anteojos mpl; **spectacular**
[-'tækjulə*] adj espectacular; (success)
impresionante
spectator [spɛk'teɪtə*] n
espectador(a) m/f
spectrum ['spɛktrəm] (pl **spectra**)
n espectro

speculate ['spɛkjuleɪt] vi: **to ~ (on)**
especular (en)
sped [spɛd] pt, pp of **speed**
speech [spiːtʃ] n (faculty) habla;
(formal talk) discurso; (spoken language)
lenguaje m; **speechless** adj mudo,
estupefacto
speed [spiːd] n velocidad f; (haste)
prisa; (promptness) rapidez f; **at full** or
top ~ a máxima velocidad; **speed up** vi
acelerarse ▷ vt acelerar; **speedboat**
n lancha motora; **speeding** n (Aut)
exceso de velocidad; **speed limit** n
límite m de velocidad, velocidad f
máxima; **speedometer** [spɪ'dɔmɪtə*]
n velocímetro; **speedy** adj (fast) veloz,
rápido; (prompt) pronto
spell [spɛl] (pt, pp **spelt** (BRIT) or **~ed**)
n (also: **magic ~**) encanto, hechizo;
(period of time) rato, período ▷ vt
deletrear; (fig) anunciar, presagiar;
to cast a ~ on sb hechizar a algn;
he can't ~ pone faltas de ortografía;
spell out vt (explain): **to spell sth out
for sb** explicar algo a algn en detalle;
spellchecker ['spɛltʃekə*] n corrector
m ortográfico; **spelling** n ortografía
spelt [spɛlt] pt, pp of **spell**
spend [spɛnd] (pt, pp **spent**) vt
(money) gastar; (time) pasar; (life)
dedicar; **spending** n: **government
spending** gastos mpl del gobierno
spent [spɛnt] pt, pp of **spend** ▷ adj
(cartridge, bullets, match) usado
sperm [spəːm] n esperma
sphere [sfɪə*] n esfera
spice [spaɪs] n especia ▷ vt
condimentar
spicy ['spaɪsɪ] adj picante
spider ['spaɪdə*] n araña
spike [spaɪk] n (point) punta; (Bot)
espiga
spill [spɪl] (pt, pp **spilt** or **~ed**) vt
derramar, verter ▷ vi derramarse; **to ~
over** desbordarse
spin [spɪn] (pt, pp **spun**) n (Aviat)
barrena; (trip in car) paseo (en coche);
(on ball) efecto ▷ vt (wool etc) hilar; (ball

etc) hacer girar ▷ *vi* girar, dar vueltas

spinach ['spɪnɪtʃ] *n* espinaca; (*as food*) espinacas *fpl*

spinal ['spaɪnl] *adj* espinal

spin doctor *n* informador(a) parcial al servicio de un partido político *etc*

spin-dryer (BRIT) *n* secador *m* centrífugo

spine [spaɪn] *n* espinazo, columna vertebral; (*thorn*) espina

spiral ['spaɪərl] *n* espiral *f* ▷ *vi* (*fig: prices*) subir desorbitadamente

spire [spaɪə*] *n* aguja, chapitel *m*

spirit ['spɪrɪt] *n* (*soul*) alma; (*ghost*) fantasma *m*; (*attitude, sense*) espíritu *m*; (*courage*) valor *m*, ánimo; **spirits** *npl* (*drink*) licor(es) *m(pl)*; **in good ~s** alegre, de buen ánimo

spiritual ['spɪrɪtjuəl] *adj* espiritual ▷ *n* espiritual *m*

spit [spɪt] (*pt, pp* **spat**) *n* (*for roasting*) asador *m*, espetón *m*; (*saliva*) saliva ▷ *vi* escupir; (*sound*) chisporrotear; (*rain*) lloviznar

spite [spaɪt] *n* rencor *m*, ojeriza ▷ *vt* causar pena a, mortificar; **in ~ of** a pesar de, pese a; **spiteful** *adj* rencoroso, malévolo

splash [splæʃ] *n* (*sound*) chapoteo; (*of colour*) mancha ▷ *vt* salpicar ▷ *vi* (*also: ~ **about**) chapotear; **splash out** (*inf*) (BRIT) derrochar dinero

splendid ['splendɪd] *adj* espléndido

splinter ['splɪntə*] *n* (*of wood etc*) astilla; (*in finger*) espigón *m* ▷ *vi* astillarse, hacer astillas

split [splɪt] (*pt, pp* **~**) *n* hendedura, raja; (*fig*) división *f*; (*Pol*) escisión *f* ▷ *vt* partir, rajar; (*party*) dividir; (*share*) repartir ▷ *vi* dividirse, escindirse; **split up** *vi* (*couple*) separarse; (*meeting*) acabarse

spoil [spɔɪl] (*pt, pp* **~t** *or* **~ed**) *vt* (*damage*) dañar; (*mar*) estropear; (*child*) mimar, consentir

spoilt [spɔɪlt] *pt, pp of* **spoil** ▷ *adj* (*child*) mimado, consentido; (*ballot paper*) invalidado

spoke [spəuk] *pt of* **speak** ▷ *n* rayo, radio

spoken ['spəukn] *pp of* **speak**

spokesman ['spəuksmən] (*irreg*) *n* portavoz *m*

spokesperson ['spəukspɜːsn] (*irreg*) *n* portavoz *m/f*, vocero/a (LAM)

spokeswoman ['spəukswumən] (*irreg*) *n* portavoz *f*

sponge [spʌndʒ] *n* esponja; (*also: ~ cake*) bizcocho ▷ *vt* (*wash*) lavar con esponja ▷ *vi*: **to ~ off** *or* **on sb** vivir a costa de algn; **sponge bag** (BRIT) *n* esponjera

sponsor ['spɒnsə*] *n* patrocinador(a) *m/f* ▷ *vt* (*applicant, proposal etc*) proponer; **sponsorship** *n* patrocinio

spontaneous [spɒn'teɪnɪəs] *adj* espontáneo

spooky ['spuːkɪ] (*inf*) *adj* espeluznante, horripilante

spoon [spuːn] *n* cuchara; **spoonful** *n* cucharada

sport [spɔːt] *n* deporte *m*; (*person*): **to be a good ~** ser muy majo ▷ *vt* (*wear*) lucir, ostentar; **sport jacket** (US) *n* = **sports jacket**; **sports car** *n* coche *m* deportivo; **sports centre** (BRIT) *n* polideportivo; **sports jacket** (BRIT) *n* chaqueta deportiva; **sportsman** (*irreg*) *n* deportista *m*; **sports utility vehicle** *n* todoterreno *m inv*; **sportswear** *n* trajes *mpl* de deporte *or* sport; **sportswoman** (*irreg*) *n* deportista; **sporty** *adj* deportista

spot [spɒt] *n* sitio, lugar *m*; (*dot: on pattern*) punto, mancha; (*pimple*) grano; (*Radio*) cuña publicitaria; (*TV*) espacio publicitario; (*small amount*): **a ~ of** un poquito de ▷ *vt* (*notice*) notar, observar; **on the ~** allí mismo; **spotless** *adj* perfectamente limpio; **spotlight** *n* foco, reflector *m*; (*Aut*) faro auxiliar

spouse [spauz] *n* cónyuge *mf*

sprain [spreɪn] *n* torcedura ▷ *vt*: **to ~ one's ankle/wrist** torcerse el tobillo/la muñeca

sprang [spræŋ] *pt of* **spring**

sprawl [sprɔːl] vi tumbarse
spray [spreɪ] n rociada; (of sea) espuma; (container) atomizador m; (for paint etc) pistola rociadora; (of flowers) ramita ▷vt rociar; (crops) regar
spread [sprɛd] (pt, pp **~**) n extensión f; (for bread etc) pasta para untar; (inf: food) comilona ▷vt extender; (butter) untar; (wings, sails) desplegar; (work, wealth) repartir; (scatter) esparcir ▷vi (also: **~ out**: stain) extenderse; (news) diseminarse; **spread out** vi (move apart) separarse; **spreadsheet** n hoja electrónica or de cálculo
spree [spriː] n: **to go on a ~** ir de juerga
spring [sprɪŋ] (pt **sprang**, pp **sprung**) n (season) primavera; (leap) salto, brinco; (coiled metal) resorte m; (of water) fuente f, manantial m ▷vi saltar, brincar; **spring up** vi (thing: appear) aparecer; (problem) surgir; **spring onion** n cebolleta
sprinkle ['sprɪŋkl] vt (pour: liquid) rociar; (: salt, sugar) espolvorear; **to ~ water** etc **on**, **~ with water** etc rociar or salpicar de agua etc
sprint [sprɪnt] n esprint m ▷vi esprintar
sprung [sprʌŋ] pp of **spring**
spun [spʌn] pt, pp of **spin**
spur [spəː*] n espuela; (fig) estímulo, aguijón m ▷vt (also: **~ on**) estimular, incitar; **on the ~ of the moment** de improviso
spurt [spəːt] n chorro; (of energy) arrebato ▷vi chorrear
spy [spaɪ] n espía mf ▷vi: **to ~ on** espiar a ▷vt (see) divisar, lograr ver
sq. abbr = **square**
squabble ['skwɔbl] vi reñir, pelear
squad [skwɔd] n (Mil) pelotón m; (Police) brigada; (Sport) equipo
squadron ['skwɔdrn] n (Mil) escuadrón m; (Aviat, Naut) escuadra
squander ['skwɔndə*] vt (money) derrochar, despilfarrar; (chances) desperdiciar

square [skwɛə*] n cuadro; (in town) plaza; (inf: person) carca m/f ▷adj cuadrado; (inf: ideas, tastes) trasnochado ▷vt (arrange) arreglar; (Math) cuadrar; (reconcile) compaginar; **all ~** igual(es); **to have a ~ meal** comer caliente; **2 metres ~** 2 metros en cuadro; **2 ~ metres** 2 metros cuadrados; **square root** n raíz f cuadrada
squash [skwɔʃ] n (BRIT: drink): **lemon/orange ~** zumo (SP) or jugo (LAM) de limón/naranja; **2 ~ metres** 2 calabacín m; (Sport) squash m ▷vt aplastar
squat [skwɔt] adj achaparrado ▷vi (also: **~ down**) agacharse, sentarse en cuclillas; **squatter** n okupa mf (SP)
squeak [skwiːk] vi (hinge) chirriar, rechinar; (mouse) chillar
squeal [skwiːl] vi chillar, dar gritos agudos
squeeze [skwiːz] n presión f; (of hand) apretón m; (Comm) restricción f ▷vt (hand, arm) apretar
squid [skwɪd] n inv calamar m; (Culin) calamares mpl
squint [skwɪnt] vi bizquear, ser bizco ▷n (Med) estrabismo
squirm [skwəːm] vi retorcerse, revolverse
squirrel ['skwɪrəl] n ardilla
squirt [skwəːt] vi salir a chorros ▷vt chiscar
Sr abbr = **senior**
Sri Lanka [srɪ'læŋkə] n Sri Lanka m
St abbr = **saint; street**
stab [stæb] n (with knife) puñalada; (of pain) pinchazo; (inf: try): **to have a ~ at (doing) sth** intentar (hacer) algo ▷vt apuñalar
stability [stə'bɪlɪtɪ] n estabilidad f
stable ['steɪbl] adj estable ▷n cuadra, caballeriza
stack [stæk] n montón m, pila ▷vt amontonar, apilar
stadium ['steɪdɪəm] n estadio
staff [stɑːf] n (work force) personal m,

plantilla; (BRIT Scol) cuerpo docente
▷ vt proveer de personal

stag [stæg] n ciervo, venado

stage [steɪdʒ] n escena; (point) etapa; (platform) plataforma; (profession): **the ~** el teatro ▷ vt (play) poner en escena, representar; (organize) montar, organizar; **in ~s** por etapas

stagger ['stægə*] vi tambalearse ▷ vt (amaze) asombrar; (hours, holidays) escalonar; **staggering** adj asombroso

stagnant ['stægnənt] adj estancado

stag night, stag party n despedida de soltero

stain [steɪn] n mancha; (colouring) tintura ▷ vt manchar; (wood) teñir; **stained glass** n vidrio m de color; **stainless steel** n acero inoxidable

staircase ['stɛəkeɪs] n = **stairway**

stairs [stɛəz] npl escaleras fpl

stairway ['stɛəweɪ] n escalera

stake [steɪk] n estaca, poste m; (Comm) interés m; (Betting) apuesta ▷ vt (money) apostar; (life) arriesgar; (reputation) poner en juego; (claim) presentar una reclamación; **to be at ~** estar en juego

stale [steɪl] adj (bread) duro; (food) pasado; (smell) rancio; (beer) agrio

stalk [stɔːk] n tallo, caña ▷ vt acechar, cazar al acecho

stall [stɔːl] n (in market) puesto; (in stable) casilla (de establo) ▷ vt (Aut) calar; (fig) dar largas a ▷ vi (Aut) calarse; (fig) andarse con rodeos

stamina ['stæmɪnə] n resistencia

stammer ['stæmə*] n tartamudeo ▷ vi tartamudear

stamp [stæmp] n sello (SP), estampilla (LAM), timbre m (MEX); (mark) marca, huella; (on document) timbre m ▷ vt (also: **~ one's foot**) patear ▷ vt (mark) marcar; (letter) franquear; (with rubber stamp) sellar; **stamp out** vt (fire) apagar con el pie; (crime, opposition) acabar con; **stamped addressed envelope** n (BRIT) sobre m sellado con las señas propias

stampede [stæm'piːd] n estampida

stance [stæns] n postura

stand [stænd] (pt, pp **stood**) n (position) posición f, postura; (for taxis) parada; (hall stand) perchero; (music stand) atril m; (Sport) tribuna; (at exhibition) stand m ▷ vi (be) estar, encontrarse; (be on foot) estar de pie; (rise) levantarse; (remain) quedar en pie; (in election) presentar candidatura ▷ vt (place) poner, colocar; (withstand) aguantar, soportar; (invite to) invitar; **to make a ~** (fig) mantener una postura firme; **to ~ for parliament** (BRIT) presentarse (como candidato) a las elecciones; **stand back** vi retirarse; **stand by** vi (be ready) estar listo ▷ vt fus (opinion) aferrarse a; (person) apoyar; **stand down** vi (withdraw) ceder el puesto; **stand for** vt fus (signify) significar; (tolerate) aguantar, permitir; **stand in for** vt fus suplir a; **stand out** vi destacarse; **stand up** vi levantarse, ponerse de pie; **stand up for** vt fus defender; **stand up to** vt fus hacer frente a

standard ['stændəd] n patrón m, norma; (level) nivel m; (flag) estandarte m ▷ adj (size etc) normal, corriente; (text) básico; **standards** npl (morals) valores mpl morales; **standard of living** n nivel m de vida

standing ['stændɪŋ] adj (on foot) de pie, en pie; (permanent) permanente ▷ n reputación f; **of many years' ~** que lleva muchos años; **standing order** (BRIT) n (at bank) orden f de pago permanente

stand: standpoint n punto de vista; **standstill** n: **at a standstill** (industry, traffic) paralizado; (car) parado; **to come to a standstill** quedar paralizado; pararse

stank [stæŋk] pt of **stink**

staple ['steɪpl] n (for papers) grapa ▷ adj (food etc) básico ▷ vt grapar

star [stɑː*] n estrella; (celebrity) estrella, astro ▷ vt (Theatre, Cinema) ser el/la protagonista de; **the stars** *npl* (*Astrology*) el horóscopo

starboard ['stɑ:bəd] *n* estribor *m*

starch [stɑ:tʃ] *n* almidón *m*

stardom ['stɑ:dəm] *n* estrellato

stare [stɛə*] *n* mirada fija ▷ *vi*: **to ~ at** mirar fijo

stark [stɑ:k] *adj* (*bleak*) severo, escueto ▷ *adv*: **~ naked** en cueros

start [stɑ:t] *n* principio, comienzo; (*departure*) salida; (*sudden movement*) salto, sobresalto; (*advantage*) ventaja ▷ *vt* empezar, comenzar; (*cause*) causar; (*found*) fundar; (*engine*) poner en marcha ▷ *vi* comenzar, empezar; (*with fright*) asustarse, sobresaltarse; (*train etc*) salir; **to ~ doing** *or* **to do sth** empezar a hacer algo; **start off** *vi* empezar, comenzar; (*leave*) salir, ponerse en camino; **start out** *vi* (*begin*) empezar; (*set out*) partir, salir; **start up** *vi* comenzar; (*car*) ponerse en marcha ▷ *vt* comenzar; poner en marcha; **starter** *n* (*Aut*) botón *m* de arranque; (*Sport: official*) juez *mf* de salida; (*BRIT Culin*) entrante *m*; **starting point** *n* punto de partida

startle ['stɑ:tl] *vt* asustar, sobrecoger; **startling** *adj* alarmante

starvation [stɑ:'veɪʃən] *n* hambre *f*

starve [stɑ:v] *vi* tener mucha hambre; (*to death*) morir de hambre ▷ *vt* hacer pasar hambre

state [steɪt] *n* estado ▷ *vt* (*say, declare*) afirmar; **the S~s** los Estados Unidos; **to be in a ~** estar agitado; **statement** *n* afirmación *f*; **state school** *n* escuela *or* colegio estatal; **statesman** (*irreg*) *n* estadista *m*

static ['stætɪk] *n* (*Radio*) parásitos *mpl* ▷ *adj* estático

station ['steɪʃən] *n* estación *f*; (*Radio*) emisora; (*rank*) posición *f* social ▷ *vt* colocar, situar; (*Mil*) apostar

stationary ['steɪʃnərɪ] *adj* estacionario, fijo

stationer's (shop) (*BRIT*) *n* papelería

stationery [-nərɪ] *n* papel *m* de escribir, artículos *mpl* de escritorio

station wagon (*US*) *n* ranchera

statistic [stə'tɪstɪk] *n* estadística; **statistics** *n* (*science*) estadística

statue ['stætjuː] *n* estatua

stature ['stætʃə*] *n* estatura; (*fig*) talla

status ['steɪtəs] *n* estado; (*reputation*) estatus *m*; **status quo** *n* (e)statu quo *m*

statutory ['stætjutrɪ] *adj* estatutario

staunch [stɔ:ntʃ] *adj* leal, incondicional

stay [steɪ] *n* estancia ▷ *vi* quedar(se); (*as guest*) hospedarse; **to ~ put** seguir en el mismo sitio; **to ~ the night/5 days** pasar la noche/estar 5 días; **stay away** *vi* (*from person, building*) no acercarse; (*from event*) no acudir; **stay behind** *vi* quedarse atrás; **stay in** *vi* quedarse en casa; **stay on** *vi* quedarse; **stay out** *vi* (*of house*) no volver a casa; (*on strike*) permanecer en huelga; **stay up** *vi* (*at night*) velar, no acostarse

steadily ['stɛdɪlɪ] *adv* constantemente; (*firmly*) firmemente; (*work, walk*) sin parar; (*gaze*) fijamente

steady ['stɛdɪ] *adj* (*firm*) firme; (*regular*) regular; (*person, character*) sensato, juicioso; (*boyfriend*) formal; (*look, voice*) tranquilo ▷ *vt* (*stabilize*) estabilizar; (*nerves*) calmar

steak [steɪk] *n* filete *m*; (*beef*) bistec *m*

steal [sti:l] (*pt* **stole**, *pp* **stolen**) *vt* robar ▷ *vi* robar; (*move secretly*) andar a hurtadillas

steam [sti:m] *n* vapor *m*; (*mist*) vaho, humo ▷ *vt* (*Culin*) cocer al vapor ▷ *vi* echar vapor; **steam up** *vi* (*window*) empañarse; **to get steamed up about sth** (*fig*) ponerse negro por algo; **steamy** *adj* (*room*) lleno de vapor; (*window*) empañado; (*heat, atmosphere*) bochornoso

steel [sti:l] *n* acero ▷ *adj* de acero

steep [sti:p] adj escarpado, abrupto; (stair) empinado; (price) exorbitante, excesivo ▷ vt empapar, remojar

steeple ['sti:pl] n aguja

steer [stɪə*] vt (car) conducir (SP), manejar (LAM); (person) dirigir ▷ vi conducir, manejar; **steering** n (Aut) dirección f; **steering wheel** n volante m

stem [stɛm] n (of plant) tallo; (of glass) pie m ▷ vt detener; (blood) restañar

step [stɛp] n paso; (on stair) peldaño, escalón m ▷ vi: **to ~ forward/back** dar un paso adelante/hacia atrás; **steps** npl (BRIT) = **stepladder**; **in/out of ~ (with)** acorde/en disonancia (con); **step down** vi retirarse; **step in** vi entrar; (fig) intervenir; **step up** vt (increase) aumentar; **stepbrother** n hermanastro; **stepchild** (pl **stepchildren**) n hijastro/a m/f; **stepdaughter** n hijastra; **stepfather** n padrastro; **stepladder** n escalera doble or de tijera; **stepmother** n madrastra; **stepsister** n hermanastra; **stepson** n hijastro

stereo ['stɛrɪəu] n estéreo ▷ adj (also: **~phonic**) estéreo, estereofónico

stereotype ['stɛrɪətaɪp] n estereotipo ▷ vt estereotipar

sterile ['stɛraɪl] adj estéril; **sterilize** ['stɛrɪlaɪz] vt esterilizar

sterling ['stə:lɪŋ] adj (silver) de ley ▷ n (Econ) libras fpl esterlinas fpl; **one pound ~** una libra esterlina

stern [stə:n] adj severo, austero ▷ n (Naut) popa

steroid ['stɪərɔɪd] n esteroide m

stew [stju:] n estofado, guiso ▷ vt estofar, guisar; (fruit) cocer

steward ['stju:əd] n camarero; **stewardess** n (esp on plane) azafata

stick [stɪk] (pt, pp **stuck**) n palo; (of dynamite) barreno; (as weapon) porra; (also: **walking ~**) bastón m ▷ vt (glue) pegar; (inf: put) meter; (: tolerate) aguantar, soportar; (thrust): **to ~ sth into** clavar or hincar algo en ▷ vi

pegarse; (be unmoveable) quedarse parado; (in mind) quedarse grabado; **stick out** vi sobresalir; **stick up** vi sobresalir; **stick up for** vt fus defender; **sticker** n (label) etiqueta engomada; (with slogan) pegatina; **sticking plaster** n esparadrapo; **stick shift** (US) n (Aut) palanca de cambios

sticky ['stɪkɪ] adj pegajoso; (label) engomado; (fig) difícil

stiff [stɪf] adj rígido, tieso; (hard) duro; (manner) estirado; (difficult) difícil; (person) inflexible; (price) exorbitante ▷ adv: **scared/bored ~** muerto de miedo/aburrimiento

stifling ['staɪflɪŋ] adj (heat) sofocante, bochornoso

stigma ['stɪgmə] n (fig) estigma m

stiletto [stɪ'lɛtəu] (BRIT) n (also: **~ heel**) tacón m de aguja

still [stɪl] adj inmóvil, quieto ▷ adv todavía; (even) aun; (nonetheless) sin embargo, aun así

stimulate ['stɪmjuleɪt] vt estimular

stimulus ['stɪmjuləs] (pl **stimuli**) n estímulo, incentivo

sting [stɪŋ] (pt, pp **stung**) n picadura; (pain) escozor m, picazón f; (organ) aguijón m ▷ vt, vi picar

stink [stɪŋk] (pt **stank**, pp **stunk**) n hedor m, tufo ▷ vi heder, apestar

stir [stə:*] n (fig: agitation) conmoción f ▷ vt (tea etc) remover; (fig: emotions) provocar ▷ vi moverse; **stir up** vt (trouble) fomentar; **stir-fry** vt sofreír removiendo ▷ n plato preparado sofriendo y removiendo los ingredientes

stitch [stɪtʃ] n (Sewing) puntada; (Knitting) punto; (Med) punto (de sutura); (pain) punzada ▷ vt coser; (Med) suturar

stock [stɔk] n (Comm: reserves) existencias fpl, stock m; (: selection) surtido; (Agr) ganado, ganadería; (Culin) caldo; (descent) raza, estirpe f; (Finance) capital m ▷ adj (fig: reply etc) clásico ▷ vt (have in stock) tener existencias de; **~s and shares** acciones y valores; **in ~** en existencia or almacén; **out of ~** agotado; **to take ~ of** (fig) asesorar, examinar; **stockbroker** ['stɔkbrəukə*] n agente mf or corredor mf de bolsa(a); **stock cube** (BRIT) n pastilla de caldo; **stock exchange** n bolsa; **stockholder** ['stɔkhəuldə*] (US) n accionista m/f

stocking ['stɔkɪŋ] n media

stock market n bolsa (de valores)

stole [stəul] pt of **steal** ▷ n estola

stolen ['stəuln] pp of **steal**

stomach ['stʌmək] n (Anat) estómago; (belly) vientre m ▷ vt tragar, aguantar; **stomachache** n dolor m de estómago

stone [stəun] n piedra; (in fruit) hueso (= 6.348 kg; 14 libras) ▷ adj de piedra ▷ vt apedrear; (fruit) deshuesar

stood [stud] pt, pp of **stand**

stool [stu:l] n taburete m

stoop [stu:p] vi (also: ~ **down**) doblarse, agacharse; (also: **have a ~**) ser cargado de espaldas

stop [stɔp] n parada; (in punctuation) punto ▷ vt parar, detener; (break) suspender; (block: pay) suspender; (: cheque) invalidar; (also: **put a ~ to**) poner término a ▷ vi pararse, detenerse; (end) acabarse; **to ~ doing sth** dejar de hacer algo; **stop by** vi pasar por; **stop off** vi interrumpir el viaje; **stopover** n parada; (Aviat) escala; **stoppage** n (strike) paro; (blockage) obstrucción f

storage ['stɔ:rɪdʒ] n almacenaje m

store [stɔ:*] n (stock) provisión f; (depot (BRIT: large shop) almacén m; (US) tienda; (reserve) reserva, repuesto ▷ vt almacenar; **stores** npl víveres mpl; **to be in ~ for sb** (fig) esperarle a algn; **storekeeper** (US) n tendero/a

storey ['stɔ:rɪ] (US **story**) n piso

storm [stɔ:m] n tormenta; (fig: of applause) salva; (: of criticism) nube f ▷ vi (fig) rabiar ▷ vt tomar por asalto; **stormy** adj tempestuoso

story ['stɔ:rɪ] n historia; (lie) mentira;

(US) = **storey**

stout [staut] adj (strong) sólido; (fat) gordo, corpulento; (resolute) resuelto ▷ n cerveza negra

stove [stəuv] n (for cooking) cocina; (for heating) estufa

straight [streit] adj recto, derecho; (frank) franco, directo; (simple) sencillo ▷ adv directamente; (drink) sin mezcla; **to put** or **get sth ~** dejar algo en claro; **~ away, ~ off** en seguida; **straighten** vt (also: **straighten out**) enderezar, poner derecho ▷ vi (also: **straighten up**) enderezarse, ponerse derecho; **straightforward** adj (simple) sencillo; (honest) honrado, franco

strain [strein] n tensión f; (Tech) presión f; (Med) torcedura; (breed) tipo, variedad f ▷ vt (back etc) torcerse; (resources) agotar; (stretch) estirar; (food, tea) colar; **strained** adj (muscle) torcido; (laugh) forzado; (relations) tenso; **strainer** n colador m

strait [streit] n en (Geo) estrecho; (fig): **to be in dire ~s** estar en un gran apuro

strand [strænd] n (of thread) hebra; (of hair) trenza; (of rope) ramal m; **stranded** adj (person: without money) desamparado; (: without transport) colgado

strange [streindʒ] adj (not known) desconocido; (odd) extraño, raro; **strangely** adv de un modo raro; **stranger** n desconocido/a; (from another area) forastero/a

⬛ Be careful not to translate **stranger** by the Spanish word extranjero.

strangle ['stræŋgl] vt estrangular

strap [stræp] n correa; (of slip, dress) tirante m

strategic [strə'ti:dʒɪk] adj estratégico

strategy ['strætɪdʒɪ] n estrategia

straw [strɔ:] n paja; (drinking straw) caña, pajita; **that's the last ~!** ¡eso es el colmo!

strawberry ['strɔ:bərɪ] n fresa,

frutilla (sc)

stray [streɪ] adj (animal) extraviado; (bullet) perdido; (scattered) disperso ▷ vi extraviarse, perderse

streak [stri:k] n raya; (in hair) raya ▷ vt rayar ▷ vi: **to ~ past** pasar como un rayo

stream [stri:m] n riachuelo, arroyo; (of people, vehicles) riada, caravana; (of smoke, insults etc) chorro ▷ vt (Scol) dividir en grupos por habilidad ▷ vi correr, fluir; **to ~ in/out** (people) entrar/salir en tropel

street [stri:t] n calle f; **streetcar** (US) n tranvía m; **street light** n farol m (LAM), farola (SP); **street map** n plano (de la ciudad); **street plan** n plano

strength [strɛŋθ] n fuerza; (of girder, knot etc) resistencia; (fig: power) poder m; **strengthen** vt fortalecer, reforzar

strenuous ['strɛnjuəs] adj (energetic, determined) enérgico

stress [strɛs] n presión f; (mental strain) estrés m; (accent) acento ▷ vt subrayar, recalcar; (syllable) acentuar; **stressed** adj (tense) estresado, agobiado; (syllable) acentuado; **stressful** adj (job) estresante

stretch [strɛtʃ] n (of sand etc) trecho ▷ vi estirarse; (extend): **to ~ to or as far as** extenderse hasta ▷ vt extender, estirar; (make demands) exigir el máximo esfuerzo a; **stretch out** vi tenderse ▷ vt (arm etc) extender; (spread) estirar

stretcher ['strɛtʃə*] n camilla

strict [strɪkt] adj severo; (exact) estricto; **strictly** adv severamente; estrictamente

stride [straɪd] (pt **strode**, pp **stridden**) n zancada, tranco ▷ vi dar zancadas, andar a trancos

strike [straɪk] (pt, pp **struck**) n huelga; (of oil etc) descubrimiento; (attack) ataque m ▷ vt golpear, pegar; (oil etc) descubrir; (bargain, deal) cerrar ▷ vi declarar la huelga; (attack) atacar; (clock) dar la hora; **on ~** (workers) en huelga; **to ~ a match** encender un fósforo; **striker** n huelguista mf; (Sport) delantero; **striking** adj llamativo

string [strɪŋ] (pt, pp **strung**) n cuerda; (row) hilera ▷ vt: **to ~ together** ensartar; **to ~ out** extenderse; **the strings** npl (Mus) los instrumentos de cuerda; **to pull ~s** (fig) mover palancas

strip [strɪp] n tira; (of land) franja; (of metal) cinta, lámina ▷ vt desnudar; (paint) quitar; (also: ~ **down**: machine) desmontar ▷ vi desnudarse; **strip off** vt (paint etc) quitar ▷ vi (person) desnudarse

stripe [straɪp] n raya; (Mil) galón m; **striped** adj a rayas, rayado

stripper ['strɪpə*] n artista mf de striptease

strip-search ['strɪpsə:tʃ] vt: **to ~ sb** desnudar y registrar a algn

strive [straɪv] (pt **strove**, pp **striven**) vi: **to ~ for sth/to do sth** luchar por conseguir/hacer algo

strode [strəud] pt of **stride**

stroke [strəuk] n (blow) golpe m; (Swimming) brazada; (Med) apoplejía; (of paintbrush) toque m ▷ vt acariciar; **at a ~** de un solo golpe

stroll [strəul] n paseo, vuelta ▷ vi dar un paseo or una vuelta; **stroller** (US) n (for child) sillita de ruedas

strong [strɔŋ] adj fuerte; **they are 50 ~** son 50; **stronghold** n fortaleza; (fig) baluarte m; **strongly** adv fuertemente, con fuerza; (believe) firmemente

strove [strəuv] pt of **strive**

struck [strʌk] pt, pp of **strike**

structure ['strʌktʃə*] n estructura; (building) construcción f

struggle ['strʌgl] n lucha ▷ vi luchar

strung [strʌŋ] pt, pp of **string**

stub [stʌb] n (of ticket etc) talón m; (of cigarette) colilla; **to ~ one's toe on sth** dar con el dedo (del pie) contra algo; **stub out** vt apagar

stubble ['stʌbl] n rastrojo; (on chin)

barba (incipiente)

stubborn ['stʌbən] *adj* terco, testarudo

stuck [stʌk] *pt, pp of* **stick** ▷ *adj* (*jammed*) atascado

stud [stʌd] *n* (*shirt stud*) corchete *m*; (*of boot*) taco; (*earring*) pendiente *m* (de bolita); (*also*: **~ farm**) caballeriza; (*also*: **~ horse**) semental ▷ *vt* (*fig*): **~ded with** salpicado de

student ['stju:dənt] *n* estudiante *mf* ▷ *adj* estudiantil; **student driver** (*us*) *n* conductor(a) *mf* en prácticas; **students' union** *n* (*building*) centro de estudiantes; (*BRIT: association*) federación *f* de estudiantes

studio ['stju:dɪəu] *n* estudio; (*artist's*) taller *m*; **studio flat** *n* estudio

study ['stʌdɪ] *n* estudio ▷ *vt* estudiar; (*examine*) examinar, investigar ▷ *vi* estudiar

stuff [stʌf] *n* materia; (*substance*) material *m*, sustancia; (*things*) cosas *fpl* ▷ *vt* llenar; (*Culin*) rellenar; (*animals*) disecar; (*inf: push*) meter; **stuffing** *n* relleno; **stuffy** *adj* (*room*) mal ventilado; (*person*) de miras estrechas

stumble ['stʌmbl] *vi* tropezar, dar un traspié; **to ~ across, ~ on** (*fig*) tropezar con

stump [stʌmp] *n* (*of tree*) tocón *m*; (*of limb*) muñón *m* ▷ *vt*: **to be ~ed for an answer** no saber qué contestar

stun [stʌn] *vt* dejar sin sentido

stung [stʌŋ] *pt, pp of* **sting**

stunk [stʌŋk] *pp of* **stink**

stunned [stʌnd] *adj* (*dazed*) aturdido, atontado; (*amazed*) pasmado; (*shocked*) anonadado

stunning ['stʌnɪŋ] *adj* (*fig: news*) pasmoso; (: *outfit etc*) sensacional

stunt [stʌnt] *n* (*in film*) escena peligrosa; (*publicity stunt*) truco publicitario

stupid ['stju:pɪd] *adj* estúpido, tonto; **stupidity** [-'pɪdɪtɪ] *n* estupidez *f*

sturdy ['stə:dɪ] *adj* robusto, fuerte

stutter ['stʌtə*] *n* tartamudeo ▷ *vi* tartamudear

style [staɪl] *n* estilo; **stylish** *adj* elegante, a la moda; **stylist** *n* (*hair stylist*) peluquero/a

sub... [sʌb] *prefix* sub...; **subconscious** *adj* subconsciente

subdued [səb'dju:d] *adj* (*light*) tenue; (*person*) sumiso, manso

subject [*n* 'sʌbdʒɪkt, *vb* səb'dʒɛkt] *n* súbdito; (*Scol*) asignatura; (*matter*) tema *m*; (*Grammar*) sujeto ▷ *vt*: **to ~ sb to sth** someter a algn a algo; **to be ~ to** (*law*) estar sujeto a; (*person*) ser propenso a; **subjective** [-'dʒɛktɪv] *adj* subjetivo; **subject matter** *n* (*content*) contenido

subjunctive [səb'dʒʌŋktɪv] *adj, n* subjuntivo

submarine [sʌbmə'ri:n] *n* submarino

submission [səb'mɪʃən] *n* sumisión *f*

submit [səb'mɪt] *vt* someter ▷ *vi*: **~ to sth** someterse a algo

subordinate [sə'bɔ:dɪnət] *adj, n* subordinado/a *m/f*

subscribe [səb'skraɪb] *vi* suscribir; **to ~ to** (*opinion, fund*) suscribir, aprobar; (*newspaper*) suscribirse a

subscription [səb'skrɪpʃən] *n* abono; (*to magazine*) subscripción *f*

subsequent ['sʌbsɪkwənt] *adj* subsiguiente, posterior; **subsequently** *adv* posteriormente, más tarde

subside [səb'saɪd] *vi* hundirse; (*flood*) bajar; (*wind*) amainar

subsidiary [səb'sɪdɪərɪ] *adj* secundario ▷ *n* sucursal *f*, filial *f*

subsidize ['sʌbsɪdaɪz] *vt* subvencionar

subsidy ['sʌbsɪdɪ] *n* subvención *f*

substance ['sʌbstəns] *n* sustancia

substantial [səb'stænʃl] *adj* sustancial, sustancioso; (*fig*) importante

substitute ['sʌbstɪtju:t] *n* (*person*) suplente *mf*; (*thing*) sustituto ▷ *vt*: **to ~ A for B** sustituir A por B, reemplazar B por A; **substitution** *n* sustitución *f*

subtle ['sʌtl] *adj* sutil

subtract [səb'trækt] *vt* restar, sustraer

suburb ['sʌbə:b] *n* barrio residencial; **the ~s** las afueras (de la ciudad); **suburban** [sə'bə:bən] *adj* suburbano; (*train etc*) de cercanías

subway ['sʌbweɪ] *n* (*BRIT*) paso subterráneo *or* inferior; (*US*) metro

succeed [sək'si:d] *vi* (*person*) tener éxito; (*plan*) salir bien ▷ *vt* suceder a; **to ~ in doing** lograr hacer

success [sək'sɛs] *n* éxito

▌ Be careful not to translate **success** by the Spanish word *suceso*.

successful *adj* exitoso; (*business*) próspero; **to be successful (in doing)** lograr (hacer); **successfully** *adv* con éxito

succession [sək'sɛʃən] *n* sucesión *f*, serie *f*

successive [sək'sɛsɪv] *adj* sucesivo, consecutivo

successor [sək'sɛsə*] *n* sucesor(a) *m/f*

succumb [sə'kʌm] *vi* sucumbir

such [sʌtʃ] *adj* tal, semejante; (*of that kind*): **~ a book** tal libro; (*so much*): **~ courage** tanto valor ▷ *adv* tan; **~ a long trip** un viaje tan largo; **~ a lot of** tanto(s)/a(s); **~ as** (*like*) tal como; **as ~** como tal; **such-and-such** *adj* tal o cual

suck [sʌk] *vt* chupar; (*bottle*) sorber; (*breast*) mamar

Sudan [su'dæn] *n* Sudán *m*

sudden ['sʌdn] *adj* (*rapid*) repentino, súbito; (*unexpected*) imprevisto; **all of a ~** de repente; **suddenly** *adv* de repente

sue [su:] *vt* demandar

suede [sweɪd] *n* ante *m*, gamuza

suffer ['sʌfə*] *vt* sufrir, padecer; (*tolerate*) aguantar, soportar ▷ *vi* sufrir; **to ~ from** (*illness etc*) padecer; **suffering** *n* sufrimiento

suffice [sə'faɪs] *vi* bastar, ser suficiente

sufficient [sə'fɪʃənt] *adj* suficiente, bastante

suffocate ['sʌfəkeɪt] *vi* ahogarse, asfixiarse

sugar ['ʃugə*] *n* azúcar *m* ▷ *vt* echar azúcar a, azucarar

suggest [sə'dʒɛst] *vt* sugerir; **suggestion** [-'dʒɛstʃən] *n* sugerencia

suicide ['suɪsaɪd] *n* suicidio; (*person*) suicida *mf*; *see also* **commit**; **suicide attack** *n* atentado suicida; **suicide bomber** *n* terrorista *mf* suicida; **suicide bombing** *n* atentado suicida

suit [su:t] *n* (*man's*) traje *m*; (*woman's*) conjunto; (*Law*) pleito; (*Cards*) palo ▷ *vt* convenir; (*clothes*) sentar a, ir bien a; (*adapt*): **to ~ sth to** adaptar *or* ajustar algo a; **well ~ed** (*well matched: couple*) hecho el uno para el otro; **suitable** *adj* conveniente; (*apt*) indicado; **suitcase** *n* maleta, valija (*RPL*)

suite [swi:t] *n* (*of rooms, Mus*) suite *f*; (*furniture*): **bedroom/dining room ~** (juego de) dormitorio/comedor; *see also* **three-piece suite**

sulfur ['sʌlfə*] (*US*) *n* = **sulphur**

sulk [sʌlk] *vi* estar de mal humor

sulphur ['sʌlfə*] (*US* **sulfur**) *n* azufre *m*

sultana [sʌl'tɑːnə] *n* (*fruit*) pasa de Esmirna

sum [sʌm] *n* suma; (*total*) total *m*; **sum up** *vt* resumir ▷ *vi* hacer un resumen

summarize ['sʌməraɪz] *vt* resumir

summary ['sʌmərɪ] *n* resumen *m* ▷ *adj* (*justice*) sumario

summer ['sʌmə*] *n* verano ▷ *cpd* de verano; **in ~** en verano; **summer holidays** *npl* vacaciones *fpl* de verano; **summertime** *n* (*season*) verano

summit ['sʌmɪt] *n* cima, cumbre *f*; (*also:* **~ conference, ~ meeting**) (conferencia) cumbre *f*

summon ['sʌmən] *vt* (*person*) llamar; (*meeting*) convocar; (*Law*) citar

Sun. *abbr* (= *Sunday*)

sun [sʌn] *n* sol *m*; **sunbathe** *vi* tomar el sol; **sunbed** *n* cama solar;

sunblock n filtro solar; **sunburn** n (painful) quemadura; (tan) bronceado; **sunburned, sunburnt** adj (painfully) quemado por el sol; (tanned) bronceado

Sunday ['sʌndɪ] n domingo

sunflower ['sʌnflauə*] n girasol m

sung [sʌŋ] pp of **sing**

sunglasses ['sʌnɡlɑːsɪz] npl gafas fpl (SP) or anteojos fpl (LAM) de sol

sunk [sʌŋk] pp of **sink**

sun: sunlight n luz f del sol; **sun lounger** n tumbona, perezosa (LAM); **sunny** adj soleado; (day) de sol; (fig) alegre; **sunrise** n salida del sol; **sun roof** n (Aut) techo corredizo; **sunscreen** n protector m solar; **sunset** n puesta del sol; **sunshade** n (over table) sombrilla; **sunshine** n sol m; **sunstroke** n insolación f; **suntan** n bronceado; **suntan lotion** n bronceador m; **suntan oil** n aceite m bronceador

super ['suːpə*] (inf) adj genial

superb [suːˈpəːb] adj magnífico, espléndido

superficial [suːpəˈfɪʃəl] adj superficial

superintendent [suːpərɪnˈtɛndənt] n director(a) m/f; (Police) subjefe/a m/f

superior [suˈpɪərɪə*] adj superior; (smug) desdeñoso ▷ n superior m

superlative [suˈpəːlətɪv] n superlativo

supermarket ['suːpəmɑːkɪt] n supermercado

supernatural [suːpəˈnætʃərəl] adj sobrenatural ▷ n: **the ~** lo sobrenatural

superpower ['suːpəpauə*] n (Pol) superpotencia

superstition [suːpəˈstɪʃən] n superstición f

superstitious [suːpəˈstɪʃəs] adj supersticioso

superstore ['suːpəstɔː*] n (BRIT) hipermercado

supervise ['suːpəvaɪz] vt supervisar; **supervision** [-ˈvɪʒən] n supervisión f; **supervisor** n supervisor(a) m/f

supper ['sʌpə*] n cena

supple ['sʌpl] adj flexible

supplement [n 'sʌplɪmənt, vb sʌplɪˈmɛnt] n suplemento ▷ vt suplir

supplier [səˈplaɪə*] n (Comm) distribuidor(a) m/f

supply [səˈplaɪ] vt (provide) suministrar; (equip): **to ~ (with)** proveer (de) ▷ n provisión f; (of gas, water etc) suministro; **supplies** npl (food) víveres mpl; (Mil) pertrechos mpl

support [səˈpɔːt] n apoyo; (Tech) soporte m ▷ vt apoyar; (financially) mantener; (uphold, Tech) sostener

   Be careful not to translate **support** by the Spanish word soportar.

supporter n (Pol etc) partidario/a; (Sport) aficionado/a

suppose [səˈpəuz] vt suponer; (imagine) imaginarse; (duty): **to be ~d to do sth** deber hacer algo; **supposedly** [səˈpəuzɪdlɪ] adv según cabe suponer; **supposing** conj en caso de que

suppress [səˈprɛs] vt suprimir; (yawn) ahogar

supreme [suˈpriːm] adj supremo

surcharge ['səːtʃɑːdʒ] n sobretasa, recargo

sure [ʃuə*] adj seguro; (definite, convinced) cierto; **to make ~ of sth/that** asegurarse de algo/asegurar que; **~!** (of course) ¡claro!, ¡por supuesto!; **~ enough** efectivamente; **surely** adv (certainly) seguramente

surf [səːf] n olas fpl ▷ vt: **to ~ the Net** navegar por Internet

surface ['səːfɪs] n superficie f ▷ vt (road) revestir ▷ vi salir a la superficie; **by ~ mail** por vía terrestre

surfboard ['səːfbɔːd] n tabla (de surf)

surfer ['səːfə*] n (in sea) surfista m/f; **web** or **net ~** internauta m/f

surfing ['səːfɪŋ] n surf m

surge [səːdʒ] n oleada, oleaje m ▷ vi (wave) romper; (people) avanzar en tropel

surgeon ['səːdʒən] n cirujano/a

surgery ['səːdʒərɪ] n cirugía; (BRIT: room) consultorio

surname ['səːneɪm] n apellido

surpass [səːˈpɑːs] vt superar, exceder

surplus ['səːpləs] n excedente m; (Comm) superávit m ▷ adj excedente, sobrante

surprise [səˈpraɪz] n sorpresa ▷ vt sorprender; **surprised** adj (look, smile) de sorpresa; **to be surprised** sorprenderse; **surprising** adj sorprendente; **surprisingly** adv: **it was surprisingly easy** me etc sorprendió lo fácil que fue

surrender [səˈrɛndə*] n rendición f, entrega ▷ vi rendirse, entregarse

surround [səˈraʊnd] vt rodear, circundar; (Mil etc) cercar; **surrounding** adj circundante; **surroundings** npl alrededores mpl, cercanías fpl

surveillance [səːˈveɪləns] n vigilancia

survey [n 'səːveɪ, vb səːˈveɪ] n inspección f, reconocimiento; (inquiry) encuesta ▷ vt examinar, inspeccionar; (look at) mirar, contemplar; **surveyor** n agrimensor(a) m/f

survival [səˈvaɪvl] n supervivencia

survive [səˈvaɪv] vi sobrevivir; (custom etc) perdurar ▷ vt sobrevivir a; **survivor** n superviviente mf

suspect [adj, n 'sʌspɛkt, vb səsˈpɛkt] adj, n sospechoso/a m/f ▷ vt (person) sospechar de; (think) sospechar

suspend [səsˈpɛnd] vt suspender; **suspended sentence** n (Law) libertad f condicional; **suspenders** npl (BRIT) ligas fpl; (US) tirantes mpl

suspense [səsˈpɛns] n incertidumbre f, duda; (in film etc) suspense m; **to keep sb in ~** mantener a algn en suspense

suspension [səsˈpɛnʃən] n (gen, Aut) suspensión f; (of driving licence) privación f; **suspension bridge** n puente m colgante

suspicion [səsˈpɪʃən] n sospecha; (distrust) recelo; **suspicious** adj

receloso; (causing suspicion) sospechoso

sustain [səsˈteɪn] vt sostener, apoyar; (suffer) sufrir, padecer

SUV (esp US) n abbr (= sports utility vehicle) todoterreno m·inv, 4x4 m

swallow ['swɒləʊ] n (bird) golondrina ▷ vt tragar; (fig.: pride) tragarse

swam [swæm] pt of **swim**

swamp [swɒmp] n pantano, ciénaga ▷ vt (with water etc) inundar; (fig) abrumar, agobiar

swan [swɒn] n cisne m

swap [swɒp] n canje m, intercambio ▷ vt: **to ~ (for)** cambiar (por)

swarm [swɔːm] n (of bees) enjambre m; (fig) multitud f ▷ vi (bees) formar un enjambre; (people) pulular; **to be ~ing with** ser un hervidero de

sway [sweɪ] vi mecerse, balancearse ▷ vt (influence) mover, influir en

swear [swɛə*] (pt **swore**, pp **sworn**) vi (curse) maldecir; (promise) jurar ▷ vt jurar; **swear in** vt: **to be sworn in** prestar juramento; **swearword** n taco, palabrota

sweat [swɛt] n sudor m ▷ vi sudar

sweater ['swɛtə*] n suéter m

sweatshirt ['swɛtʃəːt] n suéter m

sweaty ['swɛtɪ] adj sudoroso

Swede [swiːd] n sueco/a

swede [swiːd] (BRIT) n nabo

Sweden ['swiːdn] n Suecia; **Swedish** ['swiːdɪʃ] adj sueco ▷ n (Ling) sueco

sweep [swiːp] (pt, pp **swept**) n (act) barrido; (also: **chimney ~**) deshollinador(a) m/f ▷ vt barrer; (with arm) empujar; (current) arrastrar ▷ vi barrer; (arm etc) moverse rápidamente; (wind) soplar con violencia

sweet [swiːt] n (candy) dulce m, caramelo; (BRIT: pudding) postre m ▷ adj dulce; (fig: kind) dulce, amable; (: attractive) mono; **sweetcorn** n maíz m; **sweetener** ['swiːtnə*] n (Culin) edulcorante m; **sweetheart** n novio/a; **sweetshop** n (BRIT) confitería, bombonería

swell [swɛl] (pt **~ed**, pp **swollen** or **~ed**)

n (of sea) marejada, oleaje m ▷ adj
(US: inf: excellent) estupendo, fenomenal
▷ vt hinchar, inflar ▷ vi (also: ~ up)
hincharse; (numbers) aumentar; (sound,
feeling) ir aumentando; **swelling** n
(Med) hinchazón f
swept [swɛpt] pt, pp of **sweep**
swerve [swəːv] vi desviarse
bruscamente
swift [swɪft] n (bird) vencejo ▷ adj
rápido, veloz
swim [swɪm] (pt **swam**, pp **swum**)
n: **to go for a ~** ir a nadar or a bañarse
▷ vi nadar; (head, room) dar vueltas
▷ vt nadar; (the Channel etc) cruzar a
nado; **swimmer** n nadador(a) m/f;
swimming n natación f; **swimming
costume** (BRIT) n bañador m, traje m
de baño; **swimming pool** n piscina,
alberca (MEX), pileta (RPL); **swimming
trunks** npl bañador m (de hombre);
swimsuit n = **swimming costume**
swing [swɪŋ] (pt, pp **swung**) n (in
playground) columpio; (movement)
balanceo, vaivén m; (change of
direction) viraje m; (rhythm) ritmo ▷ vt
balancear; (also: ~ **round**) voltear, girar
▷ vi balancearse, columpiarse; (also: ~
round) dar media vuelta; **to be in full ~**
estar en plena marcha
swipe card [swaɪp-] n tarjeta
magnética deslizante, tarjeta swipe
swirl [swəːl] vi arremolinarse
Swiss [swɪs] adj, n inv suizo/a m/f
switch [swɪtʃ] n (for light etc)
interruptor m; (change) cambio ▷ vt
(change) cambiar de; **switch off** vt
apagar; (engine) parar; **switch on** vt
encender (SP), prender (LAM); (engine,
machine) arrancar; **switchboard** n (Tel)
centralita (SP), conmutador m (LAM)
Switzerland ['swɪtsələnd] n Suiza
swivel ['swɪvl] vi (also: ~ **round**) girar
swollen ['swəʊlən] pp of **swell**
swoop [swuːp] n (by police etc) redada
▷ vi (also: ~ **down**) calarse
swop [swɔp] = **swap**
sword [sɔːd] n espada; **swordfish** n

pez m espada
swore [swɔː*] pt of **swear**
sworn [swɔːn] pp of **swear** ▷ adj
(statement) bajo juramento; (enemy)
implacable
swum [swʌm] pp of **swim**
swung [swʌŋ] pt, pp of **swing**
syllable ['sɪləbl] n sílaba
syllabus ['sɪləbəs] n programa m
de estudios
symbol ['sɪmbl] n símbolo;
symbolic(al) [sɪm'bɒlɪk(l)] adj
simbólico; **to be symbolic(al) of sth**
simbolizar algo
symmetrical [sɪ'mɛtrɪkl] adj
simétrico
symmetry ['sɪmɪtrɪ] n simetría
sympathetic [sɪmpə'θɛtɪk] adj
(understanding) comprensivo; (showing
support): ~ **to(wards)** bien dispuesto
hacia

> Be careful not to translate
> **sympathetic** by the Spanish word
> *simpático*.

sympathize ['sɪmpəθaɪz] vi: **to
~ with** (person) compadecerse de;
(feelings) comprender; (cause) apoyar
sympathy ['sɪmpəθɪ] n (pity)
compasión f
symphony ['sɪmfənɪ] n sinfonía
symptom ['sɪmptəm] n síntoma
m, indicio
synagogue ['sɪnəgɒg] n sinagoga
syndicate ['sɪndɪkɪt] n sindicato; (of
newspapers) agencia (de noticias)
syndrome ['sɪndrəʊm] n síndrome
m
synonym ['sɪnənɪm] n sinónimo
synthetic [sɪn'θɛtɪk] adj sintético
Syria ['sɪrɪə] n Siria
syringe [sɪ'rɪndʒ] n jeringa
syrup ['sɪrəp] n jarabe m; (also:
golden ~) almíbar m
system ['sɪstəm] n sistema m; (Anat)
organismo; **systematic** [-'mætɪk]
adj sistemático, metódico; **systems
analyst** n analista mf de sistemas

t

la prensa popular británica, por
el tamaño más pequeño de los
periódicos. A diferencia de los de
la llamada **quality press**, estas
publicaciones se caracterizan
por un lenguaje sencillo, una
presentación llamativa y un
contenido sensacionalista,
centrado a veces en los escándalos
financieros y sexuales de los
famosos, por lo que también
reciben el nombre peyorativo de
"gutter press".

ta [tɑː] (BRIT: inf) excl ¡gracias!
tab [tæb] n lengüeta; (label) etiqueta;
   to keep ~s on (fig) vigilar
table ['teɪbl] n mesa; (of statistics etc)
   cuadro, tabla ▷vt (BRIT: motion etc)
   presentar; **to lay** or **set the ~** poner la
   mesa; **tablecloth** n mantel m; **table
   d'hôte** [tɑːblˈdəut] adj del menú;
   table lamp n lámpara de mesa;
   tablemat n (for plate) posaplatos
   m inv; (for hot dish) salvamantel m;
   tablespoon n cuchara de servir;
   (also: **tablespoonful**: as measurement)
   cucharada
tablet ['tæblɪt] n (Med) pastilla,
   comprimido; (of stone) lápida
table tennis n ping-pong m, tenis
   m de mesa
tabloid ['tæblɔɪd] n periódico
   popular sensacionalista

TABLOID PRESS

El término **tabloid press** o
tabloids se usa para referirse a

taboo [təˈbuː] adj, n tabú m
tack [tæk] n (nail) tachuela; (fig)
   rumbo ▷vt (nail) clavar con tachuelas;
   (stitch) hilvanar ▷vi virar
tackle ['tækl] n (fishing tackle)
   aparejo (de pescar); (for lifting)
   aparejo ▷vt (difficulty) enfrentarse
   con; (challenge: person) hacer frente a;
   (grapple with) agarrar; (Football) cargar;
   (Rugby) placar
tacky ['tækɪ] adj pegajoso; (pej) cutre
tact [tækt] n tacto, discreción f;
   tactful adj discreto, diplomático
tactics ['tæktɪks] npl táctica
tactless ['tæktlɪs] adj indiscreto
tadpole ['tædpəul] n renacuajo
taffy ['tæfɪ] (US) n melcocha
tag [tæg] n (label) etiqueta
tail [teɪl] n cola; (of shirt, coat) faldón m
   ▷vt (follow) vigilar a; **tails** npl (formal
   suit) levita
tailor ['teɪlə*] n sastre m
Taiwan [taɪˈwɑːn] n Taiwán m;
   Taiwanese [taɪwəˈniːz] adj, n
   taiwanés/esa m/f
take [teɪk] (pt **took**, pp **taken**) vt
   tomar; (grab) coger (SP), agarrar (LAM);
   (gain: prize) ganar; (require: effort,
   courage) exigir; (tolerate: pain etc)
   aguantar; (hold: passengers etc) tener
   cabida para; (accompany, bring, carry)
   llevar; (exam) presentarse a; **to ~ sth
   from** (drawer etc) sacar algo de; (person)
   quitar algo a; **I ~ it that ...** supongo

que ...; **take after** vt fus parecerse a;
take apart; take away
vt (remove) quitar; (carry) llevar; (Math)
restar; **take back** vt (return) devolver;
(one's words) retractarse de; **take
down** vt (building) derribar; (letter etc)
apuntar; **take in** vt (deceive) engañar;
(understand) entender; (include) abarcar;
(lodger) acoger, recibir; **take off** vi
(Aviat) despegar ▷ vt (remove) quitar;
take on vt (work) aceptar; (employee)
contratar; (opponent) desafiar; **take out**
vt sacar; **take over** vt (business) tomar
posesión de; (country) tomar el poder
▷ vi: **to take over from sb** reemplazar
a algn; **take up** vt (a dress) acortar;
(occupy: time, space) ocupar; (engage
in: hobby etc) dedicarse a; (accept): **to
take sb up on** aceptar algo de algn;
takeaway (BRIT) adj (food) para llevar
▷ n tienda or restaurante m de comida
para llevar; **taken** pp of **take**; **takeoff**
n (Aviat) despegue m; **takeout** (US)
n = **takeaway**; **takeover** n (Comm)
absorción f; **takings** npl (Comm)
ingresos mpl

talc [tælk] n (also: **~um powder**)
(polvos de) talco
tale [teɪl] n (story) cuento; (account)
relación f; **to tell ~s** (fig) chivarse
talent ['tælnt] n talento; **talented**
adj de talento
talk [tɔːk] n charla; (conversation)
conversación f; (gossip) habladurías
fpl, chismes mpl ▷ vi hablar; **talks** npl
(Pol etc) conversaciones fpl; **to ~ about**
hablar de; **to ~ sb into doing sth**
convencer a algn para que haga algo;
to ~ sb out of doing sth disuadir a
algn de que haga algo; **to ~ shop** hablar
del trabajo; **talk over** vt discutir; **talk
show** n programa m de entrevistas
tall [tɔːl] adj alto; (object) grande; **to
be 6 feet ~** (person) ≈ medir 1 metro 80
tambourine [tæmbə'riːn] n
pandereta
tame [teɪm] adj domesticado; (fig)
mediocre

tamper ['tæmpə*] vi: **to ~ with** tocar,
andar con
tampon ['tæmpən] n tampón m
tan [tæn] n (also: **sun~**) bronceado
▷ vi ponerse moreno ▷ adj (colour)
marrón
tandem ['tændəm] n tándem m
tangerine [tændʒə'riːn] n
mandarina
tangle ['tæŋgl] n enredo; **to get
in(to) a ~** enredarse
tank [tæŋk] n (water tank) depósito,
tanque m; (for fish) acuario; (Mil)
tanque m
tanker ['tæŋkə*] n (ship) buque m,
cisterna; (truck) camión m cisterna
tanned [tænd] adj (skin) moreno
tantrum ['tæntrəm] n rabieta
Tanzania [tænzə'nɪə] n Tanzania
tap [tæp] n (BRIT: on sink etc) grifo (SP),
llave f, canilla (RPL); (gas tap) llave f;
(gentle blow) golpecito ▷ vt (hit gently)
dar golpecitos en; (resources) utilizar,
explotar; (telephone) intervenir; **on ~**
(fig: resources) a mano; **tap dancing**
n claqué m
tape [teɪp] n (also: **magnetic ~**)
cinta magnética; (cassette) cassette
f, cinta; (sticky tape) cinta adhesiva;
(for tying) cinta ▷ vt (record) grabar
(en cinta); (stick with tape) pegar con
cinta adhesiva; **tape measure** n cinta
métrica, metro; **tape recorder** n
grabadora
tapestry ['tæpɪstrɪ] n (object) tapiz
m; (art) tapicería
tar [tɑː] n alquitrán m, brea
target ['tɑːgɪt] n blanco
tariff ['tærɪf] n (on goods) arancel m;
(BRIT: in hotels etc) tarifa
tarmac ['tɑːmæk] n (BRIT: on road)
asfaltado; (Aviat) pista (de aterrizaje)
tarpaulin [tɑː'pɔːlɪn] n lona
impermeabilizada
tarragon ['tærəgən] n estragón m
tart [tɑːt] n (Culin) tarta;
(BRIT: inf: prostitute) puta ▷ adj agrio,
ácido

tartan ['tɑːtn] n tejido escocés m

tartar(e) sauce ['tɑːtə-] n salsa tártara

task [tɑːsk] n tarea; **to take to ~** reprender

taste [teɪst] n (sense) gusto; (flavour) sabor m; (sample): **have a ~!** ¡prueba un poquito!; (fig) muestra, idea ▷ vt probar ▷ vi: **to ~ of** or **like** (fish, garlic etc) saber a; **you can ~ the garlic (in it)** se nota el sabor a ajo; **in good/bad ~** de buen/mal gusto; **tasteful** adj de buen gusto; **tasteless** adj (food) soso; (remark etc) de mal gusto; **tasty** adj sabroso, rico

tatters ['tætəz] npl: **in ~** hecho jirones

tattoo [tə'tuː] n tatuaje m; (spectacle) espectáculo militar ▷ vt tatuar

taught [tɔːt] pt, pp of **teach**

taunt [tɔːnt] n burla ▷ vt burlarse de

Taurus ['tɔːrəs] n Tauro

taut [tɔːt] adj tirante, tenso

tax [tæks] n impuesto ▷ vt gravar (con un impuesto); (fig: memory) poner a prueba; (: patience) agotar; **tax-free** adj libre de impuestos

taxi ['tæksɪ] n taxi m ▷ vi (Aviat) rodar por la pista; **taxi driver** n taxista mf; **taxi rank** (BRIT) n = **taxi stand**; **taxi stand** n parada de taxis

tax payer n contribuyente mf

TB n abbr = **tuberculosis**

tea [tiː] n té m; (BRIT: meal) ≈ merienda (SP); cena; **high ~** (BRIT) merienda-cena (SP); **tea bag** n bolsita de té; **tea break** (BRIT) n descanso para el té

teach [tiːtʃ] (pt, pp **taught**) vt: **to ~ sb sth, ~ sth to sb** enseñar algo a algn ▷ vi (be a teacher) ser profesor(a), enseñar; **teacher** n (in secondary school) profesor(a) m/f; (in primary school) maestro/a, profesor(a) de EGB; **teaching** n enseñanza

tea: tea cloth n (BRIT) paño de cocina, trapo de cocina (LAM); **teacup** n taza para el té

tea leaves npl hojas de té

team [tiːm] n equipo; (of horses) tiro;

team up vi asociarse

teapot ['tiːpɒt] n tetera

tear¹ [tɪə*] n lágrima; **in ~s** llorando

tear² [teə*] (pt **tore**, pp **torn**) n rasgón m, desgarrón m ▷ vt romper, rasgar ▷ vi rasgarse; **tear apart** vt (also fig) hacer pedazos; **tear down** vt +adv (building, statue) derribar; (poster, flag) arrancar; **tear off** vt (sheet of paper etc) arrancar; (one's clothes) quitarse a tirones; **tear up** vt (sheet of paper etc) romper

tearful ['tɪəfəl] adj lloroso

tear gas ['tɪə-] n gas m lacrimógeno

tearoom ['tiːruːm] n salón m de té

tease [tiːz] vt tomar el pelo a

tea: teaspoon n cucharita; (also: **teaspoonful**: as measurement) cucharadita; **teatime** n hora del té; **tea towel** (BRIT) n paño de cocina

technical ['teknɪkl] adj técnico

technician [tek'nɪʃn] n técnico/a

technique [tek'niːk] n técnica

technology [tek'nɒlədʒɪ] n tecnología

teddy (bear) ['tedɪ-] n osito de felpa

tedious ['tiːdɪəs] adj pesado, aburrido

tee [tiː] n (Golf) tee m

teen [tiːn] adj = **teenage** ▷ n (US) = **teenager**

teenage ['tiːneɪdʒ] adj (fashions etc) juvenil; (children) quinceañero; **teenager** n adolescente mf

teens [tiːnz] npl: **to be in one's ~** ser adolescente

teeth [tiːθ] npl of **tooth**

teetotal ['tiː'təʊtl] adj abstemio

telecommunications [telɪkəmjuː-nɪ'keɪʃənz] n telecomunicaciones fpl

telegram ['telɪgræm] n telegrama m

telegraph pole ['telɪɡrɑːf-] n poste m telegráfico

telephone ['telɪfəʊn] n teléfono ▷ vt llamar por teléfono, telefonear; (message) dar por teléfono; **to be on the ~** (talking) hablar por teléfono; (possessing telephone) tener teléfono;

telephone book n guía f telefónica; **telephone booth, telephone box** (BRIT) n cabina telefónica; **telephone call** n llamada (telefónica); **telephone directory** n guía (telefónica); **telephone number** n número de teléfono

telesales ['tɛlɪseɪlz] npl televenta(s) (f(pl)

telescope ['tɛlɪskəʊp] n telescopio

televise ['tɛlɪvaɪz] vt televisar

television ['tɛlɪvɪʒən] n televisión f; **on ~** en la televisión; **television programme** n programa m de televisión

tell [tɛl] (pt, pp **told**) vt decir; (relate: story) contar; (distinguish): **to ~ sth from** distinguir algo de ▷ vi (talk): **to ~ (of)** contar; (have effect) tener efecto; **to ~ sb to do sth** mandar a algn hacer algo; **tell off** vt: **to tell sb off** regañar a algn; **teller** n (in bank) cajero/a

telly ['tɛlɪ] (BRIT: inf) n abbr (= television) tele f

temp [tɛmp] n abbr (BRIT) (= temporary) temporero/a

temper ['tɛmpə*] n (nature) carácter m; (mood) humor m; (bad temper) (mal) genio; (fit of anger) acceso de ira ▷ vt (moderate) moderar; **to be in a ~** estar furioso; **to lose one's ~** enfadarse, enojarse

temperament ['tɛmprəmənt] n (nature) temperamento; **temperamental** [tɛmprə'mɛntl] adj temperamental

temperature ['tɛmprətʃə*] n temperatura; **to have** or **run a ~** tener fiebre

temple ['tɛmpl] n (building) templo; (Anat) sien f

temporary ['tɛmpərərɪ] adj provisional; (passing) transitorio; (worker) temporero; (job) temporal

tempt [tɛmpt] vt tentar; **to ~ sb into doing sth** tentar or inducir a algn a hacer algo; **temptation** n tentación

f; **tempting** adj tentador(a); (food) apetitoso/a

ten [tɛn] num diez

tenant ['tɛnənt] n inquilino/a

tend [tɛnd] vt cuidar ▷ vi: **to ~ to do sth** tener tendencia a hacer algo; **tendency** ['tɛndənsɪ] n tendencia

tender ['tɛndə*] adj (person, care) tierno, cariñoso; (meat) tierno; (sore) sensible ▷ n (Comm: offer) oferta; (money): **legal ~** moneda de curso legal ▷ vt ofrecer

tendon ['tɛndən] n tendón m

tenner ['tɛnə*] n (inf) (billete m de) diez libras m

tennis ['tɛnɪs] n tenis m; **tennis ball** n pelota de tenis; **tennis court** n cancha de tenis; **tennis match** n partido de tenis; **tennis player** n tenista mf; **tennis racket** n raqueta de tenis

tenor ['tɛnə*] n (Mus) tenor m

tenpin bowling ['tɛnpɪn-] n (juego de los) bolos

tense [tɛns] adj (person) nervioso; (moment, atmosphere) tenso; (muscle) tenso, en tensión ▷ n (Ling) tiempo

tension ['tɛnʃən] n tensión f

tent [tɛnt] n tienda (de campaña) (SP), carpa (LAM)

tentative ['tɛntətɪv] adj (person, smile) indeciso; (conclusion, plans) provisional

tenth [tɛnθ] num décimo

tent: tent peg n clavija, estaca; **tent pole** n mástil m

tepid ['tɛpɪd] adj tibio

term [təːm] n (word) término; (period) período; (Scol) trimestre m ▷ vt llamar; **terms** npl (conditions, Comm) condiciones fpl; **in the short/long ~** a corto/largo plazo; **to be on good ~s with sb** llevarse bien con algn; **to come to ~s with** (problem) aceptar

terminal ['təːmɪnl] adj (disease) mortal; (patient) terminal ▷ n (Elec) borne m; (Comput) terminal m; (also: **air ~**) terminal f; (BRIT: also: **coach ~**)

estación f terminal f
terminate ['tə:mɪneɪt] vt terminar
termini ['tə:mɪnaɪ] npl of **terminus**
terminology [tə:mɪ'nɔlədʒɪ] n
terminología
terminus ['tə:mɪnəs] (pl **termini**) n
término, (estación f) terminal f
terrace ['terəs] n terraza; (BRIT: row of
houses) hilera de casas adosadas; **the
~s** (BRIT Sport) las gradas fpl; **terraced**
adj (garden) en terrazas; (house)
adosado
terrain [tɛ'reɪn] n terreno
terrestrial [tɪ'restrɪəl] adj (life)
terrestre; (BRIT: channel) de transmisión
(por) vía terrestre
terrible ['terɪbl] adj terrible, horrible;
(inf) atroz; **terribly** adv terriblemente;
(very badly) malísimamente
terrier ['terɪə*] n terrier m
terrific [tə'rɪfɪk] adj (very great)
tremendo; (wonderful) fantástico,
fenomenal
terrified ['terɪfaɪd] adj aterrorizado
terrify ['terɪfaɪ] vt aterrorizar;
terrifying adj aterrador(a)
territorial [terɪ'tɔ:rɪəl] adj territorial
territory ['terɪtərɪ] n territorio
terror ['terə*] n terror m; **terrorism**
n terrorismo; **terrorist** n terrorista
mf; **terrorist attack** n atentado
(terrorista)
test [test] n (gen, Chem) prueba; (Med)
examen m; (Scol) examen m, test m;
(also: **driving ~**) examen m de conducir
▷ vt probar, poner a prueba; (Med, Scol)
examinar
testicle ['testɪkl] n testículo
testify ['testɪfaɪ] vi (Law) prestar
declaración; **to ~ to sth** atestiguar
algo
testimony ['testɪmənɪ] n (Law)
testimonio
test: test match n (Cricket, Rugby)
partido internacional; **test tube** n
probeta
tetanus ['tetənəs] n tétano
text [tekst] n texto; (on mobile phone)

mensaje m de texto ▷ vt: **to ~ sb** (inf)
enviar un mensaje (de texto) or un SMS
a algn; **textbook** n libro de texto
textile ['tekstaɪl] n textil m, tejido
text message n mensaje m de texto
text messaging [-'mesɪdʒɪŋ] n
(envío de) mensajes mpl de texto
texture ['tekstʃə*] n textura
Thai [taɪ] adj, n tailandés/esa m/f
Thailand ['taɪlænd] n Tailandia
than [ðæn] conj (in comparisons):
more ~ 10/once más de 10/una vez;
I have more/less ~ you/Paul tengo
más/menos que tú/Paul; **she is older
~ you think** es mayor de lo que piensas
thank [θæŋk] vt dar las gracias a,
agradecer; **~ you (very much)** muchas
gracias; **~ God!** ¡gracias a Dios! ▷ excl
(also: **many ~s, ~s a lot**) ¡gracias! ▷ **~s
to** prep gracias a; **thanks** npl gracias
fpl; **thankfully** adv (fortunately)
afortunadamente; **Thanksgiving
(Day)** n día m de Acción de Gracias

- THANKSGIVING (DAY)
-
- En Estados Unidos el cuarto jueves
- de noviembre es **Thanksgiving
- Day**, fiesta oficial en la que se
- recuerda la celebración que
- hicieron los primeros colonos
- norteamericanos ("Pilgrims"
- o "Pilgrim Fathers") tras la
- estupenda cosecha de 1621, por
- la que se dan gracias a Dios. En
- Canadá se celebra una fiesta
- semejante el segundo lunes
- de octubre, aunque no está
- relacionada con dicha fecha
- histórica.

○ KEYWORD

that [ðæt] (pl **those**) adj
(demonstrative) ese/a; (pl) esos/as; (more
remote) aquel(aquella); (pl) aquellos/as;
leave those books on the table deja

esos libros sobre la mesa; **that one**
ése(ésa); (*more remote*) aquél(aquélla);
that one over there ése(ésa) de ahí;
aquél(aquélla) de allí
▷ *pron* **1** (*demonstrative*) ése/a; (*pl*)
ésos/as; (*neuter*) eso; (*more remote*)
aquél(aquélla); (*pl*) aquéllos/as; (*neuter*)
aquello; **what's that?** ¿qué es eso (*or*
aquello)?; **who's that?** ¿quién es ése/a
(*or* aquél (aquélla))?; **is that you?** ¿eres
tú?; **will you eat all that?** ¿vas a comer
todo eso?; **that's my house** ésa es mi
casa; **that's what he said** eso es lo que
dijo; **that is (to say)** es decir
2 (*relative: subject, object*) que; (*with
preposition*) (el (la)) que *etc*, el(la) cual
etc; **the book (that) I read** el libro que
leí; **the books that are in the library**
los libros que están en la biblioteca; **all
(that) I have** todo lo que tengo; **the
box (that) I put it in** la caja en la que
or donde lo puse; **the people (that) I
spoke to** la gente con la que hablé
3 (*relative: of time*) que; **the day (that)
he came** el día (en) que vino
▷ *conj* que; **he thought that I was ill**
creyó que yo estaba enfermo
▷ *adv* (*demonstrative*): **I can't work that
much** no puedo trabajar tanto; **I didn't
realise it was that bad** no creí que
fuera tan malo; **that high** así de alto

thatched [θætʃt] *adj* (*roof*) de paja;
(*cottage*) con tejado de paja
thaw [θɔː] *n* deshielo ▷ *vi* (*ice*)
derretirse; (*food*) descongelarse ▷ *vt*
(*food*) descongelar

○ **KEYWORD**

the [ðiː, ðə] *def art* **1** (*gen*) el *f*, la *pl*,
los *fpl*, las (*NB 'el' immediately before f n
beginning with stressed (h)a; a+ el =al; de +
el = del*); **the boy/girl** el chico/la chica;
the books/flowers los libros/las
flores; **to the postman/from
the drawer** al cartero/del cajón; **I
haven't the time/money** no tengo

tiempo/dinero
2 (+*adj to form n*) los; lo; **the rich and
the poor** los ricos y los pobres; **to
attempt the impossible** intentar lo
imposible
3 (*in titles*): **Elizabeth the First** Isabel
primera; **Peter the Great** Pedro el
Grande
4 (*in comparisons*): **the more he works
the more he earns** cuanto más
trabaja más gana

theatre ['θɪətə*] (*US* **theater**) *n*
teatro; (*also:* **lecture ~**) aula; (*Med: also:*
operating ~) quirófano
theft [θeft] *n* robo
their [ðɛə*] *adj* su; **theirs** *pron* (el)
suyo((la) suya etc); *see also* **my; mine**[1]
them [ðɛm, ðəm] *pron* (*direct*)
los/las; (*indirect*) les; (*stressed, after prep*)
ellos(ellas); *see also* **me**
theme [θiːm] *n* tema *m*; **theme park**
n parque de atracciones (*en torno a un
tema central*)
themselves [ðəm'sɛlvz] *pl pron*
(*subject*) ellos mismos(ellas mismas);
(*complement*) se; (*after prep*) sí
(mismos(as)); *see also* **oneself**
then [ðɛn] *adv* (*at that time*) entonces;
(*next*) después; (*later*) luego, después;
(*and also*) además ▷ *conj* (*therefore*)
en ese caso, entonces ▷ *adj*: **the ~
president** el entonces presidente;
by ~ para entonces; **from ~ on** desde
entonces
theology [θɪ'ɔlədʒɪ] *n* teología
theory ['θɪərɪ] *n* teoría
therapist ['θɛrəpɪst] *n* terapeuta *mf*
therapy ['θɛrəpɪ] *n* terapia

○ **KEYWORD**

there ['ðɛə*] *adv* **1 there is, there are**
hay; **there is no-one here/no bread
left** no hay nadie aquí/no queda pan;
there has been an accident ha habido
un accidente
2 (*referring to place*) ahí; (*distant*) allí; **it's**

there está ahí; **put it in/on/up/down there** ponlo ahí dentro/encima/arriba/abajo; **I want that book there** quiero ese libro de ahí; **there he is!** ¡ahí está!
3 there, there (esp to child) ea, ea

there: thereabouts adv por ahí; **thereafter** adv después; **thereby** adv así, de ese modo; **therefore** adv por lo tanto; **there's** = **there is**; **there has**
thermal ['θəːml] adj termal; (paper) térmico
thermometer [θə'mɔmɪtə*] n termómetro
thermostat ['θəːməustæt] n termostato
these [ðiːz] pl adj estos/as ▷ pl pron éstos/as
thesis ['θiːsɪs] (pl **theses**) n tesis f inv
they [ðeɪ] pl pron ellos(ellas); (stressed) ellos (mismos)(ellas (mismas)); **~ say that ...** (it is said that) se dice que ...; **they'd** = **they had**; **they would**; **they'll** = **they shall**; **they will**; **they're** = **they are**; **they've** = **they have**
thick [θɪk] adj (in consistency) espeso; (in size) grueso; (stupid) torpe ▷ n: **in the ~ of the battle** en lo más reñido de la batalla; **it's 20 cm ~** tiene 20 cm de espesor; **thicken** vi espesarse ▷ vt (sauce etc) espesar; **thickness** n espesor m; grueso
thief [θiːf] (pl **thieves**) n ladrón/ona m/f
thigh [θaɪ] n muslo
thin [θɪn] adj (person, animal) flaco; (in size) delgado; (in consistency) poco espeso; (hair, crowd) escaso ▷ vt: **to ~ (down)** diluir
thing [θɪŋ] n cosa; (object) objeto, artículo; (matter) asunto; (mania): **to have a ~ about sb/sth** estar obsesionado con algn/algo; **things** npl (belongings) efectos mpl (personales); **the best ~ would be to ...** lo mejor sería ...; **how are ~s?** ¿qué tal?
think [θɪŋk] (pt, pp **thought**) vi

pensar ▷ vt pensar, creer; **what did you ~ of them?** ¿qué te parecieron?; **to ~ about sth/sb** pensar en algo/algn; **I'll ~ about it** lo pensaré; **to ~ of doing sth** pensar en hacer algo; **I ~ so/not** creo que sí/no; **to ~ well of sb** tener buen concepto de algn; **think over** vt reflexionar sobre, meditar; **think up** vt (plan etc) idear
third [θəːd] adj (before n) tercer(a); (following n) tercero/a ▷ n tercero/a; (fraction) tercio; (BRIT Scol: degree) título de licenciado con calificación de aprobado; **thirdly** adv en tercer lugar; **third party insurance** (BRIT) n seguro contra terceros; **Third World** n Tercer Mundo
thirst [θəːst] n sed f; **thirsty** adj (person, animal) sediento; (work) que da sed; **to be thirsty** tener sed
thirteen ['θəː'tiːn] num trece; **thirteenth** [-'tiːnθ] adj decimotercero
thirtieth ['θəːtɪəθ] adj trigésimo
thirty ['θəːtɪ] num treinta

🔵 **KEYWORD**

this [ðɪs] (pl **these**) adj (demonstrative) este/a pl; estos/as; (neuter) esto; **this man/woman** este hombre(esta mujer); **these children/flowers** estos chicos/estas flores; **this one (here)** éste/a, esto (de aquí)
▷ pron (demonstrative) éste/a pl, éstos/as; (neuter) esto; **who is this?** ¿quién es éste/ésta?; **what is this?** ¿qué es esto?; **this is where I live** aquí vivo; **this is what he said** esto es lo que dijo; **this is Mr Brown** (in introductions) le presento al Sr. Brown; (photo) éste es el Sr. Brown; (on telephone) habla el Sr. Brown
▷ adv (demonstrative): **this high/long** etc así de alto/largo etc; **this far** hasta aquí

thistle ['θɪsl] n cardo

thorn [θɔːn] n espina

thorough ['θʌrə] adj (search) minucioso; (wash) a fondo; (knowledge, research) profundo; (person) meticuloso; **thoroughly** adv (search) minuciosamente; (study) profundamente; (wash) a fondo; (utterly: bad, wet etc) completamente, totalmente

those [ðəuz] pl adj esos(esas); (more remote) aquellos/as

though [ðəu] conj aunque ▷ adv sin embargo

thought [θɔːt] pt, pp of **think** ▷ n pensamiento; (opinion) opinión f; **thoughtful** adj pensativo; (serious) serio; (considerate) atento; **thoughtless** adj desconsiderado

thousand ['θauzənd] num mil; **two ~** dos mil; **~s of** miles de; **thousandth** num milésimo

thrash [θræʃ] vt azotar; (defeat) derrotar

thread [θrɛd] n hilo; (of screw) rosca ▷ vt (needle) enhebrar

threat [θrɛt] n amenaza; **threaten** vi amenazar ▷ vt: **to threaten sb with/ to do** amenazar a algn con/con hacer; **threatening** adj amenazador(a), amenazante

three [θriː] num tres; **three-dimensional** adj tridimensional; **three-piece suite** n tresillo; **three-quarters** npl tres cuartas partes; **three-quarters full** tres cuartas partes lleno

threshold ['θrɛʃhəuld] n umbral m

threw [θruː] pt of **throw**

thrill [θrɪl] n (excitement) emoción f; (shudder) estremecimiento ▷ vt emocionar; **to be ~ed** (with gift etc) estar encantado; **thrilled** adj: **I was thrilled** Estaba emocionada; **thriller** n novela (or obra or película) de suspense; **thrilling** adj emocionante

thriving ['θraɪvɪŋ] adj próspero

throat [θrəut] n garganta; **to have a sore ~** tener dolor de garganta

throb [θrɔb] vi latir; dar punzadas; vibrar

throne [θrəun] n trono

through [θruː] prep por, a través de; (time) durante; (by means of) por medio de, mediante; (owing to) gracias a ▷ adj (ticket, train) directo ▷ adv completamente, de parte a parte; de principio a fin; **to put sb ~ to sb** (Tel) poner or pasar a algn con algn; **to be ~** (Tel) tener comunicación; (have finished) haber terminado; **"no ~ road"** (BRIT) "calle sin salida"; **throughout** prep (place) por todas partes de, por todo; (time) durante todo ▷ adv por or en todas partes

throw [θrəu] (pt **threw**, pp **thrown**) n tiro; (Sport) lanzamiento ▷ vt tirar, echar; (Sport) lanzar; (rider) derribar; (fig) desconcertar; **to ~ a party** dar una fiesta; **throw away** vt tirar; (money) derrochar; **throw in** vt (Sport: ball) sacar; (include) incluir; **throw off** vt deshacerse de; **throw out** vt tirar; (person) echar; expulsar; **throw up** vi vomitar

thru [θruː] (US) = **through**

thrush [θrʌʃ] n zorzal m, tordo

thrust [θrʌst] (pt, pp **~**) vt empujar con fuerza

thud [θʌd] n golpe m sordo

thug [θʌg] n gamberro/a

thumb [θʌm] n (Anat) pulgar m; **to ~ a lift** hacer autostop; **thumbtack** (US) n chincheta (SP)

thump [θʌmp] n golpe m; (sound) ruido seco or sordo ▷ vt golpear ▷ vi (heart etc) palpitar

thunder ['θʌndə*] n trueno ▷ vi tronar; (train etc): **to ~ past** pasar como un trueno; **thunderstorm** n tormenta

Thur(s). abbr (= Thursday) juev

Thursday ['θɜːzdɪ] n jueves m inv

thus [ðʌs] adv así, de este modo

thwart [θwɔːt] vt frustrar

thyme [taɪm] n tomillo

Tibet [tɪ'bɛt] n el Tibet

tick [tɪk] n (sound: of clock) tictac m;

(*mark*) palomita; (*Zool*) garrapata; (*BRIT: inf*): **in a ~** en un instante ▷ *vi* hacer tictac ▷ *vt* marcar; **tick off** *vt* marcar; (*person*) reñir

ticket ['tɪkɪt] *n* billete *m* (*SP*), boleto (*LAM*); (*for cinema etc*) entrada; (*in shop: on goods*) etiqueta; (*for raffle*) papeleta; (*for library*) tarjeta; (*parking ticket*) multa de aparcamiento (*SP*) or por estacionamiento (indebido) (*LAM*); **ticket barrier** *n* (*BRIT: Rail*) barrera más allá de la cual se necesita billete/boleto; **ticket collector** *n* revisor(a) *m/f*; **ticket inspector** *n* revisor(a) *m/f*, inspector(a) *m/f* de boletos (*LAM*); **ticket machine** *n* máquina de billetes (*SP*) or boletos (*LAM*); **ticket office** *n* (*Theatre*) taquilla *f*, boletería (*LAM*); (*Rail*) mostrador *m* de billetes (*SP*) or boletos (*LAM*)

tickle ['tɪkl] *vt* hacer cosquillas a ▷ *vi* hacer cosquillas; **ticklish** *adj* (*person*) cosquilloso; (*problem*) delicado

tide [taɪd] *n* marea; (*fig: of events etc*) curso, marcha

tidy ['taɪdɪ] *adj* (*room etc*) ordenado; (*dress, work*) limpio; (*person*) (bien) arreglado ▷ *vt* (*also: ~ up*) poner en orden

tie [taɪ] *n* (*string etc*) atadura; (*BRIT: also:* **neck~**) corbata; (*fig: link*) vínculo, lazo; (*Sport etc: draw*) empate *m* ▷ *vt* atar ▷ *vi* (*Sport etc*) empatar; **to ~ in a bow** atar con un lazo; **to ~ a knot in sth** hacer un nudo en algo; **tie down** *vt* (*fig: person: restrict*) atar; (: *to price, date etc*) obligar a; **tie up** *vt* (*dog, person*) atar; (*arrangements*) concluir; **to be tied up** (*busy*) estar ocupado

tier [tɪə*] *n* grada; (*of cake*) piso

tiger ['taɪgə*] *n* tigre *m*

tight [taɪt] *adj* (*rope*) tirante; (*money*) escaso; (*clothes*) ajustado; (*bend*) cerrado; (*shoes, schedule*) apretado; (*budget*) ajustado; (*security*) estricto; (*inf: drunk*) borracho ▷ *adv* (*squeeze*) muy fuerte; (*shut*) bien; **tighten** *vt* (*rope*) estirar; (*screw, grip*) apretar;

(*security*) reforzar ▷ *vi* estirarse; apretarse; **tightly** *adv* (*grasp*) muy fuerte; **tights** (*BRIT*) *npl* panti *mpl*

tile [taɪl] *n* (*on roof*) teja; (*on floor*) baldosa; (*on wall*) azulejo

till [tɪl] *n* caja (registradora) ▷ *vt* (*land*) cultivar ▷ *prep, conj* = **until**

tilt [tɪlt] *vt* inclinar ▷ *vi* inclinarse

timber ['tɪmbə*] *n* (*material*) madera

time [taɪm] *n* tiempo; (*epoch: often pl*) época; (*by clock*) hora; (*moment*) momento; (*occasion*) vez *f*; (*Mus*) compás *m* ▷ *vt* calcular or medir el tiempo de; (*race*) cronometrar; (*remark, visit etc*) elegir el momento para; **a long ~** mucho tiempo; **4 at a ~** de 4 en 4; 4 a la vez; **for the ~ being** de momento, por ahora; **from ~ to ~** de vez en cuando; **at ~s** a veces; **in ~** (*soon enough*) a tiempo; (*after some time*) con el tiempo; (*Mus*) al compás; **in a week's ~** dentro de una semana; **in no ~** en un abrir y cerrar de ojos; **any ~** cuando sea; **on ~** a la hora; **5 ~s 5** 5 por 5; **what ~ is it?** ¿qué hora es?; **to have a good ~** pasarlo bien, divertirse; **time limit** *n* plazo; **timely** *adj* oportuno; **timer** *n* (*in kitchen etc*) programador *m* horario; **time-share** *n* apartamento (*or* casa) a tiempo compartido; **timetable** *n* horario; **time zone** *n* huso horario

timid ['tɪmɪd] *adj* tímido

timing ['taɪmɪŋ] *n* (*Sport*) cronometraje *m*; **the ~ of his resignation** el momento que eligió para dimitir

tin [tɪn] *n* estaño; (*also:* **~ plate**) hojalata; (*BRIT: can*) lata; **tinfoil** *n* papel *m* de estaño

tingle ['tɪŋgl] *vi* (*person*): **to ~ (with)** estremecerse (de); (*hands etc*) hormiguear

tinker ['tɪŋkə*]: **~ with** *vt fus* jugar con, tocar

tinned [tɪnd] (*BRIT*) *adj* (*food*) en lata, en conserva

tin opener [-əupnə*] (*BRIT*) *n* abrelatas *m inv*

tint [tɪnt] n matiz m; (for hair) tinte m; **tinted** adj (hair) teñido; (glass, spectacles) ahumado

tiny ['taɪnɪ] adj minúsculo, pequeñito

tip [tɪp] n (end) punta; (gratuity) propina; (BRIT: for rubbish) vertedero; (advice) consejo ▷ vt (waiter) dar una propina a; (tilt) inclinar; (empty: also: ~ out) vaciar, echar; (overturn: also: ~ over) volcar; **tip off** vt avisar, poner sobreaviso a

tiptoe ['tɪptəʊ] n: **on ~** de puntillas

tire ['taɪə*] n (US) = **tyre** ▷ vt cansar ▷ vi cansarse; (become bored) aburrirse; **tired** adj cansado; **to be tired of sth** estar harto de algo; **tire pressure** (US) = **tyre pressure**; **tiring** adj cansado

tissue ['tɪʃuː] n tejido; (paper handkerchief) pañuelo de papel, kleenex® m; **tissue paper** n papel m de seda

tit [tɪt] n (bird) herrerillo común; **to give ~ for tat** dar ojo por ojo

title ['taɪtl] n título

T-junction ['tiːdʒʌŋkʃən] n cruce m en T

TM abbr = **trademark**

○ **KEYWORD**

to [tuː, tə] prep **1** (direction) a; **to go to France/London/school/the station** ir a Francia/Londres/al colegio/a la estación; **to go to Claude's/the doctor's** ir a casa de Claude/al médico; **the road to Edinburgh** la carretera de Edimburgo

2 (as far as) hasta, a; **from here to London** de aquí a or hasta Londres; **to count to 10** contar hasta 10; **from 40 to 50 people** entre 40 y 50 personas

3 (with expressions of time): **a quarter/ twenty to 5** las 5 menos cuarto/veinte

4 (for, of): **the key to the front door** la llave de la puerta principal; **she is secretary to the director** es la secretaria del director; **a letter to his wife** una carta a or para su mujer

5 (expressing indirect object): **to give sth to sb** darle algo a algn; **to talk to sb** hablar con algn; **to be a danger to sb** ser un peligro para algn; **to carry out repairs to sth** hacer reparaciones en algo

6 (in relation to): **3 goals to 2** 3 goles a 2; **30 miles to the gallon** ≈ 94 litros a los cien (kms)

7 (purpose, result): **to come to sb's aid** venir en auxilio or ayuda de algn; **to sentence sb to death** condenar a algn a muerte; **to my great surprise** con gran sorpresa mía

▷ with vb **1** (simple infin): **to go/eat** ir/comer

2 (following another vb): **to want/try/ start to do** querer/intentar/empezar a hacer

3 (with vb omitted): **I don't want to** no quiero

4 (purpose, result) para; **I did it to help you** lo hice para ayudarte; **he came to see you** vino a verte

5 (equivalent to relative clause): **I have things to do** tengo cosas que hacer; **the main thing is to try** lo principal es intentarlo

6 (after adj etc): **ready to go** listo para irse; **too old to ...** demasiado viejo (como) para ...

▷ adv: **pull/push the door to** tirar de/empujar la puerta

toad [təʊd] n sapo; **toadstool** n hongo venenoso

toast [təʊst] n (Culin) tostada; (drink, speech) brindis m ▷ vt (Culin) tostar; (drink to) brindar por; **toaster** n tostador m

tobacco [tə'bækəʊ] n tabaco

toboggan [tə'bɒgən] n tobogán m

today [tə'deɪ] adv, n (also fig) hoy m

toddler ['tɒdlə*] n niño/a (que empieza a andar)

toe [təʊ] n dedo (del pie); (of shoe) punta; **to ~ the line** (fig) conformarse;

toenail n uña del pie

toffee ['tɒfɪ] n toffee m

together [tə'gɛðə*] adv juntos; (at same time) al mismo tiempo, a la vez; **~ with** junto con

toilet ['tɔɪlət] n inodoro; (BRIT: room) (cuarto de) baño, servicio ⊳ cpd (soap etc) de aseo; **toilet bag** n neceser m, bolsa de aseo; **toilet paper** n papel m higiénico; **toiletries** npl artículos mpl de tocador; **toilet roll** n rollo de papel higiénico

token ['təukən] n (sign) señal f, muestra; (souvenir) recuerdo; (disc) ficha ⊳ adj (strike, payment etc) simbólico; **book/record ~** (BRIT) vale m para comprar libros/discos; **gift ~** (BRIT) vale-regalo

Tokyo ['təukjəu] n Tokio, Tokío

told [təuld] pt, pp of **tell**

tolerant ['tɒlərnt] adj: **~ of** tolerante con

tolerate ['tɒləreɪt] vt tolerar

toll [təul] n (of casualties) número de víctimas; (tax, charge) peaje m ⊳ vi (bell) doblar; **toll call** n (US Tel) conferencia, llamada interurbana; **toll-free** (US) adj, adv gratis

tomato [tə'mɑːtəu] (pl **~es**) n tomate m; **tomato sauce** n salsa de tomate

tomb [tuːm] n tumba; **tombstone** n lápida

tomorrow [tə'mɔrəu] adv, n (also: fig) mañana; **the day after ~** pasado mañana; **~ morning** mañana por la mañana

ton [tʌn] n tonelada (BRIT = 1016 kg; US = 907 kg); (metric ton) tonelada métrica; **~s of** (inf) montones de

tone [təun] n tono ⊳ vi (also: **~ in**) armonizar; **tone down** vt (criticism) suavizar; (colour) atenuar

tongs [tɒŋz] npl (for coal) tenazas fpl; (curling tongs) tenacillas fpl

tongue [tʌŋ] n lengua; **~ in cheek** irónicamente

tonic ['tɒnɪk] n (Med) tónico; (also: **~ water**) (agua) tónica

tonight [tə'naɪt] adv, n esta noche; esta tarde

tonne [tʌn] n tonelada (métrica) (1.000 kg)

tonsil ['tɒnsl] n amígdala; **tonsillitis** [-'laɪtɪs] n amigdalitis f

too [tuː] adv (excessively) demasiado; (also) también; **~ much** demasiado; **~ many** demasiados/as

took [tuk] pt of **take**

tool [tuːl] n herramienta; **tool box** n caja de herramientas; **tool kit** n juego de herramientas

tooth [tuːθ] (pl **teeth**) n (Anat, Tech) diente m; (molar) muela; **toothache** n dolor m de muelas; **toothbrush** n cepillo de dientes; **toothpaste** n pasta de dientes; **toothpick** n palillo

top [tɒp] n (of mountain) cumbre f, cima; (of tree) copa; (of head) coronilla; (of ladder, page) lo alto; (of table) superficie f; (of cupboard) parte f de arriba; (lid: of box) tapa; (: of bottle, jar) tapón m; (of list etc) cabeza; (toy) peonza; (garment) blusa; camiseta ⊳ adj de arriba; (in rank) principal, primero; (best) mejor ⊳ vt (exceed) exceder; (be first in) encabezar; **on ~ of** (above) sobre, encima de; (in addition to) además de; **from ~ to bottom** de pies a cabeza; **top up** vt llenar; (mobile phone) recargar (el saldo de); **top floor** n último piso; **top hat** n sombrero de copa

topic ['tɒpɪk] n tema m; **topical** adj actual

topless ['tɒplɪs] adj (bather, bikini) topless inv

topping ['tɒpɪŋ] n (Culin): **with a ~ of cream** con nata por encima

topple ['tɒpl] vt derribar ⊳ vi caerse

top-up card n (for mobile phone) tarjeta prepago

torch [tɔːtʃ] n antorcha; (BRIT: electric) linterna

tore [tɔː*] pt of **tear²**

torment [n 'tɔːmɛnt, vt tɔː'mɛnt] n tormento ⊳ vt atormentar; (fig: annoy) fastidiar

torn [tɔːn] *pp of* **tear²**

tornado [tɔːˈneɪdəu] (*pl* ~**es**) *n*
tornado

torpedo [tɔːˈpiːdəu] (*pl* ~**es**) *n*
torpedo

torrent [ˈtɔrnt] *n* torrente *m*;
torrential [tɔˈrɛnʃl] *adj* torrencial

tortoise [ˈtɔːtəs] *n* tortuga

torture [ˈtɔːtʃə*] *n* tortura ▷ *vt*
torturar; (*fig*) atormentar

Tory [ˈtɔːrɪ] (BRIT) *adj, n* (*Pol*)
conservador(a) *m/f*

toss [tɔs] *vt* tirar, echar; (*one's head*)
sacudir; **to ~ a coin** echar a cara o cruz;
to ~ up for sth jugar a cara o cruz algo;
to ~ and turn (*in bed*) dar vueltas

total [ˈtəutl] *adj* total, entero,
(*emphatic: failure etc*) completo, total
▷ *n* total *m*, suma ▷ *vt* (*add up*) sumar;
(*amount to*) ascender a

totalitarian [təutælɪˈtɛərɪən] *adj*
totalitario

totally [ˈtəutəlɪ] *adv* totalmente

touch [tʌtʃ] *n* tacto; (*contact*)
contacto ▷ *vt* tocar; (*emotionally*)
conmover; **a ~ of** (*fig*) un poquito
de; **to get in ~ with sb** ponerse en
contacto con algn; **to lose ~** (*friends*)
perder contacto; **touch down** *vi*
(*on land*) aterrizar; **touchdown** *n*
aterrizaje *m*; (*on sea*) amerizaje *m*; (US
Football) ensayo; **touched** *adj* (*moved*)
conmovido; **touching** *adj* (*moving*)
conmovedor(a); **touchline** *n* (*Sport*)
línea de banda; **touch-sensitive** *adj*
sensible al tacto

tough [tʌf] *adj* (*material*) resistente;
(*meat*) duro; (*problem etc*) difícil; (*policy,
stance*) inflexible; (*person*) fuerte

tour [ˈtuə*] *n* viaje *m*, vuelta; (*also:*
package ~) viaje *m* todo comprendido;
(*of town, museum*) visita; (*by band etc*)
gira ▷ *vt* recorrer, visitar; **tour guide**
n guía *mf* turístico/a

tourism [ˈtuərɪzm] *n* turismo

tourist [ˈtuərɪst] *n* turista *mf* ▷ *cpd*
turístico; **tourist office** *n* oficina
de turismo

tournament [ˈtuənəmənt] *n* torneo

tour operator *n* touroperador(a)
m/f, operador(a) *m/f* turístico/a

tow [təu] *vt* remolcar; **"on** *or* **in** (US)
~" (*Aut*) "a remolque"; **tow away** *vt*
llevarse a remolque

toward(s) [təˈwɔːd(z)] *prep* hacia;
(*attitude*) respecto a, con; (*purpose*) para

towel [ˈtauəl] *n* toalla; **towelling** *n*
(*fabric*) felpa

tower [ˈtauə*] *n* torre *f*; **tower block**
(BRIT) *n* torre *f* (de pisos)

town [taun] *n* ciudad *f*; **to go to
~** ir a la ciudad; (*fig*) echar la casa
por la ventana; **town centre** (BRIT)
n centro de la ciudad; **town hall** *n*
ayuntamiento

tow truck (US) *n* camión *m* grúa

toxic [ˈtɔksɪk] *adj* tóxico

toy [tɔɪ] *n* juguete *m*; **toy with** *vt fus*
jugar con; (*idea*) acariciar; **toyshop** *n*
juguetería

trace [treɪs] *n* rastro ▷ *vt* (*draw*)
trazar, delinear; (*locate*) encontrar;
(*follow*) seguir la pista de

track [træk] *n* (*mark*) huella, pista;
(*path: gen*) camino, senda; (: *of bullet
etc*) trayectoria; (: *of suspect, animal*)
pista, rastro; (*Rail*) vía; (*Sport*) pista;
(*on tape, record*) canción *f* ▷ *vt* seguir
la pista de; **to keep ~ of** mantenerse al
tanto de, seguir; **track down** (*prey*)
seguir el rastro de; (*sth lost*) encontrar;
tracksuit *n* chandal *m*

tractor [ˈtræktə*] *n* tractor *m*

trade [treɪd] *n* comercio; (*skill, job*)
oficio ▷ *vi* negociar, comerciar ▷ *vt*
(*exchange*): **to ~ sth (for sth)** cambiar
algo (por algo); **trade in** *vt* (*old car
etc*) ofrecer como parte del pago;
trademark *n* marca de fábrica; **trader**
n comerciante *mf*; **tradesman** (*irreg*)
n (*shopkeeper*) tendero; **trade union**
n sindicato

trading [ˈtreɪdɪŋ] *n* comercio

tradition [trəˈdɪʃən] *n* tradición *f*;
traditional *adj* tradicional

traffic [ˈtræfɪk] *n* (*gen, Aut*) tráfico,

circulación f ▷ vi: **to ~ in** (pej: liquor, drugs) traficar en; **traffic circle** (US) n isleta; **traffic island** n refugio, isleta; **traffic jam** n embotellamiento; **traffic lights** npl semáforo; **traffic warden** n guardia mf de tráfico

tragedy ['trædʒədɪ] n tragedia

tragic ['trædʒɪk] adj trágico

trail [treɪl] n (tracks) rastro, pista; (path) camino, sendero; (dust, smoke) estela ▷ vt (drag) arrastrar; (follow) seguir la pista de ▷ vi arrastrar; (in contest etc) ir perdiendo; **trailer** n (Aut) remolque m; (caravan) caravana; (Cinema) trailer m, avance m

train [treɪn] n tren m; (of dress) cola; (series) serie f ▷ vt (educate, teach skills to) formar; (sportsman) entrenar; (dog) adiestrar; (point: gun etc): **to ~ on** apuntar a ▷ vi (Sport) entrenarse; (learn a skill): **to ~ as a teacher** etc estudiar para profesor etc; **one's ~ of thought** el razonamiento de algn; **trainee** [treɪ'niː] n aprendiz(a) m/f; **trainer** n (Sport: coach) entrenador(a) m/f; (of animals) domador(a) m/f; **trainers** npl (shoes) zapatillas fpl (de deporte); **training** n formación f; entrenamiento; **to be in training** (Sport) estar entrenando; **training course** n curso de formación; **training shoes** npl zapatillas fpl (de deporte)

trait [treɪt] n rasgo

traitor ['treɪtə*] n traidor(a) m/f

tram [træm] (BRIT) n (also: ~car) tranvía m

tramp [træmp] n (person) vagabundo/a; (inf: pej: woman) puta

trample ['træmpl] vt: **to ~ (underfoot)** pisotear

trampoline ['træmpəliːn] n trampolín m

tranquil ['træŋkwɪl] adj tranquilo; **tranquillizer** (US **tranquilizer**) n (Med) tranquilizante m

transaction [træn'zækʃən] n transacción f, operación f

transatlantic ['trænzət'læntɪk] adj transatlántico

transcript ['trænskrɪpt] n copia

transfer [n 'trænsfə:*, vb træns'fə:*] n (of employees) traslado; (of money, power) transferencia; (Sport) traspaso; (picture, design) calcomanía ▷ vt trasladar; transferir; **to ~ the charges** (BRIT Tel) llamar a cobro revertido

transform [træns'fɔːm] vt transformar; **transformation** n transformación f

transfusion [træns'fjuːʒən] n transfusión f

transit ['trænzɪt] n: **in ~** en tránsito

transition [træn'zɪʃən] n transición f

transitive ['trænzɪtɪv] adj (Ling) transitivo

translate [trænz'leɪt] vt traducir; **translation** [-'leɪʃən] n traducción f; **translator** n traductor(a) m/f

transmission [trænz'mɪʃən] n transmisión f

transmit [trænz'mɪt] vt transmitir; **transmitter** n transmisor m

transparent [træns'pærnt] adj transparente

transplant ['trænsplɑːnt] n (Med) transplante m

transport [n 'trænspɔːt, vt træns'pɔːt] n transporte m; (car) coche m (SP), carro (LAM), automóvil m ▷ vt transportar; **transportation** [-'teɪʃən] n transporte m

transvestite [trænz'vɛstaɪt] n travestí mf

trap [træp] n (snare, trick) trampa; (carriage) cabriolé m ▷ vt coger (SP) or agarrar (LAM) (en una trampa); (trick) engañar; (confine) atrapar

trash [træʃ] n (rubbish) basura; (nonsense) tonterías fpl; (pej): **the book/film is ~** el libro/la película no vale nada; **trash can** (US) n cubo or bote m (MEX) or tacho (SC) de la basura

trauma ['trɔːmə] n trauma m; **traumatic** [trɔː'mætɪk] adj traumático

travel ['trævl] n el viajar ▷ vi viajar
▷ vt (distance) recorrer; **travel agency**
n agencia de viajes; **travel agent** n
agente mf de viajes; **travel insurance**
n seguro de viaje; **traveller** (us
traveler) n viajero/a; **traveller's
cheque** (us **traveler's check**) n
cheque m de viajero; **travelling** (us
traveling) n los viajes, el viajar;
travel-sick adj: **to get travel-sick**
marearse al viajar; **travel sickness**
n mareo

tray [treɪ] n bandeja; (on desk) cajón m

treacherous ['trɛtʃərəs] adj traidor,
traicionero; (dangerous) peligroso

treacle ['triːkl] (BRIT) n melaza

tread [trɛd] (pt **trod**, pp **trodden**)
n (step) paso, pisada; (sound) ruido
de pasos; (of stair) escalón m; (of tyre)
banda de rodadura ▷ vi pisar; **tread
on** vt fus pisar

treasure ['trɛʒə*] n tesoro ▷ vt
(value: object, friendship) apreciar;
(: memory) guardar; **treasurer** n
tesorero/a

treasury ['trɛʒərɪ] n: **the T~** el
Ministerio de Hacienda

treat [triːt] n (present) regalo ▷ vt
tratar; **to ~ sb to sth** invitar a algn a
algo; **treatment** n tratamiento

treaty ['triːtɪ] n tratado

treble ['trɛbl] adj triple ▷ vt triplicar
▷ vi triplicarse

tree [triː] n árbol m; **~ trunk** tronco
(de árbol)

trek [trɛk] n (long journey) viaje m
largo y difícil; (tiring walk) caminata

tremble ['trɛmbl] vi temblar

tremendous [trɪ'mɛndəs] adj
tremendo, enorme; (excellent)
estupendo

trench [trɛntʃ] n zanja

trend [trɛnd] n (tendency) tendencia;
(of events) curso; (fashion) moda; **trendy**
adj de moda

trespass ['trɛspəs] vi: **to ~ on** entrar
sin permiso en; **"no ~ing"** "prohibido
el paso"

trial ['traɪəl] n (Law) juicio, proceso;
(test: of machine etc) prueba; **trial
period** n periodo de prueba

triangle ['traɪæŋgl] n (Math, Mus)
triángulo

triangular [traɪ'æŋgjulə*] adj
triangular

tribe [traɪb] n tribu f

tribunal [traɪ'bjuːnl] n tribunal m

tribute ['trɪbjuːt] n homenaje m,
tributo; **to pay ~ to** rendir homenaje a

trick [trɪk] n (skill, knack) tino, truco;
(conjuring trick) truco; (joke) broma;
(Cards) baza ▷ vt engañar; **to play a
~ on sb** gastar una broma a algn; **that
should do the ~** a ver si funciona así

trickle ['trɪkl] n (of water etc) goteo
▷ vi gotear

tricky ['trɪkɪ] adj difícil; delicado

tricycle ['traɪsɪkl] n triciclo

trifle ['traɪfl] n bagatela; (Culin) dulce
de bizcocho borracho, gelatina, fruta y
natillas ▷ adv: **a ~ long** un poquito largo

trigger ['trɪgə*] n (of gun) gatillo

trim [trɪm] adj (house, garden) en
buen estado; (person, figure) esbelto
▷ n (haircut etc) recorte m; (on car)
guarnición f ▷ vt (neaten) arreglar; (cut)
recortar; (decorate) adornar; (Naut: a
sail) orientar

trio ['triːəu] n trío

trip [trɪp] n viaje m; (excursion)
excursión f; (stumble) traspié m ▷ vi
(stumble) tropezar; (go lightly) andar a
paso ligero; **on a ~** de viaje; **trip up** vi
tropezar, caerse ▷ vt hacer tropezar
or caer

triple ['trɪpl] adj triple

triplets ['trɪplɪts] npl trillizos/as
mpl/fpl

tripod ['traɪpɔd] n trípode m

triumph ['traɪʌmf] n triunfo
▷ vi: **to ~ (over)** vencer; **triumphant**
[traɪ'ʌmfənt] adj (team etc)
vencedor(a); (wave, return) triunfal

trivial ['trɪvɪəl] adj insignificante;
(commonplace) banal

trod [trɔd] pt of **tread**

trodden ['trɒdn] *pp of* **tread**
trolley ['trɒlɪ] *n* carrito; *(also:* **~ bus)** trolebús *m*
trombone [trɒm'bəʊn] *n* trombón *m*
troop [tru:p] *n* grupo, banda; **troops** *npl (Mil)* tropas *fpl*
trophy ['trəʊfɪ] *n* trofeo
tropical ['trɒpɪkl] *adj* tropical
trot [trɒt] *n* trote *m* ▷ *vi* trotar; **on the ~** *(BRIT: fig)* seguidos/as
trouble ['trʌbl] *n* problema *m*, dificultad *f*; *(worry)* preocupación *f*; *(bother, effort)* molestia, esfuerzo; *(unrest)* inquietud *f*; *(Med)*: **stomach** *etc* **~** problemas *mpl* gástricos *etc* ▷ *vt* *(disturb)* molestar; *(worry)* preocupar, inquietar ▷ *vi*: **to ~ to do sth** molestarse en hacer algo; **troubles** *npl (Pol etc)* conflictos *mpl*; *(personal)* problemas *mpl*; **to be in ~** estar en un apuro; **it's no ~!** ¡no es molestia (ninguna)!; **what's the ~?** *(with broken TV etc)* ¿cuál es el problema?; *(doctor to patient)* ¿qué pasa?; **troubled** *adj (person)* preocupado; *(country, epoch, life)* agitado; **troublemaker** *n* agitador(a) *m/f*; *(child)* alborotador *m*; **troublesome** *adj* molesto
trough [trɒf] *n (also:* **drinking ~)** abrevadero; *(also:* **feeding ~)** comedero; *(depression)* depresión *f*
trousers ['traʊzəz] *npl* pantalones *mpl*; **short ~** pantalones *mpl* cortos
trout [traʊt] *n inv* trucha
trowel ['traʊəl] *n (of gardener)* palita; *(of builder)* paleta
truant ['truənt] *n*: **to play ~** *(BRIT)* hacer novillos
truce [tru:s] *n* tregua
truck [trʌk] *n (lorry)* camión *m*; *(Rail)* vagón *m*; **truck driver** *n* camionero
true [tru:] *adj* verdadero; *(accurate)* exacto; *(genuine)* auténtico; *(faithful)* fiel; **to come ~** realizarse
truly ['tru:lɪ] *adv (really)* realmente; *(truthfully)* verdaderamente; *(faithfully):* **yours ~** *(in letter)* le saluda atentamente

trumpet ['trʌmpɪt] *n* trompeta
trunk [trʌŋk] *n (of tree, person)* tronco; *(of elephant)* trompa; *(case)* baúl *m*; *(US Aut)* maletero; **trunks** *npl (also:* **swimming ~s)** bañador *m* (de hombre)
trust [trʌst] *n* confianza; *(responsibility)* responsabilidad *f*; *(Law)* fideicomiso ▷ *vt (rely on)* tener confianza en; *(hope)* esperar; *(entrust)*: **to ~ sth to sb** confiar algo a algn; **to take sth on ~** fiarse de algo; **trusted** *adj* de confianza; **trustworthy** *adj* digno de confianza
truth [tru:θ, *pl* tru:ðz] *n* verdad *f*; **truthful** *adj* veraz
try [traɪ] *n* tentativa, intento; *(Rugby)* ensayo ▷ *vt (attempt)* intentar; *(test: also:* **~ out)** probar, someter a prueba; *(Law)* juzgar, procesar; *(strain: patience)* hacer perder ▷ *vi* probar; **to have a ~** probar suerte; **to ~ to do sth** intentar hacer algo; **~ again!** ¡vuelve a probar!; **~ harder!** ¡esfuérzate más!; **well, I tried** al menos lo intenté; **try on** *vt (clothes)* probarse; **trying** *adj (experience)* cansado; *(person)* pesado
T-shirt ['ti:ʃə:t] *n* camiseta
tub [tʌb] *n* cubo *(SP)*, cubeta *(SP, MEX)*; balde *m (LAM)*; *(bath)* bañera *(SP)*, tina *(LAM)*, bañadera *(RPL)*
tube [tju:b] *n* tubo; *(BRIT: underground)* metro; *(for tyre)* cámara de aire
tuberculosis [tjubə:kju'ləʊsɪs] *n* tuberculosis *f inv*
tube station *(BRIT)* *n* estación *f* de metro
tuck [tʌk] *vt (put)* poner; **tuck away** *vt (money)* guardar; *(building):* **to be tucked away** esconderse, ocultarse; **tuck in** *vt* meter dentro; *(child)* arropar ▷ *vi (eat)* comer con apetito; **tuck shop** *n (Scol)* tienda ≈ bar *m* (del colegio) *(SP)*
Tue(s). *abbr* *(= Tuesday)* mart
Tuesday ['tju:zdɪ] *n* martes *m inv*
tug [tʌg] *n (ship)* remolcador *m* ▷ *vt* tirar de
tuition [tju:'ɪʃən] *n (BRIT)* enseñanza;

(: *private tuition*) clases *fpl* particulares;
(US: *school fees*) matrícula

tulip ['tju:lɪp] *n* tulipán *m*

tumble ['tʌmbl] *n* (*fall*) caída
▷ *vi* caer; **to ~ to sth** (*inf*) caer en la
cuenta de algo; **tumble dryer** (BRIT)
n secadora

tumbler ['tʌmblə*] *n* (*glass*) vaso

tummy ['tʌmɪ] (*inf*) *n* barriga, tripa

tumour ['tju:mə*] (US **tumor**) *n*
tumor *m*

tuna ['tju:nə] *n inv* (*also*: **~ fish**)
atún *m*

tune [tju:n] *n* melodía ▷ *vt* (*Mus*)
afinar; (*Radio, TV, Aut*) sintonizar;
to be in/out of ~ (*instrument*) estar
afinado/desafinado; (*singer*) cantar
afinadamente/desafinar; **to be in/out
of ~ with** (*fig*) estar de acuerdo/en
desacuerdo con; **tune in** *vi*: **to tune
in (to)** (*Radio, TV*) sintonizar (con);
tune up *vi* (*musician*) afinar (su
instrumento)

tunic ['tju:nɪk] *n* túnica

Tunisia [tju:'nɪzɪə] *n* Túnez *m*

tunnel ['tʌnl] *n* túnel *m*; (*in mine*)
galería ▷ *vi* construir un túnel/una
galería

turbulence ['tə:bjuləns] *n* (*Aviat*)
turbulencia

turf [tə:f] *n* césped *m*; (*clod*) tepe *m*
▷ *vt* cubrir con césped

Turk [tə:k] *n* turco/a

Turkey ['tə:kɪ] *n* Turquía

turkey ['tə:kɪ] *n* pavo

Turkish ['tə:kɪʃ] *adj, n* turco; (*Ling*)
turco

turmoil ['tə:mɔɪl] *n*: **in ~** revuelto

turn [tə:n] *n* turno; (*in road*) curva; (*of
mind, events*) rumbo; (*Theatre*) número;
(*Med*) ataque *m* ▷ *vt* girar, volver;
(*collar, steak*) dar la vuelta a; (*page*)
pasar; (*change*): **to ~ sth into** convertir
algo en ▷ *vi* volver; (*person: look back*)
volverse; (*reverse direction*) dar la
vuelta; (*milk*) cortarse; (*become*): **to ~
nasty/forty** ponerse feo/cumplir los
cuarenta; **a good ~** un favor; **it gave**

me quite a ~ me dio un susto; **"no left
~"** (*Aut*) "prohibido girar a la izquierda";
it's your ~ te toca a ti; **in ~** por turnos;
to take ~s (at) turnarse (en); **turn
around** *vi* (*person*) volverse, darse
la vuelta ▷ *vt* (*object*) dar la vuelta a,
voltear (LAM); **turn away** *vi* apartar
la vista ▷ *vi* rechazar; **turn back** *vi*
volverse atrás ▷ *vt* hacer retroceder;
(*clock*) retrasar; **turn down** *vt* (*refuse*)
rechazar; (*reduce*) bajar; (*fold*) doblar;
turn in *vi* (*inf: go to bed*) acostarse ▷ *vt*
(*fold*) doblar hacia dentro; **turn off** *vi*
(*from road*) desviarse ▷ *vt* (*light, radio
etc*) apagar; (*tap*) cerrar; (*engine*) parar;
turn on *vt* (*light, radio etc*) encender
(SP), prender (LAM); (*tap*) abrir; (*engine*)
poner en marcha; **turn out** *vt* (*light,
gas*) apagar; (*produce*) producir ▷ *vi*
(*voters*) concurrir; **to turn out to be ...**
resultar ser ...; **turn over** *vi* (*person*)
volverse ▷ *vt* (*object*) dar la vuelta a;
(*page*) volver; **turn round** *vi* volverse;
(*rotate*) girar; **turn to** *vt fus*: **to turn to
sb** acudir a algn; **turn up** *vi* (*person*)
llegar, presentarse; (*lost object*)
aparecer ▷ *vt* (*gen*) subir; **turning** *n*
(*in road*) vuelta; **turning point** *n* (*fig*)
momento decisivo

turnip ['tə:nɪp] *n* nabo

turn: turnout *n* concurrencia;
turnover *n* (*Comm: amount of money*)
volumen *m* de ventas; (: *of goods*)
movimiento; **turnstile** *n* torniquete
m; **turn-up** (BRIT) *n* (*on trousers*) vuelta

turquoise ['tə:kwɔɪz] *n* (*stone*)
turquesa ▷ *adj* color turquesa

turtle ['tə:tl] *n* galápago; **turtleneck
(sweater)** *n* jersey *m* de cuello vuelto

tusk [tʌsk] *n* colmillo

tutor ['tju:tə*] *n* profesor(a) *m/f*;
tutorial [-'tɔ:rɪəl] *n* (*Scol*) seminario

tuxedo [tʌk'si:dəu] (US) *n* smóking
m, esmoquin *m*

TV [ti:'vi:] *n abbr* (= *television*) tele *f*

tweed [twi:d] *n* tweed *m*

tweezers ['twi:zəz] *npl* pinzas *fpl*
(de depilar)

twelfth [twɛlfθ] *num* duodécimo
twelve [twɛlv] *num* doce; **at ~ o'clock** (*midday*) a mediodía; (*midnight*) a medianoche
twentieth ['twɛntɪɪθ] *adj* vigésimo
twenty ['twɛntɪ] *num* veinte
twice [twaɪs] *adv* dos veces; **~ as much** dos veces más
twig [twɪg] *n* ramita
twilight ['twaɪlaɪt] *n* crepúsculo
twin [twɪn] *adj, n* gemelo/a *m/f* ▷ *vt* hermanar; **twin(-bedded) room** *n* habitación *f* doble; **twin beds** *npl* camas *fpl* gemelas
twinkle ['twɪŋkl] *vi* centellear; (*eyes*) brillar
twist [twɪst] *n* (*action*) torsión *f*; (*in road, coil*) vuelta; (*in wire, flex*) doblez *f*; (*in story*) giro ▷ *vt* torcer; (*weave*) trenzar; (*roll around*) enrollar; (*fig*) deformar ▷ *vi* serpentear
twit [twɪt] (*inf*) *n* tonto
twitch [twɪtʃ] *n* (*pull*) tirón *m*; (*nervous*) tic *m* ▷ *vi* crisparse
two [tu:] *num* dos; **to put ~ and ~ together** (*fig*) atar cabos
type [taɪp] *n* (*category*) tipo, género; (*model*) tipo; (*Typ*) tipo, letra ▷ *vt* (*letter etc*) escribir a máquina; **typewriter** *n* máquina de escribir
typhoid ['taɪfɔɪd] *n* tifoidea
typhoon [taɪ'fu:n] *n* tifón *m*
typical ['tɪpɪkl] *adj* típico; **typically** *adv* típicamente
typing ['taɪpɪŋ] *n* mecanografía
typist ['taɪpɪst] *n* mecanógrafo/a
tyre ['taɪə*] (*US* **tire**) *n* neumático, llanta (*LAM*); **tyre pressure** (*BRIT*) *n* presión *f* de los neumáticos

UFO ['ju:fəu] *n abbr* (= *unidentified flying object*) OVNI *m*
Uganda [ju:'gændə] *n* Uganda
ugly ['ʌglɪ] *adj* feo; (*dangerous*) peligroso
UHT *abbr* (= *UHT milk*) leche *f* UHT, leche *f* uperizada
UK *n abbr* = **United Kingdom**
ulcer ['ʌlsə*] *n* úlcera; (*mouth ulcer*) llaga
ultimate ['ʌltɪmət] *adj* último, final; (*greatest*) máximo; **ultimately** *adv* (*in the end*) por último, al final; (*fundamentally*) a or en fin de cuentas
ultimatum [ʌltɪ'meɪtəm] (*pl* **~s** *or* **ultimata**) *n* ultimátum *m*
ultrasound ['ʌltrəsaund] *n* (*Med*) ultrasonido
ultraviolet ['ʌltrə'vaɪəlɪt] *adj* ultravioleta
umbrella [ʌm'brɛlə] *n* paraguas *m inv*; (*for sun*) sombrilla
umpire ['ʌmpaɪə*] *n* árbitro
UN *n abbr* (= *United Nations*) NN. UU.
unable [ʌn'eɪbl] *adj*: **to be ~ to do sth**

no poder hacer algo

unacceptable [ʌnək'sɛptəbl] *adj* (*proposal, behaviour, price*) inaceptable; **it's ~ that** no se puede aceptar que

unanimous [juː'nænɪməs] *adj* unánime

unarmed [ʌn'ɑːmd] *adj* (*defenceless*) inerme; (*without weapon*) desarmado

unattended [ʌnə'tɛndɪd] *adj* desatendido

unattractive [ʌnə'træktɪv] *adj* poco atractivo

unavailable [ʌnə'veɪləbl] *adj* (*article, room, book*) no disponible; (*person*) ocupado

unavoidable [ʌnə'vɔɪdəbl] *adj* inevitable

unaware [ʌnə'wɛə*] *adj*: **to be ~ of** ignorar; **unawares** *adv*: **to catch sb unawares** pillar a algn desprevenido

unbearable [ʌn'bɛərəbl] *adj* insoportable

unbeatable [ʌn'biːtəbl] *adj* (*team*) invencible; (*price*) inmejorable; (*quality*) insuperable

unbelievable [ʌnbɪ'liːvəbl] *adj* increíble

unborn [ʌn'bɔːn] *adj* que va a nacer

unbutton [ʌn'bʌtn] *vt* desabrochar

uncalled-for [ʌn'kɔːldfɔː*] *adj* gratuito, inmerecido

uncanny [ʌn'kænɪ] *adj* extraño

uncertain [ʌn'sɜːtn] *adj* incierto; (*indecisive*) indeciso; **uncertainty** *n* incertidumbre *f*

unchanged [ʌn'tʃeɪndʒd] *adj* igual, sin cambios

uncle ['ʌŋkl] *n* tío

unclear [ʌn'klɪə*] *adj* poco claro; **I'm still ~ about what I'm supposed to do** todavía no tengo muy claro lo que tengo que hacer

uncomfortable [ʌn'kʌmfətəbl] *adj* incómodo; (*uneasy*) inquieto

uncommon [ʌn'kɔmən] *adj* poco común, raro

unconditional [ʌnkən'dɪʃənl] *adj* incondicional

unconscious [ʌn'kɔnʃəs] *adj* sin sentido; (*unaware*): **to be ~ of** no darse cuenta de ▷ *n*: **the ~** el inconsciente

uncontrollable [ʌnkən'trəuləbl] *adj* (*child etc*) incontrolable; (*temper*) indomable; (*laughter*) incontenible

unconventional [ʌnkən'vɛnʃənl] *adj* poco convencional

uncover [ʌn'kʌvə*] *vt* descubrir; (*take lid off*) destapar

undecided [ʌndɪ'saɪdɪd] *adj* (*character*) indeciso; (*question*) no resuelto

undeniable [ʌndɪ'naɪəbl] *adj* innegable

under ['ʌndə*] *prep* debajo de; (*less than*) menos de; (*according to*) según, de acuerdo con; (*sb's leadership*) bajo ▷ *adv* debajo, abajo; **~ there** allí abajo; **~ repair** en reparación; **undercover** *adj* clandestino; **underdone** *adj* (*Culin*) poco hecho; **underestimate** *vt* subestimar; **undergo** (*irreg*) *vt* sufrir; (*treatment*) recibir; **undergraduate** *n* estudiante *mf*; **underground** *n* (BRIT: *railway*) metro; (*Pol*) movimiento clandestino ▷ *adj* (*car park*) subterráneo ▷ *adv* (*work*) en la clandestinidad; **undergrowth** *n* maleza; **underline** *vt* subrayar; **undermine** *vt* socavar, minar; **underneath** [ʌndə'niːθ] *adv* debajo ▷ *prep* debajo de, bajo; **underpants** *npl* calzoncillos *mpl*; **underpass** (BRIT) *n* paso subterráneo; **underprivileged** *adj* desposeído; **underscore** *vt* subrayar; **undershirt** (US) *n* camiseta; **underskirt** (BRIT) *n* enaguas *fpl*

understand [ʌndə'stænd] *vt, vi* entender, comprender; (*assume*) tener entendido; **understandable** *adj* comprensible; **understanding** *adj* comprensivo ▷ *n* comprensión *f*, entendimiento; (*agreement*) acuerdo

understatement ['ʌndəsteɪtmənt] *n* modestia (excesiva); **that's an ~!** ¡eso es decir poco!

understood [ʌndə'stud] *pt, pp of*

understand ▷ *adj* (*agreed*) acordado; (*implied*): **it is ~ that** se sobreentiende que

undertake [ʌndə'teɪk] (*irreg*) *vt* emprender; **to ~ to do sth** comprometerse a hacer algo

undertaker ['ʌndəteɪkə*] *n* director(a) *m/f* de pompas fúnebres

undertaking ['ʌndəteɪkɪŋ] *n* empresa; (*promise*) promesa

under: underwater *adv* bajo el agua ▷ *adj* submarino; **underway** *adj*: **to be underway** (*meeting*) estar en marcha; (*investigation*) estar llevándose a cabo; **underwear** *n* ropa interior; **underwent** *vb see* **undergo**; **underworld** *n* (*of crime*) hampa, inframundo

undesirable [ʌndɪ'zaɪrəbl] *adj* (*person*) indeseable; (*thing*) poco aconsejable

undisputed [ʌndɪ'spjuːtɪd] *adj* incontestable

undo [ʌn'duː] (*irreg*) *vt* (*laces*) desatar; (*button etc*) desabrochar; (*spoil*) deshacer

undone [ʌn'dʌn] *pp of* **undo** ▷ *adj*: **to come ~** (*clothes*) desabrocharse; (*parcel*) desatarse

undoubtedly [ʌn'daʊtɪdlɪ] *adv* indudablemente, sin duda

undress [ʌn'drɛs] *vi* desnudarse

unearth [ʌn'əːθ] *vt* desenterrar

uneasy [ʌn'iːzɪ] *adj* intranquilo, preocupado; (*feeling*) desagradable; (*peace*) inseguro

unemployed [ʌnɪm'plɔɪd] *adj* parado, sin trabajo ▷ *npl*: **the ~** los parados

unemployment [ʌnɪm'plɔɪmənt] *n* paro, desempleo; **unemployment benefit** *n* (BRIT) subsidio de desempleo *or* paro

unequal [ʌn'iːkwəl] *adj* (*unfair*) desigual; (*size, length*) distinto

uneven [ʌn'iːvn] *adj* desigual; (*road etc*) lleno de baches

unexpected [ʌnɪk'spɛktɪd] *adj*

inesperado; **unexpectedly** *adv* inesperadamente

unfair [ʌn'fɛə*] *adj*: **~ (to sb)** injusto (con algn)

unfaithful [ʌn'feɪθful] *adj* infiel

unfamiliar [ʌnfə'mɪlɪə*] *adj* extraño, desconocido; **to be ~ with** desconocer

unfashionable [ʌn'fæʃnəbl] *adj* pasado *or* fuera de moda

unfasten [ʌn'fɑːsn] *vt* (*knot*) desatar; (*dress*) desabrochar; (*open*) abrir

unfavourable [ʌn'feɪvərəbl] (US **unfavorable**) *adj* desfavorable

unfinished [ʌn'fɪnɪʃt] *adj* inacabado, sin terminar

unfit [ʌn'fɪt] *adj* bajo de forma; (*incompetent*): **~ (for)** incapaz (de); **~ for work** no apto para trabajar

unfold [ʌn'fəʊld] *vt* desdoblar ▷ *vi* abrirse

unforgettable [ʌnfə'gɛtəbl] *adj* inolvidable

unfortunate [ʌn'fɔːtʃnət] *adj* desgraciado; (*event, remark*) inoportuno; **unfortunately** *adv* desgraciadamente

unfriendly [ʌn'frɛndlɪ] *adj* antipático; (*behaviour, remark*) hostil, poco amigable

unfurnished [ʌn'fəːnɪʃt] *adj* sin amueblar

unhappiness [ʌn'hæpɪnɪs] *n* tristeza, desdicha

unhappy [ʌn'hæpɪ] *adj* (*sad*) triste; (*unfortunate*) desgraciado; (*childhood*) infeliz; **~ about/with** (*arrangements etc*) poco contento con, descontento de

unhealthy [ʌn'hɛlθɪ] *adj* (*place*) malsano; (*person*) enfermizo; (*fig: interest*) morboso

unheard-of [ʌn'həːdɔv] *adj* inaudito, sin precedente

unhelpful [ʌn'hɛlpful] *adj* (*person*) poco servicial; (*advice*) inútil

unhurt [ʌn'həːt] *adj* ileso

unidentified [ʌnaɪ'dɛntɪfaɪd] *adj* no identificado, sin identificar; *see* *also* **UFO**

uniform ['ju:nɪfɔ:m] *n* uniforme *m*
▷ *adj* uniforme

unify ['ju:nɪfaɪ] *vt* unificar, unir

unimportant [ʌnɪm'pɔ:tənt] *adj* sin
importancia

uninhabited [ʌnɪn'hæbɪtɪd] *adj*
desierto

unintentional [ʌnɪn'tɛnʃənəl] *adj*
involuntario

union ['ju:njən] *n* unión *f*; *(also:* **trade**
~) sindicato ▷ *cpd* sindical; **Union Jack**
n bandera del Reino Unido

unique [ju:'ni:k] *adj* único

unisex ['ju:nɪsɛks] *adj* unisex

unit ['ju:nɪt] *n* unidad *f*; *(section: of*
furniture etc) elemento; *(team)* grupo;
kitchen ~ módulo de cocina

unite [ju:'naɪt] *vt* unir ▷ *vi* unirse;
united *adj* unido; *(effort)* conjunto;
United Kingdom *n* Reino Unido;
United Nations (Organization) *n*
Naciones *fpl* Unidas; **United States (of**
America) *n* Estados *mpl* Unidos

unity ['ju:nɪtɪ] *n* unidad *f*

universal [ju:nɪ'və:sl] *adj* universal

universe ['ju:nɪvə:s] *n* universo

university [ju:nɪ'və:sɪtɪ] *n*
universidad *f*

unjust [ʌn'dʒʌst] *adj* injusto

unkind [ʌn'kaɪnd] *adj* poco amable;
(behaviour, comment) cruel

unknown [ʌn'nəun] *adj*
desconocido

unlawful [ʌn'lɔ:ful] *adj* ilegal, ilícito

unleaded [ʌn'lɛdɪd] *adj* (*petrol, fuel*)
sin plombo

unleash [ʌn'li:ʃ] *vt* desatar

unless [ʌn'lɛs] *conj* a menos que;
~ he comes a menos que venga; **~**
otherwise stated salvo indicación
contraria

unlike [ʌn'laɪk] *adj* (*not alike*) distinto
de or a; (*not like*) poco propio de ▷ *prep*
a diferencia de

unlikely [ʌn'laɪklɪ] *adj* improbable;
(*unexpected*) inverosímil

unlimited [ʌn'lɪmɪtɪd] *adj* ilimitado

unlisted [ʌn'lɪstɪd] (*US*) *adj* (*Tel*) que
no consta en la guía

unload [ʌn'ləud] *vt* descargar

unlock [ʌn'lɔk] *vt* abrir (con llave)

unlucky [ʌn'lʌkɪ] *adj* desgraciado;
(*object, number*) que da mala suerte; **to**
be ~ tener mala suerte

unmarried [ʌn'mærɪd] *adj* soltero

unmistak(e)able [ʌnmɪs'teɪkəbl]
adj inconfundible

unnatural [ʌn'nætʃrəl] *adj* (*gen*)
antinatural; (*manner*) afectado; (*habit*)
perverso

unnecessary [ʌn'nɛsəsərɪ] *adj*
innecesario, inútil

UNO ['ju:nəu] *n abbr* (= *United Nations*
Organization) ONU *f*

unofficial [ʌnə'fɪʃl] *adj* no oficial;
(*news*) sin confirmar

unpack [ʌn'pæk] *vi* deshacer las
maletas ▷ *vt* deshacer

unpaid [ʌn'peɪd] *adj* (*bill, debt*) sin
pagar, impagado; (*Comm*) pendiente;
(*holiday*) sin sueldo; (*work*) sin pago,
voluntario

unpleasant [ʌn'plɛznt] *adj*
(*disagreeable*) desagradable; (*person,*
manner) antipático

unplug [ʌn'plʌg] *vt* desenchufar,
desconectar

unpopular [ʌn'pɔpjulə*] *adj*
impopular, poco popular

unprecedented [ʌn'prɛsɪdəntɪd]
adj sin precedentes

unpredictable [ʌnprɪ'dɪktəbl] *adj*
imprevisible

unprotected ['ʌnprə'tɛktɪd] *adj* (*sex*)
sin protección

unqualified [ʌn'kwɔlɪfaɪd] *adj* sin
título, no cualificado; (*success*) total

unravel [ʌn'rævl] *vt* desenmarañar

unreal [ʌn'rɪəl] *adj* irreal;
(*extraordinary*) increíble

unrealistic [ʌnrɪə'lɪstɪk] *adj* poco
realista

unreasonable [ʌn'ri:znəbl] *adj*
irrazonable; (*demand*) excesivo

unrelated [ʌnrɪ'leɪtɪd] *adj* sin

relación; (*family*) no emparentado

unreliable [ʌnrɪˈlaɪəbl] *adj* (*person*) informal; (*machine*) poco fiable

unrest [ʌnˈrɛst] *n* inquietud *f*, malestar *m*; (*Pol*) disturbios *mpl*

unroll [ʌnˈrəul] *vt* desenrollar

unruly [ʌnˈruːlɪ] *adj* indisciplinado

unsafe [ʌnˈseɪf] *adj* peligroso

unsatisfactory [ˈʌnsætɪsˈfæktərɪ] *adj* poco satisfactorio

unscrew [ʌnˈskruː] *vt* destornillar

unsettled [ʌnˈsɛtld] *adj* inquieto, intranquilo; (*weather*) variable

unsettling [ʌnˈsɛtlɪŋ] *adj* perturbador(a), inquietante

unsightly [ʌnˈsaɪtlɪ] *adj* feo

unskilled [ʌnˈskɪld] *adj* (*work*) no especializado; (*worker*) no cualificado

unspoiled [ˈʌnspɔɪld], **unspoilt** [ˈʌnspɔɪlt] *adj* (*place*) que no ha perdido su belleza natural

unstable [ʌnˈsteɪbl] *adj* inestable

unsteady [ʌnˈstɛdɪ] *adj* inestable

unsuccessful [ʌnsəkˈsɛsful] *adj* (*attempt*) infructuoso; (*writer, proposal*) sin éxito; **to be ~** (*in attempting sth*) no tener éxito, fracasar

unsuitable [ʌnˈsuːtəbl] *adj* inapropiado; (*time*) inoportuno

unsure [ʌnˈʃuə*] *adj* inseguro, poco seguro

untidy [ʌnˈtaɪdɪ] *adj* (*room*) desordenado; (*appearance*) desaliñado

untie [ʌnˈtaɪ] *vt* desatar

until [ənˈtɪl] *prep* hasta ▷ *conj* hasta que; **~ he comes** hasta que venga; **~ now** hasta ahora; **~ then** hasta entonces

untrue [ʌnˈtruː] *adj* (*statement*) falso

unused [ʌnˈjuːzd] *adj* sin usar

unusual [ʌnˈjuːʒuəl] *adj* insólito, poco común; (*exceptional*) inusitado; **unusually** *adv* (*exceptionally*) excepcionalmente; **he arrived unusually early** llegó más temprano que de costumbre

unveil [ʌnˈveɪl] *vt* (*statue*) descubrir

unwanted [ʌnˈwɔntɪd] *adj* (*clothing*)

viejo; (*pregnancy*) no deseado

unwell [ʌnˈwɛl] *adj*: **to be/feel ~** estar indispuesto/sentirse mal

unwilling [ʌnˈwɪlɪŋ] *adj*: **to be ~ to do sth** estar poco dispuesto a hacer algo

unwind [ʌnˈwaɪnd] (*irreg*) *vt* desenvolver ▷ *vi* (*relax*) relajarse

unwise [ʌnˈwaɪz] *adj* imprudente

unwittingly [ʌnˈwɪtɪŋlɪ] *adv* inconscientemente, sin darse cuenta

unwrap [ʌnˈræp] *vt* desenvolver

unzip [ʌnˈzɪp] *vt* abrir la cremallera de; (*Comput*) descomprimir

○ **KEYWORD**

up [ʌp] *prep*: **to go/be up sth** subir/ estar subido en algo; **he went up the stairs/the hill** subió las escaleras/la colina; **we walked/climbed up the hill** subimos la colina; **they live further up the street** viven más arriba en la calle; **go up that road and turn left** sigue por esa calle y gira a la izquierda

▷ *adv* **1** (*upwards, higher*) más arriba; **up in the mountains** en lo alto (de la montaña); **put it a bit higher up** ponlo un poco más arriba *or* alto; **up there** ahí *or* allí arriba; **up above** en lo alto, por encima, arriba

2: **to be up** (*out of bed*) estar levantado; (*prices, level*) haber subido

3: **up to** (*as far as*) hasta; **up to now** hasta ahora *or* la fecha

4: **to be up to: it's up to you** (*depending on*) depende de ti; **he's not up to it** (*job, task etc*) no es capaz de hacerlo; **his work is not up to the required standard** su trabajo no da la talla; (*inf: be doing*): **what is he up to?** ¿que estará tramando?

▷ *n*: **ups and downs** altibajos *mpl*

up-and-coming [ʌpəndˈkʌmɪŋ] *adj* prometedor(a)

upbringing [ˈʌpbrɪŋɪŋ] *n* educación

f

update [ˌʌpˈdeɪt] *vt* poner al día

upfront [ˌʌpˈfrʌnt] *adj* claro, directo
▷ *adv* a las claras; (*pay*) por adelantado;
to be ~ about sth admitir algo
claramente

upgrade [ˌʌpˈgreɪd] *vt* (*house*)
modernizar; (*employee*) ascender

upheaval [ˌʌpˈhiːvl] *n* trastornos *mpl*;
(*Pol*) agitación *f*

uphill [ˌʌpˈhɪl] *adj* cuesta arriba;
(*fig: task*) penoso, difícil ▷ *adv*: **to go ~**
ir cuesta arriba

upholstery [ˌʌpˈhəʊlstəri] *n*
tapicería

upmarket [ˌʌpˈmɑːkɪt] *adj* (*product*)
de categoría

upon [əˈpɒn] *prep* sobre

upper [ˈʌpə*] *adj* superior, de arriba
▷ *n* (*of shoe: also:* **~s**) empeine *m*; **upper-**
class *adj* de clase alta

upright [ˈʌpraɪt] *adj* derecho;
(*vertical*) vertical; (*fig*) honrado

uprising [ˈʌpraɪzɪŋ] *n* sublevación *f*

uproar [ˈʌprɔː*] *n* escándalo

upset [*n* ˈʌpsɛt, *vb, adj* ʌpˈsɛt] *n* (*to*
plan etc) revés *m*, contratiempo; (*Med*)
trastorno ▷ *vt irreg* (*glass etc*) volcar;
(*plan*) alterar; (*person*) molestar,
disgustar ▷ *adj* molesto, disgustado;
(*stomach*) revuelto

upside-down [ˌʌpsaɪdˈdaun] *adv* al
revés; **to turn a place ~** (*fig*) revolverlo
todo

upstairs [ˌʌpˈstɛəz] *adv* arriba ▷ *adj*
(*room*) de arriba ▷ *n* el piso superior

up-to-date [ˈʌptəˈdeɪt] *adj* al día

uptown [ˈʌptaun] (*us*) *adv* hacia las
afueras ▷ *adj* exterior, de las afueras

upward [ˈʌpwəd] *adj* ascendente;
upward(s) *adv* hacia arriba; (*more*
than): **upward(s) of** más de

uranium [juəˈreɪnɪəm] *n* uranio

Uranus [juəˈreɪnəs] *n* Urano

urban [ˈəːbən] *adj* urbano

urge [əːdʒ] *n* (*desire*) deseo ▷ *vt*: **to ~**
sb to do sth animar a algn a hacer algo

urgency [ˈəːdʒənsɪ] *n* urgencia

urgent [ˈəːdʒənt] *adj* urgente; (*voice*)
perentorio

urinal [ˈjuərɪnl] *n* (*building*) urinario;
(*vessel*) orinal *m*

urinate [ˈjuərɪneɪt] *vi* orinar

urine [ˈjuərɪn] *n* orina, orines *mpl*

US *n abbr* (= *United States*) EE. UU.

us [ʌs] *pron* nos; (*after prep*) nosotros/
as; *see also* **me**

USA *n abbr* (= *United States (of America)*)
EE.UU.

use [*n* juːs, *vb* juːz] *n* uso, empleo;
(*usefulness*) utilidad *f* ▷ *vt* usar,
emplear; **she ~d to do it** (ella) solía *or*
acostumbraba hacerlo; **in ~** en uso; **out**
of ~ en desuso; **to be of ~** servir; **it's**
no ~ (*pointless*) es inútil; (*not useful*) no
sirve; **to be ~d to** estar acostumbrado
a, acostumbrar; **use up** *vt* (*food*)
consumir; (*money*) gastar; **used** [juːzd]
adj (*car*) usado; **useful** *adj* útil;
useless *adj* (*unusable*) inservible;
(*pointless*) inútil; (*person*) inepto;
user *n* usuario/a; **user-friendly** *adj*
(*computer*) amistoso

usual [ˈjuːʒuəl] *adj* normal, corriente;
as ~ como de costumbre; **usually** *adv*
normalmente

utensil [juːˈtɛnsl] *n* utensilio;
kitchen ~s batería de cocina

utility [juːˈtɪlɪtɪ] *n* utilidad *f*; (*public*
utility) (empresa de) servicio público

utilize [ˈjuːtɪlaɪz] *vt* utilizar

utmost [ˈʌtməust] *adj* mayor ▷ *n*: **to**
do one's ~ hacer todo lo posible

utter [ˈʌtə*] *adj* total, completo
▷ *vt* pronunciar, proferir; **utterly** *adv*
completamente, totalmente

U-turn [ˈjuːˈtəːn] *n* viraje *m* en
redondo

V

v. *abbr* = **verse; versus**; (= *volt*) v;
(= *vide*) véase
vacancy ['veɪkənsɪ] *n* (*BRIT: job*)
vacante *f*; (*room*) habitación *f* libre; **"no
vacancies"** "completo"
vacant ['veɪkənt] *adj* desocupado,
libre; (*expression*) distraído
vacate [və'keɪt] *vt* (*house, room*)
desocupar; (*job*) dejar (vacante)
vacation [və'keɪʃən] *n* vacaciones
fpl; **vacationer** (*US* **vacationist**) *n*
turista *m/f*
vaccination [væksɪ'neɪʃən] *n*
vacunación *f*
vaccine ['væksi:n] *n* vacuna
vacuum ['vækjum] *n* vacío; **vacuum
cleaner** *n* aspiradora
vagina [və'dʒaɪnə] *n* vagina
vague [veɪg] *adj* vago; (*memory*)
borroso; (*ambiguous*) impreciso;
(*person: absent-minded*) distraído;
(: *evasive*): **to be ~** no decir las cosas
claramente
vain [veɪn] *adj* (*conceited*) presumido;
(*useless*) vano, inútil; **in ~** en vano

Valentine's Day ['væləntaɪnzdeɪ] *n*
día de los enamorados
valid ['vælɪd] *adj* válido; (*ticket*)
valedero; (*law*) vigente
valley ['vælɪ] *n* valle *m*
valuable ['væljuəbl] *adj* (*jewel*) de
valor; (*time*) valioso; **valuables** *npl*
objetos *mpl* de valor
value ['vælju:] *n* valor *m*; (*importance*)
importancia ▷ *vt* (*fix price of*) tasar,
valorar; (*esteem*) apreciar; **values** *npl*
(*principles*) principios *mpl*
valve [vælv] *n* válvula
vampire ['væmpaɪə*] *n* vampiro
van [væn] *n* (*Aut*) furgoneta,
camioneta
vandal ['vændl] *n* vándalo/a;
vandalism *n* vandalismo; **vandalize**
vt dañar, destruir
vanilla [və'nɪlə] *n* vainilla
vanish ['vænɪʃ] *vi* desaparecer
vanity ['vænɪtɪ] *n* vanidad *f*
vapour ['veɪpə*] (*US* **vapor**) *n* vapor
m; (*on breath, window*) vaho
variable ['vɛərɪəbl] *adj* variable
variant ['vɛərɪənt] *n* variante *f*
variation [vɛərɪ'eɪʃən] *n* variación *f*
varied ['vɛərɪd] *adj* variado
variety [və'raɪətɪ] *n* (*diversity*)
diversidad *f*; (*type*) variedad *f*
various ['vɛərɪəs] *adj* (*several: people*)
varios/as; (*reasons*) diversos/as
varnish ['vɑ:nɪʃ] *n* barniz *m*; (*nail
varnish*) esmalte *m* ▷ *vt* barnizar; (*nails*)
pintar (con esmalte)
vary ['vɛərɪ] *vt* variar; (*change*)
cambiar ▷ *vi* variar
vase [vɑ:z] *n* jarrón *m*

> Be careful not to translate **vase** by
> the Spanish word *vaso*.

Vaseline® ['væsɪli:n] *n* vaselina®
vast [vɑ:st] *adj* enorme
VAT [væt] (*BRIT*) *n abbr* (= *value added
tax*) IVA *m*
vault [vɔ:lt] *n* (*of roof*) bóveda;
(*tomb*) panteón *m*; (*in bank*) cámara
acorazada ▷ *vt* (*also:* **~ over**) saltar
(por encima de)

VCR n abbr = **video cassette recorder**
VDU n abbr (= visual display unit) UPV f
veal [viːl] n ternera
veer [vɪə*] vi (vehicle) virar; (wind) girar
vegan ['viːgən] n vegetariano/a estricto/a, vegetaliano/a
vegetable ['vɛdʒtəbl] n (Bot) vegetal m; (edible plant) legumbre f, hortaliza ▷ adj vegetal
vegetarian [vɛdʒɪ'tɛərɪən] adj, n vegetariano/a m/f
vegetation [vɛdʒɪ'teɪʃən] n vegetación f
vehicle ['viːɪkl] n vehículo; (fig) medio
veil [veɪl] n velo ▷ vt velar
vein [veɪn] n vena; (of ore etc) veta
Velcro® ['vɛlkrəu] n velcro® m
velvet ['vɛlvɪt] n terciopelo
vending machine ['vɛndɪŋ-] n distribuidor m automático
vendor ['vɛndə*] n vendedor(a) m/f; **street ~** vendedor(a) m/f callejero/a
vengeance ['vɛndʒəns] n venganza; **with a ~** (fig) con creces
venison ['vɛnɪsn] n carne f de venado
venom ['vɛnəm] n veneno; (bitterness) odio
vent [vɛnt] n (in jacket) respiradero; (in wall) rejilla (de ventilación) ▷ vt (fig: feelings) desahogar
ventilation [vɛntɪ'leɪʃən] n ventilación f
venture ['vɛntʃə*] n empresa ▷ vt (opinion) ofrecer ▷ vi arriesgarse, lanzarse; **business ~** empresa comercial
venue ['vɛnjuː] n lugar m
Venus ['viːnəs] n Venus
verb [vəːb] n verbo; **verbal** adj verbal
verdict ['vəːdɪkt] n veredicto, fallo; (fig) opinión f, juicio
verge [vəːdʒ] (BRIT) n borde m; **"soft ~s"** (Aut) "arcén m no asfaltado"; **to be on the ~ of doing sth** estar a punto de hacer algo
verify ['vɛrɪfaɪ] vt comprobar, verificar

versatile ['vəːsətaɪl] adj (person) polifacético; (machine, tool etc) versátil
verse [vəːs] n poesía; (stanza) estrofa; (in bible) versículo
version ['vəːʃən] n versión f
versus ['vəːsəs] prep contra
vertical ['vəːtɪkl] adj vertical
very ['vɛrɪ] adv muy ▷ adj: **the ~ book which** el mismo libro que; **the ~ last** el último de todos; **at the ~ least** al menos; **~ much** muchísimo
vessel ['vɛsl] n (ship) barco; (container) vasija; see **blood**
vest [vɛst] n (BRIT) camiseta; (US: waistcoat) chaleco
vet [vɛt] vt (candidate) investigar ▷ n abbr (BRIT) = **veterinary surgeon**
veteran ['vɛtərn] n excombatiente mf, veterano/a
veterinary surgeon ['vɛtrɪnərɪ-] (US **veterinarian**) n veterinario/a m/f
veto ['viːtəu] (pl ~es) n veto ▷ vt prohibir, poner el veto a
via ['vaɪə] prep por, por medio de
viable ['vaɪəbl] adj viable
vibrate [vaɪ'breɪt] vi vibrar
vibration [vaɪ'breɪʃən] n vibración f
vicar ['vɪkə*] n párroco (de la Iglesia Anglicana)
vice [vaɪs] n (evil) vicio; (Tech) torno de banco; **vice-chairman** (irreg) n vicepresidente m
vice versa ['vaɪsɪ'vəːsə] adv viceversa
vicinity [vɪ'sɪnɪtɪ] n: **in the ~ (of)** cercano (a)
vicious ['vɪʃəs] adj (attack) violento; (words) cruel; (horse, dog) resabido
victim ['vɪktɪm] n víctima
victor ['vɪktə*] n vencedor(a) m/f
Victorian [vɪk'tɔːrɪən] adj victoriano
victorious [vɪk'tɔːrɪəs] adj vencedor(a)
victory ['vɪktərɪ] n victoria
video ['vɪdɪəu] n vídeo (SP), video (LAM); **video call** n videollamada; **video camera** n videocámara, cámara de vídeo; **video (cassette) recorder** n vídeo (SP), video

(*LAM*); **video game** n videojuego;
videophone n videoteléfono; **video
shop** n videoclub m; **video tape** n
cinta de vídeo
vie [vaɪ] vi: **to ~ (with sb for sth)**
competir (con algn por algo)
Vienna [vɪ'ɛnə] n Viena
Vietnam [vjɛt'næm] n Vietnam
m; **Vietnamese** [-nə'miːz] n inv, adj
vietnamita mf
view [vjuː] n vista; (*outlook*)
perspectiva; (*opinion*) opinión f, criterio
▷ vt (*look at*) mirar; (*fig*) considerar;
on ~ (*in museum etc*) expuesto; **in full
~ (of)** en plena vista (de); **in ~ of the
weather/the fact that** en vista del
tiempo/del hecho de que; **in my ~** en
mi opinión; **viewer** n espectador(a)
m/f; (*TV*) telespectador(a) m/f;
viewpoint n (*attitude*) punto de vista;
(*place*) mirador m
vigilant ['vɪdʒɪlənt] adj vigilante
vigorous ['vɪgərəs] adj enérgico,
vigoroso
vile [vaɪl] adj vil, infame; (*smell*)
asqueroso; (*temper*) endemoniado
villa ['vɪlə] n (*country house*) casa de
campo; (*suburban house*) chalet m
village ['vɪlɪdʒ] n aldea; **villager** n
aldeano/a
villain ['vɪlən] n (*scoundrel*) malvado/
a; (*in novel*) malo; (*BRIT: criminal*)
maleante mf
vinaigrette [vɪneɪ'grɛt] n vinagreta
vine [vaɪn] n vid f
vinegar ['vɪnɪgə*] n vinagre m
vineyard ['vɪnjɑːd] n viña, viñedo
vintage ['vɪntɪdʒ] n (*year*) vendimia,
cosecha ▷ cpd de época
vinyl ['vaɪnl] n vinilo
viola [vɪ'əʊlə] n (*Mus*) viola
violate ['vaɪəleɪt] vt violar
violation [vaɪə'leɪʃən] n violación f;
in ~ of sth en violación de algo
violence ['vaɪələns] n violencia
violent ['vaɪələnt] adj violento;
(*intense*) intenso
violet ['vaɪələt] adj violado, violeta

▷ n (*plant*) violeta
violin [vaɪə'lɪn] n violín m
VIP n abbr (= *very important person*) VIP m
virgin ['vəːdʒɪn] n virgen f
Virgo ['vəːgəʊ] n Virgo
virtual ['vəːtjuəl] adj virtual;
virtually adv prácticamente; **virtual
reality** n (*Comput*) mundo or realidad
f virtual
virtue ['vəːtjuː] n virtud f; (*advantage*)
ventaja; **by ~ of** en virtud de
virus ['vaɪərəs] n (*also Comput*)
virus m inv
visa ['viːzə] n visado (*SP*), visa (*LAM*)
vise [vaɪs] (*US*) n (*Tech*) = **vice**
visibility [vɪzɪ'bɪlɪtɪ] n visibilidad f
visible ['vɪzəbl] adj visible
vision ['vɪʒən] n (*sight*) vista;
(*foresight, in dream*) visión f
visit ['vɪzɪt] n visita ▷ vt (*person*
(*US: also:* **~ with**) visitar, hacer una
visita a; (*place*) ir a, (ir a) conocer;
visiting hours npl (*in hospital etc*)
horas fpl de visita; **visitor** n (*in
museum*) visitante mf; (*invited to house*)
visita; (*tourist*) turista mf; **visitor
centre** (*US* **visitor center**) n centro m
de información
visual ['vɪzjuəl] adj visual; **visualize**
vt imaginarse
vital ['vaɪtl] adj (*essential*) esencial,
imprescindible; (*dynamic*) dinámico;
(*organ*) vital
vitality [vaɪ'tælɪtɪ] n energía,
vitalidad f
vitamin ['vɪtəmɪn] n vitamina
vivid ['vɪvɪd] adj (*account*) gráfico;
(*light*) intenso; (*imagination, memory*)
vivo
V-neck ['viːnɛk] n cuello de pico
vocabulary [vəʊ'kæbjʊlərɪ] n
vocabulario
vocal ['vəʊkl] adj vocal; (*articulate*)
elocuente
vocational [vəʊ'keɪʃənl] adj
profesional
vodka ['vɒdkə] n vodka m
vogue [vəʊg] n: **in ~** en boga

voice [vɔɪs] n voz f ▷ vt expresar;
voice mail n fonobuzón m
void [vɔɪd] n vacío; (hole) hueco ▷ adj
(invalid) nulo, inválido; (empty): **~ of**
carente or desprovisto de
volatile ['vɔlətaɪl] adj (situation)
inestable; (person) voluble; (liquid)
volátil
volcano [vɔl'keɪnəu] (pl **~es**) n
volcán m
volleyball ['vɔlɪbɔ:l] n vol(e)ibol m
volt [vəult] n voltio; **voltage** n
voltaje m
volume ['vɔlju:m] n (gen) volumen
m; (book) tomo
voluntarily ['vɔləntrɪlɪ] adv
libremente, voluntariamente
voluntary ['vɔləntərɪ] adj voluntario
volunteer [vɔlən'tɪə*] n voluntario/
a ▷ vt (information) ofrecer ▷ vi
ofrecerse (de voluntario); **to ~ to do**
ofrecerse a hacer
vomit ['vɔmɪt] n vómito ▷ vt, vi
vomitar
vote [vəut] n voto; (votes cast)
votación f; (right to vote) derecho
de votar; (franchise) sufragio ▷ vt
(chairman) elegir; (propose): **to ~ that**
proponer que ▷ vi votar, ir a votar; **~
of thanks** voto de gracias; **voter** n
votante mf; **voting** n votación f
voucher ['vautʃə*] n (for meal, petrol)
vale m
vow [vau] n voto ▷ vt: **to ~ to do/
that** jurar hacer/que
vowel ['vauəl] n vocal f
voyage ['vɔɪɪdʒ] n viaje m
vulgar ['vʌlgə*] adj (rude) ordinario,
grosero; (in bad taste) de mal gusto
vulnerable ['vʌlnərəbl] adj
vulnerable
vulture ['vʌltʃə*] n buitre m

waddle ['wɔdl] vi anadear
wade [weɪd] vi: **to ~ through** (water)
vadear; (fig: book) leer con dificultad
wafer ['weɪfə*] n galleta, barquillo
waffle ['wɔfl] n (Culin) gofre m ▷ vi
dar el rollo
wag [wæg] vt menear, agitar ▷ vi
moverse, menearse
wage [weɪdʒ] n (also: **~s**) sueldo,
salario ▷ vt: **to ~ war** hacer la guerra
wag(g)on ['wægən] n (horse-drawn)
carro; (BRIT Rail) vagón m
wail [weɪl] n gemido ▷ vi gemir
waist [weɪst] n cintura, talle m;
waistcoat (BRIT) n chaleco
wait [weɪt] n (interval) pausa ▷ vi
esperar; **to lie in ~ for** acechar a; **I
can't ~ to** (fig) estoy deseando; **to ~
for** esperar (a); **wait on** vt fus servir
a; **waiter** n camarero; **waiting list**
n lista de espera; **waiting room** n
sala de espera; **waitress** ['weɪtrɪs] n
camarera
waive [weɪv] vt suspender
wake [weɪk] (pt **woke** or **~d**, pp **woken**

or **~d**) vt (also: **~ up**) despertar ▷ vi
(also: **~ up**) despertarse ▷ n (for dead
person) vela, velatorio; (Naut) estela

Wales [weɪlz] n País m de Gales; **the
Prince of ~** el príncipe de Gales

walk [wɔːk] n (stroll) paseo; (hike)
excursión f a pie, caminata; (gait) paso,
andar m; (in park etc) paseo, alameda
▷ vi andar, caminar; (for pleasure,
exercise) pasear ▷ vt (distance) recorrer
a pie, andar; (dog) pasear; **10 minutes'
~ from here** a 10 minutos de aquí
andando; **people from all ~s of life**
gente de todas las esferas; **walk out** vi
(audience) salir; (workers) declararse en
huelga; **walker** n (person) paseante mf,
caminante mf; **walkie-talkie**
['wɔːkɪ'tɔːkɪ] n walkie-talkie m;
walking n el andar; **walking shoes**
npl zapatos mpl para andar; **walking
stick** n bastón m; **Walkman®** n
Walkman® m; **walkway** n paseo

wall [wɔːl] n pared f; (exterior) muro;
(city wall etc) muralla

wallet ['wɔlɪt] n cartera, billetera

wallpaper ['wɔːlpeɪpə*] n papel m
pintado ▷ vt empapelar

walnut ['wɔːlnʌt] n nuez f; (tree)
nogal m

walrus ['wɔːlrəs] (pl **~** or **~es**) n morsa

waltz [wɔːlts] n vals m ▷ vi bailar
el vals

wand [wɒnd] n (also: **magic ~**) varita
(mágica)

wander ['wɒndə*] vi (person) vagar;
deambular; (thoughts) divagar ▷ vt
recorrer, vagar por

want [wɒnt] vt querer, desear;
(need) necesitar ▷ n: **for ~ of** por falta
de; **wanted** adj (criminal) buscado;
"wanted" (in advertisements) "se busca"

war [wɔː*] n guerra; **to make ~ (on)**
declarar la guerra (a)

ward [wɔːd] n (in hospital) sala; (Pol)
distrito electoral; (Law: child: also: **~ of
court**) pupilo/a

warden ['wɔːdn] n (BRIT: of institution)
director(a) m/f; (of park, game reserve)

guardián/ana m/f; (BRIT: also: **traffic
~**) guardia mf

wardrobe ['wɔːdrəub] n armario,
ropero; (clothes) vestuario

warehouse ['wɛəhaus] n almacén
m, depósito

warfare ['wɔːfɛə*] n guerra

warhead ['wɔːhɛd] n cabeza armada

warm [wɔːm] adj caliente; (thanks)
efusivo; (clothes etc) abrigado;
(welcome, day) caluroso; **it's ~** hace
calor; **I'm ~** tengo calor; **warm up**
vi (room) calentarse; (person) entrar
en calor; (athlete) hacer ejercicios de
calentamiento ▷ vt calentar; **warmly**
adv afectuosamente; **warmth** n
calor m

warn [wɔːn] vt avisar, advertir;
warning n aviso, advertencia;
warning light n luz f de advertencia

warrant ['wɔrnt] n autorización f;
(Law: to arrest) orden f de detención; (: to
search) mandamiento de registro

warranty ['wɔrəntɪ] n garantía

warrior ['wɔrɪə*] n guerrero/a

Warsaw ['wɔːsɔː] n Varsovia

warship ['wɔːʃɪp] n buque m or barco
de guerra

wart [wɔːt] n verruga

wartime ['wɔːtaɪm] n: **in ~** en
tiempos de guerra, en la guerra

wary ['wɛərɪ] adj cauteloso

was [wɒz] pt of **be**

wash [wɒʃ] vt lavar ▷ vi lavarse;
(sea etc): **to ~ against/over sth** llegar
hasta/cubrir algo ▷ n (clothes etc)
lavado; (of ship) estela; **to have a ~**
lavarse; **wash up** vi (BRIT) fregar los
platos; (US) lavarse; **washbasin** (US)
lavabo; **wash cloth** (US) n manopla;
washer n (Tech) arandela; **washing**
n (dirty) ropa sucia; (clean) colada;
washing line n cuerda de (colgar) la
ropa; **washing machine** n lavadora;
washing powder (BRIT) n detergente
m (en polvo)

Washington ['wɔʃɪŋtən] n
Washington m

wash: washing-up (BRIT) n fregado, platos mpl (para fregar); **washing-up liquid** (BRIT) n líquido lavavajillas; **washroom** (US) n servicios mpl

wasn't ['wɔznt] = **was not**

wasp [wɔsp] n avispa

waste [weɪst] n derroche m, despilfarro; (of time) pérdida; (food) sobras fpl; (rubbish) basura, desperdicios mpl ▷ adj (material) de desecho; (left over) sobrante; (land) baldío, descampado ▷ vt malgastar, derrochar; (time) perder; (opportunity) desperdiciar; **waste ground** (BRIT) n terreno baldío; **wastepaper basket** n papelera

watch [wɔtʃ] n (also: **wrist ~**) reloj m; (Mil: group of guards) centinela m; (act) vigilancia; (Naut: spell of duty) guardia ▷ vt (look at) mirar, observar; (: match, programme) ver; (spy on, guard) vigilar; (be careful of) cuidarse de, tener cuidado de ▷ vi ver, mirar; (keep guard) montar guardia; **watch out** vi cuidarse, tener cuidado; **watchdog** n perro guardián; (fig) persona u organismo encargado de asegurarse de que las empresas actúan dentro de la legalidad; **watch strap** n pulsera (de reloj)

water ['wɔːtə*] n agua ▷ vt (plant) regar ▷ vi (eyes) llorar; (mouth) hacerse la boca agua; **water down** vt (milk etc) aguar; (fig: story) dulcificar, diluir; **watercolour** (US **watercolor**) n acuarela; **watercress** n berro; **waterfall** n cascada, salto de agua; **watering can** n regadera; **watermelon** n sandía; **waterproof** adj impermeable; **water-skiing** n esquí m acuático

watt [wɔt] n vatio

wave [weɪv] n (of hand) señal f con la mano; (on water) ola; (Radio, in hair) onda; (fig) oleada ▷ vi agitar la mano; (flag etc) ondear ▷ vt (handkerchief, gun) agitar; **wavelength** n longitud f de onda

waver ['weɪvə*] vi (voice, love etc)

flaquear; (person) vacilar

wavy ['weɪvɪ] adj ondulado

wax [wæks] n cera ▷ vt encerar ▷ vi (moon) crecer

way [weɪ] n camino; (distance) trayecto, recorrido; (direction) dirección f, sentido; (manner) modo, manera; (habit) costumbre f; **which ~? - this ~** ¿por dónde? or ¿en qué dirección? - por aquí; **on the ~** (en route) en (el) camino; **to be on one's ~** estar en camino; **to be in the ~** bloquear el camino; (fig) estorbar; **to go out of one's ~ to do sth** desvivirse por hacer algo; **under ~** en marcha; **to lose one's ~** extraviarse; **in a ~** en cierto modo or sentido; **no ~!** (inf) ¡de eso nada!; **by the ~ ...** a propósito ...; **"~ in"** (BRIT) "entrada"; **"~ out"** (BRIT) "salida"; **the ~ back** el camino de vuelta; **"give ~"** (BRIT Aut) "ceda el paso"

W.C. n (BRIT) váter m

we [wiː] pl pron nosotros/as

weak [wiːk] adj débil, flojo; (tea etc) claro; **weaken** vi debilitarse; (give way) ceder ▷ vt debilitar; **weakness** n debilidad f; (fault) punto débil; **to have a weakness for** tener debilidad por

wealth [welθ] n riqueza; (of details) abundancia; **wealthy** adj rico

weapon ['wepən] n arma; **~s of mass destruction** armas de destrucción masiva

wear [wɛə*] (pt **wore**, pp **worn**) n (use) uso; (deterioration through use) desgaste m ▷ vt (clothes) llevar; (shoes) calzar; (damage: through use) gastar, usar ▷ vi (last) durar; (rub through etc) desgastarse; **evening ~** ropa de etiqueta; **sports-/baby~** ropa de deportes/de niños; **wear off** vi (pain etc) pasar, desaparecer; **wear out** vt desgastar; (person, strength) agotar

weary ['wɪərɪ] adj cansado; (dispirited) abatido ▷ vi: **to ~ of** cansarse de

weasel ['wiːzl] n (Zool) comadreja

weather ['wɛðə*] n tiempo ▷ vt (storm, crisis) hacer frente a; **under**

the ~ (fig: ill) indispuesto, pachucho;
weather forecast n boletín m
meteorológico

weave [wiːv] (pt **wove**, pp **woven**) vt
(cloth) tejer; (fig) entretejer

web [wɛb] n (of spider) telaraña; (on
duck's foot) membrana; (network) red
f; **the (World Wide) W~** la Red; **web
address** n dirección f de Internet;
webcam n webcam f; **web page**
n (página) web m or f; **website** n
sitio web

Wed. abbr (=Wednesday) miérc

wed [wɛd] (pt, pp **~ded**) vt casar ▷ vi
casarse

we'd [wiːd] = **we had; we would**

wedding ['wɛdɪŋ] n boda,
casamiento; **silver/golden ~
(anniversary)** bodas fpl de plata/de
oro; **wedding anniversary** n
aniversario de boda; **wedding day**
n día m de la boda; **wedding dress**
n traje m de novia; **wedding ring** n
alianza

wedge [wɛdʒ] n (of wood etc) cuña; (of
cake) trozo ▷ vt acuñar; (push) apretar

Wednesday ['wɛdnzdɪ] n miércoles
m inv

wee [wiː] (SCOTTISH) adj pequeñito

weed [wiːd] n mala hierba, maleza
▷ vt escardar, desherbar; **weedkiller**
n herbicida m

week [wiːk] n semana; **a ~ today/on
Friday** de hoy/del viernes en ocho
días; **weekday** n día m laborable; **weekend** n fin m de semana; **weekly**
adv semanalmente, cada semana ▷ adj
semanal ▷ n semanario

weep [wiːp] (pt, pp **wept**) vi, vt llorar

weigh [weɪ] vt, vi pesar; **to ~ anchor**
levar anclas; **weigh up** vt sopesar

weight [weɪt] n peso; (metal
weight) pesa; **to lose/put on ~**
adelgazar/engordar; **weightlifting** n
levantamiento de pesas

weir [wɪə*] n presa

weird [wɪəd] adj raro, extraño

welcome ['wɛlkəm] adj bienvenido
▷ n bienvenida ▷ vt dar la bienvenida
a; (be glad of) alegrarse de; **thank you
– you're ~** gracias – de nada

weld [wɛld] n soldadura ▷ vt soldar

welfare ['wɛlfɛə*] n bienestar m;
(social aid) asistencia social; **welfare
state** n estado del bienestar

well [wɛl] n fuente f, pozo ▷ adv bien
▷ adj: **to be ~** estar bien (de salud) ▷ excl
¡vaya!, ¡bueno!; **as ~** también; **as ~ as**
además de; **~ done!** ¡bien hecho!; **get ~
soon!** ¡que te mejores pronto!; **to do ~**
(business) ir bien; (person) tener éxito

we'll [wiːl] = **we will; we shall**

well: **well-behaved** adj bueno;
well-built adj (person) fornido; **well-
dressed** adj bien vestido

wellies ['wɛlɪz] (inf) npl (BRIT) botas
de goma

well: **well-known** adj (person)
conocido; **well-off** adj acomodado;
well-paid [wɛl'peɪd] adj bien pagado,
bien retribuido

Welsh [wɛlʃ] adj galés/esa ▷ n (Ling)
galés m; **Welshman** (irreg) n galés m;
Welshwoman (irreg) n galesa

went [wɛnt] pt of **go**

wept [wɛpt] pt, pp of **weep**

were [wəː*] pt of **be**

we're [wɪə*] = **we are**

weren't [wəːnt] = **were not**

west [wɛst] n oeste m ▷ adj
occidental, del oeste ▷ adv al or hacia
el oeste; **the W~** el Oeste, el Occidente;
westbound ['wɛstbaʊnd] adj (traffic,
carriageway) con rumbo al oeste;
western adj occidental ▷ n (Cinema)
película del oeste; **West Indian** adj, n
antillano/a m/f

wet [wɛt] adj (damp) húmedo;
(soaked): **~ through** mojado; (rainy)
lluvioso ▷ n (BRIT: Pol) conservador(a)
m/f moderado/a; **to get ~** mojarse;
"~ paint" "recién pintado"; **wetsuit** n
traje m térmico

we've [wiːv] = **we have**

whack [wæk] vt dar un buen golpe a

whale [weɪl] n (Zool) ballena

wharf [wɔ:f] (pl **wharves**) n muelle m

○ KEYWORD

what [wɔt] adj 1 (in direct/indirect questions) qué; **what size is he?** ¿qué talla usa?; **what colour/shape is it?** ¿de qué color/forma es?
2 (in exclamations): **what a mess!** ¡qué desastre!; **what a fool I am!** ¡qué tonto soy!
▷ pron 1 (interrogative) qué; **what are you doing?** ¿qué haces or estás haciendo?; **what is happening?** ¿qué pasa or está pasando?; **what is it called?** ¿cómo se llama?; **what about me?** ¿y yo qué?; **what about doing ...?** ¿qué tal si hacemos ...?
2 (relative) lo que; **I saw what you did/was on the table** vi lo que hiciste/ había en la mesa
▷ excl (disbelieving) ¡cómo!; **what, no coffee!** ¡que no hay café!

whatever [wɔt'ɛvə*] adj: **~ book you choose** cualquier libro que elijas
▷ pron: **do ~ is necessary** haga lo que sea necesario; **~ happens** pase lo que pase; **no reason ~ or whatsoever** ninguna razón sea la que sea; **nothing ~** nada en absoluto
whatsoever [wɔtsəu'ɛvə*] adj see **whatever**
wheat [wi:t] n trigo
wheel [wi:l] n rueda; (Aut: also: **steering ~**) volante m; (Naut) timón m ▷ vt (pram etc) empujar
▷ vi (also: **~ round**) dar la vuelta, girar; **wheelbarrow** n carretilla; **wheelchair** n silla de ruedas; **wheel clamp** n (Aut) cepo
wheeze [wi:z] vi resollar

○ KEYWORD

when [wɛn] adv cuando; **when did it happen?** ¿cuándo ocurrió?; **I know**

when it happened sé cuándo ocurrió
▷ conj 1 (at, during, after the time that) cuando; **be careful when you cross the road** ten cuidado al cruzar la calle; **that was when I needed you** fue entonces que te necesité
2 (on, at which): **on the day when I met him** el día en qué le conocí
3 (whereas) cuando

whenever [wɛn'ɛvə*] conj cuando; (every time that) cada vez que ▷ adv cuando sea
where [wɛə*] adv dónde ▷ conj donde; **this is ~** aquí es donde; **whereabouts** adv dónde ▷ n: **nobody knows his whereabouts** nadie conoce su paradero; **whereas** conj visto que, mientras; **whereby** pron por lo cual; **wherever** conj dondequiera que; (interrogative) dónde
whether ['wɛðə*] conj si; **I don't know ~ to accept or not** no sé si aceptar o no; **~ you go or not** vayas o no vayas

○ KEYWORD

which [wɪtʃ] adj 1 (interrogative: direct, indirect) qué; **which picture(s) do you want?** ¿qué cuadro(s) quieres?; **which one?** ¿cuál?
2 **in which case** en cuyo caso; **we got there at 8 pm, by which time the cinema was full** llegamos allí a las 8, cuando el cine estaba lleno
▷ pron 1 (interrogative) cual; **I don't mind which** el/la que sea
2 (relative: replacing noun) que; (: replacing clause) lo que; (: after preposition) (el(la)) que etc el/la cual etc; **the apple which you ate/which is on the table** la manzana que comiste/que está en la mesa; **the chair on which you are sitting** la silla en la que estás sentado; **he said he knew, which is true/I feared** dijo que lo sabía, lo cual or lo

que es cierto/me temía

whichever [wɪtʃˈɛvə*] *adj*: **take ~ book you prefer** coja (*SP*) el libro que prefiera; **~ book you take** cualquier libro que coja

while [waɪl] *n* rato, momento ▷ *conj* mientras; (*although*) aunque; **for a ~** durante algún tiempo

whilst [waɪlst] *conj* = **while**

whim [wɪm] *n* capricho

whine [waɪn] *n* (*of pain*) gemido; (*of engine*) zumbido; (*of siren*) aullido ▷ *vi* gemir; zumbar; (*fig: complain*) gimotear

whip [wɪp] *n* látigo; (*Pol: person*) encargado de la disciplina partidaria en el parlamento ▷ *vt* azotar; (*Culin*) batir; (*move quickly*): **to ~ sth out/off** sacar/quitar algo de un tirón; **whipped cream** *n* nata *or* crema montada

whirl [wə:l] *vt* hacer girar, dar vueltas a ▷ *vi* girar, dar vueltas; (*leaves etc*) arremolinarse

whisk [wɪsk] *n* (*Culin*) batidor *m* ▷ *vt* (*Culin*) batir; **to ~ sb away** *or* **off** llevar volando a algn

whiskers [ˈwɪskəz] *npl* (*of animal*) bigotes *mpl*; (*of man*) patillas *fpl*

whiskey [ˈwɪskɪ] (*US, IRELAND*) *n* = **whisky**

whisky [ˈwɪskɪ] *n* whisky *m*

whisper [ˈwɪspə*] *n* susurro ▷ *vi*, *vt* susurrar

whistle [ˈwɪsl] *n* (*sound*) silbido; (*object*) silbato ▷ *vi* silbar

white [waɪt] *adj* blanco; (*pale*) pálido ▷ *n* blanco; (*of egg*) clara; **whiteboard** *n* pizarra blanca; **interactive whiteboard** pizarra interactiva; **White House** (*US*) *n* Casa Blanca; **whitewash** *n* (*paint*) jalbegue *m*, cal *f* ▷ *vt* blanquear

whiting [ˈwaɪtɪŋ] *n inv* (*fish*) pescadilla

Whitsun [ˈwɪtsn] *n* pentecostés *m*

whittle [ˈwɪtl] *vt*: **to ~ away**, **~ down** ir reduciendo

whizz [wɪz] *vi*: **to ~ past** *or* **by** pasar a toda velocidad

○ **KEYWORD**

who [hu:] *pron* **1** (*interrogative*) quién; **who is it?**, **who's there?** ¿quién es?; **who are you looking for?** ¿a quién buscas?; **I told her who I was** le dije quién era yo

2 (*relative*) que; **the man/woman who spoke to me** el hombre/la mujer que habló conmigo; **those who can swim** los que saben *or* sepan nadar

○ **KEYWORD**

whoever [hu:ˈɛvə*] *pron*: **~ finds it** cualquiera *or* quienquiera que lo encuentre; **ask ~ you like** pregunta a quien quieras; **~ he marries** no importa con quién se case

whole [həʊl] *adj* (*entire*) todo, entero; (*not broken*) intacto ▷ *n* todo; (*all*): **the ~ of the town** toda la ciudad, la ciudad entera ▷ *n* (*total*) total *m*; (*sum*) conjunto; **on the ~**, **as a ~** en general; **wholefood(s)** *n(pl)* alimento(s) *m(pl)* integral(es); **wholeheartedly** [həʊlˈhɑːtɪdlɪ] *adv* con entusiasmo; **wholemeal** *adj* integral; **wholesale** *n* venta al por mayor ▷ *adj* al por mayor; (*fig: destruction*) sistemático; **wholewheat** *adj* = **wholemeal**; **wholly** *adv* totalmente, enteramente

○ **KEYWORD**

whom [hu:m] *pron* **1** (*interrogative*): **whom did you see?** ¿a quién viste?; **to whom did you give it?** ¿a quién se lo diste?; **tell me from whom you received it** dígame de quién lo recibí

2 (*relative*) que; **to whom** a quien(es); **of whom** de quien(es), del/de la que *etc*; **the man whom I saw/to whom I wrote** el hombre que vi/a quien escribí; **the lady about/with whom I was talking** la señora de (la) que/con quien *or* (la) que hablaba

whore [hɔ:*] (*inf, pej*) *n* puta

○ KEYWORD

whose [hu:z] *adj* **1** (*possessive: interrogative*): **whose book is this?, whose is this book?** ¿de quién es este libro?; **whose pencil have you taken?** ¿de quién es el lápiz que has cogido?; **whose daughter are you?** ¿de quién eres hija?
2 (*possessive: relative*) cuyo/a, *pl* cuyos/as; **the man whose son you rescued** el hombre cuyo hijo rescataste; **those whose passports I have** aquellas personas cuyos pasaportes tengo; **the woman whose car was stolen** la mujer a quien le robaron el coche
▷ *pron* de quién; **whose is this?** ¿de quién es esto?; **I know whose it is** sé de quién es

○ KEYWORD

why [waɪ] *adv* por qué; **why not?** ¿por qué no?; **why not do it now?** ¿por qué no lo haces (*or* hacemos *etc*) ahora?
▷ *conj*: **I wonder why he said that** me pregunto por qué dijo eso; **that's not why I'm here** no es por eso (por lo) que estoy aquí; **the reason why** la razón por la que
▷ *excl* (*expressing surprise, shock, annoyance*) ¡hombre!, ¡vaya!; (*explaining*): **why, it's you!** ¡hombre, eres tú!; **why, that's impossible** ¡pero sí eso es imposible!

wicked ['wɪkɪd] *adj* malvado, cruel
wicket ['wɪkɪt] *n* (*Cricket: stumps*) palos *mpl*; (: *grass area*) terreno de juego
wide [waɪd] *adj* ancho; (*area, knowledge*) vasto, grande; (*choice*) amplio ▷ *adv*: **to open ~** abrir de par en par; **to shoot ~** errar el tiro; **widely**

adv (*travelled*) mucho; (*spaced*) muy; **it is widely believed/known that ...** mucha gente piensa/sabe que ...; **widen** *vt* ensanchar; (*experience*) ampliar ▷ *vi* ensancharse; **wide open** *adj* abierto de par en par; **widespread** *adj* extendido, general
widow ['wɪdəu] *n* viuda; **widower** *n* viudo
width [wɪdθ] *n* anchura; (*of cloth*) ancho
wield [wi:ld] *vt* (*sword*) blandir; (*power*) ejercer
wife [waɪf] (*pl* **wives**) *n* mujer *f*, esposa
wig [wɪg] *n* peluca
wild [waɪld] *adj* (*animal*) salvaje; (*plant*) silvestre; (*person*) furioso, violento; (*idea*) descabellado; (*rough: sea*) bravo; (: *land*) agreste; (: *weather*) muy revuelto; **wilderness** ['wɪldənɪs] *n* desierto; **wildlife** *n* fauna; **wildly** *adv* (*behave*) locamente; (*lash out*) a diestro y siniestro; (*guess*) a lo loco; (*happy*) a más no poder

○ KEYWORD

will [wɪl] *aux vb* **1** (*forming future tense*): **I will finish it tomorrow** lo terminaré *or* voy a terminar mañana; **I will have finished it by tomorrow** lo habré terminado para mañana; **will you do it? – yes I will/no I won't** ¿lo harás? – sí/no
2 (*in conjectures, predictions*): **he will** *or* **he'll be there by now** ya habrá *or* debe (de) haber llegado; **that will be the postman** será *or* debe ser el cartero
3 (*in commands, requests, offers*): **will you be quiet!** ¿quieres callarte?; **will you help me?** ¿quieres ayudarme?; **will you have a cup of tea?** ¿te apetece un té?; **I won't put up with it!** ¡no lo soporto!
▷ *vt* (*pt, pp* **willed**): **to will sb to do sth** desear que algn haga algo; **he willed himself to go on** con gran fuerza de voluntad, continuó

▷n voluntad f; (*testament*) testamento

willing ['wɪlɪŋ] adj (*with goodwill*) de buena voluntad; (*enthusiastic*) entusiasta; **he's ~ to do it** está dispuesto a hacerlo; **willingly** adv con mucho gusto

willow ['wɪləu] n sauce m

willpower ['wɪlpauə*] n fuerza de voluntad

wilt [wɪlt] vi marchitarse

win [wɪn] (*pt, pp* **won**) n victoria, triunfo ▷vt ganar; (*obtain*) conseguir, lograr ▷vi ganar; **win over** vt convencer a

wince [wɪns] vi encogerse

wind¹ [wɪnd] n viento; (*Med*) gases mpl ▷vt (*take breath away from*) dejar sin aliento a

wind² [waɪnd] (*pt, pp* **wound**) vt enrollar; (*wrap*) envolver; (*clock, toy*) dar cuerda a ▷vi (*road, river*) serpentear; **wind down** vt (*car window*) bajar; (*fig: production, business*) disminuir; **wind up** vt (*clock*) dar cuerda a; (*debate, meeting*) concluir, terminar

windfall ['wɪndfɔ:l] n golpe m de suerte

winding ['waɪndɪŋ] adj (*road*) tortuoso; (*staircase*) de caracol

windmill ['wɪndmɪl] n molino de viento

window ['wɪndəu] n ventana; (*in car, train*) ventanilla; (*in shop etc*) escaparate m (SP), vidriera (LAM); **window box** n jardinera de ventana; **window cleaner** n (*person*) limpiacristales mf inv; **window pane** n cristal m; **window seat** n asiento junto a la ventana; **windowsill** n alféizar m, repisa

windscreen ['wɪndskri:n] (US **windshield**) n parabrisas m inv; **windscreen wiper** (US **windshield wiper**) n limpiaparabrisas m inv

windsurfing ['wɪndsə:fɪŋ] n windsurf m

windy ['wɪndɪ] adj de mucho viento; **it's ~** hace viento

wine [waɪn] n vino; **wine bar** n enoteca; **wine glass** n copa (para vino); **wine list** n lista de vinos; **wine tasting** n degustación f de vinos

wing [wɪŋ] n ala; (*Aut*) aleta; **wing mirror** n (espejo) retrovisor m

wink [wɪŋk] n guiño, pestañeo ▷vi guiñar, pestañear

winner ['wɪnə*] n ganador(a) m/f

winning ['wɪnɪŋ] adj (*team*) ganador(a); (*goal*) decisivo; (*smile*) encantador(a)

winter ['wɪntə*] n invierno ▷vi invernar; **winter sports** npl deportes mpl de invierno; **wintertime** n invierno

wipe [waɪp] n: **to give sth a ~** pasar un trapo sobre algo ▷vt limpiar; (*tape*) borrar; **wipe out** vt (*debt*) liquidar; (*memory*) borrar; (*destroy*) destruir; **wipe up** vt limpiar

wire ['waɪə*] n alambre m; (*Elec*) cable m (eléctrico); (*Tel*) telegrama m ▷vt (*house*) poner la instalación eléctrica en; (*also: ~ up*) conectar; (*person: telegram*) telegrafiar

wiring ['waɪərɪŋ] n instalación f eléctrica

wisdom ['wɪzdəm] n sabiduría, saber m; (*good sense*) cordura; **wisdom tooth** n muela del juicio

wise [waɪz] adj sabio; (*sensible*) juicioso

wish [wɪʃ] n deseo ▷vt querer; **best ~es** (*on birthday etc*) felicidades fpl; **with best ~es** (*in letter*) saludos mpl, recuerdos mpl; **to ~ sb goodbye** despedirse de algn; **he ~ed me well** me deseó mucha suerte; **to ~ to do/sb to do sth** querer hacer/que algn haga algo; **to ~ for** desear

wistful ['wɪstful] adj pensativo

wit [wɪt] n ingenio, gracia; (*also: ~s*) inteligencia; (*person*) chistoso/a

witch [wɪtʃ] n bruja

○ **KEYWORD**

with [wɪð, wɪθ] prep 1 (*accompanying, in the company of*) con (con +mí, ti, sí =

conmigo, contigo, consigo); **I was with him** estaba con él; **we stayed with friends** nos quedamos en casa de unos amigos; **I'm (not) with you** (don't understand) (no) te entiendo; **to be with it** (inf: person: up-to-date) estar al tanto; (: alert) ser despabilado **2** (descriptive, indicating manner etc) con; de; **a room with a view** una habitación con vistas; **the man with the grey hat/blue eyes** el hombre del sombrero gris/de los ojos azules; **red with anger** rojo de ira; **to shake with fear** temblar de miedo; **to fill sth with water** llenar algo de agua

withdraw [wɪθˈdrɔː] vt retirar, sacar ▷ vi retirarse; **to ~ money (from the bank)** retirar fondos (del banco); **withdrawal** n retirada; (of money) reintegro; **withdrawn** pp of **withdraw** ▷ adj (person) reservado, introvertido
withdrew [wɪθˈdruː] pt of **withdraw**
wither [ˈwɪðə*] vi marchitarse
withhold [wɪθˈhəuld] vt (money) retener; (decision) aplazar; (permission) negar; (information) ocultar
within [wɪðˈɪn] prep dentro de ▷ adv dentro; **~ reach (of)** al alcance (de); **~ sight (of)** a la vista (de); **~ the week** antes de acabar la semana; **~ a mile (of)** a menos de una milla (de)
without [wɪðˈaut] prep sin; **to go ~ sth** pasar sin algo
withstand [wɪθˈstænd] vt resistir a
witness [ˈwɪtnɪs] n testigo mf ▷ vt (event) presenciar; (document) atestiguar la veracidad de; **to bear ~ to** (fig) ser testimonio de
witty [ˈwɪtɪ] adj ingenioso
wives [waɪvz] npl of **wife**
wizard [ˈwɪzəd] n hechicero
wk abbr = **week**
wobble [ˈwɔbl] vi temblar; (chair) cojear
woe [wəu] n desgracia

woke [wəuk] pt of **wake**
woken [ˈwəukən] pp of **wake**
wolf [wulf] n lobo
woman [ˈwumən] (pl **women**) n mujer f
womb [wuːm] n matriz f, útero
women [ˈwɪmɪn] npl of **woman**
won [wʌn] pt, pp of **win**
wonder [ˈwʌndə*] n maravilla, prodigio; (feeling) asombro ▷ vi: **to ~ whether/why** preguntarse si/por qué; **to ~ at** asombrarse de; **to ~ about** pensar sobre or en; **it's no ~ (that)** no es de extrañarse (que +subjun); **wonderful** adj maravilloso
won't [wəunt] = **will not**
wood [wud] n (timber) madera; (forest) bosque m; **wooden** adj de madera; (fig) inexpresivo; **woodwind** n (Mus) instrumentos mpl de viento de madera; **woodwork** n carpintería
wool [wul] n lana; **to pull the ~ over sb's eyes** (fig) engatusar a algn; **woollen** (US **woolen**) adj de lana; **woolly** (US **wooly**) adj lanudo, de lana; (fig: ideas) confuso
word [wəːd] n palabra; (news) noticia; (promise) palabra (de honor) ▷ vt redactar; **in other ~s** en otras palabras; **to break/keep one's ~** faltar a la palabra/cumplir la promesa; **to have ~s with sb** reñir con algn; **wording** n redacción f; **word processing** n proceso de textos; **word processor** n procesador m de textos
wore [wɔː*] pt of **wear**
work [wəːk] n trabajo; (job) empleo, trabajo; (Art, Literature) obra ▷ vi trabajar; (mechanism) funcionar, marchar; (medicine) ser eficaz, surtir efecto ▷ vt (shape) trabajar; (stone etc) tallar; (mine etc) explotar; (machine) manejar, hacer funcionar ▷ npl (of clock, machine) mecanismo; **to be out of ~** estar parado, no tener trabajo; **to ~ loose** (part) desprenderse; (knot) aflojarse; **works** n (BRIT: factory) fábrica; **work out** vi (plans etc) salir

bien, funcionar; **works** vt (problem) resolver; (plan) elaborar; **it works out at £100** suma 100 libras; **worker** n trabajador(a) m/f, obrero/a; **work experience** n: **I'm going to do my work experience in a factory** voy a hacer las prácticas en una fábrica; **workforce** n mano de obra; **working class** n clase f obrera ▷ adj: **working-class** obrero; **working week** n semana laboral; **workman** (irreg) n obrero; **work of art** n obra de arte; **workout** n (Sport) sesión f de ejercicios; **work permit** n permiso de trabajo; **workplace** n lugar m de trabajo; **worksheet** n (Scol) hoja de ejercicios; **workshop** n taller m; **work station** n puesto or estación f de trabajo; **work surface** n encimera; **worktop** n encimera

world [wə:ld] n mundo ▷ cpd (champion) del mundo; (power, war) mundial; **to think the ~ of sb** (fig) tener un concepto muy alto de algn; **World Cup** n (Football): **the World Cup** el Mundial, los Mundiales; **world-wide** adj mundial, universal; **World-Wide Web** n: **the World-Wide Web** el World Wide Web

worm [wə:m] n (also: **earth ~**) lombriz f

worn [wɔ:n] pp of **wear** ▷ adj usado; **worn-out** adj (object) gastado; (person) rendido, agotado

worried ['wʌrɪd] adj preocupado

worry ['wʌrɪ] n preocupación f ▷ vt preocupar, inquietar ▷ vi preocuparse; **worrying** adj inquietante

worse [wə:s] adj, adv peor ▷ n lo peor; **a change for the ~** un empeoramiento; **worsen** vt, vi empeorar; **worse off** adj (financially): **to be worse off** tener menos dinero; (fig): **you'll be worse off this way** de esta forma estarás peor que nunca

worship ['wə:ʃɪp] n adoración f ▷ vt adorar; **Your W~** (BRIT: to mayor) señor alcalde; (: to judge) señor juez

worst [wə:st] adj, adv peor ▷ n lo peor; **at ~** en lo peor de los casos

worth [wə:θ] n valor m ▷ adj: **to be ~** valer; **it's ~ it** vale or merece la pena; **to be ~ one's while (to do)** merecer la pena (hacer); **worthless** adj sin valor; (useless) inútil; **worthwhile** adj (activity) que merece la pena; (cause) loable

worthy ['wə:ðɪ] adj respetable; (motive) honesto; **~ of** digno de

○ **KEYWORD**

would [wud] aux vb 1 (conditional tense): **if you asked him he would do it** si se lo pidieras, lo haría; **if you had asked him he would have done it** si se lo hubieras pedido, lo habría or hubiera hecho

2 (in offers, invitations, requests): **would you like a biscuit?** ¿quieres una galleta?; (formal) ¿querría una galleta?; **would you ask him to come in?** ¿quiere hacerle pasar?; **would you open the window please?** ¿quiere or podría abrir la ventana, por favor?

3 (in indirect speech): **I said I would do it** dije que lo haría

4 (emphatic): **it would have to snow today!** ¡tenía que nevar precisamente hoy!

5 (insistence): **she wouldn't behave** no quiso comportarse bien

6 (conjecture): **it would have been midnight** sería medianoche; **it would seem so** parece ser que sí

7 (indicating habit): **he would go there on Mondays** iba allí los lunes

wouldn't ['wudnt] = **would not**

wound¹ [wu:nd] n herida ▷ vt herir

wound² [waund] pt, pp of **wind²**

wove [wəuv] pt of **weave**

woven ['wəuvən] pp of **weave**

wrap [ræp] vt (also: **~ up**) envolver; (gift) envolver, abrigar ▷ vi (dress *warmly*) abrigarse; **wrapper** n (*on chocolate*) papel m; (BRIT: *of book*) sobrecubierta; **wrapping** n envoltura, envase m; **wrapping paper** n papel m de envolver; (*fancy*) papel m de regalo

wreath [riːð, pl riːðz] n (*funeral wreath*) corona

wreck [rɛk] n (*ship: destruction*) naufragio; (: *remains*) restos mpl del barco; (*pej: person*) ruina ▷ vt (*car etc*) destrozar; (*chances*) arruinar; **wreckage** n restos mpl; (*of building*) escombros mpl

wren [rɛn] n (*Zool*) reyezuelo

wrench [rɛntʃ] n (*Tech*) llave f inglesa; (*tug*) tirón m; (*fig*) dolor m ▷ vt arrancar; **to ~ sth from sb** arrebatar algo violentamente a algn

wrestle ['rɛsl] vi: **to ~ (with sb)** luchar (con *or* contra algn); **wrestler** n luchador(a) m/f (de lucha libre); **wrestling** n lucha libre

wretched ['rɛtʃɪd] adj miserable

wriggle ['rɪɡl] vi (*also*: **~ about**) menearse, retorcerse

wring [rɪŋ] (*pt, pp* **wrung**) vt retorcer; (*wet clothes*) escurrir; (*fig*): **to ~ sth out of sb** sacar algo por la fuerza a algn

wrinkle ['rɪŋkl] n arruga ▷ vt arrugar ▷ vi arrugarse

wrist [rɪst] n muñeca

writable ['raɪtəbl] adj (*CD, DVD*) escribible

write [raɪt] (*pt* **wrote**, *pp* **written**) vt escribir; (*cheque*) extender ▷ vi escribir; **write down** vt escribir; (*note*) apuntar; **write off** vt (*debt*) borrar (como incobrable); (*fig*) desechar por inútil; **write out** vt escribir; **write-off** n siniestro total; **writer** n escritor(a) m/f

writing ['raɪtɪŋ] n escritura; (*hand-writing*) letra; (*of author*) obras fpl; **in ~** por escrito; **writing paper** n papel m de escribir

written ['rɪtn] *pp of* **write**

wrong [rɒŋ] adj (*wicked*) malo; (*unfair*) injusto; (*incorrect*) equivocado, incorrecto; (*not suitable*) inoportuno, inconveniente; (*reverse*) del revés ▷ adv equivocadamente ▷ n injusticia ▷ vt ser injusto con; **you are ~ to do it** haces mal en hacerlo; **you are ~ about that, you've got it ~** en eso estás equivocado; **to be in the ~** no tener razón, tener la culpa; **what's ~?** ¿qué pasa?; **to go ~** (*person*) equivocarse; (*plan*) salir mal; (*machine*) estropearse; **wrongly** adv mal, incorrectamente; (*by mistake*) por error; **wrong number** n (*Tel*): **you've got the wrong number** se ha equivocado de número

wrote [rəut] *pt of* **write**

wrung [rʌŋ] *pt, pp of* **wring**

WWW n abbr (= *World Wide Web*) WWW m

XL *abbr* = **extra large**

Xmas ['ɛksməs] *n abbr* = **Christmas**

X-ray ['ɛksreɪ] *n* radiografía ▷ *vt* radiografiar, sacar radiografías de

xylophone ['zaɪləfəun] *n* xilófono

yacht [jɔt] *n* yate *m*; **yachting** *n* (*sport*) balandrismo

yard [jɑːd] *n* patio; (*measure*) yarda; **yard sale** (*us*) *n* venta de objetos usados (*en el jardín de una casa particular*)

yarn [jɑːn] *n* hilo; (*tale*) cuento, historia

yawn [jɔːn] *n* bostezo ▷ *vi* bostezar

yd. *abbr* (= *yard*) yda

yeah [jɛə] (*inf*) *adv* sí

year [jɪə*] *n* año; **to be 8 ~s old** tener 8 años; **an eight---old child** un niño de ocho años (de edad); **yearly** *adj* anual ▷ *adv* anualmente, cada año

yearn [jəːn] *vi*: **to ~ for sth** añorar algo, suspirar por algo

yeast [jiːst] *n* levadura

yell [jɛl] *n* grito, alarido ▷ *vi* gritar

yellow ['jɛləu] *adj* amarillo; **Yellow Pages®** *npl* páginas *fpl* amarillas

yes [jɛs] *adv* sí ▷ *n* sí *m*; **to say/ answer ~** decir/contestar que sí

yesterday ['jɛstədɪ] *adv* ayer ▷ *n* ayer *m*; **~ morning/evening** ayer por la mañana/tarde; **all day ~** todo el día de ayer

yet [jɛt] *adv* ya; (*negative*) todavía
▷ *conj* sin embargo, a pesar de todo;
it is not finished ~ todavía no está
acabado; **the best ~** el/la mejor hasta
ahora; **as ~** hasta ahora, todavía

yew [juː] *n* tejo

Yiddish [ˈjɪdɪʃ] *n* yiddish *m*

yield [jiːld] *n* (*Agr*) cosecha; (*Comm*)
rendimiento ▷ *vt* ceder; (*results*)
producir, dar; (*profit*) rendir ▷ *vi*
rendirse, ceder; (*us Aut*) ceder el paso

yob(bo) [ˈjɔb(bəu)] *n* (*BRIT inf*)
gamberro

yoga [ˈjəugə] *n* yoga *m*

yog(h)ourt [ˈjəugət] *n* yogur *m*

yog(h)urt [ˈjəugət] *n* = **yog(h)ourt**

yolk [jəuk] *n* yema (de huevo)

⭕ **KEYWORD**

you [juː] *pron* **1** (*subject: familiar*) tú;
(*pl*) vosotros/as (*SP*), ustedes (*LAM*);
(*polite*) usted; (*pl*) ustedes; **you are
very kind** eres/es *etc* muy amable; **you
Spanish enjoy your food** a vosotros
(*or* ustedes) los españoles os (*or* les)
gusta la comida; **you and I will go**
iremos tú y yo
2 (*object: direct: familiar*) te; (*pl*) os (*SP*),
les (*LAM*); (*polite*) le; (*pl*) les; (*f*) la; (*pl*) las;
I know you te/le *etc* conozco
3 (*object: indirect: familiar*) te; (*pl*) os (*SP*),
les (*LAM*); (*polite*) le; (*pl*) les; **I gave the
letter to you yesterday** te/os *etc* di
la carta ayer
4 (*stressed*): **I told you to do it** te dije a
ti que lo hicieras, es a ti a quien dije que
lo hicieras; *see also* **3; 5**
5 (*after prep: NB: con +ti =
contigo: familiar*) ti; (*pl*) vosotros/as
(*SP*), ustedes (*LAM*); (*: polite*) usted;
(*pl*) ustedes; **it's for you** es para
ti/vosotros *etc*
6 (*comparisons: familiar*) tú; (*pl*)
vosotros/as (*SP*), ustedes (*LAM*);
(*: polite*) usted; (*pl*) ustedes; **she's
younger than you** es más joven que

tú/vosotros *etc*
7 (*impersonal one*): **fresh air does you
good** el aire puro (te) hace bien; **you
never know** nunca se sabe; **you can't
do that!** ¡eso no se hace!

you'd [juːd] = **you had; you would**

you'll [juːl] = **you will; you shall**

young [jʌŋ] *adj* joven ▷ *npl* (*of
animal*) cría; (*people*): **the ~** los jóvenes,
la juventud; **youngster** *n* joven *mf*

your [jɔː*] *adj* tu; (*pl*) vuestro; (*formal*)
su; *see also* **my**

you're [juə*] = **you are**

yours [jɔːz] *pron* tuyo (*pl*), vuestro;
(*formal*) suyo; *see also* **faithfully; mine¹**
see also **sincerely**

yourself [jɔːˈsɛlf] *pron* tú mismo;
(*complement*) te; (*after prep*) tí (mismo);
(*formal*) usted mismo; (: *complement*)
se; (: *after prep*) sí (mismo); **yourselves**
pl pron vosotros mismos; (*after prep*)
vosotros (mismos); (*formal*) ustedes
(mismos); (: *complement*) se; (: *after prep*)
sí mismos; *see also* **oneself**

youth [*pl* juːðz *n* juventud *f*; (*young
man*) joven *m*; **youth club** *n* club *m*
juvenil; **youthful** *adj* juvenil; **youth
hostel** *n* albergue *m* de juventud

you've [juːv] = **you have**

Z

zeal [ziːl] *n* celo, entusiasmo
zebra ['ziːbrə] *n* cebra; **zebra crossing** (*BRIT*) *n* paso de peatones
zero ['zɪərəʊ] *n* cero
zest [zest] *n* ánimo, vivacidad *f*; (*of orange*) piel *f*
zigzag ['zɪgzæg] *n* zigzag *m* ▷ *vi* zigzaguear, hacer eses
Zimbabwe [zɪm'bɑːbwɪ] *n* Zimbabwe *m*
zinc [zɪŋk] *n* cinc *m*, zinc *m*
zip [zip] *n* (*also*: **~ fastener,** (*US*) **~per**) cremallera (*SP*), cierre (*AM*) *m*, zíper *m* (*MEX, CAM*) ▷ *vt* (*also*: **~ up**) cerrar la cremallera de; (*file*) comprimir; **zip code** (*US*) *n* código postal; **zip file** *n* (*Comput*) archivo comprimido; **zipper** (*US*) *n* cremallera
zit [zɪt] *n* grano
zodiac ['zəʊdɪæk] *n* zodíaco
zone [zəʊn] *n* zona
zoo [zuː] *n* (jardín *m*) zoo *m*
zoology [zuːˈɒlədʒɪ] *n* zoología
zoom [zuːm] *vi*: **to ~ past** pasar zumbando; **zoom lens** *n* zoom *m*
zucchini [zuːˈkiːnɪ] (*US*) *n(pl)* calabacín(ines) *m(pl)*

Introduction

The **Verb Tables** in the following section contain 31 tables of the most common Spanish verbs (some regular, some irregular and some which change their stems) in alphabetical order. Each table shows you the following tenses and forms: **Present**, **Preterite**, **Future**, **Present Subjunctive**, **Imperfect**, **Conditional**, **Imperative**, **Past Participle** and **Gerund**.

In order to help you use the verbs shown in the Verb Tables correctly, there are also a number of example phrases at the bottom of each page to show the verb as it is used in context.

In Spanish there are **regular** verbs (their forms follow the normal rules); **irregular** verbs (their forms do not follow the normal rules); and verbs which change a vowel in their stem (the part that is left when you take off the ending) in fairly predictable ways. The regular verbs in these tables are:

hablar (regular -**ar** verb, Verb Table 12)
comer (regular -**er** verb, Verb Table 3)
vivir (regular -**ir** verb, Verb Table 31)
lavarse (regular -**ar** reflexive verb, Verb Table 15)

For a list of other Spanish irregular and stem-changing verb forms see pages 33–34.

The key at the top of page 33 explains which verb tenses or forms are shown on pages 33-34. For instance, **7** refers to the past participle. So, when you see abrir **7** abierto, you know that abrir has the irregular past participle *abierto*. Only irregular forms are listed. So, **4** busqué, at buscar, means that although *busqué* is irregular (the spelling changes to keep the [k] sound before the letter 'e'), the rest of the preterite tense behaves like any regular -**ar** verb: *busqué, buscaste, buscó, buscamos, buscasteis, buscaron*.

▶ **coger** (to catch)

PRESENT

(yo)	cojo
(tú)	coges
(él/ella/usted)	coge
(nosotros/as)	cogemos
(vosotros/as)	cogéis
(ellos/ellas/ustedes)	cogen

PRESENT SUBJUNCTIVE

(yo)	coja
(tú)	cojas
(él/ella/usted)	coja
(nosotros/as)	cojamos
(vosotros/as)	cojáis
(ellos/ellas/ustedes)	cojan

PRETERITE

(yo)	cogí
(tú)	cogiste
(él/ella/usted)	cogió
(nosotros/as)	cogimos
(vosotros/as)	cogisteis
(ellos/ellas/ustedes)	cogieron

IMPERFECT

(yo)	cogía
(tú)	cogías
(él/ella/usted)	cogía
(nosotros/as)	cogíamos
(vosotros/as)	cogíais
(ellos/ellas/ustedes)	cogían

FUTURE

(yo)	cogeré
(tú)	cogerás
(él/ella/usted)	cogerá
(nosotros/as)	cogeremos
(vosotros/as)	cogeréis
(ellos/ellas/ustedes)	cogerán

CONDITIONAL

(yo)	cogería
(tú)	cogerías
(él/ella/usted)	cogería
(nosotros/as)	cogeríamos
(vosotros/as)	cogeríais
(ellos/ellas/ustedes)	cogerían

IMPERATIVE

coge / coged

PAST PARTICIPLE

cogido

GERUND

cogiendo

EXAMPLE PHRASES

La **cogí** entre mis brazos. I took her in my arms.
Estuvimos cogiendo setas. We were picking mushrooms.
¿Por qué no **coges** el tren de las seis? Why don't you get the six o'clock train?

Remember that subject pronouns are not used very often in Spanish.

▶ **comer** (to eat)

PRESENT

(yo)	como
(tú)	comes
(él/ella/usted)	come
(nosotros/as)	comemos
(vosotros/as)	coméis
(ellos/ellas/ustedes)	comen

PRESENT SUBJUNCTIVE

(yo)	coma
(tú)	comas
(él/ella/usted)	coma
(nosotros/as)	comamos
(vosotros/as)	comáis
(ellos/ellas/ustedes)	coman

PRETERITE

(yo)	comí
(tú)	comiste
(él/ella/usted)	comió
(nosotros/as)	comimos
(vosotros/as)	comisteis
(ellos/ellas/ustedes)	comieron

IMPERFECT

(yo)	comía
(tú)	comías
(él/ella/usted)	comía
(nosotros/as)	comíamos
(vosotros/as)	comíais
(ellos/ellas/ustedes)	comían

FUTURE

(yo)	comeré
(tú)	comerás
(él/ella/usted)	comerá
(nosotros/as)	comeremos
(vosotros/as)	comeréis
(ellos/ellas/ustedes)	comerán

CONDITIONAL

(yo)	comería
(tú)	comerías
(él/ella/usted)	comería
(nosotros/as)	comeríamos
(vosotros/as)	comeríais
(ellos/ellas/ustedes)	comerían

IMPERATIVE

come / comed

PAST PARTICIPLE

comido

GERUND

comiendo

EXAMPLE PHRASES

No **come** carne. He doesn't eat meat.
No **comas** tan deprisa. Don't eat so fast.
Se ha comido todo. He's eaten it all.

Remember that subject pronouns are not used very often in Spanish.

▶ **dar** (to give)

PRESENT

(yo)	doy
(tú)	das
(él/ella/usted)	da
(nosotros/as)	damos
(vosotros/as)	dais
(ellos/ellas/ustedes)	dan

PRESENT SUBJUNCTIVE

(yo)	dé
(tú)	des
(él/ella/usted)	dé
(nosotros/as)	demos
(vosotros/as)	deis
(ellos/ellas/ustedes)	den

PRETERITE

(yo)	di
(tú)	diste
(él/ella/usted)	dio
(nosotros/as)	dimos
(vosotros/as)	disteis
(ellos/ellas/ustedes)	dieron

IMPERFECT

(yo)	daba
(tú)	dabas
(él/ella/usted)	daba
(nosotros/as)	dábamos
(vosotros/as)	dabais
(ellos/ellas/ustedes)	daban

FUTURE

(yo)	daré
(tú)	darás
(él/ella/usted)	dará
(nosotros/as)	daremos
(vosotros/as)	daréis
(ellos/ellas/ustedes)	darán

CONDITIONAL

(yo)	daría
(tú)	darías
(él/ella/usted)	daría
(nosotros/as)	daríamos
(vosotros/as)	daríais
(ellos/ellas/ustedes)	darían

IMPERATIVE

da / dad

PAST PARTICIPLE

dado

GERUND

dando

EXAMPLE PHRASES

Me **da** miedo la oscuridad. I'm scared of the dark.
Nos **dieron** un par de entradas gratis. They gave us a couple of free tickets.
Te **daré** el número de mi móvil. I'll give you my mobile-phone number.

Remember that subject pronouns are not used very often in Spanish.

▶ **decir** (to say)

PRESENT

(yo)	digo
(tú)	dices
(él/ella/usted)	dice
(nosotros/as)	decimos
(vosotros/as)	decís
(ellos/ellas/ustedes)	dicen

PRESENT SUBJUNCTIVE

(yo)	diga
(tú)	digas
(él/ella/usted)	diga
(nosotros/as)	digamos
(vosotros/as)	digáis
(ellos/ellas/ustedes)	digan

PRETERITE

(yo)	dije
(tú)	dijiste
(él/ella/usted)	dijo
(nosotros/as)	dijimos
(vosotros/as)	dijisteis
(ellos/ellas/ustedes)	dijeron

IMPERFECT

(yo)	decía
(tú)	decías
(él/ella/usted)	decía
(nosotros/as)	decíamos
(vosotros/as)	decíais
(ellos/ellas/ustedes)	decían

FUTURE

(yo)	diré
(tú)	dirás
(él/ella/usted)	dirá
(nosotros/as)	diremos
(vosotros/as)	diréis
(ellos/ellas/ustedes)	dirán

CONDITIONAL

(yo)	diría
(tú)	dirías
(él/ella/usted)	diría
(nosotros/as)	diríamos
(vosotros/as)	diríais
(ellos/ellas/ustedes)	dirían

IMPERATIVE

di / decid

PAST PARTICIPLE

dicho

GERUND

diciendo

EXAMPLE PHRASES

¿Qué **dices**? What are you saying?
Me lo **dijo** ayer. He told me yesterday.
¿Te **ha dicho** lo de la boda? Has he told you about the wedding?

Remember that subject pronouns are not used very often in Spanish.

▶ **dormir** (to sleep)

PRESENT

(yo)	duermo
(tú)	duermes
(él/ella/usted)	duerme
(nosotros/as)	dormimos
(vosotros/as)	dormís
(ellos/ellas/ustedes)	duermen

PRESENT SUBJUNCTIVE

(yo)	duerma
(tú)	duermas
(él/ella/usted)	duerma
(nosotros/as)	durmamos
(vosotros/as)	durmáis
(ellos/ellas/ustedes)	duerman

PRETERITE

(yo)	dormí
(tú)	dormiste
(él/ella/usted)	durmió
(nosotros/as)	dormimos
(vosotros/as)	dormisteis
(ellos/ellas/ustedes)	durmieron

IMPERFECT

(yo)	dormía
(tú)	dormías
(él/ella/usted)	dormía
(nosotros/as)	dormíamos
(vosotros/as)	dormíais
(ellos/ellas/ustedes)	dormían

FUTURE

(yo)	dormiré
(tú)	dormirás
(él/ella/usted)	dormirá
(nosotros/as)	dormiremos
(vosotros/as)	dormiréis
(ellos/ellas/ustedes)	dormirán

CONDITIONAL

(yo)	dormiría
(tú)	dormirías
(él/ella/usted)	dormiría
(nosotros/as)	dormiríamos
(vosotros/as)	dormiríais
(ellos/ellas/ustedes)	dormirían

IMPERATIVE

duerme / dormid

PAST PARTICIPLE

dormido

GERUND

durmiendo

EXAMPLE PHRASES

No **duermo** muy bien. I don't sleep very well.
Nos dormimos en el cine. We fell asleep at the cinema.
Durmió durante doce horas. He slept for twelve hours.

Remember that subject pronouns are not used very often in Spanish.

▶ **empezar** (to begin)

PRESENT

(yo)	empiezo
(tú)	empiezas
(él/ella/usted)	empieza
(nosotros/as)	empezamos
(vosotros/as)	empezáis
(ellos/ellas/ustedes)	empiezan

PRESENT SUBJUNCTIVE

(yo)	empiece
(tú)	empieces
(él/ella/usted)	empiece
(nosotros/as)	empecemos
(vosotros/as)	empecéis
(ellos/ellas/ustedes)	empiecen

PRETERITE

(yo)	empecé
(tú)	empezaste
(él/ella/usted)	empezó
(nosotros/as)	empezamos
(vosotros/as)	empezasteis
(ellos/ellas/ustedes)	empezaron

IMPERFECT

(yo)	empezaba
(tú)	empezabas
(él/ella/usted)	empezaba
(nosotros/as)	empezábamos
(vosotros/as)	empezabais
(ellos/ellas/ustedes)	empezaban

FUTURE

(yo)	empezaré
(tú)	empezarás
(él/ella/usted)	empezará
(nosotros/as)	empezaremos
(vosotros/as)	empezaréis
(ellos/ellas/ustedes)	empezarán

CONDITIONAL

(yo)	empezaría
(tú)	empezarías
(él/ella/usted)	empezaría
(nosotros/as)	empezaríamos
(vosotros/as)	empezaríais
(ellos/ellas/ustedes)	empezarían

IMPERATIVE

empieza / empezad

PAST PARTICIPLE

empezado

GERUND

empezando

EXAMPLE PHRASES

Empieza *por aquí.* Start here.
*¿Cuándo **empiezas** a trabajar en el sitio nuevo?* When do you start work at the new place?
*La semana que viene **empezaremos** un curso nuevo.* We'll start a new course next week.

Remember that subject pronouns are not used very often in Spanish.

▶ **entender** (to understand)

PRESENT

(yo)	entiendo
(tú)	entiendes
(él/ella/usted)	entiende
(nosotros/as)	entendemos
(vosotros/as)	entendéis
(ellos/ellas/ustedes)	entienden

PRESENT SUBJUNCTIVE

(yo)	entienda
(tú)	entiendas
(él/ella/usted)	entienda
(nosotros/as)	entendamos
(vosotros/as)	entendáis
(ellos/ellas/ustedes)	entiendan

PRETERITE

(yo)	entendí
(tú)	entendiste
(él/ella/usted)	entendió
(nosotros/as)	entendimos
(vosotros/as)	entendisteis
(ellos/ellas/ustedes)	entendieron

IMPERFECT

(yo)	entendía
(tú)	entendías
(él/ella/usted)	entendía
(nosotros/as)	entendíamos
(vosotros/as)	entendíais
(ellos/ellas/ustedes)	entendían

FUTURE

(yo)	entenderé
(tú)	entenderás
(él/ella/usted)	entenderá
(nosotros/as)	entenderemos
(vosotros/as)	entenderéis
(ellos/ellas/ustedes)	entenderán

CONDITIONAL

(yo)	entendería
(tú)	entenderías
(él/ella/usted)	entendería
(nosotros/as)	entenderíamos
(vosotros/as)	entenderíais
(ellos/ellas/ustedes)	entenderían

IMPERATIVE

entiende / entended

PAST PARTICIPLE

entendido

GERUND

entendiendo

EXAMPLE PHRASES

*No lo **entiendo**.* I don't understand.
*¿**Entendiste** lo que dijo?* Did you understand what she said?
*Con el tiempo lo **entenderás**.* You'll understand one day.

Remember that subject pronouns are not used very often in Spanish.

▶ **enviar** (to send)

PRESENT

(yo)	envío
(tú)	envías
(él/ella/usted)	envía
(nosotros/as)	enviamos
(vosotros/as)	enviáis
(ellos/ellas/ustedes)	envían

PRESENT SUBJUNCTIVE

(yo)	envíe
(tú)	envíes
(él/ella/usted)	envíe
(nosotros/as)	enviemos
(vosotros/as)	enviéis
(ellos/ellas/ustedes)	envíen

PRETERITE

(yo)	envié
(tú)	enviaste
(él/ella/usted)	envió
(nosotros/as)	enviamos
(vosotros/as)	enviasteis
(ellos/ellas/ustedes)	enviaron

IMPERFECT

(yo)	enviaba
(tú)	enviabas
(él/ella/usted)	enviaba
(nosotros/as)	enviábamos
(vosotros/as)	enviabais
(ellos/ellas/ustedes)	enviaban

FUTURE

(yo)	enviaré
(tú)	enviarás
(él/ella/usted)	enviará
(nosotros/as)	enviaremos
(vosotros/as)	enviaréis
(ellos/ellas/ustedes)	enviarán

CONDITIONAL

(yo)	enviaría
(tú)	enviarías
(él/ella/usted)	enviaría
(nosotros/as)	enviaríamos
(vosotros/as)	enviaríais
(ellos/ellas/ustedes)	enviarían

IMPERATIVE

envía / enviad

PAST PARTICIPLE

enviado

GERUND

enviando

EXAMPLE PHRASES

Envíe *todos sus datos personales.* Send all your personal details.
La han **enviado** *a Guatemala.* They've sent her to Guatemala.
Nos **enviarán** *más información.* They'll send us further information.

Remember that subject pronouns are not used very often in Spanish.

▶ **estar** (to be)

PRESENT		PRESENT SUBJUNCTIVE	
(yo)	estoy	(yo)	esté
(tú)	estás	(tú)	estés
(él/ella/usted)	está	(él/ella/usted)	esté
(nosotros/as)	estamos	(nosotros/as)	estemos
(vosotros/as)	estáis	(vosotros/as)	estéis
(ellos/ellas/ustedes)	están	(ellos/ellas/ustedes)	estén

PRETERITE		IMPERFECT	
(yo)	estuve	(yo)	estaba
(tú)	estuviste	(tú)	estabas
(él/ella/usted)	estuvo	(él/ella/usted)	estaba
(nosotros/as)	estuvimos	(nosotros/as)	estábamos
(vosotros/as)	estuvisteis	(vosotros/as)	estabais
(ellos/ellas/ustedes)	estuvieron	(ellos/ellas/ustedes)	estaban

FUTURE		CONDITIONAL	
(yo)	estaré	(yo)	estaría
(tú)	estarás	(tú)	estarías
(él/ella/usted)	estará	(él/ella/usted)	estaría
(nosotros/as)	estaremos	(nosotros/as)	estaríamos
(vosotros/as)	estaréis	(vosotros/as)	estaríais
(ellos/ellas/ustedes)	estarán	(ellos/ellas/ustedes)	estarían

IMPERATIVE

está / estad

PAST PARTICIPLE

estado

GERUND

estando

EXAMPLE PHRASES

Estoy cansado. I'm tired.
Estuvimos en casa de mis padres. We went to my parents.
¿A qué hora estarás en casa? What time will you be home?

Remember that subject pronouns are not used very often in Spanish.

▶ **haber** (to have (auxiliary))

PRESENT

(yo)	he
(tú)	has
(él/ella/usted)	ha
(nosotros/as)	hemos
(vosotros/as)	habéis
(ellos/ellas/ustedes)	han

PRESENT SUBJUNCTIVE

(yo)	haya
(tú)	hayas
(él/ella/usted)	haya
(nosotros/as)	hayamos
(vosotros/as)	hayáis
(ellos/ellas/ustedes)	hayan

PRETERITE

(yo)	hube
(tú)	hubiste
(él/ella/usted)	hubo
(nosotros/as)	hubimos
(vosotros/as)	hubisteis
(ellos/ellas/ustedes)	hubieron

IMPERFECT

(yo)	había
(tú)	habías
(él/ella/usted)	había
(nosotros/as)	habíamos
(vosotros/as)	habíais
(ellos/ellas/ustedes)	habían

FUTURE

(yo)	habré
(tú)	habrás
(él/ella/usted)	habrá
(nosotros/as)	habremos
(vosotros/as)	habréis
(ellos/ellas/ustedes)	habrán

CONDITIONAL

(yo)	habría
(tú)	habrías
(él/ella/usted)	habría
(nosotros/as)	habríamos
(vosotros/as)	habríais
(ellos/ellas/ustedes)	habrían

IMPERATIVE

not used

PAST PARTICIPLE

habido

GERUND

habiendo

EXAMPLE PHRASES

*¿**Has visto** eso?* Did you see that?
*Ya **hemos ido** a ver esa película.* We've already been to see that film.
*Eso nunca **había pasado** antes.* That had never happened before.

Remember that subject pronouns are not used very often in Spanish.

▶ **hablar** (to speak, to talk)

PRESENT		PRESENT SUBJUNCTIVE	
(yo)	hablo	(yo)	hable
(tú)	hablas	(tú)	hables
(él/ella/usted)	habla	(él/ella/usted)	hable
(nosotros/as)	hablamos	(nosotros/as)	hablemos
(vosotros/as)	habláis	(vosotros/as)	habléis
(ellos/ellas/ustedes)	hablan	(ellos/ellas/ustedes)	hablen

PRETERITE		IMPERFECT	
(yo)	hablé	(yo)	hablaba
(tú)	hablaste	(tú)	hablabas
(él/ella/usted)	habló	(él/ella/usted)	hablaba
(nosotros/as)	hablamos	(nosotros/as)	hablábamos
(vosotros/as)	hablasteis	(vosotros/as)	hablabais
(ellos/ellas/ustedes)	hablaron	(ellos/ellas/ustedes)	hablaban

FUTURE		CONDITIONAL	
(yo)	hablaré	(yo)	hablaría
(tú)	hablarás	(tú)	hablarías
(él/ella/usted)	hablará	(él/ella/usted)	hablaría
(nosotros/as)	hablaremos	(nosotros/as)	hablaríamos
(vosotros/as)	hablaréis	(vosotros/as)	hablaríais
(ellos/ellas/ustedes)	hablarán	(ellos/ellas/ustedes)	hablarían

IMPERATIVE

habla / hablad

PAST PARTICIPLE

hablado

GERUND

hablando

EXAMPLE PHRASES

Hoy **he hablado** con mi hermana. I've spoken to my sister today.
No **hables** tan alto. Don't talk so loud.
No **se hablan**. They don't talk to each other.

Remember that subject pronouns are not used very often in Spanish.

▶ **hacer** (to do, to make)

PRESENT

(yo)	hago
(tú)	haces
(él/ella/usted)	hace
(nosotros/as)	hacemos
(vosotros/as)	hacéis
(ellos/ellas/ustedes)	hacen

PRESENT SUBJUNCTIVE

(yo)	haga
(tú)	hagas
(él/ella/usted)	haga
(nosotros/as)	hagamos
(vosotros/as)	hagáis
(ellos/ellas/ustedes)	hagan

PRETERITE

(yo)	hice
(tú)	hiciste
(él/ella/usted)	hizo
(nosotros/as)	hicimos
(vosotros/as)	hicisteis
(ellos/ellas/ustedes)	hicieron

IMPERFECT

(yo)	hacía
(tú)	hacías
(él/ella/usted)	hacía
(nosotros/as)	hacíamos
(vosotros/as)	hacíais
(ellos/ellas/ustedes)	hacían

FUTURE

(yo)	haré
(tú)	harás
(él/ella/usted)	hará
(nosotros/as)	haremos
(vosotros/as)	haréis
(ellos/ellas/ustedes)	harán

CONDITIONAL

(yo)	haría
(tú)	harías
(él/ella/usted)	haría
(nosotros/as)	haríamos
(vosotros/as)	haríais
(ellos/ellas/ustedes)	harían

IMPERATIVE

haz / haced

PAST PARTICIPLE

hecho

GERUND

haciendo

EXAMPLE PHRASES

Lo **haré** yo mismo. I'll do it myself.
¿Quién **hizo** eso? Who did that?
Quieres que **haga** las camas? Do you want me to make the beds?

Remember that subject pronouns are not used very often in Spanish.

▶ ir (to go)

PRESENT

(yo)	voy
(tú)	vas
(él/ella/usted)	va
(nosotros/as)	vamos
(vosotros/as)	vais
(ellos/ellas/ustedes)	van

PRESENT SUBJUNCTIVE

(yo)	vaya
(tú)	vayas
(él/ella/usted)	vaya
(nosotros/as)	vayamos
(vosotros/as)	vayáis
(ellos/ellas/ustedes)	vayan

PRETERITE

(yo)	fui
(tú)	fuiste
(él/ella/usted)	fue
(nosotros/as)	fuimos
(vosotros/as)	fuisteis
(ellos/ellas/ustedes)	fueron

IMPERFECT

(yo)	iba
(tú)	ibas
(él/ella/usted)	iba
(nosotros/as)	íbamos
(vosotros/as)	ibais
(ellos/ellas/ustedes)	iban

FUTURE

(yo)	iré
(tú)	irás
(él/ella/usted)	irá
(nosotros/as)	iremos
(vosotros/as)	iréis
(ellos/ellas/ustedes)	irán

CONDITIONAL

(yo)	iría
(tú)	irías
(él/ella/usted)	iría
(nosotros/as)	iríamos
(vosotros/as)	iríais
(ellos/ellas/ustedes)	irían

IMPERATIVE

ve / id

PAST PARTICIPLE

ido

GERUND

yendo

EXAMPLE PHRASES

*¿**Vamos** a comer al campo?* Shall we have a picnic in the country?
*El domingo **iré** a Edimburgo.* I'll go to Edinburgh on Sunday.
*Yo no **voy** con ellos.* I'm not going with them.

Remember that subject pronouns are not used very often in Spanish.

▶ **lavarse** (to wash oneself)

PRESENT

(yo)	me lavo
(tú)	te lavas
(él/ella/usted)	se lava
(nosotros/as)	nos lavamos
(vosotros/as)	os laváis
(ellos/ellas/ustedes)	se lavan

PRESENT SUBJUNCTIVE

(yo)	me lave
(tú)	te laves
(él/ella/usted)	se lave
(nosotros/as)	nos lavemos
(vosotros/as)	os lavéis
(ellos/ellas/ustedes)	se laven

PRETERITE

(yo)	me lavé
(tú)	te lavaste
(él/ella/usted)	se lavó
(nosotros/as)	nos lavamos
(vosotros/as)	os lavasteis
(ellos/ellas/ustedes)	se lavaron

IMPERFECT

(yo)	me lavaba
(tú)	te lavabas
(él/ella/usted)	se lavaba
(nosotros/as)	nos lavábamos
(vosotros/as)	os lavabais
(ellos/ellas/ustedes)	se lavaban

FUTURE

(yo)	me lavaré
(tú)	te lavarás
(él/ella/usted)	se lavará
(nosotros/as)	nos lavaremos
(vosotros/as)	os lavaréis
(ellos/ellas/ustedes)	se lavarán

CONDITIONAL

(yo)	me lavaría
(tú)	te lavarías
(él/ella/usted)	se lavaría
(nosotros/as)	nos lavaríamos
(vosotros/as)	os lavaríais
(ellos/ellas/ustedes)	se lavarían

IMPERATIVE

lávate / lavaos

PAST PARTICIPLE

lavado

GERUND

lavàndose

EXAMPLE PHRASES

Se lava todos los días. He washes every day.
Ayer *me lavé* el pelo. I washed my hair yesterday.
Nos lavaremos con agua fría. We'll wash in cold water.

Remember that subject pronouns are not used very often in Spanish.

▶ **leer** (to read)

PRESENT

(yo)	leo
(tú)	lees
(él/ella/usted)	lee
(nosotros/as)	leemos
(vosotros/as)	leéis
(ellos/ellas/ustedes)	leen

PRESENT SUBJUNCTIVE

(yo)	lea
(tú)	leas
(él/ella/usted)	lea
(nosotros/as)	leamos
(vosotros/as)	leáis
(ellos/ellas/ustedes)	lean

PRETERITE

(yo)	leí
(tú)	leíste
(él/ella/usted)	leyó
(nosotros/as)	leímos
(vosotros/as)	leísteis
(ellos/ellas/ustedes)	leyeron

IMPERFECT

(yo)	leía
(tú)	leías
(él/ella/usted)	leía
(nosotros/as)	leíamos
(vosotros/as)	leíais
(ellos/ellas/ustedes)	leían

FUTURE

(yo)	leeré
(tú)	leerás
(él/ella/usted)	leerá
(nosotros/as)	leeremos
(vosotros/as)	leeréis
(ellos/ellas/ustedes)	leerán

CONDITIONAL

(yo)	leería
(tú)	leerías
(él/ella/usted)	leería
(nosotros/as)	leeríamos
(vosotros/as)	leeríais
(ellos/ellas/ustedes)	leerían

IMPERATIVE

lee / leed

PAST PARTICIPLE

leído

GERUND

leyendo

EXAMPLE PHRASES

*Hace mucho tiempo que no **leo**.* I haven't read anything for ages.
*¿**Has leído** esta novela?* Have you read this novel?
*Lo **leí** hace tiempo.* I read it a while ago.

Remember that subject pronouns are not used very often in Spanish.

▶ oír (to hear)

PRESENT

(yo)	oigo
(tú)	oyes
(él/ella/usted)	oye
(nosotros/as)	oímos
(vosotros/as)	oís
(ellos/ellas/ustedes)	oyen

PRESENT SUBJUNCTIVE

(yo)	oiga
(tú)	oigas
(él/ella/usted)	oiga
(nosotros/as)	oigamos
(vosotros/as)	oigáis
(ellos/ellas/ustedes)	oigan

PRETERITE

(yo)	oí
(tú)	oíste
(él/ella/usted)	oyó
(nosotros/as)	oímos
(vosotros/as)	oísteis
(ellos/ellas/ustedes)	oyeron

IMPERFECT

(yo)	oía
(tú)	oías
(él/ella/usted)	oía
(nosotros/as)	oíamos
(vosotros/as)	oíais
(ellos/ellas/ustedes)	oían

FUTURE

(yo)	oiré
(tú)	oirás
(él/ella/usted)	oirá
(nosotros/as)	oiremos
(vosotros/as)	oiréis
(ellos/ellas/ustedes)	oirán

CONDITIONAL

(yo)	oiría
(tú)	oirías
(él/ella/usted)	oiría
(nosotros/as)	oiríamos
(vosotros/as)	oiríais
(ellos/ellas/ustedes)	oirían

IMPERATIVE

oye / oíd

PAST PARTICIPLE

oído

GERUND

oyendo

EXAMPLE PHRASES

No **oigo** nada. I can't hear anything.
Si no **oyes** bien, ve al médico. If you can't hear properly, go and see the doctor.
¿**Has oído** eso? Did you hear that?

Remember that subject pronouns are not used very often in Spanish.

▶ **pedir** (to ask for)

PRESENT

(yo)	pido
(tú)	pides
(él/ella/usted)	pide
(nosotros/as)	pedimos
(vosotros/as)	pedís
(ellos/ellas/ustedes)	piden

PRESENT SUBJUNCTIVE

(yo)	pida
(tú)	pidas
(él/ella/usted)	pida
(nosotros/as)	pidamos
(vosotros/as)	pidáis
(ellos/ellas/ustedes)	pidan

PRETERITE

(yo)	pedí
(tú)	pediste
(él/ella/usted)	pidió
(nosotros/as)	pedimos
(vosotros/as)	pedisteis
(ellos/ellas/ustedes)	pidieron

IMPERFECT

(yo)	pedía
(tú)	pedías
(él/ella/usted)	pedía
(nosotros/as)	pedíamos
(vosotros/as)	pedíais
(ellos/ellas/ustedes)	pedían

FUTURE

(yo)	pediré
(tú)	pedirás
(él/ella/usted)	pedirá
(nosotros/as)	pediremos
(vosotros/as)	pediréis
(ellos/ellas/ustedes)	pedirán

CONDITIONAL

(yo)	pediría
(tú)	pedirías
(él/ella/usted)	pediría
(nosotros/as)	pediríamos
(vosotros/as)	pediríais
(ellos/ellas/ustedes)	pedirían

IMPERATIVE

pide / pedid

PAST PARTICIPLE

pedido

GERUND

pidiendo

EXAMPLE PHRASES

No nos **pidieron** el pasaporte. They didn't ask us for our passports.
Hemos pedido dos cervezas. We've ordered two beers.
Pídele el teléfono. Ask her for her telephone number.

Remember that subject pronouns are not used very often in Spanish.

▶ **pensar** (to think)

PRESENT

(yo)	pienso
(tú)	piensas
(él/ella/usted)	piensa
(nosotros/as)	pensamos
(vosotros/as)	pensáis
(ellos/ellas/ustedes)	piensan

PRESENT SUBJUNCTIVE

(yo)	piense
(tú)	pienses
(él/ella/usted)	piense
(nosotros/as)	pensemos
(vosotros/as)	penséis
(ellos/ellas/ustedes)	piensen

PRETERITE

(yo)	pensé
(tú)	pensaste
(él/ella/usted)	pensó
(nosotros/as)	pensamos
(vosotros/as)	pensasteis
(ellos/ellas/ustedes)	pensaron

IMPERFECT

(yo)	pensaba
(tú)	pensabas
(él/ella/usted)	pensaba
(nosotros/as)	pensábamos
(vosotros/as)	pensabais
(ellos/ellas/ustedes)	pensaban

FUTURE

(yo)	pensaré
(tú)	pensarás
(él/ella/usted)	pensará
(nosotros/as)	pensaremos
(vosotros/as)	pensaréis
(ellos/ellas/ustedes)	pensarán

CONDITIONAL

(yo)	pensaría
(tú)	pensarías
(él/ella/usted)	pensaría
(nosotros/as)	pensaríamos
(vosotros/as)	pensaríais
(ellos/ellas/ustedes)	pensarían

IMPERATIVE

piensa / pensad

PAST PARTICIPLE

pensado

GERUND

pensando

EXAMPLE PHRASES

*No lo **pienses** más.* Don't think any more about it.
***Está pensando** en comprarse un piso.* He's thinking of buying a flat.
***Pensaba** que vendrías.* I thought you'd come.

Remember that subject pronouns are not used very often in Spanish.

▶ **poder** (to be able)

PRESENT

(yo)	puedo
(tú)	puedes
(él/ella/usted)	puede
(nosotros/as)	podemos
(vosotros/as)	podéis
(ellos/ellas/ustedes)	pueden

PRESENT SUBJUNCTIVE

(yo)	pueda
(tú)	puedas
(él/ella/usted)	pueda
(nosotros/as)	podamos
(vosotros/as)	podáis
(ellos/ellas/ustedes)	puedan

PRETERITE

(yo)	pude
(tú)	pudiste
(él/ella/usted)	pudo
(nosotros/as)	pudimos
(vosotros/as)	pudisteis
(ellos/ellas/ustedes)	pudieron

IMPERFECT

(yo)	podía
(tú)	podías
(él/ella/usted)	podía
(nosotros/as)	podíamos
(vosotros/as)	podíais
(ellos/ellas/ustedes)	podían

FUTURE

(yo)	podré
(tú)	podrás
(él/ella/usted)	podrá
(nosotros/as)	podremos
(vosotros/as)	podréis
(ellos/ellas/ustedes)	podrán

CONDITIONAL

(yo)	podría
(tú)	podrías
(él/ella/usted)	podría
(nosotros/as)	podríamos
(vosotros/as)	podríais
(ellos/ellas/ustedes)	podrían

IMPERATIVE

puede / poded

PAST PARTICIPLE

podido

GERUND

pudiendo

EXAMPLE PHRASES

*¿**Puedo** entrar?* Can I come in?
***Puedes** venir cuando quieras.* You can come when you like.
*¿**Podrías** ayudarme?* Could you help me?

Remember that subject pronouns are not used very often in Spanish.

▶ **poner** (to put)

PRESENT

(yo)	pongo
(tú)	pones
(él/ella/usted)	pone
(nosotros/as)	ponemos
(vosotros/as)	ponéis
(ellos/ellas/ustedes)	ponen

PRESENT SUBJUNCTIVE

(yo)	ponga
(tú)	pongas
(él/ella/usted)	ponga
(nosotros/as)	pongamos
(vosotros/as)	pongáis
(ellos/ellas/ustedes)	pongan

PRETERITE

(yo)	puse
(tú)	pusiste
(él/ella/usted)	puso
(nosotros/as)	pusimos
(vosotros/as)	pusisteis
(ellos/ellas/ustedes)	pusieron

IMPERFECT

(yo)	ponía
(tú)	ponías
(él/ella/usted)	ponía
(nosotros/as)	poníamos
(vosotros/as)	poníais
(ellos/ellas/ustedes)	ponían

FUTURE

(yo)	pondré
(tú)	pondrás
(él/ella/usted)	pondrá
(nosotros/as)	pondremos
(vosotros/as)	pondréis
(ellos/ellas/ustedes)	pondrán

CONDITIONAL

(yo)	pondría
(tú)	pondrías
(él/ella/usted)	pondría
(nosotros/as)	pondríamos
(vosotros/as)	pondríais
(ellos/ellas/ustedes)	pondrían

IMPERATIVE

pon / poned

PAST PARTICIPLE

puesto

GERUND

poniendo

EXAMPLE PHRASES

Ponlo ahí encima. Put it on there.
Lo **pondré** aquí. I'll put it here.
Todos **nos pusimos** de acuerdo. We all agreed.

Remember that subject pronouns are not used very often in Spanish.

▶ **querer** (to want)

PRESENT

(yo)	quiero
(tú)	quieres
(él/ella/usted)	quiere
(nosotros/as)	queremos
(vosotros/as)	queréis
(ellos/ellas/ustedes)	quieren

PRESENT SUBJUNCTIVE

(yo)	quiera
(tú)	quieras
(él/ella/usted)	quiera
(nosotros/as)	queramos
(vosotros/as)	queráis
(ellos/ellas/ustedes)	quieran

PRETERITE

(yo)	quise
(tú)	quisiste
(él/ella/usted)	quiso
(nosotros/as)	quisimos
(vosotros/as)	quisisteis
(ellos/ellas/ustedes)	quisieron

IMPERFECT

(yo)	quería
(tú)	querías
(él/ella/usted)	quería
(nosotros/as)	queríamos
(vosotros/as)	queríais
(ellos/ellas/ustedes)	querían

FUTURE

(yo)	querré
(tú)	querrás
(él/ella/usted)	querrá
(nosotros/as)	querremos
(vosotros/as)	querréis
(ellos/ellas/ustedes)	querrán

CONDITIONAL

(yo)	querría
(tú)	querrías
(él/ella/usted)	querría
(nosotros/as)	querríamos
(vosotros/as)	querríais
(ellos/ellas/ustedes)	querrían

IMPERATIVE

quiere / quered

PAST PARTICIPLE

querido

GERUND

queriendo

EXAMPLE PHRASES

Te **quiero**. I love you.
Quisiera preguntar una cosa. I'd like to ask something.
No **quería** decírmelo. She didn't want to tell me.

Remember that subject pronouns are not used very often in Spanish.

▶ **saber** (to know)

PRESENT

(yo)	sé
(tú)	sabes
(él/ella/usted)	sabe
(nosotros/as)	sabemos
(vosotros/as)	sabéis
(ellos/ellas/ustedes)	saben

PRESENT SUBJUNCTIVE

(yo)	sepa
(tú)	sepas
(él/ella/usted)	sepa
(nosotros/as)	sepamos
(vosotros/as)	sepáis
(ellos/ellas/ustedes)	sepan

PRETERITE

(yo)	supe
(tú)	supiste
(él/ella/usted)	supo
(nosotros/as)	supimos
(vosotros/as)	supisteis
(ellos/ellas/ustedes)	supieron

IMPERFECT

(yo)	sabía
(tú)	sabías
(él/ella/usted)	sabía
(nosotros/as)	sabíamos
(vosotros/as)	sabíais
(ellos/ellas/ustedes)	sabían

FUTURE

(yo)	sabré
(tú)	sabrás
(él/ella/usted)	sabrá
(nosotros/as)	sabremos
(vosotros/as)	sabréis
(ellos/ellas/ustedes)	sabrán

CONDITIONAL

(yo)	sabría
(tú)	sabrías
(él/ella/usted)	sabría
(nosotros/as)	sabríamos
(vosotros/as)	sabríais
(ellos/ellas/ustedes)	sabrían

IMPERATIVE

sabe / sabed

PAST PARTICIPLE

sabido

GERUND

sabiendo

EXAMPLE PHRASES

*No lo **sé**.* I don't know.
*¿**Sabes** una cosa?* Do you know what?
*Pensaba que lo **sabías**.* I thought you knew.

Remember that subject pronouns are not used very often in Spanish.

► seguir (to follow)

PRESENT

(yo)	sigo
(tú)	sigues
(él/ella/usted)	sigue
(nosotros/as)	seguimos
(vosotros/as)	seguís
(ellos/ellas/ustedes)	siguen

PRESENT SUBJUNCTIVE

(yo)	siga
(tú)	sigas
(él/ella/usted)	siga
(nosotros/as)	sigamos
(vosotros/as)	sigáis
(ellos/ellas/ustedes)	sigan

PRETERITE

(yo)	seguí
(tú)	seguiste
(él/ella/usted)	siguió
(nosotros/as)	seguimos
(vosotros/as)	seguisteis
(ellos/ellas/ustedes)	siguieron

IMPERFECT

(yo)	seguía
(tú)	seguías
(él/ella/usted)	seguía
(nosotros/as)	seguíamos
(vosotros/as)	seguíais
(ellos/ellas/ustedes)	seguían

FUTURE

(yo)	seguiré
(tú)	seguirás
(él/ella/usted)	seguirá
(nosotros/as)	seguiremos
(vosotros/as)	seguiréis
(ellos/ellas/ustedes)	seguirán

CONDITIONAL

(yo)	seguiría
(tú)	seguirías
(él/ella/usted)	seguiría
(nosotros/as)	seguiríamos
(vosotros/as)	seguiríais
(ellos/ellas/ustedes)	seguirían

IMPERATIVE

sigue / seguid

PAST PARTICIPLE

seguido

GERUND

siguiendo

EXAMPLE PHRASES

Siga por esta calle hasta el final. Go on till you get to the end of the street.
Nos seguiremos viendo. We will go on seeing each other.
Nos **siguió** todo el camino. He followed us all the way.

Remember that subject pronouns are not used very often in Spanish.

▶ **sentir** (to feel)

PRESENT

(yo)	siento
(tú)	sientes
(él/ella/usted)	siente
(nosotros/as)	sentimos
(vosotros/as)	sentís
(ellos/ellas/ustedes)	sienten

PRESENT SUBJUNCTIVE

(yo)	sienta
(tú)	sientas
(él/ella/usted)	sienta
(nosotros/as)	sintamos
(vosotros/as)	sintáis
(ellos/ellas/ustedes)	sientan

PRETERITE

(yo)	sentí
(tú)	sentiste
(él/ella/usted)	sintió
(nosotros/as)	sentimos
(vosotros/as)	sentisteis
(ellos/ellas/ustedes)	sintieron

IMPERFECT

(yo)	sentía
(tú)	sentías
(él/ella/usted)	sentía
(nosotros/as)	sentíamos
(vosotros/as)	sentíais
(ellos/ellas/ustedes)	sentían

FUTURE

(yo)	sentiré
(tú)	sentirás
(él/ella/usted)	sentirá
(nosotros/as)	sentiremos
(vosotros/as)	sentiréis
(ellos/ellas/ustedes)	sentirán

CONDITIONAL

(yo)	sentiría
(tú)	sentirías
(él/ella/usted)	sentiría
(nosotros/as)	sentiríamos
(vosotros/as)	sentiríais
(ellos/ellas/ustedes)	sentirían

IMPERATIVE

siente / sentid

PAST PARTICIPLE

sentido

GERUND

sintiendo

EXAMPLE PHRASES

Siento mucho lo que pasó. I'm really sorry about what happened.
Sentí un pinchazo en la pierna. I felt a sharp pain in my leg.
No creo que lo *sienta*. I don't think she's sorry.

Remember that subject pronouns are not used very often in Spanish.

► **ser** (to be)

PRESENT

(yo)	soy
(tú)	eres
(él/ella/usted)	es
(nosotros/as)	somos
(vosotros/as)	sois
(ellos/ellas/ustedes)	son

PRESENT SUBJUNCTIVE

(yo)	sea
(tú)	seas
(él/ella/usted)	sea
(nosotros/as)	seamos
(vosotros/as)	seáis
(ellos/ellas/ustedes)	sean

PRETERITE

(yo)	fui
(tú)	fuiste
(él/ella/usted)	fue
(nosotros/as)	fuimos
(vosotros/as)	fuisteis
(ellos/ellas/ustedes)	fueron

IMPERFECT

(yo)	era
(tú)	eras
(él/ella/usted)	era
(nosotros/as)	éramos
(vosotros/as)	erais
(ellos/ellas/ustedes)	eran

FUTURE

(yo)	seré
(tú)	serás
(él/ella/usted)	será
(nosotros/as)	seremos
(vosotros/as)	seréis
(ellos/ellas/ustedes)	serán

CONDITIONAL

(yo)	sería
(tú)	serías
(él/ella/usted)	sería
(nosotros/as)	seríamos
(vosotros/as)	seríais
(ellos/ellas/ustedes)	serían

IMPERATIVE

sé / sed

PAST PARTICIPLE

sido

GERUND

siendo

EXAMPLE PHRASES

Soy español. I'm Spanish.
¿*Fuiste* tú el que llamó? Was it you who phoned?
Era de noche. It was dark.

Remember that subject pronouns are not used very often in Spanish.

▶ **tener** (to have)

PRESENT

(yo)	tengo
(tú)	tienes
(él/ella/usted)	tiene
(nosotros/as)	tenemos
(vosotros/as)	tenéis
(ellos/ellas/ustedes)	tienen

PRESENT SUBJUNCTIVE

(yo)	tenga
(tú)	tengas
(él/ella/usted)	tenga
(nosotros/as)	tengamos
(vosotros/as)	tengáis
(ellos/ellas/ustedes)	tengan

PRETERITE

(yo)	tuve
(tú)	tuviste
(él/ella/usted)	tuvo
(nosotros/as)	tuvimos
(vosotros/as)	tuvisteis
(ellos/ellas/ustedes)	tuvieron

IMPERFECT

(yo)	tenía
(tú)	tenías
(él/ella/usted)	tenía
(nosotros/as)	teníamos
(vosotros/as)	teníais
(ellos/ellas/ustedes)	tenían

FUTURE

(yo)	tendré
(tú)	tendrás
(él/ella/usted)	tendrá
(nosotros/as)	tendremos
(vosotros/as)	tendréis
(ellos/ellas/ustedes)	tendrán

CONDITIONAL

(yo)	tendría
(tú)	tendrías
(él/ella/usted)	tendría
(nosotros/as)	tendríamos
(vosotros/as)	tendríais
(ellos/ellas/ustedes)	tendrían

IMPERATIVE

ten / tened

PAST PARTICIPLE

tenido

GERUND

teniendo

EXAMPLE PHRASES

Tengo sed. I'm thirsty.
No *tenía* suficiente dinero. She didn't have enough money.
Tuvimos que irnos. We had to leave.

Remember that subject pronouns are not used very often in Spanish.

▶ **traer** (to bring)

PRESENT

(yo)	traigo
(tú)	traes
(él/ella/usted)	trae
(nosotros/as)	traemos
(vosotros/as)	traéis
(ellos/ellas/ustedes)	traen

PRESENT SUBJUNCTIVE

(yo)	traiga
(tú)	traigas
(él/ella/usted)	traiga
(nosotros/as)	traigamos
(vosotros/as)	traigáis
(ellos/ellas/ustedes)	traigan

PRETERITE

(yo)	traje
(tú)	trajiste
(él/ella/usted)	trajo
(nosotros/as)	trajimos
(vosotros/as)	trajisteis
(ellos/ellas/ustedes)	trajeron

IMPERFECT

(yo)	traía
(tú)	traías
(él/ella/usted)	traía
(nosotros/as)	traíamos
(vosotros/as)	traíais
(ellos/ellas/ustedes)	traían

FUTURE

(yo)	traeré
(tú)	traerás
(él/ella/usted)	traerá
(nosotros/as)	traeremos
(vosotros/as)	traeréis
(ellos/ellas/ustedes)	traerán

CONDITIONAL

(yo)	traería
(tú)	traerías
(él/ella/usted)	traería
(nosotros/as)	traeríamos
(vosotros/as)	traeríais
(ellos/ellas/ustedes)	traerían

IMPERATIVE

trae / traed

PAST PARTICIPLE

traído

GERUND

trayendo

EXAMPLE PHRASES

*¿Has **traído** lo que te pedí?* Have you brought what I asked?
*No **trajo** el dinero.* He didn't bring the money.
***Trae** eso.* Give that here.

Remember that subject pronouns are not used very often in Spanish.

▶ **venir** (to come)

PRESENT

(yo)	vengo
(tú)	vienes
(él/ella/usted)	viene
(nosotros/as)	venimos
(vosotros/as)	venís
(ellos/ellas/ustedes)	vienen

PRESENT SUBJUNCTIVE

(yo)	venga
(tú)	vengas
(él/ella/usted)	venga
(nosotros/as)	vengamos
(vosotros/as)	vengáis
(ellos/ellas/ustedes)	vengan

PRETERITE

(yo)	vine
(tú)	viniste
(él/ella/usted)	vino
(nosotros/as)	vinimos
(vosotros/as)	vinisteis
(ellos/ellas/ustedes)	vinieron

IMPERFECT

(yo)	venía
(tú)	venías
(él/ella/usted)	venía
(nosotros/as)	veníamos
(vosotros/as)	veníais
(ellos/ellas/ustedes)	venían

FUTURE

(yo)	vendré
(tú)	vendrás
(él/ella/usted)	vendrá
(nosotros/as)	vendremos
(vosotros/as)	vendréis
(ellos/ellas/ustedes)	vendrán

CONDITIONAL

(yo)	vendría
(tú)	vendrías
(él/ella/usted)	vendría
(nosotros/as)	vendríamos
(vosotros/as)	vendríais
(ellos/ellas/ustedes)	vendrían

IMPERATIVE

ven / venid

PAST PARTICIPLE

venido

GERUND

viniendo

EXAMPLE PHRASES

Vengo andando desde la playa. I've walked all the way from the beach.
¿**Vendrás** conmigo al cine? Will you come to the cinema with me?
Prefiero que no **venga**. I'd rather he didn't come.

Remember that subject pronouns are not used very often in Spanish.

▶ **ver** (to see)

PRESENT

(yo)	veo
(tú)	ves
(él/ella/usted)	ve
(nosotros/as)	vemos
(vosotros/as)	veis
(ellos/ellas/ustedes)	ven

PRESENT SUBJUNCTIVE

(yo)	vea
(tú)	veas
(él/ella/usted)	vea
(nosotros/as)	veamos
(vosotros/as)	veáis
(ellos/ellas/ustedes)	vean

PRETERITE

(yo)	vi
(tú)	viste
(él/ella/usted)	vio
(nosotros/as)	vimos
(vosotros/as)	visteis
(ellos/ellas/ustedes)	vieron

IMPERFECT

(yo)	veía
(tú)	veías
(él/ella/usted)	veía
(nosotros/as)	veíamos
(vosotros/as)	veíais
(ellos/ellas/ustedes)	veían

FUTURE

(yo)	veré
(tú)	verás
(él/ella/usted)	verá
(nosotros/as)	veremos
(vosotros/as)	veréis
(ellos/ellas/ustedes)	verán

CONDITIONAL

(yo)	vería
(tú)	verías
(él/ella/usted)	vería
(nosotros/as)	veríamos
(vosotros/as)	veríais
(ellos/ellas/ustedes)	verían

IMPERATIVE

ve / ved

PAST PARTICIPLE

visto

GERUND

viendo

EXAMPLE PHRASES

No **veo** muy bien. I can't see very well.
Los **veía** a todos desde la ventana. I could see them all from the window.
¿**Viste** lo que pasó? Did you see what happened?

Remember that subject pronouns are not used very often in Spanish.

▶ **vivir** (to live)

PRESENT

(yo)	vivo
(tú)	vives
(él/ella/usted)	vive
(nosotros/as)	vivimos
(vosotros/as)	vivís
(ellos/ellas/ustedes)	viven

PRESENT SUBJUNCTIVE

(yo)	viva
(tú)	vivas
(él/ella/usted)	viva
(nosotros/as)	vivamos
(vosotros/as)	viváis
(ellos/ellas/ustedes)	vivan

PRETERITE

(yo)	viví
(tú)	viviste
(él/ella/usted)	vivió
(nosotros/as)	vivimos
(vosotros/as)	vivisteis
(ellos/ellas/ustedes)	vivieron

IMPERFECT

(yo)	vivía
(tú)	vivías
(él/ella/usted)	vivía
(nosotros/as)	vivíamos
(vosotros/as)	vivíais
(ellos/ellas/ustedes)	vivían

FUTURE

(yo)	viviré
(tú)	vivirás
(él/ella/usted)	vivirá
(nosotros/as)	viviremos
(vosotros/as)	viviréis
(ellos/ellas/ustedes)	vivirán

CONDITIONAL

(yo)	viviría
(tú)	vivirías
(él/ella/usted)	viviría
(nosotros/as)	viviríamos
(vosotros/as)	viviríais
(ellos/ellas/ustedes)	vivirían

IMPERATIVE

vive / vivid

PAST PARTICIPLE

vivido

GERUND

viviendo

EXAMPLE PHRASES

Vivo en Valencia. I live in Valencia.
Vivieron juntos dos años. They lived together for two years.
Hemos vivido momentos difíciles. We've had some difficult times.

Remember that subject pronouns are not used very often in Spanish.

▶ **volver** (to return)

PRESENT

(yo)	vuelvo
(tú)	vuelves
(él/ella/usted)	vuelve
(nosotros/as)	volvemos
(vosotros/as)	volvéis
(ellos/ellas/ustedes)	vuelven

PRESENT SUBJUNCTIVE

(yo)	vuelva
(tú)	vuelvas
(él/ella/usted)	vuelva
(nosotros/as)	volvamos
(vosotros/as)	volváis
(ellos/ellas/ustedes)	vuelvan

PRETERITE

(yo)	volví
(tú)	volviste
(él/ella/usted)	volvió
(nosotros/as)	volvimos
(vosotros/as)	volvisteis
(ellos/ellas/ustedes)	volvieron

IMPERFECT

(yo)	volvía
(tú)	volvías
(él/ella/usted)	volvía
(nosotros/as)	volvíamos
(vosotros/as)	volvíais
(ellos/ellas/ustedes)	volvían

FUTURE

(yo)	volveré
(tú)	volverás
(él/ella/usted)	volverá
(nosotros/as)	volveremos
(vosotros/as)	volveréis
(ellos/ellas/ustedes)	volverán

CONDITIONAL

(yo)	volvería
(tú)	volverías
(él/ella/usted)	volvería
(nosotros/as)	volveríamos
(vosotros/as)	volveríais
(ellos/ellas/ustedes)	volverían

IMPERATIVE

vuelve / volved

PAST PARTICIPLE

vuelto

GERUND

volviendo

EXAMPLE PHRASES

*Mi padre **vuelve** mañana.* My father's coming back tomorrow.
*No **vuelvas** por aquí.* Don't come back here.
***Ha vuelto** a casa.* He's gone back home.

Remember that subject pronouns are not used very often in Spanish.